DIE ZÄHRINGER

Anstoß und Wirkung

Veröffentlichungen
zur Zähringer-Ausstellung II
herausgegeben vom
Archiv der Stadt Freiburg i. Br.
und der Landesgeschichtlichen Abteilung
des Historischen Seminars
der Albert-Ludwigs-Universität

Katalog zur Ausstellung
der Stadt und der Universität Freiburg i. Br.
vom 31. Mai bis 31. August 1986

DIE ZÄHRINGER

Anstoß und Wirkung

Herausgegeben
von
Hans Schadek und Karl Schmid

Redaktion Jan Gerchow

Jan Thorbecke Verlag Sigmaringen
1986

CIP Kurztitelaufnahme der Deutschen Bibliothek

Die *Zähringer:* Veröff. zur Zähringer-Ausstellung / hrsg. vom Archiv d. Stadt Freiburg i. Br. u. d. Landesgeschichtl. Abt. d. Histor. Seminars d. Albert-Ludwigs-Univ. – Sigmaringen: Thorbecke

NE: Zähringer-Ausstellung ⟨1986, Freiburg, Breisgau⟩; Stadtarchiv ⟨Freiburg, Breisgau⟩

II. Anstoß und Wirkung: Katalog zur Ausstellung d. Stadt u. d. Univ. Freiburg i. Br. vom 31. Mai–31. August 1986 / hrsg. von Hans Schadek u. Karl Schmid. – 1986.
ISBN 3-7995-7041-1

NE: Schadek, Hans [Hrsg.]; Freiburg ⟨Breisgau⟩

Einbandgestaltung: Peter Lorenz Grafik Design, Freiburg i. Br., unter Verwendung einer Miniatur ›Ermahnung des Berner Bauleiters v. Bubenberg durch Bertold V. von Zähringen‹ in der Berner Chronik des Diebold Schilling (»Spiezer Schilling«, Kat. Nr. 204.4) mit freundlicher Genehmigung der Burgerbibliothek Bern.
Gesamtherstellung: M. Liehners Hofbuchdruckerei GmbH & Co., Sigmaringen
Printed in Germany · ISBN 3-7995-7041-1

Inhaltsverzeichnis

TEXTANHANG

Der Zusammenhalt einer Gemeinschaft wird auch bestimmt durch die Stärke und Lebendigkeit ihrer Traditionen. Wir beobachten dies auf nationaler, regionaler und lokaler Ebene. Die Deutschen tragen nicht leicht an der Geschichte, die für uns auch Brüche unseres Geschichtsverständnisses und unserer Traditionen bedeutet. Die Suche nach nationaler Identität ist bis heute nicht abgeschlossen. Vielleicht erklärt diese Situation die Aktualität und Lebendigkeit regionaler Traditionen, für welche die Zähringer ein hervorragendes Beispiel sind.

Es bestimmt nicht unwesentlich die Identität Freiburgs, eine Zähringerstadt zu sein; dieses Bewußtsein eint sie mit anderen Städten des südwestdeutschen Raumes, und – was heute höchst bedeutsam ist – es stiftet grenzüberschreitende Freundschaften mit Schweizer Städten, in denen gleiche Traditionen lebendig sind.

Tradition ist kein unveränderbarer Besitz von Generationen, sie muß stets neu erworben werden – ein Vorgang, den das Wort »Pflege« nur unzureichend ausdrückt. Traditionen müssen kennengelernt und verstanden werden. Sie sind nicht dasselbe wie das geschichtliche Geschehen, sollten sich aber auch nicht zu weit von ihm entfernen. Die »Pflege« der Tradition schließt somit Kritik durchaus ein. Nicht zufällig verstehen Historiker ihr Metier als »Traditionskritik« und »Rekonstruktionsversuch«.

So bedarf auch das Andenken an die Zähringer ständig der Vergewisserung, ob die Vorstellungen und Urteile über sie heute noch vertretbar sind. Und das Traditionsverständnis schließt auch die Frage ein, zu welchen Gelegenheiten, aus welchen Gründen und von welchen Kräften im Laufe der Jahrhunderte die Zähringertradition lebendig erhalten oder reaktiviert wurde.

Aus diesen Gründen hatten Stadt und Universität Freiburg viel Anlaß, die Initiativen und Vorhaben nachdrücklich zu fördern, die sich aus der Zusammenarbeit des Stadtarchivs und der Landesgeschichtlichen Abteilung des Historischen Seminars der Universität ergaben.

Die Ergebnisse der mehrjährigen wissenschaftlichen Bemühungen um die Zähringergeschichte verdienen die Aufmerksamkeit und das Interesse der Öffentlichkeit. In der Ausstellung, dem Katalog und einem begleitenden Vortragsabend ist eine beeindruckende Summe der wissenschaftlichen Arbeit gezogen, die jedem Interessierten die Möglichkeit eröffnet, das Phänomen »Zähringer« in neuer Weise verstehen zu lernen. Selbst den Fachleuten dürfte die erstmals zusammengestellte Vielzahl der Zeugnisse und Aspekte reiche Anregungen vermitteln, und es liegt gewiß im Interesse aller Beteiligten, wenn die vorgelegten Arbeiten die Bemühungen um die Zähringer nicht abschließen, sondern anregen.

Ich danke allen, die mitgeholfen haben, das Bild der Zähringer aus heutiger Sicht zu zeichnen und dieses bedeutsame stadtgeschichtliche Thema einer breiten Öffentlichkeit in einer Fülle interessanter Exponate nahezubringen.

(Dr. Rolf Böhme)
Oberbürgermeister der Stadt Freiburg

In langem und intensivem Bemühen haben das Archiv der Stadt Freiburg und die Landesgeschichtliche Abteilung des Historischen Seminars der Albert-Ludwigs-Universität eine umfassende Ausstellung über die Zähringer erarbeitet. Sie fügt sich in die schon selbst historisch gewordenen gemeinsamen Bemühungen von Stadt und Universität um die Geschichte und Kultur des Alemannischen ein, die 1931 zur Gründung des Alemannischen Instituts und später als Reaktion auf dessen wissenschaftliche Ausrichtung zur Gründung eines eigenen Universitätsinstitutes für geschichtliche Landeskunde geführt haben. Es wird heute innerhalb des Historischen und des Deutschen Seminars weitergeführt.

Landesgeschichtliche Forschung gehörte aber schon lange vorher zu den selbstverständlichen Aufgaben der universitären Geschichtswissenschaft. Man kann sie von den Legitimationsbestrebungen der Landesherrschaft bis zu den Bemühungen von Landschaft und Stadt um die eigene Identität verfolgen; für die historische Grundlagenforschung aber bedeutet die Landesgeschichte eine Erkenntnisquelle ersten Ranges, weil der geschichtliche Prozeß in »Anstoß und Wirkung« auf die betroffenen Menschen hier oft faßbarer ist als im größeren Bereich der Reichsgeschichte.

Seit Jakob Mennel, also seit dem Beginn des 16. Jahrhunderts, datiert die Beschäftigung Freiburger Gelehrter mit dem Zähringerthema. In der Zeit der wissenschaftlichen Geschichtsforschung sei an die Verdienste erinnert, die sich Heinrich Schreiber als Geschichtsschreiber der Stadt und der Universität erworben hat, an das fast hundertjährige, aber noch heute wichtige Werk Eduard Heycks, oder die Vielzahl von Studien, die dem von den Zähringer Herzögen verfügten Freiburger Stadtrecht gelten. Einen Meilenstein in der Geschichte der Forschung stellt die Freiburger Rektoratsrede Theodor Mayers »Der Staat der Herzoge von Zähringen« dar. Ich bin sicher, daß diese Ausstellung, die die bisherige Zähringerforschung augenfällig zusammenfaßt und um neue Ergebnisse bereichert, langdauernde wissenschaftliche Folgen haben wird.

(Prof. Dr. Volker Schupp)
Rektor der Albert-Ludwigs-Universität Freiburg

Die Leihgeber

Augsburg	Universitätsbibliothek
Basel	Historisches Museum Öffentliche Bibliothek der Universität Basel Staatsarchiv des Kantons Basel-Stadt
Berlin	Staatsbibliothek Preußischer Kulturbesitz
Bern	Bernisches Historisches Museum Burgerbibliothek Inventarisation der bernischen Kunstdenkmäler Stadtarchiv Stadt- und Universitätsbibliothek Staatsarchiv des Kantons Bern
Besançon	Archives Départementales du Doubs
Bremgarten	Stadtkanzlei
Burgdorf	Burgerarchiv Rittersaalverein
Diessenhofen	Burgerarchiv
Donaueschingen	Fürstlich Fürstenbergische Hofbibliothek Fürstlich Fürstenbergisches Archiv Fürstlich Fürstenbergische Mineraliensammlung
Düsseldorf	Universitätsbibliothek
Frankfurt	Stadt- und Universitätsbibliothek
Freiburg i. Br.	Augustinermuseum Erzbischöfliches Archiv Geologisches Landesamt Baden-Württemberg Landesdenkmalamt Baden-Württemberg, Außenstelle Freiburg Münsterpfarramt Museum für Naturkunde Stadtarchiv Städtisches Tiefbauamt Universitätsbibliothek
Fribourg	Archives Cantonales Bibliothèque Cantonale et Universitaire Musée d'Art et d'Histoire
Friesenheim-Schuttern	Katholisches Pfarramt

Gengenbach	Heimatgeschichtliche Sammlungen im Löwenbergpalais
Gutach	Schwarzwälder Freilichtmuseum »Vogtsbauernhof«
Heidelberg	Universitätsbibliothek
Karlsruhe	Badische Landesbibliothek Badisches Landesmuseum Generallandesarchiv Institut für Straßenbau und Eisenbahnwesen der Technischen Universität Karlsruhe Oberfinanzdirektion Staatsschuldenverwaltung Verkehrsmuseum
Kenzingen	Stadtarchiv
Koblenz	Landeshauptarchiv
Köln	Historisches Archiv der Stadt Schnütgen Museum
Konstanz	Katholisches Münsterpfarramt, Basilika Unserer Lieben Frau Rosgartenmuseum Stadtarchiv
Lahr	Museum im Stadtpark
Liège	Archives de l'Etat Fabrique de l'Eglise Sainte Croix Musée d'Art Religieux et d'Art Mosan Université de Liège, Bibliothèque Générale
München	Bayerische Staatsbibliothek Bayerisches Hauptstaatsarchiv
Mulhouse	Musée Historique
Murten	Stadtarchiv
Neuchâtel	Ville de Neuchâtel
Paris	Bibliothèque Nationale
Porrentruy	Fondation des Archives de l'ancien Evêché de Bâle
Rheinfelden	Fricktaler Heimatmuseum
Salem	Markgräflich Badische Museen
St. Blasien	Kolleg St. Blasien e.V.
St. Paul im Lavanttal	Benediktinerstift St. Paul
St. Peter im Schwarzwald	Priesterseminar der Erzdiözese Freiburg
St. Trudpert	Erzbischöfliches Pfarramt der ehemaligen Benediktinerkirche SS. Peter, Paul und Trudpert
Schaffhausen	Staatsarchiv Ministerialbibliothek

Schwaz (Tirol)	Franziskaner Provinzialarchiv
Solothurn	Staatsarchiv des Kantons Solothurn
Strasbourg	Archives Départementales du Bas-Rhin
Stuttgart	Hauptstaatsarchiv Württembergische Landesbibliothek Württembergisches Landesmuseum
Villingen	Münsterpfarramt Museum Altes Rathaus Stadtarchiv
Wien	Graphische Sammlung Albertina Österreichisches Haus-, Hof- und Staatarchiv Österreichische Nationalbibliothek
Wiesbaden	Hessisches Hauptstaatsarchiv
Wolfenbüttel	Niedersächsisches Staatsarchiv
Zürich	Hochbauamt des Kantons Zürich Kirchenpflege Großmünster Schweizerisches Landesmuseum Staatsarchiv des Kantons Zürich
Private Leihgeber	Max Markgraf von Baden, Salem Paul Busshof, Emmendingen Arthur Dörflinger, Bötzingen Fabrique de Tabac reunies s. a., Neuchâtel Faksimile-Verlag, Luzern Freiburger Kommunalbauten GmbH, Freiburg i. Br. Joachim Fürst zu Fürstenberg, Donaueschingen Hanne Gollrad, Freiburg i. Br. Walter Graßhof, Freiburg i. Br. Prof. Dr. Jean-Louis Kupper, Liège Karl List, Lahr Eike Marzi, Waldkirch Karl Möhrle, Münstertal Moninger Brauerei, Karlsruhe Ernst Pauli, Solothurn Helmut Riesterer, Freiburg i. Br. Burschenschaft Teutonia, Freiburg i. Br. Wandergruppe Zähringerstadt Neuenburg a. Rh. e. V., Neuenburg a. Rh.

Den Transport der Exponate besorgte die Firma Schütz GmbH, Internationale Kunstspedition, Freiburg i. Br.

Die Autoren

PD Dr. Gerd Althoff, Universität Freiburg i. Br. (G. A.)
Thomas Matthias Bauer, cand. phil., Freiburg i. Br. (T. M. B.)
Prof. Dr. Rüdiger Becksmann, Corpus Vitrearum Medii Aevi, Freiburg i. Br. (R. B.)
Immo Beyer, Stadtplanungsamt Freiburg i. Br. (I. B.)
Marita Blattmann, Freiburg i. Br. (M. B.)
Dr. Sigrid von Borries-Schulten, Karlsruhe (S. B.-S.)
Andreas Burkhard, cand. phil., Basel (A. B.)
Prof. Dr. Pierre Colman, Université de Liège (P. C.)
Regina Dennig, cand. phil., Freiburg i. Br. (R. D.)
Josef Diehl, Städtische Kommunalbauten Freiburg i. Br. (J. D.)
Almut Eckell, cand. phil., Freiburg i. Br. (A. E.)
Renate Ehrismann, cand. phil., Freiburg i. Br. (R. E.)
Markus Essig, cand. phil., Freiburg i. Br. (M. E.)
Dr. Josef Fuchs, Stadtarchiv Villingen-Schwenningen (J. F.)
Dr. Nora Gädeke, Universität Freiburg i. Br.
Dr. Jan Gerchow, Universität Freiburg i. Br. (J. G.)
Dr. Philippe George, Musée d'Art Religieux et d'Art Mosan, Liège (P. G.)
Prof. Dr. Dieter Geuenich, Universität Freiburg i. Br. (D. G.)
Dr. Hartmut Heinemann, Hessisches Hauptstaatsarchiv Wiesbaden (H. H.)
Carola Jacob, cand. phil., Freiburg i. Br. (C. J.)
Astrid Koberstein, cand. phil., Freiburg i. Br. (A. K.)
Mathias Köhler, cand. phil., Freiburg i. Br. (M. K.)
Peter F. Kopp, Historisches Museum Blumenstein, Solothurn (P. F. K.)
Prof. Dr. Jean-Louis Kupper, Université de Liège (J. L. K.)
Lupold von Lehsten, cand. phil., Freiburg i. Br. (L. L.)
Dr. Joseph Leisibach, Bibliothèque Cantonale et Universitaire de Fribourg (J. L.)
Albert Lemeunier, Musée d'Art Religieux et d'Art Mosan, Liège (A. L.)
Johannes Lichdi, cand. phil., Freiburg i. Br. (J. Li.)
Thomas Marciniak, cand. phil., Freiburg i. Br. (T. M.)
Eike Marzi, Waldkirch (E. M.)
Prof. Dr. Helmut Maurer, Stadtarchiv Konstanz (H. M.)
Prof. Dr. Dieter Mertens, Universität Tübingen (D. M.)
Prof. Dr. Volker Mertens, Freie Universität Berlin (V. M.)
PD Dr. Jürg Meyer zur Capellen, Universität Freiburg i. Br. (J. M. z. C.)
Prof. Dr. Hans-Otto Mühleisen, Universität Augsburg (H.-O. M.)
Dr. Renate Neumüllers-Klauser, Heidelberger Akademie der Wissenschaften (R. N.-K.)
Ulrich Parlow, Freiburg i. Br. (U. P.)
Gerlinde Person, cand. phil., Freiburg i. Br. (G. P.)
Dr. Françoise Pirenne-Hulin, Musée d'Art Religieux et d'Art Mosan, Liège (F. P.-H.)
Dr. Clemens Rehm, Stadtarchiv Freiburg i. Br. (C. R.)
Eva Renz, cand. phil., Freiburg i. Br. (E. R.)
Peter Reuss, cand. phil., Freiburg i. Br. (P. R.)

Prof. Dr. Lutz Röhrich, Universität Freiburg i. Br. (L. R.)
Dr. Hans Schadek, Stadtarchiv Freiburg i. Br. (H. S.)
Prof. Dr. Wilhelm Schlink, Universität Freiburg i. Br. (W. S.)
Prof. Dr. Karl Schmid, Universität Freiburg i. Br. (K. S.)
Dr. Peter Schmidt-Thomé, Landesdenkmalamt Baden-Württemberg, Außenstelle Freiburg i. Br. (P. S.-T.)
Dr. Jürg Schweizer, Inventarisation der Kunstdenkmäler des Kantons Bern (J. S.)
Prof. Dr. Heiko Steuer, Universität Freiburg i. Br. (H. St.)
Jürgen Treffeisen, Freiburg i. Br. (J. T.)
Dr. Ernst Tremp, Université de Fribourg (E. T.)
Norbert Widemann, Museum für Naturkunde, Freiburg i. Br. (N. W.)
Gabriele Witolla, cand. phil., Freiburg i. Br. (G. W.)
Prof. Dr. Joachim Wollasch, Universität Münster (J. W.)
Dr. Alfons Zettler, Universität Freiburg i. Br. (A. Z.)
Michael Zimmermann, cand. phil., Freiburg i. Br. (M. Z.)
Dr. Detlef Zinke, Augustinermuseum Freiburg i. Br. (D. Z.)

Vorwort der Herausgeber

Fehlendes Interesse scheint nicht der Grund dafür zu sein, daß die Zähringer im Zeitalter der Bildbände und der Ausstellungen – von einem bemerkenswerten Versuch der Stadt Thun 1964 abgesehen – vergessen worden sind. Eher möchte man den Grund dafür im weitgehenden Mangel einer heute noch sichtbaren Hinterlassenschaft des mittelalterlichen Herzogsgeschlechtes sehen. Wer könnte schon auf Anhieb ein Monument der Zähringer nennen? Die Zähringer Burg vielleicht. Aber darüber hinaus?

Schon bei der Konzeption der Ausstellung wurde daher klar, daß sie nicht mit Zeugnissen der Zähringerzeit allein gelingen könnte. Angesichts der Überlieferungslage erschien es vielmehr geboten, die Archäologie (Bodenforschung) und vor allem die Wirkungsgeschichte (Tradition) einzubeziehen. Auf diese Weise lassen sich nämlich Wege finden, die durch die Jahrhunderte zurück zu den Zähringern führen. Und außerdem kommen dabei zahlreiche bildliche und monumentale Zeugnisse in den Blick, die eine Ausstellung erst anschaulich machen. Wird also das Defizit an überlieferten zähringerzeitlichen Sachobjekten durch die Einbeziehung von Zeugnissen der Archäologie und der Tradition gemildert, so muß dafür allerdings in Kauf genommen werden, daß der Zeugnishorizont mannigfaltig erscheint. Dies aber kommt der Ausstellung auch wiederum zugute. Denn die notwendige Mitarbeit der unterschiedlichsten Fachrichtungen vermag die Bedingungen und Erfordernisse moderner, fächerübergreifender Forschungen aufzuzeigen. Ein wichtiger Grund für den Entschluß, die Zähringer in einer Ausstellung zur Anschauung zu bringen, ist schließlich darin zu sehen, daß sich die Geschichtsforschung – und die landesgeschichtliche Forschung zumal – der Aufgabe nicht entziehen darf, ihre Arbeit so darzustellen, daß sie nicht nur gelesen, sondern auch mit den Augen betrachtet, d. h. in anschaulicher Darbietung verfolgt werden kann.

Dabei bot das Zusammenwirken eines Universitätsinstituts, der Landesgeschichtlichen Abteilung des Historischen Seminars, und des Stadtarchivs die Möglichkeit, daß die Studenten, die über mehrere Semester hinweg an der Vorbereitung der Ausstellung beteiligt waren, auch die praktischen Belange der Darstellung und der Vermittlung einer historischen Thematik und den Umgang mit Zeugnissen der Überlieferung im Original in einer Ausstellung unmittelbar kennenlernen konnten. Ausführlich wurde in den Seminarübungen die Grundkonzeption und die Gliederung der Ausstellung in fünf Abteilungen erarbeitet. Vor allem Marita Blattmann und Jürgen Treffeisen konnten mit ihren Vorschlägen für die Darbietung des anspruchsvollen und wichtigen Bereichs »Städte« überzeugen und leisteten Schrittmacherdienste bei der schriftlichen Konkretisierung der Ausstellungskonzeption. Unter Leitung von Clemens Rehm und Jan Gerchow waren Arbeitsgruppen mit der Erstellung der Exponateliste und der Entwürfe der Artikel für den Katalogteil befaßt.

Um freilich dem wissenschaftlichen Anspruch voll zu genügen, war es erforderlich, für wesentliche Bereiche der Ausstellung und die Beschreibung und Beurteilung wichtiger Exponate Fachvertreter zu gewinnen. Das Verzeichnis der Autoren und mehr noch die einführenden Beiträge zu den einzelnen Bereichen der Ausstellung im Katalog selbst geben Auskunft darüber, daß nicht wenig namhafte Wissenschaftler zusammen mit den Mitarbeitern und auch mit Studenten sich bereitfanden, die in der Ausstellung dargebotenen Stücke durch Beschreibungen und Erklärungen den Besuchern der Ausstellung nahezubringen. Dabei setzte insbesondere die Mitwirkung von Gerd Althoff bei der Gestaltung der Abteilung »Herrschaft« neue Akzente, während Jan Gerchow den weiten Bereich der »Tradition« verantwortlich bearbeitete und auch die Abteilung »Kirchen und Klöster« zusammenstellte. Mathias Köhler unter der Obhut von Wilhelm Schlink und Clemens Rehm wie Alfons Zettler waren in engem Kontakt mit Heiko Steuer darum bemüht, die Sachzeugnisse aus den Bereichen der Archäologie, Architektur und Kunst in die Ausstellung sachgerecht einzubringen. A. Zettler hat auch die Verantwortung bei der Bearbeitung des wichtigen Bereichs der kartographischen Darstellungen übernommen, die vom Vermessungsamt der Stadt Freiburg i. Br. erstellt wurden.

Der Katalog, dessen Redaktion Jan Gerchow und dessen Ausstattung mit Abbildungen Thomas Bauer übernahmen, gibt Aufschluß darüber, wie viele bisher unbekannte Schriftzeugnisse und Sachobjekte zutage getreten sind, die künftig der Erforschung der Zähringergeschichte und der Zähringertradition Auftrieb zu gegen vermögen. Um wenigstens einen kleinen Eindruck von der Fülle der neuen Funde und Fragen zu geben, sind dem Katalogteil entsprechende Berichte angefügt worden. Eine Auswahl der wichtigsten Quellen zur Zähringergeschichte wurde von Nora Gädeke in lateinischer Textform und in Übersetzung geboten, um einen Zugang zur Überlieferung zu ermöglichen und eine Übersicht über den Inhalt der wichtigsten Texte der Geschichtsschreibung und der Urkunden zu geben, die häufiger zitiert oder als Reproduktionen im Katalog wiedergegeben sind.

Der Katalog allein vermag jedoch mit der Präsentation von 368 Exponaten nur einen Überblick über die Überlieferung zur Geschichte und Tradition der Zähringer zu geben und eine Brücke wenigstens zu einem neuen Forschungsansatz über die Zähringer zu schlagen. In thematisch orientierter Weise wurden bisher vernachlässigte wissenschaftliche Fragestellungen über die Zähringer in einer Ringvorlesung des Sommersemesters 1984 an der Universität aufgeworfen. Auf ihren Vorträgen und Diskussionen beruht der Aufsatzband, der durch zusätzliche Beiträge ergänzt wurde. Dieser Band, dem ein Kartenanhang und ein Verzeichnis des Zähringerschrifttums beigegeben ist, stellt einen unentbehrlichen Bestandteil der Veröffentlichungen zur Zähringer-Ausstellung dar. Mit dem Katalogband ist er als zweiteiliges Ganzes, d. h. als Einheit zu betrachten. Die Veröffentlichungen zur Zähringer-Ausstellung verfolgen zum einen den Zweck, die Ausstellung zu begleiten, zu erläutern und zu erklären. Zum anderen stellen sie ein für die Zähringerforschung künftig nicht mehr wegzudenkendes Hilfsmittel dar. Bietet es doch eine Grundlage, auf der endlich mit berechtigter Aussicht auf Erfolg weitergearbeitet werden kann, um das beinahe hundert Jahre alte Werk von Eduard Heyck zu ersetzen. Daß es dazu noch vieler Bemühungen bedarf, wird mit dem die Ausstellung begleitenden Vortragsprogramm verdeutlicht. So hat Hans-Otto Mühleisen (Augsburg) die Frage nach der historischen Bedeutung jener Zähringer aufgeworfen, die im Dienste der Kirche als Mönche, Äbte und Bischöfe tätig gewesen sind. In einer Tagung der Katholischen Akademie der Erzdiözese in Freiburg im Breisgau werden dazu Karl Suso Frank (Freiburg), Jean-Louis Kupper (Lüttich), Hansmartin Schwarzmaier (Stuttgart) und Joachim Wollasch (Münster) das Wort nehmen. Und da in der Ringvorlesung des Sommersemesters 1984 die schweizerische Zähringerforschung noch nicht vertreten gewesen ist, werden während der Ausstellung an der Universität Freiburg im Breisgau drei Schweizer Vorträge zur Zähringer-Ausstellung veranstaltet, die der Kunsthistoriker Adolf Reinle (Zürich), der Archäologe Jürg Schweizer (Bern) und der Mittelalterhistoriker Pascal Ladner (Fribourg) übernommen haben.

Während die Veröffentlichungen vom Universitätsinstitut betreut wurden, hat das Stadtarchiv die nicht weniger arbeitsintensive und anspruchsvolle technische Seite des Unternehmens und seine praktische Durchführung übernommen. Dies wäre freilich ohne die Mitarbeit von Dr. Clemens Rehm nicht zu leisten gewesen, der, in einem einjährigen Werkvertrag der Stadt angestellt, über ein Jahr lang für die Organisation der Ausstellung zur Verfügung stand. Es versteht sich von selbst, daß gleichwohl alle Bediensteten des Stadtarchivs bis an die Grenze des Vertretbaren zusätzliche und außergewöhnliche Arbeiten zu übernehmen hatten. Mit der Bereitschaft dazu haben sie wesentlich zum Gelingen der Ausstellung beigetragen.

Es war der Wunsch der Stadt, daß die Zähringerausstellung im großen Kirchenraum des Augustinermuseums gezeigt wird, um der Bedeutung des Themas und dem Anspruch der

Konzeption auch im äußerlichen Ambiente gerecht zu werden. Es ist dem Direktor des Museums Dr. Hans H. Hofstätter Dank zu sagen, daß er hierzu sein Einverständnis gegeben hat. Darüber hinaus hat das Stadtarchiv wertvolle Unterstützung bei einzelnen Mitarbeitern des Museums gefunden. Dr. Detlef Zinke, dessen Sachkenntnis auch der endgültigen Präsentation der Exponate zugute kam, und der tatkräftige Leiter der Museumsschreinerei Eugen Sander sind insbesondere zu nennen. Insgesamt ist hervorzuheben, daß die städtischen Ämter, soweit sie um fördernde Unterstützung gebeten wurden – wie etwa das Presseamt oder das bereits genannte Vermessungsamt –, diese bereitwillig gewährt haben. Dr. Peter Schmidt-Thomé vom Landesamt für Denkmalpflege, Außenstelle Freiburg, hat mit seiner Sachkenntnis der Ausstellung wichtige Dienste geleistet. Genannt sei auch die Kooperationsbereitschaft der Freiburger Universitätsbibliothek, die nicht nur zahlreiche Exponate zur Verfügung stellte, sondern auch die Betreuung der Handschriften in der Ausstellung durch den Leiter der Handschriftenabteilung, Dr. Winfried Hagenmaier, übernahm.

Dem H. H. Erzbischof von Freiburg Dr. Oskar Saier ist es zu verdanken, daß hervorragende Kunstwerke der Zähringerzeit aus kirchlichem Besitz auf der Ausstellung gezeigt werden können. Dafür und für die Vermittlung weiterer Wünsche bei kirchlichen Institutionen sei ihm der ehrerbietigste Dank gesagt, ebenso dem H. H. Alt-Bischof von Basel, Prof. Dr. Anton Hänggi, und dem H. H. Bischof von Lüttich, Dr. Guillaume Marie van Zuylen. Dank gesagt sei auch dem H. H. Generalvikar Dr. Robert Schlund, dem H. H. Domkapitular Dr. Otto Bechtold und dem H. H. Dompfarrer Gerhard Heck.

Den staatlichen Stellen gebührt in gleicher Weise der Dank, in erster Linie dem Minister für Wissenschaft und Kunst des Landes Baden-Württemberg, Prof. Dr. Helmut Engler, für seine vielfältige Hilfe. Seinen Bemühungen bei staatlichen Institutionen vor allem des Auslands ist es zu verdanken, daß wertvolle Exponate für die Ausstellung gewonnen werden konnten. Die Präsidenten und Ltd. Direktoren der Archive, Bibliotheken und Museen des Landes haben der Ausstellung besonderes Interesse und Wohlwollen entgegengebracht.

Es ist an dieser Stelle nicht möglich, die zahlreichen Förderer der Ausstellung mit Namen zu nennen. Doch seien stellvertretend für alle dankend hervorgehoben die Herren Dr. H. Heinemann (Wiesbaden), Prof. J.-L. Kupper (Lüttich), Prof. P. Ladner (Freiburg i. Ü.) und Dr. H. Schwarzmaier (Stuttgart).

Die von den Leitern des Stadtarchivs und der landesgeschichtlichen Abteilung des Historischen Seminars veranstaltete gemeinsame Seminarübung zur Vorbereitung der Zähringerausstellung und die Durchführung derselben ist als praktisches Experiment der vom Rektor der Universität und vom Oberbürgermeister der Stadt angekündigten engeren Zusammenarbeit zu werten. Obwohl diese Institutionen der Universität und der Stadt auf Grund ihrer Ausstattung von sich aus nicht in der Lage gewesen wären, eine größere Ausstellung zu veranstalten, ist es dank der tatkräftigen Unterstützung durch den Oberbürgermeister der Stadt Freiburg Dr. Rolf Böhme und den Rektor der Albert-Ludwigs-Universität Prof. Dr. Volker Schupp möglich gewesen, das Vorhaben zu verwirklichen. Es ist unser Wunsch, mit ihm das Zusammenwirken von Stadt und Universität an einem Beispiel vorzuführen.

Nicht zuletzt ist dem Designer Peter Lorenz, Freiburg i. Br., für sein Engagement bei der Gestaltung der Ausstellung zu danken. Dem Verleger Georg Bensch und den Mitarbeitern des Thorbecke-Verlags gebührt für das Verständnis und die große Sorgfalt, die sie den Veröffentlichungen zur Zähringerausstellung haben angedeihen lassen, ganz besonderer Dank.

Hans Schadek *Karl Schmid*

I. AUF DER SUCHE NACH DEN ZÄHRINGERN

Von einem stärker werdenden Interesse an der Geschichte profitieren auch die Zähringer, die im Hochmittelalter als Herzöge im Alpenvorland zwischen Schwarzwald und Genfersee wirkten. Nicht nur in Freiburg im Breisgau, wo die Presse seit geraumer Zeit über alle Aktivitäten der Zähringer Städtefreundschaft regelmäßig berichtet, sondern auch in Bern, in dessen neuer, illustrierter Stadtgeschichte die Zähringer gleich in mehreren Überschriften genannt werden, ist dies spürbar. Obwohl vielerorts noch heute Namen, Orte und Monumente – etwa Burgen und Brunnen oder Straßen und Plätze – an die Zähringer erinnern, ist es für den Interessierten keineswegs einfach, ihnen zu begegnen: In Erfahrung zu bringen, wer die Zähringer gewesen sind und welche Wirkung auf die Geschichte des Landes und der Leute von ihnen ausgegangen ist, erscheint vielmehr etwas mühsam.

Der moderne Mensch will sehen, nicht nur hören oder lesen. Daher versteht er sich aufs Reisen und besucht Museen. Beides kommt seinem Wunsch, die Zeugnisse der Geschichte kennenzulernen, entgegen. Indessen fällt es schwer, über die schon erwähnten, noch heute wahrnehmbaren Zähringer-Erinnerungen den Weg zu den Zähringern und in die Zähringerzeit selbst zu finden. Zu wenig scheint sich von den mittelalterlichen Zähringern erhalten zu haben, und zu verbaut scheinen die Wege zu sein, die zu ihnen zurückführen. Diesem Übel etwas abzuhelfen, ist ein Anliegen moderner Formen der Geschichtsvermittlung: die Gestaltung und Einrichtung historischer Ausstellungen gehört dazu.

Nun weiß man, daß Ausstellungen zumeist im Zusammenhang von Jubiläen veranstaltet werden. Städte, Länder, Dynastien und Kirchen feiern ihre Gründer, ihre Symbolfiguren oder Potentaten, wofür es zahlreiche Beispiele gibt. Etwa die Braunschweiger Ausstellung im Jahr 1981, die Wittelsbacher Ausstellung von 1980 oder die Staufer-Ausstellung des Jahres 1977, die aus Anlaß des 25jährigen Bestehens des Landes Baden-Württemberg veranstaltet wurde. Unverkennbar knüpft die Feier eines Jubiläums an Anfänge, Ursprünge oder Einschnitte in der Vergangenheit an, wobei der Stuttgarter Fall deswegen ein ganz besonderer ist, weil das 25jährige Bestehen des neuen Bundeslandes Baden-Württemberg durch eine die Stauferzeit in Erinnerung bringende Ausstellung gefeiert wurde. Das ist wohl als Kontinuitätsbewußtsein eigentümlicher Art zu werten.

Von Ausstellungen solcher Art unterscheidet sich die Zähringer-Ausstellung in grundsätzlicher Weise: Sie hat nicht den Charakter eines Jubiläums und kennt daher auch kein Bezugsjahr in der Geschichte. Es gibt auch tatsächlich zwischen Alpen und Main kein Land, das den alleinigen Anspruch einer Anknüpfung an die Zähringer erheben könnte. Gewiß aber gibt es Städte, die für sich in Anspruch nehmen können, von einem Zähringerherzog gegründet zu sein. Doch kann keine Stadt die Zähringertradition für sich allein, d. h. ganz beanspruchen, auch Freiburg im Breisgau nicht, dessen Bürger bei der Feier des 850. Jahres seiner Gründung durch Konrad, den Bruder des Zähringerherzogs, einen Festvortrag mit dem Titel über sich ergehen lassen mußten: »Gibt es eine Freiburger Gründungsurkunde aus dem Jahre 1120?« Mit der »Abkehr von einem Mythos« begründete der Festredner sein noch immer heftig umstrittenes Unterfangen, die Existenz einer solchen Urkunde zu verneinen, was nur zeigt, daß Jubiläen auch peinlich werden können.

Die Suche nach Epochejahren in der Zähringergeschichte aber führt zu der bemerkenswerten Feststellung, daß alle drei sich anbietenden Jahre, nämlich 1098, das Jahr des von Heinrich IV. vermittelten Ausgleichs zwischen den Zähringern und den Staufern mit der Erwerbung der

Reichsvogtei über Zürich, 1198, das Jahr der von Herzog Bertold V. nicht wahrgenommenen Königskandidatur, und endlich 1218, das Jahr des Erlöschens des Zähringergeschlechtes im Mannesstamm, keinen Grund zum Feiern oder gar zur Verherrlichung der Zähringer geben. Vielmehr drängt sich angesichts dieser für die Geschichte des Herzogsgeschlechtes wichtigen Daten und auch aufs Ganze gesehen der Eindruck auf, die Zähringer seien nicht vom Glück verwöhnt worden, sie hätten viel eher immer wieder die Grenzen ihres Strebens nach Herrschaft zu spüren bekommen, insbesondere in der Auseinandersetzung mit dem salischen und staufischen Königsgeschlecht. Deshalb ist es an der Zeit, darüber nachzudenken, warum von nicht wenig ›Unglück‹ in der Zähringergeschichte die Rede sein muß. Und doch ist nicht zu verkennen, wie stark und wirkungsträchtig die Anstöße gewesen sind, die von den Zähringern in ihrer Zeit im politischen und kirchlichen Bereich und wahrscheinlich auch auf künstlerischem Gebiet ausgegangen sind. Als Städtegründer, Verfechter der kirchlichen Reformbewegung und als Territorialpolitiker haben sie in der vordersten Front der nach der Herrschaft im Lande strebenden Adelskräfte gekämpft. Und die Wirkung ihrer in wenig mehr als hundert Jahren ausgeübten Herrschaft ist so groß gewesen, daß nach ihrem Aussterben ein noch zu wenig erforschtes Ringen um ihr Erbe entbrannte, an dem sich – gewiß nicht zufällig – auch der staufische Herrscher maßgeblich beteiligte. Daß die Habsburger und später die Badener an die Tradition der Zähringer anknüpften und daß in einer ganzen Reihe von Städten und auch in Kirchen und Klöstern der Zähringer als Gründer, Stifter und Wohltäter gedacht wurde, gibt klar genug zu erkennen, in welchem Ausmaß zähringische Herrschaft und Einflußnahme auf beinahe alle Bereiche des Lebens, des materiellen und des geistigen Lebens gewirkt haben.

Wenn danach gefragt wird, wie groß ihr Anstoß und wie groß ihre Wirkung in der Geschichte gewesen sind, wann und wo diese beobachtet und festgestellt werden können, nehmen wir einen Standort der Betrachtung ein, der nicht durch das, was für gewöhnlich bei einem Jubiläum geschieht, gebunden oder gar beeinträchtigt sein darf. Es kann – mit anderen Worten – bei den Zähringern nicht um die Erinnerung an eine Dynastie gehen, wie dies etwa der im Jahr 1984 erschienene Festschriftband »900 Jahre Haus Württemberg« unternimmt. Und überhaupt: jeder dynastische Zugriff auf die Zähringer scheidet in der heutigen Zeit schon deshalb aus, weil das Herzogsgeschlecht im Jahre 1218 ausgestorben ist. Und weil dies so war, gibt es auch keine Zähringer-Residenz im Unterschied zum Stuttgart der Württemberger, zum München der Wittelsbacher oder zum Karlsruhe der Badener. Die zähringischen Stadtgründungen aber – man denke etwa an Bern oder Freiburg im Üchtland oder an Freiburg im Breisgau – können wohl gleichfalls nicht als Zähringer-Residenzen angesprochen werden. Burgdorf und Zürich, Breisach und Rheinfelden waren wohl zumindest zeitweilig nicht weniger wichtig für die Herzöge als die drei genannten Zähringergründungen. Jedenfalls war die Stammburg Zähringen – schon ihrer Größe wegen – nicht der wirkliche Mittelpunkt der Herrschaft. Das Hauskloster St. Peter und die Stadtsiedlung Freiburg im Breisgau sind von dem einen Schwerpunkt der Zähringerherrschaft ebensowenig wegzudenken wie die burgundischen Vororte in der Westschweiz und der Anspruch auf die Reichsrechte in Zürich von dem anderen.

Daher versteht es sich, daß nach dem Aussterben der Zähringer im Jahre 1218 nicht nur ihre Erben, die Grafen von Urach-Freiburg und die Grafen von Kiburg, sondern auch die von den Zähringern gegründeten und geprägten Städte, Klöster und Kirchen und schließlich sogar ein Seitenzweig der Familie, die Markgrafen von Baden, die Tradition des Herzogsgeschlechtes aufnahmen und bewahrten. Und natürlich geschah dies, weil sie alle sich selbst einen Nutzen davon versprachen. Sieht man vom ehemaligen zähringischen Hauskloster St. Peter im Schwarzwald ab, das als Grablege der Zähringer in erstaunlicher Anhänglichkeit das Andenken seiner Stifter gehütet hat, so scheint aufs Ganze gesehen die Kirche der Zähringertradition etwas weniger Aufmerksamkeit geschenkt zu haben, obschon doch überaus bedeutende Kirchenmänner wie Bischof Gebhard III. von Konstanz oder Bischof Rudolf von Lüttich oder gar der Zisterzienser-General und Kardinal Konrad von Urach ihre Abkunft von den Zähringer nicht verleugnet haben dürften. Dem Reformmönchtum scheinen insbesondere die älteren Zähringer zugetan gewesen zu sein, wie die neu entdeckten Beziehungen Bertolds I. zum Kloster Hirsau und vor allem der Klostereintritt seines Sohnes Hermann in Cluny zeigen.

*

Was die Zähringer-Ausstellung angeht, so muß man sich vor Augen halten, daß von den Herzögen selbst kaum etwas erhalten geblieben ist: weder ein Bild, das einen Herzog in seiner Zeit dargestellt hätte, noch ein Gegenstand, den ein solcher benutzt oder getragen, und wohl nicht einmal ein Schriftstück, das von einem Zähringer selbst geschrieben worden wäre. Nur die geistlichen Zähringer machen hier vielleicht eine Ausnahme, was immerhin bemerkenswert ist. Somit aber fehlen fast alle Voraussetzungen, um die Zähringer selbst zum Thema und zum Gegenstand einer Ausstellung zu machen. Dieser Umstand ist in doppelter Hinsicht wichtig: Zunächst weist er mit allem Nachdruck auf den historischen Charakter des Unternehmens hin. Insofern die Zähringer nicht durch sich selbst, sondern nur durch das, was sie in ihrer Umwelt und bei der Nachwelt bewirkt haben, überhaupt faßbar werden, sind sie nicht nur eine gewiß bedeutende, sondern auch sehr geeignete Erscheinung, um Geschichte im Spiegel von überlieferten Zeugnissen aller Art zu vergegenwärtigen, anschaulich zu machen und der Beurteilung zuzuführen.

Natürlich bringt dieser Sachverhalt auf der anderen Seite auch beträchtliche Schwierigkeiten mit sich, die nicht unbemerkt bleiben dürfen. Angesichts der Überlieferungslage und in Ermangelung von zähringischen Selbstzeugnissen steht eine Ausstellung in der Gefahr, auszuufern, d.h. ihren thematischen Bezug zu verlieren. Denn wollte man infolge davon die Zeit der Zähringer zum Gegenstand einer solchen machen, so wäre dies doch wohl ein überaus problematisches Unterfangen angesichts der vor wenigen Jahren in Stuttgart gezeigten Staufer-Ausstellung, die bekanntlich nicht nur diesen allein galt. In einer Landesausstellung ist hier die Staufer-Thematik offenbar ganz bewußt ausgeweitet worden: »Die Zeit der Staufer« sollte gezeigt werden. Daß daneben eine Ausstellung über ›die Zeit der Zähringer‹ nicht realisierbar ist, versteht sich fast von selbst. Doch stellt dieses Dilemma auch eine Chance dar. Es bringt nämlich die Auflage mit sich, den thematischen Bezug der Ausstellung sehr viel stärker zu wahren, wodurch sich wie von selbst die Möglichkeit öffnet, die Zähringer nicht nur im Spiegel der Zeugnisse ihrer eigenen Zeit sondern auch und vor allem aus der Sicht und gar im Zugriff der Nachwelt zu studieren und anschaulich zu machen.

Damit ist bereits der andere Aspekt angedeutet, der sich daraus ergibt, daß die Zähringer als solche in einer Ausstellung nicht zur Anschauung gebracht werden können sondern nur in ihren Werken und in ihrer Umwelt zu fassen sind. Dieser Aspekt betrifft nun aber unmittelbar den Inhalt der Ausstellung und ihre Gliederung. Wenn die Zähringer schon nicht als Personen und nicht als Herzogsdynastie zu thematisieren und zur Darstellung zu bringen sind, so bietet sich der Versuch an, ihre Herrschaft und die von ihnen ausgehende oder auf sie zurückgehende Tradition zum Gegenstand der Ausstellung zu machen. Damit ist schon eine Unterteilung in die Bereiche nahegelegt, die einmal der Umwelt und dann der Nachwelt der Zähringer gelten. Im Hinblick auf das Bild der Zähringer in der Nachwelt kann nunmehr die erstaunliche Beobachtung gemacht werden, daß gerade das, was den Zähringern in bezug auf ihre eigene Zeit mangelt, in großer Fülle zur Verfügung steht: bildliche Darstellungen der einzelnen Zähringer sind gemeint, aber auch Stammbäume, die nicht selten bildhaften Charakter tragen. Es handelt sich dabei ausschließlich um Phantasiebilder, da die wirklichen Gesichtszüge von keinem Zähringer bewahrt worden und erhalten sind. Dennoch gibt es spätere Gemälde von allen Zähringern und von den bekannteren, etwa von Bertold V. und Konrad oder von Bischof Gebhard, gleich mehrere. Schon dieser überaus interessante Befund läßt es gerechtfertigt erscheinen, in einer Ausstellung die Darstellung der Umwelt von der Darstellung der Nachwelt möglichst konsequent zu trennen. Eine gesonderte Zurschaustellung der Bilder, die sich die Nachwelt von den Zähringern gemacht hat, Bilder, die jeder Wirklichkeit ganz und gar entraten, gibt in wünschenswerter Klarheit zu erkennen, wie man sich die Zähringer vorstellte, in welcher Weise man auf sie zugegriffen hat. Und ganz entsprechend verhält es sich mit allen übrigen zähringischen Reminiszenzen und vermeintlichen Wirklichkeiten, auf die sich später Städte und Kirchen, Dynastien und Länder, Vereine und Bünde beziehen oder gar berufen zu dürfen glaubten.

Ergibt sich so die Möglichkeit, die Zähringertradition in die Ausstellung einzubringen, so fragt es sich, wie demgegenüber ihr Wirken in ihrer eigenen Zeit zum Ausdruck gebracht werden kann. Zu der Vielzahl der Gesichtspunkte steht die tatsächliche Überlieferung zwar meist in krassem Gegensatz, da sich das überkommene Gut an originalen Zeugnissen für die Zeit vor dem 13. Jahrhundert in engen Grenzen hält. Das ist der Grund, weshalb es sich da und dort nicht vermeiden läßt, einige wenige Stücke in die Ausstellung einzubeziehen, die keinen unmittelbaren Zähringerbezug besitzen. Und dies trifft besonders für den Bereich der ›Beherrschten‹ zu, weil die einzelnen Gruppen, die ihnen zugehören, etwa das Gesinde und die Knechte, die unfreien Dienstleute, die Bergleute oder die Bürger in den Städten, aber auch die Gefolgsleute und die Kirchenleute als solche zwar angesprochen werden können und weil darüber hinaus in einzelnen Fällen zwar Angehörige von ihnen mit Namen bekannt sind, als von den Zähringern Beherrschte – von Ausnahmen abgesehen – durch gegenständliche Zeugnisse nicht in die Ausstellung einzubringen sind. Angesichts der Rivalität zwischen Zähringern und Staufern erschien es, zumal diese in der politischen Geschichte des hohen Mittelalters noch zu wenig Beachtung gefunden hat, zweckmäßig, den Aufbau und die Geschichte der Zähringerherrschaft unter diesen zentralen Gesichtspunkt zu stellen. Dabei lassen sich insbesondere die territorialpolitischen Bemühungen der Herzöge gut einfügen, die sich vor allem in einer gezielten Güter- und Besitzpolitik zu erkennen geben und in einem großzügigen Burgenbau niederschlugen, an dem auch Gefolgs- und Dienstleute starken Anteil hatten. Die gleichfalls in diesen Zusammenhang gehörende Städtepolitik wie auch die Kirchen- und Klosterpolitik indessen werden eigens behandelt, da sie dies auf Grund ihres Eigengewichtes in der Zähringergeschichte verdienen. Gerade weil der Begriff ›Zähringerstädte‹ in der neueren Forschung mit Recht hinterfragt wird, ist es angebracht, das Verhältnis der Zähringer zu ihren Städten und zu allen auf die Zähringer zurückgehenden Stadtrechtüberlieferungen gründlicher als bisher zur Diskussion zu stellen. Und die mit den Zähringern auf vielerlei Weise verbundenen Kirchen und Klöster bieten sich schon deshalb für eine Ausstellung als eigener Bereich an, weil sie bekanntermaßen als Träger des geistlichen Lebens die Horte auch des künstlerischen Schaffens gewesen sind. Und was dabei wichtig ist: dies ist wohl der Hauptgrund dafür, daß am ehesten in ihnen oder über sie Gegenstände sakraler Art erhalten geblieben sind.

*

»Auf der Suche nach den Zähringern« meint demnach weniger ein Suchen nach diesen selbst denn eine Verhaltensweise, die an der Geschichte des Landes und seiner Leute am Oberlauf von Rhône und Rhein interessiert ist. Im Bewußtsein der Tatsache, daß Volkstums-, Staats- und Landesgrenzen in großer Zahl gerade dieses uralte Durchgangsland durchqueren und damit bestimmen, und im Wissen, daß das Rad der Geschichte nicht zurückzudrehen ist, vermag wohl die Rückbesinnung auf die Zähringergeschichte das Verständnis für das Gewordensein der Länder und Staaten im nordöstlichen Alpenvorland zu fördern und so eine Voraussetzung für die gegenseitige Anerkennung des jeweiligen Andersseins der Menschen, die in ihnen wohnen oder zu Gast sind, zu schaffen.

Indessen gilt es, noch eingehender die Einsicht zu bedenken, daß wir stets auf der Suche nach den Zähringern bleiben werden, weil diese dem sogenannten ›porträtlosen Jahrtausend‹ angehören, das keine Darstellung des Menschen mit seinen je eigentümlichen Zügen anstrebte, sondern in der überkommenen Überlieferung vor allem Menschenbilder exemplarischer Art festgehalten hat, etwa Heilige und Sünder, Könige und Bauern, Ritter und Mönche, Herren und Bettler, aber auch lachende und weinende, erfüllte und verzweifelte, arme und reiche oder jugendliche und alte Menschen. Die Suche ist also auf die Überlieferung angewiesen, denn sie allein kann den rechten Zugang zum Verständnis einer Welt öffnen helfen, die dem modernen Menschen zunächst fremd erscheinen möchte.

In Ermangelung eines zeitgenössischen Bildes eines Zähringers erwartet den Besucher der

Ausstellung, der auf die Suche nach den Zähringern zu gehen beabsichtigt, zuerst ein monumentales Bildnis (Abb. 1), das in der zweiten Hälfte des 12. Jahrhunderts wahrscheinlich von einem oberitalienischen Bildhauer geschaffen und hoch oben am Nordturm des Zürcher Großmünsters angebracht worden ist. Ist der ausdrucksvolle jugendliche Reiter auf dem mächtigen Roß als Symbolfigur, als Reiterheiliger oder als Stifterfigur zu deuten? Neuerdings wird er als Manifestation der Herrschaft des Zähringerherzogs über Zürich angesehen, insofern die Turmzone der Stiftskirche unmittelbar zu seinem Rechtsbereich gehörte (Nr. 1). Trifft dies zu, so ist in diesem Reiter das hervorragendste Zähringermonument zu sehen, das indessen zur Sphäre der ›Herrschaftszeichen‹ zu rechnen ist und daher nicht als Personendarstellung betrachtet sein will.

Ganz anders als die Zürcher Reiter-Darstellung, die ganz von der Spannung zwischen dem kraftvollen Roß und der zierlichen, auf ihm sitzenden Last lebt, ist die Ritterfigur im Freiburger Münster (Abb. 5) mit den Zähringern verbunden. Die betende Gestalt gilt als Bildnis Bertolds V., der im Jahr 1218 in der unter ihm errichteten, erstaunlich großen Freiburger Stadtkirche bestattet wurde. Neuerdings hat sich herausgestellt, daß die aus der Mitte des 14. Jahrhunderts stammende, in einer Wandnische des südlichen Seitenschiffs stehende Grabfigur ursprünglich zum Hochgrab des Grafen Friedrich III. von Freiburg gehörte und erst geraume Zeit nach der Verlegung von Bertolds Grab im Chor als Darstellung des letzten im Münster beigesetzten Zähringerherzogs betrachtet wurde (Nr. 2). Als man sich des Zähringerherzogs, des Stifters der Kirche, wieder erinnerte, ›erkannte‹ man ihn in der Grabfigur des Grafen Friedrich, des wohl schönsten Grabmonuments im Münster. Daß die Grafenfigur – aus welchen Gründen immer – zur Herzogsfigur avancierte, hatte wohl suggestive Gründe, weshalb man den ›Bertold V. im Freiburger Münster‹ als Suggestivbildnis bezeichnen könnte.

Ist dieser fromme Ritter sozusagen erst nachträglich zu einem Zähringer gemacht worden, so sind unter den zahlreichen um die Mitte des 16. Jahrhunderts im westschweizerischen Freiburg und in Bern errichteten Stadtbrunnen auch solche geschaffen worden, die zu den zähringischen Stadtgründern in eine Beziehung gebracht worden sind. Die Brunnen »der Tapferkeit« und »der Treue« im üchtländischen Freiburg hat man im Volk als Zähringerbrunnen angesehen, wobei bemerkenswert ist, daß der Krieger bzw. Ritter als Sinnbild des sogenannten »Tapferkeitsbrunnens« (Abb. 4) wie des sogenannten »Treuebrunnens« diente. Wenn sich den Freiburger Bürgern als Identifikationssymbole für ihren zähringischen Stadtgründer Bertold IV. die Brunnen »der Tapferkeit« und »der Treue« anboten, so möchte man dies nicht für Zufall halten (Nrn. 3, 328). Vielmehr scheint das wehrhafte Motiv von ›Schutz‹ und ›Trutz‹ im Vordergrund gestanden zu haben – wie auch beim Berner Zähringerbrunnen. Seine ihn kennzeichnende Figur stellt nämlich einen Knappen in Rüstung dar mit dem zähringischen Wappenschild samt Schwert und der zähringischen Fahnenlanze, dem sogenannten Banner (Abb. 3). Da nun aber hier als Schild- und Bannerträger ein in eine Rüstung gesteckter Bär genommen wurde, ist der Bezug von symbolhaftem Wappentier und dessen wehrhafter Funktion als Ritter im Dienste des Stadtgründers, des Zähringers Bertold, nicht nur hergestellt, sondern in höchstem Maße sinnfällig, denn diesen nennt die Brunneninschrift als solchen ausdrücklich (Nr. 327).

Ohne hier auf andere Brunnen und Denkmäler von zähringischen Gründergestalten eingehen zu wollen (vgl. unten Nrn. 327ff.), verdient noch ein modernes Beispiel besondere Beachtung. Und dies zumal unter dem Aspekt der Suche nach den Zähringern. Daß der von Hans Arp geschaffene »Torso eines Ritters« als Brunnenfigur für Murten ausersehen und als »Versuch eines Zähringerbrunnens« in Betracht gezogen wurde (Nr. 4, Abb. 2), paßt überraschend gut in die Reihe der Monumente, die an Stadtgründer erinnern sollen und wollen. Daß bei allen diesen plastischen Darstellungen und Versuchen jedoch nicht eine Person in ihren vergänglichen Zügen, sondern das Wehrhafte schlechthin, die Sicherheit verbürgende Rittergestalt die zentrale Rolle spielt, vermag wohl einen Eindruck davon zu geben, was der dem Mittelalter verhaftete Mensch und die dem Mittelalter verhaftete Stadt so sehr benötigten und daher beschworen: es sind ›Schutz‹ und ›Schirm‹. Arps Torso allerdings vermochte diesen Eindruck offenbar nicht zu vermitteln, denn sonst wäre er wohl nicht von Murten in einen Park von Neuchâtel verbannt worden.

Um einen Eindruck von der Problematik des Suchens zu vermitteln, stehen diese Figuren in voller Absicht am Beginn der Ausstellung. Sie können nämlich den notwendigen Kontrast bieten zur Übersicht über die Angehörigen des Zähringergeschlechts, die dem Namen nach, nicht jedoch in ihrem wirklichen Aussehen bekannt sind. Das schreckte jedoch – wie sich noch zeigen wird (siehe Nrn. 160, 279.2, 282–283, 286–287, 291–293, 295, 301, 309 etc.) – in späteren Zeiten nicht davor zurück, Bilder von ihnen zu machen. Wer über Phantasiebilder den Weg zu den Zähringern suchen und vielleicht finden möchte, muß die Ausstellung vom Ende, von der Tradition her begehen.

Aus den besprochenen Gründen bietet es sich an, die Familie der Zähringer auf graphischen Übersichten anschaulich zu machen. Ihre wichtigste Basis stellen schriftliche Zeugnisse dar, die zwar aus dem 12. Jahrhundert stammen, aber – von Wibalds Briefbuch abgesehen (Nr. 6) – in den Klöstern St. Peter (Nr. 8) und Tennenbach (Nr. 7) lediglich in Form von Abschriften aus dem 14. bzw. aus dem 15. Jahrhundert erhalten geblieben sind.

Die Übersichtstafeln zur Familie der Zähringer zeigen einmal den Stamm der Herzöge namens Bertold und Konrad (Nr. 5.1), dann die Seitenzweige und die Erben der Zähringer in besonderer farblicher Kennzeichnung (Nr. 5.2) und schließlich ihre vornehmsten Verwandten wiederum in besonderer, jedoch anderer farblicher Kennzeichnung (Nr. 5.3).

Eine Übersichtskarte zur Zähringerherrschaft (Nr. 9, Abb. 11: Kartentasche) gibt Aufschluß über die Schwerpunkte zähringischer Rechte und Besitzungen im Gebiet zwischen Schwarzwald und Genfer See sowie über die weitgespannten Zonen von Burgund bis ins Maasgebiet: jene Zonen, in denen Angehörige der zähringischen Familie Interessen verfolgten und Einfluß ausübten. K. S.

1 Abb. 1
Reiterrelief am Nordturm des Zürcher Großmünsters

Zürich, um 1180 (oberital. Bildhauer).
Grauer Sandstein, nur wenige Beschädigungen (Schwertspitze, Nase des Reiters), H. 140 B. 142 T. 23 cm.
Lapidarium des Großmünsters Zürich (Abguß des in situ befindlichen Originals).

Am dritten Geschoß des Nordturmes des Zürcher Großmünsters ist auf der Nordseite ein Reiterrelief angebracht. Das hervorragend erhaltene, offensichtlich nie überarbeitete Bildwerk wurde mit aller Wahrscheinlichkeit erst bei Vollendungsarbeiten der Glockenstube versetzt, also nach dem Hochmauern des Turmes. Es zeigt einen nach Osten (Richtung Chor) Reitenden, der seine Rechte im Spruch- oder Grußgestus erhoben hat, während die linke Hand die Zügel faßt. Der Reiter, dessen jugendliches bartloses Haupt von Locken gerahmt wird, trägt einen Mantel, der von einer Agraffe gehalten wird, und enganliegende Beinkleider. An seinem Gürtel hängt ein Schwert. Im Gegensatz zu der zierlichen Figur des Reiters erscheint das Pferd, dessen Kopf auffällig klein ist, massig und schwer. Besondere Sorgfalt wurde bei der Darstellung des Zaumzeuges verwendet. Das als Einzelstück nicht in einem figürlichen oder dekorativen Zusammenhang stehende Relief läßt sich stilistisch mit Werken des Benedetto Antelami im Dom und Baptisterium von Parma (die Kreuzabnahme, 1178 datiert) in Verbindung bringen. Schwieriger ist die Frage der Deutung. Ist ein Stifter oder Wohltäter der Kirche gemeint, bezeichnet die Plastik einen Reiterheiligen, oder hat sie symbolischen Charakter? Reinle hat in einer detaillierten Untersuchung darauf verwiesen, daß Reiterbilder als herrschaftliche Symbole im Mittelalter (besonders in Italien) eine große Rolle spielten. Nach seiner Theorie wurde der Reiter am Großmünster auf Veranlassung Bertolds IV., der seit 1173 die Stadtherrschaft über Zürich ausübte (vgl. Nrn. 57–61), als Herrschaftszeichen geschaffen. Vorbild soll das Reiterstandbild des »Regisole« vor dem Dom der langobardischen Krönungsstadt Pavia gewesen sein. Die durch die stilistischen Zusammenhänge gegebene Datierung in das letzte Drittel des 12. Jahrhunderts und die Tatsache, daß sich Bertold IV. als Begleiter Friedrich Barbarossas mehrmals in Italien aufhielt (vgl. Nr. 70), unter anderem in Pavia, wo er im Dom an einer Synode teilnahm, machen diese Annahme sehr wahrscheinlich.

Lit.: K. Escher, Die Kunstdenkmäler des Kantons Zürich, 4. Bd. 1. Teil, 1939, S. 117; A. Reinle, Der Reiter am Zürcher Großmünster, in: ZSAKg 26 (1969), S. 21–46 (mit Angabe der gesamten älteren Lit.); D. Gutscher, Das Großmünster in Zürich. Eine baugeschichtliche Monographie, 1983, S. 132f.

M. K.

2 Sog. Grabmal Bertolds V. im Freiburger Münster

Abb. 5

Freiburg i. Br., nach 1354. Gipsabguß mit rekonstruierter Bemalung (vgl. Protokoll der Münsterpfleger, Stadtarchiv Freiburg i. Br., B 5 (P) VIIa 1, S. 119, zum 9. März 1668 und Münsterrechnungen für 1668). Original: Roter Sandstein. Überlebensgroße Tumbenfigur eines Hochgrabes, mehrfach gebrochen, teilweise ergänzt und überarbeitet (Helmzier als Kopfstütze abgearbeitet, Löwe vermutlich erneuert). Seit 1667 als Nischenfigur in die Blendarkatur der südlichen Seitenschiffwand des Freiburger Münsters eingefügt.

Über einem Kettenpanzer trägt die Grabfigur einen enganliegenden Lendner, der an den Schultern mit Zaddeln versehen ist und oberhalb der Kniekacheln in einem faltig fallenden Rock ausläuft. Schwert und Dolch sind, an Ketten hängend, an dem tiefsitzenden Hüftgürtel befestigt. Zur Rüstung gehören außerdem eine Beckenhaube mit Halsbrünne, die nur das (1667 überarbeitete?) Gesicht freigibt, sowie eisenbeschwerte Handschuhe und Sporen. Der ebenfalls an einer Kette befestigte Topfhelm, auf dem der Kopf einst ruhte, ist verloren. In Haltung und Rüstung entspricht die Grabfigur einem am Oberrhein um die Mitte des 14. Jahrhunderts geläufigen Typus des Rittergrabmals, etwa demjenigen des Kuno von Falkenstein († 1343) in Kirchzarten oder des Rudolf IV. von Baden († 1348) in Kloster Lichtental.
Bei der Freiburger Figur handelt es sich jedoch nicht, wie bisher meist angenommen, um ein Grabbild des letzten Zähringers, sondern um das zeitgenössische Grabbild eines Grafen von Freiburg. Daß der Kopf des Verstorbenen wie bei Kuno von Falkenstein nachweislich auf der zum Wappen gehörigen Helmzier ruhte, die mutmaßliche Helmzier der Zähringer – ein Fürstenhut mit Kugel – hierzu ungeeignet war, ist ein wichtiges Indiz für die Identifizierung des Dargestellten. Vermutlich handelt es sich um den 1356 verstorbenen Grafen Friedrich, da der 1350 verstorbene Graf Konrad II. im Freiburger Dominikanerkloster beigesetzt worden war; die Grabplatte mit seinem Wappen hat sich, 1802 in den Chor des Freiburger Münsters übertragen, erhalten. Die in der Sattlerschen Chronik von 1514 erwähnte Bodenplatte, auf der die Gebeine Bertolds lagen, kann daher nicht mit jenem Hochgrab *zur rechten seiten ob der mittleren kirchtür* verbunden gewesen sein, das sich nach Eintragungen im Jahrzeitbuch des Freiburger Münsters bereits um 1480 im südlichen Seitenschiff befand. Der in den beiden Angaben von Sattler enthaltene Widerspruch läßt sich nur dadurch auflösen, daß Sattler das aufwendige Hochgrab jenes letzten Grafen von Freiburg und die 1511 bei der Tieferlegung des Chores aufgedeckte Gruft des letzten Zähringers absichtlich oder unabsichtlich aufeinander bezogen hat, um die Zähringer-Tradition im Sinne der Habsburger zu beleben.
Jedenfalls dürfte die erhaltene Tumbenfigur in der seit 1354 am Chorneubau des Freiburger Münsters tätigen Bildhauerwerkstatt des Johannes von Gmünd entstanden sein, zumal Kurt Bauch in ihr zu Recht eines jener Werke vermutet hat, das Peter Parler später zu seinen einzigartigen Premysliden-Grabmälern im Prager Dom angeregt haben dürfte.

Lit.: K. Schuster, Das Grab Herzog Bertholds V. von Zähringen, in: FMBl 6 (1910), S. 23–30; H. Flamm, Grab und Grabmal Herzog Bertolds V. von Zähringen im Freiburger Münster, in: FMBl 7 (1911), S. 20–32; O. Schmitt, Gotische Skulpturen des Freiburger Münsters, 1926, Taf. 227f.; K. Bauch, Das mittelalterliche Grabbild, 1976, S. 345 Anm. 456; Ausst.Kat. Die Parler, Köln 1978, I, S. 299 (D. Lüdke); H. Wischermann, Grabmal, Grabdenkmal und Memoria im Mittelalter (Berichte und Forschungen zur Kunstgeschichte 5), 1980, S. 19–23; R. Becksmann, Das Jesse-Fenster im Freiburger Münster, in: Die Zähringer I, S. 137f.; D. Mertens, Exkurs zum Grabmal Bertolds V., ebd. S. 165–168; vgl. unten Schmid, S. 425ff.

R. B.

1 (Kat.-Nr. 1)

2 (Kat.-Nr. 4)

5 (Kat.-Nr. 2)

3 (Kat.-Nr. 327)
Detailansicht des Berner Zähringerbrunnens

4 (Kat.-Nr. 3)

3 Abb. 4

Brunnen der Tapferkeit (La Fontaine de la Vaillance) in Freiburg i. Ü.

Hans Gieng, 1549/1550.
Bis 1840 am ältesten Rathaus der Stadt, danach an der Nordseite des Chores der Kathedrale von Freiburg i. Ü. Seit 1932 Originale der Brunnenfigur und der Säule aus hellem Sandstein durch Kopien ersetzt; Orginale im Museum; Säulenschaft H. 119 cm Kapitell H. 59 cm Figur H. 117 cm.
Musée d'art et d'histoire de Fribourg, Inv.-Nr. 8829.

Im Anschluß an das Berner Vorbild (vgl. Nr. 327) gab der Freiburger Rat 1544/1547 einen Zyklus von figürlichen Steinbrunnen im Stil der Renaissance in Auftrag, wobei allerdings im Unterschied zum reformierten Bern Figuren aus dem kirchlichen Bereich dominierten (St. Georg, Johannes der Täufer, Samson). Daneben wurden vermutlich allegorisch zu deutende Figuren in Auftrag gegeben (Tapferkeit, Stärke, Treue). Der bereits in Bern tätig gewesene Bildhauer Hans Gieng († 1562) erhielt den Auftrag und schuf von 1544/1547 bis 1560 sieben Brunnen, von denen sechs nahezu unverändert erhalten sind.
Der Brunnen der Tapferkeit besteht aus einem achteckigen Becken (mit der Jahreszahl 1548 und dem Wappen der Stadt), dem kannelierten Brunnenstock, dem girlandenverzierten Säulenschaft, einem Akanthuskapitell und der Figur eines säbelbewehrten Ritters, an dessen unbeschwertes rechtes Bein sich ein Löwe schmiegt. Die dynamisch geschwungene Ritterfigur wurde wegen des Löwen früh mit dem Stadtgründer Bertold IV. identifiziert.

Lit.: W. DEONNA, La sculpture suisse des origines à la fin du XVIe siècle, 1946, S. 118; M. STRUB, Deux maîtres de la sculpture suisse du XVIe siècle: Hans Geiler et Hans Gieng, in: ASHF 19 (1962); STRUB, Fribourg, S. 211–216, 226 ff.

J. G./P. R.

4 Abb. 2

Hans Arp – Torso eines Ritters als Versuch eines Zähringerbrunnens

Vergrößerung einer 1959 entstandenen Bronze. Maße des Originals H. 88, B. 20 cm; Maße der Replik ca. H. 170 B. 55 T. 40 cm. 1975 für die Stadt Murten hergestellt, heute Neuchâtel, Schloßpark.

Für die Murtener Jahrhundertfeier 1976 sollte ein Zähringerbrunnen erstellt werden. Versuchsweise wurde der bereits 1959 entstandene Torso eines Ritters (»Torse Chevalier«) von Hans Arp (1886–1966) auf die ungefähr doppelte Größe gebracht und auf dem restaurierungsbedürftigen mittleren Brunnen der Stadt aufgestellt. Dieser vom Stadtrat als Gestaltung eines Zähringerbrunnens verstandene Versuch wurde von der Bevölkerung jedoch nicht angenommen, die Figur Arps wieder entfernt und der Brunnen in seiner alten Form (mit einem Obelisken) restauriert.
Der Torso des Hans Arp trägt deutliche antropomorphe Züge, gibt etwa Dreiviertel eines Körpers und ähnelt damit entfernt dem Typus des Kniestücks. Einen schlanken, vegetabil aufsteigenden Schaft bekrönt eine deutlich ausgeprägte ›Schulter‹- und ›Kopf‹partie. Insbesondere die oberen Teile der Figur alludieren an eine mit eng anliegendem Panzer bekleidete Ritterfigur. – Das Thema des ›Torso‹ spielt im Œuvre des Hans Arp, der zunächst von der ungegenständlichen Gestaltung ausging, eine zunehmend wichtige Rolle. Während die im 19. Jahrhundert aufkommende Gestaltung des menschlichen Torso als ein »Auseinandertreten von Form und Gegenstand« (von Einem) gedeutet werden kann, bedeutet der Rückgriff durch Arp umgekehrt eine Annäherung an die menschliche Form, ausgehend von einer abstrakten, auf das Wesen gerichteten Darstellungsweise. – Die nach dem Tode Arps gefaßte Idee, den Rittertorso für einen Zähringerbrunnen einzusetzen, steht durchaus im Einklang mit den Vorstellungen des Künstlers: Arp selbst neigte zu Umbenennungen seiner Werke und war ebenso interessiert an Neubenennungen (und -interpretationen) von anderer Seite. Der überdimensionierte Rittertorso hätte als Brunnenaufsatz in Murten durchaus als Sinnbild für

einen nicht individuell gedachten Zähringer verstanden werden können: die von weitem sofort als menschlicher Torso erkennbare Figur entzog sich bei näherer Betrachtung einer Festlegung. Insbesondere dieser Aspekt wäre nach dem neuesten Stand der Forschung, die ja die Glaubwürdigkeit der früheren Zähringerbildnisse widerlegt hat, für ein Zähringermonument angemessen gewesen. – So hätte denn die seinerzeit in Murten vorgeschlagene Lösung einen interessanten Beitrag zur zeitgenössischen Denkmalsgestaltung dargestellt.

Lit.: C. GIEDION-WELCKER, Hans Arp, 1957; E. TRIER u. a., Hans Arp, Skulpturen 1957–1966, 1968; S. POLEY, Hans Arp, Die Formensprache im plastischen Werk, 1978; – H. v. EINEM, Der Torso als Thema der bildenden Kunst, in: Zs. f. Ästhetik u. Allgem. Kunstwiss. 29 (1935). J. M. z. C.

5 Übersichtstafeln zur Familie der Zähringer

TAFEL 1 Abb. 6

Die Zähringer

Die erste Tafel zeigt in vereinfachter Darstellung den familiären Zusammenhang der aufeinanderfolgenden Herzöge der zähringischen Familie. Dabei wurden neben den Herzögen nur noch die beiden zähringischen Bischöfe (Bf. Gebhard von Konstanz 1084–1110 und Bf. Rudolf von Lüttich 1167–1191) und die Ehefrauen der Herzöge berücksichtigt.

Die Familie der Zähringer gibt sich in ihrer Erscheinung als eine Abfolge von Bertolden: Herzog Bertold I. † 1078, Herzog Bertold II. † 1111, Herzog Bertold III. † 1122, Herzog Bertold IV. † 1186, Herzog Bertold V. † 1218 zu erkennen; dazwischen schiebt sich der Herzog mit Namen Konrad nur deswegen ein, weil Herzog Bertold III. in jungen Jahren bei Molsheim fiel und aus seiner Ehe mit der Welfin Sophie keine Kinder hervorgingen. Daher trat die Nachfolge im Herzogtum sein Bruder Herzog Konrad, † 1152, an, auf den dessen Sohn und Enkel wiederum mit dem Namen Bertold folgten. Mit Bertold V. starb im Jahr 1218 der letzte zähringische Herzog. Insgesamt weisen die Zähringer eine Abfolge von sechs Herzögen in fünf Generationen auf. Über eine sechste Generation, den jung verstorbenen Sohn Herzog Bertolds V., der gleichfalls den Namen Bertold trug (vgl. Nrn. 284, 338), geht der Mannesstamm dieses Zweiges der Familie nicht hinaus, doch haben andere Zweige fortgelebt (siehe Tafel 2).

Lit.: HEYCK, Geschichte, Übersicht nach S. 607; Genealogisches Handbuch der Schweizer Geschichte, hrsg. v. der Schweizerischen heraldischen Gesellschaft, Bd. I, 1900, S. 2ff.

TAFEL 2 Abb. 7

Die Zähringer, ihre Seitenzweige und Erben

Die zweite Tafel läßt die Herzöge von Zähringen gegenüber ihren farblich hervorgehobenen Seitenlinien (blau) und Erben (orange) zurücktreten.

Die Reihe der Markgrafen von Baden beginnt mit Hermann I., der ein Sohn Bertolds, des ersten zähringischen Herzogs, war. Er erhielt zunächst die Titularherrschaft über die zu Kärnten gehörige Mark Verona und starb 1074 als Mönch in Cluny (s. unten Wollasch, S. 184f.). Seine Nachkommen sind eine Reihe von Trägern des Namens Hermann, deren Zahl in der Forschung zwischen fünf und sechs schwankt. Sie waren zunächst als Markgrafen von Limburg bezeugt und nördlich von Stuttgart bis Backnang, später im nördlichen Schwarzwald um die Burg Hohen-Baden begütert. Aber auch im Breisgau spielten sie eine gewisse Rolle. Ihre Familie setzte sich im Haus der Markgrafen und Großherzöge von Baden (s. unten Gerchow, S. 356f.) fort und lebt bis heute.

Die Herzöge von Teck führten ihren Zweig auf den Bruder Herzog Bertolds IV. von Zähringen, Adalbert, zurück, der den Besitz der Zähringer auf der Schwäbischen Alb erbte (vgl. Nr. 79). Das Haus der Herzöge von Teck bestand bis zum Tod Ludwigs, des Patriarchen von Aquileja, im Jahre 1439. Sein Vater hatte bereits 1381 die Herrschaft Teck an die Grafen von Württemberg verkauft.

Nach dem Tod Herzog Bertolds V. von Zähringen, 1218, erbten dessen Schwäger Egino, Graf von Urach, den rechtsrheinischen und Ulrich,

Tafel 1: Die Zähringer

6 (Kat.-Nr. 5.1)

- Bertolde
  - »Bezelin von Villingen« **† 1024**
    - **Bertold I.** † 1078
Hz. v. Kärnten
⚭ 1. Richwara
⚭ 2. Beatrix
      - **Bertold II** † 1111
Hz. v. Schwaben
Hz. v. Zähringen
⚭
Agnes v. Rheinfelden
        - **Bertold III.** † 1122
Hz. v. Zähringen
⚭
Sophie (Welfin)
        - **Konrad** † 1152
Hz. v. Zähringen
⚭
Clementia von Namur
          - Rudolf † 1191
Bischof von
Lüttich 1167
          - **Bertold IV.** † 1186
Hz. v. Zähringen
⚭
Heilwig von Froburg
            - **Bertold V.** † 1218
Hz. v. Zähringen
⚭ 1. Ida von Boulogne
⚭ 2. Clementia von Auxonne
      - Gebhard † 1110
Bf. v. Konstanz 1084

Tafel 2: Die Zähringer, ihre Seitenzweige und Erben

7 (Kat.-Nr. 5.2)

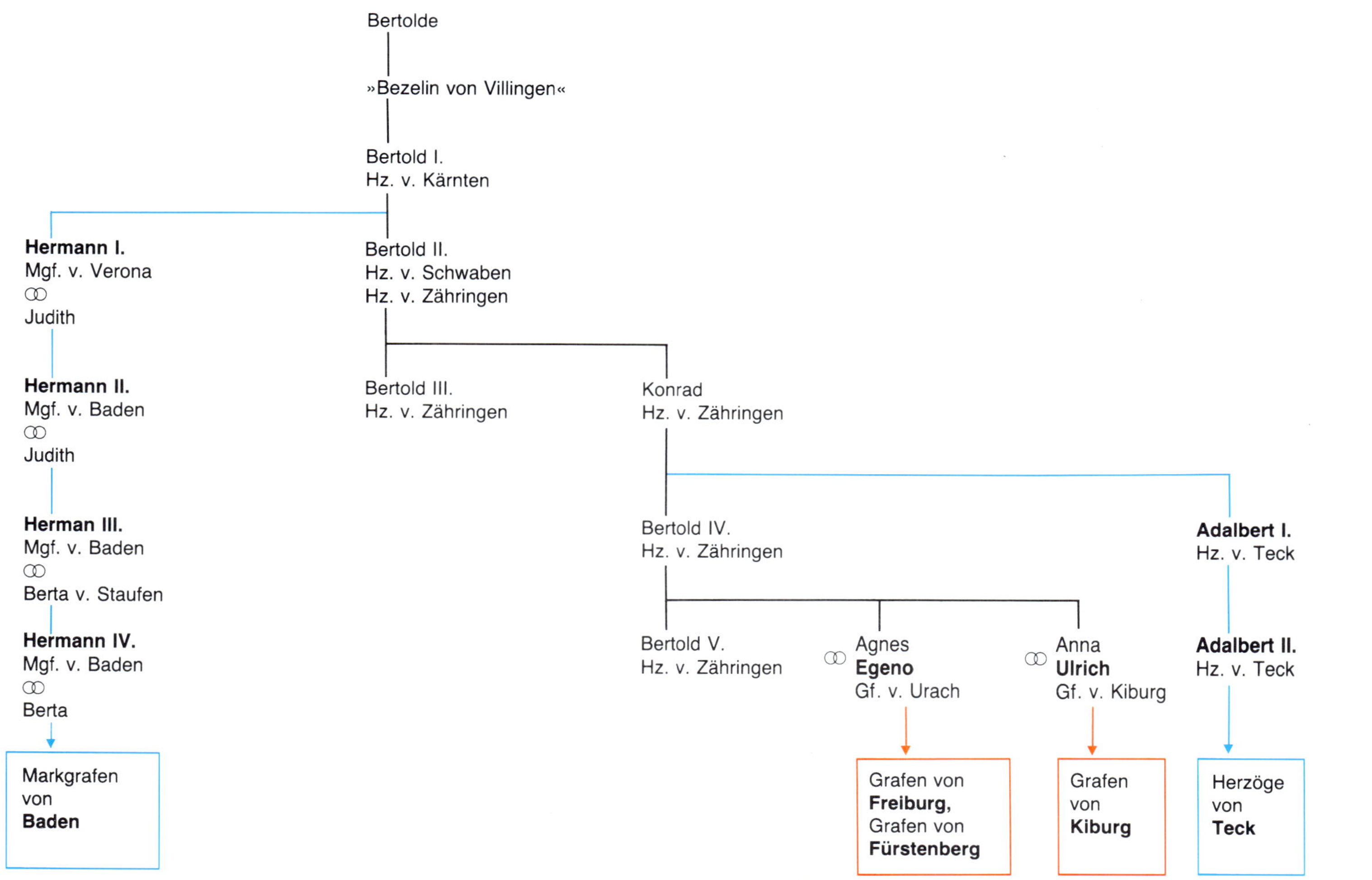

Tafel 3: Die Zähringer und ihre Verwandten

8 (Kat.-Nr. 5.3)

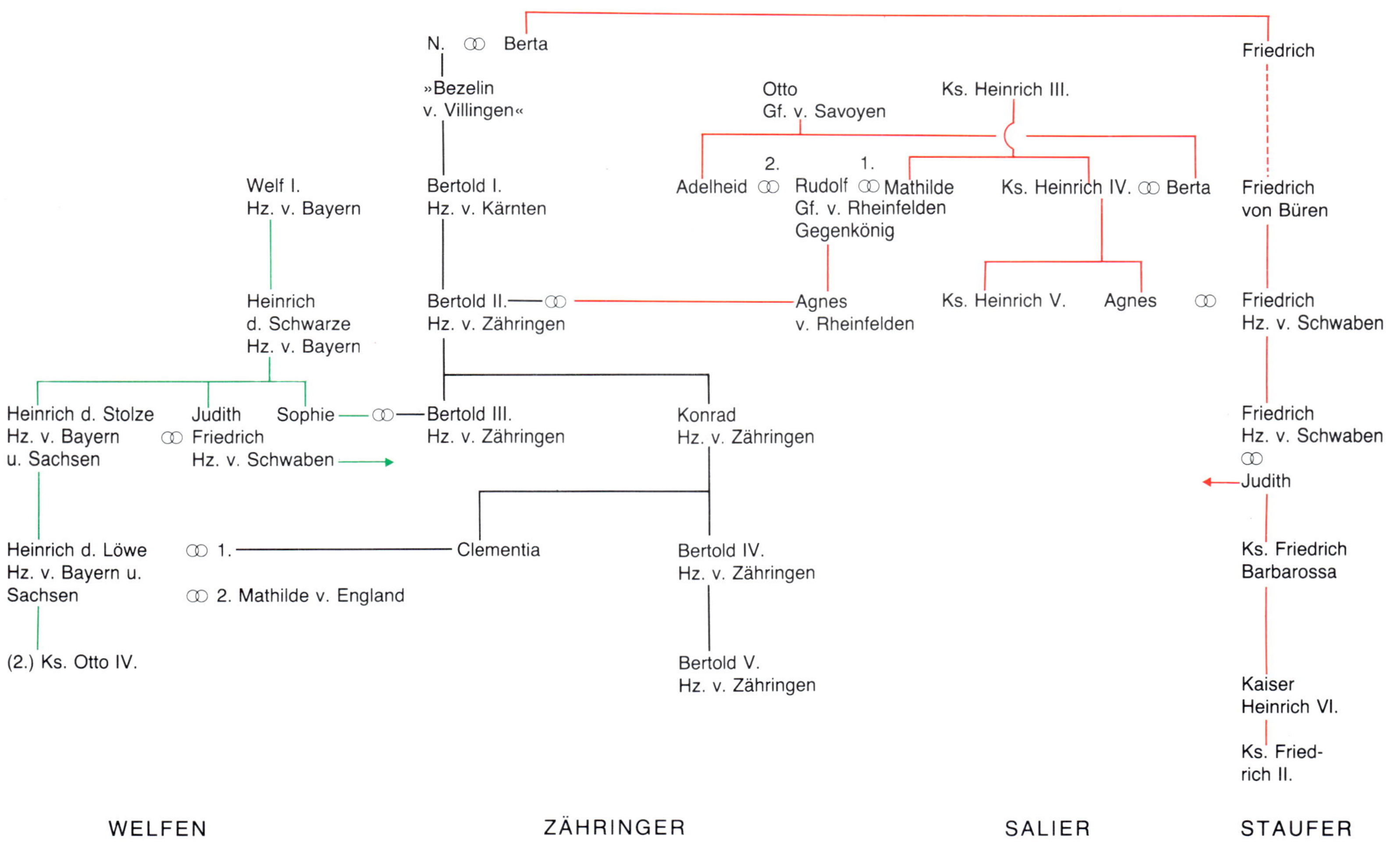

Graf von Kiburg, den linksrheinischen Allodialbesitz der Zähringer. Durch das Aussterben der Kiburger gelangten 1263 maßgebliche Teile dieses Erbes an die Habsburger (zum Zähringererbe allgemein s. unten Heinemann, S. 114f.). Die Familie Eginos von Urach teilte sich mit dessen Enkeln Konrad und Heinrich in die Linie der Grafen von Freiburg i. Br. und die Linie der Grafen von Fürstenberg. Während die Grafen von Freiburg 1457 ausstarben, besteht die Linie der Grafen, später Fürsten von Fürstenberg noch heute.

Lit.: C. F. Stälin, Wirtembergische Geschichte, T. I–IV, 1841–1873; S. Riezler, Geschichte des Fürstlichen Hauses Fürstenberg und seiner Ahnen bis zum Jahre 1509, 1883; Heyck, Geschichte; C. Brun, Geschichte der Grafen von Kyburg bis 1264, 1913; G. Wunder, Zur Geschichte der älteren Markgrafen von Baden, in: Württembergisch Franken 62 (1978) S. 13–19; Die Grafen von Kyburg. Kyburger Tagung 1980 in Winterthur (Schweizer Beiträge zur Kulturgeschichte und Archäologie des Mittelalters, hrsg. v. Schweizerischen Burgenverein Bd. 187), 1981.

TAFEL 3 Abb. 8

Die Zähringer und ihre Verwandten

Während Tafel 1 und 2 die engere Familie der Zähringer und deren Seitenlinien und Erben veranschaulichen, verdeutlicht die dritte Tafel ihre Verflechtung mit den führenden Familien des Reiches. Die erste Phase (rot) zähringischer Heiratspolitik ist durch die Verbindung mit der Familie des Grafen Rudolf von Rheinfelden und darüber hinaus mit dem salischen Kaiserhaus gekennzeichnet, deren Erbe jeweils an die Staufer bzw. an die Zähringer überging: Graf Rudolf von Rheinfelden und Kaiser Heinrich IV. heirateten die Schwestern Adelheid und Berta von Savoyen. In erster Ehe hatte Graf Rudolf von Rheinfelden, der spätere Gegenkönig, Mathilde, die Schwester Kaiser Heinrichs IV., geheiratet. Jede der savoyischen Schwestern Adelheid und Berta hatte eine Tochter namens Agnes. Die rheinfeldische Agnes heiratete Herzog Bertold II. von Zähringen, der damit zum bedeutendsten rheinfeldischen Erben wurde, während die salische Cousine Agnes mit dem Staufer Friedrich die Ehe schloß, der mit ihr das salische Erbe antrat sowie die Herzogswürde in Schwaben errang. Sein Sohn und sein Enkel strebten erfolgreich nach der Königswürde.
In einer zweiten Phase (grün) treten die Zähringer zweimal mit den Welfen in Verwandtschaft. Herzog Bertold III. von Zähringen heiratete Sophie, die Tochter Herzog Heinrichs des Schwarzen von Bayern. Ihre Schwester Judith war die Mutter des staufischen Kaisers Friedrich I. Barbarossa. Die Ehe Bertolds III. von Zähringen mit Sophie blieb kinderlos, er fiel 1122 bei Molsheim. Eine Generation später ging die Zähringerin Clementia die zweite Heiratsverbindung mit den Welfen ein, nämlich mit Sophies Neffen Herzog Heinrich dem Löwen.
Schon nach etwa 10 Jahren wurde diese Ehe am 23. 11. 1162 unter staufischer Einflußnahme wieder geschieden, und Heinrich der Löwe heiratete in zweiter Ehe die englische Prinzessin Mathilde. Ebenso war bereits 1153 die Ehe zwischen Kaiser Friedrich I. Barbarossa und der zähringischen Enkelin Adela von Vohburg geschieden worden.
Die beiden Versuche der Zähringer, mit den Welfen in dauernde Verwandtschaft zu kommen, blieben daher Episode.

Lit.: H. Decker-Hauff, Das staufische Haus, in: Stauferkatalog III, S. 339–374; A. Heupel–F. Hoffmann–H. Hohmann–W. Hubatsch, Karten und Stammtafeln zur deutschen Geschichte, 1980. L. L.

6 Abb. 9

Die *Tabula Consanguinitatis* des Wibald von Stablo

Repr. aus Codex Wibaldi (Nr. 62) f. 141^{v}.

Das ohne Zusammenhang in der Briefsammlung des Abtes Wibald von Stablo befindliche Stemma stammt wahrscheinlich aus dem Jahre 1153, als auf dem Hoftag in Konstanz die Scheidung zwischen Kaiser Friedrich Barbarossa und Adela von Vohburg vollzogen wurde. Es diente der Erklärung des Verwandtschaftsverhältnisses und des Grades der Verwandtschaft, welcher der kirchliche Scheidungsgrund war.
Die beiden Abstammungsreihen zeigen in ihrem Aufbau eine Gemeinsamkeit im Schema *A genuit B, B genuit C,* etc. Der obere Textteil,

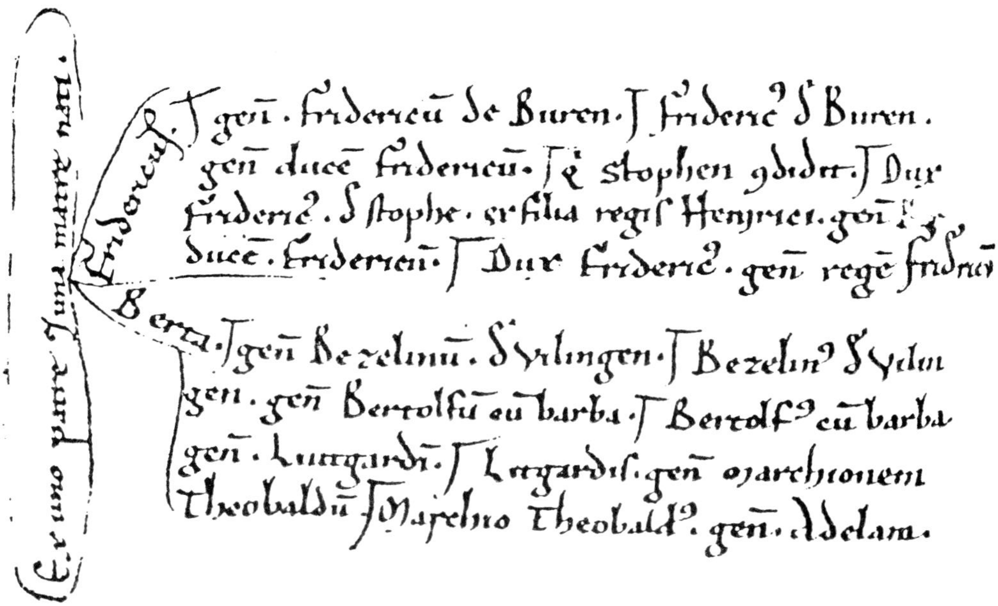

9 (Kat.-Nr. 6)

die Staufergenealogie, nennt eine Reihe von fünf aufeinander folgenden Friedrichen, während der untere Textteil eine Verwandtschaft über zwei Frauen, Berta und Liutgart, sowie Bezelin, Bertold und den Markgrafen Theobald aufweist.

Die einzelnen Glieder der beiden Abstammungsreihen sind darüber hinaus mit kurzen Kennzeichnungen versehen. Die staufischen Friedriche werden als *›de Buren‹*, *›ducem, qui Stophen condidit‹*, *›Dux de Stophe‹*, *›Dux, ex filia regis Henrici genuit‹* gekennzeichnet. Der Verfasser weist damit auf die markanten Veränderungen im Werden der staufischen Familie hin: von einem einfachen Friedrich, über einen Friedrich von Büren, zu einem Friedrich, der die Burg Hohenstaufen gründete, Herzog wurde und die Kaisertochter heiratete, spannt sich der Bogen bis zu Kaiser Friedrich Barbarossa. Dagegen weist die Abstammungsreihe der Adela an Bezeichnungen der Glieder nur die Bemerkungen *›de Vilingen‹*, *›cum barba‹*, *›marchio‹* auf, obwohl auch in dieser Reihe mit *›Bertolfus cum barba‹* ein Herzog, nämlich Bertold I., zu nennen gewesen wäre. Eine Herausstellung der staufischen Reihe, die in der Königsverwandtschaft über die Salierin Agnes gipfelt, vor derjenigen der Adela mit den zwei Zähringer-Vorfahren ist deutlich.

Die Aufzeichnung der beiden Abstammungsreihen durch Wibald von Stablo hat für die frühe Genealogie der Staufer eine ebenso wichtige Stellung wie für die Erforschung der Ahnen der Zähringer. Durch sie erfahren wir etwas von zwei (mit den namenlosen Eltern von Berta und Friedrich drei) Generationen der beiden Familien, bevor diese ein Herzogsamt übernahmen und als Herzogs- bzw. Königshaus in die Geschichte eingingen.

Quer geschrieben und eingefaßt:

Ex uno patre et una matre nati.

Davon ausgehend, mit einer Klammer angeschlossen und in eine obere und eine untere Hälfte geteilt:

Fridericus gen(uit) Fridericu(m) de Buren. Frideric(us) d(e) Buren//gen(uit) duce(m) Fridericu(m). q(ui) Stophen c(on)didit. Dux//Frideric(us) d(e) Stophe ex filia regis Henrici gen(uit)// duce(m) Fridericu(m). Dux Frideric(us) gen(uit) rege(m) Frid(e)ricu(m).

Berta gen(uit) Bezelinu(m) d(e) Vilingen. Bezelin(us) d(e) Vilin//gen gen(uit) Bertolfu(m) cu(m) barba. Bertolf(us) cu(m) barba//gen(uit) Liutgardi(m). Li[u]tgardis gen(uit) marchionem//Theobaldu(m). Marchio Theobald(us) gen(uit) Adelam.

Lit.: P. Jaffé, Wibaldi Epistolae, in: Bibl. rer. Germ., Bd. I, Nr. 408 S. 547; – E. Klebel, Zur Abstammung der Hohenstaufen, in: ZGO 102 (1954), S. 137–187; H. Schwarzmaier, Die Heimat der Staufer, 1977; Stauferkatalog I, 1977, Nr. 348 S. 248–249; K. Schmid, Staufer und Zähringer. Über die Verwandtschaft und Rivalität zweier Geschlechter, in: Die Staufer in Schwaben und Europa (Schriften zur staufischen Geschichte und Kunst 5), 1980, S. 64–80. L. L.

7
Die Zähringergenealogie im Tennenbacher Güterbuch

Siehe Nr. 190, dort Sp. 311ff. (Textanhang Nr. 17a).

Das Urbar des Klosters Tennenbach ist zwischen 1317 und 1341 entstanden. Es ist eines der wichtigsten erhaltenen Urbare aus dem Oberrheingebiet. Die vergleichbaren Urbare von Konstanz (1302/03), St. Blasien (um 1350) und Salem übertrifft es nicht an der verzeichneten Besitzmenge, sondern an Umfang, weil es mit besonderer Sorgfalt gearbeitet wurde. Es zeichnet sich besonders dadurch aus, daß der Verfasser, Johann Zenlin, bemüht ist, zu jedem Ort auch Herkunftsangaben und Rechtstitelnachweise anzuführen. Dadurch gewinnt das Urbar zugleich den Charakter eines Kopialbuches. In diesem Zusammenhang bearbeitet der Verfasser die aus St. Peter i. Schw. (vgl. Nr. 8) übermittelten Nachrichten zur Genealogie der Zähringer und ergänzt sie. Der Zähringergenealogie geht das Freiburger Stadtrecht voran und ihr ist eine kurze Genealogie der Grafen von Freiburg angeschlossen. Nach Bertold V., Herzog von Zähringen, fügt der Verfasser noch die Bemerkung ein, daß dieser der grausame *rector* des Breisgaus und von Burgund gewesen sei und am 18. Februar 1218 ohne Kinder verstorben sei.

Lit.: Genealogia Zaringorum, S. 736; Weber, Tennenbacher Güterbuch, S. 168–169. L. L.

8
Abb. 10

Die Zähringergenealogie des Abtes Peter Gremmelsbach von St. Peter i. Schw.

Repr.; überliefert im ›Liber Vitae‹ von St. Peter, vgl. Nr. 104, f. 25v–26r. (Textanhang Nr. 17b).

Die Genealogie des zähringischen Hauses, die Abt Peter Gremmelsbach von St. Peter 1497 überliefert hat, befindet sich als Ergänzung zu seinem *liber vitae* auf den leeren Blättern nach dem Totenbuch. Neben dem Bericht über eine Jahrtagsstiftung, einigen weiteren Necrologangaben und der Erwähnung besonderer Ereignisse, die Gremmelsbach fast wortgetreu aus älteren Textvorlagen übernahm, verfaßte er auch eigene Texte zu zeitgenössischen Ereignissen. Außer einer lückenhaften Äbteliste findet sich ein Verzeichnis von Wohltätern und Stiftern des Klosters, in das mit kurzen Sätzen die Genealogie der Zähringer eingeschoben ist.

10 (Kat.-Nr. 8)

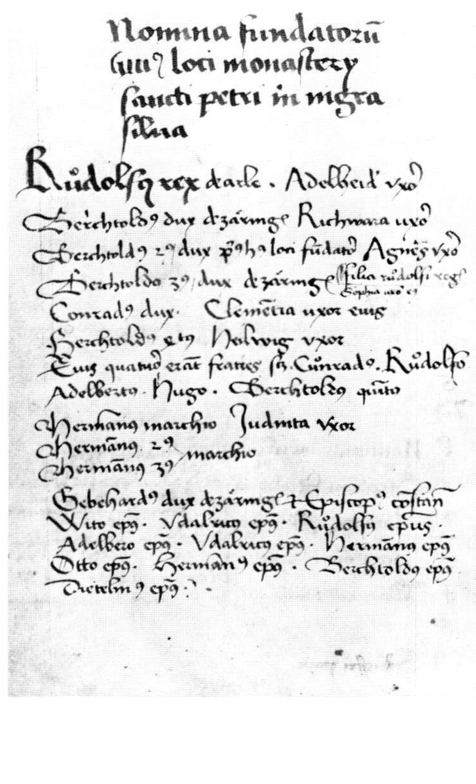

Diese genealogischen Aufzeichnungen stammen bereits aus dem 13. Jahrhundert, da sie zum einen fast wörtlich in die Genealogie des Tennenbacher Güterbuches übernommen worden sind, ihm also als Vorlage dienten (Nr. 7), zum anderen, weil der Text über Herzog Bertold V. von Zähringen als späterer Zusatz erwiesen wurde. Damit fällt die Entstehung des älteren Textes, der den Tod Herzog Bertolds V. 1218 nicht mehr erwähnt, in die Regierungszeit dieses letzten Zähringers. Zudem werden in der zu diesem ältesten Text gehörenden Liste von Wohltätern alle Konstanzer Bischöfe von dem Zähringer Gebhard III. an bis zu Bischof Diethelm genannt, der ab 1189 regierte und 1206 starb. Beide Texte scheinen in der Zeit Abt Bertolds I. von St. Peter verfaßt worden zu sein, in der auch der Rotulus Sanpetrinus (Nr. 102) in St. Peter aufgezeichnet wurde.

Lit.: Genealogia Zaringorum, S. 735–736; BAUMANN, Geschichtliches, S. 82–87. L. L.

9 Abb. 11 (Kartentasche)

Die Zähringerherrschaft: Raum und Zeit

Kartenskizze.

Die Herrschaft und der Einflußbereich der Zähringer sind bereits mehrfach auf Karten dargestellt worden (siehe: Die Zähringer I, Kartenanhang, S. 229 ff.). So versuchte Theodor Mayer, den »Staat der Herzoge von Zähringen« unter besonderer Hervorhebung der Straßenverbindungen über den Schwarzwald sowie eines Klöster- und Städtedreiecks kartographisch zu erfassen, während Hektor Ammann eine recht differenzierte Karte der Zähringer in der Schweiz vorlegte. Neuere Arbeiten von Hansmartin Schwarzmaier im Historischen Atlas von Baden-Württemberg und von Hartmut Heinemann beschränken sich auf die Kartierung des Zähringerbesitzes im heutigen Baden-Württemberg bzw. auf die Darstellung des Rektorats von Burgund, also den heute schweizerischen Bereich.

Eine Ausstellung, welche die Zähringer und ihre Herrschaft thematisiert, kann indessen nicht auf eine Gesamtdarstellung des Raumes im Zentrum Europas verzichten, in dem die Angehörigen des Herzogsgeschlechtes wirkten. Die vielfältigen Rechtsbeziehungen des hochmittelalterlichen Lehenswesens und die für jene Zeit ebenso typischen Verflechtungen zwischen weltlicher und kirchlicher Herrschaft erfordern eine differenzierte Wiedergabe auf der Karte, wo ja außerdem die Entwicklung und Ausdehnung des herzoglichen Macht- und Einflußbereichs und der zähringischen Rechtsansprüche vom mittleren 11. Jahrhundert bis 1218 zum Ausdruck kommen sollte. Dies wurde auf der vorliegenden Karte versucht mittels farblicher Abstufungen, die im wesentlichen die Intensität der Herrschaft wiedergeben.

Bevor Bertold I. 1061 den (tatsächlich niemals realisierten) Titel eines Herzogs von Kärnten erlangte, konnte er sich zum einen auf die Grafenämter in der Ortenau und im Breisgau, zum anderen auf reichen Eigenbesitz (Allod) stützen. Dieser verdichtete sich besonders um das Hauskloster Weilheim/Teck und die Limburg am Albtrauf sowie um Villingen auf der Baar, wo seine Vorfahren bereits 999 ein Marktrecht für Villingen erlangt haben. Den Auftakt zur endgültigen Ausdehnung des zähringischen Herrschaftsgebietes, im Grunde eine Verlagerung des Schwerpunktes im Zusammenhang mit der Verwirklichung der herzoglichen Ansprüche, bildete erst die Eroberung des Breisgaus durch den Sohn Bertold II. 1079, die einherging mit der Verdrängung anderer sich eben ausbildender Adelsherrschaften und der Aneignung klösterlicher Güter am Oberrhein (Nr. 11). In der Verlegung des Hausklosters Weilheim in den Schwarzwald (St. Peter) (Nrn. 96–98) fand dieser Prozeß 1093 einen ersten augenfälligen Abschluß.

Grundlage und Ausgangspunkt der Zähringerherrschaft im schweizerischen Raum war einerseits das Rheinfelder Erbe, das Bertold II. 1090 nach dem Tode Bertolds von Rheinfelden durch seine Gemahlin Agnes, der Tochter des Gegenkönigs Rudolf, zufiel. Nachdem 1098 der Ausgleich Bertolds II. mit dem Schwabenherzog Friedrich aus dem Geschlecht der Staufer zur Anerkennung des Zähringer Herzogstitels und der Reichsrechte über Zürich geführt und zum Ausbau der zähringischen Positionen in der Schweiz beigetragen hatte, waren es die Reichsrechte und das Rektorat in Burgund, erworben von Konrad 1127 und Bertold IV. 1152 (Nrn. 64 und 62), die das Gesicht der linksrheinischen Zähringerherrschaft prägen sollten.

Neben der Heiratspolitik der Bertolde (Nr. 73 mit Karte) und ihren Städtegründungen (Nrn. 179–180 mit Karten) erwiesen sich vor allem die weltlichen Rechte (Vogteien) der Klöster und Bischofskirchen (Nrn. 113 ff.) im Zähringerland als bedeutsam für die Ausformung der Herzogsherrschaft sowohl im rechtsrheinischen wie im burgundischen Raum. Neben der Vogtei über ihr Hauskloster St. Peter nahmen die Zähringer und ihre Ministerialen die entsprechenden Rechte über fast alle nichtzisterziensischen Stifte und Klöster im südlichen Schwarzwald, in der Ortenau, im Breisgau und in Burgund wahr (Nr. 95 mit Karte). Dazu trat 1157 die Reichsvogtei in den drei ostburgundischen Bistümern Genf, Lausanne und Sitten (Nrn. 147–148). Basler Vogteirechte rechts des Rheins scheinen die Zähringer ebenfalls verwaltet zu haben. Diese Herrschaftsrechte gehörten allerdings zu den schwächsten und mittelbarsten der Zähringer Herzöge. Bedeutsam für das Verständnis der zähringischen Geschichte ist auch, daß zwei Angehörige des Geschlechts zu Bischöfen erhoben wurden: Gebhard (III.) führte den Stab des größten und wichtigsten Bistums Schwabens, von Konstanz, 1084–1110 (s. unten Maurer, S. 187 f.); Rudolf wurde nach einem vergeblichen Versuch, 1161 den Stuhl des Mainzer Erzbischofs zu besteigen, 1167 zum Bischof von Lüttich erhoben († 1191) (s. unten Kupper, S. 198 f.). Auch wenn man diese Bischöfe nicht zum Kern der Zähringer Herrschaft rechnen kann, so verdienen sie doch die Aufnahme in die Karte des zähringischen Herrschafts- und Einflußbereichs, in der ihre Diözesen den schwächsten Farbakzent tragen.

Lit.: MAYER, Staat, S. 350–364, bes. Karte Machtbereich der Herzoge von Zähringen, nach S. 352, wieder abgedr. im Beiwort zur Karte V,3 im Historischen Atlas von Baden-Württemberg: Hochadelsbesitz im 12. Jahrhundert (Zähringer/Welfen), S. 2; H. AMMANN, Karte Die Zähringer in der Schweiz (Historischer Atlas der Schweiz, hrsg. v. DEMS. und K. SCHIB, Aarau ^{2}1958, S. 21, mit Beiwort S. 13); H. SCHWARZMAIER, Karte V,3 Hochadelsbesitz im 12. Jahrhundert (Zähringer/Welfen) im Historischen Atlas von Baden-Württemberg mit Beiwort S. 1–6; DERS., Der Machtbereich der Zähringer im Hochmittelalter, in: Lörrach: Landschaft – Geschichte – Kultur, hrsg. v. der Stadt Lörrach, 1983, S. 136; HEINEMANN, Burgund II, nach S. 237; vgl. Zusammenstellung der Zähringerkarten in: Die Zähringer I, S. 229 ff.

R. D./G. P./A. Z.

II. HERRSCHAFT

Da sich ein hochmittelalterliches Adelsgeschlecht viel besser und treffender in den mannigfaltigen Äußerungen seiner Herrschaft als in den Schicksalen seiner einzelnen Mitglieder fassen läßt, wird unter dem Stichwort »Herrschaft« der Versuch unternommen, wichtige Aspekte der Zähringergeschichte zu veranschaulichen.

Dabei wird nach Möglichkeit angestrebt, vor allem die zur Herrschaft gehörenden Menschen in den Blick treten zu lassen. Das aber sind nicht nur die Angehörigen der Zähringerfamilie selbst, sondern auch die von den Herzögen ›Beherrschten‹, nämlich Bauern, Bergleute und Dienstleute etwa, aber auch Gefolgsleute, freie Herren und sogar Grafen (s. unten Zettler, S. 53f.). Weitere Gesichtspunkte der Darstellung der Herrschaft sind in der Verdeutlichung ihrer materiellen Grundlagen und ihrer räumlichen und zeitlichen Komponenten zu sehen. Es geht um Besitz und Rechte und ihren Einsatz in der Politik. Im Blick auf die räumliche Verteilung und Ausdehnung der Herrschaft und insbesondere auf ihre Schwerpunkte sind als wichtige Kennzeichen Besitzungen und Rechte aller Art und vor allem zusammenhängende Besitzlandschaften zu nennen, wobei die zentralen Orte der Herrschaft, Burgen vor allem (Nrn. 10, 33, 36, 185, 198, 206, 239, 246, 247) und die namengebende Stammburg des Herzogsgeschlechtes ›Zähringen‹ (Nrn. 12–14) eine besondere Rolle spielen. Was den zeitlichen Aspekt der Zähringergeschichte anbetrifft, so geht es:

- um die historischen Voraussetzungen und Anfänge der Herrschaftsbildung, die großenteils nur durch archäologische Forschungen zu fassen sind, wie die Beispiele des Burgbergs Zähringen (Nrn. 12–13) und Burgdorfs (Nrn. 247–249) zu zeigen vermögen,
- um jene hundert Jahre Zähringergeschichte von 1098 bis 1198, in denen das Herzogsgeschlecht als solches geschichtlich in Erscheinung getreten ist und durch Ambitionen, Enttäuschungen und Erfolge von sich reden machte, mit denen es seine Geschichtlichkeit (Historizität) erreichte,
- endlich um das Erbe des Zähringergeschlechtes, um den Erbschaftsstreit, an dem der staufische Herrscher Friedrich II. sich beteiligte, und um die wichtigsten Daten und Fakten der Aufteilung und Auflösung der Zähringerherrschaft.

Zwei zur Herrschaft gehörende Bereiche, nämlich »Kirchen und Klöster« und »Städte«, werden ihres eigenen Gewichtes wegen selbständig behandelt (Ausstellungsbereiche III und IV). K. S.

1. Zähringen und die Zähringer

Der Name ›Zähringen‹ *(Zaringen)* bezeichnet nicht nur das mittelalterliche Herzogsgeschlecht der ›Zähringer‹, dem die Ausstellung gewidmet ist, sondern auch eine Burg und eine bei ihr gelegene (Dorf-)Siedlung.

Das Herzogsgeschlecht, das an der Wende vom 11. zum 12. Jahrhundert unter dem Namen »von Zähringen« *(de Zaringen)* in Erscheinung tritt, stammt aus altem Adel. Seine Herkunft wird auf Grund des in ihm gebräuchlichen Namens *Bertold* mit dem alemannischen Herzogsgeschlecht, den sog. ›Bertolden‹ oder ›Alaholfingern‹, in Verbindung gebracht. Dem entspricht es, daß die Zähringer wie die Angehörigen und anderen Nachfahren des alten alemannischen Herzogsgeschlechts in Inneralemannien, vor allem im Bereich der Baaren (Bertoldsbaar) begütert waren. Der Aufstieg des Grafengeschlechts zum Herzogsgeschlecht im 11. Jahrhundert (s. unten Althoff,

S. 76), seine Festsetzung im Breisgau, die Ausbildung des Herrschaftszentrums im Bereich Zähringen, St. Peter und Freiburg und der Aufbau einer Herrschaft, die den alemannischen Raum übersteigend nach Burgund und in den Raum an Maas und Mosel hineinreichte, verband sich mit dem Namen ›Zähringen‹ und verdichtete sich in der Bezeichnung ›Zähringer‹ zum Geschlechternamen.

Während als sicher gelten darf, daß der Name des Geschlechtes vom Namen der Burg bzw. der Siedlung herzuleiten ist, bleibt unklar, ob die Höhenburg ihren Namen von einer im Tal gelegenen Siedlung namens Zähringen erhalten hat. Diese Frage zielt auf das Problem der Entstehung des Siedlungs- bzw. Burgnamens ›Zähringen‹. Dabei geht es darum, ob *Zaringen* ein echter alter ›Ingen-Ort‹ gewesen ist, der den Personennamen *Zaro* oder *Zarold* enthält. Da die für Zähringen zuständige alte Kirche nach dem »Liber decimationis« von 1275 (FDA 1, 1865, S. 202) *in Rivti prope Zåringen*, nach einer Urkunde von 1327 *ze Ruti under der burg ze Zeringen* (Krieger, Sp. 1529) lag und Mutterkirche mehrerer anderer Dörfer, etwa von Gundelfingen, war, ist zu vermuten, die älteste Siedlung mit dem Namen *Zaringen* (Zähringen) sei nicht in der Talebene, am Ort des heutigen Zähringen in der Nachbarschaft von Gundelfingen, sondern auf dem Burgberg zu suchen. Das ursprüngliche Zähringen wäre mithin eine ›Höhensiedlung‹ gewesen; und die Burg hätte ihren Namen nicht von der Talsiedlung erhalten. Vielmehr wäre der Name von der Höhensiedlung und der mit ihr verbundenen Burg ›Zähringen‹ später auf die Talsiedlung übergegangen. Im Zusammenhang der Beurteilung dieses für die frühe alemannische Besiedlung des Breisgaus überaus wichtigen Vorgangs, der sich in der Entstehung des Namens ›Zähringen‹ *(Zaringen)* spiegelt, ist die archäologische Erforschung des Zähringer Burgbergs von entscheidender Bedeutung (s. unten Steuer, Nrn. 12–13).

Zuerst wird *Zaringen* 1008 in der nur kopial überlieferten Wildbannurkunde Heinrichs II. (Nr. 183) genannt. Dann erhält Bertold II. in einer Urkunde des Jahres 1100 die Bezeichnung *dux de Zaringen* (Nr. 15). Von der Burg Zähringen ist erstmals in einer Urkunde des Jahres 1128 die Rede *(apud castrum Zaringen)*. Otto von Freising endlich bringt den Zusammenhang der Burg Zähringen mit Herzog Bertold II. zum Ausdruck, indem er den Gemahl der Tochter des Gegenkönigs Rudolf von Rheinfelden nicht nur als einen der vornehmsten Fürsten des Reiches ausgibt, sondern mit dem Namen der Burg Zähringen belegt: *nomine de castro Zaringen* (Textanhang Nr. 2). In der 1099 verfaßten Chronik des Frutolf von Michelsberg wird schon Bertold I. bei der Schilderung seines Todes auf der Limburg bei Weilheim im Jahre 1078 *Bertoldus de Zaringon, dux quondam Carinthie* (Bertold von Zähringen, ehemaliger Herzog von Kärnten) genannt (Textanhang Nr. 1). Diese Stelle deutet darauf hin, daß um das Jahr 1100 der Name ›Zähringen‹ für Bertold II. und dann auch für sein Geschlecht namengebend wurde. Man darf dies auch daraus schließen, daß Bertolds II. Neffe Hermann II. in der schon genannten Urkunde von 1100 *marchio de Linthburch* bezeichnet wird (Nr. 15). Zum Todestag seines Vaters Hermann I., der schon vor Bertold I. († 1078) als Mönch von Cluny starb († 1074) (s. unten Wollasch, S. 184), ist im Necrolog von Zwiefalten *com. (de)Lintburk* gesetzt worden. Wenn sich von 1112 an der Zweig Hermanns nach ›Baden‹ im nördlichen Schwarzwald nannte, so ist um diese Zeit mit Zähringen und Baden die Bildung neuer Herrschaftsmittelpunkte im Süd- und Nordschwarzwald vom Nordrand der Alb – von der Limburg – aus offenbar vollzogen gewesen.

Indessen nannte sich nach Zähringen nicht nur das Herzogsgeschlecht der Zähringer. Vielmehr treten unter dieser Bezeichnung auch mehrere nicht zum Herzogsgeschlecht gehörende Personen auf. Sie können wohl als Gefolgsleute (Vasallen) oder Dienstleute (Ministerialen) der Zähringer Herzöge betrachtet werden, da sie zumeist in Urkunden von diesen auftauchen. Ob sie allerdings wenigstens teilweise bereits in der (nach der Höhensiedlung Zähringen genannten?) Talsiedlung ihren Sitz hatten, ist noch ungeklärt (s. unten Zettler, Nr. 32).

Ein zentrales Problem, das »Zähringen und die Zähringer« betrifft, besteht darin, daß die Burg und der Burgbezirk Zähringen nach dem Aussterben des Herzogsgeschlechtes im Jahre 1218 offenbar die Qualität einer ›Reichsburg‹ innehatten. Wenn tatsächlich beim staufisch-zähringischen Ausgleich des Jahres 1098 (s. unten Althoff, Nr. 56) durch einen von Heinrich IV.

herbeigeführten Kompromiß die Burg Zähringen den Charakter eines ›Reichslehens‹ angenommen hätte, dann wäre darin ein wichtiger Grund für die Bedeutung des für das Herzogsgeschlecht namengebenden Sitzes zu sehen, einer dynastische Züge annehmenden Adelsfamilie, die bald auch zahlreiche andere Burgen (Nrn. 33, 36, 185, 198, 206, 239, 246, 247) und zahlreiche andere Siedlungen und Städte (s. unten, S. 220 ff.), die für den Herrschaftsaufbau im Hochmittelalter nicht weniger wichtig waren, beherrscht hat.

Lit.: A. KRIEGER, Topographisches Wörterbuch 2, Sp. 1527–1530; B. BOESCH, Zarten und Zähringen, in: K. SCHMID (Hrsg.), Kelten und Alemannen im Dreisamtal (VAI 49), 1983, S. 15–24; H. JÄNICHEN, Zur Übertragung von Burgnamen, in: AJ 1959, S. 34–53; W. STÜLPNAGEL, Zur Geschichte der Veste Zähringen und ihrer Umgebung, in: SiL 76 (1958), S. 19–32; MAURER, Herzog von Schwaben, S. 220 ff.; H. OTT, Die Burg Zähringen und ihre Geschichte, in: Die Zähringer I, S. 5 ff.; K. SCHMID, Zähringergeschichte und Zähringertradition als Themen der Zähringerforschung, in: Die Zähringer I, S. 211 ff.

K. S.

10 Abb. 12, 12a
Die Limburg bei Weilheim

Luftbild von der Lage des Burgbergs bei Weilheim. Grundriß der Burg (Maurer, S. 33).

Der Name ›Limburg‹ wird mit der am Bergkegel vorbeifließenden ›Lindach‹ in Verbindung gebracht. Die Burg ist erstmals unter der Bezeichnung *oppidum* in der Chronik Frutolfs von Michelsberg aus dem Jahr 1099 im Bericht über den Tod Bertolds I. auf der Limburg († 1078) quellenmäßig faßbar (Textanhang Nr. 1). Wichtig für die Bedeutung der Burg sind auch die Nennungen Hermanns I. und seines Sohnes Hermann II. nach ihr: Der als Mönch von Cluny 1074 verstorbene Hermann I. wird im Zwiefaltener Necrolog *com. (de) Lintburk* genannt, und Hermann II. erscheint in der Zeugenliste einer Urkunde neben Herzog Bertold II. als *marchio de Linthburch* (Nr. 15). Daß der älteste Sohn Bertolds I. namens Her-

12 (Kat.-Nr. 10)

mann und auch dessen gleichnamiger Sohn nach der Limburg genannt wurden und daher wohl dort ihren Wohnsitz hatten, bevor ihn Hermann II. in den nördlichen Schwarzwald nach Baden verlegte, kennzeichnet die Ausgangssituation des Geschlechtes. Im Zuge des Aufstiegs ist die Verlagerung seiner Interessen auf herrschaftlichem und religiösem Gebiet (Burgen, Städte und Klöster) nach Westen in die Schwarzwald- und Oberrheinlandschaft unverkennbar. Der Bezug der genannten Quellenstellen auf die Limburg bei Sasbach am Rhein ist auf Grund der Klosterstiftung in Weilheim (Nrn. 96–98) mehr als unwahrscheinlich.
Ausgrabungen von 1913/14 bestätigten die Bezeichnung *oppidum* insofern, als die Burgsiedlung offenbar die ganze Gipfelfläche des Berges eingenommen hat. Sie soll zwei durch einen Graben getrennte Bezirke umfaßt haben (vgl. Abb. 12a). Im Rotulus Sanpetrinus (Nr. 102) ist ein Ritter Bertold von Limburg *(Bertoldus miles de Lintburg)* bezeugt, der einen Vertrag vor dem ›Tor der Limburg‹ abschloß *(ante postitium ... Lintburgensis urbis)*.
Im 12. Jahrhundert hat die benachbarte Burg Teck der Limburg den Rang abgelaufen, die in den Besitz der Weilheimer Propstei gekommen ist.

Lit.: H.-M. Maurer, Weilheim bis zur Stadtgründung, in: Heimatbuch Weilheim a. d. Teck 3 (1969), S. 32ff.; H. Naumann, Die Frühgeschichte der Limburg bei Sasbach am Rhein, in: AJ 1961, S. 250–280, bes. S. 251; s. auch Lit. zu Weilheim (Nrn. 96–97).

K. S.

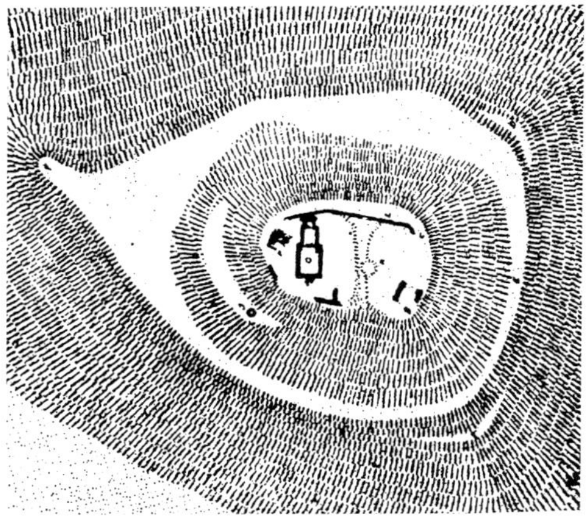

12a (Kat.-Nr. 10) Grundrißskizze der Limburg aus Maurer, Heimatbuch Weilheim a. d. Teck 1969, S. 33

11 Die Eroberung des Breisgaus durch Bertold II. im Jahre 1079

11.1 CONTINUATIO CASUUM S. GALLI

St. Gallen, um 1200.
Pergamenthandschrift, 350 S., Stiftsbibliothek St. Gallen, Hs. 615; Repr.
(Textanhang Nr. 3).

Nach dem Tode Bertolds I. auf der Limburg im Jahre 1078 (vgl. Nr. 10) und seiner Bestattung im Kloster Hirsau (Nr. 99) versuchte sein Sohn Bertold II. zunächst den Thurgau zu erobern. Als dieses Unternehmen nicht zuletzt durch die Gegenwehr des Klosters St. Gallen gescheitert war, zog er über den Schwarzwald und nahm die dicht gesäten sanktgallischen Besitzungen im Breisgau ein. Dabei habe der ›Markgraf‹ genannte Bertold – wie die Fortsetzung der St. Galler Geschichten berichtet – aus Haß gegen Heinrich IV. den ganzen Breisgau durch Raub und Brand verwüstet und die St. Galler Besitzungen in einer Weise ausgebeutet, daß die Mönche viele Jahre lang weder Wein noch Getreide oder sonstige Abgaben von ihren breisgauischen Besitzungen erhalten hätten.

Lit.: Zur Handschrift vgl. E. Url, Das mittelalterliche Geschichtswerk ›Casus sancti Galli‹ (109. Neujahrsblatt, hrsg. v. Hist. Verein d. Kantons St. Gallen), 1969, S. 14, 38.

11.2 GALLUS ÖHEMS BERICHT ZUM JAHR 1079

16. Jahrhundert.
Papierhandschrift, 182 Bll., H. 29 B. 20,5 cm.
Universitätsbibliothek Freiburg i. Br., Hs. 15.

Als Ergänzung zum Bericht der Continuatio casuum s. Galli über die Ereignisse des Jahres 1079 darf die Mitteilung des Gallus Öhem gelten, »Markgraf Berchtoldus von Zeringen« habe bei seinem Einfall in den Breisgau die Burg Wiesneck, die an einem strategisch wichtigen Platz am Eingang ins Dreisamtal stand, und alle im Breisgau und im Schwarzwald sitzenden Herren und Leute unter seine Herrschaft gezwungen. Dieser Eroberungszug in den Breisgau im Jahr der Einsetzung des Staufers Friedrich als Herzog von Schwaben durch König Heinrich IV. darf als wichtiger Schritt bei der Verlagerung des Herrschaftsmittelpunktes von der Schwäbischen Alb in den Schwarzwald und bei der Errichtung eines neuen Herrschaftszentrums durch Bertold II. im Breisgau betrachtet werden. Es wurde planmäßig eingerichtet durch den Auf- oder Ausbau der Burg Zähringen als ›Stammburg‹ und durch die Begründung des Klosters St. Peter im Schwarzwald (s. unten Gerchow, S. 123) und der Markt- und Stadtanlage Freiburg (s. unten Blattmann-Treffeisen, S. 224). Gleichwohl ist anzunehmen, daß schon die Vorfahren der Zähringer im Oberrheingebiet Besitz und Rechte hatten, die jedoch im Zusammenhang mit der Absetzung Herzog Bertolds I. im Jahr der Königserhebung Rudolfs von Rheinfelden gefährdet waren.

11.3
BURG WIESNECK

Luftbild.

Die Burg am Eingang des Wagensteigtals lag verkehrsgeographisch so exponiert, daß von ihr aus der ganze Bereich der Straßen im Dreisamtal überwacht werden konnte.
Die von den späteren Klosterherren von St. Märgen beherrschte Burg Wiesneck wurde von Bertold II. im Jahre 1079 eingenommen, dürfte jedoch von den Hohenbergern wieder in Besitz genommen worden sein, da sich Graf Adalbert nach ihr nannte *(Adelbertus comes de Wisenseggi)*. In einer der beiden Grenzbeschreibungen des Klosters St. Peter aus dem Jahre 1111 wird die Wiesneck als *castrum dirutum*, eine zerstörte Burg, bezeichnet (Nr. 101.1). Wann die Burg von den Hohenberger Grafen wieder aufgebaut wurde, ist nicht bekannt. Diese veräußerten sie jedenfalls 1293 an den Freiburger Patrizier Burkard Turner, von dem sie an die Schnewlin gelangte, während Graf Rudolf von Hohenberg 1372 dem Kaiser Karl IV. als König von Böhmen und dessen Sohn Wenzel Besitzungen zu Lehen auftrug als Ersatz für die Burg Wiesneck, die seine Vorfahren von den Königen von Böhmen zu rechtem Lehen trugen, jedoch ohne Zustimmung des Lehnsherrn verkauft hatten. Außerdem aber gibt es eine Überlieferung, nach der die Wiesneck ein St. Galler Lehen gewesen sein soll. Die noch ungeklärten Rechtsverhältnisse lassen jedenfalls auf die Bedeutung dieser Burg schließen.

Lit.: H. Ott, Überlegungen zur Besiedlungsgeschichte des Zartener Beckens und des Wagensteigtales, in: Kelten und Alemannen im Dreisamtal, hrsg. v. K. Schmid (VAI 49), 1983, S. 141 ff.; K. Schmid, Die Burg Wiesneck und die Eroberung des Breisgaus durch Bertold II. im Jahre 1079, ebd., S. 115–139, bes. S. 128 ff.

K. S.

12 Abb. 13–16
Der Zähringer Burgberg

Luftbild und Grabungspläne.

Als die Zähringer den sogenannten Zähringer Burgberg, Gemeinde Gundelfingen, Kreis Breisgau-Hochschwarzwald, als Platz zum Bau einer Burg auswählten, hatte dieser Berggipfel in der Linie der Schwarzwaldrandberge in seiner strategisch günstigen Lage mit ›Blick‹ über den Breisgau schon eine längere Geschichte hinter sich, von der vorerst jedoch noch nicht gesagt werden kann, daß diese ›Vorgeschichte‹ die Wahl der Zähringer beeinflußt hätte.
Der Berg besteht aus Gneis, in den Erzgänge eingelagert sind. Sowohl die Blei-Zink-Erze mit ihrem Silbergehalt als auch Eisenerz wurden in historischer Zeit am Berg gewonnen.
Die Ruine der hochmittelalterlichen Burg steht auf einer herausragenden, schroffen Gipfelpartie, die durch in den Felsen eingearbeitete Gräben gesichert ist. Exakte Vermessungen oder archäologische Untersuchungen zur Ruine gibt es nicht, abgesehen von Restaurierungen im 19. Jahrhundert und Schürfungen zu Beginn unseres Jahrhunderts, die jedoch nicht dokumentiert sind. Im Rahmen der Vorbereitungen für die im Jahr 1985 begonnenen archäologischen Ausgrabungen im Bereich der älteren Besiedlungsphasen wurde der gesamte Berg erstmals im März 1985 vermessen (Fachhochschule Technik Stuttgart, Prof. Dr. P. Breuer). Dabei erfolgte auch eine grobe Aufnahme der sichtbaren Mauerzüge der hochmittelalterlichen Burg. Daß diese Ruinen-Vermessung

13 (Kat.-Nr. 12) Der Zähringer Burgberg von Südosten

nicht ausreichend ist, lehrt eine aquarellierte Zeichnung des 19. Jahrhunderts (Nr. 14.2), die zusätzlich heute nicht mehr sichtbare Mauerverläufe erkennen läßt.

Zentrales Ergebnis der Geländebeobachtungen und Ausgrabungen ist der Nachweis, daß das weithin sichtbare, auffallende Plateau mit mehreren übereinander gestaffelten Terrassenflächen erst durch umfangreiche Stein- und Erdbewegungen von Menschenhand künstlich entstanden ist. Der anstehende Gneis würde bei natürlicher Verwitterung nur eine abgerundete Kuppe entstehen lassen. Zwischen 455 und 465 m NN, etwa 200 m über dem Breisgau, wurden unterhalb der aufragenden freiliegenden Felsen, die Mauern und Turm der hochmittelalterlichen Burg tragen, vier übereinanderliegende horizontale Terrassen geschaffen und damit eine sich von Nord nach Süd erstreckende, ovale Siedlungsfläche von 350 mal 200 m, also von 4–6 ha, deren Breitseite zum Rheintal weist. Dieses Areal trug eine der größten bis heute bekannten alamannischen Höhensiedlungen des 4. und 5. Jahrhunderts. Wie früh nach dem Fall des obergermanisch-rätischen Limes im Jahr 259/60 und der Anlage der neuen Befestigungslinie am Rhein der Burgberg von Alamannen aufgesucht worden ist, läßt sich anhand der bisherigen Grabungen noch nicht sagen. Jedoch haben die Funde eine ausgedehnte Siedlungstätigkeit für das 4. und frühe 5. Jahrhundert nachgewiesen, an deren Ende erst die heutige Terrassenstruktur mit der starken Übersteilung der Bergflanken entstanden war.

Die politisch-militärische Struktur der Alamannen beruhte, wie die Schriftquellen lehren – für den Breisgau vor allem das Geschichtswerk des Ammianus Marcellinus, aber auch das spätrömische Militärhandbuch, die Notitia dignitatum –, auf einer großen Zahl von Stammesteilen bzw. Gefolgschaften, die unter Königen und weniger ranghohen Anführern, unter *reges* und *reguli*, Kriegerscharen in ständig wechselnden Koalitionen gegen die Römer und auch gegeneinander führten. Die Mittelpunkte und Wohnsitze derartiger *reges* und *reguli* werden auf den Höhensiedlungen vermutet, die in größerer Zahl bekannt sind und von denen bisher der Runde Berg bei Urach archäologisch umfassend erforscht werden konnte. Einer der ranghohen Alamannen-Anführer könnte auf dem Zähringer Burgberg residiert haben, von denen für die *Brisigavi*, die Breisgau-Bewohner, Männer wie Vadomar und sein Sohn Vitikap für die zweite Hälfte des 4. Jahrhunderts genannt sind. Als eine der größten und am dichtesten an den spätrömischen Limes herangeschobene Höhensiedlungen ist diese von herausragender Bedeutung. Alamannische Höhensiedlungen sind weniger Befestigungsanlagen als vielmehr Herrensitze in Schutzlage mit Einbeziehung von umfangreichen Handwerksbetrieben und sonstigen wirtschaftlichen Einrichtungen. Es geht nicht zuletzt um den Schutz der gewinnträchtigen Produktionszentren, die unmittelbar in der Verfügungsgewalt alamannischer Herren als ›Unternehmer‹ liegen und damit ihr Vermögen und ihren Rang bestimmen.

Die archäologischen Ergebnisse ermöglichen es, vorläufig folgende Besiedlungsfolge zu skizzieren:

a) Während der frühalamannischen Zeit, dem 4. und 5. Jahrhundert, wird die Bergkuppe in Besitz genommen, und die Umgestaltung beginnt. Massive Steinpackungen und Fundamentzüge, die bei den Grabungen angeschnitten wurden, bezeugen eine ältere Phase, während die Terrasseneinebnung einer jüngeren Phase angehört. Dicht unterhalb der äußeren Terrassenkante verläuft eine schwache 0,80 m breite Mauer, hinter der sich Siedlungsfunde häufen.

b) Eine dritte Besiedlungsphase der Burghochfläche fällt in spät-merowingische oder karolingische Zeit. Die Keramikfunde lassen sich vorerst nicht genauer als 8./9. Jahrhundert datieren.

c) Die Zeit der hochmittelalterlichen Burg hat Funde auf den der Ruine benachbarten Terrassenflächen erbracht, von Waffenteilen bis zu Münzen. In welcher Form die ebenen Terrassen zur Zeit der hochmittelalterlichen Burg – vom Fortifikatorischen her gesehen keine günstige Situation – genutzt worden sind, ist unbekannt.

d) Am Hang des künstlich versteilten Berges verläuft ein mächtiger Graben, begleitet von einem leichten Außenwall, der den Berg nach Norden und Westen und in Spuren auch im Osten befestigt. Die zeitliche Zuordnung ist bisher unbekannt. Doch liegt die Vermutung nahe, im Zusammenhang mit der Versteilung der Bergflanken und der Anlage der Terrassenhochflächen auch diesen Befestigungsgraben zu sehen.

e) Im Norden überschneiden Halden, Ergebnis der Schürfung nach Eisen, den dort besonders tiefen und breiten Graben sowie den niedrigen Außenwall. Damit wird das jüngere Alter der Eisengewinnung am Hang des Zähringer Burgberges belegt, jedoch noch kein Hinweis auf die absolute zeitliche Einordnung gewonnen. Die Schachtpingen am Südwesthang des Berges im sog. Zinswald sind spätmittelalterlich-neuzeitlich, aber auch nicht näher zu datieren.

14 (Kat.-Nrn. 12, 14.1)
Luftbild des Zähringer Burgbergs

Lit.: G. Fingerlin, Der Zähringer Burgberg, eine neuentdeckte Höhensiedlung der Völkerwanderungszeit, Gemeinde Gundelfingen, Kreis Breisgau-Hochschwarzwald, in: AABW 1983 (1984), S. 181–184, ND in: Die Zähringer I, S. 1 ff.; Ders., Brisigavi im Vorfeld von Breisach. Archäologische Spuren der Völkerwanderungszeit zwischen Rhein und Schwarzwald, in: ANB 34 (1985), S. 30–45; H. Steuer, Erste Ausgrabungen auf dem Zähringer Burgberg, Gemeinde Gundelfingen, Kreis Breisgau-Hochschwarzwald, in: AABW 1985 (1986); U. Koch–B. Kaschau, Ausgrabungen auf dem Runden Berg bei Urach, Kreis Reutlingen, 1967–1984, in: AABW 1984 (1985), S. 159–171; Der Runde Berg bei Urach I (1973) bis V (1984).

H. St.

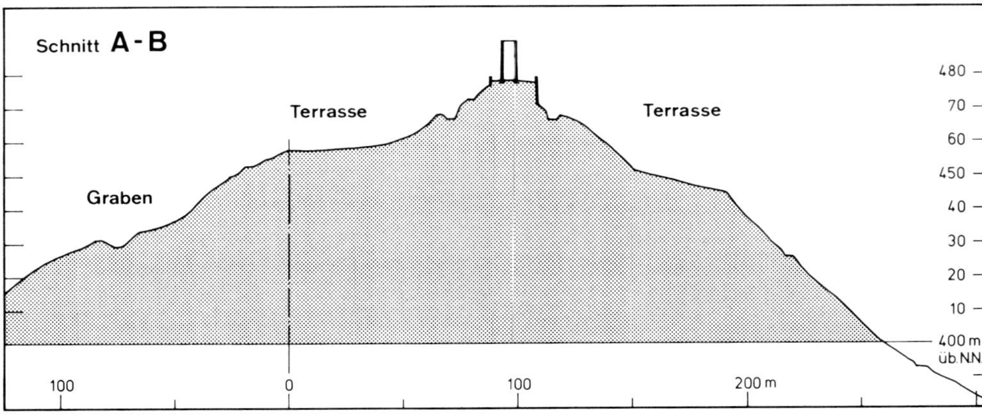

15 (Kat.-Nr. 12)

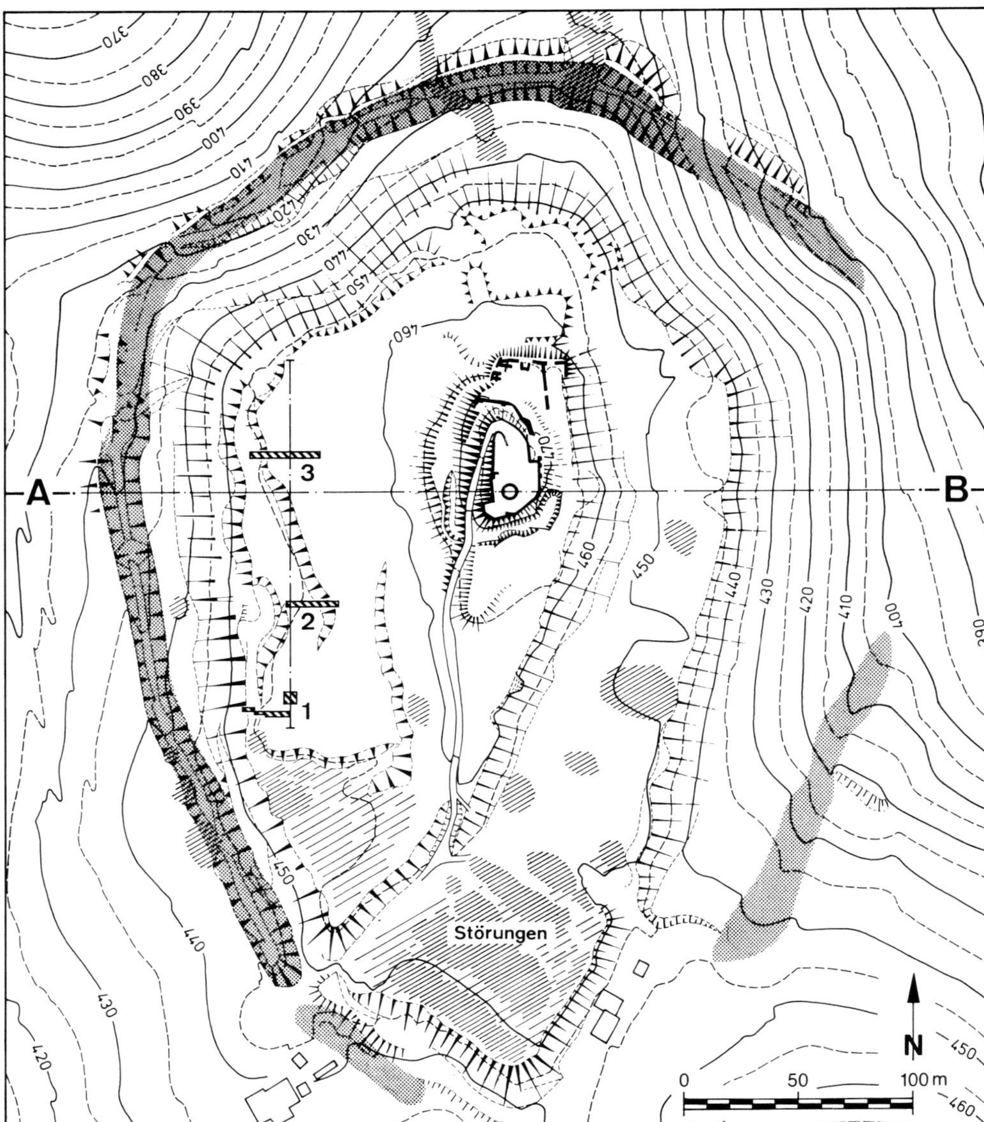

16 (Kat.-Nr. 12) Planskizze der topographischen Vermessung des Zähringer Burgbergs.
1–3: Grabungsfächen (1985)

13 Abb. 17–27

Funde vom Zähringer Burgberg

13.1
FUNDE DES 4./5. JAHRHUNDERTS

13.1.1. Waffen

Zwei Kampfbeile und zwei Lanzenspitzen, Eisen, gefunden auf der oberen Terrasse des Burgberges.

Im Gegensatz zur galloromanischen Bevölkerung begannen germanische Gruppen, innerhalb der spätrömischen Militärorganisation des Reiches als Truppen eingesetzt, ihre Grabsitte zu ändern und die Toten mit Beigaben auszustatten. Den Männern wurden Waffen mitgegeben, wobei neben den wenigen mit Schwertern ausgestatteten Toten die leichte Bewaffnung aus Streitaxt und Lanze überwiegt. Vom römischen Reich dehnte sich dieser Grabbrauch auch in die germanischen Gebiete aus, so daß wir über Grabfunde die Bedeutung der auf dem Zähringer Burgberg entdeckten Waffen erkennen können.

Lit.: H. W. Böhme, Germanische Grabfunde des 4. bis 5. Jahrhunderts zwischen unterer Elbe und Loire, 1974.

13.1.2 Abb. 17–18
Riemenzungen und zerschnittene Gürtelbeschläge

Bronze.

Zur Ausrüstung der spätrömischen Armee, die zum großen Teil aus Germanen bestanden hat, gehörten verschiedene Gürtel, deren Metallteile in Grabfunden und als Siedlungs- und Kastellfunde überliefert worden sind. Kennzeichen ist die Verzierung in Kerbschnitt-Technik oder durch Punzmuster. Die Germanen haben diese Militärgürtel auch für ihre Heimatgebiete mitgenommen; durch ihren Grabbrauch, nämlich der Bestattung in der Tracht der Lebenden, sind sie häufig überliefert.

Auf der alamannischen Höhensiedlung wurden vollständige scheibenförmige Riemenzungen geborgen, übrigens mit Parallelfunden auf zahlreichen südwestdeutschen Höhenburgen, sowie zerschnittene Gürtelplatten. Diese Bronzeblechreste sind untrüglicher Beweis für die Weiterverarbeitung des Rohstoffs Bronze auf dem Burgberg und somit neben inzwischen zahlreich gefundenem anderen Bronzeschrott (so ein spätrömischer Zügelring und viele Blechreste) Beleg für dort ansässiges Handwerk unter der Regie des alamannischen Herrn.

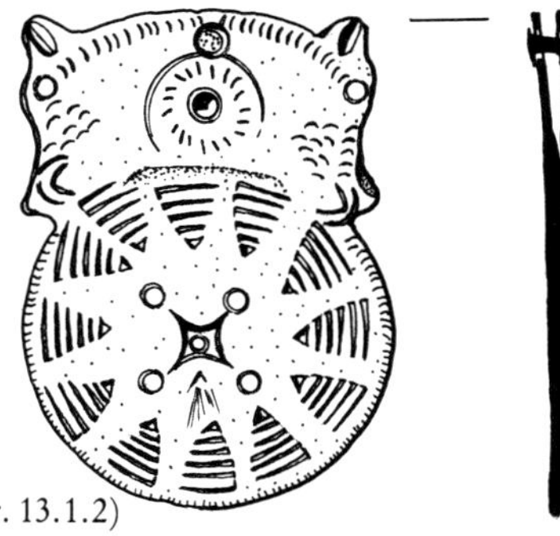

17 (Kat.-Nr. 13.1.2)

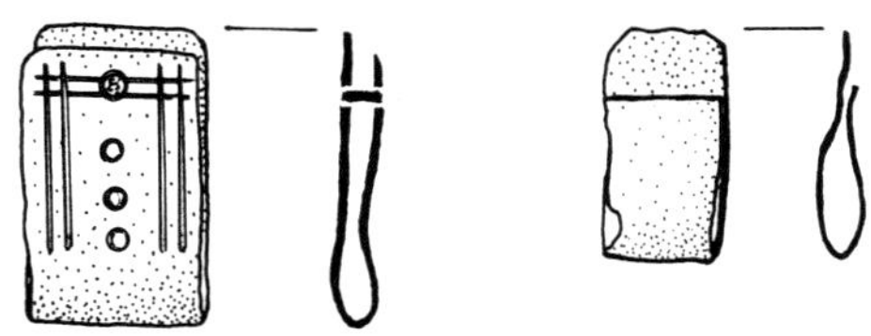

18 (Kat.-Nr. 13.1.2)

Die scheibenförmigen Riemenzungen haben einen Verbreitungsschwerpunkt im südwestdeutschen-alamannischen Raum.

Lit.: H. W. Böhme (wie Nr. 13.1.1); H. Bullinger, Spätantike Gürtelbeschläge. Typen, Herstellung und Datierung, Diss. Arch. Gandenses 12, 1969; M. Sommer, Die Gürtel und Gürtelbeschläge des 4. und 5. Jahrhunderts im Römischen Reich (Bonner Hefte zur Vorgeschichte 22), 1984; Ausst.Kat. Gallien in der Spätantike, Mainz 1980; J. Ypey, Zur Trageweise frühfränkischer Gürtelgarnituren auf Grund niederländischer Befunde, in: Berichten van het Rijksdienst voor het Oudheidkundig Bodemonderzoek Amersfoort 19 (1969), S. 89ff.; U. Koch, Die Metallfunde der frühgeschichtlichen Perioden aus den Plangrabungen 1967–1981. Der Runde Berg bei Urach V (1984), S. 59–61.

13.1.3 Abb. 19–20
Perlen und Spielstein, Halsring und Nadel

Glas, Bronze und Silber.

Die Existenz einer normal zusammengesetzten Bewohnerschaft auf dem Burgberg belegen die Schmuckfunde. Da diese Schmucksachen nicht aus Gräbern stammen, sondern verlorengingen bei der alltäglichen Arbeit, sind die meisten Stücke beschädigt.

Der kleine Stein aus schwarzem Glas von einem Brettspiel hat zahlreiche Parallelen im römischen Reich und wird wie manche Perle auch von dort mitgebracht oder eingehandelt worden sein.

Der bronzene Rest eines Ösenhalsringes gehört zur Tracht germanischer Männer und Frauen und ist weit verbreitet, von Mecklenburg bis Pannonien, von Nordgallien den Rhein aufwärts bis zum Zähringer Burgberg.

Die silberne Nadel zeigt wie fast alle Exemplare am unteren Teil des Schafts eine leichte Krümmung, die mit der Trageweise zusammenhängt.

Lit.: (Spielstein:) T. Krüger, Das Brett- und Würfelspiel der Spätlatènezeit und römischen Kaiserzeit im freien Germanien, in: Neue Ausgrabungen und Forschungen in Niedersachsen 15 (1982), S. 135–324; – (Perlen:) Magdalena Tempelmann-Mączyńska, Die Perlen der römischen Kaiserzeit und der frühen Phase der Völkerwanderungszeit im mitteleuropäischen Barbaricum (Römisch-Germanische Forschungen 43), 1985; – (Halsring:) E. Keller, Das spätrömische Gräberfeld von Neuburg an der Donau, in: Materialhefte zur Bayer. Vor- und Frühgeschichte 40 (1979), S. 130 und Beil. 2; H. G. Rau, Körpergräber mit Glasbeigaben des 4. nachchristlichen Jahrhunderts im Oder-Weichsel-Raum, in: Acta Praehistorica et Archaeologica 3 (1973), S. 109–214, hier 147 ff. mit Karte Fig. 46; – (Nadel:) H. W. Böhme (wie Nr. 13.1.1).

13.1.4
Römische und germanische Keramikscherben

Zu den häufigsten Siedlungsfunden gehört Keramik. Zerbrochenes Geschirr kann nicht weiter verwendet werden, bleibt als Abfall liegen

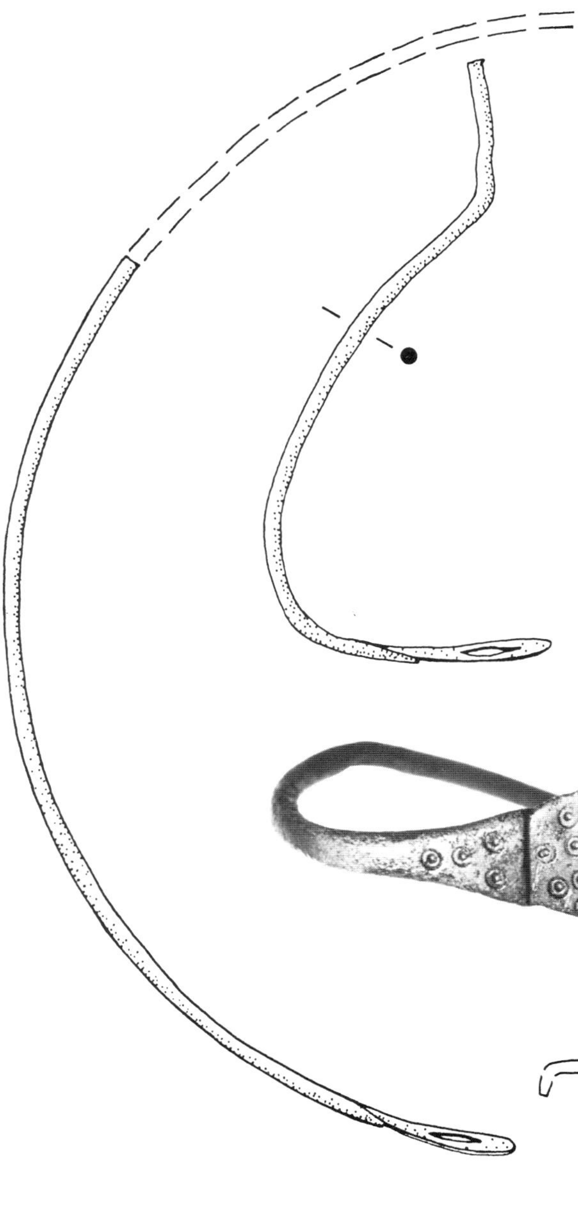
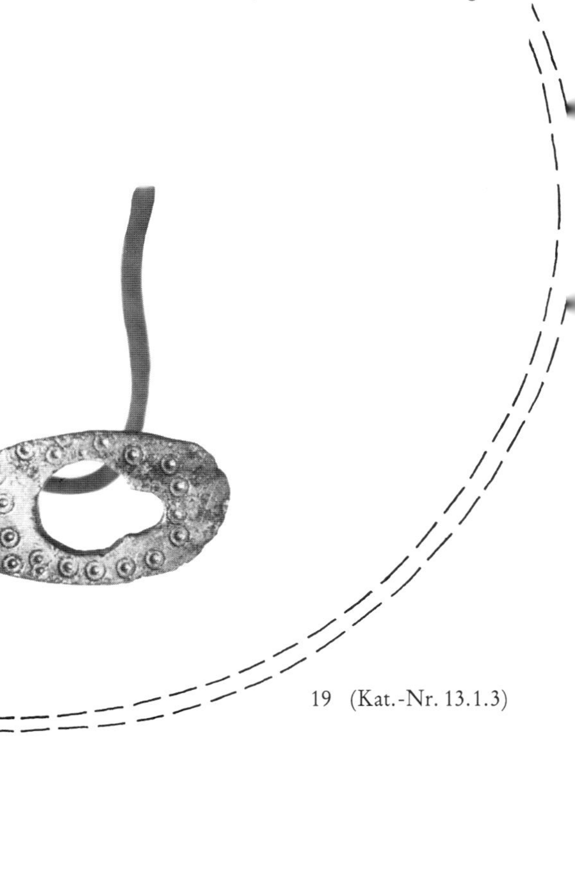

19 (Kat.-Nr. 13.1.3)

und läßt somit erkennen, wie sich die Bewohner mit Haushaltsgeschirr versorgt haben. Dicht vor der Reichsgrenze am Rhein war es, wie auch andere Siedlungsfunde belegen, keine Schwierigkeit, qualitätvolles römisches Geschirr zu erwerben.

Daß es sich bei der Bevölkerung auf dem Burgberg aber um Alamannen gehandelt hat, läßt sich aus den einheimischen Scherben erschliessen, von Gefäßen, die im Gegensatz zur römischen Drehscheibenware freihandgeformt sind. Nachahmungen römischer Terra Nigra Ware kommen zudem ebenfalls vor.

Lit.: R. KOCH, Frühalamannische Siedlungsfunde von Kirchheim unter Teck und Großgartach, in: FBW 3 (1977), S. 528–538; DERS., Terra-Nigra-Keramik und angebliche Nigra-Ware aus dem Neckar-Gebiet, in: FBW 6 (1981), S. 579–602; H. SCHACH-DÖRGES, Frühalamannische Funde von Lauffen am Neckar, in: FBW 6 (1981), S. 615–660; G. FINGERLIN, Brisigavi im Vorfeld von Breisach, in: ANB 34 (1985), S. 30–45.

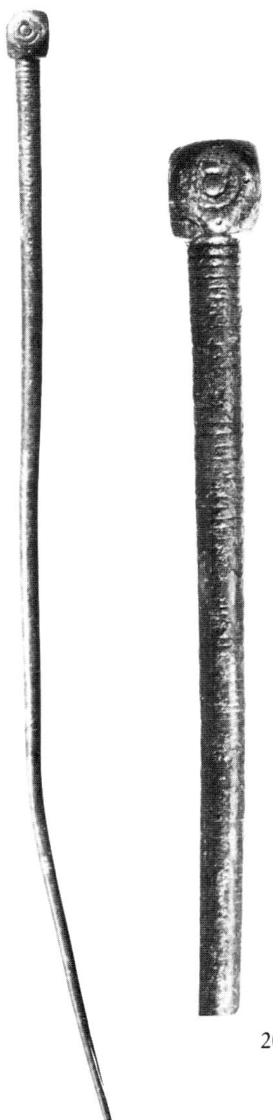

20 (Kat.-Nr. 13.1.3)

21 (Kat.-Nr. 13.2)

13.2 Abb. 21

SPÄTMEROWINGISCH-KAROLINGISCHE KERAMIK

Die Besiedlung des Burgberges auch im 8./9. Jahrhundert geht aus Scherbenfunden hervor, die in allen drei Probeschnitten gefunden worden sind. Ihre Machart sowie Verzierungsweise und Form heben sie eindeutig von der älteren alamannischen Keramik ab; Parallelen in den jüngsten merowingerzeitlichen Gräbern und in anderen Siedlungen erlauben diese erste, wenig scharfe Datierung. Es handelt sich um sog. reduzierend gebrannte, nachgedrehte Keramik mit besonders kantigen, winkligen Randprofilen.

Lit.: G. FINGERLIN, Die alamannischen Grabfunde von Güttingen und Merdingen in Südbaden, 1971, S. 138; W. HÜBENER, U. LOBBEDEY, Zur Struktur der Keramik der späteren Merowingerzeit, in: Bonner Jahrbücher 164 (1964), S. 89ff.; M. SCHULZE, Die mittelalterliche Keramik der Wüstung Wülfingen am Neckar, Stadt Forchtenberg, Hohenlohekreis, in: Forschungen und Berichte der Archäologie des Mittelalters in Baden-Württemberg 7 (1981), S. 17ff.

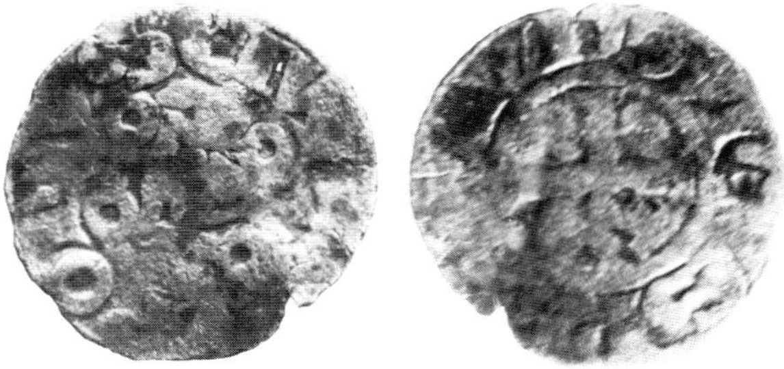

22 (Kat.-Nr. 13.3.1a)

23 (Kat.-Nr. 13.3.1b)

13.3
HOCHMITTELALTERLICHE FUNDE AUS DER ZEIT DES 11.–14. JAHRHUNDERTS, GEFUNDEN AUF DEN TERRASSEN IN BURGNÄHE

13.3.1 Abb. 22–23
Münzen

Als Streufunde sind zwei Münzen geborgen worden.

a) Französischer Denier Tournois des ersten Typs von Ludwig VIII. und Ludwig IX. (1223–1266). Münzstätte unbekannt. Abb. 22.
Vs. *LVDOVICVS REX* Rs: *TVRONVS*
Lit.: J. Lafaurie, Les monnaies des rois de France Vol. I, 1951, S. 23 Nr. 195.

b) Bisher nicht bestimmbar, aber wohl hochmittelalterlich. Abb. 23.

Die Münzbestimmung verdanke ich Herrn Dr. H.-P. Martin, Badisches Landesmuseum Karlsruhe.

13.3.2 Abb. 26
Ausrüstungsgegenstände

a) Armbrustbolzen, Eisen, unterschiedlicher Form, die beim jagdlichen oder sportlichen Schießen ebenso verlorengegangen sein können wie bei kriegerischem Anlaß.

b) Trensen-Teil, Eisen, vom Pferdegeschirr.

c) Bruchstücke von Hufeisen und Hufeisen-Nägel, Eisen. Die Reste lassen Rückschlüsse auf die Größe und Stärke der Pferde zu.

d) Kleine und große Schnallen, Eisen und Bronze, von Riemen, von der Kleidung sowie vom Schuhwerk.

e) Messerklingen aus Eisen. Auf einer Klinge ist eine Punzierung in Form eines Hammers zu erkennen, wahrscheinlich ein Werkstattzeichen, wie sie im fortgeschrittenen 13. Jahrhundert aufkommen.

13.3.3 Abb. 24–25
Sonstige Fundgegenstände

a) Schreibgriffel aus Bronze. Derartige Griffel dienten zum Schreiben auf Wachstäfelchen; nicht mehr benötigte Texte konnten mit dem breiten spatelförmigen Ende gelöscht werden durch Glätten des Wachses.

b) Beschläge und Scharnier von Kästchen, Bronze oder Messing.

c) Beschlag, Messing, mit gotischen Buchstaben.

13.3.4 Abb. 27
Beschläge von Möbeln und Türen

a) Beschläge unterschiedlicher Zweckbestimmung, Eisen, darunter auch die Henkelattasche für einen Eimer.

b) Bruchstück, Eisen, eines großen Tür- oder Truhenbeschlages.

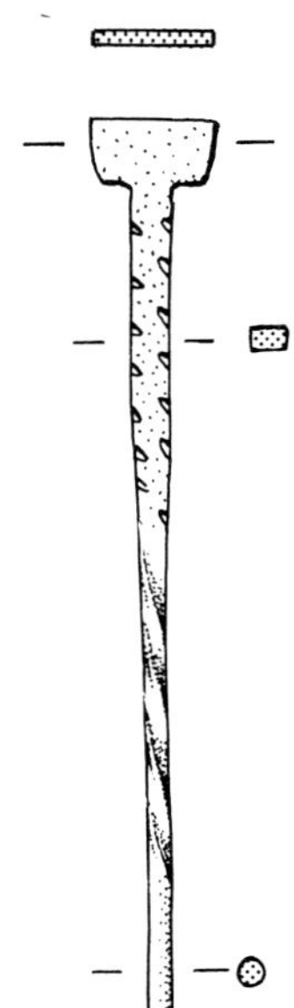

24 (Kat.-Nr. 13.3.3a)

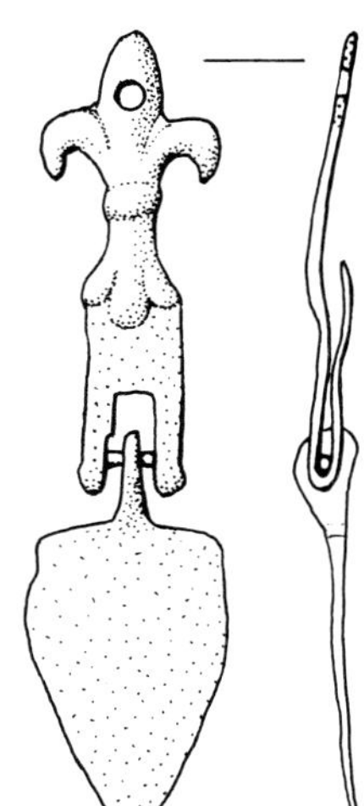

25 (Kat.-Nr. 13.3.3b)

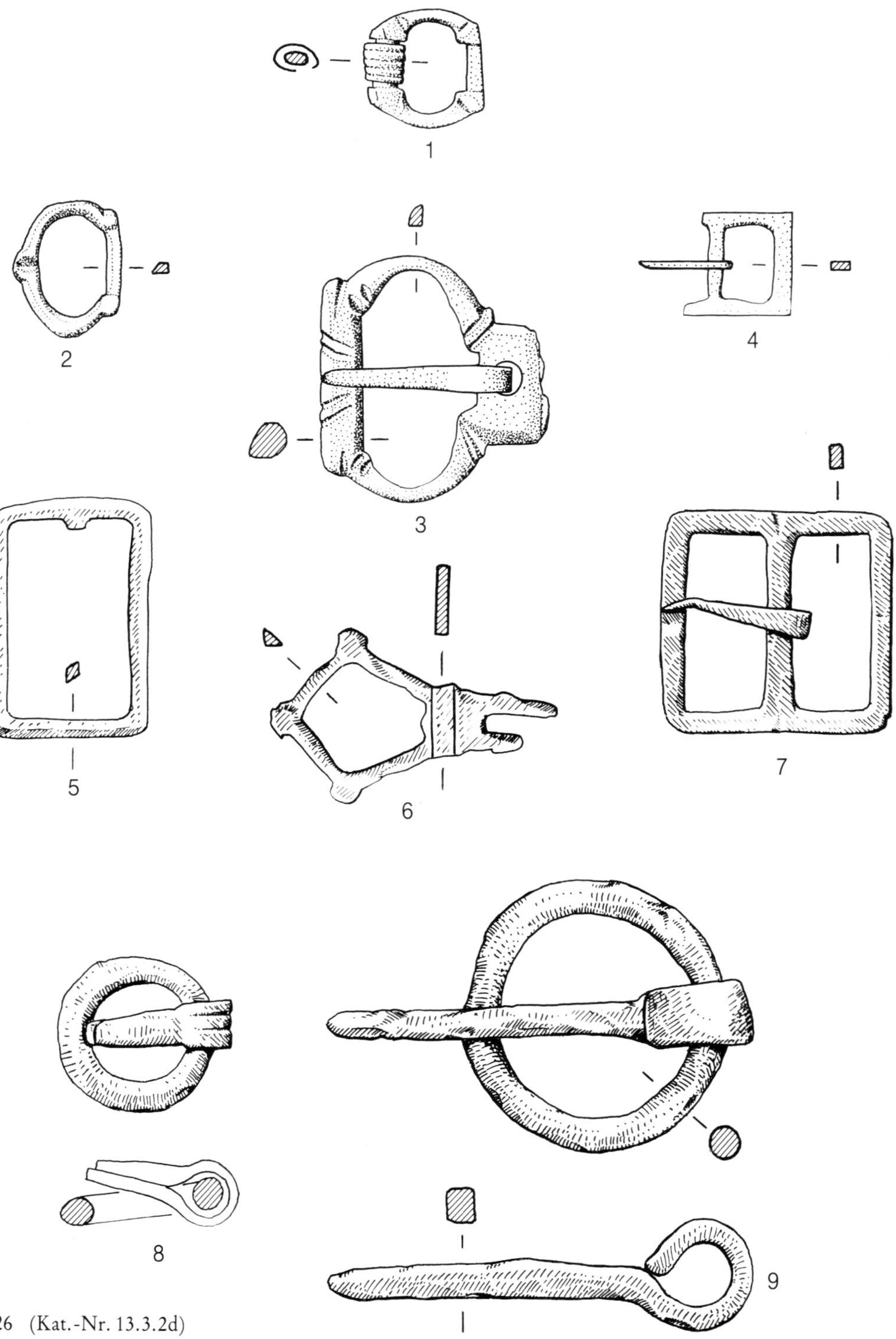

26 (Kat.-Nr. 13.3.2d)

13.3.5
Teile eines Harnischs

14. Jahrhundert. Größte L. beider Stücke ca. 17 cm. Eisen, stark korrodiert, mit Bronzebesatz.

Landesdenkmalamt Baden-Württemberg, Außenstelle Freiburg.

Gelenkkapsel für den Ellbogen. Durch siebenreichiges Geflecht aus Eisenringen mit einer zweiten, schmaleren Hülse verbunden. Diese weist am Rande Nieten für die Befestigung an Lederteilen auf. Ein zweiter Streifen aus Eisenringen war für den Anschluß einer weiteren Armkapsel bestimmt. Flügelartige Verlängerungen der Außenenden abgebrochen. Die Ellbogenspitze mit rautenförmigem Bronzeblech besetzt. Desgleichen der Saum der Endstücke. Einfache Gravurmuster auf den Bronzestreifen. Frühform des Plattenharnischs, der über dem Kettenhemd getragen wurde. Altfund, unpubliziert.

Lit.: Zusammenstellungen hochmittelalterlichen Alltagsgerätes nach Typen gibt es bisher kaum, ganz im Gegensatz zu den vor- und frühgeschichtlichen Epochen. Die Archäologie des Mittelalters ist noch eine recht junge Disziplin. Die gesamte archäologische Burgen-Literatur ist auf Vergleichsstücke hin durchzusehen. – (Gürtelschnallen:) I. Fingerlin, Gürtel des hohen und späten Mittelalters, 1971; allgemein vgl. die Burgengrabungen in der Schweiz, publiziert in der Reihe: Schweizer Beiträge zur Kulturgeschichte und Archäologie des Mittelalters 1 (1974) ff. sowie die Bibliographien in der Zeitschrift für Archäologie des Mittelalters (hrsg. v. W. Janssen und H. Steuer), 1 (1972) – 10 (1982).

H. St.

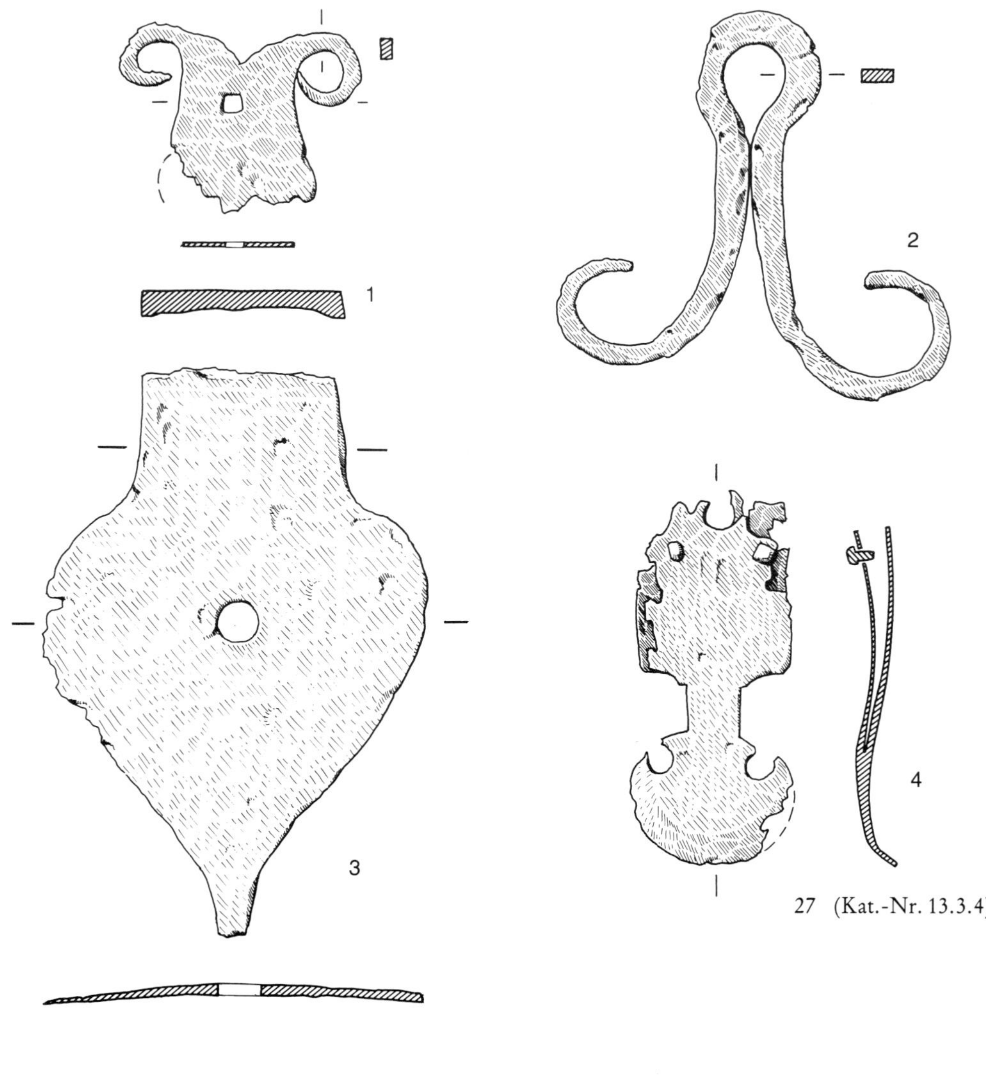

27 (Kat.-Nr. 13.3.4)

14 Abb. 28–29
Die mittelalterliche Burg Zähringen

14.1
HISTORISCHE ANSICHTEN UND PHOTOGRAPHIEN

Zähringer Burg in Sattler-Handschrift Karlsruhe (Nr. 279.1), f. 9ʳ, farbige Miniatur.

G. Baumeister, Collectanea Zaringensia (Nr. 311), Bd. 1, 1762, f. 151ʳ, Federzeichnung mit Ansichten von den 4 Himmelsrichtungen und aus der Vogelschau, von Friedrich Benjamin Seuffert, 1762: Abb. 28.

J. D. Schöpflin, Historia Zaringo-Badensis (Nr. 362), Bd. 1, 1763, Tafel S. 43: Stich der Zähringerburg, Ansichten von Norden und Süden (Tafel 26b in: Die Zähringer I).

F. Geissinger, Geschichte der Herzöge von Zähringen und der Grafen von Freiburg (vgl. Nrn. 86, 280.3d), dem Zunftprotokoll der Bäkkerzunft zum Elefanten von 1789 vorgebunden, H. 35 B. 22 cm, Stadtarchiv Freiburg, B 5 XXIII Nr. 35: farbige Federzeichnung.

Abb. 2 aus J. Naeher–H. Maurer, Die altbadischen Burgen und Schlösser des Breisgaus, Beiträge zur Landeskunde, Emmendingen 1884; Lithographie, H. 25 B. 38 cm, Augustinermuseum Freiburg, Inv.-Nr. D 1199a.

Luftbilder der Zähringer Burg: Abb. 13–14.

Von den mittelalterlichen Bauten auf der langgestreckten Kuppe des Zähringer Burgberges sind heute nur noch geringe Reste erhalten, vor allem der Rundturm, der den Besucher noch etwas von der einstigen Wirkung der Burg erahnen läßt, wenn er den alten Weg von Süden her hinaufsteigt. Die oberen Teile des Turmes sind zwar in neuerer Zeit rekonstruiert worden, doch zeigen der tief in den Fels gehauene Halsgraben und Reste des Mauerberings, daß die repräsentative, demonstrativ-wehrhafte Flanke der Kernburg einst hier im Süden lag, wo auch der nackte Felsrücken der Kuppe den Burgweg rechts begleitet. Hier ist die Situation heute verunklärt durch das geräumige Plateau des Kriegerdenkmals, das nach dem 1. Weltkrieg aus dem Fels gehauen wurde.

Der Rundturm, der jetzt die Burgstelle beherrscht, stammt nicht mehr aus der Zähringerzeit. Wie die vergleichbaren Türme etwa der Sausenburg oder der Burg Bärenfels gehört er ins spätere 13. Jahrhundert. Die nicht sehr geräumige Felskuppe der Kernburg ließ nur im Nordwesten des Turmes Platz für einen Palas (Wohngebäude), denn auf der Ostflanke mündete der alte Burgweg, der einst durch die Vorburg im Norden der Kuppe verlief. Auch deren Mauerreste stammen aus dem späten Mittelalter. Von der Kernburg sind außer dem Turm nur noch die stark erneuerten Stützmauern sichtbar: Als Großherzog Leopold 1830 die ›Stammburg seiner Vorfahren‹ besuchte, war die Ruine zu diesem Anlaß hergerichtet und der Burgplatz eingeebnet worden. Trotz des schlechten Erhaltungszustandes kann man sagen, daß die Zähringer Burg im Vergleich mit den anderen Adelsburgen der Region weder durch ihre Lage noch durch ihre Größe besonders auffällt.

Die beiden ältesten urkundlichen Belege für *Zaringen* aus den Jahren 1008 und 1100 (Nrn. 183 und 15) geben noch nicht klar zu erkennen, ob sie sich auf das Dorf oder die Burg beziehen (s. oben Schmid, S. 20). Erst 1128 ist ausdrücklich von der Zähringer Burg die Rede, und zwar in einer Urkunde des Rotulus Sanpetrinus (Nr. 102), die ausgestellt wurde *apud castrum Zaringen,* also »bei der Burg Zähringen«.

Ausdrücklich nach der Burg Zähringen benannt (*nomine de castro Zaringen*) wird Herzog Bertold II. von Otto von Freising im Zusammenhang seines Berichtes über den Tod des Gegenkönigs Rudolf von Rheinfelden 1080 (Textanhang Nr. 2). Man hat die Stelle daher als älteste Nachricht für das Bestehen der Zähringer Burg genommen, obwohl Otto ja erst knapp 80 Jahre nach diesen Ereignissen schrieb (Nr. 56). Wichtiger für die Geschichte der Zähringer Burg scheint Ottos Schilderung vom Verlauf der Fehde zwischen Herzog Konrad und Friedrich Barbarossa 1146 zu sein: Der Staufer richtete seine Züge zunächst gegen Zürich, das zähringische Reichslehen, das unter anderem den Anspruch der Bertolde auf den Herzogstitel begründete, dann gegen eine »uneinnehmbare Burg« *(inexpugnabilis arx),* in welcher man gewöhnlich die Freiburg sieht, und schließlich gegen die Burg Zähringen *(ad castrum Zaringen usque, eiusdem ducis castrum, pervenit).* Aber hier deutet sich auch bereits an,

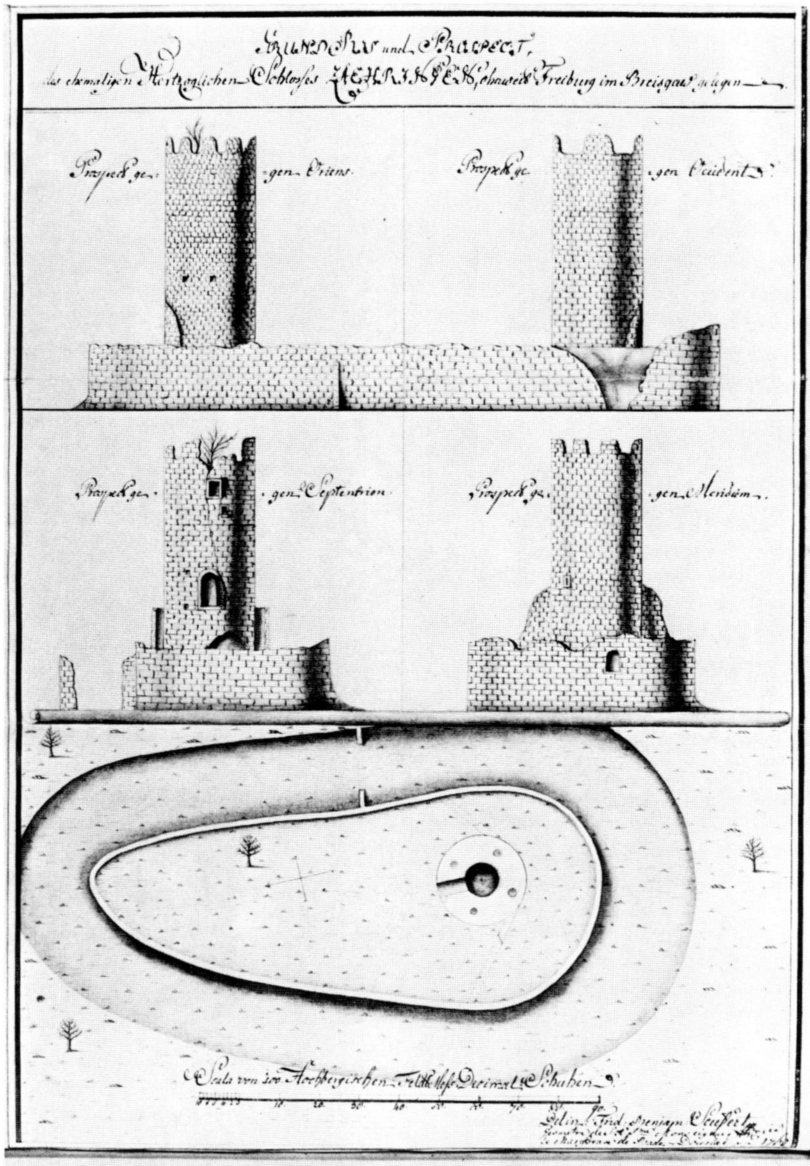

28
(Kat.-Nr. 14.1)

daß die Burg auf dem Schloßberg über Freiburg der auf dem Zähringer Burgberg im Verlauf des 12. Jahrhunderts den Rang ablief, jedenfalls was ihre reale Funktion für die Hofhaltung der Zähringer anbelangt.

Die schon früh einsetzenden Nachrichten über nicht unmittelbar zur Herzogssippe gehörende Leute, die sich ›von Zähringen‹ nennen, gehören in diesen Zusammenhang: In der anläßlich der Weihe des Zähringer Hausklosters St. Peter 1113 ausgestellten Urkunde erscheint ein »Konrad von Zähringen«, dessen Identität ebenso unklar ist wie die des »Kuno von Zähringen«, über welchen die Schriften des St. Peterer Abtes Gremmelsbach (Nr. 8) (15. Jahrhundert) für 1090 berichten. Vielleicht derselbe Konrad tritt 1121 in der Urkunde entgegen, in der die Klöster St. Peter und St. Märgen ihre

Besitzstreitigkeiten beilegten (Nr. 101.2), dort bezeichnet als Schwiegersohn des Grafen Bertold (von Nimburg). Diese ›anderen‹ Zähringer gelten als Vasallen oder Ministerialen der Herzöge; ob sie sich nach der Zähringer Burg oder nach dem Dorf nannten, und ob sie auf dem Burgberg saßen, bleibt unklar. Später, im mittleren 12. Jahrhundert, zählt ein »Konrad von Zähringen« in den Zeugenreihen der Urkunden zu den Leuten »aus dem Hause des Herzogs« *(de domo ducis)*, also zu den Zähringer Ministerialen. Als Zeugen und Schenker sind im Rotulus Sanpetrinus des weiteren Gerolt, Heriman und Berewardus »von Zähringen« verzeichnet.

Nach dem Tode Herzog Bertolds V. 1218 zog der Staufer Friedrich II. die Zähringer Burg als Reichslehen ein. Man nimmt an, daß die breisgauischen Erben der Zähringer, die Grafen von Freiburg, sich während des Interregnums der Burg bemächtigt haben könnten, bevor König Rudolf von Habsburg 1275 Freiburg belagerte, um vielleicht auch die Herausgabe der Burg zu erzwingen. 1278 sei – so berichten die Quellen – die erst neulich wieder aufgebaute Feste Zähringen zerstört worden *(Item destructum fuit Zeringen noviter edificatum)*. Im Jahre 1281 schließlich belagerte König Rudolf Freiburg nochmals, und es kam zu einem Vertrag, der den Freiburgern die Kosten für den Wiederaufbau der Burg Zähringen auferlegte. Diesen Ereignissen in den 1270er Jahren dürfte der heute erhaltene Rundturm entstammen. König Adolf von Nassau (1292–1298) verpfändete die Burg an die Grafen von Spitzenberg, von denen die Freiburger Grafen dann die Pfandschaft erwarben und 1327 an den Patrizier Schnewlin Bernlap veräußerten. Vor allem dessen Erben teilten sich während der folgenden zwei Jahrhunderte den Besitz der Burg, bis sie während des Bauernkrieges 1525 endgültig zerstört wurde.

Seit dem späten Mittelalter begann die Burg eine Rolle im Traditionsbewußtsein und Selbstverständnis des Hauses Baden zu spielen (Nrn. 315 ff.): Bereits 1422 konnte Markgraf Bernhard ein Viertel der Zähringer Burg erwerben, und die Großherzoge kauften schließlich die Ruine nach dem Anfall des Breisgaus an Baden im Jahre 1815 auf. Die alten Abbildungen der Feste Zähringen geben einen Überblick von Sattlers Phantasiezeichnung über Schöpflins Illustration seiner »Historia Zaringo-Badensis« (1763–1766) bis zum heutigen Zustand der Ruine.

Lit.: Heyck, Geschichte, S. 185 ff.; Die Kunstdenkmäler der Amtsbezirke Breisach, Emmendingen, Freiburg (Land), Neustadt, Staufen und Waldkirch, bearb. v. F. X. Kraus (Die Kunstdenkmäler des Großherzogthums Baden 6), 1904, S. 368–70; Albert, Zähringen, S. 1–88; Schlippe, Burgen, S. 277–279; C. A. Müller, Die Burg Zähringen, in: BH 50 (1970), S. 22–35; Maurer, Herzog von Schwaben, S. 220–225; H. Bender–K.-B. Knappe–K. Wilke, Burgen im südlichen Baden, 1979, S. 209–218; Schmid, Die Burg Wiesneck (wie Nr. 11.3); H. Ott, Die Burg Zähringen und ihre Geschichte, in: Die Zähringer I, S. 5 ff.; K. Schmid, Zähringergeschichte und Zähringertradition, in: ebd. S. 211 ff.

A. Z./J. Li.

14.2 Abb. 29

PLAN DES ZÄHRINGER BURGBERGES

Aquarell und Federzeichnung, vor 1835, B. 57 H. 44 cm.
Augustinermuseum Freiburg i. Br., Inv.-Nr. D 34/145.

In der Graphischen Sammlung des Augustinermuseums befindet sich ein Plan des Zähringer Burgberges, der 1934 erworben worden ist. Er stammt aus dem Besitz der Freiburger Familie Geiges, und Siegmund Geiges hatte diese Zeichnung, wie auf dem Blatt vermerkt, von seinem Schwiegervater, Regierungsrat Ferdinand Stein († 22. 4. 1835), erhalten.

Der Zeichner des Grundrisses hat Anfang des 19. Jahrhunderts im Gelände noch deutlich mehr Spuren erkennen können, als nach den mehrfachen ›Aufräumungs‹- und Planierarbeiten, zuletzt 1970, heute noch vorhanden sind. Auf dem Blatt ist zu lesen: »Das Mauerwerk, welches aufgefunden, aber noch mit Schutt bedeckt ist schwartz, das sichtbare aber roth bemahlen.«

Bemerkenswert sind einerseits Mauerzüge, auf denen der runde Turm steht bzw. die sich an diesen anlehnen, und andererseits nach Westen ausgreifende Mauerverläufe. Das »eingefallen Rundel« auf dem Burghof könnte ein Brunnen gewesen sein. Im Vergleich zu den heute noch aufrecht stehenden Mauerverläufen macht der Plan einen zuverlässigen Eindruck, so daß er bei

zukünftigen Untersuchungen der Burganlage berücksichtigt werden sollte.
Die in alamannischer Zeit (4./5. Jahrhundert) entstandenen Terrassen wurden vom Zeichner ebenfalls registriert und als »Turnier-Bann« beschriftet; die auf ihn zulaufenden parallelen Wege entsprechen den heute noch gut erhaltenen Terrassenkanten.
Der Maßstab in Badischem Fuß ist ebenfalls ein Datierungshinweis. H. St.

15 Abb. 30

Älteste Urkunde mit dem Titel »Herzog von Zähringen«

27. Februar 1100.
Originalurkunde, Pergament, H. 13,5 B. 18,5 cm.
Staatsarchiv Schaffhausen, Urkunde 34.

Am 27. Februar des Jahres 1100 schenkte Graf Burkhard von Nellenburg in Riedeschingen sein *predium* Hemmenthal mit dem Wald Randen an das Kloster Allerheiligen in Schaffhausen. Er tat dies vor einer größeren Anzahl von Zeugen, die die Urkunde unterzeichneten. Die Zeugenreihe beginnt mit: *Signum Berhtolfi ducis de Zaringen.* Diesen Titel der Zähringer sieht die Forschung im Zusammenhang mit dem Ausgleich des Jahres 1098, als Bertold II. das Reichslehen Zürich verliehen wurde, und er auf seine Ansprüche auf das schwäbische Herzogtum verzichtete (vgl. dazu unten S. 76). Aus späterer Zeit ist mehrfach bezeugt, daß Adlige ihre Eigengüter dem König übergaben, sie zusammen mit einem Reichslehen zurückerhielten und auf diese Weise in den »Reichsfürstenstand« aufgenommen wurden. Man geht daher wohl richtig in der Annahme, daß die 1100 erstmalig faßbare Bezeichnung »Herzog von Zähringen« die Konsequenz dieses Kompromisses von 1098 ist: Die Zähringer waren als Herzogsgeschlecht anerkannt worden und hatten ihre namengebende Burg Zähringen als Reichslehen inne. Dafür spricht auch, daß in der gleichen Urkunde der Sohn von Bertolds früh verstorbenem Bruder Hermann I. mit dem *Signum Herimanni marchionis de Linthburch* (»Kennzeichen des Markgrafen Hermann von Limburg«) erscheint.

Lit.: Die ältesten Urkunden von Allerheiligen in Schaffhausen, hrsg. v. F. L. BAUMANN (Quellen zur schweizerischen Geschichte III, 1), 1883, Nr. 34; – T. MAYER, Fürsten und Staat, 1950, S. 241 ff.; MAURER, Herzog von Schwaben, S. 221 ff. G. A.

29 (Kat.-Nr. 14.2)

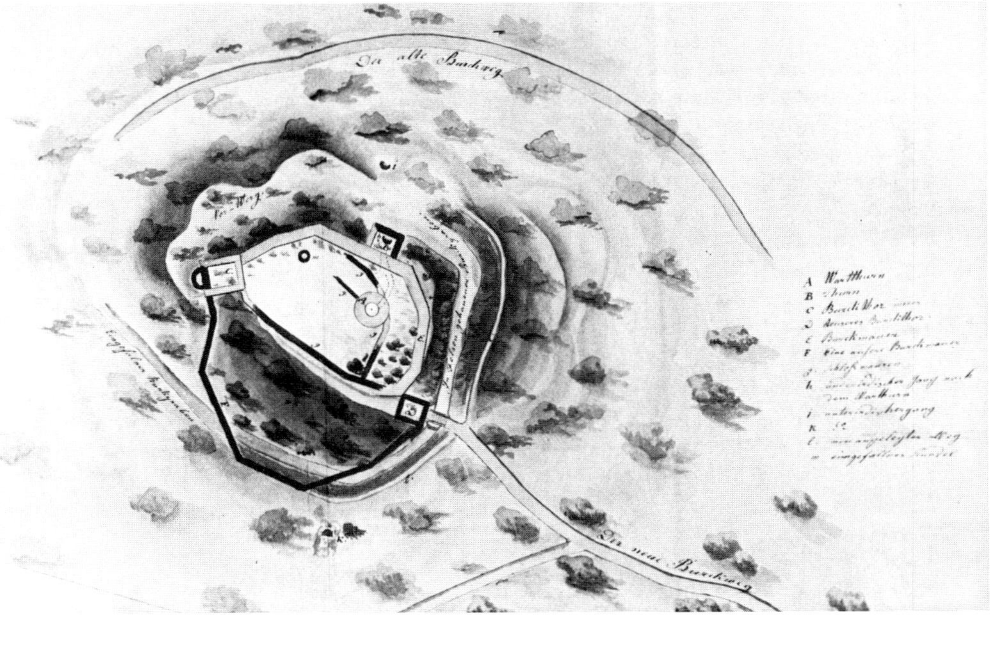

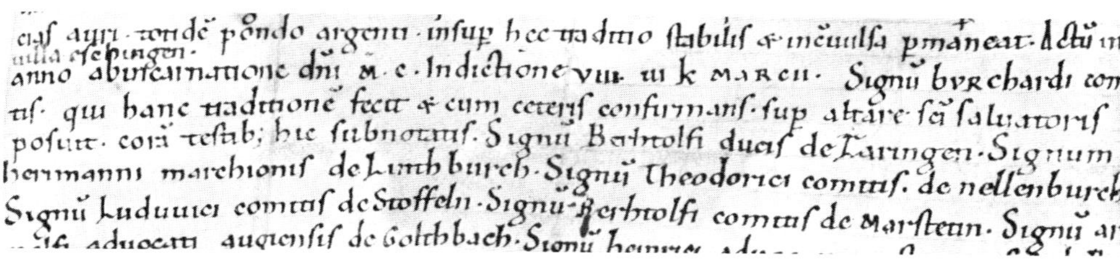
cius auri · tonde pondo argenti · insup hec tradicio stabilis et inconvulsa permaneat · Actu in anno ab incarnatione dni M · C · Indictione VIII · III k marcii · Signu burchardi comitis · qui hanc tradicionem fecit et cum ceteris confirmans · sup altare sci salvatoris posuit · coram testib; hic subnotatis · Signu Bertolfi ducis de Zaringen · Signum hermanni marchionis de Lintburch · Signu Theoderici comitis de nellenburch · Signu Luduuici comitis de Stoffeln · Signu Bertolfi comitis de Marstetin · Signu ...

30 (Kat.-Nr. 15) Ausschnitt

2. Beherrschte

Bauern und Knechte (Nrn. 16–19)

Obwohl die Grundlage menschlicher Ernährung und damit eine Voraussetzung der Kulturentwicklung die Arbeit der Landbevölkerung war, ist nur wenig über deren Lebensbedingungen und Lebensverhältnisse bekannt. Zunächst waren Freie *(liberi)* und vor allem Unfreie *(servi)* in mehrfachen Abstufungen, Halbfreie, Leibeigene und Knechte, in der Landwirtschaft tätig, wobei sie den weitaus größten Teil der Gesellschaft ausmachten. Erst im Hochmittelalter, d. h. zur Zeit der Zähringer, erscheint in den Quellen der Begriff des Bauern *(rusticus, gebure)*. Nun bildet sich das Bauerntum neben dem Krieger- bzw. Rittertum und dem Klerus als Stand in der Gesellschaft heraus. Seine Angehörigen waren durch Abhängigkeit vom Grundherrn und durch Bindung an die Scholle gekennzeichnet. »Das bäuerliche Leben stand im Zeichen von Unsicherheit und Krankheit, von Naturgewalten und Unglücksfällen, von Krieg und herrschaftlichem Zwang... Ungerechtigkeit, Ungleichheit und Unterdrückung wurden als gottgewollt und unüberwindbar hingenommen, bisweilen aber auch mit großer Entschiedenheit bekämpft. Harte, entsagungsvolle Tätigkeit vom Morgengrauen bis nach Sonnenuntergang prägte den Arbeitsalltag der Bauern in Haus und Hof, in Feld und Acker« (Rösener). Die Härte der täglichen Arbeit läßt sich kaum aus den spärlichen Quellen ermessen, zumal diese Knechte und Bauern selten genug namentlich, sondern in der Regel nur der Anzahl nach oder gar summarisch als soziale Gruppe nennen.

Eine von Herzog Konrad, dem Vogt des Bamberger Klosters Gengenbach besiegelte Urkunde (Nr. 16) zeigt deutlich, daß die als ›fortschrittlich‹ geltenden Zähringer, die in ihren Städten den Bürgern weitgehende Rechte einräumten, als Grundherren den Regeln der Feudalgesellschaft folgten: Im Jahr 1140 wurden die zu einem Stück Land gehörenden Knechte und Mägde zusammen mit diesem übertragen. Über Freie *(liberi)* und Hörige *(mancipia)* im zähringischen Einflußbereich gibt der Rotulus Sanpetrinus einige wertvolle Auskünfte (Nr. 102). Die rechtliche Stellung von Bauern wird in Rechtsbüchern wie dem Sachsenspiegel auch in bildhaften Darstellungen verdeutlicht (Nr. 18). Daß wir dennoch auch einiges über das bäuerliche Leben im Mittelalter erfahren, ist vor allem den Klöstern zu verdanken, die zuweilen ihre Handschriften mit bildlichen Darstellungen des Jahreskreises versahen. Auf Miniaturen und Federzeichnungen dieser Art sind Pflanzen und Tiere, aber auch Szenen aus dem bäuerlichen Leben abgebildet (Nr. 17). Der Mittelalterarchäologe kann darüber hinaus über das Alltagsleben und die ›Sachkultur‹ der bäuerlichen Welt und Umwelt anhand von Bodenfunden Aufschluß geben. Dabei treten Gegenstände der verschiedensten Art zutage (Nr. 19).

Lit.: W. Rösener, Bauern im Mittelalter, 1984, mit weiteren Hinweisen; Fleig, Studien, S. 63f., S. 68f. und S. 95.

C. R.

31 (Kat.-Nr. 17)

16
Schenkung an das Kloster Gengenbach, 1140, besiegelt von Konrad von Zähringen

Teilfaksimile nach H. Schreiber, 1833. Original heute verschollen, ursprünglich im Stadtarchiv Rottweil, datiert 1140 in Schwenningen. Siegel: Gotefridus, Abt des Klosters Gengenbach. Konrad, Herzog von Zähringen (Nr. 78.1).

Auswirkungen der Unfreiheit von Leibeigenen lassen sich an der 1140 vollzogenen und von Herzog Konrad von Zähringen als Klostervogt besiegelten Übergabe eines Gutes bei Niedereschach – zwischen Rottweil und Villingen – an das Kloster Gengenbach ablesen. Ein Erlewinus und seine Frau Berta, von denen betont wird, daß sie »Freie« sind, schenken dem Kloster mit dem Gut, der dortigen Kirche und anderem Zubehör auch die Leibeigenen *(predium... cum servis et ancillis).* Dies ist im Zusammenhang mit den Zähringern ein Beispiel, wie Leibeigene, wenn auch nur als Objekte einer Handlung, in eine Urkunde Eingang fanden.

Das umfangreiche Gut bei Niedereschach begründete die gengenbachischen Besitzungen bei Villingen. Es lag mitten im Kerngebiet des Klosters St. Georgen, das ebenfalls unter zähringischer Vogtei stand, und von dem aus Gegenbach reformiert worden war (Nr. 113).

Lit.: H. SCHREIBER, Schenkungsurkunde an das Kloster Gengenbach vom Jahre 1140, Beilage in: Die älteste Verfassungsurkunde der Stadt Freiburg im Breisgau, 1833, S. 41-49; HEYCK, Urkunden, Nr. II S. 2.

C. R.

17 Abb. 31–32
Jahreskreisdarstellung in der Zwiefaltener Handschrift

Kloster Zwiefalten, zwischen 1138 und 1147. Chronicon Zwifaltense minus, Chorbuch für die Prim, Pergamenthandschrift, H. 13,8 B. 22 cm. Württembergische Landesbibliothek Stuttgart, cod. hist. fol. 415, f. 17^{v}.

In der Zwiefaltener Handschrift sind Jahreskreisdarstellungen überliefert, die in ihren Monatsbildern die Arbeit des Bauern festhalten. Der Aufbau der aufgeschlagenen Federzeichnung (f. 17^{v}, Abb. 31) steht in antiker astronomischer Tradition. Besonders die konzentrische Einteilung des Jahreskreises, in dessen Mitte *annus*, der Jahresgott, mit der Sonne *(sol)* und dem Mond *(luna)*, mit dem Tag *(dies)* und der Nacht *(nox)* hockt, weisen darauf hin. Auffällig ist hierbei, daß eine antike Gottheit, nämlich Annus, mit seinen ebenfalls antiken Attributen in ein Chorbuch für die Prim, also in ein Gebetsbuch für den zur ersten Tagesstunde *(prima hora* = 6 Uhr) vorgesehenen Teil des Stundengebetes, scheinbar ohne Anstoß übernommen wurde.

In den Ecken des Blattes sind die vier Jahreszeiten dargestellt, der Frühling durch einen Jüngling mit Blumen oder jungen Trieben in der Hand, der Sommer als nackte Gestalt, die Sichel und Ähren hält, der Herbst als Mann mit Hut, Weintrauben im Korb und in der Hand haltend, und der Winter als Mann mit Bart und durchaus festlicher Kleidung, der sich auf einem kunstvoll gearbeiteten Stuhl sitzend den nackten Fuß

32 (Kat.-Nr. 17) Detail: Weinbauer mit Rebmesser

am Feuer wärmt. Schließlich sind in den Ecken außerhalb des gezeichneten Rahmens kreuzweise die vier Tageszeiten angebracht: das Morgenrot *(aurora)* als Jüngling, der Mittag *(meridies)* als bärtiger Mann, als Frau der Abend *(vesper)* und Mitternacht *(purnia)* als bärtiger und am ganzen Körper stark behaarter Mann.
Die Monatsbilder, die sich jeweils um die ihnen zugehörigen Tierkreiszeichen gruppieren, veranschaulichen das Tätigkeitsfeld des Bauern im Mittelalter: Die dem Monat jeweils obliegende Arbeit des Bauern wird aufgezeigt, wodurch sich ein recht genauer Einblick in die Landwirtschaft der Zeit gewinnen läßt (Abb. 32).
Diese Darstellungen stehen mit am Beginn einer Entwicklung, aus der sich eine musterhafte Monatsbilderdarstellung (ikonographischer Kanon) herausbildete und für das ganze Mittelalter und darüber hinaus bestimmend blieb.

Lit.: K. Löffler, Schwäbische Buchmalerei, 1928, S. 40–61; P. Brandt, Schaffende Arbeit und bildende Kunst im Altertum und Mittelalter Bd. I, 1927, S. 153f.; W. Hansen, Kalenderminiaturen der Stundenbücher, 1984, S. 227f. M. E.

18
Sachsenspiegel des Eike von Repgow

Sächsisch, um 1320.
Pergamenthandschrift, 30 Bll., H. 30,2 B. 23,6 cm, zahlreiche kolorierte Federzeichnungen.
Faksimile der Hs. Universitätsbibliothek Heidelberg, Cpg 164.

Der urkundlich im ersten Drittel des 13. Jahrhunderts erwähnte Edelfreie Eike von Repgow verfaßte diese Sammlung von land- und lehnsrechtlichen Bestimmungen. Seine Absicht war es, seine Rechtskenntnis mitzuteilen und seiner Nachwelt zu erhalten. Mit diesem Werk zählt Eike zu den Mitbegründern der mittelniederdeutschen Literatur.
Der Sachsenspiegel, der das Recht der Sachsen, in Wirklichkeit ostfälisches Recht, wie ein Spiegel unverfälscht wiedergeben soll, ist vielfach übersetzt und abgeschrieben worden.
Die Federzeichnungen, die dem Text beigefügt wurden, sollten mit Handgebärden, Farben – z. B. Rot für den König – und Symbolen – z. B. Sonne und Mond als Zeitmesser – den Leseunkundigen das Verständnis erleichtern. Alle erhaltenen Bilderhandschriften, auch die vorliegende älteste, gehen auf eine verlorene Vorlage aus den Jahren 1291–1295 zurück.
Auf der aufgeschlagenen Seite (9^{v}) umfaßt die Illustration chronologisch geordnet die Fälligkeitstermine der von Bauern zu leistenden Abgaben. Dabei sind teilweise auch die Termine bildlich dargestellt. Für den Bartholomäustag (24. August) steht der Heilige selbst, der seine ihm abgezogene Haut auf einer Stange trägt.

Lit.: Sachsenspiegel, hrsg. v. K. A. v. Eckhardt, 5: Landrecht in hochdeutscher Übertragung (Germanenrechte, N. F. Land- u. Lehnsrechtbücher), 1967; W. Koschorrek, Die Heidelberger Bilderhandschrift des Sachsenspiegels, Bd. 1: Faksimile, Bd. 2: Kommentar, 1970; Stauferkatalog I, 1977, Nr. 347 S. 248. A. K./C. R.

19
Eisengerät aus Haus- und Landwirtschaft

19.1
SCHERE

13. Jahrhundert oder später.
Gesamtl. 21 cm, L. der Schneiden 9,5 cm; Eisen, stark korrodiert. Schlagmarke auf beiden Klingen.

Scheren dieser Art sind bereits seit der Antike im Gebrauch und halten sich als Schafscheren oder Gartenscheren bis in unser Jahrhundert. Der runde Federbügel und die aus dem Bandeisen gewölbt ausgeschmiedeten Griffe scheinen für die spätmittelalterlichen Scheren charakteristisch zu sein.
Bodenfund 1985 aus dem Stadtgraben der ältesten Kernstadt von Lahr (Ortenaukreis), im Bereich der Anbindung der Stadtmauer der Stadterweiterung des 14. Jahrhunderts.

Lit.: P. Schmidt-Thomé–A. Schmauder–J. Wenzler, Stadtarchäologie in Lahr, in: AABW 1985, Stuttgart 1986 (im Druck).

19.2
EISENBESCHLAG EINES HOLZSPATENS

12./13. Jahrhundert.

Größte L. 22,5 cm, äußere B. am offenen Ende 21 cm; Eisen, stark korrodiert.

Vergleichbare Geräte sind bereits aus der Antike bekannt. Zur Aufnahme des hölzernen Spatenteils ist am inneren Bogen u-förmig ein Steg angeschmiedet.
Bodenfund 1978 aus Rottweil im Bereich des ehemaligen Königshofes nahe der Pürschgerichtslinde.

Lit.: L. Klappauf, Rottweil. Untersuchungen zur Frühgeschichte der Stadt aufgrund der Ausgrabungen 1975–1979 im Bereich des ehemaligen »Königshofes«, phil. Diss. Freiburg 1980 (Masch.).

19.3
FELDHACKE

Alter unbestimmt.
Gesamtl. mit Schäftungsvorrichtung 22,5 cm, B. 11,5 cm; Eisen, korrodiert.
Das ovale Blatt ist gebogen und asymmetrisch gerundet, die halbrunde Schaftöse angeschmiedet.

Oberflächenfund aus dem Hangschutt der Ruine Keppenbach, Gemeinde Freiamt-Ottoschwanden (Kreis Emmendingen); unpubliziert.

19.4
ZWEI REBMESSER

19.4.1
Rebmesser mit Heftzwinge

13./14. Jahrhundert.
Gesamtl. 22,5 cm, L. der Klinge 11 cm; Eisen, stark korrodiert.
Griffangel zum Ende stark verjüngt, um ein weitgehend korrodiertes Eisenplättchen umgeschmiedet, um das Abgleiten des Holzgriffs zu verhindern.

Oberflächenfund vom Hangschutt der Ruine Hertenburg bei Herten, Gem. Rheinfelden/Baden (Kreis Lörrach). Da die Burg bereits seit dem späten 14. Jahrhundert aufgegeben zu sein scheint, wird die angegebene Datierung nahegelegt, obwohl die Form des Werkzeugs nahezu zeitlos ist.

19.4.2
Rebmesser

Mittelalterlich.
Gesamtl. 19,5 cm, L. der Klinge 9 cm; Eisen, korrodiert.

Oberflächenfund aus dem Hangschutt der Ruine Schwarzenburg bei Waldkirch (Kreis Emmendingen); unpubliziert.

19.5
LAUBMESSER (?)

Alter unbestimmt.
Gesamtl. 32,5 cm, L. der Klinge 22,5 cm; Eisen, stark korrodiert, daher bei der Griffangel nicht mehr die originale Länge erhalten.
Gestalt eines Rebmessers, jedoch erheblich schwerere Ausführung, die die Zweckbestimmung als Haumesser nahelegt.

Lesefund in einem Bachbett in Kappel (Stadt Freiburg); unpubliziert.

19.6
GERTEL

19.6.1
Gertel mit Heftzwinge

13./14. Jahrhundert.
Gesamtl. 40 cm, L. der Klinge 20 cm; Eisen, korrodiert, in der Heftzwinge noch Fragmente des Holzgriffes; zwei Schlagmarken.
Rücken gerade, zum Ende abgeschrägt, die Klinge leicht geschwungen und zum Ende abgeknickt, so daß sich ein nahezu rechtwinkliger Haken zum Abschlagen von Zweigen ergibt.

Oberflächenfund aus dem Hangschutt der Ruine Hertenburg, Herten, Gem. Rheinfelden/Baden (Kreis Lörrach) – wie 19.4.1; unpubliziert.

19.6.2
Gertel

Mittelalterlich oder später.
Gesamtl. 42,5 cm, L. der Klinge 19,5 cm; Eisen, korrodiert, Schneide teilweise durch den Gebrauch ausgebrochen. Spuren von zwei Schlagmarken.
Griffangel am Ende umgebogen, um ein Abgleiten des Griffes zu verhindern.

Oberflächenfund aus dem Hangschutt der Ruine Falkenstein, Gem. Schramberg (Kreis Rottweil); unpubliziert.

19.7
HAUMESSER MIT HEFTZWINGE

Mittelalterlich oder später.
Gesamtl. 37 cm, L. der Klinge 23,5 cm. Eisen, stark korrodiert.
Schneide nach aufwärts gekrümmt, desgleichen der Rücken, woraus eine andere Funktionsweise resultiert als beim Gertel.

Oberflächenfund aus dem Hangschutt der Ruine Schwarzenburg, Waldkirch (Kreis Emmendingen); unpubliziert.

19.8
HAUMESSER

Mittelalterlich oder später.
Gesamtl. 31,5 cm, L. der Klinge 19 cm; Eisen, stark korrodiert, die Klinge mehrfach eingerissen.
Dünne Klinge, nach vorne breiter werdend, gerader Rücken. Vor dem gerade geschnittenen Ende der Rücken bogenförmig ausgeschnitten und gezackt.
Genaue Zweckbestimmung unbekannt.

Oberflächenfund vom Hangschutt der Ruine Falkenstein, Gemeinde Breitnau (Kreis Breisgau-Hochschwarzwald); unpubliziert.

Leihgaben des Landesdenkmalamts Baden-Württemberg, Außenstelle Freiburg.

19.9
VIER EISENMEISSEL

19.9.1
Spitzmeißel

Mittelalterlich.
Gesamtl. 17, Dm. 1,8 cm. Aus geschmiedetem Rundeisen wurde eine ca. 9 cm lange Spitze mit annähernd quadratischem Querschnitt ausgeschmiedet. Das Schaftende durch den Gebrauch stark umgekrempt.

19.9.2
Flachmeißel

Mittelalterlich.
Gesamtl. 13,7 cm; Eisen, stark korrodiert, die Schneide abgebrochen.
Konisch zur Schneide sich verjüngender Vierkantstab mit abgefasten Kanten. Die Schneide ehemals breit ausladend.

19.9.3
Flachmeißel

Mittelalterlich.
Gesamtl. 11,3 cm; Eisen, korrodiert.
Eisenstab mit unregelmäßig achteckigem Querschnitt, am Übergang zur kurzen Schneide querrechteckig, die Schneide abgerundet. Das Schaftende vom Gebrauch breit geschlagen.

19.9.4
Körner

Mittelalterlich.
Gesamtl. 8,5 cm; Eisen, korrodiert.
Unregelmäßig achteckiger, geschmiedeter Eisenstab, die Spitze konisch sich verjüngend, mit rundem Querschnitt. Das Schaftende breit geschlagen.

Oberflächenfunde aus dem Hangschutt der Ruine Falkenstein, Gemeinde Breitnau (Breisgau-Hochschwarzwald); unpubliziert.
Landesdenkmalamt Baden-Württemberg, Außenstelle Freiburg.

19.10
HÄNGESCHLÖSSER

19.10.1
Hängeschloß

Mittelalterlich (ab 13. Jahrhundert möglich).
H. mit Bügel 5 cm, Schloßkasten 4,6 × 2,3 × 2,7 cm; Eisen, korrodiert.
Bodenplatte und Schließmechanismus verloren. Links unten in der Breitseite schräg stehend das schmale Schlüsselloch mit Mitteldorn zur Aufnahme des Hohlschlüssels.

Oberflächenfund aus dem Hangschutt der Burgruine Falkenstein, Gemeinde Breitnau (Breisgau-Hochschwarzwald); unpubliziert.
Landesdenkmalamt Baden-Württemberg, Außenstelle Freiburg.

19.10.2
Hängeschloß

Mittelalterlich.
Gesamtl. 9, H. mit Bügel 7,2 cm. Eisen, stark korrodiert.

Oberflächenfund vom Hangschutt des Freiburger Schloßberges, Freiburg i. Br.; unpubliziert.
Landesdenkmalamt Baden-Württemberg, Außenstelle Freiburg. P. S.-T.

Bergleute: Bergbau auf Silber im südlichen Schwarzwald zur Zeit der Zähringer (Nrn. 20–31, Abb. 33: Kartentasche)

Die Entfaltung des Silber-Bergbaus im Schwarzwald wird seit langem mit den Aktivitäten der Zähringer verknüpft. In allen bekannten Blei-Zinkerz-Revieren des südlichen Schwarzwalds (vgl. Karte, Abb. 33) ging im Mittelalter Bergbau auf Silber um, doch ist es bisher nur an wenigen Stellen gelungen, die Gewinnung von Erzen vor der Blütezeit des Bergbaus im 13. und 14. Jahrhundert durch Geländeforschung nachzuweisen. Aber man kann davon ausgehen, daß parallel zur ersten Nennung des Silberbergbaus im Harz am Rammelsberg spätestens zum Jahr 968 (in der Sachsengeschichte des Widukind von Corvey heißt es beiläufig *terra saxonia venas argenti aperuerit*) auch im Schwarzwald die Erzgewinnung begonnen hat, wofür als eindeutiger Beleg die Urkunde Kaiser Konrads II. aus dem Jahr 1028 zeugt (Nr. 22). Erzgänge und Silbergruben werden darin der bischöflichen Kirche zu Basel verliehen. Die Nennung von Orten ermöglicht eine Lokalisierung des Bergbaus am Schwarzwaldrand von Badenweiler bis Staufen. Auf archäologischem Wege ist römischer Bergbau auf Blei und Silber für Badenweiler und für Sulzburg ebenfalls nachgewiesen, wozu noch Eisengewinnung am Mauracher Berg bei Denzlingen am Eingang des Suggentals, im Hagenschieß bei Pforzheim und im Bohnerzrevier von Kandern im Markgräflerland kommt.

Die Gesta Dagoberti, im 9. Jahrhundert aufgeschrieben, aber die Zeit des Merowingerkönigs Dagobert I. (623–639) betreffend, berichten, daß Dagobert dem Kloster St. Denis 8000 Pfund Blei, das ihm als Zins *ex metallo* in jedem zweiten Jahr geliefert wurde, überwiesen habe. Die Forschung schließt seit langem auf Melle, südlich Poitiers, als Bergbaugebiet, wo seit der Antike Bergbau umging und ausgedehnte Stollensysteme vorhanden sind; doch wurde die Nachricht in den Gesta Dagoberti zeitweilig auf das Elsaß bezogen. Bei Prokop heißt es im Gotenkrieg III,33, daß König Theudebert I. (534–548) aus gallischem Gold, aus Bergwerken in Gallien, Münzen prägen ließ. Dies sind die einzigen Hinweise auf echten Metallerzbergbau im Gebiet nördlich der Alpen für die Merowingerzeit, wenn man von Eisengewinnung absieht.

Einige Ergebnisse liegen vor:

1. Eine Feuersetzstufe (Nr. 25) über der 4. Sohle der Grube Teufelsgrund im Untermünstertal enthielt eingeschmolzene Buchen-Holzkohle-Stückchen, die das C-14-Alter von 1015 ± 60 vor heute ergeben haben (Heidelberger Datum von 1968 H 2860–2149). (Da in der Literatur immer wieder das Datum 953 genannt wird, sei zur Richtigstellung bemerkt: Der Bezug »vor heute« meint generell 1950; die Angabe der Spannweite ± 60, daß in den Rahmen von 120 Jahren mit etwa 67 % Wahrscheinlichkeit eine weitere Messung hineinfallen würde. Somit liegt mit 67 % Wahrscheinlichkeit das Alter der Feuersetzstufe zwischen 875 und 995. Damit könnte das späte 9. und das 10. Jahrhundert erfaßt werden. Die inzwischen entwickelten Eichmethoden über Dendrochronologie haben die gemessene Spannweite auf 980 bis 1150 verschoben.) Somit liegt nun eine Datierung für das späte 10. bis 12. Jahrhundert vor. Jahrzehntelanger Stollenbau ist zwar vorauszusetzen, um den durch die Feuersetzstufe markierten Bauumfang zu erreichen, aber eine frühe Datierung ist nicht gesichert.
2. Der Name *Cropach*, erwähnt in der Urkunde von 1028, geht zurück auf althochdeutsch *cropa*-»Grube« und *aha*-»Bach«. Da die Lautverschiebung zu *gruoba* noch nicht vollzogen ist, weist der Name auf das 8. Jahrhundert zurück, was ein Hinweis auf frühen Bergbau sein kann.
3. Mörtel im Mauerwerk der 993 geweihten Kirche St. Cyriak in Sulzburg enthält Reste von weingelbem Fluorit aus dem benachbarten Riestergang, im Turm wurde Holz einer Tanne verbaut, die 996 gefällt worden ist, wie die dendrochronologische Bestimmung sagt. Gangmaterial hat also gegen das Jahr 1000 als Mörtelmagerung gedient und belegt somit indirekt den Abbau von Blei-Silber-Erz im Riestergang.
4. Der Name des 1025/26 erstmals erwähnten Ortes Todtnau *Totenouwa* – »Tote Aue« könnte auf ein durch Bergbauaktivitäten entwaldetes Gebiet hinweisen.

5. Mörtel im Mauerwerk der 1122 *(in castro zuo Baden)* erstmals erwähnten, sicher früher erbauten Burg Badenweiler enthält Haldenreste aus dem sog. Quarzriff, einem silberführenden Erzgang.
6. Im Bereich der Burg Birchiberg im Ganggebiet von St. Ulrich im Möhlintal wurden 1943 Scherben im Grubenbereich gefunden, d. h. in einem als Burggraben weiter genutzten alten Verhau, die damals auf die Zeit 1150 bis 1250 datiert wurden. Leider ist diese Datierung nicht mehr zu überprüfen.

Die wenigen Angaben belegen die Existenz von Bergbau seit dem ausgehenden 10., im 11. und 12. Jahrhundert, und zwar in den Revieren, die auch die Urkunde von 1028 durch Aufzählung von Orten nennt (Karte, Abb. 33, und Urkunde, Nr. 22).

Die *venas* und *fossiones argenti* in *comitatu Bertholdi et in pago Brisichgouwe* und an den Orten *Moseberch, Lupercheimaha, Cropach, Steinebronnen superius* und *inferius* und im Tal von *Sulzberc*, in *Baden, Luxberg* (Luxberg bei Etzenbach gelegen, wenn identisch mit dem 1351 genannten *Lusberg*, oder Lausberg bei Badenweiler) sind also 1028 bekannt und werden ausgebeutet. Der Bergbau hat im Bereich der Schwarzwaldrandberge begonnen und war gerade in die Täler, so in das Möhlintal und vor allem in das Münstertal, vorgedrungen.

Ausbeißende Gänge an steilen Abhängen und in Gipfelregionen wurden zuerst durch Bergbau erschlossen, und zwar im Tagebau, dem sog. Verhau- und Pingenbau. Man folgte einfach den Erzgängen und räumte sie soweit aus, wie man in den Berg vordringen konnte, ohne Stollen und Schächte bauen zu müssen. Derartige Abbauspuren sind in großer Zahl in den alten Bergbaurevieren vorhanden, lassen sich jedoch vorerst zeitlich nicht einordnen. Über die Betriebsformen des Bergbaus im 10. bis 13. Jahrhundert ist nichts überliefert. Die immer wieder zur Illustration von historischen Bergbau-Abhandlungen herangezogenen Holzschnitte aus dem Bergbüchlein des Ulrich Rühlein von Calw (um 1500) und aus den Werken von Georg Agricola (1556) oder von Sebastian Münster (1544) sind nach dem ersten frühneuzeitlichen Wandel in der Technik entstanden und erlauben nur für einige Tätigkeitsbereiche den Rückschluß auf das hohe Mittelalter, z. B. was den Pingen- und Schachtbau betrifft, die Werkzeuge sowie z. T. die Tracht der Bergleute.

Zeitlich am nächsten an das hohe Mittelalter kommt man allein mit den Darstellungen im Freiburger Münster, auf dem *Diesel-Muot-* und den *Showinslant*-Fenstern von etwa 1350 (Nr. 24). Die anschaulichen Bilder erläutern die Arbeit mit Schlägel und Eisen vor Ort sowie den Abtransport des Erzes in Körben aus dem Schacht. Ob zur Zeit der Zähringer schon Schacht- und Stollenbau betrieben wurde oder noch allein Tagebau (Pingen- und Verhau-Bau) ist unbekannt. Ein technischer Umschwung spiegelt sich im Bau des 15 km langen sog. Urgrabens im Suggental, den Graf Egon III. von Freiburg 1284 einer Reihe von Bergwerksunternehmern gestattet. Dieser Wassergraben führt über das Gebiet von St. Peter, die Wasserscheide und bis zum Ausgang des Suggentals, damit dort Räder für Maschinen in den Erzaufbereitungsanlagen angetrieben werden konnten. Unbekannt sind aus der frühen Zeit auch alle Anlagen zur Metallgewinnung selbst, die Poch-, Wasch- und Schmelzwerke, oder auch die Bergleute-Siedlungen, von denen nur die Lage der Siedlung Willnau am Schauinsland/Stohren (»Wildenaue«, *curtem in Wildenouua cum apendicis suis*) für 1184 überliefert ist und die Lage der beim Vordringen des Bergbaus von der Seite Oberried zum Schauinsland hinauf gegründeten Siedlung Disselmut, in einer Fälschung um 1250 für das Jahr 1213 erstmals genannt.

Entscheidend für die Beurteilung des Bergbaus ist die Einbindung in das Besiedlungsgefüge des Schwarzwaldes. Die Rolle der Klöster ist bekannt, vom Kloster St. Cyriak in Sulzburg (Nr. 30) vom Ende des 10. Jahrhunderts bis zu den früh gegründeten und eindeutig am Bergbau beteiligten Klöstern St. Trudpert und St. Ulrich, die sich um die Zugehörigkeit der Bergleutesiedlung Willnau stritten, welche nach der Entscheidung von 1213 bei St. Trudpert verbleiben soll. Die kurzfristige Vogtei der Zähringer über St. Ulrich bald nach 1200 kann Hinweis sein, daß sie mit der bergmännischen Erschließung zu dieser Zeit auf den Schauinsland (Willnau) ausgegriffen haben. Vorher, um 1125, war es den Zähringern gelungen, durch eine gegen Basel durchgesetzte freie Vogtwahl die Vogtei über St. Blasien zu gewinnen (Nrn. 118, 120). Auch dort wurden silberhaltige Erze ausgebeutet.

Noch wenig erforscht ist die Aufgabe der Burgen, die am Schwarzwaldrand und im Innern zur Sicherung der ›Silbertransportwege‹ errichtet worden sein sollen, deren territorialgeschichtliche Rolle auch im Rahmen des Landesausbaus gesehen werden muß (vgl. Nr. 36).

Die zentrale Aufgabe der frühen Stadtgründungen für den Silberbergbau gilt es zu erkennen. Nicht allein steht das 1120 mit Marktrecht ausgestattete Freiburg (Nrn. 190ff.), sondern wichtig sind die Orte wie Sulzburg (Nrn. 29–31), für das Heinrich II. 1004 das Recht verleiht, einen Markt zu errichten, und wo in der 2. Hälfte des 13. Jahrhunderts durch die Üsenberger als Vögte von Sulzburg die Stadtbildung weiter vorangetrieben wurde, wie Münster im Münstertal, erstmals 1258 genannt, aber wohl schon vorher ummauerter Ort für die Weiterverarbeitung des Silbers, Standort der Schmelzen, oder wie Prinzbach, vor 1262 ummauerte Stadt, in deren Bering auch die Gruben zur Erzgewinnung selbst mit einbezogen worden sind. Die beiden Städte Münster und Prinzbach sind später wüst geworden.

Die Karte (Abb. 33, Kartentasche) zeigt die Silbererzgänge und ihre topographische Korrelation zu den hochmittelalterlichen Herrschaftsverhältnissen im nordwestlichen Breisgau: Entlang des Schwarzwaldrandes, wo sich die Silbervorkommen u. a. konzentrieren, teilten sich die Zähringer vor allem mit den Nimburgern, einem Adelsgeschlecht, das gegen Ende des 11. Jahrhunderts den Grafentitel erlangte, und mit dem Hochstift Basel in die Herrschaft. Während durch die Schenkung Konrads 1028 (Nr. 22) die Bergbaurechte in einem geographisch recht geschlossenen Gebiet (an der Südgrenze der Vorkommen) an Basel fielen, überschneiden sich die Silbervorkommen weiter nördlich in auffälliger Weise mit dem Besitz und den Rechten der Nimburger Grafen. Falls also hier zur Zähringerzeit Bergbau betrieben wurde, so dürfte dieser vornehmlich in den Händen der Nimburger gelegen haben. Die Zähringer selbst verfügten über Silbervorkommen um Badenweiler, über ihre Staufener Ministerialen wohl im Münstertal und schließlich auch unmittelbar um die Burg Zähringen. So vermag die Karte zwar nicht den Mangel an Quellenzeugnissen zum früh- und hochmittelalterlichen Silberbergbau im Breisgau zu mildern, zeigt jedoch immerhin die herrschaftlichen Strukturen auf, unter denen zur Zähringerzeit Silber gewonnen werden konnte.

Lit.: R. Sprandel, Bergbau und Verhüttung im frühmittelalterlichen Europa, in: Artigianato e tecnica nella società dell' alto medioevo. Settimane di studio del centro italiano di studi sull'alto medioevo 18, 1971, S. 583–607; R. Metz–M. Richter–H. Schürenberg, Die Blei-Zink-Erzgänge des Schwarzwaldes (Monogr. der Dt. Blei-Zink-Erzlagerstätten 14, Beihefte zum Geolog. Jahrb. 29) 1957 (umfassende Zusammenstellung der Blei-Zinkerzgänge mit vorhandenen Bergbaurelikten wie Verhaue und Pingenreihen); B. Bliedtner–M. Martin, Wissenschaftliche Erkundung des Bergbaupotentials von Industriemineralien und Erzen im mittleren Schwarzwald. Abschlußbericht (im Druck); H. Maus, Römischer Bergbau bei Sulzburg, in: Der Aufschluß 28 (1977), S. 165–175; S. Martin-Kilcher–H. Maus–W. Werth, Römischer Bergbau bei Sulzburg »Mühlematt«, Kreis Breisgau-Hochschwarzwald, in: FBW 4 (1979), S. 170–203; F. Kirchheimer, Das Alter des Silberbergbaus im südlichen Schwarzwald, 1971, S. 18–24; R. Metz, Einige Gesteins- und Mineralfundpunkte im Schwarzwald, in der Umgebung von Freiburg, in: Vom Kaiserstuhl zum Münstertal, 7. Sonderheft zur Zeitschrift »Der Aufschluß« 1959, S. 205–230; G. Fischer, Die Gesteine und Erzgänge der Umgebung von St. Ulrich im südwestlichen Schwarzwald, Diss. Freiburg i. Br. 1943; R.Metz, Der frühere Bergbau im Suggental und der Urgraben am Kandel im Schwarzwald, in: AJ 1961, S. 281–316; E. Gothein, Beiträge zur Geschichte des Bergbaus im Schwarzwald, in: ZGO NF 6 (1887), S. 385–448; J. B. Trenkle, Geschichte des Bergbaus im südwestlichen Schwarzwald (1028–1869), in: Zeitschrift für Bergrecht 11 (1870), S. 185–230; R. Metz, Gewinnung von Bodenrohstoffen im Schwarzwald. Historischer Atlas von Baden-Württemberg, Karte XI,10, 1985, mit Erläuterungen.

H. St.

20
Annaberger Altar (Ausschnitt)

Gemälde von Hans Hesse (1521) auf dem Knappschaftsaltar in der St. Annenkirche zu Annaberg, Repr.

Wenn auch diese Darstellung der Arbeitswelt des Bergbaus wesentlich jünger ist als die zur Zeit der Zähringer betriebenen Silbergruben im südlichen Schwarzwald, so geben die Details doch sehr realistisch die Organisation eines Bergbauareals wieder. Die zentrale Tafel zeigt im linken Mittelgrund die bergmännische Daniellegende und links im Vordergrund den hl. Wolfgang.

Nahm man früher an, daß auch im mittelalterlichen Bergbau Bergwerk und Weiterverarbeitung sowie Wohnstätten der Bergleute getrennt gelegen haben, so ist durch Ausgrabungen bestätigt worden, daß alle drei Bereiche in Gemengelage dicht beieinander zu finden sind. Der Annaberger Altar hat also nicht aus künstlerischen Kompositionsüberlegungen Schächte, Poche und Münze zusammengerückt, sondern spiegelt die Wirklichkeit.

Bestes archäologisches Beispiel ist die Bergbausiedlung Altenberg im Siegerland, wo im 13. Jahrhundert Bergbau auf Silber umging und wo Ausgrabungen seit den späten 1960er Jahren Wohnstätten und Schächte sowie Schmelzplätze freigelegt haben. Die ältesten dendrochronologisch ermittelten Daten fallen in die Jahre 1209/1212.

Ähnliche Befunde liegen von der Bergbausiedlung auf dem Treppenhauer bei Frankenberg in Sachsen aus dem späten 13. und 14. Jahrhundert vor und jetzt auch aus der Slowakei.

Der Altar zeigt dichtgedrängt Haldenplätze, in deren kegelstumpfförmiger Mitte Schächte, teils durch Holzhütten überbaut, abgeteuft sind. Der Befund in Altenberg ist ähnlich; von den verschiedenen Familien wird hier dicht nebeneinander Bergbau betrieben. Der Abstand der Schächte war gesetzlich festgelegt. Eine Vielzahl von Kleinunternehmern arbeitete nebeneinander auf Grubenfeldern, die mit etwa 7 Lachter im Quadrat (13,44 × 13,44 m) noch bei Agricola beschrieben werden.

Mit Hilfe einfacher Haspeln wird das gewonnene Erz an die Oberfläche gehoben und in Trögen weitertransportiert. Im Vordergrund zerkleinert ein Bergmann die Erzbrocken. Dieses feine Material wird zur Erzwäsche gebracht, die auf der unteren Tafel dargestellt ist. Auch Frauen sind an der Arbeit beteiligt. Mit der Schiebkarre wird das Erz dann weiter transportiert, nach links, wo auf dem Bild des Seitenflügels im Hintergrund die Röstöfen aufgebaut sind und im Vordergrund Schmelzöfen in einer Hütte, links ein ›Hochofen‹, der von oben aus einem Korb mit Erzbrocken beschickt wird, und daneben – etwas weiter unten – ein Treibofen.

Das Blei-Silbergemisch fließt unten aus dem ›Hochofen« in Gußtiegel. In Treiböfen wird das Silber dann vom Blei getrennt. Auf der rechten Tafel wird dargestellt, welchem Zweck Bergbau hier diente: der Gewinnung von Silber für die Münze. In einem stattlichen Fachwerkhaus mit bleiverglasten Fenstern sieht man den Münzer beim Schlagen der Münzen, während ihm gerade neue Schrötlinge in einem Holztrog gebracht werden. Auch in der Bergbausiedlung Altenberg ist in zentraler Lage ein solide gebautes turmartiges Haus ausgegraben worden, von wo aus die Kontrolle über die Siedlung, vielleicht gar eine Münze betrieben wurde. Das notwendige Holz für die Öfen und den Ausbau der Bergwerke wird in der Umgebung geschlagen; auch die Holzarbeiter sind wiedergegeben.

Lit.: L. Kratzsch, Bergstädte des Erzgebirges (Münchner Kunsthistorische Abhandlungen IV), 1972; W. Buschmann, Der Annaberger Bergaltar. Von Bergleuten und ihrem Maler Hans Hesse (Der Kinderbuchverlag), 1982; M. Lusznat–U. Lobbedey–C. Dahm–G. Weisgerber–F.-R. Kühn, Die Bergbausiedlung Altenberg, hrsg. Verein Altenberg e. V., 1979; W. Weber–G. Weisgerber, Ausgrabungen des Deutschen Bergbaumuseums Bochum auf dem Altenberg bei Müsen 1980; in: Der Anschnitt 33 (1981), S. 117–118; W. Schwabenicky, Die mittelalterliche Bergbausiedlung auf dem Treppenhauer bei Frankenberg in Sachsen, in: Der Anschnitt 34 (1982), S. 42–45; Ders., Die Grabungen in der mittelalterlichen Bergbausiedlung auf dem Treppenhauer bei Sachsenburg, Kr. Hainichen, in den Jahren 1980 bis 1982, in: Ausgrabungen und Funde 29 (1984), S. 37–43; Ders., Die Ausgrabungen auf dem Treppenhauer bei Frankenberg in Sachsen 1981–1983, in: Der Anschnitt 36 (1984), S. 98–99; J. Labuda, Archeológia a výrobné v banských regiónoch Slovenska, in: Archaeologia historica 10 (1985), S. 197–202 (Produktionsobjekte in den Montanregionen der Slowakei und die Archäologie). H. St.

21
Silberhaltige Erzmineralien

Bleiglanz (Galenit, PbS), Grube Schauinsland. Museum für Naturkunde Freiburg, Inv. IX/59/248.

Grünbleierz (Pyromorphit, $Pb_5(PO_4)_3Cl$), Hofsgrund. Fürstlich Fürstenbergische Sammlungen, 5/38 u II (1655).

Da gediegenes Silber im südlichen Schwarzwald sehr selten vorkommt, wurden zur Silbergewinnung im Münstertal, im Sulzburger Tal und im Bereich Schauinsland/Hofsgrund das an der Oberfläche anzutreffende Grünbleierz und der silberhaltige Bleiglanz ausgebeutet.
Entdeckt wurden die Erzgänge im Gebiet von Hofsgrund vermutlich im 12. Jahrhundert von Bergleuten, die den südlichen Schwarzwald »suchenthalb« durchstreiften und das Grünbleierz fanden. Besonders silberreiche Erze dieser Art wie z. B. die des Willnauer Ganges wurden bezeichnenderweise »Edelgrün« genannt.
Der Silbergehalt des beim Abbau oft bläulich glitzernden Bleiglanzes schwankte nach alten Analysen zwischen knapp 100 g/t und 1500 g/t (Haldener Gangzug); der durchschnittliche Gehalt lag bei ca. 0,08 % Silber (800 g/t). Silber-Neufunde aus jüngster Zeit lassen die Vermutung zu, daß das Metall in den oberflächennahen Partien der Erzgänge bei Hofsgrund und am Schauinsland öfters auch in gediegener Form aufgetreten ist. Das Vorkommen des Metalls in elementarer Form könnte die überdurchschnittlich hohen Silbergehalte mancher Bleierze ohne weiteres erklären.

Lit.: R. METZ–M. RICHTER–H. SCHÜRENBERG, Die Blei-Zink-Erzgänge des Schwarzwaldes, Beih. Geol. Jahrbuch 29, 1957; K. WALENTA, Mineralien aus dem Schwarzwald, 1979; R. METZ, Zur Geschichte des Bergbaus am Schauinsland, in: Der Schauinsland, hrsg. v. Schwarzwaldverein, 1966, S. 80–147. N. W.

22
Kaiser Konrad II. verleiht der Kirche zu Basel Silbergruben im Breisgau, 1028

Chartularium Basiliense, 14. Jahrhundert. Pergamenthandschrift, 2 + 118 Bll., H. 29 B. 19,5 cm.
Archives de l'ancien Evêché de Bâle, Porrentruy, Chartularium Basiliense, f. 26ᵛ.

Mit der Urkunde Kaiser Konrads II. von 1028, in der er der bischöflichen Kirche zu Basel Silbergruben im Schwarzwald verlieh, wird der mittelalterliche Bergbau, der im Münstertal und bei Sulzburg schon durch archäologische Funde nachgewiesen werden konnte, auch schriftlich belegt. In genau bezeichneten, aber heute nicht in jedem Fall identifizierbaren Orten zwischen Staufen und Badenweiler wurden Erzgänge *(venae)* und Silbergruben *(fossiones argenti)* vergeben.
Die nähere Bezeichnung *in comitatu Bertholdi,* das heißt in der Grafschaft eines Zähringervorfahren, deutet schon auf einen politischen Gegenspieler und Rivalen der bischöflichen Kirche bei der Ausbeutung der Minen hin.

Lit.: MGH DD Konrads II., Nr. 137; F. KIRCHHEIMER, Das Alter des Silberbergbaus im südlichen Schwarzwald, 1971, S. 4 ff. C. R.

23
König Heinrich VII. entscheidet den Streit um die Silbergruben im Breisgau, 1234

Original verloren; Kopie einer Abschrift aus dem 14. Jahrhundert von 1719.
Universitätsbibliothek Freiburg i. Br., Handschrift 52, Nachlaß Leichtlen, S. 65 f.

Die 1028 an die bischöfliche Kirche zu Basel verliehenen Silbergruben im Südschwarzwald (Nr. 22) hatten sich offensichtlich die Zähringer angeeignet, denn nach dem Aussterben des Herzogsgeschlechts stritten sich die Grafen von Urach und die Markgrafen von Baden um die in der Erbschaft enthaltenen Silbergruben im Breisgau. Als sie ihren Streit mit der Bitte um

Entscheid dem Kaiser vortrugen, erhob sich aus dem Kreis der Anwesenden der Bischof von Basel und konnte durch Dokumente – darunter wohl auch die Urkunde von 1028 (Nr. 22) mit ihren späteren Bestätigungen durch Heinrich IV. und Lothar III. – nachweisen, daß die umstrittenen Gruben mit vollem Recht der Kirche zu Basel zuständen. Der Kaiser folgte in seiner Entscheidung den Beweisen aus Basel. Während Hermann von Baden leer ausging, erhielt Egeno von Urach die Gruben als Lehen und konnte die Ausbeutung der Gruben, allerdings nicht mehr als Besitzer, sondern nur noch als Lehnsmann des Bischofs von Basel, fortsetzen.

Lit.: Hefele, FUB I, Nr. 52 S. 39f. C. R.

24
Bergbaudarstellungen auf Glasfenstern des Freiburger Münsters

24.1 TULENHAUPTFENSTER

Abb. 34

Freiburger Münster, südliches Seitenschiff ca. 1340; Repr., Inschrift »DIESEL MUOT«.

Auf zwei Fenstern ist die Arbeitsweise der Bergleute unter Tage dargestellt. Die Arbeit mußte in den niedrigen Stollen gebeugt oder sitzend verrichtet werden. Während links ein Bergmann mit Schlägel und Eisen den Stollenausbau vorantreibt, baut der Bergmann rechts das Erz ab. Nachdem es in Säcke gefüllt ist, wird es im Förderkorb nach oben gezogen. Links ist zudem eine naturgetreue Schichtung von Grünbleierz (grün), Abraum (braun), Bleiglanz (blau) und wiederum Erde dargestellt.
Die Inschrift *DIESEL MUOT* auf beiden Fenstern bezeichnet einen markanten Geländepunkt auf dem Schauinsland. Die Bedeutung dieses Ortes ist durch das »Dieselmuter Bergweistum« vom 30. Juni 1372 bezeugt. Es handelt sich dabei um ein urkundliches Schreiben, in dem alte Rechtsgewohnheiten und Besitzverhältnisse der Bergleute festgehalten wurden. Weitere Privilegien der Bergleute waren Unabhängigkeit durch ungehinderten Ortswechsel, Pfändungsschutz des Gezähes (Werkzeugs) und eine eigene Gerichtsbarkeit.
Die Darstellung aus der Mitte des 14. Jahrhunderts ist allerdings auf das Unternehmertum von Stadtbürgern dieser Zeit, nicht auf eine zähringische Bergbautradition zurückzuführen.

Lit.: P. Priesner, Die Geschichte der Gemeinde Hofsgrund (Schauinsland) Bd. 1, Der Bergbau im Schauinsland von 1340-1954, 1982; I. Krummer-Schroth, Glasmalereien aus dem Freiburger Münster, 1967, S. 98–111. A. B.

24.2 SCHAUINSLANDFENSTER

Freiburger Münster, südliches Hochschiff, westlichstes Fenster (auch Snewlin-Fenster). Ursprünglich auf der Nordseite des Hochschiffs, um 1330/40; Repr.
Inschrift: »DIS GULTEN DIE FRONER ZE DEM SCHOWINSLANT«.

Auf dem Fenster mit drei Bergbaumotiven sind die Bergleute in ihrer typischen Arbeitstracht unter Tage bei ihrer Arbeit dargestellt. Erkennbar ist der Vorgang des Stollenausbaus sowie das Abfüllen des Erzes in Säcke. Die zur Beleuchtung dienenden Kienspäne sind deutlich zu erkennen.
Laut Inschrift waren die Stifter der drei Fenster die Betreiber der Bergwerksgruben auf dem Schauinsland. Personen, die das Recht erworben hatten, ein Bergwerk bzw. eine Grube zu eröffnen, wurden als Froner oder auch Gewerke bezeichnet. Ein Froner/Gewerke betrieb oft mehrere Gruben gleichzeitig und hatte entsprechend viele Gesellen angestellt. Die Bergwerkseigner waren in dieser Zeit häufig vermögende Freiburger Geschäftsleute, die ihr Kapital in ein Bergwerk und die dazugehörigen Pochwerke und Schmelzhütten investierten.
Die Glasbilder dokumentieren die Bedeutung des Bergbaus im Schwarzwald und den daraus resultierenden Reichtum, der eine Fensterstiftung ermöglichte.

Lit.: Krummer-Schroth (wie Nr. 24.1), S. 118–125. A. B.

34 (Kat.-Nr. 24.1)

25
Feuersetzstufe

Fundort: südlicher Schwarzwald, Untermünstertal, Grube Teufelsgrund, Schindlergang, oberhalb der 4. Sohle.
Fundjahr: 1956.
Alter nach C-14: 10./12. Jahrhundert; H. 15 cm B. 11 cm.
Privatbesitz.

Das vorliegende Stück entstand beim ›Feuersetzen‹, einer Methode, bei der im Stollen ein Feuer gelegt wurde, um durch die Hitzeeinwirkung die Gesteinssprengung zu fördern. Dabei entstand als Nebenprodukt ein Gemisch aus Gesteinsschmelze der gangart und Holzkohlestücken, die bei der großen Hitze miteinander verschmolzen sind. Anhand der Holzkohlestücke erfolgte die Datierung.

Lit.: KIRCHHEIMER (wie Nr. 22), S. 4–10. A. B.

26
Arbeitsgeräte des Bergmanns

Schlägel, Schauinsland
Keilhaue, Münstertal
Eisen, Elsaß, 14. Jahrhundert
Eisen, Schauinsland, 17. Jahrhundert
Eisen, Münstertal, 17. Jahrhundert
Kienspan in Sinter, Kinzigtal, undatiert
Feuersetzstufe, Kropbach, undatiert
Privatbesitz.

Vor Einführung der Sprengtechnik im Bergbau (Schwarzpulver, nach 1700) kannten die Bergleute neben dem Feuersetzen zum Streckenvortrieb und zur Erzgewinnung die Schlägel- und Eisenarbeit.
Hierbei wurde das Gestein durch millimeterweises Abmeißeln abgetragen. Das sog. Bergeisen diente dabei als Meißel, auf den mit dem Schlägel geschlagen wurde.
Der Streckenvortrieb bei dieser Technik betrug je nach Härte des Gesteins ca. 1–10 cm pro Schicht.
Schlägel und Eisen waren bis ins vorige Jahrhundert hinein unentbehrliche Arbeitsgeräte des Bergmannes, die sich seit dem Mittelalter in Form und Verwendungszweck kaum geändert haben.
Eine ungefähre zeitliche Zuordnung der wenigen, noch erhaltenen Fundstücke kann nur auf Grund der Fundumstände (Begleitfunde, Betriebszeiten der betr. Grube) erreicht werden.
E. M.

27
Münzrechtverleihung an Graf Bertold in der Villinger Markturkunde von 999

Ausschnittphotographie aus Nr. 221.

Der wirtschaftliche Nutzen des Silbers lag in der Münzprägung; sie wiederum bot günstige Voraussetzungen für das Aufleben eines Marktes.
Münz- und Marktrecht gehörten zu den Regalien (königlichen Rechten), die an geistliche und weltliche Herren verliehen werden konnten. Die Zähringervorfahren erhielten 999 das Marktrecht für Villingen und die Erlaubnis zur Münzprägung mit dem Hinweis, es nach eigenem Gutdünken verlegen zu können. – Die Zähringer haben sich zwar später nie auf diese Rechtsverleihung bezogen; sie weist jedoch bereits um die Jahrtausendwende auf die Bedeutung der Zähringervorfahren (Nr. 221) hin. Das Villinger Münzregal könnte das Interesse der Zähringer an den Silbergruben im Breisgau erklären.

Lit.: wie Nr. 221 C. R.

28 Abb. 35
Das Schlagen der Münzen

Skizze.

Die dem Breisgau zugeordneten Münzen sind vorwiegend einseitig geschlagene Hohlpfennige (Brakteaten) aus dünnem Silberblech. Die Skizze verdeutlicht, wie die Schrötlinge zwischen Prägestempel und Kapsel geschlagen wurden.

Abb. 35 aus: Brakteaten der Stauferzeit 1138–1254, 1977 C. R.

29
Königsurkunde Ottos III. für Sulzburg

Allstedt, 22. Juni 993.
Original verloren, Abschrift aus dem 12. Jahrhundert mit der nicht zum Originaldiplom gehörigen Einfügung einer Urkunde des Grafen Birchtilo; Pergament, H. 53 B. 36 cm.
GLA Karlsruhe, A 58.

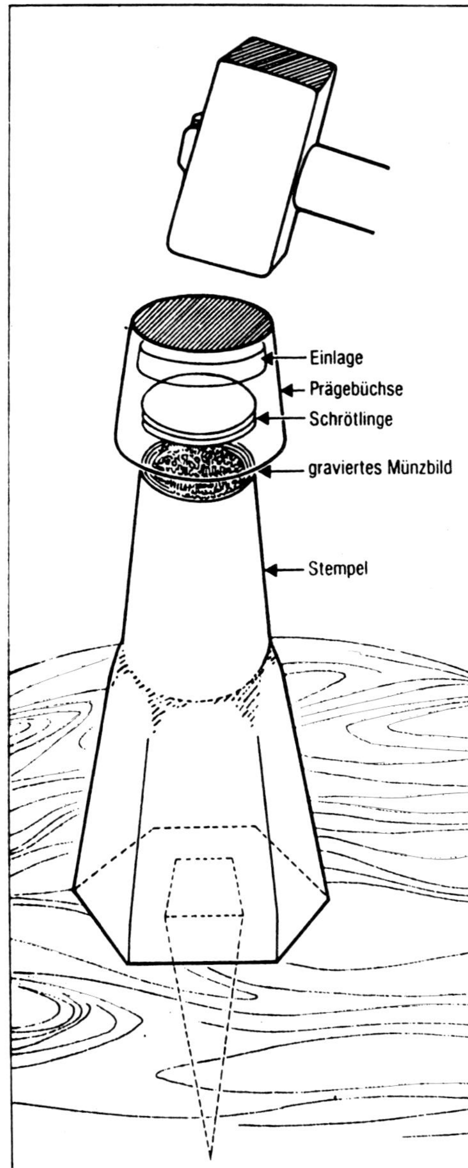

35 (Kat.-Nr. 28)

Neben der Wildbann-Urkunde Heinrichs II. 1008 (Nr. 183) und der Übertragung von Silbergruben an den Basler Bischof durch Kaiser Konrad II. 1028 (Nr. 22) zählt die Sulzburg betreffende Urkundenüberlieferung zu den wichtigsten Dokumenten der frühmittelalterlichen Geschichte des Breisgaus.

Das in Allstedt am 2. Juni 993 ausgestellte Diplom Ottos III. kann man zwar nicht als ›Gründungsurkunde‹ des Klosters Sulzburg bezeichnen, denn es spricht von einer in der *villa Sulziberg* zu Ehren des heiligen Märtyrers Cyriacus bereits erbauten und geweihten Kirche des Grafen Birchtilo. Auf dessen Bitte jedoch stattet Otto III. die wahrscheinlich noch nicht lange existierende Kirche mit den Gütern aus, die der König im Sulzbergtal *(in valle Sulziberch)* sein Eigen nannte. Das Königsdiplom scheint außer Sulziberch ursprünglich keine weiteren Ortsnamen enthalten zu haben, die älteste Überlieferung jedoch, eine Abschrift aus dem 12. Jahrhundert im Zusammenhang anderer Sulzburger Urkunden, bringt einen Einschub, den man für eine (ältere) Urkunde des Grafen Birchtilo hält. Darin sind als Schenkungen des Grafen an seine Kirche zu Sulzburg die Orte *Wilre* (Ober- und Niederweiler), *Rinka* (Rinken/Steinenstadt), *Rimisingen* (Ober- und Niederrimsingen), *Rutthin* (Ober- und Unterreute), *Verstat* (Vörstetten) und *Buogingen* (Buggingen) genannt, Orte also, die über den nördlichen und mittleren Breisgau verstreut liegen. Als das Kloster Sulzburg dann 1008 dem Basler Bischof übertragen wurde, erscheinen eben diese Orte als Sulzburger Pertinenzen.

Auch das bereits in der Königsurkunde von 993 genannte Sulzbergtal muß 1008 an die Basler Bischofskirche gefallen sein, und dies darf nun als ältester Hinweis auf Bergbau und Silbergruben in diesem Schwarzwaldtal gelten; denn als Konrad II. 1028 der Basler Bischofskirche sein Recht an Silbergruben im Breisgau übertrug (Nr. 22), befand sich das Sulzbergtal unter den genannten Örtlichkeiten. Graf im Breisgau aber war damals ein Bertold, der zu den Vorfahren der Zähringer zählt. Die Zähringergenealogie aus dem Hauskloster St. Peter (Nr. 8) rechnet Bezelin und seinen Bruder Gebhard, die ihr Kloster Sulzburg 1008 mit dem Sulzbergtal an Basel gaben, zu den Vorfahren der Herzoge von Zähringen. Wenn es auch bis heute nicht geglückt ist, die genealogische Frage um die Herkunft der Herzoge zu lösen, so lassen die frühen Dokumente aus Sulzburg doch etwas von der Frühgeschichte des Silberbergbaus im Schwarzwald und seiner Verbindung mit den politischen Gewalten im früh- und hochmittelalterlichen Breisgau erahnen.

Lit.: MGH DD Ottos III., Nr. 129; – HEYCK, Geschichte, S. 3–16; T. L. ZOTZ, Der Breisgau und das alemannische Herzogtum. Zur Verfassungs- und Besitzgeschichte im 10. und beginnenden 11. Jahrhundert (VuF Sonderbd. 15), 1974, S. 192 ff.; G. ALTHOFF, in: Die Zähringer I, S. 43 ff. A. Z.

30 Abb. 36
Kirche zu Sulzburg

Photographie und Grabungsplan (K. List).

Die Cyriakkirche zu Sulzburg gehört zu den wenigen Bauwerken des ersten Jahrtausends in Deutschland, die noch aufrecht stehen und die Zeiten fast unbeschadet überdauert haben. Im Raum des mittelalterlichen Breisgaus vermag allein sie noch eine lebendige Anschauung von der Baukunst der vorzähringischen Epoche zu vermitteln. Das schlichte Kirchlein am Stadtrand der ehemaligen markgräflichen Residenz verdient in einer Zähringerausstellung vor allem deshalb Erwähnung, weil es sich in der Überlieferung als ein zentraler Ort des Breisgaus zu erkennen gibt: Es ist eine Gründung der vorzähringischen Breisgaugrafen, um die sich sowohl die älteste urkundliche Marktrechtverleihung 1004 wie auch die erste Erwähnung des Silberbergbaus im Breisgau 1028 (Nr. 22) gruppiert.

Die Urkunde Ottos III. von 993 (Nr. 29) spricht von einer bereits erbauten und geweihten Cyriakkirche des Grafen Birchtilo; dieser Bau ist im wesentlichen heute erhalten. Ursprünglich eine kleine, dreischiffige und querhauslose Basilika, erscheint die Kirche heute wieder als solche, nachdem die Seitenschiffe im Verlauf einer gründlichen Restaurierung 1960–64 in alter Form wiederaufgebaut wurden. Im Osten schließt sich an das Langhaus das Sanktuarium, eine Apsis mit kleiner Hallenkrypta, an. Das auffällige Patrozinium des Märtyrers Cyriacus, das sonst vor allem aus der ottonischen Stiftskirche Geros in Gernrode/Harz bekannt ist, könnte auf Reliquienerwerbungen des Grafen Birchtilo in Italien hinweisen, die dann die Krypta geborgen hätte.

Im Westen endete das Langhaus ursprünglich ebenfalls in einer Apsis. Darin fand sich bei den Ausgrabungen ein auffälliges Grab, welches als das des Stifters, des Grafen Birchtilo, gilt. Schon deswegen kann es sich nicht um eine

›doppelchörige‹ Anlage, d. h. eine Kirche mit einem zusätzlichen, westlichen Altarhaus, gehandelt haben, sondern die Funktion dieser zweiten Apsis dürfte vielmehr die einer Vorkirche (mit Eingangsportal) gewesen sein. Gerade in der spätottonischen Baukunst Südwestdeutschlands finden sich einige formal/funktional gut vergleichbare Beispiele für eine solche Lösung: die Peterskirche in Lahr-Burgheim und die Georgskirche in Reichenau-Oberzell. Schon bald nach der Gründung des Klosters wurde die Westapsis ersetzt und überbaut durch den heute bestehenden Turm. Ein dort vermauertes Tannenholz konnte mit Hilfe der Jahrringe (dendrochronologisch) ins Jahr 996 datiert werden. Besonders von Interesse ist auch, daß sich im Mauerwerk der spätottonischen Kirche Schlacke fand, die wahrscheinlich aus dem Zusammenhang des Silberbergbaus stammt.

Lit.: K. List, St. Cyriak in Sulzburg 993–1964. Ein Forschungs- und Arbeitsbericht, hrsg. v. Staatlichen Amt für Denkmalpflege [1964]; A. Tschira, Die ottonische Klosterkirche St. Cyriacus in Sulzburg, in: Bonner Jahrbücher 166 (1966), S. 217–234; K. List, Der älteste bisher ermittelte Tannenholzbalken Süddeutschlands befindet sich in St. Cyriak zu Sulzburg, in: NDBW 11 (1968), S. 92; Vorromanische Kirchenbauten. Katalog der Denkmäler bis zum Ausgang der Ottonen, bearb. v. F. Oswald–L. Schaefer–H. R. Sennhauser, 1966–71, S. 327–328; P. Marzolff, Befunde und Probleme der Frühmittelalterarchäologie im Oberrheinraum (Koldewey-Gesellschaft. Bericht über die 30. Tagung für Ausgrabungswissenschaft und Bauforschung vom 24.–28. Mai 1978 in Colmar/Frankreich), 1980, S. 80–81. A. Z.

31
Siegel der Stadt Sulzburg

31.1
SIEGEL AN URKUNDE VOM 20. 3. 1660

Urkunde H. 22,5 B. 36,5 cm. Siegel grün, in Holzkapsel 30 mm.
GLA Karlsruhe, 21/409.

31.2 Abb. 37
NACHZEICHNUNG DES SIEGELS VON 1283

Umschrift »S CIVIVM DE SULZEBERG«.

31.3
GEDENKMEDAILLE (950 JAHRE BERGBAU)

Vs.: »SIEGEL DER BERGBAUSTADT SULZBURG A. D. 1283«, Darstellung wie Siegel von 1283.

36 (Kat.-Nr. 30)

Rs.: »SILBERBERGBAU BEURKUNDET A.D. 1028«, Bergbaumotiv der Bergwerksmedaille von Sulzburg 1720.
25 g, 40 mm, 1000er Silber, polierte Platte. Museum für Naturkunde Freiburg, Inv. XV/84/4.

Das älteste deutsche Stadtsiegel mit Bergbaudarstellungen zu einer Sulzburger Urkunde von 1283. Es ist nur als Nachzeichnung erhalten und zeigt einen Bergknappen, der mit einer Fackel in der linken Hand und der geschulterten Keilhaue in eine Erzgrube einfahren will. Ein Engel, der auf dem Berggipfel rechts über dem Stollenmundloch sitzt, weist auf einen Stern – ebenso wie die rechts unten dargestellte Jungeiche ein Sinnbild der Hoffnung auf eine überdurchschnittlich hohe Erzausbeute. Das Siegel weist so auf die frühe Identifikation der Stadt mit dem Bergbau hin.
Das früheste *erhaltene* Siegel Sulzburgs von 1660 zeigt noch dasselbe Motiv, wenn auch in anderer Ausführung.
Aus Anlaß der 950-Jahr-Feier der frühesten Beurkundung des Bergbaus im Schwarzwald ließ die Stadt Sulzburg 1978 eine Gedenkmedaille prägen. Die Gestaltung erfolgte durch Prof. Franz Kirchheimer.

37 (Kat.-Nr. 31.2)

Lit.: Siegel der badischen Städte. 3. Heft: Die Siegel der Städte in den Kreisen Freiburg, Villingen und Lörrach, 1909, S. 73, Abb. Tafel LXIV–1; H. Maus, Bergbaugeschichtlicher Wanderweg, 1979. N. W.

Ministerialen und Vasallen (Nrn. 32–44)

Mit den »Ministerialen und Vasallen« ist ein zentrales Thema der Zähringergeschichte angesprochen: die Herrschaft der Herzöge über Land und Leute. Nachdem die Zähringer den Breisgau ›erobert‹ und das Rektorat über Burgund erworben hatten, konnten sie sich zwar auf das Grafenamt in der Ortenau und im Breisgau und die Reichsrechte in Burgund stützen, doch sie trafen auf bereits eingesessenen Adel, dessen Burgen und Klöster Gegenstand von Auseinandersetzungen werden konnten (vgl. Nr. 11). Dieser Adel aber hat die Herrschaft der Zähringer Herzöge anerkannt und ist von ihnen zur Beratung auf herzogliche Landtage gerufen worden. Als Beispiel für den edelfreien, hohen Adel des Breisgaus, der den Zähringern und der markgräflichen Linie Gefolgschaft leistete, könnte man die Grafen von Nimburg nennen. Die Herrschaft über den edelfreien Adel wird als charakteristisch gerade für die Zähringer angesehen.

Daneben bildete sich aber auch eine neue Schicht im Dienste der Herzöge heraus: die Ministerialen (›Verwaltungsbeamte‹) oder Dienstleute. Vor allem in den Zähringerurkunden treten sie als eigene Gruppe entgegen, vom edelfreien Adel abgehoben etwa durch die Bezeichnung *de domo ducis* (»aus dem Hause des Herzogs«) oder auch charakterisiert als *de familia ducis* (Nrn. 14.1, 33.1, 36). Die zweifellos Vornehmsten unter den Dienstleuten waren die Inhaber der herzoglichen Hofämter, etwa der Marschall (›Pferdeknecht‹) Gottfried von Staufen oder der Truchseß *(dapifer)* Garnerus de Rinfelden (Nr. 36). Die Rangabstufungen innerhalb der Zähringer Ministerialität zeigen sich vielleicht auch am Schicksal der Dienstleute am Ende der Zähringerzeit 1218: Die Vornehmeren konnten gelegentlich eigene Herrschaften bilden, so die Staufener;

anderen gelang ein solcher Aufstieg nicht, sie verschwinden mit dem Herzogsgeschlecht – so etwa die Vörstetter (Nrn. 36–38 und Nrn. 33.1–2). Wie die edelfreien Vasallen (Gefolgsleute) des Herzogs, die in den Urkunden oft den Titel *domnus* (»Herr«) führen, pflegten sich auch die Ministerialen nach ihren Sitzen (Burgen) zu benennen, deren Lage und Baugestalt Hinweise auf den Rang der Zähringer Gefolgsleute geben. Dieser kommt gewiß auch zum Ausdruck in der Stiftung des kostbaren Kreuzes durch Gottfried und Anna von Staufen an St. Trudpert (Nr. 37), dessen Vogtei die Staufener innehatten, oder in den Stiftungen/Schenkungen Zähringer Ministerialen an das Hauskloster St. Peter, wie sie im Rotulus Sanpetrinus (Nr. 102) in großer Zahl überliefert sind.

A. Z.

32 Abb. 38
Karte der Zähringerministerialen

Kartenskizze.

Auf der »Karte der Zähringerministerialen« gruppiert sich die Gefolgschaft der Herzöge in bereits zur Zähringerzeit bezeugte (rot) und unter den Zähringererben, den Grafen von Freiburg und den Kiburgern, nachweisbare Ministerialen (blau). Es scheint kein Zufall der Überlieferung zu sein, daß sich die Herzöge offenbar vorwiegend auf eine *familia* stützen konnten, deren Sitze sich im Breisgau zwischen Wiese, Dreisam und Elz konzentrieren, während in den Zeugenreihen der Urkunden rheinfeldisch-schweizerische Ministerialen nur selten entgegentreten. Die Konzentration der Zähringerherrschaft war also im Breisgau erheblich stärker als in Burgund, während dort die Städtegründungen eine größere Rolle gespielt zu haben scheinen.
Die Karte führt vor Augen, aus welchen Gebieten sich die Gefolgschaft der Zähringer vorwiegend rekrutierte, und sie ermöglicht abzuschätzen, wie viele Leute der Herzog ins Feld führen konnte. Auf diesem Hintergrund könnte man beispielsweise die Frage stellen, ob Bertold IV. überhaupt 1000 bzw. 500 gepanzerte Reiter aufbieten konnte, wie er es vertraglich mit Barbarossa im Jahre 1152 für den Burgund- und Italienzug vereinbart hatte (Nr. 62).

A. Z.

Liste zur »Karte der Zähringerministerialen« (nach HEYCK, Geschichte, S. 539–563, jeweils mit ältestem Beleg)

1	Kirchheim	(12. Jh.)
2	Weilheim	(1152)
3	Bissingen	(ca. 1188)
4	Appenweier	(1148)
5	Stauffenberg	(1148)
6	Neuenstein	(1123)
7	Meißenheim	(1132)
8	Oberschopfheim	(vor 1148)
9	Sulz	(1094)
10	Zell a. H.	(1128)
11	Mahlberg	(1218)
12	Lützelhard	(1123)
13	Herbolzheim	(1179)
14	Untermarchtal/Marchtal	(1152)
15	Dietingen	(1179)
16	Köndringen	(1179)
17	Keppenbach	(1161)
18	Burkheim	(1179)
19	Niederrotweil	(1152–1158)
20	Buchheim	(1200)
21	Vörstetten	(1111)
22	Roggenbach	(vor 1152)
23	Dachswangen	(1122–1132)
24	Alzenach	(vor 1152)
25	Zähringen	(vor 1146)
26	Opfingen	(um 1100)
27	Au	(1111)
28	Falkensteig	(1137–1154)
29	Offnadingen	(vor 1146)
30	Schlatt	(1152–1158)
31	Ambringen	(vor 1152)
32	Bräunlingen	(vor 1152)
33	Tunsel	(vor 1123)
34	Heitersheim	(vor 1152)
35	Staufen	(vor 1123)
36	Dittishausen	(1152–1158)
37	Hügelheim	(vor 1152?)
38	Achdorf	(1179)
39	Müllheim	(vor 1152)
40	Badenweiler	(1130)
41	Owingen	(1207)
42	Röttelnweiler	(1185)
43	Rheinfelden	(1128)
44	Stein (Aargau)	(1201)
45	Altikon	(1123)
46	Turbenthal	(1177)

38 (Kat.-Nr. 32)
Karte der Zähringerministerialen

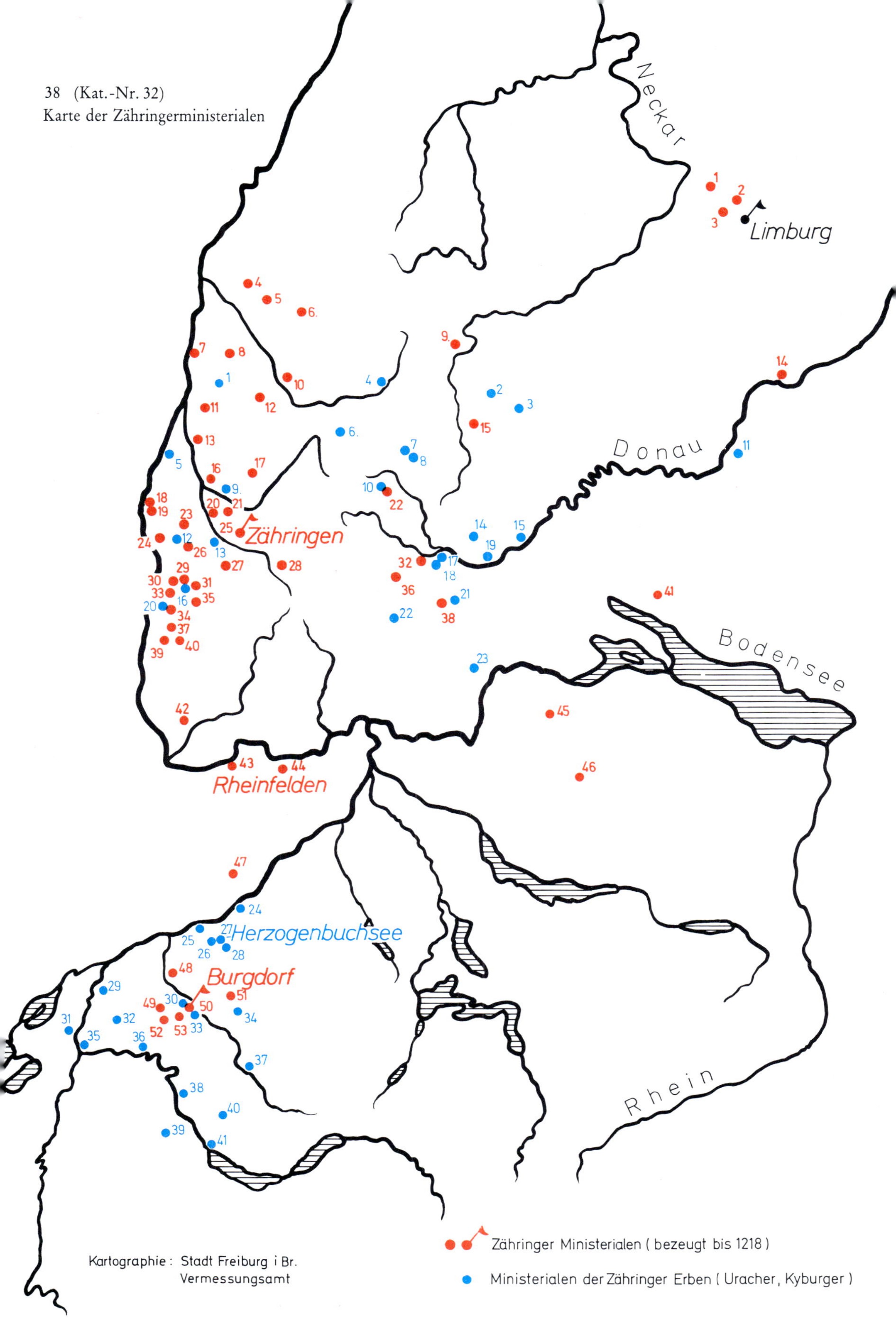

47 Oberbuchsiten (1123)
48 Utzenstorf (1175)
49 Jegenstorf (1175)
50 Burgdorf (1201)
51 Affoltern (1218)
52 Mattstetten (1201)
53 Krauchthal (1123)

Markgräfliche, kiburgische und urachisch-fürstenbergische, nach Heyck vermutlich bereits zähringische Ministerialen:

1 Lahr	22 Bonndorf
2 Leidringen	23 Beringen
3 Dotternhausen	24 Aarwangen
4 Schenkenzell	25 Wangen
5 Weisweil	26 Onz (Ober-, Nieder-)
6 Hornberg	
7 Burgdorf	27 Herzogenbuchsee
8 Burgberg	28 Thörigen
9 Emmendingen	29 Büetigen
10 Kirneck	30 Rohrmoos
11 Ertingen	31 Kallnach
12 Merdingen	32 Schupfen
13 Haslach	33 Oberburg
14 Baldingen	34 Sumiswald
15 Möhringen	35 Oltigen
16 Bad Krozingen	36 Bremgarten
17 Allmendshofen	37 Langnau
18 Hüfingen	38 Münsingen
19 Geisingen	39 Rüeggisberg
20 Eschbach	40 Buchholterberg
21 Blumberg	41 Thun

R. D./G. P./A. Z.

33
Die Niederungsburg Vörstetten

33.1 LUFTBILD
Abb.39

1967, Landesdenkmalamt Baden-Württemberg, Außenstelle Freiburg – Bodendenkmalpflege.

Die Niederungsburgen der zähringischen Epoche und im zähringischen Herrschaftsgebiet sind im allgemeinen sehr viel weniger bekannt als die meist recht eindrucksvollen Höhenburgen, beispielsweise die Ruine Staufen im Breisgau (vgl. Nr. 36), obwohl sie gewiß ähnlich zahlreich und bedeutend für die Herrschaft der Herzöge über Land und Leute waren. Als typisches Beispiel einer Burg im Flachland des Breisgaus, in der Rheinebene, kann die erst 1967 durch Luftbilder ›wiederentdeckte‹ Anlage von Vörstetten wenig nördlich Freiburgs gelten.

Rund 250 m westlich des Ortskerns liegen die Reste der Burg im Gewann »Viehweide«. Die Flur »Brühl« in unmittelbarer Nachbarschaft und der Bachlauf weisen darauf hin, daß sie ursprünglich vom Sumpf der Niederung umgeben und geschützt war. Weiter nordwestlich findet sich das »Herrenholz«, ein Wäldchen, das wohl ehemals zur Burg gehörte und auf die von dort ausgeübte Herrschaft über (Teile des Dorfes) Vörstetten deutet.

Der Mühlbach schied die Burg vom weiter östlich gelegenen, alten Dorf auf der Niederterrasse; erst im 18. Jahrhundert wurde die noch bestehende Mühle direkt gegenüber errichtet. Auf dem Luftbild fällt zuerst das dunkel gefärbte kreisrunde Grabensystem ins Auge, das einst der Mühlbach speiste. Die beiden breiten, konzentrischen Burggräben trennte ein schmaler Wall, der sich im Bild durch hellere Färbung abhebt. Schließlich weist ein dritter, dunkler Ring ganz außen auf einen mächtigen Wall hin, der den Doppelgraben umfaßte. Das helle Zentrum, der künstlich aufgeschüttete Burghügel (›Motte‹; vgl. Nr. 34), fällt heute noch als flache Erhebung im Gelände auf, gibt auf dem Foto jedoch keine klaren Strukturen preis. Hier müssen ehemals die Gebäude der Burg gestanden haben. Ihre Gestalt, Bauweise und Zeitstellung wird nur noch durch Ausgrabungen zu ermitteln sein. Archäologische Untersuchungen stehen jedoch aus; bislang liegen nur die Aufschlüsse vor, die ein hart am Kern der Motte vorbeiführender Kanalisationsgraben 1980 und Lesefunde aus dem Maisfeld über dem Bodendenkmal geliefert haben. Die aufgesammelten Scherben tönerner Gefäße stammen großteils aus dem 13. und 14. Jahrhundert, und so könnten sie genauso Anlaß zu der Vermutung geben, die Burg habe bereits zur Zähringerzeit bestanden – wie die Schriftquellen: Nachdem der Ort Vörstetten 993 (und ganz sicher 1008) erstmals erwähnt wird (Nr. 29 und Nr. 183), treten in Zähringerurkunden seit 1111 Leute »aus dem Hause des Herzogs« *(de domo ducis)* als Zeugen auf, die sich nach Vörstetten zubenennen: zunächst *Berewardus de Verstat*, dann *Reginhar-*

39 (Kat.-Nr. 33.1)

dus (vor 1146), *Bertholdus de Veristat* und schließlich zuletzt *Walterus und Cŏnradus de Virstetin* (1179) (Nr. 35). Später sind ›Herren von Vörstetten‹ nicht mehr bezeugt, sondern 1291 besaßen andere ehemalige Zähringerministerialen, die Falkensteiner, Rechte im Dorf. Im Jahre 1568 ist der Markgraf Carol von Baden und Hachberg alleiniger Herr in Vörstetten; ob die Burg damals noch bestand, wissen wir nicht. Einem Bericht von 1758 zufolge waren im 18. Jahrhundert noch Reste der Anlage sichtbar, woraus man entnehmen mag, daß sie spätestens nach dem Ausgang des Mittelalters aufgegeben wurde und zerfiel.

Lit.: HEYCK, Geschichte, S. 558 u. ö.; E. SCHUSTER, Burgen und Schlösser Badens. Der Breisgau, 1908, S. 218 Nr. 403; KOHLER, Burgen des Breisgaus, S. 10–30 mit Abb. 1; A. ZETTLER, Die Burgen im mittelalterlichen Breisgau. Ein Forschungsprojekt der Geschichtlichen Landeskunde am Historischen Seminar der Universität, in: Archäologie und Geschichte des ersten Jahrtausends (Archäologie und Geschichte. Freiburger Forschungen zum ersten Jahrtausend in Südwestdeutschland 1, hrsg. v. H. U. NUBER, K. SCHMID und H. STEUER), im Druck.

G. P./A. Z.

33.2
›ARCHÄOLOGISCHE AUFSCHLÜSSE VÖRSTETTEN 1980‹

Photographie Landesdenkmalamt Baden-Württemberg, Außenstelle Freiburg, Bodendenkmalpflege, Archäologie des Mittelalters.

Als im Jahre 1980 der Bau eines Regenwasser-Klärbeckens auch das Gelände der seit 1967 durch Luftbilder lokalisierten Niederungsburg in Vörstetten (Nr. 33.1) berührte, konnte keine planmäßige Ausgrabung, sondern nur eine Befundaufnahme in dem bereits ausgebaggerten Leitungsgraben vorgenommen werden. Wie das Bild zeigt, verlief dieser entlang der linken Seite des Mühlbachs und dürfte daher Teile des Grabensystems zerstört haben. Den zentralen Burghügel berührten die Tiefbauarbeiten nur ganz am Rande; und man kann nur hoffen, daß die Baureste, die er enthält, nicht dem Tiefpflug zum Opfer fallen, bevor vielleicht einmal archäologische Grabungen über die Gestalt und die Geschichte dieser Tiefburg genauere Auskünfte geben könnten.

Lit.: Wie Nr. 33.1.

A. Z.

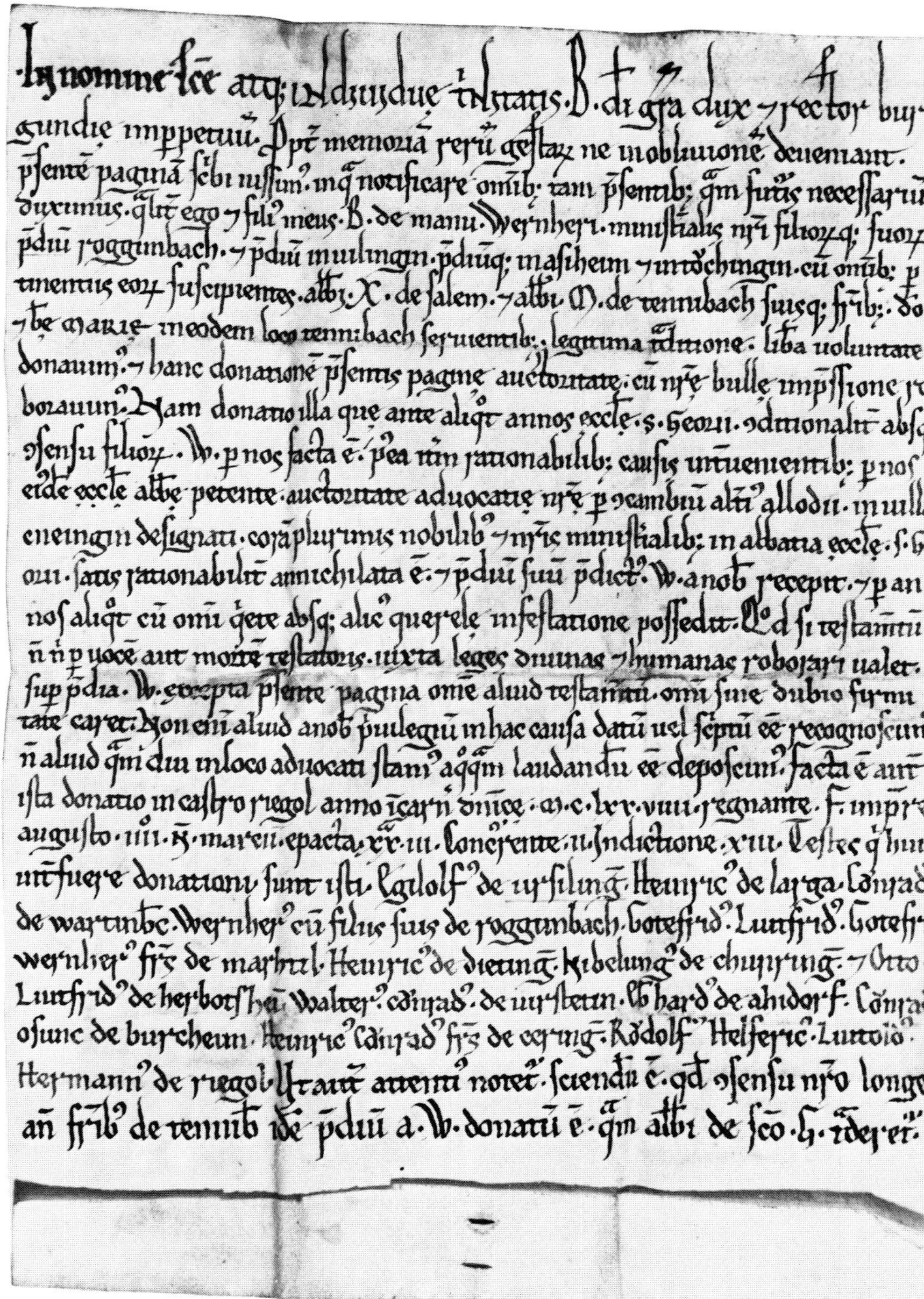

In nomine sancte atque individue trinitatis. B. dei gratia dux et rector bur-
gundie in perpetuum. Pro memoria rerum gestarum ne in oblivionem deveniant.
presentem paginam scribi iussimus. nos notificare omnibus tam presentibus quam futuris necessarium
duximus. Qualiter ego et filius meus B. de manu Wernheri ministerialis nostri filiorumque suorum
predium Roggenbach. et predium Mulingin. prediumque Masiheim et Urtochingin. cum omnibus per-
tinentiis eorum suscipientes. abbati .X. de Salem. et abbati .M. de Tennibach suisque fratribus deo
et beate Marie in eodem loco Tennibach servientibus. legitima traditione libera voluntate
donavimus. et hanc donationem presentis pagine auctoritate cum nostre bulle impressione ro-
boravimus. Nam donatio illa que ante aliquot annos ecclesie s. Georgii conditionaliter absque
consensu filiorum .W. per nos facta est. postea tamen rationabilibus causis intervenientibus per nos
eidem ecclesie abbate petente auctoritate advocatie nostre pro concambio alterius allodii in villa
Eneingin designati. coram plurimis nobilibus et nostris ministerialibus in abbatia ecclesie s. Ge-
orii. satis rationabiliter annichilata est. et predium suum predictus .W. a nobis recepit. et post an-
nos aliquot cum omni quiete absque alicuius querele infestatione possedit. Quod si testamentum
non nisi per vocem aut mortem testatoris iuxta leges divinas et humanas roborari valet.
super predia .W. excepta presente pagina omne aliud testamentum omni sine dubio firmi-
tate caret. Non enim aliud a nobis privilegium in hac causa datum vel scriptum esse recognoscimus.
nec aliud quam diu in loco advocati stamus aliquatenus laudandum esse deposcimus. Facta est autem
ista donatio in castro Riegol anno incarnationis dominice .M.C.LXX.VIII. regnante .F. imperatore
augusto .IIII. Nonas Marcii. epacta .XX.III. concurrente .II. Indictione .XIII. Testes qui huic
interfuere donationi sunt isti. Egilolfus de Ursilingen. Heinricus de Larga. Conradus
de Wartinberc. Wernherus cum filiis suis de Roggenbach. Gotefridus. Lutfridus. Gotefridus
Wernherus fratres de Marhtel. Heinricus de Dietingen. Kibelungus de Chuningen. et Otto.
Lutfridus de Herbotsheim. Walterus. Conradus. de Urstein. Eberhardus de Ahidorf. Conradus
consunc de Burcheim. Heinricus Conradus fratres de Eringen. Rodolfus. Helfericus. Luitoldus.
Hermannus de Riegol. Ut autem attenti noterit. sciendum est. quod consensu nostro longe
ante fratribus de Tennibach idem predium a .W. donatum est quam abbati de sancto .G. ideret.

40 (Kat.-Nr. 35)

34
Motte mit Burg

Zeitgenössische Abbildungen auf dem Teppich von Bayeux (zwei Photographien: Bayeux und Rennes).

Eine Vorstellung von hochmittelalterlichen Niederungsburgen vermitteln die Darstellungen des Teppichs von Bayeux. Dieser berühmte Wandbehang, bald nach 1066 von Wilhelms des Eroberers Bruder, Bischof Odo, für seine Kathedrale in Bayeux in Auftrag gegeben, schildert die Eroberung Englands durch die Normannen. In der Szenenfolge finden sich die mit Namen bezeichneten Schauplätze des Geschehens, deren gestickte Abbilder zu den ältesten und anschaulichsten mittelalterlichen Burgdarstellungen gehören. Sie zeigen neben dem Bau von und dem Kampf um Burgen auch die Erdschollen künstlich aufgeschütteter Burghügel (›Motten‹), Befestigungsanlagen wie Mauern und Gräben sowie Holz- und Steinbauten.

Lit.: H. Hinz, Motte und Donjon. Zur Frühgeschichte der mittelalterlichen Adelsburg (Zeitschrift für Archäologie des Mittelalters, Beiheft 1), 1981, bes. S. 33 ff.

A. Z.

35 Abb. 40
Urkunde Bertolds IV. von 1179 – ›Virstetin‹

Riegel, 4. März 1179.
Originalurkunde, Pergament, H. 23,5 B. 27,8 cm, Siegel fehlt.
Stadtarchiv zu Villingen, M 1.

Mit dieser Urkunde – einer der nicht sehr zahlreichen im Original erhaltenen Zähringerurkunden – vollzieht Herzog Bertold IV. gemeinsam mit seinem Sohn (Bertold V.) eine Schenkung seiner Ministerialen *de Roggimbach.* Die umfangreiche Zeugenreihe am Ende des Schriftstücks enthält neben den Namen anderer Zähringerministerialen letztmals auch solche ›von Vörstetten‹: *Walterus* und *Cŏnradus de Virstetin.* Sie folgen auf den Liutfrid von Herbolzheim und stehen den Ministerialen von Achdorf, von Burkheim, von Zähringen und von Riegel voran.

Lit.: Heyck, Urkunden, Nr. XII S. 15–16; Heyck, Geschichte, S. 403 f. und S. 558.

A. Z.

36
Burg Staufen

Photographie des heutigen Zustandes.

Die Burg Staufen erhebt sich auf der Gipfelkuppe des gleichnamigen Inselberges nördlich der heutigen Stadt Staufen. Sein Name bedeutet einfach ›schroffer Fels‹ oder leitet sich vielleicht auch her von *stouf*, dem mittelalterlichen Weinbecher, den die Herren von Staufen dreifach im Wappen führten. Eindrucksvoll beherrscht die zu den wenigen guterhaltenen Burgruinen Südbadens und vor allem des Breisgaus zählende Feste den Ausgang des Münstertales in die Rheinebene. Ihr gleichsam ›exklusiver‹ Standort auf dem mächtigen Berg läßt heute noch unvermittelt etwas von der Stellung und vom Anspruch der einstigen Burgherren im hochmittelalterlichen Zähringerland erahnen: Seit dem früheren 12. Jahrhundert scheint das sich ›von Staufen‹ zubenennende Geschlecht zu den vornehmsten und reichsten Vasallen gehört zu haben, die den Zähringer Herzögen im Breisgau dienten, obwohl sie urkundlich stets als *de domo ducis* firmieren, also Ministerialen (Dienstleute) waren. So stifteten Gottfried und Anna von Staufen 1160 dem Kloster St. Trudpert im oberen Münstertal, dessen Vogtei (Gerichtsherrschaft) die von Staufen innehatten, das bekannte kostbare Kreuz (Nr. 37), und 1175 führte wohl derselbe Staufener Gottfried den Titel eines *marescalcus* (»Pferdeknecht«), bekleidete also eines der vornehmen Ämter am Hofe Herzog Bertolds IV. Die Stellung der von Staufen unter den Zähringern beleuchtet auch, daß sie eben zu jener Zeit viele Güter an das Hauskloster der Herzöge, St. Peter auf dem Schwarzwald, gaben, wie bereits im früheren 12. Jahrhundert ihr Vorfahr Adalbert.
Von den Höhenburgen anderer zähringischer Ministerialengeschlechter wie etwa der Falkenstein im Höllental oder der Keppenbach bei Freiamt hebt sich die Feste Staufen vor allem durch ihre topographische Lage auf dem beherrschenden Inselberg in der Vorbergzone des westlichen Schwarzwaldrandes sowie durch ihre Größe ab. Da gründliche baugeschichtliche

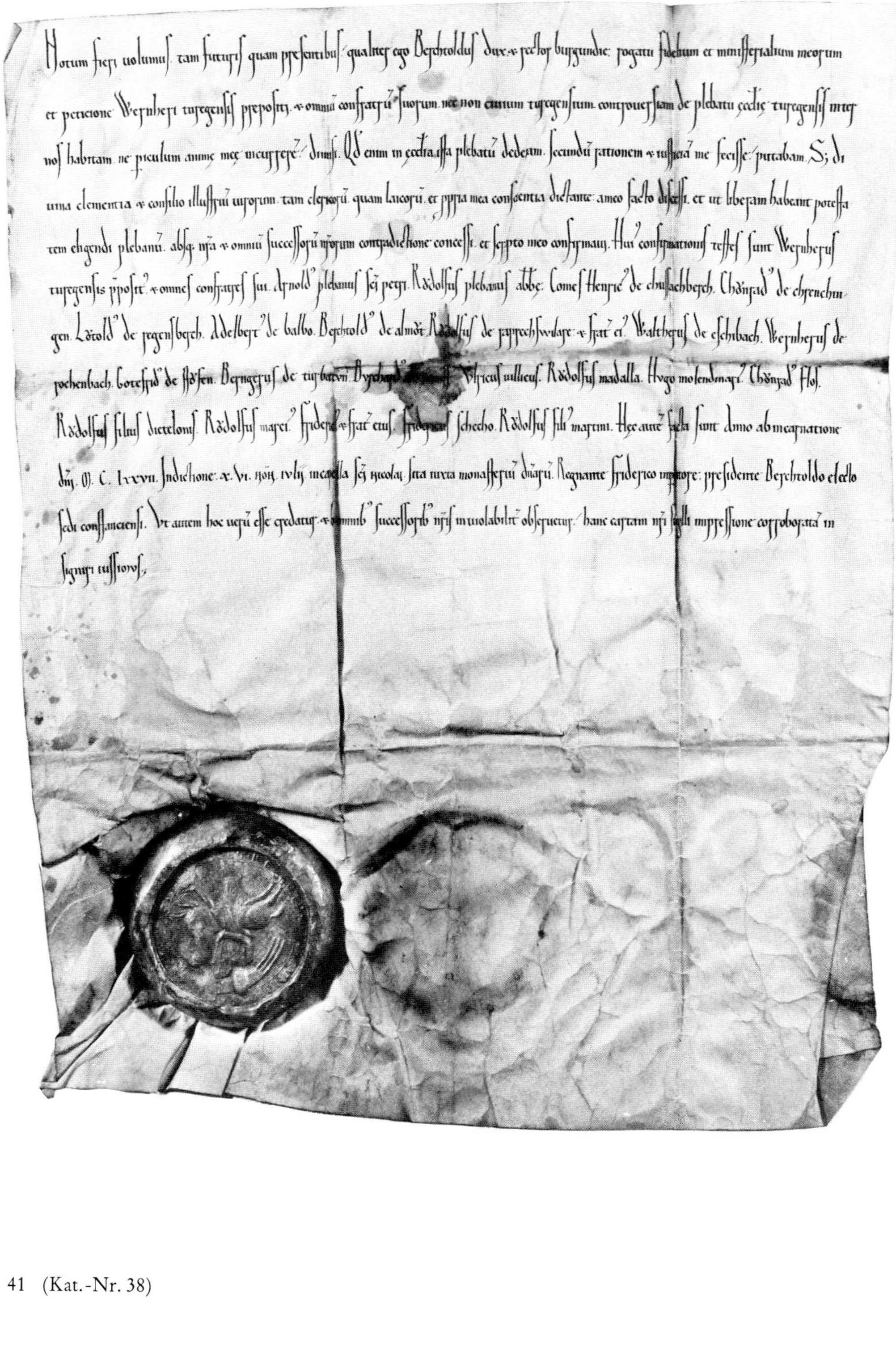

Notum fieri uolumus. tam futuris quam presentibus. qualiter ego Berchtoldus dux et rector burgundie. rogatu fidelium et ministerialium meorum et peticione Werinheri turegensis prepositi. et omnium confratrum suorum. nec non ciuium turegensium. controuersiam de plebatu ecclesie turegensis inter nos habitam. ne periculum anime mee incurrere. dimisi. Quod enim in ecclesia ista plebatum dederam. secundum rationem et iusticiam me fecisse putabam. Sed diuina clementia et consilio illustrium uirorum. tam clericorum quam laicorum. et propria mea conscientia dictante. amore facto dimisi. et ut liberam habeant potestatem eligendi plebanum. absque mea et omnium successorum meorum contradictione concessi. et scripto meo confirmaui. Huius confirmationis testes sunt Werinherus turegensis prepositus. et omnes confratres sui. Arnoldus plebanus sancti petri. Rodolfus plebanus abbatie. Comes Henricus de chuseberch. Chonradus de chrenchingen. Lutoldus de regensberch. Adelbertus de balbo. Berchtoldus de almot. Rodolfus de rapprechswilare. et frater eius. Waltherus de eschibach. Werinherus de rochenbach. Gotefridus de [illegible]. Berngerus de turbatun. Burchardus [illegible]. Ulricus uillicus. Rodolfus madalla. Hugo molendinarius. Chonradus flos. Rodolfus filius dietelonis. Rodolfus marei. Fridericus et frater eius. Fridericus schecho. Rodolfus filius martini. Hec autem facta sunt Anno ab incarnatione domini M. C. lxxvii. Indictione x. vi. non. iulii. in cella sancti nicolai sita iuxta monasterium dominarum. Regnante friderico imperatore. presidente Berchtoldo electo sedi constanciensi. Ut autem hoc uerum esse credatur. et ab omnibus successoribus nostris inuiolabiliter obseruetur. hanc cartam nostri sigilli impressione corroboratam in signum iussimus.

41 (Kat.-Nr. 38)

Untersuchungen und Ausgrabungen in der Ruine fehlen, fällt es schwer, eine Vorstellung vom Aussehen der Burg zur Zähringerzeit zu gewinnen: Der Bergfried im Nordwesten des Mauerberings erhebt sich auf quadratischem Grundriß und steht in ursprünglicher Verbindung mit einem Mauerzug, den man wegen seiner Stärke vielleicht als Rest einer Schildmauer ansprechen könnte. Dies sind die ältesten aufrechtstehenden Bauten der hochmittelalterlichen Burg. Sie zeigen regelmäßig geschichtetes Mauerwerk aus mächtigen Buntsandsteinquadern mit roh belassener Oberfläche und dürften daher wohl noch dem 12. Jahrhundert entstammen. Erstmals schriftlich genannt ist die Burg Staufen zum Jahr 1248; doch sowohl die Ruinen als auch die zahlreichen Nennungen der ›Herren von Staufen‹ in den Zähringer Urkunden und ihre bedeutende Stellung am Hof der Herzöge weisen darauf hin, daß die Anfänge der Burg spätestens im frühen 12. Jahrhundert zu suchen sind.
Bald nach den eingreifenden Umgestaltungen im mittleren 16. Jahrhundert, die heute das Bild der Ruine prägen, geriet die Burg seit dem Ende der Herren von Staufen 1602 in Verfall, nachdem sie schon geraume Zeit zuvor ihre Funktion mit anderen Burgen und den Herrenhöfen in der Stadt Staufen hatte teilen müssen.

Lit.: Die Kunstdenkmäler der Amtsbezirke Breisach, Emmendingen, Freiburg (Land), Neustadt, Staufen und Waldkirch, bearb. v. F. X. KRAUS (Die Kunstdenkmäler des Großherzogthums Baden 6), 1906, S. 478–480; HEYCK, Geschichte, S. 555 u. ö.; KOHLER, Burgen des Breisgaus, S. 23–26; W. STÜLPNAGEL, Die Herren von Staufen, in: Staufen und der Obere Breisgau. Chronik einer Landschaft, 1967, S. 13–20; SCHLIPPE, Burgen, S. 572–312; H. BENDER, K.-B. KNAPPE und K. WILKE, Burgen im südlichen Baden, 1979, S. 176–180. G. P./A. Z.

37 Abb. 42–45
Vortragekreuz aus St. Trudpert

Südwestdeutschland oder Niedersachsen, 1170–1180.
Holzkern, Silberblech getrieben, graviert, nielliert, teilweise vergoldet; Edelsteinbesatz mehrfach erneuert, letzte Restaurierung 1970–1972
H. (ohne Dorn) 67 B. 50,7 cm.
St. Trudpert, ehem. Benediktinerabteikirche SS. Peter, Paul und Trudpert.

Das doppelseitig ausgearbeitete Kreuz erweist sich durch seinen Dorn am Fußende der Vertikalhaste als Vortragekreuz, das sowohl auf eine Stange wie auf einen ›Kreuzfuß‹ gesteckt werden konnte. Die Vorderseite des Kreuzes (Abb. 42) wird beherrscht von dem an ein Astkreuz geschlagenen Christus, dessen bärtiges, von langen auf die Schultern fallenden Haaren umrahmtes Haupt nach rechts gesunken ist. Die zu Rechtecken erweiterten Kreuzenden zeigen in den oberen drei Feldern die im Profil gegebenen Evangelisten mit Spruchbändern, das untere Feld wird von einer knienden weiblichen Gestalt mit betend erhobenen Händen ausgefüllt. Auf den (barocken) volutenartigen Ansätzen seitlich stehen als Freifiguren Maria und Johannes. Über dem edelsteingeschmückten Nimbus des Gekreuzigten ist unter einem geschliffenen Bergkristall eine Kreuzreliquie eingelassen. Die Ikonographie der Rückseite des Kreuzes (Abb. 43) ist vom Gerichtsgedanken bestimmt: Im Zentrum thront, von einer vierpaßförmigen Gloriole eingefaßt, Christus, seine Wundmale vorweisend. Die Leidenswerkzeuge seiner Passion sind auf den oberen Kreuzarmen dargestellt, während auf dem Kreuzstamm die Auferstehung der Toten zu erkennen ist. Posaunenengel mit auf das Jüngste Gericht anspielenden Inschriften und eine kniende männliche Figur füllen die Rechteckfelder am Ende der Kreuzbalken. Die hohe kunstgeschichtliche Bedeutung des Werkes, dessen Provenienz noch immer nicht geklärt ist, besteht in der raffinierten und technisch vielseitigen Ausführung. Neben Gravuren und Punzierungen ist besonders die ungewöhnlich reiche Verwendung von Niello (eine in Vertiefungen eingeschmolzene schwarze Paste aus Silber und Schwefel) auffällig. Das Vorkommen dieser im Südwesten nicht besonders häufigen Technik und stilistische Gesichtspunkte haben zu einer Einordnung in den niedersächsischen Kunstkreis geführt, die sich aber zugunsten einer oberrheinischen Zuschreibung nicht durchzusetzen scheint.
Besondere historische Bedeutung erhält das Werk durch die beiden Reliefs am Fußende des Kreuzes, die sich durch beigefügte Inschriften

42 (Kat.-Nr. 37) Vorderseite

als Darstellungen des Stifterehepaares ausweisen. Der Frau auf der Vorderseite (Abb. 44) ist folgende Inschrift (auf der Rahmenleiste) zugeordnet: »Am Kreuz, seufzend, Christus, blicke auf mich, Anna, mild herab« *([i]N CR[u]CE XPe [Christe] Gemens Annam ME RESPICE CLEMENS.* »Er möge mich, Gottfried, mit Freude erfüllen« *(...RUM ME [le]TIFICET GODEF[r]IDVM* [Inschrift unvollständig]), steht auf der Platte mit der männlichen Stifterdarstellung (Abb. 45). Gottfried läßt sich mit den Herren von Staufen in Verbindung bringen, die Ministerialen der Herzöge von Zähringen waren und die Vogtei über das Kloster St. Trudpert innehatten. Wahrscheinlich ist Gottfried jener Herr von Staufen, der 1146 erstmalig urkundlich nachweisbar und zwischen 1161 und 1175 als Marschall Bertolds IV. bezeugt ist. Das Kreuz kann noch von Gottfried selbst in Auftrag gegeben worden sein, es könnte jedoch auch von Anna im Hinblick auf das Gedenken an Gottfried gestiftet sein (worauf die Gerichtsthematik hindeutet).

43 (Kat.-Nr. 37) Rückseite

Lit.: F. X. KRAUS, Die Christlichen Inschriften des Rheinlands. Von der Mitte des achten bis zur Mitte des dreizehnten Jahrhunderts, 1894, 2. Bd., S. 46; M. ROSENBERG, Das Kreuz von St. Trudpert, in: SiL 20 (1893), S. 49–80; I. SCHROTH, Mittelalterliche Goldschmiedekunst am Oberrhein, Ausst.Kat. Freiburg 1948 mit Vorwort v. W. NOACK, S. 24f.; H.-J. HEUSER, Das Niellokreuz von St. Trudpert, in: Zeitschrift für Kunstwissenschaft 6 (1952), S. 27–46; Katalog Kunstepochen Freiburg, Nr. 4 S. 18f.; Stauferkatalog Bd. 1, Nr. 593 S. 466–468 (dort gesamte ältere Lit.).

M. K.

44 (Kat.-Nr. 37) Stifterbild Annas von Staufen

45 (Kat.-Nr. 39) Stifterbild Gottfrieds von Staufen

38 Abb. 41

Urkunde Bertolds IV. für das Zürcher Großmünster mit Nennung Gottfrieds von Staufen

Zürich, 2. Juli 1177.
Originalurkunde, Pergament, H. 56 B. 44,5 cm, Reitersiegel Bertolds IV. (Nr. 78.5) aufgedrückt.
Staatsarchiv des Kantons Zürich, Propstei Nr. 3.

Die Zürcher Urkunde, in der Herzog Bertold IV. wenige Jahre nach dem Aussterben der Lenzburger die Leutpriesterwahl am Großmünster regelte, nennt in der umfangreichen Zeugenreihe neben anderen Vasallen und Ministerialen vorwiegend aus dem rechtsrheinischen Zähringerland auch *Gotefridus de Stoufen*. Höchstwahrscheinlich handelt es sich dabei um den Stifter des Trudperter Kreuzes, wenn nicht um einen gleichnamigen Sohn. Bemerkenswert ist, daß dieser Gottfried hier nicht den *marescalcus*-Titel führt wie der in der kurz zuvor ausgestellten Urkunde Bertolds IV. für Rüeggisberg 1175. Dennoch ist die Zürcher Urkunde ein Zeugnis für die bedeutende Stellung der ›Herren von Staufen‹ am Hofe der Zähringerherzöge.

Lit.: HEYCK, Urkunden, Nr. IX S. 12; ZUB I, Nr. 329 S. 206 f.; HEYCK, Geschichte, S. 401 f., 555; vgl. auch Lit. zu Nr. 36. A. Z.

39 s. Abb. 227

Zähringer Lehen am mittleren Rhein

Eppsteiner Lehnbuch, ca. 1290–1294.
Pergamenthandschrift, H. 19 B. 14 cm, im 16. Jahrhundert um ein Ortsregister erweitert (Papier) und mit einem von braunem gepreßtem Leder überzogenen Holzdeckeleinband versehen (beschädigt).
Hessisches Hauptstaatsarchiv Wiesbaden, 3004 C 23.

Das Eppsteiner Lehnbuch wurde bald nach 1290 von einer einzigen Hand sehr sorgfältig niedergeschrieben und zum Teil mit ausschmückenden Initialen versehen. Es stützt sich in der Hauptsache auf nur wenig ältere Lehnsverzeichnisse Gerhards III. und Gottfrieds III. von Eppstein, verfaßt zwischen 1250 und 1260 beziehungsweise um 1282/83. Gottfried III. dürfte auch der Auftraggeber des vorliegenden Lehnbuches gewesen sein. Doch enthält die Handschrift zahlreiche Nachrichten, die bis weit in das 12. Jahrhundert zurückreichen.
Die Herren von Eppstein (Stammsitz Burg Eppstein im Taunus) zählten im 13. Jahrhundert zu den führenden Adelsfamilien im Rhein-Main-Gebiet. Ihre Bedeutung ist daran zu ermessen, daß sie in jenem Jahrhundert nicht weniger als vier Mainzer Erzbischöfe stellten. Unter den Mainzer Lehen der Eppsteiner wird auch ein umfangreiches Lehen zu *Walsheim* genannt, mit dem zuvor der Herzog von Zähringen belehnt war. Es handelt sich um das einzig bekannte, in der Zähringerforschung bisher unbeachtete Mainzer Kirchenlehen der Zähringer. Dieses Lehen wurde offenbar nach dem Tode Herzog Bertolds V. von Erzbischof Siegfried II. eingezogen und an seinen Bruder Gottfried I. von Eppstein wieder ausgegeben.
Leider ist es bisher nicht möglich gewesen, den Ort einwandfrei zu lokalisieren. Unter den vier möglichen Ortschaften mit dem Namen Walsheim zu dieser Zeit (Walsheim/Heidenfahrt zwischen Mainz und Bingen, Walsheim nördlich Landau, Walsheim/Waldsee zwischen Speyer und Ludwigshafen, Walsheim südlich Blieskastel) kommt am ehesten Walsheim bei Landau in der Pfalz in Betracht. Dort in der Nähe liegt Annweiler. An Konrad von Annweiler *(Conradus de Anewihe)* aus dem bekannten staufischen Ministerialengeschlecht hat Gottfried von Eppstein das vormals zähringische Lehen Walsheim weiterverliehen.
Dieses Lehen war recht umfangreich. Es umfaßte 40 Malter, anteilig Weizen, Erbsen und Hafer, weiterhin ein Fuder Wein, 30 Pfund Öl, zwei Talente (Pfund) und 5 Schillinge an Geld, dazu den kleinen Zehnt im Dorf sowie einen Hof mit einem Zubehör von 22 Jucharten Akkerland.
Es ist zu vermuten, daß Walsheim den Zähringern als Versorgungsstation diente. Wann und unter welchen Umständen dieses Mainzer Lehen an die Herzöge von Zähringen kam, ist unbekannt.

Lit.: P. WAGNER (Hrsg.), Die Eppsteinschen Lehensverzeichnisse und Zinsregister des 13. Jahrhunderts (Veröffentlichungen der Historischen Kommission für Nassau 8), 1927; HEINEMANN, unten S. 413 ff.

H. H.

40 Bewaffnung

40.1 SCHWERTER

40.1.1 Hiebschwert

12./13. Jahrhundert.
Gesamtl. 90 cm, Klinge 76 cm, B. der Klinge 4,5 cm, L. der Parierstange 17,5 cm. Eisen, Spitze abgebrochen, stark korrodiert.
Landesdenkmalamt Baden-Württemberg, Außenstelle Freiburg i. Br.

Breite Klinge mit Resten des Hohlschliffs nahezu über die gesamte Länge. Auf einer Seite in der Hohlkehle im oberen Drittel Spuren von Tauschierung. Parierstange gerade, an den Enden breit ausgeschmiedet. Griffangel zum Knauf hin geringfügig verjüngt. Knauf gedrungen paranußförmig. Bodenfund ca. 1910 im Schloßhof von Rust (Ortenaukreis).

Lit.: Abgebildet in: H. SCHWARZMAIER, Staufisches Land und staufische Welt, 1978, S. 109. Vergleiche: H. SEITZ, Blankwaffen I, 1965, S. 132–144, und Stauferkatalog I, Nrn. 317–321 und II Abb. 156–159.

P. S.-T.

40.1.2 Hiebschwert

12./13. Jahrhundert.
Gesamtl. 101 cm, Klinge 86,8 cm, B. der Klinge 4,7 cm, L. der Parierstange 15,5 cm. Eisen, stark korrodiert, Spitze geringfügig abgebrochen.
Landesdenkmalamt Baden-Württemberg, Außenstelle Freiburg i. Br.

Breite Klinge mit breitem Hohlschliff, ca. 10 cm unterhalb der Parierstange Spuren einer kreisförmigen Schlagmarke. Parierstange gerade mit abgerundetem Querschnitt. Griffangel zum Knauf verjüngt. Knauf langgezogen paranußförmig. Bodenfund aus Huttingen, Gemeinde Efringen-Kirchen (Kreis Lörrach). Unpubliziert.

P. S.-T.

40.1.3 Hiebschwert

2. Drittel 12. Jahrhundert.
Eisen und Bronze, Gesamtl. 104,5 cm, Klinge 88 cm, Hilse verloren, stark korrodiert.
Württembergisches Landesmuseum Stuttgart, Inv.-Nr. 8947.

Das Hiebschwert hat eine breite Klinge mit schmalem Hohlschliff und gerundetem Ort; gerade vierkantige Parierstange, zum Knauf sich verjüngende Griffstange, breiter Bronzeknauf (Paranußform).

Lit.: Stauferkatalog I, 1977, Nr. 320 S. 233 (V. HIMMELEIN).

J. G.

40.1.4 Hiebschwert

12. Jahrhundert.
Eisen und Bronze, Gesamtl. 92 cm, Klinge 73,5 cm, Hilse verloren, stark korrodiert.
Württembergisches Landesmuseum Stuttgart, Inv.-Nr. AM 4368.

Ein schwerer, scheibenförmiger Knauf auf dem Griff des Hiebschwerts unbekannter Provenienz; Klinge mit flachem Hohlschliff, gerade vierkantige Parierstange, sich leicht verjüngende Griffangel.

J. G.

40.2 SPOREN

40.2.1 Stachelsporn

12. Jahrhundert.
Bronze gegossen, Gesamtl. 11,5 cm, Sporenhals 1,7 cm, Dorn 1,2 cm, etwas verbogen.
Württembergisches Landesmuseum Stuttgart, Inv.-Nr. 820.

Leicht geschwungene Bügel, innen flach, außen in Wülste und Rippen gegliedert, Endungen als Drachenköpfe mit Doppelösen für Riemenzeug (rechts Nietköpfe erhalten), kurzer, kegelförmiger Dorn, abgesetzter Hals, aus Löwenmaul herauswachsend.

Lit.: Stauferkatalog I, 1977, Nr. 322 S. 232 (V. HIMMELEIN).

J. G.

40.2.2
Stachelsporn

Süddeutschland, 12.–13. Jahrhundert.
Eisen, vergoldete Silberplattierung und Silbernieten, nur teilweise erhalten, Gesamtl. 11 cm.
Württembergisches Landesmuseum Stuttgart, Inv.-Nr. 3393.

Starke, sich zu den Nietösen hin verjüngende geschwungene Bügel, außen gerundet mit rautenförmigem Einschnittmuster. Kurzer, runder, gerillter Sporenhals, mit Verdickung in der Mitte, vierkantiger Dorn, stark ausladend. Ursprünglich silberplattiert und vergoldet, mit eingeschlagenen Silberknöpfen: Prunkausfertigung.

Lit.: Stauferkatalog I, 1977, Nr. 323 S. 234 (V. HIMMELEIN). J. G.

40.3
PFEILEISEN

40.3.1
Acht Pfeileisen

13./14. Jahrhundert.

1.1 L. 5,5 cm. Eisen, stark korrodiert.
Lanzettförmige Spitze mit rhombischem Querschnitt, Hals zur Tülle kaum abgesetzt.
1.2 L. 9,2 cm. Eisen, geringfügig korrodiert, Spitze vom Aufprall abgebogen.
Langgestreckte, lanzettförmige Spitze mit rhombischem Querschnitt, Hals zur Tülle kaum abgesetzt.
1.3 L. 7,2 cm. Eisen, stark korrodiert, besonders die Tülle.
Lanzettförmige Spitze ähnlich 1.2.
1.4 L. 7,1 cm. Eisen, stark korrodiert, Spitze vom Aufprall abgebogen.
Gedrungene, lanzettförmige Spitze mit rhombischem Querschnitt.
1.5 L. 6,9 cm. Eisen, korrodiert, Tüllenrand stark fragmentiert.
Gedrungen lanzettförmige Spitze mit rhombischem Querschnitt.
1.6 L. 7 cm. Eisen, korrodiert.
Gedrungene, lanzettförmige Spitze mit rhombischem Querschnitt.
1.7 L. 8,1 cm. Eisen, besonders an der Tülle stark korrodiert.
Gedrungene, lanzettförmige Spitze mit rhombischem Querschnitt, stark gegen den langen Hals abgesetzt.
1.8 L. 8,5 cm. Eisen, stark korrodiert, Tülle nur noch geringfügig erhalten mit Resten des Pfeilholzes.
Große, lanzettförmige Spitze mit rhombischem Querschnitt. Wegen Größe und Gewicht wohl von einem Armbrustbolzen stammend.

Oberflächenfunde von der Hertenburg bei Herten (Stadt Rheinfelden/Baden, Kreis Lörrach); unpubliziert.

40.3.2
Sechs Pfeileisen

13./14. Jahrhundert.

2.1 L. 10,1 cm. Eisen, nahezu vollständig erhalten.
Langgestreckte, lanzettförmige Spitze mit rhombischem Querschnitt und sehr kurzer Tülle.
2.2 L. 10,4 cm. Eisen, korrodiert.
Lange, lanzettförmige Spitze mit rhombischem Querschnitt.
2.3 L. 7,5 cm. Eisen, stark korrodiert, die Tülle weitgehend verloren, die Spitze vom Aufprall stark umgebogen.
Lange, asymmetrische, lanzettförmige Spitze mit größter Breite nahe der Basis, rhombischer Querschnitt.
Spitze stark gegen den sehr schlanken Hals abgesetzt.
2.4 L. 9 cm. Eisen, korrodiert.
Langgestreckte, lanzettförmige Spitze mit nahezu quadratischem Querschnitt.
Spitze deutlich gegen den Hals abgesetzt.
2.5 L. 8,4 cm. Eisen, korrodiert.
Gedrungene, lanzettförmige Spitze mit rhombischem Querschnitt.
Stark eingezogener Hals und kurze Tülle.
Wegen Größe und Gewicht vermutlich von einem Armbrustbolzen stammend.
2.6 L. 6,5 cm. Eisen, korrodiert.
Sehr kurze, lanzettförmige Spitze mit rhombischem Querschnitt.
Geringfügig am Hals gegen die Tülle eingezogen, Tülle und Spitze annähernd gleich lang.

Vermutlich von einem Armbrustbolzen stammend.

Oberflächenfunde von den Hängen der Ruine Falkenstein (Gemeinde Breitnau, Kreis Breisgau-Hochschwarzwald); unpubliziert. P. S.-T.

40.4
DOLCHE

40.4.1
Dolchmesser

13./14. Jahrhundert.
Gesamtl. 32 cm, L. der Klinge 19,8 cm. Eisen, korrodiert.
Landesdenkmalamt Baden-Württemberg, Außenstelle Freiburg.

Gerader, breiter Rücken, Schneide leicht gekrümmt. Vierkantige Griffangel verjüngt sich gleichmäßig zum Ende, wo sie um ein ovales Eisenplättchen umgeschmiedet ist, um das Abgleiten des Griffes zu verhindern, Parierplatte aufwärts gebogen. Zu ihrer Aufnahme ist die Klinge am Ansatz der Griffangel konkav ausgeschnitten.
Oberflächenfund aus dem Hangschutt der Ruine Falkenstein, Gemeinde Breitnau (Kreis Breisgau-Hochschwarzwald); unpubliziert.

Lit.: H. SCHNEIDER, Untersuchungen an mittelalterlichen Dolchen aus dem Gebiet der Schweiz, in: ZSAKg 20 (1960), S. 91–105, bes. S. 95 f. mit Abb. 1 f. und Taf. 37,1; H. SEITZ, Blankwaffen, 1965, S. 198 ff.

40.4.2
Dolch

13./14. Jahrhundert.
Gesamtl. 33,4 cm, L. der Klinge 22,5 cm. Eisen korrodiert.
Landesdenkmalamt Baden-Württemberg, Außenstelle Freiburg.

Klinge zweischneidig mit rhombischem Querschnitt. Am Ansatz der Griffangel leicht nach aufwärts gebogen und die Griffangel etwas abgesetzt, um eine (verlorene) Parierplatte aufzunehmen.
Oberflächenfund aus dem Hangschutt der Ruine Falkenstein, Gemeinde Breitnau (Kreis Breisgau-Hochschwarzwald); unpubliziert.
P. S.-T.

40.5
SPEERSPITZE

Mittelalterlich.
Gesamtl. 12,5 cm. Eisen, stark korrodiert, die Tülle nicht vollständig erhalten.
Landesdenkmalamt Baden-Württemberg, Außenstelle Freiburg.

Gedrungene, lanzettförmige Spitze mit leichtem Mittelgrat, der zur Spitze ausläuft.
Oberflächenfund aus dem Hangschutt der Burgruine Schwarzenburg bei Waldkirch (Kreis Emmendingen); unpubliziert. P. S.-T.

41 Abb. 46
Musterbuchblatt mit Ritterheiligen

Oberrhein (?), um 1200.
Pergament mit Zeichnung in Silberstift, Sepia und Rot, H. 31 B. 20,2 cm.
Augustinermuseum Freiburg, Inv.-Nr. G 23/1c.

In der oberen Hälfte der von Petrus (?) begleitete Christus im Gespräch mit dem Zöllner Zachäus, der bei Jesu Einzug in Jericho auf einen Baum geklettert war, um einen besseren Überblick zu haben. Unten der namentlich bezeichnete hl. Theodor zu Pferde, gefolgt von einem jüngeren Reiterheiligen, der als *consodalis*, sein Genosse, aufgeführt ist, tatsächlich aber als Georg zu gelten hat. Beide tragen antikisierende Schuppenpanzer.
Der Künstler des Mittelalters, der den Originalitätsbegriff der Neuzeit noch nicht kannte, war es gewohnt, zu typisieren und typisierten Mustern treu zu bleiben. In diesem Sinne legte man zeichnerische Vorbildersammlungen an, in denen Bildszenen oder Teile daraus für den zukünftigen Gebrauch zur Verfügung standen. Nicht selten waren es Reiseeindrücke, die so festgehalten wurden und einen beständigen Einfluß ausübten. Dies mag auch für das vorliegende Blatt gelten, dessen Figuren die unmittelbare Kenntnis byzantinischer Typen voraussetzen, wie sie etwa in den Mosaiken von Palermo und Monreale anzutreffen sind. Demzufolge wurde auch eine Entstehung auf Sizilien in Erwägung gezogen, wogegen die ebenso unbeweisbare Hypothese steht, die formale Verwandtschaft mit einer – verlorenen – elsässi-

46 (Kat.-Nr. 41)

schen Bilderhandschrift (dem »Hortus deliciarum« der Herrad von Landsberg, † 1195) deute auf oberrheinische Herkunft.
Sicher ist nur so viel, daß sich das Pergament seit dem 17. Jahrhundert im Besitz der Stadt Freiburg befindet. Aufgeklebt als Makulatur auf den Deckel eines Rechnungsbuches, ist es erst 1912 in seiner künstlerischen Bedeutung erkannt worden. Daß es einmal Teil einer umfassenden Mustersammlung gewesen sein muß, belegt ein weiteres Blatt (Inv.-Nr. G 23/1a), das in einem Index alle darin enthaltenen Bilder aufführt. Lapidar heißt es dort zu den beiden nicht zusammengehörigen Szenen: *Vbi Zachaeus in arbore* (»wo Zachäus im Baum«) und *Theodorus equitans cum alio* (»Theodor reitend mit einem anderen«).

Lit.: Katalog Kunstepochen Freiburg, Nr. 8 S. 21 f.; Stauferkatalog I, 1977, Nr. 722 S. 542 f. (mit der gesamten älteren Literatur); Ausst.Kat. Ornamenta Ecclesiae, 1985, Bd. 1, Nr. B 89 S. 316 ff. D. Z.

42
Rudolf von Ems, Alexander, Vers 15772–15782

Hagenau (Elsaß), 1. Hälfte 15. Jahrhundert, Werkstatt Diebold Lauber.
Papierhandschrift, I + 201 Bll., H. 40,4 B. 26,8 cm.
Bayerische Staatsbibliothek München, Cgm 203.

Rudolf von Ems erwähnt in seinem Alexanderroman (nach 1230) die verschiedenen Bearbeiter dieses Stoffes und führt darunter den zähringischen Ministerialen Bertold von Herbolzheim (30 km nördlich von Freiburg) an – er habe *dem edelen Zäringaere* eine Alexanderdichtung gewidmet; dieser Roman ist verloren. Alexanderdichtungen waren als Fürstenspiegel und Fürstenpreis bevorzugte Werke höfischer Repräsentationskultur. Auftraggeber war wohl Bertold V.; als Reichsfürst mit erheblichen Ambitionen zur territorialen Ausweitung und Arrondierung seines Herrschaftsgebiets konnte ihm Alexander eine exemplarische Figur sein, der er sich auch in den ihm zugeschriebenen Normüberschreitungen nähern mochte. Rudolf von Ems rühmt das formale Können des Herbolzheimers, der sich vielleicht den älteren Hartmann von Aue zum Vorbild genommen hatte.

Lit.: W. FECHTER, Berthold von Herbolzheim, in: VL Bd. 1, 2. Aufl. 1978, Sp. 813. V. M.

43
Eintrag Bertolds von Herbolzheim im Tennenbacher Necrolog

Photographie aus G. Baumeisters Abschrift von 1760 (Nr. 299.1), Bd. 2, p. 9.

Im Kloster Tennenbach (Nr. 140) führte man ein Verzeichnis der Sterbetage von Gönnern und anderen dem Kloster verbundenen Personen. Unter dem 18. Februar ist verzeichnet *Fr. Bertholdus magister zu Herbolzheim c. v.* Da kein Todesjahr angeführt ist, bleibt die Identifikation mit dem Dichter des verlorenen Alexanderromans unsicher. Typisch wäre jedoch die enge Verbindung des mittelhochdeutschen Autors zum geistlich-gelehrten Bereich, wie sie für Hartmann von Aue, Heinrich von Veldeke und Gottfried von Straßburg z. B. gilt. Bildung hieß klerikale Bildung, an einer Dom- oder Klosterschule erworben; selbst wenn dann der geistliche Stand nicht als Lebensform gewählt wurde, blieb wie hier die Verbindung gewahrt. Bertold ist anscheinend als Laienbruder *(Frater)* in das Kloster eingetreten. Er wird *magister* genannt, ähnlich wie »Meister« Gottfried von Straßburg – es ist ungeklärt, ob es sich um ein Amt, einen Titel oder bloß um die Zuschreibung von Gelehrsamkeit an einen nichtritterlichen Ministerialen handelt. Hartmann von Aue bezeichnet sich als *riter*, um seine Kompetenz auf dem Gebiet des Waffenhandwerks herauszustellen.

Lit.: MGH Necrologia Germaniae I, 1888, hrsg. v. F. L. BAUMANN, S. 338–342. V. M.

44
Wallersteiner Margarethe, um 1235

Oberdeutschland, 15. Jahrhundert.
Pergamenthandschrift.
Universitätsbibliothek Augsburg, Cod. Oettingen-Wallerstein I, 3.2.4.

Die hl. Margareta von Antiochien gehört zu den beliebtesten Heiligengestalten des Mittelalters; da sie als Helferin in Kindsnöten angerufen wurde, wurde sie besonders von Frauen verehrt. Die Handschrift enthält die ersten 637 Verse einer Legendenfassung, die von Clementia von Zähringen, der Witwe Bertolds V., in Auftrag gegeben wurde. Der Autor bezeichnet sich als Berufsdichter, der auf die Freigebigkeit der Herzogin angewiesen sei. Clementia, die nach dem Tode ihres Mannes von ihrem Schwager gefangengehalten wurde, hat dieses gottgefällige Legendenwerk bestellt, um der Fürbitte der Heiligen, die auch das Patronat der Kapelle ihres Schlosses in Burgdorf hatte, teilhaft zu werden, ihr vielleicht für die Befreiung aus der Gefangenschaft 1235 und die Rückgabe ihres Witwenguts Burgdorf zu danken und sich selbst als vorbildlich fromme Fürstin in der mäzenatischen Tradition ihres Mannes darzustellen: der Legendenerzähler lehnt sich stark an das Vorbild Hartmanns von Aue an.

Lit.: K. Bartsch, Wetzels hl. Margarethe, in: Germanische Studien, 1872, S. 1–30.

V. M.

Hartmann von Aue – Ministeriale der Zähringer? (Nrn. 45–54)

Der älteste der drei großen Epiker der mittelhochdeutschen ›Klassik‹ wurde zwischen 1160 und 1170 geboren, sein literarisches Schaffen begann vermutlich bald nach 1180, in zeitlicher Nähe zum Mainzer Hoffest Kaiser Friedrichs I. von 1184, das den ersten Höhepunkt der Aufnahme der französischen Hofkultur in Deutschland markiert. Sein erstes Werk war das »Klagebüchlein«, eine Verarbeitung des modernen Themas der Geschlechterliebe mit Mitteln aus der klerikalen Bildungstradition (Streitgespräch). Der »Erec«, als erster Artusroman in deutscher Sprache um 1185 entstanden, ist eine Bearbeitung von Chrétien von Troyes »Erec et Enide«. Er steht am Anfang einer langen Gattungstradition und ist bis zum Beginn des 16. Jahrhunderts überliefert (Ambraser Hs., Nr. 47). Sein höfischer Legendenroman »Gregorius« reagiert auf religiöse Beunruhigung und Verunsicherung der höfischen Welt mit einer Geschichte vom heiligen Sünder (Nr. 48). Der »Arme Heinrich« nimmt eine Begebenheit aus der (eigenen?) Familiengeschichte – den Abstieg einer Freiherrnfamilie in die Ministerialität – zum Anlaß einer erbaulichen Erzählung: die Heilung eines Aussätzigen durch die Nächstenliebe (Nr. 53). Hartmanns vermutlich letztes Werk ist der Artusroman vom Löwenritter Iwein (vor 1200), in dem er Kritik am selbstgenügsamen höfischen Ideal aus der Perspektive verantwortlicher Landesherrschaft in einer Neuinterpretation seiner Vorlage (Chrétien von Troyes, »Yvain«) gestaltet (Nr. 50).

Hartmanns Minnelieder (60 Strophen) beschreiten formal eigene Wege in der Variation der gängigen Themen – Minneklage, Frauenpreis –, gehen aber in einem Minneabsagelied und in drei Kreuzliedern darüber hinaus: die wahre Erfüllung des ritterlichen Strebens ist in letzteren die Kreuznahme als Gottesdienst. Die Klage über den Tod des Dienstherrn in zwei Strophen spielt eine Rolle bei der Identifizierung von Hartmanns Mäzen. Gottfried von Straßburg rühmt Hartmann in seinem »Literaturkatalog« (um 1210) als den hervorragendsten lebenden Erzähler, als *poeta laureatus* (vgl. Nr. 46). Bald danach dürfte er gestorben sein.

Hartmann kommt aus dem deutschen Südwesten, dem alten Herzogtum Schwaben – *von der Swâbe lande,* sagt Heinrich von dem Türlin (»Crône« V. 2353). Da er in keiner Urkunde erscheint und er auch in keinem seiner Werke einen Mäzen nennt, sind wir für die Frage nach seiner Herkunft und damit seinen Gönnern auf Indizien angewiesen.

Er gehörte nach eigenem Zeugnis zum unfreien Dienstadel (*dienstman was er z'Ouwe,* »Armer Heinrich« V. 5), als Stammsitz werden vor allem Owen an der Teck, die Reichenau, Eglisau und Au bei Freiburg i. Br. diskutiert. Nach Au bei Freiburg nennt sich ein seit 1112 nachgewiesenes Ministerialengeschlecht der Zähringer (im Rotulus Sanpetrinus, Nr. 102). Da auch das Wappen, das Hartmann in den Miniaturen der Liederhandschriften beigelegt wird (vgl. Nrn. 45, 49), vom

Adlerwappen der Zähringer (s. unten Schadek, S. 110f.) ableitbar ist, findet neuerdings diese Lokalisierung die breiteste Zustimmung. Dann wären die Zähringer Herzöge seine Dienstherren gewesen: zuerst Bertold IV. († 1186), dann Bertold V. Ihre Verbindungen nach Frankreich (Heirat Konrads, die zweite Ehe Bertolds IV. mit Ida von Boulogne, Ehe Bertolds V.; Rudolf von Zähringen, Bischof von Lüttich, s. unten Kupper, S. 198f.) ermöglichten ihnen die Beschaffung der französischen Vorlagen (Chrétiens Romane, die »Vie du pape Grégoire«), ihr Bedürfnis, ihren besonderen Rang unter den führenden Adelsgeschlechtern im deutschen Südwesten in Konkurrenz mit den Welfen und vor allem den Staufern darzustellen, veranlaßte sie, repräsentative literarische Werke in Auftrag zu geben. In Hartmann fanden sie einen Ministerialen, der auf der Basis einer klerikalen Bildung und guter französischer Sprachkenntnisse zur Aneignung der französischen Literatur prädestiniert war und das erste umfassende Oeuvre der erzählenden Literatur in deutscher Sprache schuf.

Lit.: C. Cormeau, Art. ›Hartmann v. Aue‹, in: VL, 2. Aufl. Bd. 3, Sp. 500–519; Ders.–W. Störmer, Hartmann von Aue. Epoche – Werk – Wirkung, 1985.

V. M.

45 Abb. 47
Hartmann von Aue in der Weingartner Liederhandschrift

Konstanz, 1. Jahrzehnt 14. Jahrhundert.
Pergamenthandschrift mit 23 ganz- und 2 halbseitigen kolorierten Miniaturen mittelhochdeutscher Dichter in Deckfarbenmalerei auf freigelassenem Grund, 158 Bll., H. 15 B. 11,5 cm.
Württembergische Landesbibliothek Stuttgart, HB XIII 1, (poetae germanici).

Die nach dem Kriterium des vermeintlichen sozialen Standes der Sänger angeordnete Minnesängerhandschrift geht mit der großen Heidelberger Liederhandschrift (Nr. 49) auf eine gemeinsame Vorlage des späten 13. Jahrhunderts zurück, die auch Autorenbilder enthielt. Daher ist das Hartmann-Bild in beiden Handschriften sehr ähnlich. Es ist ein auf Fürstensiegeln häufiger vertretener Bildtyp, der einen gewappneten Ritter zu Pferd von der Seite zeigt; er führt einen dunklen Schild mit weißen Adlerköpfen. Dieses Wappen könnte authentisch sein. Es ist in ähnlicher Form später für die Ministerialenfamilie der Wespersbühler im Thurgau, Dienstleute der Grafen von Kiburg, belegt. Eine Verbindung zu Hartmann ist jedoch schwer herstellbar. Näher liegt die Ableitung des Hartmann beigelegten Wappens vom Adler der Zähringer (s. unten Schadek, S. 110f.): Ministerialenfamilien führten häufig ein vom Wappen des Dienstherrn durch Veränderung der Figuren (mehrere Köpfe statt des ganzen Adlers) und Tinkturen (weiß statt rot) abgeleitetes Wappen.

Lit.: V. Mertens, Gregorius Eremita, 1978, S. 154–162; C. Spahr, Weingartner Liederhandschrift. Ihre Geschichte und ihre Miniaturen, 1968; Die Weingartner Liederhandschrift, Faksimile und Textband, hrsg. v. W. Irtenkauf, 1969; B. Boesch, Mittelhochdeutsche Dichtung am Oberrhein zur Zeit der Staufer – Staufische Dichtung?, in: AJ 1979/80 (1983), S. 69–98.

V. M.

46
Gottfried von Straßburg, Tristan und Isold ›Literaturexkurs‹ V. 4621–4637

Elsaß, 2. Hälfte 13. Jahrhundert.
Pergamenthandschrift, 153 Bll., H. 23,4 B. 15 cm.
Universitätsbibliothek Heidelberg, Cpg. 360.

Gottfried von Straßburg stellt seine eigene literarische Position in dem sogenannten ›Literaturexkurs‹ anläßlich der Schwertleite Tristans dar. Er tut dies in Abgrenzung von den bedeutenden Epikern und vom Minnesang. Lobend erwähnt er Heinrich von Veldeke und Bligger von Steinach, spricht aber den Lorbeerkranz Hartmann von Aue zu, weil sich bei ihm Klarheit der Form und des Inhalts entsprechen: »Hartmann von Aue, / oh ja, wie der seine Erzählungen / in Form und Inhalt / mit Worten und Gedanken / völlig durchgestaltet und schmückt! / Wie er mit seiner Sprache / den

47 (Kat.-Nr. 45)

48 (Kat.-Nr. 49)

Sinn der Geschichte trifft! / Wie klar und durchsichtig / seine kristallene Sprache / ist und immer bleiben wird! / Sie begegnet dem Leser mit Anstand / und wird ihm vertraut / und gefällt allen edlen Menschen. / Wer ein Gefühl für richtige Sprache hat / und sie richtig versteht / der muß dem Auer / Siegerkranz und Lorbeer zugestehen.« Hartmann bleibt auch für die späteren Epiker klassisches Vorbild.

Lit.: Gottfried von Straßburg, Tristan. Nach dem Text von F. Ranke neu hrsg., ins Neuhochdeutsche übersetzt mit einem Stellenkommentar und einem Nachwort von R. Krohn, 3 Bde., 1980 (Reclam UB 4471–4473); zur Stelle Bd. III, S. 59 ff. V. M.

47
Der »Erec« Hartmanns von Aue im »Ambraser Heldenbuch«

Faksimile der Handschrift Österreichische Nationalbibliothek Wien, Cod. vindob. ser. nova. 2663, aufgeschlagen f. 30ʳ.

Die Handschrift, die der Bozener Zöllner Hans Ried zwischen 1504 und 1515/16 im Auftrag Kaiser Maximilians schrieb, enthält als siebenten unter 25 Texten des 12. und 13. Jahrhunderts auch die einzige nahezu vollständige Überlieferung von Hartmanns erstem Artusroman, dem »Erec« und von seinem »Klagebüchlein«. Vorlage war vermutlich eine gute ältere Sammelhandschrift mit höfischen Werken. Der »Erec«, in den 80er Jahren des 12. Jahrhunderts entstanden, ist die erste große erzählerische Auseinandersetzung mit dem in Deutschland neuen Minnethema. Er erzählt nach dem Vorbild Chrètiens von Troyes die Geschichte des Königssohnes Erec und der schönen Enite, Tochter eines verarmten Grafen: Aus einer ›politisch‹ motivierten Zweckverbindung wird eine selbstgenügsame Minne-Ehe, und beide müssen lernen, sich als Paar wieder in die Gesellschaft zu integrieren. Der Roman thematisiert das Verhältnis von literarisch vermitteltem Anspruch auf Subjektivität und gesellschaftlicher Norm.

Lit.: T. CRAMER, Hartmann von Aue, Erec. Mittelhochdeutscher Text und Übertragung, 1972 u. ö.; Faksimile-Edition: Ambraser Heldenbuch. Vollständige Faksimile-Ausgabe im Originalformat des Codex Vindobonensis Series Nova 2663 der Österreichischen Nationalbibliothek. Kommentar von F. UNTERKIRCHER (Codices selecti 43), 1973. V. M.

48
Hartmann von Aue, Gregorius

Alemannisch (Konstanz?) 1. Hälfte 15. Jahrhundert.
Sammelhandschrift, Pergament, 129 Bll., H. 31 B. 22,5 cm.
Stadtarchiv Konstanz, Hs. A I 1.

Obwohl die Handschrift über 350 Jahre von der Entstehungszeit entfernt ist, bietet sie, vielleicht bedingt durch die räumliche Nähe, einen relativ guten Text von Hartmanns höfischem Legendenroman, der Geschichte des Inzestkindes Gregorius, das, im Kloster erzogen, sich für die ritterliche Lebensform entschließt. Der junge Mann befreit eine von Feinden bedrängte Fürstin und heiratet sie: es ist seine Mutter. Als der Inzest zutage kommt, büßt er die ungewollte Sünde 17 Jahre lang auf einer einsamen Insel, bis ihn Gott zum Papst beruft. Die Erzählung beruht auf einem altfranzösischen Werk und reflektiert die Beunruhigung der in weltlicher Lebensweise befangenen Adelsschicht, die sich im realen Leben mitunter in radikaler *conversio* zum geistlichen Leben artikuliert. Hartmanns Werk ist gottgefällige Bußleistung des Autors und vor allem des Auftraggebers – vielleicht Bertolds V. für seinen 1186 verstorbenen Vater Bertold IV.

Lit.: Gregorius, hrsg. von H. PAUL, 13. Aufl. von B. WACHINGER (Altdeutsche Textbibliothek 2), 1984; Gregorius, Der gute Sünder, mhd. Text und Übertragung von B. KIPPENBERG, 1974. V. M.

49 Abb. 48
Große (»Manessische«) Liederhandschrift

Faksimile der Hs. Universitätsbibliothek Heidelberg, Cpg 843, 1. Drittel 14. Jahrhundert; aufgeschlagen: f. 184v–185r.

Die repräsentative Sammelhandschrift ist die Hauptquelle für den deutschen Minnesang und auch für Hartmanns Lyrik, nur sie überliefert alle 60 Hartmann zugeschriebenen Strophen. In ihrer Mehrzahl variieren sie das Thema der hohen Minne mit Werbung und Liebesklage. Mit dem sog. »Unmutslied« wendet sich der Sänger gegen die Konvention der einseitigen Werbungsminne und fordert eine Gegenseitigkeit. In zwei Strophen (Des Minnesangs Frühling 206,14 und 210,23) beklagt er den Tod des Dienstherrn (vgl. Str. 3, linke Spalte); er wird konfrontiert mit dem Liebesleid und bringt damit ein Moment außerliterarischer Bedingungen der höfischen Literatur ein: Der Tod des Mäzens mußte die Möglichkeit der Literaturproduktion entscheidend berühren. Ob dieser Tote Herzog Bertold IV. war, muß offen bleiben, ebenso, ob Hartmann die Witwenklage (Des Minnesangs Frühling 217,14) für die junge Witwe, Ida von Boulogne, als Rollenlied geschrieben hat. Zur Bilddarstellung vgl. die Weingartner Liederhandschrift (Nr. 45).

Lit. G. KORNRUMPF, Heidelberger Liederhandschrift C, in: VL, Bd. 3, 2. Aufl., Sp. 584–597; Faksimile-Edition der Manessischen Liederhandschrift: Frankfurt a. M. 1975–79. V. M.

50
Hartmann von Aue, Iwein

Mittelrhein (Köln?), Anfang 13. Jahrhundert.
Pergamenthandschrift, 90 Bll., H. 20 B. 12 cm.
Universitätsbibliothek Heidelberg, Cpg 397.

Das am besten überlieferte Werk Hartmanns (32 Textzeugen) ist sein zweiter Artusroman nach dem Vorbild von Chrétiens von Troyes »Yvain«, er ist im Sinne von Gottfrieds von Straßburg Hartmann-Preis (vgl. Nr. 46) zum klassischen Modell geworden. Hartmann sieht die arthurische Welt jedoch schon aus einer gewissen Distanz: Iwein muß lernen, seine Pflichten als Landesherr wahrzunehmen, die er bei seiner Heirat mit der Quellenherrin Laudine übernommen hat. Der Erzähler hat Details der realen rechtlichen Situation des Adels in die Erzählfabel integriert und den Helden zum eigenverantwortlichen Handeln, allerdings im Rahmen der höfischen Normen geführt. Der

»Iwein« erscheint somit als – letztlich affirmative – Auseinandersetzung mit der offenkundigen Diskrepanz von höfischem Ideal und sozialer Realität. Die Wirkung des im letzten Jahrzehnt des 12. Jahrhunderts entstandenen Werkes wird nicht nur durch die breite Überlieferung, sondern auch durch bildliche Darstellungen dokumentiert: Fresken auf Burg Rodeneck (vgl. Nr. 52) und im Hessenhof in Schmalkalden sowie die Figurenmedaillons auf dem Maltererteppich (vgl. Nr. 51).

Lit.: Hartmann von Aue, Iwein. Text der 7. Ausgabe v. G. F. Benecke, K. Lachmann, L. Wolff. Übersetzung und Anmerkungen von T. Cramer, 3. Aufl. 1981.

V. M.

51
Iweindarstellung auf dem sog. Maltererteppich

Kloster St. Katharina, Adelhausen (Freiburg i. Br.), 1310–1320.
Bankbehang, Wolle auf Leinen gestickt, H. 67 B. 491 cm.
Augustinermuseum Freiburg, Inv.-Nr. 11508 (Schulfonds Adelhausen).

Der in der ersten Hälfte des 14. Jahrhunderts entstandene Maltererteppich bringt in je zwei Medaillons eine Reihe von vier ›Minnesklaven‹: Samson, Aristoteles, Vergil und Iwein; die Liebe raubt ihnen den Verstand. Sie sind jeweils auf dem ersten Medaillon in ihrer Beispielhaftigkeit gezeigt – Samson als der Starke, Aristoteles als der Weise, Vergil als Dichter, Iwein als der Tapfere –, auf dem zweiten ist die Betörung des Mannes dargestellt: Samson wird geschoren, Aristoteles geritten, Vergil bleibt auf halbem Weg zum Fenster der Geliebten im Korb hängen, Iwein hat sich in seine Todfeindin Laudine verliebt und erhält von Lunete den Zauberring, der ihn schützt. Die Macht der Liebe ist ein universelles Phänomen: sie gilt im Judentum, in der griechischen Antike, bei den Römern und im idealen Rittertum. Ein Medaillon mit dem Einhorn im Schoß der Jungfrau faßt den Sinn der vier Beispiele zusammen: *Amor vincit omnia,* die Liebe besiegt alles. Ein solcher Teppich mit der Warnung vor den Folgen törichter Liebe konnte gut ein Verlobungs- oder Hochzeitsgeschenk sein: die Ehe erscheint als der richtige Weg, der verständige und rationale Umgang mit dem Phänomen der Geschlechterliebe vor der Folie der ›Minnenarren‹.

Lit.: Katalog Kunstepochen Freiburg, Nr. 83, S. 82–83; V. Mertens, Laudine, Soziale Problematik im ›Iwein‹ Hartmanns von Aue, 1978, S. 85–89; J. Eissengarten, Mittelalterliche Textilien aus Kloster Adelhausen im Augustinermuseum Freiburg, 1985, S. 23 ff.

V. M.

52
Iwein-Fresken auf Burg Rodenegg (Pustertal, Südtirol)

Photographien.

Der Ministeriale des Bischofs von Brixen, Arnold von Rodank, ließ um 1205 das »Herrenzimmer«, einen ca. 28 qm großen ebenerdigen Raum im ehemals einstöckigen Palas seiner Burg mit Fresken nach Hartmanns »Iwein« ausmalen. Es ist das einzige bekannte Beispiel für romanische Fresken mit ritterlich-höfischer Thematik. Sie stellen dar: Iweins Ausritt, die Begegnung mit dem Waldmenschen, der ihn zum Zauberbrunnen weist, wo er auf Askalon *(Aschelon)* trifft, mit dem er sich im Speer- und dann im Schwertkampf mißt. Bei der Verfolgung verwundet er den Gegner tödlich am Kopf. Auf dessen Burg versteckt ihn Lunete, ein Zauberring macht ihn unsichtbar. Er sieht die Trauer Laudines, der Witwe des Erschlagenen, und verliebt sich in sie. Lunete hilft ihm, die Huld Laudines zu erlangen, sie nimmt seine Werbung an und man feiert die Hochzeit (vgl. Iwein V. 259–672, 963–2370). Der literarische Doppelweg von scheinbarem und wirklichem Gelingen dieser Verbindung mit ihren landesherrlichen Aufgaben ist im Medium der bildlichen Darstellung zu einer einsträngigen Abenteuerfolge geworden: die erfolgreiche Erwerbung von Frau und Land durch ritterlichen Kampf. Die Belohnung der kämpferischen Tüchtigkeit durch sozialen und persönlichen Erfolg entspricht den Vorstellungen der politischen Führungsschicht der Stauferzeit, denen sich die Ministerialen anpassen.

Lit.: N. H. Ott–W. Walliczek, Bildprogramm und Textstruktur. Anmerkungen zu den Iwein-Zyklen auf Rodeneck und in Schmalkalden, in: Deutsche

Literatur im Mittelalter. Kontakte und Perspektiven, hrsg. v. C. CORMEAU, 1979, S. 473–500; V. SCHUPP, Die Ywain-Erzählung von Schloß Rodenegg, in: Literatur und bildende Kunst im Tiroler Mittelalter, hrsg. v. E. KÜHEBACHER, 1982, S. 1–27. V. M.

53
Hartmann von Aue, Der arme Heinrich

Böhmen (?), 1. Drittel 14. Jahrhundert. Pergamenthandschrift, 374 Bll., H. 30,6 B. 22,3 cm, rote Überschriften, rote und blaue Initialen.
Universitätsbibliothek Heidelberg, Cpg 341, f. 249r–270v.

Die kleine Erzählung vom Freiherrn Heinrich von Aue, der durch den Aussatz aus seiner höfisch-vorbildlichen Lebensform herausgerissen wird, durch das Selbstopfer eines Mädchens geheilt werden soll, aber durch die innere Umkehr von Gott die Befreiung von der Krankheit erwirkt, will Hartmann einer schriftlichen Quelle entnommen haben. Vielleicht aber soll das nur verschleiern, daß der Autor hier eine Begebenheit aus der eigenen Familiengeschichte literarisch bearbeitet und legendarisch verklärt: Die Ehe des Freiherrn mit der opferbereiten Meierstochter hätte – anders als Hartmann behauptet – zur Standesminderung geführt. Das utopische Potential dieser Geschichte ist einerseits gesellschaftlich – die grundsätzliche Freiheit aller Menschen – andererseits anthropologisch: die Auseinandersetzung mit dem Leid zwischen Selbstverantwortung und Transzendenz. Durch die Übersetzung Wilhelm Grimms wurde der »Arme Heinrich« im 19. Jahrhundert zur volkstümlichen Lektüre, zum ›Volksbuch‹ im Sinn der Spätromantik; Heinrich Pfitzners Oper und Gerhart Hauptmanns Drama benutzen den Stoff.

Lit.: Hartmann von Aue, der arme Heinrich. Mhd. Text und Übertragung von H. DE BOOR, 1963 u. ö.

V. M.

54
Auszug aus dem Rotulus Sanpetrinus

Photographie (vgl. Nr. 102).

Im ›Traditionsbuch‹ des Klosters St. Peter sind v. a. Schenkungsurkunden verzeichnet. Zu Anfang des 12. Jahrhunderts schenkt ein *Heinricus de Owen/Owon* in Gegenwart Herzog Bertolds III. (1111–1122) und seines Bruders Konrad dem zähringischen Hauskloster St. Peter Haus und Hof. Es handelt sich um einen Ministerialen der Zähringer, vielleicht einen Nachfahren des ›armen‹ Heinrich von Aue (der noch edelfrei war) und einen Vorfahren Hartmanns. Zwischen 1170 und 1180 gibt ein *Liutfridus miles de Owa* dem Kloster einen Weinberg und eine Wiese bei Uffhausen (heute ein Teil von St. Georgen, Freiburg i. Br.), auch dieser gehört zur Ministerialenfamilie derer von Au bei Freiburg, das wohl in St. Galler Urkunden von 861 und 868 genannt wird. Gab es dort ein edelfreies Geschlecht, das vielleicht im Zuge der Expansionspolitik der Zähringer seine Freiheit verlor und die Güter dem Kloster, bzw. dem Landesherrn als Vogt des Klosters übergab? Auch später hätten dann die Dienstmannen von Aue noch das Kloster mit Schenkungen bedacht.

Lit.: FLEIG, Studien, Nr. 9, S. 100; vgl. Nr. 102.

V. M.

3. 1098–1198: Hundert Jahre Zähringergeschichte zwischen *nomen vacuum* und Königsthron. Ambitionen – Erfolge – Enttäuschungen

Im folgenden Teil der Ausstellung (Nrn. 55–77) ist der Versuch unternommen worden, die Texte und Nachrichten zusammenzustellen, aus denen die Forschung im wesentlichen ihr Urteil über die Zähringerherrschaft erarbeitet hat. Da die Zeugnisse verschiedenen Zeiten, Anlässen und Sichtweisen zuzuordnen sind und wie Mosaiksteine zusammengesetzt werden müssen, bedarf die Auswahl wohl in besonderer Weise der Kommentierung.

Die eher zufällig genau ein Jahrhundert eingrenzenden Epochenjahre 1098 und 1198 markieren nicht Anfang und Ende der Zähringergeschichte sondern Ereignisse, die Probleme und Möglichkeiten dieser Geschichte besonders deutlich in Erscheinung treten lassen. Im Jahre 1098 gaben die Zähringer im Zuge eines Kompromisses ihre Ansprüche auf das schwäbische Herzogtum auf, sicherten sich dabei jedoch ihre Unabhängigkeit von eben diesem Herzog (vgl. Nr. 56). Im Jahre 1198 lag dagegen ein Königtum Bertolds V. im Bereich des Möglichen – er war der Kandidat einer nicht unbedeutenden Gruppe antistaufischer Reichsfürsten (vgl. Nr. 75). Die zähringische Geschichte dieses Jahrhunderts spielte sich also zwischen Extremen ab: Zwischen der Möglichkeit zähringischer Königsherrschaft auf der einen und dem Mangel eines Herzogtums auf der anderen Seite, der den zähringischen Herzogstitel zu einem *nomen vacuum*, zu einem leeren Namen degradierte.

Die beiden Epochenjahre weisen zugleich darauf hin, wie eng die zähringische Geschichte mit der staufischen verzahnt ist. Herrschaftsräume und Interessen beider Geschlechter waren wohl zu benachbart, um ein Nebeneinander ohne Konfliktstoff zuzulassen. Weder Staufer noch Zähringer konnten sich andererseits eine Feindschaft mit den mächtigen Nachbarn auf Dauer leisten. Folgerichtig wurde der Gang der zähringischen Geschichte maßgeblich von den Fehden, Kompromissen und Verträgen bestimmt, die ihr Verhältnis zu den Staufern regeln sollten. Schon in der Mitte des 12. Jahrhunderts hat der staufische Geschichtsschreiber Otto von Freising (Nr. 56) diese wechselseitige Bezogenheit der staufischen und der zähringischen Geschichte gesehen und dazu benutzt, staufische Erfolge mit zähringischen Mißerfolgen zu parallelisieren, um vor dem Hintergrund des zähringischen Scheiterns den staufischen Aufstieg um so glänzender zeigen zu können. Dies dürfte die staufische Sicht der Dinge gewesen sein, der wir leider kein zeitgenössisches Urteil aus zähringischer Warte entgegenhalten können. Vielmehr müssen wir die zähringische Politik mit Hilfe verschiedenartigster Quellenaussagen rekonstruieren.

Ansprüche auf die schwäbische Herzogsherrschaft scheinen die Zähringer eher angemeldet zu haben als die Staufer. Schon Kaiser Heinrich III. († 1056) habe ihnen das Herzogtum versprochen und dem Grafen Bertold I. einen Ring als Pfand für dieses Versprechen gegeben, berichtet Frutolf von Michelsberg (Nr. 55). Nach dem Tode Heinrichs III. bestimmte dessen Witwe jedoch ihren Verwandten Rudolf von Rheinfelden zum schwäbischen Herzog. Um Bertolds Verärgerung zu beschwichtigen, machte sie ihn 1061 zum Herzog von Kärnten. Hierdurch besaßen die Zähringer nun zwar den Herzogstitel, aber kein Herzogtum, denn die Verhältnisse in Kärnten waren beileibe nicht so, daß man dort die Herrschaft eines landfremden Herzogs anerkannt hätte. Dieses ›Titelherzogtum‹ war dennoch nicht wertlos, denn es machte die Zähringer unabhängig vom jeweiligen schwäbischen Herzog. Die Verleihung eines Herzogtitels ohne ein Herzogtum ist aber genau der Tatbestand, gegen den Otto von Freising in der Mitte des 12. Jahrhunderts mit dem Begriff des *vacuum nomen* (»leerer Titel«) polemisiert (Nr. 56). Daß die Zähringer nur den Namen (des Herzogs) und nicht die Sache (ein Herzogtum) besäßen, ist für ihn eine Störung der gottgewollten Ordnung. In der Tat hat Otto von Freising mit dieser Charakteristik einen wesentlichen Aspekt der zähringischen Geschichte angesprochen. Sie hat nämlich sozusagen ein Hauptthema: die Versuche, dem Herzogsnamen auch die Sache hinzuzufügen.

Aus diesem Bemühen erklärt sich schon der Kompromiß des Jahres 1098, als Kaiser Heinrich IV. den Zähringern mit Zürich (Nrn. 57–61) einen der Vororte des schwäbischen Herzogs übergab, und diese daraufhin ihre Ansprüche auf das gesamte schwäbische Herzogtum aufgaben. Daß sie seit ca. 1100 erstmals Herzöge »von Zähringen« genannt werden (vgl. Nr. 15), beweist den neuen Status, den die Zähringer durch den Ausgleich mit Saliern und Staufern erreicht hatten.

Nach dem Aussterben der Salier im Jahre 1125, als nicht deren Verwandte, die Staufer, die Königsherrschaft erlangten, sondern der Sachsenherzog Lothar von Supplinburg, nutzte Herzog Konrad von Zähringen 1127 die günstige Gelegenheit, sich vom König, der dringend Unterstützung gegen die Staufer benötigte, das »Rektorat« über Burgund übertragen zu lassen (Nr. 64). Erst seit dieser Übertragung wurde er von der Königskanzlei als *dux* (»Herzog«) bezeichnet. Es trifft wohl nicht den Kern der Sache, wenn Otto von Freising zu diesem Vorgang kritisch anmerkt, es habe sich bei dieser Übertragung nicht um ein Herzogtum gehandelt. Selbst wenn dies formal richtig sein mag – es hatte in der Tat dieses Amt zuvor gar nicht gegeben –, gelang den Zähringern 1127 eine entscheidende Untermauerung ihrer Herrschaftspositionen in Burgund, indem sie dort als Stellvertreter des Königs eingesetzt wurden. Dieser Erfolg wird auch dadurch nicht gemindert, daß durchaus noch offen war, wie der Anspruch auf Stellvertretung des Königs durchgesetzt werden sollte. Schon 1133 kam es bei Peterlingen zu einer Schlacht, in der Herzog Konrad von Zähringen gegen den burgundischen Grafen Amadeus von Genf Sieger blieb (vgl. Nr. 65). Das wichtigste Merkmal dieses Rektorats über Burgund aber scheint zu sein, daß es den Zähringern ermöglichte, weiterhin den Herzogstitel zu führen.

Auch als sich 1138 mit Konrad III. ein Staufer gegen welfische Ambitionen auf dem Königsthron durchsetzte, tat dies der burgundischen Stellung der Zähringer keinen Abbruch. Sie scheint vielmehr sofort von dem Staufer bestätigt worden zu sein, denn Konrad von Zähringen erscheint bereits in einer der ersten Urkunden Konrads III. als »Herzog von Burgund« *(dux Burgundiae)* – vielleicht war dieses Zugeständnis sogar der Lohn für die Anerkennung des Staufers als König.

Das Verhältnis der Staufer und Zähringer blieb jedoch nur wenige Jahre ungetrübt. Niemand anderes als der junge Friedrich Barbarossa verdiente im Jahre 1146 seine ersten Sporen in einer heftigen Fehde gegen den Zähringerherzog Konrad, deren Ursachen wir nicht kennen. Es dürfte jedoch wohl kaum zufällig sein, daß sich der Angriff des Staufers zunächst gerade gegen den Besitz der Zähringer richtete, der ihren Herzogstitel begründete: gegen Zürich (Nrn. 57ff.). Durch diese Fehde dürfte das Verhältnis der Zähringer zu Friedrich Barbarossa zweifelsohne belastet gewesen sein, als dieser im Jahre 1152 als Nachfolger seines Oheims Konrads III. zum deutschen König gewählt wurde. In das unmittelbare Umfeld dieser Wahl gehört aber ein Vertrag zwischen Friedrich Barbarossa und Herzog Bertold IV. von Zähringen, der seinem Vater Konrad 1152 im zähringischen Erbe gefolgt war. Man bedarf begründet vermuten, daß dieser Vertrag im Zusammenhang mit der Zustimmung des Zähringers zur Königserhebung Barbarossas steht (Nr. 62). In ihm wird Bertold IV. genau die Erweiterung seines burgundischen Herrschaftsgebietes in Aussicht gestellt, die jeden Zweifel an der zähringischen Zugehörigkeit zur ersten und mächtigsten Gruppe der Reichsfürsten beseitigt hätte. Der Zähringer sollte das Rektorat, die Stellvertretung des Königs in *ganz* Burgund erhalten. Sein Herrschaftsbereich sollte sich in Zukunft auch über das transjuranische Burgund und die Provence erstrecken, Besitztitel, die allerdings erst noch erworben werden mußten, denn es war einige Zeit her, seit der letzte deutsche König diese Gebiete betreten hatte.

Deshalb verpflichteten sich Barbarossa und Bertold IV. binnen Jahr und Tag einen Heerzug nach Burgund zu unternehmen, zu dem der Zähringer nicht weniger als 1000 Panzerreiter heranzuführen versprach. Der Feldzug fand nie statt, obgleich beide Vertragspartner Anstalten machten, ihn in der gesetzten Frist zu beginnen. Keine Quelle sagt ausdrücklich, warum er nicht stattfand, doch spricht viel dafür, daß Herzog Bertold IV. derjenige war, der Vertragsbedingungen nicht erfüllte – vielleicht hat er die geforderten 1000 Panzerreiter nicht stellen können. Der Umschwung der politischen Lage wird nicht nur daran deutlich, daß Bertold IV. das königliche

Hoflager im Elsaß verließ und Barbarossa in Besançon die politischen Gegner des Zähringers aus Burgund empfing, vielmehr schlug sich das Scheitern der zähringischen Ambitionen auf ganz Burgund sofort in der Titulatur Bertolds IV. nieder (Nr. 63). Hatte die Königskanzlei ihn noch am 30. Januar 1153 als *dux Burgundie* tituliert, so nannte sie ihn in den nächsten Urkunden dieses Jahres, in denen er als Zeuge begegnet: *dux Karinthie* (»Herzog von Kärnten«), *dux de Zeringen* und schließlich in einer völligen Neuschöpfung *(dux) Brisgoaudie* (»Herzog vom Breisgau«). Der Zähringer war wieder auf einen ›leeren‹ Titel zurückgeworfen. Genau diese Tatsache hat Otto von Freising fast gleichzeitig zum Zentralthema der zähringischen Geschichte gemacht und so sicher Salz in noch frische Wunden gestreut.

Die Konsequenzen der neuen Lage haben die Zähringer im Jahrzehnt zwischen 1153 und 1162 mehrfach zu spüren bekommen. Die Heirat Friedrich Barbarossas mit der Erbtochter Beatrix von Burgund im Jahre 1156 markiert deutlich den Beginn einer neuen, staufischen Burgund-Politik. Barbarossa war es überdies, der in der gleichen Zeit die Trennung Heinrichs des Löwen von seiner Gemahlin Clementia von Zähringen wünschte und erreichte, nachdem er zuvor die Mitgift der Clementia – Badenweiler – von Heinrich dem Löwen ertauscht hatte (Nrn. 71–72). Eine antistaufische Koalition von Welfen und Zähringern war hierdurch wohl mittelfristig verhindert. Gegen die zähringischen Interessen entschied Friedrich 1161 auch eine zwiespältige Bischofserhebung in Mainz, indem er nicht den Zähringer Rudolf bestätigte, sondern einem Wittelsbacher den Vorzug gab. Es scheint kaum verwunderlich, daß angesichts all dieser Brüskierungen zähringischer Interessen Herzog Bertold IV. sich genau in dieser Zeit an den französischen König wandte und ihm seine Unterstützung gegen Barbarossa anbot, den er als »eifrigen Zerstörer der Kirchen und Gesetze« bezeichnete. Dieser »Hochverratsbrief« (Nr. 74) verdeutlicht sehr genau, wie tief die Kluft zwischen Zähringern und Staufern geworden war. Von einer Reaktion des französischen Königs auf diesen Brief wissen wir nichts; doch trat Herzog Bertold IV. seit 1162 in der Reichspolitik erkennbar zurück. Nur noch selten erschien er am königlichen Hof; und er gehörte nicht zu den Fürsten, die die Geschichte der Spätphase Barbarossas und den Sturz Heinrichs des Löwen (1180) maßgeblich beeinflußten. Durch Solothurner (Nrn. 67–68) und andere Privaturkunden wird jedoch erwiesen, daß er in der Stellung eines »Rektors« von Burgund anerkannt blieb, auch wenn dieses Burgund lediglich die heutige Westschweiz östlich des Jura umfaßte. Daß auch hier die zähringische Herrschaft nicht unumstritten war, beweisen die Nachrichten über den »Burgunderaufstand« der frühen 90er Jahre, den Bertold V. erfolgreich niederkämpfte.

Angesichts dieser Probleme und Schwierigkeiten der zähringischen Herrschaft in der zweiten Hälfte des 12. Jahrhunderts kommt die Nachricht von der Thronkandidatur Bertolds V. zum Jahre 1198 eher überraschend (Nrn. 75–76). Es scheint jedoch, als habe er sich zu dieser Kandidatur für das Königsamt nicht gedrängt, sondern sei zu ihr durch antistaufische Fürsten fast genötigt worden. Er mußte jedenfalls zwei der Söhne seiner Schwester als Geiseln geben um sicherzustellen, daß er überhaupt zu der geplanten Königswahl in Andernach erscheinen würde. Es ist in den wenigen Quellen, die über diese Kandidatur Bertolds V. berichten, viel von Geld die Rede, das er seinen Anhängern für ihre Zustimmung zu seiner Königswahl zahlen sollte. Wir wissen jedoch nicht, ob ihn die realistische Einschätzung seiner Möglichkeiten dazu brachte, das Vorhaben trotz der Geiseln aufzugeben, oder ob es andere Gründe waren. Jedenfalls knüpfte er Verhandlungen mit dem Staufer Philipp von Schwaben an und erhielt für den Übertritt auf dessen Seite Reichsrechte in Schaffhausen und Zugeständnisse bezüglich des staufischen Breisach. In Köln kursierten dagegen Gerüchte über riesige Bestechungssummen, die vielleicht den Grundstein zu dem Bild vom äußerst geizigen Herzog Bertold V. gelegt haben (Nr. 77).

Auch wenn die zähringische Königskandidatur letztlich Episode blieb, sollte sie als Indiz für zähringischen Rang und zähringische Möglichkeiten nicht unterschätzt werden. Eine reelle Chance, sich gegen die Staufer und ihren Anhang entscheidend durchzusetzen, hatten die Zähringer dagegen 1198 wohl ebensowenig wie in dem ganzen vorhergehenden Jahrhundert. Dies scheint Bertold V. richtig eingeschätzt und sich auf das Machbare konzentriert zu haben: auf die herrschaftliche Durchdringung seines Machtbereichs am Oberrhein und in Burgund. G. A.

55 Abb. 49
Frutolf von Michelsberg über die zähringische Anwartschaft auf das Herzogtum Schwaben

Anfang 12. Jahrhundert.
Sammelhandschrift, Pergament, 197 Bll., H. 20 B. 14,4 cm.
Landesbibliothek Karlsruhe, Hs. Karlsruhe 504; aufgeschlagen f. 187ʳ: Jahresbericht zu 1057. (Textanhang Nr. 1).

Der Bericht Frutolfs über das Versprechen Kaiser Heinrichs III., dem Grafen Bertold (I.) das Herzogtum Schwaben zu übertragen, steht am Beginn der zähringischen Bemühungen um ein Herzogtum, die ihre Geschichte wesentlich bestimmten. Da er von ›sagenhaften‹ Elementen durchsetzt schien – Heinrich III. soll das Versprechen durch die Übergabe eines Rings besiegelt, Rudolf von Rheinfelden dagegen die Kaisertochter, seine spätere Gemahlin, entführt haben –, fand er in der älteren Forschung wenig Vertrauen. Inzwischen geht man davon aus, daß er die politische Konstellation der Mitte des 11. Jahrhunderts richtig wiedergibt. Die Zähringer gehörten also bereits in dieser Zeit zu dem (kleinen) Kreis der ›herzogsfähigen‹ Geschlechter im Reich. Da die Salier das schwäbische Herzogtum jedoch 1057 Rudolf von Rheinfelden, dann 1079 den Staufern übertrugen, die es nicht mehr aus der Hand gaben, gelang den Zähringern nie die Erringung der Herzogsherrschaft in Schwaben. Ihr Rang und ihre Stellung mußten deshalb stets durch Titel und Aufgabenbereiche gesichert werden, die außerhalb ihres eigentlichen Herrschaftsbereiches lagen (Herzog von Kärnten, Herzog und Rektor von Burgund). Die Entscheidung von 1057 bedeutet also eine gravierende Weichenstellung in der zähringischen Geschichte, einen Rückschlag, den sie nie ganz ausgleichen konnten.

Lit.: Frutolfs und Ekkehards Chroniken und die anonyme Kaiserchronik, hrsg. v. F. J. Schmale und I. Schmale-Ott (Ausgewählte Quellen zur Deutschen Geschichte des Mittelalters 15), 1972, S. 74–76; Maurer, Herzog von Schwaben, S. 138; W. Goez, Der Leihezwang. Eine Untersuchung zur Geschichte des deutschen Lehnrechtes, 1962, S. 76 ff. G. A.

49 (Kat.-Nr. 55)

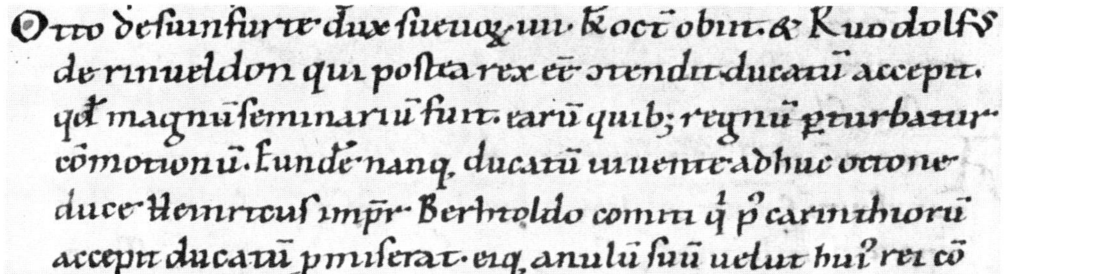
Otto defunctus est dux sueuorum. Kal. oct. obiit. & Rudolfus
de rinueldon qui postea rex extitit. ducatum accepit.
quod magnum seminarium fuit. earum quibus regnum perturbatur
commotionum. Fertur namque ducatum uiuente adhuc ottone
duce Heinricus imperator Bertholdo comiti qui post carinthiorum
accepit ducatum promiserat. eique anulum suum uelut huius rei com
monitorium dederat. quem ille diligenter seruans post amborum obi
tum imperatoris scilicet & ducis imperatrici agneti imperium
tunc disponenti obtulit. eamque anulum agnoscentem de promisso duca
tu sibi promisso commonuit. Sed quia predictus Rudolfus mox
post imperatoris obitum filiam eius Rumoldo constantiensi episcopo commendatam
utrum consilio raptam an dolo nescitur uxorem duxit. recepto ta

56 Abb. 50

Otto von Freising zur zähringischen Geschichte

Elsaß (?), um 1200.
Pergamenthandschrift, 133 Bll., H. 24 B. 17 cm
Bibliothèque Nationale Paris, lat. 18408;
Buch I, Kap. 7–9. (Textanhang Nr. 2).

Otto, der Bischof von Freising und Verwandte der Staufer, verfaßte zwischen 1157 und Sommer 1158 zwei Bücher der »Taten Friedrichs«, von denen das erste den Aufstieg der Staufer zum Thema hat und vielleicht in Teilen bereits vor 1157 konzipiert war. Die beiden Bücher gehören zum Typus der ›höfischen Geschichtsschreibung‹, sie sind in der erklärten Absicht geschrieben, den Aufstieg und das Wirken der Staufer, insbesondere Friedrich Barbarossas, ins hellste Licht zu stellen.

Solch ein Vorhaben gelingt nicht ohne die Herabsetzung staufischer Gegenspieler, die denn auch in den Gesta so nachdrücklich vorgenommen wird, »daß heutige Historiker an der Objektivität, ja sogar (an Ottos) Willen zur Objektivität zweifeln« (Schmale). Unter diesen Voraussetzungen steht auch die ausführliche Behandlung der zähringischen Geschichte durch Otto in den Kap. 7–9 und 28 des ersten Buches. Bestimmte Ereignisse und Probleme der zähringischen Geschichte werden stark akzentuiert, um von dem zähringischen Scheitern die staufischen Erfolge um so glänzender abzuheben.

Ein zentrales Thema ist für Otto der von den Staufern erzwungene zähringische Verzicht auf das schwäbische Herzogtum, durch den sich die staufische Überlegenheit erweist. Den Zähringern blieb von dort an nur das *vacuum nomen* (der »leere Titel«), »sie heißen Herzöge, ohne ein Herzogtum zu haben, haben also nur teil am Titel ohne die Sache« (Otto I,9). Dieser Vorwurf traf im Mittelalter tief, denn einen Titel ohne die Sache zu haben, bedeutete eine Störung der gottgewollten Ordnung. Otto von Freising wird denn auch nicht müde zu betonen, daß weder die Verleihung Kärntens noch Burgunds die Zähringer berechtigen, den Herzogstitel zu führen, da diese das Herzogtum Kärnten nie wirklich besessen hätten und ihnen in Burgund nur eine Grafschaft verliehen worden sei.

Nur durch Otto von Freising (I,8) wissen wir aber auch, daß i. J. 1098 die Übertragung Zürichs an den Zähringer Bertold II. im Zuge des Ausgleichs zwischen Saliern und Staufern auf der einen und den Zähringern auf der anderen Seite vorgenommen wurde. Diese Übertragung eines Reichslehens, noch dazu eines der wichtigsten Orte des schwäbischen Herzogtums, war offensichtlich die Voraussetzung, die es den Zähringern ermöglichte, nach dem Verzicht weiter den Herzogstitel zu führen.

Nur durch Otto (I,28) erfahren wir schließlich von einer Fehde des jungen Friedrich Barbarossa gegen Herzog Konrad von Zähringen, die wohl im Jahre 1146 stattfand. Barbarossa eroberte nicht nur Zürich, sondern zog quer durch Schwaben bis zur Burg Zähringen und zwang Herzog Konrad, »bittflehend vor seinem Vater und seinem Oheim (d. i. König Konrad III.) zu erscheinen und um Frieden zu bitten«.

Lit.: (allg.) Otto von Freising und Rahewin, Die Taten Friedrichs oder richtiger Cronica, hrsg. v. F. J. Schmale (Ausgewählte Quellen zur deutschen Geschichte des Mittelalters 17), 1965; Stauferkatalog I, 1977, Nr. 337, S. 242–243; H.-W. Goetz, Das Geschichtsbild Ottos von Freising (Beihefte zum Archiv für Kulturgeschichte 19), 1984; spez. zur Zähringerdarstellung Ottos: Schmid, Aspekte; Althoff, Die Zähringer im Urteil Ottos von Freising, in: Die Zähringer I, S. 43–58. G. A.

57 Abb. 51

Die Pfalzburg in Zürich

Rekonstruktionszeichnung von Emil Vogt.

Das römische Kastell *Turegum/Turicum*, das der späteren Stadt Zürich den Namen gab, befand sich auf dem heutigen »Lindenhof«, einem in die Flußniederung vorspringenden Sporn links der Limmat. Hier erwuchs aus den römischen Ruinen das Zentrum des frühmittelalterlichen *fiscus* (Reichsgutbezirk): die Pfalz Zürich, wo sich die karolingischen und burgundisch-rudolfingischen Könige aufhielten. Im 10. Jahrhundert dann spielt der Platz eine bedeutende Rolle als ›Vorort‹ der Herzöge von Schwaben, im 11. und 12. Jahrhundert schließ-

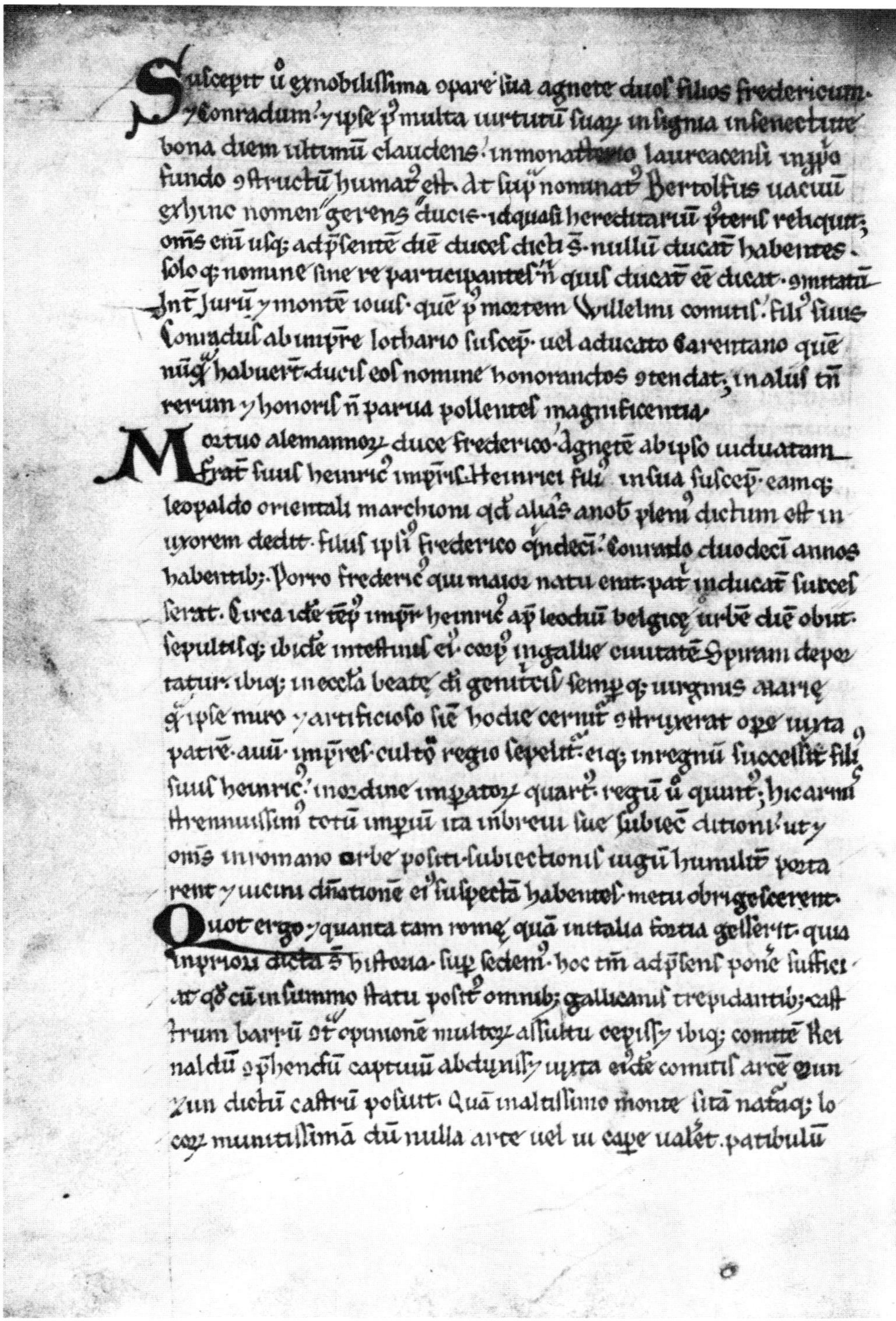
Suscepit vero ex nobilissima uxore sua agnete duos filios fredericum
et Conradum. et ipse post multa virtutum suarum insignia in senectute
bona diem ultimum claudens. in monasterio laureacensi in proprio
fundo constructo humatus est. At supra nominatus Bertolfus vacuum
exhinc nomen gerens ducis. idque quasi hereditarium posteris reliquit;
omnes enim usque ad presentem diem duces dicti sunt. nullum ducatum habentes.
soloque nomine sine re participantes nisi quis ducatum esse dicat. comitatum
inter Iurum et montem iouis. quem post mortem Willelmi comitis. filius suus
Conradus ab imperatore lothario suscepit. uel aduocatio tarentano quem
numquam habuerunt. ducis eos nomine honorandos contendat; in aliis tamen
rerum et honoris non parua pollentes magnificentia.
Mortuo alemannorum duce frederico. agnetem ab ipso uiduatam
frater suus heinricus imperator. Heinrici filius in sua suscepit. eamque
leopaldo orientali marchioni quod alias a nobis plenius dictum est in
uxorem dedit. filiis ipsius frederico quindecim. Conrado duodecim annos
habentibus. Porro fredericus qui maior natu erat. patri in ducatum successerat.
Circa idem tempus imperator heinricus apud leodium belgice urbem diem obiit.
sepultusque ibidem intestinis eius. corpus in gallie ciuitatem Spiram depor
tatur. ibique in ecclesia beate dei genitricis semperque uirginis marie
quam ipse miro et artificioso sicut hodie cernitur construxerat opere iuxta
patrem et auum imperatores cultu regio sepelitur. eique in regnum successit filius
suus heinricus. in ordine imperatorum quartus. regum uero quintus; hic armis
strenuissimis totum imperium ita in breui sue subiecit ditioni. ut et
omnes in romano orbe positi subiectionis iugum humiliter porta
rent et uicini dominationem eius suspectam habentes metu obrigescerent.
Quot ergo et quanta tam rome quam in italia fortia gesserit. quia
in prioribus dicta sunt historia. supersedeam. hoc tamen ad presens ponere suffici
at quod cum in summo statu positus omnibus gallicanis trepidantibus cast
rum barrum contra opinionem multorum assultu cepisset et ibique comitem Rei
naldum comprehensum captiuum abduxisset iuxta eiusdem comitis arcem Clun
xun dictum castrum posuit. Quam in altissimo monte sitam naturaque lo
corum munitissimam dum nulla arte uel ui capere ualeret. patibulum

50 (Kat.-Nr. 56) Gesta Frederici, c. I,9

51 (Kat.-Nr. 57)

lich diente er den Lenzburgern, die die Zürcher Reichsvogtei innehatten, und den Zähringer Herzögen, denen die Zürcher Reichsrechte im Ausgleich mit Herzog Friedrich I. von Schwaben aus dem Geschlecht der Staufer 1098 zugefallen waren.

Die Geschichte dieses zentralen Platzes in Zürich können die Befunde der Ausgrabungen 1937/38 auf dem Lindenhof veranschaulichen. Über den Ruinen des Kastells fanden sich die Mauerreste zweier aufeinanderfolgender langgestreckter Saalbauten, wie sie ganz ähnlich aus Frankfurt a. M. und anderen frühmittelalterlichen Königspfalzen bekannt sind. Aus den frühen Zürcher Pfalzbauten formte sich ›in der unruhigen Zeit zwischen der Mitte des 11. und 12. Jahrhunderts ... eine trotzige Burg mit wenig Fenstern, mit Türmen, Wall und Graben‹ (H. C. Peyer): die ›Pfalzburg‹ der Lenzburger und Zähringer, der Zürcher Vögte.

Seit der ersten Hälfte des 11. Jahrhunderts handelten die Grafen von Lenzburg, die die Zürcher Reichsvogtei wahrnahmen, wohl vom Lindenhof aus, wo sie – wie man annimmt – zeitweilig auch saßen. Über das Verhältnis der im Investiturstreit kaisertreuen Lenzburger zu den Zähringern seit dem Anfall der Zürcher Reichsrechte an letztere 1098 wissen wir fast nichts; und es ist daher schwierig, Aussagen zu treffen über die tatsächliche Wahrnehmung der Zürcher Rechte durch die Herzöge von Zähringen bis zum Jahr 1173, als die Lenzburger ausstarben (vgl. Nr. 60). Wie wichtig Zürich jedoch mindestens de iure für die Zähringer Herzogsherrschaft war, darauf weist der Verlauf einer Fehde zwischen dem Staufer Friedrich Barbarossa und Herzog Konrad im Jahre 1146: Wie Otto von Freising in den Gesta Frederici berichtet, zog Barbarossa zunächst gegen Zürich; und dem entspricht, daß Otto im Zusammenhang seiner Schilderung des Ausgleichs 1098 Zürich charakterisiert als »vornehmste Stadt Schwabens« *(nobilissimum Sueviae oppidum)*, an deren Tor geschrieben stehe: *Nobile Turegum multarum copia rerum* (»Zürich, edel durch die Fülle an vielen Dingen«; vgl. Nr. 56).

Nach 1173 jedenfalls nahmen die Zähringer in Zürich eine geradezu »stadtherrliche Position« (Peyer) ein, wie die erhaltenen Urkunden, die zähringische Münzprägung und die Auseinandersetzungen um die Leutpriesterwahl zeigen (Nrn. 59–60). Es ist fast undenkbar, daß die Pfalzburg auf dem Lindenhof 1173–1218 während der direkten Herrschaftsausübung der Herzöge keine Rolle gespielt haben sollte. Obwohl keine ausdrücklichen Zeugnisse vorliegen, dürfte sie zu jener Zeit ähnliche Funktionen übernommen haben wie die bekannten Stadtburgen der Zähringer in Freiburg i. Br., in Bern (Nydegg) usf.

Das Ende der Zähringer hat auch die Pfalzburg allem Anschein nach nicht lange überdauert: Eine Urkunde aus dem Jahre 1271 läßt darauf schließen, daß die Bauten auf dem Lindenhof bald nach 1218 in Verfall gerieten oder gar von den Zürchern zerstört wurden.

Lit.: Heyck, Geschichte, S. 498 u. ö.; E. Vogt, Der Lindenhof in Zürich. Zwölf Jahrhunderte Stadtgeschichte auf Grund der Ausgrabungen 1937/38, 1948; Büttner, Staufer und Zähringer, S. 1–100 bzw. 437–524; Kläui, Zürich, S. 93–104 bzw. 62–75; H. C. Peyer, Zürich im Früh- und Hochmittelalter, in: E. Vogt–E. Meyer–H. C. Peyer, Zürich von der Urzeit zum Mittelalter, 1971, S. 163–227; Maurer, Herzog von Schwaben, S. 57–75 u. 218–225; W. Erdmann, Zur archäologischen und baugeschichtlichen Erforschung der Pfalzen im Bodenseegebiet, in: Deutsche Königspfalzen. Beiträge zu ihrer historischen und archäologischen Erforschung, Bd. 3, 1979, S. 144–163.

A. Z.

58
Rekonstruktion der zähringischen Besiedlung Zürichs

Rekonstruktionszeichnung.

So unzweifelhaft die Bedeutung der Reichsrechte über Zürich für die Zähringerherrschaft ist, so unklar bleibt die Frage, wie sich die Politik der Herzöge auf die Pfalz- und Marktsiedlung ausgewirkt hat und wo sie sich im historischen Zürich, abgesehen von der Pfalzburg auf dem Lindenhof (vgl. Nr. 57), niedergeschlagen hat, mindestens in der Zeit bis zum Aussterben der Lenzburger 1173. Die spätere Stadt Zürich erwuchs aus drei hauptsächlichen frühmittelalterlichen Siedlungskernen: der Pfalz und dem Fraumünster, einem in der Mitte des 9. Jahrhunderts in engstem Bezug zum *fiscus* (Königsgut, Reichsgut) gegründeten Nonnenkloster, beide auf dem linken Limmatufer, sowie dem Chorherrenstift am Großmünster auf dem rechten Flußufer. Das Übergewicht der frühen Siedlung lag somit klar auf dem linksufrigen Bereich, zwischen der Pfalz auf dem Lindenhof und der Pfarrkirche St. Peter (erw. seit 857). Dort dürfte sich auch der Markt, der neben Münze und Zoll seit dem 10. Jahrhundert bezeugt ist, befunden haben. Diese Situation und die Lenzburger als Vögte trafen die Zähringer in Zürich an, als ihnen die Reichsrechte, unter anderem die Vogteien über Groß- und Fraumünster, beim staufisch-zähringischen Ausgleich 1098 zufielen (Nr. 56).

Während die ältere Forschung überwiegend annahm, die Zähringer hätten bis zum Aussterben der Lenzburger (1173), über ihre Rechte gar nicht tatsächlich verfügen können, tendiert heute im Anschluß an Heinrich Büttner die Meinung eher dahin, daß die Oberherrschaft und besonders die militärischen und wirtschaftlichen Belange von den Zähringern wahrgenommen und unter anderem zur »Entwicklung der neuen, rechtsufrigen Stadt genutzt« worden seien (H. C. Peyer). Die Lenzburger wären dann in die Rolle von ›Untervögten‹ abgedrängt worden. Denn wie die Pfalz in den Jahren des 11./12. Jahrhunderts in großem Umfang Umgestaltungen erfuhr, zur wehrhaften Pfalzburg wurde, so scheint auch die starke Entwicklung Zürichs auf dem rechten Limmatufer in diese Zeit zu fallen. Zahlreiche neue stadtarchäologische und baugeschichtliche Untersuchungen, u. a. des Großmünsters (vgl. Nr. 61), geben Anlaß zu der Hoffnung, daß Ablauf und Wesen dieser Entwicklung zur städtischen Siedlung künftig genauer nachgezeichnet werden können, als es die spärlichen Quellen heute erlauben. Das Leutpriesteramt am Großmünster, das auf die wachsende Bedeutung der rechtsufrigen Siedlung weist und im letzten Drittel des 12. Jahrhunderts mehrfach Gegenstand von Auseinandersetzungen zwischen den Chorherren und den Zähringern war (vgl. Nrn. 38, 60, 233), ist erstmals 1146 urkundlich bezeugt. Und seit der Mitte des 12. Jahrhunderts treten in Schenkungsurkunden des 1127 auf dem rechtsufrigen Zürichberg gegründeten Augustinerchorherrenstifts St. Martin Einwohner von Zürich entgegen, die ab 1145 Geschlechternamen zu führen beginnen. Zur gleichen Zeit werden ein Stadttor und der Neumarkt genannt, ebenso »Oberdorf« und »Niederdorf«. So läßt sich erschließen, daß die rechtsufrige Stadt bereits zur Zähringerzeit die Ausdehnung erreicht hatte, die bis zum Ausgang des Mittelalters nicht mehr wesentlich überschritten wurde. Die Überbauung des rechten Ufers scheint ihren Ausgang genommen zu haben von einem Kern um Marktgasse und Untere Brücke, und ihre regelmäßige, rippenartige, zur Limmat hinabziehende Struktur weist deutlich Züge einer planmäßigen Anlage auf, unklar bleibt nur, ob der gestaltende Wille bei den Lenzburgern oder Zähringern, vielleicht auch bei beiden Geschlechtern gemeinsam zu suchen wäre.

Lit.: Wie Nr. 57 sowie J. SCHNEIDER–D. GUTSCHER–H. ETTER–J. HANSER, Der Münsterhof in Zürich. Bericht über die Stadtkernforschungen 1977/78 (Schweizer Beiträge zur Kulturgeschichte und Archäologie des Mittelalters 9/10), 1982; J. SCHNEIDER–F. GUEX–C. GUTSCHER-SCHMID, Nobile Turegum multarum copia rerum. Drei Aufsätze zum mittelalterlichen Zürich, 1982; D. GUTSCHER, Das Großmünster in Zürich. Eine baugeschichtliche Monographie (Beiträge zur Kunstgeschichte der Schweiz 5), 1983; J. HANSER – A. MATHIS – U. RUOFF–J. SCHNEIDER, Das neue Bild des alten Zürich, [2]1984.

A. Z.

59
Zähringerpfennig(?) aus Zürich

59.1
PFENNIG

Z·V·R·I·C·H, im geperlten Doppelreif einköpfiger Adler, heraldisch rechts, einseitig.
0,385 g, H. 16,4, B. 17,9 mm, Schwarz 18.
Historisches Museum Basel,
Inv.-Nr. 1918.3624.

Die frühe Form des Reichsadlers und die Seltenheit der Münze – bisher wurden nur zwei Exemplare gefunden – lassen eine Prägung Bertolds V. anläßlich eines Besuchs in Zürich vermuten. Die Zuweisung ist umstritten.
Im Vergleich mit anderen Münzen aus Zürich fällt das deutlich andere Münzbild auf:

59.2
PFENNIG

Zürich Fraumünsterabtei, 13. Jahrhundert, ZVRICH + um einen nach links schauenden Kopf, einseitig.
0,39 g, 18 mm, Schwarz 22.
Badisches Landesmuseum Karlsruhe.

Lit.: W. H. Schwarz, Münz- und Geldgeschichte Zürichs im Mittelalter, 1940; H. Geiger, Schweizerische Münzen des Mittelalters (Aus dem Schweizerischen Landesmuseum 33), 1973; H. Geiger, Der Münzfund von Winterthur-Holderplatz, in: Schweiz. Numismat. Rundschau 53 (1974), S. 88–112, S. 102. C. R.

60 Abb. 52
Urkunde für das Zürcher Großmünster

Zürich, 29. August 1187.
Originalurkunde, Pergament, H. 52,5 B. 40,5 cm, Siegel angehängt (Nr. 78.8).
Staatsarchiv des Kantons Zürich, Propstei Nr. 5 (Textanhang Nr. 7).

Bertold V., Herzog von Zähringen und Rektor von Burgund, bestätigt den Chorherren des Großmünsters zu Zürich das Recht, einen besonderen Leutpriester aus ihrer Mitte frei zu wählen und diesem zwei Hilfspriester beizugeben. Dem Propst gestattet er, die Investitur des Gewählten vorzunehmen.

Die Pfarrei wurde früher ohne besonderen Leutpriester bestellt und der Dienst von den Chorherren selbst versehen. Auf Wunsch der Propstei wurde nun das Amt des Leutpriesters errichtet. Bertold IV. nahm auf Grund seiner Eigenschaft als Kastvogt dieses Stiftes das Recht in Anspruch, die Einsetzung des Priesters selbst vorzunehmen, um durch dieses wichtige geistlich-politische Amt vermehrt Einfluß auf die inneren Angelegenheiten des Münsters zu gewinnen, mußte aber 1177 darauf verzichten (Nr. 38). Bertold V. anerkannte zwar den Verzicht seines Vaters nicht, erneuerte aber die Zusage einer freien Wahl des Priesters durch die Chorherren. Die von diesen gewünschte Zusicherung mußte Bertold V. *sub prerogativa imperii, qua in hac advocacia fungimur*, d. h. auf Grund der Reichsvollmacht, die er in dieser Vogtei ausübte, geben. Bertold V. nennt sich in der Urkunde außerdem *dei et inperiali gratia Turegici loci legittimus advocatus, quod kastfoget dicitur* (»von Gottes und des Kaisers Gnaden rechtmäßiger Vogt des Zürcher Stiftes, Kastvogt genannt«) und bringt damit zum Ausdruck, daß er sowohl der Inhaber der hohen als auch der niederen Gewalt in Zürich ist.

Lit.: K. Zeerleder (Hrsg.), Urkunden für die Geschichte der Stadt Bern und ihres frühesten Gebietes bis Schluß des 13. Jahrhunderts, Bd. 1, 1853, Nr. 76 S. 140; ZUB I, S. 219 ff.; – Heyck, Geschichte, S. 427; P. Kläui, Zürich, S. 94–96; E. Vogt – E. Meyer – H. C. Peyer (wie Nr. 57). G. W.

61 Abb. 53
Das Großmünster in Zürich

Aufrißzeichnung des romanischen Baus von D. Gutscher.

Am Ausfluß des Zürichsees, auf dem rechten Limmatufer, entsteht die erst seit 1322 als »Großmünster« bezeugte Kirche der Heiligen Felix und Regula, die die Legende der thebäischen Legion zuweist. Mit der Pfarrkirche St. Peter und dem 853 durch eine Schenkung Ludwigs des Deutschen gegründeten Fraumünsters auf dem linken Limmatufer sowie der auf einem Limmatinselchen gelegenen Wasserkirche zählt das Großmünster zu den frühesten Kirchen und bildet den rechtsufrigen Kern des in der Zähringerzeit sich zur Marktsiedlung

52 (Kat.-Nr. 60)

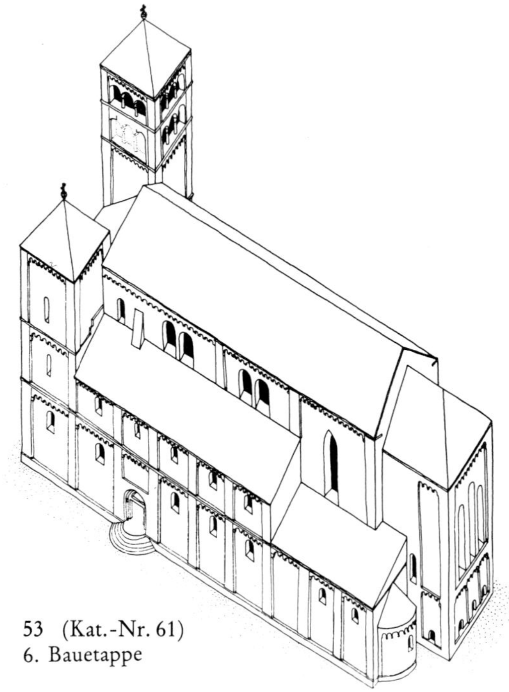

53 (Kat.-Nr. 61)
6. Bauetappe

entwickelnden rechtsufrigen Zürich (vgl. Nr. 58). Die Lage auf einem Moränensporn bedingt die Verschiebung der sonst üblichen Ostausrichtung des Chores der Kirche nach Südosten.

Über die Anfänge und Vorgängerbauten werden vielleicht künftig einmal flächige Grabungen in der Kirche Auskunft geben können. Beobachtungen im Zusammenhang mit Restaurierungen der Jahre 1931–1937 erschließen eine dreischiffige Basilika als einen Vorgängerbau. Der Bau der romanischen Kirche zog sich über mehr als ein Jahrhundert hin, von ca. 1100 bis ca. 1220/30. Jüngste Untersuchungen durch D. Gutscher unterscheiden sechs Etappen:

1. 1100–1117 Krypta und Chor
2./3. 1120–1130 Festlegung der heutigen Außengliederung durch Errichten der Süd-, West- und Nordmauer um den Vorgängerbau herum.
4. 1130–1150 Entgegen älteren Plänen Errichtung einer westlichen Doppelturmfront und Nordportal.
5. 2. H. 12. Jh. Abbruch der letzten Reste des als Notkirche gebrauchten Mittelschiffs des Vorgängermünsters und Errichtung von Mittelschiffpfeilern und Empore.
6. 1220/1230 Erhöhung der Obergadenwände für große Fensterpaare, Einwölbung des Mittelschiffs und provisorischer Abschluß des Südturms über seinem dritten Geschoß; der nördliche Turm war bereits seit Abschluß der 4. Etappe im Rohbau fertiggestellt.

Der 1220/1230 erreichte Bauzustand ist auf der Abbildung (Abb. 53) wiedergegeben. Die Entstehungszeit des Großmünsters fällt im wesentlichen mit der Zeit der zähringischen Herrschaft über Zürich zusammen. 1098 waren ihnen im Ausgleich mit den Staufern die Reichsrechte über die Stadt zugesprochen worden (Nr. 56). Im August 1107 weiht der Zähringer Gebhard III., Bischof von Konstanz, die Krypta und im September des gleichen Jahres einen Altar in der Kirche. Spätestens seit dem Aussterben der Lenzburger 1173 nahmen die Zähringer ihre Herrschaftsrechte selbst wahr. Bis 1218 urkundeten sowohl Bertold IV. als auch Bertold V. mehrmals in und für Zürich. Drei Urkunden betreffen das Großmünster: 1177 überläßt Bertold IV. dem Chorherrenstift am Münster die Leutpriesterwahl (Nr. 38) und entscheidet 1185 einen Streit zwischen dem Großmünster und dem Leutpriester zu Schwenningen (Nr. 233). 1187 bestätigt Bertold V. die von seinem Vater verliehenen Rechte (Nr. 60).

Das Reiterrelief (Nr. 1) am dritten Geschoß des Nordturms scheint der Zeit Bertolds IV. anzugehören.

Lit.: ZUB 1; A. Reinle (wie Nr. 1); U. Helfenstein–C. Sommer-Rahmer, SS Felix und Regula (Großmünster) in Zürich, in: HS II.2, 1977, S. 565–596; D. Gutscher (wie Nr. 58), dort die ältere Literatur zum Großmünster. T. M. B.

62
Vertrag zwischen Friedrich Barbarossa und Herzog Bertold IV.

Mai 1152.
Aufzeichnung auf f. 127[r,v] im Briefbuch des Abtes Wibald von Stablo und Corvey. Pergamenthandschrift, 160 Bll., H. 23 B. 14,5 cm; Repr.
Archives de l'Etat à Liège, Fonds de Stavelot 341 (Textanhang Nr. 8).

Die *Conventio* (»Vereinbarung«) zwischen Friedrich Barbarossa und dem Zähringer Bertold IV. enthält bindende wechselseitige Verpflichtungen, wie sie bis dahin zwischen König und Fürsten in schriftlicher Form nicht überliefert sind. Der König verspricht dem Herzog die *terra Burgundię et Provincię* und Hilfe bei der Unterwerfung dieser Länder. In Burgund und der Provence soll der Herzog während der Abwesenheit des Königs die volle Herrschaftsgewalt ausüben, ausgenommen sind nur bestimmte Erzbistümer und Bistümer, die *specialiter* dem König unterstehen. Für die Einhaltung der *conventio* von seiten des Königs bürgen zahlreiche Große, unter ihnen Heinrich der Löwe, Welf VI., Graf Ulrich von Lenzburg und Pfalzgraf Otto von Wittelsbach. Herzog Bertold IV. verpflichtet sich dagegen, den König auf dem geplanten Burgund-Zug mit 1000 Panzerreitern zu unterstützen; ihm überdies für einen Italien-Zug 500 Panzerreiter und 50 Bogenschützen zu stellen. Der König verspricht schließlich, die Heerfahrt binnen Jahr und Tag anzutreten.
Die Vereinbarung belegt eindrucksvoll die Möglichkeiten zähringischer Politik in der Mitte des 12. Jahrhunderts; aber auch deren Grenze, denn zur Ausführung des geplanten Zuges kam es nicht. Einiges spricht dafür, daß Bertold IV. nicht in der Lage war, die Vertragsbedingungen zu erfüllen, und so Friedrich Barbarossa Handhaben bot, seine Burgund-Politik ohne Rücksicht auf zähringisches Interesse zu gestalten.

Lit.: MGH DD Friedrichs I., Nr. 12 S. 22 ff., dort auch die zahlreichen älteren Drucke; – Stauferkatalog I, Nr. 348 S. 248–249 (W. IRTENKAUF); HEINEMANN, Burgund I, S. 155 ff.; G. ALTHOFF, Die Zähringer im Urteil Ottos v. Freising, in: Die Zähringer I, S. 43–58. G. A.

63
Titulaturen Herzog Bertolds IV. im Jahre 1153

Der im Vertrag von 1152 zwischen Friedrich Barbarossa und Bertold IV. (vgl. Nr. 62) abgemachte gemeinsame Heereszug nach Burgund fand aus nicht sicher bestimmbaren Gründen nicht statt. Die Konsequenzen für die Anwartschaft Bertolds IV. auf eine burgundische Herrschaftsstellung lassen sich deutlich anhand der Titel des Zähringers zeigen, die diesem vor und nach dem Scheitern des geplanten Feldzuges gegeben wurden, wie die vier ausgestellten Urkunden belegen.

63.1
KÖNIGSURKUNDE FRIEDRICH BARBAROSSAS MIT HERZOG BERTOLD IV. ALS ZEUGEN

Colmar, 30. Januar 1153.
Originalurkunde, Pergament, H. 44,5 B. 33 cm; Bulle abgefallen.
Archives Départementales du Bas-Rhin, Straßburg, H. 1 (b).

Am 30. Januar 1153 bestätigte Friedrich Barbarossa in Colmar dem Abt Bertold des Klosters Altdorf im Elsaß Markt, Münze, Schenke und Zoll. Die Urkunde wurde in der königlichen Kanzlei ausgefertigt. Sie ist für die Zähringergeschichte deshalb sehr wichtig, weil der Name Bertolds IV. in der Zeugenreihe erscheint und er dort *Bertoldus dux Burgundię* genannt wird. Dies und der Ausstellungsort Colmar beweisen, daß der König und der Zähringer Anfang 1153 Anstalten machten, den in ihrem Vertrag von 1152 (vgl. Nr. 62) beschlossenen Heereszug nach Burgund anzutreten. In Colmar muß es jedoch zu Differenzen gekommen sein, denn Bertold fehlt unter den Zeugen der nächsten Königsurkunden, die in Mühlhausen (DD Friedrichs I, Nr. 47) und Besançon (DD Friedrichs I, Nr. 48) ausgestellt wurden. Er hat also offensichtlich das königliche Heerlager verlassen.

Lit.: MGH DD Friedrichs I., Nr. 46; – HEINEMANN, Burgund I, S. 167 f.; ALTHOFF, Die Zähringer im Urteil Ottos von Freising, in: Die Zähringer I, S. 43–58.

63.2
KÖNIGSURKUNDE FRIEDRICH BARBAROSSAS MIT HERZOG BERTOLD IV. ALS ZEUGEN

Worms, 11. Juni 1153.
Repr. aus Einzelabschrift des 12. Jahrhunderts in Band 80 der Collection de Bourgogne, Bibliothèque Nationale Paris, lat. 249.

Am 11. Juni 1153 bestätigte Friedrich Barbarossa dem Kloster Cluny die Schenkung der Abtei Baumes-les-Messieurs. Die Urkunde wurde in der königlichen Kanzlei ausgefertigt. Obgleich es sich um burgundische Rechtsgeschäfte handelt, wird Herzog Bertold IV. nicht nach seiner burgundischen Stellung benannt, sondern als *dux Karinthie* (»Herzog von Kärnten«) bezeichnet. Dieser den historischen Gegebenheiten des Jahres 1153 in keiner Weise entsprechende Titel weist nachdrücklich auf die Veränderung der Situation, die durch die Vorgänge in Colmar (vgl. unter Nr. 63.1) eingetreten war.

Lit.: MGH DD Friedrichs I., Nr. 58; vgl. Nr. 63.1

63.3
KÖNIGSURKUNDE FRIEDRICH BARBAROSSAS MIT HERZOG BERTOLD IV. ALS ZEUGEN

Worms, 14. Juni 1153.
Originalurkunde, Pergament, H. 66 B. 54 cm, Siegel aufgedrückt.
Historisches Archiv der Stadt Köln, Domstift 3/7.

Am 14. Juni 1153 bestätigte Friedrich Barbarossa in Worms dem Kölner Dompropst Walter die Vogtei der Ortschaft Worringen. Die Urkunde wurde vom Empfänger ausgefertigt. Herzog Bertold IV. ist in der Zeugenreihe genannt und wird als *Bertholdus dux de Zeringen* bezeichnet. Die veränderte Titulatur weist auf die Konsequenzen, die die Vorgänge in Colmar für Bertold gehabt haben (vgl. unter Nr. 63.1).

Lit.: MGH DD Friedrichs I., Nr. 60; vgl. Nr. 63.1.

63.4
KÖNIGSURKUNDE FRIEDRICH BARBAROSSAS MIT HERZOG BERTOLD IV. ALS ZEUGEN

Worms, Juni 1153.
Notarielle Abschrift von 1237 im Departementalarchiv zu Grenoble, Repr.

Auf dem gleichen Reichstag in Worms, auf dem auch die unter 2 und 3 behandelten Urkunden ausgestellt wurden, übertrug Friedrich Barbarossa dem Erzbischof und dem Domkapitel von Vienne die *custodia* über die Stadt Vienne. Die Urkunde wurde von dem Empfänger ausgefertigt. Unter den Zeugen erscheint Bertold IV. in der Gruppe der Herzöge *(duces)* und wird mit dem Zusatz *Briscoaudie* (Breisgau) gekennzeichnet. Die singuläre Formulierung eines burgundischen Urkundenschreibers »Breisgauherzog« weist wieder nachdrücklich auf die Veränderung der Situation, die durch die Vorgänge in Colmar eingetreten war (vgl. unter 63.1).

Lit.: MGH DD Friedrichs I., Nr. 62; vgl. Nr. 63.1.

G. A.

64
Bericht der Annales S. Disibodi über den Beginn der zähringischen Herrschaft in Burgund 1127

Kloster Disibodenberg bei Bad Kreuznach, Mitte 14. Jahrhundert.
Pergamenthandschrift, 1 + 116 Bll., H. 29 B. 18 cm.
Stadt- und Universitätsbibliothek Frankfurt a. M., Ms. Barth. 104.

Im mittelrheinischen Kloster Disibodenberg wurden im 2. Viertel des 12. Jahrhunderts geschichtliche Ereignisse in den Klosterannalen festgehalten, darunter auch die Nachricht zu 1127, daß »Konrad von Zähringen im Beisein der meisten Großen Burgunds bei Speyer in den Prinzipat Burgunds eingesetzt wurde« *(Conradus de Ceringa coram plerisque Burgundionum optimatibus principatu Burgundiae apud Spiram sublimatur).* Diese Entscheidung beinhaltet eine wichtige Weichenstellung der zähringischen Geschichte: Sie eröffnete Möglichkeiten, bot aber keine gesicherte Position. Auftrag und Anspruch der Stellung war wohl die Wahrung der Reichsrechte in Burgund. Ein solches Amt aber hatte es bis dahin nicht gegeben. Dem neuen König Lothar fehlte es angesichts seiner staufischen Widersacher auch an Macht, die Reichsinteressen in Burgund selbst durchzusetzen. Schließlich handelte es sich bei der Stellung auch nicht um ein Herzogtum. Aber sie bot den Zähringern die Möglichkeit einer Erweiterung ihres Machtbereichs in Burgund, und sie schuf die Voraussetzung, vom König weiterhin in der

Herzogswürde anerkannt zu werden. Es handelte sich bei der Entscheidung ganz offensichtlich um ein Zweckbündnis, das dem neuen König die Unterstützung eines mächtigen süddeutschen Vasallen, den Zähringern selbst aber die Anerkennung ihrer bedrohten Herzogsstellung einbrachte. Wie die Staufer über dieses Bündnis dachten, mag man an den Formulierungen Ottos von Freising ablesen (vgl. Textanhang Nr. 2).

Lit.: Hrsg. v. G. WAITZ, MGH SS 17, 1861, S. 4–30, bes. S. 23; – HEYCK, Geschichte, S. 269ff.; WATTENBACH–SCHMALE, Geschichtsquellen 1, S. 142f.; G. POWITZ–H. BUCK, Die Handschriften des Bartholomaeusstifts und des Karmelitenklosters in Frankfurt am Main (Katalog der Stadt- u. Universitätsbibliothek Frankfurt a. M., Bd. 3), 1974, S. 240–244; HEINEMANN, Burgund I, S. 148ff.; ALTHOFF, Die Zähringer im Urteil Ottos von Freising, in: Die Zähringer I, S. 43–58. G. A.

65
Mahnbrief Bernhards von Clairvaux an Herzog Konrad, ca. 1132

12. Jahrhundert.
Pergamenthandschrift, 147 Bll., H. 38 B. 28 cm.
Burgerbibliothek Bern, Cod. 44.

In den Briefsammlungen Abt Bernhards von Clairvaux (1090–1153) ist ein Schreiben *ad ducem Conradum* überliefert, das auf ca. 1132 zu datieren ist. Der Abt teilt Konrad mit, der Graf von Genf (Amadeus) sei bei ihm erschienen und habe seine Bereitschaft zum Frieden erklärt. Bernhard vermittelte offenbar auf Bitten des Genfer Grafen einen Friedensschluß mit Konrad von Zähringen, der kurz zuvor, 1132, bei Peterlingen den Grafen schwer geschlagen hatte und damit seinen Anspruch auf das Erbe der Grafen von Burgund und das sechs Jahre zuvor von Lothar III. verliehene Rektorat von Burgund (vgl. Nr. 64) bekräftigen konnte. Der Graf von Genf kämpfte hier auf der Seite seines Verwandten, Graf Rainalds III. von Burgund, gegen die Zähringer und verlor den von den Zeitgenossen als außerordentliches Ereignis empfundenen Kampf, der Konrad die konkrete Übernahme des Rektorats in Ostburgund anscheinend erst ermöglichte.

Lit.: MIGNE, PL Bd. 182, 1854, Sp. 229–230 (Ep. 97); J. LECLERQ–H. ROCHAIS (Hrsgg.), S. Bernardi Opera Vol. VII: Epistolae I, 1974, Nr. 97 S. 247–248; – HEYCK, Geschichte, S. 248f. (ohne Kenntnis des Briefes); HEINEMANN, Burgund I, S. 125f. J. G.

66
Grabplatte Rudolfs von Rheinfelden († 1080)

Merseburg, Ende 11. Jahrhundert.
Sandsteinsockel: L. 206 B. 77 H. 28 cm.
Bronze-Platte, vergoldet: H. 196 B. 68 cm.
Dom zu Merseburg (Abguß des Fricktaler Heimatmuseums Rheinfelden).

Die bronzene Grabplatte Rudolfs von Rheinfelden in der Vierung des Merseburger Domes gehört zu den ältesten erhaltenen figürlichen Grabmälern des Mittelalters. Die Platte ist aus einem Stück gegossen, die vertieften Partien waren vergoldet, die Augen aus Email, in die Krone waren ebenfalls Emails und Edelsteine eingelassen. Am Rand findet sich eine Inschrift, die den König Rudolf preist als für das Gesetz der Väter gefallen *(Rex hoc Rodulfus–patrum pro lege peremptus/Plorandus · merito · conditur · in · tumulo–)*. Seit Karl (dem Großen) wäre diesem König keiner in Rat und Tat gleichgekommen, hätte er in einer Zeit des Friedens regieren können *(Rex illi similis · si · regnet · tempore · pacis · Consilio · gladio · non fuit a Karolo)*. Er habe als heiliges Opfer des Krieges sein Leben für die Kirche hingegeben *(Qua vicere sui ruit hic sacra · Victima · belli Mors · sibi vita fuit · ecclesiae · cecidit †)*. Durch den Tod des Gegenkönigs, mit dessen Tochter Agnes Herzog Bertold II. verheiratet war, verlor die antisalische Partei in Schwaben ihren wichtigsten Vertreter. Dies dürfte einer der Gründe dafür gewesen sein, daß sich die Staufer als Herzöge in Schwaben durchsetzen konnten.

Lit.: J. BÜCKING, Zur Grabschrift Rudolfs von Rheinfelden, in: ZGO 116 NF 77 (1968), S. 393–395; K. BAUCH, Das mittelalterliche Grabbild, 1976, S. 11 mit Anm. 33; P. E. SCHRAMM – F. MÜTHERICH, Denkmale der deutschen Könige und Kaiser 1, [2]1981, S. 176 mit Abb. 162; zu Rudolf allg. H. JAKOBS, Der Adel in der Klosterreform von St. Blasien, 1968; Zum Rheinfeldener Erbe: HEINEMANN, Burgund I, S. 63ff. G. A.

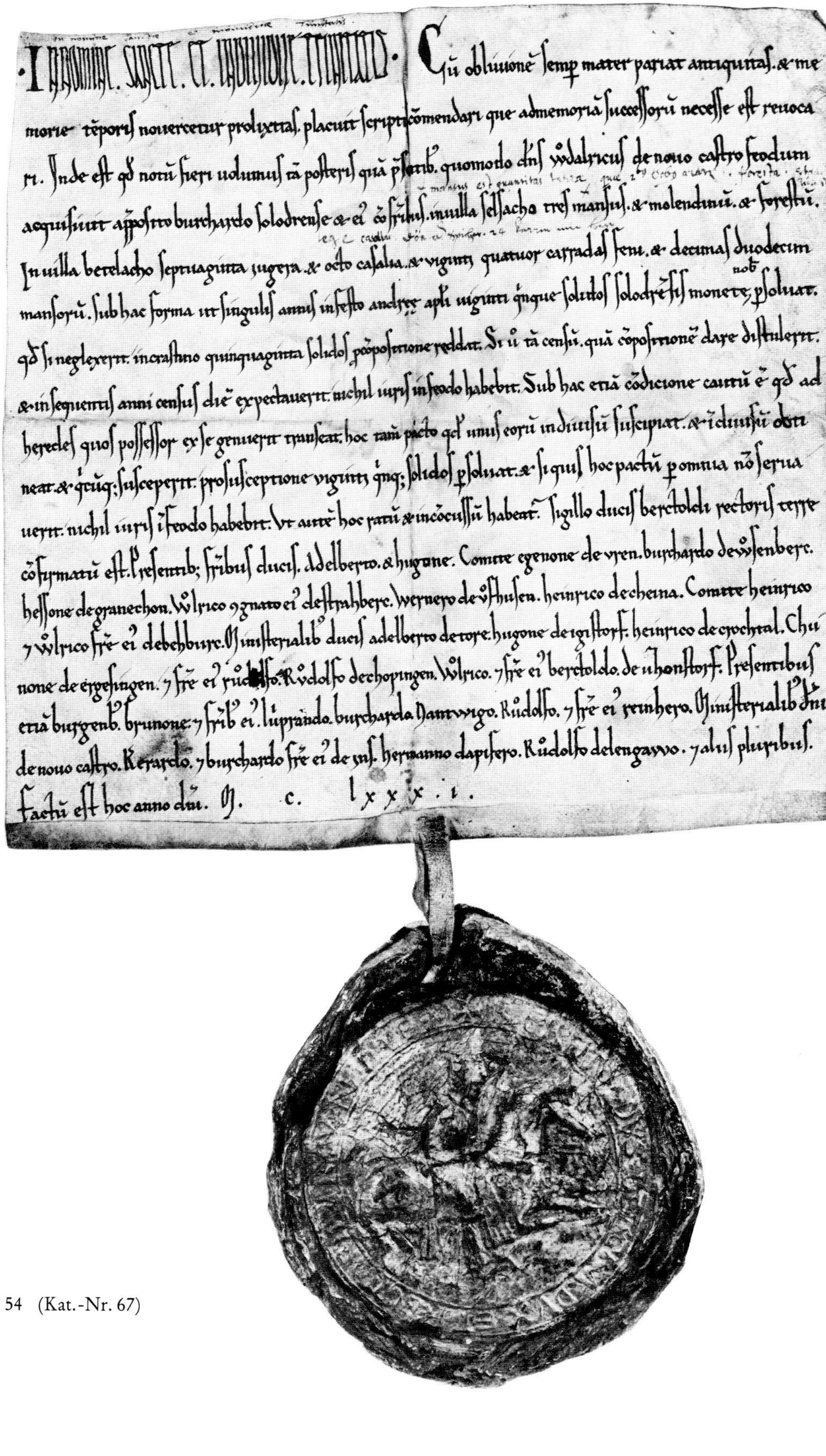

In nomine sancte et individue trinitatis. Cum oblivionē semp mater pariat antiquitas. et memorie tēporis novercetur prolixitas. placuit scripti cōmendari que ad memoriā successorū necesse est revocari. Inde est qd notū fieri volumus tā posteris quā pſentib. quomodo dns Vodalricus de novo castro feodum acquisivit a pposito burchardo solodrense et ei cōfratrib. in villa Sellacho tres mansus. et molendinū. et forestū. In villa betelacho septuaginta iugera. et octo casalia. et viginti quatuor carradas feni. et decimas duodecim mansorū. Sub hac forma ut singulis annis in festo andree apli viginti quinque solidos solodrēsis monete pſolvat. qd si neglexerit. in crastino quinquaginta solidos pro cōpositione reddat. Si v tā censū. quā cōpositionē dare distulerit. et in sequentis anni census diē expectaverit. nichil iuris in feodo habebit. Sub hac etiā cōdicione cautū ē qd ad heredes quos possessor ex se genuerit transeat. hoc tam pacto qd unus eorū indivisū suscipiat. et i clusū obtineat. et qcūq; susceperit. pro susceptione viginti qnq; solidos pſolvat. et si quis hoc pactū pomnia nō servaverit. nichil iuris i feodo habebit. Ut autē hoc ratū et incōcussū habeat. sigillo ducis bertoldi rectoris terre cōfirmatū est. Presentib; fratribus ducis. adelberto. et hugone. Comite egenone de vren. burchardo de wisenberc. hessone de granechon. Wlrico cognato ei de strahberc. wernero de vrhusen. heinrico de cheina. Comite heinrico et wlrico frē ei de bebhburc. Ministerialib ducis adelberto de tore. hugone de igistorf. heinrico de eychtal. Chunone de eyteshingen. et frē ei rudolfo. Rudolfo de chopingen. Wlrico. et frē ei bertoldo. de uhonstorf. Presentibus etiā burgensib. brunone. et fratrib ei. liuprando. burcharda. Hartwigo. Rudolfo. et frē ei reinhero. Ministerialib dni de novo castro. Kerardo. et burchardo frē ei de ... hermanno dapifero. Rudolfo de lengavvo. et aliis pluribus.

Factū est hoc anno dnī. M. c. lxxxi.

54 (Kat.-Nr. 67)

67 Abb. 54

Urkunde des Ursus-Stiftes in Solothurn mit Siegel Herzog Bertolds IV.

Solothurn, 1181.
Originalurkunde, Pergament, H. 21 B. 20,6 cm; Reitersiegel (Nr. 78.6) an Pergamentstreifen angehängt.
Staatsarchiv Solothurn, Urkunde 1181.

An eine vom Ursus-Stift in Solothurn für den Edelherrn Ulrich von Neuenburg ausgestellte Urkunde, durch die dieser vom Stift mit bestimmten Gütern belehnt wird, wurde das Siegel Herzog Bertolds IV., des »Rektors des Landes« Burgund, gehängt *(sigillo ducis Bertoldi rectoris terre confirmatum est).* Die Urkunde bezeugt also die Rechte und Pflichten des Rektors, der mit seiner Autorität Vorgänge rechtlicher Natur absichert. Da nur wenige solcher Zeugnisse erhalten sind, fällt es schwer, die Inhalte des zähringischen ›Rektorats‹ in Burgund genauer zu beschreiben.

Lit.: SUB 1, Nr. 221; – HEYCK, Geschichte, S. 408; HEINEMANN, Burgund II, S. 137f. G. A.

68 Abb. 55

Urkunde über eine Schenkung des Propstes Burchard an das Ursus-Stift in Solothurn mit Siegel Herzog Bertolds IV.

Solothurn, 1182 (?).
Originalurkunde, Pergament, H. 18,5 B. 16,5 cm; Reitersiegel an Pergamentstreifen angehängt (Nr. 78.6).
Staatsarchiv Solothurn, Urkunde 1182.

Als Propst Burchard seinem Stift St. Ursus in Solothurn unter bestimmten Bedingungen seinen Besitz vermachte, tat er dies vor Herzog Bertold, und dieser besiegelte die über den Vorgang ausgestellte Urkunde. Sie stellt also ein Zeugnis für Tätigkeitsbereiche des ›Rektors‹ in Burgund dar.

Lit.: SUB, Nr. 224; – HEYCK, Geschichte, S. 409; HEINEMANN, Burgund II, S. 124ff. G. A.

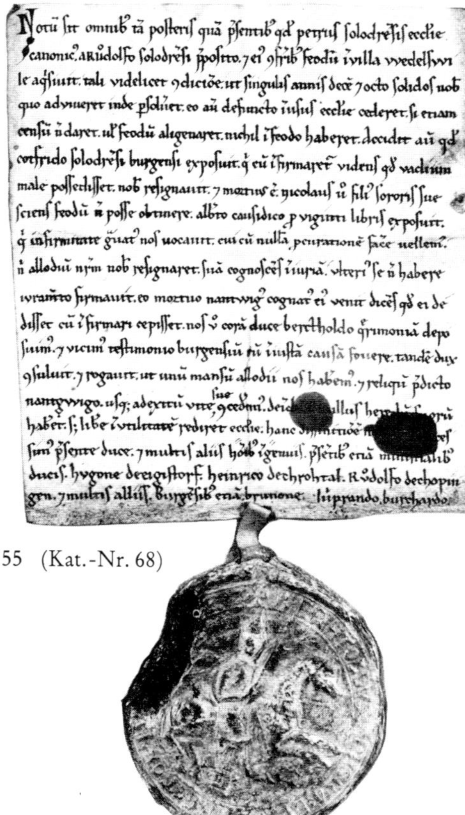

55 (Kat.-Nr. 68)

69 Abb. 56

Stich des von Herzog Bertold V. in Breisach erbauten Turmes

In J. D. Schöpflin, Historia Zaringo-Badensis Bd. 1, 1763 (Nr. 362), S. 127.

Der Stich in der Historia Zaringo-Badensis des Johann Daniel Schöpflin aus dem Jahre 1763 gibt einen Eindruck vom Aussehen des wehrhaften Turmes in Breisach, den die Österreicher im Jahre 1770 abtrugen. Er war zu dieser Zeit ziemlich zerfallen und wies auf zwei Seiten einen Riß auf, der bis zum Boden reichte. Auf Grund einer Inschrift, die Schöpflin und – geringfügig abweichend – schon Sebastian Münster mitteilen, hatte den Turm ein Herzog Bertold erbauen lassen, von dem aus er Burgund für dessen Verrat verwüstete *(Hanc dux Bertholdus struxisse notatur / A quo pro fraude Burgundia depopulatur).*

Keine der zeitgenössischen Quellen berichtet über einen Burgunder-Aufstand in der Zähringerzeit. Erst der Berner Stadtschreiber Konrad Justinger (Nr. 181.2) überliefert am Ende des 14. Jahrhunderts Nachrichten von einem solchen Aufstand im Jahre 1190. In Burgdorf ließ Bertold V. – und nicht Bertold IV., wie Schöpflin meinte – aus diesem Anlaß offensichtlich gleichfalls eine Inschrift am Tor seiner Residenz anbringen: *Berchtoldus dux Zeringie qui vicit Burgundiones fecit hanc portam* (Herzog Bertold von Zähringen, der die Burgunder besiegte, hat dieses Tor gemacht) (vgl. Nr. 247).

Lit.: HEYCK, Geschichte, S. 439f., 451f. G. A.

70 Abb. 57
Aufenthalte Herzog Bertolds IV. am Hofe Friedrich Barbarossas

Kartenskizze.

Das mittelalterliche Königtum war ein ›Reisekönigtum‹. Die politische Beratung und Entscheidung erfolgte an ständig wechselnden Orten, zu denen die Großen reisten, um ihrer Verpflichtung zu ›Rat und Hilfe‹ gegenüber ihrem Lehnsherrn, dem König, Genüge zu tun. Die Anwesenheit am Königshof läßt sich also auswerten hinsichtlich des politischen Ein-

56 (Kat.-Nr. 69)

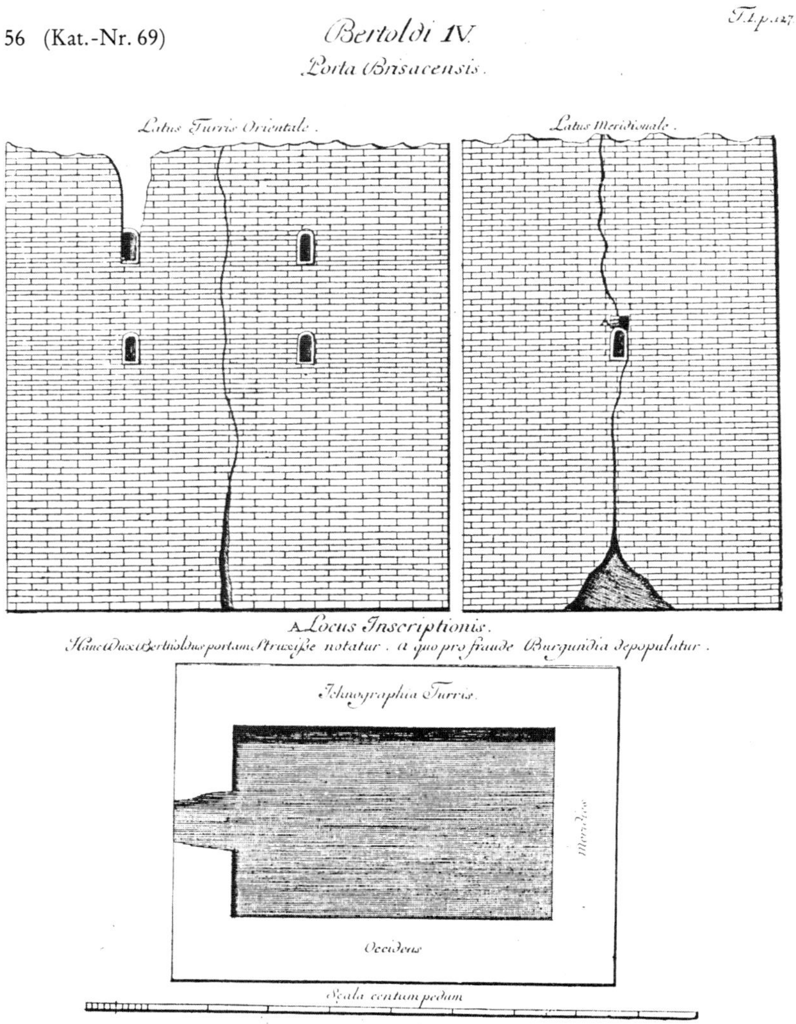

57 (Kat-Nr. 70) Aufenthalte Herzog Bertolds IV. am Hofe Friedrich Barbarossas

Stadt Freiburg i.Br.
Vermessungsamt

flusses und der ›Nähe‹ der Großen zum König. Gleichzeitig macht sie deutlich, welchen Belastungen die Großen durch diese Notwendigkeit ausgesetzt waren. Als Beispiel wurde die Regierungszeit Bertolds IV. ausgewählt, für den erheblich mehr Aufenthalte am Königshof bezeugt sind als für die anderen Zähringer-Herzöge; zu den Gründen für diese Aktivität vgl. die Einleitung oben S. 77f. Durch Zahlen ist jeweils angegeben, in welchem Jahr des 12. Jahrhunderts sich Herzog Bertold IV. bei Barbarossa aufhielt. Nachweise solcher Aufenthalte bieten vor allem die Zeugenreihen der Urkunden Friedrichs (MGH DDF I.). Unübersehbar ist das deutliche Übergewicht der Aufenthalte am Königshof in der Anfangsphase der Regierung Barbarossas. Von 1152 bis 1160 suchte Bertold IV. in jedem Jahr mehrfach den Hof auf und nahm überdies 1154/55 und 1159/60 an den beiden ersten Italienzügen Barbarossas teil. Die Abwesenheit in den Jahren 1161/62 weist deutlich auf die Schwierigkeiten zwischen Friedrich I. und Bertold IV.; nicht zufällig ist aus dieser Zeit der »Hochverrats-Brief« Bertolds an den französischen König überliefert, vgl. Nr. 74. Seit dieser Zeit läßt die Häufigkeit der Aufenthalte Bertolds am Königshof spürbar nach, auch wenn er noch am 4. Italienzug 1167/68 teilnahm.

Nicht zu verkennen ist ferner, daß der Zähringer den König vor allem dann aufsuchte, wenn dieser in die Nähe des zähringischen Herrschaftsbereichs kam. Colmar, Konstanz, Straßburg, Ulm und Worms sind die Orte, an denen Kaiser und Herzog mehrfach zusammentrafen.

Lit.: HEYCK, Geschichte, S. 328ff., F. OPPL, Das Itinerar Kaiser Friedrich Barbarossas (1152–1190), 1978. G. A.

71
Urkunde Friedrich Barbarossas über den Tausch von Badenweiler gegen Besitzungen im Harz

Goslar, 1. Januar 1158.
Originalurkunde, Pergament, H. 65 B. 50 cm; Kopie der verlorenen Goldbulle, starke Wasserschäden.
Niedersächsisches Hauptstaatsarchiv, Wolfenbüttel.

Am Neujahrstag des Jahres 1158 beurkundete Friedrich Barbarossa einen Tausch mit Heinrich dem Löwen. Er erhielt die Burg Badenweiler, das Erbe der Gemahlin Heinrichs des Löwen, Clementia von Zähringen, mit 100 Ministerialen und 500 Hufen, und gab Heinrich dem Löwen dafür Reichsburgen am Harz zu Eigen. Dieser Tausch, der Barbarossa einen beträchtlichen Besitz im Breisgau nahe den zähringischen Zentren einbrachte, gewinnt vor dem Hintergrund besondere Bedeutung, daß wenige Jahre später (November 1162) Heinrich der Löwe von Clementia von Zähringen auf ausdrücklichen Wunsch Friedrich Barbarossas geschieden wurde, wie Gislebert von Mons (vgl. Nr. 168) berichtet. Der Kaiser scheint somit dem welfisch-zähringischen Bündnis in den 50er Jahren bewußt entgegengewirkt zu haben, bis er es 1162 durch die Ehescheidung zerstörte.

Lit.: MGH DD Friedrichs I., Nr. 199; – K. JORDAN, Heinrich der Löwe, 1979, S. 74f., 110f.; W. HAAS, Friedrich Barbarossa und Heinrich der Löwe beim Tausch von Badenweiler gegen Reichsgut am Harz (1158), in: ZGO 131 NF 92 (1983), S. 253–269. G. A.

72
Abb. 58

Psalter der Clementia von Zähringen (?)

Helmarshausen um 1150.
Pergamenthandschrift, 125 Bll. H. 11,4 B. 6,5 cm.
Baltimore, Walters Art Gallery, Ms. W 10
Repr. von f. 6ᵛ.

Der ungewöhnliche kleine Band enthält, neben Psalmen, einem fragmentarischen Festkalender und einer Litanei, auf fol. 6ᵛ das Bildnis einer Frau, die als Stifterin oder Besitzerin der Handschrift anzusehen ist. Da die Herkunft der Handschrift aus Helmarshausen unstrittig ist, stilistische Gründe eine Datierung in die Mitte des 12. Jahrhunderts nahelegen, Heinrich der Löwe aber eine ganze Reihe von Codices in der Helmarshausener Werkstatt anfertigen ließ, sieht man in der Frauengestalt die erste Gemahlin Heinrichs, Clementia von Zähringen.

Lit.: Kunst und Kultur im Weserraum 800–1600, Ausst. Kat. [3]1967, S. 495f.; E. KRÜGER, Die Schreib- und Malwerkstatt der Abtei Helmarshausen bis in die Zeit Heinrichs des Löwen (1972) S. 288ff. u. ö. G. A.

58 (Kat.-Nr. 72)

73 Abb. 59

Karte zur zähringischen Heiratspolitik

Kartenskizze.

In einer Karte Mitteleuropas sind graphisch die Verbindungen dargestellt, die die Zähringer durch Heiraten knüpften. Dabei wurde die Zeit vom Beginn der Familie der Zähringer bis zur Generation Herzog Bertolds V. in drei verschiedene Phasen gestuft: Die erste Phase (blau) umfaßt die zähringischen Ehen bis zur Generation Herzog Bertolds II. Die zweite Phase (grün) umfaßt die folgende Generation der Herzöge Bertold III. und Konrad. Die dritte Phase (rot) schließlich faßt die beiden letzten Generationen der Herzöge Bertold IV. und Bertold V. zusammen.

Die drei Farben zeigen in ihrer Stufung blau-grün-rot, entsprechend der zeitlichen Abfolge der Phasen zähringischer Heiratspolitik, zum einen eine Größenstufung, indem der ›Heiratsraum‹ jeweils an Größe gewinnt. Zum zweiten zeigt sich eine wachsende Ausrichtung der ›Heiratsräume‹ entsprechend der zeitlichen Stufung nach Norden, Süden und Westen. Der östliche Raum tritt demgegenüber eher stärker zurück. Die zähringische Heiratspolitik richtete sich also in ihren Interessen zunehmend auf den burgundisch-savoyischen und lothringisch-flandrischen Raum aus, den schwäbischen Raum vernachlässigend. L. L.

74 Abb. 60

Schreiben Bertolds IV. an den französischen König Ludwig VII., sog. »Hochverratsbrief«, 1161–1162

St. Victor, 12.–13. Jahrhundert.
Kopialüberlieferung in der Briefsammlung des franz. Königs Ludwig VII., Pergamenthandschrift, 276 Bll., H. 4,2 B. 11,2 cm (und kleinere Blattformate).
Biblioteca Apostolica Vaticana Rom, Cod. Regin. lat. 179.
Repr. von f. 201^{v}–202^{v}.
(Textanhang Nr. 9).

Konkreter Anlaß des nicht datierten Schreibens ist eine Reise des Zähringers Rudolf, des Bruders Herzog Bertolds IV., zum französischen König mit dem Ziel, diesen zur Unterstützung seines Anliegens bei Papst Alexander III. zu veranlassen. Rudolf war in Mainz in turbulenter Situation zum Erzbischof gewählt, von Friedrich Barbarossa trotz intensiver Bemühungen jedoch nicht bestätigt worden. Der Brief gehört damit mit einiger Sicherheit in den Zeitraum zwischen der Exkommunikation Rudolfs auf der Synode von Lodi (20. Juni 1161), die der Kaiser billigte, und dem Ende des Jahres

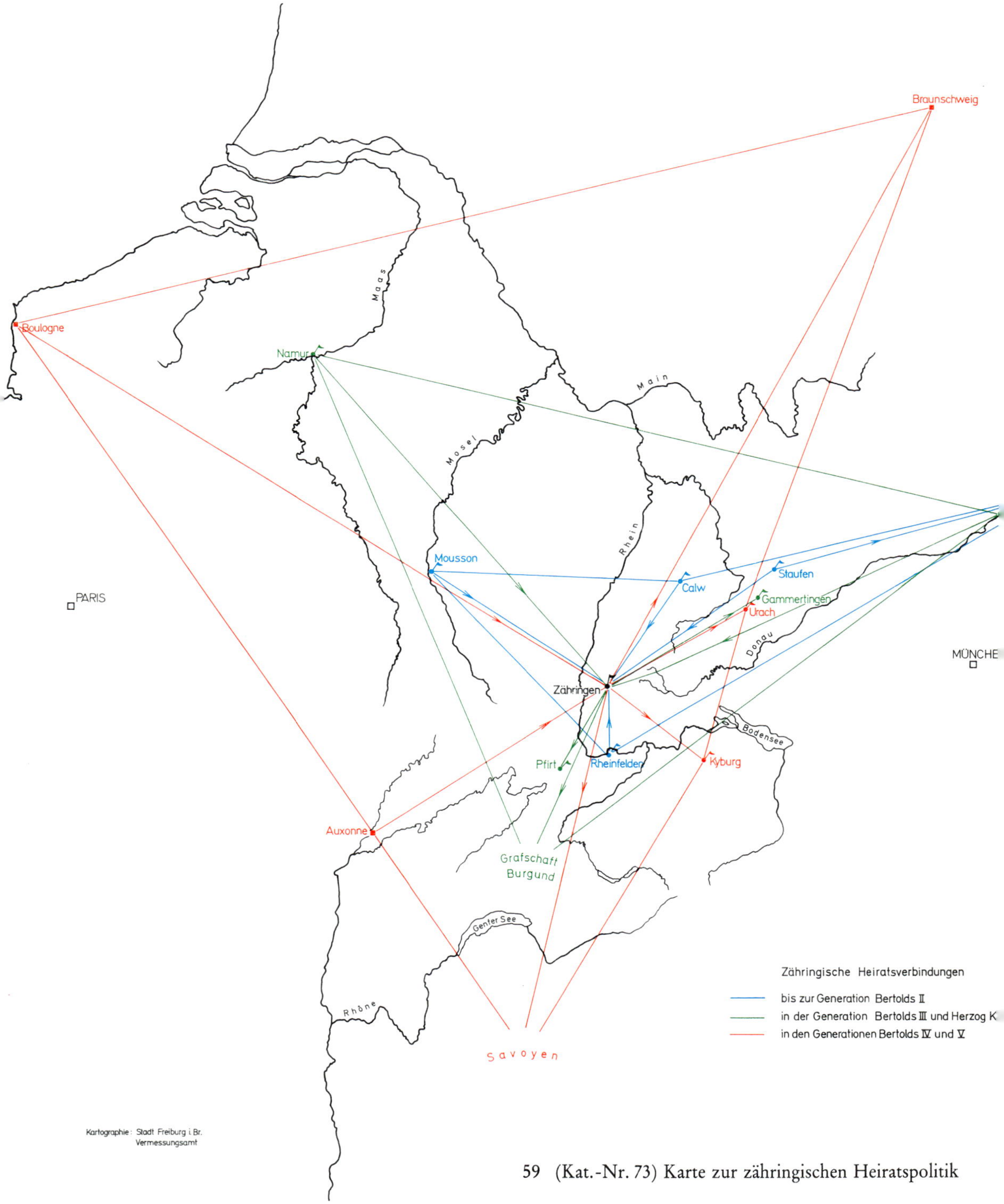

59 (Kat.-Nr. 73) Karte zur zähringischen Heiratspolitik

1162, als Friedrich die Trennung Heinrichs des Löwen von Clementia von Zähringen durchsetzte (vgl. Nr. 71). Er stellt wohl die Reaktion auf mehrere Zurücksetzungen der Zähringer seit dem Regierungsantritt Friedrich Barbarossas dar, und ist eines der wenigen zähringischen Selbstzeugnisse, die über ihr Verhältnis zu den Staufern Auskunft geben. Bertold IV. erwähnt nicht nur den »Hass« Friedrichs gegen die Zähringer, er bietet dem französischen König auch jede Unterstützung, sowie die seiner Freunde und Getreuen, gegen den Staufer an, scheint also zum bewaffneten Vorgehen gegen den Kaiser bereit zu sein.

Es ist nicht bekannt, ob dieser Brief etwas Konkretes bewirkt hat. Doch ist er als Zeugnis der zähringischen Reaktionen auf die staufische Politik seit 1152 wertvoll.

Lit.: Mainzer Urkundenbuch, Bd. 2, 1: 1137–1175, bearb. v. P. Acht (Arbeiten der Hessischen Historischen Kommission), 1968, Nr. 263, S. 469f.; Heinemann, Burgund II, S. 175ff. G. A.

75
Bericht der Marbacher Annalen zu 1198 über die Königskandidatur Bertolds V.

Repr. aus Hs. Universitätsbibliothek Jena, Bose q.6, f. 143ᵛ.
(Textanhang Nr. 13a).

Die Annalen des elsässischen Stiftes Marbach dürfen als hochwertige Quelle für die Zeit des endenden 12. Jahrhunderts gelten, weil die Forschung als ihren Verfasser den Propst Friedrich von St. Thomas in Straßburg wahrscheinlich machen konnte, der Kaplan Heinrichs VI. war und auch in Diensten König Philipps von Schwaben stand. Ihre Nachrichten über die Königskandidatur Herzog Bertolds V. von Zähringen werden in der Tendenz und in den Einzelheiten von mehreren anderen Quellen gestützt, so daß ihre sachliche Richtigkeit kaum Zweifeln unterliegt. Gut bezeugt sind sowohl die Geldforderungen an Bertold wie die Tatsache, daß er seine Neffen als Geiseln stellte, um durch sie zu sichern, daß er überhaupt zum Wahltag nach Andernach kommen würde. Man

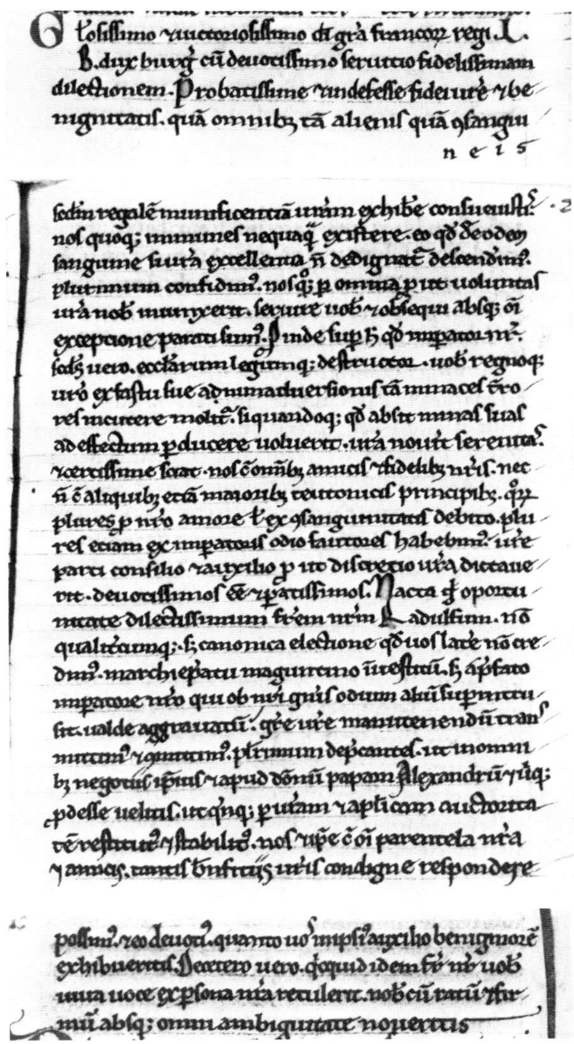

60 (Kat.-Nr. 74) Textmontage von f. 201ᵛ–202ᵛ

kann also kaum davon sprechen, daß sich Bertold V. übermäßig zum Königsamt drängte. Dazu paßt, daß er sich noch vor der Wahl mit Philipp von Schwaben verständigte und gegen konkrete Zugeständnisse in Schaffhausen und Breisach auf dessen Seite übertrat. Die antistaufische Partei wählte daraufhin den Welfen Otto IV. zum Gegenkönig.

Lit.: MGH SS rer. Germ. hrsg. v. H. Bloch, 1907, S. 73; – Wattenbach–Schmale, Geschichtsquellen 1, S. 120–124; Heyck, Geschichte, S. 445–450. G. A.

76
Papst Innozenz III. an Herzog Bertold V. von Zähringen

Lateran, ca. 26. 3. 1202. Thronstreitregister Innozenz' III. (Regestum super negotio Romani imperii).
Vatikanisches Archiv, Reg. Vat. 6, fol. 18^v–19^r (Faksimile).

Als Papst Innozenz III. (1198–1216) 1201 zugunsten des Welfen Otto in den staufisch-welfischen Thronstreit eingriff, mahnte er mehrfach in jeweils z. T. gleichlautenden Briefen die Fürsten der Stauferpartei, voran den Zähringer Bertold V. Das an Bertold gerichtete Schreiben vom März 1202 hat Innozenz abschriftlich in das sog. Thronstreitregister aufgenommen, eine für die nachfolgenden Päpste bestimmte Sammlung seiner wichtigsten Stellungnahmen über das Verhältnis des Papsttums zum Kaisertum. Den Brief an Bertold hat er »als Programmschrift betrachtet« und »ließ ihn der ersten Auswahl seiner Dekretalen einfügen; unter dem Namen ›Venerabilem‹ hat er in der Staatslehre des Spätmittelalters eine immense Bedeutung gewonnen« (W. Goez).
Seit Ladislaus Sunthaym (vgl. Nr. 269 f.) wurde dieser nunmehr zum locus classicus politischer Theorie avancierte Text mit der Geschichte der Zähringer verbunden. Obwohl die Dekretalenüberlieferung ebenso wie das Thronstreitregister in der Adresse nur Bertolds Titel *(dux Zeringie)*, nicht aber seinen Namen anführt, war der Adressat leicht auszumachen. Zudem nennt die seit ca. 1470 im Druck vorliegende Chronik des Burchard von Ursberg (verfaßt 1229/1230) ausdrücklich Bertold als den Adressaten dieses päpstlichen Schreibens.

Lit.: Faksimile-Ausgabe: W. M. Peitz, Regestum domni Innocentii papae super negotio Romani Imperii (Reg. vat. 6), (Codices e Vaticanis selecti 16), 1927. Editionen: F. Kempf, Regestum Innocentii III. papae super negotio Romani imperii (Miscellanaea Historiae Pontificiae 12), 1947, Nr. 62, S. 166–175; als Dekretale »Venerabilem«: Corpus iuris canonici, ed. E. Friedberg, Bd. 2, 1879, Sp. 79–82; – W. Goez, Translatio Imperii, 1958, S. 158 ff., 188 ff., 214 ff., 251 ff.; Stauferkatalog I, 1977, Nr. 333 S. 239–240 (E. Gönner).

D. M.

77
Abb. 61–62
»Pressestimmen« über Bertold V.

Textcollage.

Bei vielen Zeitgenossen, vor allem aber bei Autoren, die nach dem Tode Bertolds V. (1218) schrieben, hatte der ›letzte Zähringer‹ eine ausgesprochen ›schlechte Presse‹. Diese überwiegend negative Beurteilung seiner Person in den schriftlichen Quellen läßt sich, trotz durchaus unterschiedlicher Gewichtung in den einzelnen Aussagen, im wesentlichen auf drei Vorwürfe zurückführen: Grausamkeit, Geiz und eine (Mit-)Schuld am Ende der Zähringerdynastie werden ihm angelastet. Grausamkeit (Raub, Mord, Brandschatzung, unmenschliche Tyrannei, Ungerechtigkeit) werfen ihm verständlicherweise seine militärischen Gegner vor, so etwa die Bischöfe von Lausanne und Basel, mit denen er zeitlebens Konflikte auszutragen hatte. Aber auch monastische Kreise, vor allem die Zisterzienser (Caesarius von Heisterbach, Alberich von Troisfontaines, Bertold von Tennenbach) und die diesen nahestehenden Prämonstratenser (Burchard von Ursberg), kritisieren die »tyrannische Wut« des letzten Zähringerherzogs; sie betonen zugleich seinen übermäßigen Geiz, den besonders die Autoren hervorheben, die über die Vorgänge um die

61 (Kat.-Nr. 77) Miniatur Bertolds V. in J. Stumpfs Schweizerchronik (vgl. Kat.-Nr. 181.7)

deutsche Königswahl 1197/98 berichten. Als Motive dafür, daß Bertold V., der als Kandidat der welfischen Partei nominiert worden war, nicht zur Wahl erschien, sondern zur staufischen Partei überwechselte, wurden fast durchgängig sein Geiz und seine Geldgier geltend gemacht: Geiz, weil ihm die von seinen Wählern erhobenen finanziellen Forderungen zu hoch erschienen seien; Geldgier, weil er von den staufischen Unterhändlern Philipps von Schwaben für seinen Parteiwechsel entsprechend entschädigt wurde (Abb. 61 zeigt Bertold V. als König mit Szepter und Reichsapfel in einer Miniatur der Schweizerchronik Johannes Stumpfs, vgl. Nr. 181.7, S. 323). Schließlich ist Bertold V. auch die Tatsache, daß er bei seinem Tode (1218) keinen Sohn hinterließ und die Zähringerdynastie damit in der männlichen Linie ausstarb, zum Vorwurf gemacht worden. Seine Schlechtigkeit *(malitia)* und sein Geiz *(avaritia)* werden als (moralische) Gründe für die Erbenlosigkeit verantwortlich gemacht. Die Nachwelt hat dieses Motiv in Sagen, unter anderem von der Vergiftung seiner Kinder durch seine Gemahlin, beziehungsweise durch den burgundischen Adel (Abb. 62, das Portrait Bertolds V. von F. L. Herrmann, vgl. Nr. 309, zeigt die aufgebahrten toten Kinder des Herzogs im sog. ›Sockelbildnis‹) oder auch von Bertolds Vorliebe für den Genuß von Menschenfleisch usw., aufgegriffen und ausgestaltet (vgl. unten Röhrich, S. 377). Eine positivere Beurteilung scheint der letzte Zähringerherzog allein bei den Bürgern seiner Städte erfahren zu haben (vgl. Conrad Justingers Berner Chronik, Nr. 181.2).

62 (Kat.-Nr. 77) Portrait Bertolds V. (vgl. Kat.-Nr. 309)

Quellen: Bischof Bertold von Lausanne a. 1220, in: FrB 2, 1877, Nr. 11 S. 18; Caesarii Heisterbacensis monachi Ord. Cist. Dialogus Miraculorum, hrsg. v. J. Strange, Bd. 2, 1851, 12. Buch, cap. 13, S. 325; Chronica Albrici monachi Trium Fontium, hrsg. v. P. Scheffer-Boichorst, MGH SS 23, 1874, S. 907; Vita fratris Hugonis de Tennebach, in: Quellensammlung der badischen Geschichte, hrsg. von F. J. Mone, Bd. 4, 1867, S. 67; Weber, Tennenbacher Güterbuch, S. 169; Die Chronik des Propstes Burchard von Ursberg, hrsg. v. O. Holder-Egger–B. v. Simson, MGH SS rer. Germ. in us. schol. 16, 2. Aufl. 1916, S. 79; Die Berner-Chronik des Conrad Justinger, 1871, bes. cap. 12. – *Lit.:* E. Krüger, Eine Ehrenrettung Berchtolds V., des letzten Zähringers, in: Badische Landeszeitung 223, 225 (1890); E. Heyck, Das Unrecht der Nachwelt an Herzog Bertold V. von Zähringen, in: SiL 17 (1890), S. 51–57; D. Geuenich, Bertold V., der »letzte Zähringer«, in: Die Zähringer I, S. 101 ff. D. G.

4. Zähringersiegel und -münzen

78
Zähringersiegel

78.1 Abb. 63.1
SIEGEL 1140

Umschrift: CO(VNRAD)VS DVX (ET RE)C(TOR BVRGVNDIE).

Zinkabdruck der Urkunde von 1140: Erlewin u. seine Frau schenken Eschach an das Kloster Gengenbach (Nr. 16).

78.2 Abb. 63.2
SIEGEL 1155

Umschrift: BERTOLDVS (DEI GRA) (DV)X ET RECTOR BVRGVNDIE.

Nachzeichnung an Urkunde von 1155: Bertold IV. schenkt dem Grafen Guigo von Albon die Stadt Vienne; vgl. Galbreath, Sceau inédit.

78.3 Abb. 63.3
SIEGELFRAGMENT 1157

Umschrift: .DVX ET RECTO(R) BVRG... D.

Originalabdruck an Urkunde von 1157: Bertold IV. erläßt dem Kloster Hauterive Abgaben (Nr. 136). Nachzeichnung mit Rekonstruktionsversuch von Galbreath, Sceau inédit *(Abb.)*.

78.4 Abb. 63.4
SIEGEL 1169/1171

Umschrift: BERHTOLDVS DEI GRA DVX ET RECTOR BVRGVNDIE.
Größe: 8,5 cm.

Originalabdruck an Urkunde von 1169 für Stein a. Rh. (Nr. 117) und an Urkunde von 1171: Trierer Stiftslehen (Nr. 163): *Abb.*

78.5 Abb. 63.6
SIEGEL 1177

Umschrift: BERHTOLDVS DEI GRA DVX ET RECTOR BVRGVNDIE.
Größe: 8 cm.

Originalabdruck an Urkunde von 1177: Bertold IV. überläßt dem Chorherrenstift zu Zürich die Leutpriesterwahl (Nr. 38).

78.6 Abb. 63.5
SIEGEL 1181/1182

Umschrift: BERHTOLDVS DEI GRA DVX ET RECTOR BVRGVNDIE.
Größe: 9 cm.

Originalabdruck an Urkunde von 1181: Bertold IV. vollzieht einen Vertrag des St. Ursus-Stifts zu Solothurn (Nr. 67): *Abb.*; an Urkunde von 1182: Bertold IV. vollzieht die Urkunde über eine Schenkung an das St. Ursus-Stift zu Solothurn (Nr. 68).

78.7 Abb. 63.7
SIEGEL 1185

Umschrift: BERTHOLDVS DEI GRA DVX ET RECTOR BVRGVNDIE.
Größe: 7,5 cm.

Originalabdruck an Urkunde von 1185: Bertold IV. entscheidet einen Streit zwischen dem Zürcher Großmünster u. dem Leutpriester zu Schwenningen (Nr. 233).

78.8 Abb. 63.8
SIEGEL 1187

Umschrift: BER(C)HTOL ...DI GRA DVX ET RE...OR BVRGVNDIE.
Größe: 8 cm

Originalabdruck an Urkunde von 1187: Bertold V. bestätigt einen Schiedsspruch über Schenkungen u. Streitigkeiten der von Roggenbach (Nr. 125); an Urkunde von 1187: Bertold V. bestätigt die Errichtung einer besonderen Leutpriesterstelle zu Zürich (Nr. 60): *Abb.*

78.9 Abb. 63.9
SIEGELFRAGMENT 1210

Umschrift: ... NGIN...

Originalabdruck an Urkunde von 1210: Bertold V. ordnet die Einlieferungszeiten für die Einkünfte der Fraumünsterabtei in Zürich (Nr. 237).

78.10 Abb. 63.10–11
SIEGEL 1216

Umschrift: BER ... DV(X) ..... N ET RE(CTOR BVRGV)NDIE.
Größe: 8 cm.

Originalabdruck an Urkunde von 1216: Bertold V. gibt einen Willebrief zu einem durch Friedrich II. vorgenommenen Tausch aus Reichsgut. Bertold V. stimmt einem von König Friedrich II. vorgenommenen Besitztausch aus Reichsgut mit der Kirche zu Regensburg zu: ca. Januar 1216; Hauptstaatsarchiv München, HU Regensburg 22; Originalurkunde, Pergament, H. 11, B. 15 cm. Hrsg. v. HEYCK, Urkunden, Nr. XXIII, S. 32.

Von den Herzögen von Zähringen besitzen wir heute noch insgesamt dreizehn Siegel im Original, die zum großen Teil gut erhalten sind; außerdem sind uns zwei weitere Siegel bildlich überliefert. Zehn dieser 15 Siegel unterscheiden sich in ihrem Siegelbild voneinander. Die Zähringer haben also mindestens zehn verschiedene Siegelstempel anfertigen lassen. Zwei Siegeltypen sind dabei zu unterscheiden: das Standbildsiegel und das Reitersiegel.
Zu dem erstgenannten Typus gehören die drei ältesten Zähringersiegel: das Siegel Konrads von 1140 (Nr. 78.1) und die beiden Siegel Bertolds IV. aus den Jahren 1155 und 1157 (Nrn. 78.2 und 78.3). Das einzige Siegel, das von Konrad bekannt ist, hing an einer (verlorengegangenen) Urkunde für das Kloster Gengenbach aus dem Jahre 1140 (Nr. 16). Es ist zwar nicht im Original, aber in Form eines Zinkdruckes aus dem Jahre 1833 in Heinrich Schreibers Geschichte der Stadt Freiburg i. Br. überliefert und zeigt Konrad stehend, in kurzem Gewand mit einem Überwurf. In der rechten Hand hält der Herzog ein Schwert, in der linken Armbeuge ruht der Lanzenstab.
Dem Standbildsiegel Konrads ähnlich ist das wohl erste Siegel Bertolds IV., das uns ebenfalls nur in einer Abbildung erhalten geblieben ist. In einem im 19. Jahrhundert angelegten Album ist eine Nachzeichnung des Siegels enthalten, das an einer Urkunde für den Grafen Guigo von Albon von 1155 hing. Es zeigt Bertold IV. stehend, mit gelocktem Haar, das ihm bis auf die Schultern reicht. Auffallend groß sind Hände und Füße gezeichnet. In der Rechten hält er ein Schwert, in der Linken eine Fahnenlanze, an deren oberem Ende der Kopf eines Vogels (Adler?) zu erkennen ist (Nr. 78.2).
Als drittes wäre an dieser Stelle noch ein nur in Bruchstücken erhaltenes Siegel zu nennen. Nachdem Heyck die Siegelreste zusammengefügt hatte, meinte er, eine stehende Figur mit Schild und Lanze zu erkennen (Nr. 78.3). Die Fragmente des Siegels hängen an einer Urkunde, die Bertold IV. dem Kloster Hauterive im Jahre 1157 ausgestellt hatte (Nr. 136).
Standbildsiegel tauchten besonders in der ersten Hälfte des 12. Jahrhunderts auf und bildeten eine der Möglichkeiten für den hohen Adel, sich im Siegel abzubilden; häufiger als der Standbildsiegeltypus aber wurde im 12. und auch im 13. Jahrhundert das Reitersiegel als Mittel zur adligen Selbstdarstellung gewählt.
Von Bertold IV. gibt es vier, von Bertold V. drei verschiedene Siegel dieses Typus, die von den Herzögen zum Teil gleichzeitig benutzt wurden.
Das Siegel Bertolds IV., das an einer Urkunde für Kloster Stein aus dem Jahre 1169 (Nr. 78.4, Urkunde: Nr. 117) hängt und mit dem Siegel von 1171 übereinstimmt (Urkunde: Nr. 163), zeigt den Herzog als Reiter in voller Kriegsausrüstung: Er ist bekleidet mit einem Ring- oder Schuppenpanzer, Beinschienen und Eisenschuhen. Sein visierloser Helm, den er über der Kapuze trägt, läuft vorn spitz zu. In der rechten Hand hält er den Lanzenschaft mit der dreischlitzigen Fahne. Der gewölbte Schild ist vor seiner Brust um den Hals gehängt. Das heraldisch nach links galoppierende Pferd hat die Vorderhufe erhoben. Sein Zaum ist mit hängenden Riemen verziert. Von seinem Sattel hängt vor und hinter dem Steigbügel eine ausgezaddelte Decke herab. Der Reiter nimmt ganz die Bewegung des Pferdes auf, indem er Kopf, Körper und Schild sowie die Lanze weit nach vorne beugt.
Diesen Siegeln fast gleich sind die aus den Jahren 1181/82 überlieferten Siegel an Urkunden für das St. Ursus-Stift in Solothurn (Nr. 78.6, Urkunden: Nrn. 67–68). Neben fast unmerklichen Änderungen in der Haltung des Reiters und des Pferdes ist ein auffälliger Unterschied zu erkennen: So reicht die Lanzenspitze, die der Reiter in der Hand hält, im Siegel von 1169/71 bis zum E von *BERHTOLDUS*, während in den Siegeln von 1181/82 diese bereits bei B in die Siegelumschrift hineinragt.
Das dritte Siegel Bertolds IV. von 1177 (Nr. 78.5) lehnt sich in seiner Ausgestaltung an das vierte Siegel Bertolds IV. an einer Urkunde für das Großmünsterstift Zürich von 1185 (Nr. 78.7) an. Lediglich der unten zugespitzte

63.1

63.2

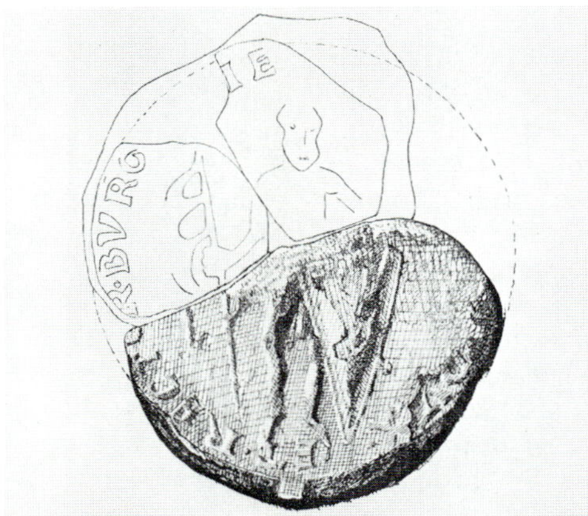

63.3

63.4

63.1–11 (Kat.-Nrn. 78.1–10) Zähringersiegel

63.6

63.7

63.8

63.9

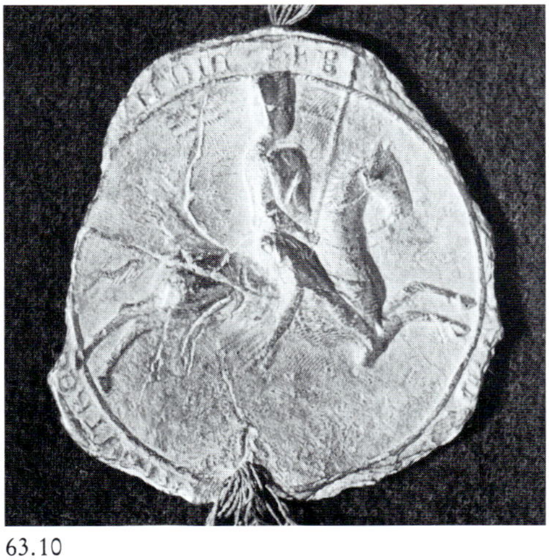
63.10

63.11

Schild ist im Siegel von 1177 deutlicher zu erkennen: Der Schild enthält noch kein Wappenbild, ist aber mit einem Buckel mit Eisenspitze, von welchem ein mehrstrahliger Schildbeschlag ausgeht, und einem doppelten, mit Nägeln versetzten Schildrand versehen.

Die Darstellungen der Reitersiegel Bertolds V. (Nrn. 78.8–10) stehen in der Tradition jener Bertolds IV. aus den Jahren 1177 und 1185. Pferd und Reiter erscheinen entspannt: Das im forschen Galopp begriffene Pferd springt mit ausgestreckten Vorder- und Hinterbeinen, die die Umschrift berühren, dahin. Der aufrecht sitzende Reiter, dessen Gesicht dem Betrachter zugewandt ist, reicht mit seinem Helm über die Grenze des Bildfeldes hinaus.

Im Siegel von 1187 (Nr. 78.8, Urkunden: Nrn. 60, 125) trägt der Reiter einen oben flach abgerundeten Helm mit offenem Visier und ein Panzerhemd. In der rechten Hand führt er die Lanze mit einer zweiteilig geschlitzten Fahne. Der Schild, den der Herzog in der linken Hand hält, zeigt das Bild eines aufrecht stehenden linksblickenden Adlers, der hier erstmals – sieht man von dem Siegel von 1155 ab – in einem Zähringersiegel auftaucht.

Das jüngste Siegel Bertolds V. von 1216 (Nr. 78.10) zeigt den Herzog wieder mit der dreilätzigen Fahne. Dieses Siegel besitzt ein ovales Rücksiegel, auf dem ein linksschauender Adler mit weit ausgebreiteten Flügeln dargestellt ist. Wahrscheinlich ist hiermit der Reichsadler gemeint, der auf das Rektorat von Burgund hinweisen soll. Dieser Adler taucht wieder im ältesten Stadtsiegel von Freiburg i. Ü. (Nr. 216) auf.

Das dritte Siegel von Bertold V. von 1210 (Nr. 78.9) ist nur als Fragment erhalten. Erkennbar sind noch der Schild mit Adler, der rechte Arm des Reiters und der hintere Teil des Pferdes.

Der erhaltene Rest der Umschrift ist bemerkenswert, erscheint doch hier zum erstenmal der Name Zähringen (aus den erhalten Buchstaben *...NGIN* für *ZARINGIN* zu rekonstruieren).

Bei der Beschreibung der Siegel wurden die Umschriften ausgespart (s. oben, Nr. 78, 1–10). Diese mußten – wegen der besonderen Rechtsqualität des Siegels als Erkennungszeichen und Beglaubigungsmittel – den Siegelführer eindeutig bezeichnen. In den Umschriften erscheinen die Titel, die sich die Zähringer selbst zugelegt haben, waren sie als Siegelinhaber auch gleichzeitig die Auftraggeber der Siegelanfertigungen und entschieden über Umschrift und auch Bild ihrer Siegel. Die Umschriften der Siegel dokumentieren damit das Eigenverständnis und das herrschaftliche Bewußtsein der Zähringer. So nahm bereits Konrad das im Jahre 1127 verliehene Amt des Rektorates von Burgund als Titel in sein Siegel auf: *CO(VNRAD)VS DVX (ET RE)C (TOR BVRGVNDIE).* Bertold IV. übernahm den Titel seines Vaters, erweiterte ihn aber um die Devotionsformel *DEI GRATIA.* Bertold V. hielt ebenfalls an der Umschrift seiner Vorfahren fest. Erst 1210 erfolgte insofern eine Neuerung der Umschrift, als der Herzogstitel durch Hinzufügung des Stammsitz-Namens ergänzt wurde: *DVX DE ZARINGIN ET RECTOR BVRGVNDIE.*

Die Siegel besitzen als zeitgenössische Quellen einen nicht zu unterschätzenden Aussagewert, spiegeln sie doch als »Orte offizieller Symbolik« (Bandmann) den Anspruch und das Selbstverständnis der Zähringer wider. Diese identifizierten sich mit ihren Siegelbildern und sahen sich geradezu in ihnen repräsentiert: als Herzöge (von Zähringen) und Rektoren von Burgund.

Lit.: H. SCHREIBER, Geschichte der Stadt Freiburg i. Br., Band 1, 1857, Beilage 1, S. 4–11, Taf. I–IV; HEYCK, Urkunden; HEYCK, Geschichte, S. 590 f., S. 425, Anm. 1273; ZUB Bd. 1, 1888, S. 206 f., 215 f., 219 f., 246 f. (Siegelabb. zum Urkundenbuch 1. Lfg., Taf. I., Nr. 1–4); D. L. GALBREATH, Un sceau inédit de Berthold IV de Zaehringen, in: Schweizer Archiv für Heraldik 35 (1921), S. 11–14; SUB Bd. 1, 1952, S. 119 ff.; E. KITTEL, Siegel, 1970, S. 250–256; J. BRETSCHER, Standesscheibe von Freiburg i. Ü., 1569, in: Schweizer Archiv für Heraldik 91 (1977), S. 11–18, bes. S. 13; T. DIEDERICH, Prolegomena zu einer neuen Siegel-Typologie, in: AfD 29 (1983), S. 242–284; HEINEMANN, Burgund II, S. 107–112.

G. W.

79 Abb. 64
Siegel Herzog Adalberts von Teck, 1190

Wachssiegel an Originalurkunde anhängend, beschädigt; Umschrift: SIGILLVM DVCIS [DE DECH]E.
Hauptstaatsarchiv Stuttgart A 502 Nr. 1056.

Das beschädigte Siegel hängt an einer um das Jahr 1190 zu datierenden Urkunde, in der Herzog Adalbert von Teck eine Güterübertragung an das Kloster Maulbronn bestätigt. Das Siegelbild zeigt einen nach rechts schauenden Adler. Seine Flügel sind weit zum Aufsteigen ausgebreitet.
Das Adlersiegel gilt als das älteste Siegel der Herzöge von Teck. Nur in diesem tritt der Adler als Siegelbild auf, vermutlich wurde hier das Wappentier von den Siegeln Bertolds V. übernommen. Die späteren Siegel der Herzöge von Teck tragen als Bild einen mit Rauten belegten Schild.

Lit.: F. K. Hohenlohe-Waldenburg, Sphragistische Aphorismen, 1882–1883, S. 35f., Abb. Tafel X Nr. 104; WUB 4, 1883, Nr. 75, S. 379; – I. Gründer, Studien zur Geschichte der Herrschaft Teck (Schriften zur südwestdeutschen Landeskunde 1), 1963, S. 61, 249. G. W.

64 (Kat.-Nr. 79)

Münzen aus dem zähringischen Einflußbereich (Nrn. 80–83)

Die Münzprägung, im Mittelalter ein königliches Recht, war eine Voraussetzung der Entstehung von Märkten und ausgedehntem Handel. Die Münzherren konnten sich ihrerseits durch Besteuerung Geldeinnahmen verschaffen. So ist es verständlich, daß sich mächtige Herren stets darum bemüht haben, das Recht, Geld zu prägen, vom König verliehen zu bekommen.
Die meisten bekannten, den Zähringern zugewiesenen Münzen werden »stumme Münzen« genannt, weil auf ihnen jeglicher Text fehlt (Ausnahme Nr. 59.1). Die Zuweisung dieser Münzen erfolgt darum nach Fundorten, Verbreitung, Form, Qualität des Silbers und Gewicht. Da im Mittelalter Münzen häufig für ungültig erklärt (›Münzverrufung‹) und in leichtere umgemünzt wurden, läßt sich am Gewicht von Münzen, die an einem Ort geprägt wurden, herausfinden, welches die ältesten sind. In der frühen Zähringerzeit, als es noch keine familienbezogenen Wappen gab (s. unten Schadek, S. 110f.) und wegen der Münzverrufungen öfter das Münzbild zur Unterscheidung von neuen und alten Münzen gewechselt werden mußte, können die auf den ausgestellten Münzen erkennbaren Löwen (Nr. 80.12–16), Adler (Nr. 80.11, 81.1–3) und Lindwürmer (Nr. 80.16–17) nicht anhand dieser Darstellungen einem bestimmten Geschlecht zugewiesen werden, sie sind vielmehr als Herrschaftssymbole zu betrachten. Der Adler als Hinweis auf Reichsämter und der Löwe als Symbol für Macht und Stärke waren sehr verbreitet. Auch der vermutete Zusammenhang von Lindwurmpfennigen mit der Limburg oder dem Limberg bei Sasbach läßt sich nicht aufrechterhalten. Bei der Bestimmung von Münzen der Zähringer bleiben Gewicht und Form, die Fundorte und die Silberqualität entscheidend.
Da nicht jeder Herr über Silberminen und Silbervorräte im großen, für ausgedehnte Münzprägung notwendigen Ausmaß verfügte, sind zahlreich auftretende Münzen mit hohem Silbergehalt nur einem mächtigen Herrn zuzuweisen. Die Rohstoffe konnten die Zähringer aus den Schwarzwaldgruben beziehen (Nrn. 22ff.), das für Münzprägung notwendige Privileg haben Zähringervorfahren 999 für Vil-

lingen (Nr. 27) mit dem Hinweis erhalten, sie könnten es verlegen, wohin sie wollten. Auch wenn die Zähringer sich nie auf dieses Privileg bezogen haben und kein schriftlicher Beweis vorliegt, daß die Zähringer Münzen prägen ließen, können wir Zähringer-Prägungen voraussetzen, denn es scheint undenkbar, daß ein mächtiges Herzogsgeschlecht, das zudem Silbergruben ausbeutete, keine Münzen geprägt haben soll.
Die im Breisgau gefundenen Münzen, erkennbar u. a. an der Zipfelform, stammen entweder aus den Bischofsstädten Basel und Straßburg und ihren zugehörigen Münzstätten (z. B. Breisach) oder aus einer nur zu erschließenden weltlichen Münze. Bischöfliche Münzen (Nr. 83) lassen sich auch ohne Schrift gut zuordnen, da die Münzbilder kirchliche Symbole wie Bischofshut und Krummstab zeigen. Die weiteren, von diesen bischöflichen Münzen deutlich zu unterscheidenden Breisgauer Münzen sind darum mit hoher Wahrscheinlichkeit den Zähringern und der Münzstätte Freiburg zuzuordnen, auch wenn diese erst später urkundlich nachzuweisen ist.
Die vorliegenden Münzen sind überwiegend ›Brakteaten‹, also aus dünnem Silberblech (900/1000) nur einseitig geschlagene Stücke. Auf ihrer Rückseite ist darum ein Negativ des Münzbildes zu erkennen (Herstellung von Brakteaten Nr. 28).

Lit.: Wielandt, Münzanfänge; Ders., Breisgauer Pfennig.

ZÄHRINGISCHE PRÄGUNGEN
in der späteren Schweiz

Die bisherige Zuweisung doppelseitig geschlagener Münzen mit heraldischem Adler in das zähringische Bern wird inzwischen angezweifelt. In Freiburg im Üchtland ist erst im 15. Jahrhundert eine städtische Münze nachweisbar, so daß eine zähringische Prägungsstätte dort fraglich ist. Burgdorf wurde um 1330 Münzort der Grafen von Kiburg, die die Zähringer südlich des Rheins beerbten; zähringische Prägungen von dort sind nicht bekannt. Aus Zürich ist ein schöner Pfennig erhalten, der vielleicht anläßlich des Besuchs eines Zähringers dort geprägt worden ist (Nr. 59). Die Interessen der Zähringer an der Solothurner Münze sind noch nicht geklärt.

Lit.: Wielandt, Münzanfänge, S. 141 f.; H. Buchenau, Schwäbisch-Allemannische Pfennige, in: Bll. f. Münzfreunde 46 (1911), Sp. 4759–4764, 4780–4798, 4807–4848. C. R.

80
Münzprägungen aus dem Breisgau in der Zähringerzeit

80.1
PFENNIG, BREISGAU, ZÄHRINGER (?)

Kopf nach links in äußerst primitivem, das Profil nur andeutendem Schnitt, in dünnem Kerbreif, einseitig. 0,44 g, 12 mm, Wielandt, Breisgauer Pfennig, 9.
Bad. Landesmuseum Karlsruhe.

80.2
PFENNIG, BREISGAU

2. Hälfte 12. Jh., Kopf mit Diadem nach links, davor ein Kreuz zwischen zwei Sternen, Perlreif, einseitig. 0,43 g, 14 mm, Wielandt, Breisgauer Pfennig, 10.
Bad. Landesmuseum Karlsruhe.

80.3
PFENNIG, BREISGAU

Brustbild nach rechts mit gestricheltem Haar, davor Kreuz, darüber Stern, einseitig. 0,38 g, 15 mm, Wielandt, Breisgauer Pfennig, 11.
Bad. Landesmuseum Karlsruhe.

80.4
PFENNIG, BREISGAU, ZÄHRINGER (?)

Kopf nach links im Perlkranz, grob, Fund Malterdingen; einseitig. 0,32 g, 16 mm, Wielandt, Breisgauer Pfennig, 12.
Bad. Landesmuseum Karlsruhe.

80.5
PFENNIG, BREISGAU, ZÄHRINGER (?)

Ovales Gesicht mit gescheiteltem Langhaar, das in je 2 Kugeln endet, darunter rechts ein Kreuz, links ein Stern, einseitig. 0,43 g, 16 mm, vgl. Wielandt, Breisgauer Pfennig, 19a.
Bad. Landesmuseum Karlsruhe.

80.6
PFENNIG, BASEL (?)

Brustbild mit halblangem, gescheiteltem Haar, links Punkt und Stern, rechts drei Punkte über Kreuz, grober Perlreif, einseitig. 0,32 g, 17 mm, Wielandt, Breisgauer Pfennig, 21.
Bad. Landesmuseum, Karlsruhe.

80.7 Abb. 65.1
PFENNIG

Kopfprofil nach links mit Diadem, vor dem Gesicht ein Kreuz zwischen zwei Sternen, Perlkreis, einseitig. 0,493 g, 14,5 mm, Wielandt, Breisgauer Pfennig, 10.
Augustinermuseum Freiburg S 7.

80.8
PFENNIG

Kopfprofil nach links, vor dem Gesicht ein Kreuz zwischen zwei Sternen, Perlreif, einseitig. 0,462 g, 15 mm, ähnlich: Wielandt, Breisgauer Pfennig, 10.
Augustinermuseum Freiburg S 9.

80.9 Abb. 65.2
PFENNIG, STRUWWELKOPF

Brustbild mit wehendem Haar, in Kugeln endend, links Stern, rechts Kreuz, Perlreif, einseitig. 0,497 g, 17 mm, Wielandt, Münzgeschichte, 10a.
Augustinermuseum Freiburg S 3.

80.10 Abb. 65.3
PFENNIG, STRUWWELKOPF

Brustbild mit wehendem Haar, rechts und links je ein Kreuz, Perlreif einseitig. 0,400 g, 17,5 mm, Wielandt, Münzgeschichte, 10.
Augustinermuseum Freiburg S 6.

80.11 Abb. 65.4
ADLERPFENNIG

um 1200, Adler nach links schreitend, zurückblickend, über dem Rücken Kreuz mit Punkten in jedem Winkel, Perlreif, einseitig. 0,462 g, 14 mm, Wielandt, Münzgeschichte, 6b.
Augustinermuseum Freiburg S 10.

80.12
LÖWENPFENNIG

stehender Löwe nach links, ohne Mähne, mit Halsband (drei Perlen), Maul schnabelförmig, im Fund von Kiechlinsbergen und Malterdingen, einseitig. 0,39 g, 18 mm, angeblich hachbergisch. Wielandt, Breisgauer Pfennig, 27a.
Bad. Landesmuseum Karlsruhe.

Lit.: Holler, Malterdingen; Roller, Kiechlinsbergen.

80.13 Abb. 65.5
LÖWENPFENNIG

12. Jh., nach links schreitender Löwe mit einer erhobenen Vorderpfote, sich selbst in den Schwanz beißend, Perlreif, einseitig. 0,408 g, 14 mm, Wielandt, Münzgeschichte, 11.
Augustinermuseum Freiburg 47.

80.14
LÖWENPFENNIG

12. Jh., nach links schreitender Löwe mit einer erhobenen Vorderpfote, sich selbst in den Schwanz beißend, Perlreif, einseitig. 0,639 g, 12 mm, Wieland, Münzgeschichte, 11.
Augustinermuseum Freiburg S 12.

80.15
LÖWENPFENNIG

nach links schreitender Löwe, Stern über dem Schwanz, Perlreif, einseitig. 0,493 g, 13,5 mm, Wielandt, Münzgeschichte, 12.
Augustinermuseum Freiburg 2569.

80.16 Abb. 65.6
PFENNIG, SPRINGENDER LÖWE (LINDWURM)

Tier nach links mit rückwärtsgewandtem Kopf im Perlkreis, einseitig. 0,400 g, 17 mm, Holler, Malterdingen, 20.
Augustinermuseum Freiburg, 3140f.

80.17 Abb. 65.7
PFENNIG, LINDWURM

nach rechts gewandt im Perlkreis, einseitig. 0,370 g, 16 mm, Holler, Malterdingen, 27.
Augustinermuseum Freiburg, 55.

65.1

65.2

65.3

65.4

65.5

65.6

65.7

65.8

65.9

65.1–9 (Kat.-Nrn. 80–83) Zähringermünzen

Lit.: WIELANDT, Münzanfänge; DERS., Breisgauer Pfennig; F. WIELANDT, Badische Münz- und Geldgeschichte, 1955; J. HOLLER, Ein bedeutender Fund schwäbisch-alemannischer Pfennige aus dem Breisgau (Malterdingen), Schweizerische Numismatische Rundschau 1952/53; O. ROLLER, Der Fund von Kiechlinsbergen, 1932. C. R.

81
Adlerpfennige aus Rottweil

81.1 Abb. 65.8
ADLERPFENNIG, ROTTWEIL

heraldischer Adler nach links, dicker Perlkreis, einseitig. 0,504 g, 19 mm, Wielandt, Münzanfänge, 3.
Augustinermuseum Freiburg S 19.

81.2
ADLERPFENNIG, ROTTWEIL

heraldischer Adler nach rechts, dicker Perlkreis, einseitig. 0,400 g, 19 mm, Wielandt, Münzanfänge, 3.
Augustinermuseum Freiburg S 20.

81.3
ADLERPFENNIG, ROTTWEIL

12. Jh. heraldischer Adler nach links im Perlkreis, einseitig. 0,33 g, 18 mm, Wielandt, Münzanfänge, 3.
Bad. Landesmuseum Karlsruhe.

Die aus Rottweil stammenden Adlerpfennige werden den Zähringern zugeschrieben, die in ihrer frühen Zeit als (Gegen-)Herzöge von Schwaben in Rottweil nachweisbar sind. In den ›Notitiae fundationis‹ des Klosters St. Georgen (Nr. 123) ist ein schwäbischer Hoftag der Zähringer erwähnt. Der Adler könnte dann Symbol des Reichsamtes sein.

Lit.: WIELANDT, Münzanfänge, S. 142 f. C. R.

83
Münzen geistlicher Herren aus Basel und Straßburg

83.1
DENAR

Vs. Kirche mit fünf Türmen
Rs. Bischof mit Krummstab
Bistum Straßburg, Heinrich von Vehringen 1202–1223; 0,61 g, 46 mm.
Bad. Landesmuseum Karlsruhe.

83.2 Abb. 65.9
PFENNIG

Bischof mit Mitra, nach links, umrahmt von zwei Sternen, im feinen Perlreif, Basel, einseitig. 0,37 g, 15 mm. Wielandt, Basel, 70.

83.3
PFENNIG, BASEL

Bischof mit Mitra nach links, davor Stern, einseitig. 0,36 g, 18 mm. Wielandt, Basel, 73b.
Bad. Landesmuseum Karlsruhe.

Bei den Straßburger und Basler Bischofsmünzen findet sich im Münzbild ein deutlicher Bezug zum geistlichen Leben. Mitra, Krummstab und Kirchen lassen diese Münzen deutlich von den weltlichen unterscheiden.

Lit.: F. Wielandt, Die Basler Münzprägung, Bern 1971. C. R.

84
Weltlicher Beischlag zu einer Basler Münze

Pfennig, weltlicher, Beischlag zur Basler Bischofsmünze, um 1200, Kopf nach links mit Punkten und Strichen in äußerst roher Machart, feiner Perlreif, einseitig. 0,36 g, 16 mm.
Wielandt, Breisgauer Pfennig, 58; Wielandt, Basel, 73c.
Bad. Landesmuseum Karlsruhe.

Diese simple Nachahmung der Basler Pfennige aus einer weltlichen Münze wurde vermutlich in Südbaden gefunden. Weitere sichere Schlußfolgerungen sind nicht möglich. C. R.

Adler und Löwe: Wappentiere der Zähringer? (Nrn. 85–86)

Erst einer quellenkritisch orientierten Geschichtsschreibung konnte das Wappentier der Zähringer zum diskutierfähigen Thema werden. Bis dahin sah man keine Veranlassung, an dem von der älteren heraldischen Literatur überlieferten und zuletzt noch von Johann Daniel Schöpflin bestätigten Zähringerwappen zu zweifeln. Zwar hatte auch Schöpflin schon seine »Historia Zaringo-Badensis« (Nr. 362) originär aus den Quellen erarbeiten und deshalb auch das Wappenbild der Zähringer, das ihm aus der Überlieferung als goldener Löwe im roten Feld vertraut war, an den Siegeln der Zähringer Originalurkunden überprüfen wollen. Er mußte sich aber, da ihm selbst in den badischen Archiven kein Original zur Hand war, in seinem Urteil auf die Beobachtungen Dritter stützen. Diese schienen die sekundäre Überlieferung zu bestätigen: Der Abt von Altenryf (Hautrive) erkannte auf einem stark beschädigten Siegel einer Urkunde Bertolds IV. von 1157 (Nr. 136, Siegel: Nr. 78.3) einen von rechts nach links aufsteigenden Löwen. So behielt dieser als Wappentier der Zähringer weiterhin Geltung, zumal er 1805, nach dem Anfall des Breisgaus an Baden, unerwartet aktualisiert und aufgewertet wurde: Markgraf Karl Friedrich, der sich den Titel eines Herzogs von Zähringen zulegte, nahm den Löwen als Wappentier in das badische Staatswappen auf (s. unten Gerchow, S. 356ff.). Die Stiftung eines Ordens vom Zähringer Löwen durch Großherzog Karl 1809 (Nr. 322) autorisierte erneut die überkommene Auffassung vom Wappenbild der Zähringer. Noch 1837 konnte deshalb Joseph Bader seine Geschichte der Ahnen des Hauses Baden unter dem Titel »Der Zähringische Löwe« herausbringen. Inzwischen hatte allerdings Ulrich Friedrich Kopp 1831 – freilich noch recht vage begründete – Bedenken gegen das tradierte Zähringer Wappenbild erhoben, indem er zu den Siegelabbildungen, die Ernst Julius Leichtlen seiner Arbeit über Ursprung und Ahnen der Häuser Baden und Österreich (1830, Nr. 364) beigegeben hatte, kritisch bemerkte, daß diese erneut nur die st. petrinische, also sekundäre Überlieferung berücksichtigten. Seine Forderung nach der Überprüfung an den Primärquellen wurde, nachdem Einzelbeobachtungen vorausgegangen waren, umfassend erstmals durch den in diplomatischen Fragen erfahrenen Freiburger Historiker Heinrich Schreiber eingelöst. Dieser konnte als Ergebnis seiner Untersuchungen, die er 1857 unter dem provozierend knappen Titel »Der Zähringische Adler« veröffentlichte, festhalten, daß auf den von ihm untersuchten Siegeln als Wappentier immer nur der Adler, in keinem Fall der Löwe begegnete. Schreiber, der nicht versäumte, Texte und Zeichnungen von seinen Forschungen vor Ort an den Großherzog von Baden zu übersenden, hatte allerdings das Altenryfer Siegel nicht überprüfen können. Die badische Geschichtsschreibung, die sich vor das Dilemma gestellt sah, den landesherrlich sanktionierten Zähringer Löwen gänzlich in das Reich der Fabel verweisen zu müssen, erkannte hier eine letzte Möglichkeit, »den Streit so zu schlichten, daß der zähringische Löwe in Ehren, und daß das Zeichen des nach ihm benannten landesfürstlichen Ordens ... ein wohl begründetes Zeichen der Erinnerung an die Macht und den Ruhm der Ahnen unseres badischen Fürstenhauses bleibt«. Da eine von Franz Zell für seine »Geschichte und Beschreibung des Badischen Wappens« veranlaßte Überprüfung des Altenryfer Siegels eine scheinbare Bestätigung des Löwenbildes ergab, interpretierte er nun, da die Adlersiegel nicht mehr zu übersehen waren, den »vermeintlich zähringischen Löwen« im Anschluß an Joseph Bader als »burgundischen Löwen«, als »Amtswappen« der Zähringer in ihrem Rektorat über Burgund, das von der Tradition als Familienwappen des Herzogshauses mißverstanden worden sei. Erst Eduard Heyck konnte 1892 der Legende vom zähringisch-burgundischen Löwen ein Ende setzen: Die photographische Aufnahme der von ihm zusammengesetzten Bruchstücke des Altenryfer Siegels zeigte das Bild einer Herzogsfigur mit Lanze und Schild (Schwert? vgl. Nr. 78.3).

Als Ertrag der im 19. Jahrhundert geführten Diskussion kann festgehalten werden: Erst Bertold V. hat um 1187 ein Wappenbild in sein Siegel aufgenommen. Es ist der Adler, der insbesondere durch das Rücksiegel zu einer Urkunde von ca. 1216 als Reichsadler ausgewiesen ist. Er ist Zeichen einer amtlichen Funktion, die von den Zähringern im Auftrag des Reiches vollzogen wird – des Rektorats über Burgund –, scheint sich aber darüber hinaus bereits auch als Signum der

Herzogsfamilie festzusetzen. Es fällt auf, daß sich auch Herzog Adalbert von Teck, der Oheim Bertolds V., 1190 eines Adlersiegels bedient, ohne daß hier ein Reichsamt erkennbar wäre. Insbesondere spricht für eine bereits familienbezogene Bedeutung des zähringischen Wappenbildes, daß die Grafen von Urach als die Erben der Zähringer 1218 auf ihr eigenes Wappen verzichteten, um den Adlerschild als äußerlich sichtbares Zeichen der Nachfolge anzunehmen. Freilich darf dies ebenso als Indiz dafür genommen werden, daß die familienbezogenen Wappen in dieser Zeit noch weitgehend nicht festgelegt waren. So haben schließlich auch die Herzöge von Teck ein eigenständiges Wappen gewählt – vielleicht um dadurch ihre unabhängige Stellung, auch gegenüber den Urachern, zum Ausdruck zu bringen.

Mit der Ermittlung des zeitgenössischen Wappentiers der Zähringer hatte sich Eduard Heyck zufriedengegeben; ihm konnte die spätere Entwicklung nur als eine zu korrigierende Verirrung erscheinen. Erst mit der Entdeckung der Tradition als Teil der Zähringer Geschichte ist auch der Zähringer Löwe wieder in das Blickfeld der Forschung gerückt. Das früheste Zeugnis seiner Existenz bietet bislang das Wappenbuch des Konstanzer Heraldikers Konrad Grünenberg von 1483 (Nr. 85). Dieses zeigt einen stehenden, nach rechts gewendeten und den Betrachter anblickenden goldenen Löwen im roten Feld. Er unterscheidet sich insofern von dem schon 1491 an der Schultheißenpforte des Berner Münsters (Nr. 285), überaus häufig dann in späteren Wappenbüchern auftretenden, nach rechts blickenden, aufsteigenden Löwen, wie er in dieser Form von Grünenberg, jedoch Rot in Silber, für die markgräflich-badische Herrschaft Sausenberg abgebildet wird. Obwohl die abweichende Gestaltung des zähringischen Löwens bei Grünenberg bisher nicht schlüssig zu erklären ist, kann doch daraus kein Argument abgeleitet werden, die spätere Ausformung des zähringischen Löwenmotivs entstehungsgeschichtlich mit dem badischen Haus in Verbindung zu bringen. Auch über die Bildmotive, die sich auf den Zähringern zugeschriebenen Münzprägungen finden – Adler, Falke, Löwe, Lindwurm, Struwwelkopf (Nrn. 80–83) –, ist wohl weder die Entstehung des zähringischen Löwenwappens selbst, noch gar über den Vergleich mit der badisch-breisgauischen Löwenmünze des 16. Jahrhunderts der oben angesprochene entstehungsgeschichtliche Kontext herzustellen. Eine überzeugende Argumentation ergibt sich dagegen, wenn der enge genealogische Zusammenhang ins Auge gefaßt wird, in den seit dem 14. Jahrhundert Habsburger und Zähringer gestellt wurden. Schon die Colmarer Chronik nennt den im Todesjahr Bertolds V. geborenen Rudolf von Habsburg einen Abkömmling der Herzöge von Zähringen, und Rudolf selbst hat offenbar an die Zähringer anzuknüpfen gesucht (s. unten D. Mertens, S. 305 ff.). Diese genealogisch-ideelle Verknüpfung beider Familien ist der Geschichtsschreibung des ausgehenden Mittelalters offenbar gegenwärtig geblieben. Denn die Genealogen des 16. Jahrhunderts beschäftigen sich wieder intensiv mit den Verwandtschaftsverhältnissen von Habsburgern und Zähringern (vgl. auch unten Gerchow, S. 392 ff.). Da das zähringische Adlerwappen, ohnehin nur an wenigen Siegeln überliefert, der Zeit nicht mehr bekannt war, lag es nahe, aus der engen Verwandtschaft beider Geschlechter auf ein gemeinsames Familienwappen zu schließen, das sich nur in der Tinktur, durch den Tausch der Farben, unterschied: Dem habsburgischen roten Löwen im goldenen Schild entsprach der zähringische goldene Löwe im roten Schild. Die Wappen der Stammbäume aus Jakob Mennels »Fürstlicher Chronik« von 1518 (Nr. 273) belegen diese komplementäre Bezogenheit beider Familienwappen auf exemplarische Weise.

Lit.: E. J. Leichtlen, Die Zähringer. Eine Abhandlung von dem Ursprunge und den Ahnen der erlauchten Häuser Baden und Österreich, 1831; U. F. Kopp, Über Entstehung der Wappen im Allgemeinen und des badischen insbesondere, 1831; J. Bader, Die ältesten Siegel des zäringisch-badischen Fürstenhauses, in: Schriften der Alterthums- und Geschichtsvereine zu Baden und Donaueschingen 2, 1848/49, S. 30–52; H. Schreiber, Der Zähringische Adler, in: Ders., Geschichte der Stadt und Universität Freiburg i. Br. I, 1857, Beilage I, S. 1–26; F. Zell, Geschichte und Beschreibung des Badischen Wappens, 1858; K. Frh. v. Neuenstein, Das Wappen des Großherzoglichen Hauses Baden in seiner geschichtlichen Entwickelung, 1892; Heyck, Urkunden; W. Brambach, Zähringer Symbole und Wappen auf Münzen, in: O. Bally, Münzen und Medaillen des Zähringen-badischen Fürstenhauses, Bd. 2, 1905–1911, S. 31–45.

H. S.

85 Abb. 66

Wappenbuch des Konrad Grünenberg, 1483

Faksimile. Aufgeschlagen Bd. II,1 Tafel LIX. Universitätsbibliothek Freiburg i. Br., J 1330 Rara.

Konrad Grünenberg, vor 1494 verstorben, hat als Angehöriger eines konstanzischen Patriziergeschlechts zahlreiche hohe Ämter in der Verwaltung der Stadt Konstanz bekleidet. Sein qualitätvolles, in nur wenigen Exemplaren verbreitetes Wappenwerk ist zwar nicht der älteste, aber doch der vollständigste deutsche Wappencodex des 15. Jahrhunderts.
Das aufgeschlagene Blatt zeigt neben dem Wappen der Herzöge von Teck – schwarze Rauten in Gold – als Wappentier der Herzöge von Zähringen einen stehenden, nach rechts gewendeten und den Betrachter anblickenden goldenen Löwen im roten Feld, wie er später in dieser Form wohl nur mehr in einer in der Zentralbibliothek Zürich liegenden, frei verfahrenden Kopie des Grünenberg-Codex' vom Anfang des 16. Jahrhunderts erscheint. Dort ist er jedoch bereits eingefaßt von zwei Wappenschilden mit dem nach rechts blickenden, aufgerichteten Löwen, der so zudem auf einem zweiten Blatt des Codex' als Wappen des »Herzogtums und der Grafschaft Zähringen« noch einmal begegnet. In dieser Ausformung tritt der zähringische Löwe später dann durchweg in den Wappenbüchern und Chroniken auf. Die Frage, wie Grünenberg zu seinem Löwentypus fand, könnte nur über die Aufdeckung der Vorlagen, die er benutzte, geklärt werden. Doch ist über diese bisher kaum etwas bekannt. Vielleicht könnte hier hinsichtlich des Zähringerwappens die auffallende, inhaltlich wohl auf Bertold V. weisende Wappenlegende *herczog von Zaeringen, stiffter der stat zu Bern in Uchtland und zu Breissach* weiterführen. Zu berücksichtigen ist auch, daß Johann Stumpf noch 1549 in seiner Chronik der Eidgenossenschaft (Nr. 181.7) einen zwar aufgerichteten, aber zum Betrachter blickenden Zähringer Löwen abbildet, der teilweise noch in der ›Grünenberg-Tradition‹ stehen könnte.

Lit.: Des Conrad Grünenberg, Ritter und Burger zu Costenz Wappenpuoch, volbracht am nünden tag des Abrellen, do man zalt tusent vier hundert drü und achtzig jar, hrsg. v. R. Graf Stillfried-Alcántara und A. O. Hildebrandt, 1875; zum vierhundertjährigen Jubiläum des Grünenbergschen Wappenbuches, in: Deutscher Herold 14 (1883), S. 42–47; G. A. Seyler, Geschichte der Heraldik, 1885–1889, S. 540–542; E. v. Berchem, D. L. Galbreath und O. Hupp, Die Wappenbücher des deutschen Mittelalters, in: Schweizer Archiv für Heraldik 40 (1926), S. 90–91.

H. S.

66 (Kat.-Nr. 85)

86 Abb. 67

Joseph Felizian Geissingers Chronik des Hauses Habsburg

Freiburg i. Br., 1799 (Teil 2: Chronik des Hauses Österreich, 1800), Papierhandschrift, zahlreiche kolorierte Vollporträts und Wappen, 106 Bll., H. 34,5 B. 22 cm.
Universitätsbibliothek Freiburg i. Br., Hs. 497/1.

Joseph Felizian Geissinger, 1740 als Sohn des aus Siebenbürgen zugewanderten Schneiders Karl Joseph Geissinger in Freiburg geboren, war nach dem Studium der Theologie und der Priesterweihe 1773 seit 1783 Kaplan, später Pfarrer zu Buchholz, wo er 1806 starb. Neben seinem Beruf beschäftigte er sich als Autodidakt mit der Malerei, die er mit seinem zweiten Interessengebiet, der Geschichte, geschickt zu verbinden wußte.

Die von Geissinger aus nicht näher bezeichneten Quellen erarbeitete Habsburgerchronik – im Grunde eine mit historischen Notizen angereicherte Habsburgergenealogie – erinnert in vieler Hinsicht an die Arbeiten David Wollebers (Nr. 280). Sie ist in der Tat der späte Ausläufer einer schon zu ihrer Zeit eigentlich überwundenen Geschichts- und Forschungstradition. Insofern ist auch der erhebliche Rückschritt hinter das von J. D. Schöpflin (Nr. 362) erreichte Niveau nicht zu übersehen.

Geissinger entwickelte die Zähringer als Seitenzweig der Habsburger aus Eticho, dem gemeinsamen Stammvater der Herzöge von Zähringen, Lothringen und der Grafen von Habsburg, über dessen Sohn Adalbert und über Bezzo, Graf von Habsburg, als dem direkten Ahnen der Zähringer. In diesem genealogischen System (vgl. unten Gerchow, S. 392 ff.) erscheint das Wappen der Zähringer kurz vor Aufleben der Löwe-Adler-Diskussion noch einmal folgerichtig als bloße Umkehrung des Habsburger Wappens. H. S.

67 (Kat.-Nr. 86)

5. Das Zähringererbe

Das Ende der Herzöge von Zähringen mit dem Tode Bertolds V. am 18. Februar 1218 gilt in der Forschung seit langem und zu Recht als epochales Ereignis der süddeutschen und schweizerischen Landesgeschichte. Die Zeit nach dem Aussterben der Herzöge im Mannesstamm ist für die Zähringerforschung in besonderer Hinsicht aufschlußreich: Erst in den Erbauseinandersetzungen werden so manche Besitzungen und Rechte der Zähringer deutlicher greifbar oder rücken überhaupt erst ins Licht der Überlieferung.

Die nächsten Erbberechtigten waren 1218 die beiden Schwestern Bertolds V., Agnes und Anna, und deren Nachkommenschaft. Agnes war mit dem Grafen Egino dem Älteren von Urach, Anna mit dem Grafen Ulrich von Kiburg verheiratet. Für eine ausgewogene Aufteilung des Erbes bot sich der Rhein als geographische Trennungslinie an, wobei die Uracher das Erbe am Oberrhein und im Schwarzwald, die Kiburger aber jenes in Burgund erhalten sollten. Die Lehen der Zähringer schließlich sollten an die jeweiligen Lehnsherren zurückfallen.

Diese schlichte Form der Erbteilung blieb jedoch Theorie. Sehr schnell erwies sich eine Einigung auf friedlichem Wege als kaum durchführbar, weil überraschend ein weiterer Erbanwärter auftrat: Der staufische König Friedrich II. beanspruchte, als Allodialerbe bei der Aufteilung des zähringischen Eigengutes ebenfalls bedacht zu werden. Diese Entwicklung hatte sich bereits ab 1214 angedeutet, indem der König begann, die Grafen von Urach als seine »Blutsverwandten« zu bezeichnen. Dabei war die Verwandtschaft nur sehr weitläufig. Einen solchen Weg, Teile am Erbe bedeutender Adelsgeschlechter des Reiches für das Herrscherhaus zu sichern, hatte bereits sein Großvater, Friedrich Barbarossa, mit Erfolg beschritten. Freilich mußte dieses Verfahren langwierige Konflikte mit den eigentlichen Erben nach sich ziehen. Beim Zähringererbfall kam erschwerend hinzu, daß König Friedrich II. auch noch Ansprüche anderer Verwandter, so namentlich der Herzöge von Teck aus einer zähringischen Nebenlinie, aufkaufte.

Aber auch weitere zähringische Rechte boten Konfliktstoff genug. Die Reichslehen der Zähringer, darunter beispielsweise das Rektorat über Burgund, zog der König noch ohne weiteres ein, mochten sie auch in einigen Fällen umstritten sein. Daneben rückten vor allem die Kirchenlehen in den Mittelpunkt. Die Herzöge von Zähringen besaßen nachweislich Kirchenlehen der Erzbischöfe und Bischöfe von Mainz, Straßburg, Basel, Bamberg, Lausanne und zeitweilig auch Trier. Diese Kirchenlehen waren nach Alter und Umfang sehr unterschiedlich. Im Zuge des Aufbaus einer Landesherrschaft eigneten sich vor allem die jüngeren Kirchenlehen besonders gut, territoriale Lücken und fehlende Rechtspositionen auszufüllen. Wie sehr diese Entwicklung noch im Fluß war, zeigen jene, von Herzog Bertold V. erst zwischen 1213 und 1215 erworbenen Basler Lehen, über die beim Tode des letzten Zähringers 1218 an der päpstlichen Kurie noch verhandelt wurde.

Entgegen der Ansicht der beiden Haupterben, der Grafen von Urach und der Grafen von Kiburg, waren nach Meinung der geistlichen Fürsten die zähringischen Kirchenlehen heimgefallen und standen zu ihrer freien Disposition. Die Streitfrage, ob Lehen an die Erben in weiblicher Linie wieder ausgegeben werden müssen, bildete offensichtlich den Kernpunkt. Überlagert wurden die widersprüchlichen Auffassungen freilich in manchen Fällen durch den letztlich entscheidenden Druck des Königs auf die Bischöfe, ihm selbst die zähringischen Kirchenlehen zu übertragen. Auf diese Weise gelangte der König beispielsweise in den Besitz der Straßburger Lehen zu Offenburg und der Bamberger Lehen in der Ortenau. Die jeweils vom König gezahlte Abstandssumme an die Bischöfe läßt das Ganze fast schon als einen Kauf erscheinen. Regelrecht in den Handel geriet auch die zähringische Hochvogtei über das Bistum Lausanne, die die Grafen von Kiburg als Zähringererben an einen Savoyer Adligen verkauften. Allein bei der Belehnung des Grafen Egino von Urach durch Bischof Heinrich von Basel mit den zähringischen Bergbau- und Wildbannrechten im Schwarzwald zum Jahr 1221 scheint es aus der Sicht des Erben keine Schwierigkeiten gegeben zu haben (vgl. Nrn. 22–23).

Nahezu tragische Züge nahmen die Erbstreitigkeiten in den Auseinandersetzungen um das Wittum der Herzogswitwe Clementia von Zähringen an. Clementia, eine Tochter des Grafen Stephan II. von Burgund-Auxonne, hatte zu ihrer Versorgung die beiden Burgen Rheinfelden und Burgdorf mit Zubehör erhalten. Dies entsprach ganz dem mittelalterlichen Brauch, angeheirateten Besitz zur Witwenversorgung heranzuziehen, denn es handelte sich um die beiden Stammsitze aus dem Erbe der Grafen von Rheinfelden. Herzogin Clementia verkaufte jedoch schon 1219 beide Burgen für 1500 Mark Silber an den Grafen Egino von Urach. Daß dies offensichtlich nicht freiwillig geschah, zeigen zum einen der Einspruch ihres Vaters und Vogtes Graf Stephan von Burgund, mehr noch aber die Tatsache, daß sich Clementia später nachweislich in der Gewalt des Grafen Egino befand. Ende 1224 erwirkte Graf Stephan von dem königlichen Hofgericht ein Urteil, wonach seine Tochter unverzüglich freizulassen und in ihr Wittum einzusetzen sei. Doch nützte ihr das Urteil nichts. Wir wissen, daß sich Clementias Lage auch 1235 noch nicht geändert hatte, denn erneut mußte das Hofgericht ihre Freilassung aus der Gefangenschaft anordnen.

In großen Linien lassen sich die Auseinandersetzungen um das Erbe der Herzöge von Zähringen recht leicht nachzeichnen. Nachdem auf einem Treffen fast sämtlicher Erbinteressenten am Hofe des Königs zu Ulm im September 1218 keine Lösung auf Dauer gefunden wurde, konzentrierte sich der Streit zunächst auf den Oberrhein und wurde vor allem zwischen Graf Egino von Urach und König Friedrich II. ausgetragen. Dieser erste Abschnitt dauerte bis gegen 1226 und endete eindeutig zugunsten des Staufers. Die Absetzung des Kaisers durch das Konzil zu Lyon 1245 und die Wahl eines Gegenkönigs veränderten die Lage nach 1245 bis gegen 1250 von Grund auf zugunsten der zu kurz gekommenen übrigen Erbinteressenten. In Burgund vollzog sich diese Entwicklung weniger rasch. Hier setzte die Abfallbewegung erst um 1250 ein und brachte auch nur einen Teilverlust für das Königtum. Für eine ebenso radikale Wende in umgekehrter Richtung sorgte dann aber der Regierungsantritt König Rudolfs von Habsburg im Jahr 1273. Der neue König ›sammelte‹ umgehend in seiner Revindikationspolitik die verlorenen Positionen aus dem Zähringererbe für das Königtum wieder ein. Nur waren diesmal in Burgund größere Widerstände zu überwinden.

Lit.: Das Aussterben des zähringischen Herzogshauses 1218 ist Thema eines jeden historischen Handbuchs. Untersuchungen zu dem Zähringererbe gibt es hingegen nur wenige, zudem sind sie oft veraltet. – K. S. Bader, Villingen und die Städtegründungen der Grafen von Urach–Freiburg–Fürstenberg im südöstlichen Schwarzwaldgebiet, in: Villingen und die Westbaar, hrsg. v. W. Müller (VAI 32), 1972, S. 66–85; C. Brun, Geschichte der Grafen von Kyburg bis 1264, Diss. phil. Zürich 1913, S. 66–71; H. Büttner, Egino von Urach-Freiburg, der Erbe der Zähringer, Ahnherr des Hauses Fürstenberg (Veröffentlichungen aus dem Fürstlich Fürstenbergischen Archiv Heft 6), 1939; W. Franck, Das Zähringer Erbschaftsgebiet der Grafen von Urach (später Freiburg-Fürstenbergische Lande) und seine Rechts- und Kulturzustände im 13. Jahrhundert, in: ZGGFreib 2 (1870/72), S. 59–130; Heyck, Geschichte, S. 478–487; H. Jänichen, Die Grafen von Urach, in: AJ 1976/78, S. 1–15; R. Sablonier, Kyburgische Herrschaftsbildung im 13. Jahrhundert, in: Die Grafen von Kyburg. Kyburger Tagung 1980 in Winterthur, 1981, S. 39–52; F. X. Vollmer, Besitz der Staufer bis 1250, in: Historischer Atlas von Baden-Württemberg, Beiwort zu Karte V,4, 1976, S. 4–5.; K. Schmid, in: Die Zähringer I, S. 216 ff.

H. H.

87
Der Streit um Villingen

Hagenau, 21. März 1219.
Originalurkunde, Pergament, H. 22 B. 19,7 cm.
Stadtarchiv Villingen, M 6.

König Friedrich II. erläßt dem Kloster Tennenbach einen Zins, den Herzog Bertold von Zähringen von dessen Mühle in Villingen bezogen hatte, und schenkt dem Kloster dazu die Herzogswiese *(pratum ducis)* bei der benachbarten Grangie Roggenbach.
Die Urkunde zeigt, daß die Stadt Villingen zu dieser Zeit in der Hand des Königs war. Bereits im November 1218 hatte Friedrich II. für Kloster Tennenbach in einer Villinger Angelegenheit im Beisein des Grafen Egino von Urach geurkundet und dabei die Stadt als *villa nostra* bezeichnet.
Villingen spielte in den Auseinandersetzungen um das Zähringererbe eine zentrale Rolle. Die Anwesenheit des Grafen Egino auf dem Hoftag des Königs zu Hagenau im März 1219 signalisiert nicht einen Verzicht des Urachers, sondern zeigt lediglich dessen Bemühen, auf friedlichem Weg mit dem Staufer zu einer Einigung zu kommen. Im Sommer 1219 sprachen jedoch die Waffen: Allerdings ging es dabei um das Herzstück des zähringischen Erbes der Grafen von Urach, die Stadt Freiburg im Breisgau. Wenn beim Friedensschluß am 18. September 1219 (vgl. Nr. 90) bestimmte Ansprüche des Grafen Egino offengelassen wurden, dürfte damit vor allem Villingen gemeint gewesen sein. De facto blieb die Stadt aber auch weiterhin in der Hand des Königs.

Druck: FUB 1, 1877, Nr. 154 S. 90; – Regest: BF 999.
H. H.

88
Freiburg im Breisgau in der Auseinandersetzung um das Zähringererbe

Hagenau, 6. September 1219.
Originalurkunde, Pergament, H. 29.9 B. 25 cm.
GLA Karlsruhe, D 24.
(Textanhang Nr. 15).

König Friedrich II. verkündet seinen Städten die Beendigung seiner Fehde (*bellum*) mit dem Grafen Egino von Urach, seinem Blutsverwandten, und befiehlt ihnen, die während der Fehde in die königlichen Städte abgewanderten Leute des Grafen, darunter solche aus Freiburg, zurückzustellen.
Die Urkunde gehört mit zwei weiteren (vgl. Nrn. 89 und 90) zum Friedensschluß zwischen König Friedrich II. und Graf Egino von Urach im September 1219 auf einem Hoftag zu Hagenau. Wie die namentliche Erwähnung von Freiburg zeigt, waren es vor allem die Einwohner dieser Stadt gewesen, die in die Städte des Königs geflohen oder durch Versprechungen zur Abwanderung verleitet worden waren.

Druck: Hefele, FUB 1, 1940, Nr. 32 S. 15; – J. L. A. Huillard-Bréholles (Hrsg.), Historia diplomatica Friderici secundi, Bd. I,2, 1852, S. 671; – Regest: BF 1047.
H. H.

89
s. Abb. 234
Aussöhnung König Friedrichs II. mit den Bürgern von Freiburg i. Br.

Hagenau, 6. September 1219.
Originalurkunde, Pergament, H. 27,5 B. 24 cm, Siegel abgefallen und beschädigt.
Archives Cantonales Fribourg, Nr. 27.
(Textanhang Nr. 16).

König Friedrich II. nimmt die Bürger von Freiburg (im Breisgau) wieder zu Gnaden an und verspricht ihnen seinen Schutz.
Mehr noch als die andere Urkunde vom selben Tag (Nr. 88) verrät dieses Privileg des Königs zugunsten der Einwohner von Freiburg im Breisgau, daß die Stadt Freiburg im Mittelpunkt der militärischen Auseinandersetzungen zwischen den beiden Parteien im Sommer 1219 gestanden hat.
Das Original der Urkunde hat ein eigenartiges Schicksal erlebt: Sie war wohl beim Übergang von Freiburg im Breisgau an das Haus Habsburg im Jahr 1368 in das vorderösterreichische Archiv gelangt. Nachdem den Schweizer Eidgenossen bei der Eroberung des habsburgischen Aargaus 1415 dieses Archiv in die Hände gefallen war, suchten die Eidgenossen und ihre Verbündeten in den folgenden Jahrzehnten die sie betreffenden Archivalien heraus. Im Jahr 1429 ließ sich dementsprechend auch die Stadt Freiburg im Üchtland die Königsurkunde von

1219 ausliefern, in der Annahme, sie beträfe die eigene Stadt. Somit erklärt es sich, daß das Original der Urkunde heute im Kantonalsarchiv von Freiburg in der Schweiz liegt (s. unten Heinemann, S. 431 ff.).

Lit.: RdCF 1, 1839, Nr. 5 S. 9; J. L. A. Huillard-Bréholles (Hrsg.), Historia diplomatica Friderici secundi, Bd. I,2, 1852, S. 672; H. Foerster (Hrsg.), Urkundenlesebuch für den akademischen Gebrauch, 1947, Nr. 51 S. 83. Nicht bei Hefele, FUB! – Regest: BF 1048; B. Schmid, War Bern in staufischer Zeit Reichsstadt?, in: ZSG 20 (1940), S. 177 ff.; P. de Zurich, Note sur une charte du 6 Septembre 1219, in: Annales Fribourgeois 29 (1941), S. 33–35. H. H.

90
Friedensschluß 1219

Hagenau, 18. September 1219.
Originalurkunde, Pergament, H. 38 B. 24 cm.
GLA Karlsruhe, D 25.

König Friedrich II. gibt bekannt, daß er seinen Streit mit dem Grafen Egino von Urach, seinem Blutsverwandten, um das Zähringererbe und um die von den Herzögen von Teck abgekauften Erbrechte einvernehmlich beendet hat.
Im Frühjahr oder Sommer 1219 hatte der König den Herzögen von Teck, einer zähringischen Nebenlinie, deren Erbansprüche – sie werden nicht näher bezeichnet – abgekauft. Auf sie verzichtete nun der König teils zugunsten des Grafen Egino, teils gab er sie ihm zu Lehen. Bezüglich der anderen strittigen Punkte der Zähringererbschaft wurde vereinbart, daß der status quo, wie er bei ihrer Übereinkunft im Jahr zuvor in Ulm bestanden hatte, weiter gelten solle.
Mit diesem Friedensvertrag endeten die zuletzt mit den Waffen ausgetragenen Erbauseinandersetzungen zwischen Friedrich II. und Graf Egino dem Jüngeren von Urach. Die weiter schwelenden Spannungen konnten jedoch erst im Juli 1226 endgültig beigelegt werden.

Druck: Hefele, FUB 1, 1940, Nr. 33 S. 16; FrB 2, 1877, Nr. 9 S. 14; J. L. A. Huillard-Bréholles (Hrsg.), Historia diplomatica Friderici secundi, Bd. I,2, 1852, S. 682; – Regest: BF 1056; *Abb.:* H. Schwarzmaier, Staufisches Land und staufische Welt im Übergang, 1978, S. 104. H. H.

91
Die Vogtei des Hausklosters St. Peter

St. Peter (?), 1220–1226.
Originalurkunde, Pergament, H. 25 B. 30 cm.
GLA Karlsruhe, 21/384.

Abt Heinrich und der Konvent des Klosters St. Peter verkünden, daß sie den Grafen Egino den Jüngeren von Urach, Herrn zu Freiburg, in Nachfolge des verstorbenen Herzogs Bertold von Zähringen zu ihrem Vogt gewählt haben. Zugleich bestimmen sie, daß die Vogtei künftig immer auf jenen Nachfahren übergehen soll, der Burg und Stadt Freiburg besitzt.
Diese Erklärung seitens des Klosters war notwendig geworden, weil der Stammsitz der Herzöge von Zähringen, die Burg Zähringen, nach 1218 an König Friedrich II. gefallen war. Um die Vogtei in der Familie der Haupterben, der Grafen von Urach, zu halten, war somit eine Festlegung auf die Burg Freiburg notwendig geworden, wobei die gleichfalls genannte Stadt Freiburg als Zubehör der Burg erscheint. Der aktuellen Problematik entspricht auch, wenn eine Erbfolge von Seitenverwandten (Neffen) geregelt wird.
Der Anspruch, den Vogt frei wählen zu können, deckt sich mit der Auffassung anderer Klöster dieser Zeit und muß nicht unbedingt gegen die Grafen von Urach gerichtet sein, vielmehr wollte man Klarheit für künftige Streitfälle gewinnen. Es entsprach dem Verständnis der Vogtei, daß sich St. Peter an die Erben der Gründerfamilie hielt und nicht etwa den König zum Vogt wählte.

Druck: Hefele, FUB 1, 1940, Nr. 42 S. 28. H. H.

92
Graf Heinrich von Fürstenberg gewährt einem Haus des Klosters St. Blasien in Löffingen Abgabenfreiheit

1250–1276.
Originalurkunde, Pergament, H. 21 B. 20 cm.
GLA Karlsruhe, 11/3700.

Die mit Egino v. Urach verheiratete Schwester Bertolds V., Agnes, vererbte ihren nördlich des

Rheins gelegenen Anteil des zähringischen Besitzes an ihren Sohn Egino den Jüngeren, dessen Söhne Konrad und Heinrich das Gebiet teilten. Der ältere Konrad übernahm die Hauptmasse der Besitzungen im Breisgau, während Heinrich die auf dem Schwarzwald, im Kinzigtal und auf der Baar erhielt. Er nannte sich seit 1250 nach seinem Wohnsitz auf der Baar »Herr« und später »Graf von Fürstenberg«. Bis 1270 führte er noch den Titel eines Grafen von Urach. Das Siegel des Stammvaters der fürstenbergischen Linie zeigt einen Adler (heraldisch nach links) in einem Wolkenband.

Lit.: FUB I, 1877, Nr. 429 S. 197f. C. R.

93
Das Schicksal der Herzogswitwe Clementia

Mainz, August 1235.
Originalurkunde, Pergament, H. 17,5 B. 20,6 cm
Archives départementales du Doubs, Besançon, B. 21,5.

Kaiser Friedrich II. fordert den Grafen Egino von Urach nach Klage des Grafen Stephan II. von Burgund-Auxonne auf, dessen Tochter Clementia, Witwe des Herzogs Bertold V. von Zähringen, aus der Gefangenschaft zu entlassen und ihr das Wittum Burgdorf und andere Güter zurückzugeben.
Mit seinem Urteil erneuerte das Hofgericht zu Mainz einen gleichen, vor König Heinrich (VII.) schon Ende 1224 ergangenen Spruch (vgl. Nr. 238). Clementia von Zähringen war mit den beiden Burgen Rheinfelden und Burgdorf aus dem Rheinfeldener Erbe der Zähringer als Wittum ausgestattet worden. Vermutlich unter Zwang hatte sie bereits 1219 beide Burgen an den Grafen Egino von Urach für 1500 Mark Silber verkauft. Vielleicht befand sie sich schon damals in der Gefangenschaft des Grafen Egino, wie dies für 1235 belegt und für 1224 wahrscheinlich ist. Auf diesem Verkauf von 1219 beruhte auch die Forderung an den Grafen von Urach, Burgdorf zurückzugeben. Dabei hatte der Uracher seinerseits diese Burg offenbar schon im Frühjahr 1220 an seinen Miterben, den Grafen von Kiburg, abgetreten. Wenn schließlich in beiden Hofgerichtsurteilen von der anderen Burg, Rheinfelden, namentlich nicht mehr die Rede ist, so deshalb, weil Rheinfelden inzwischen in den Besitz des Königs übergegangen war. Das weitere Schicksal der Clementia von Zähringen ist nicht bekannt. Ihr Wittum hat sie nicht zurückerhalten.

Lit: FrB 2, 1877, Nr. 140 S. 154; J. L. A. Huillard-Bréholles (Hrsg.), Historia diplomatica Friderici secundi, Bd. 4, S. 753; FUB 1, 1877, Nr. 388 S. 170; – Regest: BF 2101. H. H.

94
Das Wittum Burgdorf

Burgdorf, 12. Dezember 1236.
Originalurkunde, Pergament, H. 9,5 B. 18,5 cm
Staatsarchiv Bern, Fach Aarberg.

Die beiden Grafen Hartmann von Kiburg bestätigen einen Verkauf von Grundbesitz ihres Ministerialen Rudolf von Schüpfen an die Kirche von Kappelen (Kloster Frauenkappelen im Forst), ausgestellt *in oppido Burchtorf.*
Die Grafen von Kiburg befanden sich nach dem Ausstellungsort im Besitz von Stadt und Burg Burgdorf im Emmental, obwohl im August 1235 das Hofgericht Kaiser Friedrichs II. zu Mainz die Rückgabe von Burgdorf und der anderen Wittumsgüter an die Herzogswitwe Clementia verlangt hatte. Die Kiburger hatten Burgdorf schon lange in ihrer Hand – sicher nachweisbar 1229 – und gaben das Wittum auch später nicht heraus.

Lit.: FrB 2, 1877, Nr. 153 S. 165. H. H.

III. KIRCHEN UND KLÖSTER

Das Mittelalter kennt eine Vielfalt von Verbindungen und Beziehungen zwischen Kirche und Welt, die davon zeugen, daß beide Seiten engstens aufeinander angewiesen waren, des Schutzes und des Beistands des Partners bedurften. Zumeist waren weltliche Herrschaft und Kirche und deren Lebensbereiche wesentlich enger miteinander verknüpft, als dies heutzutage der Fall ist. Dabei fällt auf, daß sich keineswegs immer politische Ziele und Zwecke von geistlich-frommen Bedürfnissen scheiden lassen. Ihre Verbindung stellte dem Mittelalter offenbar weniger Probleme als unserer Zeit.

Ein Adelsgeschlecht wie die Zähringer pflegte sehr enge Beziehungen zu geistlichen Einrichtungen und Strömungen. Sie reichen von der Schenkung von Gütern an Klöster, der Gründung von Klöstern, dem Bau von Kirchen – vor allem in den von ihnen angelegten Städten – über die Nutzung von Klosterbesitz und -wirtschaftskraft zur Erschließung ihres Herrschaftsgebiets bis zur Unterdrückung widerstrebender geistlicher Gemeinschaften; die Übernahme geistlicher Ämter durch Familienangehörige, deren Mitwirken in der Reichs- und Kirchenpolitik und auch der Klostereintritt eines mächtigen Markgrafen (Hermanns I.) als einfacher Mönch in das Reformkloster Cluny gehören in diesen Zusammenhang. Die Zähringer nahmen so Anteil an den großen geistlichen Bewegungen ihrer Zeit, ja gestalteten sie aktiv mit, etwa im Fall Bischof Gebhards von Konstanz im Investiturstreit. Der geistlichen Reformbewegung, die von Cluny aus über Hirsau und St. Blasien in den zähringischen Einflußbereich einzog, waren die Zähringer besonders eng verbunden. Mit Bischof Rudolf von Lüttich sehen wir einen Zähringer als Teilnehmer am dritten Kreuzzug und als Korrespondenten der Mystikerin Hildegard von Bingen. Ein hochmittelalterliches Adelsgeschlecht wie die Zähringer stand daher der Kirche nicht nur als Schutzherr und Schutzbedürftiger gegenüber, sondern war über seine geistlichen Familienangehörigen zugleich Bestandteil der Kirche. Als Geistliche blieben die Zähringer ein gleichbedeutender Zweig ihres Geschlechts, freilich mit den Möglichkeiten und den Grenzen eines geistlichen Amtes ausgestattet. Die Zähringerforschung hat diesen Aspekt der Zähringergeschichte gegenüber dem Herzogtum bisher relativ vernachlässigt.

Die Gliederung dieses Ausstellungsbereichs versucht der Vielfalt der geistlichen Bezüge der Zähringer gerecht zu werden. Fünf Abschnitte fassen die Bereiche Hauskloster und Grablege, das Freiburger Münster, Schutzherrschaft und Machtausübung, das Rektorat von Burgund und Zähringer als Mönche und Bischöfe zusammen. Hauskloster und Grablege (Nrn. 96–105) waren Einrichtungen, die ein Adelsgeschlecht des Hochmittelalters nicht entbehren konnte. Zumeist in unmittelbarer Nähe des Herrschaftszentrums gelegen, gewöhnlich eine Gründung der Familie, genoß ein Hauskloster reiche materielle Ausstattung und besonderen Schutz des Adelsgeschlechts. Dafür bestand seine vornehmste Aufgabe in der geistlichen Fürsprache für lebende und vor allem verstorbene Familienmitglieder, die im Kloster ihre Grabstätte fanden. Dem Stifter verdankte das Kloster seine Existenz, was es ihm durch eine Grablege an hervorragender Stelle in der Kirche (in der Nähe des Altars) sowie ein oft Jahrhunderte währendes Gedenken in Gebet und Messe der Klostergemeinschaft dankte. Dazu waren nur geistliche Gemeinschaften in der Lage, deren Lebensdauer die eines Adelsgeschlechts zumeist übertraf.

Dem Freiburger Münster (Nrn. 106–112) kommt durch die Grablege Herzog Bertolds V. eine besondere Bedeutung zu; in seiner künstlerischen Ausstattung ein Zeugnis zähringischen Rangs und Ansehens, war das Münster zugleich die Pfarrkirche des städtischen Bürgertums.

Gegenüber dem Verhältnis von Stifter und Hauskloster ist die Klostervogtei überwiegend von wirtschaftlich-politischen Interessen geprägt. Das Kloster brauchte einen mächtigen Schutzherrn, der in der Lage war, Kloster und Klosterbesitz vor äußeren Übergriffen zu bewahren, dessen Einfluß aber andererseits dem Kloster die Verfügung über den Klosterbesitz entzog und teils sogar auf die inneren Verhältnisse der Abtei einwirkte, etwa bei der Wahl eines neuen Abtes. Der Grundbesitz und die wirtschaftliche Potenz eines Klosters, besonders auf dem Gebiet der Rodungen im 12. und 13. Jahrhundert für den Landesausbau bedeutend, standen dem Vogt zum großen Teil zur Verfügung. Anhand der bekannten Beispiele von zähringerbevogteten Klöstern und Kirchen (Nrn. 113–130) versucht die Ausstellung ein Bild von der Art und Erstreckung dieses Verhältnisses zwischen Klöstern und Vogt zu vermitteln.

Die Klöster im burgundischen Einflußbereich der Zähringer verdienen es, in einem eigenen Abschnitt behandelt zu werden, denn das Verhältnis der Zähringer zu diesen Klöstern und dem Zisterzienserorden im besonderen ist noch wenig geklärt (Nrn. 131–146). In Burgund vertraten die Zähringer die Herrschaftsgewalt des Königs (s. oben Althoff, S. 77) und knüpften über diese Stellung enge Beziehungen zu den wichtigsten Klöstern und Kirchen. Da die Zähringer in Burgund zugleich den Königsschutz und die Herrschaftsinteressen eines im betreffenden Gebiet selbst begüterten Adelsgeschlechts ausübten, ergaben sich neben neuartigen Möglichkeiten der Herrschaftsausübung aber auch vielfältige Probleme. So gestaltete sich das Verhältnis zu den Klöstern sehr eng, das Recht der Regalienverleihung in den Bistümern Genf, Lausanne und Sitten (Nrn. 147–148) jedoch zeigt, wieviel problematischer die Kontakte der Herzöge und Rektoren mit geistlichen Einrichtungen auf Diözesanebene waren.

Abschließend kommen die Zähringer selbst zum Zuge, die den geistlichen Stand wählten und Karriere als Bischöfe in wichtigen Reichsbistümern machten (Nrn. 149–178). Die Bischöfe Gebhard von Konstanz (Nrn. 151–160) und Rudolf von Lüttich (Nrn. 161–178) waren Vertreter des Zähringergeschlechts, die in der Reichspolitik mindestens auf gleicher Ebene wirkten und Einfluß hatten wie ihre Brüder als Herzöge in der weltlichen Herrschaftssphäre. Den die Zeit bewegenden geistlichen Bewegungen und Problemen wie Investiturstreit und Kreuzzugsbewegung standen sie näher als ihre Brüder im Herzogsamt. J. G.

95
Karte der Kirchen und Klöster

95.1 Abb. 68.1
KIRCHEN UND KLÖSTER IM ZÄHRINGISCHEN EINFLUSSGEBIET

Kartenskizze.

Drei Arten von geistlichen Institutionen sind in der Karte unterschieden: Klöster, Bistümer und weltliche Kollegiatstifte. Die Zähringer standen zu allen drei Gruppen in engen Beziehungen. Die Karte gibt einen Überblick über alle wichtigen geistlichen Institutionen im Einflußbereich der Zähringer und weist die unterschiedlichen Beziehungen der Zähringer zu ihnen aus (siehe Legende). So wurden auch Orte ohne nachweisbares Verhältnis zu den Zähringern, wie etwa das Bistum Chur, die burgundische Zisterze Montheron und die Cluniazenserklöster Rougemont und Romainmôtier aufgenommen, um die Grenzen und Lücken des zähringischen Einflußbereichs auf der Ebene geistlicher Gemeinschaften und Grundherrschaften hervorzuheben. Der Eindruck, daß die Diözesangrenzen von Genf, Lausanne und Sitten (vgl. Nr. 147–148) zugleich zähringischer Herrschaftsbereich gewesen seien, wird so relativiert. Dasselbe gilt für die Konstanzer Bistumsgrenzen: sie sind nur für die geistliche Jurisdiktionsgewalt des Zähringerbischofs Gebhard (vgl. Nr. 153) relevant.

Bei den Klöstern fällt auf, daß im burgundischen Bereich die Cluniazenser und die neuen Orden, vor allem Zisterzienser und Augustinerchorherren, vorherrschen, im südwestdeutsch-schwäbischen Gebiet dagegen die Benediktinerklöster (vgl. unten S. 149f. u. 167f.). Ein regelrechtes Vogteiverhältnis (s. unten S. 149) ist fast ausschließlich für die schwäbischen Klöster (Nrn. 113–125) bezeugt, nicht jedoch für die burgundischen (Nrn. 131–145): Dieser Befund entspricht den unterschiedlichen Herrschaftsverhältnissen am Oberrhein und in Burgund.

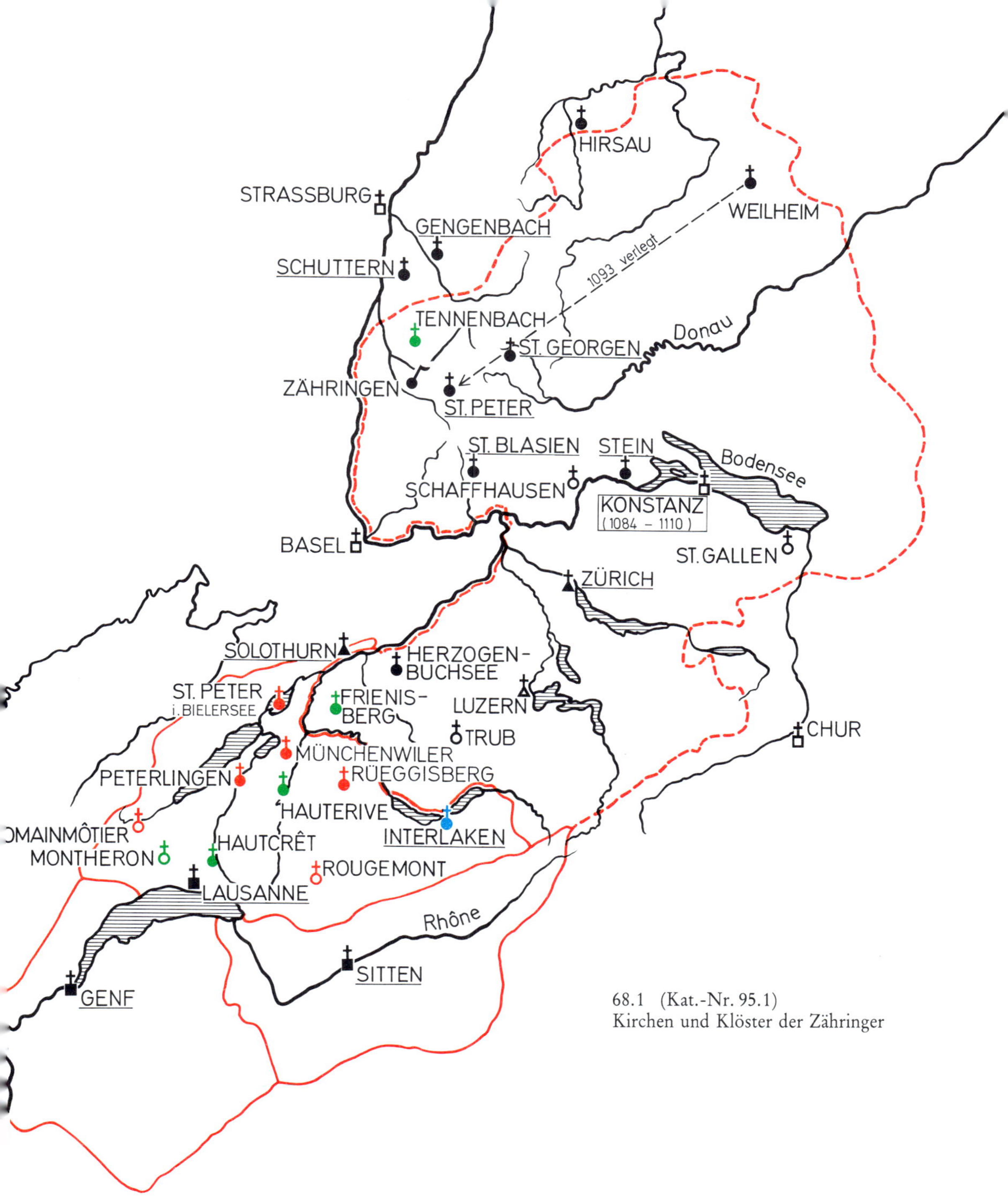

68.1 (Kat.-Nr. 95.1)
Kirchen und Klöster der Zähringer

KONSTANZ (1084 – 1110) — Bistum mit zähringischen Bischof (Amtszeit)

ST. PETER — Kloster / Bistum unter zähring. Vogtei

Bistum

Bistum mit zähring. Vogteirechten

Kollegiatstift

" mit Beziehung zu Zähringern

Benediktinerkloster

" mit Beziehung zu Zähringern

Kluniazenserkloster / - Priorat

" mit Beziehung zu Zähringern

Zisterzienserkloster

" mit Beziehung zu Zähringern

Augustinerchorherrnstift mit Beziehung zu Zähringern

Diözesangrenze von Konstanz

Diözesangrenzen von Lausanne, Genf, Sitten

Kartographie: Stadt Freiburg i. Br. Vermessungsamt

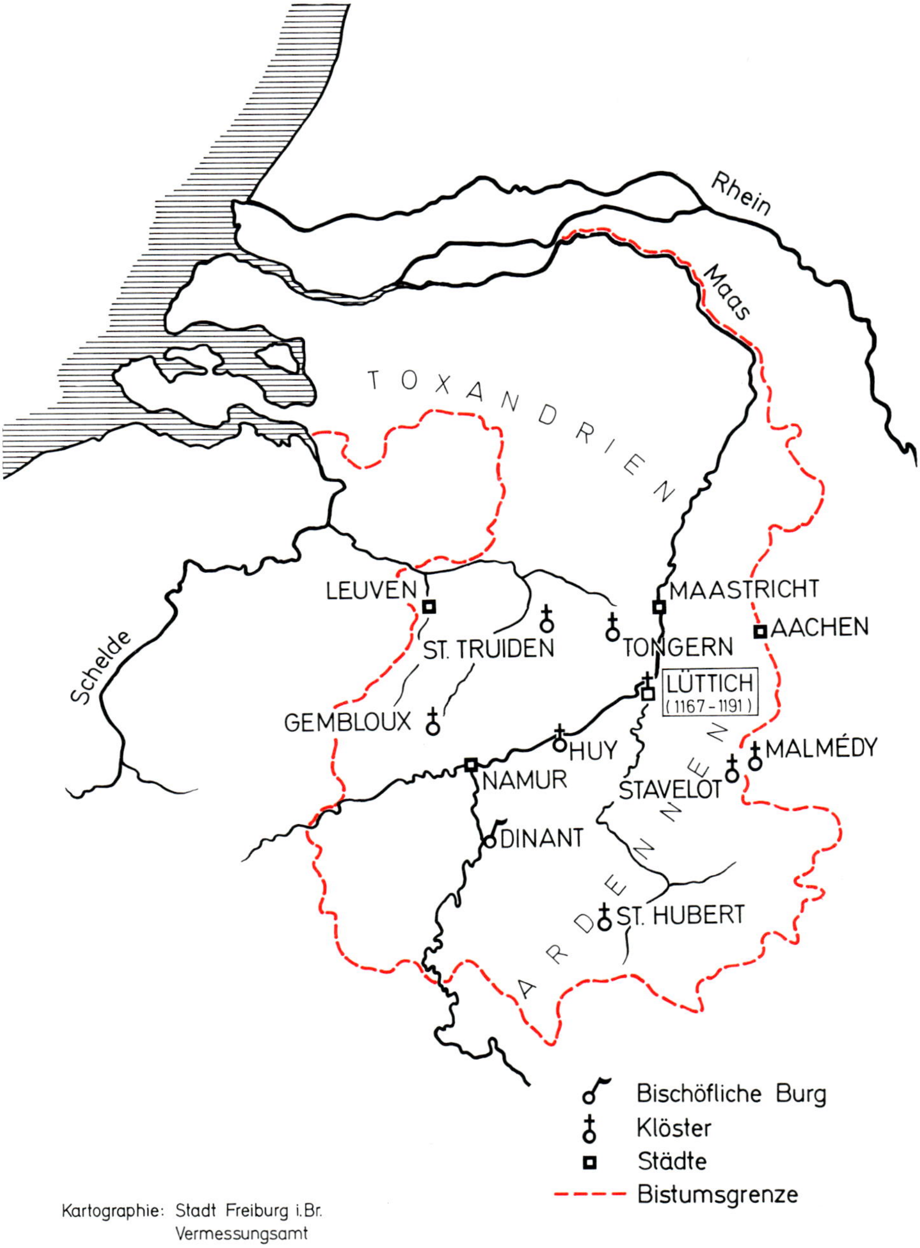

68.2 (Kat.-Nr. 95.2) Das Bistum Lüttich

95.2 Abb. 68.2
DAS BISTUM LÜTTICH

Kartenskizze.

Unter Rudolf von Lüttich (s. unten S. 198f.) versprach das traditionsreiche und in der Stauferpolitik bedeutende Bistum an der Maas zu einem Ansatzpunkt herrschaftlicher Bemühungen der Zähringer zu werden; waren doch diese im Begriff, in diesem Raum Fuß zu fassen. Innerhalb der Diözesangrenzen befanden sich so bedeutende Klöster und Städte wie Aachen, Maastricht, Namur und Stablo.

Lit.: J. L. KUPPER, Liège et l'église impériale, XIe–XIIe siècles (BULg 228), 1981. J. G.

1. Das Hauskloster St. Peter

Das zähringische Hauskloster St. Peter nahm die sterblichen Überreste der meisten Familienangehörigen auf, auch von denen, die zu diesem Zweck erst aus anderen Grabstätten oder entfernt liegenden Sterbeorten nach St. Peter überführt werden mußten (so Bertold III. aus Molsheim im Elsaß). Das Schwarzwaldkloster war bereits der zweite Versuch einer Hausklostergründung, denn der Propstei Weilheim (Nrn. 96–98) nahe der Limburg an der Teck war in den Wirren des Investiturstreits kein langes Leben beschieden gewesen. Der Bezug zwischen Hauskloster und Stammburg des Adelsgeschlechts wird wohl am deutlichsten an dem Vorgang der Verlegung des Hausklosters von Weilheim nach St. Peter im Zuge der Herrschaftsverlagerung der Zähringer in den Breisgau seit den achtziger Jahren des 11. Jahrhunderts (Nr. 11) sichtbar; Stammburg und Hauskloster sind nahezu gleichbedeutende Komponenten der Herrschaftsbildung eines hochmittelalterlichen Adelsgeschlechts. Das Kloster verkörperte die Einheit und das Bewußtsein des Geschlechts insofern, als es die Grablege *aller* Familienmitglieder sein sollte. Zudem hatte ein Kloster durch die Anlage schriftlicher Zeugnisse die Möglichkeit, dem Selbstverständnis des Geschlechts auch nach außen und für die Nachwelt Ausdruck zu verleihen. Vor diesem Hintergrund nimmt sich die Grablege des ›letzten Zähringers‹, Bertolds V., im Freiburger Münster (Nrn. 106–111, vgl. Nr. 2 u. unten Schmid, S. 425ff.) erstaunlich aus, brach der Herzog doch damit bewußt die Tradition der zähringischen Grablege in St. Peter. Die Stadtkirche in Freiburg genoß für den Zähringer eine größere Anziehungskraft; die Gründe dafür sind nur zu vermuten, lassen sich aber vielleicht in dem sinkenden Stern der Benediktinerklöster an der Wende zum 13. Jahrhundert sowie an der zunehmenden Bedeutung der Städte erkennen. Stadtkirche und Hauskloster wurden später Kristallisationspunkte einer heute noch sichtbaren Zähringertradition (Nrn. 2, 299–314).

Ähnlich wie bei Hirsau, St. Georgen und Schaffhausen war St. Peter eine Adelsgründung, die reformorientiert war und ein päpstliches Freiheitsprivileg erhalten hatte (Nr. 102); das Kloster blieb jedoch in engem Bezug zur Stifterfamilie der Zähringer, was die geringe Ausstrahlung St. Peters in der klösterlichen Reformbewegung zu erklären vermag: »Offenbar konnten die auf Freiheit bedachten Reformklöster letztendlich auf den Schutz der Stifterfamilie nicht verzichten« (K. Schmid). In einer qualitätvollen, illuminierten Handschrift, deren Herkunft aus St. Peter kürzlich sehr wahrscheinlich gemacht wurde und die erstmals zusammen mit anderen Stücken aus St. Peter gezeigt werden kann, scheint der Bezug zu Kunstwerken anderer oberrheinischer Reformklöster, etwa Schaffhausen und Hirsau, deutlich auf (Nr. 103). J. G.

96 Abb. 69

Stadtkirche Weilheim a. d. Teck: Rekonstruktion der romanischen Basilika; Ergebnis der Grabungen

Grabungsplan und Rekonstruktionszeichnung nach Schäfer und Marstaller.

Die heute sichtbare bauliche Substanz der evangelischen Stadtkirche in Weilheim a. d. Teck geht zurück auf den unter Leitung von Peter von Koblenz begonnenen spätgotischen Neubau. Der Grundstein an der Außenwand des Chores trägt die gekreuzten Schlüssel des Klosters St. Peter i. Schw. und nennt das Gründungsjahr 1489. Die östlichen Schlußsteine geben weitere Hinweise auf die am Neubau beteiligten Baumeister und den Auftraggeber, den württembergischen Grafen Eberhart im Bart (1445–1496). Bei diesem Neubau handelt es sich um eine dreischiffige Basilika von fünf Jochen mit durch Triumphbogen abgetrenntem Chor. Im niedrigeren, einschiffigen Chor dieses Baus findet sich das sog. Weilheimer Stifterbild (Nr. 97). Der massige Westturm, der heute eine barocke Bekrönung trägt, diente der spätmittelalterlichen Stadtbefestigung in der Nähe des westlichen Stadttores.

Von der Vorgängerkirche der vor 1073 von Bertold I. gegründeten Benediktinerpropstei St. Peter in Weilheim, laut Bildunterschrift des unten beschriebenen Freskos (Nr. 97) vom Zähringer Gebhard III., Bischof von Konstanz, 1089 geweiht, sind nur noch Fundamente unter dem Boden der heutigen Kirche vorhanden.

Nach dem Tod Bertolds I. 1078 auf der benachbarten Limburg und seiner Bestattung in Hirsau (Nr. 99) verlegte dessen Sohn Bertold II. um 1090 das Kloster nach St. Peter i. Schw.

Die kleinere, ebenfalls dreischiffige romanische Kirche, der einzige archäologisch faßbare Vorgängerbau, wurde anläßlich des spätgotischen Neubaus bis auf wenige Reste entfernt, da die Längsachse dieses Baus um ca. 5 Grad gedreht wurde.

Die Mauerbefunde sind in mehreren archäologischen Untersuchungen seit 1911 festgehalten worden. Durch die jüngsten Arbeiten in der Kirche von Dezember 1982 bis Januar 1983 konnten die älteren Befunde ergänzt, vervollständigt und, da beim modernen Kirchenboden zugunsten in Sand verlegter Platten auf einen Betonunterbau verzichtet wurde, konserviert werden.

Auf der Planzeichnung erkennt man im Innern des heutigen Baus die Fundamente der zähringischen Basilika, wobei die Zeichnung die gesicherten Reste ergänzt. Das Mittelschiff (15,5 × 5,5 m) schließt mit einer halbrunden Apsis, die später durch einen quadratischen Chor ersetzt wurde. Von den Arkaden ist die Basis des östlichen Pfeilers in situ erhalten. Ein östliches Querhaus besaß die Kirche nicht.

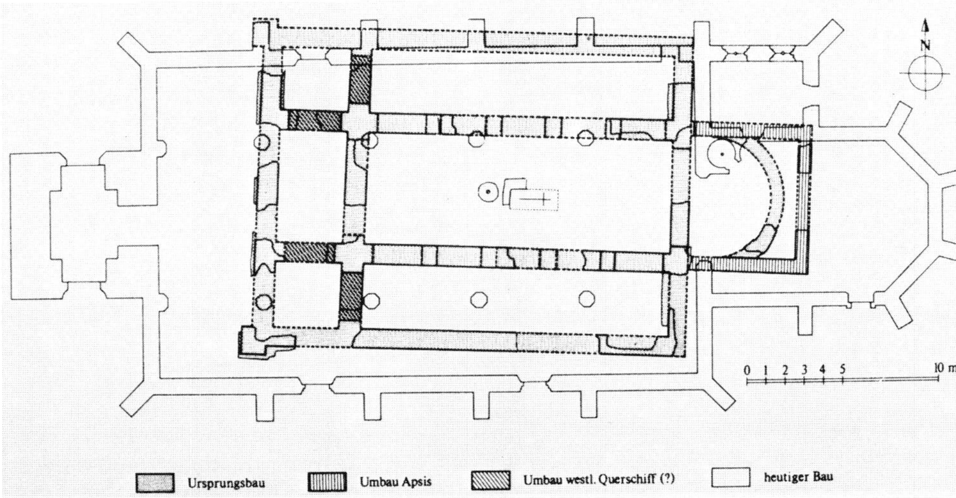

69 (Kat.-Nr. 96)

Auch im Westen sind Veränderungen festzustellen, die auf eine später errichtete Doppelturmanlage hindeuten; die beiden westlichen Arkadenstützen sind kreuzförmig ausgebildet. Kirchenschiff und westlicher Vorbau weisen eine Gesamtlänge von 22,3 m auf, die Gesamtbreite beträgt 16,5 m.
Verglichen mit anderen adligen Klostergründungen der Zeit (vgl. Nrn. 122, 126) hatte die romanische Kirche keine auffällige Größe und Gestalt.
Ein im Plan verzeichneter Befund, eine gemauerte Gruft und eine runde Steinplatte, die eine mit Abbruchmaterial, Holzkohle und Erde verfüllte Grube deckt, sind in ihrer Deutung unsicher.

Lit.: D. LUTZ, in: FBW 2 (1975), S. 310; H. SCHÄFER, Die Basilika der ehemaligen Benediktinerpropstei in Weilheim a. d. Teck, Kreis Esslingen, in: AABW 1983, 1984, S. 233–241; H.-M. MAURER, A. SCHAHL, U. MARSTALLER (wie Nr. 97). T. M. B.

97 Abb. 70
Das Weilheimer Stifterbild

Weilheim a. d. Teck, ev. Peterskirche.
Wandgemälde, um 1522, 1560 z. T. verändert und übermalt; Repr.

Innerhalb der reichen Ausmalung der Weilheimer Peterskirche kommt dem Stifterbild an der Nordwand des Chores besondere Bedeutung zu.
Zwei männliche Figuren, mit zeitgenössischen Rüstungen bekleidet, knien am linken Bildrand vor einer hügeligen Landschaft, die durch eine Stadtansicht Weilheims und den kegelförmigen Berg der Limburg akzentuiert wird. Die linke, in Gebetshaltung dargestellte Figur ist durch ein Schriftband als Graf Ulrich von Aichelberg bezeichnet; die rechte, die ein Kirchenmodell präsentiert, als *berchtoldus dux de zaringen.* Während die Bildmitte leer erscheint, wird die rechte Seite durch ein großes württembergisches Wappen betont. Schon ein Blick auf diese merkwürdige Ikonographie gibt zu erkennen, daß hier Veränderungen vorgenommen worden waren. Ursprünglich knieten Ulrich und Bertold zusammen mit weiteren Personen vor einer Muttergottes oder dem Hl. Petrus. Ihnen brachte der Zähringer das Kirchenmodell dar. Untersuchungen ergaben, daß um 1560, nach Einführung der Reformation, das kaum vierzig Jahre alte Gemälde durch teilweise Übermalung entscheidend verändert wurde. Die vor Herzog Bertold knienden Figuren sowie die Muttergottes- oder Heiligendarstellungen wurden übertüncht und durch das württembergische Wappen ersetzt. Eine zweizeilige lateinische Unterschrift erklärt den Bildinhalt: 1089 wurde die Weilheimer Kirche durch Herzog Bertold von Zähringen gegründet. Die Weihe der Kirche nahm sein Bruder vor, der Konstanzer Bischof Gebhard. 1319 erhielt das Dorf Weilheim durch Vermittlung Graf Ulrichs von Aichelberg von König Ludwig IV. die Stadtrechte und die Erlaubnis, Stadtmauern zu bauen. Allerdings ist diese Inschrift in bezug auf die Gründung historisch unrichtig (vgl. Nr. 96): Die Stiftung einer Weilheimer Kirche als ›Hausklösterchen‹ ist bereits für Bertold I. bezeugt, der 1078 auf der im Bild zu sehenden Limburg (Nr. 10) starb. Das Weihedatum 1089 der damals erneuerten Kirche (Nr. 96) hielt der Maler für das Gründungsdatum, den bei der Weihe anwesenden Bertold II. für den Stifter der Kirche. Das Aussehen der romanischen Kirche war dem Künstler wohl nicht bekannt, denn das Modell wie auch die Ansicht Weilheims zeigen den spätgotischen Kirchenbau.

Lit.: H.-M. MAURER, Weilheim bis zur Stadtgründung, in: Heimatbuch Weilheim a. d. Teck 3 (1969), S. 15 f.; A. SCHAHL, Die Peterskirche in Weilheim a. d. Teck, in: ebd. S. 63–104; U. MARSTALLER, Die Peterskirche in Weilheim-Teck, 1977; DERS., Die Peterskirche in Weilheim, 1985, S. 10–14, 32 f. (mit Angabe der älteren Lit.). M. K.

98
Hirsauer Schenkungsverzeichnisse

98.1
CODEX HIRSAUGIENSIS: SCHENKUNGSVERZEICHNIS UND GRÜNDUNGSBERICHT DES KLOSTERS HIRSAU

Hirsau, um 1500.
Pergamenthandschrift, 70 Bll., H. 29 B. 20 cm; Repr.
Hauptstaatsarchiv Stuttgart H 14, Bd. 143; abgebildet f. 58ᵛ.

70 (Kat.-Nr. 97)

Bertold I. errichtete vor 1073 nahe seiner Burg Limburg a. d. Teck das Kloster Weilheim, das seinem Sohn Gebhard als Gabe bei dessen Eintritt in das Kloster Hirsau (vor 1084) mitgegeben wurde (s. unten Maurer, S. 187). Dadurch wandelte sich die kleine Stiftung Bertolds I. in die von Hirsau abhängige Propstei Weilheim. Gebhard stieg 1084 zum Bischof von Konstanz auf, und sein Bruder Bertold II. löste die inzwischen durch Auseinandersetzungen im Zusammenhang mit dem Investiturstreit zerstörte Propstei durch einen Gütertausch gegen Gültstein (Kr. Böblingen) in Hirsau aus, um dort das Hauskloster neu einzurichten. Dazu kam es jedoch nicht mehr, denn Bertold II. verlagerte seinen Herrschaftschwerpunkt in den Breisgau, wo das Hauskloster schließlich im Jahre 1093 als Kloster St. Peter neugegründet wurde, wobei der Grundbesitz in Weilheim in die Stiftungsmasse einging. (Den Vorgang der Auslösung Weilheims aus Hirsauer Besitz und ihre Vorgeschichte berichtet die Notiz des Codex Hirsaugiensis auf f. 58^{v}). Die um 1500 angelegte Handschrift, eine Zusammenstellung aus Geschichtsnotizen und dem Schenkungsverzeichnis der Abtei Hirsau, geht auf eine (bis auf zwei Fragmente [Nr. 98.2] verlorene) Vorlage des späten 12. Jahrhunderts zurück, denn nur bis zu dieser Zeit reichen die verzeichneten Dotationen. F. 5^{r} enthält einen weiteren Hinweis auf die engen Beziehungen der Zähringer zu Hirsau: *Sub eo* ⟨Abt Wilhelm⟩ *quoque maius monasterium constructum est. Coniunx Hermanni marchionis, qui suos clam fugiens ob summi pastoris amorem pastor pecorum Cluniacensium monachorum factus fuerat, ex proprio sumptu magna ex parte construxit.* (Übers.: Unter Abt Wilhelm wurde das große Kloster erbaut. Die Gemahlin Markgraf Hermanns, der heimlich flüchtend aus Liebe zum Herrn Hirte der Cluniazenser Mönche wurde, ließ diese Kirche zum großen Teil auf eigene Kosten erbauen). Judith trat 1091 als Stifterin der neuen Peterskirche Hirsau auf, 16 Jahre nach dem Klostereintritt ihres Mannes (s. unten Wollasch, S. 184 f.). Ihr Schwager Bertold I. war in Hirsau noch in der alten Aureliuskirche begraben worden (vgl. Nr. 99).

Lit.: Codex Hirsaugiensis, hrsg. v. E. Schneider (Württembergische Geschichtsquellen 1), 1887; – Klaiber, Die Hirsauer St. Aureliuskirche und die Grabstätte Bertolds I. von Zähringen, in: Beiträge zum Diözesanarchiv von Schwaben 4 (1893), S. 5–6; K. Schmid, Kloster Hirsau und seine Stifter (FOLg 9), 1959, passim; H. Jakobs, Die Hirsauer. Ihre Ausbreitung und Rechtsstellung im Zeitalter des Investiturstreits (Kölner Historische Abhandlungen 4), 1961, bes. S. XII ff.; H.-M. Maurer, Weilheim bis zur Stadtgründung, in: Heimatbuch Weilheim a. d. Teck 3 (1969), S. 26 ff.; K. Schreiner, Hirsau, in: Germania Benedictina V, S. 289; Ders., Weilheim, ebd. S. 620 f.; Ausst.Kat. Kloster Blaubeuren 1085–1985, 1985, Nr. 15, S. 14 (I. Eberl).

98.2
TRADITIONES HIRSAUGIENSES: FRAGMENTE DES HIRSAUER TRADITIONSBUCHES

Hirsau, 1110–1185.
2 Pergamentblätter, H. 41 B. 27,5 cm (ursprgl. Größe ca. H. 50 B. 30 cm), abgelöste Einbandreste.
Hauptstaatsarchiv Stuttgart.

Der Fund von zwei Fragmenten des Hirsauer ›Traditionsbuches‹ aus dem 12. Jahrhundert, den Karl Otto Müller 1949–1950 veröffentlicht hat, ermöglicht die Datierung dieses Schenkungsverzeichnisses der Anlagezeit nach auf c. 1110–1185 (nach den vier Haupthänden der Fragmente). Im 17. Jahrhundert, nach dem Dreißigjährigen Krieg, war das als wertlos erachtete Pergament zum Einbinden von Akten der alten württembergischen Landschaftsregistratur verwendet worden. Die teils nur noch unter Verwendung von Quarzlicht zu entziffernden Texte sind nur partiell im Codex Hirsaugiensis (Nr. 98.1) überliefert, zudem in anderer Reihenfolge; ein wichtiges Verzeichnis von Anniversarien des Hirsauer Konvents, mit einem Jahrtagsgedächtnis für Herzog Welf IV., fehlt in der Handschrift des 15./16. Jahrhunderts. Die meisten Einträge betreffen Stiftungen der Zeit von 1100–1110, nur ein Nachtrag betrifft eine Stiftung des Jahres 1120. Der Codex Hirsaugiensis ist deshalb nicht als textgetreue Abschrift der Vorlage des 12. Jahrhunderts anzusehen, sondern folgte einer bereits umgestalteten Zwischenstufe bzw. ist das Produkt einer Neuzusammenstellung der Zeit um 1500.

Lit.: K. O. Müller, Traditiones Hirsaugienses, in: ZWLg 9 (1949–50), S. 21–45, 10 (1951), S. 208–209.

J. G.

99 Abb. 71
Gedenkplatte (Grabplatte?) für Herzog Bertold I. von Kärnten und seine Gemahlin Richwara

Zweite Hälfte 12. Jahrhundert (?).
Zwei Fragmente aus rotem Sandstein, gefunden bei Grabungsarbeiten im Sommerrefektorium des Klosters St. Peter und Paul und Aurelius in Hirsau (Sommer 1976). Maße der Fragmente je 83:86 cm; Fehlstellen in der Mitte von ca. 15 cm Höhe, an Fragment B unten von ca. 15 cm. Ursprüngliches Gesamtmaß der Platte ca. 205:86 cm;
Inschrift: † BEAT ÆMOR(IE) · DVX · BERTHOLD(VS) · [ET · CONIVN]X · EI(VS) · RICHWARA [ILLE · / NONIS · NOVEMBRIS · / HAE]C · VI · ID(VS) · MAII · OB(IIT) · ANIMÆ[EO]RV(M) · RE(Q)VIESCANT IN · / PACE · AM(EN)
(Herzog Bertoldus und seine Gemahlin Richwara frommen Angedenkens. Jener starb an den Nonen des November (5. November), diese an den 6. Iden des Mai (10. Mai). Ihre Seelen mögen ruhen in Frieden. Amen.).
Kloster Hirsau, Marienkapelle (in falscher Zusammenfügung).

Die auf den Fragmenten (abgesehen von Beschädigungen) hervorragend erhaltene Schrift ist als romanische Kapitalis anzusprechen. Die

zeitliche Einreihung wird durch Ligaturen, Kürzungen und Fremdformen (eckiges C) nahegelegt, vor allem aber durch die dreifache Ligatur im Wort *BEATE*, wo ein unziales A mit T und E verbunden ist. Eine vergleichbare Schrift zeigt der fragmentarisch erhaltene Grabstein des Abtes Volmar von Hirsau († 1157).
Bertold von Kärnten, der Ahnherr der Zähringer, starb 1078 am 5. oder 6. November auf seiner Feste Limburg über Weilheim an der Teck. Richwaras Todesjahr ist unbekannt, für ihren Todestag ist die Grabplatte ein singuläres Zeugnis. Auf dem Reichstag von Ulm im Juni 1077 hatte König Heinrich IV. die drei süddeutschen Fürsten Welf von Bayern, Bertold von Kärnten und den in Forchheim gewählten Gegenkönig Rudolf von Schwaben zu Hochverrätern erklären lassen und sie damit ihrer Ämter, Lehen und Besitzungen für verlustig erklärt. Die Überführung der Leiche Bertolds in das gregorianische Zentrum Hirsau und die Bestattung im Aureliuskloster an der Nagold wird in der Tennenbacher Zähringergenealogie (Nr. 7 und Textanhang Nr. 17a) berichtet.

71 (Kat.-Nr. 99)

Die Gedenkplatte für das Herzogspaar (und Grabplatte Bertolds, falls man seine sterblichen Überreste aus dem Nagoldkloster in den 1091 geweihten Neubau überführte) ist ein bemerkenswertes Zeugnis für die Tradition des Stiftergedenkens im Kloster Hirsau: Bertold I. hatte das Priorat Weilheim an der Teck gegründet, er galt als Wohltäter des Aurelius-Klosters. Sein Totengedenken wurde mit dem seiner Gemahlin Richwara im neuen Kloster westlich der Nagold übernommen und von der Klostergemeinschaft dankbar weitergeführt.

Lit.: R. NEUMÜLLERS-KLAUSER in: Die Zähringer I, S. 31 ff.

R. N.-K.

100 Abb. 72

Gabriel Bucelin, älteste Ansicht des Klosters St. Peter im Schwarzwald 1624

Weingarten 1627–1632.
Farbige Federzeichnung in Papierhandschrift, 342 Bll., H 31,5 B. 19,5 cm.
Württembergische Landesbibliothek Stuttgart, HB V 4a;
aufgeschlagen f. 160^{r}.

Der dritte Band von Gabriel Bucelins *Constantia Benedictina* enthält die älteste Ansicht des Klosters St. Peter.
Bucelin (1599–1681) trat im Jahr 1616 als Novize in das Kloster Weingarten ein und blieb zeit seines Lebens der Abtei verbunden. Während seiner Tätigkeit als Sekretär der schwäbischen Benediktinerkongregation (1627–1637) und als Prior von Feldkirch (1651–1681) sowie auf mehreren Reisen, die ihn auch nach Frankreich und Venedig führten, widmete sich der vor allem als Genealoge (Nr. 354), Hagiograph und Historiker hervorgetretene Benediktinergelehrte geographischen und architektonischen Studien. Durch seine Malfreudigkeit sind viele

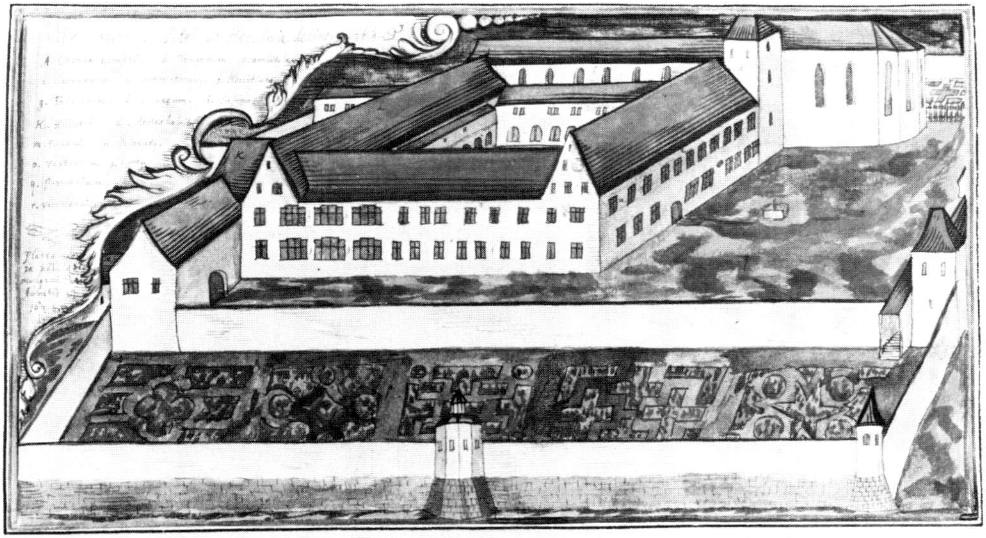

72 (Kat.-Nr. 100)

Ansichten heute zerstörter vorbarocker Klosterbauten als zumeist kolorierte Federzeichnungen erhalten. Von der fünfbändigen *Constantia Benedictina*, einer Beschreibung der Benediktinerklöster im Bistum Konstanz, sind nur zwei Bände erhalten, darunter der dritte Band mit der Abbildung St. Peters im Schwarzwald. Bucelins erstes klösterliches Amt war das des Novizenmeisters in St. Trudpert im Schwarzwald, das er 1624 ausübte. Aus dieser Zeit stammt die Zeichnung der vorbarocken Klosteranlage von St. Peter.

Bucelins kolorierte Ansicht zeigt ein ummauertes Areal, darin am oberen Ende einen Kirchenbau mit langgezogenem Schiff und erhöhtem Chor; sieben Rundbögen sind am Langhaus, zwei am Chor zu erkennen. Eine Apsis mit fünf Fenstern schließt den Chor ab. Der *campanile* befindet sich an der Nahtstelle zwischen Langhaus und Chor im Süden der Kirche, dort wo auch der Ostflügel der Klostergebäude an die Kirche stößt. Die Gebäude bilden ein Geviert, das den Kreuzgang umgibt. Eine Ziergartenanlage innerhalb der äußeren Ummauerung ist im Vordergrund zu erkennen. Die Ansicht weist auf eine geräumige, aber äußerlich schmucklose Klosterkirche hin. Der Klosterbrand von 1483 hatte die romanische Basilika von 1148 zwar zerstört, die Ansicht läßt jedoch anhand der romanischen Fensteröffnungen in Langhaus und Chor auf erhaltene und beim Aufbau wiederverwendete Außenmauern schließen. Erst im Jahre 1500 konnte diese Kirche geweiht werden; 1644 zerstörte ein Brand die Kirche erneut.

Lit.: Die Hss. der ehemaligen Hofbibliothek Stuttgart, Bd. 2,1, beschrieben v. H. Boese, 1975, S. 8ff.; H.-O. Mühleisen, St. Peter im Schwarzwald, ^{3}1984, S. 8ff.; Ausst.Kat. Blaubeuren 1085–1985, Nr. 82 S. 63 (I. Eberl); zu Bucelin: T. J. Stump, Mit Stift und Zirkel. Gabriel Bucelin 1599–1681 als Zeichner und Kartograph, Architekt und Kunstfreund (Bodensee-Bibliothek 26), 1976.

J. G.

101
Der Klosterbezirk von St. Peter

101.1
GRENZBESCHREIBUNG DES KLOSTERBEZIRKS VOM JAHR 1111 MIT KARTENSKIZZE

Im Rotulus Sanpetrinus (Nr. 102), hrsg v. Fleig, Studien, Nr. 8a; Repr.; Übersetzung nach Borgolte.

In der ausführlicheren Fassung der Schenkung eines abgegrenzten Bezirks durch Herzog Bertold III. und seinen Bruder Konrad an den hl. Petrus findet sich folgende Grenzbeschreibung: »Von der Platane auf dem Berg Kandel *(kanden)* und nun gegen das Joch des Berges und durch den Abstieg auf der rechten Seite desselben Berges bis zum Berg, der *zewusperg* genannt wird, vom Zewusberg zum Grenzpunkt, der *Buggenhorn* genannt wird, vom Buggenhorn zum Grenzpunkt Ursprung des Zweribachs, von da zum Bach Wilde Gutach und von da zum Grenzpunkt *zem Burgstal* – was sich immer von diesem Grenzpunkt, nämlich des genannten Baches, bis zum bereits genannten Grenzpunkt Burgstall hinstreckt –, von dort gegen das Joch desselben Hügels bis zum Berg *Ettenberg* und von da zum Grenzpunkt *Tiersol* und zu dem Abstieg derselben Grenze bis zum *Bregenbach,* mit allen Tälern, die dasselbe Bächlein auf der rechten Seite berühren, von da bis zu dem Sumpf, der gewöhnlich *Hônenlache* genannt wird und über den *Strichen* liegt, von da bis zum Widiwandhof *(Widiwanke)* und von da bis *Liudiwank* und von da bis *Luibinsbach,* und von da bis Tal Langenordnach, dann über den Aufstieg des Berges, der *Nenkersperg* heißt, zur Quelle *Schônenbrunne,* vom tiefergelegenen *Schôneggenbach* zum Grenzpunkt Jostal *(Welschenordera),* von da hinauf durch das Tal bis zum Grenzpunkt, der *Hern Chûngeuelle* heißt, von da zum Grenzpunkt, der Bernhaupten genannt wird, von da bis zu dem Bach, der *Werispach* heißt, von da über die Mitte des Berges bis zur zerstörten Burg Wiesneck, von da bis Staffelegg *(Staphelegge)* oder Waseck *(Wasenegge),* von da bis zum Joch des Berges, der Flaunser *(Flausen)* genannt wird, von da über die Mitte oder den Gipfel des Berges bis zur Linde, die auf dem Berg mit Namen *Wipphi* steht, von da über den Abstieg desselben Berges bis zum Bach Glotter, von da bis zum langen Stein, der auf dem Berg Türle *(Türli)* liegt, von da über den Abstieg des Berges bis zu dem Bach, der Schwarzer Reichenbach *(Swarzerichenbach)* genannt wird, von da durch den Aufstieg desselben Bächleins bis zum Berg Kandel *(Channum),* von da bis zum Grenzpunkt, der am Anfang namhaft gemacht wurde und der *zem Ahorn* heißt«.

Eine kartographische Wiedergabe dieser Grenzziehung macht deutlich, daß das Gebiet des Wagensteigtales und das auf der Hochfläche von St. Märgen tief in den Klosterbezirk von St. Peter hineinreichte. Dieser wird dadurch in zwei Teile, das Gebiet der oberen Glotter und von Langenordrach, aufgespalten. Es nimmt daher nicht wunder, daß es zu langwierigen Grenzstreitigkeiten zwischen St. Peter und St. Märgen kam.

101.2
BEILEGUNG DER GRENZSTREITIGKEITEN ZWISCHEN ST. PETER UND ST. MÄRGEN

2. August 1121.
Originalurkunde, Pergament, H. 34,8 B. 23,4 cm, ohne Siegel.
GLA Karlsruhe, C 14.

In Gegenwart des Konstanzer Bischofs Ulrich, des Herzogs Bertold III. von Zähringen und des Klostergründers von St. Märgen Bruno, schließen die Mönche von St. Peter und die Kanoniker von St. Märgen folgenden Vergleich: St. Märgen gibt an St. Peter zwei Lehnsgüter (Benefizien) zu einem Zins von vier *solidi,* während St. Peter eine Ausdehnung von St. Märgen bis zu den Gipfeln der Berge hinnimmt, wo auch die Ebene unter beiden gleichmäßig aufgeteilt ist; die Grenze verläuft von der zerstörten Burg Wiesneck bis zu dem großen Tal, an dessen Ende das Kloster St. Margarethen (in Waldkirch) liegt.

Lit.: M. Borgolte, Urkunden zu den Besitzstreitigkeiten zwischen den Klöstern St. Gallen, St. Peter und St. Märgen, in: Kelten und Alemannen im Dreisamtal (wie Nr. 11.3), S. 169–181; H. Ott, Überlegungen zur Besiedlungsgeschichte des Zartener Bekkens und des Wagensteigtals, ebd., S. 141–151; K. Schmid, Die Burg Wiesneck und die Eroberung des Breisgaus durch Bertold II. im Jahre 1079, ebd., bes. S. 138 ff.; Schwarzmaier–Fischer, Hochadelsbesitz, S. 4.

K. S.

102 Abb. 73
Rotulus Sanpertrinus: Schenkungsverzeichnis des Klosters St. Peter auf dem Schwarzwald

St. Peter, Beginn 12. Jahrhundert bis 1203.
Pergamentrodel in Holzkapsel, B. 21 L. 630 cm.
GLA Karlsruhe, 14/1b.

Der Pergamentrodel besteht aus 16 Blättern ungleicher Länge bei gleicher Breite. Die einzel-

73 (Kat.-Nr. 102)

nen Blätter sind beidseitig beschrieben und mit Seidenfäden verschiedener Farben aneinandergenäht. Fünf bzw. sechs Mönche haben an dem Rotulus geschrieben, dem Schriftalter nach von der Mitte des 12. bis zu den ersten Jahrzehnten des 13. Jahrhunderts.

Es handelt sich um das sogenannte ›Traditionsverzeichnis‹ des Klosters St. Peter, d. h. die Sammlung der Schenkungsurkunden und Privilegien von Seiten befreundeter Stifter, Geistlicher und umliegender Grundbesitzer, sowie der Zins- und Rechnungsberichte, deren schriftliche Aufzeichnung und sichere Aufbewahrung von hoher Bedeutung war, da die Bewahrung der Eigentumsrechte und Privilegien vom schriftlichem Beweismittel (mit der Nennung der Zeugen) abhing. Auch für die Verwaltung der Einnahmen des Klosters war der Rotulus von Bedeutung. So ist der Rotulus Sanpetrinus neben einer illuminierten Hieronymus-Handschrift (Nr. 103) das einzige Textzeugnis aus St. Peter, das die Klosterbrände und Zerstörungen des Spätmittelalters überstanden hat. Die Anordnung der Schriftstücke ist chronologisch, jedoch mit häufigen Verwerfungen, denn der Rotulus enthält viele Kopien von selbständig existierenden Schenkungsurkunden, aber auch Schenkungsnotizen, die vor Ort direkt in den Rodel eingetragen wurden (Fleig, S. 14). So sind Dokumente von 1095 (päpstliche Bestätigung der Klostergründung, s. unten) bis 1203 vertreten. Je nach Bedarf fügte man einzelne Pergamentstücke an den Rotulus an, wodurch die beträchtliche Länge von 6.30 m erreicht wurde. Dabei wechselten die Eintragungen häufig von der Vorder- auf die Rückseite der Blätter. Der Rotulus Sanpetrinus stellt als ungeordnete Dokumentensammlung noch eine Vorstufe der ab dem 13. Jahrhundert einsetzenden systematisch gegliederten Urbare dar. Die relativ unhandliche Form der Rotuli ist wohl ein Grund dafür, daß nur wenige Traditionsverzeichnisse dieser Art überliefert sind; häufiger war wohl die Aufzeichnung der Schenkungen in Chartularien (Buchform) oder die Sammlung der Originaldokumente. Für die Wirtschaftsgeschichte des Schwarzwaldes im 12. Jahrhundert und das Verhältnis der Zähringer zu ihrem Hauskloster stellt der Rotulus Sanpetrinus eine einzigartige Quelle dar.

Die Dokumente im Rotulus betreffen zum überwiegenden Teil den Breisgau (c. 71 %), daneben den Neckargau (c. 18 %) und die Baar (c. 10 %), d. h. Landschaften, in denen das zähringische Stiftergeschlecht von St. Peter mächtig und begütert war. Neben der Grundausstattung des Klosters durch Bertold II. und Agnes sind es vor allem Bertold III. und Konrad, denen das Kloster die Hauptmasse seines Besitzes verdankt. Von Bertold IV. und Bertold V. erhielt die Abtei kaum noch Dotationen.

Das erste in den Rotulus aufgenommene Dokument ist nicht eine Stiftungsurkunde, sondern die Übertragung des Klosters in den päpstlichen Schutz. Das Privileg Papst Urbans II. vom 10. März 1095 richtet sich an die Klostergemeinschaft von St. Peter; Bertold II. *(egregie nobilitatis vir Berhtolfus dux)* wird als Erbauer des Klosters erwähnt und die Überstellung seines Eigenklosters an den päpstlichen Stuhl bestätigt *(ipsum allodium romane ecclesie iure mancipavit).* Urban II. nimmt das Kloster in seinen Schutz, gewährt ihm freie Abtwahl und bestimmt, daß der vom Kloster gewählte Vogt *(advocatus, quem vestris iuribus decreveritis)* nur Schirmvogt, ohne Recht der Einflußnahme sein solle *(nullam ... aliquam disponendi habeat potestatem).* Als Gegenleistung des Klosters für die so empfangene *libertas* (»Freiheit«) ist ein Goldbyzantiner jährlich an Rom zu zahlen.

Urban II. stellte dieses eher knapp ausgefallene Privileg direkt im Anschluß an die große Fastensynode von Piacenza aus. Bischof Gebhard von Konstanz (s. unten Maurer, S. 187f.) nahm an der Synode, die den ersten Aufruf zum Kreuzzug erlebte, teil und vermittelte die Übertragung des zähringischen Eigenklosters in den Besitz des Heiligen Stuhls. Zum selben Zeitpunkt erhielten auch St. Georgen und Hirsau päpstliche Privilegien. Sie stellten mit dieser ›Verfassung‹ ihr Hauskloster in die Reihe der Reformklöster, die aus dem Besitz der Stifter entlassen und in die römische ›Freiheit‹ übergeben wurden. Die Zähringer behielten freilich erblich die Vogtei inne und hatten ihre Grablege in St. Peter: Die Funktion des Hausklosters behielt St. Peter also bei. Das Kloster entwikkelte aber auch keine Reformaktivitäten, die sich, wie etwa im Fall von St. Blasien, Hirsau und St. Georgen, in der Ausstrahlung auf andere Klöster ausgedrückt hätten.

1803 wurde der Rotulus zusammen mit anderen

St. Petriner Dokumenten an Markgraf Karl Friedrich von Baden abgeliefert (vgl. Nr. 316).

Lit.: Editionen: E. J. LEICHTLEN, Die Zähringer, Freiburg 1831; F. v. WEECH, Der Rotulus Sanpetrinus nach dem Original im Großherzoglichen General-Landesarchiv in Karlsruhe, in: FDA 15 (1882), S. 133–184; FLEIG, Studien; – HEYCK, Geschichte, S. 181 ff.; Dokumente zur oberrheinischen Landesgeschichte, Karlsruhe 1971, Nr. 23 (H. SCHWARZMAIER); P. JOHANEK, Zur rechtlichen Funktion von Traditionsnotiz und früher Siegelurkunde, in: P. CLASSEN (Hrsg.), Recht und Schrift im Mittelalter (VuF 23), 1977, S. 131–162; zum Privileg Urbans II.: A. BRACKMANN, Germania Pontificia II, 1, S. 192 Nr. 1.

J. G.

103 Abb. 74–76

Hieronymus, Expositionen zu Daniel und den Propheten Micha, Habacuc, Sophonias, Aggeas, Zacharias und Malachias

St. Peter, um oder kurz nach Mitte 12. Jahrhundert.
Pergamenthandschrift. 188 Bll., H. 37,3 B. 27,5 cm, 2 Spalten.
Bayerische Staatsbibliothek München, Clm 6251.

Die Handschrift enthält erläuternde Texte des Kirchenvaters Hieronymus zu mehreren Büchern des Alten Testaments. Solche exegetischen Handschriften dienten im Kloster dem Unterricht und wurden normalerweise in der Bibliothek aufbewahrt. Das vorliegende Exemplar zeichnet sich aus durch ungewöhnliche Größe und Sorgfalt der Ausführung. Ein Schreiber, dessen Namen Sigefridus das Schlußgedicht, fol. 187ᵛ (s. unten), verrät, schrieb den Text in einheitlich kalligraphischer Minuskel.

Geschmückt ist die Handschrift mit 23 großen Initialen, denen jeweils eine oder mehrere Zeilen abgestufter Auszeichnungsschrift folgen. Die Initialen sind durchweg harmonisch gestaltet: aus Buchstabenkörper und kreisenden Ranken, die vorzüglich von Knollen sowie unbedeutenden kleinen Endmotiven belebt sind. Die Ranken, die sich spiralig oder alternierend entwickeln, füllen die Initialfelder gleichmäßig dicht und umspielen oft auch die Initialleisten. Ganz selten sind Tiermotive eingebunden. Vor allem aber enthält die Handschrift zwei große figürliche Initialen. Das I, fol. 4ᵛ (Abb. 75), wird durch den Propheten Daniel selbst gebildet, der auf einem kauernden Vierfüßler steht; in der verhüllten Linken hält er das von ihm verfaßte Buch, mit der Rechten weist er auf den Textbeginn. Und im V, fol. 36ʳ, erscheint innerhalb der Ranken der Prophet Micha, wie er die Inspiration empfängt, dargestellt durch die Taube an seinem Ohr und durch die segnende Hand Gottes, der ein Kreuzbalken hinterlegt ist. Charakteristisch für die gelängten Figuren ist die üppige, in der Fläche ausgebreitete Gewandzeichnung. Die Initialen sind mit schwarzer und roter Feder gezeichnet, die Rankengründe nur in wenigen Fällen farbig gegeben (rote und schwarze Kreuzschraffur oder hellocker und rote Lavierung). Der gesamte Initialschmuck stammt von einer Hand (Abb. 74: I, Initiale auf f. 123ᵛ, Abb. 76: A-Initiale auf f. 3ʳ).

Die Handschrift befand sich, ehe sie bei der Säkularisation nach München kam, in Freising. Hier ist sie jedoch nicht entstanden, wie früher irrtümlich angenommen wurde (u. a.: Boeckler, S. 9 ff. – Bayerns Kirche, Nr. 31. – Greenhill, S. 132 ff.). Vielmehr ließ sich 1974 ihre Herkunft aus St. Peter nachweisen (v. Borries-Schulten). Ein getilgter und zusätzlich chemisch behandelter Besitzeintrag aus der 2. Hälfte des 12. Jahrhunderts (fol. 1ᵛ) wurde erstmals entziffert: *Iste liber est celle sancti Petri de monte.* Es handelt sich hier zweifellos um das Schwarzwaldkloster St. Peter, dem die Handschrift um diese Zeit nicht nur gehörte, sondern aus dessen Scriptorium sie auch hervorgegangen ist. Denn der Schreiber unserer Handschrift, Sigefridus, hat auch am Rotulus Sanpetrinus (Nr. 102), dem Traditionsrodel des Klosters, mitgearbeitet. Seine Hand ist dort in Absatz 150/150a nachzuweisen, der nach 1154 geschrieben worden sein muß.

Dieses Ergebnis spiegelt sich im Ausstattungsstil der Handschrift, wie er ähnlich auch in anderen von Hirsau aus reformierten oder gegründeten Klöstern der Diözese Konstanz im 12. Jahrhundert gepflegt wurde. Eng verwandte Initialen gibt es vor allem in einer größeren Zahl von Handschriften aus Allerheiligen in

74 (Kat.-Nr. 103) f. 123^{v}

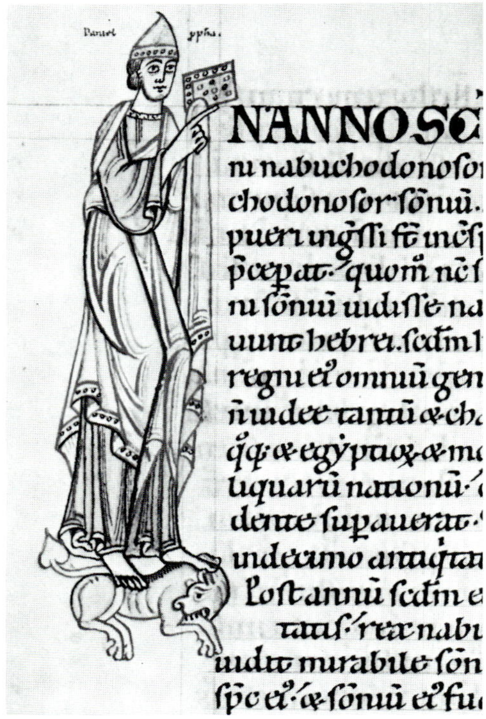

75 (Kat.-Nr. 103) f. 4^{v}
76 (Kat.-Nr. 103) f. 3^{r}

Schaffhausen (z. B. Schaffhausen, Stadtbibl. Ms. Min. 14). Die gemeinsame Quelle dieses Initialstils war wahrscheinlich Hirsau, dessen Bibliothek ja – bis auf geringe, hier nicht relevante Reste – verloren ist.

Das bereits erwähnte Schlußgedicht, fol. 187ᵛ, – *Clavigero coeli Sigefridus corde fideli*
Hunc patrat librum. quo possit cernere christum
Letus post mortem; talem teneat quoque sortem
Scriptor et illius. qui dictus erat Sigefridus. – nennt neben dem Schreiber auch den Stifter der Handschrift, der wie jener Sigefridus heißt, mit ihm aber nicht identisch ist.

Nun berichtet der Rotulus Sanpetrinus in Absatz 142 von der Weihe der neu erbauten Kirche im Jahre 1148 und anschließend von einem Presbyter Sigefridus, der dem Kloster – wohl um diese Zeit – reiche Schenkungen gemacht hat: Bücher, Chormäntel, Ländereien u. a. Es ist nicht ausgeschlossen, daß unsere Handschrift, die nach dem Widmungsgedicht dem Schlüsselbewahrer, d. h. Petrus, dem Patron von St. Peter, dargebracht wurde, ein Teil eben dieser Stiftung gewesen ist. Nach dem Ausstattungsstil kann die Handschrift auch wenige Zeit später entstanden und gestiftet worden sein.

Die alte Bibliothek von St. Peter ist infolge zahlreicher Klosterbrände verloren gegangen. Außer dem vorliegenden Codex kennt man keinen, der noch aus dem Scriptorium des Klosters stammen könnte. Er ist an Größe und Einheitlichkeit, aber auch in der Qualität des Seitenaufbaus wie der Initialerfindung und -ausführung den exegetischen Handschriften vergleichbarer Klöster – z. B. Schaffhausen, Zwiefalten oder Weingarten – sichtlich überlegen. St. Peter im Schwarzwald muß um die Mitte des 12. Jahrhunderts ein Scriptorium besessen haben, das hervorragende Handschriften herzustellen vermochte.

Lit.: A. BOECKLER, Zur Freisinger Buchmalerei des 12. Jahrhunderts, in: Zeitschrift des Deutschen Vereins für Kunstwissenschaft 8 (1941), S. 1–16; B. BISCHOFF, Die Freisinger Dombibliothek, in: Bayerland 57 (1955), S. 392; Ausst.Kat. Bayerns Kirchen im Mittelalter, München 1960, Nr. 31; E. S. GREENHILL, Die geistigen Voraussetzungen der Bilderreihe des Speculum Virginum (Beiträge zur Geschichte der Philosophie und Theologie des Mittelalters 39, 2), 1962, S. 132 ff.; S. v. BORRIES-SCHULTEN, Eine Schmuckhandschrift aus Cella sancti Petri de monte in der Bayerischen Staatsbibliothek (Clm 6251), in: Münchner Jahrbuch der bildenden Kunst 3. F. 25 (1974), S. 27–46.

S. B.-S.

104
Necrolog des Klosters St. Peter, von Abt Peter Gremmelsbach

St. Peter, 1497.
Pergamenthandschrift, 3 (Pap.) + 32 + 9 (Pap.) Bll., H. 33 B. 25 cm.
Badische Landesbibliothek Karlsruhe, Hs. St. Peter Perg. 86.

Aufgeschlagen ist f. 8ʳ mit dem Eintrag Herzog Bertolds II. von Zähringen als Gründer und Wohltäter seines Hausklosters zum 12. April. Ein Klosternecrolog verzeichnete in der Ordnung des Kalenderjahres die verstorbenen Klosterbrüder (Konventualen) sowie die wichtigsten Wohltäter des Klosters. Das Stiftergedenken spielte im Klostergottesdienst eine bedeutende Rolle; wie im Fall der Zähringer und St. Peters konnte das Gedenken auch Jahrhunderte über den Tod des Stifters und dessen Familie hinausreichen. Neben Bertold II. finden wir dessen Gemahlin Agnes (19. 12.), Tochter Rudolfs von Rheinfelden, Markgraf Hermann I. (7. 10.), Bertold III. (19. 2., vgl. Nr. 155), Konrad (8. 1.), Clementia, Konrads Gemahlin (28. 12), deren Sohn Bertold IV. (8. 9.), Rudolf von Lüttich (5. 8) und *Depositio Berchtoldi quinti* (3. 12., vgl. Nr. 155). Bis zur Auflösung des Klosters im Jahre 1806 wurde das Stiftergedenken an die Zähringer in St. Peter fortgeführt, wovon mehrere Necrologhandschriften des 18. Jahrhunderts zeugen (siehe Nr. 299. 1–3). Die vorliegende Handschrift aus dem 15. Jahrhundert überliefert ältere, verloren gegangene Necrologaufzeichnungen des Hoch- und Spätmittelalters und stellt damit das älteste erhaltene Necrolog des Klosters dar.

Lit.: Necrologium minus monasterii S. Petri nigrae silvae, hrsg. v. F. L. BAUMANN, MGH Necrologia Germaniae I, 1888, S. 334–338 (unvollst.); Die Handschriften von St. Peter im Schwarzwald, 2. Teil, Die Pergamenthandschriften, beschrieben v. F. HEINZER und G. STAMM, 1984, S. 178–179.

J. G.

105 Abb. 77–79

Zeichnung des Gozmann-Kreuzes aus dem 2. Viertel 12. Jahrhundert

Nach Ausweis der Zeichnungen und Beschreibungen in den Kapitelsprotokollen von St. Peter (1750–1806), Band II, S. 5–6: Holzkern (Eiche) mit vergoldetem Silberblech beschlagen; Höhe mit 23 cm angegeben; Ornamentik und figürliche Darstellung wahrscheinlich getrieben; zwischen 1750 und 1753 zerstört; Übertragung der Reliquien in ein zeitgenössisches Werk (Augsburger Werkstatt).
Papierhandschrift, H. 33,5 B. 20 cm, Priesterseminar St. Peter, o. S.

Ein einziges Stück, dieses auch nur in Form von Zeichnungen und Gemälden überkommen, erinnert an den Kirchenschatz von St. Peter aus romanischer Zeit. Es handelt sich um ein Kreuz, dessen Aussehen vor allem zwei detaillierten Zeichnungen in den Kapitelsprotokollen verdankt wird (Abb. 77–78). Auffallendstes Merkmal des 1750 im Klosterarchiv wiederaufgefundenen Werkes war seine Form. Vierung und Endung der Kreuzbalken sind als Kreis ausgebildet. Der Dorn am Fußende des Vertikalarms weist das Kreuz als Vortrage- oder Altarkreuz aus (vgl. Nr. 37). Figürlichen Schmuck zeigte ausschließlich das Vierungsmedaillon, nämlich eine Majestas Domini-Darstellung. Die Rundung der Kreuzenden sowie die ornamental gerahmten Mittelbahnen der Kreuzbalken wurden von Inschriften ausgefüllt. Die Schaftenden nannten die Auftraggeberin: *ALBERTI UXOR IDA ME FIERI IUSSIT* (»Ida, die Frau Alberts, ließ mich machen«). Auf den Kreuzarmen wurden fünf Heilige aufgeführt, deren Reliquien im Kreuz deponiert waren. Die Hauptreliquie bildete jedoch eine Kreuzpartikel. Die Rückseite des Kreuzes wurde einzig von der auf dem Querbalken angebrachten Inschrift belebt. Ein Fensterchen im Bereich der Vierung gewährte Einblick in die Reliquienkammer. Die Inschrift gab Auskunft über die Entstehungszeit und zählte weitere an der Stiftung des Kreuzes oder der Reliquien beteiligte Personen auf: *TEMPORIBUS GOZMANNI ABB(AT)IS UODALRICUS BERTHOLDUS ET BRUNO*

77 (Kat.-Nr. 105) Vorderseite

78 (Kat.-Nr. 105) Rückseite mit Stifterinschrift

ME PATRARUNT (»Ulrich, Bertold und Bruno haben mich zustande gebracht zu Zeiten des Abtes Gozmann«). Auch der ausführende Künstler wird ausdrücklich erwähnt: *BILLUNG ME FECIT* (»Billung fertigte mich an«). Durch den Hinweis auf die Amtszeit Gozmanns (1137–1154) ist die Datierung gesichert. A. Ehrhart verweist in diesem Zusammenhang auf die Weihe der Kirche 1148, die den Anlaß für den Auftrag des Kreuzes gebildet haben könnte (vgl. auch das Datum 1148 auf dem barocken Nachfolgewerk!). Die Entdeckung des Reliquienkreuzes 1750 führte in St. Peter zu einer Renaissance der Hl. Kreuzverehrung, jedoch auch zum Untergang des bis dato vergessenen Werkes. Abt Steyrer ließ es 1753 durch ein in Augsburg gefertigtes Barockkreuz ersetzen. Die Inschriften des alten Kreuzes wurden dabei auf die Rückseite des neuen übertragen. Hinzugefügt wurden Angaben über Auftraggeber und Entstehungszeit des Werkes. Weitere Darstellungen des »Gozmann-Kreuzes«, jedoch weniger exakt, finden sich auf dem Deckenbild des Kapitelsaales (Ida überreicht Gozmann das Kreuz, Abt Steyrer präsentiert das neue Kreuz) und auf einem ebenfalls barocken Ölgemälde, das den Abt Gozmann und im Sockelbild die Schenkung des

79 (Kat.-Nr. 105) Sockelbildnis aus Portrait des Abtes Gozmann (vgl. Kat.-Nr. 308)

Kreuzes durch die drei Stifter zeigt (Abb. 79; vgl. Nr. 308).

Lit.: F. X. KRAUS, Die Kunstdenkmäler des Großherzogthums Baden, Bd. 6 (Kreis Freiburg), 1904, 341–343; A. EHRHART, St. Peter, S. 124–127, 129, 135 f. (mit Angabe der älteren Literatur und Quellen).

M. K.

2. Das Freiburger Münster. Bürgerkirche und Herzogsbau

106 Das Freiburger Münster

Abb. 80–83

106.1 DAS ›KONRADINISCHE‹ MÜNSTER

Abb. 80–81

Grundriß (Abb. 81), Befund und Rekonstruktion (Abb. 80: Chor) des ›konradinischen‹ Freiburger Münsters (nach W. Erdmann).

Die Nennung eines *oratoriums* in der Stadtgründungsurkunde 1120 und die Erwähnung einer *ecclesia* anläßlich einer Kreuzzugspredigt Bernhards v. Clairvaux im Jahre 1146 in Freiburg (vgl. Nr. 192) sind die einzigen schriftlichen Zeugnisse, die auf eine Errichtung des Münsters im 12. Jahrhundert hinweisen. Zwischen beiden Daten wird der Beginn des Gründungsbaus des Freiburger Münsters anzunehmen sein, der zur Unterscheidung vom spätromanischen Kirchenbau Bertolds V. die Bezeichnung ›konradinisch‹ erhielt, als Hinweis auf den Stadtherren jener Zeit. Mehrere Zufallsgrabungen in unserem Jahrhundert förderten spärliche Fundamentreste dieses ersten Münsterbaus zutage, die immerhin eine Teilrekonstruktion des Grundrisses und gewisse Rückschlüsse über das Aufgehende erlaubten. Gefunden wurden Spuren der nördlichen und südlichen Seitenschiffmauern, der Verlauf der Westwand des südlichen Seitenschiffs sowie Partien der mittleren und nordöstlichen Apsis-

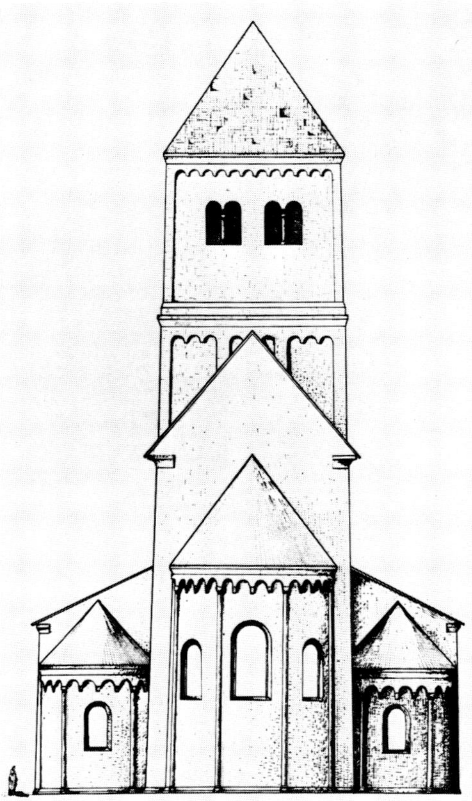

80 (Kat.-Nr. 106) Konradinisches Münster, Ostansicht, Rekonstruktion W. Erdmann (1969)

fundamentierung. Danach war die Kirche, am heutigen Bau gemessen, von relativ bescheidenen Ausmaßen. Sie besaß ein dreischiffiges Langhaus, dessen Seitenschiffe direkt in Apsiden mündeten (ohne Querschiff), während die mittlere Apsis um ein Vorchorjoch über die Nebenapsiden hinausragte (Staffelchor). Welcher Art die Langhausstützen waren und ob der Bau eine Wölbung aufzuweisen hatte, ließ sich aus dem Befund nicht erschließen. Vielleicht besaß das konradinische Freiburger Münster einen Westeinturm, der die Glocken aufnahm, wie er bei gleichzeitigen oberrheinisch-elsässischen Kirchen häufig anzutreffen ist. Die Glokken waren, wie sich bei der Grabung zeigte, noch im Rohbau der Kirche gegossen worden (Glockengußanlage unter dem südlichen Seitenschiff). Ein dekoratives Gliederungssystem aus Rundbogenfriesen über Halbrundvorlagen dürfte nach Ausweis des Fundmaterials, ähnlich wie in St. Johann bei Zabern, zumindest die Außenwände der Ostteile der Kirche belebt haben.

Lit.: W. Erdmann, Die Ergebnisse der Rettungsgrabung 1969 im Münster zu Freiburg i. Br., in: NDBW 13 (1970), Heft 1, S. 2–24; V. Osteneck, Die romanischen Bauteile des Freiburger Münsters. Diss. Phil. Freiburg i. Br. 1969 (mit Angabe der gesamten älteren Lit.); Adam, Freiburger Münster, S. 8. M. K.

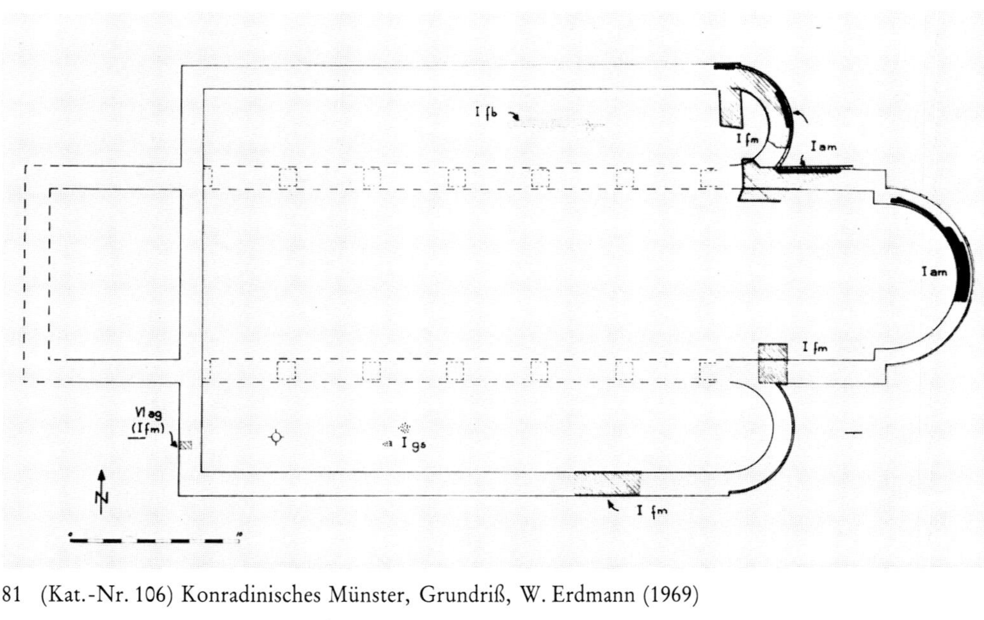

81 (Kat.-Nr. 106) Konradinisches Münster, Grundriß, W. Erdmann (1969)

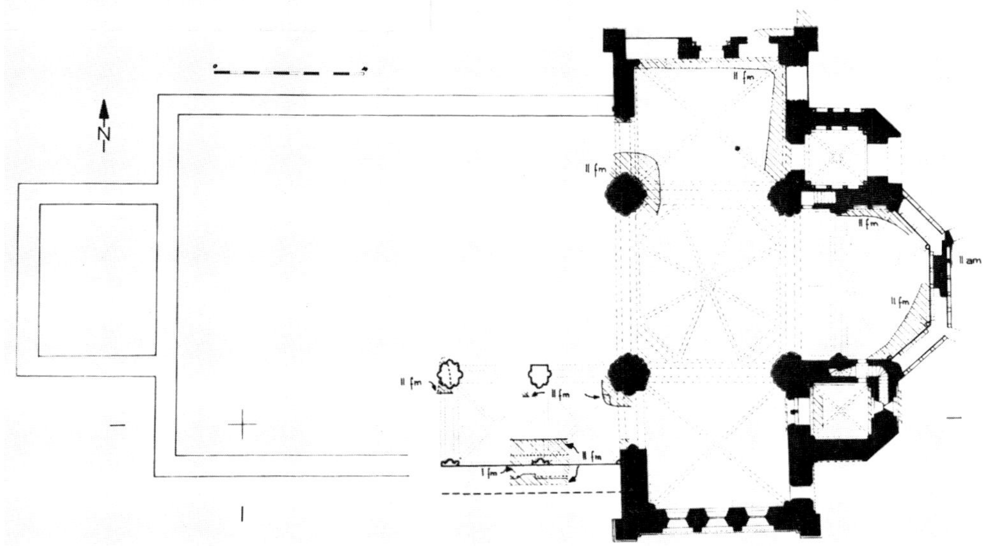

82 (Kat.-Nr. 106) Bertoldinisches Münster, Grundriß, V. Osteneck (1969)

106.2 Abb. 82–83
DAS ›BERTOLDINISCHE‹ MÜNSTER

Grundriß des bertoldinischen Münsters (nach Osteneck, 1970: Abb. 82); Rekonstruktionen des Chorpolygons nach Schuster (1907), Stehlin (1936) und Becksmann (1969) (vgl. Die Zähringer I, Tafeln 10a und 11a); Außenansicht des Südquerhauses des Freiburger Münsters (Abb. 83).

Keine Baunachrichten geben Auskunft über den Bau des spätromanischen Münsters, allein stilistische Anhaltspunkte ermöglichen eine zeitliche Einordnung in das beginnende 13. Jahrhundert. Dem großzügig geplanten Neubau wurden zunächst die Ostteile des kaum fünfzig Jahre stehenden konradinischen Münsters geopfert, offenbar aus Repräsentationsgründen, sollte doch die Kirche eine doppelte Aufgabe als Pfarrkirche und Grablege Bertolds V. erfüllen. Die Funktion als herzogliche Grabeskirche mag den Bauherrn veranlaßt haben, sich am damals bedeutendsten und modernsten Bau der Region, dem Basler Münster, zu orientieren. Die in Freiburg teilweise erhaltenen Ostteile und das Vorbild des Basler Münsters helfen, den Gesamtbau des bertoldinischen Münsters zu rekonstruieren. Geplant war demnach eine rippengewölbte, kreuzförmige Anlage mit basilikalem Emporenlanghaus und ausgeschiedener Vierung mit oktogonaler Tambourkuppel und Turm. Im Osten schloß sich ein schmales Vorchorjoch mit polygonaler Apsis und Chorflankentürmen an. Davon wurden in den gotischen Neubau übernommen: das Querschiff, vom Vierungsturm das untere Stockwerk (außen von den Dächern verdeckt), die gotisch erhöhten Chorflankentürme, das Vorchorjoch ohne Wölbung sowie die geraden Seiten des Chorpolygons mit den Ansätzen der Schrägseiten.

Die Fundamente dieser Seiten wurden bei Grabungen festgestellt. Höhe und Breite des westlichen Vierungsbogens sichern die Maße des Langhauses.

Die vermauerten Emporenöffnungen in den Querschiffwänden sowie Fundamentreste des südlichen Seitenschiffs geben Hinweise auf Höhe und Breite der Seitenschiffe. Während Chor und Querhaus in spätromanischen Formen vollendet wurden, blieb das Langhaus in der Planung stecken. Beim gotischen Weiterbau wurde das schon teilweise errichtete östliche Langhausjoch wieder abgebrochen (Mauerfuge und Ansatz der ehemaligen Emporenöffnung an der Mittelschiffsüdwand noch sichtbar).

Das Äußere des Querschiffs gibt mit den Chorflankentürmen noch einen Eindruck von der kraftvollen Gliederung des Baus durch Lisenen und Rundbogenfriese (Abb. 83). Die Südseite mit dem Nikolausportal ist dabei als Schauseite ausgebildet. Für die Rekonstruktion des Choräußeren sind die Gliederung der Chorflankentürme und Chorlösungen verwandter Kirchenbauten maßgebend (St. Ursanne/Schwz. Jura, Pfaffenheim/Elsaß). Verschiedene Vorschläge, von denen die von Schuster (1907), Stehlin (1936) und Becksmann (1969) hier zu sehen sind, zeigen den Chor mit Blend- oder Zwerggalerien, mit gleichgroßen oder unterschiedlichen hohen Fensteröffnungen.

Eindrucksvoll präsentiert sich das Innere des Querhauses mit der hohen Vierungskuppel und den Kapellenräumen in den Erdgeschossen der Chorflankentürme. Besonders die südliche Kapelle (heute Eingang zum Chorumgang), dem Hl. Nikolaus geweiht, weist eine prächtige bauplastische Dekoration an Kapitellen, Kämpfern und Gesimsen auf (Nr. 107). Der Chor, dessen Boden ursprünglich 2,55 m über dem der Vierung lag (obwohl keine Krypta vorhanden war), zeigt an den Längswänden eine Blendglie-

83 (Kat.-Nr. 106) Außenansicht des romanischen Nordquerhauses mit Hahnenturm

derung. Seine Einwölbung ist nur durch Analogieschluß rekonstruierbar (halbes Klostergewölbe oder Kappengewölbe mit Schildbögen). Daß das romanische Münster dem Hl. Nikolaus geweiht war, wie oft zu lesen ist, läßt sich nicht beweisen. Vielmehr ist das Marienpatrozinium von Anfang an wahrscheinlich. M. K.

Trotz der unverkennbaren Verwandtschaft des Freiburger Münsters mit dem von Basel in Mauertechnik, Wandaufriß und Bauzier (die zurecht an den Austausch von Bautrupps hat denken lassen) sind die baukünstlerischen Unterschiede erheblich. Basel hat im 12. Jahrhundert – ebenso wie Straßburg im 13. Jahrhundert – die frühsalischen, wenn nicht ottonischen Fundamente des Langhauses weiterbenutzt, wogegen sich der spätromanische Bau des Freiburger Münsters über denen des frühstaufischen ›konradinischen‹ Baus erhob. Daraus folgte in Basel eine fürs späte 12. Jahrhundert eher ungewöhnliche Breite und Weite des Mittelschiffs, die im jüngeren Freiburger Münster um rund zwei Meter merklich auf ein schmaleres, die Raumverhältnisse straffendes Maß zurückgeführt ist. Anders als im Elsaß, wo die Formen des Basler Münsters ins Voluminöse und Derbe weiterentwickelt wurden, hat man in Freiburg eine flächigere, die Zusammenhänge betonende Wandstruktur gesucht. Das zeigt sich vor allem an der von Rüdiger Becksmann schlüssig rekonstruierten Ostfassade in ihrer konzentrierten Zusammenfassung von Hahnentürmen, polygonaler Apsis und Vierungsturm – einer Fassade, die am Basler Münster hoch über dem Rheinstrom als Schauseite ihren Sinn gehabt hätte (dort aber nicht annähernd so reich ausgestaltet war), angesichts der urbanistischen Situation in Freiburg aber nahezu ohne jeden Effekt bleiben mußte.

Lit. (in Auswahl): K. Schaefer, Die älteste Bauperiode des Münsters zu Freiburg im Breisgau, 1894; P. P. Albert, Urkunden und Regesten zur Geschichte des Freiburger Münsters, in: FMBl 3 (1907), S. 29–40; K. Schuster, Der romanische Teil des Freiburger Münsters, in: FMBl 3 (1907), S. 46–65; C. Stehlin, Zur Rekonstruktion des romanischen Chors des Freiburger Münsters, in: Oberrheinische Kunst 7 (1936), S. 5–13; J. A. Kraus, Der angebliche Patroziniumswechsel des Münsters zu Freiburg, eine unhaltbare Vermutung, in: FDA 80 (1960), S. 284–287; R. Becksmann, Das Jessefenster aus dem spätromanischen Chor des Freiburger Münsters. Ein Beitrag zur Kunst um 1200, in: Zeitschrift des Deutschen Vereins für Kunstwissenschaft 23 (1969), S. 8–48; Osteneck, Die romanischen Bauteile (wie Nr. 106.1); Ders., Neue Ergebnisse zum sog. »bertholdinischen Bau« des Freiburger Münsters, in: NDBW 13 (1970), Heft 1, S. 25–35; W. Erdmann, Die Ergebnisse der Rettungsgrabung 1969 im Münster zu Freiburg, ebd., S. 2–24; Adam, Freiburger Münster, S. 9–12, 84–90. W. S.

107 Abb. 84–87

Die spätromanischen Bilderfriese am Eingang zur Nikolauskapelle des Freiburger Münsters

Ende 12. Jahrhundert.
Abgüsse der Münsterbauhütte.

Den stollenartigen Zugang der ehemaligen Nikolauskapelle (des vor Anbau des gotischen Umgangschores gen Osten geschlossenen Untergeschosses im südlichen Hahnenturm), der gegen das Südquerhaus portalartig ausgestaltet ist, schmücken zu beiden Seiten interessante Friese und Kapitelle. Ein stringent schulmäßiges Programm ist nicht zu erkennen; die meisten Szenen zeigen menschliche Laster, die bald aus dem Bereich der Tierfabel, bald aus dem der Mythologie oder der Sage gegriffen sind.

Am Fries des rechten Gewändes stehen von innen nach außen zwei Sequenzen aus der Fabel von der Wolfsschule: ein Mönch sucht einem in die Kutte gesteckten Wolf das Schreiben beizubringen; Bildung und Disziplin bleiben aber auf der Strecke, sobald ein Böcklein vor die Augen des gefräßigen Wolfs kommt. Rechts David, der den Löwen überwindet und das Schaf errettet. David als Typus Christi steht antithetisch gegen den Wolf als Sinnbild des Teufels (Abb. 85). Auf dem anschließenden Kapitell Alexander der Große als Personifikation des Hochmuts; mit Speeren in den erhobenen Händen, an deren Spitze Hasenbraten locken, läßt er sich von hungrigen Zug-Greifen in einer Gondel zum Himmel emporheben (Abb. 87).

Die Szenen des linken Gewändes sind nicht in derselben Weise Illustrationen literarischer Stoffe. Von innen nach außen: Kenthaurenkampf, ein Ritter verteidigt sich gegen einen

84 (Kat.-Nr. 107) Greifen- und Zentaurenkampf

Greifen (Abb. 84), Sirenenfamilie (Abb. 86). Die Mischwesen sind als defekte Kreatur, als Sinnbilder verschiedener Laster zu verstehen (die Sirenen beispielsweise wurden in moralisierender Auslegung der Sirenenepisode bei Homer als Personifikationen der Unzucht verstanden).

Nahezu alle Szenen sind im Chorumgang des Basler Münsters und am Portal der (kunstgeschichtlich von Basel abhängigen) Stiftskirche von Saint-Ursanne vorgebildet; die Motive stammen letztlich aus Italien (Ferrara), der französischen Kathedralskulptur sind sie so gut wie unbekannt. Da die Basler Chorkapitelle bereits vor 1185 ausgearbeitet wurden, kommt für die Freiburger Skulpturen eine Datierung noch ins letzte Fünftel des 12. Jahrhunderts in Betracht. Daß sie damals bereits für den Platz vorgesehen waren, an dem sie heute versetzt sind, ist unwahrscheinlich.

Lit.: F. PANZER, Der romanische Bilderfries am südlichen Choreingang des Freiburger Münsters und seine Deutung, in: FMBl 2 (1906), S. 1–34; F. MAURER-KUHN, Romanische Kapitellplastik in der Schweiz (Basler Studien zur Kunstgeschichte, hrsg. v. J. GANTNER, NF XI), 1971, S. 228ff. W. S.

86 (Kat.-Nr. 107) Sirenenfamilie

87 (Kat.-Nr. 107) Alexanders Himmelfahrt

85 (Kat.-Nr. 107) »Wolfsschule« und Kampf Davids mit dem Löwen

108
Löwenskulptur

Freiburg, Münster Unserer Lieben Frau (?), frühes 13. Jahrhundert (?).
Roter Sandstein; erhebliche Beschädigungen H. 65,5 B. 27 T. 79 cm.
Augustinermuseum Freiburg.

Der Löwe ist aufrechtsitzend, auf seine (heute fehlenden) Vorderbeine gestützt, wiedergegeben. Sein Schweif ist zwischen den Hinterbeinen durchgezogen und auf die linke Flanke des Körpers gelegt. Auffällig sind der kleine (fast gänzlich zerstörte) Kopf und die flechtwerkartig stilisierte Mähne. Der viereckige Ansatz an der rückwärtigen Schmalseite der Skulptur läßt auf eine Befestigung im Mauerverband schließen. Gefunden wurde das stark beschädigte Bildwerk im Schutt des ehemaligen Festungsgrabens beim Bau des Reichsbankgebäudes am Leopoldring/Ecke Karlstraße, Freiburg i. Br., im Jahr 1900. Dieser Fundort macht eine Herkunft aus der nicht allzuweit entfernten, um die Mitte des 13. Jahrhunderts errichteten und im 17. Jahrhundert vollständig zerstörten Nikolauskirche der Vorstadt Neuburg denkbar. Für eine Datierung in die Mitte des 13. Jahrhunderts ist der Stil der Löwenskulptur jedoch zu altertümlich. Schuster hatte 1907 den Löwen mit dem spätromanischen Münsterbau in Verbindung gebracht, wo er seine Anbringung im Giebelfeld des Südquerhausportals vermutete. Chorflankentürme und Chorpolygon boten ebenfalls Raum für bauplastische Dekoration mit Tierskulpturen. Ungeklärt bleiben in diesem Zusammenhang das kreisrunde Loch in der Brust und die Wetzspuren auf dem Rücken des Löwen.

Lit.: SCHUSTER, in: FMBl 3 (1907), S. 57f., Abb. S. 65; Katalog Kunstepochen Freiburg, Nr. 11 S. 26f.

M. K.

109 Abb. 88
Löwenkopf-Türklopfer

Niedersachsen (?), Anfang 13. Jahrhundert.
Messingguß mit Feuervergoldung u. Gravierung. Dm. 22 T. 10 cm.
Freiburg, Münster Unserer Lieben Frau.

Ein breites Band mit durchbrochenen Blattranken umschließt den stark plastisch gebildeten Löwenkopf. Die kleinen Ohren, die kräftig vorspringende Schnauze und die von wulstartigen Brauen überfangenen, weitaufgerissenen

88 (Kat.-Nr. 109)

Augen bestimmen den Kopf. Gravuren betonen zusätzlich einige Partien wie die Lefzen. Der ringförmige Türgriff wird von dem aufgesperrten Maul mit den sorgfältig ausgearbeiteten Zähnen gehalten.
Die in einzelne Zotteln aufgelöste Mähne umrahmt das Haupt und leitet in ihrer ornamentalen Gestaltung zum äußeren Schmuckband über. Neuerdings wird als künstlerische Herkunft eine niedersächsisch-hildesheimische Gießhütte angenommen, was sich durch Vergleiche mit anderen Bronzearbeiten dieser Werkstatt zu bestätigen scheint (Mende).
Mit seinem Gegenstück befindet sich der Türklopfer heute an den Zugängen der um 1350 errichteten Münstersakristei. Der ursprüngliche Anbringungsort ist am Südportal des bertoldinischen Neubaus oder am Westportal des konradinischen Münsters zu suchen. Neben der unheilabwehrenden Wirkung des Löwenhauptes kam dem Türring im Mittelalter besondere rechtsgeschichtliche Bedeutung zu (Schwur am Türring, Eigentumsübertragung, Asylrecht). Man hat daraus für das Freiburger Löwenpaar den besonders hervorgehobenen Platz an einem Haupteingang gefolgert.

Lit.: H. R. HAHNLOSER, Urkunden zur Bedeutung des Türrings, in: Fs. für E. Meyer, 1959, S. 125–145; Katalog Kunstepochen Freiburg, Nr. 10 S. 25f.; E. ADAM, Das Freiburger Münster, 1973, S. 90; Stauferkatalog I, 1977, S. 518–521 (Vergleichsmöglichkeiten); E. ADAM in: HART–ADAM, Künstlerische Ausstattung, S. 115; U. MENDE, Die Türzieher des Mittelalters, 1981, S. 248 (Kat. Nr. 93). M. K.

110
Das Jessefenster im Freiburger Münster

110.1 Abb. 89

REKONSTRUKTION DES JESSE-FENSTERS IM FREIBURGER MÜNSTER

H. 428 B. 182 cm. Auf der Grundlage der 1969 veröffentlichten Rekonstruktion von R. Becksmann wurde eigens für diese Ausstellung unter Verwendung von Ektachromen der neun erhaltenen Medaillons eine originalgroße Rekonstruktion angefertigt, die eine Vorstellung von dem vor 1218 für das spätromanische Chorpolygon des Freiburger Münsters entstandenen Jesse-Fenster vermitteln soll. Photographische Aufnahmen: Corpus Vitrearum Medii Aevi Deutschland, Freiburg i. Br. (Rafael Toussaint); Verglasung und Rahmung: Kunstglaserei K. Isele, Freiburg i. Br.

Zu den archäologischen, ikonographischen und stilgeschichtlichen Voraussetzungen dieser Rekonstruktion vgl. Nr. 110.2. Da die zugehörigen, vermutlich aus den Zwickel- und Bortenfeldern stammenden ornamentalen Reste im Augustinermuseum keine formal eindeutige Rekonstruktion erlauben, wurden diese Felder ebenso neutral verglast wie die vier verlorenen Medaillons. In der Achse zeigten jene die kanonischen Darstellungen von Jesse und David, in den oberen linken Ästen des Jessebaumes möglicherweise die Propheten Jeremias und Daniel, die vermutlich nicht ganz ohne Anhaltspunkte im 19. Jahrhundert diesem Zyklus hinzugefügt worden waren. Die Randborten könnten ursprünglich auch breiter als 18 cm gewesen sein. Jedenfalls erlaubt die 1969 ergrabene Sockelzone des spätromanischen Chorpolygons auch eine noch etwas breitere und entsprechend höhere Fensteröffnung in der Achse.

Lit.: Grundlegend hierzu: BECKSMANN, Jesse-Fenster; zu den Grabungen im Chor des Freiburger Münsters vgl. V. OSTENECK, in: NDBW 13 (1970), S. 25–36. R. B.

110.2 Abb. 90

ROBOAM UND JAKOB AUS DEM JESSE-FENSTER DES FREIBURGER MÜNSTERS

Oberrhein oder Maasgebiet, vor 1218.
Dm. je 48 cm. Zwei von neun großenteils originalen Rundscheiben, die F. Geiges 1911 in die von ihm neu geschaffenen, wesentlich aus historisierenden Ornamenten bestehenden drei Rundbogenfenster der südlichen Querhausfassade des Freiburger Münsters eingesetzt hat. Beide Scheiben wurden damals geringfügig ergänzt (bei Roboam das Spruchband, bei Jakob das Fußstück der Leiter), neu verbleit und auf der Innenseite kalt übermalt. Diese die ursprüngliche Leuchtkraft der Farbgläser dämpfende Übermalung wurde bei der Restaurierung von 1975/76 wieder entfernt. Dank der außerordentlichen Qualität der Farbgläser und ihrer Bemalung wird das ursprüngliche Erscheinungsbild nur durch den Verlust der außenseitigen Halbtonbemalung sowie der Verbräunung der Inkarnatgläser stärker beeinträchtigt.

Die von konzentrischen Farbflächen hinterlegten, in üppigem Laubwerk thronenden Gestalten des Königs Roboam und des Erzvaters Jakob stammen aus einem ikonographisch wie stilgeschichtlich höchst bedeutsamen Jesse-Fenster, von dessen ursprünglichem Aussehen sich auf Grund technischer, archäologischer und historischer Anhaltspunkte noch eine recht genaue Vorstellung gewinnen läßt. Fünf Medaillons mit den Darstellungen Jesses, Davids, Salomons, Mariae und Christi bildeten den Hauptstrang des Stammbaumes, flankiert von weiteren Königen und Propheten in den Seitenästen. Aus der ungleichen Anzahl der Medaillons ergibt sich eine gegeneinander verschobene Anordnung und damit fast zwangsläufig ein kunstvoll-einfaches Armierungssystem einander tangierender Kreise, wie es für die französische Glasmalerei des frühen 13. Jahrhunderts charakteristisch war. Ikonographisch ungewöhnlich sind dagegen die trotz namentlicher Kennzeichnung beigefügten Attribute – die Himmelsleiter für Jakob, das Holzbündel für Isaak, die Eherne Schlange für Moses –, die ähnlich wie in französischen Marienkrönungsportalen auf das Heilsgeschehen des Neuen Testaments vorausweisen. In solchen typologischen Bildbezügen deutet sich bereits jener

89 (Kat.-Nr. 110.1)
Rekonstruktion des Jessefensters (R. Becksmann, 1969)

90 (Kat.-Nr. 110.2)
König Roboam

Wandel an, der in den deutschen Jesse-Fenstern des frühen 13. Jahrhunderts dann zur Auswechslung der Stammbaumfiguren durch heilsgeschichtliche Szenen führt. In dieser Entwicklung stellt das Freiburger Jesse-Fenster das einzige erhaltene Zwischenglied dar.
Die monumentale Bildkomposition, deren Randborten mit Palmettenblättern und deren Zwickel mit dem Ast- und Laubwerk des Jessebaumes besetzt waren – Fragmente hiervon befinden sich im Augustinermuseum –, muß mindestens 4,28 m hoch und 1,82 m breit gewesen sein und kann daher nur für das Achsenfenster des um 1200 errichteten spätromanischen Chores geschaffen worden sein. Bereits 1509, als das spätromanische Chorhaupt dem 1354 begonnenen spätgotischen Chorneubau weichen mußte, verlor sie ihren ursprünglichen architektonischen Rahmen. Daß damals die Mehrzahl der Scheiben durch Übertragung in den neuen Hochchor der Zerstörung entging, ist ein bemerkenswerter Akt denkmalpflegerischer Wertschätzung, der aber auch – ähnlich wie bei dem sog. Grabmal Bertolds V. (Nr. 2) – mit der Belebung der Zähringer-Tradition durch die Habsburger zusammenhängen könnte. Vieles spricht nämlich dafür, daß der letzte Zähringer der Stifter dieses Fensters war, zumal er den Neubau des Chores von Anfang an zu seiner Grablege bestimmt haben dürfte.
Die stilgeschichtliche Herleitung der trotz ihrer bescheidenen Abmessungen ungewöhnlich monumentalen Scheiben dieses Fensters ist ausgesprochen schwierig, da in der Glasmalerei um 1200 nirgends so kraftvoll gespannte, ganz auf die Vermittlung organischer Körperlichkeit angelegte Figuren verbunden mit so lebendig durchgestaltetem Blattwerk begegnen. Dahinter wird eine plastische Gestaltungskraft erkennbar, die einerseits an frühgotische Kathedralskulpturen, etwa an das Marienkrönungsportal der Kathedrale von Laon (um 1190–1200), gemahnt, andererseits mit Stilmitteln mosaner Emaillearbeiten eines Nikolaus von Verdun in die Fläche umgesetzt wird. Dennoch scheint der Schöpfer dieser Scheiben

in der oberrheinischen Kunst vor 1200 zu wurzeln; antiquarische Details wie die Bildung der Kronen belegen Zusammenhänge mit dem »Hortus deliciarum« der Herrad von Landsberg. Mit dem reichen Bestand an Straßburger Glasmalerei dieser Zeit lassen sich die Freiburger Scheiben dagegen nicht verbinden. Auch eine Entstehung in Basel besitzt trotz der baugeschichtlichen Zusammenhänge der Freiburger Ostteile mit dem Basler Münster wenig Wahrscheinlichkeit. Vielmehr muß man eine Ausführung in einer maasländischen Werkstatt – etwa in Lüttich – in Erwägung ziehen, zumal Rudolf von Zähringen, der 1191 verstorbene Onkel Bertolds V., der dort seit 1167 Bischof war, diese Verbindung vermittelt haben könnte. Jedenfalls wird diese noch näher zu begründende These am ehesten dem Stil der Scheiben gerecht. Stilgeschichtliche *und* historische Gründe sprechen schließlich dafür, daß das Jesse-Fenster vor 1218, dem Todesjahr Bertolds V., über seiner Grabstätte im Chor des Freiburger Münsters eingesetzt gewesen war, auch wenn dies, wie bei dem sog. Böcklinkreuz (Nr. 111), nur durch Mutmaßungen wahrscheinlich gemacht, nicht jedoch durch Quellen belegt werden kann.

Lit.: F. Geiges, Der mittelalterliche Fensterschmuck des Freiburger Münsters, in: SiL 56–60 (1931–1933), S. 1–13; Becksmann, Jesse-Fenster; Ausst.Kat. The Year 1200. A Centennial Exhibition at the Metropolitan Museum of Art, New York 1970, Nr. 237 (J. Hayward); R. Becksmann, The Stylistic Problems of the Freiburg Jesse-Window, in: The Year 1200. A Symposium, 1975, S. 361–372; Stauferkatalog I, Nr. 409 (R. Becksmann); L. Grodecki, Romanische Glasmalerei, 1977, S. 219–222, 267; R. Becksmann, Das Jessefenster im Freiburger Münster. Eine Stiftung des letzten Zähringers? in: Die Zähringer I, S. 135–150. R. B.

111 Abb. 91–92
Das Böcklin-Kreuz

Elsaß, vielleicht Straßburg, vor oder um 1200, mehrfache spätere Veränderungen, letzte Restaurierung 1968–1970.
Holzkern, Silberblech getrieben, graviert, gepunzt, z. T. vergoldet; Edelsteinbesatz; H. 265 B. 145 T. 4cm; Gekreuzigter: H. 107 cm.
Freiburg, Münster Unserer Lieben Frau.

An einem lateinischen Kreuz, dessen vier Armenden zu Rechtecken erweitert sind, hängt mit weitausgestreckten Armen der Körper Christi. Die Füße, einzeln aufgenagelt, ruhen auf einem halbrunden Suppedaneum. Das von bis auf die Schultern herabfallenden Haarsträhnen umrahmte bärtige Haupt des Gekreuzigten ist leicht nach rechts geneigt und trug ursprünglich eine Dornenkrone. Das über der linken Hüfte geknotete Lendentuch zeigt an seinem Saum reichen Edelsteinbesatz. Auch die Wundmale der Hände und Seite sind durch Edelsteine hervorgehoben.

Die drei oberen Endungen der Kreuzarme werden durch drei in unterschiedlicher Ansicht gegebene Evangelisten ausgefüllt; im Rechteck des unteren Kreuzbalkens erscheint der Markuslöwe. Über dem Titulus des Gekreuzigten ist eine in zwei Zonen geteilte Himmelfahrt Christi angebracht (Abb. 92), zu seinen Füßen ein Medaillon mit dem Agnus Dei. Die Kreuzarme zeigen überdies eine reiche teils gravierte, teils gepunzte Ornamentierung. Im Stamm wird eine Kreuzreliquie verwahrt.

Das Kreuz, das seinen Namen von dem Magdeburger Dompropst Wilhelm Böcklin von Böcklinsau hat und im Zusammenhang mit der Auflistung des Inventars der nach ihm benannten Böcklinskapelle am Chorumgang des Freiburger Münsters 1588 erstmalig sicher nachweisbar erscheint, hat zahlreiche Veränderungen, so im 13., 16. und 19. Jahrhundert, erfahren.

Sorgfältige Untersuchungen in unserem Jahrhundert ergaben, daß sich das Himmelfahrtsrelief zusammen mit anderen heute verlorenen Reliefs ursprünglich auf der Rückseite des Kreuzes befand, d. h. das Kreuz war auf beidseitige Ansicht berechnet. Das Auffinden einer Aufhängevorrichtung bestätigt die Vermutung, daß es sich um das ehemalige Triumphkreuz handelt, das bis zur Öffnung des spätgotischen Hochchors im Bogen vor dem romanischen Chorschluß hing. Ende des 13. Jahrhunderts muß es bei einem Absturz erhebliche Beschädigungen erlitten haben (vgl. die Erneuerungen aus dieser Zeit).

Vergleichsbeispiele für das Freiburger Werk bieten das Engelberger Kreuz und das verlorene, nur durch Beschreibungen und Kupferstiche überlieferte Kreuz der elsässischen Abtei Niedermünster. Alle drei Kreuze werden einer

91 (Kat.-Nr. 111)

Künstlerwerkstatt zugeordnet, die im Elsaß, vielleicht in Straßburg, anzusiedeln ist.
Dafür sprächen auch stilistische Übereinstimmungen mit Illustrationen aus der verlorenen Straßburger Handschrift des »Hortus Deliciarum« der Herrad von Landsberg (um 1180), die dem Meister Anregungen gegeben haben dürften.
Unbekannt sind der oder die Stifter des Freiburger Kreuzes. Dem künstlerischen Rang und den Ausmaßen des Kreuzes nach zu urteilen, kann es sich nur um eine hochstehende und vermögende Persönlichkeit gehandelt haben. In diesem Zusammenhang ist an den Bauherrn des spätromanischen Freiburger Münsters, Herzog Bertold V. (gest. 1218), zu denken. Auf ihn mag auch ein Teil der Ausstattung, darunter das zwischen 1180 und 1200 entstandene Kreuz, zurückzuführen sein. Ob Rudolf von Zähringen, Bischof in Lüttich, das Kreuz kurz vor seinem Tod (1190) in Freiburg als Sühnegabe für Verfehlungen (u. a. Diebstahl des Bennakreuzes aus dem Mainzer Domschatz) gestiftet hat, ist quellenmäßig nicht zu belegen.

Lit.: K. Zell, Rudolf von Zähringen, in: FDA 7 (1873), S. 114–132 (mit Quellenangaben zum Raub des Mainzer Bennakreuzes); H. Gombert, Der Freiburger Münsterschatz, 1965, S. 46–50 (mit Angabe

92 (Kat.-Nr. 111) Detail: Himmelfahrt Christi

der Quellen und des gesamten älteren Schrifttums); Katalog Kunstepochen Freiburg, Nr. 9 S. 22–25; Restaurierungsunterlagen (1968–1970) im Erzbischöfl. Ordinariat Freiburg; H.-J. HEUSER, Oberrheinische Goldschmiedekunst, S. 9–13, 113f. und S. 114–117 (Kreuze von Engelberg und Niedermünster); H. KOPF, Ritter Wilhelm Böcklin von Böcklinsau, in: SiL 92 (1974), S. 5–68; E. ADAM, in: HART-ADAM, Künstlerische Ausstattung, S. 115.

M. K.

112
Die Lambert-Kapelle auf der Freiburger Burg, bezeugt in zwei Urkunden des 13. Jahrhunderts

Tennenbach, 1245 und 1255.
Pergamentstreifen mit Siegelresten.
GLA Karlsruhe, 24/20 und 24/25.

Im Zusammenhang mit der Marktsiedlung Freiburg ist für die 50er Jahre des 12. Jahrhunderts auch ein *castrum Frieburg* (Vita Bernhards von Clairvaux von seinem Sekretär Gaufred, MGH SS XXVI, S. 116) erwähnt: die Burg auf dem Schloßberg über der Stadt, die der junge Friedrich von Staufen und spätere Kaiser Barbarossa i. J. 1146 auf seinem Feldzug gegen Konrad von Zähringen eroberte (dazu siehe Nrn. 56, 185). Diese Burg besaß vermutlich damals bereits eine Kapelle; wohl seit Rudolfs von Lüttich Tod in Freiburg i. J. 1191, wodurch Lambert-Reliquien aus Lüttich nach Freiburg gelangten (Nrn. 176–177), erhielt diese Kapelle das Lambert-Patrozinium. Als *capella sancti Lamberti* ist sie in den beiden Urkunden des Zisterzienserklosters Tennenbach von 1245 und 1255 erwähnt. Für die Wasserrechte von Wiesen, die an Tennenbach verliehen wurden, sollte das Kloster *ad capellam sancti Lamperti* vier Pfund Wachs zahlen (1245). Dieselbe jährliche Zuwendung erhielt die Lambert-Kapelle von Tennenbach für die Wasserrechte bei der Mühle des Klosterhofes bei Freiburg durch Verleihung Graf Konrads von Freiburg (1255). Die Grafen von Freiburg übernahmen damit als Erben der Zähringer die Sorge für die zähringische Hauskapelle auf der Freiburger Burg.

Lit.: HEFELE FUB 1, 1940, Nr. 83 und 139. J. G.

3. Klostervogteien: Schutzherrschaft und Machtausübung

Die Kirche war seit ihrer Entstehung auf den Schutz der Mächtigen angewiesen, um ihre Rechte und bald auch ihren ausgedehnten Besitz zu behaupten, ohne die geistliche Lebensart aufgeben zu müssen. Dies gilt sowohl für die Kirche in ihrer Gesamtheit wie für die einzelnen Kirchen und Klöster. Seitdem im neunten Jahrhundert geistlichen Einrichtungen vom König die ›Immunität‹ für ihre Grundherrschaft verliehen wurde, stellte sich das Problem der Einsetzung eines weltlichen Schutzbeauftragten um so dringlicher, da nun auch die Gerichtsbarkeit des betreffenden Gebiets ausgeübt und das Heeresaufgebot gestellt werden mußte. Ein Vogt *(advocatus)* wurde zu diesem Zweck ernannt und vom König mit dem Bann im Bereich der Klosterimmunität betraut, allen anderen königlichen Beamten aber der Zugang untersagt. Der Vogt konnte seinerseits wirtschaftlichen und politischen Nutzen aus seinem Amt ziehen, wobei Versuche der Einflußnahme auf das geistliche Leben der Klöster oft zu Spannungen führten.

Im 11. Jahrhundert wurden, insbesondere im schwäbischen Raum (zu dieser Zeit auch das heutige Baden und die Nordostschweiz umfassend), zwei für das Mönchtum und den Adel zukunftsweisende Prozesse in Gang gesetzt; dabei handelt es sich um das Verhältnis zwischen Adel, d. h. den Vögten bzw. Stiftern, und Kloster. Die bedeutenden schwäbischen Reformklöster wie Hirsau, St. Blasien, Schaffhausen, Muri und St. Georgen wurden in dieser Zeit gegründet und zwar von den eben jetzt sich formierenden mittelalterlichen Adelsgeschlechtern wie den Calwer Grafen, den Nellenburgern, Habsburgern, Welfen und auch den Zähringern. Da die meisten dieser Adligen und ›ihre‹ Klöster in der Zeit des Investiturstreits (s. unten S. 187f.) auf päpstlicher Seite standen, wurde dafür in der Forschung der Begriff des »Reformadels« (H. Jakobs) geprägt. Die erstaunlich enge Beziehung zwischen Reformmönchtum und werdendem Dynastenadel ist damit treffend angesprochen; der Begriff verdeckt jedoch den Umstand, daß es sich hier um Vorgänge handelt, die einem Strukturwandel des Adels und des Klosterwesens gleichkamen. Die Ausbildung mittelalterlicher Adelsgeschlechter, die sich fortan nach dem Namen ihrer Stammburgen benannten, und die Klosterreform betrafen nicht nur bestimmte Gruppen von schwäbischen Adligen, sondern den hochmittelalterlichen Adel und das Mönchtum überhaupt. Die Produkte dieses Strukturwandels waren die zahlreichen Adelsgeschlechter des hohen und späten Mittelalters und letztlich auch die Mönchsorden, die die europäische Geschichte geprägt haben.

Zwei Gruppen von Klöstern, deren Vogtei die Zähringer im Lauf ihrer Herrschaft erlangt haben (die burgundischen Klöster s. unten Witolla, S. 167f.) lassen sich unterscheiden: zum einen die ›alten Reichsklöster‹ wie Schuttern, Gengenbach und Stein a. Rh., deren Entstehung ins 8. Jahrhundert zurückreicht und die König Heinrich II. zu Beginn des 11. Jahrhunderts dem neuerrichteten Bistum Bamberg beigesteuert hatte – andererseits die reformorientierten ›Dynastengründungen‹ (bzw. Neugründungen) des 11. Jahrhunderts wie St. Blasien, St. Georgen und auch St. Peter (s. oben Gerchow, S. 123). Auffallend ist die Lage der letztgenannten Klöster: Lagen die ›Reichsklöster‹ am Ober- bzw. Hochrhein oder in der Rheinebene, wurden die Reformklöster im Schwarzwald errichtet (Nr. 95.1). Ihre Aufgabe sollte vor allem die Erschließung des bisher kaum besiedelten Schwarzwaldes sein: die Kultivierung des Landes durch Rodung. Darin lag ihre Bedeutung für den Herrschaftsaufbau des Adelsgeschlechts, das die Vogtei – zumeist erblich – innehatte. Mit der Ausdehnung des Klosterbesitzes wuchs die Herrschaft des Vogts. Andererseits ist nicht zu verkennen, wie das Beispiel St. Georgen (Nrn. 122–125) zeigt, daß gerade die abgelegene Ansiedlung eines Klosters in kaum erschlossenem Waldgebiet den Mönchen ein weltabgewandtes, ungestörtes Leben sichern sollte. St. Blasien, St. Georgen und St. Peter sicherten den Zähringern als Vögten eine beherrschende Stellung im Hochschwarzwald – und gleichzeitig waren diese Klöster Hauptvertreter der Reform in diesem Raum. Von einem (vor allem mittels bevogtetem Klosterbesitz) zähringisch beherrschten ›Territorium‹ kann freilich noch nicht die Rede sein. Davon zeugt allein schon der erfolglose Angriff der Zähringer auf mächtige Klöster wie St. Gallen und Schaffhausen (Nrn. 126–130).

Lit.: A. Heilmann, Die Klostervogtei im rechtsrheinischen Teil der Diözese Konstanz, Diss. phil. Tübingen 1907, 1908; H. Hirsch, Die Klosterimmunität seit dem Investiturstreit, 1913; Mayer, Besiedlung; T. Mayer, Fürsten und Staat. Studien zur Verfassungsgeschichte des deutschen Mittelalters, 1950; H. Jakobs, Rudolf von Rheinfelden und die Kirchenreform, in: J. Fleckenstein (Hrsg.), Investiturstreit und Reichsverfassung (VuF 17), 1973, S. 87–115; K. Schmid, Adel und Reform in Schwaben, ebd. S. 295–319, ND in Ders., Gebetsgedenken und adliges Selbstverständnis im Mittelalter, 1983, S. 337–359.

J. G.

113
Die ehemalige Benediktinerabtei Gengenbach

113.1
GRUNDRISS DER KIRCHE

Planskizze.

113.2
INNENANSICHTEN DER KIRCHE VOR, WÄHREND UND NACH DER RESTAURIERUNG 1896–98
Photographien.

113.3
SÄULENSCHAFT

Sandstein, Mitte 12. Jahrhundert; H. 37 Dm. 15 cm.

113.4
KAPITELL

Sandstein, Mitte 12. Jahrhundert; H. 30,5 B. 42 T. 20 cm.
Gengenbach, Heimatgeschichtliche Sammlung im Löwenbergpalais.

Das seit dem 8. Jahrhundert bestehende, 1007 von Kaiser Heinrich II. dem Bistum Bamberg geschenkte Ortenaukloster Gengenbach erlebte mit der unter Abt Friedrich aus St. Georgen (gest. 1120) vollzogenen Einführung der Hirsauer Reform einen mächtigen Aufschwung. In diesem Zusammenhang wurde wohl noch in der ersten Hälfte des 12. Jahrhunderts mit dem Bau der bestehenden, freilich vielfach veränderten Kirche begonnen. Über kreuzförmigem Grundriß erhebt sich eine dreischiffige Basilika mit Querhaus und von Nebenchören flankiertem Altarhaus mit Dreiapsidenschluß. Zusammen mit den Apsiden des Querhauses ergibt sich so das Bild eines fünfteiligen Staffelchores (besonders in der Außenansicht eindrucksvoll). Charakteristisch für den Hirsauer Einfluß sind die Abgrenzung des *chorus minor* im östlichen Langhausjoch durch ein Pfeilerpaar und das Fehlen einer Krypta (vgl. Schaffhausen). Vom Elsaß angeregt wurde möglicherweise der in Süddeutschland nur sehr selten anzutreffende Stützenwechsel im Langhaus (vgl. ehem. Abteikirche Surburg). Der Westfassade war eine zweigeschossige Vorhalle vorgelagert, deren Obergeschoß sich in gekuppelten Bögen zum Mittelschiff öffnete. Alte Ansichten zeigen auch ein Turmpaar an dieser Westfassade, dessen Bestand sich jedoch nicht nachweisen läßt. Der heutige Turm entstammt erst dem frühen 18. Jahrhundert. Neben verschiedenen Reliefs an der Westfassade, unter denen besonders die Darstellung der Muttergottes im Giebel herausragt, verdient im Kircheninnern die Dekoration der Kämpfer und des Arkadengesimses mit Ranken und Palmetten Beachtung. Ein ebenso dekorierter dreiviertelrunder Säulenschaft (Nr. 113.3) und ein Kapitell – oder Kämpferbruchstück mit Klötzchenfries (Nr. 113.4) wurden bei Grabungen entdeckt. Das 18. Jahrhundert wandelte die romanische Kirche in eine barocke um, die Säulen verschwanden hinter Stuck und wurden den Pfeilern angeglichen, die bereits gotisch veränderte Ostpartie erfuhr eine nochmalige Umgestaltung, die Fensteröffnungen wurden vergrößert. Gegen Ende des vorigen Jahrhunderts wurde diese z. T. qualitätvolle Barockausstattung durch eine neoromanische ersetzt: Decken und Wände erhielten dabei eine umfangreiche Bemalung (1902–1904), die bei der jüngsten Restaurierung der Kirche (1985 abgeschlossen) gegen einigen Widerstand erhalten blieb und konserviert wurde.

Lit.: M. Wingenroth, Die Kunstdenkmäler des Großherzogtums Baden, Bd. 7 (Kreis Offenburg), 1908, S. 361 ff.; W. Hoffmann, Hirsau und die »Hirsauer Bauschule«, 1950, bes. S. 61–63, 91, 94, 127; A. M. Renner, Kirchen und Kapellen in Gengenbach (Kl. Kunst- und Kirchenführer Nr. 909), 1976; E. Adam, Baukunst der Stauferzeit in Baden-Württemberg und im Elsaß, 1977, S. 92 f.; Historische Veränderungen am Kulturdenkmal als wertvolle Substanz. Die Kathol. Stadtpfarrkirche in Gengenbach, in: Leben mit der Geschichte, Denkmalpflege in Baden-Württemberg, hrsg. v. Innenministerium Baden-Württemberg, 1984, S. 31 (m. Abb.). M. K.

114 Abb. 93
Evangeliar aus dem Kloster Gengenbach

Gengenbach, Mitte 12. Jahrhundert.
Illuminierte Pergamenthandschrift, 154 Bll., H. 27,9 B. 21,5 cm.
Württembergische Landesbibliothek Stuttgart, Cod. bibl. fol. 28;
aufgeschlagen f. 75ᵛ.

Ein Bibliotheksvermerk des 17. Jahrhunderts weist dieses prachtvoll illuminierte Evangeliar dem Kloster Gengenbach zu; aus der Bibliothek des Prinzen Soubise konnte es 1789 von der württembergischen Hofbibliothek in Stuttgart erworben werden. Stilistische Ähnlichkeiten mit einem südwestdeutschen Psalter des 12. Jahrhunderts (Wolfenbüttel, Hs. Guelf. 64 Aug. 2°; siehe W. Milde, Mittelalterliche Handschriften der Herzog-August-Bibliothek, 1972, S. 100 mit Tafel) weisen auf eine Entstehung der Handschrift in diesem Raum hin, ja auf ein Kloster, das unter hirsauischem Einfluß stand. Gengenbach als Entstehungsort dieser Handschrift ist demnach wahrscheinlich, obwohl nur wenige andere Erzeugnisse der Gengenbacher Klosterschreibschule bekannt sind (WLB Stuttgart Cod. theol. et philos. qu. 21; UB Würzburg Cod. Mp. h. f. 1; Ebd. Mp. th. qu. 70; BLB Karlsruhe, Fragm. unbest. Herk. 16).
Aufgeschlagen ist f. 75^v, eine ganzseitige Miniatur ›Frauen am Grabe Christi‹; diese wie die neun anderen ganz- bzw. dreiviertelseitigen Miniaturen zeichnen sich durch breite Rahmen mit romanischen Mustern (Palmetten-, Flechtwerk-, Zickzack-, Wellenbänder) sowie per-

93 (Kat.-Nr. 114)
Ostermorgen (f. 75^{v})

spektivisch angelegte Innenrahmen (Blau- und Grüntöne) in symmetrischer Komposition aus. Auf dem prächtig wirkenden Goldgrund heben sich die mit kräftigen Farben dargestellten Figuren ab; sie sind in klare, streng komponierte Szenen eingefügt, belebt durch Körperhaltung und Gestik in spannungsvollem Zueinander. Dargestellt sind neben der abgebildeten Szene der Frauen am Grabe die Evangelisten Matthäus, Johannes und Markus sowie ein Diakon am Lesepult (f. 1^{v}), Christi Himmelfahrt (74^{v}), Verkündigung (81^{v}), Christi Geburt (83^{v}), Abendmahl (141^{v}), Pfingsten (144^{v}). 41 Prachtinitialen bereichern den Bilderschmuck der Evangelienhandschrift. Entstehungszeit und Stil dieses und der weniger bekannten Erzeugnisse des Gengenbacher Skriptoriums weisen auf den Aufschwung des Klosterlebens im Zuge der Klosterreform hin, der die zähringischen Vögte offen gegenüberstanden.

Lit.: K. LÖFFLER, Romanische Zierbuchstaben und ihre Vorläufer, 1927, S. 23; Ausst.Kat. Ars Sacra, München 1950, Nr. 250; A. BÖCKLER, Deutsche Buchmalerei, Bd. 1, 1959, Abb. 41; Ausst.Kat. Die Reichsvogtei Gengenbach und die Klöster der Benediktinerkongregation Straßburg, erw. ND 1985 des Kat. von 1975, S. 58–59; Stauferkatalog I, 1977, Nr. 731 (R. KROOS). J. G.

115
Die ehemalige Benediktinerabtei Schuttern

115.1
ANSICHT DES KLOSTERS AUS DEM 18. JAHRHUNDERT

Kupferstich von F. X. Schönbachl, H. 62, B. 67 cm.
Friesenheim-Schuttern, kath. Pfarramt.

115.2
GRABUNGSPLAN DER EHEM. ABTEIKIRCHE

(nach K. List).

115.3 Abb. 94
TYMPANONFRAGMENT AUS DER EHEM. ABTEIKIRCHE

Sandstein, zweite Hälfte 12. Jahrhundert.
Lahr, Museum im Stadtpark.

Die Geschichte der ehemaligen Benediktinerabtei Schuttern reicht bis ins 7. Jahrhundert zurück. Aus dieser Zeit stammen die Fundamente einer kleinen rechteckigen Kirche und eines südwestlich davon gelegenen kapellenartigen Gebäudes über dem Grab des Klostergründers Offo. Eine erste Blütezeit erlebte das nach seinem Gründer Offoniscella genannte Kloster im 8. Jahrhundert im Anschluß an die unter Pirmin eingeführte Klosterreform. Durch das Anwachsen des Konvents wurde eine Erweite-

94 (Kat.-Nr. 115.3)

rung der Kirche nach Süden und Osten notwendig. Als auch diese Kirche nicht mehr ausreichte, ersetzte man sie an der Wende vom 8. zum 9. Jahrhundert durch einen völligen Neubau. Ein rechteckiger Kirchenraum wurde durch ein langgestrecktes Atrium mit der ebenfalls neugebauten kreuzförmigen Grabkapelle Offos verbunden. Zur selben Zeit schuf man in der Klosterkirche ein Reliquiengrab für den schon damals verehrten Klostergründer. Dieses wurde im 11. Jahrhundert, nachdem Schuttern durch die Schenkung Kaiser Heinrichs II. an das Bistum Bamberg gekommen war, umgestaltet und mit einer figürlichen Grabplatte sowie einem großen Mosaikmedaillon überdeckt. Das Fußbodenmosaik, von dem sich Reste erhalten haben, ist ein einzigartiges Zeugnis für die im Mittelalter nördlich der Alpen nur wenig geübte Kunst des Mosaiksetzens. 1153 fiel die karolingische Kirche einem Brand zum Opfer. Die dritte Kirche, eine langgestreckte, dreischiffige Säulenbasilika mit Querhaus und Staffelchor, übertraf an Ausdehnung alle ihre Vorgängerinnen. Teile des aufgehenden Mauerwerks haben sich in der heutigen Vorhalle erhalten. Gefunden wurde neben Säulenbasen das Fragment eines Türbogenfeldes, das in sehr starker Stilisierung einen schwebenden Engel zeigt. Mit seinen Händen umfaßt er einen Rahmen, der von einer Hand mit einer Scheibe überschnitten wird. Zweifellos handelt es sich um den Rest einer Majestas Domini-Darstellung, die den thronenden Christus mit der Sphaira in der Hand, von einer Mandorla umschlossen und von Engeln begleitet, zeigte. Die weitere Geschichte der Abtei ist geprägt von Bränden und mehrfachen Auseinandersetzungen mit den Klostervögten. 1169 schändete der Vogt Bertold v. Nimburg bei einem Überfall das Reliquiengrab und zerstörte das Mosaik weitgehend. Auch die im 13. Jahrhundert erfolgte aufwendige Wiederherstellung des Reliquiengrabes hatte nicht lange Bestand. 1303 fiel auch diese sehr bemerkenswerte Anlage (Lettner mit Mausoleum) bei Streitigkeiten um die Reliquien der Zerstörung anheim. Größere Bauarbeiten erfolgten erst wieder im 18. Jahrhundert mit dem Neubau der Kirche und der Klostergebäude, die ein zeitgenössischer Kupferstich (Nr. 115.1) zeigt. Zwischen 1972 und 1982 wurde der Bau umfassend renoviert; dabei konnten umfangreiche archäologische Grabungen durchgeführt werden.

Lit.: K. LIST, Die Reichsabtei Schuttern, in: NDBW 4 (1975), Heft 3, S. 107–116; DERS., Ehem. Reichsabtei Schuttern. Zeugen ihrer Geschichte aus 1300 Jahren (Große Baudenkmäler Heft 333), 1980; K. LIST–P. HILLENBRAND, Reichskloster Schuttern im Wandel der Zeiten 603–1980, 1983 (mit Angabe der älteren Literatur). M. K.

Epigraphische Nachforschungen in der letzten Zeit haben zu einer neuen Interpretation der archäologischen Befunde und der Mosaikinschrift geführt. Ihre Veröffentlichung ist in Vorbereitung. R. N.-K.

116
Grundriß der Klosterkirche der ehemaligen Benediktinerabtei St. Georgen in Stein a. Rh.

Planskizze.

Das Fehlen von Baunachrichten für die mittelalterliche Zeit erschwert die Aufstellung einer exakten Baugeschichte.

Von der ersten Kirche, die unmittelbar nach der Verlegung des Klosters vom Hohentwiel nach Stein (1002–1007) als dreischiffige Basilika ohne Querschiff erbaut worden war, sind Reste 1931/32 ergraben worden.

Um 1100 wurde der heutige noch weitgehend stehende, wenn auch später stark veränderte Kirchenbau errichtet. Wie beim Konstanzer Münster, das offenbar als Vorbild diente, handelt es sich um eine dreischiffige, flachgedeckte Säulenbasilika mit Rechteckchor und begleitenden Nebenräumen, jedoch ohne Querhaus. Eine Doppelturmfassade, von der sich nur der Stumpf des Südturmes erhalten hat, während der Nordturm zur Gänze im 16. Jahrhundert neugebaut wurde, bildete den westlichen Abschluß.

Von den romanischen Klostergebäuden wurde nur eine Mauer (heute die Außenwand des westlichen Kreuzgangflügels) in den gotischen Neubau der Abteianlage übernommen.

Lit.: J. HECHT, Der romanische Kirchenbau des Bodenseegebietes, Bd. 1, 1928, S. 252–266; J. GANTNER, Kunstgeschichte der Schweiz, Bd. 1, 1936, S. 140 f.;

R. Frauenfelder, Die Kunstdenkmäler des Kantons Schaffhausen, Bd. 2, 1958, S. 43 ff.; A. Knoepfli, Kunstgeschichte des Bodenseeraums, Bd. 1, 1961, S. 222 f.; M. Stettler, Kloster St. Georgen in Stein am Rhein (Schweizerische Kunstführer), 1974.

M. K.

117 — Abb. 95

Urkunde Bertolds IV. über einen Rechtsstreit zwischen dem Kloster Stein a. Rh. und den Leuten von Kirchen

Stein a. Rh., 1. September–24. Dezember 1169. Originalurkunde, Pergament, H. 38 B. 26,5 cm mit Siegel (Nr. 78.4). Staatsarchiv des Kantons Basel-Land, St. Peter Urkunden 1.

Stein am Rhein ist das einzige der drei Bamberger Vogteiklöster der Zähringer (siehe Schuttern und Gengenbach Nrn. 115 und 113), für das eine von den Zähringern ausgestellte Urkunde überliefert ist, die zudem im Original erhalten ist. Bertold IV. mußte in dem Rechtsstreit des Klosters gegen die Leute von Kirchen, Adelgoz, Liutpold *et eorum complices,* um das Patronatsrecht der Kirchen zu Eimeldingen, Kirchen und Märkt den Kirchenern Recht geben, die für ihre Sache genügend glaubwürdige Zeugen aufbieten konnten. Der Vogt *(ego Bertolfus dux et rector Burgundiae.., cuius* ⟨Stein⟩ *advocatus sum)* war dadurch gezwungen, gegen die Interessen des von ihm bevogteten Klosters und dadurch auch seiner selbst zu handeln.

Lit.: Heyck, Urkunden, Nr. VII; Heyck, Geschichte, S. 389 f.

J. G.

118

Die ehemalige Benediktinerabtei St. Blasien

118.1

IGNAZ GUMPP, ÄLTESTE ANSICHT DES KLOSTERS ST. BLASIEN VON 1562

St. Blasien, 1736–1756. Federzeichnung auf Papier, H. 59 B. 95 cm. Benediktinerstift St. Paul im Lavanttal, Cod. 204/2, Tafel 10.

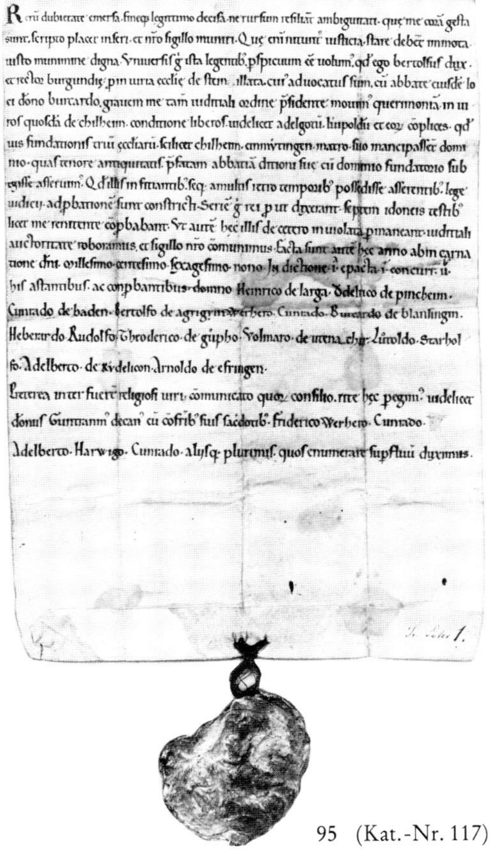

95 (Kat.-Nr. 117)

Das Benediktinerkloster St. Blasien im Schwarzwald gehörte im ausgehenden 11. und im 12. Jahrhundert zu den bedeutendsten Reformklöstern im deutschsprachigen Raum, zusammen mit Hirsau bei Calw und Siegburg bei Köln. Die monastische Reformbewegung, seit dem frühen 10. Jahrhundert von dem burgundischen Cluny und dem lothringischen Gorze ausgehend, erreichte mit diesen Abteien im deutschen Reich einen neuen Wirkungsgrad, der sich an zahlreichen Tochtergründungen und -reformen sowie an der politischen Bedeutung der klösterlichen Reformbewegung im Investiturstreit ablesen läßt. Um das Jahr 1072 hatten Kaiserin Agnes, Mutter König Heinrichs IV., und Rudolf von Rheinfelden, späterer deutscher Gegenkönig, die Übernahme der monastischen Gewohnheiten des oberitalienischen Reformzentrums Fruttuaria, eines cluniazensisch orientierten Klosters, in St. Blasien gefördert. Bereits 1082 begann St. Blasien selbst als Reformzentrum auszustrahlen, zunächst nach Muri im Aargau, später in den ganzen schwäbisch-bayerischen Raum hinein. Dies geschah vor allem durch die Übersendung von Mönchen und Prioren in die zu reformierenden Filialklöster. Hirsau, Siegburg, St. Blasien und Schaffhausen wurden so die stärksten kirchlichen Stützpunkte der päpstlichen Partei im Investiturstreit.

Rudolf von Rheinfelden hatte im Jahr 1071, kurz vor der Reformierung St. Blasiens, einen größeren Besitzkomplex (»Schluchseeschenkung«) an das Kloster übergeben und befand sich damit offenbar in einer Tradition, die seine Vorfahren seit dem 9. Jahrhundert in Verbindung mit dem Kloster zeigt. Rudolf plante, St. Blasien zur Familiengrablege der Rheinfeldener zu machen, was seine enge Bindung an die Reformabtei dokumentiert. Im Totenbuch von St. Blasien gedachte man Rudolfs als Wohltäter *(fundator)*. Schließlich fanden nur noch seine Gemahlin Adelheid und seine Kinder Otto, Adelheid und Bertold dort ihr Grab, denn die Familie starb in der männlichen Linie mit Bertolds Tod 1090 aus, wobei die Zähringer in ihr Erbe eintraten.

Die vorliegende Ansicht ist eine ca. 1736–1756 entstandene Nachzeichnung des im Jahr 1562 angelegten Plans, überliefert in der baugeschichtlichen Sammelhandschrift des sanktblasischen Mönchs Ignaz Gumpp. Der Plan zeigt den Neubau der Klosterkirche unter Abt Uto (1086–1108) links der Steina inmitten der übrigen, ausgedehnten Klosteranlagen, umfaßt von einer Ummauerung. Dieses sog. »Neue Münster« hatte mindestens drei ›Vorgängerkirchen‹: Der hölzerne Bau der Albzelle, d. h. des rheinauischen Eigenklosters an der Alb im 9. Jahrhundert, ein erster Steinbau des 10. Jahrhunderts und eine dreischiffige Anlage ohne Querhaus aus der Zeit des Abtes Beringer (um 1036–1045): das »Alte Münster«. Wie die Ansicht zeigt, lag dieser alte Bau westlich der Steina, der neue Bau des Abtes Uto jedoch östlich des Flüßchens. 1108 konnte der Neubau durch den Zähringer Gebhard, Bischof von Konstanz (Nrn. 151–160) geweiht werden. Die Anbauten an das Neue Münster in Gestalt eines Geviertbaus um einen Kreuzgang an der Südseite der Kirche vollendete Abt Rusten (1108–1125). Die alte Anlage wurde den Laienbrüdern überlassen, in die neue zogen Abt und Mönche ein. Dieser Bau überstand mehrere Brandkatastrophen, Plünderungen und Zerstörungen (1322, 1525/26, 1634), bis er, bereits erheblich dem barocken Zeitgeschmack angepaßt, im Jahr 1728 einem barocken Neubau, 1768 dem klassizistischen Neubau, der heute noch steht, weichen mußte. (Zur architektonischen Gestalt des Neuen Münsters siehe Nr. 118.2).

Lit.: H. Jakobs, Der Adel in der Klosterreform von St. Blasien (Kölner historische Abhandlungen 16), 1968; Germania Benedictina V, S. 146ff. (H. Ott); Ausst. Kat. Das tausendjährige St. Blasien. Ausstellung zum 200jährigen Domjubiläum 1983, Bd. 1, Nr. 46 S. 71, Bd. II, S. 87ff. Abb. 89.

118.2
IGNAZ GUMPP, GRUNDRISS DES »NEUEN MÜNSTERS« ST. BLASIEN

St. Blasien, 1736–1756.
Repr. der Federzeichnung auf Papier, H. 80,5 B. 33 cm.
Benediktinerstift St. Paul im Lavanttal, Cod. 204/2, Tafel 3.

Der Grundriß der neuen Klosterkirche von St. Blasien (vgl. Nr. 118.1) zeigt eine dreischiffige Säulenbasilika mit ausgeschiedener Vierung (die nach Gumpps Zeichnung in den Obergeschossen Sakristei und Kapitelsaal aufnahm) sowie einen rechteckigen Chor. Kapellen und Altäre sind im Grundriß markiert. War das alte Münster noch eine dreischiffige Anlage mit drei Apsiden ohne Querhaus gewesen, so dokumentiert sich im Neuen Münster sowohl der Aufstieg der Abtei zum Reformzentrum als auch die Verbindung zu Hirsau, dem Reformkloster an der Nagold. Das Vorbild der sog. »Hirsauer Bauschule« (etwa in Gestalt der Klosterkirche von Alpirsbach heute noch erhalten) ist in der Grundrißdisposition *(Chorus minor)* zu erkennen. Sieben Joche maß das flachgedeckte Langhaus vom Westbau bis zur Vierung. Die Sondierungsgrabungen des Landesdenkmalamtes, Außenstelle Freiburg, unter der Leitung von P. Schmidt-Thomé von 1980 haben den Bezug des Neuen Münsters von St. Blasien zum – inzwischen ins Wanken geratenen – Lehrgebäude der »Hirsauer Bauschule« insofern in Frage gestellt, als von einer Doppelturmfassade im Westen des hochmittelalterlichen Baus keine Rede mehr sein kann (so noch Schmieder). Dieser im Vergleich zu den frühromanischen Kaiserdomen am Mittelrhein einfache Bautyp entsprach der asketischen Grundhaltung des cluniazensischen Reformmönchtums.

Lit.: L. SCHMIEDER, Das ehemalige Benediktinerkloster St. Blasien, ²1936, S. 28–50 Abb. 11; Ausst.Kat. St. Blasien 1983 (wie Nr. 118.1), Bd. I, Nr. 44 S. 67–69, Abb. S. 68; P. SCHMIDT-THOMÉ, Überlegungen zum Baubestand des »Neuen Münsters« von St. Blasien aufgrund der archäologischen Sondierung im Jahre 1980, in: St. Blasien, Fs. aus Anlaß des 200jährigen Bestehens der Kloster- und Pfarrkirche, hrsg. v. H. HEIDEGGER und H. OTT, 1983, S. 292–298. J. G.

119
Das Adelheid-Kreuz

Süddeutschland, Ende 11./Anfang 12. Jahrhundert und St. Blasien (?), vor 1170; letzte Restaurierung 1958–1961;
Holzkern, allseitig mit vergoldetem Silberblech überzogen, auf der Rückseite graviert, Vorderseite mit reichem Edelsteinbesatz, antiken Gemmen, Perlen, Glasflüssen und Filigrandraht H. 82,5 B. 65,2 cm.
St. Paul im Lavanttal/Kärnten, Benediktinerabtei (gezeigt wird eine 1982/83 angefertigte und in St. Blasien aufbewahrte Kopie).

Adelheid, die Tochter Rudolfs von Rheinfelden und Gemahlin des ungarischen Königs Ladislaus I., schenkte dem St. Blasianer Abt Giselbert (1068–1086) eine Kreuzreliquie und 70 Goldstücke für eine kostbare Fassung derselben. Diese wurde jedoch erst unter seinem Nachfolger, Abt Uto (1086–1108), ausgeführt, wie eine überlieferte Inschrift auf dem im 19. Jahrhundert verlorenen Kreuzfuß vermeldet. Die Rückseite des Kreuzes nennt Abt Gunther (1141–1170) als zweiten Auftraggeber und Vollender des Werkes. Im 17. Jahrhundert wurde die Reliquie herausgenommen und in ein neues barockes Kreuz eingesetzt. Nur zwei kleine Holzspäne der großen Kreuzpartikel verblieben in erneuerter Fassung im Adelheid-Kreuz. Mit wenigen anderen Stücken des Kirchenschatzes wurde es von den nach der Säkularisation aus St. Blasien vertriebenen Mönchen nach St. Paul gerettet. Das Kreuz erhält seine liturgische Bedeutung durch die Reliquien, die es einschließt. Neben der über der Vierungsplatte angebrachten, in einer kreuzförmigen Fassung enthaltenen Partikeln befinden sich in den Balkenenden und in den Kreuzarmen Fächer mit weiteren Reliquien. Dem Rang der Kreuzreliquie entspricht die künstlerisch hervorragende Gestaltung des Kreuzes mit ausgesucht kostbaren Materialien. Die zu Rechtekken erweiterten Kreuzenden, die Vierungsplatte und der leicht erhöhte, die Kreuzarme gliedernde Mittelsteg charakterisieren die Grundform des Kreuzes. Alle diese Teile sind mit Edelsteinen, Perlen, Gemmen und Glasflüssen geschmückt, die durch ein reiches Rankenwerk aus Filigrandraht miteinander verbunden sind. Die Rückseite zeigt in Gravurtechnik auf der Vierungsplatte den in der Mandorla thronenden Christus, auf den Feldern der Balkenenden die Evangelistensymbole. Neben verschiedenen Heiligendarstellungen und Engeln an Schaft und Querbalken ist besonders die vor einer (zerstörten) Figur kniende Gestalt Abt Gunthers mit dem Reliquienkreuz in den Händen bemerkenswert. Das dem Reichskreuz in Wien (um 1024/25) in Form und Dimensionen verwandte Adelheid-Kreuz hat wegen seiner merkwürdig langen Entstehungszeit der Forschung viele Rätsel aufgegeben. Nach Fillitz dürfte das gesamte Kreuz mit dem größten Teil des Besatzes auf der Vorderseite direkt auf die Stiftung der 1090 gestorbenen Königin Adelheid zurückzuführen sein. Unter Abt Uto ist es wohl vollendet worden. Im Zusammenhang mit dem politischen Niedergang der Rheinfeldener und Zweifeln an der Echtheit der Reliquie mag im 12. Jahrhundert eine Umarbeitung des Kreuzes erfolgt sein, die auch den Schmuck der Vorderseite betraf.

Lit.: K. GINHART, St. Paul im Lavanttal, (Österreichische Kunsttopographie Bd. 37), 1969, S. 217–224 (dort die gesamte ältere Literatur); H. FILLITZ, Das Adelheid-Kreuz aus St. Blasien, in: Ausst. Kat. Das tausendjährige St. Blasien, 1983, Bd. 2, S. 212–228 (Nr. 156 in Bd. 1). M. K.

120
Hofgericht von Straßburg 1125 über die Vogtwahl von St. Blasien

Straßburg, 8. Januar 1125.
Originalurkunde, Pergament, H. 69 B. 59 cm, Reste des aufgedrückten Siegels.
GLA Karlsruhe, A 123.

Kaiser Heinrich V. bestätigt der Abtei St. Blasien gegenüber dem Bistum Basel ihre Freiheiten und das Recht der freien Vogtwahl. Konrad von Zähringen wird zum neuen Vogt gewählt und mit dem Königsbann belehnt.
Das Hofgerichtsurteil zu Straßburg entschied den seit 1120 zwischen Kloster und Bistum schwelenden Vogteistreit, auch wenn Basel erst 1141 endgültig auf seine Ansprüche gegen eine Entschädigung in Form von sanktblasischen Wirtschaftshöfen verzichtete. Der Zähringer Konrad empfing den Königsbann *(cui bannum praedictae advocatiae jure imperiali dedimus)*, und zwar *salva ecclesiae libertati (!) et condicionis auctoritate*: zum Schutz der Freiheit der Kirche und Kraft des Rechts, das einem Stifter zukam. Konrad von Zähringen rückte gleichsam in die Rechte eines Stifters des Klosters ein. St. Blasien kannte offenbar keinen mächtigen Laiengründer, der weitreichende Rechte und Schutzpflichten über seine Gründung besaß; wer ›Reginbert‹ war, ist noch unklar. Basel hatte wohl durch frühe Zustiftungen zur *Cella Alba* nach deren Loslösung vom Mutterkloster Rheinau im frühen 11. Jahrhundert Rechte an dem Kloster erworben ebenso wie die Rheinfeldener mit Herzog Rudolf und der Erbengemeinschaft der »Schluchseeschenkung« an St. Blasien von 1071, in deren Rechtsnachfolge Konrad von Zähringen als Erbe der Rheinfeldener stand (vgl. Nr. 118.1). Die entgegengesetzte Haltung St. Blasiens und Basels im Investiturstreit hatte zur Auseinandersetzung geführt, die mit dem Erfolg des Klosters bei der Absetzung des Basler Vogts Adelgoz endete. Konrad und seine Nachfolger vertraten intensiv die Interessen des Klosters gegenüber umliegenden Klöstern und Grundbesitzern und bauten damit ihren Einflußbereich im südlichen Schwarzwald erheblich aus.

Lit.: Stumpf 3204; H. Bresslau, Diplomata Centum, 1872, S. 113 Nr. 76; H. Büttner, St. Blasien und das Bistum Basel im 11./12 Jahrhundert, in: ZSKG 44 (1950), S. 138–148; Ders., Breisgau und Schwarzwald; H. Ott, Studien zur Geschichte des Klosters St. Blasien im hohen und späten Mittelalter (Veröffentlichung der Komm. f. geschichtl. Landeskunde in Baden-Württemberg B 27), 1963, Kap. II: Die Vogteiverhältnisse des Klosters St. Blasien, S. 43 ff.; H. Jakobs, St. Blasien (wie Nr. 118.1), S. 11 ff.; Ausst. Kat. St. Blasien 1983, Bd. 1, Nr. 10.

J. G.

121
Urkunde Bertolds V. über einen Vertrag zwischen St. Blasien und einem Züricher Bürger

1200.
Originalurkunde, Pergament H. 9,8 B. 7,1 cm, angehängtes Siegel abgefallen.
GLA Karlsruhe, C 118a.

Die Urkunde, die hier in der zweiten der beiden schmucklosen Ausfertigungen ausgestellt ist, zeigt Bertold V. als Vogt von St. Blasien. Er beurkundet ein Geschäft zwischen dem Kloster und den Züricher Bürgern Heinrich und Adelheid mit Beinamen *Cistilare*; das Kloster verkauft dem Bürgerpaar ein Gut in der *villa Affoltra* und verspricht, ein Jahrzeitgedächtnis für beide einzurichten. Nach dem Tod der beiden Käufer soll das Gut an das Kloster zurückfallen und nicht etwa an die Nachkommen der Bürger vererbt werden. Der Zähringer als Vogt diente hier zweierlei Interessen: dem des Klosters St. Blasien, dessen Eigentum er sicherte, und dem des *burgensis noster* Heinrich, des Bürgers der zähringischen Vogteistadt Zürich.

Lit.: Heyck, Urkunden, Nr. XXI.

J. G.

122
Abb. 96
Die ehemalige Benediktinerabtei St. Georgen

Grabungsplan nach Erich Schmidt-Romberg.

Im März 1958 deckte man bei den Bauarbeiten für ein neues Schulgebäude auf dem ehemaligen Klostergelände in der Innenstadt St. Georgens Mauerreste auf und bat das staatliche Amt für Denkmalpflege Freiburg um Hilfe. Die darauf eingeleiteten Untersuchungen unter der Leitung des inzwischen verstorbenen Erich

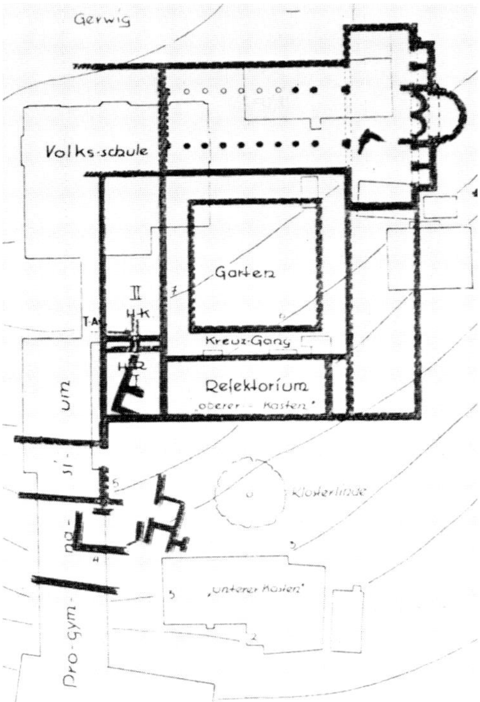

96 (Kat.-Nr. 122)

Schmidt-Romberg dauerten bis September 1958 und erbrachten zunächst drei Vorberichte, denen aber in den darauffolgenden Jahren keine eigentliche Publikation, die eventuelle Ergebnisse aufzeigen sollte, folgte, so daß Hans-Josef Wollasch 1975 in der Germania Benedictina urteilte: »Grabungsversuche 1958 blieben in Durchführung und Auswertung für die Forschung unbrauchbar.«
Aus den Ortsakten des Landesdenkmalamtes, die neben dem Schriftwechsel die oben genannten Vorberichte sowie verschiedene Pläne, Fundgutzeichnungen und Photographien enthalten, veröffentlichte Alfons Zettler 1984 einen Teil der Bilder und Pläne und die drei Vorberichte von Erich Schmidt-Romberg. Aus diesem Bestand stammt auch der ausgestellte Grabungsplan, der die romanische Klosteranlage nach dem Bild der Grabung 1958 wiedergibt; eine Grabungsdokumentation, die diesen Namen verdient und die Befunde beurteilbar machen würde, fehlt.
Das Bild der Bauten von dem vor allem unter Abt Theoger (1088–1119) bedeutenden Kloster, über das die Zähringer die Vogtei innehatten, bleibt unsicher. Vom Holzbau von 1084, der 1085 von dem Zähringer Gebhard III., Bischof von Konstanz, geweiht wurde (vgl. Nr. 153), sind kaum Spuren festgestellt worden.
Auch der unter Theoger 1096 errichtete Steinbau ist archäologisch nicht gesichert. Schmidt-Romberg schreibt, daß die Kirche der romanischen Anlage eine »Säulenbasilika mit ähnlicher Dekoration wie die Mutterkirche Hirsau gewesen sein muß«, und stellt in Chor und Querschiff einen ins Jahr 1222 datierten Umbau fest, der nach einem Brand vorgenommen wurde.
Der ausgestellte Plan trennt ergrabenen und ergänzten Befund nicht.

Lit.: Ortsakten St. Georgen, Landesdenkmalamt Baden-Württ., Außenstelle Freiburg/Br., Abt. f. Archäologie des Mittelalters; H.-J. WOLLASCH, Die Anfänge des Klosters St. Georgen/Schw. (FOLg 14), 1964; H.-J. WOLLASCH, St. Georgen, in: Germania Benedictina V, S. 242–253; BÜTTNER, St. Georgen, S. 7–21, A. ZETTLER, Bilder von der Klostergrabung St. Georgen 1958, S. 103–114, in: Neunhundert Jahre Stadt St. Georgen im Schw. 1084–1984, 1984.

T. M. B.

123

Notitiae fundationis et traditionum: Gründungsbericht und Schenkungsverzeichnis des Klosters St. Georgen auf dem Schwarzwald, Ende 11. Jahrhundert

St. Georgen, 1627–1655.
Papierhandschrift 260 Bll., H. 33 B. 21 cm.
GLA Karlsruhe, 65/511, S. 1–59.

Die Handschrift des 17. Jahrhunderts überliefert Aufzeichnungen des Klosters St. Georgen, die um 1094–1099 abgefaßt und später ergänzt wurden. Es handelt sich um den Gründungsbericht des Klosters für die Jahre 1083 bis 1089 und das chronologisch geordnete Verzeichnis der Schenkungen von 1090 bis 1095 (mit Nachträgen und Einschüben von 1121 bis 1155).
Der Zähringer Gebhard III., Bischof von Konstanz, weihte kurz nach Empfang der eigenen Bischofsweihe im Jahre 1085 die *cella sancti Georgii* auf dem Gut der Stifter Hezilo und Hesso nordwestlich von Villingen an der Bri-

gach. Abt Wilhelm von Hirsau hatte die Verlegung der ursprünglich in Königseggwald bei Ravensburg gelegenen Kirche zur Bedingung seiner Mitwirkung bei der Erhebung zum Kloster und der Entsendung von Hirsauer Mönchen gemacht und erreicht. Gebhard begann mit dieser Weihe die eindrucksvolle Reihe seiner Weihen von Reformklosterkirchen im Schwarzwald (Nr. 153). Bertold III. und Konrad von Zähringen werden in einem Einschub der Zeit nach 1125 in das Schenkungsverzeichnis von 1094/1095 genannt (c. 45–49). Darin wird Bertold III. zum Jahre 1104 erstmals als Vogt des Klosters erwähnt *(dux Bertholdus, advocatus Sancti Georgii).* Seitdem die Abtei die freie Vogtwahl durch päpstliches Privileg im Jahre 1095 zugesichert bekommen hatte, ist damit erstmals ein Vogt für St. Georgen bezeugt. Die Zähringer behielten die Vogtei bis zu ihrem Aussterben im Jahr 1218.

Lit.: Hrsg. v. O. Holder-Egger, MGH SS XV,2, 1888, S. 1005–1023; H.-J. Wollasch, Die Anfänge des Klosters St. Georgen im Schwarzwald (FOLg 14), 1964, S. 95 ff.; Germania Benedictina V, S. 242–253 (H.-J. Wollasch); Fs. St. Georgen 1984, S. 205–237 (mit Faksimile, Übers. von W. Scharf). J. G.

124 Abb. 97

Konrad urkundet als Vogt von St. Georgen

Konstanz, 26. November 1123.
Originalurkunde (Chirograph) Pergament, H. 23,5 B. 33 cm.
Fürstl. Fürstenbergisches Archiv Donaueschingen, 18 Kl. Friedenweiler.

Die Tauschurkunde ist als Chirograph in der St. Georgener Ausfertigung überliefert. Sie ist der erste urkundliche Nachweis der zähringischen Vogtei über das Kloster St. Georgen; die Vögte der Klöster Reichenau und St. Georgen, der Welfe Heinrich der Schwarze, Herzog von Bayern, und Konrad von Zähringen, bezeugen einen Besitztausch zwischen beiden Abteien im Bereich der Baar, als deren Graf Konrad genannt ist. Die Stifter von St. Georgen, Hezilo und Hesso, waren zugleich Vögte von Reichenau gewesen, woraus sich die Verflechtung des

97 (Kat.-Nr. 124)

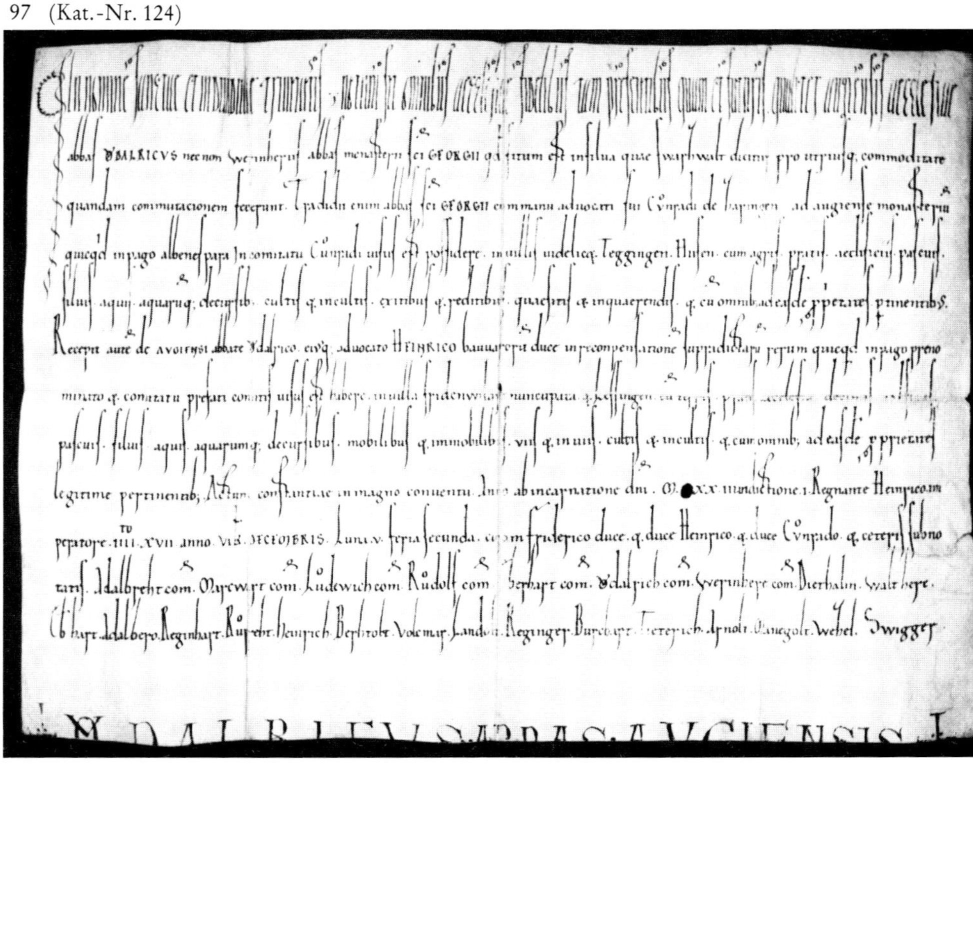

Besitzes beider Abteien erklärt. Nach dem Tod von Hezilos Sohn Hermann im Jahr 1095 endete die Zeit der gemeinsamen Vögte beider Klöster, zumal durch die Verlegung von Königseggwald auf den Hochschwarzwald St. Georgen dem Reichenauer und welfischen Einfluß entzogen wurde. Dies wurde zum Anlaß für beide Klöster, ihren Besitz zu entflechten.

Lit.: FUB V, 1885, Nr. 85 S. 51–52; – Heyck, Geschichte, S. 263–264; Wollasch, St. Georgen (wie Nr. 123), S. 106.

J. G.

125
Bestätigung des päpstlichen Schiedsspruchs über Besitzstreitigkeiten zwischen St. Georgen und Tennenbach durch Bertold V.

1187.
Originalurkunde (1. Ausfertigung) mit Siegel Bertolds V., Pergament, H. 28 B. 27,8 cm.
Stadtarchiv Villingen, M 3.

Der Schiedsspruch beendete den Streit der beiden Abteien um eine Schenkung des Werner von Roggenbach, eines Zähringer Ministerialen im Villinger Raum. Bertold IV. hatte die Güter seines Dienstmannes im Jahre 1179 an St. Georgen, dann aber nochmals an die Zisterze Tennenbach vergeben (Nr. 35). Ein langwährender und verwickelter Streit zwischen beiden Abteien knüpfte sich an diese Vorgänge an. Bertold V. ergriff dabei für St. Georgen gewaltsam Partei. Ein Ende konnte durch das Schiedsgericht Papst Urbans III., Bischof Heinrichs von Straßburg, Bischof Hermanns von Konstanz und Abt Christians von Salem gefunden werden. Danach behielt St. Georgen das Besitzrecht an den Gütern Werners von Roggenbach gegen einen Jahreszins an Tennenbach. Bertold V. bestätigte dieses Urteil mit seinem Siegel.

Lit.: Heyck, Urkunden, Nr. XVIII; – Heyck, Geschichte, S. 423 ff.; M. Weber, Der Tennenbacher Besitz im Villinger Raum, in: W. Müller (Hrsg.), Villingen und die Westbaar (VAI 32), 1972, S. 175–178.

J. G.

Gescheiterte Ausgriffe: Schaffhausen und St. Gallen (Nrn. 126–130)

So wie die Zähringer in St. Georgen und auch in St. Blasien geraume Zeit vor der eigentlichen Übernahme der Vogtei mit den Klöstern in Verbindung traten, etwa als Zeugen bei Schenkungen, mit eigenen Dotationen oder Schutz vor feindlichen Übergriffen gewährend, versuchten sie auch, das Reformkloster Schaffhausen und die Abtei St. Gallen für sich zu gewinnen. Schon Bertold I. tauschte als Vogt von Stein am Rhein im Jahre 1050 mit dem Stifter von Schaffhausen, Eberhard von Nellenburg, Güter aus (Nr. 127). Die neugegründete, reformorientierte Abtei Schaffhausen, zugleich Hauskloster der Nellenburger, war indessen im Begriff, sich insbesondere in den südlichen Schwarzwald auszubreiten, bis in die Gegend des Schluchsees. Schützte Bertold II. im beginnenden Investiturstreit Schaffhausen noch durch die Befestigung Steins am Rhein vor St. Galler Übergriffen, so stand seinen in den Schwarzwald ausgreifenden Plänen der ausgedehnte Besitzkomplex des Klosters im Wege. 1104 sind die Zähringer erstmals als Vögte von St. Georgen erwähnt (Nr. 123), 1125 übernahmen sie die Vogtei von St. Blasien (Nr. 120). Mit dem Erwerb der Reichsvogtei Zürich 1098 (Nr. 56) wuchs ihr Interesse am Hochrhein, d. h. an einer Verbindung nach Zürich. Schaffhausen konnte sich jedoch den Versuchen und Übergriffen Bertolds II. und Konrads erfolgreich widersetzen, indem es bei Papst und Kaiser Unterstützung gewann (Nr. 129). Ein später Erfolg gelang erst Bertold V. (vgl. Nr. 75).

In St. Gallen war der Fall anders gelagert. Im Investiturstreit unter Abt Ulrich von Eppenstein Stützpunkt der kaiserlichen Partei im Südwesten, nahm das Kloster allein dadurch bereits eine Frontstellung gegen die reformorientierten Zähringer ein. Nach dem Ausgleich der Zähringer mit dem Kaiser von 1098 (Nr. 56) versuchte vor allem Konrad im Jahr 1121 unmittelbar nach dem Angriff auf Schaffhausen, einen Abt in St. Gallen zu investieren, womit er auch Erfolg hatte. Eine direkte Vogtei oder Herrschaft über das Kloster erlangten die Zähringer jedoch nicht. Für die folgenden 50 Jahre ist Graf Ulrich von Gamertingen, Gemahl von Konrads Schwester Judith, als St. Galler Vogt bezeugt.

J. G.

126 Abb. 98

Grundriß und Grabungsplan von Schaffhausen, Münsterkirche (ehem. Benediktinerklosterkirche zu Allerheiligen)

Planskizzen.

Über die Baugeschichte der Kirche des Allerheiligenklosters sind wir durch Urkunden, das Stifterbuch und nicht zuletzt durch umfangreiche archäologische Ausgrabungen unterrichtet. Die Klosterkirche der 1049 von dem Nellenburger Grafen Eberhard III. gestifteten Benediktinerabtei wurde ab 1050 unter der Regie Liutbalds, Kaplan und Erzieher Eberhards, errichtet. 1064 konnte Bischof Rumold von Konstanz die Weihe einer Kirchenanlage vornehmen, die zu den ungewöhnlichsten Bauwerken weitum gehörte. An eine relativ kleine dreischiffige Querhausbasilika mit Chorflanken- und Westtürmen, Außenkrypta und ausgedehntem Atrium im Westen schloß sich im Osten ein durch Mauern rautenförmig umgrenzter Hof an, dessen Eckpunkte von Kapel-

98 (Kat.-Nr. 126)
Ansicht von Schaffhausen, um 1600, Staatsarchiv Schaffhausen, Chronik A 1, Bd. 2, nach S. 546

len gebildet wurden (Nord- und Südkapelle in der Form eines Tetrakonchos, die Scheitelkapelle als Rechteckraum mit drei Apsiden). Teile dieser Anlage wurden ergraben und bildeten Ansatzpunkte für eine Rekonstruktion. Nach Einführung der Hirsauer Reform mußten Kirche und Klostergebäude, aus Platzgründen, bedingt durch das starke Anwachsen des Konvents, vergrößert werden. Um 1080 wurde nordöstlich der 1064 geweihten ersten Kirche das Projekt eines großen fünfschiffigen Neubaus in Angriff genommen, das jedoch bald nach Errichtung der Grundmauern für die Ostteile wieder aufgegeben wurde. Ende des 11. Jahrhunderts begann der Bau der heute noch stehenden Kirche, die 1103 vom Konstanzer Bischof Gebhard von Zähringen die Schlußweihe erhielt. Es handelt sich um eine langgestreckte, dreischiffige, in allen Teilen flachgedeckte Säulenbasilika mit nur wenig ausladendem Querhaus. Daran fügt sich das dreischiffige Presbyterium an (Hauptchor zu den Seitenräumen durch Doppelarkaden geöffnet), dessen ursprüngliche Halbrundapsis um die Mitte des 12. Jahrhunderts durch einen Rechteckchor ersetzt wurde. Gleichzeitig erfolgten der Bau des Turmes und der Vorhalle (im 19. Jahrhundert verändert). Wie alle an dem berühmten Vorbild von SS. Peter und Paul in Hirsau orientierten Kirchenbauten zeichnet sich auch das Schaffhausener Münster aus durch seine große Einfachheit und Strenge sowie den Verzicht auf eine Krypta und die Ausgrenzung des *chorus minor* im östlichen Langhausjoch durch ein Pfeilerpaar. In den folgenden Jahrhunderten blieb die Kirche vor einschneidenden Umgestaltungen verschont, ebenso erhielten sich Teile der romanischen Abteigebäude, insbesondere der wegen seiner Größe eindrucksvolle Kreuzgang.

Lit.: R. Frauenfelder, Die Kunstdenkmäler des Kantons Schaffhausen, Bd. I, 1951, S. 73–148 (mit Übersicht über die ältere Lit.); W. Drack, Zur Baugeschichte des Münsters zu Schaffhausen, in: ZSAKg 14 (1953), S. 1–23; Ders., ebd. 17 (1957), S. 14f.; W. U. Guyan–K. Schib, 900 Jahre Münster zu Schaffhausen (Schweizer Heimatbücher Nr. 117), 1964; W. Guyan, Das Salvator-Kloster zu Schaffhausen. Ergebnisse der Allerheiligen-Grabungen von 1963 bis1965, in: ZSAKg 36 (1979), S. 150–204.

M. K.

127 — Abb. 99

Bertold I., Vogt der Bamberger Kirche (in Schwaben) im Jahr 1050

Schaffhausen, 12. Jahrhundert.
Urkundliche Verfügungen, auf einem langen, rechts unten durchlöcherten Pergamentstreifen, auf dessen Rückseite beschnittener Text theologischen Inhalts steht, H. 41 B. 14 cm.
Staatsarchiv Schaffhausen, Urkunde 5.

»Die älteste Urkunde des Allerheiligenklosters« (T. Mayer) betrifft das 1050, Anfang März in Hilzingen (Kr. Konstanz) von Graf Eberhard vom Zürichgau und dem Vogt der Bamberger Kirche Bertold, Herzog der Kärntner, vorgenommene Tauschgeschäft eines Gutes in *Rödilinstein* im Rheinhart gegen ein solches der Bamberger Kirche in Schaffhausen. Bertold erwirkte den Tausch, weil beim Bau des Klosters Baumaterial (Steine und Sand) dem, Bamberg gehörenden Grundstück was nicht bekannt gewesen sei, entnommen worden war. Der Verzicht Herzog Bertolds II. von Zähringen auf die von seinem Vater vertauschten Besitzungen in Schaffhausen im Jahr 1102 (Nr. 128) und die Bestätigung des Tausches durch den Bamberger Bischof Otto (1122) weisen nachdrücklich auf die Bedeutung dieser Handlung von 1050 für die Zähringer hin; wobei auf den Angriff Konrads auf Schaffhausen im Jahre 1120 hinzuweisen ist (Nr. 129). Der nach T. Mayer erst im 12. Jahrhundert mit dem Urkundentext beschriebene, aus einem liturgischen Buch stammende Pergamentstreifen ist nicht als Original zu betrachten, das dem Urkundentext zufolge ein *cyrographum* gewesen ist. Es dürfte erst nach 1061 verfaßt worden sein, da in dem mehrteiligen Urkundentext Bertold als *dux Carinthiorum* bezeichnet wird, was dieser seit dem genannten Jahr war. T. Mayer hat angenommen, der Text der Urkunde sei bei der Einweihung des Allerheiligenklosters 1064 entstanden. Er zeugt jedenfalls von den Aktivitäten Bertolds I. im Raum östlich des Schwarzwaldes.

Lit.: Baumann, Allerheiligen (wie Nr. 128), Nr. 3 S. 6f.; – T. Mayer, Die älteren Urkunden des Klosters Allerheiligen in Schaffhausen, in: ZGO 110 NF 71 (1961), S. 1–15, bes. S. 3ff. mit Wiedergabe des Textes und einer Reproduktion der Urkunde; vgl. A.

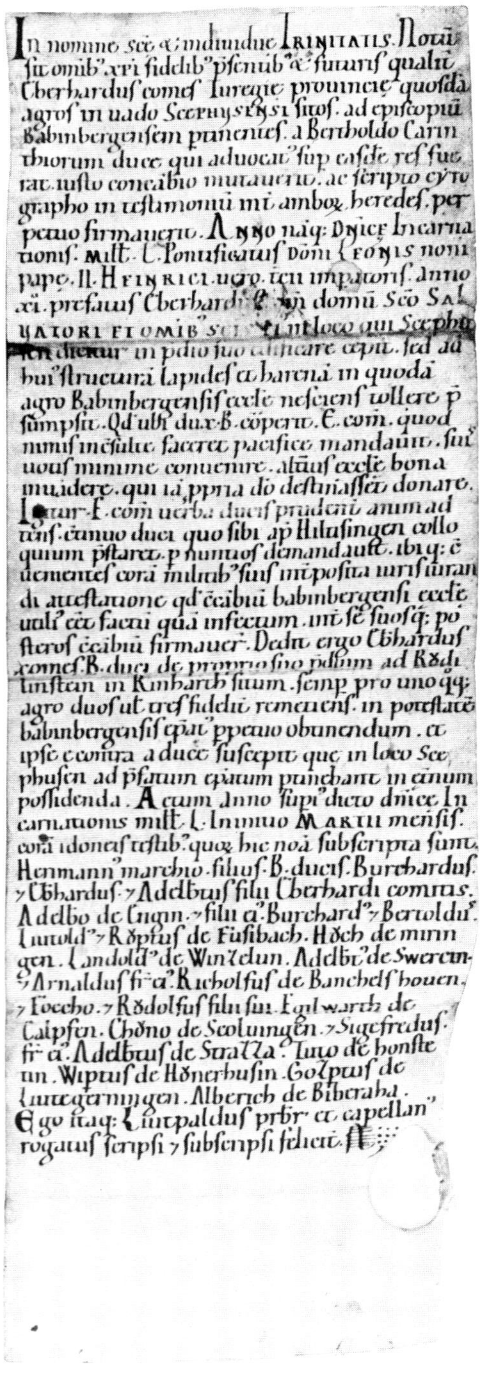

99 (Kat.-Nr. 127)

Borst, Mönche am Bodensee 610–1525, (Bodensee-Bibliothek 5), 1978, S. 125f. mit weiteren Hinweisen S. 546.

K. S.

128
Bertold II. verzichtet auf Ansprüche auf den Klosterbesitz von Schaffhausen

Schaffhausen, 14. März 1102.
Originalurkunde, Pergament, H. 48 (54) B. 46 cm.
Staatsarchiv Schaffhausen, Urkunde 11.

Es handelt sich hier nicht um eine Urkunde Bertolds II., sondern um die Aufzeichnung über ein bischöfliches Schiedsgericht Gebhards von Konstanz, worin eine zähringische Anfechtung von Schaffhauser Klosterbesitz zurückgewiesen wurde, bzw. werden mußte. Denn Gebhard selbst wird in diesem Dokument zusammen mit seinem Bruder Bertold II. beschuldigt, unrechtmäßig einen Besitztausch ihres Vaters mit Graf Eberhard von Nellenburg (Nr. 127), dem Stifter von Schaffhausen, angefochten zu haben. Die vorliegende Notiz ist auf der Rückseite eines mit mehreren älteren Urkunden Schaffhausens beschriebenen Pergamentblatts aufgezeichnet; der Schreiber Giselbert, Priester und Mönch des Klosters, gibt sich in der letzten Zeile als Verfasser zu erkennen. Er wird oft polemisch und ausfallend gegen Gebhard und Bertold II., deren Unterschriften oder Siegel die Urkunde nicht beglaubigen. Vielmehr hielt das Kloster einen Rechtsakt fest, den es durch Bereitstellung einer großen Anzahl geeigneter Zeugen für sich entscheiden konnte. Der zähringische Bischof konnte es so nicht vermeiden, gegen das Interesse seines Hauses zu urteilen, zumal er in der Angelegenheit Tutos von Wagenhausen (Nr. 157) bereits päpstliche Ermahnungen hatte hinnehmen müssen.

Lit.: F. L. Baumann, Die ältesten Urkunden von Allerheiligen in Schaffhausen (Quellen zur Schweizer Geschichte III,1), 1883, Nr. 39 S. 65; – Heyck, Geschichte, S. 162f.; H. Büttner, Allerheiligen in Schaffhausen und die Erschließung des Schwarzwaldes im 12. Jahrhundert, in: Schaffhauser Beiträge 17 (1940), S. 7–31, ND in: Ders., Schwaben und Schweiz im frühen und hohen Mittelalter (VuF 15), 1972, S. 196f.

J. G.

129 Abb. 100

Abt Adalbert von Schaffhausen meldet Papst Calixt II. den Angriff Konrads von Zähringen auf Schaffhausen 1120

Schaffhausen, 23. Februar bis 18. April 1120 (nach Baumann).
Gleichzeitige Kopie, Pergament mit Siegelschnitten, H. 18,5 B. 23 cm.
Staatsarchiv Schaffhausen, Urkunde 56.

Mit diesem Brief wird das früheste selbständige Auftreten Konrads von Zähringen, unmittelbar vor der Marktgründung Freiburgs im Breisgau (Nr. 190), dokumentiert. Der als *dominus* und *princeps* bezeichnete Konrad ist noch *puer adolescens,* d. h. ca. 14–18 Jahre alt. In einem bewaffneten Überfall *(armata manu aggressa)* überfiel Konrad Kloster und Markt von Schaffhausen; die *oppidani* (Siedler) verteidigten sich, konnten sich aber nach Ausbruch eines Feuers nicht gegen die Leute Konrads halten, so daß sich der Abt bedingungslos ergab. Konrad erlegte der Abtei einen Tribut auf und nahm von seiner ›Eroberung‹ Besitz; lange blieb er nicht in ihrem Genuß, weil der Abt bei Papst, Kaiser Heinrich V. und Bischof Otto von Bamberg die Bestätigung seiner Rechte und des Klosterbesitzes i. J. 1122 einholen konnte, was die Zähringer bis zu Bertold V. von der Abtei fernhielt (Nr. 75). Rein machtpolitische Gelüste Konrads waren wohl kaum der Anlaß für einen solchen Überfall; der Besitztausch Bertolds I. mit Eberhard von Nellenburg von

100 (Kat.-Nr. 129)

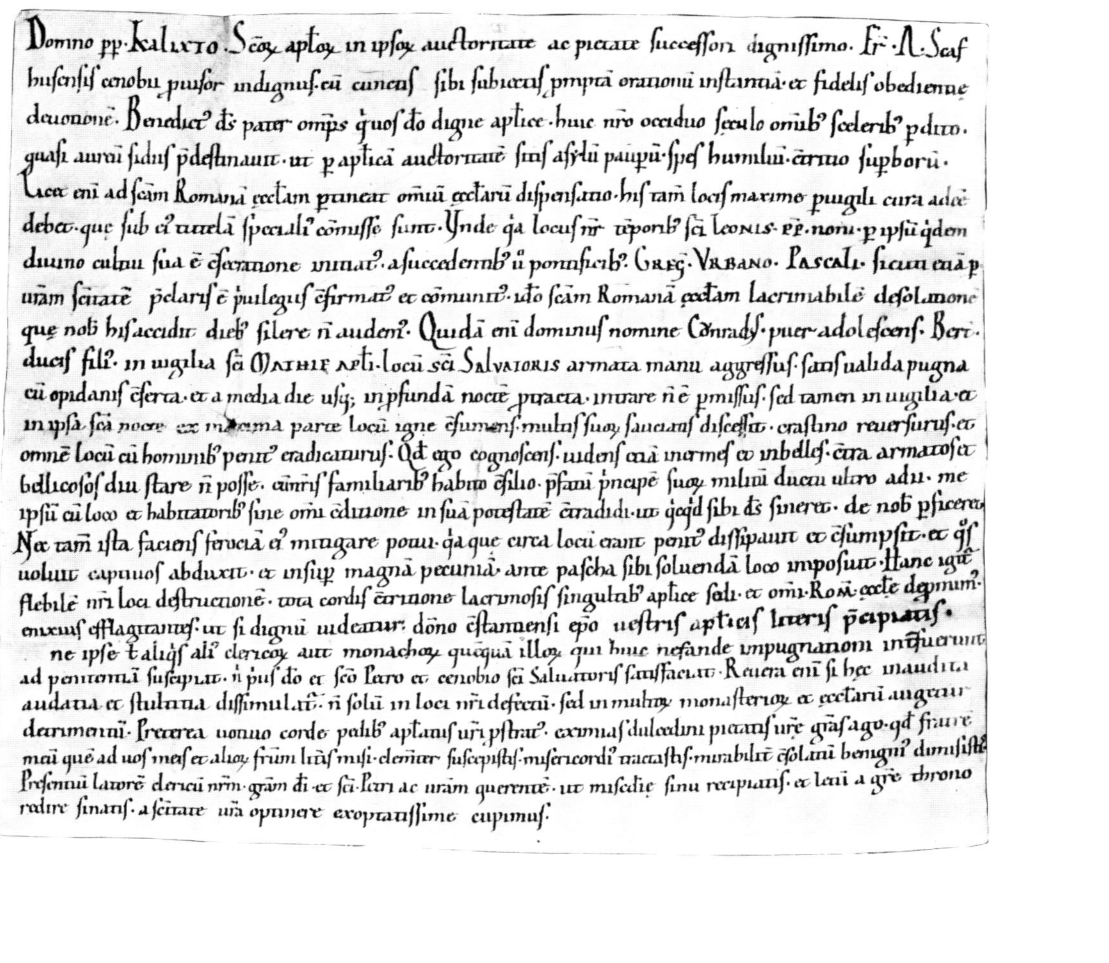

1050 (Nr. 127) lieferte trotz Bertolds II. Verzicht vermutlich den Grund dazu, denn in den Jahren 1120–1122 bemühte sich Schaffhausen vor allem um Bestätigung dieses Klosterbesitzes. Der unmittelbar folgende Angriff Konrads auf St. Gallen 1121 und der Erfolg der Zähringer in St. Blasien 1125 (Nr. 120) legen nahe, daß die Zähringer ihr Herrschaftsgebiet im südlichen Schwarzwald bis nach Zürich und ins Bodenseegebiet (vgl. Nrn. 57–59) ausdehnen wollten.

Lit.: BAUMANN (wie Nr. 128), Nr. 57; – HEYCK, Geschichte, S. 251 ff.; A. BRACKMANN, Helvetia Pontificia (Germania Pontificia II,II), 1927, S. 17 Nr. 19; BÜTTNER, Allerheiligen (wie Nr. 128), S. 196 ff. J. G.

130
Konrad von Pfäfers: Bertold V. und die Vogtei von St. Gallen

Repr. aus Handschrift Stiftsbibliothek St. Gallen, 610.

Einen Schreiber der Continuatio casuum sancti Galli (Nr. 11.1) kennen wir mit Namen: Konrad von Pfäfers, ein Mönch von St. Gallen, der in der ersten Hälfte des 13. Jahrhunderts Aufzeichnungen über die Geschichte des Klosters St. Gallen anfertigte, wobei Reichsangelegenheiten starke Berücksichtigung fanden. Konrad von Pfäfers stützte sich – wie seine anonymen Vorgänger – bei seinen Erzählungen vor allem auf eigene Erlebnisse und auf mündliche Überlieferungen.

Im 10. Kapitel der von ihm abgefaßten Fortsetzung der St. Galler Hauschronik berichtet er, wie Bertold V. von Zähringen versuchte, die Vogtei von St. Gallen zu kaufen: Nachdem im Jahre 1208 Philipp von Schwaben gestorben war, erlosch die staufische Reichsvogtei über St. Gallen. Bertold V. unterbreitete daraufhin dem Konvent von St. Gallen sein Angebot, 4000 Mark Silber zu zahlen, wenn man ihm und seinen Erben die Vogtei übertrage. Er wolle unter Eid erklären, sie keinem anderen zu hinterlassen, als einem Sohn, den er jedoch noch nicht habe *(ut advocaciam sibi suoque heredi filio, et non alii, si forte filium quem tunc non habuit, acquissiset, numquam se alienaturum juramento voluit confirmasse).*

Die klösterlichen Ministerialen fürchteten die Macht des Herzogs *(potenciam dicti ducis formidabant)* und obwohl ihnen von Bertold V. ebenfalls Geld (400 Mark Silber) angeboten wurde, lehnten sie – ebenso wie die Mönche – seinen Vorschlag ab, was Abt Ulrich von Sax entgegenkam, versuchte dieser doch mit einem Teil der Vogtei seinen Bruder Heinrich von Sax zu belehnen.

König Otto IV., der Nachfolger Philipps von Schwaben, erhob seinerseits Anspruch auf die St. Galler Klostervogtei, weil sie zum Erbe seiner staufischen Verlobten Beatrix zählte.

Die Klostervogtei von St. Gallen umfaßte große Besitzungen besonders in der Ostschweiz und im Vorarlberg und kam in zähringischer Zeit einer großen Grafschaft gleich. St. Gallen war deshalb für den Zähringer nicht uninteressant. Außerdem besaß St. Gallen zahlreiche Güter in den Stammlanden der Zähringer, dem Breisgau, so daß die Zähringer letztendlich im Breisgau – wenn sie in den Besitz der Vogtei gekommen wären – ein fast geschlossenes Territorium hätten kontrollieren können.

Lit.: St. Gallische Geschichtsquellen, neu hrsg. durch G. MEYER VON KNONAU, Bd. IV: Continuatio Casuum sancti Galli. Conradi de Fabarica Continuatio Casuum sancti Galli, 1879, S. XVII ff., S. 153–155; – HEYCK, Geschichte, S. 463–466; E. URL, Das mittelalterliche Geschichtswerk »Casus sancti Galli«, (109. Jahresblatt des Historischen Vereins des Kantons St. Gallen), 1961. G. W.

4. Kirchenherrschaft des Rektors von Burgund?

Die Verleihung des Rektorats von Burgund an die Zähringer im Jahre 1127 (Nr. 64) gab den Herzögen in ihrer Eigenschaft als Stellvertreter des Königs die Möglichkeit, ihren Einfluß auch auf die Klöster geltend zu machen. Die zum Zeitpunkt der Rektoratsübernahme bereits bestehenden Klöster gehörten vornehmlich dem cluniazensischen Klosterverband an. Aus den Quellen können wir entnehmen, daß die beiden Cluniazenserpriorate Münchenwiler und Rüeggisberg (Nrn. 141–145) die besondere Aufmerksamkeit der Zähringer erlangten.

Der Eintrag Konrads von Zähringen in das Necrolog von Münchenwiler (Nr. 143) ist das einzige Zeugnis, das uns Einblick in die Beziehungen des Zähringerhauses zu diesem Kloster gewährt. Die Nachfolger Konrads von Zähringen, Bertold IV. und Bertold V., bemühten sich intensiv um das Kloster Rüeggisberg, das in der zweiten Hälfte des 12. Jahrhunderts offenbar ganz unter zähringischen Einfluß geriet (Nrn. 144–145); allerdings ist dabei nie von einer Vogtei der Zähringer über dieses Kloster die Rede.

Eine Urkunde für das Augustinerchorherrenstift Interlaken (Nr. 146) dagegen nennt explizit Konrad als Vogt *(advocatus)* dieses Klosters, dem damit als festem Stützpunkt an der Peripherie des zähringischen (burgundischen) Herrschaftsbereiches eine besondere Bedeutung zukommt.

Die ›Widersacher‹ der Cluniazenser waren die im Verlauf des 12. Jahrhunderts immer stärker hervortretenden Zisterzienser. Im vierten Jahrzehnt dieses Jahrhunderts wurden die beiden Abteien Hauterive (Nrn. 131–136) und Hautcrêt gegründet, später folgten Frienisberg und von dort aus Tennenbach (Nrn. 137–140). Die beiden erstgenannten Zisterzen lagen im Bistum Lausanne, wo die Zähringer seit 1157 die Regalieninvestitur und ab dem letzten Viertel des Jahrhunderts die Hochvogtei ausübten (s. unten S. 180). Wir besitzen für diese beiden Klöster von Bertold IV. ausgestellte Urkunden, in denen der Rektor Abgabenfreiheit gewährte und aus denen hervorgeht, daß er eine Art Schutzfunktion über die beiden Abteien ausübte (Nr. 136). Was Bertold IV. mit der Gewährung solcher Privilegien bezweckte und wie weit dieser Schutz ging – diese Fragen sind in der Forschung noch weitgehend ungeklärt.

Im Mutterland des Zisterzienserordens, in Frankreich, standen die Zisterzen lediglich unter der Schutzherrschaft des französischen Königs bzw. eines den Zisterziensern genehmen Landesherrn. Das Hauptkloster Cîteaux z. B., das in allen Bereichen den übrigen Zisterzen als Vorbild galt, genoß den Schutz *(defensio)* des Herzogs von Burgund in seiner Eigenschaft als Landesfürst. Diese Vorstellungen einer Schutzvogtei brachten die Zisterzienser mit in das Reich. Als Beispiel sollen hier nur kurz die südwestdeutschen Zisterzen angeführt werden, über die der staufische Kaiser die *defensio imperialis,* also eine kaiserliche Schirmvogtei, ausübte. Das Ziel der Zisterzienser war es, der Schutzherrschaft des ansässigen Adels, der versucht war, diese Institution in seinem Sinne einzusetzen, zu entgehen, indem sie sich unter den Schutz des Kaisers stellten. Die Staufer kamen ihnen mit ihrer Politik, die Herrschaftsansprüche des Adels zurückzudrängen, entgegen. Die Zisterzienserklöster wurden so ein wichtiges Element staufisch-kaiserlicher Herrschaftspolitik, wobei die Wirtschaftskraft dieses Ordens eine nicht unerhebliche Rolle gespielt haben dürfte.

Die Wirtschaftsorganisation der Zisterzienser war von dem Reformanliegen geprägt, ein von der Welt abgeschiedenes Leben in Armut zu führen. Dieses Bestreben konnte am besten dadurch realisiert werden, daß die Zisterzienser ihre Klöster in einsamen Gegenden, z. B. in abgelegenen Waldtälern oder auf öden Heideflächen errichteten. Ihre Unabhängigkeit von der Welt versuchten sie außerdem durch die Bewirtschaftung der Klostergüter im Eigenbetrieb (mit Hilfe von Konversen = Laienbrüdern) auf selbstgebauten Höfen (Grangien) zu erreichen. Auf die Arbeit höriger Bauern wurde verzichtet. Diese Wirtschaftsstruktur machte einen Vogt als Immunitätsrichter überflüssig. Im Verlauf des 12. Jahrhunderts vollzog sich innerhalb des Ordens aber ein Wandel von der Eigenwirtschaft zur Grundherrschaft über hörige Bauern, so daß die Gerichtsbarkeit, die bisher dem Abt zustand, der sich bei ihrer Ausübung der Klosterbeamten bediente, in zunehmenden Maße auch in die Hände des Adels überging.

Der Grundbesitz der Klöster bestand überwiegend aus Schenkungen des Königs, des Adels und geistlicher Herren. Dabei überließen die Gönner den Zisterziensern oft unbebautes oder ödes Land zur Urbarmachung. Jedes Kloster war daran interessiert, seinen Grundbesitz möglichst in Klosternähe zu konzentrieren, um eine zentrale Überwachung der klösterlichen Ländereien zu ermöglichen. Diese oft zusammenhängenden Besitzungen der Zisterzienser und die Einrichtung der kaiserlichen Schirmvogtei wirkten der Tendenz des Adels zur Ausbildung geschlossener Landesherrschaften entgegen, ermöglichten es aber den Staufern, königliche Einflußgebiete zu gewinnen.

Das Verhältnis der Zähringer zu den in ihrem Herrschaftsgebiet liegenden Zisterzen scheint möglicherweise dem vergleichbar gewesen zu sein. Bertold IV. regierte als Vertreter des deutschen Königs in Burgund. In seiner Eigenschaft als Rektor stellte er im gleichen Jahr, in dem er die Stadt Freiburg i. Ü. gründete (1157) (s. unten Blattmann, S. 238), der Abtei Hauterive (wie auch der Abtei Hautcrêt) ein Abgabenprivileg (Nr. 136) aus. Die Mönche von Hauterive, deren Kloster nur sieben Kilometer von Freiburg i. Ü. entfernt lag, haben vermutlich den Zähringer bei seiner Stadtgründung unterstützt. Die Wirtschaftskraft ihres Klosters, die nach Ausweis der Eintragungen in den »Liber donationum« (Nr. 132) beachtlich war, dürfte dabei eine nicht zu unterschätzende Rolle gespielt haben und von dem Rektor in Anspruch genommen worden sein. Entsprechend wurden den Mönchen von Hauterive von Bertold IV. – gleichsam als Gegenleistung – die Abgaben in seinem Herrschaftsgebiet erlassen. Die wirtschaftliche Blüte, die das Kloster Hauterive vor allem im 12. und 13. Jahrhundert erlebte, fand ihren Niederschlag auch in der künstlerischen Produktion des Klosters, wovon zahlreiche Handschriften aus dieser Zeit (Nrn. 133–135) zeugen.

So wurde offensichtlich das Kloster in die zähringische Burgundpolitik eingebunden. Daß sich bei den Zähringern bereits ein geradezu territoriales Denken entwickelt hatte, ist dem Urkundentext von 1157 zu entnehmen, wo es heißt, daß Bertold IV. das Kloster von seinen Abgaben in *totam terram meam et dominium meum* befreie.

In der Regierungszeit Bertolds V. scheinen die Beziehungen zu den Zisterziensern abgekühlt zu sein, hören wir doch erst 1211 wieder von einer Zusammenkunft Bertolds V. mit Thomas von Savoyen im Kloster Hautcrêt, wo beide einen Friedensschluß aushandelten.

Während Bertold IV. sich den Einfluß der Zisterzen Hauterive und Hautcrêt, den sie im Bistum Lausanne ausübten, offenbar zunutze machen konnte, scheint das im Konstanzer Sprengel gelegene Zisterzienserkloster Frienisberg (Nrn. 137–139) dem Einfluß der Zähringer entglitten zu sein. Eine Gründung dieser Zisterze war Tennenbach im Breisgau (Nr. 140). Über die Rolle der Herzöge von Zähringen in der Gründungs- und Frühgeschichte Tennenbachs gibt es in der Forschung kontroverse Meinungen. Während Heinemann im Anschluß an die ältere Forschung von einer »maßgeblichen« Beteiligung der Zähringer beim Aufbau der Zisterze ausgeht, versuchte Schwineköper zu zeigen, daß die Herzöge sich eher widerwillig des Klosters angenommen haben.

Bei der Beurteilung des Verhältnisses der Zähringer zu den Zisterziensern muß sicherlich zwischen den burgundischen Zisterzen und den auf deutschem Boden gegründeten unterschieden werden. Es bleibt weiteren Forschungen vorbehalten, die Beziehungen der Zähringer zum Orden der Zisterzienser zu untersuchen, um vielleicht zu einer genaueren Einschätzung – als es bislang geschehen ist – zu kommen. Von einer grundsätzlichen Verschiedenheit der Interessen von Zähringern und Zisterziensern, wie kürzlich geäußert worden ist, kann jedenfalls nicht die Rede sein.

Lit.: H. HIRSCH, Die Klosterimmunität seit dem Investiturstreit. Untersuchungen zur Verfassungsgeschichte des deutschen Reiches und der deutschen Kirche, 1913; H. ZEISS, Zur Frage der kaiserlichen Zisterzienservogtei, in: Historisches Jahrbuch 46 (1926), S. 594–601; W. RÖSENER, Südwestdeutsche Zisterzienserklöster unter kaiserlicher Schirmherrschaft, in: ZWLg 33 (1974), S. 24–52; Die Zisterzienser. Ordensleben zwischen Ideal und Wirklichkeit. Eine Ausstellung des Landschaftsverbandes Rheinland, Rheinisches Museumsamt, Brauweiler, Aachen 3. Juli–28. September 1980, hrsg. v. K. ELM, P. JOERISSEN u. a., 1980; Ergänzungsband (Schriften des Rheinischen Museumsamtes 10–18), 1982; SCHWINEKÖPER, Tennenbach; HEINEMANN, Burgund II, S. 204 ff.

G. W.

131
Kloster Hauterive, Ansicht

Photographie.

Wilhelm von Glâne, Angehöriger einer bedeutenden burgundischen Adelsfamilie, stiftete kurz nach dem Blutbad von 1127 in der Klosterkirche von Payerne (vgl. Nr. 64), bei dem Angehörige seiner Familie ums Leben kamen, am hohen Ufer (*Alta Ripa* = Hauterive) der Saane Grund und Boden für den Bau eines Klosters. 1137 wurde dieses mit zwölf Mönchen von Cherlieu besiedelt und die Kirche geweiht. Die früheste Siedlung befand sich auf einer St. Loup genannten Terrasse. Zwischen 1143 und 1162 wurde das Kloster an seinen heutigen Standort, in eine von Wäldern umgebenen Schlucht der Saane, 7 km von Freiburg i. Ü. entfernt, verlegt. Die anfänglich bescheidene Grundausstattung des Klosters bestand aus den Schenkungsgütern des Stifters und einer Dotation des Bischofs von Lausanne und befand sich in Hauterive und seiner Umgebung. Weiterer Grundbesitz, der vor allem für den Anbau von Wein wichtig war, lag am Rand des Genfer und Neuenburger Sees. Schenkungen des Adels und des Bürgertums im Laufe des 12. Jahrhunderts erklären den raschen wirtschaftlichen Aufschwung des Klosters. Der Verkauf von landwirtschaftlichen Produkten und die Einziehung von Zehnten von ihren zu Lehen vergebenen Grundstücken und von den Pfarreien, über die sie das Patronat ausübten, machten den Großteil ihrer Einkünfte aus. Innerhalb von 60 Jahren entwickelte sich Hauterive zu einem reichen Kloster und fungierte in der Region als regelrechtes ›Kreditinstitut‹. Der Konvent zählte Ende des 12. und Anfang des 13. Jahrhunderts etwa 30 bis 40 Mönche und ca. 50 Konversen. Im Jahre 1185 konnte bereits Kappel/Albis von Hauterive aus gegründet werden. Der Baubeginn der heutigen Kirche fällt in die 70er Jahre des 12. Jahrhunderts. Die Klosterkirche ist im wesentlichen noch in ihrer ursprünglichen Gestalt erhalten geblieben und zeigt den für einen frühen Zisterzienserbau typischen Grundriß: Eine dreischiffige kreuzförmige Anlage mit gerade geschlossenem Chorhaupt, an deren Seite sich je zwei rechteckige Ostkapellen anschließen. Während das überhöhte Mittelschiff fensterlos ist, besitzen die Seitenschiffe schmale Fenster; deren Wände werden außerdem von flachen Strebepfeilern gegliedert. Das wenig ausragende Querhaus und der Verzicht auf die Betonung der Vierung zählen ebenfalls zu den Eigenheiten zisterziensischer Klosterbaukunst.

Lit.: R. Pittet, L'abbaye d'Hauterive au Moyen Age, in: Archives de la Société d'Histoire du canton de Fribourg 13 (1934); F. Bucher, Die Zisterzienserabtei Notre-Dame de Bonmont im Zusammenhang mit der burgundisch-transjuranischen Gruppe, Diss. phil. Bern 1957, S. 163–170; J. P. Renard, Hauterive, in: HS Bd. 3, Die Orden mit Benediktinerregel: Die Zisterzienser und Zisterzienserinnen, die Reformierten Bernhardinerinnen, die Trappisten und Trappistinnen und die Wilhelmiten in der Schweiz, 1982, S. 176–194.

G. W.

Das Skriptorium des Zisterzienserklosters Altenryf (Hauterive)
(Nrn. 132–135)

Nebst den Zisterzen von Bonmont, Montheron und Hautcrêt ist es im Gebiet der heutigen Westschweiz vor allem Hauterive, dessen Aufbau- und frühe Blütezeit dank günstiger Quellenlage klarer dargestellt werden kann. An sichtbaren Zeugnissen seiner Vergangenheit sind die in ihren Grundstrukturen aus der Gründungszeit stammende Abteikirche (erbaut um 1150/60) (Nr. 131), sodann das Archiv und die Bibliothek in verhältnismäßig gutem Zustand erhalten geblieben. Letztere wurden bei der Aufhebung des Klosters im Jahre 1848 in das Staatsarchiv bzw. in die Kantonsbibliothek Freiburg überführt.

Während der ersten Jahrzehnte nach der Gründung des Klosters ging die wirtschaftliche Erstarkung Hand in Hand mit der inneren Organisation der Mönchsgemeinschaft. Zum obligaten Rüstzeug eines jeden Klosters gehörte der Aufbau einer wenn auch bescheidenen Bibliothek, die zumindest die Bibel, die wichtigsten Vätertexte, liturgische Bücher in genügender Zahl und einige erbauliche Schriften (Hagiographie, Heilsgeschichte und dgl.) enthalten mußte. Die Mönche, die von Cherlieu in Burgund aus die Tochterabtei Altenryf besiedelten, brachten von dort nicht nur die ersten Bücher, sondern auch ihre Schreibgewohnheiten mit. Dies war die Voraussetzung für die Einrichtung einer eigenen Schreibwerkstätte, eines Skriptoriums, dessen kontinuierliche Tätigkeit und Entwicklung von der zweiten Hälfte des 12. Jahrhunderts bis um 1300 lückenlos verfolgt werden kann. Von den rund 70 erhalten gebliebenen mittelalterlichen Altenryfer Codices kann der größte Teil dem Wirken des klösterlichen Skriptoriums zugeschrieben werden. Da Kolophone oder andere klare Hinweise auf die Provenienz nur in Ausnahmefällen vorhanden sind, hat die skriptoristische Analyse von den wenigen gesicherten Altenryfer Schriftdenkmälern auszugehen. Der in der Berliner Staatsbibliothek Preussischer Kulturbesitz aufbewahrte Liber donationum Altaeripae (hier Nr. 132) ist nicht nur eine erstrangige Quelle zur Wirtschaftsgeschichte des Klosters und des Üchtlandes überhaupt, sondern auch ein hervorragendes Instrument zum Studium des Altenryfer Skriptoriums. Die zahlreichen, über mehrere Jahrzehnte verstreuten Schreiberhände dieses Chartulars sind auch in einer ganzen Reihe von Handschriften aus der ehemaligen Klosterbibliothek wieder anzutreffen, so daß diese eine eindeutig bestimmbare Schriftheimat zugewiesen erhalten.

Die Schreibkultur des Altenryfer Skriptoriums ist geprägt durch sorgfältige Bearbeitung des Pergaments, gute Kalligraphie und äußerste Schlichtheit in der künstlerischen Ausstattung der Bücher. Der bemerkenswerte Reiz, den diese Dokumente auf den heutigen Betrachter ausüben, beruht einzig auf der gepflegten gotischen Minuskelschrift, die regelmäßig in Zeilen und Kolonnen innerhalb eines klar begrenzten Satzspiegels angeordnet ist. Die sparsame Verwendung von meist unverschnörkelten Initialen – Goldschmuck und Miniaturen waren im Zisterzienserorden damals verpönt – ruft die Bestimmungen der Bernhardinischen Reform in Erinnerung, wonach nur einfarbige Initialen und keine figürlichen Darstellungen erlaubt waren. Die drei hier gezeigten Handschriften (L 163, L 300, L 312 = Nrn. 133–135), dazu die Bibel L 519 mit ihrem Chartularfragment (Nr. 197), sind typische Beispiele der Altenryfer Schriftkultur im frühen 13. Jahrhundert. Zum erstenmal seit rund zwei Jahrhunderten befindet sich in dieser Ausstellung der Liber donationum Altaeripae, wenn auch nur für kurze Zeit, wieder in Gesellschaft seiner Schwesterhandschriften aus Altenryf. J. L.

132
Liber donationum Altaeripae

Zisterzienserkloster Altenryf (Hauterive) bei Freiburg i. Ü., 2. Hälfte 12. Jahrhundert bis Ende 13. Jahrhundert.
Pergamenthandschrift, 89 Bll., H. 17,5 B. 11,5 cm. Etwa zwei Drittel der Handschrift von anlegender Hand A um 1170–1190 in spätkarolingischer Minuskel. Daneben ca. 20 weitere Hände in spätkarolingischer und frühgotischer Minuskel. Text auf Langzeilen. Rubrizierte Kauden und Marginalangaben. Neuzeitlicher Pergamenteinband, darunter Reste eines Pergamenteinbandes aus dem 16. Jahrhundert.
Staatsbibliothek Preußischer Kulturbesitz Berlin, Ms. lat. oct. 222.

Der Liber donationum Altaeripae ist das Chartular/Kopialbuch des Zisterzienserklosters Altenryf. Mit seiner Anlage wurde wenige Jahrzehnte nach der 1138 erfolgten Gründung der Abtei begonnen, um mit seiner Hilfe den rasch wachsenden Grundbesitz abzusichern und den Überblick über die verschiedenen Bereiche der klösterlichen Wirtschaft zu gewährleisten. Das handliche Büchlein wurde sehr wahrscheinlich vom Cellerar der Zisterze namens Cono von Prez(-vers-Noréaz) um 1170 konzipiert und zum großen Teil auch selber ausgeführt; spätere Cellerare sowie weitere Mönche setzten die Arbeit dann über ein Jahrhundert lang fort. Der Liber donationum enthält, teilweise geordnet nach den Bewirtschaftungseinheiten der Abtei, zahlreiche Schenkungsnotizen, Beurkundungen von Rechtsabtretungen und Verzichtleistungen, ferner Güterbeschreibungen, Weistümer, Zinsverzeichnisse, später auch Kauf- und Pachtverträge. Damit dokumentiert er nahezu lückenlos die Aufbauzeit und frühe Organisation der Grundherrschaft von Altenryf. Darüber hinaus stellt er durch die Fülle und Vielfalt seiner Angaben eine erstrangige Quelle für die Erforschung der hochmittelalterlichen Siedlung, Wirtschaft und Gesellschaft zwischen Alpen und Jura dar.

Die Handschrift wurde der Abtei im frühen 19. Jahrhundert entfremdet und gelangte in die Sammlung von Sir Thomas Phillipps in Cheltenham (England), 1912 wurde sie von der Königlichen Bibliothek in Berlin erworben.

Lit.: H. DEGERING, Neue Erwerbungen der Handschriftenabteilung II: Die Schenkung Sir Max Waechters 1912, in: Mitteilungen aus der Königlichen Bibliothek Berlin 3 (1917), S. 35–37; BRUCKNER, SMAH XI, S. 38 Anm. 34a und Taf. V; E. TREMP, Liber donationum Altaeripae. Edition critique, 1984.

E. Tr.

133
Missale cisterciense

Zisterzienserkloster Altenryf (Hauterive) bei Freiburg i. Ü., Anfang 13. Jahrhundert.

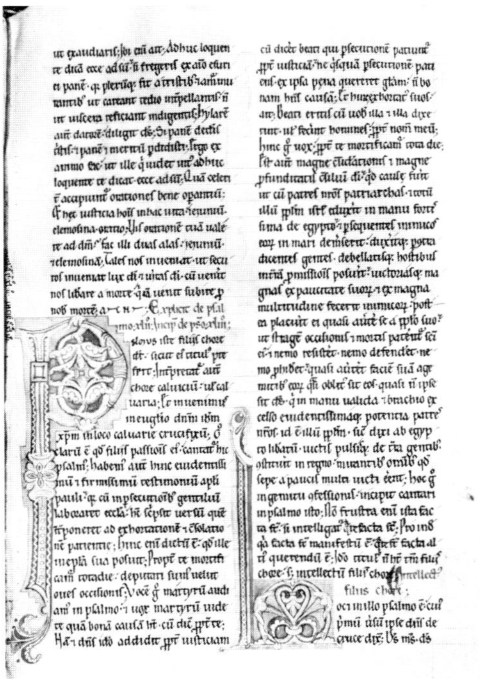

101 (Kat.-Nr. 134) f. 64r

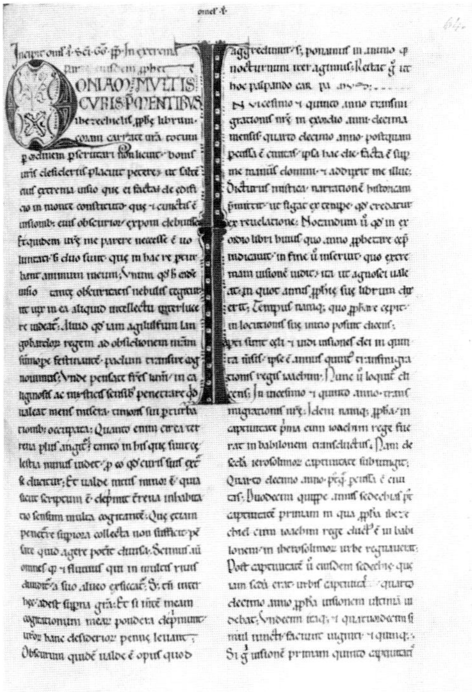

102 (Kat.-Nr. 135) f. 76r

Pergamenthandschrift, 280 Bll., H. 26 B. 18 cm. Gotische Minuskel von 2 verschiedenen Händen. Text auf Langzeilen. Rubriken. Einfache Initialen in Rot, Grün, Ocker, ohne Fleuron. Holzdeckel-Einband mit Lederüberzug. Spuren einer Schließe.

Kantons- und Universitätsbibliothek Freiburg i. Ü., L 163.

Aufgeschlagen f. 75v/76r: Messe vom Fest des hl. Johannes d. Täufers.

Lit.: BRUCKNER, SMAH XI, S. 37 und Taf. XII; J. LEISIBACH, Iter Helveticum I: Die liturgischen Handschriften der Kantons- und Universitätsbibliothek Freiburg (Spicilegii Friburgensis subsidia 15), 1976, S. 131–134.

J. L.

134 Abb. 101
Gregorius Magnus: Homiliae in Ezechielem prophetam

Zisterzienserkloster Altenryf (Hauterive) bei Freiburg i. Ü., Anfang 13. Jahrhundert.

Pergamenthandschrift, 118 Bll., H. 31,5 B. 21,5 cm. Gotische Minuskel von einer Hand,

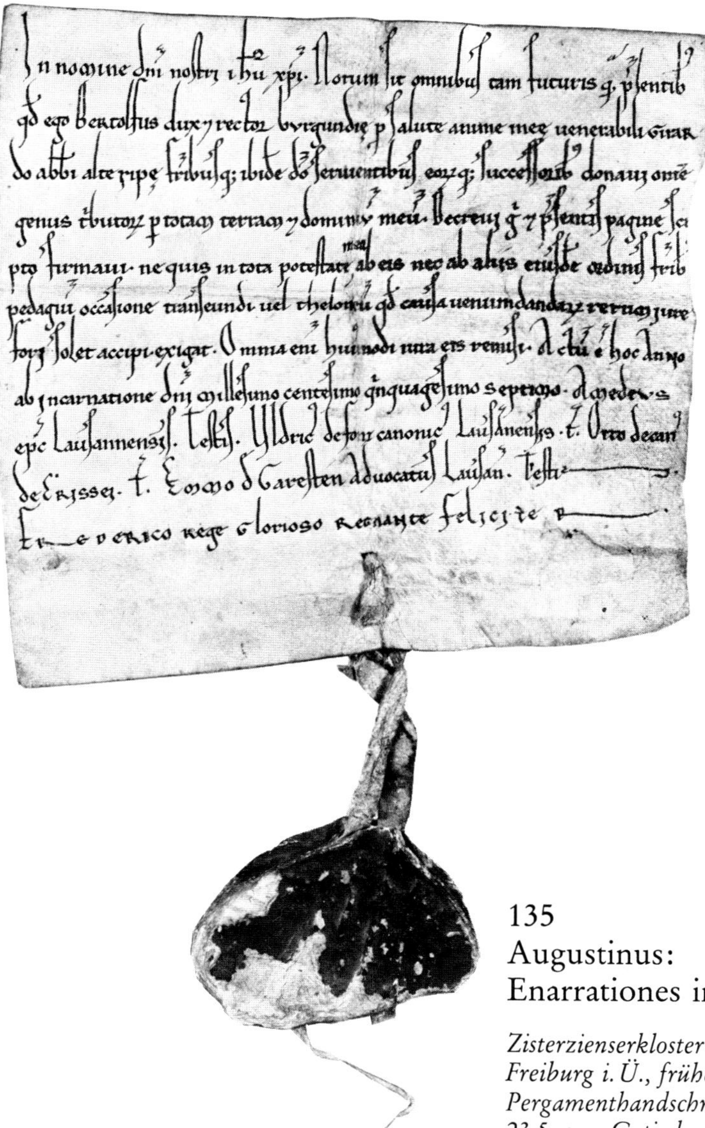

103 (Kat.-Nr. 136)

Bll. 1–63 auf Langzeilen, Bll. 64–118 in 2 Kolonnen. Überschrift abwechselnd in roter und blauer Minuskel. Initialen rot/blau gespalten mit spärlicher Verzierung. Holzdeckel-Einband mit Lederüberzug. Spuren von Schließen und Beschlägen.
Kantons- und Universitätsbibliothek Freiburg i. Ü., L 312.
Aufgeschlagen f. 64ʳ.

Lit.: BRUCKNER, SMAH XI, S. 36 und Taf. X. J. L.

135 Abb. 102
Augustinus: Enarrationes in Psalmos 1–50

Zisterzienserkloster Altenryf (Hauterive) bei Freiburg i. Ü., frühes 13. Jahrhundert. Pergamenthandschrift, 213 Bll., H. 34 B. 23,5 cm. Gotische Minuskel von verschiedenen Händen. Text in 2 Kolonnen. Rubrizierte Zwischentitel. Größere Initialen auf Bl. 2ʳ, 43ʳ, 47ʳ, 48ᵛ, 54ʳ, 77ᵛ, 86ᵛ, 89ᵛ, 95ᵛ, 100ʳ, 103ᵛ, 110ʳ, 133ᵛ, 151ʳ, 160ᵛ, 163ʳ, 179ʳ, 193ᵛ. Defekter Holzdeckel-Einband.
Kantons- und Universitätsbibliothek Freiburg i. Ü., L 300.

Lit.: BRUCKNER, SMAH XI, S. 34 und Taf. VII; Das Freiburger Buch 1585–1985 (Ausstellungskatalog), Freiburg/Schweiz 1985, S. 19 f. J. L.

136 Abb. 103
Urkunde Bertolds IV. für Hauterive

Ohne Ortsangabe, 1157.
Originalurkunde, Pergament, H. 15,5 B. 16,5 cm, beschädigtes Siegel anhängend (Nr. 78.3).
Archives Cantonales Fribourg, Fonds Hauterive III,1.

Bertold IV., Herzog und Rektor von Burgund, erläßt dem Kloster Hauterive jede Art von Abgaben *(omne genus tributorum)* und befreit die Zisterziensermönche und alle ihre Ordensbrüder von Zöllen im Bereich seines Herrschaftsgebietes *(in tota potestate mea).*
Bei den Zisterziensern war es nicht unüblich, sich solche Zollprivilegien von einem Herrscher in dessen Machtbereich ausstellen zu lassen.
Die Mönche von Hauterive setzten die Überschüsse ihrer Güter, die sie auf ihren Grangien erwirtschafteten oder aus den Zehnten erhielten, vornehmlich in der Stadt Freiburg i. Ü. ab. Dank dieses Freibriefes Bertolds IV. waren ihnen alle Zölle auf ihrem Weg dorthin und in der Stadt erlassen.
Der Ausstellungsort wird in der Urkunde nicht genannt, doch ist anzunehmen, daß Bertold IV. sich zu diesem Zeitpunkt im Bistum Lausanne aufhielt, treten in der Zeugenreihe doch der Bischof von Lausanne, Amadeus, und der bischöfliche Vogt, Emmo von Gerenstein, auf.

Lit.: Hidber 2, 1877, Nr. 2050; FrB I, Nr. 41 S. 442; – Heyck, Geschichte, S. 361; P. J. Gumy, (Bearb.), Regeste de l'Abbaye de Hauterive de l'ordre de Cîteaux depuis sa fondation en 1138 jusqu'à la fin du règne de l'abbé d'Affry 1449, 1923, Nr. 7; A. Dimier, Amédée de Lausanne. Disciple de saint Bernard, 1949, Nr. 43 S. 359; Heinemann, Burgund II, S. 173, 198, 204 ff., 227. G. W.

137
Ansicht des Klosters Frienisberg

Photographie.

1131 (?) stiftete Udelhard von Saugern das Kloster Frienisberg, das mit Mönchen aus dem Zisterzienserkloster Lützel besiedelt wurde. Am 15. Mai 1138 fand die Weihe der Klosterkirche statt. Zur Grundausstattung des Klosters gehörte der Besitz des Stifters am Frienisberg in Seedorf.
Über die frühe Geschichte von Frienisberg ist nur wenig überliefert. 1161 wurde das Kloster Tennenbach von Frienisberg aus gegründet.
Die Bauzeit der Klosterkirche, von der nur das südliche Querschiff, zwei diesem anliegende, rechteckige Ostkapellen und ein Teil des anstoßenden Seitenschiffes erhalten geblieben sind, ist zwischen 1200 und 1230 anzusetzen (Chor und Querhaus sind wahrscheinlich schon früher begonnen worden).
Nach der Rekonstruktion von F. Bucher war Frienisberg eine dreischiffige, sechsjochige Kirche mit quadratischer Vierung und vorspringendem Querhaus.
Der Rest der Kirche wurde im 15./16. Jahrhundert verbaut und ist Ruine.

Lit.: B. Schmid, Das Cistercienserkloster Frienisberg (Aurora) und seine Grundherrschaft vor seiner Gründung im Jahre 1138 bis zum Ausgang des 13. Jahrhunderts, 1936; F. Bucher, Die Zisterzienserabtei Notre-Dame de Bonmont (wie Nr. 131), S. 157–163; E. A. Erdin, Frienisberg, in: HS Bd. 3,3: Die Orden mit Benediktinerregel: Die Zisterzienser und Zisterzienserinnen, die Reformierten Bernhardinerinnen, die Trappisten und Trappistinnen und die Wilhelmiten in der Schweiz, 1982, S. 128–130. G. W.

138
Urkunde Egelolfs von Eblingen für Frienisberg

Ohne Ortsangabe, 1146.
Originalurkunde, Pergament, H. 15,5 B. 22,6; Siegel abgefallen.
Stadtarchiv Bern, U 1.

Der Adlige Egelolf von Eblingen schenkt dem Kloster Frienisberg zu seinem und seiner Vorfahren Seelenheil einige Rebgüter zu Nugerol.
Dies ist die erste Urkunde, die uns über einen Besitzzuwachs des Klosters berichtet. Die Übergabe erfolgte in Worb (in der Nähe von Bern), wo Konrad von Zähringen als Rektor von Burgund einen Gerichtstag abhielt, dem neben kleineren burgundischen Adligen auch seine Söhne, Bertold und Adalbert, beiwohnten. Die Datierung der Urkunde nach den Zähringern – *primatum Burgundie obtinente duce Chonrado* – heißt es in der Urkunde – erfolgt in fast allen Diplomen des Klosters

Frienisberg. Das hier angesprochene »Primat von Burgund« bezieht sich dabei auf das Rektorat, das Konrad innehatte (vgl. Nr. 64).

Lit.: FrB I, Nr. 21 S. 421; – HEYCK, Geschichte, S. 307; B. SCHMID, Frienisberg (wie Nr. 137), S. 20f.; HEINEMANN, Burgund II, S. 121, 138. G. W.

139
Angebliche Urkunde Bertolds IV. für Frienisberg

Ohne Ortsangabe, 1161.
Urkundenfälschung, Pergament, H. 20 B. 20 cm; Siegel abgefallen.
GLA Karlsruhe, C 43.

Die Urkunde berichtet, daß im Jahre 1161 Abt Hesso und zwölf Mönche von Frienisberg den Grundbesitz, der aus dem Ort *(fundus)* Tennenbach mit den anliegenden Gütern Labern, Breitenhart und Mutterstegen und dem Lehen Mussbach mit allem Zubehör und dem unbeschränkten Holzungsrecht in dem zu Mussbach gehörigen Wald Mutterstegen besteht, für die Gründung eines Klosters in Tennenbach gekauft hätten. Der Edle Kuno von Horben, dem diese Güter gehörten, habe für 30 Mark und ein Maultier darauf verzichtet. Dieser Vertrag sei unter Vermittlung und in Gegenwart Bertolds IV. von Zähringen zustande gekommen und durch sein Siegel bekräftigt worden. Im Beisein Markgraf Hermanns von Baden sei die Übergabe der Güter auf der Burg Hochberg erfolgt.
Die Forschungen Zinsmaiers und Maurers ergaben, daß diese sog. Gründungsnotiz von 1161 eine Fälschung des 13. Jahrhunderts ist, also lange nach der Gründung Tennenbachs entstand. Der Inhalt geht auf eine formlose Aufzeichnung zurück, die in die äußere Form einer Siegelurkunde gebracht wurde. Die Urkunde ist demnach in ihrem inhaltlichen Kern echt, nur die Siegelankündigung und das Siegel Bertolds IV. sind nicht ursprünglich.
Die Güter, die in der Urkunde aufgeführt werden, waren im Besitz des Klosters, wie die Bestätigung der klösterlichen Güter durch Papst Alexander III. aus dem Jahre 1178 beweist. Neben Maurer, der die Bemerkung über das Recht der Mönche auf freien Holzeinschlag im Wald von Mutterstegen in der Urkunde als nachträglichen Einschub erkannte, konstatierte Schwineköper weitere Verfälschungen, die den Inhalt der Urkunde betreffen. Ein Vergleich mit dem Tennenbacher Güterbuch zeige – so Schwineköper –, daß Kuno von Horben nicht im Besitz aller für die Grundausstattung des Klosters erworbenen Güter gewesen sei, sondern daß ihm lediglich das Hofgut Mutterstegen gehörte und dieses unter Vermittlung des Grafen von Nimburg (nicht unter der Herzog Bertolds IV. von Zähringen) von den Frienisberger Mönchen gekauft werden konnte. Derselbe Graf hätte außerdem bei einem Tausch, bei dem das Kloster Tennenbach den Wald Breitenhart erhielt, vermittelnd eingegriffen. Außerdem sei Markgraf Hermann von Baden Eigentümer des Lehens Mussbach gewesen, und das Hofgut Labern stamme von Bertold von Emmendingen, einem Ministerialen der Grafen von Nimburg.
Das Kloster habe von diesen Besitzern die genannten Güter erworben. Die Mitwirkung Bertolds IV. von Zähringen bei der Einrichtung des Klosters Tennenbach beurteilt Schwineköper als »höchst gering«. Die Zähringer seien keine bedeutenden Förderer Tennenbachs gewesen und hätten nie die Klostervogtei innegehabt. Vielmehr seien die Markgrafen von Baden, deren Hoheitsrechte in der klösterlichen Umgebung lagen, die eigentlichen Schutzherren gewesen.

Lit.: FrB I, Nr. 48 S. 446; WEBER, Tennenbacher Güterbuch; – P. ZINSMAIER, Zur Gründungsgeschichte von Tennenbach im Wonnental, in: ZGO 98 (1950), S. 470–479; H. MAURER, Die Tennenbacher Gründungsnotiz, in: SiL 90 (1972), S. 205–211; SCHWINEKÖPER, Tennenbach. G. W.

140
Ansicht des Klosters Tennenbach von 1820

Stich von 1820.
H. 40,5 B. 63,5 cm; Rahmen mit Aufschrift: »ABTEY THENNENBACH. Von Herzog Berthold IV. von Zähringen für den Cistercienser-Orden gestiftet«.
Privatbesitz Freiburg i. Br.

Das Zisterzienserkloster Tennenbach wurde im Jahre 1161 von Frienisberg aus an der Grenze

des altbesiedelten Breisgaus und der Vorhügelzone des Schwarzwaldes gegründet. Der durch Schenkungen vor allem des ansässigen Adels und durch Kauf erworbene Grundbesitz dehnte sich über die südliche Ortenau bis auf die Schwarzwaldhöhen hin aus. Zahlreiche Grangien und Weinberge in der Rheinebene, am Kaiserstuhl und im südlichen Breisgau bildeten die wirtschaftliche Grundlage des Klosters. Die Überschüsse an Naturalien, die sie auf ihren Gütern erwirtschafteten, verkauften die Mönche in den naheliegenden Städten wie Breisach, Emmendingen, Freiburg und Villingen. In den beiden letztgenannten Städten erwarb Tennenbach das Bürgerrecht. Villingen wurde als Verwaltungsmittelpunkt für die klösterlichen Besitzungen auf der Baar ausgebaut.
Die um 1820 entstandene Zeichnung zeigt die gesamte Klosteranlage von Süden, wie sie sich am Ende des 18. Jahrhunderts darstellte. Das Kloster ist heute nicht mehr erhalten, es stehen nur noch wenige Reste, von denen der Chor der ehemals dem Kloster angeschlossenen Kapelle zu erwähnen ist (im Bild rechts; links ist das Wirtshaus zu sehen). Die Ende des 12. und Anfang des 13. Jahrhunderts erbaute Klosterkirche, die hinten im Bild zu erkennen ist, wurde 1829 abgetragen und als Ludwigskirche in Freiburg wiederaufgebaut (Nr. 323). Vor der Kirche ist die barocke Anlage der Klostergebäude zu sehen.

Lit.: E.-F. MAJER-KYM, Die Bauten der Cistercienser-Abtei Tennenbach, Diss. phil. Freiburg i. Br. 1922; F. BUCHER, Die Zisterzienserabtei Notre-Dame de Bonmont (wie Nr. 131), S. 162f.; WEBER, Tennenbacher Güterbuch, S. XIIIff.; SCHWINEKÖPER, Tennenbach. G. W.

141 Abb. 104

Ansicht des ehemaligen Cluniazenserpriorats Münchenwiler

Photographie.

Im Jahre 1180 schenkten die Herren von Villars ihre Besitzungen in Villars, oberhalb Murtens, als Grundausstattung für ein Kloster an Cluny. Die Prioratsgründung erfolgte gegen 1100. Das Kloster wurde außerdem von den Vasallen der Neuenburger, den Schirmvögten, mit Grundbesitz um Münchenwiler bedacht.

104 (Kat.-Nr. 141)

Münchenwiler war nur ein kleines Cluniazenserpriorat, das im 13. Jahrhundert aus ca. zwei bis drei Mönchen bestand; eine größere Mönchsgemeinschaft konnte aufgrund der schlechten wirtschaftlichen Lage des Klosters nicht unterhalten werden. 1461 brannte das Priorat nieder und wurde 1485 dem Vinzenzenstift am Berner Münster einverleibt.
Die Klosterkirche ist in der ersten Hälfte des 12. Jahrhunderts erbaut worden. Heute sind noch Querschiff und Vierungsturm des ursprünglichen Baus erhalten. Nach der Aufhebung des Klosters wurde das Schloß Münchenwiler, eine Dreiflügelanlage mit Ecktürmen unter hohen Zeltdächern, in die Kirchenruine hineingebaut.

Lit.: E. REINHART, Die Cluniacenser Architektur (wie Nr. 144), S. 66f.; B. EGGER, Geschichte (wie Nr. 144), S. 39–40; G. SCHNÜRER, Das Necrologium (wie Nr. 143), S. III–XIV; HÜFFER, Welschburgund, S. 87–89; H. R. SENNHAUSER, Romainmôtier und Payerne (wie Nr. 144), S. 70f., 79f. G. W.

142 Abb. 105
Kreuzigungsrelief von Münchenwiler

Burgund, 10./11. Jahrhundert.
Abguß des Tiefreliefs aus Kalkstein, H. 59 B. 42 T. 21 cm.
Musée d'Art et d'Histoire de Fribourg.

Christus, die zentrale Figur unter der Hand Gottes, hängt mit ausgebreiteten Armen an einem Kreuz, welches das steinerne Relief in vier Rechtecke aufteilt. Im oberen Teil ist das Kreuz von Sonne und Mond, den Symbolen für Tag und Nacht, umgeben, im unteren Teil stehen seitlich zwei Figuren, Maria und Johannes. Die links stehende Figur, deren Kopf zerstört ist, hält die Arme vor der Brust verschränkt, während die rechts stehende Figur ihr Gesicht mit der Hand bedeckt. Alle Figuren des Reliefs sowie die Hand Gottes, Sonne und Mond sind in kastenartige Nischen gestellt, das Kreuz selbst fungiert als Behältnis für den Gekreuzigten.
Die sehr steife und summarische Behandlung von Körpern und Gewandfalten, die harten Konturen und die im Verhältnis zu den Körpern relativ groß ausgefallenen Hände zeigen, daß sich das Empfinden für Körperlichkeit und Proportionen bei dem Künstler des Reliefs noch nicht durchgesetzt hat. Die Datierung des Münchenwiler Kreuzigungsreliefs schwankt zwischen dem 10. Jahrhundert (Aeby) und dem 11. Jahrhundert (Reinle).

105 (Kat.-Nr. 142)

Lit.: A. Aeby, Die Kreuzigung von Münchenwiler, in: Kunst in Freiburg. 24 Aufsätze über Kunstwerke in der Stadt Freiburg i. Ü. (Beiträge zur Heimatkunde. Hrsg. v. Verein f. Heimatkunde des Sensebezirkes und der benachbarten interessierten Landschaften 36, 1965) 1966, S. 231–233; A. Reinle, Kunstgeschichte der Schweiz, Bd. 1, 1968, S. 458; H.-R. Sennhauser, Romainmôtier und Payerne (wie Nr. 144), S. 72f. G. W.

143 Abb. 106
Gedenkeintrag Konrads von Zähringen im Necrolog von Münchenwiler

Marcigny-sur-Loire und Münchenwiler (Kt. Bern, bei Murten), 12. Jahrhundert.
Pergamenthandschrift, 135 Bll., H. 22 B. 14,4 cm. Repr.
Bibliothèque Nationale Paris, Fonds latin des nouvelles acquisitions 348, f. 87r.

Ca. 10000 Namen enthält das Totenbuch, womit es eines der umfangreichsten bisher bekannten Necrologien des Mittelalters darstellt. Die Handschrift besteht aus drei Hauptteilen: einem Martyrolog (Ado), der Benediktinerregel und dem Totenbuch (f. 86r–134v). Seine Entstehung in dem von nur wenigen Mönchen besetzten cluniazensischen Priorat Münchenwiler (vgl. Nr. 141) anzunehmen, ist unwahrscheinlich. J. Wollasch konnte die Handschrift, deren ca. 5000 Namen umfassender Anlagebestand von einer Klosterfrau namens Elsendis abgeschrieben wurde, im cluniazensischen Frauenkloster Marcigny-sur-Loire lokalisieren, das kurz nach 1100 eine Abschrift des Totenbuchs von Cluny, seinem Mutterkloster, anfertigen ließ und es bis ca. 1150 fortführte, woraufhin die Handschrift erst nach Münchenwiler gelangte und dort noch einige hundert Einträge aufnahm.

Der Gedenkeintrag Konrads von Zähringen zum 8. Januar deutet auf Stiftungen Konrads oder Bertolds IV. (für seinen Vater) an das Priorat bei Murten hin; diese Beziehungen wurden vielleicht durch die Vögte von Münchenwiler, die Herren von Neuenburg am Bieler See, geknüpft, die ab der Mitte des 12. Jahrhunderts in der Umgebung der Zähringer anzutreffen sind.

Lit.: Egger, Geschichte (wie Nr. 144); G. Schnürer (Hrsg.), Das Necrologium des Cluniacenser-Priorates Münchenwiler (Villars-les-Moines) (Studia Friburgensia 19 NF 9), 1909, S. 3; – J. Wollasch, Ein cluniazensisches Totenbuch aus der Zeit Abt Hugos von Cluny, FmSt 1 (1967), S. 406–443; Synopse der cluniazensischen Necrologien, hrsg. v. J. Wollasch (MMS 39,1.2), 1982; R. Hausmann, Das Martyrologium von Marcigny-sur-Loire. Edition einer Quelle zur cluniazensischen Heiligenverehrung am Ende des elften Jahrhunderts (Hochschulslg. Philosophie-Geschichte 7), Diss. phil. Freiburg i. Br. 1984. J. G.

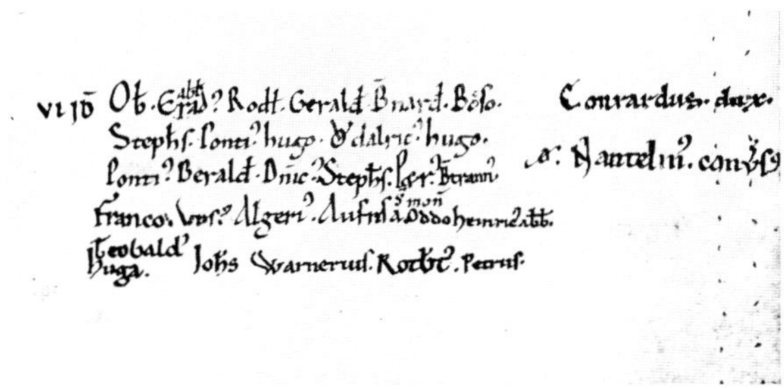

106 (Kat.-Nr. 143)

144 Abb. 107–108

Ansicht des ehemaligen Cluniazenserpriorats Rüeggisberg

Photographien.

Rüeggisberg, 20 km südlich von Bern gelegen, war die erste Cluniazenserniederlassung auf deutschem Boden. 1072 stiftete der Freiherr Lütold (Liutold) von Rümlingen der Abtei Cluny die St. Martinskirche zu Rüeggisberg und sein Allod im Uffgau in der Grafschaft Bargen. Das Priorat erfreute sich des Schutzes des Kaisers, der Herzöge von Zähringen und nach ihnen der Grafen von Kiburg.

Mit dem Bau der Klosterkirche wurde kurz nach der Einrichtung des Konventes begonnen. Erhalten geblieben sind lediglich der Nordarm des Querhauses (Abb. 107), die Ostfront der Vierung und teilweise das südliche Seitenschiff. Aus der noch erhaltenen Bausubstanz läßt sich die Ostpartie der Kirche rekonstruieren: Die Querhausflügel öffneten sich nach Osten in rundbogigen Arkaden gegen je zwei davor liegende halbrunde Nebenchöre, die sich seitlich der Hauptapsis gruppierten, wovon noch Ansätze der Scheidewände und der rippenlosen Kreuzgratgewölbe, die die Kapellen bedeckten, zu erkennen sind. Die Eckdienste, auf denen sie ruhen, tragen roh gearbeitete Kapitelle. Während der nördliche Querhausarm mit einer Tonne, die an der Schlußmauer und in der Mitte durch rechtwinklig profilierte Gurtbogen verstärkt wird, überwölbt ist, war die Vierung wahrscheinlich mit einer Kuppel überdacht, die von vier kreuzförmigen, mit Gesimsen und Kapitellen versehenen Vierungspfeilern getragen wurde. Die Schlußwand des nördlichen Querflügels ist von drei Rundbogenfenstern durchbrochen, wobei das untere von Säulchen flankiert wird. Solche Fenster öffneten sich auch nach Osten und Westen zwischen den Quergurten. Die Nordwand des nördlichen Kreuzarmes weist außerdem zahlreiche bauplastische Elemente auf: In feinem Relief sind der ursprüngliche Giebel mit kleinen Rosetten, der Blendbogen des Nordportals mit Fabeltieren (Abb. 108) und die Säulen desselben mit attischen Basen betont. Eine Rundbogenarkade führt vom Querflügel in das Seitenschiff. Die Ecken des Querflügels sind außen mit Pilastern versehen. Reste der Mittelschiffs-Schildwand sind ebenfalls noch zu erkennen. Vom Mittelschiff und Seitenschiff sind sonst nur die Fundamente erhalten geblieben, die einen Eindruck von der beachtlichen Größe (52 m Gesamtlänge, Breite des Querhauses 27 m) der Kirche geben. Rüeggisberg übertrifft damit die Ausmaße der Cluniazenserpriorate Romainmôtier und Payerne. Die Breite des Langhauses kommt der der inneren Chöre gleich. Vermutlich waren Seitenschiffe und Mittelschiff des Langhauses flachgedeckt.

Lit.: E. Reinhart, Die Cluniacenser Architektur in der Schweiz, Diss. phil. Zürich 1903, S. 66 f.; B. Egger, Geschichte der Cluniazenserklöster in der Westschweiz bis zum Auftreten der Zisterzienser, 1907, S. 34–39, 233; F. Wäger, Geschichte des Kluniazenser-Priorates Rüeggisberg, in: FGBl 22 (1915),

107 (Kat.-Nr. 144) Rüeggisberg, Nordquerhaus von Westen

108 (Kat.-Nr. 144) Blendbogen vom Nordportal

S. 1–120, 23 (1917), S. 1–110; H. HAHNLOSER, Das Kluniazenserpriorat Rüeggisberg (Gesellschaft für schweizerische Kunstgeschichte. Kleine Führer, Serie 1, Nr. 7), o. J.; H. R. SENNHAUSER, Romainmôtier und Payerne. Studien zur Cluniazenserarchitektur des 11. Jahrhunderts in der Westschweiz, 1970, S. 71 f., 78 f. G. W.

145
Brief Bertolds V. an den Abt von Cluny

Ohne Datum und Ortsangabe.
Repr. aus Chartular von Cluny: 13. Jahrhundert, 158 Bll., H. 22,5 B. 16 cm.
Bibliothèque nationale Paris, fonds latin 545 g.

In diesem Schreiben bittet Bertold V. den Abt von Cluny, den Dekan »seines Klösterleins« *(cenobiolum vestrum)* Rüeggisberg, das er unter seinen Schutz *(sub nostra ditione)* genommen hat, an die Stelle des ausgeschiedenen Propstes Hugo zu setzen, unter dessen Leitung das Kloster nachhaltig gelitten habe.
Der undatierte Brief wird der Regierungszeit Bertolds V. (1186–1218) zugeschrieben, worauf die Kombination der Titel *dux de Zaringin atque Burgundie rector* hinweist, die für Bertold IV., im Gegensatz zu seinem Sohn Bertold V., nicht bezeugt ist.

Lit.: FrB I, Nr. 59 S. 455; HEYCK, Urkunden, Nr. XX, S. 28; Recueil des chartes de l'abbaye de Cluny 5, hrsg. v. A. BERNARD und A. BRUEL (Collection de documents inédits sur l'histoire de France 1. Serie, Histoire politique), 1894, Nr. 4192 S. 539 f.; – HEYCK, Geschichte, S. 428 f.; F. WÄGER, Geschichte (wie Nr. 166), S. 60–62, 23 (1917), S. 55 f. G. W.

146
Privileg König Konrads III. für Interlaken

Ulm, 21. Juli 1146.
Originalurkunde, Pergament, H. 51 B. 35 cm; gefälschtes Siegel Lothars III.
Staatsarchiv des Kantons Bern, Fach Interlaken.

Das von Seliger von Oberhofen im Jahre 1133 zwischen Thuner und Brienzer See gestiftete Augustinerkloster Interlaken war noch in demselben Jahr von König Lothar III. (MGH DD Lothars III. Nr. 55) in Schutz genommen worden, wobei insbesondere auf die freie Propst- und Vogtwahl Wert gelegt worden war. Die Vogtei solle nicht weitervererbt werden und der jeweils neugewählte Vogt müsse mit dem königlichen Bann belehnt werden, bestimmt das Privileg. Propst und *rector Burgundiorum* sollten die Buße eines zuwiderhandelnden Vogts entgegennehmen. Herzog Konrad von Zähringen befand sich damals unter den Zeugen. In der 1146 von König Konrad III. ausgestellten Bestätigung dieses Privilegs ist Konrad von Zähringen bereits als Vogt (zumindest des mit der Urkunde vergebenen Reichsgutes, s. unten) bezeugt *(advocatiam a prefato duce retentam)*; ausdrückliche Bestimmungen über die freie Vogtwahl der Mönche und über die Gültigkeit dieser Bestimmungen auch beim nächsten gewählten Vogt legen nahe, daß die Zähringer die Vogtei über Interlaken nicht behalten sollten. Als Vertreter des Königs blieb der *rector Burgundiae* freilich auch dann noch in engem Kontakt mit dem Kloster, weil er den Königsbann verlieh und die Buße des Vogts entgegennahm. Interlaken ist das einzige Beispiel eines Klosters im burgundischen Einflußbereich der Zähringer, das ausdrücklich unter deren Vogtei stand.
Die Urkunde bezeugt die Schenkung von Königsgut in Grindelwald und Iseltwald an Interlaken. Diese Güter mußten, wie hier einmal deutlich ausgesprochen wird, vorher von Herzog Konrad freigemacht werden, da er als Rektor im Besitz der Verfügungsgewalt über das Königsgut in Burgund war *(fundum in Grindelwalt ... et quartam partem fundi in Iseltwalt prius quidem regno pertinentes, quos nos a duce Chuonrado deliberatos...).*

Lit.: MGH DD Konrads III., Nr. 155; – HEYCK, Geschichte, S. 288, 306, 504–505; BÜTTNER, Staufer und Zähringer, S. 27–28; HEINEMANN, Burgund II, S. 126 f.; DERS., in: Die Zähringer I, S. 65 f. J. G.

Genf, Lausanne und Sitten (Nrn. 147–148)

Im Jahr 1156 erhielt Bertold IV. als ›Ausgleich‹ für seinen Verzicht auf die westlichen und südlichen burgundischen Gebiete, die fortan Kaiser Friedrich I. mit seiner burgundischen Gemahlin Beatrix verwaltete (Nr. 62), die Regalieninvestitur in den Bistümern Genf, Lausanne und Sitten: »Das Recht, einen Bischof mit den Regalien zu investieren, war kein Ehrenrecht, das etwa nur bei einem Bischofswechsel wirksam wurde. Vielmehr durfte der Zähringer als Vertreter des Königs alle Leistungen erwarten, die der Bischof üblicherweise dem König zu erbringen hatte« (Heinemann, Burgund II, S. 153). Dazu gehörten etwa der feierliche Empfang des Herzogs in der Bischofsstadt (Nr. 148) und die Beratung des Rektors in politischen Fragen bezüglich Burgunds; die Bistümer verloren ihre Reichsunmittelbarkeit insofern, als sie dem königlichen Stellvertreter in ihrer Region unterstellt wurden. Regalien waren z. B. die Markt-, Münz- und Zollrechte, die an dem Grundbesitz des Bistums hafteten und dem Bischof wichtige ökonomische und politische Machtgrundlagen stellten.

Die drei Bistümer lagen, wie die Karte zeigt, südlich des eigentlichen Einflußbereichs der Zähringer in Burgund; einzig die Bischofsstadt Lausanne befand sich auf der südlichen Grenze des zähringischen Rektorats. Mit seinen Diözesangrenzen reichte das Bistum jedoch weit in das zähringisch beherrschte Gebiet hinein: Städte wie Freiburg i. Ü., Bern, Thun und Murten, die Klöster Hauterive und Hautcrêt, Rüeggisberg und Peterlingen befanden sich innerhalb der Lausanner Diözesangrenzen. Entsprechend dieser Machtverhältnisse konnten die Zähringer ihre Rechte in Genf und Sitten kaum wahrnehmen. Für Sitten läßt sich sogar nur vermuten, ob Bertold IV. im Jahr 1162 seiner Schwester Clementia die Rechte als Mitgift in ihre zweite Ehe mit Graf Humbert III. von Savoyen gab (Heinemann). Die Savoyer hatten die Regalieninvestitur bis 1189 inne.

Der Genfer Bischof Arducius konnte sich zu geschickt gewählter Zeit von den Zähringern befreien (Nr. 147), als nämlich Bertold IV. unter anderem wegen der mißglückten Bischofswahl seines Bruders Rudolf in Mainz mit Kaiser Friedrich I. verfeindet war (vgl. Nr. 74). Bertold hatte seine Rechte am Bistum offenbar an den Grafen Amadeus von Genf weiterverliehen und dafür die Herrschaft über die Burg Moudon nahe Lausanne erhalten. Ohne Machtmittel in den betreffenden Diözesen konnten die Zähringer aus den neuverliehenen Rechten wenig Nutzen ziehen.

Mit Bischof Amadeus von Lausanne gelangte Bertold IV. dagegen sofort zu einer Einigung, die sich in einem Eid des Herzogs gegenüber dem Bistum einerseits (vgl. Nr. 148) und der Anerkennung der Regalieninvestitur sowie der Regelung der königlichen Rechte in Lausanne durch den Bischof andererseits ausdrückte. Die Hochvogtei über das Bistum gelangte in die Hand eines Zähringerministerialen: Immo von Gerenstein, und wurde später von Bertold IV. zurückgekauft (Heinemann). Bischof Roger von Lausanne versuchte im Jahr 1186 erfolglos, sich der Regalieninvestitur, nach Genfer Vorbild, zu entledigen: vor einem Hofgericht hatte er keinen Erfolg. Die Lausanner Regalieninvestitur in der Hand der Zähringer war ein wichtiger Baustein zur Festigung ihrer Position im Rektorat von Burgund, indem ehemals ›reichsunmittelbare‹ Gewalten nun unter zähringische Kontrolle kamen. Die Zähringer mußten sich dabei mit Lausanne begnügen, gewannen aber dabei gewiß an real auszuübender Herrschaft gegenüber der Regelung von 1152 (Nr. 62).

Lit.: Heyck, Geschichte, S. 359 ff.; Heinemann, Burgund II, S. 155 ff. J. G.

147
Hofgerichtsurteil über die Regalieninvestitur im Bistum Genf

St. Jean-de-Losne, 7. September 1162. Repr. der Originalurkunde im Staatsarchiv Genf.

Kaiser Friedrich I. verkündet dem Klerus und allen Angehörigen der Kirche von Genf, er habe aufgrund des Urteils der Fürsten der Klage des Bischofs Arducius von Genf wegen der Entfremdung der Regalien des Bistums durch Herzog Bertold IV. von Zähringen und den Grafen von Genf stattgegeben und die Wiedereinsetzung des Bischofs in den Genuß derselben verfügt.

Wie die lange Zeugenliste *(testes sunt quam plurimi principes imperii)* der Urkunde erkennen läßt, wurde das Urteil des Hofgerichts, gefällt von Bischof Heinrich von Würzburg und Markgraf Albert von Sachsen, auf einem Hoftag und gleichzeitig einer Synode in St. Jean-de-Losne verkündet. Die beiden Beschuldigten waren nicht anwesend, was nicht, wie später im Fall Lausannes, als Hinderungsgrund angesehen wurde. Der Streit zwischen dem Bischof und dem Grafen von Genf schwelte bereits seit längerem, und Bischof Arducius war im Besitz von königlichen Privilegien über die Besitzungen und Regalien seines Bistums. Nachdem Bertold IV. im Vertrag von 1156 die Regalieninvestitur erhalten und diese offenbar an den Grafen von Genf weiterverliehen hatte, wehrte sich der Bischof durch seinen Antrag bei Hofgericht. Die zu dieser Zeit währende Verstimmung zwischen Staufern und Zähringern (Nr. 74) sicherte ihm den Erfolg.

Bertold IV. hatte vermutlich die Herrschaft über die Burg Moudon südöstlich von Lausanne sowie die Hochvogtei über das Bistum Lausanne vom Genfer Grafen für die Überlassung der Regalien in Genf erhalten; weil ihnen die entsprechenden Machtgrundlagen im Bistum Genf fehlten, versuchten die Zähringer erst gar nicht, dort Fuß zu fassen.

Lit.: MGH DD Friedrichs I., Nr. 388; – J. RIEDMANN, Studien über die Reichskanzlei unter Friedrich Barbarossa in den Jahren 1155–1166, Teil 2, in: MIÖG 76 (1968), S. 42f.; HEINEMANN, Burgund II, S. 160–170. J. G.

148
Chartular von Lausanne

Domstift Lausanne, 13. Jahrhundert. Pergamenthandschrift (151 Bll., H. 27 B. 18 cm) der Burgerbibliothek Bern, Cod. B. 219, Repr. von f. 93ᵛ.

Das Chartular des Domstifts von Lausanne wurde von ca. 1202 bis 1243/44 durch den Dompropst Kuno von Estavayer angelegt und erfuhr nur geringfügige Erweiterungen bis zum Ende des 13. Jahrhunderts. Propst Kuno, einer der bedeutendsten Vertreter seines Bistums im Hochmittelalter, trug in dieser Handschrift verschiedenartiges Material zusammen wie Zinsregister, Urkunden, die teils regional, teils chronologisch geordnet wurden, aber auch Necrologauszüge und Annalen. Nach dem Tod Bertolds V. und dem Zerfall der zähringischen Herrschaft in Burgund bemühte sich Kuno erfolgreich vor allem um die Wiedergewinnung alter Rechte des Bistums. Das Chartular gibt davon sowie von einer intensivierten und erneuerten Administration im Bistum, wie sie im 13. Jahrhundert allenthalben in Europa im Entstehen begriffen war, Zeugnis. Der vernichtende Brand von 1235, dem die Stadt Lausanne zum Opfer fiel, trug dazu bei, die erhalten gebliebenen Dokumente in die Textsammlung des Chartulars aufzunehmen. Für die Geschichte des Waadtlandes im Hochmittelalter ist das Lausanner Chartular die bedeutendste Rechtsquelle.

Abgebildet ist f. 93ᵛ; die Seite enthält den Augenzeugenbericht eines »R.« über ein Weistum *(recognitio)* der Domherren, Ritter und Bürger von Lausanne gegenüber einem *dux B., pater istius ducis* (Roth, Nr. 521). Damit ist Bertold IV. angesprochen, Vater des zum Zeitpunkt der Aufzeichnung lebenden Bertold V. Empfang und Gastung des Herzogs in Lausanne durch Klerus und Bürger werden festgelegt. Die Kleriker sollten ihn mit einer Prozession einholen, die Bürger *(burgenses)* ihm zwei Prokurationen (festliche Gastmähler) gewähren. Zwei Bürger hatten zusammen mit der *familia episcopi* (Haushalt des Bischofs) diese Gastmähler vorzubereiten. Die Bestimmung wurde vom Kanoniker Wilhelm von Orsonnans zur Zeit Bertolds V., vermutlich bald nach seinem Herrschaftsantritt 1186, bestätigt. Diese Rechte der Herzöge gingen wohl auf das Abkommen von 1156 über die Regalieninvestitur in den drei Bistümern zurück (Nr. 62), ergänzt durch Vereinbarungen Bertolds IV. mit Bischof Amadeus von 1157. Ein Vergleich mit den Bestimmungen beim Empfang des Königs in Lausanne (in derselben Handschrift f. 97r, ed. Roth, Nr. 556) zeigt, daß der Empfang des Herzogs dem des Königs nachgebildet war und entsprach (Heinemann). Der Herzog vertrat den König in dessen Rechten. Der *adventus*, d.h. die feierliche Einholung und Bewirtung des Herren, war im Mittelalter ein Anlaß von hohem Symbolwert: Abhängigkeiten und Herrschaftsverhältnisse wurden eindrucksvoll zur Geltung gebracht.

Lit.: C. Roth (Hrsg.), Cartulaire du Chapitre de Notre-Dame de Lausanne (MDR III, 3), 1948 (Teil I); – Ders., Le Cartulaire du Chapitre de Notre-Dame de Lausanne, in: Ecole nationale des Chartes, Position des Thèses, 1941, S. 93–98; C. Santschi, Les évêques de Lausanne et leurs historiens des origines au XVIIIe siècle (MDR III, 11), 1975, S. 79–93; Heinemann, Burgund II, S. 215–229; T. Kölzer, Art. »Adventus regis«, in: LdM Bd. 1, 1980, Sp. 170f. J. G.

5. Zähringer: Mönche und Bischöfe

Von der Zeit, in der Europa durch den Investiturstreit erschüttert wurde, als Bischofsstädte und Klöster und Adelsfamilien zwischen Kaiserlichen und Päpstlichen entzweit waren und die Exkommunikation einer Epidemie gleich die Bevölkerung verwirrte, bis in die Zeit, die zu Beginn des 13. Jahrhunderts durch das Ringen zwischen Papsttum und staufischem Kaisertum geprägt war und den Zusammenbruch der Stauferherrschaft im Reich brachte, der das Interregnum nach sich zog, haben die Zähringer viermal erlebt, daß einer der Ihren den geistlichen Stand ergriff.

Die Tatsache, daß drei dieser vier Zähringer zum Bischofsamt und Kardinalat aufgestiegen sind, mag die Vermutung nahelegen, hier habe sich der Herrschaftsanspruch eines Adelsgeschlechts nur in einer weiteren Variante einflußreicher Stellung verwirklicht, wie dies zahlreichen Adelsgeschlechtern in der mittelalterlichen und neuzeitlichen Geschichte Europas gelungen sei. Von vorneherein, so könnte man annehmen, hätten solche Absichten der Zähringer deren geistliche Mitglieder bestimmt, denn Gebhards Laufbahn vor seiner Wahl zum Konstanzer Bischof habe mit der Stellung eines Propstes im alten Chorherrenstift St. Viktor in Xanten begonnen (s. unten Maurer, S. 187). Rudolf, der Sohn Herzog Konrads und Großneffe Gebhards von Konstanz, habe seinen Aufstieg in der Reichskirche zum Bischof von Lüttich gar im Mainzer Domkapitel grundgelegt (s. unten Kupper, S. 198f.), und danach sei Konrad, der Neffe des letzten Zähringerherzogs, Bertolds V., in Lüttich Domherr geworden, bevor er zum Kardinalbischof von Porto und Sta. Rufina aufstieg. So sehr derartige Laufbahnen im geistlichen Stand Vorstellungen adeligen Geblüts- und Machtdenkens entsprechen mochten, so wenig sich hierin die Zähringer von anderen Adelsgeschlechtern unterscheiden mochten, die angedeuteten Vermutungen träfen noch keineswegs die ganze geschichtliche Wirklichkeit jener Zeit.

Der Aufstieg Gebhards zum Bischof der größten mittelalterlichen Diözese, eben von Konstanz, mag zu einem guten Teil von den Interessen der Zähringer in ihrem tatsächlichen Herrschaftsbereich erklärt werden können, obwohl in den Quellen Abt Wilhelm von Hirsau und die Welfen als Initiatoren der Bischofswahl begegnen. Und wenn Rudolf 1164, nach einer zuvor mißglückten Wahl zum Mainzer Erzbischof, das Reichsbistum Lüttich von Friedrich Barbarossa erhielt, so mochte daran Rudolfs verwandtschaftliche Verflechtung über seine Mutter Clementia mit Namur und Flandern neben der aktuellen politischen Lage im Reich beteiligt gewesen sein. Eine Bestätigung dieser Sicht ließe sich darin erkennen, daß Rudolfs Großneffe, Konrad von Urach, seinen Weg zum Kardinalbischof als Domherr in Lüttich antrat. Doch der Höhepunkt der Laufbahn Konrads, das Amt des Kardinalbischofs von Porto und Sta. Rufina und seine Stellung als päpstlicher Legat Honorius' III., ist von zähringischen Ansprüchen und Interessen her nicht zu verstehen.

Hinzu kommt, daß zwei der genannten drei Zähringerbischöfe nach ihren Anfängen geistlicher Laufbahn zum Amt des Bischofs und Kardinals selbst einen Laufbahnknick herbeigeführt haben. Gebhard gab die Propstei in Xanten auf und trat als Mönch ins Kloster Hirsau ein. Konrad von Urach vertauschte seine Domherrenpfründe in Lüttich mit dem Gewand eines Zisterziensermönchs. Und der Zähringer, der am frühesten den geistlichen Stand annahm, tat dies als Markgraf spontan und entschied sich für das Leben als einfacher Mönch und Diener seiner Mitbrüder im Kloster. Gemeint ist Markgraf Hermann »von Baden«, der Mönch in der Abtei Cluny geworden ist und nie einen Rang in der kirchlichen Hierarchie bekleidet hat (s. unten Wollasch, S. 184f.). Mögen die herrschaftliche Stellung der Zähringer in Burgund und ihr Beziehungsnetz in dieser Landschaft und Hermanns Beteiligung an der Schenkung Hessos für die Cluniazenser verstehen helfen, warum der junge Markgraf gerade in Cluny hat Mönch werden wollen, so hat sein Mönchsleben jenseits der Grenzen des Deutschen Reiches dem Zähringergeschlecht doch gewiß keine Steigerung ihrer materiellen Stellung vermitteln wollen und können. Wie viele Adelige jener Zeit hat sich Hermann vom mönchischen Leben im Kloster begeistern lassen und den Weg in die Abtei genommen, deren Abt und Konvent im Investiturstreit höchste moralische Autorität in Europa zugesprochen erhielten. Wenig später gab sein Bruder Gebhard auf, was er erreicht hatte, und trat im Kloster Hirsau ein (vgl. Nr. 98.1), das mit St. Blasien und Allerheiligen in Schaffhausen den Ruf teilte, zu den bedeutendsten Reformklöstern und klösterlichen Anziehungspunkten im Deutschen Reich zu gehören. Bei aller religiösen Ergriffenheit, die man Gebhard bei seinem Entschluß zur Weltflucht nicht wird absprechen können, lag es für ihn als Mönch in Hirsau zweifellos näher, sein klösterliches Leben nicht ohne Rücksicht auf das Geschlecht, aus dem er stammte, zu führen. Auch als der Hirsauer Mönch auf den Konstanzer Bischofsstuhl berufen worden war, setzte er in seinem Wirken zugunsten des Hirsauer Mönchtums diese Tendenz fort, besonders eindrucksvoll bei der Gründung des Zähringer Hausklosters St. Peter zu beobachten (vgl. Nr. 102).

Es ist indes schon zu sehen, daß man das Wirken der Mönche und Bischöfe aus dem Zähringergeschlecht differenzierter zu beurteilen hat, als dies mit der vereinfachenden Vermutung zähringischer Interessenwahrung auch im kirchlichen Leben geschähe. Die Entscheidung zweier zähringischer Brüder für das mönchische Leben im Reformkloster, während der Investiturstreit gerade begann, ist als solche ernst zu nehmen und zahlreichen vergleichbaren Entscheidungen in anderen Adelsgeschlechtern und nicht nur in diesen danebenzustellen. Selbst bei Bischof Rudolf von Lüttich, der nicht Mönch geworden ist, und dessen familienpolitische Prägung seines Handelns bekannt ist, hat man gefunden, daß er gegen Ende seines Lebens an Freiheit von seiner Herkunft in seiner bischöflichen Tätigkeit gewonnen habe. Betrachtet man den letzten der Zähringermönche und -bischöfe, Konrad von Urach, näher, dann ergibt sich ein Bild, das von Machtpolitik denkbar entfernt erscheint. Nachdem Konrad vier Jahre das Amt des Dekans im Lütticher Domkapitel wahrgenommen hatte, nahm er 1199 jenseits aller zähringischen Familiensphäre das Mönchsgewand des Zisterziensers im brabantischen Villers. Nach zehnjährigem Mönchsleben dort zum Abt gewählt, war er in seinem Zisterziensertum offenbar so überzeugend, daß er wiederum sechs Jahre später zum Abt von Clairvaux und weitere zwei Jahre danach zum Abt der Mutterabtei Cîteaux gewählt werden konnte. Nicht gezieltes politisches Handeln, sondern seine Überzeugungskraft als Zisterziensermönch und -abt war es, die ihn nach zwei Jahren in Cîteaux dem Papst als idealen Kardinalbischof und päpstlichen Legaten erscheinen ließ, darin vergleichbar manchen Zisterziensern, die vor ihm ins Kardinalskollegium berufen worden waren. Auch von Konrad von Urach ist – von einem Dominikaner – ausdrücklich überliefert, er sei ein religiös bestimmter Mensch gewesen.

Auf diese Weise haben die Zähringer, durch jene ihrer Angehörigen, die ihren geistlichen Stand nicht einfach als Laufbahnvariante zu Einfluß und Ansehen angesehen, sondern als Umkehr zu geistlichem Leben ernstgenommen haben, für die Kirche in ihrer so bewegten Geschichte vom 11. zum 13. Jahrhundert Eigenständiges zum Gewinn der Freiheit der Kirche von weltlicher Verstrickung beigetragen. J. W.

Hermann I., Markgraf »von Baden« (Nrn. 149–150)

Herimannus marchio, filius B(ertholdi) ducis führt die Zeugenreihe einer nach 1061 geschriebenen Schaffhauser Urkunde an, die über einen 1050 erfolgten Tausch zwischen dem Nellenburger Grafen Eberhard und Herzog Bertold I. zum Zweck, das Allerheiligenkloster in Schaffhausen zu erbauen, ausgestellt worden ist (Nr. 127). Der Markgrafentitel Hermanns bezog sich auf die Grenzmark Verona des Herzogtums Kärnten, das Hermanns Vater 1061 erhalten hatte. Die Nennung Hermanns als der erste seines Namens und als Markgraf von Baden geschah erst nachträglich und sollte ihn als den Stammvater der Markgrafen von Baden kennzeichnen. Vielleicht um 1040 von Richwara, in der man schon eine Tochter Herzog Konrads II. von Kärnten gesehen hat, der ersten Frau Herzog Bertolds I., geboren, hatte er als jüngere Geschwister Gebhard, den späteren Bischof von Konstanz (s. unten Maurer, S. 187f.), Bertold, später Herzog Bertold II. von Schwaben und Zähringen, und Liutgart, die spätere Frau des Markgrafen Diepold von Vohburg. Daß Markgraf Hermann als Graf im Breisgau waltete, erfährt man u. a. aus einer Urkunde König Heinrichs IV. von 1064 aus Straßburg, in der dieser dem Kloster Ottmarsheim im Elsaß die Gründungsausstattung bestätigte. Aus der ersten Urkunde, mit welcher der Abtei Cluny im Breisgau Güter übertragen wurden, nämlich die Schenkung Hessos, des Stammvaters der Herren von Uesenberg, die zur Einrichtung des Cluniazenserpriorates Rimsingen–Grüningen–Zell/St. Ulrich führte, geht hervor, daß Hermann, Markgraf *marchie Veronensis*, von Hesso Besitz in Hartheim aufgetragen erhielt, um ihn der oberhalb Rimsingens gelegenen Eigenkirche Hessos, einer Nikolauskapelle, zuzuweisen, damit hier eine geistliche Gemeinschaft leben könnte. Den ganzen Besitz mit der Kirche sollte Hermann an Cluny übergeben. Dies geschah etwa 1072 und wurde in einer Urkunde Heinrichs IV. von 1072 bestätigt, ebenso Hessos Wunsch, daß Abt Hugo von Cluny Mönche nach Rimsingen senden möge. Nicht dieses Eintreten Hermanns für Cluny und nicht sein Walten als Graf im Breisgau sind in der Geschichtsschreibung der Zeit beachtet worden. Was diese am Leben des in jungen Jahren verstorbenen Markgrafen fesselte, war eine einzige Tat Hermanns.

Hermann verließ 1073 seine Frau Judith, Tochter des Grafen Adalbert von Calw, und seinen einzigen, gleichnamigen Sohn, als dieser schon herangewachsen war, ging nach Cluny und wurde Mönch. Schon knapp ein Jahr darauf starb er dort. Es muß eine Entscheidung aus einer religiösen Begeisterung heraus gewesen sein, wie sie damals viele Adelige und Nichtadelige teilten. Der namenlose Fortsetzer der Reichenauer Kaiserchronik hielt fest, Hermann habe schon als junger Mann nach der Vollkommenheit eines Lebens nach dem Evangelium gestrebt, er habe Frau und einzigen Sohn und allen Besitz als wahrer Nachfolger Christi zurückgelassen, um nackt das nackte Kreuz zu tragen. Und obwohl schon am 26. April 1074 als Mönch in Cluny gestorben, sei er durch Weissagungen, die er in häufigen Visionen vermittelte, noch immer ein Mahner für die Brüder. Der Geschichtsschreiber Bernold übernahm diese Nachricht von Hermann und schrieb zum Jahr 1074 in seine Chronik, der Markgraf habe aufs Vollkommenste das engelgleiche Leben (der Mönche) in Cluny ergriffen und sei wahrhaft als Mönch gestorben (Nr. 149). Man darf sicher damit rechnen, daß Judith die Begeisterung ihres Mannes teilte und seinem Klostereintritt zustimmte. Als Bernold ihren Tod zum Jahr 1091 mitteilte, nannte er sie *nobilis genere set nobilior in sanctitate, uxor quondam Heremanni religiosissimi marchionis.* Mit ihrem Mann habe sie *religiose* gelebt, nach seinem Tod heiligmäßig als Witwe gewirkt und im Gehorsam gegenüber dem Papst – ihn, Urban II., den ehemaligen Mönch und Prior von Cluny suchte sie auf –, und in seiner Nähe in Salerno sei sie verstorben. Aus Hirsau hört man, daß die neue Klosterkirche, die 1091 geweiht wurde, zum großen Teil aus Judiths Schenkungen erbaut werden konnte (Nr. 98.1), obgleich Judith – durch uns unbekannte Dinge verletzt – dem Bau, als er noch unvollendet war, den Rücken gekehrt hatte. Von dem zum Mönch gewordenen Markgrafen war Bernold so überwältigt, daß er in den seiner Chronik vorgestellten Kalender, den er mit dieser zusammen führte, zum 26. April eingetragen hat: *Heremannvs ex marchione monachvs obiit.* Den Markgrafen mag er auch im Sinn gehabt haben, als er zum Jahr 1083 von der Begeisterung der Laien schrieb, die sich dem Leben der

Mönche zuwandten, und schrieb, daß einstige Grafen und Markgrafen jetzt nichts sehnlicher wünschten, als den Mönchen in Küche, Bäckerei und als Schweinehirten zu dienen.

Wie sehr die Zeitgenossen vom Abschied des jungen Markgrafen von seiner Familie und seinem Besitz gefesselt waren, zeigt sich daran, wie das Ereignis, während es weitererzählt wurde, legendäre Ausschmückung erfuhr. Dies geschah nicht etwa durch den Konvent von Cluny, in den Hermann aufgenommen worden war – eine Lebensbeschreibung und ein Epitaph aus der Feder Ulrichs, der dem Cluniazenserpriorat in Zell im Möhlintal den Namen gegeben hat, sind verloren –, sondern in Hirsau, wo Hermanns Gattin als Wohltäterin verehrt, seine Eltern durch einen Gedenkstein verewigt (Nr. 99), der Vater begraben worden sind. In der Historia Hirsaugiensis monasterii verkündete man den Mönchen, Hermann sei aus Liebe zum Hirten Christus den Seinen heimlich *(clam)* entflohen (!) und zum Viehhirten der Mönche Clunys geworden (Nr. 98.1); ein Nachklang zu Bernolds Bemerkung von den zu Köchen, Bäckern und Schweinehirten der Mönche gewordenen Grafen und Markgrafen? Und in den Annalen von Pöhlde ist im ausgehenden 12. Jahrhundert von Markgraf Hermann, der irrtümlich in die Zeit Kaiser Heinrichs V. eingeordnet und auf der Burg Baden in der Ortenau lokalisiert und mit dem zum Mönch gewordenen fränkischen Hausmeier Karlmann, dem Onkel Karls d. Gr., verglichen wurde, erzählt worden: Er sei mit einem Begleiter nach Cluny gereist. Dieser hätte, obwohl mit seinem Ansinnen von Hermann zurückgewiesen, 5 Schillinge in 60 Münzen ohne Hermanns Wissen mitgenommen. Als dieser es bemerkt hätte, hätte das Geld in einen Fluß geworfen werden müssen. Hermann habe sich, um unerkannt zu bleiben, vor Cluny von seinem Begleiter getrennt. Nach seiner Aufnahme als Mönch in Cluny sei er, seinem Wunsch entsprechend, zur Viehweide zugeteilt worden. Bei dieser Tätigkeit hätten ihn nach S. Gilles pilgernde Landsleute entdeckt und den Mönchen in Cluny klargemacht, wen sie hier erniedrigt hätten. Hermann habe das Einschreiten der Landsleute als unnütz bezeichnet, sie hätten ihm die tägliche Zuteilung eines Mönches, die er sich wie keine andere gewünscht hätte, weggenommen. Nachdem ihn die Mönche von Cluny mit Entschuldigungen von der Weide genommen hätten, wäre er mit unbekanntem Ziel von Cluny weggegangen, um sein Leben der Demut unerkannt irgendwo zu Ende zu führen.

Man versteht, was den Mönchen des 12. Jahrhunderts mit Darstellungen dieser Art für die Ernsthaftigkeit ihres Lebens nahegebracht werden sollte. Aber die Darstellung überwucherte die tatsächlichen Ereignisse. Markgraf Hermann ist nach kurzer Zugehörigkeit zum Konvent der Abtei Cluny dort als Mönch gestorben. Zum 26. April, seinem Todestag, steht sein Name an 11. Stelle der Tageseinträge in den cluniazensischen Totenbüchern unter den verstorbenen Mönchen Clunys.

Lit.: O. G. Oexle, Art. »Hermann I., Mgf. von Verona (»von Baden«)«, in: NDB 8, 1969, S. 643 f., mit Angaben zur immer noch wichtigen älteren Literatur; zuletzt R. Kuithan und J. Wollasch, Der Kalender des Chronisten Bernold, in: DA 40 (1984), S. 478–531, hier bes. S. 484 f. und 503 mit Anm. 58, zu den Burgundbeziehungen der Zähringer insgesamt Heinemann, Burgund.

J. W.

149 Bernold von Konstanz, Autograph der Chronik

Abb. 109

Konstanz, Schaffhausen, Ende 11. Jahrhundert. Pergamenthandschrift, III + 83 Bll., H. 22,3 B. 16 cm.
Bayerische Staatsbibliothek München, Clm 432.

Der Konstanzer, später St. Blasianer und Schaffhauser Kirchenrechtler und Chronist Bernold (c. 1050–1100) ist einer der wenigen Autoren des Mittelalters, dessen Autograph, d. h. eigenhändige Niederschrift des Werkes, überliefert ist. Die berühmte Münchner Handschrift ermöglicht die Bestimmung der Abfassungszeit der einzelnen Abschnitte der Chronik und gibt Anhaltspunkte zur Arbeitsweise eines hochmittelalterlichen Chronisten, der seine Berichte zu den Vorgängen des Investiturstreits mehrfach durch Rasuren und Einfügungen überarbeitet hat.

Die kirchengeschichtlich ausgerichtete Chronik von der Erschaffung der Welt bis zum Jahr

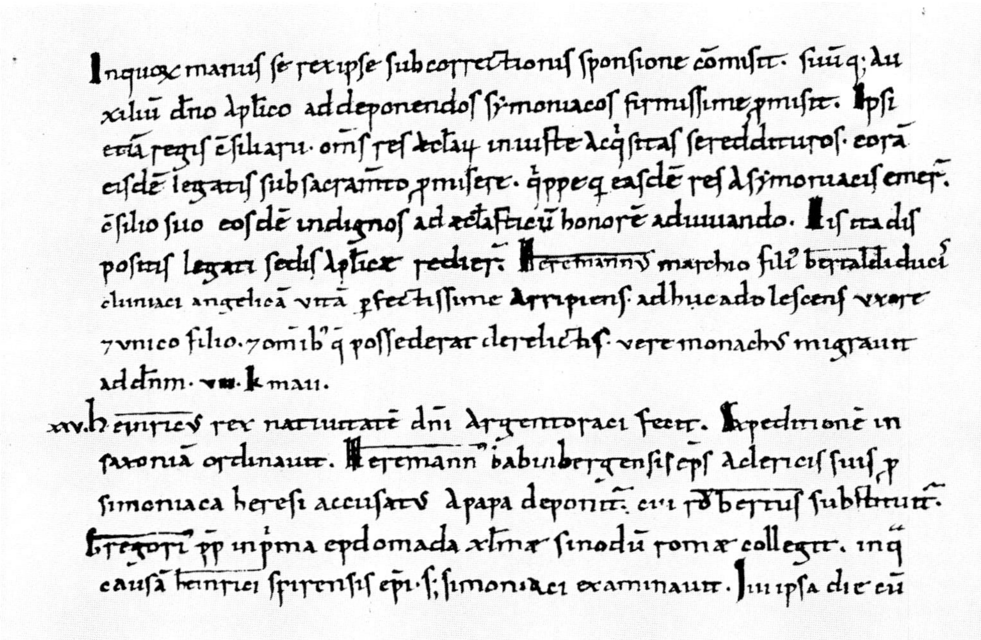

109 (Kat.-Nr. 149)

1100 fußt bis zum Jahr 1054 auf Beda und Hermann d. Lahmen, bis 1074 ist die ausführlichere Chronik des älteren Zeitgenossen Bertold von Reichenau herangezogen, ab 1075 beginnt der weitgehend eigenständige Teil des Werkes, das von 1083 an zeitgenössisch aufgezeichnet zu sein scheint. Genau mit dem Bericht über Markgraf Hermanns I. Eintritt in das Kloster Cluny zum Jahr 1074 (s. oben S. 184) ist der entscheidende Wechsel von Tinte und Duktus der Schreiberhand zu beobachten, was auf eine längere Unterbrechung der Arbeit und den Beginn eines neuen, des selbständigen und ausführlicheren Chronikteils hindeutet. Die Handschrift enthält außer der Chronik (f. 12ᵛ–79ᵛ) auch ein Necrolog (f. 1ᵛ–7ʳ; s. oben S. 184), einen Papstkatalog (f. 10ʳ–12ʳ), neumierte Hymnen und Gebete (f. 1ʳ, 79ᵛ–80ʳ), Ostertafeln und andere Textstücke: Das historiographische Werk steht im Zusammenhang von Gedenküberlieferung und Komputistik (Zeitrechnung).

Lit.: G. H. Pertz (Hrsg.), MGH SS V, 1844, S. 385–467 (Neuausgabe von I. S. Robinson in Vorbereitung); dt. Übersetzung v. E. Winkelmann, GdV 48, 2. Aufl. 1893; – Catalogus codicum latinorum bibliothecae regiae Monacensis 1,1 (Catalogus codicum manuscriptorum bibliothecae regiae Monacensis 3,1), 2. Aufl. 1892, S. 118; Bruckner, SMAH VI, 1952, S. 82f.; G. Tangl, in: Wattenbach–Holtzmann–Schmale 2, 2. Aufl. 1967, S. 521ff.; VL 2. Aufl. Bd. 1, 1978, S. 795–798 (I. S. Robinson), LdM Bd. 1, 1980, Sp. 2007–2008 (W. Hartmann); R. Kuithan – J. Wollasch, Der Kalender des Chronisten Bernold, in: DA 40 (1984), S. 478ff. J. G.

150
Statue Markgraf Hermanns I. von Baden

St. Peter, um 1777.
Holz, H. 86 cm (ohne Sockel).
Priesterseminar St. Peter im Schwarzwald.

Die barocke Holzfigur Hermanns I., die um 1777 entstanden ist, wird dem Holzbildhauer Mathias Faller zugeschrieben. Die Entsagung von weltlicher Macht und die Hinwendung zum geistlichen Leben, die Hermann mit seinem Eintritt in das Kloster Cluny vollzog, sind Gegenstand dieser Statue. Hermann ist mit einer Mönchskutte bekleidet und hält in seiner rechten Hand einen Hirtenstab, während die Herrschaftsinsignien, Krone und Szepter, ihm

zu Füßen liegen. Die Inschrift der Kartusche *(H. Hermanus BX March. Bad. Mon Cluniac.)* bezeichnet ihn sowohl als Markgraf als auch als Mönch. Die von silbernem Rollwerk umrahmte Inschriftenfläche ist an der Frontseite der quadratischen, gekehlten Plinthe befestigt.
Die Statuette Hermanns und das Schwesterstück des sel. Bernhard v. Baden gehören in den Zusammenhang der Stifterbildzyklen des ehemaligen Hausklosters der Zähringer, St. Peter (s. unten Mühleisen, S. 341 f.). Markgraf Hermann war als Ahne des markgräflich badischen Hauses gegen Ende des 18. Jahrhunderts von geradezu politischer Bedeutung für die Mönche: Indem der badische Ahnherr als Mönch dargestellt wurde, präsentierten die Mönche von St. Peter ihrem zukünftigen Landesherrn ein mahnendes Vorbild. A. E./C. J.

Gebhard von Konstanz (Nrn. 151–160)

Gebhard, ein Sohn Herzog Bertolds, des ersten Herzogs aus dem Zähringergeschlecht, und der Richwara, war zunächst Propst in Xanten gewesen, war danach Mönch in Hirsau geworden und hatte von 1084 bis 1110 als Gebhard III. den Konstanzer Bischofsstuhl inne.

Nachdem ihn Gregor VII. bereits im Jahre 1079 als Kandidaten für den Magdeburger Erzstuhl benannt hatte, wählte ihn am 21. Dezember 1084 eine unter dem Vorsitz des päpstlichen Legaten Odo von Ostia in Konstanz tagende Synode zum Bischof von Konstanz. Am folgenden Tage wurde er in der Kirche des Klosters Petershausen zum Bischof geweiht, in der Kirche jenes Klosters, dessen Reform er – mit Hilfe Abt Wilhelms von Hirsau – bereits ein halbes Jahr nach der Besteigung des Bischofsstuhls in Angriff nehmen sollte. Mit der Wahl Gebhards war – nach der Vertreibung des von Heinrich IV. eingesetzten Bischofs Otto – dem päpstlichen Legaten, den Reformern um Wilhelm von Hirsau und der antisalischen Fürstenopposition Süddeutschlands ein großer Erfolg gelungen: das nach seiner Ausdehnung umfangreichste deutsche Bistum war in die Hand eines der verläßlichsten Vertreter der gregorianischen Partei in Deutschland gelangt. Im Jahre 1089 ernannte Papst Urban II. den energischen Parteigänger zu seinem Legaten in Deutschland, eine Ernennung, die 1099 von Papst Paschalis II. bestätigt wurde. Durch diese Stellung vermochte er die führende Rolle der schwäbischen Opposition gegen Heinrich IV. zu übernehmen; sein Bischofssitz wurde durch ihn zu einem bedeutsamen Mittelpunkt des Reformgedankens in Schwaben und zugleich – vorab durch die Tätigkeit Bernolds (vgl. Nrn. 149, 158) – zu einem Zentrum kanonistischer Tätigkeit. 1093 brachte Gebhard in Ulm nicht nur einen schwäbischen Landfrieden zustande, sondern nahm auch Herzog Welf als päpstlichen Vasallen auf, wie er dies bereits früher mit seinem Bruder, Herzog Bertold, getan hatte. Im Jahre 1094 hielt er in Konstanz eine entscheidende Reformsynode ab, wie er überhaupt das Institut der Diözesansynoden wieder neu belebte: Die Konstanzer Synoden der Jahre 1086, 1092, 1094 und 1105 dienten – neben der Regelung der Angelegenheiten von Klöstern – vor allem der Klärung von Fragen der Zucht der Mönche und Kleriker und dienten damit der praktischen Umsetzung des Reformgedankens. Wie ernst Gebhard seine episkopalen Aufgaben nahm, zeigt sich auch in der auffallend großen Zahl von Kloster-, Kirch- und Altarweihen, die er im Verlaufe seines Pontifikats in beinahe allen Teillandschaften seiner Diözese, ja darüber hinaus auch in Nachbardiözesen vornahm (Nr. 153).

Indessen gelang es im Jahre 1103 dem Gegenbischof Arnold von Heiligenberg, den inzwischen politisch Isolierten aus Konstanz zu vertreiben. Nachdem Gebhard eine Einigung zwischen Heinrich V. und dem Papst erzielt und im Auftrage Paschalis II. den jungen König von der Exkommunikation losgesprochen hatte, wurde er 1105 von Heinrich V. selbst nach Konstanz zurückgeführt, wo er noch im gleichen Jahre auf einer Diözesansynode einen Landfrieden verkündete. In Ingelheim nahm er maßgeblichen Einfluß darauf, daß Heinrich IV. die Absolution verweigert wurde, und 1106 reiste er als Gesandter Heinrichs V. zum Papst. Als er sich 1107 der Teilnahme an der Synode von Troyes widersetzte, brachte ihm diese Weigerung eine Rüge des Papstes ein. Das bedeutete zugleich das Ende seines Legatenamtes und seiner politischen Tätigkeit überhaupt.

Unter Bischof Gebhard wurde der von Rumold begonnene Neubau des Münsters vollendet; im Jahre 1089 soll er den Neubau geweiht haben (Nr. 151). Um das Jahr 1100 ließ Gebhard die Gebeine Bischof Konrads (934–975) aus seinem Grab bei der Mauritiusrotunde neben dem Chor der Bischofskirche erheben und feierlich in das Münster übertragen. Wohl auf der Oktober-Synode des Jahres 1105 war bestimmt worden, daß Tuto die von ihm gegründete *cella* Wagenhausen an Bischof Gebhard übertragen solle (vgl. Nr. 157). Dieser unterstellte das Kloster jedoch sogleich dem bischöflichen Eigenkloster Petershausen. Außerdem verlegte er das durch Bischof Konrad in der Bischofsstadt gegründete Spital nach Münsterlingen zu einem bereits bestehenden Frauenkloster und gründete vor den Toren der Stadt die Kirche St. Ulrich und Afra, aus der später, unter dem Pontifikat seines Nachfolgers Ulrich I., Stift Kreuzlingen hervorgehen sollte (Nr. 159).

Bischof Gehbard starb am 12. November 1110 und wurde möglicherweise im hirsauischen Priorat Reichenbach (vgl. Nrn. 154–155, 160) beigesetzt.

Lit.: G. Meyer von Knonau, Gebhard III., Bischof von Konstanz, in: ADB 8, 1878, S. 453–457; Henking, Gebhard III.; Heyck, Geschichte, S. 109ff.; O. Schumann, Die päpstlichen Legaten in Deutschland zur Zeit Heinrichs IV. und Heinrichs V. (1056–1125), Diss. phil. Marburg 1912, S. 67ff.; P. Diebolder, Bischof Gebhard III. von Konstanz (1084–1110) und der Investiturstreit in der Schweiz, in: ZSKG 10 (1916), S. 81–101 u. 187–208; M. Eimer, Bischof Gebhard III. und Cluny, in: ZGO NF 59 (1950), S. 284–287; H. Jakobs, Die Hirsauer (Kölner Histor. Abhandlungen 4), 1961 passim, insbes. S. 146ff. u. 215ff.; K. Schmid, Art. »Gebhard III., Bischof von Konstanz«, in: NDB 6, 1964, S. 114–115; A. Becker, Papst Urban II. (Schriften der MGH 19), Tl. 1, 1964, S. 139ff. u. 144ff.; H. Maurer, Die Konstanzer Bürgerschaft im Investiturstreit, in: Investiturstreit und Reichsverfassung, hrsg. v. J. Fleckenstein (VuF 17), 1973, S. 363–370; I.-J. Miscoll-Reckert, Kloster Petershausen als bischöflich-konstanzisches Eigenkloster (Konstanzer Geschichts- und Rechtsquellen 18), 1973, S. 131ff. u. S. 169ff.; J. Vogel, Zur Kirchenpolitik Heinrichs IV. nach seiner Kaiserkrönung..., in: FmSt 16, 1982, S. 161–192, hier S. 165–170, 180 u. 192.

H. M.

151 Das Konstanzer Münster

Abb. 110

151.1 INNENANSICHT DURCH DAS MITTELSCHIFF NACH OSTEN

Aufrißzeichnung nach H. Reiners.

Die Baugeschichte des Konstanzer Münsters ist bis heute nicht bis in alle Einzelheiten geklärt. Dies gilt besonders für die Zeit der Errichtung der bestehenden Kirche im 11. Jahrhundert. Dem spärlichen Quellenmaterial ist zu entnehmen, daß im Jahre 1052 *das münster zu Constanz* aus ungeklärten Gründen *zu grund nider viel* (Bischofschronik des Christoph Schulthaiß, 16. Jahrhundert). Zwei Jahre später wurde unter Bischof Rumold unter Einbeziehung stehengebliebener Teile des Querhauses und der Krypta mit dem Wiederaufbau der zunächst wichtigen Ostteile (Chor) begonnen, die 1065 feierlich geweiht werden konnten. Bischof Rumold erlebte jedoch die Fertigstellung des möglicherweise noch während seiner Amtszeit begonnenen Langhauses (Langhausstützen) nicht mehr.

In den Jahren nach Rumolds Tod (1069) haben die Auseinandersetzungen des Investiturstreites um die Nachfolge auf dem Stuhl des hl. Konrad wahrscheinlich den Baubetrieb stark eingeschränkt. Ob die Bautätigkeit des 1084 gewählten Bischofs Gebhard von Zähringen sich noch auf die Vollendung des Langhauses bezogen hat, ist möglich, aber nicht zu beweisen. Bauarchäologisch lassen sich jedoch die Obergadenwände des Kirchenschiffs einwandfrei von den unter Rumold erneuerten Ostteilen und den Langhaussäulen unterscheiden.

Gebhard, der im Jahr 1089 seine Kathedrale weihte, wird vor allem mit der Vollendung der Innenausstattung befaßt gewesen sein. Um 1100 scheint er der Westfassade der bis dahin turmlosen Kirche einen eigenartigerweise vor die Flucht des nördlichen Seitenschiffes gestellten Turm angefügt zu haben.

Beim Tode Gebhards (1110) präsentiert sich die Konstanzer Bischofskirche als dreischiffige, flachgedeckte Säulenbasilika mit nur wenig über die äußeren Seitenschiffmauern ausladenden Querhausarmen sowie einem rechteckig geschlossenen Altarhaus, flankiert von einge-

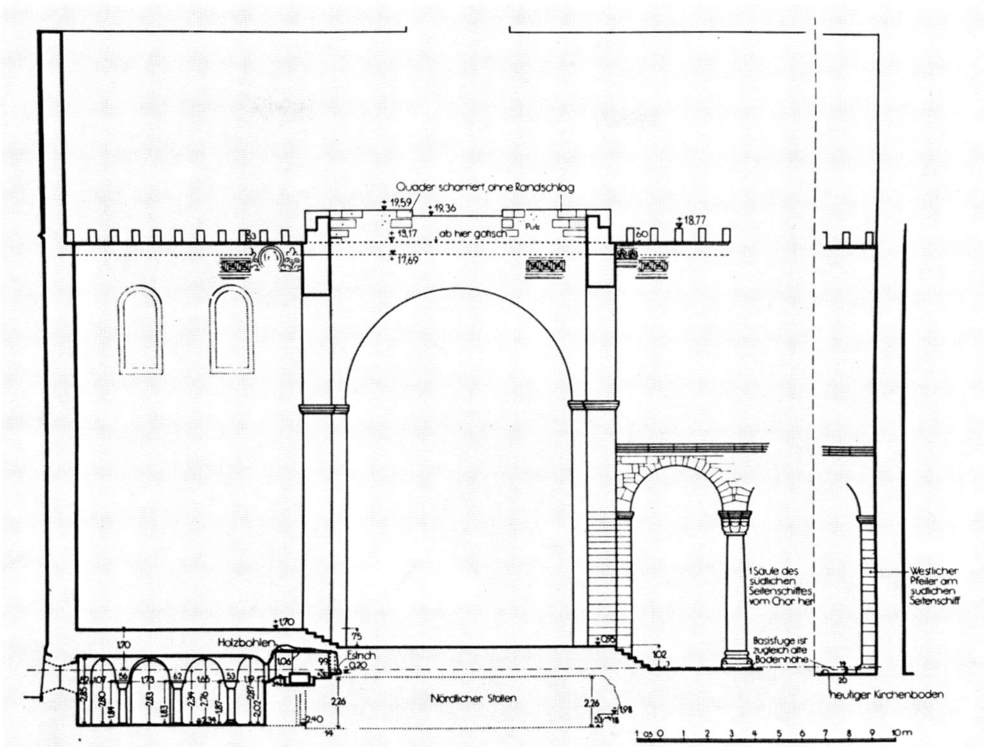

110 (Kat.-Nr. 151) Schnitt durch den Ostbau (H. Reiners)

schossigen, ebenfalls rechteckigen Nebenkammern. Diese Grundrißform des Chores entspricht einer im Bodenseeraum häufig anzutreffenden Baugewohnheit. Eine Besonderheit dagegen sind die Säulen mit ihren achtseitigen, aus einem Würfel entwickelten Kapitellen, von denen sich Vergleichsstücke im nahen Stein a. Rh. (vgl. Nr. 116), in Wölchingen (Main-Tauber-Kreis) und vor allem in Goslar finden.

Während unter dem Einfluß der Gotik besonders der Außenbau durch Anbauten und Errichtung der Westturmgruppe verändert wurde, erhielt sich der romanische Eindruck des Innenraums wenigstens im Langhaus bis ins 17. Jahrhundert. Erst das damals eingezogene nachgotische Netzgewölbe und die Vergrößerung der Obergadenfenster haben den romanischen Raumcharakter gestört.

(Abb. 110 zeigt einen Schnitt durch den Ostbau, nach H. Reiners, S. 151).

Lit.: J. Hecht, Der romanische Kirchenbau des Bodenseegebietes, Bd. 1, 1928, S. 184–208; K. Gröber, Das Konstanzer Münster, 1948; E. Lehmann, Der frühe deutsche Kirchenbau (Forschungen zur deutschen Kunstgeschichte 27), 1949, S. 55, 57, 103, 107f.; H. Reiners, Das Münster Unserer Lieben Frau zu Konstanz (Die Kunstdenkmäler Südbadens, hrsg. v. der Staatl. Denkmalpflege Konstanz), 1955; E. Reiners-Ernst, Regesten zur Bau- und Kunstgeschichte des Münsters zu Konstanz (Schriften des Vereins für Geschichte des Bodensees und seiner Umgebung, Sonderheft), 1956, S. 4–9; A. Knoepfli, Kunstgeschichte des Bodenseeraums, Bd. 1, 1961, S. 222–226; F. Hitzel, Das Münster Unserer Lieben Frau in Konstanz (Kleiner Kunst- und Kirchenführer Nr. 581), 8. Aufl. 1981.

151.2
GEMALTER MÄANDERFRIES

Ende 11. Jahrhundert, nördl. Langhausobergaden (über dem Mittelschiffgewölbe).
H. 45 cm (ohne Rahmenstreifen); Photographie.

Über den Gewölben in Langhaus, Vierung und Chor hat sich die dekorative Bemalung des ausgehenden 11. Jahrhunderts teilweise erhalten. Es handelt sich dabei um verschiedenartig gestaltete Mäanderfriese (am reichsten sind die im Chor), die einstmals einen optischen Abschluß der Wände unter der flachen Holzdecke bildeten. Im 12. Jahrhundert, wahrscheinlich im Zusammenhang mit der Errichtung des Vierungsturmes, wurden alle Mauern um etwa einen halben Meter erhöht; dabei übertünchte man die Mäanderbänder und brachte darüber gemalte Palmettenfriese an, die nun zur höher liegenden Decke überleiten sollten.
Die Mäanderfriese des Langhauses bilden Doppelbänder über einem gelb und rot vorgezeichneten Liniensystem. Ihre Farbigkeit beschränkt sich auf Rot-, Braun-, Gelb- und Weißtöne. Die einfassenden breiten Rahmenleisten sind gelb, rot und schwarz gehalten. Die Entstehung dieser für die hochmittelalterliche Wandmalerei so charakteristischen Mäanderfriese (vgl. Reichenau-Oberzell oder Goldbach) ist sicher in die Jahre vor oder nach der Schlußweihe des Konstanzer Münsters durch Bischof Gebhard (1089) zu setzen.

Lit.: K. Hecht, Der sog. perspektivische Mäander, Diss. Stuttgart 1946; H. Reiners, Das Münster Unserer Lieben Frau zu Konstanz, 1955, S. 229f.; J. u. K. Hecht, Die frühmittelalterliche Wandmalerei des Bodenseegebietes, Bd. 1, 1979, S. 179–181, 337.

M. K.

152 Abb. 111

›Goldscheibe‹ mit thronendem Christus

Konstanz (?), 2. Hälfte 11. Jahrhundert (?). Zusammengesetzte Kupferplatten auf Holz; Figuren, Thron, Inschrift und Rankenornament feuervergoldet; Dm. 194,5 cm.
Konstanz, Münster Unserer Lieben Frau, Erzbischöfl. Pfarramt.

Beherrscht wird die Scheibe von einem streng frontal auf einem Thron sitzenden Christus mit Kreuznimbus, dessen Antlitz als ikonographische Besonderheit bartlos dargestellt ist (wie in frühchristlicher Zeit). Die Rechte hält er segnend erhoben, während er in der linken Hand ein Buch emporhält, dessen aufgeschlagener Text Matthäus 11,28 zitiert: *VENITE AD ME OM(NE)S QUI LABOR(A)TIS ET EGO REFICIA(M) VOS* (»Kommt her zu mir alle, die ihr mühselig und beladen seid, ich will euch erquicken«). Zu Seiten Christi schweben zwei akklamierende oder anbetende nimbierte Engel. Die Scheibe (wegen ihrer Feuervergoldung ›Goldscheibe‹ genannt, obwohl aus Kupfer) befand sich mit drei weiteren kleineren, später entstandenen Medaillons bis 1923 am Giebel der östlichen Chorauẞenwand (heute in der Krypta aufbewahrt, außen durch Kopien ersetzt).
Dieser Anbringungsort war mit Sicherheit nicht der ursprüngliche. Eher ist an eine Anbringung über dem Westportal oder im Altarbereich zu denken. Die Ausschmückung eines Altars mit teilweise vergoldeten Kupferplatten ist uns durch die *Casus monasterii Petrishusensis* (Nr. 156) für die auf der anderen Rheinseite, Konstanz gegenüberliegende Klosterkirche Petershausen überliefert. Die Einzigartigkeit dieser Scheibe gründet sich auf das Fehlen unmittelbarer Vorbilder und Vergleichsbeispiele, was eine Datierung erheblich erschwert. Stilistisch wäre eine Entstehungszeit bereits in ottonischer Zeit (etwa um 1000) möglich. Doch gerade das Schicksal des Münsters (Einsturz und Neubau) scheinen eher für eine Datierung in die zweite Hälfte des 11. Jahrhunderts zu sprechen. So ist Bischof Gebhard als Auftraggeber nicht auszuschließen, zumal er ähnliche Scheiben in der Kirche des ihm besonders verbundenen Klosters Petershausen gesehen haben könnte.

Lit.: J. Eschweiler, Die Goldscheiben des Konstanzer Münsters, in: Pantheon 17 (1944), S. 81ff.; H. Jantzen, Ottonische Kunst, 1947, S. 71; H. Reiners, Das Münster Unserer Lieben Frau zu Konstanz, 1955, S. 419ff.; A. Knoepfli, Kunstgeschichte des Bodenseeraumes, Bd. 1, 1961, S. 355f.; Ausst. Kat. Suevia Sacra. Frühe Kunst in Schwaben, Augsburg 1973, S. 147f.; K. Martin, Die ottonischen Wandbilder der St. Georgs-Kirche Reichenau-Oberzell, 1975, S. 64–66; J. u. K. Hecht, Die frühmittelalterliche Wandmalerei des Bodenseegebietes, 1979, Bd. 1, S. 280; Ausst. Kat. 1000 Jahre Petershausen, 1983, S. 103ff. (zur Ausstattung der Klosterkirche Petershausen).

M. K.

111 (Kat.-Nr. 152)

112 (Kat.-Nr. 153) Kloster-, Kirch-, Altar- und Abtsweihen Bischof Gebhards III. von Konstanz

153 Abb. 112
Die Kirch-, Altar- und Abtsweihen Bischof Gebhards III. von Konstanz

Kartenskizze

Die Karte von Gebhards Weihetätigkeit ist aufgrund der Belege in den »Regesta Episcoporum Constantiensium« und Hermann Tüchles »Dedicationes Constantienses« zusammengestellt worden. Die große Diözese wird von Gebhards Tätigkeit voll erfaßt, in wenigen Fällen greift er sogar über seinen geistlichen Jurisdiktionsbezirk hinaus und weiht Kirchen in der Diözese Speyer (Hirsau, St. Peter und Paul; Sindelfingen; Dulcheshausen). Auffallend ist die große Anzahl von Reformklöstern, viele davon relativ junge Gründungen im Schwarzwald, die von Gebhard zum Teil mehrfach Weihen erfuhren: Hirsau, Reichenbach, Weilheim, St. Peter, St. Georgen, Zwiefalten, Wiblingen, Amtenhausen, Ochsenhausen, St. Blasien, Berau, Schaffhausen, Wagenhausen, Petershausen und Isny sind hier hervorzuheben. Gebhards Episkopat fällt in die Zeit des Ausgreifens der monastischen Reformzentren des Reichs (Hirsau, St. Blasien, Schaffhausen) nach Osten: zahlreiche neue Klöster wurden eingerichtet, alte Kirchen durch Neubauten ersetzt. Der der gregorianischen Partei zugehörige Bischof entstammte dem Reformkonvent von Hirsau und drückte seine Verbundenheit mit der monastischen Reformbewegung zeitlebens in einer beeindruckenden Weihetätigkeit aus.

Lit.: Regesta Episcoporum Constantiensium, Bd. 1: 517–1293, bearb. von P. Ladwig und T. Müller, 1895, Nrn. 520–663 S. 67–82; H. Tüchle, Dedicationes Constantienses. Kirch- und Altarweihen im Bistum Konstanz bis zum Jahre 1250, 1949. J. G.

154 Abb. 113
Reichenbacher Schenkungsbuch, jüngere Fassung

Kloster Reichenbach i. Schw., angelegt zw. 1143 u. 1152.
Pergamenthandschrift, 40 Bll., H. 23,5 B. 16,2 cm.
Württembergische Landesbibliothek Stuttgart, Cod. hist. 4° Nr. 147.

113 (Kat.-Nr. 154) Miniatur Wilhelms von Hirsau auf Vorsatzblatt

Kloster Reichenbach wurde 1082 durch Abt Wilhelm von Hirsau († 1091) als Priorat gegründet. Die Handschrift, die vor allem durch das ganzseitige Bild des berühmten Reformabtes Wilhelm bekannt wurde, enthält überwiegend Schenkungsnotizen der Hirsauer Dependenz. Der Anlageteil, der bis f. 29^r (Zeile 1) von einer Hand stammt, wurde zwischen 1143 und 1152 zusammengestellt; Nachträge reichen bis ins 13. Jahrhundert. Die in Stuttgart aufbewahrte Handschrift ist eine veränderten Verhältnissen angepaßte Neuausfertigung einer rund 50 Jahre älteren Fassung, die heute in St. Paul im Lavanttal/Kärnten liegt. In der Reformationszeit wurden die beiden Codices neben anderem Schriftgut im Reichenbacher Pfleghof in Horb am Neckar gesichert; 1631 trennten sich dann die Wege beider Handschriften. Das weitere abenteuerliche Schicksal der Stuttgarter Fassung im Dreißigjährigen Krieg hat der Reichenbacher Administrator (ab 1629)

Benedikt Rauh in zeitgenössischen Notizen festgehalten. Obwohl Rauh später Abt von Wiblingen wurde (1635) und Klosterbibliothekar Martin Mack das Schenkungsbuch 1756 im Druck herausgab, ist Wiblingen dadurch nicht als Aufbewahrungsort der Stuttgarter Handschrift erschlossen. Mack arbeitete nämlich nachweislich nach einer bereits im 16. Jahrhundert angefertigten (heute verschollenen) Abschrift.

Bischof Gebhard III. von Konstanz (1084–1110), Bruder Herzog Bertolds II. von Zähringen und vormals Mönch in Hirsau, wird durch das Schenkungsbuch als Konsekrator der neuerbauten Klosterkirche ausgewiesen. Da die Weihe am 22. Oktober 1085 stattfand, Gebhard aber erst 1089 zum apostolischen Legaten im deutschen Raum ernannt wurde, fällt die anachronistische Bezeichnung *tunc temporis in partibus Theutonicis legatus apostolici* in der Stuttgarter Handschrift (f. 2r) auf. Dies gilt insbesondere deshalb, weil in der älteren, St. Pauler Fassung an entsprechender Stelle (f. 1r) zwei ganze Zeilen ausradiert sind. Der Verdacht einer nachträglichen Änderung des ursprünglichen Weiheeintrags liegt auf der Hand. Über die Gründe hierfür läßt sich jedoch kaum endgültig Klarheit gewinnen. Soll man annehmen, daß die Manipulation in einem Zusammenhang mit der – freilich durch die Reichenbacher Überlieferung nicht gesicherten – Bestattung Gebhards in dem Priorat (vgl. Nr. 160) gestanden hat? Oder ist doch eher eine Verbindung mit dem »Zehnten aus dem umliegenden Tal« zu vermuten, der einer entsprechenden Notiz zufolge von dem Bischof an das Kloster im Murgtal übereignet wurde?

Außer Gebhard werden im Reichenbacher Schenkungsbuch aus der Zähringer Herzogsfamilie Bertold II. und III., Konrad und Bertold IV. als Wohltäter, Tauschpartner oder in anderem rechtlichen Zusammenhang erwähnt.

Lit.: WUB II, S. 389–419; WUB VI, S. 439–454; – F. Grüner, Schwäbische Urkunden und Traditionsbücher, in: MIÖG 33 (1912), S. 32–38; K. Löffler, Schwäbische Buchmalerei in romanischer Zeit, 1928, S. 5–7; Künftig die Freiburger Dissertation von S. Molitor, Das Reichenbacher Schenkungsbuch. Untersuchung und Edition. S. M.

155
Seelbuch des Klosters Reichenbach

Kloster Reichenbach i. Schw., um 1530.
Papierhandschrift, 12 Bll., H. 19,1 B. 15,2 cm.
Kopenhagen, Königliche Bibliothek, Lib. impress. sign. 30. 251 (adlig.). Repr.

Der Faszikel aus zwölf Papierblättern ist einem Druck von 1528/29 beigebunden, der Martyrolog, Benediktsregel, Ordinarius divinorum und die Bursfelder Ceremoniae enthält. Die Handschrift ist nach 1508 und vermutlich eigens für die Zusammenstellung mit den Drucken, also um 1530, entstanden. Ein Besitzvermerk von jüngerer Hand auf f. 1r (wohl 18. Jahrhundert) bringt sie in Verbindung mit Kloster Hirsau, das sich 1458 der Bursfelder Kongregation angeschlossen hat. Die Nennung der Patrone Gregorius und Remigius im Kalendar und der Inhalt der von einer Hand stammenden Einträge weisen den Codex jedoch nicht Hirsau, sondern unzweideutig dessen 1082 gegründetem Priorat Reichenbach zu. Nach dem späten Besitzvermerk soll ferner der in der Reformation nach Ebersmünster vertriebene Mathia Koler das Seelbuch ins Elsaß mitgenommen haben. Nach der Auflösung von Ebersmünster während der Französischen Revolution kam es in Privatbesitz und gelangte schließlich in den Handel. Seit der Erwerbung durch die Königliche Bibliothek Kopenhagen im Jahre 1907 befindet sich der Codex in Dänemark.

Das Reichenbacher Seelbuch enthält eine Reihe von landesgeschichtlich bedeutsamen Einträgen. Zwei davon betreffen Herzöge namens Bertold und ermöglichen die sichere Bestimmung des bisher ungeklärten Todesdatums Bertolds III. von Zähringen: Bertold verschied demnach am 3. Dezember des Jahres 1122. Dieser Befund bringt zutage, daß in dem nur abschriftlich erhaltenen Necrolog von St. Peter im Schwarzwald (Nr. 104, vgl. Nr. 299) die Einträge von Bertold III. und Bertold V. offensichtlich irrtümlich jeweils unter dem für den anderen Herzog zutreffenden Datum zu finden sind. Hier wurde also am Sterbetag Bertolds III. (3. Dezember) sein gleichnamiger Nachfahre mit der Ordnungszahl V eingeschrieben, der doch am 18./19. Februar zu erwarten wäre, und umgekehrt.

Lit.: A. ADAM, Das Seelenbuch des Klosters Reichenbach, in: WVLg NF 15 (1906), S. 420–435; E. JØRGENSEN, Catalogus codicum latinorum medii aevi bibliothecae regiae Hafniensis, 1926, S. 240; S. MOLITOR, Das Todesdatum Herzog Bertolds III. von Zähringen im Reichenbacher Seelbuch in Kopenhagen, in: Die Zähringer I, S. 37 ff. S. M.

156
Casus monasterii Petrishusensis (Petershauser Chronik)

Kloster Petershausen, 1. Hälfte 12. Jahrhundert. Pergamenthandschrift, 109 Bll. (Papier 19 Bll., 1511), H. 22 B. 16 cm. Universitätsbibliothek Heidelberg, Cod. Sal. IX 42a.

Die Chronik des bischöflich-konstanzischen Eigenklosters Petershausen, gegenüber der Bischofsstadt Konstanz am südlichen Rheinufer gelegen, wurde von drei Mönchen in der Mitte des 12. Jahrhunderts in sechs Büchern für die Zeit von der Klostergründung im Jahr 983 bis 1173 angelegt (Nachträge zu 1202, 1203, 1249 und eine Abtsliste); die ausgestellte Heidelberger Handschrift ist das Autograph, das den Wechsel der einzelnen Schreiberhände zeigt. Von Buch II, c. 49 (Weihe Gebhards zum Bischof durch den Legaten Odo von Ostia) bis Buch III, c. 39 (Gebhards Tod) wird die Geschichte des Klosters unter seinem Eigenkirchenherren Bischof Gebhard III. geschildert, wobei neben eingestreuten Visionsberichten vor allem die Vertreibung Abt Theoderichs und seiner Mönche im Gefolge von Gebhards Exil 1103–1105 behandelt wird. Gebhard hatte den Abt und Mönche aus Hirsau herbeigerufen, um das Kloster zu reformieren. Das aufgeschlagene Kap. 36 im dritten Buch enthält die Wiedereinsetzung Gebhards in Konstanz durch König Heinrich V. 1105. Der Chronist fährt damit fort, daß auf der Reichsversammlung in Mainz 1105 Gebhard das Ersuchen Heinrichs IV. um Lösung des Kirchenbanns ablehnte, wie es heißt aus Sorge, daß der abgesetzte König dann wieder auf den Thron zurückkehren könnte.

Lit.: L. WEILAND (Hrsg.), MGH SS XX, 1868, S. 621–683; O. FEGER (Hrsg.), Die Chronik des Klosters Petershausen (Schwäbische Chroniken der Stauferzeit 3), 1978 (mit dt. Übers.); – WATTENBACH – SCHMALE, Geschichtsquellen 1, 1976, S. 280–284; I.-J. MISCOLL-RECKERT, Kloster Petershausen (wie oben S. 188), S. 131 ff.; St. Gebhard und sein Kloster Petershausen. Fs. zur 1000. Wiederkehr der Inthronisation des Bischofs Gebhard II. von Konstanz, 1979, Nr. 12 S. 40–42. J. G.

157
Aufforderung Papst Urbans II. vom 28. Januar 1092 an Bischof Gebhard III., die Herzöge Welf IV. und Bertold II. und an Graf Burkhard von Nellenburg, das Kloster Schaffhausen gegen Tuto von Wagenhausen zu schützen

Schaffhausen, 11.–12. Jahrhundert. Pergamenthandschrift, Gregorius Magnus, Moralia in Iob, Vol. 6, f. 183ʳ–185ᵛ: Abschriften von Papsturkunden für Schaffhausen und Konstanz; 188 Bll., H. 28,5 B. 20 cm. Stadtbibliothek Schaffhausen, Cod. Ministerialbibliothek 55 (Eigentum der Ministerialbibliothek), f. 183ᵛ.

Der Papstbrief ist eine von mehreren Urkunden Schaffhausens, die in der sog. ›Tutoangelegenheit‹ gegen Ende des 11. Jahrhunderts ausgestellt wurden. Der mächtige hegauische Adlige Tuto von Wagenhausen († vor 1111) hatte 1083 dem Kloster Allerheiligen seinen Besitz in Wagenhausen (siehe Karte, Nr. 153, Abb. 112) im Tausch gegen Klostergut am Schluchsee gegeben und gleichzeitig eine Besitzschenkung veranlaßt. Schaffhausen richtete gemäß Tutos Wunsch sogleich ein kleines Kloster in Wagenhausen ein. Kurz nach der Schenkung von 1083 trat Tuto als Mönch dem Kloster Allerheiligen bei und tradierte dabei seinen restlichen Besitz. Der erbenlose Tuto entzog sich jedoch ca. 1090 wieder dem Klosterleben und versuchte, seinen einstigen Besitz dem Kloster zu entfremden. Abt Siegfried wandte sich an Papst Urban II., der das übliche Verfahren wegen Apostasie gegen Tuto von Bischof Gebhard forderte; dies geschah 1092 auf ein erneutes Ersuchen des Abtes hin. Jetzt rief der Papst sogar die weltlichen Großen auf, das Verfahren zu unterstützen. Erst 1094 wurde über Tuto auf einer Synode Gebhards geurteilt: der Adlige fügte sich dem Spruch, indem er als Mönch nach Allerheiligen zurückkehrte. Die Wiederaufnahme des Verfahrens i. J. 1100 zeigt, daß Tuto sich erneut dem Kloster Allerheiligen entzogen hatte und schließlich ›sein‹ Kloster Wagenhausen dem Bischof von Konstanz, der es in die Obhut des bischöflichen Eigenklosters Petershausen (Nr. 156) gab, tradieren konnte (1105). Dieses bemerkenswerte Verfahren und der für Tuto letztendlich ›erfolgreiche‹ Ausgang spiegelt über eine beträchtliche Zeitspanne hinweg in einer unsicheren Zeit die Problematik von Reformmönchtum und Stifteradel bzw. Eigenklosterherren, aber auch die prekäre Stellung des Bischofs von Konstanz zwischen Reformansprüchen und päpstlichen Weisungen einerseits und politischer Durchsetzbarkeit andererseits.

Lit.: F. L. Baumann (Hrsg.), Die ältesten Urkunden von Allerheiligen in Schaffhausen (Quellen zur Schweizer Geschichte III,1), 1883, Nr. 14 S. 30–31 (mit falscher Handschriftensignatur); A. Brackmann (Hrsg.), Helvetia Pontificia (Regesta Pontificum Romanorum, Germania Pontificia, Bd. II, Teil II), 1927, Schaffhausen Nr. 7, S. 13–14; – Heyck, Geschichte, S. 161 ff.; A. Bruckner, SMAH VI, S. 107; K. Schmid, Königtum, Adel und Klöster zwischen Bodensee und Schwarzwald, in: FOLg 4, 1957, bes. S. 235 ff.; B. Meyer, Touto und sein Kloster Wagenhausen, in: Thurgauische Beiträge zur Vaterländischen Geschichte 101 (1964), S. 50–75; I.-J. Miscoll-Reckert (wie oben, S. 188), S. 179–182. J. G.

158
Brief Bernolds von Konstanz an Bischof Gebhard III., nach 1084

Weingarten (?), 12. Jahrhundert.
Pergamenthandschrift, 1 + 48 Bll., H. 20 B. 14 cm.
Württembergische Landesbibliothek Stuttgart, HB III 34;
aufgeschlagen f. 41ᵛ (der Brief auf f. 41ᵛ–45ᵛ).

Der Brief des Konstanzer Geschichtsschreibers, Kanonisten und Streitschriftenautors Bernold († 1100, vgl. Nr. 149): *Libellus de excommunicatis vitandis, de reconciliatione lapsorum et de fontibus iuris ecclesiastici* ist an einen *Domnus Gebehardus euangelicae perfectionis vir* gerichtet. Die Identifizierung des Adressaten mit Bischof Gebhard III. ist – zumal Bernold seinen Adressaten als *frater* anspricht und keinen Bischofstitel erwähnt – nicht ganz gesichert, jedoch sehr wahrscheinlich. Die Schrift behandelt das Problem der Gültigkeit von Sakramenten und Weihen Exkommunizierter, ein drängendes Problem zur Zeit des Investiturstreits und der Schismen. In einem zweiten Teil geht Bernold auf die Gültigkeit und Gewichtung der Autoritäten im kanonischen Recht ein.

Bernold nahm in seiner Verteidigungsschrift *Pro Gebhardo epistola apologetica* den Bischof von Konstanz gegen den Vorwurf der kaiserlichen Partei in Schutz, noch zu Lebzeiten seines Vorgängers, Bischof Ottos von Konstanz, eingesetzt worden zu sein.

Konstanz mit seiner gutbestückten Dombibliothek erlebte in der zweiten Hälfte des 11. Jahrhunderts mit Bernold und seinen Lehrern eine geistig-wissenschaftliche Blüte, die vor allem im Bereich des Kirchenrechts über Konstanz hinausstrahlte.

Lit.: F. Thaner (Hrsg.), MGH Libelli de lite II, 1892, S. 112–142; – O. Greulich, Die kirchenpolitische Stellung Bernolds von Konstanz, in: Historisches Jahrbuch 55 (1935), bes. S. 37 ff.; J. Autenrieth, Art. »Bernold« in: NDB 2 (1955), Sp. 127 f.; Die Handschriften der ehemaligen Hofbibliothek Stuttgart, Bd. 2,1, beschrieben v. H. Boese, 1975, S. 91–92; vgl. Lit. zu Nr. 149. J. G.

159
Urkunde Kaiser Heinrichs V. für Bischof Ulrich I. von Konstanz

Straßburg, 7. Januar 1125.
Repr. der Originalurkunde des Staatsarchivs Frauenfeld.

Heinrich V. gestattet Bischof Ulrich (I.) von Konstanz, das von Bischof Konrad (dem Heiligen) in der Bischofsstadt errichtete und später von Bischof Gebhard (III.) nach Münsterlingen verlegte Hospital mit der gleichfalls von Gebhard errichteten Kirche St. Ulrich und Afra (zu Kreuzlingen), die jedoch zerfallen war, zu vereinigen und mit Hilfe bischöflicher Einkünfte

und Besitzungen neu zu dotieren und wiederzuerrichten.
Unter den Nachfolgern Bischof Konrads (934–975) scheint das von diesem in der ›Bischofsstadt‹ gegründete Hospital so sehr vernachlässigt worden zu sein, daß bereits Bischof Gebhard III. es für notwendig erachtete, das Spital zu erneuern. Er tat dies, indem er es nach dem wenige km östlich von Konstanz, nahe am See gelegenen Münsterlingen zu einem dort bereits bestehenden Frauenkonvent verlegte. Gebhard III. hatte außerdem – vermutlich nach 1105 – in unmittelbarer Nähe der Stadt die Kirche St. Ulrich und Afra errichtet, an der sich in einer Cella eine kleine Priestergemeinschaft niederließ. Die Wahl des Patroziniums verweist auf die Bischofsstadt Augsburg: Bischof Ulrich (der Heilige) von Augsburg hatte in seiner Bischofsstadt selbst für die Errichtung eines Armen-Hospizes gesorgt.

Lit.: Thurgauisches Urkundenbuch 2 (1917), Nr. 19, S. 43–49; – E. Meyer-Marthaler, Zur älteren Geschichte des Klosters Münsterlingen, in: ZSKG 64 (1970), S. 155–172; H. Maurer, Konstanz als ottonischer Bischofssitz (Veröff. des Max-Planck-Instituts für Geschichte 39), 1973, S. 62f.; A. Borst, Mönche am Bodensee 610–1525, 1978, S. 154ff. mit der Lit. S. 548ff.

H. M.

160

s. Abb. 198

Portrait Gebhards III., ›Herzog von Zähringen‹ und Bischof von Konstanz

Öl auf Leinwand, um 1753/54, Franz Ludwig Herrmann zugeschrieben, im 19. Jahrhundert stark restauriert.
Aus der ehem. Benediktinerabtei St. Peter/Schwarzwald, H. 148 B. 81 cm.
Markgräfliche Sammlungen im Neuen Schloß Baden-Baden.

Das Bildnis Gebhards III. gehört zu dem vierzehn Gemälde umfassenden Zyklus, der die Angehörigen des Hauses Zähringen vorstellt (Nr. 309). Die Komposition des Bildes folgt genau der der anderen Bilder. Es handelt sich um ein Halbfigurenbildnis, das über einem Steinpostament erscheint. Dabei wird der Dargestellte links von einem dunkelgrünen drapierten Tuch oder Vorhang gerahmt, dem rechts eine halbkreisförmig geführte zweizeilige Aufschrift entspricht, so daß ein ovales Bildfeld entsteht. Diese Aufschrift stellt den Zähringer vor: *S. GEBHARDUS III: MONACHUS HIRSAUG(IENSIS) EP(ISCOPUS) CONSTANT(IENSIS) / DUX ZERING(IAE) CONFUNDATOR* (»St. Gebhard III., Mönch in Hirsau, Bischof von Konstanz, Herzog von Zähringen, Mitgründer« [des Klosters]). Gebhard, als ein Mann mittleren Alters gegeben, trägt seinem geistlichen Amt entsprechend, liturgische Kleidung. Besonders prächtig wirkt das Pluviale, das über der Brust durch eine Chormantelschließe zusammengehalten wird. Mitra, Krummstab und Pektoralkreuz bezeichnen den bischöflichen Rang des Abgebildeten. Über der profilierten Platte des ein Steinpostament vortäuschenden Sockels ist ein vierteiliges Wappen angebracht, dessen Felder sich über Kreuz entsprechen. Feld eins und vier zeigt ein rotes Kreuz auf weißem Grund, Feld zwei und drei einen Löwen auf blauem Grund. Auf dem Sockel schildert ein breitrechteckiges Bildfeld mit abgeschrägten Ecken in Grisaillemalerei die Investitur Gebhards in sein Amt als Konstanzer Bischof. Eine Aufschrift erklärt die Szene zusätzlich: *Cogitur ad Mitram, Baculumque, Constant(iae)* (zum Bischof von Konstanz berufen). Die Sockelaufschriften ober- und unterhalb des Bildfeldes setzen inhaltlich die doppelzeilige Rahmenaufschrift fort: *FRATER UTerinus/EX BEATRICE* (»Leiblicher Bruder [Bertolds II.] von Beatrix«) (oben) und: *SEPULTUS HIRSAUGIAE/ 1110* (»begraben in Hirsau«): die Gebhard-Statue von Feuchtmayer in St. Peter, Nr. 306, gibt dagegen Reichenbach als Grablege des Bischofs an (vgl. Nr. 154).

Lit.: wie Nr. 309.

M. K.

Rudolf von Lüttich (Nrn. 161–178)

Ende des Jahres 1167 bestieg Rudolf, Bruder Bertolds IV. den Bischofsstuhl des hl. Lambert von Lüttich. Dieses Ereignis war nicht etwa das Ergebnis eines Zufalls.

Rudolf, ungefähr 1130–1135 geboren, war der Sohn Konrads von Zähringen und Clementias von Namur; mütterlicherseits war er der Neffe Heinrichs des Blinden, Graf von Namur und von Luxemburg († 1196). Dieser letztere versuchte in den sechziger Jahren des 12. Jahrhunderts, das Bistum Lüttich, das den mittleren Lauf der Maas kontrollierte, wieder unter seinen Einfluß zu bringen. Überdies erforderte die Konzeption der kaiserlichen Politik im Jahre 1167 eine feste Allianz zwischen Kaiser Friedrich Barbarossa und Herzog Bertold IV. Unter diesen Bedingungen bereitete die Einsetzung eines Zähringers als Bischof in Lüttich keine Schwierigkeiten mehr. Ein einfacher Bericht der Ereignisse kann dies verdeutlichen: 1160 hatte der spätere Bischof von Lüttich, Rudolf, der damals in Mainz studierte, den dortigen erzbischöflichen Stuhl besteigen wollen. Der Versuch scheiterte. Zu dieser Zeit nämlich versuchte Barbarossa mit allen Mitteln, der Gefahr, welche die Macht der mit dem Welfen verbündeten Zähringer für das Kaisertum bedeutete, zu begegnen. Der Kaiser wollte ihnen die Kirche von Mainz nicht preisgeben, weil deren politische Bedeutung beträchtlich war. Im Unterschied dazu besiegelte die Lütticher Wahl von 1167 die Aussöhnung der Staufer mit den Zähringern und glich gewissermaßen den Verlust des Erzbistums Mainz aus. Rudolf von Zähringen wurde in Wirklichkeit Bischof von Lüttich, weil er in Mainz gescheitert war.

Die Aussöhnung gehörte ursprünglich zu einem ehrgeizigen politischen Programm, das – auf Zeit – auf die Installation der Zähringer zwischen der Mosel und Nordsee abzielte.

1171 wurde nämlich ein Vertrag aufgesetzt, der vorsah, daß beim Tode des Grafen Heinrich von Namur-Luxemburg sein Neffe, Bertold IV. von Zähringen, alle Lehen, die sein Onkel von der Trierer Kirche besaß, erhalten sollte. Bischof Rudolf von Lüttich und Barbarossa selbst traten damals als Bürgen dieses wichtigen Übereinkommens auf, mit dem das Vordringen der Zähringer in den Maas-Mosel-Raum begünstigt werden sollte (Nr. 163).

Aber Bertold IV. ließ es nicht allein bei den Trierer Lehen bewenden. Einige Jahre später, 1183, als Bischof Rudolf für seinen Teil zugunsten des Grafen Balduin V. von Hennegau († 1195) – ein anderer Neffe Heinrich des Blinden – auf alle Erbrechte des Grafen von Namur-Luxemburg verzichtete (Nr. 165), heiratete der Herzog von Zähringen (Bertold IV. oder Bertold V.) Ida, die Erbin des Grafen von Boulogne und richtete damit für einige Zeit sein Interesse auf dieses Territorium an der Ärmelkanalküste. Zur selben Zeit erhob Bertold IV. Ansprüche auf die Erbschaft von Namur oder zumindest auf den wichtigsten Teil dieser riesigen Besitzungen. Währenddessen aber hatten sich die Beziehungen zwischen den Zähringern und Barbarossa von neuem verschlechtert, denn seit dem Sturz Heinrichs des Löwen (1180) konnte Kaiser Friedrich seine Politik mit geringerer Rücksichtnahme auf mächtige Reichsfürsten verfolgen. 1184 zögerte Barbarossa nicht, dem Grafen Balduin V. von Hennegau die Gesamtheit der Lehen, die der Graf von Namur vom Kaiserreich besaß, zuzusprechen (Nr. 168). Balduin wurde von nun an der Hauptvertreter kaiserlicher Politik in Niederlothringen. 1186 starb Bertold IV. und fünf Jahre später folgte ihm Bischof Rudolf ins Grab. Mit diesen beiden nehmen auch alle politischen Pläne ein Ende, die die Herzöge von Zähringen zwischen Mosel und Nordsee verfolgt hatten.

Rudolf von Zähringen begünstigte unbestreitbar die Expansionspläne seiner Familie. Das Maas-Bistum scheint wohl eine der wesentlichen Figuren dieses politischen Schachspiels gewesen zu sein. Lüttich sollte sogar in den Händen der Zähringer bleiben: So ist es bezeichnend, daß seit 1184 ein Kanonikat an der Lütticher Kathedrale Saint-Lambert dem Enkel Bertolds IV. und Großneffen des Bischofs von Lüttich, Konrad von Urach († 1227), zugeteilt wurde (s. oben Wollasch, S. 182). Wahrscheinlich haben die Zähringer in ihm den künftigen Nachfolger Rudolfs in der Stadt des heiligen Lambert gesehen (Nr. 169).

Rudolf von Zähringen hatte sich von schweren Sünden zu befreien: ein zeitgenössischer Chronist bemerkt, daß »der unheilverkündende Lärm seiner Taten oft den päpstlichen Ohren schmerzte« *(licet sinistro actuum suorum rumore aures pape plurimum offendisset)*! Unter dem Episkopat Rudolfs schien die Simonie in besorgniserregendem Ausmaß um sich gegriffen zu haben, so daß sich seit dem Anfang des 13. Jahrhunderts die Legende der Person des Bischofs bemächtigte und ihn zu einem »ruhmvollen Simonisten« erklärte *(in symonia gloriabatur)*. Wahrscheinlich nahm Rudolf deshalb das Kreuz und fuhr mit Barbarossa auf den dritten Kreuzzug (1189), um für seine Vergehen Buße zu leisten.

Auf dem Rückweg von diesen Unternehmungen starb Rudolf plötzlich am 5. August 1191, als er sich auf seinem Eigengut Herdern bei Freiburg aufhielt. Er wurde im Hauskloster St. Peter im Schwarzwald bestattet. Es ist nicht ausgeschlossen, daß der Bischofkreuzfahrer zum Schutz gegen die auf der Reise drohenden Gefahren ein Schädel-Fragment des heiligen Lambert mitgenommen hat. Nach dem Tod Rudolfs wurde die kostbare Reliquie in Freiburg aufbewahrt, wo sie sich noch heute befindet (Nr. 177).

Die Karriere des Bischofs Rudolf – der keine Persönlichkeit von besonderem Format gewesen zu sein scheint – ist dennoch von großem Interesse, erlaubt sie doch, die weitausgreifende Tatkraft der Herzöge von Zähringen ins rechte Licht zu stellen. Aber die Geschichte Rudolfs hilft uns auch, das scharfsinnige Kalkül der lothringischen Politik Barbarossas, das sich zum einen auf die Reichskirche (Lüttich) und auf eine starke fremde Familie (die Zähringer) stützte, zum anderen einen Territorialfürsten der Region (Balduin V. von Hennegau) heranzog, besser zu verstehen. Der Episkopat Rudolfs von Zähringen ist so Bestandteil der letzten glanzvollen Phase kaiserlicher Politik im Maasraum.

Lit.: A. Guntermann, Rudolf von Zähringen, Bischof von Lüttich, 1893; Schoolmeesters, Regesta; Schoolmeesters, Les actes; Kupper, La politique; Kupper, Raoul; J. L. Kupper, Liège et l'Eglise impériale, XIe–XIIe siècles, Paris, 1981.

J.-L. K.

161 Abb. 114
Brief des Bischofs Rudolf von Lüttich an die hl. Hildegard, Äbtissin in Bingen, 1168–1179

Rheinisch, Mitte 13. Jahrhundert.
Pergamenthandschrift, 169 Bll., H. 27 B. 18 cm.
Österreichische Nationalbibliothek Wien, Cod. 963.
aufgeschlagen f. 55^r^.
(Textanhang Nr. 12).

Bei diesem Brief handelt es sich um ein außergewöhnliches Zeugnis: ein Teil dessen, was man wohl als eine ausgesprochen private Korrespondenz bezeichnen könnte. Rudolf, der Hildegard im Jahre 1179 zwei Besuche abstattete, kannte die Visionärin von Bingen wahrscheinlich schon seit langem. In der Tat hatte er den leiblichen Bruder der *prophetissa*, Hugo, Domkantor in Mainz, zum Lehrer gehabt. Die Worte, die Rudolf an die Bingener Äbtissin richtet, sind ergreifend: »Im Zustand größten Aufruhrs von Geist und Körper« *(in maxima mentis et corporis fluctuatione constitutus)*, wissend, Gott durch unzählige Sünden beleidigt und erzürnt zu haben *(quia clementia Dei nimis indigeo, quam innumeris malis me offendisse et irritasse non abnego)*, wendet sich Rudolf hilfesuchend an die Äbtissin und bittet sie, ihm Trost zu spenden und im Gebet Fürsprache bei der Barmherzigkeit Gottes für ihn zu leisten.

Es ist nicht einfach, dieses Schriftstück zu datieren. Auf jeden Fall wurde es zwischen der Bischofsweihe Rudolfs (1168), da er den Titel *episcopus* trägt, und dem Tod Hildegards (1179) geschrieben. Es ist nicht ausgeschlossen, daß dieser Brief am Ende des Schismas, 1177, abgefaßt wurde, als Rudolf, von Gewissensqualen geplagt, fürchtete, Papst Alexander III. werde ihn absetzen.

Es existiert auch ein Brief der Äbtissin Hildegard an einen Bischof von Lüttich. Er wird generell als das Antwortschreiben Hildegards auf den Brief Rudolfs angesehen. Hier liegt aber wahrscheinlich ein Irrtum vor: Die älteste Abschrift dieses Hildegard-Briefes, die sich auf f. 33^v^–34^r^ der Zwiefaltener Briefhandschrift findet (Württembergische Landesbibliothek Stuttgart, Cod. Theol. et Phil. 4° 253 [vor 1170]), wendet sich an einen gewissen ›H‹. *(Tu autem.*

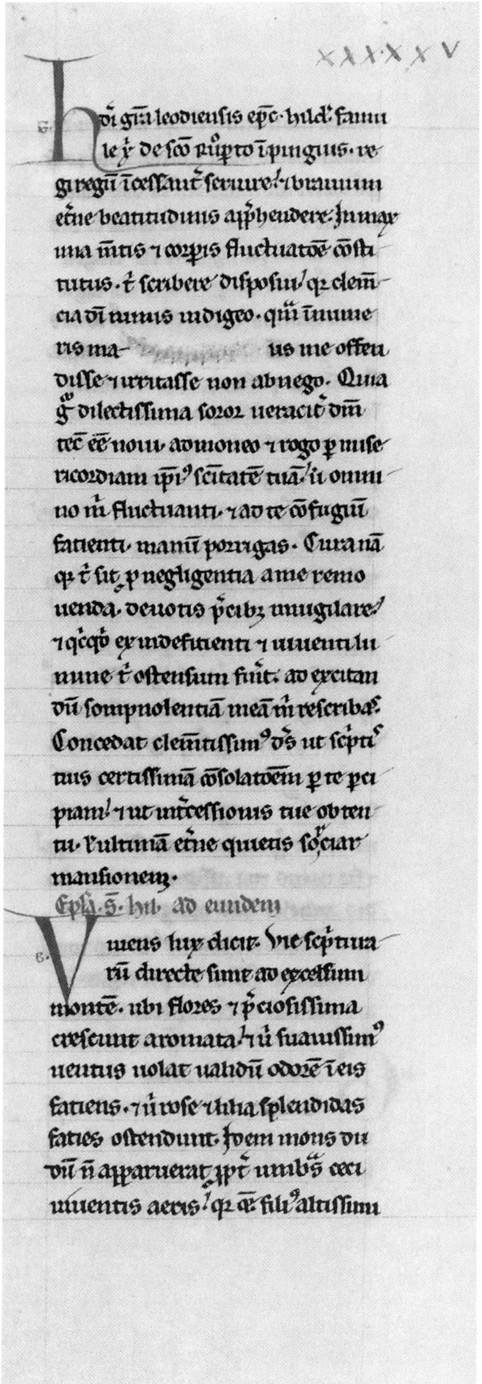

114 (Kat.-Nr. 161)

o. H. esto pastor bonus), bei dem es sich nur um den Lütticher Bischof Heinrich II. von Leez (1145–1164) handeln kann.

Lit.: MIGNE, PL, BD. 197, EP. 19, SP. 175–176; M. SCHRADER – A. FÜHRKÖTTER, Die Echtheit des Schrifttums der heiligen Hildegard von Bingen, 1956, S. 101, 162, Anm. 25; J. HERMANN, Beschreibung der illuminierten Handschriften Österreichs, NF 2, S. 309 ff.; KUPPER, La politique, S. 432 u. Anm. 17; KUPPER, Raoul, S. 60–64, 197–198; KUPPER, Liège, S. 297–298 u. Anm. 44.

J.-L. K.

162
Bildnis der Hildegard von Bingen in der Heidelberger *Scivias*-Handschrift

Kloster Salem (?), 1. Viertel 13. Jahrhundert.
Pergamenthandschrift, 200 Bll., H. 41,5 B. 29 cm
Universitätsbibliothek Heidelberg, Cod. Sal. X 16;
aufgeschlagen f. 3v.

Hildegards außerbiblische Visionen, als *Scivias* (Wisse die Wege) überliefert, verkörpern eine seltene Textart im Mittelalter. Die Autorin beschreibt bis ins äußere Detail ihre Visionen und deutet sie anschließend aus: Welterschaffung, die Geschichte der Kirche, das drohende Ende der Welt, Gericht und Paradies stellen die Themen. Die aufgeschlagene spaltenbreite Zeichnung zeigt die Visionärin mit Wachstafel (Diptychon) und Griffel, unter ihr einen schreibenden Mönch, d. h. einen ihrer lateinkundigen Sekretäre, die bei der Niederschrift assistierten. Die Handschrift aus dem Zisterzienserkloster Salem ist im Vergleich zu dem im II. Weltkrieg verlorenen Rupertsberger Codex (ehem. Hs. Wiesbaden 1) karg ausgestattet: Gold und Silber wurden nicht verwendet (zur zisterziensischen Buchmalerei s. oben Leisibach, S. 169). Die zahlreichen Illustrationen sind ausschließlich farbige Federzeichnungen, die allerdings die Gesichte Hildegards plastisch veranschaulichen.

Lit.: A. v. OECHELHAEUSER, Die Miniaturen der Universitätsbibliothek zu Heidelberg, Bd. 1, S. 75–107, bes. S. 86 ff.; H. L. KELLER, Mittelrheinische Buchmalerei in Handschriften aus dem Kreis der

Hildegard von Bingen, Diss. phil. Frankfurt/M., Stuttgart 1933; Ausst.Kat. Suevia Sacra, 1973, Nr. 191 S. 187–188; Stauferkatalog I, 1977, Nr. 732 S. 553–555 (R. KROOS), mit weiterführender Literatur; zur verlorenen Wiesbadener Handschrift: Armaria Patristica et Medievalia 1: Hildegardis Scivias, hrsg. v. A. FÜHRKÖTTER, 1977 (mit Faksimiles).

J. G.

163 Abb. 115

Urkunde Friedrichs I. über die Trierer Stiftslehen

Nimwegen, (September) 1171.
Originalurkunde, Pergament, H. 51 B. 15, Plica 1,7 cm; 3 Siegel: Friedrich I., Rudolf von Lüttich (beschädigt, Nr. 166) und Bertold IV. (Nr. 78.4).
Landeshauptarchiv Koblenz, Abt. I A 111.
(Textanhang Nr. 10).

Die Urkunde fällt bereits wegen ihres ungewöhnlichen Formats und der für eine Königsurkunde ungewöhnlichen dreifachen Besiegelung auf: Friedrich Barbarossa, Bertold IV. und Rudolf von Lüttich besiegeln die auf einem schmalen, langgestreckten Pergamentstück aufgezeichnete Urkunde. Das Stück entstand nicht in der königlichen Kanzlei; anstelle der *signum*-Zeile mit dem Monogramm des Königs und der Rekognition der Kanzlei sind, wie in einer Privaturkunde, Namen von Zeugen aufgeführt, die beim Abschluß des Rechtsgeschäfts anwesend waren. Auch der Inhalt entspricht nicht einer üblichen Königsurkunde, weil Barbarossa, zusammen mit Bischof Rudolf, auf Bitten Erzbischof Arnolds von Trier eine Übertragung der Trierer Lehen des Grafen Heinrich von Namur-Luxemburg an Herzog Bertold IV. und dessen Sohn nach des Grafen Tod urkundlich und durch Pfänder lediglich garantierte. Die Trierer Stiftslehen des Grafen – ausgenommen zwei Höfe – sollten erst nach dem Tod des Grafen für eine Ablösung von 350 Mark, zu zahlen an den Erzbischof von Trier, an die Herzöge von Zähringen fallen, wobei im Fall von Bertolds V. Minderjährigkeit Rudolf die Vormundschaft *(tutela)* übernehmen sollte. Auffällig ist das Engagement von Kaiser und Bischof, die beide je ein Gut (Friedrich Kröv, Rudolf Kobern) dem Erzbischof als Unterpfand übergaben.

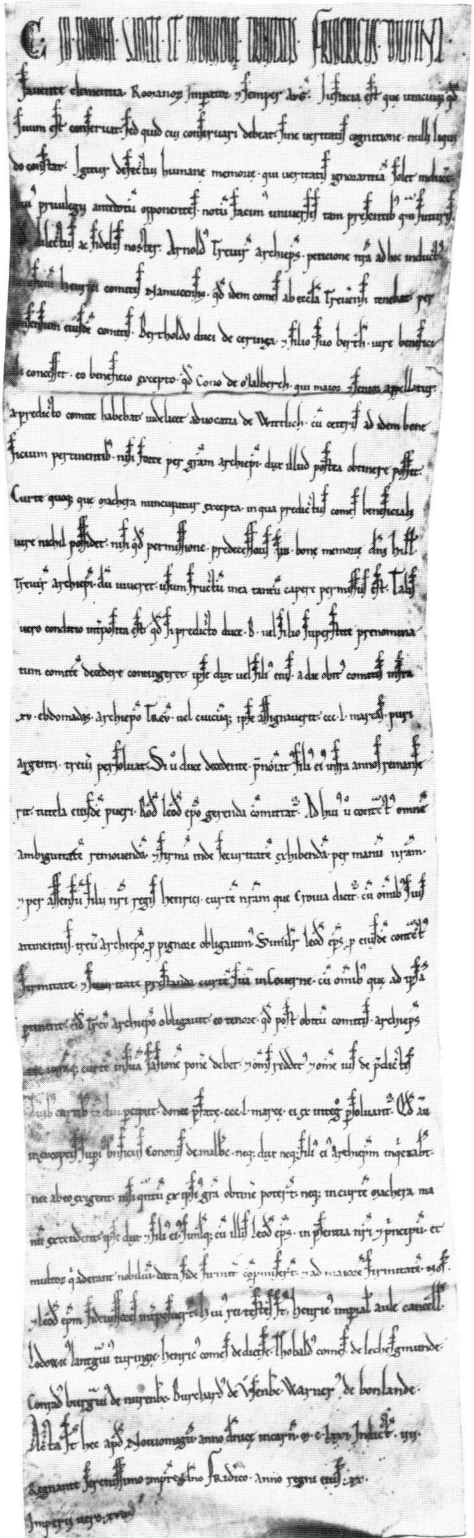

115 (Kat.-Nr. 163) Urkunde ohne Siegel abgebildet (vgl. Abb. 117)

Graf Heinrich von Namur hatte umfangreichen Besitz und zahlreiche Lehen im Maas-Mosel-Raum erworben, besaß jedoch keine direkten Nachkommen als Erben. Seine Schwester Clementia war mit Konrad von Zähringen verheiratet gewesen, die andere Schwester, Alice, mit Balduin IV. von Hennegau. Der alternde Graf sorgte bereits mit dieser Verfügung *post mortem* für die Regelung seiner Erbschaft.
Auch der Erzbischof von Trier hatte ein Interesse an dieser Vergabe, denn er erhielt dadurch ein Gegengewicht zum mächtigen staufischen Pfalzgrafen Konrad, wobei die Zähringer weit genug entfernt saßen, um nicht übermächtig zu werden. Friedrich I. bezeugte sein starkes Interesse an dieser Lehensvergabe, indem er sie offensichtlich eingefädelt und dazu mit einem Pfand garantiert hat (hier das erstmals belegt). Barbarossa, spätestens seit der Vergabe des Bistums Lüttich an Rudolf 1167 mit den Zähringern auf gutem Fuße, wollte möglicherweise die zähringischen Aktivitäten auf den Nordwesten des Reiches lenken, um im Alpengebiet ungestörter agieren zu können und vermutlich um ein Gegengewicht zur starken Position Heinrichs d. Löwen in Sachsen zu schaffen. Da Graf Heinrich von Namur erst im Jahre 1196 starb und Bertold V. kein Interesse am Mosel-Raum zeigte, wurde die Vereinbarung über die Trierer Lehen nie Wirklichkeit.

Lit.: MGH DD Friedrichs I., Nr. 581; C. Wampach (Hrsg.), Quellen- und Urkundenbuch zur Geschichte der altluxemburgischen Territorien bis zur burgundischen Zeit, Bd. 1, 1935, Nr. 485 S. 666–669 (mit Abb.); – F. Rousseau, Henri L'Aveugle (BULg 27), 1921, S. 74 ff.; H. Büttner, Zähringerpolitik im Trierer Raum, in: RhVjbll. 33 (1969), S. 47–59; Kupper, La politique, S. 436 ff.

J. G.

164
Urkunde Kaiser Friedrichs I. für Bischof Rudolf von Lüttich

Italien, ohne Datum (c. 1176/1177).
Originalurkunde, Pergament, H. 23 B. 18 cm.
Archives de l'Etat à Liège, Cathédrale Saint-Lambert, Karton I, charte Nr. 15.

Friedrich I. bestätigt Rudolf, der Bischofsgut für eine Anleihe des Königs von 1000 Mark verpfändet hatte, die Nutzung der Reichsgüter westlich der Maas, ausgenommen die Propstei Maastricht und die Abtei Nivelles. Diese Güter hatte Rudolf bereits 1175 von Erzbischof Philipp von Köln erhalten. Das Darlehen brauchte der Kaiser vermutlich für seinen 5. Italienzug (1174–1178). Der Nießbrauch der Güter, unter namentlicher Nennung der *burgos et villas*, wird Rudolf und seinen Nachfolgern bis zur Auslösung gewährt. Bedeutende Orte wie Maastricht (ausgenommen die Propstei) und St. Trond gehörten dazu, wenn auch nicht von einem umfangreichen Besitzkomplex die Rede sein kann.
Rudolf von Lüttich wurde dadurch zum Garanten der staufischen Reichspolitik im Maas-Gebiet, eine Funktion, wie sie nach ihm Balduin V. von Hennegau einnehmen sollte (Nr. 168).
Das undatierte Diplom mit Siegelresten ist auf südlichem Pergament und daher wohl in Italien ausgestellt worden; da derselbe Schreiber eine Urkunde für Rolandswerth im Jahr 1177 (DD Friedrichs I., Nr. 709) ausgestellt hat, liegt eine Entstehung in demselben Jahr nahe (Kupper, Raoul, S. 69 ff.).

Lit.: MGH DD Friedrichs I., Nr. 663 (datiert auf 1176); – Schoolmeesters, Regesta, Nr. 25 S. 160; Kupper, Raoul, S. 69 ff.; R. M. Herkenrath, Die Reichskanzlei in den Jahren 1174 bis 1180, 1977, S. 87–88.

J. G.

165
Bischof Rudolf von Lüttich verzichtet zugunsten des Grafen Balduin V. von Hennegau auf alle seine Rechte am Erbe Graf Heinrichs von Namur und Luxemburg

Lüttich, April 1183.
Repr. des Chirographs (Pergament, H. 26 B. 32 cm).
Archives de l'Etat à Namur, Chartes des comtes de Namur, Nr. 9.

Auf Grund einer Übereinkunft mit seinem Vetter *(consobrinus)* und Vasallen *(fidelis)* Balduin V., Graf von Hennegau (1171–1195), ver-

zichtet Bischof Rudolf zugunsten des letzteren völlig auf das Erbe ihres Onkels mütterlicherseits *(avunculus)*, Graf Heinrich von Namur und Luxemburg (1136–1196).
Rudolf verpflichtet sich sogar, die Rechte des Grafen – soweit es in seiner Macht steht – zu verteidigen, falls sie von irgendeiner Seite in Frage gestellt werden sollten. Im Gegenzug überläßt Balduin von Hennegau dem Lütticher Bischof alle Einkünfte aus dem Allod Durbuy, mit Ausnahme der Burg, und zwar auf Lebenszeit. Philipp, der Graf von Flandern, fungiert als Bürge in dieser Übereinkunft.
Bei diesem Rechtsakt vom April 1183 scheint es sich um die unmittelbare Konsequenz aus einer Entscheidung zu handeln, die Graf Heinrich von Namur im Laufe des Winters 1182–1183 getroffen hatte, nämlich seinem Neffen Balduin von Hennegau die Nachfolge in seinen Reichslehen zu sichern. Die Haltung Rudolfs von Lüttich, der dem Grafen von Hennegau Unterstützung zusichert, mag zunächst befremdlich anmuten, denn die Zähringer waren selbst an der Erbschaft des Grafen von Namur interessiert (Nrn. 163, 168). Es ist jedoch unwahrscheinlich, daß sich Rudolf mit seiner Familie überworfen hat. Vielmehr nahm der Bischof von Lüttich hier wohl eine Vermittlerrolle ein, um die Interessen des Grafen von Hennegau – eines Vasallen der Lütticher Kirche – mit denen seines Bruders, des Herzogs von Zähringen, in Einklang zu bringen. Anzumerken ist hier, daß im selben Jahr (1183) – auf Vermittlung des Grafen Philipp von Flandern – der Herzog von Zähringen Bertold IV. (oder sein Sohn Bertold V.) sich mit der Gräfin Ida von Boulogne-sur-Mer verheiratete, woraus hervorgeht, daß seine Interessen weiterhin im Raum zwischen Mosel und Nordsee lagen. Freilich ist es den Herzögen von Zähringen nicht gelungen, sich in Boulogne zu behaupten. Nach der Trennung vom Herzog ging Ida von Boulogne um 1190 eine neue Ehe ein.

Lit.: C. Wampach (Hrsg.), Urkunden- und Quellenbuch zur Geschichte der altluxemburgischen Territorien bis zur burgundischen Zeit, Bd. 1, 1935, Nr. 504 S. 698–700; – Kupper, La politique, S. 447–453.
J.-L. K.

166 Abb. 116
Siegel Rudolfs von Lüttich

Archives de l'Etat à Namur, chartes des comtes de Namur, Nr. 9 (Nr. 165); chartes de l'abbaye de Waulsort, AE 2801 (1190); Repr.

Ovalsiegel 74 × 60 mm. Der Bischof ist in sitzender Haltung abgebildet. Er trägt die Mitra. Seine rechte Hand hält den Bischofsstab und ist zum Segensgestus erhoben, die linke hält ein geschlossenes Buch. Legende: + *RODVLFVS DEI GRA LEODIENSIVM EPS.*

Lit.: G. Despy (Hrsg.), Les chartes de l'abbaye de Waulsort. Etude diplomatique et édition critique, Bd. 1, 1957, Nr. 51 S. 402–403; E. Poncelet, Les sceaux et les chancelleries des princes-évêques de Liège, 1938, S. 163 u. Pl. 11.
J.-L. K.

167 Abb. 117
Denare des Bischofs von Lüttich, Rudolf von Zähringen

Die Münzen Rudolfs zeugen von großem Einfallsreichtum der Stempelschneider. In verschiedenen Motiven erscheinen Hinweise auf

116 (Kat.-Nr. 166)

117 (Kat.-Nr. 167.2)

lokale Begebenheiten, die infolge unserer geringen Kenntnis der Zusammenhänge nicht immer aufgeschlüsselt werden können.
Von den insgesamt 14 verschiedenen Münzbildern sind vier im Original ausgestellt.

167.1

Vs.: ROF EPC, Bischof mit Mitra und Krummstab, mit der rechten Hand segnend, auf dem rechten Bilddrittel ein unbedeckter Kopf, nach links schauend.
Rs.: P ERV VO C, Profil eines segnenden Bischofs, auf der rechten Hälfte ein nach rechts schauender Fackelträger, zwischen beiden Köpfen eine Treppe, darunter ein Fisch.
0,87 g, 14,5 mm, Chestret de Haneffe, 119.
Augustinermuseum Freiburg S 22.

167.2 Abb. 117

Vs.: ROFƎPC, Bischof mit Mitra und Krummstab nach rechts, mit der rechten Hand segnend.
Rs.: nach links springender Löwe unter einem Torbogen mit zwei Türmchen, darunter ein kleines Portal mit nach rechts gewendetem Profil.
0,87 g, 15 mm, Chestret de Haneffe, 121.
Augustinermuseum Freiburg 105.

167.3

Vs.: ROF EPC, Brustbild eines Bischofs mit Mitra und Krummstab, mit der rechten Hand segnend.
Rs.: Gebäude mit drei Türmchen, zwei engen und einer weiten Arkadengalerie, in den weiten Bögen jeweils Lilien, auf der rechten Seite des Hauses Türöffnung mit nach rechts gewendetem Kopf.
0,87 g, 14 mm, Chestret de Haneffe, 122.
Augustinermuseum Freiburg 122.

167.4

Vs.: ROF EPC, segnender Bischof mit Mitra nach rechts, gefolgt von Barhäuptigem, der den Krummstab hält.
Rs.: FACVN, unter einem fein ausgeführtem Bogen ein Falke nach links, darunter der Kopf einer auf dem Rücken liegenden Figur (Faucon = frz. »Falke«).
0,85 g, 14 mm, Chestret de Haneffe, 118.
Privatbesitz, J.-L. Kupper.

Lit.: J. Chestret de Haneffe, Numismatique de la principauté de Liège et de ses dépendances (Boullion, Looz) depuis leur annexions (Mémoires couronnés et mémoires des savant étrangers [Acad. royale Belgique] T. 50), 1890; Stauferkatalog I, 1977, Nr. 179 S. 120ff. u. Abb. 97.3. C. R.

168
Bericht über das Mainzer Hoffest bei Gislebert von Mons, *Chronicon Hanoniense*

Repr. aus der Handschrift Paris, Bibliothèque Nationale lat. 11105, f. 46ᵛ.

Gislebert von Mons (ca. 1150–1223/25) war gebürtiger Hennegauer und wuchs am Grafenhof Balduins IV. und V. auf, bis er 1175 als Kaplan, 1178 als *cancellarius*, 1180 als zweiter Notar des Grafen in Erscheinung trat. Gislebert erlebte den Aufstieg seines Herren zum Markgrafen von Namur, ja nahm schließlich aktiv an den Verhandlungen am kaiserlichen Hof teil. Sein *Chronicon Hanoniense* (1068–1195) besitzt daher den Wert einer Augenzeugenquelle,

die freilich nicht frei von tendenziösen Wertungen ist.
Das Mainzer Hoffest von 1184 war eines der glänzendsten seiner Art im gesamten Mittelalter. Auch Bertold IV., Rudolf von Lüttich und Balduin V. von Hennegau nahmen teil. Gislebert berichtet mit deutlicher Parteinahme für seinen Auftraggeber von dem »unrechten« *(licet iniuste)* Anspruch Bertolds IV. auf die Erbschaft des Namurer Grafen; Balduin habe ein *negotium* (»Geschäft«) mit seinem Vetter ausgehandelt, wonach er dem Herzog für die Überlassung der beiden Allodialburgen Clementias von Namur, die in der Hand Bertolds waren und den Erbschaftsanspruch der Zähringer gleichsam beinhalteten, 1600 Mark Silber geben solle. Der Rat des Kaisers ist erstaunlich: Da der alte Bertold ja ohnehin eher sterben werde als der Graf von Namur (an den dann die Burgen zurückfielen), solle Balduin sich gar nicht um die Zahlung kümmern. Balduin befolgte diesen Rat und sparte auf diese Weise die Ablösungssumme (allerdings starb Bertold IV. erst 1186, nicht *eodem anno*, wie Gislebert berichtet).
Balduin wurde der neue Kandidat staufischer Politik westlich des Rheins. Friedrich I. schuf dazu die Markgrafschaft Namur als eine Zusammenführung mehrerer Maas-Mosel-Grafschaften in der Hand Balduins. Dieser wurde daraufhin zum Reichsfürsten erhoben – die erste Erhebung dieser Art im Mittelalter. Rudolf von Lüttich und Balduin sollten nun die kaiserliche Position gegen die starken Mächte Flandern, Brabant und Köln vertreten. Rudolf war allerdings wegen der Zurücksetzung der Zähringer durch Barbarossa nur noch bedingter Parteigänger des Kaisers: Balduin V. gewährte er keine aktive Hilfe im Kampf gegen die drei Mächte im Nordwesten des Reiches. Im Aufstand Erzbischof Philipps von Köln gegen den Kaiser, der erst 1188 beigelegt werden konnte, neigte Rudolf sogar eher der Position seines Metropoliten zu.

Lit.: L. VANDERKINDERE (Hrsg.), Gislebert von Mons, Chronicon Hanoniense, 1904; – F. L. GANSHOF, Etude sur les ministériales, 1927; NDB Bd. 6, 1964, S. 416 (F. J. SCHMALE); KUPPER, Raoul, S. 104 ff.

J. G.

169
Aufenthalt Konrads von Urach in Lüttich

Lüttich, 1224.
Autograph der Annales Sancti Jacobi Leodiensis des Mönchs Rainer von Saint-Jacques (St. Jakob) zu Lüttich.
Pergamenthandschrift, H. 21 B. 16,5 cm.
Bibliothèque de l'Université de Liège, Hs. 162A; aufgeschlagen f. 46ᵛ.

Im Jahre 1224 hielt sich der Kardinalbischof Konrad von Urach († 1227), päpstlicher Legat für Deutschland, in Lüttich auf und nahm die Weihe des Priorats Val-Benoit vor den Toren der Stadt vor. Der Mönch Rainer aus dem Kloster St. Jacques in Lüttich († 1230), Zeuge dieses Ereignisses, lenkt die Erinnerung darauf, daß Konrad von Urach Domkanoniker in Lüttich gewesen war, bevor er Abt des Klosters Villers-en-Brabant wurde (1209), später Abt von Clairvaux (1214), von Cîteaux (1217) und schließlich Kardinal der bischöflichen Kirche von Porto und von Sta. Rufina (1219). Seltsamerweise bezeichnet Rainer Konrad als »Sohn des Herzogs von Zähringen« *(filius ducis de Cerenges)*. In Wirklichkeit war Konrad Sohn des Grafen Egino IV. von Urach und der Agnes, der Tochter Bertolds IV. von Zähringen. Der Irrtum Rainers von Saint-Jacques ist jedoch bezeichnend: er zeigt an, daß in den Augen des Lüttichers Konrad sehr wohl ein »Zähringer« war. Konrad, der wahrscheinlich schon 1184 als Domkanoniker von Lüttich, unter dem Episkopat seines Großonkels Rudolf, erwähnt ist, wurde vielleicht von seiner Familie dazu ausersehen, den zähringischen Einfluß auf das Bistum Lüttich weiter aufrecht zu erhalten. Konrad hätte schließlich beinahe im Jahr 1200 den Lütticher Bischofsstuhl bestiegen, dies jedoch zu einer Zeit, in der der Maasraum nicht mehr von Interesse für die Zähringer war.

Lit.: L. C. BETHMANN – J. ALEXANDRE (Hrsgg.), Reineri Annales Sancti Jacobi Leodiensis, 1874, S. 141 (MGH SS XVI, S. 679); – KUPPER, La politique, S. 458–460 (mit Literaturhinweisen).

J.-L. K.

170
Der Schrein des hl. Mangold in Huy

170.1 Abb. 118
SCHREIN DES HL. MANGOLD

Photographie des Schreins im Trésor de la Collégiale Notre-Dame d'Huy. Godefridus von Huy zugeschrieben, vor 1172. H. 32 B. 139 T. 39 cm.

Der Schrein des hl. Mangold und der des hl. Domitian, beide in derselben Schatzkammer aufbewahrt, weisen ein fast gleiches Aussehen auf. In der Überlieferung sind sie – schon im 12. Jahrhundert – miteinander verbunden. Chronisten und Historiker setzen die Translation der Reliquien des hl. Mangold (eines lokalen Märtyrers, der Legende nach Sohn eines Königs von England und Neffe des Kaisers) in einen »silbernen Schrein« durch Rudolf von Zähringen in Bezug zur Datierung der Translation der Reliquien des hl. Domitian. Sie wird daher in der Zeitspanne vermutet, die von den Eckdaten 1172 – dem Zeitpunkt der letzteren Translation – und 1189 begrenzt ist, dem Jahr, in dem der Bischof Lüttich verließ, um sich dem Kaiser und den Kreuzfahrern auf dem Zug ins Heilige Land anzuschließen; sie ist sogar ganz zweifellos früher als 1182 anzusetzen, dem terminus a quo für die Reliquienpyxis von Momalle (Nr. 171), die eine Reliquie des hl. Mangold enthielt.

Der Schrein weist die klassische Form des »maasländischen Kunstkreises« auf: ein Kasten, der überdeckt ist von einem Satteldach. Die Langseiten sind in zwei Kassetten und eine halbe eingeteilt – ursprünglich waren es drei; aber bedauerlicherweise wurde der Schrein in der Zeit um 1720 um ein Sechstel seiner ursprünglichen Länge gekürzt. Jede Kassette enthält zwei Gestalten aus getriebenem Silber oder aus Messing, einander zugewandt und voneinander getrennt durch eine Säule; jede Seite nahm ursprünglich sechs dieser Gestalten auf, heute nur noch fünf. Es handelt sich dabei zum größten Teil um heilige Märtyrer aus der thebäischen Legion: Mauritius, Innozenz, Cassius (ein nicht identifizierbarer Heiliger), Exuperius, Johannes der Täufer, Mercurius, Sebastian, Albanus und Candidus. Die Giebel, von

118 (Kat.-Nr. 170.1)

einer durchbrochenen Zinne bekrönt, sind asymmetrisch gestaltet: der eine ist mit einer Grubenschmelzplatte versehen, in deren Mitte ein großer Edelstein eingelassen ist. Sie zeigt das ganzfigurige Bild des hl. Mangold im Waffenrock mit den drei Leoparden des englischen Wappens und – auf dem Schild, den er in der rechten Hand hält – den kaiserlichen Adler. Der andere Giebel, der mit braunem Firnis versehen ist, zeigt die thronende Mutter Gottes mit dem Kind.

In jede Dachseite sind, inmitten von Palmetten und Akanthusranken, vier kreisrunde Vertiefungen eingelassen, aus denen ebensoviele Engelsbüsten hervortreten; vor dem 18. Jahrhundert waren es fünf. Einige tragen Phylakterien oder Inschriften mit Beatitudines-Versen. Eine Zinne mit drei Kugeln hebt den Dachfirst hervor. Das Ganze wird noch stärker zur Geltung gebracht durch zahlreiche ornamentierte Platten: sie sind ziseliert, graviert, getrieben oder in braunem Firnis ausgeführt.

Die ursprünglichen Elemente machen nur ungefähr zwei Drittel der heutigen Verkleidung des Schreins aus: Wie der des hl. Domitian wurde auch er im Laufe der Zeit häufigen Veränderungen unterzogen, und dies schon seit dem 13. Jahrhundert. Ungefähr der Zeit um 1230 ist der hl. Mangold am Giebel zuzuweisen, ebenso der hl. Candidus und die Dachbekrönung; vom Beginn des 15. Jahrhunderts stammt einer der Engel des Daches; aus der Zeit um 1520 die Mutter Gottes mit dem Kind, der hl. Cassius und der hl. Innozenz; aus der zweiten Hälfte des 16. Jahrhunderts Johannes der Täufer; aus dem Jahr 1560 zwei Medaillons des Daches, von Jaspar und Henry de Namur; aus der Zeit um 1720 die Verkürzung des Schreins um ein Sechstel seiner Länge; aus den Jahren 1762, 1788 und 1813 verschiedene Reparaturen, darunter auch die Ersetzung der meisten originalen Engelsköpfe durch andere, ebenso die ganze Figur eines nicht identifizierbaren Heiligen und eines Engels vom Dach, schließlich der Kopf eines weiteren Engels. Hier wäre noch anzumerken, daß die Figur des hl. Victor – aus der Zeit um 1400 – die Teil des Bildprogramms des Mangold-Schreins gewesen zu sein scheint, sich heute auf dem Schrein des hl. Domitian befindet. Überdies zeigt sich der häufige Austausch von Dekorationselementen im Metallschmuck des Schreins selbst.

All diese im Laufe der Zeit vorgenommenen Veränderungen haben dazu beigetragen, den ›mittelalterlichen Kunstcharakter‹ des Schreines zu entstellen, so daß dieser heute nur noch schwer vorstellbar ist. Dazu kommt nichts Geringeres als die Tatsache, daß dieses Werk, zusammen mit seinem Gegenstück, dem Domitians-Schrein, Schlüsselelemente in der Diskussion um die maasländische Goldschmiedekunst des 12. Jahrhunderts darstellen. Denn wir wissen, auf Grund eines Eintrags aus dem 13. Jahrhundert in das Necrolog der Abtei Neufmoustier in Huy, daß ein Goldschmied namens Godefridus, der dort am Ende seines Lebens Mönch geworden war, im Laufe seiner Tätigkeit zwei Schreine für die Kirche von Huy angefertigt hatte *(Nam in ecclesia Hoyensi duo composuit feretra)*; es ist sehr zu vermuten, daß es sich bei diesen beiden Schreinen um die der Heiligen Domitian und Mangold handelt.

Der Stil der originalen Elemente weist genau auf einige im maasländischen Raum entstandene Werke aus den Jahren 1160–1170 hin; insbesondere die Engelsgestalten: ihre Köpfe kann man in dem Triptychon der Kirche Sainte-Croix in Lüttich und im Giebel des Schreins der hl. Oda aus Amay im British Museum wiederfinden. Man sollte auch in Betracht ziehen, daß einige Elemente von außergewöhnlich hoher Qualität sind: nämlich die in braunem Firnis ausgeführten Teile – die Ranken in ihrer ganzen Leichtigkeit, ihrer Eleganz und ihrer überbordenden Fülle oder die Emaillearbeiten des Giebels, deren subtiles Dessin und deren Palette beide an das Triptychon von Sainte-Croix (Nr. 172) und an das Armreliquiar Karls des Großen im Louvre erinnern.

Die Frage nach der Person des Goldschmieds Godefridus geht damit weit über die durch die Untersuchung dieser beiden Schreine selbst gegebenen Grenzen hinaus; sie betrifft insbesondere die nach dem Meister des Schreins von Saint-Vanne in Verdun (um 1143–1146), der die Signatur eines *GODEFRIDUS AURIFEX* trägt; sie betrifft ebenso die Frage nach der Person des Goldschmieds »G«, des Adressaten eines Briefes des Abtes Wibald von Stablo (um 1148), in dem es um eine noch nicht ausgeführte Bestellung geht.

Lit.: Chroniken von Laurent MELART (1641), J. B. CORONNE (1685); P. L. SAUMERY, Les Délices du Pays de Liège, Bd. 2, 1740, S. 55; E. VIERSET-GODIN – E. LAVALLEYE, Eglise Notre-Dame à Huy, 1854; E. VIERSET-GODIN, Notice sur le Trésor de la Collégiale, 1862; J. HELBIG, Les châsses de saint Domitien et de saint Mengold de l'ancienne collégiale de Huy, in: Bulletin de la Gilde de saint Thomas et de saint Luc, 1876, und in: Bulletin de l'Institut archéologique liégeois I 13 (1877); J. HELBIG, La sculpture et les arts plastiques au Pays de Liège et sur les bords de la Meuse, 1890, S. 48–53; J. FRESON, Le Trésor, les vêtements sacerdotaux et le mobilier de l'église collégiale de Huy lors de la Révolution française, in: Annales du Cercle hutois des Sciences et des Beaux-Arts 15 (1906) S. 164; A. DEMARET, La Collégiale Notre-Dame à Huy, Notes et Documents, 3. Teil, 1924, S. 58–65; H. BEENKEN, Schreine und Schranken, in: Jahrbuch für Kunstwissenschaft, 1926, S. 65 ff.; COLLON-GEVAERT, Histoire des Arts du métal en Belgique, 1951, S. 156; F. RONIG, Godefridus von Huy in Verdun, in: Aachener Kunstblätter 32 (1966), S. 87–90; U. KREMPEL, Das Remaclusretabel in Stavelot und seine Künstlerische Nachfolge, in: Münchner Jahrbuch der bildenden Kunst, 3. F. 12 (1971) S. 34; D. KÖTZSCHE, Zum Stand der Forschung der Goldschmiedekunst des 12. Jahrhunderts im Rhein-Maas-Gebiet, Ausst. Kat. Rhein und Maas, Bd. 2, 1973, S. 197–198; E. DANTINNE, St. Mengold, sa vie, son église, sa paroisse, 1953 und ND 1974,

S. 57–62; A. LEMEUNIER, Huy, Le Trésor de la Collégiale, 1972, Nrn. 59 und 60; P. GEORGE, Jalons pour l'histoire d'un culte; saint Mengold de Huy, in: Annales du Cercle hutois des Sciences et des Beaux-Arts 34 (1980), S. 127 und 148; P. VERDIER, The Twelfth-century chasse of Ste. Ode from Amay, in: Wallraff-Richartz-Jahrbuch 42 (1981), S. 18–22; P. GEORGE, Noble, chevalier, pénitent, martyr. L'idéal de sainteté d'après une Vita mosane de XIIe siècle in: Le Moyen Age 89 (1983), 3. 357–380; R. WATTIEZ, Propos héraldiques sur la châsse de saint Mengold de Huy, in: Bulletin des Amis du Musée d'Art religieux et d'Art mosan 12, Februar 1984, S. 2–7; P. GEORGE, Une transcription des Vita et Miracula Mengoldi au début de XVIe siècle (1526), et Les Miracles de saint Mengold de Huy. Témoignage privilégié d'un culte à la fin du XIIe siècle, in: Bulletin de la Commission Royale d'Histoire 151 (1985), S. 49–60, 152 (1986), im Druck; demnächst: A. LEMEUNIER, Les Châsses des saints Domitien et Mengold au Trésor de la Collégiale Notre Dame de Huy.

A. L.

170.2 Abb. 119

ZWEI STOFFRESTE AUS DEM SCHREIN DES HL. MANGOLD

Zentralasien, 8.–9. Jahrhundert.
Seide, Gold-/Silberstoff mit Muster, verlattet, S und Z im Gewebe; gelbes Dekor, mit cremefarbenen, violetten und grünen Figuren und Enten, die in mit Perlen besetzte und von stilisierten Blumen eingefaßte Kreise eingearbeitet sind.
Musée d'Art Religieux et d'Art Mosan Liège, Inv.-Nr. 435.

Der Stoff gehört zu einer Gruppe von Seidenwaren iranischer Herkunft, die ins 8. oder 9. Jahrhundert datiert werden und aufgrund der Breite des Webstuhls, der Art der Einfassung und des Dekors miteinander vergleichbar sind. Einige dieser Seidenstoffe sind in zentralasiatischen Gräbern gefunden worden. Sie wurden vor allem in dem an der »Seidenstraße« gelegenen Buchara, das zu den bedeutendsten Städten des alten Sogdiane zählt, gefertigt.
Andere Seidenstoffe weisen die gleichen Merkmale der Webarbeit auf; sie stammen aus Reliquienbehältern Westeuropas, in denen sie seit dem frühen Mittelalter dazu dienten, die Reliquien der in unseren Regionen verehrten Heiligen einzuhüllen. Dazu gehört das Leichentuch (191,5 × 122 cm), das im Schatz der

119 (Kat.-Nr. 170.2)

Stiftskirche von Huy aufbewahrt wird und wie die hier vorgestellten Fragmente aus dem Reliquiar des hl. Mangold stammt. Auf diesem Stück sind in Kreise eingearbeitete Lämmer zu sehen, die sich beiderseits des *Hôm,* des Lebensbaumes, gegenüberstehen. Auf der Rückseite trägt es eine Aufschrift des 8. Jahrhunderts: *ZANDANIJI.* Der Name leitet sich von der in der Nähe Bucharas gelegenen Stadt Zandane her. Hier seien aus der Gruppe von *ZANDANIJI,* das bis ins 10. Jahrhundert hinein Seidenstoffe herstellte, noch erwähnt: das berühmte Leichentuch der hl. Columba und des hl. Lupus (Kathedrale von Sens), das große Stück im Museum von Nancy, jenes der hl. Landrada und des hl. Amor (Musée Royal d'Art und Musée Royal d'Histoire in Brüssel) und vor allem das großartige Leichentuch (190 × 110 cm) des hl. Lambert (8. Jahrhundert), in das die Reliquien des Patrons der Diözese Lüttich eingehüllt waren und das im Musée d'Art Religieux et d'Art Mosan in Lüttich aufbewahrt wird.

Lit.: D. G. Shepherd – W. B. Henning, Zandaniji Identified, in: Aus der Welt der islamischen Kunst, Fs. für E. Kuhnel, hrsg. v. Ettinghausen, 1959, S. 15–40; F. Pirenne-Hulin, in: Ausst.Kat. Œuvres maîtresses du Musée d'Art Religieux et d'Art Mosan, Liège, Basilique Saint-Martin, 1980, Nr. F 3 S. 90; P. George, Jalons (wie Nr. 170.1), S. 121–184; C. Charlier et P. George, Ouverture des châsses des saints Domitien et Mengold au Trésor de Notre-Dame de Huy, in: ebd. 26 (1982), S. 31–75. F. P.-H.

171 Reliquienbehältnis

Abb. 120

Maasgebiet, um 1182.
zylindrische Kapsel, getriebenes Blei, graviert, H. 10 Dm. 11 cm; Deckel mit geraden Rändern, H. 2 Dm. 11 cm.
Musée d'Art Religieux et d'Art Mosan, Liège, Inv.-Nr. M 3.

Das beim Abbruch des Hauptaltars der Kirche von Momalle (Archidiakonat Brabant/Dekanat Hozémont, jetzt Waremme) entdeckte Reliquiar, das heute seines Inhalts beraubt ist, konnte durch eine lange Inschrift identifiziert werden, die auf Deckel und Wandung graviert ist.
Auf dem Deckel befindet sich ein Zertifikat des Pierre de Momalle, worin dieser erklärt, daß er in diesem Behältnis die Reliquien des Kirchenschatzes von Momalle gesammelt habe, nachdem er – um jegliche, im übrigen mit der Strafe der Exkommunikation bedrohte, Entfernung zu vermeiden – die Echten abgesondert hätte.
Auf der Wandung des Behältnisses werden die Reliquien genannt. Die Namen sind in einer liturgischen Folge aufgeführt: Christus, die Jungfrau, Johannes der Täufer, die Apostel, die Märtyrer und die heiligen Frauen.
Pierre de Momalle, Kanoniker an der Kathedrale St. Lambert zu Lüttich (erwähnt seit 1176) und Propst (seit 1185) der Stiftskirche St. Paul, wird 1182 ausdrücklich als *investitus ecclesie de Momalia* bezeichnet; er starb vor 1193.
Die zweite Hälfte des 12. Jahrhunderts ist eine Zeit, die reich an Reliquientranslationen ist (mehrere große Schreine des Maasgebietes gehen auf jene Epoche zurück), und Pierre scheint die Gelegenheit ergriffen zu haben, den Kirchenschatz von Momalle zu vergrößern: ein Vorgehen, das ihm seine hohen Ämter ermöglichten. Dennoch behauptete er keineswegs, die Gesamtheit jener Reliquien in eigener Person erworben zu haben. Halten wir fest, wobei wir einmal allein den Episkopat Rudolfs von Zähringen (1167–1191) betrachten und keinen Anspruch auf Vollständigkeit erheben: der Bischof selbst nahm 1169 die Translation der Reliquien von Trudon und Eucher sowie um 1172 von Domitian und Mangold vor, und er weihte nach dem Brand von 1182 die Abteikirche von St. Laurent zu Lüttich neu.
1169 organisierte Abt Arnold von Neufmoustier die Translation der Gebeine von zwei Märtyrern der thebäischen Legion, die bis dahin in der Stiftskirche zu Bonn aufbewahrt worden waren.
Das Vorhandensein von Reliquien der Thebäer und der Elftausend Jungfrauen im vorliegenden Behältnis zeigt sehr schön den rheinischen Einfluß in unserem Raum auf, ohne daß darüber aber die Reliquien aus Rom oder dem Heiligen

120 (Kat.-Nr. 171)

Land übersehen werden dürfen, die von Pilgern wie dem Goldschmied Godefroid, der um 1172 *cum iunctura sancti Johannis Baptiste* nach Huy zurückkehrte, mitgebracht worden sind.
Von Pierre de Momalle war, wie H. Silvestre nachweist, die Hypothese von einem Raub des genannten Behältnisses nicht in Betracht gezogen worden, sondern allenfalls die Entwendung von ein oder zwei Reliquien, ein unbemerkter ›frommer Diebstahl‹ im Rahmen der zu jener Zeit nicht seltenen ›Spezialisierung‹ der Wundertätigkeit von Heiligen.

Lit.: Ausst.Kat. L'art ancien au Pays de Liège, Liège 1905, Classe I, Nr. 54; H. SILVESTRE, Commerce et vol de reliques au Moyen Age, in: Revue Belge de Philologie et d'Histoire, 1952, S. 738–739; J.-L. KUPPER, Liège et l'Eglise impériale XIe–XIIe siècles (BULg 228), 1981, S. 178, 320, 331 und 332; P. GEORGE, De l'intérêt de la conservation et de l'étude des reliques des saints dans le Diocèse de Liège, in: Bulletin de la Société Royale Le Vieux Liège, Bd. 10, Nr. 226 (1984), S. 509–530; DERS., Vies et Miracles de saint Domitien, évêque de Tongres–Maastricht (535–549), in: Analecta Bollandiana, 103 (1985), S. 305–351. P. G.

172 Abb. 121
Triptychon mit Heilig-Kreuz-Reliquie

Um 1160/70, maasländische Werkstatt; nach 1864 restauriert.
Messing und vergoldetes Kupfer über Holzkern; Emaille; Steine und kleine Glasperlen, H. 52 B. 52 cm.
Eglise Ste. Croix, Liège.

Im Jahre 1006 hatte Kaiser Heinrich II. dem Stift Ste. Croix in Lüttich (979 von Bischof Notker gegründet) Reliquien vom Heiligen Kreuz geschenkt, die er vom französischen König Robert II. erhalten hatte. Damals wurden diese Partikel in einer goldenen, kreuzförmigen Staurothek aufbewahrt, die mit einer körnigen Rändelung, Filigran und Perlsäumen gerahmt war. Hinter einem kleinen Fenster geborgen und mit der Inschrift *LIGNV[M] VITE* (Holz des Lebens) versehen, wurde dieses kleine ottonische Reliquiar kurz nach der Mitte des 12. Jahrhunderts in die Mitte eines Triptychons versetzt, dessen Bildprogramm, getragen von dem Gedanken der Auferstehung, sich aus diesem Kern heraus entwickelt. Emporgehalten wird dieser – scheinbar – von zwei Gestalten, den Personifikationen der Wahrheit und der Gerechtigkeit, die Schwamm und Ysopstab tragen. Eingefügt sind sie in zwei Arkadenbögen, die in geschlossenem Zustand die Flügeltüren aufnehmen. Diese Personifikationen stehen auf einem Rundbogen, der die Inschrift *RESVRRECTIO SANCTORVM* trägt. Unter ihm treten die nimbierten Büsten von fünf Heiligen hervor. Den Hintergrund des Mittelfeldes nehmen Darstellungen der Leidenswerkzeuge – Dornenkrone, Nägel und Essiggefäß – ein, dazwischen die Inschriften *VERITAS* und *IVDICIVM;* im Zentrum befindet sich unter einer Linse von Bergkristall ein kreisrundes Behältnis mit einem Partikel vom Schädel von Johannes dem Täufer und einem Zahn des hl. Vincentius. Die Personifikation des Mitleids *(MISERICORDIA)* ist auf einer halbkreisförmigen Grubenschmelzplatte direkt über dem zentralen Reliquiar dargestellt. Die Haltung dieser Figur findet sich wieder in der Figur Christi, mit den Inschriften *IHC – XPC* zu Seiten, die in das bogenförmige Tympanon der Giebelseite eingelassen ist. Die Seitenflügel sind in drei Register eingeteilt und in vergoldetem Kupfer ausgeführt. Sie tragen in Halbfigur die Darstellungen der zwölf Apostel, paarweise einander zugewandt und identifizierbar durch die Beischriften.
Von anderen maasländischen Triptychen – im Bildprogramm kommt ihm am nächsten dasjenige der Sammlung Dutuit im Petit Palais – hebt sich dieses aus Ste. Croix ab durch die Sparsamkeit seiner Farbgebung. Farbige Elemente finden sich einzig auf der Emailleplatte der Misericordia, deren Bedeutung damit noch unterstrichen wird, und am Bild Christi, das umgeben ist von kleinen Zellenschmelzplatten mit geometrischem Dekor; hier und da heben Blattwerk, Edelsteine und die Nimben in braunem Firnis die sonst gleichförmig aus vergoldetem Kupfer bestehende Oberfläche noch hervor.
Das Bildprogramm des Triptychons ergibt sich notwendigerweise aus der zentralen Lage der Hauptreliquie. Das *Lignum Vitae*, das Holz des Lebens, erscheint so als Mittel der Erlösung, an

121 (Kat.-Nr. 172)

der die Figur Christi und die der Heiligen teilhaben. Die zum Heil führenden Wege sind angesprochen in den Personifikationen der Tugenden des Mitleids, der Wahrheit und der Gerechtigkeit, von denen man die beiden letzteren in derselben Funktion auch im Triptychon der Sammlung A. Martin (Cloister's Collection) findet.
Stilistisch läßt sich dieses Exemplar einreihen in die große Anzahl von Werken, die üblicherweise dem Goldschmied (Gottfried) von Huy zugeschrieben werden, die aber tatsächlich unter diesem einen Namen Arbeiten zusammenfassen, deren genauere Untersuchung mehrere Hände, wenn nicht sogar mehrere Werkstätten hervortreten läßt. Dennoch ist die stilistische Verwandtschaft zwischen den Figuren der Tugendpersonifikationen des Triptychons und denen der Engel vom Dach des Schreins des hl. Mangold (Nr. 170.1), der mit großer Wahrscheinlichkeit vom Goldschmied Godefridus stammt, so eng, daß man sie ohne Zweifel demselben Meister zuschreiben kann, der, zwischen 1172 und 1189, die Schreine des hl. Mangold und des hl. Domitian in Huy schuf. Und ebenfalls wird man dieser Gruppe den Giebel des älteren Schreins der hl. Oda im British Museum zuweisen können und das Armreliqui-

ar Karls des Großen (um 1165–66). Die Verwandtschaft zeigt sich ebenso in den diversen Motiven der getriebenen Schmuckbänder an den Gewändern.
Was die Figur der Misericordia betrifft, so weisen sowohl ihre Gesichtszüge als auch die kobaltblauen, gelben, grünen und weißen Farbtöne ihrer Kleidung auf zahlreiche ähnliche Figuren der maasländischen Goldschmiedekunst des 3. Viertels des 12. Jahrhunderts hin. Byzantinische Vorbilder dienten im übrigen als Grundlage für die Typologie des Triptychons, vor allem bei den Figuren der Engel mit den Passionsattributen. Dieser Aufbau, ebenso wie die paarweise Darstellung der Apostel in den Seitenflügeln, stellen dieses Reliquiar in die Nähe der bereits zitierten aus der Sammlung Dutuit. Ein altes Photo des Triptychons (von 1864) zeigt, daß der Emailleschmuck der oberen linken Ecke des Mittelteils zu einem späteren Zeitpunkt überarbeitet worden sein muß, ebenso wie die beiden Einfassungen mit Rankenornament, die den unteren Rand der Seitenflügel schmücken.

Lit.: O. VON FALKE – H. FRAUBERGER, Deutsche Schmelzarbeiten des Mittelalters, 1904, S. 66, 68, 80; J. BRAUN, Die Reliquiare des christlichen Kultes und ihre Entwicklung, 1940, S. 222; S. COLLON-GEVAERT–J. LEJEUNE–J. STIENNON, Art mosan aux XIe et XIIe siècle, 1961, S. 188; S. COLLON-GEVAERT, Histoire des Arts du métal en Belgique, 1951, S. 168; A. FROLOW, Les reliquaires de la Vraie Croix, 1965, S. 58, 250; U. KREMPEL, Das Remaclusretabel in Stavelot und seine künstlerische Nachfolge, in: Münchner Jahrbuch für bildende Kunst 3. F. 22 (1971), S. 34, 36; Ausst.Kat. Rhein und Maas, 1972, Nr. G5; D. KÖTZSCHE, Zum Stand der Forschung der Goldschmiedekunst des 12. Jahrhunderts im Rhein-Maas-Gebiet, in: Rhein und Maas 2, 1973, S. 196–197; Ph. VERDIER, Les staurothèques mosanes et leur iconographie au Jugement Dernier, in: Cahiers de civilisation médiévale 16 (1973), S. 105ff.; H. WESTERMANN-ANGERHAUSEN, Das ottonische Kreuzreliquiar im Reliquientriptychon von Ste. Croix in Lüttich, in: Wallraff-Richartz-Jahrbuch 36 (1974), S. 7ff.; J. J. M. TIMMERS, De Kunst van het Maasland, (o. J.), S. 335–336; Stauferkatalog 1, 1977, Nr. 539; Ausst. Kat. The Stavelot Triptych, New York 1980, Nr. 1; Ausst.Kat. Trésors du Musée d'Arts religieux et mosan, Paris 1980, Nr. 9 S. 22–24; Ausst.Kat. Ornamenta Ecclesiae, Köln 1985, Bd. 3, Nr. H36.

A. L.

173 Abb. 122

Jahrtagsstiftung der Herzöge von Zähringen im Kloster Saint-Jacques (St. Jakob) zu Lüttich

Lüttich, 1187.
Chirograph, Pergament, H. 20 B. 31 cm.
Archives de l'Etat à Liège, Fonds de l'abbaye de Saint-Jacques, chartrier, carton Nr. 2, charte 31.
(Textanhang Nr. 11).

Bischof Rudolf von Lüttich bestätigt eine Verfügung in Bezug auf die Pfarrkirche Saint-Rémy vor den Toren der Abtei Saint-Jacques in Lüttich, über die der Abt von Saint-Jacques das Patronatsrecht *(investitura)* hatte. Dem Priester von Saint-Rémy wird die Bestimmung auferlegt, jährlich 40 *solidi* (Schillinge) an das Kloster zu zahlen. Dieses wiederum soll das Geld verwenden, um die Anniversarien der Verwandten des Bischofs zu begehen, nämlich seines Vaters, des Herzogs Konrad von Zähringen († 8. Januar 1152), seiner Mutter Clementia von Namur († 27. Dezember 1158) und seines Bruders, des Herzogs Bertold IV. von Zähringen († 8. September 1186). Die Gedächtnisstiftung Rudolfs legt die Vermutung nahe, er habe vorgehabt, sich in der Lütticher Abtei Saint-Jacques bestatten zu lassen. Diese Wahl ist möglicherweise – zumindest in Form einer Hypothese – mit den folgenden Tatsachen in Verbindung zu bringen: Im Jahre 1160, nach der Ermordung Erzbischofs Arnold von Mainz, wollten die Aufrührer Rudolf von Zähringen, den späteren Bischof von Lüttich, auf den erzbischöflichen Stuhl setzen; und gerade in einem dem hl. Jakob geweihten Kloster – das damals in Flammen aufging – war der unglückliche Arnold umgebracht worden. Daß Rudolf von Lüttich schließlich im zähringischen Hauskloster St. Peter im Schwarzwald bestattet wurde, liegt vermutlich nur daran, daß er plötzlich in Herdern (Freiburg) und damit im Herrschaftsgebiet seiner Familie, verstarb.

Lit.: J. STIENNON, Etude sur le chartrier et le domaine de l'abbaye de Saint-Jacques de Liège (1015–1209), 1951, Nr. 9, S. 446–447; KUPPER, La politique, S. 461 Anm. 96; KUPPER, Raoul, S. 31–32, S. 165; KUPPER, Liège (wie Nr. 171), S. 305 Anm. 89.

J.-L. K.

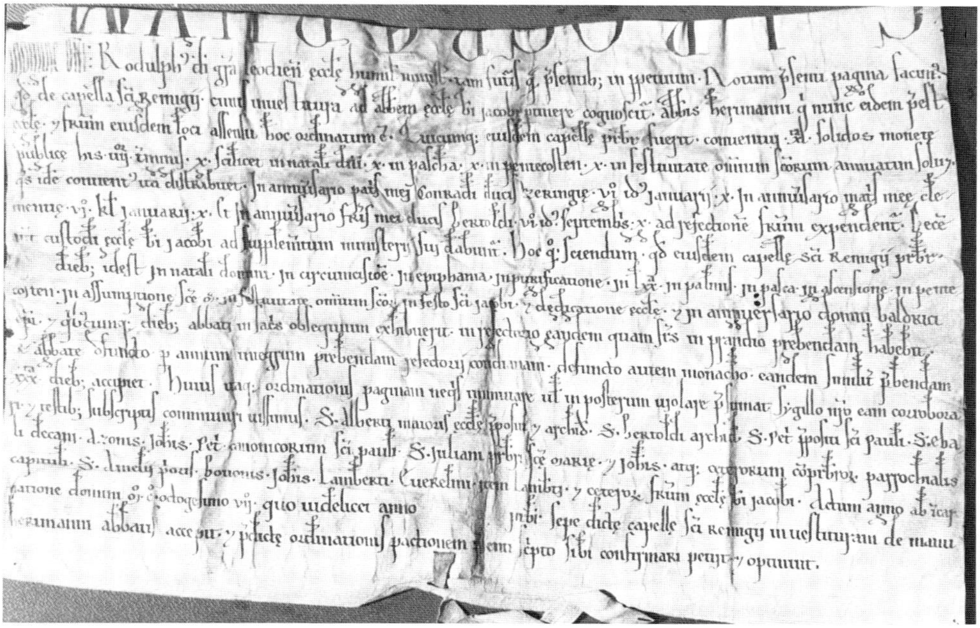

122 (Kat.-Nr. 173)

174 Tragaltar

Abb. 123–124

Maasländisch (?), 2. Hälfte 12. Jahrhundert. Brauner Kalzit, Holzrahmen mit vergoldetem, gestanzten Silberblech, H. 2 B. 23 T. 20,5 cm. Augustinermuseum Freiburg, Leihgabe des Erzbischöfl. Ordinariats, Inv.-Nr. K10/M.

Der seit 1512 im Münsterschatz befindliche Tragaltar, so genannt, weil er auf Reisen mitgenommen werden konnte, besteht aus einer Platte durchsichtigen braunen Kalzits, eingefaßt von einem mit vergoldetem Silberblech verkleideten Holzrahmen. Diese Metallüberzüge des Rahmens weisen reiche gestanzte Schmuckelemente auf. Die Eckmedaillons der Vorderseite umschließen Greife, die Bänder dazwischen zeigen große und kleine wellenförmige Blattranken, durch Stäbe voneinander geschieden. Die Rückseite ist durch Drachenmotive, einen Königskopf und einen Löwen ausgezeichnet.
Stilistische und motivische Vergleiche haben Ähnlichkeiten mit niedersächsischen und maasländischen Goldschmiedearbeiten der zweiten Hälfte des 12. Jahrhunderts erbracht, die eine oberrheinische Provenienz ausschließen. Nimmt man Niedersachsen als Entstehungsgebiet an, so könnte das Portatile durch die erste Gemahlin Heinrichs d. Löwen, Clementia von Zähringen, nach Freiburg gekommen sein. Da jedoch diese Ehe 1163 geschieden wurde und die als Vergleichsstück herangezogene Rahmung der Demetriusplatte, die wahrscheinlich erst 1172 durch den Kreuzzug nach Braunschweig gekommen war, infolgedessen nach diesem Zeitpunkt entstanden sein muß, ist diese Hypothese kaum haltbar. Glaubhafter erscheint die Ansicht, daß der Altar zusammen mit der Lambertus-Reliquie im Reisegepäck des Bischofs Rudolf v. Lüttich nach Freiburg gelangte. Für eine maasländische Entstehung würden auch Übereinstimmungen mit anderen Arbeiten dieser Kunstlandschaft (z. B. Benignusschrein in Siegburg) sprechen.
Nach seinem Tod ist das Portatile wohl zusammen mit der Reliquie an Rudolfs Neffen Bertold V. übergegangen, der beides in der Kapelle auf der Burg oberhalb der Stadt verwahrte (Nr. 112). 1366 kann der Tragaltar bei der Erstürmung der Burg in die Hände der Bürger gefallen sein, was seine Stiftung durch einen Bürger 1512 an das Münster erklären würde.

123 (Kat.-Nr. 174) Oberseite

124 (Kat.-Nr. 174) Unterseite

Lit.: J. BRAUN, Zwei Tragaltärchen im Münster zu Freiburg, in: Zeitschrift für christl. Kunst 16, Nr. 2 (1903) S. 42 ff.; O. v. FALKE – R. SCHMIDT – G. SWARZENSKI, Der Welfenschatz, 1930, Kat.Nr. 7 (Demetriusplatte); G. SWARZENSKI, Aus dem Kunstkreis Heinrichs d. Löwen, in: Städel-Jahrbuch 7–8 (1932), S. 330 f.; I. SCHROTH, Mittelalterliche Goldschmiedekunst am Oberrhein, Ausst.Kat. Freiburg 1948 mit Vorwort v. W. NOACK, S. 8, 22; H. GOMBERT, Der Freiburger Münsterschatz, 1965, S. 45 f. (mit Angabe der Quellen); Katalog Kunstepochen Freiburg, Nr. 5 S. 20.

M. K.

175 — Abb. 125

Das Martyrium des hl. Lambert – Miniatur im »Psalter Lamberts des Stammlers«

Lüttich, ca. 1255–1260.
Pergamenthandschrift, 223 Bll. H. 17 B. 12 cm.
Bibliothèque de l'Université de Liège, Ms. 431 A;
aufgeschlagen f. 12^{r}.

125 (Kat.-Nr. 175)

Lambert, Bischof von Tongern-Maastricht, wurde am 17. September um das Jahr 705 in Lüttich in der Folge einer Fehde ermordet. Als Märtyrer verehrt, stieg er schnell zum Patron der Diözese auf, deren Metropole bald der Ort des ›Martyriums‹ – Lüttich – wurde.
Die Ikonographie des hl. Lambert ist vielfältig, begünstigt durch die weite Verbreitung seiner Verehrung im mittelalterlichen Europa, insbesondere im Reich. Die am häufigsten verwendete Szene ist die des Martyriums; im 13. Jahrhundert ist sie in hagiographischen Handschriften, aber auch auf Siegeln der Diözese Lüttich zu finden.
Zwischen den zahlreichen illuminierten Psaltern aus dem Lütticher Raume der Jahre 1255–1260 gibt es im Bereich der Texte wie in der Dekoration eine verborgene Verwandtschaft, ein schönes Beispiel für maasländische Miniaturenmalerei im 13. Jahrhundert. Sie stammen alle von einem Psalter ab, der von dem berühmten Lütticher Prediger Lambert dem Stammler, Zeitgenosse Rudolfs von Zähringen, verfaßt wurde. Diese lateinischen Psalter beinhalten auch eine Reihe von Gebeten in romanischer Sprache mit Lütticher Dialektfärbung, die die Aufmerksamkeit der Philologen (P. Meyer, K. Val Sinclair etc.) auf sich gezogen haben. Eine Inschrift im Kalender des vorliegenden, typisch Lütticher Psalters verrät seine Herkunft. Dieser Befund wird unterstützt durch eine Initiale auf Goldgrund mit der Szene des Lambert-Martyriums (f. 12^{r}). Halbgebückt, mit gefalteten Händen, richtet der betende Bischof seinen Blick auf den Altar, wo ein mit weißem Tuch bedeckter Kelch steht; der Künstler wollte den Vergleich zwischen dem Opfer des Martyriums und dem der Eucharistie ausdrücken. Nach der *Vita antiquissima Landiberti* hat der Heilige nach anfänglicher Gegenwehr auf jede Gewalt verzichtet und mit reumütiger Seele das Martyrium auf sich genommen.
In der Überlieferung stirbt der Prälat unter dem Lanzenstoß eines Mörders, der auf dem Dach des Gebäudes sitzt. Schwester Bribosia hebt ein Detail der Szene hervor: den zwischen den Füßen Lamberts liegenden Kopf; sie sieht darin den ersten Zeugen einer Darstellung, die Lambert als Sieger über seine Mörder zeigt, indem er sie mit dem Fuß zermalmt; eine Ikonographie, wie sie besonders in der Skulptur des endenden Mittelalters und der Neuzeit begegnet.

Lit.: J. BRASSINNE, Psautier liégeois du XIIIe siècle, o. J.; E. PONCELET, Le martyre de saint Lambert et les sceaux, in: Bulletin de la Société des Bibliophiles liégeois 5 (1892–1895), S. 168–176; Schwester M. H. BRIBOSIA, L'iconographie de saint Lambert, in: Bulletin de la Commission Royale des Monuments et Sites 6 (1955), S. 87–231; M. ZENDER, Räume und Schichten mittelalterlicher Heiligenverehrung in ihrer Bedeutung für die Volkskunde, 1959, 2. Aufl. 1973; R. LEJEUNE – J. STIENNON, in: Ausst.Kat. Rhein und Maas, 1972, S. 84 und 335; P. GEORGE, Ausst.Kat. Saint Lambert. Culte et Iconographie, Lüttich, Cathédrale Saint-Paul, 1980, Nr. 3 S. 66; DERS., Iconographies de saints mosans, Chronique dans le Bulletin de la Société Royale Le Vieux Liège, seit 1981, bes. Bd. 10, Nr. 216 (1982) S. 163–164 und Nrn. 221–222, S. 342.

P. G.

126 (Kat.-Nr. 176)

176 Abb. 126
Lütticher Reliquienbüste des hl. Lambert

Aachen, 1508–1512.
Getriebenes Silber, ziseliert und graviert, teilweise vergoldet und bemalt, H. 159 B. 107 T. 79 cm.
Lüttich, Cathédrale Saint-Paul.

Der Patron der Diözese Lüttich ist in halbfigürlicher Darstellung gezeigt, das Meßgewand und das Rationale auf den Schultern, die Mitra auf dem Kopf, den Bischofsstab in der rechten und ein geöffnetes Buch in der linken Hand. Das Bildnis, das den Heiligen in leichter Übergröße darstellt, ist überaus beeindruckend und wäre es in noch höherem Maße, wenn das Gesicht nicht zu unbekannter Zeit farbig ausgemalt worden wäre. Es ruht auf einem imposanten Sockel, in den sechs von kräftigen Pfeilern getrennte und von reich verzierten Baldachinen bekrönte Nischen eingelassen sind. In den Nischen stellen eine Vielzahl von kleinen Figuren die bedeutendsten Begebenheiten aus der Legende des hl. Lambert dar: Wunder, Prüfungen, Martyrium, Bestattung, Translation und Verklärung.

In der Mitte der Sockelvorderseite ist die Gestalt des auf einem Betstuhl knienden Stifters zu erkennen. Ein großes, zu seinen Füßen entrolltes Schriftband enthüllt seine Identität: *ERADVS PRIMVS + GENERE + DE + MARKA + TERCIVS +*. Es ist Erard de la Marck, Fürstbischof von Lüttich (1505–1538), erster dieses Namens und dritter seines Geschlechts, der das hohe Amt bekleidete. Vor der Gestalt rahmen zwei kleine Engel ein Wappenschild ein, das von einer Mitra mit Bischofsstab bekrönt ist. In der Höhe seines Mundes trägt ein Spruchband das Gebet, das er an den hl. Lambert richtet: *CHRISTI MARTIR SACERDOS LAMBERTE APVD DEVM PRO ME INTERCEDE*. Die Anrufung ist kunstvoll in das Metall eingearbeitet, denn die Statuette des Erard befindet sich gegenüber jener des hl. Lambert, der am Fuße eines Kreuzes ins Gebet vertieft dargestellt ist.

Die Reliquienbüste ist auf Kosten Erards de la Marck von Kunsthandwerkern ausgeführt worden, die unter der Leitung des berühmtesten Goldschmieds der Zeit, Hans von Reutlingen aus Aachen (um 1465–1470 bis um 1547), standen. Sie trägt die Prägestempel des Goldschmieds und der kaiserlichen Stadt.

Gleich nach seiner Wahl Ende des Jahres 1505 hatte der Fürst das am Vorabend der Plünderung Lüttichs durch die Burgunder (1468) ins Auge gefaßte Projekt wieder aufgenommen.

127 (Kat.-Nr. 177)

Die 1512 vollendete Reliquienbüste stellte bis zur französischen Revolution das Prunkstück der Kathedrale Saint-Lambert in Lüttich dar. Nur knapp entging sie der Vernichtung, der nahezu der gesamte Kirchenschatz zum Opfer fiel. Das Kunstwerk wurde in Hamburg versteckt. Von den Franzosen beschlagnahmt, wurde es nach mancherlei Wechselfällen im Jahre 1803 von Napoleon Bonaparte, dem Ersten Konsul, den Bürgern von Lüttich zurückgegeben.

Ihre ›gigantische‹ Größe und vor allem ihr außergewöhnlicher Sockel, der von Schnitzaltären manche Anregung empfing, machen aus der Reliquienbüste das letzte große Meisterwerk religiöser Goldschmiedekunst des Mittelalters. Sie steht in der Tradition der Gotik, sieht man einmal von den nackten Engelchen auf dem Sockel ab, die geradezu als Putten italienischer Art zu bezeichnen sind. Die meisten der Edelsteine, mit denen das Kunstwerk übersät ist, dürften von jenseits der Alpen stammen: Es sind ohne Zweifel jene, die Erard de la Marck 1509 in Venedig erwarb und für die Ausstattung der Reliquienbüste bestimmte.

Lit.: P. Colman, L'orfèvrerie religieuse liégeoise, 1966, Bd. 1, S. 94–19, 184–185 und Nr. 416; Trésors d'art, sint Remacle, saint Lambert, Ausst.Kat. Stablo 1968, S. 30, B. 6; Le buste-reliquaire de saint Lambert de la cathédrale de Liège et sa restauration (P. Colman, Etude historique et archéologique, R. Sneyers, Traitement, P. Colman, L'aspect esthétique), in: Bulletin de l'Institut royal du Patrimoine artistique 14 (1973–1974), S. 39–88; Saint Lambert, culte et iconographie, Ausst.Kat. Lüttich 1980, S. 16. P.C.

177 Abb. 127
Freiburger Reliquienbüste des hl. Lambert

Freiburg 1514, unterer Sockel 1468, Zwischensockel 18. Jahrhundert.
Büste: Silber getrieben, z.T. vergoldet, unterer Sockel: Kupfer getrieben, vergoldet, Figuren: Silber gegossen, z.T. vergoldet, Zwischenbau: Holz versilbert; H. gesamt 111,5 B. 56 T. 39 cm.
Augustinermuseum Freiburg, Leihgabe des Erzbischöflichen Ordinats, Inv.-Nr. K 17/M.

Während der Amtszeit Bischof Rudolfs v. Lüttich (1167–1191) kam die Schädelreliquie des 716 in Lüttich bestatteten Märtyrerbischofs Lambertus nach Freiburg. Ob sie als Geschenk Rudolfs an seine Verwandtschaft vorgesehen war oder ob sie dem am Kreuzzug teilnehmenden Bischof als Heiltum gedient hatte und in Freiburg blieb, weil Rudolf 1191 bei seiner Rückkehr hier starb, ist unsicher. Aufbewahrt wurde die Lambertus-Partikel in einer 1245 erstmalig erwähnten, zur Burg auf dem Schloßberg gehörigen *capella sancti Lamberti* (Nr. 112). Diesen Aufenthaltsort der damals bereits in einem kostbaren Reliquiar deponierten Reliquie bezeugt auch das älteste Schatzverzeichnis des Münsters von 1483: *Item sant Lamprechts haupt in silber gefasst, kom ab der burg.* In der zweiten Hälfte des 14. Jahrhunderts scheint das Reliquiar im Zusammenhang mit der Verlegung einer an den Altar der Lambertskapelle gebundenen Pfründe in Münsterbesitz übergegangen zu sein, wohl infolge der Zerstörung von Burg und Kapelle durch die Freiburger 1366. Darauf mag sich auch die Sattlersche Chronik 1514 (Nr. 279) beziehen: *Das selbig heiltum ist ob dreihundert jahren hie*

128 (Kat.-Nr. 178) Bertold III.

129 (Kat.-Nr. 178) Rudolf von Lüttich

130 (Kat.-Nr. 178) Konrad

131 (Kat.-Nr. 178) Bertold IV.

enthalten worden nicht erlich als sich wol geburet hett, doch geehrt.
Im selben Jahr war die Büste des aus Bestandteilen dreier Jahrhunderte zusammengesetzten Reliquiars von dem Freiburger Goldschmied Peter Sachs ausgeführt worden. Sie zeigt den Bischof mit einem scharfgeschnittenen, von Locken umrahmten Gesicht in seiner Amtstracht mit Pluviale, Amikt und Mitra, auf der ein Relief der Verkündigung angebracht ist. Das rundum getriebene, gravierte und gepunzte, d. h. auf Vorder- und Rückenansicht berechnete Bildwerk ist ein typisches Beispiel spätgotischer Goldschmiedekunst am Oberrhein, vergleichbar mit der Büste des hl. Landelin in Ettenheimmünster, jedoch schlichter als diese. Als Sockel dienen ein barocker Untersatz aus versilbertem Holz und die Bodenplatte des 1468 entstandenen Vierlehrerschreines, dessen gegossene Figürchen erhalten blieben, während der eigentliche Schrein dem Büstenreliquiar des zweiten Freiburger Stadtpatrons zuliebe geopfert wurde.

Lit.: K. ZELL, Rudolph von Zäringen, Bischof von Lüttich, in: FDA 7 (1873), S. 109–132; J. CLAUSS, Die St. Lambertusbüste in Lüttich und ihre Nachbildungen in Baden und Elsaß, in: SiL 67 (1941), S. 45–78; H. GOMBERT, Der Freiburger Münsterschatz, 1965, S. 60–64 (mit Angabe der Schriftquellen und der älteren Literatur); Katalog Kunstepochen Freiburg, S. 181–183 (Nr. 205). M. K.

178 Abb. 128–131
Bildplatte Rudolfs von Lüttich

Franz Anton Xaver Hauser, Freiburg 1793–95. Buntsandstein, vielleicht ursprüngl. weiß gefaßt, Bischofsstab Holz (teilweise erneuert); B. der Nische 1,19 m, H. der Figur 2,10 m. Freiburg, Münster Unserer Lieben Frau.

In den Schrankenanlagen zwischen Binnenchor und Chorumgang, die 1795 in bemerkenswerterweise neugotischen Formen errichtet wurden, sind in kielbogengerahmten Nischen Bildplatten für vier Zähringer eingelassen, Bertold III. (Abb. 130) und Bertold IV. (Abb. 131) auf der Südseite, auf der nördlichen Konrad (Abb. 128) und Rudolf (Abb. 129). Es handelt sich dabei keineswegs um Grabplastiken, da die Gebeine der Dargestellten in St. Peter bestattet sind, sondern um Denkmäler, die 1793–95 der Freiburger Bildhauer Franz Anton Xaver Hauser (1739–1819) schuf, der 1807 auch die Figur des Bertolddenkmals (Nr. 319.1) geschaffen hat. Die voluminöse, im Hochrelief gearbeitete, frontal gegebene Figur Rudolfs von Lüttich zeigt einen bartlosen Mann mittleren Alters in anachronistischer Gewandung: Rüstung, Kragen und Mantel passen weder zu einer Darstellung des 12., noch zu einer des ausgehenden 18. Jahrhunderts. Die Kombination der Kleidung aus dem liturgisch-kirchlichen Bereich und dem Kriegswesen (Mitra u. Rüstung!) spielt auf die Teilnahme des Bischofs am Kreuzzug an. Der zu seiner Linken stehende, mit Tüchern verhängte tischartige Aufbau trägt auf einem Kissen den von Palmzweigen umgebenen Schädel des hl. Lambertus, den Rudolf nach Freiburg gebracht hatte (Nr. 177). Die Figur des Lütticher Bischofs hat offensichtlich mehrere Veränderungen erfahren. Die Schädelkalotte wurde zusammen mit der Mitra zu einem unbestimmten Zeitpunkt neu gearbeitet und in die Platte dahinter eingefügt. Ebenso angestückt sind die rechte Hälfte des Tisches mit der Lambertusreliquie. Eine dreizeilige Inschrift am Fuße der Bildplatte nennt Herkunft, Amt und Todesdatum des Dargestellten.

Lit.: F. LAUBENBERGER, Die Herzöge von Zähringen. Zum 850jährigen Gründungsjubiläum der Stadt Freiburg i. Br., in: BH 49 (1969), S. 406–412; H. BROMMER, Die Bildhauer Hauser in Kirchzarten, Schlettstadt und Freiburg i. Br., in: SiL 94/95 (1976/77), S. 165–188 (Biographie u. Werkverzeichnis Franz Anton Xaver Hausers); E. ADAM, in: HART–ADAM, Künstlerische Ausstattung, S. 129. M. K.

IV. DIE STÄDTE

Das Interesse der Forschung konzentrierte sich im 19. und 20. Jahrhundert vor allem auf die Zähringer als Städtegründer. So schrieb man ihnen ein eigenes Stadtgründungsmodell zu und zählte alte Siedlungen in ihrem Herrschaftsgebiet zum Teil ohne stichhaltige Beweise zu den »Zähringergründungen«, sobald sie nur einen bestimmten Straßenverlauf (»Zähringerkreuz«) und ein den Freiburger Rechtssätzen verwandtes Stadtrecht aufwiesen. Zudem glaubte man, daß die Herzöge von Zähringen ihre Städte an bisher unbesiedelten Plätzen anlegten. Neuere Forschungen konnten dagegen zeigen, daß die meisten mittelalterlichen Städte an Vorgängersiedlungen anschlossen und keine ›auf der grünen Wiese‹ geplanten Neugründungen waren. Das sogenannte »Zähringerkreuz« (vgl. Nr. 256.1) ist eine unabhängig vom Gründer seit dem späten 12. Jahrhundert häufig anzutreffende Straßenführung, und »Zähringerrecht« erhielten auch Siedlungen, die nicht unter der Herrschaft der Zähringer standen, viele davon erst nach dem Aussterben des Hauses (Nrn. 257–265).

Ohne Zweifel haben die Zähringer als Städtegründer und Stadtherren die Entwicklung des mittelalterlichen Städtewesens beeinflußt; doch darf nicht außer acht gelassen werden, daß sie in einer langen geschichtlichen Tradition standen und auf mannigfaltige Vorbilder aufbauen konnten. Die Zähringer haben die Möglichkeiten ihrer Zeit zwar geschickt zu ihren Gunsten genutzt, jedoch nicht etwa revolutionär verändert.

Eine Stadt hob sich im Mittelalter deutlich gegen ihr agrarisch geprägtes Umland ab. Ihre Funktion als Markt erforderte die Ausbildung einer eigenen Rechtssphäre, die den Bedürfnissen des Handels und des Zusammenlebens angepaßt war. Handel und Gewerbe begünstigten eine spezifisch arbeitsteilige Wirtschaftsform und in ihrer Folge eine differenzierte soziale Schichtung innerhalb der Stadt. Dies verstärkte den Gegensatz zur ländlichen Gesellschaft ebenso wie die weitgehende Freiheit von alten herrschaftlichen Bindungen.

Durch Anlage, Ausbau und Begünstigung von Städten konnte ein weltlicher oder geistlicher Herr seine machtpolitische Position verbessern und festigen. Verschiedene Steuern und sonstige Abgaben bildeten eine lohnende Geldquelle. Zudem leistete die Stadt einen Beitrag zur militärischen Sicherung einer Landschaft. Sie verfügte über eine deutlich höhere Besatzung als eine Burg und trug die Kosten einer wehrhaften Ausstattung teilweise selbst.

Die besonderen Schwierigkeiten einer Beschäftigung mit den »Zähringerstädten« ergeben sich aus der historischen Situation des 12. Jahrhunderts und dessen Stellung innerhalb der deutschen mittelalterlichen Stadtgeschichte. Können wir bis zum Ende des 11. Jahrhunderts nur von Marktgründungen sprechen, so war andererseits erst im beginnenden 13. Jahrhundert das Bild dessen, was eine Stadt ausmacht, soweit gefestigt, daß eine Neuanlage oder der Ausbau einer Siedlung zur Stadt in kurzer Zeit systematisch durchgeführt werden konnte. Im 12. Jahrhundert, in dem neben den Zähringern auch andere weltliche und geistliche Herren als Förderer des neuentdeckten Herrschaftsinstruments »Stadt« auftraten, befand sich der Städtebau noch in einer Experimentierphase. Es entstanden, neben ausgebildeten Städten, auch Siedlungen, die ländliche und städtische Züge gleichzeitig aufwiesen; teils wurden sie später wirkliche Städte, teils verschwanden sie wieder.

In der Ausstellung wird deshalb nicht mehr, wie es in früheren Jahren üblich war, von »Zähringerstädten« schlechthin gesprochen, sondern eine Unterteilung vorgenommen: Die erste

Gruppe (Nrn. 181–220) umfaßt die nachweislichen Gründungsstädte Freiburg i. Br., Freiburg i. Ü. und Bern, die ihre Entstehung einem geplanten Eingriff der Zähringer verdanken und noch zur Zähringerzeit im wesentlichen die innere Struktur einer Stadt aufwiesen. An ihrem Beispiel sollen wesentliche Momente des zähringischen Städtebaus – Vorgängersiedlungen, bauliche Anlage und innerstädtisches Leben – erläutert werden. Zur zweiten Gruppe (Nrn. 221–255) zählen auf der einen Seite Villingen, Offenburg, Neuenburg, Rheinfelden, Burgdorf, Murten und Thun, die als Burg- oder Dorfsiedlung an die Zähringer gelangten, teilweise von ihnen ausgebaut wurden, aber eine städtische Struktur wohl erst nach 1218 erlangten, und auf der anderen Seite Orte wie Zürich, Breisach und Solothurn, auf deren Stadtwerdung die Zähringer nicht den entscheidenden Einfluß hatten, weil sie schon als städtische Siedlungen in ihren Besitz kamen. Hier stehen Aspekte der Übernahme, des Ausbaus und der Nutzungsmöglichkeiten im Blickpunkt. Die dritte Gruppe (Nrn. 256–265) umfaßt die Traditionsstädte, wie zum Beispiel Bräunlingen, Kenzingen und Rottweil, die sich auf die Zähringer beriefen, ohne tatsächlich je in einem engeren Verhältnis zu ihnen gestanden zu haben. Diese Städtegruppe insbesondere bietet Anlaß, die angeblichen Erkennungsmerkmale des »zähringischen Stadtmodells«, nach denen diese Siedlungen dem Herzogshaus zugeordnet wurden, zu beleuchten.

Die Ausstellung orientiert sich am momentanen Stand der Zähringerforschung. Wissenschaftliche Ergebnisse, die besonders im Bereich der Stadtarchäologie und der Stadtrechtsrekonstruktion zu erwarten sind, können durchaus zu Verschiebungen innerhalb der Zuordnung der einzelnen Städte führen.

M. B. / J. T.

179 Abb. 132
Gründungsstädte – Städte in Zähringerbesitz – Städte mit Zähringertradition

Kartenskizze.

Die Karte gibt einen Überblick über die Lage aller in dieser Abteilung behandelten »Zähringerstädte«.
Rot sind solche Orte eingezeichnet, die ihre Entstehung einem bewußten und zeitgenössisch belegten Gründungsakt der Zähringer verdanken und schon zu ihren Lebzeiten stadtähnliche Strukturen aufwiesen. Grün sind diejenigen, welche als schon länger bestehende Siedlungen in den Besitz der Zähringer kamen und von ihnen weiter ausgebaut wurden. Die blau angeführten Orte berufen sich auf die Zähringer, ohne nachweisbar in einem engeren Verhältnis zu ihnen gestanden zu haben.

M. B. / J. T.

180 Abb. 133
Die Zuordnung der Städte zum Stadtherrn

Kartenskizze.

Die Karte ordnet die »Zähringerstädte« jeweils ihrem ersten mit einiger Sicherheit belegten zähringischen Stadtherrn zu. In unklaren Fällen werden beide potentiellen ›Stadtgründer‹ genannt. M. B. / J. T.

132 (Kat.-Nr. 179) Gründungsstädte,
Städte in Zähringerbesitz
Städte in Zähringertradition

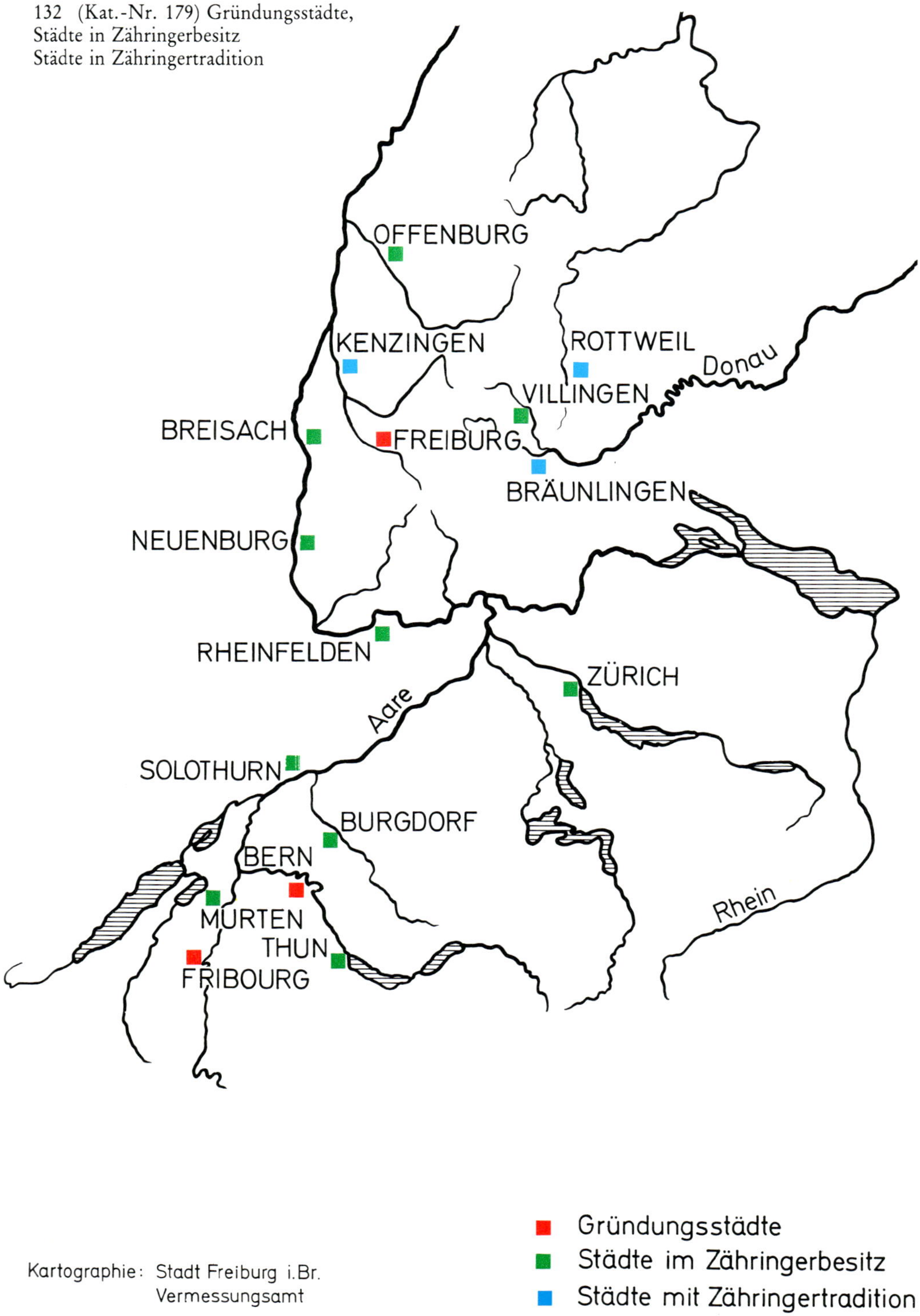

Kartographie: Stadt Freiburg i. Br.
Vermessungsamt

133 (Kat.-Nr. 180)
Die Zuordnung der Städte zum Stadtherrn

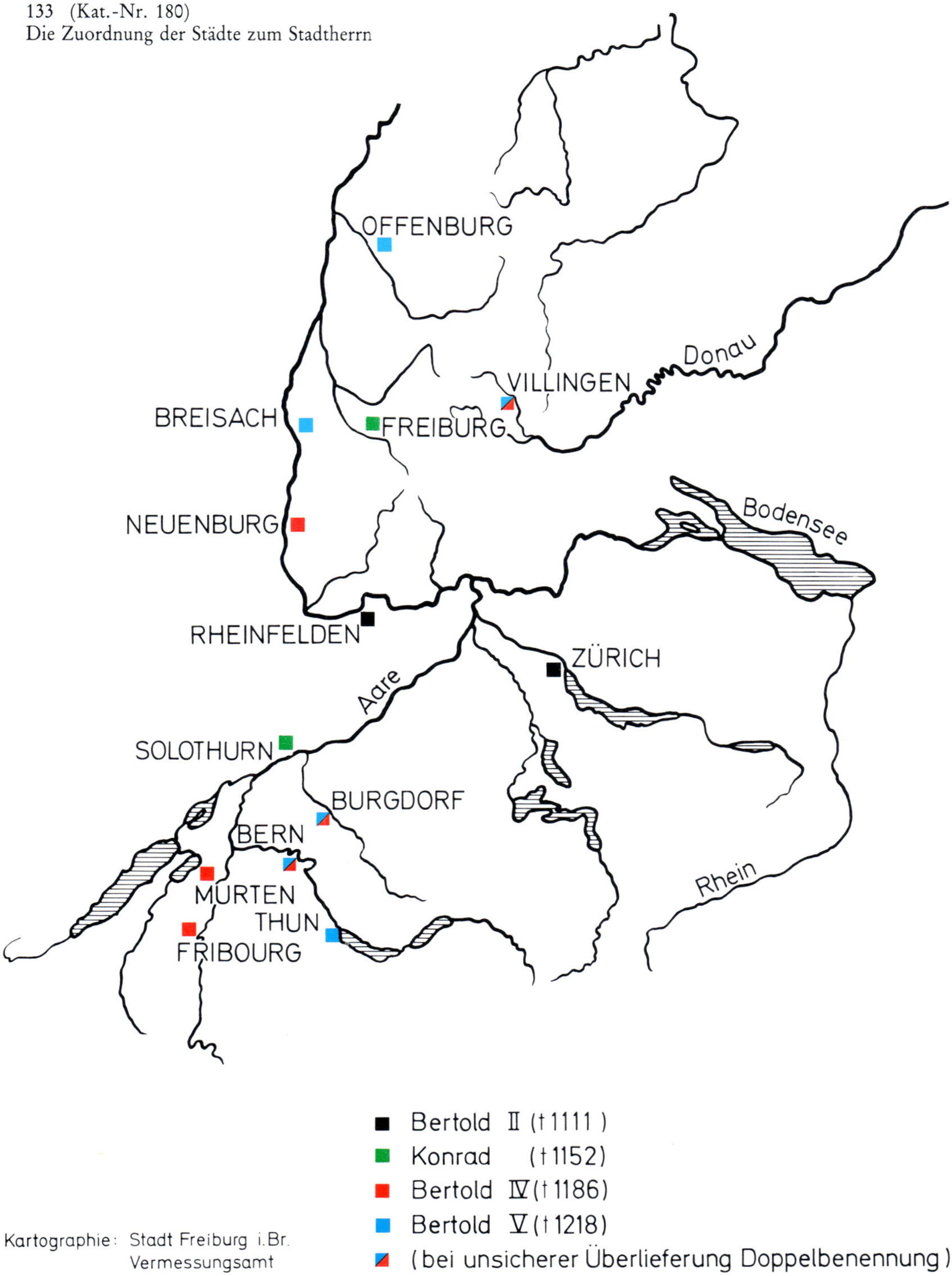

Kartographie: Stadt Freiburg i. Br. Vermessungsamt

1. Gründungsstädte

Die Anfänge: Freiburg im Breisgau (Nrn. 181–194)

Am Anfang des zähringischen Städtewesens steht der Aufbau Freiburgs im Breisgau. Er erfolgte allerdings nicht im Jahr 1120 ›auf der grünen Wiese‹, wie die ältere Forschung vermutete, sondern knüpfte an eine lange vorstädtische Tradition an. Das spiegeln schon die Chroniken des 13. bis 16. Jahrhunderts (Nr. 181) wider; sie nennen für Freiburg drei unterschiedliche Gründer – Bertold II., Bertold III. oder Konrad von Zähringen – und sechs verschiedene Gründungsdaten zwischen den Jahren 1091 und 1122. Aus Urkunden und Grabungsergebnissen lassen sich mehrere Siedlungsphasen (Nr. 182) erschließen, die der Marktgründung von 1120 vorausgingen:

Erstmals ist in der Wildbannurkunde von 1008 (Nr. 183) die Siedlung Wiehre bezeugt. Zu ihr gehörte wohl die in späterer Zeit belegte St. Peterskirche (Nr. 184). Das Ausgreifen der Zähringer in den Breisgau in der zweiten Hälfte des 11. Jahrhunderts führte zum Bau der Burg auf dem Schloßberg (Nr. 185), zu deren wirtschaftlicher Versorgung ein Hof mit dazugehöriger Mühle (Nr. 186) benötigt wurde. Die zur Burg gehörenden Ministerialen siedelten ebenfalls hier in der Oberen Au. Vielleicht wurde zu dieser Zeit durch den Bau einer Brücke über die Dreisam die Bedeutung der Straßengabelung in Oberlinden (Nr. 188) verstärkt, wo zwei ältere Wege vereinigt und zur am südlichen Flußufer entlanglaufenden Dreisamtalstraße geführt wurden. Der zu diesem Zeitpunkt sicherlich bereits vorhandene Herrenhof bei der St. Martinskirche (Nr. 187) befand sich in der Hand der Zähringer. Wann und wie er in ihren Besitz gelangte, läßt sich nicht mehr verfolgen.

Um die Wende zum 12. Jahrhundert legte wohl Herzog Bertold II. von Zähringen im Bereich Oberlinden eine neue Siedlung *(burgus)* an, die nicht mehr rein agrarischen Charakter aufwies (Nr. 189) und wegen ihrer rechtlichen Sonderstellung vielleicht schon den Namen »Freiburg« trug. Dort wohnten vermutlich die *fratres de Friburch*, deren Existenz ein Eintrag aus dem ersten Viertel des 12. Jahrhunderts im St. Galler Verbrüderungsbuch bezeugt. Bei diesem *burgus* errichtete Konrad von Zähringen schließlich eine Marktsiedlung, die im Lauf der Zeit mit dem *burgus* zur Stadt Freiburg verschmolz und die vorstädtischen Siedlungen integrierte.

Die Freiburger Marktgründungsurkunde von 1120 (vgl. Nr. 190), das älteste deutsche ›Stadtrecht‹ eines weltlichen Fürsten für seine Bürger, befreite die Ansiedler weitgehend von Abhängigkeiten gegenüber dem Ortsherrn. Hier liegen die Wurzeln zur städtischen Freiheit und Selbstverwaltung. Noch zu Lebzeiten Herzog Konrads bildeten die *coniuratores fori* eine Vorläuferinstitution des späteren Stadtrates (Nr. 191). 1146 erschien Freiburg den Begleitern des durchreisenden Bernhard von Clairvaux als *vicus*, als ausgedehnter Handelsort mit eigener Kirche und einer wohlhabenden bürgerlichen Oberschicht (Nrn. 192–194). M. B. / J. T.

181
Chronikstellen zur Gründung Freiburgs im Breisgau

181.1
GRÜNDUNGSDATUM 1091 FÜR FREIBURG I. BR. IN DER CHRONIK JAKOB TWINGERS VON KÖNIGSHOFEN 1386

Druck von 1698 nach der verbrannten Originalhandschrift, XIII + 657 Bll., zusammengeheftet mit dem Druck »Origines civitatis Friburgi in Brisgovia« (Sattler-Chronik, vgl. Nr. 279), H. 20,5 B. 16,5 cm. Universitätsbibliothek Freiburg i. Br., G 274; aufgeschlagen S. 316.

Do man zalte Mlxxxxi (1091) jor do vieng her Berchtold von Zeringen ein herzoge von Swoben die stat Friburg an ze buwende das vor ein dorf was. – Jakob Twinger von Königshofen (1346–1420), Kapitelherr zu St. Thomas in Straßburg, übersetzt und erweitert hier eine wohl vor 1144 niedergeschriebene Notiz in den »Annales Marbacenses« (Nr. 75), die von der

1092 erfolgten Wahl Bertolds II. zum schwäbischen Herzog berichten und fortfahren: »Dieser begann im Jahr zuvor auf seinem Eigengut im Breisgau mit dem Bau der *civitas* Freiburg.« *(Hic preterito anno in proprio allodio Brisaugie Friburch civitatem iniciavit.)* Ob der Satz als Randnotiz nur versehentlich zum Jahr 1092 gestellt wurde, ist ebenso umstritten wie die Bedeutung von *civitas* an dieser Stelle, was sowohl »Burg« als auch »Stadt« heißen kann. Königshofens Übertragung *stat* ist schon eigene Interpretation, desgleichen der Zusatz, Freiburg sei vorher ein Dorf gewesen.

Lit.: Die Älteste Teutsche sowol Allgemeine Als insonderheit Elsassische und Straßburgische Chronicke. Von Jacob von Königshoven / Priestern in Straßburg / Von Anfang der Welt biß ins Jahr nach Christi Geburth MCCCLXXXVI beschrieben. Anjetzo zum ersten mal heraus und mit Historischen Anmerckungen in Truck gegeben von D. Johann Schiltern, Straßburg 1698; Die Chroniken der oberrheinischen Städte. Straßburg, zweiter Band, bearb. v. C. HEGEL (Die Chroniken der deutschen Städte vom 14.–16. Jh., Bd. 9), 1871, S. 792; – H. STRAHM, Der Chronist Conrad Justinger und seine Berner Chronik von 1420, 1978, S. 42ff; FELLER–BONJOUR, Geschichtsschreibung der Schweiz, S. 104f.

181.2 GRÜNDUNGSDATUM 1111 FÜR FREIBURG I. BR. IN DER BERNER CHRONIK CONRAD JUSTINGERS, 1420

Bern, erste Hälfte des 16. Jahrhunderts. Abschrift der verlorenen Originalchronik Justingers (Nr. 204.1), Papierhandschrift, 215 Bll., B. 21,5 H. 31 cm, farbig gemalte Initialen; Halbpergamenteinband aus der ersten Hälfte des 19. Jahrhunderts
Burgerbibliothek Bern, Mss. Hist. Helv. XII, 319.

Der Berner Stadtschreiber und Königshofen-Schüler Conrad Justinger berichtet in seiner 1420 begonnenen, nur in Abschriften erhaltenen Chronik (Nr. 204.1) beiläufig: *Aber hertzog Cunrat von zeringen, des vorgenanten hertzog* [Bertold V.] *äni, der stifte friburg in brisgow, do man zalt MC und XI [1111] jar.* Justinger könnte zu dem aus anderen Aufzeichnungen nicht bekannten Gründungsjahr 1111 (MCXI) gekommen sein, indem er beim Abschreiben einer von 1091 (MXCI) sprechenden Vorlage das C und das X vertauschte. Der Marktgründer Konrad galt in Bern im Anschluß an die Handfeste (Nr. 219) immer als Stifter Freiburgs, während die Freiburger Tradition bis zur Auffindung des Tennenbacher Textes (Nr. 190) 1832 die Gründung Herzog Bertold III., Konrads Bruder, zuschrieb.

Lit.: Die Berner Chronik des Conrad Justinger. Nebst vier Beilagen hrsg. v. G. STUDER, 1871; – A. PERRIN, Verzeichnis der handschriftlichen Kopien von Konrad Justingers Berner Chronik, in: BZGH 1950, S. 204–229, bes. Nr. A 4; H. STRAHM, Der Berner Chronist Conrad Justinger und seine Berner Chronik von 1420, 1978, dazu J.-P. BODMER in SZG 30 (1980), S. 102f.; R. GAMPER, Die Zürcher Stadtchroniken und ihre Ausbreitung in die Ostschweiz, 1984, S. 147ff.

181.3 GRÜNDUNGSDATUM 1112 FÜR FREIBURG I. BR. IN DER CHRONIK DES JOHANNES NAUCLERUS

Druck »Memorabilium omnis aetatis et omnium gentium chronici commentarii«, Tübingen 1516, S. CLXXXIIII.
Universitätsbibliothek Freiburg i. Br., G 301.

Anno 1112 Bertoldus dux de Zeringen condere cepit civitatem Friburgensem in Brisgaudia ex villa (»Im Jahr 1112 begann Herzog Bertold von Zähringen die Stadt Freiburg im Breisgau aus einem Dorf zu gründen.«). – Nauclerus bringt die selbe Nachricht wie Königshofen (Nr. 181.1), nur mit einer anderen Jahreszahl. Mit »Herzog Bertold« ist demzufolge bei Nauclerus der dritte, bei Twinger der zweite Träger dieses Namens gemeint.

181.4 GRÜNDUNGSDATUM 1118 FÜR FREIBURG I. BR. IN DEN ST. TRUDPERTER ANNALEN AUS DEM 13. JAHRHUNDERT

Abb. 134

Repr. aus Pergamenthandschrift, eingeheftet in eine Teilabschrift der Chronik des Martinus Polonus, 13 Bll., Annalen H. 35 B. 24 cm, f. 9ra bis 12rb, Blätter vierspaltig mit kleiner Schrift beschrieben, hier f. 11va, Zeile 81f.

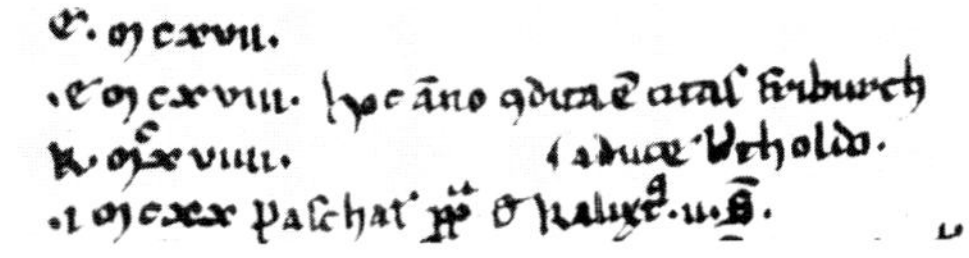

134 (Kat.-Nr. 181.4)

Universitäts- und Landesbibliothek Sachsen-Anhalt, Sammelhandschrift Stolb.-Wern. Za 28.

In den Annalen des Klosters St. Trudpert, deren Original erst vor kurzem wieder aufgefunden wurde, findet sich zum Jahr 1118, offenbar als Nachtrag, die Bemerkung: »In diesem Jahr wurde die Stadt Freiburg gegründet von Herzog Bertold« *(Hoc anno condita est civitas Friburch a duce bertoldo)*. Quelle dieser Nachricht dürfte die »Genealogia Zaringorum« (vgl. Nr. 8) aus dem Kloster St. Peter sein, in dessen Haustradition ebenso wie in der späten Necrolog-Abschrift (Nr. 104) Bertold III. stets mit dem Zusatz *conditor civitatis Friburgensis* (»Gründer der Stadt Freiburg«) auftaucht.

Lit.: Hrsg. v. G. H. Pertz, MGH SS XVIII, 1861, S. 290.

181.5
GRÜNDUNGSDATUM 1120 FÜR FREIBURG I. BR. IN DEN CHRONIKBLÄTTERN DES NIKOLAUS GERUNG (BLAUENSTEIN), VOR 1478

Handschrift aus dem späten 15. Jahrhundert, f. 24.
Öffentliche Bibliothek der Universität Basel, D IV 10.

Als man zalt von Christus Geburt 1120 jor wart angevangen ze buwen die stat Friburg in Brisgow. Der Basler Geistliche Nikolaus Gerung (ca. 1410–1478) nennt das Jahr, das in der Freiburger Lokalüberlieferung als Gründungsdatum gilt, aber keinen Gründer.

Lit.: Des Kaplan Niklaus Gerung, genannt Blauenstein, Fortsetzung der Flores temperorum 1417–1475, in: Basler Chroniken, hrsg. v. d. Histor. und Antiquar. Gesellschaft in Basel, Bd. 7, bearb. v. A. Bernoulli, 1915, hier S. 80; – Th. Liebenau, Zur Basler Chronik des Nicolaus Gerung, genannt Blauenstein, in: AfSG 1879, S. 183 ff. und 217 ff.

181.6
GRÜNDUNGSDATUM 1122 FÜR FREIBURG I. BR. IN DER COLMARER CHRONIK (ANFANG 15. JAHRHUNDERT)

Oberrhein, um 1550.
Teilabschrift der Colmarer Chronik in einem Sammelband mit Jakob Twingers von Königshofen Straßburger Chronik und anderen chronikalischen Notizen, Papierhandschrift, XII + 227 Bll., H. 27,5 B. 20,5 cm.
Staats- und Stadtbibliothek Augsburg, Cod. 169; aufgeschlagen f. 174ᵛ / 175ʳ.

Anno domini 1122 jor wart Friburg buwen. Das späteste Datum, das in den Chroniken für die Gründung Freiburgs auftaucht, könnte entstanden sein durch Zusammenziehung mit dem Todesjahr des vermeintlichen Stifters Bertold III.

Lit.: Die älteste deutsche Chronik von Colmar, hrsg. v. A. Bernoulli, 1888, S. VIII–XVI; Basler Chroniken, Bd. 4, bearb. v. A. Bernoulli, 1890, S. 428 Anm. 1 und S. 431 Anm. 2 und 4; Basler Chroniken 5, bearb. v. A. Bernoulli, 1895, S. 302 ff.; – E. Kleinschmidt, Die Colmarer Dominikanergeschichtsschreibung im 13. und 14. Jahrhundert, in: DA 28 (1972), S. 418 f.; Die Handschriften der Staats- und Stadtbibliothek Augsburg, 2° Cod 101–250, beschrieben von H. Spilling (Handschriftenkataloge der Staats- und Stadtbibliothek Augsburg Bd. III), 1984, S. 108 ff.

181.7 Abb. 135
GRÜNDUNGSDATEN 1112 UND 1120 FÜR FREIBURG I. BR. IN DER SCHWEIZERCHRONIK DES JOHANNES STUMPF VON 1548

Repr. aus Druck, Zürich 1548 (Nr. 348), f. 230ᵛ, 231: »Das sibend Buch. Von dem Aergow«.

Stumpf benutzte für seine Arbeit (vgl. Nrn. 195, 208 u. 348) mehrere Chroniken als Vorlagen. Die widersprüchlichen Angaben zu Freiburg i. Br. vereinigt er, indem er zwei Gründungsdaten anführt, sie als möglichen Anfangs- und Schlußpunkt des Aufbaus deutet und im Text von einer Stadt spricht, während die beigegebene Skizze einen Burgbau zeigt. *Berchtoldus diß nammens der 3. (...) hat Fryburg im Bryßgow/ das herrlich dorff (hievor vo*

135 (Kat.-Nr. 181.7)

vile der bergleuten un Ertzknappen der selbige gegne erbauwen) zu einer statt gemachet/ beuestiget un befryet/ Anno 1112. oder als etlich wolled Anno dom. 1120. ist wol müglich das beide jarzal gerecht/ namlich die ein auff den anfang/ die ander auff den außgang des bauwes gestellet seyend. Hievon findet man dise zween Verß geschriben/ in denen die jarzal sol begriffen werden. Anno Millesimo, Centeno, bis quoque deno Fryburg fundatur, Berchtoldus dux dominatur (»Im Jahr Tausend und Hundert und zweimal Zehn wurde Freiburg gegründet und beherrscht von Bertold«).

Lit.: K. GASSER, Johannes Stumpf, in: ZSG 11 (1931), S. 428–451; G. MÜLLER, Die Quellen zur Beschreibung des Zürich- und Aargaus in Johannes Stumpfs Schweizerchronik, 1916; FELLER–BONJOUR, Geschichtsschreibung der Schweiz, Bd. 1, S. 144ff.

Lit. zu den Chronikstellen zur Freiburg-Gründung allgemein: R. SCHICK, Die Gründung der Burg und Stadt Freiburg i. Br., in: ZGO NF 38 (1923), S. 181–219; F. GÜTERBOCK, Zur Entstehung Freiburgs im Breisgau mit Seitenblicken auf Bern, Burgdorf, Freiburg i. Ü. und mit Exkurs über die Herkunft des Namens Bern, in: ZSG 22 (1942), S. 185–219, bes. S. 197ff.

M. B.

Zeugnisse zur frühen Topographie Freiburgs i. Br. (Nr. 182–189)

182 Abb. 136
Lerch-Plan mit Kennzeichnung der Topographie Freiburgs

Ausschnitt aus dem Panoramabild von 1852.
Angefertigt von Joseph Wilhelm Lerch (1817–1901) im Auftrag der Stadt Freiburg, H. 148 B. 207 cm.
Augustinermuseum Freiburg (zur Zeit als Leihgabe im Benutzersaal des Stadtarchivs Freiburg).

Das 1852 von Joseph Wilhelm Lerch angefertigte Panoramabild zeigt Freiburg i. Br. nach der Schleifung der neuzeitlichen Festungsanlage, die in etwa die Ausmaße der Stadt zur Zähringerzeit kennzeichnet, wobei die Bebauung im Mittelalter nicht lückenlos gewesen war. Die Markierungen verdeutlichen Siedlungsbereiche vor der Marktgründung 1120: Die gewerbliche Siedlung Wiehre (Nr. 183), St. Peterskirche (Nr. 184), die Burg auf dem Schloßberg (Nr. 185), Wirtschaftshof und Mühle (Nr. 186), St. Martin (Nr. 187), Oberlinden (Nr. 188) sowie vielleicht ein *burgus* (Nr. 189). Im Mittelalter floß die Dreisam nördlicher und bestimmte die Ausdehnung der Siedlung Wiehre. Möglicherweise folgt der heutige Gewerbebach dem ehemaligen Dreisamlauf.

Lit.: B. SCHWINEKÖPER, Joseph Wilhelm Lerch (1817–1901) und seine Freiburger Panoramabilder, in: SiL 90 (1972), S. 149–162.

J. T.

183 Abb. 137
Wildbannurkunde von 1008

Basel, Abschrift vom Anfang des 14. Jahrhunderts, Original verloren.
Pergamenthandschrift, 2 + 118 Bll., H. 29,8 B. 19,5 cm.
Archives de l'ancien Eveché de Bâle, Porrentruy, Chartularium Basiliense.

König Heinrich II. verleiht dem Bischof von Basel einen Wildbannbezirk im Breisgau. Hierbei handelt es sich um den ältesten Beleg der topographischen Gegebenheiten Freiburgs vor der Gründung des Marktes. Zwischen Bötzingen und Tiengen begrenzten im Westen Dreisam und Mühlebach den Bezirk. Die Siedlungen Uffhausen, Adelhausen, Wiehre, Herdern,

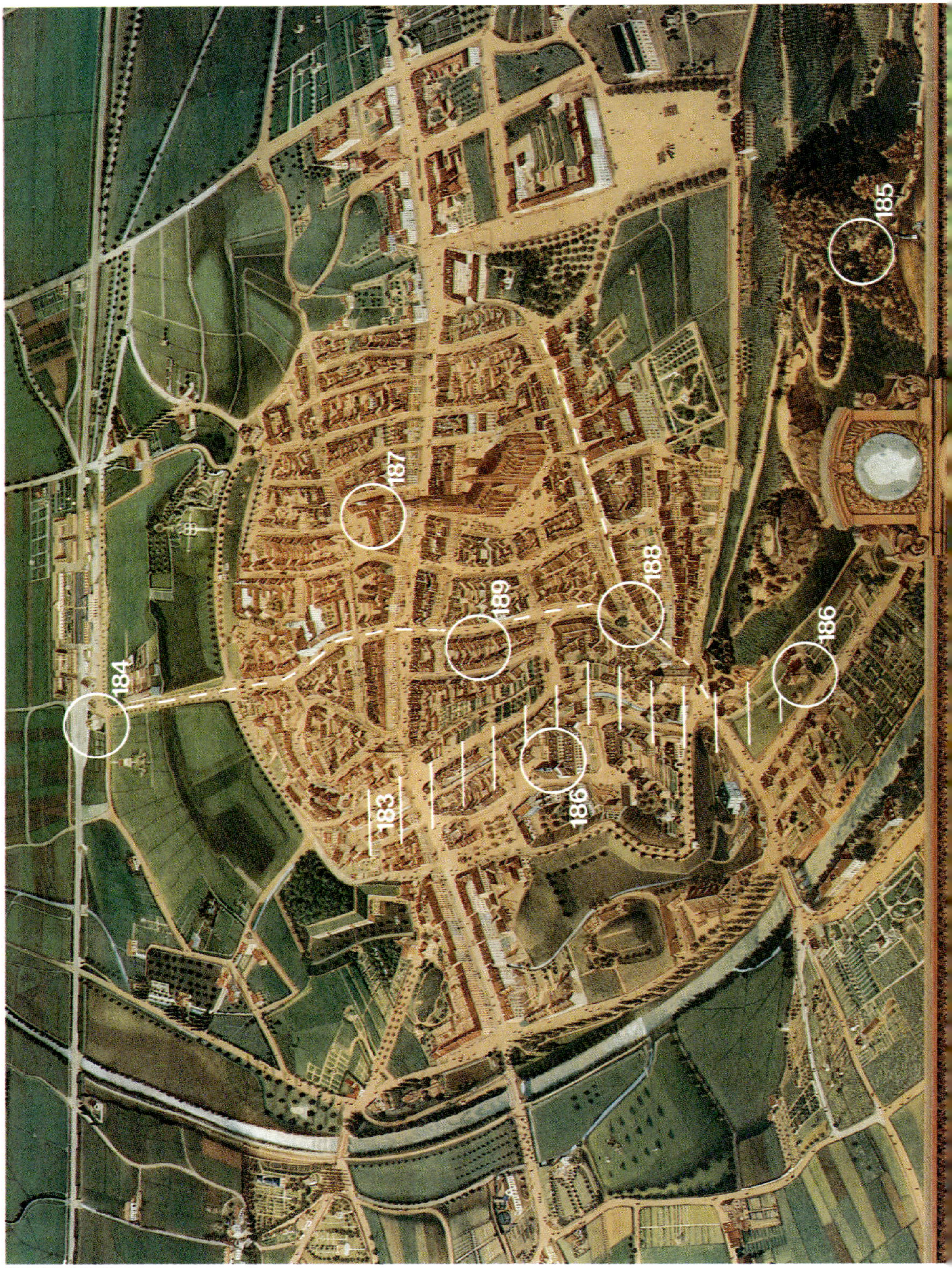

136 (Kat.-Nr. 182)

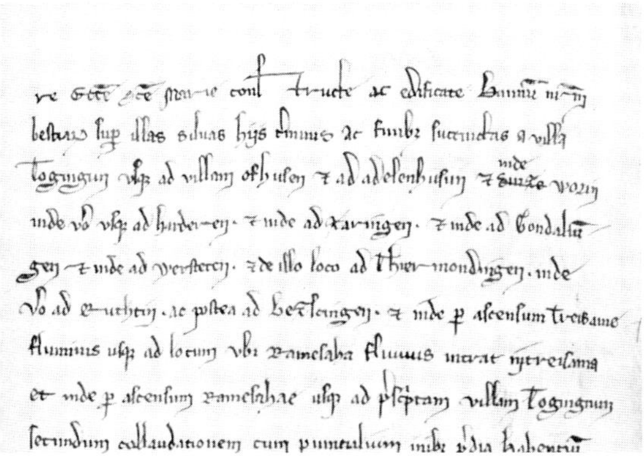

137 (Kat.-Nr. 183) Ausschnitt

Zähringen, Gundelfingen, Vörstetten, Thiermordingen und Reute markierten den Verlauf der östlichen Abgrenzung. Im Norden und Süden verlief die Grenze entlang der Linie Tiengen – Uffhausen bzw. Reute – Bötzingen. Obwohl eine Siedlung mit Namen Freiburg nicht genannt wird, könnte sich diese auch innerhalb der Umgrenzung befunden haben. Von besonderem Interesse ist die erste Erwähnung der Siedlung Wiehre, deren Namen auf die Existenz mehrerer Wehre und einer damit verbundenen Wassernutzung hindeutet. Diese gewerblich orientierte Siedlung zog sich in lokkerer Bebauung entlang der Dreisam hin, von der vor der heutigen Schwabentorbrücke gelegenen Mühle (Nr. 186) bis zur St. Peterskirche (Nr. 184), und erstreckte sich vielleicht bis in den Bereich Oberlinden (Nr. 188). Durch die Errichtung von Burg (Nr. 185) und Wirtschaftshof mit der dazugehörigen Mühle (Nr. 186) wuchs die gewerbliche Bedeutung der Wiehre. Noch im 14. Jahrhundert belegen schriftliche Zeugnisse eine rechtliche Sonderstellung dieses Bereiches, der auch nach der Marktgründung ausdrücklich aus der städtischen Verwaltungs- und Jurisdiktionshoheit herausgenommen war. Die Grafen von Freiburg besaßen hier als Zähringererben umfangreiche Güter und Rechte.

Lit.: Hefele FUB I, 1940, Nr. 4 S. 2; – Schwineköper, Vorstädte, (wie Nr. 184) S. 52 f.; Ders., Topographische Grundlagen, S. 11; W. Stülpnagel, Über neuere Arbeiten zu Fragen der Freiburger Stadtgründung, in: SiL 88 (1970), S. 14 f.; Keller, Charakter Freiburgs, S. 263 f. J. T.

184
Urkunde zur St. Peterskirche

Freiburg i. Br., ausgestellt am 20. Januar 1298. Papier-Rodel, Abschrift um 1400, H. 28 B. 30 cm.
Stadtarchiv Freiburg, A 1, VIII A η, Urk. Nr. 1 (Wiehre) (1298–1431).

Die Urkunde vom 20. Januar 1298 ist eines von vielen mittelalterlichen Zeugnissen, welche die Existenz einer seit dem Bau der Vaubanschen Befestigung 1677 verschwundenen St. Peterskirche überliefern. Diese Kirche besaß Begräbnisrecht und war Filialkirche von Umkirch, was auf eine vorstädtische Situation hinweist. Interessanterweise lokalisiert die Urkunde St. Peter als bei der Wiehre gelegen *(sant Peter lit bi Würi)*. Daher scheint die Kirche, die lange vor den Mauern der Stadt lag und erst später in die Lehenervorstadt einbezogen wurde, für die vorstädtische Siedlung Wiehre (Nr. 183) zuständig gewesen zu sein.

Lit.: Urkundenbuch der Stadt Freiburg i. Br. I, hrsg. v. H. Schreiber, 1828, S. 147–148; W. Noack, Fragen des Kunsthistorikers an den Historiker im Zusammenhang mit der Vorgeschichte der Freiburger Stadtgründung, in: SiL 73 (1955), S. 11–12; B. Schwineköper, Die Vorstädte von Freiburg i. Br. während des Mittelalters, in: E. Maschke–J. Sydow (Hrsg.), Stadterweiterung und Vorstadt, 1970, S. 39 und 53; Schwineköper, Topographische Grundlagen, S. 18; W. Müller, Mittelalterliche Formen kirchlichen Lebens am Freiburger Münster, in: Ders., (Hrsg.), Freiburg im Mittelalter (VAI 29), 1970, S. 145f. J. T.

185
Die Burg auf dem Schloßberg

Textstelle aus Otto von Freising und Rahewin: Gesta Frederici, c. I 28 (vgl. Nr. 56).

Non multo post etiam arcem ipsius quandam, que cuncti adhuc cernentibus inexpugnabilis esse videtur: »Bald darauf eroberte er (Friedrich v. Schwaben) auch eine Burg des Herzogs (Konrad von Zähringen), die bisher bei allen, die sie in Augenschein genommen hatten, für uneinnehmbar galt«.
Die von Otto von Freising geschilderte Eroberung einer Festung im Jahre 1146 bezieht sich

möglicherweise auf eine zähringische Burg auf dem Schloßberg oberhalb der späteren Stadt Freiburg. Die Burg, deren Existenz in späterer Zeit nachweisbar ist, wurde vermutlich nach dem Einfall Bertolds II. in den Breisgau (Nr. 11) errichtet.

Lit.: Bischof Otto von Freising und Rahewin: Die Taten Friedrichs oder Cronica, hrsg. v. F.-J. SCHMALE, 1974, S. 182–183; – HEYCK: Geschichte, S. 304 f.; K. SCHMID, Die Burg Wiesneck (wie Nr. 11.3). J. T.

186
Urkunde zur Grafenmühle

Freiburg i. Br., 3. September 1311.
Originalurkunde: Pergament, H. 17 B. 22 cm, Plica 3 cm, Zwei Siegel an Leinenstreifen eingehenkt; Siegel des Grafen Egino von Freiburg (Reitersiegel), Siegel des Grafen Konrad von Freiburg (Sohn des Grafen Egino) (Bruchstück), Stadtarchiv Freiburg A 1 XVIIIa (Kaufbriefe).

Graf Egen von Freiburg verkaufte seine Mühle an den Freiburger Bürger Werner den Zimmermann. Mehrere Urkunden aus dem beginnenden 14. Jahrhundert nennen einen Grafenhof mit der dazugehörigen Mühle, deren Standort in der sogenannten Oberen Au beschrieben wird. Die Mühle lag im Bereich vor dem Schwabentor südlich des heute nicht mehr vorhandenen sogenannten Pfefferlehauses am Runzbach, der Wirtschaftshof zwischen Schwabentor und jetzigem Kloster Adelhausen. Die Leitung dieser Einrichtungen oblag den ebenfalls in diesem Bereich angesiedelten Ministerialen der Zähringer. Ob der Hof einschließlich der Mühle im Zuge des Burgbaus auf dem Schloßberg (Nr. 185) entstand oder bereits in früherer Zeit vorhanden war, läßt sich nicht mehr entscheiden. Sicherlich ist aber als spätester Zeitpunkt seiner Entstehung die Errichtung der Burg anzusehen.

Lit.: HEFELE, FUB III., Nr. 219 S. 168; Lit. wie Nr. 183.

J. T.

187
Urkunde zur St. Martinskirche

Freiburg, 25. Mai 1246.
Originalurkunde, Prachtausfertigung, H. 50,5 B. 49,5 cm; Siegel rot, an rot-gelben Seidenschnüren: 1. Graf Konrad und Graf Heinrich v. Freiburg, 2. Stadtsiegel.
Franziskaner-Provinzialarchiv Schwaz in Tirol.

Graf Konrad von Freiburg schenkt den Franziskanern die Martinskapelle, deren Patronat er innehat, und vier anliegende Hofstätten.
Da der Graf über die St. Martinskirche mit den dazugehörenden Hofstätten verfügte und zudem im Besitz der Patronatsrechte war, die er nur von den Zähringern geerbt haben konnte, haben wir hier den Hinweis auf alte eigenkirchliche Verhältnisse, die in die vorstädtische Zeit verweisen. Diese Rechte des Stadtherrn und Zähringererben deuten auf die Existenz eines älteren Herrenhofs hin, der vielleicht sogar die Lage des Straßenmarktes beeinflußte. Die St. Martinskirche war für die religiöse Betreuung der zum Herrenhof gehörenden Menschen zuständig.
In einer weiteren Urkunde aus dem gleichen Jahr (1246) bestätigte der Dekan Herman von Nußbach, daß er über vierzig Jahre dieser Kirche vorstand. Demzufolge bestand St. Martin nachweislich zur Zähringerzeit. Da aber schon damals das Münster (Nr. 106) als Stadtkirche gebaut wurde, und es unwahrscheinlich ist, daß man zwei Kirchen in einer neugegründeten Stadt anlegte, kann die Martinskirche schon vor der Marktgründung vorhanden gewesen sein. In der Forschung bleibt umstritten, ob St. Martin als Pfarrkirche anzusehen ist.

Lit.: HEFELE, FUB I, 1940, Nr. 91 S. 78 und Tafeln zu Bd. I, Schrifttafel 27; – B. SCHELB, Zwei Siedlungen des Frühmittelalters auf dem Boden der Stadt Freiburg, in: SiL 68 (1949), S. 3 f.; W. NOACK, Fragen des Kunsthistorikers an den Historiker im Zusammenhang mit der Vorgeschichte der Freiburger Stadtgründung, in: SiL 73 (1955), S. 9; W. STÜLPNAGEL, Der Boden Freiburgs vor und nach der Gründung der Stadt, in: SiL 83 (1965), S. 81 f.; W. MÜLLER, Mittelalterliche Formen kirchlichen Lebens am Freiburger Münster, in: DERS. (Hrsg.), Freiburg im Mittelalter, 1970, S. 141 f.; KELLER, Charakter Freiburgs, S. 265; D. M. HENSLE, St. Martin zu Freiburg, eine frühmittelalterliche Eigenkirche und eine alte Pfarrkirche, in: Sankt Martin in Freiburg i. Br., Geschichte des Klosters, der Kirche und der Pfarrei, hrsg. v. Kath. Pfarramt St. Martin Freiburg i. Br. anl. des 200jährigen Bestehens der Pfarrei St. Martin, 1985, S. 10–25.

J. T.

188
Straßengabelung bei Oberlinden

Photographie, vom Schwabentor her gesehen. Heutiger Zustand; Aufnahme 1986.

Der eine Ast der Straßengabelung bei Oberlinden, die auf eine präurbane Situation hinweist, führte über die heutige Herrenstraße in nördlicher Richtung, der andere stellte über die heutige Salz- und Bertoldstraße den Anschluß vorstädtischer Siedlungen an das regionale Straßensystem her, wobei die St. Peterskirche (Nr. 184) ebenfalls an diesem Straßenzug lag. Das Zusammentreffen der beiden Verkehrsstränge in Oberlinden deutet auf einen Dreisamübergang im Bereich der heutigen Schwabentorbrücke hin.

Lit.: NOACK, Fragen des Kunsthistorikers an den Historiker im Zusammenhang mit der Vorgeschichte der Freiburger Stadtgründung, in: SiL 73 (1955), S. 14; W. STÜLPNAGEL: Der Boden Freiburgs vor und nach der Gründung der Stadt, in: SiL 83 (1965), S. 78; SCHWINEKÖPER, Topographische Grundlagen, S. 18; DERS.: Historischer Plan der Stadt Freiburg i. Br. (vor 1850), 1975, S. 13; DIEL, Tiefkeller. S. 34; KELLER: Charakter Freiburgs, S. 268/269. J. T.

189
Turmhaus (Salzstraße 20) in Freiburg i. Br.

Photographie und Zeichnung, Stadtplanungsamt Freiburg i. Br.

Aufgrund der Ergebnisse, die die bisherigen Untersuchungen der Freiburger Altstadtkeller erbracht hatten, war gefolgert worden, daß die älteste, bis in das 12. Jahrhundert zurückreichende Bausubstanz (Nr. 210) straßenseitig läge. Sie werde hofseitig durch einen oft tonnengewölbten Vorkeller erweitert. Den Ausgangspunkt der Überlegungen bildete die Weggabelung im Bereich Oberlinden/Herrenstraße (Nr. 188). Hier führte die Beobachtung von zwei straßenseitig liegenden Bebauungslücken im Kellerbereich zu der Annahme einer präurbanen Bebauung, die auf einem ca. 2 m tieferen Niveau gelegen habe. Durch den vom Landesdenkmalamt im Jahr 1984 mit Hilfe von Tiefbauakten rekonstruierten Kellerplan der Altstadt um 1890 (Nr. 210) wurde eine erste breite Grundlage für eine systematische baugeschichtliche Untersuchung der Kellerstrukturen geschaffen, deren hoher Erkenntniswert für die Entwicklungsgeschichte des Bürgerhauses seit langem erkannt war. Die im Jahre 1985 einsetzende Kellerforschung des Stadtplanungsamtes erkannte im Bereich Oberlinden, Herren- und Salzstraße in dem hofseitig liegenden tonnengewölbten Vorkeller (Flachkeller), der bisher als der jüngste Bauteil galt, das Sockelgeschoß einzelstehender Steinhäuser. Das Geschoß besteht aus einem Tonnengewölbe, das straßenseitig verschlossen und hofseitig durch eine in Hausteinen gefaßte Arkade geöffnet ist. Dieser Typus wird hier als Tonnenarkade bezeichnet. Mit der Entdeckung des romanischen Kernhauses in der Salzstraße 20, das auf einer Tonnenarkade (Scheitelhöhe: 4,17 m) steht, ist der Nachweis erbracht, daß die älteste Bausubstanz (Kernhaus) hofseitig auf einem um 2–3 m tieferen Laufniveau gegenüber dem heutigen liegt und von hier zur Straße hin wächst. Es ist ein Entwicklungsvorgang, wie er z. B. auch in Basel oder Braunschweig anzutreffen ist.

Das sich allseitig nach oben hin verjüngende Kernhaus besitzt einen trapezoiden Grundriß von 7,87 x 6,93 m, der für ein frühes Turmhaus nicht atypisch ist. An seiner Westseite schließt ein oblonger erdgeschossiger Raum von 5,14 x 2,02 m an. Er ist von der Tonnenarkade aus über eine kleine Rundbogenpforte mit Bossenquadern betretbar. Da die einflügelige Pfostentür nur von dem schmalen Raum her durch ein Querholz verriegelt werden konnte, wird er die Verbindung zum ersten Geschoß des Turmhauses hergestellt und somit wohl hauptsächlich dem Treppenhaus gedient haben. Die Ostwand des Turmhauses ist noch bis zum zweiten Obergeschoß mit einem Schlitzfenster als Lichtfenster erhalten. Die einstige Höhe des Turmhauses kann als vier- bis fünfgeschossig angenommen werden, wie es zwei Turmhausdarstellungen auf dem Stadtprospekt von Gregorius Sickinger zeigen. Das eine liegt hinter dem Münsterchor, das andere an der SO-Ecke des Augustinerklosters. Das würde bedeuten, daß das Turmhaus Salzstraße 20 die Wandhöhe der Stadttore erreicht haben kann. Die ursprüngliche Höhe des Turmhauses wurde bei der Erweiterung des Hauses zur Salzstraße hin bis auf das zweite Obergeschoß abgetragen. So verschmolz das Turmhaus (Kernhaus) mit dem romanischen Anbau in ein breit gelagertes Giebelhaus. Es besitzt einen eingeschossigen, straßenseitig liegenden Keller. Er ist über einen Türdurchbruch in der Rückwand der Tonnenarkade in Form eines Rundbogentores in Hausteinen mit Randschlag, das eine zweiflügelige Pfostentür verschloß, betretbar. In der Giebelwand sind ein Rundbogenfenster im zweiten Obergeschoß und ein Rechteckfenster im Erdgeschoß erhalten. Beide Öffnungen sind in Hausteinen mit Randschlag gefaßt und beweisen die Baulücke zum Nachbarhaus. Sie dürfte in romanischer und gotischer Zeit keine Seltenheit in Freiburg gewesen sein (vgl. Nr. 212). Mit der Erweiterung des Kernhauses fand eine erste Niveauanhebung durch den im Hof abgelagerten Bauschutt statt. Ihr war ein kontinuierliches Anwachsen der Straßenschichten vorangegangen, wie es die 24 Schichten der Salzstraße zu erkennen geben. Damit findet die Vorstellung, das heutige Stadtniveau mit seiner Bächleführung habe einem planerischen Akt unterlegen, kaum noch Unterstützung.

Das Turmhaus Salzstraße 20 dürfte das bisher wichtigste baugeschichtliche Zeugnis für die Existenz einer präurbanen Siedlung sein, da der romanische Erweiterungsbau durch den im Bauverband befindlichen Holzsturz des Rundbogenfensters mit Hilfe der Dendrochronologie auf das Jahr 1133 datiert wird. Hieraus ergibt sich ein terminus ante quem für das Kernhaus einer Siedlung, wie sie H. Keller durch eine eindringende Interpretation der frühesten schriftlichen Quellen als *burgus* Bertolds II. wahrscheinlich machen konnte: Der *burgus* erstreckte sich an der Weggabel Salzstraße – Oberlinden – Herrenstraße und bildete in Oberlinden einen Dreiecks- oder Straßenmarkt. Die Siedlung bestand nach den bisherigen baugeschichtlichen Untersuchungen des Stadtplanungsamtes aus einzeln stehenden Steinhäusern, die größtenteils auf dem Sockelgeschoßtypus der Tonnenarkade standen und noch kein Kellergeschoß besaßen. Die Anregung dieser Steinhausarchitektur ist in Burgund, Südfrankreich und Oberitalien zu suchen.

In einer Lageplanskizze wird der Versuch gemacht, die bisher gesicherten ältesten Bauten einzutragen, woraus sich aufgrund des Untersuchungsstandes ein noch oft zufälliges Bild ergibt. Dennoch wird jetzt schon die organische Entwicklung einer Siedlung, des *burgus*, entlang der alten Weggabelung sichtbar. Sie führt zu der Neuanlage eines Marktes durch Herzog Konrad, deutlich erkennbar als Ergebnis eines planerischen Aktes. Dies zeigt sich besonders in der Anlage der Marktstraße, die die Hypothenuse der Weggabel bildet und folgerichtig den Durchgangsverkehr der Herrenstraße aufnimmt; diese erhält deshalb auch bei der Ummauerung kein Stadttor. Ob eine zweite Siedlungszelle um St. Martin anzunehmen ist, bedarf noch der baugeschichtlichen Untersuchung.

Lit.: J. SCHLIPPE, Das Bürgerhaus zu Freiburg i. Br., in: Tagung des Arbeitskreises für deutsche Hausforschung in Freiburg i. Br., 1958; DIEL, Tiefkeller; L. SCHMIDT – P. SCHMIDT-THOMÉ, Ein Keller aus der Frühzeit der Stadt Freiburg, in: DBW 10.2 (1981), S. 43–46; KELLER, Charakter Freiburgs; A. WIEDENAU, Katalog der romanischen Wohnbauten in westdeutschen Städten und Siedlungen (Das deutsche Bürgerhaus 34), 1983; A. HALBACH, Wohnbauten des 12.–14. Jahrhunderts in Burgund, 1984; L. SCHMIDT, Archäologie ohne Spaten – der Kellerplan Freiburg i. Br., in: Archäologische Informationen 7 (1984), S. 120–124; J. SYDOW, Mittelalterliche Stadtbezeichnungen in Württemberg, in: Beiträge zur Landeskunde 4 (1984), S. 1–6; P. LAVIČKA – D. RIPPMANN, Hochmittelalterliche Bürgerhäuser in Basel, in: Archäologie der Schweiz 8 (1985), S. 109–116.

I. B.

190 Abb. 138

»Tennenbacher Text«. Überarbeitete Fassung der Freiburger Gründungsurkunde im Güterbuch des Klosters Tennenbach

Zisterzienserkloster Tennenbach, 1317–1341. Pergamenthandschrift, Blatth. ca. 33,5 B. 24 cm, Schrift in zwei Kolumnen, farbige Initialen, Ledereinband des 14. Jahrhunderts auf Holzdeckeln, im 16. und 19. Jahrhundert z. T. erneuert.

GLA Karlsruhe, Abt. Beraine, Nr. 66/8553, Spalte 305–310.

(Textanhang Nr. 4).

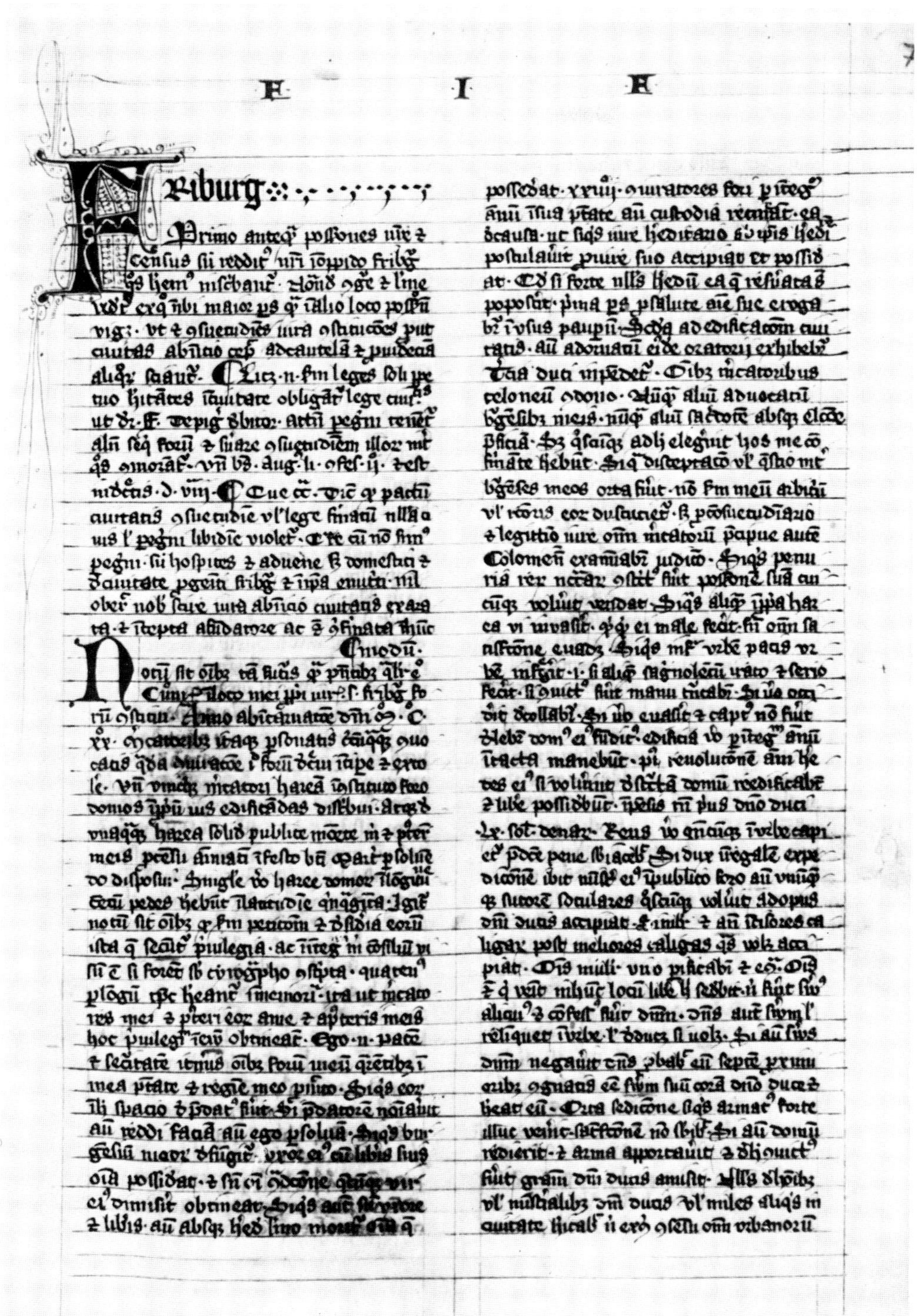

138 (Kat.-Nr. 190)

Die Rubrik »Freiburg« im Tennenbacher Güterbuch beginnt mit der gekürzten und umgeformten Fassung einer Marktgründungsurkunde Konrads von Zähringen, in die 49 spätere Rechtsbestimmungen eingeschoben sind. Wahrscheinlich handelt es sich um die Zusammenstellung zweier zufällig im Klosterarchiv erhaltener Urkundenkonzepte aus der Zeit vor 1220 – damals wirkten Tennenbacher Mönche als Schreiber bei Freiburger Rechtsredaktionen mit.

Aus diesem »Tennenbacher Text« läßt sich durch Vergleiche mit anderen Zähringer-Stadtrechten in einem komplizierten Verfahren der ungefähre Wortlaut der »Freiburger Gründungsurkunde« von 1120 rekonstruieren. Sie gilt als ältestes bekanntes ›Stadtrechtsprivileg‹ eines weltlichen Fürsten auf deutschem Boden. Ihr genauer Umfang und die frühe Datierung sind in der Forschung umstritten, die Wahrscheinlichkeit spricht aber für die Existenz dieses Dokuments auf einer Stufe zwischen konventionellem Marktrecht und Stadtrecht schon um das Jahr 1120.

Konrad, jüngerer Bruder des bis 1122 amtierenden Herzogs Bertold III., berichtet, er habe an seinem Ort Freiburg einen Markt gegründet *(ego Cunradus in loco mei proprii iuris, scilicet Friburg, forum constitui)*, indem er von überallher angesehene Kaufleute angeworben und ihnen am geplanten Marktplatz Baugrundstücke (*areae*) als freies Eigentum zugewiesen habe. Die übliche Königsbestätigung fehlt, an ihre Stelle tritt eine eidliche Vereinbarung *(coniuratio)* über den Marktausbau zwischen Konrad und den Kaufleuten, die sich sicherheitshalber ihre ungewöhnlich großzügigen Privilegien von dem Zähringer schriftlich geben und feierlich beschwören lassen: Konrad übernimmt als Marktherr in seinem Herrschaftsbereich den Geleitschutz über die Marktbesucher. Jeder Kaufmann *(mercator)* muß nur den symbolischen Jahreszins von einem Schilling für sein Grundstück am Markt (Kreuzung Kaiser-Joseph-Straße/Salz- bzw. Bertoldstraße) bezahlen und ist von anderen Zöllen und Steuern befreit. Für die Mitnutzung der umliegenden Wiesen, Gewässer und Wälder (Allmende), wie sie seinen Leuten und den Landbewohnern *(populus meus et provinciales)* zusteht, verspricht Konrad sich einzusetzen – offenbar steht die Einigung mit den bisher nutzungsberechtigten Umwohnern noch aus. Ein Teil von ihnen – vielleicht die Bewohner des angenommenen *burgus* Bertolds II. (Nr. 189) – werden in die neue Marktsiedlung mit einbezogen: Nicht nur seinen Kaufleuten, sondern allen seinen Bürgern *(burgenses mei)* im Ort gewährt der Zähringer die freie Vererbbarkeit oder Verkäuflichkeit ihres Besitzes, das Recht der Pfarrer- und Vogtwahl sowie die Regelung strittiger Angelegenheiten nach Kaufmannsrecht. Sie sind nicht verpflichtet, ihn oder andere auf Wunsch zu beherbergen oder zu beköstigen. In diesen Vergünstigungen liegen die Wurzeln zur persönlichen Freiheit der Bürger, zur Ausbildung ihrer Selbstverwaltung und ihrer eigenen Rechtsvorschriften. Insofern ist 1120 zwar nicht das Jahr der ›Stadtgründung‹, aber doch des Auftaktes zur Stadtwerdung Freiburgs.

Lit.: F. Keutgen, Urkunden zur städtischen Verfassungsgeschichte, 1899, S. 117–123; Weber, Tennenbacher Güterbuch, S. 169ff; Elenchus fontium historiae urbanae, hrsg. v. C. van der Kieft u. a., Band 1, 1967, S. 82–102; – F. Beyerle, Untersuchungen zur Geschichte des älteren Stadtrechts von Freiburg i. Br. und Villingen a. Schw., 1910 (rekonstruierter Text S. 75–78); Schlesinger, Ältestes Freiburger Stadtrecht (rekonstruierter Text S. 96–99); W. Schlesinger, Zur Gründungsgeschichte der Stadt Freiburg, in: W. Müller (Hrsg.), Freiburg im Mittelalter, 1970 (VAI 29), S. 24–49; Diestelkamp, Freiburger Gründungsurkunde; H. Schadek, Neuere Beiträge zum ältesten Freiburger Stadtrecht, in: ZGO 127 (1979), S. 391–396; Keller, Charakter Freiburgs, S. 250–262; M. Blattmann, Zwei vergessene Paragraphen in der Freiburger Gründungsurkunde?, in: SiL 101 (1982), S. 27–45 (rekonstruierter Text S. 35f.). M. B.

191
Bürgerausschuß und Ortsbefestigung Freiburgs zur Zeit Konrads

Passage aus dem Tennenbacher Text (Nr. 190).

Wohl noch aus der Konrad-Zeit stammt die erste Fassung der im Tennenbacher Text stark überarbeiteten Bestimmung über den erbenlosen Nachlaß (Paragraph T 2 in der Zählung der Forschung): Wenn sich ein Jahr nach dem Tod eines Bürgers noch kein Erbberechtigter gemeldet hat, soll sein Nachlaß zu je einem Drittel für die Armen, für den Stadtvogt und als Beitrag zur – damals also schon geplanten – Ortsbefestigung *(ad edificationem loci)* verwendet werden. Nach den Gepflogenheiten der Zeit hätte der zähringische ›Stadtherr‹ das Erbe beanspruchen können; sein Verzicht zugunsten der Bürgergemeinde zeigt, daß diese tatsächlich von grundherrlichen Abhängigkeiten frei war. Nachlaßverwalter im Jahr vor der Erbteilung sind die »Marktgeschworenen« *(coniuratores fori)*, die schon in der Gründungsurkunde als Schwurpartner Herzog Konrads auftreten. Eindeutiger als dort fungieren sie hier als stellvertretender Ausschuß der Gesamtgemeinde und als Vorläuferinstitution des später mit 24 *consules* (Nr. 218) besetzten Stadtrates.

Lit.: Rekonstruierte älteste Fassung: M. BLATTMANN, Zwei vergessene Paragraphen in der Freiburger Gründungsurkunde?, in: SiL 101 (1982), S. 33f.; vgl. Nr. 190.

M. B.

192
Bericht vom Aufenthalt Bernhards von Clairvaux in Freiburg 1146

12./13. Jahrhundert.
Pergamentsammelhandschrift, mit den fünf Büchern der Lebensbeschreibung Bernhards von Clairvaux, zwei Predigten, den Wunderberichten Bernhards und einem unvollständigen Bericht vom Martyrium des heiligen Sebastian; 122 Bll., H. 30 B. 20 cm; hier Repr. von f. 43r und 43v. Farbige Initialen und Titel mit roter Tinte. Repr.
Bibliothèque municipale de Troyes, Hs. 888.

Im Januar 1147 schickten die Begleiter Bernhards einen gemeinsam verfaßten Reisebericht an den Mönch Heinrich im Kloster Clairvaux, einen Bruder des französischen Königs. Die Namen der durchzogenen Weiler *(viculi)*, Dörfer *(villae)*, Städte *(civitates)* und Festungen *(castra)* sind darin sorgfältig verzeichnet. Freiburg erschien den Reisenden, 26 Jahre nach der Marktgründung, als *vicus* – ein Begriff, den sie sonst nur noch für Zürich, Koblenz und Boppard verwenden, damals ausgedehnte, unbefestigte, stark von Handel und Gewerbe geprägte Siedlungen. Entsprechend der Wirtschaftsstruktur waren die sozialen Unterschiede zwischen den Einwohnern des frühen Freiburg groß: Es gab dort sehr Wohlhabende *(divites, ditissimi)*, die ihre Zurückhaltung gegenüber Bernhards Kreuzzugswerben erst aufgaben, nachdem dieser für die Verstockten hatte öffentlich beten lassen; die Armen *(pauperes, pessimi)* dagegen folgten dem Aufruf sofort. Von den Blinden, Lahmen und Krüppeln Freiburgs wurden elf während des dreitägigen Aufenthalts des Abtes wundersam geheilt. Die Kirche, in der Bernhard am 3. und 4. Dezember 1146 predigte und die Messe feierte, war wohl das Konradinische Münster (Nr. 106).

Lit.: Ex libris de vita et miraculis Sancti Bernardi Clarevallensis Abbatis. Historia miraculorum in itinere Germanico patratorum (Vitae liber sextus), hrsg. v. G. WAITZ, MGH SS XXVI, 1888, S. 122f.; – L. KÄSTLE, Des heiligen Bernhard von Clairvaux Reise und Aufenthalt in der Diözese Konstanz, in: FDA 3 (1866), S. 275–315.

M. B.

193
Der Weg des heiligen Bernhard von Clairvaux durch die Diözese Konstanz

Kartenskizze (ohne Abbildung).

Im Dezember 1146 reiste Abt Bernhard von Clairvaux (vgl. Nr. 65) durch die Diözese Konstanz und warb für den zweiten Kreuzzug. Erste Raststation im Bistum war Kenzingen, von dort zog Bernhard über Freiburg – Krozingen – Heitersheim – Schliengen nach Basel, weiter durch Rheinfelden – Säckingen – Tiengen – Schaffhausen nach Konstanz, über Winterthur zum südlichsten Reisepunkt Zürich und dann über Basel und Straßburg auf dem Rhein zurück nach Speyer. Die tagebuchähnlichen Aufzeichnungen seiner Begleiter registrieren nur in Freiburg (Nr. 192) und im Gefolge Herzog Konrads (Nr. 194) eine zunächst ablehnende Stimmung gegenüber dem Kreuzzugsaufruf. Hier spiegelt sich die reservierte Haltung des Zähringers zum Zug ins Heilige Land, der Bernhard durch persönliches Erscheinen im zähringischen Einflußgebiet entgegenwirken wollte. Konrad von Zähringen schloß sich trotzdem nicht dem großen Kreuzzug an, sondern dem sog. »Wendenkreuzzug« Heinrichs des Löwen an der Nordostgrenze des Reichs.

M. B.

194 Abb. 139

Glasfenster aus dem frühen 16. Jahrhundert: Der heilige Bernhard von Clairvaux erweckt bei Freiburg einen Toten zum Leben

Köln, um 1530. Gefertigt für das Zisterzienserkloster Altenberg.
Glasgemälde (Spitzbogenscheibe, Rahmen mit Blatt- und Astwerk), H. 108, größte B. 93 cm, Grisaille mit Buntglas und Silbergelb; es fehlen vier Stücke.
Schnütgenmuseum Köln, Inv.-Nr. 11564.

Der Reisebericht (Nr. 192) schildert auch eine Begegnung mit Herzog Konrad und dessen Rittern bei Tiengen. Ein herzoglicher Bogenschütze stürzt nach Spottreden über die Kreuzpredigt und Bernhard vom Pferd und bleibt bewußtlos liegen, bis der Abt selbst ihn aufrichtet. Die spätere Überlieferung im *Exordium magnum* des Mönches Konrad von Eberbach (vor 1221) und bei Caesarius von Heisterbach (Nr. 336) vermischt diesen Bericht mit der Geschichte eines Zähringerministerialen Heinrich von Staufen (Nrn. 36–38), der unter dem Eindruck von Bernhards Predigt ins Kloster Clairvaux eintrat, und formt daraus die in der Fensterunterzeile erläuterte Begebenheit: »Bei Freiburg starb ein Ritter, weil er den heiligen Vater Bernhard lästerte, eines plötzlichen Todes. Ihn hat Bernhard wieder zum Leben erweckt« *(Apud Friburgum miles quidam, quia in Beatum Patrem Bernhardum blasphemius fuit, subitanea morte extinctus est. Quem ipce ad vitam resuscitat...).* Der Bogenschütze Heinrichs stirbt, weil er aus Zorn darüber, daß sein Herr Bernhard folgt, den Heiligen verflucht und ihn zu erschießen droht. Links von dem Toten steht auf dem Fensterbild wohl Herzog Konrad von Zähringen, daneben sein Dienstmann Heinrich, der dem hinzutretenden Bernhard im Spruchband erklärt: »Weil er über Euch lästerte, ist er gestorben!« *(Quia in vos blasphemius fuit extinctus est).* Bernhard ist bestürzt: »Wie, Herr? Meinetwegen muß jemand sterben?« *(Heu, Domine? Propter me quis moritur?).* Im Mittelfeld unter einem Baum ist die nächste Szene dargestellt: Bernhard richtet den Toten auf mit dem Segenswunsch: »Im Namen des Vaters und des Sohnes und des Heiligen Geistes sollst Du zum Leben zurückkehren! Amen!« *(In nomine Patris et Filii et Spiritus Sancti redeat in te spiritus tuus. Amen)*
Die dritte Szene, im Fenster rechts oben, zeigt die schon im Reisebericht erwähnte Heilung einer gelähmten Frau. Alle Handlungen spielen vor den Toren einer Stadt, die durch eine Aufschrift am linken Mauerturm als *friburg* gekennzeichnet ist.

Lit. (Zum dargestellten Ereignis): MGH SS XXVI, S. 123 und 128 (wie Nr. 192); Exordium Magnum Cisterciense sive Narratio de initio cisterciensis ordinis, hrsg. v. B. GRIESSER, 1961, S. 113ff.; A. KAUFMANN, Wunderbare und denkwürdige Geschichten aus den Werken des Caesarius von Heisterbach, Teil 1, in: Annalen des hist. Vereins für den Niederrhein 47 (1888), S. 226f.; – *(zum Fenster):* K. ECKERT, S. Bernhard von Clairvaux. Glasmalereien aus dem Kreuzzug von Altenberg bei Köln, 1953, S. 101f.; M. J. GIESEN, Bernhard von Clairvaux in Freiburg, in: SiL 72 (1954), S. 73–79; Die Zisterzienser. Ordensleben zwischen Ideal und Wirklichkeit. Ausstellung Aachen 1980 (Schriften des Rheinischen Museumsamtes Nr. 10), 1980, S. 609ff. (G 31b).

M. B.

139 (Kat.-Nr. 194)

Innerstädtisches Leben: Freiburg im Üchtland (Nrn. 195–203)

Freiburg im Üchtland, wohl 1157 gegründet, ist die einzige Zähringerstadt, über deren innere Verhältnisse wir nicht nur durch beiläufige Bemerkungen von Zeitgenossen oder Rückschlüsse aus späteren Urkunden Bescheid wissen. Hierher stammt das einzige Dokument, das noch zu Lebzeiten einen Zähringer als Stadtgründer bezeichnet und einen Konflikt der Gründungsphase schildert (Nr. 196); hierhin ist ein Schreiben des zähringischen Stadtherrn an seine Bürger gerichtet, das Aufschluß gibt über die Hierarchie innerhalb der Gemeinde und ihren Handlungsspielraum gegenüber dem Herzog (Nr. 202). Die älteste Fassung des Stadtrechts (Nr. 201) ist fast unverfälscht erhalten, maßgebliche Bürger treten wiederholt als Urkundenzeugen auf (Nrn. 196 und 203). Daß schriftliche Zeugnisse hier reicher vorhanden sind als anderswo, liegt an der engen Beziehung der Klöster Payerne (Peterlingen) und Hauterive (vgl. Nrn. 131–136) zu der jungen Stadt: Immer, wenn im Freiburg des 12. Jahrhunderts eine Urkunde ausgestellt wurde, waren Geistliche beteiligt, die sich, im Gegensatz zu den weltlichen Herren der Zeit, Aufzeichnungen über ihre Rechtsgeschäfte gemacht haben.

Der typisch frühstädtisch-ungeordnete Grundriß der ältesten Stadtanlage läßt sich aus Dokumenten (Nr. 199) und aus dem heutigen Befund (Nr. 198 und 200) gut rekonstruieren. M. B.

195
Gründungsdatum 1179 für Freiburg i. Ü. in der Schweizerchronik Johann Stumpfs 1548

Repr. aus Druck Zürich 1548 (Nr. 348) »Das achte Buch. Vom Wiflisperger gow«, fol. 254[v]*.*

Freiburg im Üchtland ist, nach der Chronik Stumpfs (vgl. Nrn. 181.7, 208 und 348), *erstlich gestifftet und erbauwen bey 12. jaren vor der statt Bern anfang/ durch Berchtoldum/ diß nammens den vierdten/ hertzogen zu zäringen/ als man zalt nach der menschwerdung Christi unsers lieben Herren und erlösers 1179* – eine Angabe, die sich in allen einschlägigen Chroniken und in der frühen Forschung findet.

Lit.: Vgl. Nr. 348. M. B.

196
Herzog Bertold IV. gibt dem Kloster Peterlingen ein Viertel des Stadtareals von Freiburg i. Ü. zurück

Vidimus der auf 1177 datierten, verlorenen Originalurkunde, ausgestellt 1300; anhängend das Siegel Abt Rudolfs von Cerlier, abgefallen das Siegel Abt Hugos von Hauterive; Pergament, H. 25,2 B. 39,3 cm. Repr.
Archivio di stato di Torino, Archivio di Corte, Materie ecclesiastiche; Bénéfices de là des monts, m. 3, Payerne n. 2.
(Textanhang Nr. 5).

Die Abschrift der einzigen Urkunde, welche noch zu Lebzeiten einen Zähringer als Stadtgründer bezeichnet, beweist, daß das lange angenommene Anfangsdatum 1179 für Freiburg i. Ü. nicht stimmen kann: Schon 1177 gibt Herzog Bertold IV. den Mönchen von Peterlingen jenes Stadtviertel zurück, das er widerrechtlich auf Klostergrund angelegt hat, einschließlich der dort errichteten Nikolauskirche, des Friedhofs und zweier Hofstätten zum Hausbau. Da der Einigung mehrfache Bitten des Konvents vorausgingen, die Stadtkirche schon fertig gewesen ist und die Bewohner in der Zeugenliste ganz selbstverständlich »Freiburger« *(plures Friburgenses)* genannt werden, muß die Gründung bereits mehrere Jahre vorher angesetzt werden (Nr. 197). Auf die Eigentumsrechte am Baugrund nahm der Herzog dabei wenig Rücksicht: Die übrigen drei Viertel der Stadt lagen vermutlich auf Boden der Herren von Villars, zähringisches Eigengut läßt sich in der Umgebung nicht nachweisen.
Eine Pfarrkirche – das zeigt der frühe Bau – war in der Zähringergründung fest eingeplant. Die Bürger behielten auch das Recht der Pfarrer-

wahl, obwohl die Stadtkirche, ein Jahr nach ihrer endgültigen Weihe, in einer Papsturkunde vom 18. März 1183 als Eigentum des Klosters Peterlingen eingetragen ist.

Lit.: RdCF I, Nr. I; FrB Bd. I, Urk.-Nr. 62, S. 457f.; HEYCK, Urkunden, Nr. X S. 13; – ZURICH, Fribourg, S. 32–38; L. DUPRAZ, Les institutions politiques jusqu'à la constitution du 24 juin 1404, in: Fribourg-Freiburg 1157–1481, bes. S. 73ff.; L. WAEBER, La paroisse de Saint-Nicolas des origines jusqu'au debut du XVIe siècle, in: Fribourg-Freiburg 1157–1481, S. 260ff. M. B.

197
Älteste Nennung Freiburgs i. Ü. in einer Schenkungsurkunde für das Kloster Hauterive von ca. 1162

Zisterzienserkloster Altenryf (Hauterive) bei Freiburg i. Ü., Anfang 13. Jahrhundert.
Vetus Testamentum [incompletum].
Pergamenthandschrift, 98 Bll., H. 48 B. 32 cm; Gotische Minuskel von mindestens 2 verschiedenen Händen; Text in 2 Kolonnen; Überschriften in roter Kapitalis; Initialen in Rot mit Verzierungen, ab Bl. 73 auch in Blau und Grün; Holzdeckel-Einband mit Lederüberzug. Spuren von 2 Schließen.
Kantons- und Universitätsbibliothek Freiburg i. Ü., L 519.

Im Vorsatz ein Pergament-Doppelblatt. Fragment eines Chartulars aus Altenryf (Hauterive), zweite Hälfte des 12. Jahrhunderts.
Dieses Fragment stammt aus einem Chartular, das gleichartig, aber etwas älter ist als jenes, das heute in der Staatsbibliothek Preußischer Kulturbesitz in Berlin aufbewahrt wird (Liber donationum Altaeripae, Nr. 132). Die Eintragungen dieses Fragments werden von der Berliner Handschrift (unvollständig) nicht überliefert.
In der Abschrift einer undatierten Schenkungsurkunde des Helias von Glâne für das Kloster Hauterive taucht der Zeuge *Anselmus dal Fribor* (Anselm von Freiburg) auf (f. 1[v], col. 2, Z. 10). Die Schenkung erfolgte »zu Händen des Abtes P.« Einziger Abt mit dieser Initiale ist Pontius von Hauterive, dessen Amtszeit nach der Äbteliste maximal die Jahre 1159 bis 1163 umfaßt haben kann. Spätestens damals existierte der Ort Freiburg also schon.
In der Forschung gilt als Gründungsdatum heute das Jahr 1157. Damals hielt sich Bertold IV., nach seinem Verzicht auf die Rektoratsgewalt in Westburgund zugunsten Kaiser Barbarossas (Nr. 62), längere Zeit im Bereich des Bistums Lausanne auf, dessen Regalieninvestitur ihm als Ausgleich zugefallen war.

Lit.: TREMP (Hrsg.), Liber donationum (wie Nr. 132), Nr. 28 S. 102; – ZURICH, Fribourg, S. 40–52; H. WICKI, Die geschichtlichen Grundlagen der Freiburger Stadtgründung, in: Fribourg-Freiburg 1157–1481, S. 19–53; P. LADNER, Politische Geschichte und Verfassungsentwicklung Freiburgs bis zum Ausgang des Mittelalters, in: Geschichte des Kantons Freiburg, Bd. 1, Freiburg 1981, S. 168ff.; BRUCKNER, SMAH XI, S. 34f. und Taf. V.; TREMP (wie oben), S. X, 33–39, Pl. Ib. M. B. / J. L.

198
Abb. 140
Grund- und Aufriß der ältesten Freiburger Stadtanlage

Aufriß nach Augustin Genoud, 1944 (Abb. 140). Grundriß nach dem Zustand von 1920, mit eingefügtem Rekonstruktionsplan der Zähringerburg nach Augustin Genoud und Paul Hofer, 1963.

Der älteste Stadtteil Freiburgs i. Ü., heute noch »quartier de Bourg« genannt, lag über der Flußniederung auf dem Felsplateau der Saanehalbinsel. Ringsum am Rand des unregelmäßigen, ca. 340 x 180 m großen Trapezes war Platz für eine Häuserzeile, zwei weitere Hausblöcke lagen, durch einen schmalen Abwassergraben getrennt, in der Ortsmitte und teilten so die öffentlichen Flächen in eine südliche Marktgasse (heute Grand' rue) und einen trichterförmigen Platz im Norden, auf dem die Nikolauskirche und wohl auch die erste Gerichtslaube standen. Drei Quergäßchen verbanden die beiden Hauptwege. Die »Zähringerburg«, ein fester Wohnturm (Donjon) (Nrn. 199 und 238) in der Südwestecke, war durch den »kleinen Graben« und ein eigenes Befestigungswerk von der Stadt getrennt, im Süden begrenzte ein natürlicher, später künstlich vertiefter Geländeeinschnitt (»Großer Graben« bzw. »Grabensaal« [jenseits der heutigen Rue des Epouses])

140 (Kat.-Nr. 198)

die ganze Ortsanlage. Ihn überbrückten zwei Stege beim Schloß und bei der außerhalb gelegenen Marienkapelle (heute Liebfrauenkirche [Nr. 200]), der dritte Stadtausgang im Südosten führte hinunter zu einer kleinen alten Ansiedlung in der Flußau (Auge).
Genouds Aufrißskizze idealisiert und überzeichnet die Einzelheiten, vermittelt aber doch ein Bild von der geringen Ausdehnung und relativen Unstrukturiertheit der frühen Zähringerstadt.

Lit.: ZURICH, Fribourg; A. GENOUD, La construction de Fribourg et les premiers édifices de la ville au XIIe siècle, in: ZSAKg 6 (1944), S. 1–18 (dort auch die Aufrißskizze, Fig. 1) und ZSAKg 9 (1947), S. 80–94; M. STRUB, L'image d'une ville zaeringienne, in: Fribourg-Freiburg 1157–1481, S. 327–358; STRUB, Fribourg, S. 29ff.; HOFER, Zähringerstädte, Nr. 49; H. BOESCH–P. HOFER, Flugbild der Schweizer Stadt, 1963 (dort die Grundrißskizze, S. 106, Fig. 22); A. A. SCHMID, Freiburg im Üchtland, in: BH 50 (1960), bes. S. 58f. M. B.

199
Bericht über das Schicksal des Zähringerschlosses in der Chronik des Franz Rudella

Freiburg i. Ü., 1567.
Papierhandschrift, 627 Bll., H. 34,8 B. 21,5 cm (maximale Größe).
Archives Cantonales Fribourg, Législation et Variétés Ms. 63.

Die ursprüngliche Gestalt Freiburgs i. Ü. wurde durch Baumaßnahmen im 15. und 16. Jahrhundert stark verändert. In den Entwürfen und der teilweise ausgeführten Reinschrift seiner Chronik von 1567 überliefert Franz Rudella wertvolle Informationen über das frühe Aussehen und die vorgenommenen Änderungen, so auch über das spurlos verschwundene Zähringerschloß: Es stand, wo heute das Hôtel de ville sich befindet, *hoch und vast ledig, eben an dem ort, da die statt daran gestifft, und angefangen ward. Daselbs was es mit einem hochen thurn, gräben und falbrucken versechen.* Durch die südwestlichen Stadterweiterungen ihrer strategischen Funktion beraubt, verfiel die Burg schließlich, Häuser wurden auf ihrem Platz gebaut, einzig der Donjon, mittlerweile in »Österreicherturm« umbenannt, überdauerte bis 1463; dann riß man ihn ab, um den Fischmarkt zu erweitern, und füllte mit dem Schutt gleichzeitig die alten Stadtgräben auf (Nr. 198). Seit 1505 steht an seiner Stelle das neue Rathaus.

Lit.: Abdruck der Rudella-Chronik in Auszügen bei ZURICH, Fribourg, Annexe VII; Die Wiener Kurzfassung der Freiburger Chronik des Franz Rudella, hrsg. und eingel. von P. LADNER, in: Discordia concors, Fs. für E. Bonjour, Bd. 2, 1968, S. 401–431; – A. BÜCHI, Die Chroniken und Chronisten von Freiburg im Üchtland, in: Jb. für schweizerische Geschichte 30 (1905), S. 272 ff.: G. CASTELLA und L. KERN, Notes sur la Chronique de Rudella et Index chronologique du manuscrit des Archives d'Etat de Fribourg, in: Annales Fribourgeoises 8 (1920), S. 108–134, 159–192, 208–218; ZURICH, Fribourg, S. 144 ff.; FELLER-BONJOUR, Geschichtsschreibung der Schweiz Bd. 1, 1979, S. 291 f. M. B.

200 Abb. 141–142
Freiburg i. Ü., Eglise de Notre-Dame (12.–18. Jahrhundert)

200.1 Abb. 141
REKONSTRUKTION DER KIRCHE, ZUSTAND UM 1200

Isometrische Ansicht, nach Augustin Genoud, 1947.

200.2
DETAILANSICHT EINES PFEILERS (VON DER BAROCKEN VERKLEIDUNG BEFREIT)

Photographie

Die Baugeschichte der Liebfrauenkirche in Freiburg ist keineswegs gänzlich geklärt. Bis zum Anfang des 13. Jahrhunderts scheinen sich mindestens drei Bauphasen nachweisen zu lassen. Eine bereits vor der Stadtgründung bestehende Marienkapelle, sie wird in den Quellen *perantiqua*, sehr alt, genannt, wurde in der zweiten Hälfte des 12. Jahrhunderts teilweise in einen Neubau einbezogen. Dieser Kirchenneu-

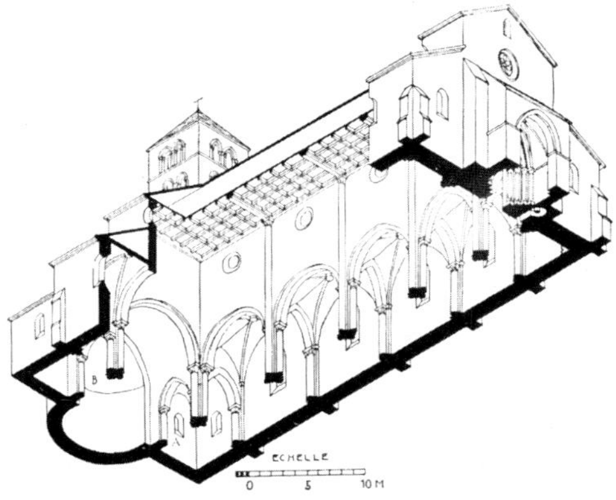

141 (Kat.-Nr. 200.1)

bau erfolgte nach der Stadtgründung 1157. Ob die in einer Urkunde von 1182 bezeugte Weihe einer *basilica de Friburch* sich auf die Liebfrauen- oder die Stadtkirche St. Nikolaus bezieht, ist ungewiß. Eine Bauinschrift, die das Jahr 1201 nennt (1785 offensichtlich neu gefertigt), dürfte im Zusammenhang mit dem Umbau der Seitenschiffe und der Errichtung des Turmes zu sehen sein. Trotz verschiedener Veränderungen, die sich seit dem 14. Jahrhundert nachweisen lassen, behielt die Kirche bis 1785 weitgehend ihr romanisches Erscheinungsbild. Obwohl eine umfassende Gestaltung 1785 bis 1787 vor allem den Innenraum völlig umformte, läßt sich der romanische Bau anhand von Plänen und Ansichten einigermaßen rekonstruieren. Es handelte sich um eine dreischiffige Basilika ohne Querhaus. Über die Gestalt des Chores lassen sich keine exakten Angaben machen. Veränderungen um 1200 betrafen die Seitenschiffgewölbe und die Errichtung des Turmes. Das Mittelschiff blieb stets ungewölbt, obwohl es offensichtlich auf Wölbung angelegt war. Dafür liefern die quadratischen Pfeiler, denen auf allen Seiten eine breite Halbrundvorlage vorgeblendet ist, ein Indiz. Die zu den Seitenschiffen gekehrten Vorlagen trugen die Gurtbögen der Wölbung, während die an den Mittelschiffwänden nur die Unterzüge einer Flachdecke aufnahmen. Wie eine Wölbung des Mittelschiffs hätte ausgesehen haben können, vermitteln mehrere Zisterzienserbauten der Umgebung (Hauterive, vgl. Nr. 131, Maigrauge), denen die Liebfrauenkirche wichtige architek-

142 (Kat.-Nr. 200) Ansicht von Osten

tonische Anregungen verdankt. Vor dem Umbau der Kirche im Stil Louis XVI. war der Neubau des Chors in gotischen Formen wohl der entscheidenste Eingriff. Im 20. Jahrhundert wurde die Turmbekrönung durch einen Spitzhelm ersetzt. (Abb. 142: Außenansicht der Kirche im heutigen Zustand).

Lit.: A. Genoud, La construction de Fribourg et les premiers édifices de la ville au XIIe siècle (IIme partie). 3. L'église de Notre-Dame, in: ZSAKg 9 (1947), S. 80–86; M. Strub, La basilique de Notre-Dame, in: Les Monuments d'Art et d'Histoire de la Suisse. Canton de Fribourg, Bd. II, S. 159ff. M. K.

201 Abschrift der Handfeste von Flumet. Leicht überarbeitete Fassung des ältesten Stadtrechts von Freiburg i. Ü.

Undatierte Abschrift, ca. Ende 16. Jahrhundert. In einem Papierband (ohne Umschlag) mit Kopien verschiedener Flumeter Privilegien, 28 Bll., H. 32 B. 22 cm. Repr.
Archives départementales de la Savoie, Chambéry, Fonds Duverger de Blay, F 67.

Aufschluß über die rechtlichen Verhältnisse im frühen Freiburg gibt die in einer stark beschädigten Abschrift aus dem 16. Jahrhundert erhaltene Handfeste von Flumet in den Savoyer Alpen: 1228 erlaubten die Freiburger dem Freiherrn Aymon von Faucigny, ihr zähringisches Stadtrecht auf Flumet zu übertragen. Während in Freiburg i. Ü. dann bei der Neuschrift der Handfeste 1249 (Nr. 220) die alten Schriftstükke aus der Zähringerzeit bis zur Unkenntlichkeit umgearbeitet wurden, bewahren die ersten 27 der ingesamt 90 Flumeter Paragraphen die damaligen Vorlagen fast unverfälscht – sie enthalten die älteste auf uns gekommene Fassung zähringischer Stadtrechtsbestimmungen überhaupt.
Im schweizerischen Freiburg galten demnach unter den Zähringern alle Vergünstigungen aus Konrads Gründungsurkunde für Freiburg i. Br. (Nr. 190) zuzüglich neuer Verordnungen Bertolds IV.: Zollfreiheit, keine Kriegssteuer außer einem Paar Stiefel von jedem Schuhmacher, wenn der Herzog mit dem König zu ziehen verpflichtet ist. Die freie Vererbbarkeit der Hofstätten wird bekräftigt, für eine Fläche von 50 x 100 Fuß ist jährlich nur ein Schilling Zins zu zahlen. Erstmals tauchen Sätze auf, die Freiburg als selbstverwaltete Gemeinschaft gleichgestellter Bürger (»Genossen«), als Stadt im Rechtssinn also, charakterisieren: Jeder, der ein Jahr lang ohne Einspruch seines Leibherrn in der Stadt gewohnt hat, kann von dort nicht mehr zurückgeholt werden. Der Stadtbezirk ist ein Bereich besonderen Friedens, wer diesen bricht *(infra urbem pacem urbis infregerit)*, verfällt der Strafe seiner Mitbürger: Hausfriedensbruch berechtigt den Belästigten zur

Selbstjustiz, die Verletzung eines anderen kostet eine Hand, Totschlag den Kopf; das Haus eines Totschlägers wird niedergerissen zum Zeichen dafür, daß er aus der Gemeinde ausgestoßen ist. Die Bürger dürfen den Pfarrer, den Schultheißen und den Zöllner frei wählen und wieder absetzen. In der vom Herzog erbauten Gerichtslaube spricht der Stadtherr dreimal jährlich Recht gemäß den Satzungen der Bürger.

Lit.: F. E. Welti, Beiträge zur Geschichte des älteren Stadtrechtes von Freiburg im Üchtland (Abhandlungen zum Schweizer Recht 25), 1908, S. 129–136; J.-Y. Mariotte, La Charte de Fondation de Flumet (1228), Source du Droit de Fribourg, in: MHDB 30 (1970/71), S. 73–95; – Schlesinger, Ältestes Freiburger Stadtrecht, bes. S. 73 ff.; Blattmann, Freiburger Stadtrechte, S. 39 ff. und 93 ff. M. B.

202 Abb. 143

Brief Herzog Bertolds IV. an die Bürger der Stadt Freiburg i. Ü.

Ohne Datum und Ortsangabe.
Pergamentblatt H. 25,2 B. 9,6 cm, zu zwei Dritteln beschrieben, Siegel abgefallen.
Archives Cantonales Fribourg, Fonds Hauterive III, N° 2.
(Textanhang Nr. 6).

Die Stadtrechte geben durchaus Aufschluß über die innere Struktur einer Gemeinde, sie dokumentieren aber als juristische Texte Ansprüche und Maximalbedingungen und nehmen auch auf bloße Eventualfälle Bezug. Deshalb ist das einzige erhaltene Dokument, in dem sich ein Zähringer direkt an seine Stadtbürger wendet, besonders wertvoll. Der Brief Bertolds IV. an Freiburg i. Ü. zeigt, welchen Handlungsspielraum nach innen und außen die Stadt noch zu Lebzeiten ihres Gründers tatsächlich hatte: Die Freiburger haben von dem Kloster Hauterive Steuern und Abgaben verlangt, weil es ein Haus in der Stadt besitzt. Von den Mönchen informiert, macht der Herzog darauf aufmerksam, daß auch Freiburg die Steuerbefreiung für das unter seinem besonderen Schutz stehende Kloster (vgl. Nr. 136) beachten muß; andern-

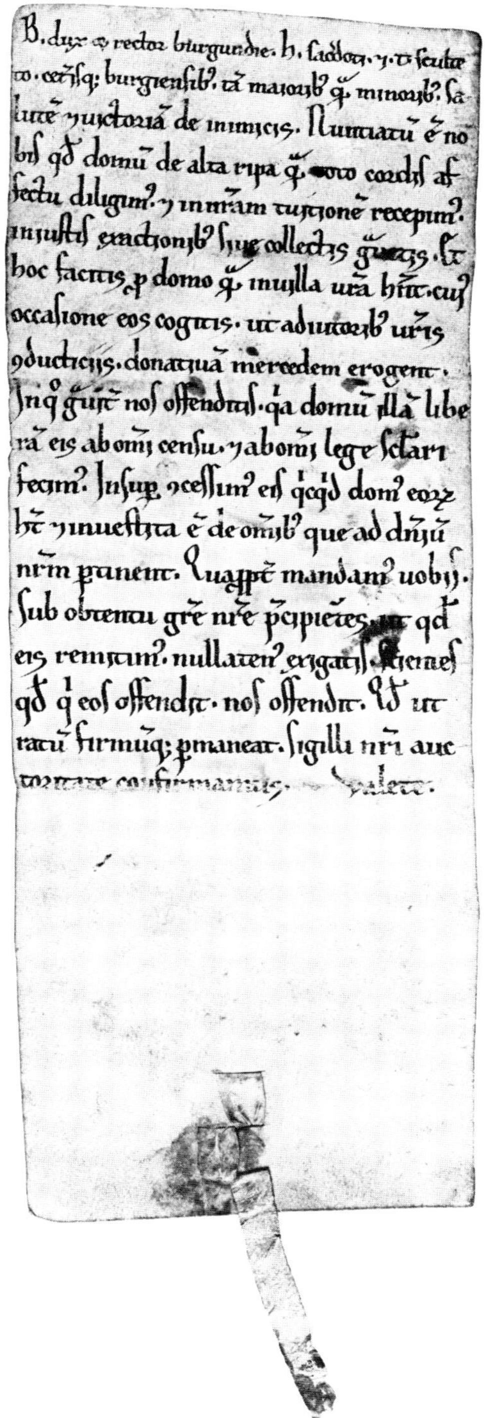

143 (Kat.-Nr. 202)

falls droht der Stadt ein herzogliches Strafgericht.

Aus bürgerlicher Sicht durchbrach das Kloster als Stadtinsasse mit Sonderrechten das gemeindebegründende Prinzip von den gleichen Rechten und Pflichten jedes hausbesitzenden Einwohners. Es genoß Schutz und günstige Marktbedingungen der Stadt, ohne im aktuellen Kriegszustand ihre Verteidigung mitzufinanzieren. Die Freiburger versuchten zwar, diese Privilegien zu ignorieren, letztlich konnte aber doch der Wille des fernen Stadtherrn der Gemeinde den störenden Fremdkörper aufzwingen.

Die Briefadresse spiegelt eine gewisse Rangfolge innerhalb der Gemeinde. Daß der Priester Hugo in einer kommunalen Angelegenheit als erster angesprochen wird, dürfte ein in seiner Person (vgl. Nr. 203) begründeter Sonderfall sein. Zuständig wäre eigentlich der an zweiter Stelle genannte Schultheiß gewesen, der als gewählter Stellvertreter des Herzogs eine vermittelnde Position innehatte. Ein Stadtrat existierte noch nicht, aber die Trennung zwischen einflußreichen und weniger einflußreichen Bürgern *(burgenses maiores et minores)* kündigt die Herausbildung einer führenden Schicht schon an. Zu den *maiores* gehören vermutlich die 1182 erwähnten *barones de Friburch*, also stadtsässige Adelige, und wohlhabende Kaufleute.

Lit.: RdCF I, S. 3f.; HEYCK, Urkunden, Nr. XI S. 14; – ZURICH, Fribourg, S. 53–58 (mit Foto der Urkunde); L. DUPRAZ, Les institutions politiques jusqu'à la constitution du 24 juin 1404, in: Fribourg-Freiburg 1157–1481, S. 54–130; HEINEMANN, Burgund II, S. 209ff. M. B.

203
Urkunde mit den Zeugen Hugo und Lambertus von Freiburg i. Ü.

Repr. der Urkundenabschrift im Liber donationum Altaeripae, f. 136f. (Nr. 132).

Zwei Bewohner des frühen Freiburg treten öfter als Urkundenzeugen auf: Der Priester Hugo ist von ca. 1173–1182 in sechs (meist undatierten) Schenkungsurkunden an das Kloster Hauterive und im Brief Bertolds IV. (Nr. 202) erwähnt. Er war Pfarrer der Stadtkirche St. Nikolaus, aus seiner Bezeichnung als *decanus* am 8. Juni 1182 geht hervor, daß spätestens zu diesem Zeitpunkt die neue Stadt Sitz eines Dekanates, eines geistlichen Unterverwaltungsbezirks, wurde.

Etwa zur gleichen Zeit wie Hugo wird ein *Lambertus mansionarius dal Fribor* sechsmal in Hauteriver Urkunden aufgeführt. Vermutlich war er der Verwalter des im Bertold-Brief erwähnten Klosterhauses von Hauterive, das durchreisenden Zisterziensern oder Hauteriver Mönchen, die in der Stadt etwas zu besorgen hatten, als Herberge *(mansio)* diente.

In der vorliegenden Urkunde bestätigt Aliolz de Lixta eine schon in Itlens vorgenommene Landschenkung noch einmal in Freiburg vor mehreren Zeugen, darunter Hugo und Lambertus. Sie dokumentiert die enge personelle Verflechtung zwischen führenden Persönlichkeiten der Stadt Freiburg und des Klosters Hauterive (vgl. oben, S. 169ff., 238).

Lit.: ZURICH, Fribourg, Annexe II, N° 3, S. 252f.; TREMP (Hrsg.), Liber donationum (wie Nr. 132), Nr. 235 S. 252f.; – P. J. GUMY, Régeste de l'abbaye de Hauterive de l'ordre de Cîteaux depuis sa fondation en 1138 jusqu'à la fin du règne de l'abbé d'Affry 1449, 1923, Nr. 203; M. H. VICAIRE, Convents et monastères, in: Fribourg-Freiburg, bes. S. 294ff.; Urkunde von 1182: RdCF I, S. 4f. M. B.

Bauetappen: Bern (Nrn. 204–209)

Der Grundriß von Bern gilt den Verfechtern eines ›zähringischen Stadtanlagetypus‹ (vgl. Nr. 256) als ›steinerne Urkunde‹ dieses Modells, mit breiter Marktstraße, »Zähringerkreuz« und normierten Hofstätten. Tatsächlich läßt sich an seinem Beispiel zeigen, wie ein ungefährer Bauplan und die vorgefundenen Gegebenheiten beim hochmittelalterlichen Städtebau zusammenwirkten:

Für den noch unbebauten schmalen Höhenrücken zwischen dem ältesten Siedlungskern um die Burg Nydegg (Nr. 206) kam, vorgezeichnet wohl durch einen älteren, leicht geschwungenen Weg, nur eine der typischen schweizerischen Parallelstraßenanlagen in Frage, mit konsequenter Ausrichtung nach Westen, wo ein natürlicher Geländeeinschnitt in der Gegend des heutigen Zeitglockenturmes vermutlich von Anfang an als Abschluß vorgesehen war. Eine Distanz von 620 Metern, neben der Villingens die größte Längenausdehnung einer ›Zähringerstadt‹, machte dieses Ziel erst in zwei Bauetappen (Nr. 205) erreichbar. Der Mauerabschluß der ersten Bauetappe bedingte nach dem Weiterbau ein unechtes »Zähringerkreuz«.

Nirgends wurde das Hofstättensystem (Nr. 207), ein weiteres Charakteristikum ›zähringischer Stadtanlagen‹, so genau untersucht wie in Bern. Der 1980 abgeschlossene Kellerplan zeigt, daß die rechtlich vorgeschriebene Bauplatzgröße von 60 x 100 Fuß bei der Bebauung zwar einen Rahmen setzte, ihre geometrisch genaue Umsetzung aber verbot schon das Gelände.

Dem zweiphasigen Wachstum Berns entsprechen unsichere Nachrichten über die Identität des Gründers (Bertold IV. oder V.) (Nr. 208).

Die chronikalische Überlieferung setzt erst spät ein (Nr. 209), beschert aber 1420 Bern eine detaillierte und, trotz der Überformung durch spätere Vorstellungen, gerade zur Baugeschichte aufschlußreiche Gründungssage (Nr. 204). M. B.

204
Bericht von den Anfängen Berns in den Chroniken Justingers (1420), Tschachtlans (1470) und Schillings (1474/83 und 1480/85)

204.1
BERNER CHRONIK
DES CONRAD JUSTINGER (wie Nr. 181.2)

204.2 Abb. 143a
BERNER CHRONIK
DES BENEDIKT TSCHACHTLAN UND HEINRICH DITTLINGER 1470

Pergamenthandschrift mit farbigen Initialen und 230 kolorierten Federzeichnungen, 525 num. Bll., H. 28 B. 20,5 cm; geprägter Ledereinband mit Metallschließen.
Zentralbibliothek Zürich, A 120;
Repr. von S. 13.

204.3 Abb. 144
AMTLICHE BERNER CHRONIK
DES DIEBOLD SCHILLING

Erster von insgesamt drei Bänden, Pergamenthandschrift mit farbigem Titelblatt, kolorierten Initialen und Illustrationen; 226 Bll., H. 40,5 B. 28 cm; Einband mit gotischen Metallbeschlägen.
Burgerbibliothek Bern, Mss. Hist. Helv. I, 1;
Repr. von S. 13.

204.4
PRIVATE BERNER CHRONIK
DES DIEBOLD SCHILLING
(»SPIEZER SCHILLING«)

Papierhandschrift mit farbigen Initialen und 344 kolorierten Federzeichnungen; 380 Bll., H. 35 B. 24 cm.
Burgerbibliothek Bern, Mss. Hist. Helv. I, 16;
Repr. von S. 57.

143a (Kat.-Nr. 204.2) Bauauftrag

Zu 204.1:
1420 verknüpfte der Stadtschreiber Conrad Justinger Tatsachen, Anekdoten und Sagenmotive zur – danach immer wieder kopierten – Berner Gründungsgeschichte: Ihr zufolge wählte nach dem Sieg über aufständische Adelige im Berner Oberland Herzog Bertold von Zähringen, beraten von seinen Jägern, als geeignetsten Platz für eine wehrhafte Stadt *die hofstat genempt im sack, do nideg sin burg lag*; seine erste Jagdbeute im Eichenwald der Aarehalbinsel, ein Bär, verlieh der Gründung Namen und Wappen.
Aufschluß über das Verhältnis von sagenhafter Überformung und wahrem Kern in Justingers Bericht gibt die Anekdote vom Streit zwischen Bertold V. und dem als Bauleiter eingesetzten Herrn von Bubenberg: Nach herzoglicher Anweisung sollte die Stadt schon am alten Spital (heute Kreuzung Gerechtigkeitsgasse/Nydeggstalden) oder, wie eine andere Überlieferung besagt, an der Kreuzgasse enden. Der Bubenberger aber führte die Anlage eigenmächtig bis in die Gegend des Zeitglockenturmes. Die hier umstrittenen Grenzlinien entsprechen genau den archäologisch nachgewiesenen Westabschlüssen der zähringischen Bauetappen (Nr. 205).

Zu 204.2–204.4:
Die ältesten bildlichen Darstellungen zur Berner Frühzeit sind die kolorierten Federzeichnungen in der 1470 vollendeten Privatchronik des Ratsherrn Benedikt Tschachtlan, im Vergleich zur burgundischen Buchmalerei der Zeit naiv anmutende Bilder ohne Anspruch auf topographische oder perspektivische Genauigkeit: Am Ufer der betont gezeichneten Aarehalbinsel besiegeln im ›Stiftungsbild‹

Bertold V. (mit Hut und Mantel) und der Bubenberger (mit Familienwappen) durch Handschlag den Bauauftrag; die Stadt im Hintergrund, gekrönt von der (topographisch falsch angesiedelten) Nydeggkirche über dem schon vorhandenen Zeitglockenturm, ist fertig bis auf das (um 1256 errichtete) Untertor an der Aare.

Die Bilder in der 1474–1483 auf Ratsbeschluß hin gefertigten Amtlichen Berner Chronik des Stadtschreibers Diebold Schilling (vgl. Abb. 144, Die Bärenjagd) sind in Perspektive und Kombination schon wesentlich ausgereifter, aber noch nicht so frei und natürlich wie jene im »Spiezer Schilling«. Diese Papierhandschrift – eine Kopie Justingers und seiner Fortsetzung bis 1465 – fertigte Schilling in den letzten Jahren vor seinem Tod 1486 als Familienchronik auf Bestellung des Altschultheißen Rudolf von Erlach. Ob ihre 344 mit Wasserfarbe kolorierten Federzeichnungen ebenfalls von seiner Hand stammen, ist umstritten.
Sicher besteht eine gegenseitige ikonographische Abhängigkeit zwischen den Darstellungen der Tschachtlan'schen, Berner und Spiezer Chronik. Die Anregung zur Illustration der Chroniken wird Diebold Schilling zugeschrieben, dessen Bruder Hans in der berühmten Handschriftenwerkstatt Diebold Laubers im elsässischen Hagenau als Miniaturenmaler beschäftigt war. Obwohl er zeitlebens nur ein untergeordneter Beamter blieb, war Diebold

144 (Kat.-Nr. 204.4) Bärenjagd

Schilling doch Mitglied der Zunft zum Distelzwang, wo sich die politisch führenden Männer Berns, darunter der Ratsherr Tschachtlan, trafen. Hier nahm der Gedanke, eine neue amtliche Stadtchronik zu gestalten, seinen Ausgang. Die Diskussionen darüber und ein erster Entwurf Schillings dürften Tschachtlan und Dittlinger zu ihrer Privatchronik inspiriert haben, mit laienhaften Illustrationen, die im Geist der Gotik einfach Vorgänge ›abbilden‹, aber keine ›Kunstwerke‹ sein wollten. Die Amtliche Berner Chronik hat mindestens zwei Miniaturenmaler beschäftigt, von denen der Illustrator des dritten Bandes, unter dem Einfluß niederländisch-burgundischer Buchkunst stehend, hervorragt. Die Bilder im »Spiezer Schilling« gelten als die kunstvollsten, ihr Fertiger als »genialer Zeichner«, »der seine Illustrationen mit gekonntem Federstrich auf das Papier wirft« (Bloesch). Es sind durchkomponierte Darstellungen von großer Aussagekraft, allenfalls unter der mageren Kolorierung leidend – Farbe ist für ihren Maler noch kein Mittel zur Gestaltung des künstlerischen Gesamteindrucks.
Auf S. 57 des »Spiezer Schilling« ist die Auseinandersetzung zwischen dem Herzog und Kuno von Bubenberg dargestellt (vgl. Umschlagbild des Katalogs): Bertold V., begleitet von seinem Gefolge, tritt vor dem Zeitglockenturm mit anklagender Gebärde dem Bauleiter gegenüber, der beschwichtigend die Hände erhebt. Gerüste und Kräne im Hintergrund zeigen die rege Bautätigkeit in der neuen Stadt. Ein Vergleich mit der ähnlichen Szene bei Tschachtlan verdeutlicht die Spannweite in der Bewältigung des Gegenstandes.
Alle drei Chroniken gehören als Beispiele der ›Volkskunst‹ – im Gegensatz zur höfischen und klösterlichen Buchmalerei – zu den wertvollsten Bilderchroniken des 15. Jahrhunderts.

Lit.: zu 204.1: Die Berner Chronik des Conrad Justinger. Nebst vier Beilagen hrsg. v. G. STUDER, 1871; – *zu 204.2:* Bilderchronik des Benedikt Tschachtlan, hrsg. v. H. BLOESCH–L. FORRER–P. HILBER, 1933; – *zu 204.3:* Berner Chronik des Diebold Schilling, hrsg. v. G. TOBLER, Bd. 1 und 2, 1897–1901; Diebold Schilling, Berner Chronik 1483 (Faksimile) Bd. 1–4, hrsg. v. H. BLOESCH und P. HILBER, 1943–45; – *zu 204.4:* Diebold Schilling, Spiezer Bilderchronik 1485 (Faksimile), hrsg. v. H. BLOESCH, 1939. – *Allgemein:* O. HOMBERGER, Über die kunstgeschichtliche Bedeutung der Handschriften der Burgerbibliothek, in: Schätze der Burgerbibliothek Bern, 1953, S. 107ff.; J.-P. BODMER, Chroniken und Chronisten im Spätmittelalter (Monographien zur Schweizer Geschichte 10), 1976, S. 10ff. und S. 71ff.; FELLER-BONJOUR, Geschichtsschreibung der Schweiz, Bd. 1, S. 7ff., 14ff., 21ff.

M. B.

205 Abb. 145
Die zähringischen Bauetappen Berns

Planskizze nach Rolf Spörhase, 1971.

Stadtarchäologische Untersuchungen legen drei Bauabschnitte für das zähringische Bern nahe: Einen ältesten Siedlungskern um die vor 1274 zerstörte Burg Nydegg (Nr. 206), daran anschließend bis zur Kreuzgasse das »ältere« und von dort bis zum Zeitglockenturm das »jüngere *burgum*«. Anders als im Nydegg-Viertel und in den späteren savoyischen Vorstädten war in der »Zähringerstadt« zwischen Burggraben und Zeitglockenturm der Grundriß klar gegliedert in eine 26 m breite Hauptgasse (Gerechtigkeits- bzw. Kramgasse) mit zwei Parallelgassen (Post- und Junkerngasse bzw. Rathaus- und Münstergasse), jeweils flankiert von größtenteils ca. 60 Fuß (17,6 m) tiefen Hausgrundstücken (Nr. 207). Zwischen den Hausblöcken verliefen parallel zur Hauptgasse die Ehgräben (Abwasserkanäle). Beide *burgum*-Abschnitte besaßen einen Grundwasserbrunnen am Nordrand und einen Südausgang zum Aareufer (Bubenbergtor bzw. Michaelistörle).
Die nordöstlich verlaufende Kreuzgasse markiert nicht ein ursprüngliches Straßenkreuz, sondern den ehemals befestigten Westabschluß der ersten Bauetappe – dafür sprechen zwei 1940–42 teilweise aufgedeckte Mauerzüge unter der Rathausgasse, in den Westwänden des Rathauses und des Hauses Gerechtigkeitsgasse Nr. 81, ebenso beim letztgenannten Haus ein in die Mauer eingeschnittener, diagonal geführter Bächlekanal, der auf eine Gabelung des künstlich durch die Hauptgasse geführten Stadtbaches und mithin auf den Knotenpunkt eines selbständigen Bächlesystems für das »ältere *burgum*« schließen läßt. Der Bau des Eckhauses Kramgasse/Kreuzgasse zerstörte diese Anlage,

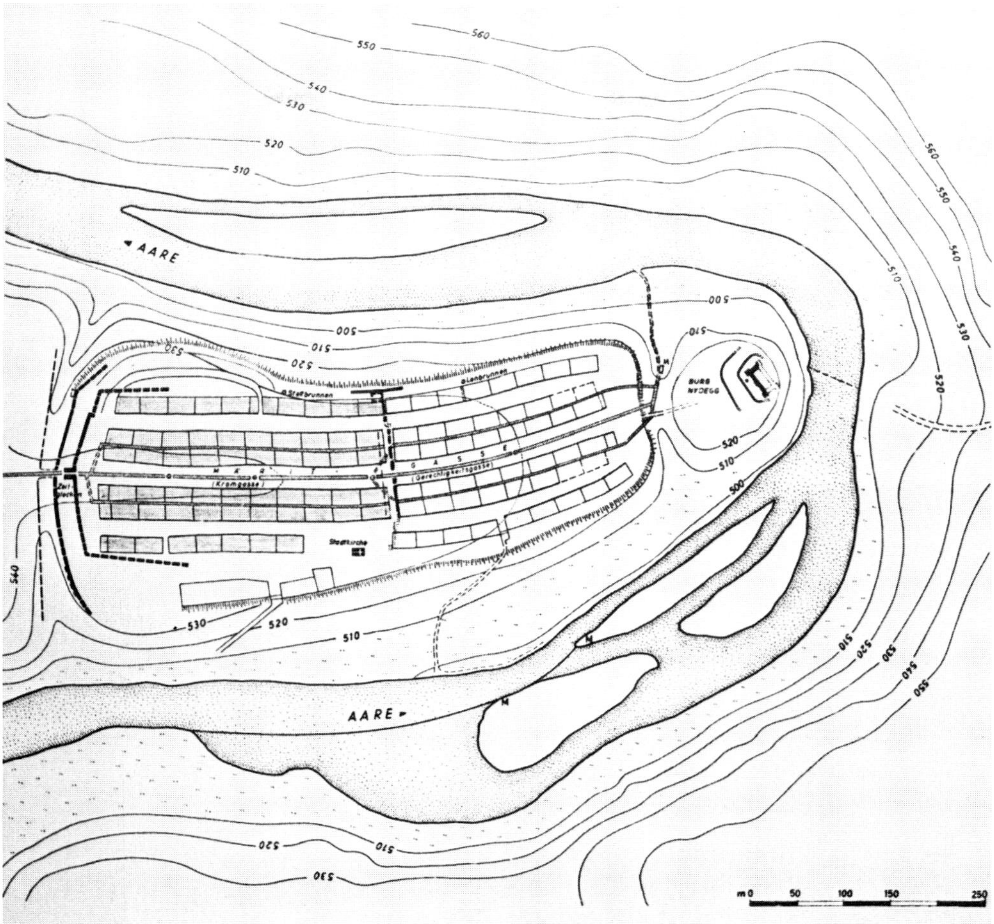

145 (Kat.-Nr. 205)

er muß deshalb zur dritten Bauetappe (»jüngeres *burgum*«) gehören, welche die Stadt weiterführte bis zu einem natürlichen Geländeeinschnitt in der Gegend des Zeitglockenturmes. Der stadteinwärts ursprünglich offene Turmkern dieses ehemaligen Stadttors mit 2,8 m starker Frontmauer gegen Westen ist das älteste erhaltene oberirdische Bauwerk Berns. Beidseits davon führte eine doppelte Ringmaueranlage zu den Steilhängen des Stadthügels. Die Herrengasse und die halbkreisförmige, mit Scheunen und Ställen besetzte Brunngasse wurden erst später ausgebaut.

Daß die Stadtkirche St. Vinzenz außerhalb des »älteren *burgum*« lag, läßt vermuten, daß schon beim Bau des zweiten Etappenabschnitts die dritte Westerweiterung geplant war. Während Hans Strahm das »ältere *burgum*« der Zeit kurz nach 1160 und den Abschluß des »jüngeren *burgum*« dem chronikalisch überlieferten Gründungsdatum 1191 (Nr. 209) zuweist, bezieht Paul Hofer das Datum 1191 auf die Anlage von Burg Nydegg und »älterem *burgum*«, als Bauzeit der dritten Etappe vermutet er die Jahre von ca. 1218–1230.

Lit.: H. STRAHM, Studien zur Gründungsgeschichte der Stadt Bern, in: Neujahrsblatt der Litt. Gesellschaft Bern, NF. 13 (1935), dazu P. DE ZURICH in: ZSKG 30 (1936), S. 153–156, U. STUTZ in: ZSRG GA 56 (1936), S. 588–590 und M. BECK, Zur Gründungsgeschichte der Stadt Bern, in: ZGO NF 51 (1938), S. 64–88; H. STRAHM, Der zähringische

Gründungsplan der Stadt Bern, in: AHVB 39 (1948), S. 361–391; DERS., Zur Verfassungstopographie der mittelalterlichen Stadt mit besonderer Berücksichtigung des Gründungsplanes der Stadt Bern, in: ZSG 3 (1950), S. 372–410; HOFER, Stadt Bern, S. 23ff. und 73ff.; P. HOFER, Die Wehrbauten Berns (wie Nr. 206), S. 11ff.; DERS., Die Stadtgründungen des Mittelalters zwischen Genfersee und Rhein, in: H. BOESCH-P. HOFER (Hrsg.), Flugbild der Schweizer Stadt, 1963, S. 85ff.; HOFER, Zähringerstädte, Nr. 94; H. STRAHM, Bern, in: BH 50 (1970), S. 36–57; STRAHM, Geschichte Berns, S. 26ff.; R. SPÖRHASE, Bern. Karten zur Entwicklung der Stadt, 1971: Bern 1191–1218.

M. B.

206
Die Burg Nydegg in Bern

Grabungsplan nach Paul Hofer, 1953.

Die zähringische ›Stadtburg‹ der von den Herzögen gegründeten Stadt Bern ist die Nydegg an der östlichen Spitze der von der Aare umflossenen Landzunge – neben der modernen Nydeggbrücke, die von ihr den Namen trägt. Da Quellen fast völlig fehlen, bleibt bis heute unklar, wie sich die Burg und die Zähringerstadt chronologisch zusammenordnen – ein Grundproblem, das Bern mit anderen Zähringerstädten, wie beispielsweise Freiburg i. Br., teilt (vgl. Nr. 185).

Die Ausgrabungen im Nydegg-Quartier am Aarebogen 1951–62 haben zwar letztendlich keine Klarheit in dieser Frage erbracht; doch sie gaben immerhin Aufschluß über die Baugestalt der Burganlage und ihr Verhältnis zur (späteren) Stadtbefestigung, was deswegen um so wichtiger ist, weil infolge der Zerstörung und Überbauung der Burg bald nach dem Ende der Zähringerherrschaft keinerlei Ansichten von ihr überliefert sind.

Die Kernburg war nach den Ergebnissen der Grabungen durch einen 14 m breiten, mit doppeltem Mauerring bewehrten Graben geschützt; ein Abschnitt dieser Anlagen ist heute unter der Nydeggkirche zugänglich. Das ovale Burgareal besaß mit rund 60–80 m Durchmesser eine beträchtliche Größe. Auf dem Burghügel im Zentrum erhob sich als vermutlich einziges Gebäude ein mächtiger Wohnturm (Donjon), vergleichbar den Burgen von Freiburg i. Br., Breisach und Thun (Nrn. 185, 246, 239). Die aufgedeckten Grundmauern und ihre Maße geben einen Eindruck von der Wirkung der alten Nydegg: Sie fügen sich zu einem längsrechteckigen Grundriß von etwa 15 auf 25 m bei einer Mauerstärke von über 3 m zusammen.

Den Bau dieser Anlage weist man heute Bertold V. »um 1190/91« zu. Da die Berner Handfeste (mittleres 13. Jahrhundert; vgl. Nr. 219.1) davon spricht, Bertold habe sein Haus *(domus)* zu Bern »befestigt« *(firmavit)*, kann zwar nicht ausgeschlossen werden, daß die gefundene Anlage vor diesen Zeitpunkt zurückreicht oder am gleichen Ort bereits eine ältere Burg bestanden haben könnte. Doch bleibt all dies vorerst eben so offen wie die Anfänge der kleinen Burgsiedlung zwischen Burg und Aare entlang des Nydeggstalden, der als Teil einer alten Straße (im Anschluß an eine Furt über den Fluß) gilt.

Im sog. zweiten Amnestieprivileg Rudolfs von Habsburg von 1274 erscheint die Nydegg als (wohl bereits während des Interregnums zerstörte) Reichsburg. Um 1300 schließlich, vielleicht auch schon etwas früher, wurde das Burgquartier in die bernische Stadtbefestigung einbezogen und die wenig später abgetragene Kernburg von der Nydeggkirche überbaut.

Lit.: P. HOFER, Die Wehrbauten Berns. Burg Nydegg und Stadtbefestigung vom 12. bis zum 19. Jahrhundert, 1953; HOFER, Stadt Bern, S. 63ff.; HOFER, Zähringerstädte, Nr. 96; STRAHM, Geschichte Berns S. 28.

A. Z.

207
Das Berner Hofstättensystem

Idealplan Berns von Hans Strahm, 1948, und Kellerplan der Berner Altstadt nach den Aufnahmen der Historisch-antiquarischen Kommission der Stadt Bern, 1978–80.

Die in fast allen zähringischen Stadtrechten festgelegten Hofstättenmaße waren zunächst ideale Maßeinheiten zur Zinsberechnung. Für ein Fläche von 50 × 100 oder 60 × 100 Fuß mußte der Besitzer jährlich einen Schilling an den Stadtherrn zahlen. Daraus kann man nicht zwangsläufig auf eine regelmäßige Anlage der »Zähringerstädte« aus entsprechend normierten Bauplätzen *(areae)* schließen – alle bisher

versuchten Nachweise exakter Hofstättensysteme gingen mit einer mehr oder weniger starken Schematisierung der tatsächlichen Grundrisse einher (Nr. 256). Unter Bertold IV. wurde die Größe einer zinsbringenden Einheit im Freiburger Recht erstmals festgeschrieben. Wahrscheinlich versuchte man bei der Parzellierung der späteren zähringischen Stadtanlagen dann, dem Zinserhebungsmodus möglichst entgegenzukommen, ohne sich jedoch genau an das Hofstättenmaß zu halten. Bestes Beispiel für dieses Vorgehen ist Bern:
Als Hofstättengröße sind im Berner Stadtrecht 60 × 100 Fuß (17,6 × 29,3 m) festgeschrieben. Tatsächlich finden sich entlang der Gassen Häuserblöcke von ungefähr 60 Fuß Tiefe, eine Hofstätte grenzte also mit der längeren Seite an die Straße. Der zinspflichtige Besitzer konnte sie nach Belieben in Bauparzellen einteilen und weiterverpachten. Nachdem es bis in die neueste Zeit üblich war, Häuser im dichtbebauten Altstadtbereich immer wieder auf den alten Fundamenten aufzubauen, kann man davon ausgehen, daß die Keller im Berner Zentrum noch heute die so entstandenen Hausplätze markieren.
Während die Berechnungen Hans Strahms 1948 im *burgum*-Bereich fast durchweg regelmäßig Idealhofstätten ergaben, mit Bauparzellen, die »auf Zentimetergenauigkeit« einfache Teillängen von 100 Fuß maßen (vgl. Plan a), ist nach dem 1980 abgeschlossenen detaillierten Kellerplan der Berner Altstadt die Einpassung von 60 × 100 Fuß großen Hofstätten in die Häuserzeilen nicht mehr ohne weiteres möglich. Es ergeben sich Hofstätten, die nicht Rechtecke, sondern Parallelogramme und Trapeze darstellen, es gibt *areae* von nur 50 Fuß Tiefe und solche, deren 100-Fuß-Grenzen mitten durch einen alten Keller verlaufen (vgl. Plan b) – Hinweise, daß auch in der regelmäßigsten der zähringischen Stadtanlagen der ›Bauplan‹ nur einen Rahmen setzte, aber nicht geometrische Exaktheit erforderte.

Lit.: Wie Nr. 205 zuzüglich H. STRAHM, Die Area in den Städten, in: Schweizer Beiträge zur Allgemeinen Geschichte Bd. 3, 1945, S. 22–61; P. HOFER–B. GASSNER u. a., Der Kellerplan der Berner Altstadt. Aufnahme eines Stadtplans auf Kellerniveau, in: Schriften der Historisch-antiquarischen Kommission der Stadt Bern 4 = BZGH 44 (1982), S. 1–51. M. B.

208
Bericht von der Gründung Berns durch Bertold IV. und Bertold V. in der Chronik Johann Stumpfs

Repr. aus Druck Zürich 1548 (vgl. Nr. 348), »Das achte Buch. Vom Wiflisperger gow«, f. 248v.

Über das Stiftungsdatum (und damit auch über den Gründer) Berns herrscht Unklarheit. Nach der ältesten chronikalischen Überlieferung (Nr. 209) begann 1191 Bertold V. mit dem Bau. Johann Stumpf, ehemaliger Johanniterprior und Zwingli-Anhänger, folgt in der ersten gedruckten illustrierten Schweizerchronik (f. 248v) zunächst dieser Variante, berichtet aber ein paar Zeilen weiter, Bertold IV. habe Bern und Freiburg i. Ü. gestiftet (vgl. Nrn. 181.7, 195, 348). Johannes Sattler weist in seiner »Cronica von den Hertzogen von Zähringen« (Nr. 279, vgl. Nr. 223, im ND S. 21 f.) 1514 Bern in zwei aufeinanderfolgenden Kapiteln ebenfalls erst Bertold V. und dann Bertold IV. zu. Der Stammbaum von 1593 im Freiburger Augustinermuseum (Nr. 280.2) meldet von Bertold V., er habe *die statt Bern vollends buwen*, was gleichfalls einen Baubeginn schon zu Zeiten seines Vaters voraussetzt. Hans Strahm datiert nach seinen Grundriß-Studien das »ältere *burgum*« in die Zeit Bertolds IV. (ca. 1160), während Paul Hofer für eine Gründung Bertolds V. 1191 plädiert (vgl. Nr. 205). Die Frage läßt sich nach dem gegenwärtigen Stand der Forschung und der Überlieferungslage nicht sicher entscheiden. M. B.

209
Gründungsdatum 1191 für Bern in der »Cronica de Berno«

Eintrag im Jahrzeitenbuch des St. Vinzenzenmünsters Bern, geschrieben ca. 1325–40 (vgl. Nr. 284), Repr., aus Hs. der Burgerbibliothek Bern, Mss. Hist. Helv. I, 37, S. 202.

Auf den letzten Blättern des 1325 neu angelegten Jahrzeitenbuches der St. Vinzenzenkirche zu Bern (heute Münster) finden sich von vier verschiedenen Schreibern dreißig lateinische Notizen zu wichtigen Berner Ereignissen der

Jahre 1191–1340. Der älteste Eintrag dieser sogenannten *Cronica de Berno* berichtet, Bern sei 1191 von dem Zähringerherzog Bertold gegründet worden. Es handelt sich um das früheste Zeugnis für dieses traditionelle Gründungsdatum; darauf geht die Nachricht bei Justinger (Nr. 204.1) zurück. In einer Urkunde taucht der Name Bern erstmals 1208 (Zeuge *Burcardus de Berne*) auf.

Lit.: G. STUDER (Hrsg.), Die Berner Chronik des Conrad Justinger, Beilage 1: Chronicon de Berno, 1871, S. 295 ff., hier S. 295; – R. v. FISCHER, Die Handschriften der Burgerbibliothek als Spiegel der älteren bernischen Vergangenheit, in: Die Schätze der Burgerbibliothek Bern, 1953, S. 9 ff. (Foto der Textstelle Tafel 6); FELLER-BONJOUR, Geschichtsschreibung der Schweiz Bd. 1, S. 7; Urkunde von 1208: FrB Bd. 1, Nr. 113 S. 501. M. B.

Die Gründungsstädte am Ende der Zähringerherrschaft (Nrn. 210–220)

Als 1218 der letzte Zähringerherzog starb, waren die drei Gründungen in rechtlicher und baulicher Hinsicht ›Städte‹ geworden.

Das wird besonders deutlich aus dem Kontrast zwischen dem Zustand Freiburgs i. Br. zur Zeit der Marktgründung 1120 (Nrn. 182–190) und hundert Jahre später: Kellerforschungen in der Altstadt erbrachten eine relativ geschlossene Bebauung im Bereich Oberlinden/Herrenstraße und entlang der Kaiser-Joseph-Straße schon um die Wende zum 13. Jahrhundert (Nr. 210); die ältesten bisher gefundenen Bauteile stammen noch aus der Zähringerzeit oder aus den Jahren kurz danach (Nrn. 211 und 212). An öffentlichen Gebäuden besaß Freiburg i. Br. damals eine Gerichtslaube und offene Verkaufslauben mitten auf der Marktstraße (Nr. 214), ein Spital und das (romanische) Münster; letzteres war im Bau so weit fortgeschritten, daß es als Grablege für Bertold V. genutzt werden konnte (Nrn. 2 und 106).

Das älteste Stadtsiegel Freiburgs i. Br. (Nr. 215) am Rodel von ca. 1218 weist mit seiner schematischen Mauerdarstellung – ebenso wie das ganz ähnliche Siegel Freiburgs i. Ü. (Nr. 216) – auf eine geschlossene Befestigung hin, eine wesentliches Charakteristikum jeder mittelalterlichen Stadt: Die Mauer bot nicht nur den Einwohnern Schutz in einer unruhigen Zeit, sie markierte auch die Grenzen, innerhalb derer ein besonderer ›Stadtfriede‹ und die eigenständige städtische Rechtssprechung galten (Nr. 213).

Das eigene Siegel zeigt darüber hinaus die Bürgergemeinde als selbständige rechtsfähige Körperschaft, die bei schriftlichen Vereinbarungen, wie sie im 13. Jahrhundert üblich wurden, unabhängig vom Stadtherrn ihre Zustimmung dokumentieren konnte.

Die besten Aufschlüsse über den wirtschaftlichen, sozialen und politischen Entwicklungsstand der drei Gründungsstädte bieten ihre nach dem Tod Bertolds V. entstandenen Stadtrechtsurkunden. Es sind noch keine detaillierten Verfassungen oder Gesetzbücher im heutigen Sinn, sondern nur schriftliche Bestimmungen zu jenen Belangen, die es im eigenen Rechtsbezirk gerade vordringlich zu regeln galt. Obwohl jede Stadt an einen anderen Haupterben Bertolds V. fiel – das deutsche Freiburg an die Uracher, das schweizerische an die Kiburger und Bern an das Reich –, behielten alle, zumindest als schriftlich zugesicherten Anspruch, ihre wichtigsten zähringischen Privilegien: Schultheißen- und Pfarrerwahl, stadtherrliche Rechtsprechung auf der Basis bürgerlicher Satzungen, Zollfreiheit und freie Vererbbarkeit der Hofstätten. Die Initiative zur schriftlichen Fixierung des Rechts unter den neuen Stadtherren ging von den bürgerlichen Führungskräften *(consules)* aus, die hier erstmals auch als Träger städtischer Selbstverwaltungsaufgaben in Erscheinung treten: Sie führten die Marktaufsicht und waren Schöffen im Stadtgericht.

Eine Zusammenschau der drei Stadtrechtsurkunden ist auch rein äußerlich reizvoll, weil dafür ganz verschiedene Formen gewählt wurden: Freiburg i. Br. besitzt im Stadtrodel nur ein informelles, ohne Mitwirkung des Stadtherrn von den Bürgern zusammengestelltes Weistum (Nr. 218), Berns in der Echtheit umstrittene Handfeste gibt sich als goldbullierte Ausfertigung der staufischen Königskanzlei (Nr. 219), während die späte stadtherrliche Bestätigungsurkunde Freiburgs i. Ü. (Nr. 220) schon an der Grenze zwischen Urkunde und Handschrift steht. M. B.

210
Gestalt der Zähringerstadt, Freiburg i. Br.

210.1
KELLERPLAN DER FREIBURGER ALTSTADT, ZUSTAND UM 1890

Einzeichnung auf dem Urkataster der Stadt Freiburg i. Br. von Leo Schmidt, 1984. Landesdenkmalamt Baden-Württemberg, Außenstelle Freiburg i. Br.

210.2
FREIBURGER STADTSTRUKTUR UM 1200

Planskizze von Leo Schmidt, 1984. Landesdenkmalamt Baden-Württemberg, Außenstelle Freiburg i. Br.

210.3
VOGELSCHAU FREIBURG UM 1200

Zeichnung von Karl Gruber. Aus: K. Gruber, Die Gestalt der deutschen Stadt, 1952.

Außerhalb der Fachwissenschaft ist es bisher weitgehend unbekannt geblieben, daß die Untergeschosse der Häuser besonders aussagekräftige materielle Zeugen für die frühe Baugestalt der Stadt Freiburg sind: Die unter dem Straßenniveau liegende Bausubstanz blieb selbst bei weitgehender Umgestaltung der oberirdischen Hausteile in späterer Zeit meist unverändert. Die Keller vermögen deshalb Auskunft zu geben auch über die hochmittelalterliche aufgehende Bausubstanz, also über die Lage und Größe (weniger die Höhe) der Freiburger Bürgerhäuser des 12. und 13. Jahrhunderts. Die Kellerkartierung in Freiburg hat sich mit der Tatsache abzufinden, daß der Luftangriff vom 27. November 1944 mit den Häusern auch die Kellerzone der Altstadt weitgehend zerstört hat: Mit archäologischen Methoden ist eine flächendeckende Erhebung der Kellerstrukturen nicht mehr möglich. Ein besonders günstiger Fall schriftlicher Quellenüberlieferung erlaubt es jedoch, diese sozusagen am Schreibtisch weitgehend zu rekonstruieren. Neben publizierten Bauaufnahmen (P. P. Albert / M. Wingenroth, Freiburger Bürgerhäuser, 1923) und Planbeilagen von Bauakten des 18./19. Jahrhunderts (Stadtarchiv) ist es insbesondere ein Bestand an Hausentwässerungsakten des Städtischen Tiefbauamtes vom Ende des 19. Jahrhunderts, der mit den beiliegenden Plänen die flächendeckende Aufnahme der Kellerebene für die Zeit um 1890 ermöglicht. Da allerdings der so gewonnene Kellerplan die zeitliche Dimension der über Jahrhunderte gewachsenen Bausubstanz nicht direkt, sondern nur über Analogieschlüsse erkennbar werden läßt, bedarf er der Ergänzung durch Einzeluntersuchungen, wie sie inzwischen an einer Anzahl von Häusern in unzerstörten Bereichen der Altstadt durchgeführt worden sind.

Die hierdurch gewonnene Typologie der Kellerformen erlaubt mit aller gebotenen Vorsicht eine zeitlich rückgreifende Interpretation des für 1890 festgehaltenen Bestandes, die schließlich auch eine Vorstellung von Baustruktur und Baudichte der Stadt im Jahrhundert nach ihrer Gründung vermittelt. Der im Plan festgehaltene Versuch, die zähringerzeitliche Stadt zu rekonstruieren – beim derzeitigen Stand der Forschung kann dies allerdings nur in groben Zügen gelingen –, geht von der in Bauuntersuchungen mittlerweile modifizierten Prämisse aus, daß das Mauergeviert der vorderen Keller dem ältesten Hausumriß entspricht (vgl. Nrn. 211 und 189). Eine Serie solcher Kellergevierte läßt sich beispielsweise am Martinstor auf der Westseite der Kaiser-Joseph-Straße ermitteln. Auch wenn berücksichtigt wird, daß vermutlich vielfach nicht diese Teile, sondern die hofseitigen Keller die älteste Bausubstanz darstellen, wird eine Stadtstruktur erkennbar, die entscheidend abweicht von älteren Idealvorstellungen über die Gestalt Freiburgs am Ende der Zähringerherrschaft. Noch 1952 vermittelte Karl Gruber in seinen meisterhaften und suggestiv die Phantasie des Betrachters fesselnden Zeichnungen das Bild einer bis ins Detail durchgeformten und vollendeten Stadt. Der archäologisch erarbeitete Befund zeigt dagegen eine noch im Werden befindliche Stadtgestalt: aufgelockerte Bebauung mit Einzelhäusern, die sich nur abschnittsweise zu geschlossenen Reihen verdichten – am stärksten noch im Bereich Oberlinden/Herrenstraße, der sich auch dadurch als wohl ältester Siedlungsraum der Stadt zu erkennen gibt, sowie entlang der Marktstraße (Kaiser-Joseph-Straße), deren zentrale Bedeutung für die Entwicklung der Stadt seit Gründung des Marktes 1120 offensichtlich ist.

Lit.: DIEL, Tiefkeller; L. SCHMIDT, Archäologie ohne Spaten – Der Kellerplan Freiburg i. Br., in: Archäologische Informationen 7 (1984), S. 120–124; DERS., Kellerkartierung und Hausforschung in Freiburg i. Br., in: DBW 14.2 (1985), S. 112–122. H. S.

211
Dendrochronologisch bestimmte Holzproben aus Kellerbalken, 12./13. Jahrhundert, Freiburg i. Br.

Landesdenkmalamt Baden-Württemberg, Außenstelle Freiburg i. Br.

Durch die dendrochronologische Bestimmung von Holzbauteilen konnte in den letzten Jahren insbesondere für den Kellerbereich eine Reihe exakter Baudaten gewonnen werden. Diese sind für die Erforschung der frühen Stadtgestalt insofern von ausschlaggebender Bedeutung, als mit archäologisch-kunsthistorischen Kriterien meist nur annähernde Zeitwerte mit oft hoher Toleranz zu erzielen sind. Das erste zähringerzeitliche Datum aus einer Serie dendrochronologischer Untersuchungen lieferte die Analyse der Balkendecken im Keller des Hauses Herrenstraße 34. Dieser Keller, der drei hochmittelalterliche Bauphasen in sich birgt, bietet ein Beispiel für die bauliche Entwicklung eines mehrfach nachweisbaren Haustyps in den ersten 150 Jahren städtischer Expansion: Relativ kleine Bauten des 12. Jahrhunderts werden durch Abtiefen der Keller und Aufstockung erweitert. Das Mauergeviert des untersuchten Kellers kann durch die erhaltene Balkendecke auf 1173 datiert werden. Damit war zum ersten Mal Bausubstanz aus der Zeit der Zähringerherrschaft gesichert ermittelt. 50 Jahre später – das Datum 1225 liefert die Zwischendecke – wird der Keller abgetieft, um 1275 die obere Kellerdecke von 1173 durch einen Unterzug und durch eine auf dem Kellerboden aufstehende Säule unterstützt. Der hintere eingeschossige Keller, von dem man bisher annahm, er sei Bestandteil einer späteren Hauserweiterung, dürfte nach neuesten Erkenntnissen der älteste Bau des gesamten Komplexes sein (vgl. Nr. 189). Da es sich um einen Steinkeller handelt, entfällt hier die Möglichkeit, den archäologischen Befund mit Hilfe der Dendrochronologie zu verifizieren. Dennoch ist wohl folgende, für andere Freiburger Häuser ebenfalls beobachtete Abfolge der baulichen Entwicklung anzunehmen: Ein im späteren Hofbereich liegendes Kernhaus wird zur Straße hin erweitert, später durch Abtiefen des Vorderkellers und Aufstockung der Geschosse erneut vergrößert. Der gesicherte Nachweis eines zähringerzeitlichen Hauses gerade im Bereich Oberlinden/Herrenstraße mag zusammen mit dem vermutlich noch älteren hinteren Kellerteil als weiteres Indiz für die Annahme gelten, daß sich hier wohl der älteste städtische Siedlungsraum befunden hat (vgl. Nrn. 182–189).

Lit.: L. SCHMIDT–P. SCHMIDT-THOMÉ, Ein Keller aus der Frühzeit der Stadt Freiburg, in: DBW 10.2 (1981), S. 43–46; L. SCHMIDT, Kellerkartierung (wie Nr. 210). H. S.

212
Romanischer Fensterbogen, Freiburg i. Br.

Sandstein, H. 62 B. 120 T. 16 cm.
Augustinermuseum Freiburg i. Br., Inv.-Nr. 7056.

1910 wurde beim Abbruch unbedeutender Bauten im Hofbereich des Hauses »Zum Walfisch« (Franziskanerstr. 3) eine nach Osten gerichtete, 7,50 m breite Seitenfassade eines mehrgeschossigen romanischen Wohnhauses aufgedeckt, die als Brandmauer gegen das Nachbarhaus erhalten geblieben war. Im Erdgeschoßbereich saß eine rundbogige Eingangstür, rechts davon ein Plattenfenster, dessen Schmuckelemente – rahmende Säulchen mit Basis und Kapitell, sternmusterverzierter Mittelpfosten und Schmuckbogen mit Dreipässen – sehr sorgfältig gearbeitet waren. Die romanischen Teile der in gotischer Zeit veränderten Wand, die C. A. Meckel auf 1190 bis 1200 datierte, wurden jüngst aufgrund des (erschlossenen) Giebelhaustyps und der Plattenfensterform auf die Zeit um 1230/50 angesetzt. Die (zu späte?) Datierung erlaubt dennoch, den möglicherweise beidseits freistehenden Bau, der mehrere Meter Distanz zur Straßenflucht wahrte und nach Ausweis der freigelegten Pflasterung 1,30 m unter dem Gehniveau von 1910 ansetzte, baugeschichtlich in die Struktur der für 1200 erarbeiteten Planskizze (Nr. 210.3) einzureihen.

Lit.: C. A. MECKEL, Ein romanisches Haus in Freiburg im Breisgau, in: Die Denkmalpflege 4 (1910), S. 27–28 (Nachdruck in: SiL 104 [1985], S. 247–255); A. WIEDENAU, Katalog der romanischen Wohnbauten in westdeutschen Städten und Siedlungen (Das Deutsche Bürgerhaus XXXIV), 1983, S. 71 f. H. S.

213
Bau der Stadtmauer in Freiburg i. Br.

Urkunde vom 8. August 1220. Original, Pergament, Siegel abgefallen, H. 31,4 B. 27 cm. GLA Karlsruhe, 24/25.

Bau und Unterhalt der Stadtbefestigung waren ursprünglich Angelegenheit des Stadtherrn. Die Bürgerschaft suchte jedoch im Zuge ihrer Autonomiebestrebungen auch das Befestigungsrecht in die Hand zu bekommen, zumal die Stadtmauer nicht nur Verteidigungswerk war, sondern auch den städtischen Rechts- und Friedensbezirk gegenüber dem Umland kenntlich machte und abgrenzte. Die Stadtmauer konnte so zum Symbol städtischer Freiheit und Rechtsautonomie werden. Das erklärt ihr häufiges Auftreten als Siegelbild städtischer Siegel (Nrn. 215, 216).
Die Existenz der Stadtmauer von Freiburg ist erstmals in einer Urkunde von 1220 bezeugt: Graf Egino bestätigt eine Schenkung Freiburger Bürger an das Kloster Tennenbach, nämlich eines Hofes und einer Mühle, die außerhalb der Mauern der Stadt (*extra muros civitatis*) liegen. Zu dieser Zeit ist die Ummauerung der Stadt abgeschlossen; die Haupttore – das Martinstor begegnet 1238 – werden ebenfalls bereits angelegt gewesen sein. Wann mit dem Bau der Stadtbefestigung begonnen wurde, ist nicht ohne weiteres erkennbar. Von ihr ist bereits in einer wohl noch aus der Zeit Herzog Konrads stammenden Passage des zähringischen Stadtrechts die Rede: Aus dem erbenlosen Nachlaß eines Bürgers soll ein Drittel für die Befestigung des Ortes *(ad edificationem loci)* verwendet werden (vgl. Nr. 191). Eine Befestigungsanlage war also damals schon geplant. Über Baubeginn und Befestigungsart (Gräben, Holzpalisaden oder Mauer) läßt sich aber beim derzeitigen Forschungsstand ebenso wenig Gesichertes aussagen wie über das Verhältnis dieser geplanten Anlage zur 1220 erstmals bezeugten, aus dem Sickinger-Stadtprospekt von 1589 in ihrem Verlauf bekannten (inneren) Stadtmauer.

Lit.: B. SCHWINEKÖPER, Historischer Plan der Stadt Freiburg i. Br. (VASF 14), 1975. H. S.

214
Marktstraße in Freiburg i. Br. aus der Vogelschau

Zeichnung.

Schon von der Gründungsintention her ist die Marktanlage der wichtigste, auch topographisch auffallend hervortretende Bestandteil der zähringischen – aber nicht nur der zähringischen – Marktgründungen. Solche ausgeprägten, in der Form eines Straßenmarkts konzipierten Anlagen finden sich in den beiden Freiburg im Breisgau und im Üchtland, in Bern, Villingen, aber auch etwa im staufischen Rottweil. Ihr charakteristisches Bild erhalten sie durch die Verkaufslauben, leichte Bauwerke meist aus Holz, die mitten auf der Marktstraße stehen: in Freiburg i. Br. z. B. die obere Laube südlich vom Fischbrunnen (später Bertoldsbrunnen, Nr. 319), nördlich davon die untere Laube (Metzig) und die Kramlaube vor dem Spital. Für Bern ist bis ins 15. Jahrhundert auf der Mitte der Marktstraße (Gerechtigkeitsgasse) eine obere und eine niedere *Brotschaal*, diese mit 28 Verkaufsbänken, und eine niedere *Fleischschaal* mit 16 Bänken nachweisbar. Neben den Marktlauben erscheinen die Gerichtslauben als Bestandteil der Marktanlage. Sie sind zunächst Sitz des Marktrichters, der die Marktaufsicht führt und den Sonderfrieden des Marktes gewährleistet, später allgemein Tagungsort des städtischen Gerichts. Da das hochmittelalterliche Rechtswesen die Gültigkeit des Richterspruchs von der Voraussetzung abhängig macht, daß die gesamte Gerichtsgemeinde an den Verhandlungen teilnehmen kann, sind die Gerichtslauben als offene Hallen angelegt und im Zentrum des öffentlichen Lebens der Stadt plaziert. In Freiburg i. Br. läßt sich die Gerichtslaube beim Fischmarkt (Fischbrunnen) südlich der Metzig als Tagungsstätte des Schultheißengerichts lokalisieren. Mitte des 15. Jahrhunderts wurde mit den Marktlauben auch die Gerichtslaube abgebrochen. Während der Markt sich ganz zum Münsterplatz hin verlagerte, fanden die Sitzungen des städtischen Gerichts fortan in der geschlossenen Stube des alten Ratsstubenbaus statt.

Lit.: B. Schwineköper, Gerichtslaube und Rathaus zu Freiburg, in: SiL 83 (1965), S. 5–69; Ders., Historischer Plan der Stadt Freiburg i. Br. (VASF 14), 1975; H. Schadek, Die Rathäuser der Stadt Freiburg i. Br. (Stadt und Geschichte. Neue Reihe des Stadtarchivs Freiburg i. Br. 5), 1983. H. S.

215
Stadtsiegel von Freiburg i. Br.

215.1
STADTSIEGEL I, ca. 1218

Original, rotes Wachs, beschädigt; rund, Dm. 52 mm.
Stadtarchiv Freiburg i. Br., A 1 Ia (Stadtrodel, vgl. Nr. 218).

215.2 Abb. 146
STADTSIEGEL IV, 1245 (1255), UND SIEGELSTEMPEL

Original, Wachs; rund, Dm. 70 mm.
Stempel: Original, kupfervergoldet, Dm. 75 mm.
Stadtarchiv Freiburg i. Br., Siegelsammlung bzw. Augustinermuseum Freiburg, ohne Inv.-Nr.

Das früheste erhaltene Siegel hing an dem undatierten, auf ca. 1218 anzusetzenden Stadtrodel. Die heute weitgehend zerstörte Umschrift (*... RGENSIVM IN ...*) ist, wie eine Abbildung bei Gregor Baumeister, Compendium actorum I (Nr. 302) bestätigt, aufzulösen in: *SIGILLVM CIVIVM FRIBVRGENSIVM IN*

146 (Kat.-Nr. 215.2)

BRISGOIA. Abgebildet ist eine stilisierte Wiedergabe der ältesten Stadtbefestigung, die um diese Zeit zum ersten Abschluß gekommen sein dürfte: ein von zwei Türmen flankiertes Stadttor. Das Siegel, das zu den ältesten deutschen Stadtsiegeln zählt, dokumentiert die gewachsene Autonomie der Stadt und ihrer Bürger in der Wahrnehmung von Rechts- und Verwaltungsvorgängen und damit die zunehmende Eigenständigkeit gegenüber dem Stadtherrn hundert Jahre nach ihrer Gründung.
Das Motiv der Stadtmauer wird vom Stadtsiegel II, künstlerisch reich ausgestaltet, wieder aufgenommen: mehrere Türme und Türmchen flankieren und überragen ein zinnenbekröntes Tor. Das Bruchstück von rotem Wachs an einer Urkunde von 1236 (Umschriftrest: *... CONMVN ...*) zählt mit einem ursprünglichen Durchmesser von 70 mm zu den großen, bei wichtigen Urkunden verwendeten Siegeln. Parallel zu diesem war das mit 45 mm wesentlich kleinere Stadtsiegel III in den Jahren 1230–1253 in Gebrauch. Im Feld mit der Umschrift *SIGILLVM CIVIVM DE VRIBVRC IN BRISGAVDIA* ist die zweitürmige Stadtmauer mit drei Toren dargestellt, auf deren Mauerkranz eine wohl als Wächter zu deutende, nach links gewendete Figur in ein Harsthorn bläst.
Das Stadtsiegel IV löst dieses Siegel um 1255 ab.

noch 10 Jahre lang alle städtischen Urkunden mit dem älteren Siegel III versehen. Die Diskrepanz ist vielleicht mit einer nachträglichen Besiegelung oder späteren Ausfertigung der Urkunde von 1245 zu erklären. Das Siegel mit der Umschrift *SIGILLVM CIVITATIS DE VRIBVRCH IN BRISGAVDIA* zeigt erneut die Stadtmauer, drei zinnenbekrönte Türme mit Toren, der mittlere die anderen überragend, auf denen zwei nach außen gewendete Wächter das Harsthorn blasen. Die erstmals rechts und links der Türme auftretenden vier Sterne und die Lilie unterhalb des mittleren Stadttors dürften als Symbole der städtischen Gerichtshoheit zu deuten sein. Mit dem Stadtsiegel IV, das späterhin auch als Schmuckmotiv beliebt wurde – es erscheint z. B. auf gußeisernen Kanaldekkeln um 1900 –, war das Siegelbild für die späteren Jahrhunderte festgelegt.

Lit.: B. SCHWINEKÖPER, Zur Deutung des Freiburger Stadtsiegels, in: SiL 78 (1960), S. 3–41: dort die ältere Literatur; *Abbildungen:* Urkundenbuch der Stadt Freiburg i. Br., hrsg. von H. SCHREIBER, 1828, Siegeltafel I; HEFELE, FUB I, Tafelband, Siegeltafel 1.

H. S.

216
Ältestes Stadtsiegel von Freiburg i. Ü.

Wachssiegel an einer Urkunde von 1225, rund, Dm. 5,3 cm. Rechter Rand abgebröckelt. Archives Cantonales Fribourg, Titres de Payerne, N° 5.

Wie das Siegel der gleichnamigen Breisgaustadt, zeigt auch das älteste Stadtsiegel von Freiburg im Üchtland eine Architekturdarstellung: Links einen viereckigen Turm mit drei Zinnen und zwei Rundbogenfenstern im Obergeschoß, rechts angrenzend eine abgestufte zinnenbekrönte Mauer, ebenso wie der Turm durch Steinfugen gegliedert.
Ob wirklich der Zähringerdonjon, wie Genoud vermutet, zur Turmdarstellung angeregt hat, ist angesichts der Beliebtheit von Befestigungssymbolen in Stadtsiegelbildern ungewiß. Wahrscheinlicher ist ein Zusammenhang zwischen den zähringischen Stadtherren und dem Adlerschild über dem niedrigsten Mauerteil – dieses Wappentier könnten die Herzöge in ihrer Eigenschaft als Rektoren von Burgund geführt (vgl. oben Schadek, S. 110f. u. Nr. 78) und seine Übernahme in den Siegelentwurf mit der Umschrift *SIGILLVM DE FRIBVRGO IN BVRGVNDIA* (»Siegel von Freiburg in Burgund«) noch vor 1218 veranlaßt haben.

Lit.: E. SCHULTHESS, Die Städte- und Landessiegel der Schweiz, in: MAGZ IX (1853–56), S. 94; F. DURCREST, Sceaux de la Ville et République de Fribourg, in: Fribourg artistique à travers les âges XVIII (1907); A. KOCHER, Die Besiegelung der Freiburger-Urkunden im XIII. Jahrhundert, in: FGBl 32 (1936), bes. S. 19ff.; A. GENOUD, La construction de Fribourg et les premiers édifices de la ville au XIIe siècle, in: ZSAKg 6 (1944), S. 15f. und Fig. 7; STRUB, Fribourg, S. 17f.

M. B.

217 Abb. 147
Ältestes Stadtsiegel von Bern

Wachssiegel an einer Urkunde vom 10. Februar 1239.
Rund, Dm. 6 cm.
Staatsarchiv des Kantons Bern, Fach Interlaken.

Das älteste Berner Stadtsiegel taucht erstmals an einer Urkunde aus dem Jahr 1224 auf, sein Siegelstempel findet dann bis 1267 Verwendung. Es zeigt einen nach rechts aufwärts schreitenden Bären mit der durch eine Perlenschnur vom Bild getrennten Umschrift: * *SI-*

147 (Kat.-Nr. 217)

GILLVM . BVRGENSIVM . DE . BERNE (»Siegel der Bürger von Bern«). Die Berner haben also schon früh ihren Stadtnamen auf ein Wappentier bezogen, eine volksetymologische Deutung, die sich auch in der Sage von Bertolds V. Bärenjagd (s. unten Röhrich, S. 374f.) niederschlägt.

Lit.: E. Schulthess, Die Städte- und Landessiegel (wie Nr. 216), S. 26ff.; K. Geiser, Die Verfassung des alten Bern, Beilage II: Die bernischen Stadtsiegel, in: Festschrift zur VII. Säkularfeier der Gründung Berns, 1891; A. Fluri, Die Siegel der Stadt Bern 1224–1924, in: Blätter für bernische Geschichte, Kunst und Altertumskunde 20 (1924), S. 257–300 bes. S. 258f. und Tafel I, Nr. 1; Hofer, Stadt Bern, S. 13f. M. B.

218 Freiburger Stadtrodel: Bürgerliche Rechtszusammenstellung aus Freiburg i. Br. von ca. 1218

Freiburg i. Br., ca. 1218.
Zwei Pergamentbll., ursprünglich mittels eines durchflochtenen Pergamentstreifens verbunden, Bl. 1 ca. H. 58 B. 43,5 cm, Bl. 2 ca. H. 57,5 B. 43,5 cm. Ursprünglich anhängendes, mittlerweile stark beschädigtes ältestes Stadtsiegel entfernt.
Stadtarchiv Freiburg i. Br., A 1:I a Nr. 1, 1120.

Der Freiburger Stadtrodel ist eine von den Bürgern auf der Basis älterer Dokumente vorgenommene Zusammenstellung des geltenden Rechts, beglaubigt nur mit dem ältesten Stadtsiegel, nicht aber mit dem entsprechenden Stadtherrensiegel, ohne ausformulierten Schluß und ohne Datum. Seine Entstehungszeit war in der Forschung heftig umstritten; nach Zeugnis des Siegels, das älter ist als das zweite Stadtsiegel von 1236, der Schrift, welche einem zwischen 1217 und 1247 schreibenden Tennenbacher Mönch zugeordnet werden kann, und der ersten Bestimmung – sie regelt den Übergang an den ältesten Erben (nicht Sohn) nach Tod des vorigen Stadtherrn – wird er heute der Zeit unmittelbar nach dem Tod des letzten Zähringers 1218 zugeordnet. Damit wäre er die älteste im Original erhaltene Niederschrift zähringischer Stadtrechte.

Der Rodel entwirft die freiheitlichste Rechtsordnung, die Freiburg im Mittelalter jemals besaß: Bürger ist, wer Besitz im Wert von einer Mark in der Stadt hat. Die Bürgergemeinde *(burgenses communiter)* wählt Pfarrer, Schultheißen, Stadtknechte und Hirten, ohne ihre Zustimmung *(communis civium consensus)* dürfen Leibeigene und Dienstmannen des Stadtherrn weder in der Stadt wohnen noch Bürgerrecht *(ius burgensium)* genießen. Erstmals werden die Aufgaben und Rechte der 24 Ratsherren *(consules)* näher beschrieben: Neben der bereits bekannten Funktion als Verwalter erbenloser Nachlasses (Nr. 191) eichen sie Maße und Gewichte, erlassen Lebensmittelsatzungen, sind Schöffen beim Stadtgericht und Gutachter in Körperverletzungsdelikten. Dafür steht jedem von ihnen eine Verkaufsbank unter den Lauben (Nr. 214) zu, sie sind vom jährlichen Hofstättenschilling befreit und haben Anrecht auf eine Sonderladung vor Gericht. Hier zeichnet sich erstmals der Weg der *consules* zur privilegierten Oberschicht ab.
Der Rodel ist aber deshalb nicht die »diplomatische Fälschung einer Ratspartei« (Schlesinger), er gibt sich auch keineswegs – wie die ältere Forschung es auffaßte – als Gründungsurkunde von 1120, sondern bringt lediglich zu diesem Jahr einen stark vom »Tennenbacher Text« (Nr. 190) abweichenden Gründungsbericht: Aus der durch eine *coniuratio* abgesicherten Marktgründung Konrads, in der Streitigkeiten nach Kaufmannsrecht, besonders nach kölnischem, entschieden werden, macht die Einleitung – entweder durch falsche Interpretation der älteren Vorlagen oder aber, um der ersten Privilegierung mehr Autorität zu verleihen – eine mit Kölner Recht ausgestattete und von König und Fürsten bestätigte Stadtgründung Herzog Bertolds III. Diese Sicht der Dinge ging in die Freiburger Tradition ein und verdrängte die Überlieferung der tatsächlichen Ereignisse.
Allem Anschein nach haben die Uracher Zähringer-Erben dieses Stadtrecht nicht bestätigt, es dürfte aber trotzdem zeitweilig gültig gewesen sein. Das deutsche Stadtrecht von 1293 übernimmt dann die privat- und strafrechtlichen Rodelsätze fast lückenlos, ändert aber die »Verfassung« zugunsten des Stadtherrn und der teils adeligen, teils zünftigen Oberschicht.

Lit.: Urkundenbuch der Stadt Freiburg im Breisgau, hrsg. von H. SCHREIBER, Bd. 1,1, 1828, S. 3–24; Elenchus fontium historiae urbanae, hrsg. von C. VAN DER KIEFT u. a., Bd. 1, 1967, S. 82–102; – F. RÖRIG, Der Freiburger Stadtrodel. Eine paläographische Studie, in: ZGO NF 26 (1911), S. 38–64; SCHLESINGER, Ältestes Freiburger Stadtrecht (mit älterer Literatur); HEINEMEYER, Freiburger Stadtrodel; BLATTMANN, Freiburger Stadtrechte, bes. S. 140 ff. und S. 173 ff.

M. B.

219
Berner Handfeste. Ältestes Stadtrecht von Bern

219.1
DIE HANDFESTE

Frankfurt, datiert auf den 15. April 1218.
Repr. der Pergamenturkunde, H. 39,5 + 2,5 cm Plica, B. 40 cm, anhängend eine Goldbulle König Friedrichs II. (vgl. Nr. 219.2).
Staatsarchiv des Kantons Bern, Fach Freiheiten.

Das ungleich beschnittene Pergamentblatt ist mit auffallend kleiner, schmuckloser Schrift dicht beschrieben und auch sonst in keiner Weise repräsentativ ausgestattet. Seinen hohen Wert für die Bürgerschaft verdeutlicht aber die kostspielige Besiegelung mit einer Goldbulle, für welche die Berner als Empfänger aufkommen mußten. Die Bulle ist unzweifelhaft echt, ihre originale Befestigung – und damit die Echtheit der ganzen Urkunde – aber umstritten (Nr. 219.2). Datiert ist die Urkunde auf den 15. April 1218; ihre Schrift weist Strahm einem zeitgenössischen Schreiber der Königskanzlei zu, Heinemeyer dagegen einem Mönch, der zwischen 1249 und 1255 im Kloster Frienisberg noch andere Urkunden geschrieben hat.

Mit dieser ältesten Berner Urkunde macht König Friedrich II. zwei Monate nach dem Tod des letzten Zähringers das ausdrücklich als Gründung Herzog Bertolds bezeichnete *burgum de Berno* zur freien Reichsstadt. Er erklärt diese für unveräußerlich, bewilligt ihr Münz- und Marktrecht, Rechts- und Verwaltungsautonomie, Dienst- und Steuerfreiheit (mit Ausnahme des Hofstättenzinses) und bestätigt durch Aufnahme der entsprechenden Paragraphen ihr zum großen Teil nachweislich zähringisches Privat- und Strafrecht.

Kein anderes Dokument zeigt so klar wie die Handfeste das Vorgehen der Zähringer bei der Rechtsverleihung an ihre Städte: Sie verfaßten für ihre späteren Erwerbungen keine eigenen Urkunden, sondern erklärten einfach den gerade aktuellen Rechtsbestand Freiburgs i. Br. auch in der neuen Siedlung für gültig. Entsprechend berufen sich die Berner bei der Zusammenstellung ihres Stadtrechtes auf die Freiburger Gründungsurkunde Konrads (Nr. 190), auf von Herzog Bertold (V.?) verliehene Rechte, andere Freiburger Rechtssammlungen und erst zuletzt auch auf eigene Aufzeichnungen.

Diese Vorlagen – zu denen, im Gegensatz zur herrschenden Meinung der Forschung, der Freiburger Stadtrodel *nicht* gehört hat – erscheinen in der Handfeste z. T. deutlich zugunsten der Bürger geändert. Es ist fraglich, ob der neue königliche Stadtherr sie bewußt so großzügig erweiterte, ob er gutgläubig bestätigte, was die Berner als alte Rechte ausgaben, oder ob die Handfeste selbst, wie seit 1847 immer wieder vermutet wurde, eine Fälschung aus der zweiten Hälfte des 13. Jahrhunderts ist.

Unabhängig von der Entscheidung dieses Problems ist die Berner Handfeste eines der wertvollsten Zeugnisse zur Geschichte der »Zähringerstädte«: Sie dokumentiert, wie sich eine Stadt nach 1218 mit betontem Verweis auf die Zähringer ihre alten Rechte sichern (und wohl auch durch geschickte Manipulationen erweitern) konnte.

219.2 Abb. 148
GOLDBULLE KÖNIG FRIEDRICHS II.: SIEGEL AN DER BERNER HANDFESTE

Zweite deutsche Königsgoldbulle Friedrichs II. aus der Zeit vor dem 22. November 1220.
Zwei kreisrunde Goldbleche, Dm. 62 mm, aufgelötet auf einen 6 mm hohen Rand. Vorderseite Bild des thronenden Königs, Umschrift FRIDERI(cus) D(e)I GRA(tia) ROMANOR(um) REX SEMP(er) AVGVSTVS REX SICILIE (Friedrich, von Gottes Gnaden König der Römer, allzeit erhabener König von Sizilien). Rückseite Bild eines Gebäudes mit Türmen und Anbauten und Inschrift AVREA ROMA (Goldenes Rom). Umschrift: ROMA. CAPVT. MVNDI. REGIT. ORBIS. FRENA. ROTVN-

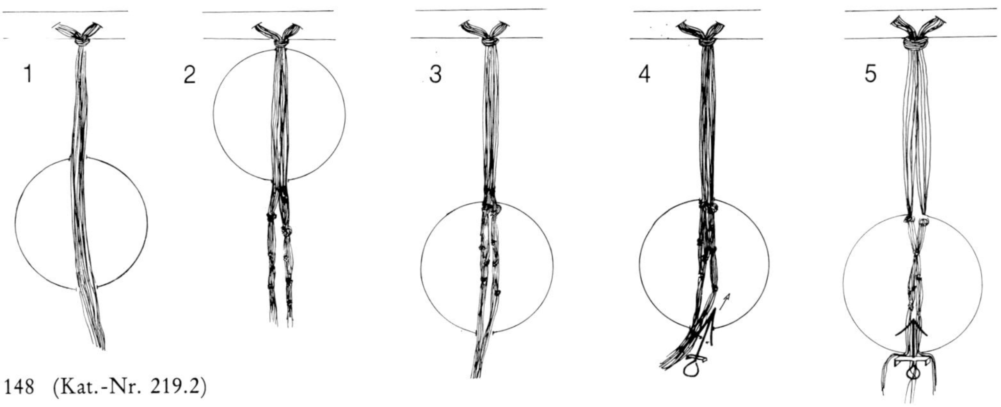

148 (Kat.-Nr. 219.2)

DI (Rom, das Haupt der Welt, regiert den Erdkreis mit seinem Zügel); Repr.
Mit roten, grünen und gelben Seidenfäden an der Berner Handfeste angebracht.

Ein wichtiges Kriterium für die Echtheit einer Urkunde ist die originale und unverletzte Befestigung des Siegels. Beim Versuch, die Echtheit oder Fälschung der Berner Handfeste nachzuweisen, spielt deshalb die Untersuchung der daran befestigten Goldbulle eine entscheidende Rolle.
Die Bulle ist in einer Technik an der Handfeste angebracht, wie sie von 1154 bis zur Kaiserkrönung Friedrichs II. am 22. November 1220 üblich war:
1) Die Siegelschnur wird durch zwei sich gegenüberliegende Öffnungen im Bullenrand hindurchgezogen.
2) Man schiebt die Bulle bis zum Urkundenrand hoch und verknotet die Schnur unterhalb der Bulle mehrfach nach einem bestimmten Muster. Wenn man die Kapsel wieder herunterzieht, rutschen die Knoten durch die untere weitere Öffnung ins Bulleninnere bis zur oberen engen Öffnung und verhindern dort, daß man das Siegel nach unten abziehen kann.
3) Auf einen Goldstab mit zwei aufgelöteten beweglichen Flügeln wird von unten ein Goldblättchen als »Unterlegscheibe« gesteckt, und darunter der Stab zu einem Ring gebogen. Dann wird der Federmechanismus in die Bulle geschoben, in deren Inneren die beim Einstekken zusammengepreßten Flügelchen wieder auseinanderschnellen.
4) Ein Teil der zwischen Siegelrand und Goldbulle austretenden Fäden wird durch den Ring hindurchgeführt und unterhalb davon verknotet. Jeden Versuch, die Bulle nach oben zu streifen, verhindern nun nach dem Widerhakenprinzip die sich spreizenden Federchen, d. h., die Bulle sitzt oben und unten unverrückbar an der Schnur fest.
Während Strahm die so angebrachte Bulle an der Handfeste für unverletzt erklärte, vermutete zuletzt Heinemeyer wegen zweier nachträglich wieder verlöteter Löcher am Rand neben der unteren Schnuröffnung eine Manipulation: Wahrscheinlich habe man durch diese Löcher zwei Stäbchen oder eine Schlaufe in die Bulle eingeführt, damit die Pfeilfederchen an den Stab gepreßt, den Federmechanismus herausgezogen und so die wiederverwendbar abgelöste Bulle von einer 1218 gegebenen knappen Originalurkunde Friedrichs II. auf die um 1250 zusammengestellte ausführliche Handfeste übertragen.

Lit.: FrB, Bd. II, Nr. 3, S. 2–10; H. Strahm, Die Berner Handfeste, 1953, S. 152–181 (mit deutscher Übersetzung); Rechtsquellen des Kantons Bern. Erster Teil: Stadtrechte. Bd. 1 (SSRQ Abt. 2, Bd. I,1), S. 39–59, 1971; – A. Zeerleder, Die Berner Handfeste, in: Festschrift zur VII. Säkularfeier der Gründung Berns 1191–1891, Abb. V., 1891 (mit Faksimile); O. Homburger, Das goldene Siegel Friedrichs II. an der Berner Handfeste, in: BZGH 1941, S. 220–229; H. Rennefahrt, Zähringisches Stadtrecht in der Berner Handfeste, in: AhVKB 39 (1948), S. 291–310; P. Zinsmaier, Zur Kritik der Berner Handfeste. In: ZGO 111 (1963), S. 95–119; W. Heinemeyer, Die Berner Handfeste, in: AfD 16 (1970),

S. 214–324; H. STRAHM, Ulrich von Bollingen, der Verfasser und Schreiber der Berner Handfeste, in: Hist. Forschungen für W. Schlesinger, hrsg. v. H. BEUMANN, 1974, S. 555–569; W. HEINEMEYER, Ulrich von Bollingen – weder Verfasser noch Schreiber der Berner Handfeste, in: AfD 24 (1978), S. 381–407; BLATTMANN, Stadtrechte, S. 111 ff. M. B.

219.3
CHRONIKBILD: FRIEDRICH II. ÜBERREICHT DIE BERNER HANDFESTE

Kolorierte Federzeichnung aus der Amtlichen Berner Chronik des Diebold Schilling (Nr. 204.3), S. 17. Repr.

Von zwei schwerttragenden Hofbeamten flankiert, thront der König mit Krone und Szepter unter einem zeltförmigen Baldachin. Zu seiner Linken steht die Berner Abordnung, einem der beiden vorne knieenden Bürger übergibt Friedrich II. gerade die »goldene Handfeste« mit dem charakteristischen, überdimensional gezeichneten Siegel. M. B.

220 Abb. 149
Handfeste Freiburgs im Üchtland von 1249

Freiburg i. Ü., 28. Juni 1249.
Repr. der drei Pergamentblätter, Bl. I H. 59,9 B. 52,5 cm, Bl. II H. 59,9 B. 47,2 cm, Bl. III H. 60,2 B. 48 cm. Schwarze und braune Tinte, rote Initialen, Kapitel- und Paragraphenzeichen. Zusammengehalten durch zwei grüne, schildförmige Wachssiegel Graf Hartmanns d. J. von Kiburg an roten Seidenbändern (H. 6 B. 5 cm. Siegelbild: Zwei schreitende Löwen, getrennt durch einen verzierten Schrägbalken. Umschrift: »-S- COMITIS . HARTMANNI . DE . KIBVRCH«).
Archives Cantonales Fribourg, Traités et Contrats N° 193.

Die Freiburger Handfeste gleicht in Textaufbau und Besiegelung einer Urkunde, Form und Ausstattung rücken sie bereits in die Nähe einer Handschrift: Die drei zweispaltig beschriebenen Pergamentblätter mit roten Initialen und Zierstrichen sind buchweise übereinandergelegt und durch die Ausstellersiegel verbunden. Daß es sich dabei, obwohl Bertolds V. Neffe und Großneffe Hartmann d. Ä. und d. J. von Kiburg beide ihr Siegel ankündigen, zweimal um das Siegel des jüngeren Grafen handelt, hat die Handfeste ebenso als Fälschung verdächtig gemacht wie der Umstand, daß das Pergament an manchen Stellen abgeschabt und neu überschrieben ist. Nach den jüngsten Untersuchungen stammen diese Korrekturen aber vom zwischen 1246 und 1264 in neun weiteren Freiburger Urkunden belegten Schreiber des Gesamttextes, der nach der ersten Niederschrift noch einige Grammatik- und Flüchtigkeitsfehler verbesserte. Die kiburgische Kanzlei hat auch in anderen Fällen das Siegel des älteren Hartmann von Kiburg mit dem seines gleichnamigen Neffen – von dem es sich in der Umschrift ja nicht unterschied – verwechselt oder eines stellvertretend für das andere gebraucht. So kann man heute davon ausgehen, daß es sich bei der Handfeste um eine echte Rechtsbestätigung der kiburgischen Zähringer-Erben von 1249 handelt.

Unrichtig, aber in der Praxis der Zeit nicht ungewöhnlich, ist die einleitende Behauptung, alle aufgeführten Rechte seien Freiburg i. Ü. bei der Stadtgründung durch Herzog Bertold von Zähringen verliehen worden (vgl. Nr. 201). In Wirklichkeit lassen sich nur ungefähr ein Fünftel der Paragraphen auf zähringische Bestimmungen (vorwiegend Konrads und Bertolds IV.) zurückführen. Die übrigen Sätze sind alte Gewohnheitsrechte oder neue burgundische Bräuche, darunter auch erstmals das angeblich zähringische Privileg, vor dem Haus eine Laube zu bauen, das in den Stadtrechten von Freiburg i. Br. und Bern fehlt.

Die alten Zähringerrechte werden nicht im Block aufgeführt, sondern willkürlich unter Wirtschafts-, Straf-, Familienrechts- und Verfassungsbestimmungen eingestreut, die keine klare Gliederung erkennen lassen. Daß der Handfeste ältere schriftliche Stadtrechtsaufzeichnungen vorausgingen, wird nicht gesagt, geht aber eindeutig aus der Handfeste von Flumet (Nr. 201) hervor, das 1228 das Gründungsprivileg Konrads für Freiburg i. Br., eine erweiterte Bestätigungsurkunde wohl Bertolds IV. und ein paar zähringische Einzelbestimmungen als gültiges Recht Freiburg i. Ü. verliehen bekam. Damals war also eine einheitliche Stadtrechtsurkunde im schweizerischen

149 (Kat.-Nr. 220) Blatt 1

Freiburg noch nicht vorhanden. Die Handfeste von 1249 schließt diese Lücke und gibt dem Freiburger Recht jene Form, in der es Vorlage für die Stadtrechte mehrerer umliegender Städte, darunter Burgdorf und Thun, wurde (vgl. Nrn. 261 und 262).

Lit.: RdCF 1, Nr. 10 S. 22ff.; E. GAUPP, Deutsche Stadtrechte des Mittelalters, Bd. II, 1852, S. 82–107; FrB Bd. II, Nr. 281 S. 298ff.; E. LEHR, La Handfeste de Fribourg dans l'Üchtland de l'an 1249, 1880; R. ZEHNTBAUER (Hrsg.), Die Stadtrechte von Freiburg im Üchtland und Arconciel-Illens, 1906, S. 1–32; – F. E. WELTI, Beiträge zur Geschichte des älteren Stadtrechts von Freiburg im Üchtland, 1908 (Abhandlungen zum Schweizer Recht H. 25); E. F. J. MÜLLER-BÜCHI, Die Handfeste von Freiburg i. Ü., in: Fribourg-Freiburg 1157–1481, S. 131–150; B. DE VEVEY, La Handfeste de Fribourg de 1249, in: MHDB 26 (1965), S. 157–191; B. DE VEVEY, De l'Authenticité de la Handfeste de Fribourg de 1249, in: Annales Fribourgeoises 47 (1965/66), S. 5–39; P. LADNER, Die Freiburger Handfeste von 1249, in: Freiburger Nachrichten, 15. Dez. 1973, Nr. 290, S. 15; W. HEINEMEYER, Die Handfeste der Stadt Freiburg i. Ü., in: AfD 27 (1981), S. 145–176. M. B.

2. Städte im Besitz der Zähringer

Im Laufe der Zeit gerieten eine ganze Reihe von Siedlungen – Marktflecken, Burgweiler und alte Orte mit Stadtcharakter – unter den Einfluß der Zähringer. Der Umgang der Herzöge mit diesen von Geschichte und Vorbesitzern geprägten Orten verdeutlicht Grundlinien und Tendenzen ihrer Siedlungspolitik.

Ein gutes Beispiel dafür ist Villingen: Schon 999 bekamen die Vorfahren der Zähringer für diesen Ort ein Marktprivileg (Nr. 221), auch die Herzöge nutzten seine wirtschaftlichen Möglichkeiten (Nrn. 232–233), aber erst Bertold IV. und Bertold V. verlegten zu einer Zeit, wo planmäßige Siedlungsanlagen zwar noch neu, aber durchaus keine singulären Ereignisse mehr waren, den alten Markt auf die geschütztere gegenüberliegende Brigachseite und bauten ihn planmäßig aus (Nrn. 222–224, 241). Diese beiden letzten Herzöge bemühten sich überhaupt auffällig um den Erwerb und Ausbau von Siedlungen: Bertold II. hatte Rheinfelden und Burgdorf von den Rheinfeldener Grafen geerbt (Nr. 229), Solothurn war mit der Rektoratsgewalt über Burgund in Herzog Konrads Einflußsphäre geraten. Demgegenüber bekundete der Zugriff Bertolds IV. auf den ehemaligen Königshof Murten über die Lausanner Reichsvogtei (Nr. 231; vgl. oben Gerchow, S. 180) ein aktives Interesse; daß der gleiche Zähringer die Tennenbacher Mönche vom Neuenburger Boden vertrieben habe, um dort eine Stadt zu bauen, dürfte allerdings eine spätere Erfindung sein (Nr. 228). Seinem Sohn mußte eine Ministerialenfamilie unter nicht ganz geklärten Umständen Thun abtreten (Nr. 230). Das staufische Breisach (Nr. 225) ließ sich Bertold V. für seinen Rücktritt von der Königskanditatur 1198 übergeben (Nr. 226); vielleicht kam im Zuge dieser Verhandlungen auch das bischöflich-straßburgische Offenburg als Lehen an das Herzogshaus (Nr. 227) – eine späte Parallele zu den Abmachungen von 1098, die Bertold II. für den Verzicht auf die schwäbische Herzogswürde Zürich eingebracht hatten (Nr. 56), damit dieser nach Otto von Freising durch den Besitz der »vornehmsten Stadt Schwabens« seinen Anspruch wenigstens auf eine führende Stellung im Süden des Reiches gewahrt sehen konnte. In der Regel war aber das Interesse der Zähringer an ihren städtischen oder stadtähnlichen Siedlungen mehr materieller denn ideeller Art.

Ein Markt wie Villingen verschaffte dem Marktherrn in einer Zeit aufkommender Geldwirtschaft Abgaben und Zollgelder (Nrn. 232–233). Breisach, Offenburg und Rheinfelden schützten strategisch wichtige Nahtstellen im Herrschaftsgebiet (Nrn. 234–236). Im Verbund mit den Burgen sicherten die werdenden Städte wichtige Verkehrswege und dienten darüber hinaus als Verpflegungsstationen des reisenden Herzogs, wie Bestimmungen im Murtener Recht verdeutlichen (Nr. 240). Eine Stadt konnte auch verschenkt, verkauft oder zum Pfand gegeben werden – mehrere Dokumente zeigen Rheinfelden und besonders Burgdorf als von den Erben umkämpfte Morgengabe der Gemahlin Bertolds V. (Nrn. 93 und 238).

Die erhaltenen Zeugnisse für das Wirken der Zähringer in ihren Besitzstädten stammen bezeichnenderweise fast ausschließlich aus der Zeit Bertolds IV. und Bertolds V.: In einem alten Gemarkungsplan und im heutigen Stadtgrundriß sind Alt- und Neumarktanlage von Villingen noch deutlich zu erkennen (Nrn. 241, 256 mit Abb. 173), ähnlich wie im Planbuch Murtens von 1736 die Kirche von Muntelier den Standort des alten Königshofes neben der zähringischen Neuanlage (Nr. 256 mit Abb. 173) markiert (Nr. 253). Ausgrabungen förderten in Villingen (Nrn. 242–243) und Burgdorf (Nrn. 247–249) Kirchenbauten aus der Zähringerzeit zutage. In Breisach erweiterte oder errichtete Bertold V. die Burg (Nrn. 245–246), Thun (Nrn. 239, 250–251) und Burgdorf (Nr. 247–249) verdanken ihm teilweise heute noch erhaltene Schloßbauten und die Erweiterung der angrenzenden Burgsiedlungen. Solothurn führt seine erste Ummauerung auf die Zähringer zurück. Auch die Anlage des Neumarktes (Niederdorfquartier) in Zürich erfolgte vermutlich auf Initiative der Herzöge, sicher aber die Stiftung des Spitals am Wolfbach (Nrn. 254–255). Fast alle genannten Siedlungen nahmen, teils noch vor 1218, teils auch rückwirkend nach Aussterben des Hauses, zähringische Bestimmungen in ihr Stadtrecht auf. M. B./J. T.

Übernahme der Städte durch die Zähringer (Nrn. 221–231)

221 Villinger Markturkunde

Abb. 150

Rom, 29. März 999.
Originalurkunde, Pergament, H. 58 B. 52, Plica 4 cm, Bleibulle an Faden eingehenkt. Schrift stark verblaßt; Quarzlichtrepr. erheblich besser lesbar (davon Abb.).
GLA Karlsruhe, A 72.

Mit der Markturkunde vom 29. März 999 verlieh Kaiser Otto III. dem Grafen Bertold, der den Vorfahren der Zähringer zugeordnet wird, das Recht, in dem Ort Villingen einen Markt mit Münz- und Zollrecht sowie einem Marktgerichtswesen zu errichten. Der Markt, der in dem später als »Altstadt« bezeichneten Dorf Villingen – östlich der Stadt gelegen (Nr. 241) – zu lokalisieren ist, führte den Zähringern als Erben des Grafen Bertold sicherlich umfangreiche Einnahmen zu und dokumentierte schon früh das große Interesse des Geschlechts an dieser Landschaft. Grabungen, die merowingische Friedhöfe im Bereich der Siedlung und des Marktes Villingen zu Tage förderten, und schriftliche Zeugnisse aus der Karolingerzeit belegen eine Existenz des Ortes vor der Marktrechtsverleihung.

Lit.: Elenchus Fontium Historiae Urbanae, hrsg. v. B. Diestelkamp u. a., 1967, Nr. 30, S. 58; MGH DD Ottos III., Nr. 311; – P. Revellio, Beiträge zur Geschichte der Stadt Villingen, 1964, S. 63 f.; K. Spindler, Zur Topographie der Villinger Altstadt, in: FBW 4 (1979), S. 391–413. J. T.

222 Villinger Kalenderblatt

Villingen, 1. Hälfte 14. Jahrhundert.
Doppelblatt, Pergament, 1 Bl. diente quergefaltet als Einbandbezug, geringfügig beschnitten auf H. 33,5 B. 23,5 cm; Gotische Textura; Nachträge von 3 Händen des 14. oder 15. Jahrhunderts; für die Münsterpfarrei Villingen angefertigt.
Universitätsbibliothek Freiburg i. Br., Hs. 483,21,2.
(Tafel 1b–3 in: Die Zähringer I).

G duodecima K(alendas) Martii o(biit) dux de Zeringen fundator ville Vilingen (»Am zwölften Tag vor den Kalenden des März starb der Herzog von Zähringen, der Gründer der Stadt Villingen«).
Das in der Handschrift angeführte Todesdatum, das sich nur auf den 18. Februar 1218 beziehen kann, weist auf Herzog Bertold V. als Gründer hin. Demzufolge müßte die Errichtung der Stadt in der Zeit zwischen 1186 und 1218 erfolgt sein. Das Kalenderblatt aus der Münsterpfarrei Villingen überliefert damit die älteste bekannte Gründertradition.

Lit.: B. Schwineköper, Die heutige Stadt Villingen – eine Gründung Herzog Bertolds V. von Zähringen (1186–1218), in: Die Zähringer I, S. 75 ff.; zum Problem der Todesdaten Bertolds III. und V. vgl. S. Molitor, ebd., S. 37 ff. J. T.

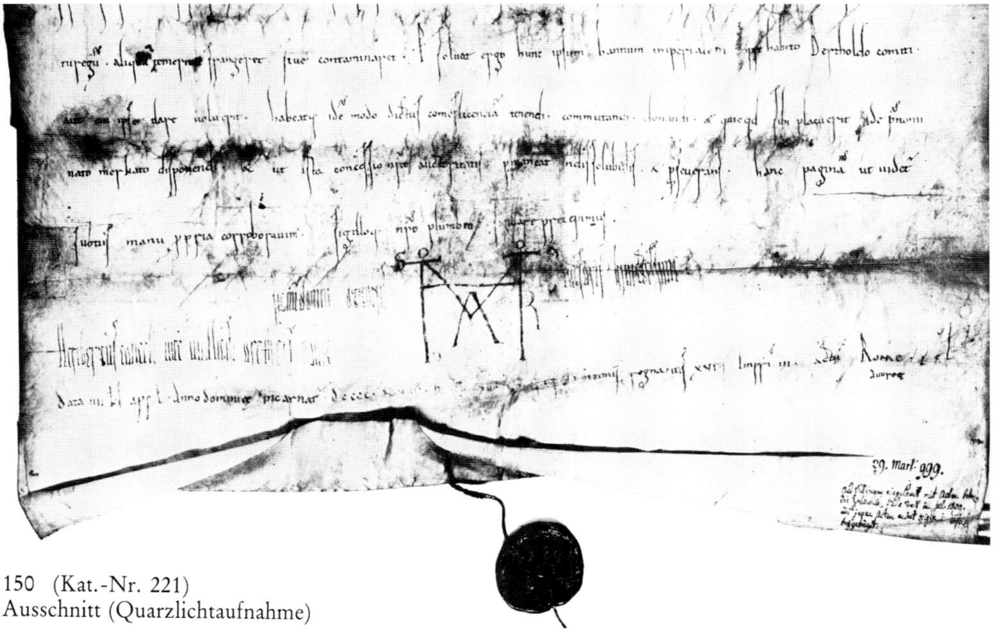

150 (Kat.-Nr. 221)
Ausschnitt (Quarzlichtaufnahme)

223
Johann Sattler zur Entstehung der Stadt Villingen

Repr. aus Johann Sattler: Chronik der Stadt Freiburg im Breisgau.
Druck von Johann Schilter, 1698, f. 22: Wan Herzog Berthold der vierdt gestorben sey.

Es wollen etliche / er (Bertold IV.) *hab die stadt Villingen auf dem Schwarzwalt auch gestifftett / wiewol etliche andere wollen es hab sie sein son Berchtoldus der fünft Herzog von Zeringen gestift /...*

Indem die im 16. Jahrhundert entstandene Chronik des Johann Sattler zwei Gründer Villingens für möglich hält, weist sie auf die Unsicherheit hinsichtlich des Gründers hin. Ein weiteres Zeugnis aus dem 16. Jahrhundert, Heinrich Hugs Villinger Chronik, führt neben Bertold IV. sogar einen noch früheren Zähringer als Erbauer an. *(Anno 1119 ist die statt Villingen von den Hertzogen von Zähringen erbauwen worden).* Diese Annahme der Erbauung im Jahre 1119 beruhte auf einer zu Ende des 16. Jahrhunderts kursierenden Tradition, welche die Gründung der Stadt Freiburg im Breisgau in das Jahr 1118 setzte und von einer fast gleichzeitig erfolgten Villinger Stadtgründung ausging. Die weiteren hier aufgezeigten Überlieferungen, die Bertold IV. oder Bertold V. als Gründer anführen, waren ebenfalls im 16. Jahrhundert im Gespräch. Die Beispiele zeigen deutlich, daß mehrere mittelalterliche und frühneuzeitliche Traditionsstränge Villingen zwar als Zähringergründung ansehen, sich über die Person des Gründers bzw. den Zeitpunkt der Gründung nicht einig waren.

Lit.: Origines Civitatis Friburgis in Brisgovia von Johann Sattler, Chronik der Stadt Freiburg, ND 1979; B. SCHWINEKÖPER, Die heutige Stadt Villingen (wie Nr. 222).

J. T.

224
Plan der Stadt Villingen von Martin Blessing

Villingen, 1806.
Repr. der kolorierten Federzeichnung, H. 40 B. 35 cm.
Stadtarchiv Villingen, o. S.

Der Grundriß der Stadt Villingen weist deutlich zwei zeitlich verschiedene Bauphasen auf. Zunächst fällt ins Auge, daß es offensichtlich zwei voneinander unabhängige ›Bächle‹-Systeme gab, wobei drei Zuflüsse die Oberstadt mit Wasser versorgten, ein vierter beim Riettor dagegen wohl erst später eingerichtet wurde. Die Oberstadt bis zur Linie Rathaus-, östlicher Teil der Brunnen- einschließlich der Schlößlestraße zeigt aufgrund der quadratischen, von Straßen umschlossenen Baublöcke einen älteren Zustand als der sich südlich anschließende Teil der Stadt, dessen typischer Wechsel von Wohn- und Wirtschaftsstraßen (Gerber-, Goldgruben-, Niedere-, Rosen-, Färber- und Zinsstraße sowie Rathaus-, Riet-, Weber- und westlicher Teil der Brunnenstraße) auf eine Entstehung um 1200 hindeutet. Die analog zu den schriftlichen Zeugnissen (Nrn. 222–223) zu konstatierende Zweiphasigkeit (Nr. 256) der Villinger Neuanlage zeigt in der Oberstadt und um das Marktkreuz ein geostetes Straßensystem, dessen Entstehung wohl in die zweite Hälfte des 12. Jahrhunderts zu setzen ist; das zweite, jüngere Straßensystem, südlich der Linie Rathaus-, östlicher Teil der Brunnen- einschließlich der Schlößlestraße könnte damit erst zu Beginn des 13. Jahrhunderts entstanden sein.

Lit.: SCHWINEKÖPER, Zähringerstädte, S. 61 f.; MECKSEPER, Rottweil, S. 261 f.; SCHWINEKÖPER, Villingen (wie Nr. 222), S. 87 f., Abb. 7. J. T.

225
Die Annalen von St. Trudpert zur Stadtgründung von Breisach

Repr., wie Nr. 181.4, Bl. 11vb, Zeile 6–7 von unten.

Die Annalen des Klosters St. Trudpert nennen für das Jahr 1185 König Heinrich VI. als Gründer von Breisach. Der über dem Rhein liegende Berg steht in einer langen Siedlungstradition, in deren Verlauf Kelten, Römer, Alemannen sowie andere weltliche und geistliche Herren das Plateau als Siedlungsfläche nutzten. Seit 1185 erschienen der Bischof von Basel und der Staufer Heinrich VI. gemeinsam als Inhaber des Berges. Zu dieser Zeit wird vermutlich König Heinrich VI. mit Zustimmung des Basler Bischofs die vorhandene Siedlung zur Stadt umgebaut, mit einem entsprechenden Recht versehen und vor allem mit einer wirksamen Befestigung umgeben haben. Die Bezeichnung *castrum* (befestigter Ort), mit dem Breisach in vielen Quellen genannt wird, deutet die besondere militärische Funktion der Stadt an, deren Ausbau vielleicht sogar bewußt gegen die Zähringerstadt Freiburg gerichtet war.

Lit.: Hrsg. v. G. H. PERTZ, MGH SS XVII, 1861, S. 291; – M. HESSELBACH: Der Mons Brisiacus (Münster-, Stadt- und Burgberg von Breisach) unter Denkmalschutz gestellt, in: NDBW 2 (1959), S. 29 f.; HASELIER, Breisach, S. 74 f.; B. SCHWINEKÖPER, Eine neue Geschichte Breisachs, in: SiL 94/95 (1976/77), S. 365 f. J. T.

226
Die Annalen von Marbach zu Breisach, 1198

Repr. aus Hs. Universitätsbibliothek Jena, Bose q. 6 (Nr. 75), f. 143^{v}
(vgl. Textanhang Nr. 13a)

Philipp von Schwaben verpflichtete sich im Verlauf der Ausgleichsverhandlung von 1198 (Nr. 75), die in den Annalen des Klosters Marbach überliefert ist, den befestigten Ort *(castrum)* Breisach zu zerstören oder für 3000 Mark Silber Bertold V. von Zähringen zu überlassen. So gelangte die bisherige »Stauferstadt« Breisach im Rahmen eines politischen Abkommens an den Zähringer, der die von König Heinrich VI. begonnene Stadtanlage wohl weiter ausbaute.

Lit.: (Wie Nrn. 75, 225); – HASELIER, Breisach, S. 85 f., SCHWINEKÖPER, Geschichte Breisachs (wie Nr. 225), S. 369. J. T.

227
Urkunde Kaiser Friedrichs II. über Offenburg

25. August 1221.
Originalurkunde, Pergament, H. 40 B. 30 cm, Siegel Bf. Heinrichs v. Straßburg erhalten. Siegel Friedrichs II. verloren.
Archives Départementales du Bas-Rhin, Strasbourg, G Nr. 38.

In der historischen Forschung, in der der Bischof von Straßburg (Hitzfeld), die Staufer (Weller) und die Zähringer (Schäfer) als mögliche Gründer zur Diskussion stehen, ist die Frage nach dem Offenburger Gründer umstritten. Die beiden einzigen schriftlichen Zeugnisse aus der Zähringerzeit, die die Existenz Offenburgs belegen, bieten keinen Hinweis auf einen Gründer, so daß die Forschung auf nachzähringische Urkunden angewiesen ist. Nach dem Aussterben der Zähringer entbrannte ein heftiger Kampf um deren Erbe zwischen Kaiser Friedrich II. und verschiedenen weltlichen und geistlichen Herren (s. oben Heinemann, S. 114f.). Mit der Urkunde vom 25. August 1221 wurde der Streit zwischen dem Kaiser und dem Bischof von Straßburg vorübergehend beigelegt. Sicher zeigt dieses Zeugnis, das auf Offenburg hinweist, daß die Zähringer wesentliche Rechte in Offenburg ausübten, sich also zu einem bestimmten Zeitpunkt im Besitz der Siedlung befanden und diese Rechte vom Bischof von Straßburg zu Lehen trugen. Die Frage nach dem Offenburger Gründer bleibt weiterhin offen. Die Diskussion des Grundrisses (Nr. 256.2) sowie die politische Konstellation im Oberrheingebiet während des 12. Jahrhunderts legen jedoch die Vermutung nahe, daß Offenburg vom Straßburger Bischof als Markt zu Beginn des 12. Jahrhunderts angelegt wurde und als Lehen an die Staufer kam, bevor im Zuge der Wahlverhandlung von 1198 (Nr. 75) der letzte Herzog von Zähringen maßgebliche Rechte erlangte und – wie die Urkunde von 1221 ausdrücklich sagt – die gesamte Gerichtsbarkeit der Bürger in der Kirche in Offenburg ausübte.

Lit.: E. WINKELMANN (Hrsg.), Acta Imperii Inedita, 1880, Nr. 603 S. 482–484; – K. WELLER, Die staufische Städtegründung in Schwaben, in: WVLg 36 (1930), S. 145f. und 227; K. HITZFELD, Das Rätsel über die Anfänge der Stadt Offenburg, in: Die Ortenau 48 (1968), S. 119f.; A. SCHÄFER, Offenburg, eine zähringische Stadtgründung? in: ZGO NF 84 (1975), S. 47f.

J. T.

228
Notiz im Tennenbacher Güterbuch zu Neuenburg

Repr. aus Tennenbacher Güterbuch, Hs. GLA Karlsruhe 8553, Sp. 915. (Nr. 190).

»Der Boden der Stadt (Neuenburg) gehörte unserem Kloster und war ein Wirtschaftshof *(grangia)* und ein Brunnen, wo jetzt die Stadt liegt; dieses Gut mit allem Zubehör und dem Boden kauften unsere Vorgänger vom Herzog Bertold für 30 Mark Silber. Als sie aber dieses Gut mehr als zehn Jahre ohne Unterbrechung und ungestört besessen hatten, fiel es dem Herzog ein, die Mönche gewaltsam zu vertreiben und die Stadt zu errichten; und so geschah es auch.«

Obwohl diese Notiz eigentlich einen eindeutigen Hinweis auf eine zähringische Stadtgründung bietet, die von einigen Forschern auf 1171 datiert wird, darf man Abt Zenlin, der sie Anfang des 14. Jahrhunderts niederschrieb, nicht unbedingt Glauben schenken. Auch die Vermittlung des Papstes Alexander III. zwischen den Zähringern und dem Kloster, wonach den Mönchen aller Besitz außerhalb der Stadtmauer und die Kirche mit Kirchensatz gehören sollte, überliefert nur das Tennenbacher Güterbuch. Allein mit dieser Textstelle läßt sich Neuenburg nicht als Zähringerstadt belegen, zumal einiges darauf hindeutet, daß die Notiz nachträglich vom Abt erfunden wurde, um Ansprüche auf den Kirchensatz in Neuenburg geltend zu machen. Die Besitzbestätigung für die gesamten Güter des Klosters durch Papst Alexander III. vom 5. August 1178 nennt ein *Novum Castrum,* womit wohl eher Nimburg und nicht Neuenburg gemeint war. Die Gründungsfrage der Stadt Neuenburg bleibt weiterhin offen. Möglicherweise handelt es sich um eine Gründung, die im Zusammenhang mit der Herrschaft Badenweiler und vielleicht mit den Staufern zu sehen ist.

Lit.: Weber, Tennenbacher Güterbuch, S. 385; – K. Schäfer, Neuenburg. Die Geschichte einer preisgegebenen Stadt, 1963, S. 17; Schwineköper, Tennenbach, S. 122f.

J. T.

229 Abb. 151
Regest eines Übergabebriefs von Rheinfelden und Burgdorf

Repr. aus Hs. Tiroler Landesarchiv Innsbruck, Schatzarchiv – Repertorium von Wilhelm Putsch, 1526, Nr. 4, S. 889.

Der Tod des letzten Grafen von Rheinfelden brachte dem Zähringer Bertold II., der mit Agnes, der Tochter Rudolfs von Rheinfelden verheiratet war, ein reiches Erbe ein. Hierzu gehörten auch die vermutlichen Stammburgen der Rheinfeldener, Rheinfelden und Burgdorf. Das Regest aus dem 16. Jahrhundert über einen Übergabebrief weist Rheinfelden und Burgdorf als Morgengabe Clementias von Burgund-Auxonne aus, die diese von ihrem Gemahl Herzog Bertold V. von Zähringen erhalten hatte. Dabei handelt es sich um das einzige schriftliche Zeugnis, das Rheinfelden als Zähringerbesitz belegt. Zugleich zeigt diese Quelle, daß Städte nicht nur finanziell und militärisch für den Stadtherren interessant sein konnten, sondern ebenso veräußert bzw. Frauen als materielle Sicherheit dienen konnten. Die Burg Rheinfelden ist wohl seit der Mitte des 11. Jahrhunderts als Familiensitz der Rheinfelder anzunehmen. Sie lag auf dem sog. »Stein«, einer Felseninsel vor dem linken Rheinufer. Zur Burg gehörte eine Brükkenkopfsiedlung, die spätere Stadt Rheinfelden, deren Anfänge sicherlich in vorzähringische Zeit fallen. Ob und wie die Zähringer diese Siedlung veränderten oder gar zur Stadt ausbauten, läßt sich nicht mehr rekonstruieren. Auch die Siedlung Burgdorf entstand in Anlehnung an eine alte Burg, wobei deren Siedlungsanfänge ebenfalls in vorzähringischer Zeit zu suchen sind. Ob die Stadtwerdung Burgdorfs, die nach 1218 belegt ist, den Zähringern zugeschrieben werden kann, läßt sich nicht eindeutig nachweisen (vgl. Nr. 249).

Lit.: R. Thommen (Hrsg.), Urkunden zur Schweizer Geschichte aus österreichischen Archiven, Bd. I, 1899, Nr. 39 S. 26; – Strahm, Geschichte Berns, S. 175f.; K. Schib, Geschichte der Stadt Rheinfelden, 1961, S. 25f.; Heinemann, Burgund I, S. 69–105.

J. T.

151 (Kat.-Nr. 229)

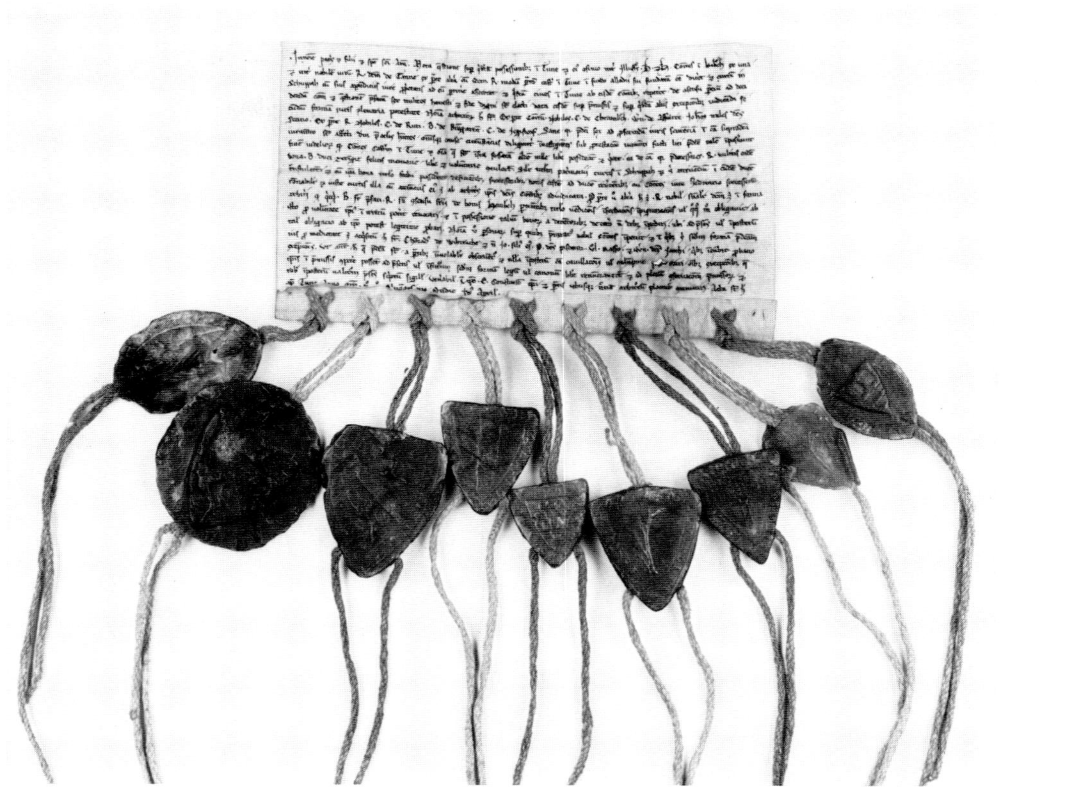

152 (Kat.-Nr. 230)

230 Abb. 152

Schiedsspruch im Streit zwischen Rudolf von der Tanne und den Grafen von Kiburg über Thun

Thun, 12. April 1250.
Pergamenturkunde, H. 10 B. 20 cm, anhängend die Siegel Bischof Eberhards von Konstanz, der beiden Grafen Hartmann d. Ä. und d. J. von Kiburg, Rudolfs von der Tanne und von fünf der sechs Schiedsrichter. Das Siegel eines Kommissionsmitgliedes ist abgefallen.
Staatsarchiv des Kantons Bern, Fach Thun.

Das Schiedsurteil beendet einen Streit zwischen den Grafen von Kiburg und Freiherr Rudolf von der Tanne um verschiedene Güter, darunter die angeblich zur Hälfte auf Rudolfs ererbtem Eigengut stehende Thuner Burganlage (vgl. Nrn. 239 und 250). Die Burg und alles, was innerhalb des Thuner Stadtgrabens gelegen ist *(castrum in Tune et omnia que sunt infra fossatam eiusdem ville)*, wird den kiburgischen Zähringer-Erben zuerkannt, weil Rudolfs Vorgänger diese Liegenschaften dem Herzog Bertold von Zähringen freiwillig und ungezwungen abgetreten hätten *(quia predecessores R. militis eadem bona B. duci Zeringie felicis memorie libere et voluntarie contulerunt.)*. Gemeint ist Bertold V., denn es ist vom unmittelbaren Rechtsvorgänger der Kiburger die Rede – Thun stand demnach von ca. 1186 bis 1218 unter Zähringerherrschaft.
Vorbesitzer waren die Freiherren von Thun, die 1133, 1146 (Nr. 138) und 1175 als Urkundenzeugen im zähringischen Gefolge auftauchen. Ob die Übertragung ihrer Rechte auf Bertold V. unter Druck zustande kam, etwa nach einer Beteiligung am oberländischen Adelsaufstand 1190/91, ist nicht zu klären – dem Thuner Erben Rudolf jedenfalls erschien sie anfechtbar, während die Schiedskommis-

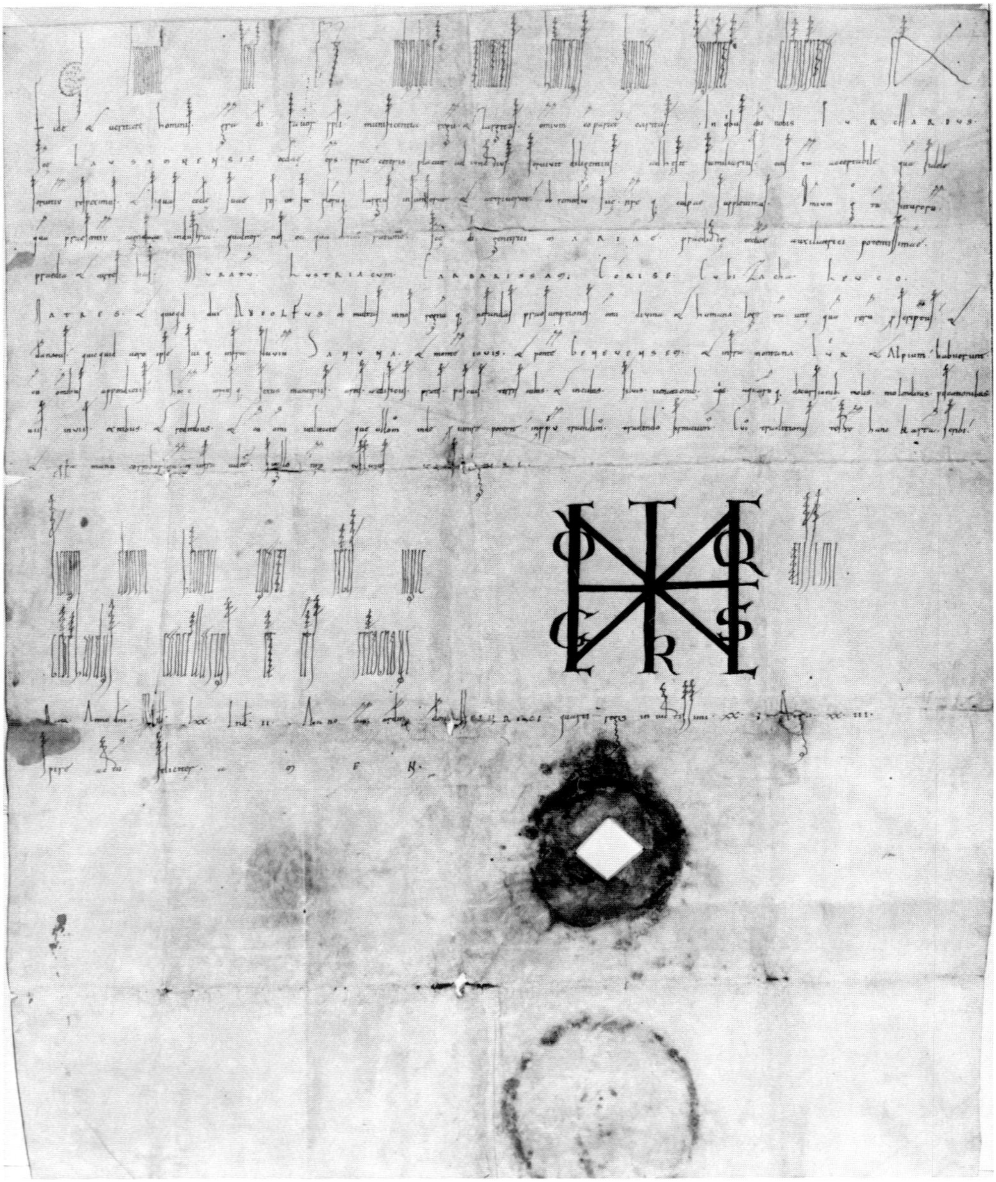

153 (Kat.-Nr. 231)

sion offenbar keine Unregelmäßigkeiten feststellen konnte.

Lit.: FrB 2, Nr. 296, S. 322ff.; – H. AMANN, Die Anfänge der Stadt Thun, in: SZG 13 (1933), bes. S. 343; HOFER, Thun, S. 25; P. KÜFFER, Thun. Geschichtliche Zusammenfassung von einst bis heute, 1981, S. 29. M. B.

231 Abb. 153
Kaiser Heinrich IV. schenkt Murten an die bischöfliche Kirche zu Lausanne

Speyer, 1079 (in Urkunde verschrieben: 1070).
Repr. der Pergamenturkunde, H. 59,3 B. 49,7 cm.
Archivio di stato di Torino, Archivio di Corte, Materie ecclesiastiche, Vescovadi stranieri, Losanna, m. 1, n. 1.

Kaiser Heinrich IV. schenkt seinem Parteigänger Bischof Burchard von Lausanne 1079 die waadtländischen Besitzungen des geächteten Gegenkönigs Rudolf von Rheinfelden und sieben namentlich genannte Güter, darunter den 515 erstmals als Königsgut bezeugten Hof *Muratum.* 1238 ist das Gebiet wieder Reichsbesitz (Nr. 252), zuvor hat nach Zeugnis des Murtener Stadtrodels (Nr. 260) dort ein Herzog Bertold die spätere Stadt gegründet. Der Zugriff dürfte über die Lausanner Kirchenvogtei der Zähringer (s. oben Gerchow, S. 180f.) erfolgt sein, wahrscheinlich zur Zeit Bertolds IV. unter dem schwachen Bischof Landrich (1159–1178). Dabei könnte es eine Rolle gespielt haben, daß schon die Rheinfeldener Vorfahren der Zähringer zum Hof Murten in Beziehung standen.

Lit.: MGH DD Heinrichs IV., Nr. 311; – F. E. WELTI, Der Stadtrodel von Murten, in: FGBl 18 (1911), S. 115ff.; H. HÜFFER, Die Territorialmacht der Bischöfe von Lausanne in ihrer Entwicklung bis zum Ende der Zähringer (1218), in: ZSG 4 (1924), S. 283ff.; F. FOERSTER, Cvbizacha. Zum Diplom Heinrichs IV. Nr. 311, in: DA 14 (1958), S. 481–487; P. LADNER, Murten, in: BH 50 (1970), S. 74ff.; HEINEMANN, Burgund I, S. 89ff. M. B.

Die Stadt als Herrschaftsinstrument der Zähringer (Nrn. 232–240)

232
Denar aus Villingen

Vs.: DEDCTOLT (rückläufig), Kreuz mit einem Kringel in jedem Winkel.
Rs.: XOXOXOT HOE, im Feld Monogramm.
Ca. 22–25 mm, 0,93–0,96 g.
Fundorte: Lübeck (3), Gotland, Schweden (Schonen), Finnland (insg. 21).
Münzkabinett Berlin (Ost).

Diese flach geprägten, in Norddeutschland und Skandinavien gefundenen Denare werden Bertold I. zugewiesen, weil der Schriftzug *DEDCTOLT* als Bertold gedeutet wird und um das Jahr 1030/40 – Form und Gewicht lassen diese Datierung zu – keine anderen münzberechtigten Bertolde bekannt sind. Sollte diese Zuweisung stimmen, wiesen die Fundorte auf eine Beteiligung von Villingern am Fernhandel hin.

Lit.: WIELANDT, Münzanfänge, 1. C. R.

233 Abb. 154
Urkunde Bertolds IV. von 1185 für das Zürcher Großmünster

Zürich, 10. April 1185.
Originalurkunde, Pergament, H. 31,2 B. 15,9, Plica 2,7 cm; Siegel an Pergamentstreifen angehängt (Nr. 78.7).
Staatsarchiv des Kantons Zürich, Propstei 4.

Herzog Bertold IV. von Zähringen entscheidet einen Streit um den Zehnt von Schwenningen zwischen den Züricher Domherren und dem Leutpriester von Schwenningen.
Der Zähringer legte dabei u. a. fest, daß der Leutpriester jährlich 10 Scheffel Weizen nach Villinger Maßeinheit an das Großmünster bezahlen mußte. Die Nennung des zu Ende des 12. Jahrhunderts auf der Baar gebräuchlichen Getreidemaßes, das auf dem Villinger Markt eingeführt worden war, belegt einen zu dieser Zeit vorhandenen Markt, der wohl seit der Marktrechtsverleihung von 999 (Nr. 221) kon-

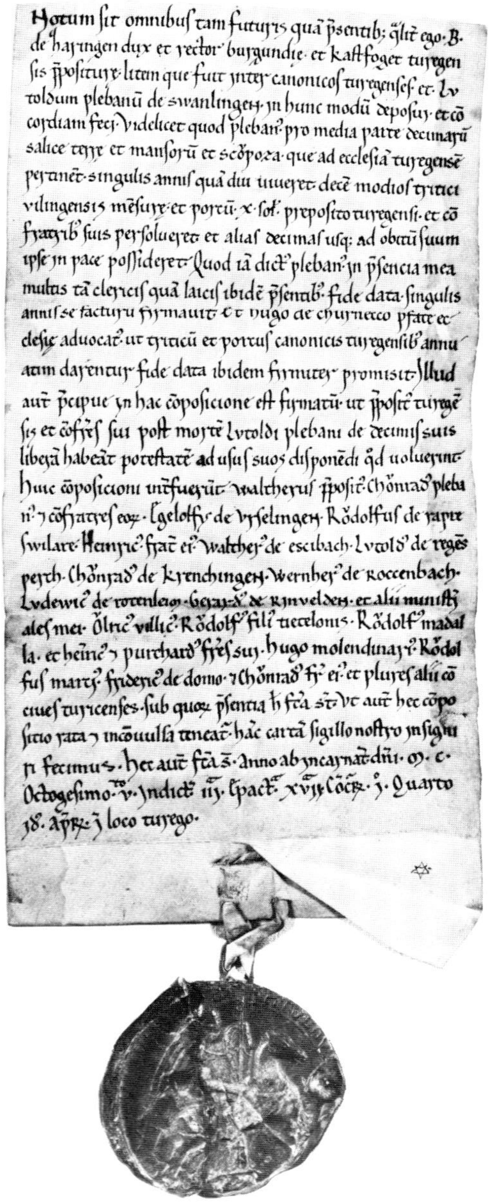

154 (Kat.-Nr. 233)

tinuierlich bestand. Interessanterweise stammt der Beleg des Villinger Wochenmarktes aus einer Zeit, als vermutlich die Verlegung des Marktes (Nr. 241) und die Anlage einer neuen Siedlung schon geplant oder vielleicht sogar bereits vollzogen waren. Ein florierender Markt ermöglichte dem Zähringer erhebliche Einnahmen aus Zöllen und sonstigen Abgaben.

Lit.: Heyck, Urkunden, Nr. XVI S. 20; ZUB I, Nr. 339 S. 215. J. T.

234
Breisach und Offenburg im zähringischen Machtbereich am Oberrhein um 1200

Kartenskizze (ohne Abb.).

Aus der Karte, die den zähringischen und staufischen Einflußbereich am Oberrhein um 1200 zeigt, geht der Rhein als ›Grenze‹ deutlich hervor. Breisach bildete zu dieser Zeit einen westlichen Stützpunkt des Zähringergebiets und sicherte einen Zugang zum Elsaß, das sich weitgehend in der Hand der Staufer befand. Offenburg, das den wirtschaftlichen Mittelpunkt des nördlichen Zähringergebiets darstellte, kontrollierte sowohl die Kinzigtalstraße über den Schwarzwald nach Villingen als auch die rechtsrheinische Nord-Süd-Verbindung. Breisach und Offenburg als Stützpunkte der Staufer, wie es vor der Wahlverhandlung von 1198 (Nr. 75) gegeben war, hätten die Position der Zähringer aufgrund der starken staufischen Stützpunkte auf rechtsrheinischem Gebiet erheblich gemindert. Die Städte Breisach, Offenburg und vielleicht auch Neuenburg besetzten im Zusammenhang der Rivalitäten zwischen Staufern und Zähringern strategische Schlüsselpositionen.

Lit.: Historischer Atlas von Baden-Württemberg, hrsg. v. d. Kommission für geschichtliche Landeskunde in Baden-Württemberg, 1972ff., Karten Nrn. V.3 und V.4 J. T.

235
Tullakarte: Rheinverlauf von 1838

Lithographischer Nachdruck der Lehrwerkstätte für Flachdruck und Lithographie. Waldkirch, Originalformat H. 69 B. 56 cm: »Carte über den Lauf des Rheins von Basel bis Lauterburg längs der badisch-französischen Grenze in 18 Blättern, nach dem Zustand des Stands vom Jahr 1838 (...), Karlsruhe 1851.

Die Karte von 1838, die den Rheinverlauf vor dessen Begradigung darstellt, verdeutlicht die exponierte topographische und geographische Lage des ca. 40 m über dem Rheinspiegel liegenden Breisach. Von hier kontrollierten die Zähringer den Schiffsverkehr und den Rheinübergang einschließlich der südlichen Kaiserstuhlstraße nach Freiburg, die wohl zur Zähringerzeit enstanden war.

Lit.: HASELIER, Breisach. J. T.

236
Die Lage Rheinfeldens im Grenzplan von Melchior Heinrich Graber

Photographisch vergrößerter Ausschnitt aus: Grenzplan zwischen dem Stand Basel und dem Fricktal von Melchior Heinrich Graber, 1602. Papier, H. 104 B. 82 cm.
Staatsarchiv Kanton Basel-Landschaft, Liestal, Planarchiv A 4.

Der Plan von Melchior Heinrich Graber von 1602 zeigt noch deutlich die exponierte topographische und geographische Lage von Burg und Stadt Rheinfelden, die den Rheinübergang sicherte und damit die Verbindung zwischen den burgundischen und schwäbischen Besitzungen der Zähringer gewährleistete.

Lit.: K. SCHIB, Geschichte der Stadt Rheinfelden, 1961. J. T.

237 Abb. 155
Urkunde Bertolds V., ausgestellt im *Castellum Burgdorf*

Burgdorf, 27. März 1210.
Originalurkunde, Pergament, H. 31 B. 16 cm, Reitersiegel, beschädigt, an gewundenem und nach Art einer Schnur durch vier Löcher gezogenem Pergamentstreifen. Dm. 76 mm. Ritter mit Schild und Fahne. »+ BERTOLDVS ... RECTOR BVRGVNDIE«.
Staatsarchiv des Kantons Zürich, Abtei 17a.

Die Urkunde regelt die Einlieferungszeiten für die Einkünfte der Züricher Fraumünsterabtei; sie ist ausgestellt in Burgund in der Feste Burg-

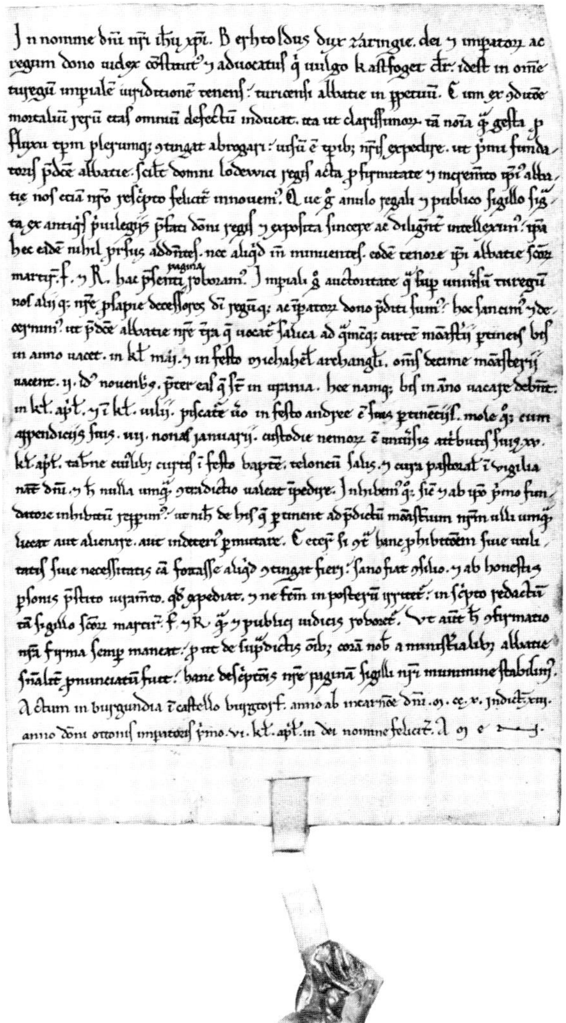

155 (Kat.-Nr. 237)

dorf *(in Burgundia in castello Burgtorf)*. Die Ortsbezeichnung *castellum* zeigt ebenso wie die Charakterisierung als *castrum* (»Burg, Feste«) in zwei anderen Urkunden mit Zähringerbezug (Nrn. 93, 238), daß Burgdorf für die Herzöge hauptsächlich als militärische Anlage interessant war. Auch der deutsche Name, 1175 erstmals durch die Urkundenzeugen Albertus und Anselmus *de Burtorf* in einer Schenkungsurkunde Bertolds V. belegt, betont den wehrhaften Charakter – er deutet auf die Existenz einer Burg vor dem Bau einer darauf ausgerichteten Dorfsiedlung hin. Burgdorf war später unter den Kiburgern Herrschaftsmittelpunkt in Burgund, eine ähnlich zentrale Bedeutung schon unter den Rheinfeldenern läßt sich vermuten. Besiedlungsspuren auf dem für Verteidigungszwecke einzigartig günstigen Schloßfelsen reichen bis in die Bronzezeit zurück; die Befestigung seiner Nordflanke ist älter als die drei Hauptbauten Bertolds V., die noch heute die Gesamtgestalt der Anlage prägen (Nr. 247).

Lit.: HEYCK, Urkunden, Nr. XXII S. 30f.; ZUB I, Nr. 339 S. 215f.; – STRAHM, Geschichte Berns, S. 174ff.; HEINEMANN, Burgund I, S. 84ff.; SCHWEIZER, Burgdorf, S. 81f. M. B.

238
König Heinrich (VII.) verfügt die Freilassung der Witwe Bertolds V. und ihre Ausstattung mit Burgdorf

Bern, 28. Dezember 1224.
Pergamenturkunde, H. 12 B. 21,5 cm, Siegel fehlt.
Archives Départementales du Doubs, Besançon, B 21,1.

König Heinrich (VII.) verfügt im Dezember des Jahres 1224, daß die gefangengehaltene Witwe Bertolds V., Clementia von Auxonne, freigelassen werden soll, und daß entweder sie oder ihr Vater, Graf Stephan von Burgund, mit ihren als Morgengabe überschriebenen Besitzungen auszustatten sei. Elf Jahre später trifft Kaiser Friedrich II. noch einmal die gleiche Entscheidung (Nr. 93). Aus seinem Urteil geht hervor, daß es Graf Egino von Urach-Freiburg ist, der Clementia nach wie vor festhält. Hauptstreitpunkt ist das *castrum Burcdorf,* von dem ein Regest aus dem 16. Jahrhundert (Nr. 229) behauptet, Clementia habe es, zusammen mit Rheinfelden, 1219 dem Uracher verkauft. Die wiederholten Klagen vor dem König und die jahrelange Haft der Herzogin zeigen aber, daß diese Transaktion, wenn sie überhaupt stattfand, unter Zwang und damit nicht rechtsgültig erfolgte. Die neugebaute Feste Burgdorf war den Zähringer-Erben offenbar einen jahrelang währenden Rechtsbruch wert. Burgdorf war später Hauptsitz der Kiburger – Clementia hat ihre Rechte also nie durchsetzen können.

Lit.: FrB Bd. II, Nr. 43 S. 46f.; – HEYCK, Geschichte, S. 484ff.; HEINEMANN, Burgund I, S. 88. M. B.

239 Abb. 156
Das Schloß von Thun

Thuner Schloßberg von Nordosten, um 1670.
Aquarellierte Federzeichnung, unsigniert, H. 22,5 B. 28,0 cm.
Bernisches Historisches Museum Bern, Inv.-Nr. 26099.

Das Bild zeigt im Zentrum den Donjon (Wohnturm) des Thuner Schlosses, links davon ein Stück Ringmauer mit Zinnenkrone, den Roßstall, die Verschlußmauer des Schloßgrabens und den südöstlichen Burgbering mit Ecktürmchen; rechts vom Donjon sieht man das Hänkertürmli und den Ansatz der kiburgischen Hangmauer zwischen Schloß und Chutziturm. Den Kern der Anlage bildet der eindrucksvolle romanische Wohnturm aus der Zähringerzeit, der sich mit etwa vier Meter starken Mauern auf einer Grundfläche von 18 auf 23 Metern erhebt; er besaß wohl bereits ursprünglich die schlanken Ecktürmchen und war vermutlich das einzige feste Bauwerk im Burgareal. Lediglich die obersten Partien des Mauerwerks stammen aus kiburgischer Zeit (nach 1218), die Dachkonstruktion wurde erst unter bernischer Herrschaft (nach 1384) aufgesetzt. Wichtig ist die Thuner Burg nicht zuletzt deshalb, weil ihr zähringischer Bau heute noch so gut erhalten ist. Sie vermag deshalb eine lebendige Anschauung von einem Burgentyp zu vermitteln, der in den letzten Jahrzehnten der Zähringerherrschaft schon etwas altertümlich – oder, wie man gelegentlich festgestellt hat, fremdartig, ›normannisch‹ – gewirkt haben dürfte, dem indessen einige der wichtigsten Zähringerburgen angehörten, die heute nicht mehr erhalten sind: die Burgen von Breisach (Nr. 246), Freiburg i. Br. (Nr. 185) und i. Ü. (Nr. 199) sowie die Nydegg in Bern (Nr. 206).

Lit.: SCHLIPPE, Burgen, bes. S. 308; W. MEYER-E. WIDMER, Das große Burgenbuch der Schweiz, 1977, S. 236f.; HOFER, Thun, S. 76ff.; SCHWEIZER, Burgdorf, S. 166ff. M. B./A. Z.

240
Verköstigungs- und Herbergsvorschriften im Murtener Stadtrodel

Repr. einer Textpassage aus dem Murtener Stadtrodel aus der Mitte des 13. Jahrhunderts (Nr. 260).
Die Paragraphen 5, 8 und 10 der späteren Zählung.

Unter den Verordnungen, die der Murtener Stadtrodel (Nr. 260) noch dem Herzog Bertold (IV. oder V.) zuschreibt, finden sich für den Ort umfangreichere Herbergsvorschriften als für alle übrigen »Zähringerstädte«: Wenn der Herzog oder sein Stellvertreter nach Murten kam, mußten bestimmte Bürger, die dafür ein Lehnsgrundstück erhielten, bei ihm nachts Wache stehen (§ 10). Die Fischer waren gehalten, nach bestem Können ihre Netze auszuwerfen und den gesamten Fang für die Hofhaltung des Zähringers abzuliefern (§ 8). Der Herzog hatte bestimmte Weinberge, (Lebensmittel-) Zehnten und Wälder für sich reserviert, ja, er bezeichnete Murten geradezu als seine »Vorratskammer« (*Dictus vero dux villam istam suam cameram voluit nominari* [§ 5]). Die Sorge für Quartier und Verpflegung bei Herrenbesuchen war ebenso wie ein Beitrag zur Heeresausstattung oder Beteiligung an Kriegszügen Bürgerpflicht, welche die Zähringer allerdings ihren frühen Gründungen ganz erließen (Quartierpflicht in Freiburg i. Br. und i. Ü.) oder stark einschränkten (Heersteuer in beiden Freiburg, Kriegszugsfolge in Freiburg i. Ü., i. Br. und Bern; die Regelung in den übrigen Zähringerorten ist unbekannt). Daß die Herbergspflicht in Murten so stark betont wurde, könnte noch ein Relikt aus der ursprünglichen Funktion von *Vetus Murat* (Nr. 253) als burgundischer Königshof sein.

Lit.: wie Nr. 260. M. B.

156 (Kat.-Nr. 239)

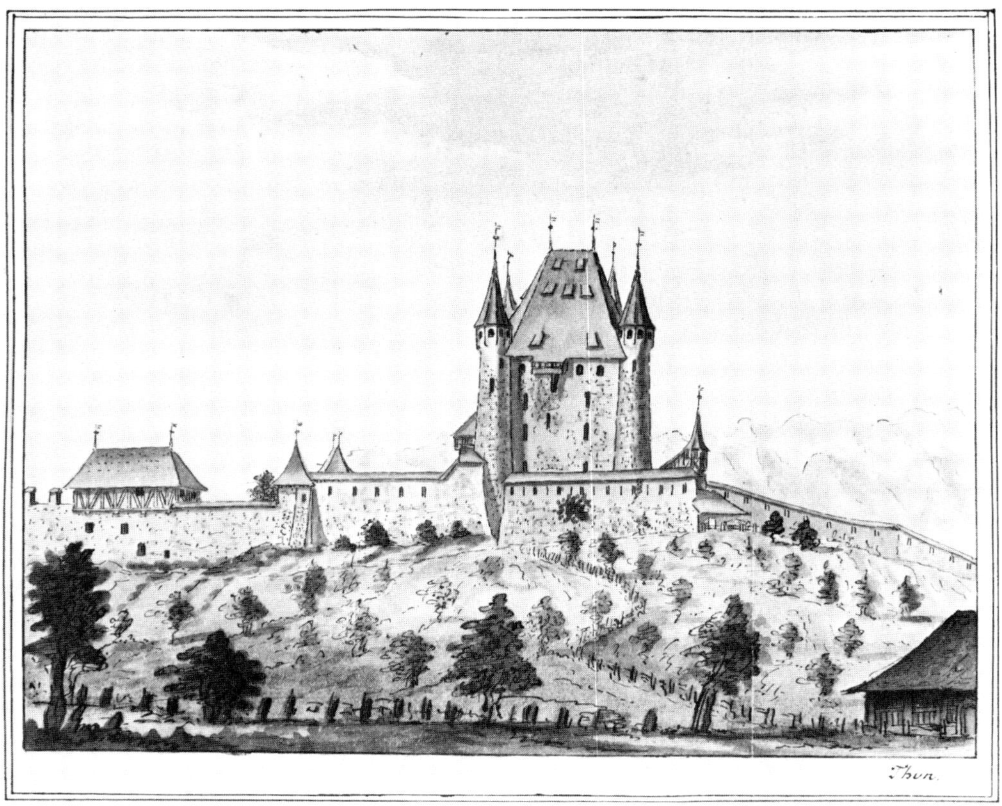

Die Folgen der Zähringerherrschaft für die Stadt (Nrn. 241–254)

241
Gemarkungsplan von Villingen

Ausschnittphotographie des Plans im GLA Karlsruhe, H. Villingen Nr. 5 (B. 174 H. 84 cm).

Auf dem Gemarkungsplan von 1783 ist östlich der heutigen Stadt Villingen eine Stelle mit dem Namen »Alt Stadt« bezeichnet. In diesem Bereich lag der ursprüngliche Markt Villingen, der durch die Marktrechtsurkunde Ottos III. (Nr. 221) an einen Grafen Bertold aus dem Jahre 999 belegt ist. Er wurde im Verlauf des 12. Jahrhunderts durch die Zähringer an die Stelle der heutigen Stadt verlegt (Nrn. 222–224, 256). Erhalten blieb jedoch am alten Platz die Pfarrkirche St. Marien, die wohl schon Bestandteil des bereits 817 belegten Dorfes Villingen gewesen sein wird. Heute dient sie als Friedhofskirche. Ihr Turm stammt noch aus dem 12. Jahrhundert (Nr. 243.1). Erster urkundlicher Beleg für die Altstadt-Kirche St. Marien scheint eine Schenkung zugunsten des Klosters St. Georgen am 31. Oktober 1090 im Beisein des Herzogs Bertold von Zähringen zu sein. Aus dem engeren Bereich der Villinger ›Altstadt‹ sind drei merowingerzeitliche Bestattungsplätze nachweisbar. Innerhalb der neuen Stadtanlage entsteht die wesentlich größere Kirche zum hl. Johannes dem Täufer, die jedoch bis ins 16. Jahrhundert kirchenrechtlich nur die Funktion einer Filialkirche besitzt. Allmählich übernahm die neue Stadtkirche alle Funktionen der älteren Pfarre, einschließlich des Marientitels. 1510 wird jene erstmals als dem Apostel Barnabas geweihte Kirche bezeichnet. Sie behielt jedoch bis heute ihre Funktion als ausschließliche Friedhofkirche; auf dem Münsterkirchhof in der Stadt fanden nach bisheriger Kenntnis niemals Begräbnisse statt.
Aus dem Altstadtbereich sind mehrfach Funde von nicht näher datierbaren, vermörtelten Mauerresten und zwei Brunnenschächte bekannt geworden. Hinzu kommen zwei Fundstellen mit Keramik des 13. und beginnenden 14. Jahrhunderts. Offensichtlich ist der zunächst sicher dicht bewohnte Platz des älteren Dorfes und Marktes in Folge der Attraktivität der neuen Stadt im Verlauf des 13. Jahrhunderts allmählich verlassen worden – wüst gefallen. Gänzlich ohne Besiedlung war er jedoch auch seither niemals, wie schriftliche und bildliche Quellen bezeugen.
Ob die »Zähringer-Gründung« bereits von Anfang an städtischen Charakter hatte, ist nach der derzeitigen Quellenlage nicht zu erschließen.

Lit.: J. Fuchs, Die Stadt Villingen im 12. und 13. Jahrhundert, in: W. Müller, Villingen und die Westbaar (VAI 32), 1972, S. 86–89; W. Müller, Die Kirchengeschichte Villingens im Mittelalter, in: Ebd., S. 100–126; K. Spindler, in: FBW 4 (1979), S. 391 ff. P. S.-T.

242 Abb. 157
Das Villinger Münster

Photo und Plan der Ausgrabung (Juli 1978 bis Oktober 1979), Landesdenkmalamt Baden-Württemberg, Grabungsleitung Thomas Keilhack und Peter Schmidt-Thomé.

Bei der anläßlich der Gesamtrestaurierung durchgeführten Ausgrabung im Inneren des Münsters wurde eine differenzierte Baugeschichte erschlossen. Unter der heutigen Kirche, die ihre Gestalt im wesentlichen in drei Abschnitten erhielt, wurde ein ältester Bau (Periode I) mit saalartigem Langhaus und drei halbrunden Apsiden im Osten festgestellt. Länge des Kirchenschiffes ca. 33,5 m, Breite im Westen 13,5 m, im Osten am Ansatz der Apsiden 14,5 m. Tiefe der gestelzten Hauptapsis 4,9 m, Breite am Ansatz ca. 5,5 m. Nördliche Nebenapsis 2,5 m tief und 2,7 m breit. Südliche Nebenapsis 3,3 m tief und 3,5 m breit. Es fanden sich keine Hinweise auf zugehörige Fußböden oder eine Untergliederung des Innenraumes, obwohl man bei der Langhausbreite eine Dreiteilung durch zwei Arkadenreihen vermuten möchte. Entweder war dieser erste Bau nicht ganz fertiggestellt worden, oder er folgt einer sehr altertümlichen Bautradition, für die im Alpenraum noch einzelne Beispiele erhalten sind. Das Bauniveau wies keine Spuren einer früheren Bebauung auf und enthielt keinerlei

157 (Kat.-Nr. 242)

datierbare Begleitfunde. Es fanden sich jedoch zahlreiche Knochen von Haustieren, vor allem Rind und Schwein. Östlich der Apsis verläuft eine offenbar zeitgleiche Mauer. Der ehemals vor Erbauung der Kirche morastige Untergrund war mit Planierschichten aus Sand und Schotter angefüllt, enthielt jedoch keine Bestattungen. Die Planierung setzte sich östlich der Mauer in unterschiedlicher Schichtenfolge fort. Anhaltspunkte für den Anlaß des ersten Erweiterungsbaues bzw. Neubaues haben sich nicht ergeben. Mit Ausnahme der Südfassade wurden die Fundamente weitgehend bis in die untersten Steinlagen entfernt. Der gesamte Bauplatz wurde mit einer einheitlichen Schicht aus Lehm und feinem Kies anplaniert. Die Mittelachse des Neubaus wurde um knapp 2 m nach Norden verschoben, die Westfassade gerade um Mauerstärke nach Westen. Es entstand in spätromanischen Bauformen eine dreischiffige Basilika mit halbrunden Apsiden östlich der Seitenschiffe und einem tiefen, um Mauerstärke eingerückten Rechteckchor. (Langhauslänge ca. 35 m, Gesamtbreite ca. 18 m. Breite des Mittelschiffs im Westen 7,75 m, im Osten 8,20 m. Die Seitenschiffe haben etwa halbe Breite des Mittelschiffs. Der Rechteckchor ist 6,5 m tief und ca. 4,5 m breit. Seine Mittelachse ist gegen die des Langhauses um ca. 2 Grad nach Süden abgeknickt.) Im Bereich der Nebenapsiden fanden sich Hinweise auf mehrfache Umbauten bzw. Erneuerungen. Wesentliche Teile der Westfassade dieses zweiten Kirchenbaus haben sich erhalten, zusammen mit dem Westportal (die dekorativen Teile weitgehend erneuert). Auch die Arkaden stammen von Bau II (die Rechteckpfeiler spätmittelalterlich überarbeitet), während die Hochschiffwand nachträglich erhöht zu sein scheint. Das Südportal – heute eine weitgehende Kopie aus dem 19. Jahrhundert – wurde im Spätmittelalter beim Umbau des Langhauses wieder versetzt. Die Architekturformen lassen eine Erbauung in den ersten Jahrzehnten des 13. Jahrhunderts annehmen. Als Datierungshilfe kann man Keramikscherben des frühen 13. Jahrhunderts in der Planierschicht und in den ausgeräumten Fundamentgräben des Baues I heranziehen. Urkunden oder andere Baunachrichten sind nicht bekannt.

Die Choranlage des heutigen Münsters entstand zusammen mit den Turmuntergeschossen in den letzten Jahrzehnten des 13. Jahrhunderts, vielleicht im Gefolge des Stadtbrandes 1271, und wurde wohl erst im beginnenden 14. Jahrhundert fertiggestellt. Im späten Mittelalter wurden die Seitenschiffe verbreitert und der Obergaden erhöht.

Eine im beginnenden 18. Jahrhundert durchgeführte Barockisierung des Inneren wurde im frühen 19. Jahrhundert teilweise beseitigt. Eine wesentliche Neugestaltung erfolgte zwischen 1909–1911, die bei der jüngsten Restaurierung weitgehend beibehalten wurde.

Lit.: K. Gruber, Zur Baugeschichte des Villinger Münsters, in: Mein Heimatland 29 (1942), S. 6–10; Meckseper, Rottweil, S. 265 f.; J. Fuchs, Das Villinger Pfarrmünster, in: Schr. d. Ver. f. d. Gesch. d. Baar 29 (1972), S. 62–75; W. Müller, Die Kirchengeschichte Villingens im Mittelalter, in: Ders. (Hrsg.), Villingen und die Westbaar (VAI 32), 1972, S. 100–126; H. Schnell, Villingen. Münster Unserer Lieben Frau, 4. Aufl. 1973; T. Keilhack, Das Münster Unserer Lieben Frau zu Villingen, in: Geschichts- und Heimatverein Villingen 5 (1980), S. 24–37; Schwineköper, Villingen (wie Nr. 222), S. 20 f.

P. S.-T.

158 (Kat.-Nr. 243.2)

243
Bauplastik aus Villinger Kirchen

243.1
ROMANISCHE SÄULEN, VILLINGEN ALTSTADTKIRCHE

H. 116 cm, Basis B. 26 T. 29 cm, teilweise verwittert, ca. 1100.
Museum Altes Rathaus, Villingen.

Den Turm der Villinger Altstadtkirche, der Mutterkirche Villingens im ehemaligen alemannischen Dorf links der Brigach (Nr. 241), also außerhalb der späteren Stadtgründung, ließ man 1851 beim Abriß der Kirche stehen. Auf allen vier Seiten sind dreigeteilte Rundbogenfenster, aus denen die ausgestellten beiden Säulen, die anläßlich der Restaurierung 1983 durch Nachbildungen ersetzt wurden, stammen.

243.2 Abb. 158
SANDSTEINPLASTIK, VILLINGEN (SÜDLICHER MÜNSTERTUM?)

H. 47 cm.
Museum Altes Rathaus, Villingen.

Die auffallend starke Haartracht und der mit beiden Händen an den Mund gehaltene, unverhältnismäßig große Becher läßt vermuten, daß die männliche Schrumpfgestalt Samson darstellen soll. Nach der alttestamentlichen Erzählung macht Delila Samson trunken, schneidet ihm die Haare, den Sitz und das Zeichen seiner übergroßen Kraft, und macht ihn so nicht nur zum Schwächling, sondern auch zum Krüppel. Die Figur soll nach mündlicher Überlieferung am südlichen Münsterturm, der in den beiden unteren Stockwerken noch im romanischen Stil aufgeführt wurde, angebracht gewesen sein.

243.3 Abb. 159
ROMANISCHER WASSERSPEIER, VILLINGEN

Verkiester Sandstein, L. 109 B. 39 H. 25 cm.
Museum Altes Rathaus, Villingen.

Der Wasserspeier in Form einer Chimäre mit seiner besonders gut am Kopf erkennbaren Mischung aus tierischen und menschlichen Zügen ist anhand der aufgesetzten Gliedmaßen der Romanik zuzuweisen. Ob der Wasserspeier der Altstadtkirche, der Kirche im ehemaligen Dorf vor der Stadt, oder einer der beiden romanischen Vorgängerkirchen des Münsters zuzuordnen ist, ist ungeklärt. J. F.

244 Abb. 160
Scheibenförmiges Vortragekreuz

Freiburg(?), drittes Viertel 13. Jahrhundert.
Silber (über Lindenholzkern), getrieben und gestanzt, vorderseitig vergoldet, mit gegossenen Figuren, Filigran, Steinschmuck (darunter fünf Gemmen, wovon vier antik sind) und Glasflüssen als Ersatz für verlorene Steine. H. 41,8 (ohne Dorn) B. 39,8 T. 3,4 (Scheibe) bzw. 5,8 cm (Kreuzenden).
Villingen, Münster Unserer Lieben Frau (Münsterschatz).

Rundscheibe mit aufgelegtem, aus dem Zentrum nach oben verschobenem Kreuz mit überstehenden Vierpaßendungen.
Vorderseite: Christus, an ein Stabkreuz geheftet, zwischen den auf Konsolen stehenden Maria und Johannes d. Ev., jeweils vollplastisch. Auf den breiten Kreuzbalken spiralige Filigranranken. In den beiden oberen Zwickeln die Gesichter von Sonne und Mond. Umlaufend

159 (Kat.-Nr. 243.3)

160 (Kat.-Nr. 244)

ein Fries aus feinem Rankenwerk (Umarbeitung 1489). In den Vierpässen Reliefmedaillons mit der Verkündigung Mariens (unten), der Geburt (rechts) und der Taufe Christi (links); oben ein graviertes Medaillon mit der Gestalt des hl. Ulrich als Deckel eines Reliquiars (1489). Jeweils umlaufend Spiralrankenfries wie zuvor.

Rückseite: In den Zwickeln die – ursprünglich an den Kreuzenden versetzten – Reliefmedaillons der vier Evangelisten an ihren Schreibpulten. In der Vierung die Krönung Mariens, erneuernde Zutat von 1489 wie die Medaillons der Vierpässe, welche die Verkündigung (oben) und Heimsuchung Mariens (unten) sowie die Geburt Christi (links) und den Christusknaben mit der Weltkugel (rechts) vorstellen. Die spätgotische Blattwerkgravur der Kreuzbalken aus gleicher Zeit.

Die Geschichte des Villinger Scheibenkreuzes, eines Hauptwerks der oberrheinischen Goldschmiedekunst im 13. Jahrhundert, ist noch immer nicht eindeutig geklärt. Auslöser der damit verbundenen Fragen ist ein Urkundentext, der sich 1361 anläßlich einer Reliquienprüfung im Innern des Kreuzes fand und davon Kenntnis gibt, daß am Valentinstag des Jahres 1268 zwei Beauftragte des Villinger Stadtrates bei dem Freiburger Goldschmied Johannes besagtes Kreuz entgegennahmen (Text bei Heuser, S. 219, Nr. 11). Dabei kommt es insbesondere auf die Interpretation des lateinischen Terminus *redemerunt* an, der sowohl im Sinne von »sie kauften, erwarben« als auch im Sinne von »sie lösten aus, erlangten zurück« übertragen werden mag. Im letzteren Falle hätte es sich um den Wiedererwerb eines verpfändeten Goldschmiedwerks gehandelt, wie er im Mittelalter durchaus nicht selten war. Für diese Lesart spräche auch, daß sakrale Geräte solch aufwendiger Art wohl kaum, auf Vorrat gefertigt, zum freien Verkauf standen, sondern auf Bestellung und nach genauer Absprache gearbeitet wurden. Davon aber berichtet die Urkunde nichts. Vor allem aber ist es die Beschaffenheit des Kreuzes selbst, welche die Hypothese plausibel erscheinen läßt.

Seit jeher nämlich hat man bemerkt, daß das Villinger Scheibenkreuz Unstimmigkeiten und formale Konflikte im Ursprungsbestand des 13. Jahrhunderts aufweist, die sich mit der Vorstellung eines homogenen Werkstattprodukts (»Meister Johannes«) nur schwerlich vereinbaren lassen. Wie z. B. erklärt es sich, daß die Füße der übergroßen Christusfigur in die Zone des unteren Vierpasses hineinragen, und wie erklären sich die stilistischen Divergenzen zwischen dem Schneckenfiligran spätromanischer Abkunft und der Kreuzgruppe, in der sich die Erfahrungen modernster nordfranzösischer Kathedralplastik niedergeschlagen haben? All das führt zu der wohlbegründeten Annahme, daß zu einem ungewissen Zeitpunkt – das Datum 1268 ist erst jüngst für unmaßgeblich erklärt worden (Fritz) – ein älteres Goldschmiedegerät überarbeitet wurde, wobei es sogar denkbar erscheint, daß diese Modernisierung in mehreren Schüben erfolgte, denn auch die gestanzten Medaillons der Vorder- und Rückseite zeigen, je gruppenweise, spezifische Stileigenart. Dieselben Matrizen übrigens fanden bei einem Kelch aus St. Trudpert (New York, Metropolitan Museum) bzw. dem so ähnlich gebildeten Freiburger Scheibenkreuz (Münsterschatz, z. Zt. Augustinermuseum, Inv. Nr. K 11/M) Verwendung, das – je nach entwicklungsgeschichtlicher Theorie – als Vorform oder Nachfolger des Villinger Exemplars eingeschätzt wird.

Die Gestalt des Scheibenkreuzes geht zurück auf das *flabellum*, den liturgischen Wedel, der ursprünglich dazu diente, Insekten von den Heiligen Speisen des Altars fernzuhalten. Auch nachdem sie von dieser Funktion entbunden waren, blieben die Scheibenkreuze zunächst ohne Darstellung des Gekreuzigten. Sie trat erst dann hinzu, als es zur Verschmelzung mit der Idee des Prozessionskreuzes kam.

Lit.: Katalog Kunstepochen Freiburg, Nr. 32 S. 47f.; Ausst.Kat. Suevia Sacra, Nr. 137 S. 153ff.; HEUSER, Oberrheinische Goldschmiedekunst, S. 24f., Nr. 9 123ff.; Stauferkatalog I, Nr. 598 S. 473ff.; J. M. FRITZ, Goldschmiedekunst der Gotik in Mitteleuropa, 1982, Nr. 52 S. 189.

D. Z.

245
Ostansicht von Breisach

Federzeichnung von Johann Jacob Arhardt um 1640.
H. 13,1 B. 84,8 cm.
Augustinermuseum Freiburg i. Br., Inv.-Nr. D 43/6.

Um 1640 hielt Johann Jacob Arhardt die Silhouette von Breisach fest. Die zu dieser Zeit noch vorhandene Burg bildete im Norden ein optisches Gegengewicht zum am südlichen Ende der Stadt gelegenen Münster. Inmitten Breisachs ragte der nachzähringische Radbrunnenturm hervor.

Lit.: W. NOACK, Johann Jacob Arhardts Breisacher Zeichnungen, in: SiL 61 (1934), S. 85–91.

J. T.

246
Die Breisacher Burg

246.1
DIE BREISACHER BURG UM 1640

Handriß nach einer Zeichnung von Merian.
Ausschnittvergrößerung aus: Eduard Schuster, Die Burgen und Schlösser Badens, 1908.
Stadtarchiv Freiburg i. Br., K 553.

In der Mitte des Bildes ist der herrschaftliche Wohnturm aus der Zähringerzeit (Nr. 69) festgehalten, der in der Art eines burgundischen Donjon errichtet wurde und eine Höhe von circa 30 m, bei einer Grundfläche von 23,5 ×

16,8 m aufwies. Links steht das nach 1315 erbaute »Ritterhaus« (Palas) mit Staffelgiebel und zwei Wendeltreppentürmen, rechts der spätmittelalterliche Wartturm. Eine Brücke führte zum südlichen Eingang des Wohnturms, über dem die zähringische Inschrift (Nr. 69) angebracht war. Diese Eingangspforte öffnete den Zugang zu dem über zwei fensterlosen Untergeschossen gelegenen Hauptgeschoß. Der Turmhelm ist eine Zutat aus nachzähringischer Zeit. Die 1703 in Brand geschossene Burganlage wurde 1793 bei der Beschießung durch die Franzosen völlig zerstört, nachdem bereits 1745 der mächtige Donjon teilweise gesprengt worden war.

Lit.: J. SCHLIPPE, Die Burg Breisach, in: NDBW 2 (1959), S. 50–53; G.-W. DIETZ (MANDRELLA), Mons Brisiacus. Vorschläge zum Ausbau der Oberstadt Breisachs, Diss. ing. TU Berlin 1982, S. 36 f.

246.2
DIE BREISACHER BURGANLAGE

Grundrißskizze nach: Dietz, Mons Brisiacus (wie Nr. 246.1), S. 38.

Das Burggelände, das auf dem gleichen Niveau wie die Stadt lag, war durch einen künstlichen Halsgraben (Breite ca. 20 bis 24 m) gesichert und von einer hohen Futtermauer eingefaßt. Der einzige Zugang führte von der Stadt zum Burgweg und Barbakan und dann über eine hölzerne Brücke auf das Burggelände.

Lit.: SCHLIPPE, Burg Breisach (wie Nr. 246.1); DIETZ, Mons Brisiacus (wie Nr. 246.1), S. 36 f. J. T.

Burgdorf (Nrn. 247–249)

Burgdorf: Die kleine Landstadt im Kanton Bern liegt an einer alten Ost-West-Verbindung, die hier eine günstige Situation zur Traversierung des Süd-Nord fließenden wilden Flusses, der Emme, fand. Der Name Burgdorf belegt, daß die Burg der Stadtentwicklung vorausgeht. Der topographisch einzigartig begünstigte, dreiseitig freistehende Schloßfelsen war mindestens seit der späten Bronzezeit begangen, doch fehlen die Belege für Kontinuität, Ausmaß und Form der Besetzung. Im Hochmittelalter gelangte die Gegend von Burgdorf mit dem burgundischen Erbe an die Rheinfelder, 1090 an die Zähringer. Die Existenz der Burg ist um 1130 erwiesen. Den Namen *Burtorf* nennt erstmals im Jahre 1175 die Schenkungsurkunde Bertolds IV. von Zähringen an das Kloster Rüeggisberg für mehrere zur *familia ducis* gehörende Ministerialen *de Burtorf*, die wohl am Alten Markt hausten. Zum gleichen vorstädtebaulichen Siedlungskern gehört die berühmte Torinschrift Bertolds V. um 1190 (siehe Nr. 248). Dieser urkundete 1210 *in Burgundia, in castello Burgdorf* (Nr. 237). Erst 1236 bezeichnet eine Urkunde Burgdorf ausdrücklich als Stadt, doch ist dabei die große, durch äußere Umstände bedingte Urkundenarmut des bernischen Mittellandes zu berücksichtigen. Die eigentliche Stadtgründung – die Anlage der Oberstadt West samt Kirchenbau – geschah wohl noch unter Bertold V. im letzten Viertel des 12. Jahrhunderts oder um 1200. Die zwei anschließenden Erweiterungen zur bis ins 19. Jahrhundert gleichbleibenden Stadtgröße folgten im 13. Jahrhundert. Burgdorf lag im Zentrum der zähringischen Gebiete im Aare-/Emmeraum, dem Schwerpunkt zähringischen Hausguts südlich des Rheins. J.S.

247 Abb. 161–164
Das Schloß

Das Burgdorfer Schloß gehört zu den wenigen großen Hochadelsburgen der Stauferzeit, die alle wesentlichen Teile aus ihrer Hauptbauzeit bewahrt haben. Es ist die einzige erhaltene mehrgliedrige zähringische Burganlage. Die unter Bertold V. um 1200 geschaffene Verteilung der Hauptbaumassen ist dominierend geblieben. Das Schloß stellt noch heute weitgehend einen einheitlichen Baugedanken dar, indem die meisten älteren Bestandteile um 1200 niedergelegt worden sind und spätere Zutaten sich dem Gesamtbild unterordnen. Die großartige Neukonzeption des Schlosses dürfte noch zu Lebzeiten Bertolds V. zum Abschluß gekommen sein. Das Schloß war Streitobjekt in der Erbmasse des Herzogs; neben andern Gütern ist es Leibgeding der Herzogswitwe Clementia, die freilich trotz zuletzt kaiserlichem Richtspruch von 1235 durch die kiburgischen Erben um ihr Gut gebracht worden ist (Nrn. 93, 238). Durch Kauf gelangte das Schloß zusammen mit der Stadt 1384 an Bern und wurde Sitz eines Schultheißen, eines von Bern eingesetzten Amtmanns; heute ist es Sitz von dessen Rechtsnachfolgern, dem Regierungsstatthalter und dem Gerichtspräsidenten. Seit 1886 beherbergt es in verschiedenen historischen Räumen ein großes Landesteilmuseum (»Rittersaalverein«).

Dem Staat Bern gebührt das Verdienst, die umfangreiche Anlage während Jahrhunderten bis auf den heutigen Tag unterhalten und so überliefert zu haben.

161 (Kat.-Nr. 247.2)

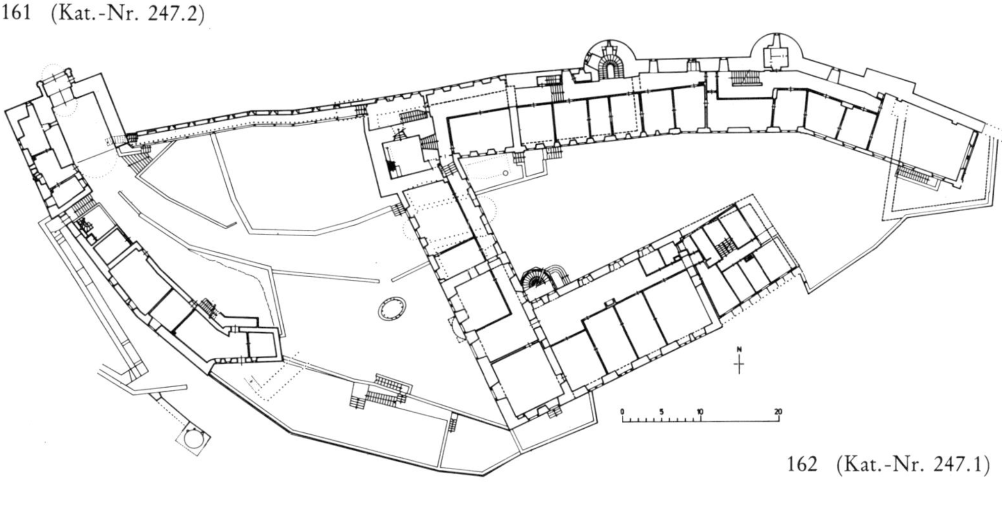

162 (Kat.-Nr. 247.1)

247.1 Abb. 162

SCHLOSS BURGDORF, GESAMTGRUNDRISS

Grundrißzeichnung, 1:300, auf Höhe des 1. Stocks im heutigen Zustand mit Epochen. Punktiert: Projektionen, gestrichelt: Rekonstruktionen. Hier dargestellt ist nur das eigentliche Burgareal im Halt von etwa 36 Aren.

Topographisch, rechtlich und fortifikatorisch gehörte auch der Alte Markt zum Schloß, womit die Anlage etwa 17000 m^2 mißt (vgl. Nr. 249.1). Zu den Grundzügen der Burg gehört die Abriegelung des Burgplateaus durch die große nördliche Wehrmauer, die von Felsabsturz zu Felsabsturz reicht und in Etappen erneuert worden ist, die Gliederung in Vorburg und Hauptburg durch die Abschnittsmauer, die Stellung der zwei Haupttürme und die rechtwinklige Kombination der zwei auf die Südseite gerückten Wohnbauten.
Grau: Zähringische Hauptbauphase um 1200 mit den drei noch heute dominierenden Großbauten der Burg: Unten der Wohnturm (Palas), rechtwinklig angefügt die große Halle (Saalbau), oben der Wehrtum (Bergfried) mit einem Stück der nördlichen Wehrmauer. Zwischen Wohn- und Wehrturm die Abschnittsmauer mit dem obersten Tor.
Blau: Zweite hochmittelalterliche, jedoch kiburgische Bauetappe um 1250 oder im letzten Drittel des 13. Jahrhunderts: Weitgehende Erneuerung der großen Wehrmauer mit angefügter zweiter Schloßkapelle (oben), Ergänzung der Halle um den Quadratbau (unten). Haupteigenschaften der Wehrmauer sind der Flankierungsschutz durch vorspringende Türme und der Gedanke, den Hauptzugang von der Westseite in den rechteckigen Turm an der Ostseite zu verlegen.
Von den späteren Baumaßnahmen fallen vor allem die barocken Hoffassadierungen auf. 1559–61 brach man den bestehenden, wohl vor die zähringische Hauptbauphase zurückgehenden Torturm bis auf den Sockel ab und errichtete den heutigen Geschützturm.

247.2 Abb. 161

GESAMTANSICHT DES SCHLOSSES VON SÜDWESTEN

Zustand 1974.

In der Mitte die drei zähringischen Großbauten, das charakteristische Turmpaar von Wehr- und Wohnturm, das bereits im mittleren

163 (Kat.-Nr. 247.4)

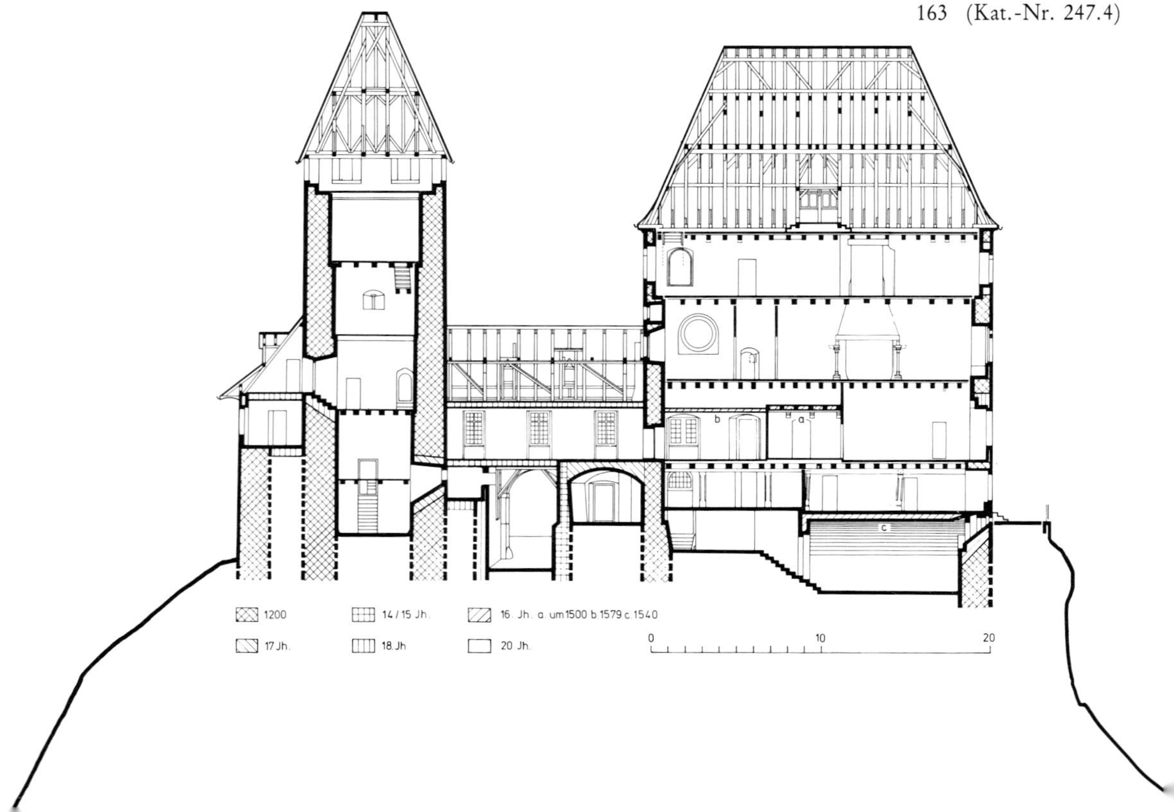

13. Jahrhundert als Wahrzeichen auf dem Siegelbild der Stadt erscheint, und die angebaute, im 16. Jahrhundert unterteilte Halle unter Satteldach. Die heutige steile Dachform der drei Bauten entspricht weitgehend der hochmittelalterlichen, wenn auch die Dachstühle des Wehrturms und der Halle im 15./16. Jahrhundert ersetzt worden sind. Sie tragen dazu bei, daß die drei großflächigen Hauptbauten in stereometrischen Grundformen sprechen; hervorzuheben ist ihre vorwiegend orthogonale Ordnung. Links außen der 1559–61 ersetzte Tortum, rechts außen ein umgebautes barockes Kornhaus, angelehnt an die nördliche Wehrmauer.

247.3
AUFRISSREKONSTRUKTION DER SÜDFASSADEN VON PALAS UND HALLE IM SPÄTROMANISCHEN ZUSTAND

Aufrißzeichnung 1:200.

Aligniertes, aber in den Fassaden getrenntes Körperpaar aus stehendem und liegendem Prisma mit stark durchbrochenen Fronten. Weggelassen sind die Fenster im obersten Turmgeschoß, weil davon noch kein klarer Befund vorliegt. Die zwei Fenstergruppen des Turms belichten zwei hohe Säle (vgl. Nr. 247.4). Sie werden übertroffen von der Halle, umschloß doch ihr Mauermantel einen ungeteilten Saal von 11,4 auf 20 m bei 6,5 m Höhe. Ihn erhellten vier hochliegende Rundbogenfenster von fast sakralem Zuschnitt. Im 13. Jahrhundert ist er durch drei gotische Maßwerkfenster zusätzlich belichtet worden. Um 1540/46 hat die bernische Verwaltung die Halle in zwei Stockwerke und zahlreiche Räume unterteilt (vgl. Nr. 247.1). Am Dach des Palas fallen die primär fortifikatorisch zu deutenden zwei Dacherker auf, denen ein äußerer, an den Treppenturm anstoßender Wehrgang entsprach.

247.4 Abb. 163
SCHNITT NORD-SÜD DURCH SCHLOSSGRABEN, NORDMAUER, WEHRTURM, VERBINDUNGSBAU UND WOHNTURM

Schnittzeichnung 1:200.

Der schmale Zwischenraum zwischen Nordmauer und Wehrturm ermöglichte die ungehinderte Passage längs der Wehrmauer. Das ursprüngliche Zugangsgeschoß liegt mit dem alten Hocheinstieg etwa in Tormitte. Der Wohnturm erhebt sich über dem erst im 16. Jahrhundert abgetieften Keller mit einem niedrigen Erdgeschoß, den zwei hohen Saalgeschossen und dem obersten, wiederum niedrigeren Stockwerk. Der riesige Dachstuhl scheint aus der Zeit um 1200 zu stammen. Der Saal im ersten Stock umfaßte vor den Einbauten des 16. Jahrhunderts den ganzen Grundriß, während das Stockwerk darüber sich noch heute in Saal, Zwischenkorridor und (obere) Schloßkapelle St. Johann gliedert. An der Ostwand der große Kamin.

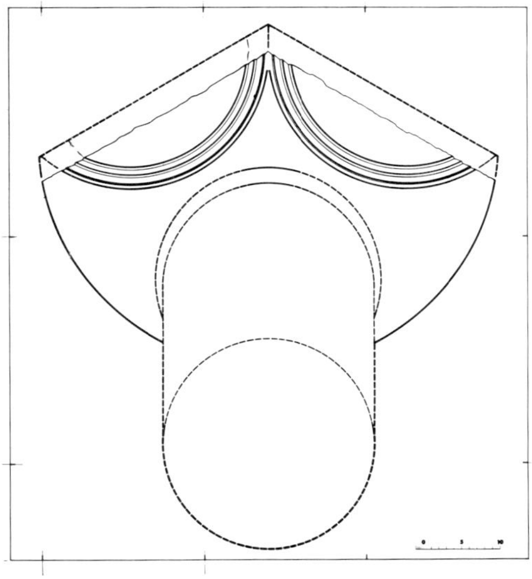

164 (Kat.-Nr. 247.5)

247.5 Abb. 164
SPÄTROMANISCHES WÜRFELKAPITELL

Um 1200, aus der Halle stammend, 1546 als Spolie verbaut, geborgen 1979.
Blausandstein, Zahngeflecht, Ansichtsseiten geschliffen, Säulendm. 27 cm, Kapitellb. 34,5 H. (noch) 18 cm.
Rittersaalverein Burgdorf.

Das Stück entspricht einer Spätform dieses alten Kapitelltypus, charakteristisch sind die geringe Gesamthöhe, der weiche Kapitellkörper, der Halsring sowie die mehrfache, fast sägezahnartige Absetzung der Schilde. Fundumstände und Zustand deuten auf eine Verwendung als Kaminsäule. J. S.

248 Burgdorf: Alter Markt

Abb. 165–166

Der Alte Markt auf halber Höhe des Schloßhügels war bis 1322 Teil des Schloßareals. Seine halbelliptische, der Hangkante folgende Befestigung (vgl. Nr. 249.1) ist der äußere Wehrgürtel des Schlosses, zu ihm gehört auch das unterste Schloßtor am Aufgang zum Alten Markt. Es trug in Stein gehauen die Bauinschrift, die um 1420 abgeschrieben wurde und wohl im 16. Jahrhundert verschwand: *Berchtoldus dux zeringie, qui vicit burgundiones, fecit hanc portam* (»Bertold, der die Burgunder besiegt hat, hat dieses Tor gemacht«). Die Inschrift ist auf den burgundischen Aufstand um 1190 zu beziehen. Sie gleicht jener über dem Eingang zur Burg Breisach (Nr. 246).
Bereits 1322 nennen zwei Urkunden das Plateau des Alten Marktes mit diesem Namen. Er setzt voraus, daß ein »Neuer Markt« funktionierte; tatsächlich war die mittelalterliche Stadtentwicklung Burgdorfs 1322 abgeschlossen (Nr. 249.1–4). Das seit Einsetzen der Bildquellen (1547) praktisch unüberbaute Gebiet hat durch Grabungen (Vgl. Nr. 248.1) und Bauuntersuchungen (vgl. Nr. 248.2–3) an Profil gewonnen. Die Forschungen belegen, daß mindestens entlang den Hangflanken im Hochmittelalter mit einer stadtartigen Bebauung zu rechnen ist. An eine geschlossene Siedlung in räumlicher Gruppierung, an alignierte Gassen ist freilich nicht zu denken, vielmehr handelt es sich um lockere Agglomerationen von turmartigen Steingebäuden über quadratnahem Grundriß. Daneben existierten Holzbauten. Zumindest im Westbereich sind die Häuser im 13./14. Jahrhundert aus wirtschaftlichen und fortifikatorischen Gründen abgebrochen worden. Im Bebauungstyp und in einzelnen Parzellengrenzen geht die Bebauung des Alten Markts vor die eigentliche Stadtgründung, die Anlage der Oberstadt West (vgl. Nr. 249.2), zurück.

165 (Kat.-Nr. 248.1)

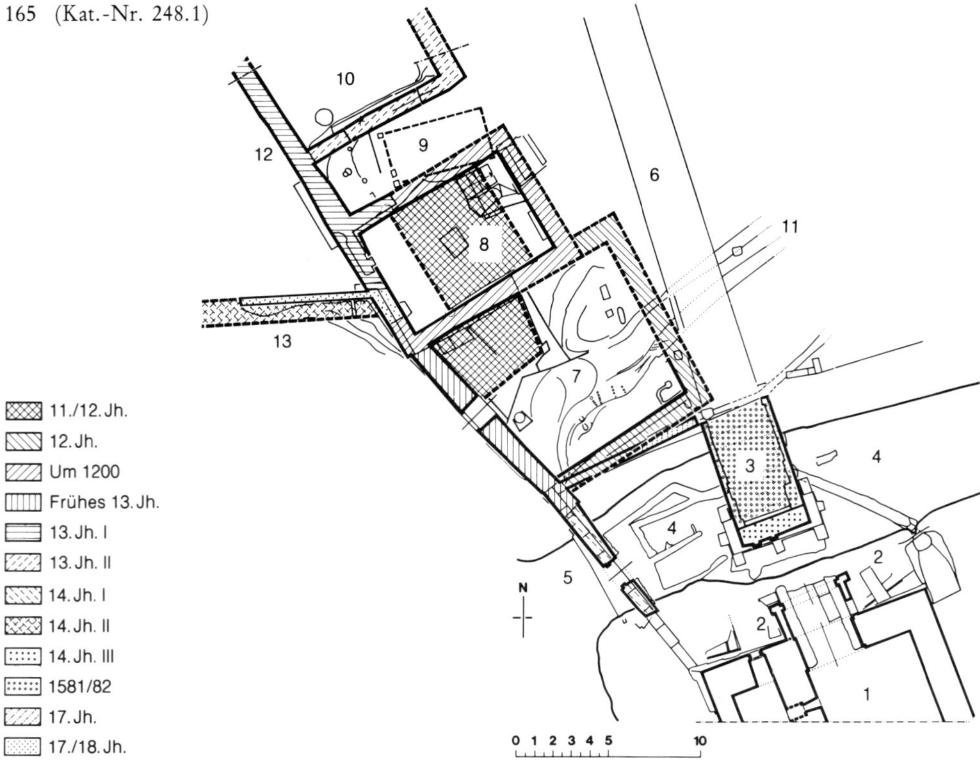

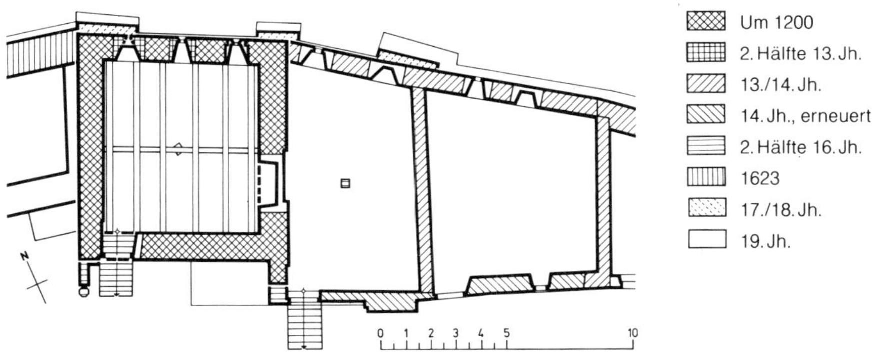

166 (Kat.-Nr. 248.2)

248.1 Abb. 165
VORWERK VOR DEM TORTUM DES SCHLOSSES UND HÄUSERZEILE AN DER WESTLICHEN HANGKANTE

Baugeschichtlicher Übersichtsplan 1:200 der Grabungen 1981/83.

Die turmartigen Häuser auf quadratnahen Grundrissen sind in zahlreichen Etappen erneuert und vergrößert worden. Ihr Abbruch war noch im 14. Jahrhundert abgeschlossen.

248.2 Abb. 166
ALTER MARKT, HÄUSERZEILE AM NORDOSTRAND

Kellerplan 1:150 mit Epochen.

Links der bis ins zweite Stockwerk erhaltene spätromanische Wohnturm (Alter Markt 6).

248.3
ALTER MARKT 6, KERNBAU. HOCHEINSTIEG DES SPÄTROMANISCHEN WOHNTURMS

Aufrißzeichnung 1:25.

Der hangabwärts gerichtete Hocheinstieg an der Nordseite war über eine hölzerne Treppe oder Leiter zugänglich, von deren Podest zwei abgeschlagene Konsolen erhalten sind. Im 13. Jahrhundert wurde der Torbogen durch Einsetzen einer gotischen Luzide zum Fenster umgewandelt. J. S.

249 Abb. 167–168
Die mittelalterlichen Entwicklungsschritte der Stadt Burgdorf

4 Pläne 1:2000, mit Höhenlinien.

249.1
VORSTÄDTEBAULICHER KERN

Vorstädtebaulicher Kern, Schloß und Alter Markt, mit festgestellten Bereichen hochmittelalterlicher Bebauung und der um 1190 ›versteinerten‹ äußeren Wehrmauer an der Hangkante. Eingetragen ferner die alte Durchgangsachse, die möglichst lange auf dem hochwassersicheren Hügel verläuft, bevor sie ihn zur Flußtraversierung verlassen muß. Punktiert: Hypothetischer älterer Verlauf der Durchgangsachse.

249.2 Abb. 167
GRÜNDUNG DER OBERSTADT WEST, 4. VIERTEL 12. JAHRHUNDERT ODER UM 1200

Die eigentliche Stadtgründung durch die Zähringer erfolgte in gebührendem Abstand vom befestigten Schloßberg. Die neue Stadt blokkierte die Durchgangsachse und kam auf einem abgeplatteten Moränenrücken zu liegen. Grundform ist ein Rechteck mit Seitenlängen von etwa 160 auf 130 m, das um die höchste Erhebung, den Hügel mit der Kirche, erweitert worden ist. Die Kirchenstellung – hangkantenparallele Randstellung auf der höchsten Erhe-

167 (Kat.-Nr. 249.2)

bung – entspricht zähringischem Usus und dem der Epoche eigenen Sinn zur Monumentalisierung der großen Bauvolumen. Die Übernahme der existierenden Durchgangsachse als südlicher Gassenmarkt legt die Grunddisposition der Stadt als Parallelgassenanlage nahe. Die zwei Achsen mit extremem Unterschied der Längen-/Breitenverhältnisse sind durch mehrere schmale Quergassen verbunden. Zwischen den beiden Hauptgassen liegt eine trichterförmige rückwärtige Zone mit dem Kanalisationsstrang. Die durch mehrere Brände verunklärte Bebauuung ist hier aufgrund der Baunachrichten nach dem Brand 1706 und den Stadtplänen vor dem Brand 1865 eingetragen. 1985 konnte außerhalb des östlichen Ringmauerzugs der zugehörige Stadtgraben gefaßt werden.

249.3 ERWEITERUNG OBERSTADT OST, 13. JAHRHUNDERT

Die Erweiterung um die Oberstadt Ost im 13. Jahrhundert, jedenfalls vor 1287/1300, brachte den Zusammenschluß von Stadt- und Schloßbefestigung und die Auffüllung der Freihaltezone zwischen Schloß und Stadt. Die zwei Gassenmärkte der Oberstadt West wurden verlängert, die Durchgangsstraße vielleicht neu trassiert und beidseitig bebaut. Offensichtlich sind bei der planmäßigen Erweiterung ältere Bestände miteinbezogen worden. Vor dem Untertor entstanden an der Ausfallstraße Barfüßerkloster und Spital. Wohl im 13. Jahrhundert erhielt die Ringmauer West durch den Einbau von Halbtürmen Flankierungsschutz.

249.4 ERWEITERUNG UNTERSTADT, 1287–1300

Abb. 168

Die Erweiterung um die Unterstadt zwischen 1287 und 1300 verfolgte nicht nur das Ziel, neue Hausparzellen zu erhalten, sondern wollte einen älteren bäuerlichen Weiler, das Kloster und das Spital einbeziehen und mit der Zuleitung des Bachs Gewerbebetriebe (Mühlen, Gerbereien) ermöglichen. Grundform ist ein leicht verzogenes Rechteck mit zwei Parallelgassen und der diagonal verlaufenden präexistierenden Ausfallstraße. Bebauungseinheit war das *Casale* von 40 auf 60 Fuß. Die Stadt hatte um 1300 den Umfang erreicht, den sie bis ins 19. Jahrhundert beibehalten sollte. In diesem Plan ist die heutige Bebauung der Altstadt nach der Korrektion des Staldens zwischen Ober- und Unterstadt (1829/32) und dem Wiederaufbau der Oberstadt nach dem Stadtbrand 1865 eingetragen.

Lit.: SCHWEIZER, Burgdorf, mit der älteren Literatur.

J. S.

250 Abb. 169

Die vorzähringische Besiedelung Thuns

Planskizze nach den Ergebnissen der Grabungen 1963–78 und früherer Jahre nach Paul Hofer, 1981.

In der Thuner Gegend finden sich schon jungsteinzeitliche Siedlungsspuren, erstmals indirekt belegt ist der Ortsname durch die Erwähnung eines *lacus duninse* (Thuner See) um 700 in der Fredegar-Chronik. Für die Zeit unmittelbar vor dem Übergang Thuns an die Zähringer hat

168 (Kat.-Nr. 249.4)

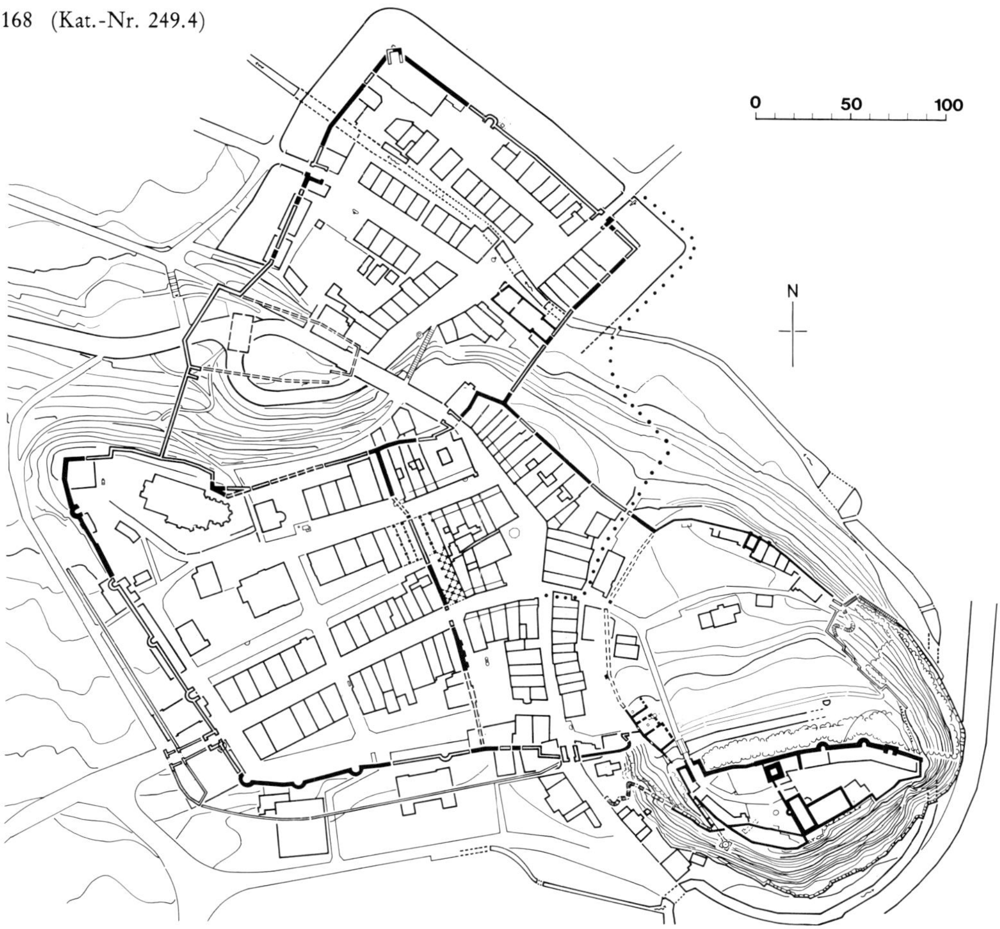

Paul Hofer bei der Auswertung der Grabungsergebnisse bis 1978 drei zusammenhängende Siedlungsteile festgestellt: Eine ummauerte Burganlage auf dem Schloßberg, einen befestigten Brückenkopf links der Aare und eine noch unstrukturierte Siedlung zwischen rechtem Flußufer und Schloßberg.

Der Schloßberg wird heute beherrscht von dem als Zähringerbau geltenden viertürmigen Donjon auf dem Nordwestsporn (Nr. 239). Grundmauerzüge im Boden (1) verlaufen teilweise bis unter den Donjon (2), sie sind also älter und gehören wohl zur Befestigung der ins 11. Jahrhundert zurückreichenden Freiherrenburg mit Kern auf der Mittelkuppe (ausgewiesen durch ein turmartiges Fundament von 8,8 m Breite unter dem heutigen »Oberen Pfarrhaus«) (3) und einer Vorburg auf der Südostterrasse (Nachweis sind das noch stehende Burgitor (4) und zwei Wehrturmfundamente in der ehemaligen Helferei (5) und im Glockenturm der Pfarrkirche (6). Vorwerk und Vorburg entstanden gleichzeitig mit einer den ganzen Berg umschließenden, teils aufgehend erhaltenen und teilweise ergrabenen Ringmauer (7), deren Mauerstruktur, gezackter Verlauf und einfache Ausführung ohne Türme, Schlitzscharten und Wehrgang, auf das mittlere 12. Jahrhundert verweist. Innerhalb des umschlossenen Areals standen außer der Burg noch eine Kirche (8) mit frühesten Bauteilen aus der Mitte des 10. Jahrhunderts und mehrere feste freistehende Häuser ohne erkennbare Ausrichtung auf die schmale Längsgasse (9) entlang der Bergmitte. In kleinen Teilen in der Ostwand der alten Landschreiberei nachgewiesen und sonst durch Plananalyse ermittelt ist eine Ummauerung des linksufrigen Brückenkopfes, die in ihrer Struktur den älteren Grundmauern unter dem Donjon entspricht, demnach ebenfalls in die Mitte des 12. Jahrhunderts zurückgeht. Sie umschließt vermutlich eine alte Schiffanlegestelle mit Zoll, Markt- und Gerichtsplatz. Für den gegenüberliegenden rechten Brückenkopf, wohl eine Handwerker- und Gewerbesiedlung entlang eines älteren Uferweges (Kreuz/Kup-

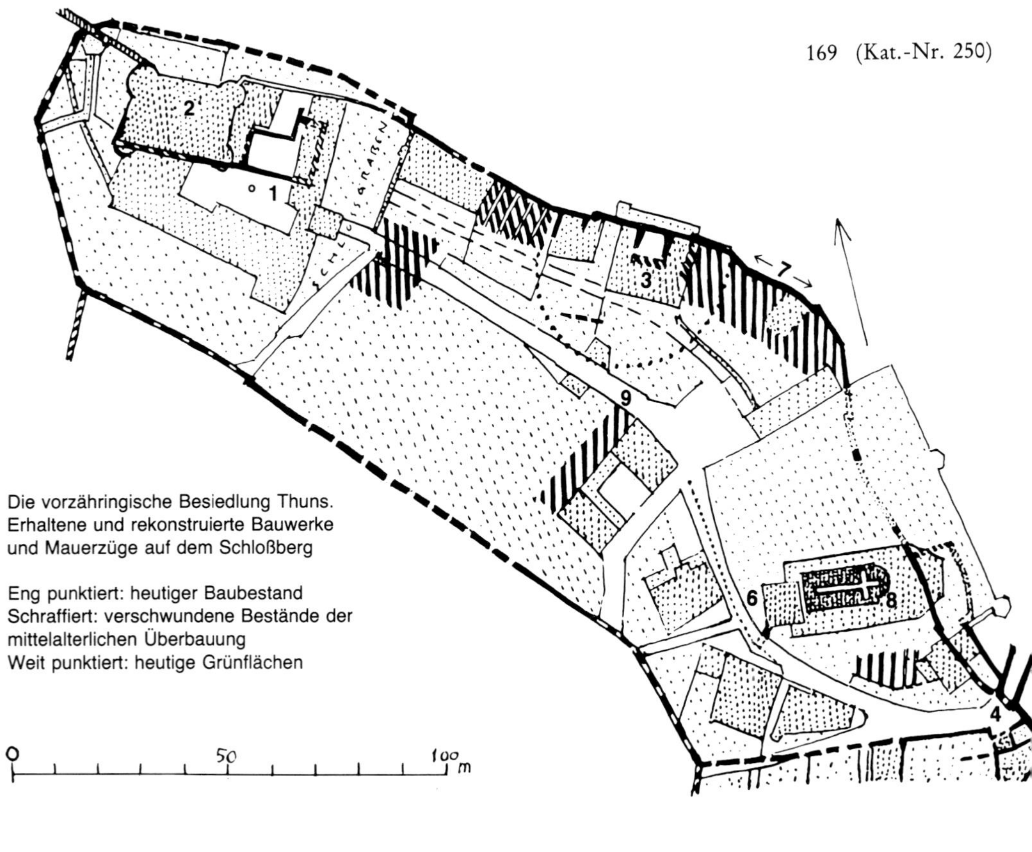

169 (Kat.-Nr. 250)

Die vorzähringische Besiedlung Thuns. Erhaltene und rekonstruierte Bauwerke und Mauerzüge auf dem Schloßberg

Eng punktiert: heutiger Baubestand
Schraffiert: verschwundene Bestände der mittelalterlichen Überbauung
Weit punktiert: heutige Grünflächen

fergasse) mit T-förmiger Abzweigung zum Aareübergang, fehlt ein archäologischer Befestigungsnachweis. Die Grundstücksparzellierung deutet auf flankierende Gräben im Osten und Westen hin; wenn das stimmte, wäre Thun der einzige Schweizer Ort, der schon im 12. Jahrhundert einen Schiffsweg in seine Mauern eingeschlossen hat.
Die Übernahme (Nr. 230) der in zeitgenössischen Quellen nirgends erwähnten Anlage muß für die Zähringer aus strategischen und finanziellen Gründen gleichermaßen erstrebenswert gewesen sein. Sie übertrifft mit einer Gesamtlänge von 330 m bei maximal 90 m Breite die ergänzende zähringische ›Stadtanlage‹ (Nr. 251) an Größe.

Lit.: HOFER, Thun. M. B.

251
Die Thuner »Zähringerstadt«

Grundriß nach Paul Hofer, 1981.

Wohl zur Zeit Bertolds V. wurde in Thun das Gebiet zwischen rechtsufrigem Brückenkopf, Aare und Schloßberg bis zur Gegend des heutigen Rathausplatzes besiedelt. Der alte, leicht s-förmig geschwungene Handelsweg entlang des Flusses (heute Obere Hauptgasse) diente auf einer Strecke von ca. 190 m als Marktgasse; im Gegensatz zur unsystematischen Parzellierung im Brückenkopfbereich sind hier zu beiden Seiten Hofstätten mit den ungefähren Maßen 40 × 60 Fuß (ca. 13 × 20 m) erfaßbar. Im mittleren 13. Jahrhundert entstand unter den Kiburgern die fünfeckige Westerweiterung, gleichzeitig erscheinen die ersten urkundlichen Belege für den Stadtcharakter Thuns (Nennung eines Schultheißen [1236] und von Bürgern [1239], 1250 erstes Stadtsiegel und die Bezeichnung *villa* [Nr. 230]).

Lit.: H. HAAS, Beiträge zur Siedlungs- und Wirtschaftsgeographie der Stadt Thun, 1926; H. G. KELLER, Die Erbauung der Burg und die Entstehung der Stadt Thun, in: ZSG 12 (1932), S. 265–299; H. AMMANN, Die Anfänge der Stadt Thun, in: ZSG 13 (1933), S. 327–378; HOFER, Zähringerstädte, Nr. 104 und 107; HOFER, Thun, S. 121; KÜFFER, Thun (wie Nr. 230), S. 31 ff. M. B.

252
Ummauerungsbefehl König Konrads IV. für Murten

Bern, November 1238.
Originalurkunde, Pergament H. 16,5 B. 21,7 cm; vom Siegel sind nur noch Bruchstücke übrig.
Stadtarchiv Murten, o. S.

Konrad IV., gewählter deutscher König, überläßt der Reichsstadt Murten auf vier Jahre die Reichsgefälle und -steuern; im Gegenzug sollen die Bürger eine feste Stadtmauer bauen (vorgeschriebene Tiefe 1,8 m unter, Höhe 3,6 m über dem Boden, Stärke 1,2 m). Daraus läßt sich rückschließen, daß Murten unter den Zähringern noch nicht stark ummauert war. Die Bezeichnung als *civitas* im Ummauerungsbefehl deutet aber eine erste Befestigung bereits an.

Lit.: FrB Bd. II, Nr. 168 S. 178 (fehlerhaft); F. E. WELTI, Das Stadtrecht von Murten (SSRQ Abt. 9, Bd. I, 1), 1925, Nr. 2; – Vgl. Nr. 253. M. B.

253
Grundherrschaftskataster der Kirche Murten

Verfertigt von Johann David Vissaula, 1734 – ca. 1750.
Band 1: 91 Bll. mit 88 z. T. lavierten Plänen, gebunden. H. 68 B. 48 cm. Mit Ledereinband (H. 71 B. 49,5 cm). Hier Bl. 28 (Mauritzenkirche und Schloß Muntelier) und Bl. 4 (herausgetrennt, am Rande beschnitten und auf Karton aufgezogen: »Grundt-Riss von der Statt und Situation Murten«).
Stadtarchiv Murten, o. S.

1228 stellt Graf Rudolf von Neuenburg eine Urkunde aus »beim Alten Murten im Baumgarten des Vivian von Matrans« *(aput vetus Murat in pomerio Viviani de Matrans).* Die Bezeichnung setzt die Existenz eines neueren Murten, eben der von den Zähringern angelegten Stadt voraus. Das alte Murten lag nordöstlich davon bei der im Planbuch Vissaulas auf Blatt 28 eingezeichneten Mauritiuskirche in der Friedhofsgegend des Dorfes Muntelier. Schon 515 schenkte, nach nicht völlig gesicherter Überlie-

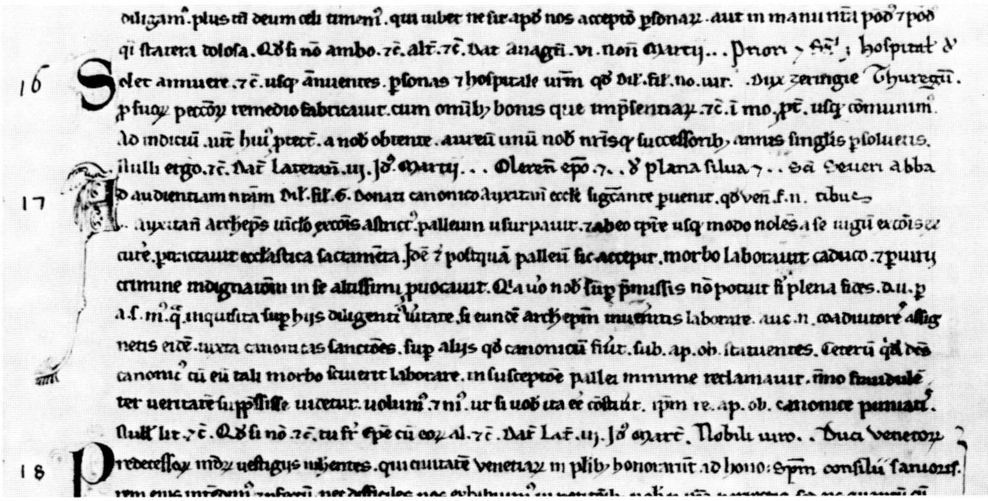

170 (Kat.-Nr. 254)

ferung, der Burgunderkönig Sigismund dort einen Hof an das Walliser Kloster St. Maurice – was das seit dem 9. Jahrhundert bezeugte Patrozinium erklären könnte. Die Kirche überstand 1034 die Zerstörung des mittlerweile zur Feste ausgebauten Hofs im Zuge des Krieges um das burgundische Königserbe und diente noch bis zu ihrem Abbruch 1762 dem neuangelegten zweiten Murten als außerhalb der Mauern gelegene Pfarrkirche.

Die an der großen Verkehrsader vom Genfer See zum Bodensee günstig gelegene Gegend kam 1079 an das Bistum Lausanne (Nr. 231) und von dort in die Verfügungsgewalt der Zähringer. Unter Bertold IV. oder seinem Sohn wurde 400 Meter südwestlich von *Vetus Murat* die spätere Stadt – Blatt 4 des Planbuchs zeigt den Bestand um 1740 – neu aufgebaut: Eine ca. 225 × 155 m große rechteckige Straßenmarktanlage mit 29 m breiter Hauptgasse (*vordere gaßen*, heute Hauptstraße) und 9 m breiter Parallelgasse (seeseitige *hindtere gaßen*, heute Rathausgasse), verbunden durch eine schmale Querachse. Die deutsche Kirchstraße *(hindtere gaßen)* kam vermutlich erst im Zuge der von König Konrad IV. 1238 angeordneten Ummauerung (Nr. 252) dazu; der Wiederaufbau eines Schlosses erfolgte nach 1255.

Lit.: Druck der Urkunde von 1228 (fehlerhaft) in: Solothurner Wochenblatt 1828, S. 506–508; – F. E. Welti, Der Stadtrodel von Murten, in: FGBl 18 (1911), S. 115 ff.; E. Flückiger, Die Baugeschichte der Stadt Murten, in: Fs. F. E. Welti, 1937, S. 157 ff.; Hofer, Zähringerstädte, Nr. 82 und 86; P. Ladner, Murten, in: BH 50 (1970), S. 74 ff.; Ausschnitte aus den Vissaula-Plänen in: Murten in alten Ansichten und Stichen, 1975, S. 62 und 93. M. B.

254 Abb. 170

Regest eines Schutzbriefes Papst Innocenz' III. für das von einem Zähringer gestiftete Hospital in Zürich vom 13. März 1204

Repr. aus Register Papst Innozenz III., Archivio Segreto Vaticano, Registrum epistol. Innocentii III. lib. VII. ep. 16, f. 139. (Textanhang Nr. 14).

Im Briefverzeichnis der päpstlichen Kanzlei findet sich zum 13. März 1204 die knappe Inhaltsangabe (Regest) eines verlorenen Schutzbriefes für jenes Züricher Spital, »welches der Herzog von Zähringen zur Vergebung seiner Sünden gestiftet hat« *(quod… dux Zeringie pro suorum peccatorum remedio fabricavit).* Das Bruderschaftsspital am Wolfbach, nahe dem heutigen Hirschenplatz im Niederdorfquartier, ist die einzige urkundlich belegte Spitalgründung eines zähringischen Stadtherrn. Es stand auf Boden des Großmünsterstifts, war aber laut Schutzbrief gegen die Zahlung eines jährlichen Goldguldens direkt dem Papst unterstellt. Die Ausstattung war von Anfang an sehr bescheiden; kurz vor 1276 kam zu dem Haus mit Krankenstube und Ökonomiegebäude eine eigene Kapelle hinzu, die gleichzeitig gestiftete Kaplanstelle konnte erst 1302 besetzt werden. Schenkungen erhielt das Spital nur wenige, es diente ja auch nicht der Stadtbürgerschaft, sondern stellte als *Hospitale pauperum* armen Pilgern oder Landfahrern Wegzehrung und Nachtquartier; auch kranke, mittellose Fremde fanden dort Pflege. Den Zweck bestimmte der Stifter, ausgeführt wurde er treuhänderisch von einer Laienbruderschaft, die sich aus religiösen Motiven der Armen- und Krankenfürsorge verschrieben hatte.

Als ausgesprochenes Fremdenhospital ist das Haus eine typische Institution des späten 12. Jahrhunderts. Der rasch zunehmende Durchgangsverkehr erforderte solche Einrichtungen, ihre Anlage an stark frequentierten Straßen und vor allem in Städten ist Ausdruck einer bewußten Verkehrspolitik. Vermutlich geht das im Freiburger Stadtrodel (Nr. 218) erwähnte Spital ebenfalls auf zähringische Initiative zurück; ob Bertold V. auch die Anfänge der 1228 vor den Toren Berns und Freiburgs i. Ü. bezeugten Spitäler gefördert hat, ist ungewiß.

Lit.: ZUB I, Nr. 359 S. 240 (ungenau); Züricher Spitalgeschichte (wie Nr. 255), S. 11 u. S. 187 ff.; – KdS Bd. 4 (wie Nr. 255), S. 214 f.; Kläui, Zürich, S. 99.

M. B.

255 Abb. 171
Das Züricher Spitalgelände im Stadtplan von Jos Murer 1576

Photogr. Ausschnitt aus dem Stadtplan Jos Murers, von 1576.
Holzschnitt, H. 88 B. 142 cm. Ausschnitt.
Originalholzschnitte nicht mehr vorhanden.
Original-Holzstöcke im Staatsarchiv Zürich.

Der Planausschnitt zeigt das alte Spitalgelände mit der Bebauung des Jahres 1576. Der von dem Zähringer gestiftete Spitalbau (1) stand, mit der Niederdorfgasse durch einen schmalen Zugang verbunden, westlich des Wolfbachs (2). Zur Entstehungszeit des Plans diente er durchreisenden Pilgern und Bettlern immer noch als »Elendenherberge« und »Mushafen« – so genannt nach der dort vorgenommenen Lebensmittelausteilung. Die Krankenräume waren inzwischen verlegt in die nach 1551 gebaute »Sammlung« (3); die Gebäude des im 13. Jahrhundert errichteten und zur Reformationszeit aufgehobenen Predigerklosters (4) wurden ebenfalls für Spitalzwecke genutzt.

1732 brannte der »Mushafen« völlig nieder. Heute sind, mit Ausnahme der Predigerkirche, alle Bauten des Spitalquartiers verschwunden.

Lit.: Die Kunstdenkmäler des Kantons Zürich. 1. Teil: Die Stadt Zürich, bearb. v. K. Escher (KdS Bd. 4), 1939, S. 214 f. und S. 71 ff. (zum Murer-Plan); Züricher Spitalgeschichte, hrsg. v. Regierungsrat des Kantons Zürich, 1951, S. 187 ff.

M. B.

171 (Kat.-Nr. 255)

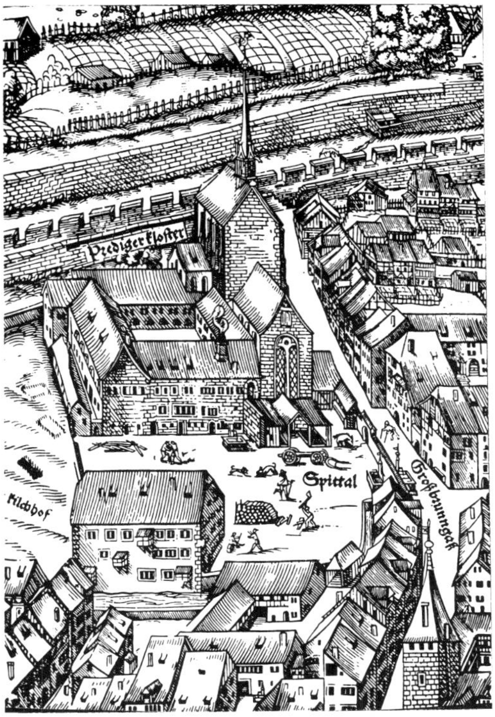

3. Städte mit Zähringertradition

256
Die Legende vom Zähringerkreuz

256.1 Abb. 172

IDEALGRUNDRISSE
DER ZÄHRINGERSTÄDTE

Kombinierter Idealtypus einer Zähringer Gründung, aus: Ernst Hamm: Die Städtegründungen der Herzöge von Zähringen in Südwestdeutschland, 1932, S. 139 (siehe Abb. 172).
Plan der Altstadt Freiburg/Br., aus: Karl Gruber: Die Gestalt der deutschen Stadt, 1952, S. 59, Abb. 43.
Plan der Stadt Villingen, aus: Werner Noack: Die Stadtanlage von Villingen als Baudenkmal, in: BH 25 (1938), S. 236.

172 (Kat.-Nr. 256.1)

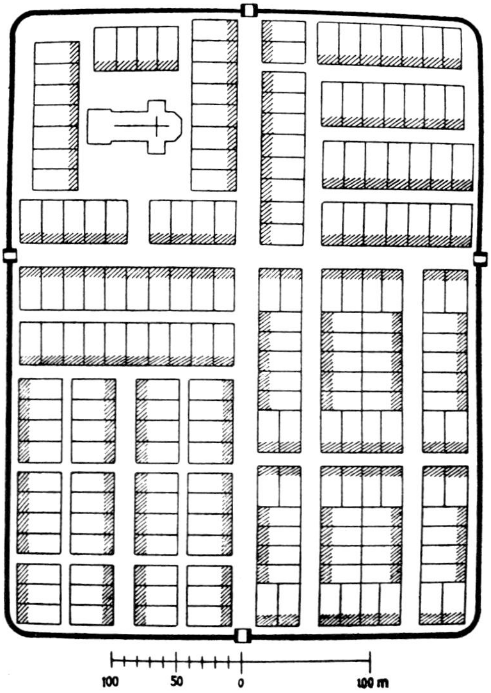

256.2 Abb. 173

REALE GRUNDRISSE:
VERSUCH EINER REKONSTRUKTION DER GRÜNDUNGSANLAGEN MIT DEN VERMUTLICH IN DEN ERSTEN JAHRZEHNTEN NACH DEN GRÜNDUNGEN BESIEDELTEN FLÄCHEN

Offenburg: Marktanlage des Bischofs von Straßburg: Anfang 12. Jahrhundert. Straßenmarkt.
Freiburg/Br.: Zähringer Marktgründung: 1120. Straßenmarkt.
Murten: Zähringer Siedlungsverlegung: um 1200. Straßenmarkt mit Parallelstraße.
Villingen: Zähringer Siedlungsverlegung: Zweiphasigkeit: vor und nach 1200. Kreuz zweier gleichberechtigter Marktstraßen, System der Wohn- und Wirtschaftsstraßen im nach 1200 angelegten Teil.

Der Architekt Ernst Hamm festigte mit seinem Werk über »Die Städtegründungen der Herzöge von Zähringen in Südwestdeutschland« die Legende vom »Zähringerkreuz«. Ausgehend von Untersuchungen in den Städten Freiburg i. Br., Villingen, Rottweil, Neuenburg, Kenzingen und München stellte er für die Städte der Zähringer bzw. deren Nachahmer bauliche Merkmale zusammen, die er als zähringertypisch ansah:

- Hauptstraßenkreuz
- Hofstätteneinteilung und logisches Straßengerüst (Wirtschafts-/Wohnstraßen)
- Traufstellung der Häuser
- Lage des Marktes als Marktgasse im Zuge des Hauptachsenkreuzes
- ausgesparter Platz für die Pfarrkirche
- Sicherung der Stadt durch eine Mauer.

Besonders das Kreuz der sich rechtwinklig schneidenden Haupt- bzw. Marktstraßen wurde immer wieder als Erkennungsmerkmal für eine Zähringerstadt angesehen.
Der Grundriß einer mittelalterlichen Stadt entsprang nicht der Idee eines Stadtgründers, sondern ist immer in einen regionalen, historischen, rechtlichen und baulichen Kontext einzuordnen. So läßt sich beispielsweise konstatieren, daß in verschiedenen Regionen bestimmte

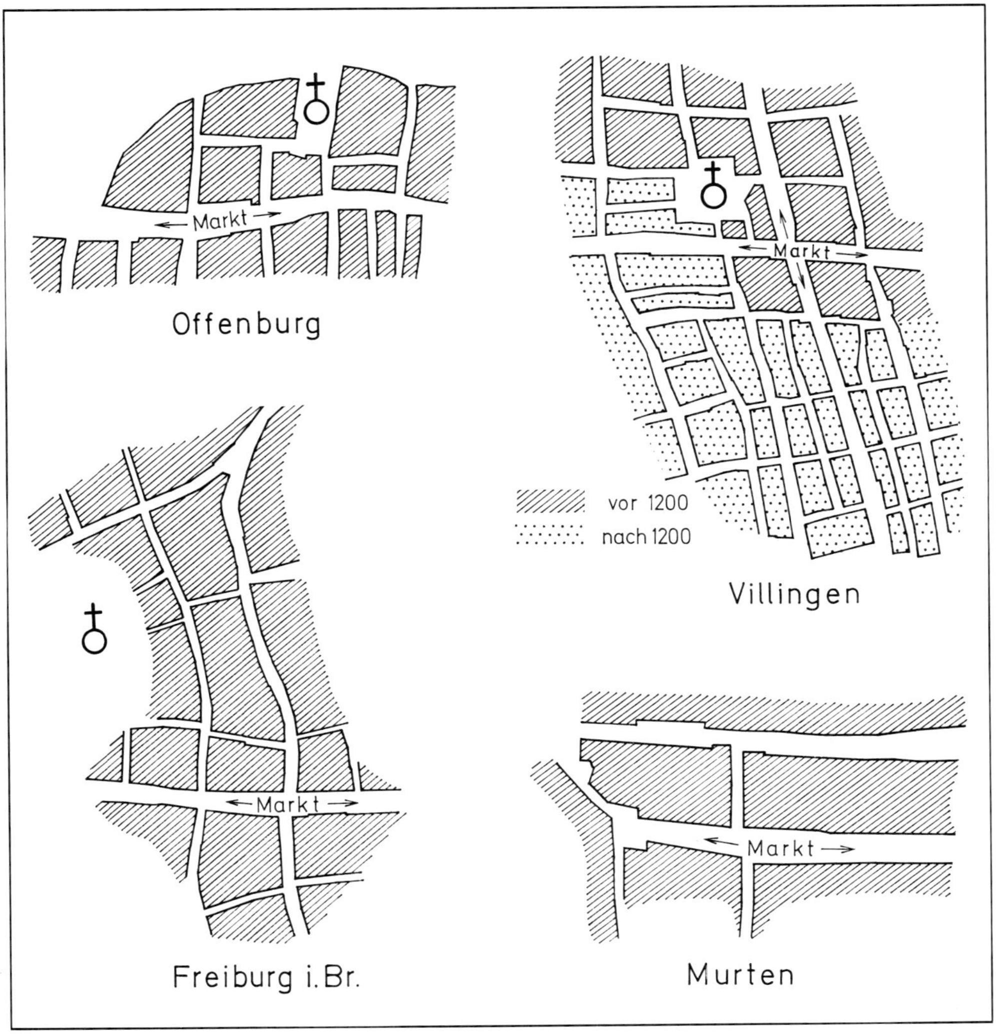

173 (Kat.-Nr. 256.2)

Stadtgrundrisse vorgeherrscht haben, wobei im Süden des mittelalterlichen deutschen Reiches der Straßenmarkt, im Norden eher der Marktplatz vorkommt. Im Gebiet der deutsch-französischen Schweiz bildete sich der Parallelstraßentyp aus, wie wir ihn beispielsweise in Bern und Murten vorfinden. Da die Verbreitung bestimmter Grundrißformen eher durch technische Fachleute und den Stadtbau leitende Ministerialen oder Freie als durch die Mitglieder der Gründerfamilien selbst erfolgte, entwickelten sich regionale Schulen, die teilweise auch überregionale Vorbilder berücksichtigten. Ein Stadtgründer und dessen Mitarbeiter konnten immer nur auf gegebene Möglichkeiten der Epoche zurückgreifen, so daß die frühen Gründungen, etwa Freiburg i. Br. und Offenburg, noch kein Straßenkreuz zweier gleichrangiger Marktstraßen aufweisen, da sich dieses erst im Laufe des 12. Jahrhunderts im Zuge einer steigenden Tendenz zur Schematisierung und Praktikabilität durchsetzte. Die Neuanlage einer Stadt mußte auch auf die topographische Situation Rücksicht nehmen. Untergrund, vor-

gegebene Geländeformen und vorstädtische Siedlungen spiegelten sich im Grundriß wider. Diese Aspekte verhinderten die Ausbildung eines Marktkreuzes in den Städten Freiburg i. Ü., Bern und Breisach, wo die geringe Breite des Plateaus ein Marktkreuz verhinderte.
Wichtigster Bereich innerhalb des mittelalterlichen Stadtgrundrisses war der Markt, der zur Aufnahme von Lauben und Verkaufsständen eine gewisse Breite aufweisen mußte. Man kann davon ausgehen, daß bei der Gründung zuerst der Bereich um den Markt besiedelt wurde. Die Form des Marktes beeinflußte auch das Straßensystem. Ein Straßenmarkt, bei dem eine langgezogene, breite Straße Platz für das Wirtschaftsleben bot, bewirkte oftmals die Ausbildung eines Einstraßen-, Parallelstraßen- und Querrippensystems oder führte zum Hauptstraßenkreuz (»Zähringerkreuz«).
Die Ausbildung dieses Straßenkreuzes, das keineswegs auf die Zähringer zurückzuführen ist und daher auch nicht als »Zähringerkreuz« bezeichnet werden darf, vollzog sich im Laufe des 12. Jahrhunderts im deutschen Südwesten. Am Ende dieser Entwicklung standen die Zähringergründung Villingen, die Stauferstadt Rottweil und die Üsenbergerstadt Kenzingen, die über die wesentlichen Kriterien des »Zähringergrundrisses« (Abb. 172) verfügen. Außer Villingen zeigt keine Stadt zähringischer Gründung oder in zähringischem Besitz das Kreuz zweier annähernd gleichberechtigter Marktstraßen, die rechtwinklig aufeinanderstehen. Auch die anderen von Hamm angeführten Merkmale der »Zähringerstädte« wurden von der neuesten Forschung größtenteils als unzutreffend erwiesen. Die Maße der Hofstätten (Nr. 207) dienten wohl eher der Berechnung der Grundsteuer, als daß sie in den angegebenen Maßen ausgeteilt wurden, da oftmals kleinere Grundstückflächen zur Bebauung ausreichten. Hofstätten findet man vor allem in der Nähe des Marktes, wobei auch diese mehrfach überbaut worden sind. Das System der sich abwechselnden Wirtschafts- und Wohnstraßen ist eine Erscheinung, die erst gegen Ende des 12. Jahrhunderts auftrat. Ein regionales, für einen Teil des südwestdeutschen Raumes typisches Phänomen ist die Traufstellung der Häuser. Bezeichnenderweise läßt sich die Entstehung und Durchsetzung der einheitlichen Traufstellung erst für das Spätmittelalter nachweisen. Platz für die Kirche wurde wirklich oftmals ausgespart. Das sogenannte »Zähringerkreuz« und die meisten anderen idealtypischen Merkmale entpuppten sich in der neueren Forschung als »Legenden«. Zwar hatten die Zähringer und ihre Städte auch an diesen Entwicklungen des Städtebaues Anteil, jedoch sind sie keineswegs als deren Initiatoren oder gar Erfinder anzusehen.

Lit.: HAMM, Städtegründungen; W. NOACK, Die Stadtanlage von Villingen als Baudenkmal, in: BH 25 (1938), S. 23; W. NOACK, Die mittelalterlichen Städte im Breisgau, in: Oberrheinische Heimat 28 (1941), S. 173–200; K. GRUBER, Die Gestalt der deutschen Stadt, 1952; B. SCHWINEKÖPER, Beobachtungen zum Problem der »Zähringerstädte«, in: SiL 84/85 (1966/67), S. 49–78; B. SCHWINEKÖPER, Die Problematik von Begriffen wie Stauferstädte, Zähringerstädte und ähnliche Bezeichnungen, in: E. MASCHKE-J. SYDOW (Hrsg.), Südwestdeutsche Städte im Zeitalter der Staufer, 1980, S. 95–72; C. MECKSEPER, Kleine Kunstgeschichte der deutschen Stadt im Mittelalter, 1982, S. 59–88, 137–142.

J. T.

Die zähringische Stadtrechtsfamilie (Nrn. 257–265)

Wie der »zähringische Grundriß«, so wird auch das Auftauchen ›zähringischer Elemente‹ im Stadtrecht oft als Argument für eine engere Beziehung zwischen einer Stadt und den Herzögen benützt. Auch dieses ist aber weder ein notwendiger noch gar ein hinreichender Beweis hierfür.

»Zähringerrecht« ist gleichbedeutend mit »Freiburger Stadtrecht«, denn nur für ihre erste Gründung im Breisgau stellten die Herzöge ein individuelles Privileg und wohl zwei spätere Bestätigungsurkunden aus. In ihren übrigen Städten erklärten sie einfach diese Bestimmungen gleichfalls für gültig und überließen es den Bürgern, sich die entsprechenden Abschriften zu besorgen (Nr. 257).

Manche Städte, die sicher unter Zähringerherrschaft standen, haben sich solche Aufzeichnungen nicht beschafft oder sie nicht tradiert, wie z. B. Rheinfelden, das kein »Zähringerstadtrecht« hat. Andererseits gab es nicht-zähringische Städte, die sich um eine Ausstattung mit Freiburger Recht bemühten; sie beabsichtigten damit nicht, eine Verbindung zum zähringischen Herzogsgeschlecht herzustellen oder zu dokumentieren, sondern sie wollten das Freiburger Recht, weil es als fortschrittlich galt. Zu ihnen gehört Bremgarten in der Schweiz, das den einzigen erhaltenen »Rechtsbewidmungstext« mit zähringischen Bestimmungen besitzt (Nr. 257). Diessenhofen bekam schon 1178 Freiburger Recht über die den Zähringern nahestehenden, später mit ihnen verwandten Kiburger (Nr. 258). Kenzingen erhielt noch 1249, neben einem mustergültigen »Zähringergrundriß«, eine alte Rechtsfassung aus der Zeit Bertolds V. von einem Üsenberger (Nr. 259).

Der Murtener Stadtrodel aus der Mitte des 13. Jahrhunderts beruft sich auf den Gründer *Herzog Berthodus* und enthält auch tatsächlich zähringische Bestimmungen in recht eigenwilliger Ausformung, die auf einer mündlichen Überlieferung aus der Zeit vor 1218 beruhen könnten (Nr. 260). Dagegen ist der Rückverweis auf den »ersten Gründer« in der pauschalen Burgdorfer Rechtsbestätigung von 1267 (Nr. 261) so vage, daß hier eine Vermittlung der tatsächlich zähringischen Rechtsbestände über den Umweg Freiburg i. Ü. als gegeben erscheint, wie überhaupt das burgundische Freiburg als »Rechtsmutterstadt« in der Schweiz einen ähnlichen Rang erhielt wie das breisgauische im süddeutschen Raum (Nr. 262).

Die immer komplizierter werdende Verzweigung der Abhängigkeiten (vgl. Stemma, unten S. 420–421) illustriert Bräunlingen, das 1313 als Tochterstadt des kiburgischen Diessenhofen zu zähringischem Recht und zu Freiburg i. Br. als »Oberhof« für Rechtsanfragen kam (Nrn. 263 und 264). Freiburg selbst wiederum führte schließlich durch ein Mißverständnis seiner Gründungsurkunde sein Stadtrecht auf das Kölner Recht zurück und pflegte noch Ende des 14. Jahrhunderts mit dem Kölner Rat entsprechende Beziehungen (Nr. 265). M. B.

257
Die Bremgartener Handfeste. Bewidmungstext mit Freiburger Rechtssätzen aus der Zähringerzeit

Freiburg i. Br., Bremgarten, um 1258. Pergamentbl., H. 46,2/44 cm (einschl. Falz), B. 41,5/39,5 cm. Stellenweise Feuchtigkeitsflekken am rechten Rand. Anhängend an grober Hanfschnur ein stark beschädigtes Fragment des zweiten Reitersiegels Rudolfs von Habsburg. Stadtarchiv Bremgarten, Urk. 1.

Die sogenannte Bremgartener Handfeste ist die einzige Abschrift zähringischer Rechtsbestimmungen, die noch im Stadium eines »Bewidmungstextes« – d. h. nicht eingefügt in eine fertige Stadtrechtsurkunde – vorliegt: Im 13. Jahrhundert wurde es üblich, daß sich Städte ohne eigene Rechtsaufzeichnungen an solche mit einem ausformulierten Stadtrecht wandten und baten, diese Vorschriften übernehmen zu dürfen. Um ein solches »Tochterrecht« herzustellen, wurden die Bestimmungen des »Mutterrechtes« in der Empfängerstadt mit einer neuen Einleitung und einem Schluß verse-

hen und mancherorts auch in einigen Punkten den lokalen Gegebenheiten angepaßt.
Die Bremgartener Handfeste ist die Vorlage für eine solche Rechtsübernahme: sie enthält 53 Rechtssätze ohne Anfang und Schluß, ohne Hinweis auf Aussteller oder Bestimmungsort. Da sie inhaltlich genau die Zwischenstufe zwischen jener informellen Freiburger Rechtssammlung aus der Zeit Bertolds V., welche die Vorlage zum zweiten Teil (§ 16–55) des Tennenbacher Textes (Nr. 190) bildet, und dem Freiburger Stadtrodel (Nr. 218) darstellt, dürfte es sich hier um eine Abschrift des um 1218 zusammengestellten Rodelkonzepts handeln.
Am Bremgartener Bewidmungstext hängt mit groben Hanfschnüren das 1245–1258 geführte zweite Siegel des Grafen und späteren deutschen Königs Rudolf von Habsburg. Der damalige Stadtherr scheint den Bremgartener Bürgern diese für habsburgische Verhältnisse einmalig großzügigen Rechte versprochen zu haben, weil er um 1258 ihre Unterstützung in einem kriegerischen Konflikt benötigte. Bis zur Ausfertigung einer offiziellen Urkunde ist man aber offenbar nie gediehen; der Versuch, 1309 von Rudolfs Enkeln eine rechtsgültige Bestätigung der Handfeste zu erlangen, mißglückte ebenfalls. Dadurch bekam der Bewidmungstext, der unter normalen Umständen nicht aufbewahrt worden wäre, erhöhte Bedeutung: Er war Dokument für einen – wenngleich nie erfüllten – Anspruch der Bürger und blieb deshalb erhalten.

Lit.: S. Rietschel, Neue Studien über die ältesten Stadtrechte von Freiburg im Breisgau, in: Festgabe für F. Thudichum, 1907, S. 30–45 (Paralleldruck mit dem Freiburger Stadtrodel); Die Rechtsquellen des Kantons Argau (!), I. Teil: Stadtrechte, 4. Band: Die Stadtrechte von Bremgarten und Lenzburg, bearb. und hrsg. v. W. Merz, 1909, S. 2–24 (mit Faksimile in Originalgröße); – P. Schweizer, Habsburgische Stadtrechte und Städtepolitik, in: Festgaben zu Ehren M. Büdingers, 1898, bes. S. 236ff.; S. Rietschel, Die älteren Stadtrechte von Freiburg im Breisgau, in: Vierteljahresschrift für Wirtschafts- u. Sozialgeschichte 3 (1905), S. 421–441; H. Joachim, Gilde und Stadtgemeinde in Freiburg i. Br., in: Festgabe für A. Hagedorn, 1906, S. 25–114, bes. S. 50; H. Flamm, Die älteren Stadtrechte von Freiburg i. Br., in: MIÖG 28 (1907), S. 401–447; Schlesinger, Ältestes Freiburger Stadtrecht. M. B.

258
Diessenhofener Handfeste

Burg Mörsberg, 1260.
Originalurkunde, Pergament, H. 53,8 (inkl. Plica 4,3 cm), B. 65,9 cm. Siegel des Grafen Hartmann d. Ä. von Kiburg abgefallen, noch anhängend an gelber Seidenschnur das Siegel Graf Rudolfs von Habsburg.
Burgerarchiv Diessenhofen, o. S.

Die Diessenhofener Handfeste zeigt, daß noch zu Lebzeiten der Herzöge Freiburger Stadtrecht nicht nur an die Siedlungen der Zähringer selbst, sondern auch an Gründungen befreundeter Familien gegeben wurde: 1260 bestätigt und erweitert Graf Hartmann d. Ä. von Kiburg, Neffe Bertolds V., den Diessenhofenern jene Rechte, welche sein Großvater Hartmann III. von Kiburg ihnen 1178 bei der Gründung gegeben hatte. Die eingefügte Abschrift des damaligen Privilegs umfaßt die leicht umgearbeitete Freiburger Gründungsurkunde Konrads und einige Zusatzbestimmungen aus der Zeit Bertolds IV., also tatsächlich den zur Gründungszeit Diessenhofens gerade aktuellen Stand des Freiburger Stadtrechts. Privilegien, die den Kiburgern zu großzügig erschienen – wie etwa das Recht zur Priester- und Schultheißenwahl oder Freiheit von Heersteuer und Einquartierung – sind allerdings gestrichen oder geändert. Einen Hinweis auf die Herkunft der Sätze gibt nur indirekt die Erklärung Freiburgs zum Oberhof.

Lit.: F. E. Welti, Beiträge zur Geschichte des älteren Stadtrechtes von Freiburg i. Ü. (Abhandlungen zum Schweizer Recht 25), 1908, S. 129–135; – P. Schweizer, Habsburgische Stadtrechte und Städtepolitik, in: Festgabe zu Ehren M. Büdingers, 1889, bes. S. 234ff.; H. Sollberger, Die verfassungsrechtliche Stellung der Stadt Diessenhofen von der Stadtgründung bis zur Eroberung des Thurgaus durch die Eidgenossen, in: Thurgauer Beiträge zur vaterländischen Geschichte 73 (1936), S. 65–208; Schlesinger, Ältestes Freiburger Stadtrecht, bes. S. 73ff.; Diestelkamp, Freiburger Gründungsurkunde. M. B.

259
Kenzinger Stadtrechtsbestätigung

Kenzingen, 6. Juli 1283.
Pergamentbl. H. 38,5 u. 3,5 cm Plica, B. 46 cm. Anhängend neun der zehn Zeugensiegel, das Siegel Bischof Konrads von Straßburg ist abgefallen. Von links nach rechts: Siegel Hessos und Rudolfs III. von Üsenberg, Markgraf Heinrichs von Hachberg, Graf Egenos von Freiburg, Graf Heinrichs von Veldenz, Heinrichs und Walters von Geroldseck und Johanns und Wilhelms von Schwarzenberg.
Stadtarchiv Freiburg i. Br., Kenzingen A 2.

1283 bestätigen Hesso und Rudolf von Üsenberg den Kenzingern jene Rechte, die ihr Vater bzw. Oheim der Stadt verliehen hat. Als dieser 1249 die befestigte Siedlung anlegte, habe er beschlossen, das Wachstum des Ortes durch die Ausstattung mit Freiburger Stadtrecht zu fördern. Daß die unter den Zähringern konzipierten günstigen Bedingungen Neusiedler anzogen, war immer ein Hauptbeweggrund für ihre Übernahme durch fremde Stadtherren.
Was die Kenzinger Urkunde dann als »Vorrechte, die dem Ort Freiburg von alters her zugestanden wurden« *(privilegia loco Friburgensi ab antiquo concessa)* aufführt, sind – mit Ausnahme des gestrichenen Priester- und Schultheißenwahlrechtes – genau die ersten 15 Paragraphen des Tennenbacher Textes, also jene Textpassage, die von der Forschung unter dem Namen »Erweiterte Handfeste« als (im Original verlorene) Bestätigungsurkunde Herzog Bertolds V. für Freiburg i. Br. rekonstruiert wurde. Warum die Üsenberger ca. 30 Jahre nach der Entstehung des Freiburger Stadtrodels auf dessen viel knappere Vorstufe zurückgriffen, ist unklar – vielleicht erschienen ihnen die Rodelrechte zu umfangreich für eine Neugründung. Jedenfalls zeigt die Kenzinger Urkunde, daß der Besitz von Rechtsbestimmungen in einer eindeutig noch zur Zähringerzeit entstandenen Fassung kein Hinweis auf eine Beziehung zu den Herzögen sein muß.

Lit.: H. MAURER, Kritische Untersuchung der ältesten Verfassungsurkunde der Stadt Freiburg, in: ZGO NF 1 (1886), S. 170–199; ZGGFreib 5 (1882), S. 237–241; Deutsche Übersetzung in: Die Pforte 5/6 (1983), S. 4 ff.; – H. MAURER, Geschichte der Stadt Kenzingen, in: SiL 7 (1880), S. 41–75, bes. S. 48 ff.; SCHLESINGER, Ältestes Freiburger Stadtrecht, bes. S. 77 f.; K. KROESCHELL-I. KRUMMER-SCHROTH-W. SCHNEEBELI-T. BILHARZ, Zur Kenzinger Stadtrechtsurkunde vom 6. Juli 1283, in: Die Pforte 5/6 (1983), S. 4–21.
M. B.

260
Stadtrodel von Murten

Mitte 13. Jahrhundert.
Zwei Pergamentbll., Bl. 1 B. 42,8 H. 61 cm, Bl. 2 B. 30,4 H. 40,8 cm. An jedem Bl. das älteste Siegel Berns aus der Zeit von 1224 bis 1270, mit gelbseidener Schnur nachträglich wieder angeknotet.
Stadtarchiv Murten, Urkunde Nr. 1.

Der Stadtrodel von Murten ist die einzige Urkunde, die eine Beziehung zwischen diesem Ort und den Zähringern herstellt. Die »Freiheiten, Bräuche und Sitten, die der Herzog Berthodus (!) der Stadt Murten bei ihrer Gründung erteilte, und nach denen sie regiert wird«, kündigt der erste Satz an (§ 1–10); ihnen folgen »die Bräuche, welche in dieser Stadt für Recht gehalten werden« (§ 11–53). Der erste Teil der Urkunde beruft sich immer wieder ausdrücklich auf Weisungen des Herzogs. Es handelt sich zum Teil auch um eindeutig zähringische Bestimmungen, wie z. B. die Hofstättenverteilung zur freien Erbleihe, Schultheißenwahl, Herrengeleit für wegziehende Bürger. Marktbestimmungen fehlen auffallenderweise ganz, dafür sind landwirtschaftliche Nutzungsrechte und Herbergsvorschriften besonders ausführlich geregelt (vgl. Nr. 240). In der Zusammenstellung folgt der undatierte Text, dessen Schrift in die Zeit von 1240–1270 weist, keiner der bekannten und erschlossenen zähringischen Sammlungen. Es könnte sich um eine späte Fixierung von nur mündlich erteilten Bestimmungen handeln.

Lit.: Die Rechtsquellen des Kantons Freiburg, Bd. I,1: Das Stadtrecht von Murten, hrsg. v. F. E. WELTI, 1925; Deutsche Übersetzung in: Murten-Morat. Jahrhundertfeiern 1476–1976, 1977, S. 28–33 (mit Photo der Urkunde); – F. E. WELTI, Der Stadtrodel von Murten, in: FGBl 18 (1911), S. 115–151; P. LADNER, Murten, in: BH 50 (1970), bes. S. 75 f.; DERS., Die Murtener Handfeste, in: Freiburger Nachrichten 1976, Nr. 112, 14. Mai.
M. B.

261
Pauschale Bestätigung der Burgdorfer Stadtrechte durch Graf Hugo von Werdenberg

Burgdorf, 23. August 1267.
Originalurkunde, Pergament, H. 9 B. 16 cm. Anhängend das Siegel Graf Hugos von Werdenberg.
Burgerarchiv Burgdorf, o. S.

Graf Hugo von Werdenberg, Vormund der minderjährigen Erbtochter des verstorbenen Grafen Hartmann d. J. von Kiburg, bestätigt im August 1267 den Bürgern summarisch »alle Rechte, die der erste Gründer in Burgdorf einsetzte« *(omnia jura, que primus fundator apud Burcdorf instituit)* und die Rechte, welche die Hartmann-Witwe Elisabeth erteilte. Solche Pauschalbestätigungen, wie sie häufig auch von Königen für die Städte ihres Landes ausgestellt wurden, boten bei einer späteren ausführlichen Rechtsniederschrift die Möglichkeit, als alte und schon bestätigte Bestimmungen auch Sätze anzuführen, welche die Stadt in Wahrheit nie besessen hatte. Nach der vagen Angabe dürfte Burgdorf vom (zähringischen) »ersten Gründer« kein schriftliches Privileg erhalten haben. Die ausführliche Burgdorfer Handfeste von 1273 geht dann – ebenso wie das 1264 von der genannten Gräfin Elisabeth den Thunern verliehene Stadtrecht – inhaltlich auf die 1249er Fassung der Handfeste Freiburgs i. Ü. zurück (Nr. 220).

Lit.: Pauschalbestätigung: FrB Bd. II, Nr. 626 S. 686 f.; Burgdorfer Handfeste von 1273: FrB Bd. III, Nr. 58, S. 48–61; Thuner Handfeste von 1264: FrB Bd. II, Nr. 557, S. 592–604. M. B.

262 Abb. 174
Deutsche Fassung der Freiburger Handfeste von 1249 in einem Schwabenspiegel aus dem Jahr 1410

Freiburg i. Ü., 1410, geschrieben von Fr. Gerhart von Franken, Barfüsserbruder.
Codex mit Abschrift der Bücher der Könige und Makkabäer, des Schwabenspiegels und der Freiburger Handfeste (fol. CXXVII–CXXXV), 160 numerierte Bll. H. 51,5, B. 35 cm. Zweispaltig in auffallend schöner Schrift (Textura formata) beschrieben, mit farbigen Initialen und verzierten Rahmen zu Beginn jeder neuen Abschrift. Holzdeckeleinband, bezogen mit himbeerrot gefärbtem Leder. Verzierte Messingecken und Messingrosette in der Mitte.
Archives Cantonales Fribourg, Législation 42; aufgeschlagen f. CXXVII^r.

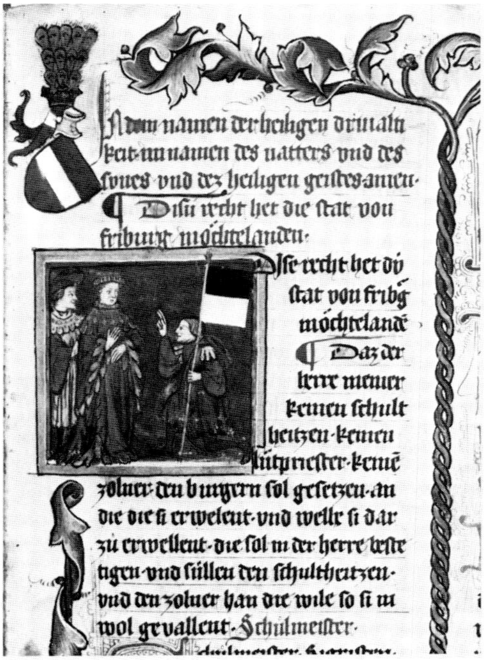

174 (Kat.-Nr. 262) Ausschnitt

Daß die Freiburger Handfeste von 1249 (Nr. 220) noch 160 Jahre später in einen vom Ratsherrn Henslin Verber privat bestellten Codex übernommen wurde, zusammen mit Bibeltexten und dem »Schwabenspiegel«, der maßgeblichen Land- und Lehnsrechtssammlung im Süden des Deutschen Reiches, zeigt den hohen Bekanntheitsgrad und die große lokale Bedeutung dieses Stadtrechts. Als Textvorlage für die Handfesten von Thun, Burgdorf, Aarberg, Arconciel-Illens, Erlach und Büren verschaffte es Freiburg i. Ü. eine Stellung als »Rechts-Mutterstadt«, die der Ausstrahlung Freiburgs i. Br. durchaus vergleichbar ist.

Die deutsche Übersetzung im Freiburger Schwabenspiegel übergeht die Einleitung, und damit den Hinweis auf den zähringischen Verleiher der ersten Privilegien. Das Initialbild (Abb. 174) zeigt die Huldigung eines Bürgers mit dem Stadtbanner vor dem habsburgischen Stadtherrn.

Lit.: BRUCKNER, SMAH XI, 1967, S. 90ff. M. B.

263
Beglaubigte Abschrift des 1313 verliehenen Bräunlinger Stadtrechts

Bräunlingen, 20. Dezember 1369.
Pergamentblatt, H. ca. 49,5 cm u. 3,5 cm Plica, B. ca. 51 cm. Das angekündigte Siegel Ritter Johanns von Blumberg ist abgefallen.
GLA Karlsruhe, 21/50.

Die Einleitung des nur in einer beglaubigten Abschrift aus dem Jahr 1369 erhaltenen ältesten Bräunlinger Stadtrechts meldet, daß Herzog Leopold von Österreich – wie aus anderen Quellen hervorgeht, im Jahr 1313 – den Bürgern *mit disem selbe brife Diessenhover frigheit, gesezede vnd reht* verliehen habe. So kommt Bräunlingen indirekt zu einem zähringischen Stadtrecht – seine Urkunde ist eine fast wörtliche Übertragung der Diessenhofener Handfeste von 1260 (Nr. 258) ins Deutsche. Als Beweis für eine Beziehung zwischen den Herzögen und der Schwarzwaldstadt fällt ihr Rechtsbestand deshalb nicht ins Gewicht – Bräunlingen liefert vielmehr ein Beispiel dafür, wie ein Ort über einen Umweg zur »Rechts-Tochterstadt« Freiburgs i. Br. werden konnte.

Lit.: FUB Bd. IV, Nr. 46 S. 92–98 (in synoptischer Zusammenstellung mit Diessenhofener Recht); – J. BASTIAN, Der Freiburger Oberhof (VAI 2), 1934 S. 55ff.; J. B. HORNUNG, Geschichte der Stadt Bräunlingen, 1964, bes. S. 167ff. M. B.

264
F. X. Kreutter, Die Bräunlinger Inschrift

Pater F. X. Kreutter: Geschichte von Vorderösterreich, 1790. Seite 556, Anmerkung a.
Stadtarchiv Freiburg i. Br., Dn 3551.

Aufgrund einer kurzen Notiz im Buch von Kreutter (1790), der am Niedertor die Jahreszahl 1203 vorzufinden glaubte, hält sich die Stadt Bräunlingen für eine »Zähringerstadt«. Doch ist diese im 18. Jahrhundert angeblich vorgefundene Jahreszahl nur hier belegt und konnte um die letzte Jahrhundertwende bei einer Nachprüfung bereits nicht mehr gefunden werden. Obwohl die Siedlung im Einflußbereich der Zähringer lag und die Herren von Bräunlingen wohl als Zähringerministerialen anzusprechen sind, fehlt bisher ein stichhaltiges Zeugnis, das einen Ausbau der Siedlung oder gar eine Stadterhebung durch die Zähringer sicher zu belegen vermöchte.

Lit.: J. B. HORNUNG, (wie Nr. 263), S. 33f. J. T.

265
Freiburger Rechtsanfrage an Köln und Kölner Antwort – Spätere Interpretation der Marktgerichtsbarkeit nach Kölner Kaufmannsrecht 1120

Freiburg i. Br., 1391.
Originalurkunde, Pergament, H. 22 B. 36 cm, anhängend das Freiburger Stadtsiegel.
Historisches Archiv der Stadt Köln HUA 2/4413.

Antwortbrief aus Köln, 18. August 1391.
Papierurkunde, H. ca. 28,8 + 7,3 cm Plica, B. 39,8 cm. Rot-weiße Siegelschnur, Siegel abgefallen.
Stadtarchiv Freiburg i. Br., A 1 Va Nr. 7 1391 Aug 18.

Die beiden Briefe dokumentieren eine Beziehung zwischen Freiburg und Köln, die noch auf die Zähringer – bzw. auf eine überzogene Interpretation ihrer Freiburger Gründungsurkunde von 1120 (vgl. Nr. 190) – zurückgeht. Dort war festgelegt, daß Meinungsverschiedenheiten zwischen den Bürgern »nach dem gebräuchlichen und anerkannten Recht aller Kaufleute, besonders aber nach dem der Kölner« *(pro consuetudinario et legittimo iure omnium mercatorum, precipe autem Coloniensium)* vor Gericht behandelt werden sollten. Gedacht war hier einfach an eine Orientierung der Marktbräuche am Brauch älterer Handelsorte, wobei Herzog Bertold III. die Kölner Gepflogenheiten von einem längeren Aufenthalt dort im Jahr 1114 bekannt gewesen sein dürften. Der Verfasser des Stadtrodels schloß hundert Jahre später aus der Stelle, Freiburg hätte – wie ihm das aus Rechtsbewidmungen seiner Zeit geläufig war – bei der Gründung Kölner Stadtrecht verliehen bekommen. Er machte einen entsprechenden Vermerk in die Einleitung und begründete so die im vorliegenden Brief an den Kölner Rat – ebenso wie in verschiedenen Freiburger Stadtrechtsfassungen und in der frühen Forschung – geäußerte Meinung, daß die *stat ze Friburg alle reht, friheit und loblich gewonheit, die ir und uwer statt* (Köln) *von Roemschen keysern und kungen behalten habent, ouch halten und behaben* solle. Die Freiburger betrachteten Köln als »Rechtsmutterstadt« und Oberhof: Wenn die Schöffen im Stadtgericht sich nicht auf einen Urteilsspruch einigen konnten, war ein »Rechtszug« an den Kölner Rat möglich, der die Meinung der Schöffenmehrheit oder -minderheit – aber keine dritte – für gültig erklären konnte. Aus dem Jahr 1353 sind drei entsprechende Anfragen an den Kölner Rat bekannt, die hier gezeigte vierte, mit einem gut erhaltenen Stadtsiegel, erkundigt sich in Köln nach dem Modus der Ratsbesetzung, die in Freiburg wegen der eingerissenen ›Vetternwirtschaft‹ änderungsbedürftig erscheint; im Antwortbrief beschreiben die Kölner, wie sie dieses Problem umgangen haben.

Lit.: Freiburger Rechtsanfrage, in: Quellen zur Geschichte der Stadt Köln, Bd. 6, hrsg. v. L. ENNEN, 1879. Nr. 23, S. 41 f.; Kölner Antwortbrief, in: Urkundenbuch der Stadt Freiburg i. Br., Bd. 2,1, hrsg. v. H. SCHREIBER, 1828, Nr. 340 S. 87 f.; – B. SCHWINEKÖPER, Bonn, Köln und Freiburg im Breisgau. Bemerkungen zu den mittelalterlichen Beziehungen der Städte, in: Fs. E. Ennen, hrsg. von W. BESCH u. a., 1972, S. 471–489; U. KNEFELKAMP, Über Rechtsbeziehungen zwischen Köln und Freiburg im Mittelalter, in: SiL 101 (1982), S. 87–96; K. KROESCHELL, ius omnium mercatorum, precipue autem Coloniensium, in: Fs. B. Schwineköper, hrsg. v. H. MAURER und H. PATZE, 1982, S. 283–290. M. B.

V. ZÄHRINGER UND KEIN ENDE: DIE TRADITION

Die Leistung der Früheren hängt zum Teil von ihrer Wirkung auf Spätere ab
(A. Borst, Reden über die Staufer, S. 59)

Die Geschichte der Zähringer endet mit dem Tod Herzog Bertolds V. im Jahr 1218. Die Zähringer verschwinden damit aber nicht aus der Geschichte. Bis heute hat es eine Vielzahl von Anlässen und Beweggründen gegeben, sich ihrer zu erinnern, über sie Nachforschungen anzustellen und sie regelrecht wiederaufleben zu lassen. Der Plan und die Verwirklichung dieser Ausstellung geben selbst davon Zeugnis, müssen jedoch zugleich Anlaß für die kritische Beurteilung und Bewältigung dieser Tradition sein. Gerade die Zähringer haben in den von ihnen gegründeten oder sich auf sie berufenden Städten den wohl kontinuierlichsten und heute wirkungsmächtigsten Traditionsträger gefunden. Diese für ein mittelalterliches Adelsgeschlecht erstaunliche Wirkung in unserer von Traditionsbrüchen und sich wandelnden Geschichtsbildern gekennzeichneten Zeit fordert zur Erklärung heraus. Die Antwort kann nur aus der Zähringergeschichte selbst und aus dem Verlauf der Zähringertradition gegeben werden, wozu hier zum ersten Mal der Versuch unternommen wird, Material zusammenzutragen.

Geschichte und Tradition sind zwei Begriffe, die sich gegenseitig auszuschließen scheinen; man ist geneigt, sie als Gegensatzpaar zu verstehen. Die Grenzlinie verliefe dabei im Fall der Zähringer im Jahr 1218, Bertolds V. Todesjahr. Die ›Taten‹ der Zähringer wären dann ihre Geschichte, die Auffassungen und Berichte der Nachwelt über die Zähringer die Tradition. Da sich aber bereits die Zeitgenossen über die Zähringer geäußert, ja die Zähringer selbst eine Vorstellung von ihrer Geschichte gehabt haben, wird die Grenzziehung im Jahr 1218 zweifelhaft. Das Grundproblem historischer Überlieferung, die Spannung von ›Geschichte‹ zwischen unbezweifelbarer, erlebbarer Faktizität und dem Wissen über das Vergangene, das die Geschichte nie voll begreifen kann, drängt sich hier auf. Auch für Nachbarwissenschaften wie Theologie und Volkskunde ist der Begriff der Tradition zentral, für die Geschichtswissenschaft ist er elementar. Die historische Überlieferung, das Wissen um die Geschichte – insbesondere die eigene – ist immer wieder selbst in die Geschichte eingegangen, hat im Lauf der Zeiten wiederum selbst ›Geschichte gemacht‹. Ob es die Sinngebung und Bewältigung der Gegenwart aus der Vergangenheit ist, ob es Leitbilder, Wertvorstellungen, Integration oder Feindbilder sind: Traditionen spielten und spielen allenthalben eine Rolle. Weit zurückreichende Traditionen sind immer ehrfurchtgebietend, ja machtvoll gewesen, auch wenn ihre Dominanz oft Widerstand erregt hat. Selbst ehemals ›fortschrittliche‹, erstarrte Traditionen durchbrechende Bewegungen, wie etwa Revolutionen, neigen schnell zur Traditionsbildung.

Traditionen leben nicht von selbst, sondern werden stets von sozialen Gemeinschaften und Institutionen getragen. Sie sind immer funktional für diese Traditionsträger, wenn auch selten bewußt. Eine Geschichte der Zähringertradition kann daher nur nach den verschiedenen Trägern ihrer Tradition gegliedert sein und muß ihnen die Traditionszeugnisse zuordnen. Der in der Geschichtswissenschaft bei ähnlichen Anlässen häufig verwendete Begriff des ›Nachlebens‹, zumeist nach Überlieferungsgattungen wie ›in der Literatur‹, ›in der Musik‹ oder ›in der Geschichtsschreibung‹ gegliedert, verwischt diesen elementaren Bezug zwischen Tradition und Träger und legt das Gewicht auf die sekundäre Traditionsbildung innerhalb einer Überlieferungsgattung. Der Begriff ›Nachleben‹ weist zwar auf die oft geradezu eigengesetzlich verlaufende Lebendigkeit der Überlieferung hin, suggeriert aber andererseits eine dem Tradierten eigene, innewohnende Kraft, die an sich weiterleben kann. Die hier zutagetretende Blickrichtung auf das Objekt der Tradition, etwa die Zähringer, kann den Blick auf ihre Träger und damit auf die Entstehungsbedingungen verstellen.

Die Ursachen für den Verlauf der Zähringertradition sind zunächst in der Zähringergeschichte zu suchen. Schon die fünffache Wiederholung des Namens Bertold unter den Trägern des Herzogtums bezeugt ein ausgeprägtes Selbstverständnis der Zähringer als Einheit, ja kann bereits als ›Tradition zu Lebzeiten‹ angesprochen werden. Im 11. und 12. Jahrhundert wird von der Forschung die Formierung der vorher eher locker organisierten Adelssippen des Frühmittelalters zu den Dynastien und Adelshäusern der Folgezeit angesetzt, die sich oft in einer Benennung nach dem Stammsitz ausdrückte. Die faßbare Geschichte der Zähringer deckt sich mit diesem fundamentalen Prozeß der Adelsgeschichte. Zur Zeit ihres Aussterbens hatten sie sich als Dynastie etabliert und konnten somit als ›Haus Zähringen‹ in der Tradition fortwirken. Ihr frühes Aussterben und der anschließende Zerfall ihres Einflußbereichs unter mehrere Erben verhinderte die Ausbildung eines dominanten Traditionsstranges, wie es etwa bei den Staufern die Anbindung an die Reichstradition darstellte. Eine ›Landestradition‹ hat sich erst spät der Zähringer bemächtigt (Nr. 315ff.) und konnte die weiteren Traditionsstränge nicht überdecken. Die Zähringertradition verlief daher seit dem Mittelalter mehrgleisig: sie wurde immer von mehreren Trägern zugleich und auch gegeneinander beansprucht.

Am Beginn steht gleichsam die Vereinnahmung der Zähringer in die Habsburgertradition als ›Zweig‹ dieses Geschlechts, was zur Zeit Kaiser Maximilians I. seinen Höhepunkt erreichte (Nrn. 266–278) und bis ins 18. Jahrhundert, als die Markgrafen und Großherzöge von Baden die Zähringer als Vorfahren entdeckten (Nrn. 315–326), fortwirkte. Die Zähringer hatten so Anteil an der erstaunlichen Tiefen- und Breitendimension der Habsburgertradition, gewannen allerdings in diesem Traditionsstrang kaum eigene Konturen. Daneben erstreckt sich seit dem Tod Bertolds V. die Tradition der Zähringer in den von ihnen gegründeten Städten, vor allem in Bern und Freiburg i. Br. (Nrn. 279–298), die nach dem II. Weltkrieg in Form der zähringischen Städtefreundschaft (Nrn. 344–346) der dominierende Strang der Zähringertradition geworden ist. Das ehemalige Hauskloster St. Peter ist der vierte Träger der Zähringertradition in der Frühneuzeit: Ein an sich mittelalterliches Stiftergedenken fand hier Ausdruck in der Formensprache barocker Kunst und Historiographie (Nrn. 299–314). Der formengeschichtliche Aspekt der Zähringertradition wird in Abteilungen über Zähringerdenkmäler (Nrn. 327–335), Zähringer in der ›Warenästhetik‹ (Nr. 343) und auch über Zähringerforschung (Nrn. 347–368) angedeutet, wobei insbesondere die im 19. und 20. Jahrhundert entwickelten Formen historischer Symbolik und Rückbindung gezeigt werden.

Adlige Traditionsbildung verlief seit dem Hochmittelalter in der Vorstellungsform des ›Hauses‹, symbolisiert durch Stammbäume und Wappen, anknüpfend an die Figuren eines Stifters bzw. Gründers oder an die Erscheinung eines Stifter- bzw. Gründergeschlechtes, dessen insbesondere in Denkmälern (Grab-, Stifter-, Gründerdenkmäler) gedacht wurde. Das adlige Haus verlieh seinen Nachkommen und seinen Gründungen das Bewußtsein der Legitimität und Kontinuität, vor allem durch Teilhabe an der Tradition des Hauses. Die bis ins 19. Jahrhundert währende politische und gesellschaftliche Dominanz adliger Gesellschaftsschichten weist auf die Bedeutung adliger Traditionsbildung für die europäische Geschichte hin.

Nicht zuletzt ist auch die Geschichtswissenschaft von einer Neubewertung der Tradition betroffen, rührt doch ihr wissenschaftliches Selbstverständnis seit Renaissance und Aufklärung gerade von der Abgrenzung gegenüber der Tradition her. Die Abwertung der Tradition, ihre Trennung von der zu erforschenden ›eigentlichen Geschichte‹ erscheint durch die ›kritische‹ Geschichtswissenschaft seit dem beginnenden 19. Jahrhundert noch verstärkt: seit Johann Gustav Droysen wurden Äußerungen der Tradition (d. h. der Geschichtsschreibung im allgemeinen) grundsätzlich gegenüber sogenannten ›Überresten‹, d. h. nicht zum Zweck der Überlieferung entstandenen Zeugnissen der gefragten Zeit, unterschieden und zumeist abgewertet. Damit wurde jedoch zugleich das die Historiker mit der Vergangenheit verknüpfende Band zerschnitten. Jede historische Fragestellung speist sich aus Traditionsbezügen der Gegenwart mit der Vergangenheit; schließlich wird ein Großteil der historischen Quellen der Tradition, d. h. dem Willen zur Überlieferung, verdankt.

Die Gelehrsamkeit stand immer in enger Berührung mit der Tradition, ja war zumeist einer ihrer wichtigsten Träger. Die Geschichte der Genealogie als eine der Wurzeln moderner Geschichtswissenschaft vermag dies zu verdeutlichen. Forschungsthesen haben z. B. selbst zur Begründung neuer Zähringertraditionen geführt, etwa die aus dem geopolitischen Denken der dreißiger Jahre entstandene Vorstellung Theodor Mayers vom »Staat der Herzoge von Zähringen« (Nr. 368) oder die Schemata einer auf Straßenkreuz und Hofstättenanlage orientierten Stadtgeschichtsforschung (Nr. 256). Eine moderne Traditionsforschung wird insbesondere in den regional verankerten Traditionen der Frühneuzeit, die unterhalb der Reichsgeschichte (also unterhalb der ›nationalen‹ Staufertradition etwa) angesiedelt sind, neue Ergebnisse erzielen können. Die dabei notwendige Traditionskritik kann nicht schonungsloses Entlarven, ja Zerstören von Traditionen sein, sondern muß Erklären und Herleiten, Bewußtmachen ihrer Entstehungs- und Lebensbedingungen meinen. Traditionsgeschichte wird so zu einer die Epochegliederungen der Geschichtswissenschaft überbrückenden Sichtweise, die zudem aus der gelehrten Abgeschiedenheit in öffentliche, aktuelle Gegenwartsbezüge führt und im Bewußtsein einer breiten Öffentlichkeit zu wirken vermag.

Lit.: J. PIEPER, Über den Begriff der Tradition (Arbeitsgemeinschaft für Forschung des Landes Nordrhein-Westfalen, Geisteswissenschaften Heft 72), 1958; H. BAUSINGER – H. BRÜCKNER (Hrsg.), Kontinuität? Geschichtlichkeit und Dauer als volkskundliches Problem, 1969; F. GRAUS, Lebendige Vergangenheit. Überlieferung im Mittelalter und in den Vorstellungen vom Mittelalter, 1975; E. SCHULIN, Traditionskritik und Rekonstruktionsversuch als leitende Tendenzen der Geschichtswissenschaft, in: Conceptus. Zeitschrift für Philosophie 10, 27 (1976), Wiederabdruck in DERS., Traditionskritik und Rekonstruktionsversuch. Studien zur Entwicklung von Geschichtswissenschaft und historischem Denken, 1979; A. BORST, Reden über die Staufer, 1978; F. WEIGEND–B. M. BAUMUNK–T. BRUNE, Keine Ruhe im Kyffhäuser. Das Nachleben der Staufer. Ein Lesebuch zur deutschen Geschichte, 1978; P. ZAWREL, Das Nachleben der Kuenringer, in: Kuenringer-Forschungen (Jb. für Landeskunde von Niederösterreich NF 46/47), 1981, S. 268–313; H. DIENST, Agnes. Herzogin – Markgräfin – Ehefrau und Mutter, 1985; K. SCHMID, Zähringergeschichte und Zähringertradition, in: Die Zähringer I, S. 211–228).

J. G.

1. Vereinnahmt und wiederentdeckt: Die Habsburger und die Freiburger Zähringertradition

Trotz dem hohen Anspruch gerade des letzten Zähringers an Architektur, bildende Kunst und Literatur und trotz der Gründung und Förderung eines eigenen Hausklosters haben die Zähringer kein historiographisches Werk angeregt, das die Geschichte ihres Geschlechts verherrlicht oder Geschichte aus der Perspektive ihres Geschlechtes beschrieben hätte. Auch die ehemaligen Zähringer-Städte, beim Tod des letzten Zähringers 1218 allesamt noch junge Gebilde, hatten, als im 14. und 15. Jahrhundert die große Zeit der städtischen Chronistik anbrach, keinen Anlaß, anstatt das Recht und die Geschichte ihrer Freiheit festzuhalten etwa die Geschichte des Geschlechts ihrer ehemaligen Stadtherren aufzuarbeiten. Und die am engsten mit den Zähringern verbundene Stadt, Freiburg im Breisgau, die, von einem kurzfristigen Zufall abgesehen, niemals reichsfrei war, hat im Mittelalter überhaupt keine eigene Chronik hervorgebracht. Die Zähringer verdanken die Aufarbeitung ihrer Geschichte nicht sich selbst, sondern den Habsburgern, am meisten Maximilian I., der ein der Genealogie, der Verwandtschaft und den Heiligen des Hauses Habsburg gewidmetes monumentales Geschichtswerk in Auftrag gab, das 300 Jahre nach dem Tod des letzten Zähringers abgeschlossen wurde und die Genealogie und Geschichte der Zähringer in sich begriff – weil Maximilian die Habsburger als die Vorfahren der Zähringer, die Zähringer als eine Seitenlinie der Habsburger ansah.

Der erste habsburgische König, Rudolf (1273–1291), der vor seiner Erhebung auf den Thron der mächtigste Dynast im herzoglosen Schwaben gewesen war, hatte sich hingegen umgekehrt als einen Nachfahren des zähringischen Herzogsgeschlechts begriffen. Der einstige Parteigänger der

Staufer, der auch als König an staufische Politik im Reich anknüpfte, definierte den historischen Rang seines Geschlechts ganz durch die Herkunft seiner Großmutter mütterlicherseits, einer Schwester des letzten Zähringers. So ließen die Chronisten lange unerwähnt, daß Kaiser Friedrich II. die Patenschaft bei Rudolfs Taufe übernommen hatte, und sahen vielmehr als bezeichnend an, daß Rudolf in dem Jahr geboren wurde, als der letzte Zähringer starb (vgl. Nr. 266).

Dem Selbstverständnis Maximilians I., der seinem Haus europäischen Rang, ja Vorrang verschafft hatte, konnten die überlieferten Vorstellungen von der Herkunft der Habsburger nicht genügen – weder die Vorstellung von römischer Herkunft, die schon im 14. Jahrhundert Rudolfs Zähringerbewußtsein verdrängt hatte, noch gar zähringische Abstammung selbst. Zähringen sei doch bloß eine schon von Barbarossa gebrochene Burg, ließ Maximilian 1507 in ein Wappenbuch eintragen; das Zähringerwappen sei nicht wert, geführt zu werden. Wenn gleichwohl noch in eben diesem Jahr 1507 Maximilian selber geradezu eine Zähringer-Renaissance inaugurierte (vgl. Nr. 271) und dann sehr wohl das (vermeintliche) Zähringerwappen im »Triumphzug«, dem großen Holzschnittwerk von 1515, mit sich führte, so war dieser Umschwung möglich geworden durch eine neue Gesamtsicht von der Herkunft der Habsburger. Die neue Konzeption war die Leistung Jakob Mennels, des in Freiburg ansässigen erfolgreichsten genealogischen Forschers Maximilians (vgl. Nrn. 271–275, 277).

Von der Überlegung geleitet, die Zeugnisse über die ältesten Habsburger müßten im Umkreis ihres ältesten Besitzes, an Hoch- und Oberrhein, zu finden sein, wurde Jakob Mennel u. a. in St. Trudpert, Sulzburg und Muri fündig, so daß er Habsburger am Oberrhein bis in die Merowingerzeit zurückverfolgen und sie an die Merowingerkönige genealogisch anschließen, ›ansippen‹ konnte. Daß der habsburgische Mannesstamm damit in gerader Reihe auf die aus Troja herkommenden Franken zurückgeführt werden konnte, wofür die französischen Könige mehrmalige Umwege über Töchter benötigten, wurde mit der entsprechenden Spitze dargelegt. Die Zähringer aber kamen nun wieder zu Ehren – als Habsburger, als derjenige Zweig des Hauses, der vor dem Aufstieg Rudolfs von Habsburg zum Königtum die bedeutendste Stellung an Hoch- und Oberrhein und in der nunmehrigen Schweiz innegehabt hatte. Die ersten Nachforschungen über die Zähringer, die Ladislaus Sunthaym im Auftrag Maximilans schon 1502/03 anstellte (vgl. Nrn. 269–270), waren noch ohne eine Gesamtkonzeption geblieben. Erst die Stellung, die Mennel den Zähringern im Rahmen der habsburgischen Hausgeschichte zuwies, stimulierte das Interesse an dem längst ausgestorbenen Geschlecht.

Dem Breisgau und seiner Haupt-Stadt Freiburg bot sich nun die Chance, im Rahmen der Geschichte ihrer habsburgischen Stadtherren ihren eigenen unverwechselbaren Rang, ihre Identität zu definieren: als Zähringerstadt. Parallel zu den Ausarbeitungen Jakob Mennels und im Kontakt mit ihm verfaßte der aus dem alten zähringischen Weilheim unter Teck gebürtige Kaplan am Freiburger Münster Johannes Sattler die erste Freiburger Stadtgeschichte (vgl. Nr. 279). Sie besteht weitgehend aus zähringischer Hausgeschichte. Während Maximilian den Neubau des Münsterchores, bei dem das Grab Bertolds V. seiner herausgehobenen Lage beraubt wurde, zum Anlaß nahm, durch die Stiftung von Glasfenstern das Münster sichtbar habsburgisch zu machen (vgl. Nr. 276), und unter seinen Nachfolgern auch das Kaufhaus mit Standbildern und Wappen ganz habsburgisch gestaltet wurde (Nr. 268), nahm in Freiburg das Interesse an den Zähringers stetig zu. Mittels der Sattlerschen Chronik erteilte der Rat dem Kosmographen Sebastian Münster die gewünschten Auskünfte über die Stadtgeschichte (vgl. Nr. 347), von David Wolleber erwarb der Rat 1593 einen Zähringer-Stammbaum (Nr. 280.2) für den städtischen Ratssaal und im Jahr 1597 eine Chronik, die über Freiburg kaum zwei Seiten, aber 190 Seiten über die Zähringer enthält (Nr. 280.3). Durch die Aneignung und Ausgestaltung der Zähringertradition im 16. und 17. Jahrhundert gab die einst von den Zähringern gegründete und beherrschte Stadt gegenüber den Habsburgern zu erkennen, daß sie bei aller Liebe zum Hause Habsburg etwas eigenes sein wollte: eine Zähringerstadt.

Lit.: D. Mertens, Die Habsburger als Nachfahren und als Vorfahren der Zähringer, in: Die Zähringer I, S. 151–174.

D. M.

266
Rudolf von Habsburg als Nachfahre der Zähringer

Colmarer Annalen, um 1300, zum Jahr 1218, Colmarer Dominikanerchronik, Anfang 14. Jahrhundert, zum Jahr 1218; Repr. aus Hs. Württembergische Landesbibliothek Stuttgart, Cod. hist. 4°, 145.

Als zunächst zufällige Koinzidenz sind in den Colmarer Annalen zum Jahr 1218 der Tod Bertolds V. und die Geburt Rudolfs von Habsburg in zwei aufeinanderfolgenden Sätzen vermerkt: *Zeringiae Dux Bertholdus obiit, Rex Ruodolphus nascitur Kalendas Maii* (»1218 Der Herzog von Zähringen starb. König Rudolf wird am 1. Mai geboren«). Die wenig später aufgezeichnete Colmarer Dominikanerchronik dagegen stellt eine Verbindung zwischen beiden Ereignissen her: *Comes Rudolfus de Habisburch natus est de progenie ducis Zeringie anno 1218 ... Kalendas Maii, eodem scilicet anno, quo dux Zeringie viam carnis ingreditur universe.* (»Graf Rudolf von Habsburg aus dem Geschlecht des Herzogs von Zähringen wurde am 1. Mai 1218, in demselben Jahr nämlich, in dem der Herzog von Zähringen den Weg allen Fleisches ging, geboren«). Für den Dominikanerchronisten stammte demnach Rudolf aus dem Zähringergeschlecht.

Lit.: Zur Überlieferung: E. KLEINSCHMIDT, Die Colmarer Dominikanergeschichtsschreibung im 13. und 14. Jahrhundert, in: DA 28 (1972), S. 371–492, bes. S. 439f. und 489; – D. MERTENS in: Die Zähringer I, S. 156f.

D. M.

267
Mathias von Neuenburg, Chronica. Lateinische Chronik zu den Jahren 1245–1350 (1355)

Mitte 14. Jahrhundert.
Pergamenthandschrift, 286 Bll., H. 23 B. 14 cm.
Burgerbibliothek Bern, Cod. 260;
aufgeschlagen f. 234ra.

Mathias wurde um 1295 im oberrheinischen Neuenburg, damals einer Reichsstadt, geboren. Dem Wappen seiner Nachkommen zufolge dürfte er dem dortigen Patriziergeschlecht von Endingen entstammen. Seit 1315 studierte er kanonisches Recht in Bologna, wo er zweifellos auch den Magistergrad erwarb, mit dem er erstmals 1327 in Basel nachweisbar ist. Er war in Basel und seit 1329 in Straßburg Advokat (»Fürsprech«) des bischöflichen Gerichts, er erwarb dort das Bürgerrecht. Zwischen 1364 und 1370 ist er gestorben.
Die Chronik des Mathias erzählt in zeitlichem Anschluß an die Chronik des Martin von Troppau hauptsächlich Reichsgeschichte von Rudolf von Habsburg bis zu Karl IV. aus oberrheinischer Perspektive. Mathias liebt die individualisierende Anekdote. Das aufgeschlagene Kapitel (9) enthält eine solche über die angebliche Vertreibung der älteren Kiburger Grafen von der Kybburg auf dem Kybfelsen oberhalb Freiburgs durch die Zähringer. Sie dürfte auf Erzählungen eines Bologneser Mitstudenten des Mathias, des Eberhard von Kiburg (aus der jüngeren Linie), zurückgehen. Daher kann sie kiburgischer Hausüberlieferung entstammen und braucht nicht bloß der breisgauische Versuch zu sein, den Namen und die ehemals auf dem Kybfelsen vorhandenen Reste einer Burg zu erklären.

Lit.: Die Chronik des Mathias von Neuenburg, hrsg. v. A. HOFMEISTER (MGH. SS rer. Germ. NS 4), 1955; – K. ARNOLD, in: VL 2. Aufl. Bd. 6, 1985, Sp. 194–197; – K. SCHMID, in: Die Zähringer I, S. 220f.

D. M.

268
Abb. 174a

Hans Sixt von Staufen, Standbild Kaiser Maximilians I.

Freiburg i. Br., Kaufhaus, 1530/1531; Photographie.

Am 26. Mai 1505 beschloß der Rat der Stadt Freiburg den Bau eines neuen Kaufhauses, da das alte an der Schusterstraße (ehemals Wammersgasse) nicht mehr genügte. Mehrere Projekte scheiterten, bis die Stadt 1517 das Eckhaus Kaufhausgäßle/Münsterplatz erwerben und sogleich mit dem großzügigen Neubau beginnen konnte. Die Hauptbauzeit fällt in die 1520er Jahre. 1530/1531 bezahlte die Stadt dem Bildschnitzer und Bildhauer »Meister Sixten« bis

174a (Kat.-Nr. 268)

zum 28. 1. 1531 wegen *der IIII steinen bilden ans Kaufhus* insgesamt 54 Gulden. Hans Sixt aus Staufen hatte seit 1515 für die Freiburger Münsterfabrik gearbeitet; er ist auch der Schöpfer des geschnitzten Schreins des Locherer-Altars im Münster.

Das Standbild des Kaisers Maximilian (1459–1519) eröffnet die Reihe der Statuen der vier Habsburger, die in der Altersfolge neben Maximilian angeordnet sind: sein Sohn Philipp der Schöne (1478–1506), König von Kastilien, und dessen Söhne Karl V. (1500–1558), Kaiser seit 24. 2. 1530, sowie Ferdinand I. (1503–1564), seit 5. 1. 1531 römischer König. Die vier Statuen sollen weder das Kaisertum noch eigentlich die Stadtherren Freiburgs darstellen – Philipp hat nie über Freiburg geherrscht –, sondern diejenigen Glieder der habsburgischen Genealogie, die das Haus Habsburg zu seiner über das Reich weit hinausragenden und durch die Wappen an den Erkern des Kaufhauses vorgestellten Herrschaft geführt haben und sie in den Personen Karls und Ferdinands aktuell repräsentieren. Dieses augenfälligste Freiburger Bildzeugnis der habsburgischen Herrschaft ist im 18. Jahrhundert ein Opfer der Zähringer-Tradition geworden. Denn damals hielten, wie Marquard Herrgott (vgl. Nr. 358) berichtet, viele Freiburger die vier Statuen für zähringische Herzöge als die Gründer der Stadt und des Münsters.

Lit.: F. Hefele, Zur Baugeschichte des Freiburger Kaufhauses, in: SiL 51–53 (1926), S. 1–24; H. Rott, Quellen und Forschungen zur südwestdeutschen und schweizerischen Kunstgeschichte im XV. und XVI. Jahrhundert, Bd. 3, 1, 1936, S. 140–142; M. Herrgott, Monumenta Augustae Domus Austriacae 3, 2, 1773, S. 159. D. M.

269
Brief des Ladislaus Sunthaym an König Maximilian I.

Wien, 22. Juni 1503.
Original, Papier.
Haus-, Hof- und Staatsarchiv Wien, Hofakten des Ministeriums des Innern, Faszikel 3102, f. 18–19.

Der aus Ravensburg gebürtige Ladislaus Sunthaym studierte seit 1460 in Wien, 1473 erhielt er als Priester des Konstanzer Bistums Meßpfründen am Wiener Stephansdom, von 1504 bis zu seinem Tod im Jahr 1513 hatte er dort die Pfründe eines Domkanonikers inne. Er gehörte dem Humanistenkreis des 1497 von König Maximilian nach Wien berufenen Konrad Celtis an. Maximilian beauftragte Sunthaym seit 1500 mit Arbeiten zur Genealogie des Hauses Habsburg. Dafür unternahm Sunthaym 1502/03 eine Reise durch den Südwesten des Reiches einschließlich der Schweiz und des Elsaß. Die Ergebnisse seiner genealogischen Nachforschungen hat er in zwei Briefen mitgeteilt, von denen der erste am 22. 6. 1503 an den König, der zweite am 30. 11. 1503 an den königlichen Sekretär Matthäus Lang, Maximilians wichtigsten Politiker, gerichtet ist (vgl. Nr. 270). Sunthaym, der über den Turm der Breisacher Burg und den als Erbauer vermuteten Habsburger nachforschen sollte, berichtet, er sei zwischen Schwarzwald und dem Üchtland allenthalben auf die Spuren des letzten Zähringers gestoßen, habe aber – wider die Erwartung des Königs – in den Chroniken keinen Hinweis auf eine frühere Herrschaft der Habsburger über Burgund, weder über das Königreich noch über das Herzogtum oder die Grafschaft, gefunden. Er schreibt ausführlich über Bertold V., nennt dessen Begräbnisort, den Chor des Freiburger Münsters, und teilt als erster die Inschrift am Turm zu Breisach mit. Der Zähringer ist für ihn ganz selbstverständlich *von sein eltern geborn aus den Graven von Habspurg.* Hier wird die Eingliederung der Zähringer in die Habsburger-Genealogie erstmals faßbar, wenngleich nur als Behauptung.

Lit.: Hormayrs Taschenbuch für vaterländische Geschichte 8, 1827, S. 125ff.; Jahrbuch der kunsthistorischen Sammlungen des Allerhöchsten Kaiserhauses 5 (1887), S. CXXf., Nr. 4490; – F. Eheim, Ladislaus Sunthaym. Ein Historiker aus dem Gelehrtenkreis um Maximilian I., in: MIÖG 57 (1959), S. 53–91, bes. S. 70f.

D. M.

270
Brief des Ladislaus Sunthaym an Matthäus Lang, Administrator des Bistums Gurk und königlicher Kammersekretär

Wien, 30. 11. 1503.
Original, Papier.
Haus-, Hof- und Staatsarchiv Wien, Hofakten des Ministeriums des Innern, Faszikel 3102, f. 20–22.

Maximilians Historiograph Sunthaym (vgl. Nr. 269) widerlegt die am Hof umlaufende Anschuldigung, er habe zu wenig gearbeitet, mit – meist lateinischen – Proben seines Fleißes, an erster Stelle einer Genealogie der Zähringer. Sie beginnt mit dem angeblich in Sulzburg begrabenen »Bertold mit dem Bart, geboren von Habsburg, Graf in Zähringen« *(Berchtoldus Barbatus, natione de Habspurg, Comes in Zeringn)* und dessen Frau Mechthild, Tochter des nachmaligen Gegenkönigs Rudolf von Rheinfelden, – was in mehrfacher Hinsicht unrichtig ist. Zu Bertold V. zieht Sunthaym die Dekretale *Venerabilem* heran (vgl. Nr. 76), die er aus dem Liber Extra, der Dekretalensammlung Papst Gregors IX., kennt. Die Genealogie endet mit der Angabe der Begräbnisstelle Bertolds V. (»zu Freiburg im Breisgau im Chor der Pfarrkirche«), die Sunthaym wohl selbst gesehen hat. Die Aufzeichnungen des Abtes Peter Gremmelsbach aus St. Peter sind ihm unbekannt. Sunthaym hat sich noch nicht auf necrologische Quellen gestützt. Seine Zusammenstellung ist der erste Versuch des Gelehrtenkreises um Maximilian I., die Genealogie der Zähringer zugunsten der Habsburgergenealogie aufzuarbeiten, wobei jedoch die Verbindung beider Genealogien noch nicht versucht wird.

Lit.: Vgl. Nr. 269.

D. M.

271
Jakob Mennel, Cronica Habspurgensis nuper Rigmatice edita

S. l. a. ⟨Konstanz 1507⟩.
Druck, 7 Bll., Kl. 2°, Bl. 1ʳ mit Titel in Rotdruck.
Bayerische Staatsbibliothek München, 2° P. o. Germ 23ᵇ.

Als Autor dieser ihrem lateinischen Titel zum Trotz in deutschen Reimen gehaltenen »Chronik« nennt sich in den Schlußversen Dr. Jakob Mennel von der Universität Freiburg, *des Römischen Kunig Cronicist.* Er habe das *Gedicht (...) sampt seinr mitgesellen hilf* 1507 zu Konstanz auf Geheiß König Maximilians verfaßt. Es wurde zweifellos auf dem Konstanzer Reichstag (Ende April bis Ende Juli 1507) im Druck verbreitet. Der Konstanzer Reichstag diente der politischen und militärischen Vorbereitung des Romzuges, durch den Maximilian gegen Ludwig XII. von Frankreich die Herrschaft über Oberitalien behaupten und die Kaiserkrone gewinnen wollte. Mennels Chronik stützt den habsburgischen Anspruch auf den Vorrang vor allen anderen Herrschergeschlechtern durch eine gänzlich neue Genealogie der Habsburger: sie stammten über Otpert, den Stifter des Klosters St. Trudpert und ersten Grafen von Habsburg, unmittelbar von den merowingischen Königen ab. Unter die Nachfahren dieses Habsburgers Otbert reiht Mennel die Zähringer ein. Deren Genealogie – Mennel stützt sich auf die Aufzeichnungen des Abtes Peter Gremmelsbach von St. Peter – schiebt er auf fol. Aiiii^{r}–Av^{r} exkursartig zwischen die ihm aus den Klöstern St. Trudpert und Muri bekannt gewordenen Namen vermeintlicher und tatsächlicher Habsburger. Mennel ›gelingen‹ hier als erstem die Ansippungen der Habsburger an die Merowinger und der Zähringer an die Habsburger, womit er auf Jahrhunderte hin das genealogische Selbstverständnis der Habsburger und die Auffassung von den Zähringern als einer Seitenlinie der Habsburger bestimmte.

Lit.: P. P. ALBERT, Die habsburgische Chronik des Konstanzer Bischofs Heinrich von Klingenberg, in: ZGO 59 N. F. 20 (1905), S. 179–223 (mit einem Abdruck der Cronica Mennels); G. ALTHOFF, Studien zur habsburgischen Merowingersage, in: MIÖG 87 (1979), S. 71–100.

D. M.

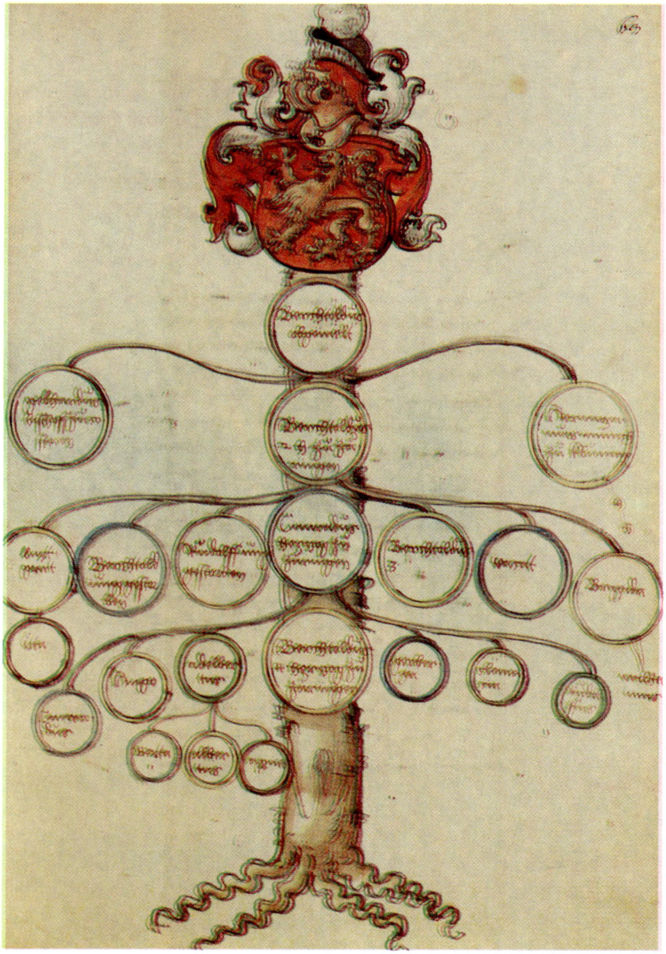

175 (Kat.-Nr. 272)

272 Abb. 175
Jakob Mennel, Fürstliche Chronik Kayser Maximilians Geburtspiegel genannt

Freiburg, 1512–1518.
Papierhandschrift, 340 Bll., H. 30 B. 21 cm, Buch (Bd.) 2 des sechsbd. Werks (ÖNB 3072–3077**), zahlreiche kolorierte Federzeichnungen (zumeist Wappenstammbäume) vom sog. Mennel-Meister, unterschrieben vom Freiburger Karthäuserprior Gregor Reisch.*
Österreichische Nationalbibliothek Wien, Cod. 3073 (Hist. prof. 380);
aufgeschlagen f. 63ʳ: Zähringerstammbaum.

Der 2. Band der »Fürstlichen Chronik« bietet in Abbildungen und schematisch gegliederten Texten die Darstellung der Abstammung Maximilians vom ersten christlichen Merowingerkönig Chlodwig an. Auf f. 26ʳ sind Otpert, »erster Graf von Habsburg«, und die sechs folgenden Generationen angeführt, f. 56ᵛ werden Bezelin und Bertold mit dem Bart erreicht. An den letzteren schließt die aufgeschlagene Nachfahrentafel mit dem Rückverweis *Berchtoldus obgemelt* an. Auf f. 71ᵛ folgen die drei Generationen von Bertold IV. bis zu seinem Enkel Egeno von Urach. Von f. 63ᵛ bis f. 77ᵛ beschreibt Mennel die Geschichte der Zähringer nach dem Schema Taten/Stiftungen – Weib/Kinder/Begräbnisort. Sein Text steht dem der Freiburger Chronik Sattlers nahe. – Die Schwester Bertolds V. namens Anna (die mit Ulrich von Kiburg verheiratete Großmutter König Rudolfs von Habsburg), auf die König Rudolf sein Selbstverständnis als Zähringernachfahre gründete, ist Mennel unbekannt geblieben. Da Mennel das Verhältnis Zähringer-Habsburger umkehrt, ist diese ehemals konstitutive genealogische Verbindung entbehrlich geworden. – Die behauptete Stammverwandtschaft der Zähringer mit dem Nachfahren Otperts wird heraldisch durch den Wechsel der Farben dargestellt. Aus dem schon für die vorheraldische Zeit in Anspruch genommenen Wappen der Grafschaft Habsburg (in Gold ein roter Löwe) entsteht so durch dessen Differenzierung das Zähringer Löwenwappen (in Rot ein goldener Löwe) (s. oben Schadek, S. 110f.).

Lit.: SCHRAMM-FILLITZ-MÜTHERICH (wie Nr. 273), Nr. 182 S. 103f. (Abb. 182); D. MERTENS, in: Die Zähringer I, S. 160ff.

D. M.

273 Abb. 176
Jakob Mennel übergibt seine fünf Bücher der »Fürstlichen Chronik« dem Kaiser

Farbige Miniatur in Jakob Mennel, »Der Zaiger«, 1518.
Papierhandschrift, 122 Bll., H. 37,3 B. 25 cm.
Österreichische Nationalbibliothek Wien, Cod. 7892;
aufgeschlagen f. 2ʳ.

Die Abbildung ist der Vorrede des »Zaigers« beigegeben. Der »Zaiger« bietet in zahlreichen farbigen, von der Hand des sog. Mennel-Meisters stammenden Bildern und ganz kurzen Texten eine Zusammenfassung der fünf Bücher »Fürstlicher Chronik« (Nr. 272), die dem vielbeschäftigten Kaiser *vff das allerkürzest den Innhalt der vorberürten fünff bücher anzaigt* und darum *der zaiger genant* wird. Die Personen links und rechts stellen den Kaiser und wohl seine verwitwete Tochter Margarethe dar. Die Art, in der Mennel seine zwar kleiner gemalte Person und sein Werk in den Mittelpunkt des Bildes rücken und zu einer Einheit zusammenfügen läßt, drückt ein außerordentliches Selbstbewußtsein aus. An sich wäre der Bildtypus der Buchüberreichung zu erwarten, der den Herrscher in der Mitte thronend und den Autor vor ihm kniend und sein Werk darreichend zeigt. – Mennel ist samt seiner Familie noch einmal im »Zaiger«, f. 112ʳ abgebildet, diesmal unter einer Darstellung der Krönung Mariens kniend.

Lit.: A. LHOTSKY, Dr. Jakob Mennel, Ein Vorarlberger im Kreise Kaiser Maximilians I., in: DERS., Aufsätze und Vorträge, Bd. 2, 1971, S. 283–311, bes. S. 300f.; P. E. SCHRAMM–H. FILLITZ–F. MÜTHERICH, Denkmale der deutschen Könige und Kaiser, Bd. II: Ein Beitrag zur Herrschergeschichte von Rudolf I. bis Maximilian I. 1273–1519 (Veröffentlichungen des Zentralinstitut für Kunstgeschichte München VII), 1978, Nr. 183 S. 104 (Abb. 183).

D. M.

176 (Kat.-Nr. 273)

274 Abb. 177
Jakob Mennel und Petrarcameister (Hans Weiditz), Gedenkblatt auf den Tod Kaiser Maximilians I.

Wien, Einzelblattdruck s. l. a. [1509].
3 Holzschnitte, Dm. 22,8; H. 10,8 B. 16,3; H. 7,1 B. 17,2 cm.
Graphische Sammlung Albertina Wien, Inv.-Nr. D. I. 19ª–p. 57, 1949/368.

Das Blatt trägt den Titel *De diui Maximiliani Romanorum Cesaris Christiana vita Et felicissimo eius obitu... Jacobi Manlii doctoris... dicti Cesaris hystoriographie Hystoria.* In dem die drei Holzschnitte umgebenden Text berichtet Jakob Mennel (Manlius), daß ihn der Kaiser in seiner letzten Krankheit von Freiburg zu sich nach Wels habe kommen lassen, um sich von ihm über seine historiographischen Arbeiten berichten zu lassen. Zunächst hätten sie anhand eines Wappenspiegels (oberer Holzschnitt) über die Ritterorden, den Orden vom Goldenen Vlies und die darin zusammengeschlossenen christlichen Könige gesprochen. Sodann habe der Kaiser die von ihm, Mennel, verfaßten fünf Bücher der »Fürstlichen Chronik« (vgl. Nr. 272) herbeischaffen und durch mehrere Nächte hin vorlesen lassen, zuerst über die Heiligen des Hauses Habsburg, zuletzt über seine Vorfahren. Der mittlere Holzschnitt zeigt unter der Überschrift *Dem Kaiser werden durch Mennel die Bücher von seiner uralten und hochedlen Abstammung vorgelesen,* wie Mennel am Pult sitzend bei Kerzenschein dem ihm gegenüber unter einem Baldachin thronenden und von stehendem Gefolge umgebenen Kaiser aus einem dicken Folioband vorliest. – Der untere Holzschnitt stellt die Abhaltung des Totenamtes dar.

Lit.: Ausst.Kat. Maximilian I., Innsbruck 1969, Nr. 261 S. 66f. (mit älterer Lit.). D. M.

275
Jakob Mennel, Seel vnnd heiligen buch keiser Maximilians altfordern

Freiburg i. Br., Johannes Wörlin 1522.
Druck, Kl. 8°, 62 S.
Universitätsbibliothek Freiburg i. Br., Rara H 5366.

Den Heiligen des Hauses Habsburg galt Maximilians besonders nachdrückliches Interesse. Deren Legenden, welche die beiden Schlußbände der »Fürstlichen Chronik« (Nr. 272) ausmachen, ließ sich Maximilian als erstes von Mennel vorlesen (vgl. Nr. 274). Auf der Grundlage der 1514 fertiggestellten Vorarbeiten Mennels gab der Kaiser Miniaturen und eine Holzschnittserie in Auftrag; er befahl Mennel überdies die Abfassung und wohl auch Publizierung der vorliegenden Kurzfassung, die jedoch erst nach Maximilians Tod fertig wurde und die Mennel schließlich auf eigene Kosten drucken ließ. Das Werk enthält neben den Heiligen – die kurz gefaßten Angaben entsprechen weithin denen des »Zaigers« (Nr. 273) – die Angabe der Begräbnisorte sämtlicher Angehöriger des Hauses Habsburg und seiner Nebenlinien einschließlich der Zähringer, soweit sie Mennel schon in den verschiedenen Büchern der »Fürstlichen Chronik« verzeichnet hatte. Das Seel- und Heiligenbuch ist dem »Habsburger Kalender« mit seinem Begräbniskatalog (Nr. 277) vergleichbar: es bietet nicht gelehrte »Taphographie« im Stil des 18. Jahrhunderts, sondern gründet auf dem Gedanken der Fürbitte und des Totengedächtnisses in der Liturgie.

Lit.: S. Laschitzer, Die Heiligen aus der »Sipp-, Mag- und Schwägerschaft« des Kaisers Maximilian I., in: Jahrbuch der kunsthistor. Sammlungen des Allerhöchsten Kaiserhauses 4 (1886), S. 70–287. D. M.

276
Farbverglasung des Obergadens im Hochchor des Freiburger Münsters

276.1
HL. GEBHARD

Freiburg, Werkstatt des Hans Gitschmann, gen. von Ropstein, vor 1512.
Glasgemälde aus dem Achsfenster des Hochchors des Freiburger Münsters, im 19. Jahrhundert durch Übermalung stark beeinträchtigt, H. 215 B. 53 cm.
Augustinermuseum Freiburg i. Br., Leihgabe der Münsterfabrik, Inv.-Nr. 62/63 M.

Das Mittelfenster des Freiburger Münsterhochchores gehört zu den drei vom habsburgischen Kaiserhaus gestifteten »Kaiserfenstern«, die in

De Diui Maximiliani Romanorum Cesaris Christiana vita Et felicissimo eius obitu &c. Ad Reuerendissimū in Christo patrem et illustrem Principem Fabriciū de Carreto ex Marchionibus finalis sacrosancte domus Hospitalis sancti Joannis Jherosolimitani Militaris ordinis Magnum magistrum Rhodi &c. vt precipuū Cesaris obsequentē Jacobi Manlii doctoris eiusdem ordinis in Germania Cancellarij & dicti Cesaris historiographi Historia.

De his quibus potissime iam corpore egrotante animū reficiebat Cesar.

Cesari antiquissime et nobilissime Genealogie eius per Manlium libri leguntur.

De felicissimo Cesaris obitu/ et exanimi corpore sub Crucifixi et Militaribus S. Georgii insignibus ad Sarcophagū deposito

Cum priuilegio Imperiali.

177 (Kat.-Nr. 274)

der Werkstatt des aus dem Elsaß stammenden Hans Gitschmann, gen. von Ropstein, entstanden und 1512 eingesetzt wurden (vgl. Nr. 276.2). Die untere Hälfte des vierbahnigen Maßwerkfensters füllte eine Darstellung des habsburgischen Doppeladlers mit Krone, Wappen und Inschrift. Darüber erscheinen in einem kastenartigen Rahmen die überlebensgroßen Gestalten, (von links nach rechts) der Hll. Gebhard, Thomas von Canterbury, Georg und Hubertus. Die Aufstellung des ikonographischen Programms der drei Kaiserfenster geht vielleicht auf Kaiser Maximilian selbst zurück (vgl. oben Mertens, S. 305 f.). Mennel identifizierte in seinem »Habsburger-Kalender« (von 1513/14, vgl. Nr. 277) den Konstanzer Bischof noch mit dem Zähringer Gebhard III. († 12. 10. 1110), um ihn später durch den von Mennel als Habsburger verstandenen (Bregenzer) Gebhard II. zu ersetzen.
Die kräftige, nach rechts gewandte Figur des Konstanzer Bischofs mit ihren markanten Gesichtszügen steht auf einer maßwerkgeschmückten Sockelleiste vor dunkelblauem damasziertem Grund. Die liturgische Kleidung des Heiligen erhält ihren besonderen Akzent durch den prächtigen grünen, mit einem Granatapfelmuster und Perlenstickereien an den Borden geschmückten Rauchmantel, dessen Innenfutter rot ist. Im Kontrast dazu stehen die violetten Pontifikalhandschuhe und die weiße Mitra. In einer komplizierten Gebärde umgreift der Heilige mit beiden Händen an zwei verschiedenen Stellen seinen Bischofsstab. Eine Inschrift auf der oberen Abschlußzone des angedeuteten architektonischen Rahmens bezeichnet den Bischof, der zu den beliebtesten Heiligen der Diözese Konstanz gehörte.

Lit.: C. Hermans, Die Glasgemälde des Freiburger Münsterchores und ihr Meister Hans von Ropstein, Diss. phil. Freiburg i. Br. 1953, S. 9 f., 55, Kat. S. 28 f.; Katalog Kunstepochen Freiburg, Nr. 242A S. 212.

M. K.

276.2 Abb. 178

FARBVERGLASUNG DES OBERGADENS IM HOCHCHOR DES FREIBURGER MÜNSTERS

Freiburg, 1511–1513, Werkstatt des Hans Gitschmann gen. von Ropstein.
9 Fenster mit insgesamt 36 Heiligendarstellungen, sehr stark restauriert, z. T. durch Kopien ersetzt; Fensterbildfläche der Fenster NIV, NV, NVI: 205 cm × 326 cm; Fensterbildfläche der übrigen Fenster: 215 cm × 268 cm; Repr. Freiburg i. Br., Münster Unserer Lieben Frau (Originale z. T. im Augustinermuseum).

Die Verglasung des Chorobergadens erfolgte in den Jahren 1511 bis 1513 durch das Atelier des elsässischen Glasmalers Hans Gitschmann gen. von Ropstein. Dem Zeitgeschmack entsprechend wurden die Fensterflächen nicht mehr völlig farbig verglast, sondern nur partiell. Die Glasgemälde erhielten dadurch eine tafelbildartige Wirkung. Farbig verglast sind nur die oberen Hälften der Fensterlanzetten, die unteren zeigen in Medaillons die Stifterwappen. Das Couronnement sämtlicher Fenster ist blankverglast. Alle Glasbilder sind Stiftungen; die Fenster des Chorpolygons gehen auf das habsburgische Kaiserhaus zurück, die des Langchors wurden dem Münster von verschiedenen Familien und Einzelpersonen zugeeignet. Da bei der Verglasung die individuellen Wünsche der Auftraggeber zu berücksichtigen waren, kam es zu Wiederholungen bei der Wahl der Schutz- und Namenspatrone, die auf den Fenstern die Stifter (als Wappen gegenwärtig) vor Gott vertreten.

Die Obergadenfenster des Freiburger Münsterchors: Fensterübersichtsplan des Chorobergadens (Handskizze).

I: Hll. Gebhard (vgl. Nr. 276.1), Thomas v. Canterbury, Georg, Hubertus; darunter: Habsburgischer Doppeladler mit Inschrift, Wappen, Krone und Kette des Ordens vom Goldenen Vlies.
Stiftung des habsburgischen Kaiserhauses.
Inschrift: *Maximilian dei gratia Romanorum Imperator 1512.*

NII: Hll. Leo, Andreas, Karl, Hugo; darunter: Spanisch-kastilisches Wappen mit Krone und Vlies-Kette.
Stiftung des habsburgischen Kaiserhauses.
Inschrift: *Karolus dei gratia kastiliae leonis atque granadae Rex, Archidux Austriae.*

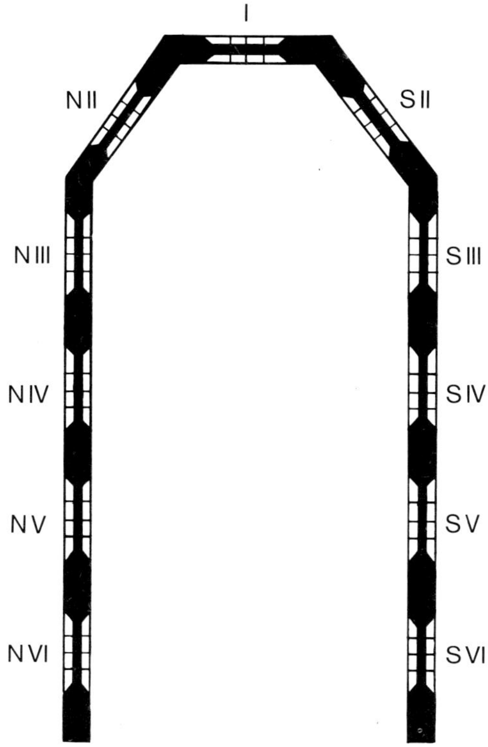

178 (Kat.-Nr. 276)

SII: Hll. Walburga, Leopold, Jakobus, Ulrich;
darunter: Burgundisches Wappen mit Herzogshut und Vlies-Kette.
Stiftung des habsburgischen Kaiserhauses.
Inschrift: *Ferdinandus dei gratia Archidux Austriae dux Burgundiae, comes Tyrolis et Flandriae.*

NIII: Hll. Bruno, Margarete, Wilhelm, Maximin;
darunter: Stifterwappen.
Stiftung der Familie von Rappoltstein.

SIII: Hll. Maria Magdalena, Johannes Ev., Christophorus, Jakobus;
darunter: Stifterwappen.
Stiftung der Familie von Falckenstein.

NIV: Hll. Nikolaus, Ulrich, Sebastian, Heinrich;
darunter: Stifterwappen.
Stiftung verschiedener Einzelpersonen (u. a. U. Graf, S. v. Blumeneck, H. Kohler).

SIV: Muttergottes, Hll. Caspar, Balthasar, Melchior;
darunter: Stifterwappen (Stifterinschrift verloren).
Stiftung der Familie von Blumeneck.

NV: Hl. Andreas, Mater dolorosa, Christus als Schmerzensmann, Hl. Johannes Ev.;
darunter: Stifterwappen.
Stiftung der Familien Riederer und Heinrice.

SV: Hll. Magnus, Dorothea, Ursula, Ludwig;
darunter: Stifterwappen.
Stiftung der Familien Stainer und Kiele.

NVI und SVI ohne Glasgemälde.

Lit.: S. LASCHITZER, Die Heiligen aus der »Sipp-, Mag- und Schwägerschaft« des Kaisers Maximilian I., in: Jahrbuch der Kunsthistorischen Sammlungen des Allerhöchsten Kaiserhauses 4 (1886), S. 70–88, 5 (1887), S. 117–222; L. BALDASS, Der Künstlerkreis Kaiser Maximilians, 1929; C. HERMANS, Die Glasgemälde des Freiburger Münsterchores und ihr Meister Hans von Ropstein, Diss. phil. Freiburg i. Br. 1953 (mit Angabe der älteren Lit.); Katalog Kunstepochen Freiburg, S. 211–214 Nr. 242. M. K.

277
Jakob Mennel, »Habsburger Kalender«

Freiburg i. Br., ca. 1513/14.
Papierhandschrift, 32 Bll., H. 31 B. 21,5 cm, brauner Ledereinband auf Pappe mit Streicheisenlinien u. Einzelstempel der Zeit.
Württembergische Landesbibliothek Stuttgart, HB V 43.

Die genealogischen Forschungen, die Jakob Mennel im Auftrag Maximilians I. betrieb, sollten nicht allein die uralte Herkunft des habsburgischen Geschlechts erweisen, sondern darüber hinaus die Verwandtschaftsbeziehungen zu allem hohen und höchsten Adel in ganz Europa aufweisen und schließlich alle kanonisierten Heiligen und für heilig zu erachtenden Personen dieses weiten, um das Haus Habsburg gruppierten Verwandschaftskreises samt ihren Legenden und Begräbnisorten zusammenstellen. Parallel zur ersten Niederschrift der Fürstlichen Chronik (vgl. Nr. 272), deren 5. Buch den *himelsfürsten und -fürstin*⟨nen⟩, den Heiligen und Seligen, gewidmet ist, verfaßte

Mennel den vorliegenden Kalender. In einen Festkalender fügte er weit über 100 Heilige des Hauses Habsburg und seiner Verwandten ein. Zum 17. August (mit dem Tagesbuchstaben e) steht Bischof Gebhard von Konstanz († 12. 11. 1110), der Bruder Herzog Bertolds II., verzeichnet. In einer späteren Fassung des Kalenders (Wien, ÖNB, Cod. 3305), die als Kalender des St. Georgs-Ritterordens bezeichnet ist, kommt der Bruder des Zähringers nicht mehr vor.
Der zweite Teil der Handschrift (f. 15r–30v) zählt die Begräbnisorte der Habsburger und ihrer Nebenlinien entsprechend dem 2. Band der »Fürstlichen Chronik« auf, darunter die der Zähringer (f. 17v–20v).

Lit.: Edition mit Faksimile des Kalenderteils: W. IRTENKAUF, Der »Habsburger Kalender« des Jakob Mennel (Urfassung) (Litterae. Göppinger Beiträge zur Textgeschichte 66), 1979; – K. SCHMID, »Andacht und Stift«. Zur Grabmalplanung Kaiser Maximilians I., in: Memoria. Der geschichtliche Zeugniswert des liturgischen Gedenkens im Mittelalter, hrsg. v. K. SCHMID und J. WOLLASCH (Münstersche Mittelalterschriften 48), 1984, S. 750–786, bes. S. 762 f.

D. M.

278
Hieronymus Gebwiler, Epitome regii ac vetustissimi ortus sacrae Caesareae ac Catholice Maiestatis…

Hagenau, Johannes Secerius, 1530.
Druck, 202. S., 8°.
Universitätsbibliothek Freiburg i. Br.,
H 5366, f.

Das von Erzherzog Ferdinand gebilligte und für die Verbreitung im Druck bestimmte Werk des Hagenauer Schulmeisters Hieronymus Gebwiler (1480–1545) bietet eine Genealogie des Hauses Habsburg von Noah, der mit Janus gleichgesetzt wird, an. Im 2. Buch (f. Eiiir) zeigt Gebwiler nach dem Vorgang Mennels die Stelle auf, an der die Linie der Zähringer von der habsburgischen Hauptlinie abzweigt. Das 5. Buch (f. T IVr–Xiiir) handelt dann ausschließlich von den Zähringern. Es ist dem aus Waldkirch gebürtigen Vizekanzler Karls V. Balthasar Merklin, zugleich Bischof von Hildesheim und Propst zu Waldkirch, gewidmet. Gebwiler will mit der zähringischen Geschichte zugleich breisgauische Geschichte erzählen. Den Namen Zähringer erklärt er durch eine Namensübertragung von Zeiring im ehemaligen Herzogtum Kärnten (heute Oberzeiring/Steiermark), die der Zähringer Bertold I., der Herzog von Kärnten war, mit dem Bau der Burg Zähringen im Breisgau, einem ursprünglich kiburgischen Herrschaftsbereich (vgl. Nr. 267), vorgenommen habe.

Lit.: A. LHOTSKY, Apis Colonna, in: DERS., Aufsätze und Vorträge, Bd. 2, 1971, S. 7–102, hier S. 70 f.

D. M.

279
Johann Sattlers Chronik der Herzöge von Zähringen

279.1 Abb. 179
KARLSRUHER HANDSCHRIFT

1. Hälfte 16. Jahrhundert (mit Nachträgen bis 1629), aus St. Peter i. Schw.? (vgl. Nr. 316).
Papierhandschrift, kolorierte Federzeichnungen (der Klöster Hirsau, Weilheim, Lorch und St. Peter, der Burg Zähringen, der Städte Freiburg i. Br.: Abb. 179, Freiburg i. Ü. und Bern), 73 Bll., H. 20 B. 15,5 cm
Badische Landesbibliothek Karlsruhe,
Hs. Karlsruhe 643.

279.2 Abb. 180
DONAUESCHINGER HANDSCHRIFT

1. Hälfte 16. Jahrhundert.
Papierhandschrift, kolorierte Federzeichnungen (Bl. 2: Herzog Bertold III. zu Pferd: Abb. 180, sonst wie Karlsruher Hs.), 63 Bll. (zwischen Bl. 12 und 13 ist ein Blatt ausgefallen), H. 21 B. 16 cm.
Fürstlich Fürstenbergische Hofbibliothek Donaueschingen, Hs. 606.

Johann Sattler stammte aus Balingen. Geboren vor 1470, wurde er an der Universität Freiburg i. Br. Ende 1484 immatrikuliert. 1486 erwarb er das Baccalaureat, im Winterhalbjahr 1486/7 die Magisterwürde. Späterhin – der genaue Zeitpunkt seines Eintritts ist nicht bekannt – war er Kaplan am Freiburger Liebfrauenmünster und zugleich Pfarrherr an der Kirche zu

179 (Kat.-Nr. 279.1) Miniatur: Freiburg i. Br.

Weilheim a. d. Teck, dessen Patronat beim Kloster St. Peter lag. Zu St. Peter und seinem Abt Jodocus Kaiser (1512–1531) hatte Sattler sehr enge Beziehungen. Bei seinem Tode im Jahre 1523 vermachte er seine Hinterlassenschaft dem Kloster.

Der Wunsch nach einer Chronik der Stadt Freiburg und ihrer Stifter war Sattler von Mitgliedern des Rates bei einem Ratsessen vorgetragen worden. Die Stadt besaß eine solche offensichtlich bis dahin noch nicht. Es wird dem Wirken und dem Einfluß von Männern wie Ulrich Zasius, dem Stadtschreiber und Juristen, dem Kartäuserprior Gregor Reisch und vor allem dem Stadtschreiber und Hofhistoriographen Maximilians I. Jakob Mennel (s. oben Mertens, S. 306) zuzurechnen sein, daß das Interesse an einer Geschichte der Stadt sich hatte entwickeln können. Die Bitte und der Auftrag, diese niederzuschreiben, mag Sattler insbesondere vom ehemaligen Stadtschreiber, dem einflußreichen Ratsherrn, Obristzunftmeister und Münsterpfleger Ulrich Wirtner zugekommen sein, dem er seine Chronik gewidmet hat (Karlsruher Handschrift). Inhaltliche Unterstützung bei der Abfassung erfuhr er insbesondere durch Abt Jodocus von St. Peter, der ihm den Zugang zu den Quellen vermittelte, die sich in der Klosterbibliothek vorfanden (vgl. unten Mühleisen, S. 341 f.). Sattler erwähnt dies eigens.

Den Hauptinhalt der Chronik bildet die Geschichte der Herzöge von Zähringen, der Stadt Freiburg und ihrer Herren, der Grafen von Freiburg, und schließlich die des Hauses Habsburg. Sie setzt ein mit der Reichsgeschichte, die unter Heinrich IV. und mit dem Habsburger Bertold im Barte als Herzog von Kärnten – der sich nach Kärntens Hauptstadt Zähringen benennt (Sattler folgt hier wohl Mennel) – in die Zähringergenealogie mündet. Zwischenhinein werden von Sattler aber weiterhin reichsgeschichtliche und, seinem geistlichen Interesse entsprechend, kirchliche Denkwürdigkeiten eingestreut, etwa die Einweihung des Freiburger Münsterchores 1513 und die erste öffentliche Prozession mit dem neu gefaßten Lambertreliquar 1514. Mit dem Lobpreis Kaiser Maxi-

milians endete ursprünglich die Chronik. Die Ereignisse ab 1519, aber auch sonstige Textteile, sind spätere, je nach Handschrift auch voneinander abweichende Zusätze. Die Köhlersage (s. unten Röhrich, S. 375f.) etwa ist erst im Druck (Johann Schilter, 1698, Nr. 181) nach der verlorengegangenen Straßburger Handschrift überliefert.
Die Partien zur Geschichte der Stadt Freiburg belegen, daß Sattler auch urkundliches Material ausgewertet hat. Die Genealogie der Herzöge von Teck stützt er auf Angaben, die dem Kalendar des Meßbuchs im Schloß zu Teck entnommen sind. Mit Jakob Mennel wird er persönlichen Kontakt gehabt haben. An historiographischen Werken nennt er die Arbeiten von Martinus Polonus, Vincentius von Beauvais, Gallus Öhem, Gottfried von Viterbo und eine Chronik vom Ursprung der Stadt Bern. Sattler geht bei der Umsetzung der Quellen nicht unkritisch vor, Ungereimtheiten sind ihm aufgefallen. Doch hat er, wie er ausdrücklich vermerkt, darauf verzichtet, durch Prüfung der Quellen zu einer eigenen Meinung zu finden.

Lit.: P. P. ALBERT, Die Geschichtsschreibung der Stadt Freiburg in alter und neuer Zeit, in: ZGO 55 (1901), S. 493–578; S. 524ff.; A. HOLDER, Die Karlsruher Handschriften (Handschriften der Großh. Badischen Hof- und Landesbibliothek in Karlsruhe IV), 1896, Nr. 643 S. 163; K. A. BARACK, Die Handschriften der Fürstlich-Fürstenbergischen Hofbibliothek zu Donaueschingen, 1865, Nr. 606 S. 425f.

H. S.

180 (Kat.-Nr. 279.2) Reiterbildnis Bertolds III., f. 2r

280
Zähringergenealogien David Wollebers

280.1 Abb. 181

BRIEFWECHSEL DAVID WOLLEBERS MIT DEN STÄDTEN FREIBURG I. BR., BERN UND ZÜRICH

a) Schreiben David Wollebers an die Stadt Freiburg i. Br. vom 7. 2. 1593 und Antwort der Stadt vom 12. 2. 1593

2 Originalschreiben, je 1 Bl., H. 33 B. 20,8 cm, bzw. H. 31 B. 21 cm.
Stadtarchiv Freiburg i. Br., A 1 XIV Wolleber.
Hauptstaatsarchiv Stuttgart, A 398 Bü. 4 c.

b) Schreiben der Stadt Bern an David Wolleber vom 19. 2. 1594

Originalschreiben, 1 Bl., H. 33 B. 21 cm.
Hauptstaatsarchiv Stuttgart, A 398 Bü. 4 c.

c) Schreiben David Wollebers an die Stadt Zürich vom 22. 5. 1594 und Antwort der Stadt vom 27. 5. 1594

2 Originalschreiben, 2 bzw. 1 Bl., H. 32,5 B. 21 cm, bzw. H. 32 B. 21 cm.
Staatsarchiv des Kantons Zürich, A 190.2 Nr. 3: Abb. 181 Hauptstaatsarchiv Stuttgart, A 398 Bü. 4 c.

David Wolleber wurde um 1555 wahrscheinlich in Grunbach im Remstal geboren. Körperlich behindert, erlernte er den Beruf des Schreibers, den er sieben Jahre lang in der Verwaltung des württembergischen Amtes Schorndorf ausübte. Nach der Entlassung aus dem Dienst betätigte er sich als Winkeladvokat, gab Auskünfte in Prozeßsachen und verfertigte Klagschriften. Dies brachte ihn ebenso mit der württembergischen Obrigkeit in Konflikt wie seine frühentdeckte Neigung zur Geschichte, die er zu seinem zweiten Beruf machte. 1591 wurde Wolleber, der sich selbst gern *fürstlich württembergischer Historicus* und *publicus Notarius* nannte, von der württembergischen Regierung verhaftet und mit einem Schreibverbot belegt. Mit einem Dedikationsschreiben an Erzherzog Ferdinand von Österreich, dem er seine Landesbeschreibung von Württemberg gewidmet hatte, sollte er gegen landesherrliche Interessen verstoßen haben. Da Wolleber das Schreibverbot nicht beachtete, wurde er 1595 erneut verhaftet, konnte aber außer Landes fliehen. Als Landesflüchtling ist er am 8. September 1597 bei Eßlingen Opfer eines Raubmordes geworden. Schon im Alter von kaum 20 Jahren hatte Wolleber begonnen, Exzerpte aus historischen Werken zu kompilatorischen Geschichtsbüchern zusammenzufügen. Eine kritische Sichtung seiner Quellen – deutsche und lateinische Drucke, die er sich übersetzen ließ, aber auch Urkunden und Handschriften – lag Wolleber freilich fern. Er war weniger Geschichtsforscher als Redaktor, der seinen mit unermüdlichem Eifer zusammengetragenen Geschichtsstoff zu einer gut lesbaren Darstellung vor allem genealogisch zusammengehaltener Geschichtsereignisse zu verarbeiten wußte. Als guter Kenner der historischen Überlieferung wurde Wolleber aber, trotz harter Kritik, die er von seiten württembergischer Hofhistoriographen erfuhr, von anderen zeitgenössischen Historikern, mit denen er zum Teil persönlich bekannt war, durchaus geschätzt.

In den Jahren 1593/4 dedizierte David Wolleber den Städten Freiburg i. Br., Bern, Zürich und wohl auch Freiburg i. Ü. großformatige Stammbäume – *mappae* oder *arbores genealogicae* – der Herzöge von Zähringen, die er *mit Brustbildern und Wapen* reich hatte *illuminieren* lassen. Von diesen Stammbäumen sind zwei, die in Freiburg i. Br. und in Freiburg i. Ü. (Nr. 280.2 und 281), noch erhalten, während die Berner und Züricher Stücke wohl schon in älterer Zeit verlorengegangen sind. Für seine Arbeit erhielt Wolleber von Freiburg i. Br. 25 Reichstaler, von Bern 20 Sonnenkronen verehrt. Zürich dagegen bedachte ihn, weil *die von Zeringen nit unnser Statt Stiffter sind*, mit einem geringeren Betrag von 10 Goldkronen. Anders als Freiburg i. Br. und Bern, die ihre Gründertradition, wenn auch mit unterschiedlicher Intensität, pflegten und deshalb die ihnen übersandte *mappa des fürstlichen Stammens unserer Statt Stifftern* großzügig zu honorieren bereit waren, war sich die Züricher Obrigkeit des hohen, vor die Zeit der Zähringer zurückgreifenden Alters ihrer Stadt sehr wohl bewußt. Dies hat Wolleber in seinem Anschreiben (Abb. 181), Empfindlichkeiten ahnend, durchaus berücksichtigt, daneben jedoch die Bedeutung der Zähringer für die Entwicklung Zürichs kräftig herausgestrichen: *also das gemelte Hertzogen von Zeringen die andern* [zweiten] *Stiffter dieser Statt wol mögen genandt werden.* Zürichs Bürger sahen die gut 100 Jahre Zähringerherrschaft aber offenbar eher als Episode an, die in der Geschichte der Stadt keine eigentlich prägenden Spuren hinterlassen hatte. Eine Zäh-

181 (Kat.-Nr. 280.1)
Adresse Wollebers an den Stadtrat von Zürich

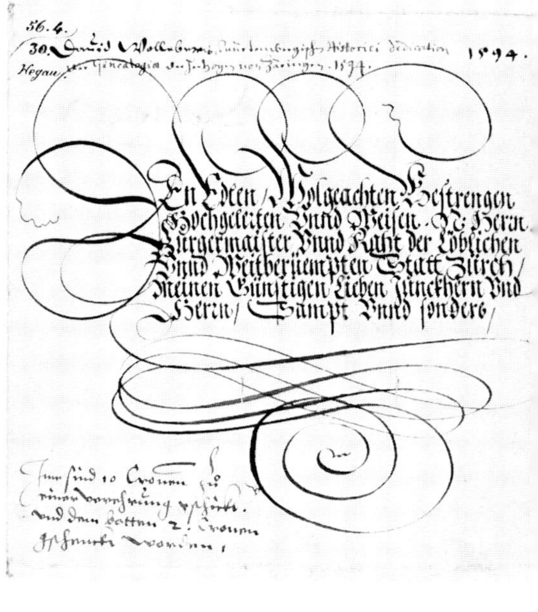
Den Edlen / Wolgeachten / Gestrengen
Hochgelerten Vnnd Weisen. H. Herrn
Burgermaister Vnnd Rath der Löblichen
Vnnd Weitberüempten Statt Zürich /
Meinen Günstigen Lieben Junckhern Vnd
Herrn / Sampt Vnnd sonders /

ringertradition hat sich deshalb hier auch kaum ausbilden können.

Lit.: P. P. Albert, Die Geschichtsschreibung der Stadt Freiburg in alter und neuer Zeit, in: ZGO 55 (1901), S. 493–578, 543 ff.; E. Schneider, David Wolleber, ein Bild aus den Anfängen der württembergischen Geschichtsschreibung, in: WVLg 20 (1911), S. 289–309; K. Graf, Gmünder Chroniken im 16. Jahrhundert, 1984, S. 77–86. H. S.

280.2 Abb. 182

STAMMBAUM DER HERZÖGE VON ZÄHRINGEN UND GRAFEN VON FREIBURG AUS DEM RATHAUS VON FREIBURG I. BR.

1593 nach Vorlage von David Wolleber (Weiler bei Schorndorf), ausgeführt von David Schmidlin (?, Freiburg i. Br.).
Aquarell und Gouache auf Papier, später auf Leinwand aufgezogen und zwischen Querstangen in den badischen Farben montiert, H. 200 B. 118 cm.
Augustinermuseum Freiburg i. Br., Inv.-Nr. 160.
(Tafel 29 in: Die Zähringer I).

Der Zähringerstammbaum des Freiburger Augustinermuseums, über dessen Herkunft und Entstehungszeit bisher nur vage Mutmaßungen geäußert worden sind, ist identisch mit jener *Mappa und Genealogia der Graven von Hapspurg, Herzogen von Zehringen und Graven von Freyburg,* die David Wolleber 1593 der Stadt in und für ihr Rathaus dediziert hat. Man hat bislang in dieser *Mappa* einen verlorengegangenen ersten Teil jener Chronik sehen wollen, die Wolleber der Stadt vier Jahre später zugeeignet hat (Nr. 280.3). Doch steht dieser Annahme schon der Wortlaut der Quellen entgegen. Während nämlich die Arbeit von 1597 als *Buoch in folio, Chronica,* oder als *fürstliche Beschreybung, Histori, Zeit- und Stammbuch* bezeichnet wird, begegnen für das 1593 übergebene Stück durchweg Formulierungen wie *Mappa, Mappa fürstlichen Stammens, fürstlicher Stamm und Arbor* und ähnliche Begriffe. Zusammengesehen mit den Vorgängen in Bern und Zürich, wie sie uns aus den dortigen Schreiben entgegentreten (Nr. 280.1), bleibt als Folgerung: Bei der für das Rathaus verfertigten *Mappa* David Wollebers handelt es sich, übrigens auch der mittellateinischen Bedeutung des Wortes entsprechend, um eine Stammtafel, die sich, wie Wolleber in seinem Dedikationsschreiben zur Chronik bemerkt, dem Auge des Betrachters offen darbietet: ihr Bilderschmuck sei deshalb auch stärker gefährdet als der des Buches, der – verschlossen – über lange Zeit ansehnlich bleiben werde.

182 (Kat.-Nr. 280.2) Ausschnitt

Die Textteile seiner reich illuminierten Stammbäume hat Wolleber wohl meist selbst geschrieben. Die Ausführung der Brustbilder und Wappen hat er dagegen ihm persönlich bekannten Malern anvertraut, deren Namen uns allerdings fast durchweg nicht überliefert sind. Ob Wolleber den Freiburger Stammbaum durch den Flachmaler David Schmidlin hat ausmalen lassen, der offenbar seine Chronik illustriert hat

(Nr. 280.3), muß offenbleiben, solange über Schmidlins Herkunft und Werdegang nur sehr wenig bekannt ist. Da Wolleber der Stadt Zürich 1594 einen bereits mit Wappen und Brustbildern ausgestatteten Zähringerstammbaum überreichte – er nennt das Stück geradezu eine *Illumination* –, muß jedenfalls angenommen werden, daß er auch in Freiburg den Stammbaum in allen Details ausgeführt hat übergeben lassen.

Der Stammbaum weist eine deutliche, durch Überschriften hervorgehobene Zweiteilung auf. Den größeren Teil nimmt der als natürlicher Baum mit Blattwerk gemalte Stammbaum der Herzöge von Zähringen ein *(der Hertzogen zue Zeringen, Stiffter der hochloblichen Statt Freyburg, Stammen).* Wolleber sieht die Zähringer als Abkömmlinge der Habsburger mit dem gemeinsamen Stammvater Graf Guntram und entwickelt diese über Bezelin und Bertold im Barte bis zu Bertold V. im Hauptstamm. Auf dessen waagerecht ausladenden Zweigen wachsen wie dort aus den Familienwappen die Phantasiebildnisse (Brustbilder) der Angehörigen des Zähringergeschlechts heraus, die auf den über ihren Köpfen flatternden Spruchbändern mit Namen, Lebensdaten, Stellung und anderen Kurzinformationen identifiziert werden (vgl. Abb. 182). Der Zweig der Habsburger, der bei Graf Wernher als Vorfahren des regierenden Erzherzogs Ferdinand in direkter Linie endet, ist als Seitenlinie ohne Wappen- und Porträtschmuck zurückgenommen. Durch Wiedergabe der Wappen stärker hervorgehoben ist der über die Zähringer hinausreichende Zweig der Grafen von Freiburg *(der wolgebornen Graven zu Freyburg Stammen),* der den oberen schmalen Teil der Stammtafel beherrscht. Der Hauptstamm, an dessen Fuß heraldisch rechts das ›zähringische‹ Löwenwappen (s. oben Schadek, S. 110f.), links das Rautenwappen der Herzöge von Teck angebracht ist, wird flankiert von zwei Säulen mit Sockel, Basen und ionischen Kapitellen, auf denen beidseits das Habsburger Wappen und über denen rechts der Adler, belegt mit dem burgundisch-österreichischen Wappen und links der österreichische Bindenschild aufgesetzt sind. Bekrönt wird der Zähringerstamm vom Wappen der Stadt Freiburg, über dem der Adler-(Raben-)Kopf schwebt. Der Stamm der Grafen von Freiburg ist links und rechts von den gleichgestalteten, nur in der Blickrichtung des Adlers unterschiedenen Wappen der Freiburger und der Fürstenberger Grafen begrenzt. Inhaltlich sind Wolleber nicht wenige ›Fehler‹ unterlaufen. So hat er etwa Rudolf von Zähringen, Bischof von Lüttich, vervielfältigt, allerdings vielleicht auch, um das Ansehen des Geschlechts durch eine Reihe hoher Geistlicher zu steigern. Andere Unstimmigkeiten zeigen freilich, daß Wolleber, vom Kenntnisstand seiner Zeit völlig abhängig, keine Quellenkritik betreiben konnte und wollte. Das schmälerte offenbar die Attraktivität seiner Werke nicht. So sind nicht nur von seiner Freiburger Chronik später Abschriften gefertigt worden (Nr. 280.3, b–d). Auch der Stammbaum wurde 1696 im Auftrag der Fürstlich Fürstenbergischen Verwaltung in Donaueschingen durch den fürstenbergischen Amtsschreiber Bernhard Jacobä, der für den Schriftteil verantwortlich zeichnete, und durch einen bislang nicht identifizierten Maler (Namensrest auf der beschädigten Leinwand: ... *[c]andt fecit Ao. 1696*) sorgsam kopiert (Original, Öl auf Leinwand, teilweise beschädigt, H. 210 cm B. 119 cm. Fürstlich Fürstenbergisches Archiv Donaueschingen).

Lit.: W. BERNAUER, Studien zum Stammbaum der Herzöge von Zähringen und Grafen von Freiburg im Augustiner-Museum zu Freiburg i. Br., masch., 1982 (in der Datierung des Stammbaums überholt). H. S.

280.3
CHRONIK DER HERZÖGE VON ZÄHRINGEN, GRAFEN VON FREIBURG UND FÜRSTENBERG UND DER HERZÖGE VON TECK

a) Autograph David Wollebers, 1597

Papier, Auszeichnungsschrift, z. T. in roter Tinte, zahlreiche kolorierte Wappen und Halbbildnisse, 3 doppelseitige, 5 großformatige gefaltete Stammbäume (der Stammbaum der Grafen von Freiburg ist ganz, der der Grafen von Kiburg zur Hälfte verloren; zur kopialen Ersatzüberlieferung s. unten), roter Ledereinband des 18. Jahrhunderts mit Goldprägung und Goldschnitt, 264 Bll., H. 30,5 B. 20 cm.
Stadtarchiv Freiburg i. Br., B 1 Nr. 11.

Als »weitläufige« Ergänzung des vier Jahre zuvor gelieferten Zähringerstammbaums (Nr. 280.2) ließ David Wolleber (vgl. Nr. 280.1) im September 1597 dem Rat der Stadt Freiburg i. Br. seine *Chronica der Herzogen von Zäringen* überreichen: *Weilund der durchleuchtigen hoch- und wolgebornen Graven, Marggraffen und Hertzogen des hochlöblichen Hauß zue Zäringen, Stiffter und Anfänger der... Statt Fryburg im Prysgaw, auch derselbigen Nachkommen, Graven zue Fryburg und Fürstenberg etc. sampt den Hertzogen zue Teeckh in Obernschwaaben... Ursprung, Zeithistorien und Geschichten, Genealogien und Geschlechtregister mitt ieren alten fürstlichen schönen Brustbildern, Klaidungen, Wappen, dero... Gemahel unnd Kinder, ier Leeben, Wesen, Handlungen... und Begräbnuß... gantz ordenliche Beschreybunnge...* Der weit ausholende Titel umreißt das Vorhaben des Autors, in zwei Hauptteilen die Geschichte der Herzöge von Zähringen und die der Herzöge von Teck *(der annder Thail)*, am roten Faden der Genealogie festgemacht, in ihren Haupt- und Staatsaktionen zu schildern. Der kürzere dritte Teil bringt abschließend eine lose Sammlung von historischen Vorgängen aus dem Interessenkreis der Stadt Freiburg i. Br.

Daß es sich bei dieser Handschrift um ein Autograph David Wollebers handelt, ist durch Schriftvergleich mit weiteren Texten von seiner Hand gesichert. Die farbigen Wappen und Brustbilder dürfte der Flachmaler David Schmidlin (vgl. Nr. 280.2) ausgeführt haben, der 1612 in die Freiburger Malerzunft zum Riesen eingetreten ist. Er zeichnet auf Bl. 2 unter einem Wappenbild mit dem österreichischen Bindenschild und dem Freiburger Stadtwappen: *David Schmidlin pinxit 1605.* Im genannten Jahr hätte er demnach die Ausmalung des Bandes, in dem nur sehr wenige Teile nicht ausgeführt sind, wohl abgeschlossen. Schmidlin muß, wenn er den Band gefaßt und nicht nur nachträglich die Wappen auf das Vorblatt aufgesetzt hat, im Auftrag Wollebers gearbeitet haben, der in seinem Dedikationsschreiben an die Stadt 1597 bemerkt, er habe *alle fürstliche Brustbilder und Wappen durch ein Maller gleichsam von newem renovieren unnd illuminiern lassen.* Schmidlins Beitrag wird deutlich aber erst erkennbar werden, wenn über seine Herkunft und über seine etwaigen Beziehungen zu Wolleber Genaueres ermittelt ist. Seine Zugehörigkeit zur Freiburger Stadtschreiberfamilie Schmidlin, die aus Ensisheim stammte, konnte bisher nicht verifiziert werden. Weiterführen könnte ferner ein umfassender Bildvergleich mit anderen Wolleber-Autographen, der aber ebenso aussteht wie insgesamt eine vollständige Erfassung von Wollebers historiographischer Hinterlassenschaft. Die Paginierung der Handschrift, die im 18. Jahrhundert (neu) gebunden worden ist, gibt weitere Rätsel auf, die bisher nicht völlig zu klären sind. Sie setzt ein nach 14 ungezählten Blättern (Titel, Widmung und Register) mit der wohl von Wolleber stammenden Seitenzählung 201, die bei Seite 433 mit dem Ende der Zähringergenealogie abbricht. Hier setzt – ab (ungezählt) Seite 480, paginiert im gleichen Schriftduktus ab Seite 486 – die Geschichte der Herzöge von Teck ein, die mit dem Stammbaum der Grafen von Aichelberg Seite 618 endet. Die folgenden Blätter – vorwiegend Einzelstücke zur Geschichte Freiburgs – bis zum *Beschluß* David Wollebers Seite 650 sind von anderer Hand (mit Lücken) durchgezählt. In den ›fehlenden‹ Seiten 1–200 Wollebers *Mappa* von 1593 sehen zu wollen, geht nicht an (vgl. Nr. 280.2). Denkbar ist allenfalls, daß der Zähringerchronik eine ausführliche Habsburgergenealogie vorausgegangen ist. Wolleber hat eine solche verfaßt. Doch fehlt von ihr in den sonst sehr dichten Freiburger Quellen jede Spur. Auch ist die Geschichte der Herzöge von Teck als zweiter Teil des Buches bezeichnet, so daß im Grunde nur Raum für die Geschichte der Zähringer bleibt. Ebensowenig ist erkennbar, welche Teile im Innern des Bandes fehlen sollten. Der Inhalt ist so vollständig, wie er auf dem Titelblatt angekündigt wird. So bleibt eigentlich nur die Möglichkeit, daß Wolleber selbst aus einer umfangreicheren Sammlung, die er durchpaginiert hatte, Teile herauslöste und mit weiteren unbezeichneten Stücken, die ihm für ein Freiburg-Exemplar geeignet schienen, zu einem neuen Ganzen zusammenfügte. Daß das Blatt mit dem repräsentativen Bildnis Bertolds III. als Stifter der Stadt Freiburg zwischen S. 232 und 233 ungezählt blieb, weil es offenbar erst zu diesem Zeitpunkt hinzugefügt wurde, könnte diese These stützen.

Wolleber nennt die von ihm ausgewerteten Quellen nur ganz ausnahmsweise. Über das Material, aus dem er seine Kenntnisse geschöpft hat, sind deshalb auch für die Zähringerchronik nur punktuell genauere Aussagen möglich. Gekannt haben wird er die Arbeiten jener Genealogen und Historiographen des 17. Jahrhunderts, die sich mit der Herkunft und Geschichte von Habsburgern und Zähringern eingehend beschäftigt haben (s. unten Gerchow, S. 392f.). Ausgewertet hat Wolleber die *Chronicke der Stadt Freyburg im Brisgaw* des Freiburger Münsterkaplans Johann Sattler (Nr. 279), aus der er zitiert. Sein Bericht über die Verleihung des Freiburger Stadtrechts an den Marktflecken Heiningen im ehemaligen Herzogtum Teck durch Rudolf von Habsburg läßt darüber hinaus erkennen, daß ihm auch urkundliches Material zur Hand war – hier ein Pergamentlibell, dessen Text offenbar ebenfalls Johann Sattler um 1520 im Auftrag der Gemeinde verfaßt hat und das Wolleber nur im Heininger Archiv hat kennenlernen können (dort noch 1760, heute im Hauptstaatsarchiv Stuttgart, A 346 Bü. 65).

b) Zwei Donaueschinger Abschriften des 17./18. Jahrhunderts

Papier, zahlreiche kolorierte Wappen und Halbbildnisse, 3 doppelseitige, 6 großformatige gefaltete Stammbäume, Ledereinband der Zeit, 226 Bll., H. 32,5 B. 20,5 cm.
Papier, zahlreiche kolorierte Wappen und Halbbildnisse, Ledereinband der Zeit, 202 Bll., H. 33,5 B. 19,5 cm.
Fürstlich Fürstenbergische Hofbibliothek Donaueschingen, 607a bzw. 607b.

Die Abschrift 607a, die Barack fälschlich als Original bezeichnet, kopiert bis ins Detail anlagegetreu das Original: Textumfang und Textfolge sind beibehalten, Randbemerkungen zum Text und alte Paginierung werden wiedergegeben, die Stammbäume sind komplett aufgenommen. Dadurch ist in Kopie der Stammbaum der Grafen von Freiburg erhalten, der dem Original in späterer Zeit verloren ging. Es fehlt in Hs. 607a nur das von David Schmidlin bezeichnete Wappenblatt. Die Abschrift 607b hat darüber hinaus auf das Register, Wollebers Abhandlung *Von Nutzbarkait der Historien,* Bildnis und Schreiben Bischofs Julius von Würzburg sowie auf alle Stammbäume verzichtet. Beide Kopien halten sich eng an die Bildmotive des Orginals. Hs. 607b kommt hierin dem Original auch stilistisch näher, während Hs. 607a freier verfährt. Dem Schriftduktus nach gehört Hs. 607a eher in die 2. Hälfte des 17. Jahrhunderts, Hs. 607b in den Anfang des 18. Jahrhunderts.

c) St. Blasianer Abschrift des 18. Jahrhunderts

Papier, zahlreiche kolorierte Wappen, 3 doppelseitige, 6 großformatige gefaltete Stammbäume, Ledereinband der Zeit, 225 Bll., H. 34,5 B. 22 cm.
Archiv Benediktinerabtei St. Paul im Lavanttal, Hs. 73/2.

Die Abschrift hält sich in der Textfolge an die Vorlage. Sie weicht von ihr jedoch insofern ab, als sie auf Textteile (Register, *Von der Nutzbarkait der Historien*) und insbesondere, bis auf die Figur Bertolds III., ganz auf die Wiedergabe der Halbbildnisse verzichtet und sich auf die Kopie der Wappen beschränkt. Der Schriftcharakter erlaubt eine Zuweisung ins 18. Jahrhundert.

d) Abschrift Joseph Felizian Geissingers, Ende 18. Jahrhundert

Papier, zahlreiche kolorierte Wappen und Halbbildnisse, 3 doppelseitige, 5 großformatige gefaltete Stammbäume lose beiliegend, 165 Bll., H. 34 B. 20,5 cm.
Universitätsbibliothek Freiburg i. Br., Hs. 497/2+4.

Die Abschrift weicht vom Original nur in wenigen Einzelheiten ab. So fehlt Wollebers Register. Auf der anderen Seite hat Geissinger (Nr. 86) eigene Ergänzungen eingebracht, etwa eine Darstellung der Stadtpatrone St. Georg und Lambert, einige neue Wappen, die Inschriften Philipp Jakob Steyrers für die Zähringermonumente in St. Peter.

Lit.: K. A. Barack, Die Handschriften der Fürstlich-Fürstenbergischen Hofbibliothek zu Donaueschingen, 1865, Nr. 607 S. 426f.; sonst wie Nr. 280.1.

H. S.

281
Zähringerstammbaum aus dem Rathaus zu Freiburg i. Ü.

281.1 Abb. 183

MAPPA DAVID WOLLEBERS

David Wolleber (?), Weiler bei Schorndorf, Ende 16. Jahrhundert.
Papier auf Leinwand, links und rechts oben beschädigt; farbige Federzeichnung: Wappenstammbaum mit Schriftbändern (in rot und schwarz); H. 140 B. 100 cm.
Archives Cantonales Fribourg, Généalogies diverses Nr. 100.

281.2 Abb. 184

NACHZEICHNUNG VON 1762

Bernhard-Emanuel von Lenzburg (Abt von Hauterive 1761–1795), in G. Baumeisters »Collectanea de ducum Zaringensium« (Nr. 311), Bd. 1, f. 18 (Ausfaltblatt), kolorierte Federzeichnung auf Papier, H. 103 B. 74 cm.
Badische Landesbibliothek Karlsruhe, Hs. St. Peter Papier 13.

Ein Zähringerstammbaum aus Freiburg i. Ü. war bisher nicht bekannt. In Gregor Baumeisters (vgl. Nr. 299) Zähringerkollektaneen wurde kürzlich die Nachzeichnung eines solchen Stemmas aus dem Rathaus zu Freiburg i. Ü. gefunden; der befreundete Abt Bernhard von Hauterive hat die großformatige, sorgsam angelegte und kolorierte Kopie nach Aussage Baumeisters am 23. 4. 1762 übersandt, vermutlich auf Bitte des St. Petriner Archivars (281.2). Eine Anfrage im Kantonsarchiv Freiburg i. Ü. förderte eine mögliche Vorlage dieser Kopie zutage (281.1); beide Stücke sind hier erstmals zusammen ausgestellt. Das mutmaßliche Original ist am oberen linken und rechten Rand beschädigt, wodurch Teile der Schrift und von Wappenabbildungen zerstört wurden. Nach der Kopie kann die Überschrift schlüssig ergänzt werden: *[Der Herzogen von] Zeringen Stiffter / [der löblichen Statt Freyburg] In Uechtland Herrlicher / [Stamm und Geschlecht welche Fürs]ten dise Statt im Jahr .1179. Gebawen / [u]nnd Allerdings abgestorben [nach] Christi Geburt 1218.*

Rote Auszeichnungsschrift (Namen) und jeweils darunter angebrachte flatternde Schriftbänder (mit schwarzer Schrift) bezeichnen die Wappen; nur bei Bertold IV. führt der Schreiber die Stadtgründung von Freiburg i. Ü. mit roter Tinte an.
Schon der äußerliche Vergleich von Schrift und Baumdarstellung mit dem Zähringerstammbaum David Wollebers im Freiburger (Br.) Augustinermuseum (Nr. 280.2) läßt auf dieselbe Werkstatt, vielleicht sogar denselben Schreiber (Wolleber selbst?) schließen. Die auf dem Freiburger (Br.) Exemplar vorhandenen Halbfiguren finden dagegen keine Entsprechung auf dem üchtländischen Stück: dieser ist ein reiner Wappenstammbaum. Der inhaltliche Vergleich bestätigt die Zuweisung des neugefundenen Stemmas zu David Wolleber. Hier sind insbesondere die von Wolleber ›erfundenen‹ Zähringer, etwa die Sonnenbergerin als Gemahlin Graf Bezelins, oder aber die überzähligen Rudolfe, Hermanne und Konrade zu nennen. Hier wie dort werden alle Mitglieder des Zähringerhauses als »Herzöge von Zähringen« bezeichnet, auch die Bischöfe.
Gemäß den verschiedenen Adressaten beider Stammbäume sind auch Unterschiede festzustellen (zum Grundschema der Stammbäume vgl. Nr. 280.2); gehen beide vom Habsburgerwappen, flankiert von denen der Zähringer (heraldisch rechts) und Tecker (heraldisch links) mit Guntram dem Reichen als Stammvater aus, so stellt der Augustinermuseums-Stammbaum die Habsburger ohne Halbfiguren und Schriftbänder, nur mit blaß gezeichneten Schriftmedaillons dar, während der üchtländische die Habsburger rechts außen an den Bildrand gedrängt emporwachsen läßt. Neben kleineren Abweichungen ist vor allem auf die unterschiedliche Behandlung der Uracher (bzw. Grafen von Freiburg) und Kiburger (die auf die Zähringer folgenden Stadtherren von Freiburg i. Ü.) hinzuweisen. Sind die Uracher im Augustinermuseums-Stammbaum in einer besonderen ›Etage‹ über dem Hauptstamm dargestellt, so findet man sie im Üchtländer Exemplar nur bis Egino V. vertreten. Dafür nehmen die Kiburger mit ihren beiden Linien bis zu Hartmann d. J. den rechten oberen Bildrand ein, wobei jeweils inschriftlich auf das Schicksal Freiburgs i. Ü. in den Händen der Kiburger

183 (Kat.-Nr. 281.1)

184 (Kat.-Nr. 281.2)

hingewiesen ist. Im Augustinermuseums-Stammbaum sind die Kiburger wiederum nur schwach vertreten. Das üchtländische Stemma hat im oberen Rand rechts das Berner Wappen, links (aus der Kopie zu rekonstruieren) das Wappen Zürichs.
Für den Augustinermuseums-Stammbaum können die Entstehungsumstände anhand von Wollebers Schriftverkehr annähernd rekonstruiert werden (vgl. oben Schadek, Nr. 280.2): So ist eine *mappa* als von Wolleber (selbst?) beschriftete und mit Wappen versehene Vorlage zu erschließen, die vermutlich vom Freiburger Flachmaler David Schmidlin mit Brustbildnissen ausgemalt und als fertiges Erzeugnis dem Rat der Stadt verkauft wurde, um an repräsentativer Stelle im Rathaus aufgehängt zu werden. Das Üchtländer Exemplar ist dagegen von beträchlich kleinerem Format und zudem wenig repräsentativ. Es finden sich z. B. Korrekturen (von späterer Hand?) an der interessanten Sockelinschrift zum Habsburgerwappen: die Inschrift verweist auf die *Graffen und Hertzogen von Tegk,* was durch *loblichen Stammes ursprung auch der Graffen von Habspurg Genealogia* ersetzt wird. Ein Vergleich zwischen Nachzeichnung und Wollebers *mappa* weist geringe, aber wichtige Unterschiede auf: so hat die Nachzeichnung angedeutete Pfeilerstellungen am rechten und linken Bildrand (vergleichbar denen des Augustinermuseum-Stammbaums), auf denen jeweils ein Habsburgerwappen angebracht ist (diese befinden sich in der *mappa* an deren unteren Bildrändern). Zudem ist das Tecker Rautenwappen (heraldisch links unten) als *Wappen der Graffen von Altberg* bezeichnet; in der Sockelinschrift zum Habsburgerwappen fehlt der Teck-Bezug. Diese Beobachtungen lassen den vorsichtigen Schluß zu, daß in dem Üchtländer Exemplar eine *mappa* David Wollebers für den Rat der Stadt Freiburg i. Ü. vorliegt, die zur Herstellung eines repräsentativen Exemplars (allerdings ohne Brustbilder), das im Rathaus aufgehängt wurde. Von dieser verlorenen Arbeit liegt die Kopie in Baumeisters *Collectanea* vor. Ein Briefwechsel Wollebers mit Freiburg i. Ü. ist nicht erhalten.

Lit.: Wie Nr. 280.1–2. J. G.

282 Herzog Bertold III.

Abb. 185

Süddeutsch (Freiburg?), zweite Hälfte 17. Jahrhundert.
Öl auf Leinwand, H. 208 B. 126 cm.
Augustinermuseum Freiburg i. Br., Inv.-Nr. 654.

Bertold steht auf einer Anhöhe unter dem Laubdach eines Baumes, der nur andeutungsweise sichtbar wird. Im Ausblick des Hintergrundes erscheint links die Zähringer Burg, rechts das befestigte Freiburg von Nordwesten mit dem aufragenden Münsterturm und der Festung auf dem Schloßberg. Der Herzog, wiedergegeben im Feldherrntypus des mittleren 17. Jahrhunderts, trägt einen schwarzen Reiterkürass, darüber eine goldfarbene Schärpe mit Spitzenbesatz, die Rechte hält den Kommandostab, die Linke ist in die Hüfte gestemmt (vgl. vorbildhaft Rubens' Bildnis des Kardinalinfanten Ferdinand von Spanien, 1634, Kunsthistorisches Museum Wien). Dolch und Degen stecken in der Scheide. Zu Füßen befindet sich der abgelegte Helm mit weißem Federbusch, in der linken Ecke der ›zähringische‹ Wappenschild (goldener Löwe auf rotem Grund) mit üppiger Helmzier. Auf einem Inschriftstein rechts ist zu lesen: *BERTHOLDUS III herzog / v. Zähringen erbaut / die statt Freyburg in breisg(au) / Āno MCXI.*
Wie der vermeintliche Gründer Freiburgs, dessen politische Weitsicht im Anblick der blühenden Stadt sich kundtut, tatsächlich aussah, wissen wir nicht. Dem 12. Jahrhundert war die Aufgabe des individuellen Bildnisses noch fremd. Infolgedessen durfte sich der unbekannte Maler gemäß gängiger Praxis auch im Physiognomischen des Bildnistypus seiner Zeit bedienen.
Wofür das Bild ursprünglich bestimmt war und wann es in den Besitz der Städtischen Sammlungen kam, läßt sich nicht mehr ermitteln (vgl., jedoch den Text zum Bildnis des Herzogs Konrad, Nr. 283, dessen Höhenmaß vielleicht nicht zufällig identisch ist). Bei dem angegebenen Gründungsdatum »1111« handelt es sich um eine von dem zutreffenden Datum 1120 abweichende Überlieferung, die vielleicht auf den Herrschaftsbeginn Bertolds Bezug nimmt (vgl. Nr. 181.2). D. Z.

185 (Kat.-Nr. 282)

186 (Kat.-Nr. 283)

283 Herzog Konrad

Abb. 186

Süddeutsch (Freiburg?), Mitte des 18. Jahrhunderts.
Öl auf Leinwand, H. 208 B. 117 cm.
Augustinermuseum Freiburg i. Br., Inv.-Nr. 12714.

Konrad steht vor einer Landschaft zu seiten eines Baumes. Herzogsmütze und ein roter Mantel mit Hermelinkragen bezeichnen den Rang des Dargestellten, der in der rechten Hand eine Lanze mit dem ›zähringischen‹ Banner hält (goldener Löwe auf rotem Grund). Dasselbe Löwenmotiv kehrt auf dem Saum des Gewandes wieder. Es begegnet ein drittes Mal auf dem quadrierten Wappenschild Konrads (1 und 4; 2 und 3: das »Wappen der Grafschaft Burgund«: rot-silber gespalten, rechts ein silberner halber Doppeladler, links drei blaue [Wellen-]Balken; so schon Ende des 16. Jahrhunderts bei Wolleber, vgl. Nr. 280). Eine Inschrift am unteren Bildrand vermerkt: *CONRADUS ZARINGIAE DUX / ADVOCATUS MON(ASTERII). S(ANCTI). BLASII. A(NNO). 1125.*

Im angeführten Bilde liegt die einzige bekannte Darstellung Herzog Konrads als Vogt des Klosters St. Blasien vor (vgl. Nrn. 118–121). Offenkundig in St. Blasischem Auftrag geschaffen, könnte sich das Bildnis ursprünglich in der Freiburger Niederlassung des Klosters (Blasianer Hof, Salzstr. 18, heute Stadtarchiv) befunden haben. Daß es sich St. Blasien angelegen sein ließ, seine ›zähringische Vergangenheit‹ herauszustellen, während es sich im allgemeinen der Gunst des Hauses Habsburg zu versi-

chern suchte, sollte mit dem lokalen Bezug auf das Gründergeschlecht Freiburgs zu erklären sein.
Mit dem gebotenen Vorbehalt mag als Maler der in Freiburg ansässige, zuvor in St. Blasischen Diensten stehende Peter Mayer in Anspruch genommen werden.

Lit.: R. MORATH, Peter Mayer 1718–1800. Der Universität Freiburg i. Br. Bürger, Kupferstecher und Maler, 1983.

D. Z.

2. Das Andenken an die Gründer: Zähringertradition in Bern und Freiburg i. Ü. bis zum 18. Jahrhundert

Von den Städten hat vor allem Bern das Andenken an den zähringischen Gründer durch die Jahrhunderte bewahrt. Drei Momente mögen dazu beigetragen haben: Die Geschichte ihrer Heimatstadt begann für die Berner nicht in dunkler Frühzeit, sondern zu einem festen Datum, 1191. Herzog Bertold V., der Gründer, war der einzige direkte Stadtherr, den die seit 1218 Freie Reichsstadt jemals besaß, sein Bild war nicht überschattet durch gleich bedeutende Nachfolger. Und der Aufstieg zum Stadtstaat, der seit 1415 über ein eigenes Gebiet mit landesfürstlicher Souveränität herrschte, verschaffte den Bürgern ein ungeheures Selbstbewußtsein, das sich auch in der Pflege des Wissens um die eigenen Ursprünge niederschlug.

Zwei gleichsam überpersönliche Instanzen retteten das Gedächtnis an den Herzog über die aufzeichnungsarmen ersten Jahrhunderte: Das kirchliche Totengedenken und die Erzähltradition im Volk. Im Jahrzeitbuch der Vinzenzenkirche sind für einen früh verstorbenen Sohn und für Bertold V. selbst Jahrtagsstiftungen vermerkt; jährliche Messen für das Seelenheil des Stadtgründers stiftete die Bürgerschaft auch bei allen geistlichen Institutionen, die sich im Verlauf des 13. Jahrhunderts in Bern niederließen (Nr. 284). Im Volksmund wurde der Herzog zum Helden von Anekdoten und Sagen, die sich um die Frühgeschichte der Stadt rankten. Daß es dabei weniger um ihn als vielmehr um das eigene Selbstverständnis der Berner ging, zeigt die Neigung, wünschenswerte Zustände oder aktuelle politische Konstellationen als ›immer schon dagewesen‹ in der Zähringerzeit zu verankern und durch den ›Gründerwillen‹ zu rechtfertigen: so etwa die »ewige Freundschaft« mit Freiburg i. Ü. (Nrn. 344–345) oder, in den Jahren der Expansionspolitik, das gewaltsame Vorgehen gegen die burgundischen Adeligen, die »Zähringermörder«, gegen die Bern als Rächer vom Herzog selbst bestellt worden sei (Nr. 338).

Mit ihrer Niederschrift in der ersten amtlichen Chronik des Conrad Justinger (Nr. 204.1) fanden diese Erzählungen Eingang in die städtische und später in die schweizerische Geschichtsschreibung. Ihre Illustration in den Abschriften Tschachtlans und Schillings (Nrn. 204.2–4) begründete einen lokalen Motivkanon, dessen Kernszenen – Bärenjagd, Bauauftrag, Stadtbesichtigung und Übergabe der Goldbulle – von Berner Künstlern immer wieder aufgegriffen wurden. Sie erscheinen auf Ölgemälden Mareschets 1556/57 und Ringglis 1610 (Nr. 291), als kolorierte Federzeichnungen in Fischs Wappenbuch 1654 (Nr. 292) und noch 1845 als Bronzereliefs im Sockel des Bertold V.-Denkmals im Nydegghof (Nr. 329).

Bertold V., der »Stifter der ersten Freiheit«, wurde zur Symbolfigur für die ›historische Aufgabe‹ Berns als Beherrscherin einer Landschaft. Nicht dem mittelalterlichen Dynasten, sondern dem Herzog als Verkörperung dieser Idee setzte jede Epoche in Bern ein Denkmal: Sein Wappen taucht 1491 am spätgotischen Nordostportal (Nr. 285) des Münsters auf, der Bär auf dem Renaissancebrunnen in der Kramgasse trägt seine Rüstung (Nr. 327), ihm gilt die Widmung in gedrechseltem Humanistenlatein auf der Gedenktafel im Münster 1601 (Nr. 289), er ist Hauptakteur eines Barockschauspiels (Nr. 290), erscheint 1770, bei der klassizistischen Umgestaltung, auf dem Zeitglockenturm (Nr. 295) und ist Held romantisch-historisierender Feiern um die Wende zum 18. Jahrhundert (Nr. 296). Die weiteste Verbreitung fand sein Name auf den Berner Münzen, wo er seit der Einführung der Reformation 1528 das Bild des Stadtheiligen St. Vinzenz ablöste (Nrn. 288, 293).

Eine wesentliche Rolle spielte der fürstliche Gründer als Identifikationsfigur für die Ratsaristokratie. Auf dem Denkmal des Berner ›Senats‹ für den »Vater des Vaterlandes« im Münster wurden auch die Wappenschilder sämtlicher Ratsmitglieder angebracht (Nr. 289). In seiner selbstbewußten Rede vor dem Äußeren Stand 1761 sah Herbord es als vornehmstes Vermächtnis der Patrizierjugend, die vom Herzog gestiftete Republik zu erhalten und zu mehren (Nr. 294), und noch 1791, schon im Zeichen des Niedergangs, sprach sich ein »Brief Bertolds aus dem Reiche der Todten« (Nr. 296) gegen eine Demokratisierung der Berner Regierung aus.

Der eigenwilligen Selbstdarstellung des mächtigen Bern auch in der Ehrung seines Gründers steht bei der weniger erfolgreichen ›Schwesterstadt‹ Freiburg i. Ü. so etwas wie eine ›Tradition aus zweiter Hand‹ gegenüber. Kiburger und Habsburger haben hier die Erinnerung an den ersten Stadtherrn verdrängt – bezeichnenderweise heißt der zähringische Donjon im Volksmund später »Österreicherturm«. Obwohl, anders als in Bern, Urkunden aus dieser Zeit erhalten sind, gerieten die zähringischen Anfangsjahre in Vergessenheit. Das bis in die neueste Zeit angenommene falsche Gründungsjahr 1179 stammt aus den Berner Chroniken, wo Peter von Molsheim es 1478, als die Stadt endlich die Reichsunmittelbarkeit erlangte, für seine »Freiburger Chronik« ebenso kopierte wie andere Berner Motive – etwa das von der Stadtgründung als »Stachel im Fleisch« des umwohnenden Adels (Nr. 297). Es sieht nach Orientierung am Berner Vorbild aus, wenn 1484 für den zeitweise vergessenen Gründer in der Nikolauskirche eine Jahrzeit und ein Glasbild mit seinem Wappen gestiftet werden (vgl. Nr. 297). Etwa 15 Jahre nach der Errichtung des Berner »Zähringerbrunnens« entstehen in Freiburg die »Brunnen der Tapferkeit und der Treue«, (Nrn. 3, 328) deren Figuren zwar nicht offiziell, aber in Volkskreisen als Abbilder Bertolds IV. gelten. Der Zähringerstammbaum im Rathaus (Nr. 281) ist die Nachzeichnung einer Fassung, die in Freiburg i. Br. entstand, das »Stadtgründungsbild« im Ratssaal (Nr. 298) nur die Darstellung eines ›Eckdatums‹ der Stadtgeschichte unter anderen Szenen. Freiburg i. Ü. hat sich nie über seinen Gründer definiert; dieser ist eine unentbehrliche, aber nicht die herausragende Gestalt seiner Lokaltradition. M. B.

284
Eintrag einer Jahrzeit für Bertold, Sohn Bertolds V., im Jahrzeitbuch des St. Vinzenzenmünsters in Bern

Bern, 1325–ca. 1340.
Pergamenthandschrift mit Holzdeckel, Klein-Folio, 104 Bll., H. 34 B. 25 cm. Jahrzeit des Bertold V.-Sohnes S. 15, Jahrzeit Bertolds V. S. 39. Einträge in zwei Kolumnen. Rot und blau gemalte Initialen zum Monatsanfang, Überschriften mit roter Tinte.
Burgerbibliothek Bern, Mss. Hist. Helv. I, 37.

Der erste Eintrag im 1325 nach älteren Aufzeichnungen neu angelegten Jahrzeitbuch des Berner Vinzenzenmünsters gilt »Berchtold, dem Sohn des Zähringerherzogs« *(Berchtoldus filius Ducis Zeringie)*. An jedem Neujahrstag soll für sein Seelenheil eine Messe gefeiert werden. Wann dieser letzte Sproß des Herzogshauses starb, für dessen Existenz und – nach der lakonischen Notiz zu urteilen – gänzlich undramatischen Tod (vgl. Nr. 338) einzig hier ein ernstzunehmendes Zeugnis vorliegt, geht aus dem Eintrag nicht hervor. 1208, bei dem Versuch, die Vogtei über St. Gallen zu erwerben, hatte sein Vater noch erklärt, derzeit keinen Sohn zu haben (Nr. 130).

Die im gleichen Buch zum 19. Februar eingeschriebene Jahrtagsfeier Bertolds V. beruht auf einer Stiftung der Berner Bürger. Diese spendeten, laut Randnotiz zu diesem Tag, alljährlich den Brüdern vom Deutschen Orden, den Minoriten, Predigern und den drei Hospitälern – also Institutionen, die zum Teil erst Jahrzehnte nach des Herzogs Tod in Bern ihren Sitz nahmen – eine bestimmte Geldsumme mit der Auflage, eine Jahrzeitmesse für den Stadtgründer *(fundator huius civitatis)* zu lesen.

Lit.: A. Gaschet, Das Jahrzeitbuch des St. Vincentiusmünsters in Bern, in: AHVB 6 (1867), S. 309 ff.

M. B.

285
Engel mit Zähringerwappen und Schriftrolle zur Stadgründung an der Schultheißenpforte des Berner Münsters

Bern, 1491. Von Erhart Küng.
Sandsteinrelief an der Pforte zum sechsten Joch des nördlichen Münster-Seitenschiffs. (Heute dort Kopien. Vier der Originalengel an der östlichen Chorwand des Münsters).
Photographien.

Zwei der acht Engel in den Fialen über der Schultheißenpforte am Berner Münster erinnern an den Stadtgründer: Der zweite schwebende Engel rechts oben hält ein Wappenschild mit dem traditionellen »Zähringer Löwen« in einer Stellung, welche genau die Zwischenstufe zwischen der älteren, stehenden Haltung – etwa im Grünenberg'schen Wappenbuch 1483 (Nr. 85) – und der später allgemein verbreiteten, aufrecht schreitenden Haltung (Nr. 86) bildet. Es handelt sich um die älteste plastische Darstellung eines Zähringerwappens. (Die übrigen fünf Engel tragen zweimal das Berner Stadtwappen, den Reichsadler und – nach einer freien Ergänzung des Restaurators 1899 – das Wappen des Deutschordens und des Chorherrenstifts.)
Von den beiden Engeln auf den äußersten Konsolen hält der rechte eine Inschrift, die auf die Grundsteinlegung des Münsterbaus 1421 hinweist. Der linke trägt eine Schriftrolle mit den Worten: *us . warer . schrift . āfāg . diser stat / die herzich . pechtold . von . tzeringhen . ghestiftet . ha[t] / nach xps . gheburt mclxxxxi / jar . ghelobe . wir . es . ist . war.* Die anhängende Stadtsiegelnachbildung trägt den Namen des Bildhauers Erhart Küng und die Jahreszahl 1491; die zierlichen Engelsfiguren mit ihrem Wappen- und Schriftprogramm zur Berner Frühzeit sind also wohl in Zusammenhang mit dem dreihundertjährigen Stadtjubiläum entstanden.

Lit.: MOJON, Berner Münster, S. 79f. und 195f.

M. B.

286
Berner Stammbaumscheibe im Rathaus von Mulhouse (Elsaß)

Hans Funk, Bern 1512.
Glasscheibe, Wappenschild Bertolds V. ausgebrochen; bogenförmig umlaufende Schriftbänder.
Musée historique, Mulhouse.

Hans Funk, Glasmalermeister in Bern und Lehrer Joseph Göslers (vgl. Nr. 287), schuf 1512 im Auftrag der Stadt Bern eine Berner Wappenstammbaumscheibe als Geschenk für die verbündete Stadt Mulhouse im Elsaß. Erstmals ist hier im Berner Umkreis die Wurzel-Jesse-Darstellung des aus einer liegenden Figur erwachsenden Baumes für ein weltliches Thema verwendet worden. Bertold V. liegt auf einer grünen Wiese, angelehnt an einen Baum, der Berns und der bernischen Territorien Wappen trägt. Ein mit Hellebarde bewehrter Bär bewacht den Herzog. Zwei Schriftbänder umspannen bogenförmig die Szene (Wortlaut bei Lehmann, a. a. O.). Funks Schüler Gösler schuf 1542 eine nur in der künstlerischen Ausführung abweichende Darstellung (Nr. 287.1).

Lit.: H. LEHMANN, Die Glasmalerei in Bern am Ende des 15. und Anfang des 16. Jahrhunderts, in: Anzeiger für Schweizerische Altertumskunde NF 16 (1914), S. 323–324 und Abb. XXVIII.

J. G.

287
Zähringerscheiben in Schloß Holligen bei Bern

287.1
BERNER STAMMBAUMSCHEIBE

Joseph Gösler, Bern 1542.
Glasscheibe, H. 40 B. 35 cm, Podium hellrot, Stammbaum in Grün und Blau, mit farbigen Ämterwappen, vor hellblauem Grund; Figur in hellblauem Panzer und rot-goldenem Wappenrock.
Schloß Holligen bei Bern, Privatbesitz.

Joseph Gösler, ein Schüler des Berner Glasmalers Hans Funk (vgl. Nr. 286), tritt ab 1531/1542 selbständig auf: die vorliegenden zwei Scheiben aus Schloß Holligen gehören zu den ersten bekannten Arbeiten des jungen Meisters, die besonders in der Berner Stammbaumscheibe noch das Vorbild des Lehrers erkennen lassen (s. Nr. 286). Gösler ist der Hauptvertreter der manieristischen Glasmalerei Berns von 1540–1560, was sich gegenüber Funks Scheibe im Bemühen um feinere Figuren- und auf Genauigkeit achtende Landschaftsdarstellung zeigt. Aus dem auf seinen Wappenschild (goldener Löwe auf rotem Grund) gestützten, liegenden Stadtgründer Bertold V. wächst der Ämterstammbaum der Stadt Bern mit den Wappen der zur Stadt gehörigen Herrschaften (28) als Zeichen ihrer Größe und Macht. Ein großer und zwei kleine Bären umstehen den Herzog vor der Ansicht der turmbewehrten Stadt. Das Reichsadlerwappen in der oberen Bildmitte und die Berner Stadtwappen in den oberen Zwickeln sind über der mit einem bogenförmigen Schriftband eingefaßten Szene (linkes oberes Segment verloren) angebracht. Sockelinschrift: · *AÑO* · *DOMINI* · *M·D·XXXXII* · *IAR* ·.
Entstehungszeit und Bärendarstellung setzen diese vom Stand Bern in Auftrag gegebene Scheibe in Bezug zum Zähringerbrunnen in der Kramgasse (Nr. 327) wie zu Berner Münzen des frühen 16. Jahrhunderts, auf denen Bertold V. anstelle des Stadtheiligen Vincentius erscheint (Nr. 288).

Lit.: A. SCHEIDEGGER, Die Berner Glasmalerei von 1540–1580 (Berner Schriften zur Kunst 4), 1947, S. 32, 113, Abb. 31. J. G.

287.2
BERN-ZÄHRINGEN-SCHEIBE

Joseph Gösler, Bern 1542.
Glasscheibe H. 40 B. 30 cm; Podium bräunlich, Oberbild mit Jagdszene hellbraun und gelb, Figuren: Herzog Bertold V., hellblauer Harnisch und violetter Mantel; Zähringer Bannerträger, Rüstung hellblau, rot-goldenes Banner; Berner Bannerträger, Rüstung dunkelblau, Beinkleider rot, Banner schwarz-rot-gold; Jahreszahl 1542 auf Podest.
Schloß Holligen bei Bern, Privatbesitz.

Die zweite Zähringerscheibe Göslers in Schloß Holligen ist bereits ganz der architektonischen Raumdarstellung von Renaissance und Manierismus verpflichtet; nur ist anstelle eines die Gruppe von drei Figuren überspannenden Architekturelements ein querlaufendes Oberbild gewählt, die sagenhafte Bärenjagd und Überbringung der Beute an den Herzog darstellend (vgl. unten Röhrich, S. 380). Das Hauptbild wird beherrscht von der Figur des sitzenden Herzogs Bertold V., mit Szepter und Purpurmantel ausgestattet, überwölbt durch die perspektivisch angelegte Nische als Element einer Wand, vor deren Hintergrund sich rechts und links zwei Bannerträger (links mit Zähringerwappen, rechts mit Berner Wappen) abheben. Die bereits durch ihre Größe stark hervorgehobenen Bannerwappen sind mit Helm und arabesk verschnörkelter Helmzier zu Füßen des Herzogs wiederholt. »Eine der wenigen räumlichen Kompositionen auf bernischem Gebiet von 1540 bis 1580« (A. Scheidegger).

Lit.: A. SCHEIDEGGER (wie Nr. 287.1), S. 32–33, 113, Abb. 26. J. G.

288
Bertold V. auf Berner Münzen

Als mit der Einführung der Reformation in Bern (1528) die Heiligenverehrung entfiel, wurde auf den Berner Münzen die Darstellung des Stadtpatrons – des Hl. Vinzentius – entfernt und zeitweise durch die des Stadtgründers – Bertold V. – ersetzt.

288.1
KLIPPE, o. D., NACH 1528

Vs.: BERCHT D ZERI CONDIT, gleichschenkliges Kreuz.
Rs.: MONETA BERNENSIS, Berner Wappenschild, darüber Doppeladler.
Silber, 29,5 × 29,6 mm, 10,57 g.
Bernisches Historisches Museum, Inv.-Nr. 150.

288.2 Abb. 189
GOLDABSCHLAG, 1/2 BATZEN, BERN 1546

Vs.: MONETA BERNENSIS 1546, Berner Wappenschild, darüber Adler.
Rs.: BERCTOL D ZERINGE FUNDA, Ankerkreuz.
Gold, 22,3 mm, 15,27 g.
Bernisches Historisches Museum, Inv.-Nr. 24.

Lit.: B. KAPOSSY, Münzen und Medaillen aus dem Bernischen Historischen Museum, 1969, Nr. 65.

288.3
TALER, o. D.

Vs.: BERCHT DUX ZERING COND VRB BERN, geharnischtes Brustbild Bertolds V. nach rechts.
Rs.: *MONETA NOVA REIPVB BERN, Berner Wappenschild.*
Silber, 41,0 mm, 27,25 g.
Bernisches Historisches Museum, Inv.-Nr. 90, Lohner 164.

288.4
DICKEN, o. D.

Vs.: BERCH D ZERI CONDIT, Doppeladler
Rs.: MONET NO BERNENSIS, Bär, darüber XX.
Silber, 28,4 mm, 7,67 g.
Bernisches Historisches Museum, Inv.-Nr. 151, Lohner 336.

Lit.: C. F. LOHNER, Die Münzen der Republik Bern, ⟨1846⟩. C. R.

289
»Zähringer-Denkmal« im Berner Münster

Bern, 1601.
Von Münsterbaumeister Hans Thüring. Relief aus Stein und Holz, umrahmt von frühbarocker Scheinarchitektur-Malerei G. H. Friedrichs. An der östlichen Stirnwand des südlichen Münster-Seitenschiffs.
Photographie.

Das 1601 im Auftrag des Rates von Münsterbaumeister Hans Thüring gestaltete »Zähringer-Denkmal« gilt als das ausgeprägteste Zeugnis für den Geist deutscher Spätrenaissance in Bern. Das zentrale, längsrechteckige Feld, eingebettet zwischen doppelten Wandfriesen mit kleinen Wappenschildern der Berner Ratsmitglieder, trägt Reliefs des Berner Wappens, des Reichswappens mit Adler und des »Zähringer-Löwenwappens« mit Herzogshut als Helmzier. Den unteren Abschluß bildet eine trapezförmige Schrifttafel. Atlantentorsen seitlich neben ihr stützen die beiden gedrehten Säulenbündel, die über korinthischen Kapitellen ein verkröpftes Kranzgesims tragen. Auf ihm stehen links und rechts schildtragende Löwen mit Schwert und Zepter, sie flankieren die größere Schrifttafel unter einem Inschriftenfries mit Kranzgesims und gesprengtem Giebel, welchen allegorische Darstellungen von Glaube, Gerechtigkeit und Hoffnung krönen.
Die Inschrift zwischen den beiden Löwen enthält eine Widmung an den Stadtgründer: *IN MEMORIAE MONUMENTŪ PERPETUAE/ BERCHTHOLDI V. ZAERINGIAE DUCIS/ FORTISS: URBIS BERNAE CONDITO:/RIS INCLYTISS: P. PATRIAE ILLU:/ STRIS: SENATUS BERN: G. L. Q. P* (»Denkmal zum ewigen Gedächtnis an Bertold V. von Zähringen, den mächtigen Herzog, den erlauchten Gründer der Stadt Bern, den berühmten Vater des Vaterlandes. Der Rat von Bern«. *G. L. Q. P.*, vermutlich eine Jahreslosung des Berner ›Senats‹, derzeit nicht aufzulösen).
Lit.: MOJON, Berner Münster, S. 356 ff. M. B.

189 (Kat.-Nr. 288.2)

290
»Comedy von der Erbauung der Statt Bern« von Michael Stettler

Bern, 1609.
Sammelhandschrift, Pergament, H. 29,3 B. 19,0 cm; Die »Comedy« umfaßt 124 Bll.
Burgerbibliothek Bern, Ms. Hist. Helv. I,42.

Michael Stettler (1580–1642), Berner Gerichtsschreiber, Ratsmitglied und Landvogt, war als Chronist weit erfolgreicher denn als Dichter. Seine 1631 vollendete »Schweitzerchronic« wurde als erstes Berner Geschichtswerk gedruckt und gewann dadurch weite Verbreitung, sein dichterisches Schaffen blieb dagegen ohne Resonanz. Auch die unvollendete »Comedy von der Erbauung der Statt Bern«, immerhin 20 Akte auf 124 beidseitig beschriebenen Folioblättern, gelangte nie auf eine Bühne. Hauptheld dieses »Versungeheuers« (Feller–Bonjour) eines »phantasielosen Reimers ohne gestaltende Kraft« (Tobler) ist Herzog Bertold V.; es handelt sich um das älteste bekannte »Zähringer-Drama« (vgl. Nr. 340).

Lit.: G. Tobler, Art. »Michael Stettler«, in: ADB 6, 1893, S. 133ff.; Feller–Bonjour, Geschichtsschreibung der Schweiz, Bd. 1, S. 356ff. (mit weiterführender Literatur).
M. B.

291
Abb. 190

»Erteilung des Bauauftrags« und »Erbauung der Stadt«: Ölgemälde von Gotthard Ringgli

Bern, 1610.
Öl auf Leinwand. Schwere, schwarz-goldene Holzrahmen; beide Bilder mehrmals restauriert.
»Erteilung des Bauauftrags« H. 220 B. 326,5 cm.
Bernisches Historisches Museum, Inv.-Nr. 289.
»Erbauung der Stadt« H. 220 B. 353 cm.
Bernisches Historisches Museum, Inv.-Nr. 287.

Die beiden Bilder gehören zu vier 1607–1610 gefertigten Stadthistorien für den Tordurchgang des Zeitglockenturmes (dort hängen heute wieder photographische Reproduktionen). Die Originale wurden 1643 ins Vestibül des Rathauses überführt und befinden sich jetzt im Bernischen Historischen Museum.
Auf der Darstellung des Bauauftrags nehmen der Herzog und seine Leute in einer Halle den Bericht des Jägers entgegen, der einen geeigneten Bauplatz für die geplante Stadt vorschlagen soll. Im Hintergrund, aber genau im Schnittpunkt der Bildachsen, sitzt unter seinem Wappen Kuno von Bubenberg, der spätere Bauleiter.
Kulturgeschichtlich aufschlußreich ist die »Erbauung der Stadt« durch die dargestellten Konstruktionsmethoden für die Holz- und Steinhäuser mit weitgespannten Laubenbogen. Von einem erhöhten Standpunkt im Vordergrund aus erläutert ein Baumeister dem Herzog die Arbeiten; eine Steinplatte zu Füßen der Werkbank trägt den »Berner Bauspruch«.

Lit.: Die Kunstdenkmäler des Kantons Bern. Bd. III. Die Staatsbauten der Stadt Bern, von P. Hofer (KdS 19), 1947, S. 188ff.; Hofer, Stadt Bern, S. 117f.
M. B.

292
Abb. 191

Berner Wappenbuch von Hans Ulrich Fisch

Bern, 1645.
Pergamenthandschrift, H. 26,5 B. 18 cm.
Staatsarchiv des Kantons Bern, o. S.

Das mit kolorierten Tusche- und Bleistiftzeichnungen ausgestattete Wappenbuch wurde im Jahre 1645 von dem Aarauer Stadtschreiber Hans Ulrich Fisch (1583 – vor 1647) erstellt.
Es enthält auf den ersten Seiten Abbildungen, die die Zähringer als Stadtgründer-Geschlecht von Bern illustrieren: Auf Folio 1–7 erscheinen die Wappen der einzelnen Herzöge sowie ihrer Angehörigen, die von einem den Stammbaum der Herzogsfamilie erläuternden Text begleitet sind. Das Wappentier der Zähringer ist ein heraldisch nach links schauender aufgerichteter Löwe, der mit dem Wappentier der Habsburger Ähnlichkeiten aufweist. Die typische Helmzier des Herzogs, ein weißer Bommel, taucht auch hier wieder – wie z. B. in der Stumpfschen Chronik (Nr. 181.7) und im Wappenbuch von

190 (Kat.-Nr. 291) Erbauung der Stadt

Grünenberg (Nr. 85) – auf. Folio 9–12 zeigen typische Szenen der bernischen Stadtgeschichte unter der Herrschaft der Zähringer, wie sie von anderen Chroniken des 15. und 16. Jahrhunderts bekannt sind: Bärenjagd, Bauauftrag, Stadtbesichtigung und die Übergabe der Goldbulle (vgl. oben Blattmann, S. 330). G. W.

293
Berner Gedenkmünzen des 18. Jahrhunderts

293.1
FÜNF DUKATEN, 1701

Vs.: MONETA REI PUBLICAE BERNENSIS, Das Berner Wappentier, der Bär, und das vermeintliche zähringische Wappentier, der Löwe, halten auf einem Podest stehend ein gekröntes Berner Wappenschild.
Rs.: BENE/DICTUS SIT/IEHOVA DEUS/ DUCAT/ 1701, in Kartusche von einem Bären gehalten.
Gold, 33,6 mm, 17,3 g.
Bernisches Historisches Museum.

Lit.: Kapossy (wie Nr. 288), Nr. 73.

293.2 Abb. 192
BERTOLD-V.-ZÄHRINGEN-MEDAILLE VON JEAN DASSIER, o. D.

Vs.: BERCHTOLDUS V DUX ZER CONDIT VRBIS, Panzerbüste des Herzogs mit Schwert, Mantel und Herzogshut nach links. Unten: J. DASSIER F.
Rs.: RES PUBLICA BERNENSIS, gekröntes Berner Wappen, gestützt von zwei weiblichen Gestalten: links mit Füllhorn, rechts mit zwei Kindern.
Gold, 42,0 mm, 48,36 g.
Bernisches Historisches Museum.

Lit.: Kapossy (wie Nr. 288), Nr. 87 (Vs.), Nr. 84 (Rs.) C. R.

294
Rede über Bertold V. vor dem Äußeren Stand der Stadt Bern im Jahr 1761

Patriotische Reden, gehalten vor dem hochlöblichen aussern Stande der Stadt Bern. Bern, bey Beat Ludwig Walthard, 1773. Darin S. 83–99: Herrn Albrecht Herborts, nunmehr des Großen

191 (Kat.-Nr. 292) S. 9: Rückkehr der Jäger von der Bärenjagd

192 (Kat.-Nr. 293.2)

Raths, Rede. Gehalten den 21 Hornung 1761, Herzog Berchtold V.
Gehefteter Druck aus unbeschnittenen Blättern verschiedener Größe, kl. 8°.
Burgerbibliothek Bern, D 73.

Der Äußere Stand von Bern, ursprünglich eine militärische Institution, bildete im Alten Bern des 18. Jahrhunderts einen Schattenstaat, in dem sich die jungen Patriziersöhne und eine weitere Burgerschaft auf ihre späteren Regierungsaufgaben vorbereiteten. Der geistige Höhepunkt der Veranstaltungen des Äußeren Standes war der 1757–96 alljährlich stattfindende Rednertag. Dort sollten die Redner – »die hoffnungsvolle intellektuelle Elite der bernischen Burgerschaft« (J. H. Wäber) – Themen der Schweizer Geschichte behandeln. Die Ausführungen Herborts über Herzog Bertold V. sind ein Zeugnis für das freundliche Andenken, das die Stadt Bern ihrem Stifter und Begründer ihrer Freiheit bewahrt hat. Herbort würdigt Bertold als einen Fürsten, dem eigene Ruhe und Sicherheit sowie das Wohl und Gedeihen seiner Lande und seiner Untertanen mehr bedeutet hätten als riskante Machtpolitik und eitle Ruhmsucht – Verzicht auf die ihm angebotene Königswürde! – und der sich durch seine Regierungshandlungen »den Nahmen eines tapffern, weisen und gerechten Regenten« erworben habe. Mit der Gründung Berns habe Bertold den Landesbewohnern Schutz gegen den »damahls allzu unbåndigen Adel« verschaffen wollen. Das heutige Gedeihen der Stadt gehe letztlich auf ihren Stifter zurück: »Hat er nicht den Grund bereitet, auf welchem unsere Republik erhalten, vermehrt und gestårket worden! Geniessen wir nicht noch heut zu tag die Frucht seiner Vorsorgen, und haben wir nicht alle Ursach, uns seine Kinder zu nennen denen sein Erbe zu theil worden.« Bern werde seinem Gründer damit die größe Ehre erweisen, wenn es »auf die Erhaltung der von ihme gestifteten Republik bedacht« sei.

Lit.: H. VON FISCHER – J. H. WÄBER – R. L. WYSS – H. TRACHSEL, Der Äussere Stand von Bern und sein Rathaus. Mit einem Geleitwort von R. Gnägi (Berner Heimatbücher 129), 1982, darin S. 53–96: J. H. WÄBER, Die Veranstaltungen des Äusseren Standes im 18. Jahrhundert (bes. S. 84–91: Patriotismus und Witz: Rednertag und Scheinprozesse). U. P.

295 Abb. 193
Holzprofilkopf Bertolds V. am Zeitglockenturm

Bern, 1770 (?).
Nußbaumholz-Scheibe, ovales Kopfrelief, Profil der rechten Kopfhälfte, H. 73 cm.
Bernisches Historisches Museum, Inv.-Nr. 7512.

Im Zuge der 1770/1771 erfolgten Umgestaltung der Ostfassade des Berner Zeitglockenturms wurde eine Profildarstellung des Kopfes Bertolds V. (Phantasieportrait) mit markantem, das Kinn verlängerndem Bart und Herzogshut angefertigt. Die ovale Nußbaumscheibe hat bis 1913 (seither durch Kopie ersetzt) unter der zopfigen Girlande an der Ostfassade des Turmes zwischen den beiden Uhren gehangen, eingefaßt durch einen Rahmen mit (Herzogs-) Krone.

Lit.: HOFER, Stadt Bern, S. 110–112 (Abb.). J. G.

296
»Brief Bertolds V. an die edlen Jünglinge zu Bern« anläßlich des 600jährigen Stadtjubläums 1791

Aus Heinrich Ludwig Lehmanns »Briefe alter Berner-Helden aus dem Reiche der Todten an die heutigen Burger von Bern«, 1. Teil, Bern 1791, Erster Brief.
Stadt- und Universitätsbibliothek Bern, Laut 49.

In seinem »Brief aus dem Reiche der Todten« dankt Herzog Bertold V. der Berner Stadtjugend für ihre Absicht, anläßlich des 600jährigen Stadtjubiläums ihm zu Ehren ein großes Fest mit militärischen Umzügen zu geben. Er selbst will ihnen dazu durch einen Bericht über die Frühzeit Berns Anregungen liefern. Dabei wird im Namen des Herzogs durchaus Politik gemacht: gegen den burgundischen Adel (»heißhungrige Räuber«), dessen Treiben erst die deutsche Herrschaft unterbunden habe, gegen die katholische Kirche und ihre »menschenfressenden Klöster« und vor allem für ein aristokratisches Ratsregiment (»so unglücklich sollte mein Bern niemals werden, um vom Pöbel regiert zu seyn«). Beiläufig wird ein noch 1791 im Zeughaus aufbewahrter Harnisch erwähnt, der als Rüstung des Zähringerherzogs galt.

M. B.

193 (Kat.-Nr. 295)

296a
Medaillen zum Berner Stadtjubiläum 1891

Vs.: *BERCHTOLD V HERZOG VON ZAEHRINGEN, RECTOR VON BURGUND / GRUENDER DER STADT BERN, Profilbrustbild eines Ritters mit Helm und Kettenhemd im Stil des 19. Jahrhunderts.*
Rs.: *ZUR FEIER DES 700 JAEHRIGEN BESTEHENS DER STADT BERN 1191–1891, Berner Wappenschild im Eichen-Lorbeerkranz mit Daten zur Stadtgeschichte, über dem Schild Stadtbefestigung in Kronenform und (Schweizer-)Kreuz im Strahlenkranz.*
50,1 mm, 60,27 g.
Bernisches Historisches Museum, Inv. 2699.

Vs.: *wie oben*
Rs.: wie oben
38,1 mm, 18,45 g.
Bernisches Historisches Museum, Inv. 2700.

Vs.: *ZUR GRÜNDUNGSFEIER DER STADT BERN 1191–1891, Berner Wappenschild im Eichenlaub unter (Schweizer-)Kreuz im Strahlenkranz.*
Rs.: EINGEDENK / DER / ERBAUUNG / BERN'S / DURCH / BERCHTOLD V. / 1191 / HERZOG VON ZÄHRINGEN.
38,2 mm, 15,08 g, mit Öse.
Bernisches Historisches Museum, Inv. 2702.

Vs.: *BERCHTOLD V. HERZOG VON ZÄHRINGEN / ERBAUER DER STADT BERN ANNO 1191, stehender Herzog mit Bär, Seitenansicht nach dem Bertoldsdenkmal in Bern.*

Rs.: *wie Vs. der vorigen Medaille.*
38,0 mm, 12,0 g.
Bernisches Historisches Museum, Inv. 2705.

Vs.: *BERCHTOLD V. HERZOG V. ZÄHRINGEN / GRÜNDER D. STADT BERN, stehender Herzog mit Schwert und Bär, Frontansicht nach dem Bertoldsdenkmal in Bern.*
Rs.: *Z. 700 JÄHRIGEN GRÜNDUNGSFEIER BERN'S 1191–1891, gekrönter Berner Wappenschild im Eichenlaub.*
30,6 mm, 10,84 g, mit Öse.
Bernisches Historisches Museum, Inv. 2707.

Vs.: *BERCHTOLD V. HERZOG V. ZÄHRINGEN / GRÜNDER D. STADT BERN, Brustbild eines Ritters mit Helm und Kettenhemd.*
Rs.: Z. 700 JÄHRIGEN GRÜNDUNGSFEIER BERN'S, gekrönter Berner Wappenschild.
28,5 mm, 7,71 g, mit Öse.
Bernisches Historisches Museum, Inv. 2709.

MEDAILLE IN BAROCKFORM

Vs.: *BERCHTOLD V. HERZ. V. ZÄHRINGEN. GRÜNDER D. STADT BERN, stehender Herzog ohne Bär. Frontansicht nach dem Bertoldsdenkmal in Bern. Unten A D SCHWERDT STOTIG*
Rs.: Z. 700 JÄHRIGEN GRÜNDUNGSFEIER BERN'S, Inschrift mit Berner Wappenschild im Eichenlaubkranz.
H. 41,2 B. 32,3 mm, 11,57 g.
Bernisches Historisches Museum, Inv. 2398.

Zum 700jährigen Stadtjubiläum gedachten die Berner mit einer Vielzahl von Medaillen ihrem Stadtgründer. Das Berner Zähringerdenkmal (heute an der Nydegg: Nr. 329) und Brustbilder Bertolds V. in Rüstung sind die vorherrschenden Motive. Eine Auswahl ist hier vorgestellt.
C.R.

297
Peter von Molsheim: Freiburger Chronik der Burgunderkriege

Freiburg i. Ü., um 1478.
Papierhandschrift, 36+212 Bll., H. 29,5 B. 21,5 cm, gotische Buchkursive von einer Hand. Langzeilen. Rubriken und Randergänzungen. Initialschmuck und Illustrationen in Deckfarben dem jungen Hans Fries zugeschrieben (später – 1501 – Stadtmaler von Freiburg i. Ü.). Holzdeckel-Einband mit Lederüberzug. Bibliothèque Cantonale et Universitaire de Fribourg, Soc. Lect. D 410.

Peter von Molsheim, aus Bern stammender Johanniterbruder und Kaplan an der Freiburger St.-Johannis-Kirche, schrieb 1478 im Auftrag des Rates eine »Amtliche Chronik des Burgunderkrieges«. Sie ist kein selbständiges Werk, sondern arbeitet eine private Chronik des Diebold Schilling (Nr. 204.4) zum selben Thema aus Freiburger Sicht um. In den einleitenden Passagen über den Freiburger Stadtgründer stützt sich Molsheim auf Justinger (Nrn. 181.2, 204.1, 345), zieht dabei irrtümlich Bertold IV. und den Bern-Gründer Bertold V. zu einer Person, einen Sohn *Cunrads, herr ze Sachsen und römscher keiser,* zusammen und berichtet im weiteren, mangels eigener Quellen, mehr über Bern als über Freiburg i. Ü.
Nach dem Vorbild der Berner, der *herzlichen fründ,* mit deren Hilfe Freiburg sich gerade von der savoyischen Herrschaft befreit hatte, könnte auch das Andenken an den zähringischen Gründer wiederbelebt worden sein, dessen *stiftung und guter gedatten billich niemer vergessen werden sol,* weder *gegen got siner selen halb noch gegen den lebenden.* Fünf Jahre nach diesem frühesten Zeugnis für ein neuerwachtes Interesse am ersten Stadtherrn beschloß der Freiburger Rat, *das man des hertzogen von Zeringen, der ein stifter dieser statt gewesen ist, wapen in die kilchen kostlichen ufrichten und machen lass und man jarlich sin jarzit begang und etwas guts nachtu.* (Ratsmanual VII.57, zum 18. März 1484).

Lit.: A. BÜCHI, Peter von Molsheims Freiburger Chronik der Burgunderkriege, 1914; – DERS., Die Chroniken und Chronisten von Freiburg i. Ü., in: Jahrbuch für Schweizer Geschichte 3 (1905), S. 249ff.; DERS., Zur Biographie Peters von Molsheim, in: AfSG 1915, S. 112f.; C. C. BAUMANN, Über die Entstehung der ältesten Schweizer Bilderchroniken (1468–1485), 1971; Ausst. Kat. Das Freiburger Buch 1585–1985, Freiburg i. Ü. 1985, S. 20 (J. LEISIBACH).
M. B./J. L.

298
Bertold IV. gründet Freiburg i. Ü. Wandmalerei im großen Ratssaal des Rathauses von Freiburg i. Ü.

Freiburg i. Ü., 18. Jahrhundert.
Grisaille in einem Eckmedaillon im Großen Ratssaal des Freiburger Rathauses.
Photographie.

Eines der vier Eckmedaillons im Großen Ratssaal des Freiburger Rathauses, von einem unbekannten Maler im 18. Jahrhundert ausgeführt, stellt die Gründung der Stadt durch Bertold IV. von Zähringen dar. Im Vordergrund, am äußeren Ufer der Saaneschleife, steht der Herzog mit Harnisch, Schwert und Löwenwappen und weist drei Gefolgsleute auf den Bauplatz hin, im Hintergrund sind schon die Silhouetten der St.-Niklaus-Kathedrale und der Liebfrauenkirche zu sehen. Der Sockel am unteren Medaillonrand trägt das traditionelle Gründungsdatum MCLXXIX (1179).

Lit.: STRUB, Fribourg, S. 287. M. B.

3. Der Schutz der Stifter: Das Hauskloster St. Peter im 18. Jahrhundert

Unter den Kommunen, die ihre mittelalterliche Begründung auf die Zähringer zurückführen, nimmt St. Peter insofern eine Sonderstellung ein, als seine Keimzelle, die 1806 aufgelöste Benediktinerabtei, als Zähringer Hauskloster zur Grablege der Familie bestimmt war. Blieb in anderen Siedlungen die Zähringer-Tradition oft kaum mehr als eine historiographische Erinnerung, so waren in St. Peter über alle Jahrhunderte hinweg die dem Kloster anvertrauten Gräber als konkrete Zeugnisse der Gründungszeit vorhanden. Diese befanden sich in der Kirche, eines auch im Kapitelsaal des Konvents. So ist es nicht verwunderlich, daß die Pflege des Andenkens in St. Peter kontinuierlicher war als an anderen Zähringer Plätzen, zumal das Leben und die Struktur eines Benediktinerklosters geradezu zur treuen und feierlichen Memoria der Stifter und Wohltäter prädestinierte (vgl. die necrologische Überlieferung: Nrn. 104 u. 299).

Dennoch gab es, wenn die Quellen nicht täuschen, nach dem Tod des letzten Zähringers Bertold V., der sich das von ihm begründete Freiburger Münster als Grablege wählte, in St. Peter außer einem Hochgrab mit liegender Figur in der Kirche, einer Gruft mit Grabplatten und einem Hinweis im Kapitelsaal auf die Grabstätte Bertolds III., keine weiteren Zähringer Erinnerungen in Form von Skulpturen oder Bildern. Freilich ist auch vom sonstigen künstlerischen Schaffen aus den ersten sechs Jahrhunderten der Abtei nur wenig erhalten oder bekannt. Erst im 18. Jahrhundert, also 500 Jahre nach dem Tod des letzten Zähringers, lebte diese Verehrung wieder neu auf und fand unter verschiedenen künstlerischen Formen ihren Ausdruck. Dieses letzte Jahrhundert der Abtei war zwar nochmals in vieler Hinsicht eine Blütezeit; zugleich aber wurde das Kloster in seinen Rechten und Freiheiten zunehmend beengt und in der zweiten Hälfte des Jahrhunderts waren Klosteraufhebungen zur realen Gefahr geworden.

Die im folgenden vorgestellten Zeugnisse der Zähringer-Tradition in St. Peter spiegeln diese Situation wider. Zum einen sind sie Ausdruck einer Blütezeit, die sich immer auch in künstlerischem Schaffen niederschlug, zum andern nehmen sie in ihrer Aussage auf die politische Entwicklung Bezug und können z. T. direkt als eine Form des Bemühens um den Bestand des Klosters angesehen werden. Hinzu kommt ein weiterer Faktor: Durch die Grenzlage des Breisgaus war St. Peter bis ins 18. Jahrhundert hinein immer wieder Kriegsgebiet, was eine umfangreichere Bautätigkeit nicht zuließ; die erst nach 1720 und nochmals nach 1750 entstandenen Bauwerke und Ausstattungsstücke sind der späteren Barockkunst zuzurechnen, die bereits über einen breiten ikonographischen Formenschatz verfügte: etwa wenn der noch junge Joseph Anton Feuchtmayer nach den Arbeiten im Fürstensaal von Salem am Konzept des Zähringerzyklus in der Kirche mitwirkte, oder wenn Abt Philipp Jakob Steyrer seine Kenntnisse der Wiblinger Bibliothek in die

Fertigstellung der st. petrischen einbringen konnte. Schließlich war das 18. Jahrhundert eine Zeit intensiver historischer Forschung, die zu einem großen Teil in Personengeschichtsschreibung, genealogischer Forschung und Rechtssammlungen bestand. Die Benediktinergelehrten von St. Peter haben für diesen Typ von Geschichtsforschung einige gute, wenn auch ungedruckte Beispiele hervorgebracht. Diese vier Elemente also, die kulturelle Blütezeit des Klosters unter kunstsinnigen Äbten, die politischen Verhältnisse, die das Kloster zunehmend bedrängten, die erprobten Möglichkeiten programmatischer Kunst und schließlich die auch im Kloster vielfältig betriebene historische Forschung bilden den Rahmen für die Zeugnisse der st. petrischen Zähringer-Tradition.

Für die ältesten Beispiele, eine Tafel mit den Wappen aller Äbte und Rundbildern der Stifter Bertold II. und Bischof Gebhard III. von Konstanz von 1712 (Nr. 301), sowie für den Zähringerzyklus aus dem früheren Kapitelsaal (Nr. 302) wird man als Motiv vornehmlich das überkommene dankbare Stiftergedenken annehmen dürfen. Anders die Arbeiten aus der Zeit Abt Ulrich Bürgis, das Doppelstifterbild von etwa 1723 (Nr. 304), der Zähringerzyklus der Kirche (Nr. 306) und weitere Dokumente: Hier wird Geschichte schon mit aktueller politischer Absicht erforscht und demonstrativ sichtbar gemacht. Auch die Kunstwerke aus der zweiten Hälfte des 18. Jahrhunderts, insbesondere der Zähringer-Porträtzyklus des großen Festsaals (später Gästeflügel, Nrn. 160 und 309) und die neu errichteten Epitaphien von 1767/1768 (Nr. 312) sind ohne den aufgezeigten Rahmen nicht verständlich. Vielleicht sind die Kunstwerke aus der zweiten Hälfte des 18. Jahrhunderts etwas verbindlicher, den politisch Mächtigen etwas entgegenkommender als die vornehmlich eigene Rechte und Eigenständigkeit dokumentierenden und betonenden Zeugnisse aus der Zeit nach 1720 – aber die Situation war gegen Ende des Jahrhunderts für das Kloster noch bedrohlicher geworden. Das Tagebuch des letzten Abtes Ignaz Speckle ist ein eindrucksvolles Zeugnis dafür, wie das Gedenken an die Zähringer Gründer auch im – letztlich vergeblichen – Kampf um den Erhalt des Klosters präsent war (Nr. 314).

Lit.: J. Mayer, Geschichte der Benediktinerabtei St. Peter auf dem Schwarzwald, 1893; F. R. Frankenhauser, Kloster St. Peter im Schwarzwald 1739; nach den Aufzeichnungen des P. Johann Nep. Maichelbeck, in: ZGO NF 31 (1916), 76 ff.; Harlacher, St. Peter; H.-O. Mühleisen, in: Die Zähringer I, S. 175 ff. H.-O. M.

299
Die Zähringer in St. Petriner Necrologien

299.1
GREGOR BAUMEISTER, COLLECTIO SEPTEMDECIM CUM ANTIQUORUM UT VOCANT LIBRORUM VITAE TUM NOVORUM NECROLOGIORUM VARIORUM MONASTERIORUM ET ECCLESIARUM

St. Peter i. Schw., 1767.
2 Papierhandschriften, 314 und 298 Bll., H. 33,5 B. 24 cm, helle Schweinsledereinbände der St. Petriner Bibliothek, geprägt, auf Holz, defekte Metallschließen.
Erzbischöfliches Archiv Freiburg i. Br., Hs. 570–571;
aufgeschlagen Titel Bd. 1, Bd. 2, Nr. 17 S. 48.

Die Sammlung von 17 südwestdeutschen Necrologien in zwei großformatigen Papierhandschriften wurde von dem St. Petriner Archivar Gregor Baumeister 1767 angelegt. Baumeister, der fleißigste und bedeutendste Historiker seines Klosters, trat 1736 in das Schwarzwaldkloster ein, nachdem er in Kloster Elchingen bei Ulm die erste Erziehung erhalten hatte. Sein Interesse an der Klostergeschichte rührte aus seiner Tätigkeit als Registrator und Archivar von St. Peter. Baumeister starb 1772 als Prior von St. Ulrich bei Freiburg i. Br. Seine Sammlungen zur Klostergeschichte (vgl. Nrn. 105, 302, 310) zeichnen sich durch außerordentliche Materialfülle, das Bemühen um textgetreue Wiedergabe und genaue Nachzeichnungen zahlreicher heute meist verlorener Denkmäler zur Geschichte des Klosters und der Zähringer aus. Sein besonderes Interesse galt den Zähringern als Gründern von St. Peter; ihnen widmete

er allein zwei Bände »Collectanea de ducum Zaringensium« (Nr. 311).
Die vorliegenden zwei Handschriften legte Baumeister 1767 auf Anordnung seines Abtes Ph. J. Steyrer an, wobei er Abschriften aus den Jahren 1760ff. verwendete. Diesmal ließ er das Material vom Klosterkanzlisten Joh. Bapt. Schienle reinschreiben und mit Titelblättern und Zeichnungen des Laienbruders Fidel Mathis versehen; von Baumeister selbst finden sich gelegentlich eigenhändige Korrekturen zum Text.
Baumeister hatte Handschriften aus dem Besitz von St. Peter oder auf Reisen eingesehene Necrologien abgeschrieben und nun in einem Band versammelt. Ein Vergleich mit teils noch erhaltenen Vorlagen Baumeisters bezeugt seine akribische Genauigkeit. Bd. 1 enthält zudem codicologisch-paläographische Beschreibungen, in denen z. T. Schriftproben und Namensregister geboten werden. Baumeister stellt in seinem Vorwort bereits das historisch-wissenschaftliche Interesse an einer solchen Sammlung in den Vordergrund *(cum eiusmodi antiqua Necrologia magni hodie apud Eruditos habeantur, eorumque in Historia non infrequens sit usum,* f. 3r). Konkret weist er seinen Abt auf die Nachrichten über die Klosterstifter *(S. Petri Fundatores et Benefactores)* hin, die in den Necrologien zu finden seien. Necrologien folgender Konvente nahm Baumeister auf: 1. Exzerpte aus dem Verbrüderungsbuch der Abtei Reichenau; 2 und 3: Zisterzienserinnenkloster Günterstal; 4. Franziskaner (St. Martin) in Freiburg i. Br.; 5. Pfarrkirche Oberaspach bei Thann (Elsaß); 6. Pfarrkirche Bollschweil bei Freiburg i. Br.; 7. Cluniazenserpriorat Sölden (ab 1601 Priorat von St. Peter); 8. Kloster St. Georgen bei Villingen; 9. Kloster St. Blasien i. Schw.; 10. Propstei Nellingen bei Esslingen (St. Blasianer Propstei); 11. Zisterzienserkloster Tennenbach; 12. Kloster Gengenbach; 13–17 Necrologien von St. Peter: 13. P. Gremmelsbach-Abschrift 1497 (Nr. 104); 14. Daniel Wehinger 1559; 15. Conrad Plaz, 1590; 16. 1694; 17. Gregor Baumeister, 1760 (die Vorlage ist Kat. Nr. 299.2, fortgeführt bis 1821).
Gehen alle St. Petriner Necrologien in ihren alten Einträgen auf Gremmelsbach zurück, so fügte der nicht genannte Kompilator von Nr. 16 bereits eine beträchtliche Anzahl offenbar aus historiographischer Überlieferung entnommener Einträge hinzu, wie etwa die der Vorfahren Bertolds II.
Die Handschriften Baumeisters waren nach der Aufhebung des Klosters 1806 nach Rheinau gelangt, wo G. H. Pertz sie einsehen konnte. 1862, nach der Säkularisation Rheinaus, kamen sie in den Besitz des Priesterseminars St. Peter; 1883 konnte F. L. Baumann sie dort für seine MGH-Edition der süddeutschen Necrologien auffinden und auswerten. Darauf sind beide Bände in das Erzbischöfliche Archiv zu Freiburg i. Br. verbracht worden, wo sie heute noch, zusammen mit einem Band der Klosterannalen, lagern. Besonderen Wert haben die Abschriften der Necrologien von Tennenbach, Gengenbach, Günterstal, St. Blasien, Bollschweil und Sölden, weil deren Vorlagen nunmehr verschollen sind.

Lit.: Editionen in MGH Necrologia I, 1888, hrsg. v. F. L. Baumann; – F. J. Mone, Quellensammlung zur badischen Landesgeschichte, Bd. 1, 1848, S. 62–63 (zu Baumeister); F. L. Baumann, Bericht über schwäbische Totenbücher, in: NA 7 (1882), S. 27; Ders., Ueber Todtenbücher der Bisthümer Chur und Constanz, in: NA 8 (1883), S. 443–446; P. Lindner, Die Schriftsteller und Gelehrten der ehemaligen Benediktinerabteien im jetzigen Großherzogtum Baden vom Jahre 1750 bis zur Säkularisation, in: FDA 20 (1889), S. 103–106; Harlacher, St. Peter, S. 64ff.

299.2
MENOLOGIUM S. PETRI IN SYLVA NIGRA (...) COLLEGIT P. GREGORIUS BAUMEISTER

St. Peter, 1749.
2 Papierhandschriften, 390 und 309 Bll., H. 34,5 B. 22 cm.
GLA Karlsruhe, 64/27 und 28.

Dieses Erzeugnis von Baumeisters (vgl. Nr. 299.1) Sammeltätigkeit vereint die liturgischen Verpflichtungen des Klosters, die aus den Verbrüderungen mit anderen Klöstern sowie aus den Schenkungen von Wohltätern herrührten. Ein Gründungsbericht leitet die beiden Bände ein (f. VIff.), darauf folgen die Klosterverbrüderungen (f. 13^{v}ff.), dann die *Anniversaria et Obligationes modernae monasterii S. Petri pro fundatoribus* (f. 18^{r}ff.). Bertold III., Konrad, Bertold II., Bertold IV., Hermann I., Bertold V. und Agnes finden in dieser Reihenfolge Erwähnung. F. 23v ff. enthält das Necrolog (in Kalenderanordnung); den Anniversarien der wichtigsten Schenker und Äbte sind Kurzbiographien und Wappen bzw. Bildnisse beigegeben. Aufgeschlagen ist f. 114r (12. April) mit dem Bildnis Bertolds II., auf einem Löwen stehend mit Fahne in der Hand.

299.3
PRIORATUS MONASTERII S. PETRI IN NIGRA SYLVA DIRECTORIUM QUINQUEPARTITUM EXHIBENS ANNI FESTA MOBILIA ET IMMOBILIA, MONASTERII OBLIGATIONES ET ANNIVERSARIA (...) CONSCRIPSIT P. GREGORIUS BAUMEISTER

St. Peter, 1765.
Papierhandschrift, 301 Bll., H. 20,5 B. 17 cm.
Priesterseminar St. Peter i. Schw., o. S.

Ein weiteres Produkt von Baumeisters Kompilationstätigkeit: Die Zusammenstellung der zu beobachtenden Feste und liturgischen Verpflichtungen des Klosters diente dem Prior als Unterlage. Aufgeschlagen ist f. 92v des 3. Teils, mit den Anniversarien Bertolds III., Bertolds II., Bertolds IV. und Bertolds V. J. G.

300
Benedikt Maucher, Collectanea de familia ducum Zaringensium et fundatione monasterii S. Petri in Hercynia

St. Peter, 1659.
In Papierhandschrift »Varia Memoranda ab an. 660 Tomus I« gebunden, 488 Bll., H. 34,5 B. 21,7 cm, f. 94r–102v.
GLA Karlsruhe, 67/1281.

Der Prior von St. Peter Benedikt Maucher († 1660) dedizierte seine Kompilation zu den Zähringern aus Quellen seines Klosterarchivs und aus den gängigen historisch-genealogischen Werken seinem Abt Placidius Rösch am 5. November 1659. Gremmelsbach (Nr. 104), Pistorius (Nr. 351) und Sebastian Münster (Nr. 347) sind die von ihm genannten Quellen. Maucher beschränkt sich auf knappes Referieren der Habsburgerabkunft der Zähringer (nach Pistorius, vgl. oben Mertens, S. 305 f.), kopiert Gremmelsbachs Zähringergenealogie und Urkundentexte zur Gründungsgeschichte des Klosters sowie Nachrichten über die Klostergeschichte bis zum 16. Jahrhundert. Die äußerlich schmucklose Schrift ist im Zusammenhang der Öffnung der Zähringergräber durch Abt Rösch im Jahr 1659 (vgl. Nr. 308) anzusiedeln, wodurch das seit Gremmelsbach erlahmte historische Interesse an den Stiftern belebt wurde. Maucher fand allerdings in seinen Bemühungen bis zum 18. Jahrhundert keine Nachfolger.

Lit.: F. J. MONE, Quellensammlung zur badischen Landesgeschichte, Bd. 1, 1848, S. 62; P. LINDNER (wie Nr. 299.1), S. 100–101. J. G.

301 Abb. 194
Wappentafel der Äbte von St. Peter

St. Peter, 1712.
Öl auf Leinwand, H. 175 B. 130 cm.
Priesterseminar St. Peter i. Schw.

Die Wappentafel der Äbte der ehemaligen Benediktinerabtei St. Peter zeigt in sechs Reihen die Wappen von 54 Äbten, über denen jeweils der Namen, die Ziffer und das Sterbejahr stehen. Das Thema des Bildes benennt die Inschrift: *Nomina et obitus Abbatum monasterii S. Petri in Nigra Sylva* (bei einer Reinigung kam die alte Form *Herzynia* wieder zum Vorschein): »die Namen und das Hinscheiden der Äbte des Klosters St. Peter im Schwarzwald.« Oben im Bild (im Himmel) übergibt der Patron des Klosters mit dem Steuerruder eines Schiffes zwei Schlüssel; darunter wiederholt auf einem Schriftband eine verrätselte und in Versen verfaßte Inschrift das Thema: *Petrus praesulibus curam fert huius ovilis et clavo claves: queis placuere sibi:* »Petrus überträgt den Vorstehern die Leitung dieser Herde und durch das Steuerruder die Schlüssel, durch die sie sich ihm gefällig gemacht haben.« Der Sinn dieses Distichons erschließt sich durch die Attribute des hl. Petrus und das darunterstehende Thema: der Namenspatron des Klosters selbst benennt *(nomina)* die Äbte dieses Klosters (welches am unteren Rand des Bildes eingefriedet wie ein

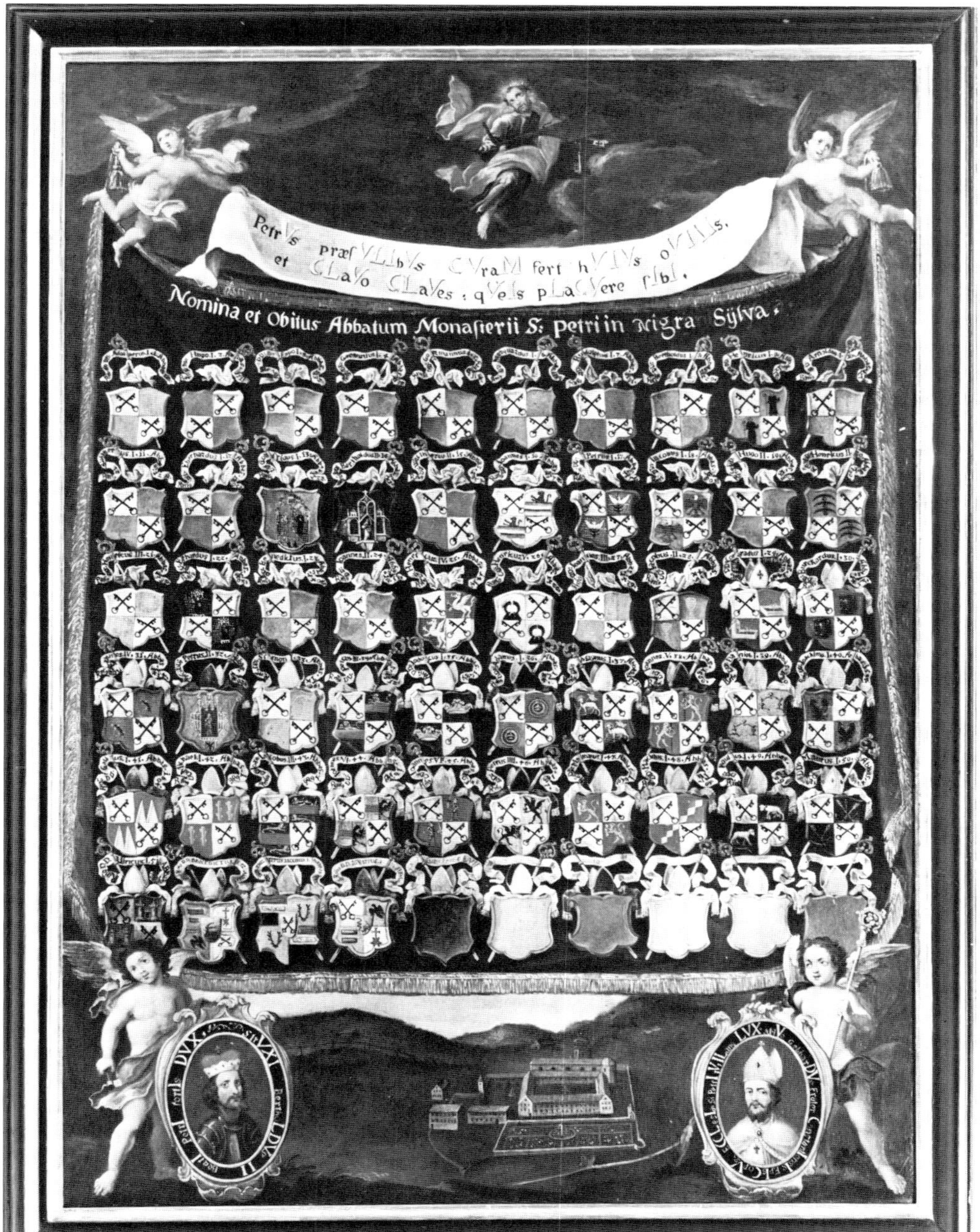

194 (Kat.-Nr. 301)

Stall zu sehen ist) und gibt ihnen durch dessen Leitung für den Tag des Hinscheidens *(obitus)* die Möglichkeit, sich die Schlüssel zum Himmel zu erwerben, deren Verwaltung eben dem hl. Petrus übertragen ist. Das Rätsel des Spruches, in dem ein Chronogramm das vermutliche Entstehungsjahr des Bildes, 1712, kennzeichnet, liegt in der nicht aufhebbaren Spannung, daß die Schlüssel zum Himmel gleichzeitig von Petrus verwaltet und gewährt und von den Äbten durch eine gute Klosterleitung verdient werden müssen – die Schlüssel, die in allen darunter sich befindenden Wappenscheiben für das Kloster St. Peter stehen und hier in einem lateinischen Wortspiel (*clavo claves*) mit der Lenkung des Klosters in Verbindung gebracht werden.

Unterhalb der Wappenreihen sind die Stifter Bertold II. und Gebhard III. in zwei Rundbildern mit Barockrahmen, Attribute tragenden Engeln und einer Umschrift mit Chronogramm dargestellt, die jeweils das Jahr 1091 ergeben. Bei Bertold: *Struxi Bertholdus II. beati Petri fortis dux,* bei Gebhard III: *Atque Gebhardus, frater, Constantiensis, episcopus, ecclesiae S. Petri, rutilans lux.* Zusammen gelesen ergibt dies: »Ich habe gebaut, Bertold II., des seligen Petrus starker Fürst – und Gebhard III., der Bruder, Bischof von Konstanz, der Kirche des hl. Petrus strahlendes Licht.« Zum erstenmal im 18. Jahrhundert werden hier zwei Zähringer als Stifter herausgestellt und durch die Beschriftung in enge Verbindung zum Kloster und zur Kirche des hl. Petrus gebracht, wobei Bertold mit dem Szepter und Gebhard mit dem Bischofstab als Attributen für die geistliche und weltliche Macht stehen. Dennoch stehen die Zähringer hier noch nicht im Zentrum, sondern eher am Rand des Bildes und werden auch noch nicht so direkt »in Dienst genommen« wie in späteren Darstellungen. Die im Chronogramm für beide gewählte Jahreszahl 1091 weist für Bertold II. auf das (nicht gesicherte) Datum des Beginns der Suche nach einem Platz – und damit die Entscheidung – für das neue Kloster hin (vgl. Nr. 98). Für Gebhard III. dürfte ausschlaggebend gewesen sein, daß er in diesem Jahr die Peter- und Paulskirche in Hirsau – also dem Ursprungsort der st. petrischen Klosterreform – geweiht hatte.

Das Jahr 1712, das letzte für das Kloster ruhigere Jahr während des spanischen Erbfolgekriegs, als mögliches Entstehungjahr, hatte insofern Anlaß für eine solche historische Tafel gegeben, als die Rechte des Klosters durch Kaiser Karl VI. neu bestätigt worden waren. Zudem war es das 40. Jahr der Profeß und das 15. Jahr der Ernennung zum Prior von Abt Maurus Höß, der nicht nur ein baufreudiger Abt war, sondern mit der Abbildung seines Wapppens an verschiedenen Plätzen immer wieder seine Tätigkeit demonstrativ belegte. Seit längerem hatte er durch Pater Karlmann Schmiding und dann durch den an der Geschichte des Klosters stark interessierten späteren Abt Ulrich Bürgi (vgl. Nr. 303) historische Dokumente sammeln und eine kurze Lebensbeschreibung der Äbte anfertigen lassen. Der energische Abt, der sich als Wahlspruch gewählt hatte *non mihi sed Petro laboro* – was bei der starken Beziehung der Wappenscheibe und der beiden Zähringer auf den hl. Petrus auf seine persönliche Einflußnahme bei deren Gestaltung schließen läßt –, nutzte die Gelegenheit, sich als 50. Abt des Klosters darzustellen, was freilich bedeutete, daß zwei Äbte, die nur sehr kurz (oder gar nicht) im Amt waren und deren Todesjahr unbekannt war, nicht in die Reihe aufgenommen wurden. Der Chronist P. Gregor Baumeister (vgl. Nr. 299.1): »Überhaupt findet man nirgends sowohl bezüglich der Reihe der Äbte als auch ihrer Lebenszeit eine so große Verwirrung als von der Mitte des 14. Jahrhunderts bis zum Jahr 1420«. In der Äbtegalerie aus der Zeit nach 1750 ist er daher als 52. Abt genannt, eine Diskrepanz, die man bis zum Ende der Klosterzeit belassen hat.

(Für Hinweise bei der Entzifferung der Inschriften danke ich Monika Frehen.) H.-O. M.

302
Zähringerbildnisse aus dem früheren Kapitelsaal von St. Peter, 1716 (?)

St. Peter, überliefert in P. Gregor Baumeisters »Compendium actorum« Bd. 2, 1758, S. 637b und g, 2 Ausfaltbll., Federzeichnungen; Papierhandschrift, H. 24 B. 19 cm.
GLA Karlsruhe, 65/533.
(Tafel 22a in: Die Zähringer I).

Zu den heute nicht mehr vorhandenen, sondern nur als Federzeichnung im Compendium Actorum von P. Gregor Baumeister festgehaltenen Zähringerbildnissen aus der ersten Hälfte des 18. Jahrhunderts gehören die zwei Reihen der Stifter aus dem Kapitelsaal, der im Zuge der Neuerrichtung des Konventbaues nach 1750 abgerissen wurde. Nach zwei Rundbildern des Klostergründers Bertold II. und Bischof Gebhards III. von Konstanz in der Abtswappentafel von 1712 (Nr. 301) sind dies die frühesten Zeugnisse der in der Abtei im 18. Jahrhundert neubelebten Zähringertradition. Für St. Peter ist es zudem der älteste umfangreiche, wenn auch nicht vollständige Zähringerzyklus. Die Reihen sind nicht chronologisch geordnet, sondern beginnen (hier rechts und links außen) wiederum mit den für St. Peter wichtigsten Zähringern, dem eigentlichen Gründer Bertold II. und dessen Bruder Gebhard III., der als Bischof von Konstanz die erste Kirche geweiht hatte. Erst dahinter folgt auf der einen Seite ihr Vater Bertold I. sowie im übernächsten Bild ihre Mutter Richwara. Eine Ordnung der beiden Reihen ergibt sich dadurch, daß in ihrer Mitte jeweils eine Frauengestalt steht. Am Ende der Reihe findet sich auf der einen Seite der Dekan des Landkapitels Breisach und spätere Konventuale Carolomanus Hanselmann, der seit 1648 einer der wichtigsten Wohltäter des Klosters war und der den Wiederaufbau der Kirche nach dem Brand von 1644 erst ermöglicht hatte. Später Prior des Klosters, lehnte er 1670 die Wahl zum Abt ab und mußte in der Feuersbrunst von 1678 als fast einziger im Konvent Verbliebener die Zerstörung des durch seine Bemühungen neu gebauten Klosters erleben. Der Wohltäter am Ende der anderen Reihe, Michael Reichlin, Pfarrer in Umkirch, Gottenheim und ebenfalls Dekan des Kapitels Breisach, hatte dem Kloster 1691 ein Haus geschenkt, das beim Verkauf 1000 Gulden erbracht hatte. Für beide »Guttäter« wurde 1696 ein jährliches feierliches Anniversarium beschlossen. Die Aufnahme dieser beiden ›zeitgenössischen‹ Wohltäter in die Reihe der Zähringer, unter die ansonsten nur der Schwiegervater des Klostergründers als wichtiger Landgeber eingefügt wurde, zeigt die Aufgabe dieses Zyklus[1]: Er sollte vor allem die Dankbarkeit des Konvents gegenüber den Stiftern dokumentieren, deren liturgisches Gedenken im Konvent die Gegengabe für die Begründung, die Ausstattung und den Schutz des Klosters war. Herausgestellt wurde mit dieser Reihe das weltliche tugendhafte Verhalten, das seine Entsprechung in den mönchischen Tugenden hatte, die in den zum Gesamtprogramm des Raumes gehörenden Benediktsszenen der Deckenfresken dargestellt waren. Die für einen Kapitelsaal ungewöhnliche Darstellung eines Stifterzyklus ist vielleicht auch schon Ausdruck eines Präsentationswunsches, der sich erst später in der Kirche wirklich realisieren ließ.

Das Entstehungsdatum des Zyklus ist nicht klar. Sicher ist, daß der Raum 1716 von Franz Joseph Vogel stukkiert und mit Bilderrahmen versehen wurde. Für die Anfertigung der Fresken durch den Freiburger Maler Hans Michael Saur gehen die Angaben auseinander. Die Frage, ob sie ebenfalls schon 1716 oder unter dem neuen Abt Ulrich Bürgi 1719 entstanden sind, ist allenfalls für die Genese der den Zähringern zugewiesenen Bedeutung wichtig.

Lit.: H. GINTER, Kloster St. Peter im Schwarzwald. Ein Abriß seiner Kultur- und Kunstgeschichte, 1949; C.-P. WARNCKE, Die Seele am Kreuz, Emblematische Erbauungsliteratur und geistliche Bildkunst am Beispiel eines Dekorationsprogramms im ehemaligen Kloster St. Peter im Schwarzwald, in: Vestigia bibliae 2 (1980), S. 159–202.

H.-O. M.

303
Ulrich Bürgi, Rete Documentorum Monasterii ad S. Petrum

St. Peter, 1718.
Papierhandschrift, H. 40,5, B. 25 cm.
GLA Karlsruhe, 65/529;
aufgeschlagen f. V, Faltblatt (H. 47 B. 38 cm).

Ulrich Bürgi, Klosterarchivar und Abt (1719–1739) von St. Peter (der Erbauer der neuen Klosterkirche: Nr. 305), schloß mit dieser Dokumentensammlung zur Klostergeschichte an Vorarbeiten an, die bereits beträchtliche Zeit zurücklagen (vgl. Nrn. 10, 104, 300). Die Geschichte des Klosters zu schreiben und die wichtigsten diesbezüglichen Urkunden zu sammeln bedeutete jeweils auch der Geschichte des Gründergeschlechts nachzugehen. So enthält

Bürgis Sammlung, die vor allem aus dem Rotulus Sanpetrinus (Nr. 102) und Gremmelsbachs Liber Vitae (Nr. 104) schöpft, u. a. einen kolorierten Stammbaum der Zähringer (Ausfaltblatt f. XXI). Aufgeschlagen ist f. V, ein Ausfaltblatt mit einer farbigen kolorierten Ansicht von St. Peter, flankiert von Bürgis beiden Vorgängern als Klosterhistoriographen: Gremmelsbach und Maucher.

Lit.: HARLACHER, St. Peter, S. 72ff. J. G.

304
Doppelbild: Stiftung und Aufnahme des Klosters St. Peter in päpstlichen Schutz

St. Peter, nach 1722 (J. M. Saur?).
2 Gemälde, Öl auf Leinwand, H. 186 B. 101,5 bzw. 97 cm.
Priesterseminar St. Peter i. Schw.
(Tafel 20 in: Die Zähringer I).

Die zwei, heute im Festsaal der ehemaligen Abtei befindlichen Bilder zeigen in einer barocken Momentaufnahme den Vorgang der Unterstellung des neu begründeten Klosters St. Peter unter päpstlichen Schutz. Auf dem rechten Bild entrollt der Stifter Bertold II. einen Idealplan der barocken Klosteranlage und präsentiert ihn mit unterwerfender Gebärde dem Papst. Die ihn umgebenden Bischöfe und weltlichen Würdenträger, unter ihnen auch drei früh verstorbene Knaben, sind leicht als Mitglieder der Zähringer Familie zu identifizieren. Der Geistliche im Hintergrund dürfte Hermann I. darstellen. Auf dem linken Bild nimmt der im Kreis der Kurie sitzende Papst Urban II. die Gabe entgegen und bestätigt mit einer Urkunde die Stiftung und damit die dem Kloster von den Zähringern gewährten Privilegien und Freiheitsrechte, ein Vorgang, der für das Jahr 1095 auch für andere Klöster der Region belegt ist (vgl. Nr. 102).
Dieser seit dem Mittelalter bekannte Bildtypus wird hier in der Zeit nach 1720 von der Abtei genutzt, um auf die ehrwürdige Tradition der dem Kloster gestifteten und bestätigten Freiheitsrechte zu verweisen. Die Szene spielt sich dabei allein zwischen Fürsten und Kurie ab, während der Konvent als eigentlich betroffene und davon profitierende Gruppe nicht in Erscheinung tritt. Das Bild, das aufgrund des Idealplans in die Zeit nach 1722 zu datieren ist, als die Neubauten erst projektiert waren, und das vermutlich vom Freiburger J. M. Saur gemalt wurde, hat eine eindeutige politische Funktion: In einer Situation, in der man während und nach der Wahl Abt Ulrich Bürgis (1719–1739) immer wieder mit Habsburger Versuchen zur Einschränkung der Privilegien konfrontiert war, sollte es die weltliche wie geistliche Legitimation der alten Freiheitsrechte gegenüber Wien dokumentieren. H.-O. M.

305
Westfassade der Kirche und Klosteranlage von St. Peter, Projektplan

St. Peter, um 1727.
Aufrißzeichnung auf Papier, teilweise koloriert, H. 41,5 B. 61,5 cm.
GLA Karlsruhe, G Baupläne St. Peter Nr. 5.

Die kolorierte Zeichnung zeigt die Westfassade der Klosteranlage zu einem Zeitpunkt, als die neue Kirche bereits fertiggestellt war, während die Diskussion um den Fortgang der Neuerrichtung der Klostergebäude noch nicht abgeschlossen war. (Die Jahreszahl 1798 muß von einer späteren Archivierung stammen.) Man kann daher als Entstehungdatum »um 1727« annehmen. Wie bei den vorangegangenen Planungen der Kirche ist auch für die Klosterbauten festzustellen, daß gegenüber den Vorschlägen des Baumeisters Peter Thumb, die freilich kaum ohne diesbezügliche Wünsche des Bauherren Abt Ulrich Bürgi entstanden sein dürften, die jeweils weniger aufwendige Version gewählt wurde. Die Kirchenfassade weist die heute noch vorhandene Form auf, allerdings mit noch leeren Figurentabernakeln, da die Feuchtmayer-Plastiken wohl erst Anfang 1728 aufgestellt wurden, während die anschließenden Klostergebäude entgegen diesem Plan später nur zweistöckig, dafür mit einem zusätzlichen nördlichen Eckpavillon gebaut wurden, der eine andere Zentrierung der Gesamtfassade ergab. Die zahlreichen, noch erhaltenen Pläne sind Ausdruck des Bemühens vor allem Abt

Bürgis um eine neue Gesamtanlage, die seinem Verständnis von der Bedeutung des Klosters entsprechen sollte.

Lit.: H. M. Gubler, Der Vorarlberger Barockbaumeister Peter Thumb 1681–1766. Ein Beitrag zur süddeutschen Barockarchitektur (Bodenseebibliothek 16), 1972, S. 32ff. H.-O. M.

306 Abb. 195

Skulpturen der Zähringer aus der ehemaligen Abteikirche St. Peter

St. Peter, 1730–1731.
9 Pfeilerfiguren auf Konsolen, von J. A. Feuchtmayer. Pfarr- und Seminarkirche St. Peter i. Schw., Kirchenschiff; Photographien: (siehe auch Tafeln 19a–c in: Die Zähringer I).

Die Zähringerfiguren der ehemaligen Kloster-, heute Seminar- und Pfarrkirche St. Peter prägen durch ihre – seit den mittelalterlichen Domen und auch in St. Peter für Apostel vorgesehene – Position vor den Wandpfeilern nicht nur sehr stark den Gesamteindruck der Kirche, sondern sind innerhalb des barocken Kirchenbaues von besonderer Originalität. Der programmatische Wechsel während der Ausstattung der Abteikirche von den Aposteln zu den Zähringern, der mit einem Künstlerwechsel zu Joseph Anton Feuchtmayer zusammenging, war nicht nur ein Zeichen besonderer Pietät gegenüber den Stiftern, sondern nutzte die architektonischen und ikonographischen Möglichkeiten zu einer politischen Aussage: Die Zähringer an den tragenden Pfeilern der Klosterkirche stehen – wie ansonsten Apostel als Stützen der lebendigen Kirche – hier als Garanten des von ihnen gegründeten und reich ausgestatteten Klosters. Adressat dieser Aussage war die Herrschaft in Wien, von wo eben schon in dieser Zeit versucht wurde, die Rechte des Klosters zu beschränken. Neben der Konfrontation mit Habsburg stellen diese Zähringerstatuen zugleich eine in Pflicht nehmende Bindung zum Kaiserhaus her, da man sich in dieser Zeit in genealogischen Forschungen auch des Klosters um den Nachweis der Verwandtschaft zwischen Zähringern und Habsburgern bemühte (vgl. unten Gerchow, S. 392ff.).

195 (Kat.-Nr. 306)

Die neun, nach langen Überlegungen 1730/31 in die Kirche aufgenommenen Zähringer – die Neunzahl statt der ja auch möglichen und im Falle der Apostel notwendigen 12 steht für die »neun guten Helden«, je drei aus Antike, Judentum und Christentum, und insoweit für eine überzeitliche Wertordnung – sind nicht chronologisch, sondern in bezug auf die jeweilige Raumfunktion geordnet. Im Chor stehen die zwei mächtigen Bischöfe des Zähringergeschlechts, Gebhard von Konstanz und Rudolf von Lüttich, gegenüber der Kanzel Hermann I., der Mönch in Cluny war, dahinter reihen sich dann Bertold I. bis Bertold V., jeweils mit einer Unterschrift, die neben dem Sterbedatum die Dargestellten als Stifter und Wohltäter ausweisen. 1873/74 als »unpassend« und »nicht kunstgerecht« angesehen, entgingen die Figuren damals wohl nur wegen mangelnder Finanzmittel der Vernichtung. Fast 100 Jahre lang waren sie dem Geschmack des 19. Jahrhunderts entsprechend bunt übermalt, bis sie in der Renovierung nach 1960 wieder ihre ursprüngliche Polierweißfassung erhielten.

Lit.: W. Boeck, Feuchtmayer Meisterwerke, 1963; A. Herbst, Zur Ikonologie des barocken Kaisersaales, in: Historischer Verein Bamberg, 106. Bericht (1970); Mühleisen, Stifterikonographie. H.-O. M.

307
Festum Cathedrae, Festschrift anläßlich der Weihe der neuen Kirche 1727

Rottweil, bei Johann Georg Kennerknecht, 1731.
Druck, 524 S., 8°.
Universitätsbibliothek Freiburg i. Br., M 8061, w.

Die anläßlich des Kirchenneubaues nach Abschluß aller Bauarbeiten 1731 erschienene und vom Prior mit Konvent dem Bauherren Abt Bürgi gewidmete Festschrift »Festum Cathedrae« ist ein beredtes Zeugnis für die Lebendigkeit der Zähringertradition in der Mitte der ersten Hälfte des 18. Jahrhunderts. Sie ist so aufgebaut, daß der erste Teil über die Baugeschichte und Weihe der Ursula-Kapelle erzählt. Dazu werden Urkunden, »Gnaden-Briefe« und Approbationsschreiben angeführt. Im zweiten Teil sind neben dem Bericht darüber, was vor und während der Kirchweihe »Denkwürdiges vorgegangen« ist, die Predigten des einwöchigen Kirchweihfestes und fünf weitere Predigten späterer Feiertage wiedergegeben. Im dritten Teil werden die in die Kirche transferierten Reliquien benannt und beurkundet. Die Schrift schließt im vierten Teil mit einer umfangreichen Vita des Hl. Ulrich, womöglich über den Namenspatron eine Reverenz gegenüber dem Bauherren Abt Ulrich Bürgi.
Für die Zähringerforschung ist »Festum Cathedrae« in mehrerer Hinsicht von Bedeutung: zum einen zeigt sie in der Darstellung der

196 (Kat.-Nr. 308) Abtsbildnis des Placidius Rösch, Ausschnitt

Gründungsgeschichte des Klosters den Kenntnisstand des frühen 18. Jahrhunderts über Genealogie und Geschichte der Zähringer; zum zweiten beschreibt sie ausführlich die Translation der Gebeine der Stifter in die neuen *Ruhe-Oerter* und wird so zum Dokument für ältere Begräbnisorte, die Situation von 1727 sowie die Inschriften auf den neuen Gräbern, deren Text sich von späteren Quellen unterscheidet; zum dritten enthalten fast alle Predigten »oft mit vielen Einzeldaten versehene geschichtliche Hinweise auf die Zähringer«, die symptomatisch für ein gerade an den Stiftern festgemachtes Geschichtsbewußtsein sind.

Lit.: P. WEHRLE, Die Kirchweihe in St. Peter im Spiegel ihrer Festpredigten, in: MÜHLEISEN, St. Peter, S. 215–224.

H.-O. M.

308 Abb. 196

Sockeldarstellungen aus der Geschichte von St. Peter auf Äbtebildnissen von F. L. Herrmann

St. Peter, 1752–54.
4 Ausschnittphotographien.
(Vgl. Tafeln 21a–b in: Die Zähringer I).

Der von F. L. Herrmann um 1752 geschaffene Zyklus von 55 Abtsbildnissen, der heute im östlichen Hofumgang der ehemaligen Konventsgebäude von St. Peter hängt, zeigt auf jedem Portrait ein sog. Sockelbildnis (vgl. Nr. 309) mit Szenen aus der Klostergeschichte z. Zt. des jeweiligen Abts, vermutlich nach Maßgabe des damaligen Klosterarchivars Baumeister (vgl. Nr. 299.1) angefertigt. Die Sockelbildnisse zu den ersten drei Äbten, Adalbero, Hugo und Eppo, betreffen die Verlegung des Priorats Weilheim (Nr. 98) nach St. Peter (1), die Schenkung von Herzogenbuchsee durch Agnes von Rheinfelden (2) und die Rückgabe von Hettiswyl durch den Stifter Bertold II. an das Kloster (3). Das Sockelbild im Portrait von Abt Placidius Rösch (50) zeigt bemerkenswerterweise die Öffnung der Zähringergruft durch Abt und Konvent i. J. 1659 (vgl. Nr. 300) als ›merk-würdigstes‹ Ereignis seines Abbatiats (Abb. 196).

J. G.

309 Abb. 197–198

Zähringerbildnisse von F. L. Herrmann aus dem Kloster St. Peter, seit 1836 im Besitz der Großherzöge und Markgrafen von Baden

St. Peter, 1753/54.
3 von 14 Portraits (siehe unten 1–3 und Nr. 160: Gebhard, Abb. 198), H. 148 B. 81 cm; Öl auf Leinwand, Halbfigurenportraits in ovaler, durch Inschriften betonter Umrahmung mit reliefartigem, in Grisaille bemaltem Steinsockel. Markgräfliche Sammlungen im Neuen Schloß Baden-Baden;
(siehe auch Tafeln 23a–b in: Die Zähringer I).

Der an Einzelbildnissen umfangreichste Zähringerzyklus aus St. Peter sind die heute im Neuen Schloß in Baden-Baden befindlichen 14 Portraits, die erst 30 Jahre nach der Säkularisation auf Wunsch des Großherzogs nach Rastatt verbracht worden waren. In Format, Technik und Typus (s. oben) alle gleich, waren sie um 1753/54 von F. L. Herrmann gemalt worden, als der alte umfangreiche Zähringerzyklus im Kapitelsaal durch dessen Abbruch verloren ging. Die Inschriften sind alten st. petrischen Urkunden und Quellen, wie z. B. dem Rotulus Sanpetrinus (Nr. 102) entnommen. Ihr Bestimmungsort ist nicht ganz zu klären. Sicher waren sie, wie früher angenommen, weder für die Kirche noch für das Refektorium gedacht. 1762 und nach der Säkularisation sind sie im »Großen Speisesaal«, was wohl Festsaal heißen soll, belegt, wo sie freilich mit den 1772/1773 gefertigten biblischen Szenen in den Deckenfresken kein sehr stimmiges Programm gebildet hätten. Manches spricht dafür, daß sie den kurz zuvor von Franz Ludwig Herrmann gemalten Äbteportraits, denen sie in Aufbau und Technik ähnlich sind, auch im vorgesehenen Ort, nämlich dem Gang des Gästeflügels, und der Funktion ihrer Aussage entsprochen haben: Standen die Äbte, die geistlichen Väter des Klosters, als Zeugen der Geschichte und Verpflichtung für die Gegenwart, so kam den weltlichen Vätern, den Stiftern und Wohltätern eine vergleichbare Aufgabe zu, indem sie deren

197 (Kat.-Nr. 309.1)

198 (Kat.-Nr. 309) vgl. Kat.-Nr. 160

Nachkommen mahnten, sich ebenso als Garanten des Bestands und Wohlergehens des Klosters zu sehen. Adressat dieses Wunsches war das Haus Baden, das sich als Nachkomme der Zähringer sah und das eben in der zweiten Hälfte des 18. Jahrhunderts immer mehr Einfluß auf die Geschicke der Abtei bekam – bis sie ihm schließlich 1806 in der Säkularisation zufiel. Die Darstellung etwa des Cluniazenser Mönchs Hermann I. in Rüstung und nicht im Habit, die Erwähnung der Hachberger Familie und andere Details der Beschriftungen und der Darstellungen dieses Zyklus weisen immer wieder auf dessen Aufgabe hin, die Bindung und die Verantwortung des Hauses Badens für die Abtei St. Peter herauszustellen.

309.1 Abb. 197

AGNES,
HERZOGIN VON ZÄHRINGEN († 1111)

Gürtelbild nach links. Darunter gemalter Steinsockel, darauf oben Mitte fünfteiliges Wappen. Reliefdarstellung: Verlesung der Klosterprivilegien durch den Markgrafen im Beisein seiner Familie. – Rechts oben seitlich, dem Oval folgend, Aufschrift: »AGNES UXOR BERTHOLDI II / FILIA RUDOLPHI REGIS de ARLE, / COMITIS REINFELDENSIS«. Auf dem Sockel oben: »FUNDATRIX«. In der bildlichen Darstellung unten: »Confirmatio Privilegiorum Mon(aste)rii«. Auf dem Sockel unten: »HIC SEPULTA 1111«.

309.2
BERTOLD III.,
HERZOG VON ZÄHRINGEN († 1122)

Gürtelbild in Rüstung nach rechts. Darunter gemalter Steinsockel, darauf oben Mitte Wappen. Reliefdarstellung: Ansicht der Stadt Freiburg mit Münster und Schloßberg. – Oben im Halbkreis Aufschrift: »BERTHOLDus III. DUX de ZAERINGen / FILIUS FUNDATORIS, VIOLEnTER MORTuus 1122. DUM MOLZ: / HEMII IN ALSATIA CASTRA LOCAVIT / AMICA«. Links unten seitlich: »Benefactor«. Auf dem Sockel oben: »HIC SEPULTUS«. In der bildlichen Darstellung oben: »Conditor Urbis Friburgensis«.

309.3 s. Abb. 62
BERTOLD V.,
HERZOG VON ZÄHRINGEN († 1218)

Gürtelbild in Rüstung nach links. Darunter gemalter Steinsockel, darauf oben Mitte Wappen: gekrönter roter Löwe auf blauem Grund (die Farbe des Wappenlöwen ist Rot mit stark goldenem Auftrag, so daß es offen bleiben muß, ob der Maler jeweils ein Gold oder ein Rot gemeint hat). Reliefdarstellung: der Herzog und seine Gemahlin am Totenlager der beiden jung verstorbenen Söhne, die deutsche Königskrone zurückweisend. – Oben im Halbkreis Aufschrift: »BERTHOLdus V. DUX de ZAERINGen, / FILIUS BERTHOLDI IV. et ULTIMUS: MORTuus / 1251 SEPULTus FRIBURGI, DOTATOR«. In der bildlichen Darstellung unten: »Orbatus Filiis Recusat Fasces Imperii«.

Lit.: G. F. KIRCHER, Zähringer Bildnissammlung im Neuen Schloß zu Baden-Baden, 1958. H.-O. M.

310
Federzeichnung des Klosterguts Zähringen

St. Peter, in P. Gregor Baumeisters »Compendium actorum« (vgl. Nr. 302) Bd. 3, 1739–1770.
Papierhandschrift, 1111 Bll., H. 24 B. 19 cm.
GLA Karlsruhe, 65/534;
aufgeschlagen f. 350c.

Gregor Baumeisters (vgl. Nr. 299.1) Klosterannalen beinhalten zum Jahr 1755 eine Abbildung des Guts Zähringen mit einem herrschaftlichen Wirtschaftsgebäude im Mittelpunkt, unterhalb der Zähringerburg gelegen. Der Konvent hatte bereits seit 1725 über einen Ankauf des feilgebotenen Guts beraten. Dabei war es offenbar zu Auseinandersetzungen gekommen, die in den Kapitelsprotokollen festgehalten sind. Der damalige Klosterbau (Nr. 305) strapazierte die Kasse bereits stark, andererseits wollte man die Erinnerung an die Stifterfamilie pflegen. 1728 wurden nicht genügend Mittel bewilligt, um das Gut kaufen zu können. Nach Verschuldung der neuen Gutsbesitzer konnte schließlich Abt Steyrer i. J. 1755 das Gut erwerben. Im Kapitelsprotokoll (II, S. 125–126) findet sich dazu die Bemerkung, man wolle sich auch um den Ursprungsort der Herzöge kümmern, wenn man ihre Gräber pflege.

Lit.: F. KERN, Ph. J. Steyrer, in: FDA 3. F. 11 (1959), S. 92–95; MÜHLEISEN, St. Peter, S. 100, 106–107.
J. G.

311 Abb. 199
Collectanea de ducum Zaringensium, familiae ortu, propagatione, gestis, fatis et insigniis, aliisque memoriae dignis congesta (...) a Gregorio Baumeister

St. Peter, 1762.
2 Papierhandschriften, 400 und 431 Bll., H. 34 B. 21 cm.
Badische Landesbibliothek Karlsruhe, Hs. St. Peter Papier 13 und 14.

Die beiden großformatigen Kollektaneenbände geben eindrucksvoll von Baumeisters gelehrtem Fleiß Zeugnis, denn in seinem nach den einzelnen Herzögen gegliederten Werk hat er die Äußerungen der wichtigsten Gelehrten und Genealogen der Frühneuzeit zu den Zähringern versammelt. Zahlreiche Abbildungen von Siegeln, Gemälden, Grabmälern, Inschriften etc. sind dem Werk beigegeben. Baumeister kümmerte sich auch um die Beschaffung von Informationen, die nicht in der gutbestückten Klosterbibliothek zu finden waren: So ist ein

199 (Kat.-Nr. 311) Bd. 1, f. 29r

Zähringerstammbaum nach Wolleber aus Freiburg i. Ü. in einer farbigen, großformatigen Nachzeichnung des Abts von Hauterive, Bernhard von Lenzburg, dem 1. Band beigeheftet (vgl. Nr. 281). Die Handschriften waren für den Markgrafen von Baden von so großem Interesse, daß sie bereits 1803 zusammen mit dem Rotulus Sanpetrinus (Nr. 102) und Gremmelsbachs Liber Vitae (Nr. 104) nach Karlsruhe abgeliefert werden mußten (vgl. Nr. 316). (Abb. 199 zeigt die Stiftung des Klosters durch Bertold II. und Agnes mit einem Wappenstammbaum, auf f. 29r des 1. Bandes).

Lit.: K. NIEBLER, Die Handschriften von St. Peter i. Schw., 1. Teil: Die Papierhandschriften (Die Handschriften der Badischen Landesbibliothek Karlsruhe 10, 1), 1969, S. 22–24. J. G.

312 Grabdenkmäler der Zähringerfamilie im Chor der Klosterkirche von St. Peter

St. Peter, 1767/68, von Josef Hörr und Franz Anton Vogel.
2 Stifterepitaphien, Kopf- und Figurenreliefs aus Kunstalabaster, auf schwarzem Stuckmarmor; Inschriften vergoldet. Photographien.
(Tafel 22b in: Die Zähringer I).

Bestimmen die Wandpfeilerfiguren der Zähringer (Nr. 306) stark den Gesamteindruck der Kirche von St. Peter, so sind die zwei 1767/1768 von Stukkateur Franz Anton Vogel und Bildhauer Josef Hörr neu errichteten Grabmäler dominierende Ausstattungsstücke des Chorraumes. Sie ersetzten die im Zuge des Kirchenneubaues 1727 aufgestellten Epitaphien, die 1768 als »dürftige schwarze Tafeln« mit »mangelhafter, ja fehlerhafter, zum Teil schon unleserlicher Beschriftung« beschrieben werden, was freilich mit deren »Bepreisung« in der Kirchweihfestschrift von 1731 (Nr. 307) nur schwer zusammengeht. Der Grund für Abbruch und Neuerrichtung dürfte in den kurzen und wenig informativen Inschriften der früheren Epitaphien zu sehen sein, da die neuen Grabdenkmäler nicht nur die Möglichkeit gaben, diese Inschrift in das Zentrum des Ensembles zu stellen, sondern vor allem einen kompletten Stammbaum der Zähringer aufzuführen und dabei selbst solche Mitglieder der Fürstenfamilie aufzunehmen, die gar nicht in St. Peter begraben waren. Diese Platten sind also über Grabsteine hinaus eine feierlich gefaßte und präsentierte Genealogie der Zähringer-Dynastie. 1767, kurz vor der Neuerrichtung, hatte Abt Philipp Jakob Steyrer mit persönlicher Widmung des Markgrafen ein Exemplar der »Historia Zaringo-Badensis« (Nr. 362) erhalten, in der der Nachweis der genealogischen Verbindung der Badener mit den Zähringern geführt wurde. Die Grabmäler sind zumindest indirekt die Reaktion von Abt und Kloster auf den Wunsch der Badener, ihre mittelalterliche Tradition zu dokumentieren, indem eben auch der Stammvater der Markgrafen von Baden, Hermann I., der als Mönch in Cluny gestorben war, auf einer der Tafeln aufgeführt wird (vgl.

Nr. 150). Der ›Fehler‹ der alten Tafeln bestand also darin, daß sie die Zähringer zwar als Gründer und Wohltäter des Klosters kennzeichneten und zum Gebet für diese aufriefen, daß sie aber nicht deutlich machten, damit auch Grabstätte der ersten Badener und deshalb in deren Stammkloster zu sein – wofür freilich 1727 auch keine Notwendigkeit bestanden hatte. Jetzt um 1770 richtete sich die Hoffnung der Benediktiner, den Bestand ihres Klosters sichern zu können, auf die Übertragung ihrer ursprünglichen Rolle als Haus- und Grabkloster der Zähringer auf das Haus Baden, dem daran lag, als Nachfahren dieser Zähringer zu gelten (s. unten Gerchow, S. 356f.). In St. Blasien war derselbe Vorgang in bezug auf die Habsburger zu beobachten. Das Anliegen dieser Epitaphien ist also die zugespitzte Fortsetzung der Aussage der Zähringerbildnisse von F. L. Herrmann (Nr. 309). Mit der Beisetzung der letzten katholischen Vertreterin des Hauses Baden 1789 im Chor der Kirche wird diese Funktion nochmals belebt und realisiert, indem zum ersten Mal seit dem Mittelalter eine weltliche Person in der Nähe ihrer Ahnen bestattet wird.

Lit.: F. Kern, Philipp Jakob Steyrer, 1749–1795 Abt des Benediktinerklosters St. Peter im Schwarzwald, Diss. theol. Freiburg 1957; H. Wischermann, Die Habsburger-Gruft, in: H. Heidegger – H. Ott (Hrsg.), Fs. St. Blasien, 1983, S. 286–291. H.-O. M.

313
Das Tagebuch von Abt Philipp Jakob Steyrer

St. Peter, 1749–1795.
8 Papierhandschriften, H. 21 B. 17 cm.
GLA Karlsruhe, 65/549–556,
Bd. 5 (65/553): »Diarium Viennense«.

Abt Philipp Jakob Steyrer (1749–1795) hatte Zeit seines Abbatiats gegen die staatskirchlichen Bestrebungen Maria Theresias und Josefs II. zu kämpfen. Der badische Markgraf Karl Friedrich begann zudem zunehmend, dem Wiener Hof darin nachzueifern. So wurden nach und nach von Wien aus die Privilegien der Klöster aufgehoben, um sie als Fremdkörper im rational organisierten Staatswesen zu beseitigen. Novizen durften bald nur noch in beschränkter Zahl aufgenommen werden, die Verbindung zu ausländischen Klöstern wurde untersagt. 1782 überlebte St. Peter das 1. Klosteraufhebungspatent Josefs II., nachdem das Kloster 1778 für teures Geld die Kastvogtei von den Habsburgern zurückerworben und Josef II. 1781 die Existenz des Klosters garantiert hatte.
Als Deputierter der breisgauischen Stände reiste Steyrer 1763–1764 nach Wien, um gegen die 1756ff. durchgeführte Steuerreform, womit die Steuerfreiheit des Klosterbesitzes generell beseitigt wurde, zu protestieren. Ausgestellt ist das Tagebuch Steyrers während dieser erfolglosen Reise vom 19. 10. 1763 – 6. 8. 1764.

Lit.: Kern (wie Nr. 312, Druckfassung in FDA 3. F. 11, 1959), S. 187ff. J. G.

314
Das Tagebuch von Abt Ignaz Speckle

St. Peter, Bd. 1, 1795–1806.
Papierhandschrift, 615 Bll., H. 35,5 B. 21 cm.
Priesterseminar St. Peter i. Schw., o. S.

Ignaz Speckle (1756–1824) erlebte als 56. und letzter Abt von St. Peter die Auflösung des ehemals zähringischen Hausklosters. Sein Abbatiat (1795–1806) war geprägt von politischen Wirren, häufig wechselnden Herren, Besatzungen des Klosters – und trotz all dieser negativen Vorboten einer unermüdlichen Zuversicht, das drohende Schicksal der Säkularisierung doch noch abzuwenden. Selbst nach Aufhebung des Klosters im Januar 1806, bis zu Speckles Übersiedlung nach Freiburg 1819, bemühte er sich um die Wiedererrichtung des Konvents. Dabei zieht sich ein Leitgedanke durch sein Tagebuch, der zugleich tragische und groteske Züge hat: Speckle hoffte und berief sich auf die Zähringer als Ahnen der neuen Landesherren seit 1803/1806, der Markgrafen und Kurfürsten von Baden, die das Kloster ihrer Vorfahren nicht vernichten würden. Seine Hoffnung trog, und das in dem Moment (1806), als sich der zur Großherzogswürde aufgestiegene Karl Friedrich von Baden »Herzog von Zähringen« zu nennen begann (vgl. Nr. 318). Speckles Tagebücher reflektieren in nüchternem Stil diese Vorgänge.

So vermerkt Speckle im Moment des Anfalls des Breisgaus an Baden und der Klosteraufhebung zum 22. Februar 1806: »Ich antwortete, daß bei der bisherigen zweifelhaften und kummervollen Lage wir es für Glück halten werden, an den Stamm der Herzöge von Zähringen zurückzufallen, von welchen unser Stift vor mehr als 800 Jahren seinen Ursprung genommen hätte. Wir freuten uns, die erhaltene Stiftung verbessert und mit Wucher zurückzugeben. Wir hätten dieselbe unter so mancherlei Drangsalen auch durch / die letzten drückenden Zeiten erhalten, hätten uns stets bestrebt, unserer Pflicht getreu die Absichten der Stifter zu erfüllen; hätten unsere Treue gegen Fürst und Vaterland bewiesen und seien gesinnt, dieses ferner zu tun, zum Wohl des Vaterlandes nach Kräften zu arbeiten. Mit diesen Gesinnungen hoffeten wir, des gnädigsten Schutzes uns wertzumachen. Ich bat den Herrn Kommissar ⟨Hofratsdirektor Stösser aus Karlsruhe als Besitznahmekommissar⟩, diese Gesinnungen S Kurfürstlichen Durchlaucht vorzulegen und uns samt unserem Stifte der höchsten Gnade zu empfehlen mit dem, daß ich es für Pflicht halte, mich SD zu Füßen zu legen und diese Erklärung selbst zu machen. Herr Kommissar versprach, unsere Gesinnungen anzurühmen mit dem, daß unerachtet der vorläufigen Auflösung doch noch eine Erhaltung des Stiftes möglich wäre. So ward also durch eine kalte höfliche Erklärung des Kommissars des neuen Hg von Zähringen, des Stammfolgers der alten Bertholde, gerade das älteste Denkmal der Zähringer aufgelöset, die Ruhestätte der Berthold gleichsam zerstöret. Gott, Allmächtiger, unergründlich sind deine Urteile.« (Nach der Edition von Engelmann, Bd. 1, S. 142–143).

Lit.: U. ENGELMANN (Hrsg.), Das Tagebuch von Ignaz Speckle, Abt von St. Peter i. Schw. (Veröffentlichungen der Kommission für geschichtliche Landeskunde in Baden-Württemberg, A, 12–14), 1965–1968; – DERS., Der letzte Abt von St. Peter i. Schw. und Baden, in: ZGO 116 NF 77 (1968), S. 349–368. J. G.

4. Integration und Expansion: Die Markgrafen und Großherzöge von Baden als Zähringer

Die Markgrafen von Baden-Baden und Baden-Durlach waren sich vor dem 18. Jahrhundert ihrer Verwandtschaft mit dem einst mächtigen Zähringergeschlecht kaum bewußt gewesen; jedenfalls berief man sich an ihren Höfen bis dahin nicht auf diese Ahnen, etwa zur Legitimation herrschaftlicher Ansprüche oder zum Nachweis hoher Abstammung. Nur anläßlich von Heiraten (vgl. Nr. 355) oder Gerichtsverfahren schienen die Zähringer gleichsam beiläufig auf, ohne daß man von einer Traditionsbildung reden könnte. Im Vorfeld des Anfalls der markgräflichen Gebiete aus der katholischen Linie Baden-Baden 1771 änderte sich diese Situation, da nun ein bisher katholisch regiertes Territorium in die protestantische Markgrafschaft Baden-Durlach integriert werden mußte. Der an Bedeutung gewachsene Hof in der jungen Residenzstadt Karlsruhe suchte nach einer eigenen, repräsentativen Tradition, die zugleich von hoher Integrationskraft sein sollte. Vom Karlsruher Hof gingen Impulse zu historiographischen Forschungen aus, deren imposantes Resultat das siebenbändige Werk des Straßburger Professors Johann Daniel Schöpflin wurde: eine Herleitung der badischen Fürsten von den Herzögen von Zähringen (Nr. 362). Die Badener konnten sich mit dieser Abstammung an jedem europäischen Hof sehen lassen und schufen zugleich eine ideelle Klammer für die konfessionell wie räumlich weit auseinanderklaffenden markgräflichen Territorien.

Eine neue Stufe und zugleich ein Höhepunkt des neuentdeckten badischen Zähringerbewußtseins stellte sich mit den Wirren der napoleonischen Kriege und der Genese des Großherzogtums Baden ein (1796–1815). Karl Friedrich von Baden war zweifellos ein Gewinner in den sich überstürzenden Veränderungen im deutschen Südwesten, konnte er doch seine Herrschaft um ein Vielfaches vermehren und zudem zur Großherzogswürde avancieren. Noch wesentlich stärker als

1771 bedurfte das neue Staatsgebilde einer integrativen Tradition und Legitimation. Karl Friedrich nahm 1806 den Titel des »Herzogs von Zähringen« an, um auf historische Wurzeln seiner Herrschaft zu verweisen (vgl. Nr. 318); zu den neugeschaffenen Kroninsignien des Großherzogtums gehörte ein Szepter, das als »burgundischer Rektoratsstab« verstanden wurde (Nr. 317). Eine neue Dimension der Zähringertradition im Dienst der Badener scheint hier auf: die Begründung von Expansionsplänen geradezu ungeheuerlichen Ausmaßes mit dem ›historischen Argument‹ der mittelalterlichen Herrschaft der Zähringer. Sigismund Frh. von Reitzensteins, des eigentlichen Schöpfers des Badischen Staates von 1806, Ziel war es, bei Napoleon die Vereinigung Badens mit der deutschsprachigen Schweiz zu einem »zähringischen« bzw. »helvetischen Königtum« zu erreichen, wofür die zähringische Vergangenheit der Stadtgründungen und des Rektorats in Burgund herhalten mußte. Der Plan stieß auf wenig Gegenliebe in Paris und blieb Episode: Baden wurde nur Großherzogtum (Nr. 318; und unten Gerchow, S. 437ff.).

Das neue Staatswesen, das ›Land‹ Baden, wie es vorher nicht bestanden hatte, bediente sich freilich weiter der Zähringertradition im Dienste der Integration des ehemaligen südwestdeutschen ›Flickenteppichs‹ zu Volk und Staat. Orden- und Ehrenzeichen (Nr. 322), Siegel und Wappen, Fürstenbildnisse (Nr. 321), Denkmäler (Nrn. 319, 324), ja sogar technische Errungenschaften wie die Eisenbahn (Nr. 325) trugen Zähringerembleme und repräsentierten den badischen Staat und sein Fürstenhaus im Land.

Die Zähringer im Großherzogtum Baden standen somit im Dienst von fürstlicher und staatlicher Repräsentation und Expansion, von Integration und Legitimation – eine Kontinuität von Fürstenhaus und Land seit dem Mittelalter vorspiegelnd, die erst im 18. bzw. 19. Jahrhundert ›geschaffen‹ worden war.

Lit.: L. Gall, Die Gründung und politische Entwicklung des Großherzogtums bis 1848, in: Badische Geschichte. Vom Großherzogtum bis zur Gegenwart, hrsg. v. der Landeszentrale für politische Bildung Baden-Württemberg, 1979, S. 11–36; H. Schwarzmaier, in: Die Zähringer I, S. 193ff. J. G.

315
Franz Joseph Zewisch, Genealogischer Stamm-Baum des uhralten hochfürstlichen Hauses Baaden nach seinen Hauptlinien

Augsburg, gedruckt bei Matthaeus Seutter, ca. 1750.
Kupferstich, H. 70 B. 57 cm.
GLA Karlsruhe, 47/504-2.
(Tafel 30 in: Die Zähringer I).

F. J. Zewisch hat sich als markgräflich badischer Oberregistrator und Hofsecretarius um die Neuordnung des baden-badischen Archivs große Dienste erworben. Seit 1734 war er bis zu seinem Tod 1752 in badischen Diensten tätig. Zewisch entwarf den Stammbaum für Markgraf Ludwig Georg von Baden-Baden, wobei er auf die genealogischen Kollektaneen des Durlacher Registrators Johann Adam Leiblin zurückgriff. Zewisch plante darüber hinaus, eine umfangreiche Hausgeschichte zu schreiben, deren ersten Teil er 1748 abschloß. Der Markgraf ließ diese Arbeit durch Johann Anton v. Rotberg fortsetzen, dessen Werk bis ins 19. Jahrhundert für die Landesgeschichte von Bedeutung blieb.

Der vorliegende Stammbaum führt die Generationenfolge des badischen Fürstenhauses auf und nimmt bei einem sagenhaften »Aeganus« oder »Aegas« seinen Ursprung. Die genealogische Linie führt dann über das Haus der elsässischen Etichonen zu den Zähringern, wobei die Habsburger als ein Seitenzweig erscheinen. Dabei wird der gemeinsame Vorfahr Landulus I. als Herzog im Breisgau bezeichnet und mit der Stiftersippe von Sulzburg in Zusammenhang gebracht. Zewisch hat damit noch vor der Veröffentlichung der »Historia Zaringo-Badensis« durch Schöpflin (Nr. 362) den zu seiner Zeit gültigen Kenntnisstand exakt und ausführlich ausgewertet. Allerdings treten auch die Zähringer als Seitenzweig zurück, den Hauptstamm setzt die badische Linie fort. Diese untergeordnete Bedeutung gegenüber der badischen Linie bestätigt sich bei der Zusammenstellung der Wappen um die Widmungskartusche: Über Rhein und Murg ordnen sich die Wappen der badischen Gebiete im Halbkreis an, wobei der zähringische Löwe für den Breisgau gleichwertig unter den übrigen Wappen der Herrschaftsgebiete eingeordnet ist.

Lit.: M. KLEIN, Die Sammlungen des Kapuzinerguardians Andreas von Rettich (1726–1787) zur badischen Geschichte, in: ZWLg 40 (1981), S. 157–158; H. SCHWARZMAIER, in: Die Zähringer I, S. 203. L. L.

316
Brief Abt Ignaz Speckles von St. Peter an den badischen Hofrat von Reitzenstein

St. Peter, 31. Januar 1803.
Papier, H. 36 B. 23,6 cm.
GLA Karlsruhe, 233/37, Nr. 452.

Bei seinem Besuch im »Zähringerkloster« St. Peter August 1773 hatte Markgraf Karl Friedrich die dort lagernden Dokumente zur Gründungsgeschichte und zum Stiftergeschlecht vorgeführt bekommen. Auch durch Schöpflins Besuche in der Klosterbibliothek mag dem Markgrafen der Urkundenschatz des Klosters bekannt gewesen sein. Zu Jahresbeginn 1803, als über die Zukunft des vorderösterreichischen Breisgaus noch nicht entschieden war und der Markgraf Dokumente und Rechtstitel für weitere Arrondierungen sammelte, erbat sich Karl Friedrich die Übersendung der Zähringerdokumente, was Abt Speckle unterwürfig befolgte: Rotulus Sanpetrinus (Nr. 102), Sattlers Chronik (Nr. 279.1), Gremmelsbachs Liber Vitae (Nr. 104) und Baumeisters Kollektaneen (Nr. 311) wurden auf diese Weise nach Karlsruhe ›ausgeliehen‹. Der Abt ließ diesen Aderlaß in der nicht ermüdenden Hoffnung zu, dadurch bei den Nachfahren der Klostergründer in Gnade zu bleiben und bei dem zu erwartenden Anfall des Breisgaus an Baden dem Schicksal der Säkularisation zu entgehen. Er sah die Dokumente niemals wieder, noch brachte seine Willfährigkeit dem Kloster Vorteile in der Stunde des Anfalls und der Säkularisation 1806 ein (vgl. Nr. 314).

Lit.: H. SCHWARZMAIER, in: Die Zähringer I, S. 206.

J. G.

317
Die Kroninsignien der Großherzöge von Baden

317.1
»BURGUNDISCHES REKTORATS-SZEPTER«

Kronstadt, Ende 16. Jahrhundert (Szepter), Karlsruhe 1811 (aufgesetzte Krone).
Holzstab, in getriebener Silberblechfassung, vergoldet.
Tresor der Staatsschuldenverwaltung Karlsruhe.

Das neue Großherzogtum Baden brauchte nach seiner Begründung i. J. 1806 Kroninsignien als Herrschaftssymbole einer souveränen Monarchie. Ging diesen, im Fall Badens zudem künstlerisch bedeutungslosen Herrschaftszeichen auch die Aussage- und Symbolkraft ihrer mittelalterlichen Vorbilder ab, so konnte man sie doch auch im 19. Jahrhundert als Bestandteil herrschaftlicher Repräsentation nicht entbehren. Dabei wurden die Objekte schnell zu Trägern herrschaftlichen Anspruchs und Bewußtseins; der Mangel an genuinen Traditionen des neubegründeten badischen Staates führte dazu, daß historische Anknüpfungspunkte gesucht – und gefunden – wurden. Das vorliegende Szepter, ein Buzogan (Streitkolben) aus der Türkenbeute von 1597, wurde so (schriftlich bezeugt im Schatzverzeichnis des badischen Kammerherrn von Montperny; Nr. 317.2) als »burgundisches Rektoratsszepter« verstanden. War damit die Kontinuität zur zähringischen Herrschaft am Oberrhein betont, so offenbart sich angesichts von Reitzensteins Plänen zur Angliederung der Schweiz an Baden (Nr. 318) ein konkreter Bezug zu politischen Zielen in der Gründungsphase des Großherzogtums.

Lit.: J. M. FRITZ–H. SCHWARZMAIER, Die Kroninsignien der Großherzöge von Baden (Krone, Szepter, Zeremonienschwert), in: ZGO 125 NF 86 (1977), S. 210 ff.

317.2
FRIEDRICH C. MARQUIS VON MONTPERNY, NOTIZEN ÜBER DEN HAUSSCHMUCK UND DAS SILBERVERMÖGEN DES GROSSHERZOGLICH-BADISCHEN HAUSES

Karlsruhe, Juli 1816.
Papierfaszikel, 28 Bll., aufgeschlagen f. 13^{r-v}.
GLA Karlsruhe, 69, Baden, Markgräfliche Verwaltung A 378.

Der badische Kammerherr v. Montperny (1792–1822) legte im Juli 1816 eine Beschreibung der großherzoglich badischen Hausinsignien in Form eines Memorandums an, in dem eine Notiz über das Szepter und die ihm beigemessene Bedeutung enthalten ist: »Bei diesem muß ich bemerken, was nicht in den Acten steht, daß es das burgundische Rektoratsszepter ist. Diese Insignie, die vermutlich vom Markgrafen Hermann V., der der letzte Rector von Burgund aus dem durchlauchtigsten Haus Baden war...«.

Lit.: Fritz–Schwarzmaier (wie Nr. 317.1), S. 210ff., H. Schwarzmaier, in: Die Zähringer I, S. 194.
J. G.

318 s. Abb. 238

Denkschrift des badischen Ministers v. Reitzenstein über den Erwerb der Schweiz an Kurprinz Karl von Baden

Paris, 16. März und April 1806.
Aktenfaszikel, Papier und Pergament.
GLA Karlsruhe 48/2107 (avril 1806: Obser Nr. 571) und Archives du Ministère des Affaires Etrangères, Paris, Correspondance Politique, Bade 7 (1806), Repr. (Abb. 238).

Im Zuge der Neuordnung der mit Napoleon verbündeten Rheinbundstaaten (s. unten Gerchow, S. 437), wurde die Frage des Rangs und der Titulatur der neugeschaffenen Staaten, v. a. in Bayern, Württemberg und Baden diskutiert. In diesem Zusammenhang nahm Markgraf und Kurfürst Karl Friedrich von Baden den Titel »von Gottes Gnaden Markgraf zu Baden und Hachberg, Herzog zu Zähringen, des Heiligen Römischen Reichs souveräner Kurfürst etc.« an (10. Januar 1806). Bayern und Württemberg dagegen wurden zu Königtümern erhoben. Die Rangerhöhung Badens stand noch aus und v. Reitzenstein wurde in dieser Sache im Februar 1806 als Gesandter nach Paris geschickt, wo er hochfahrende Pläne zur Vergrößerung Badens als Voraussetzung einer Standeserhöhung des Kurfürsten betrieb. Reitzenstein vertrat dabei ernsthaft die Angliederung zuerst der *gesamten* Schweiz zu einem neuen »helvetischen« bzw. ›zähringischen Königreich‹ und führte die zähringischen Stadtgründungen Bern und Freiburg i. Ü. sowie das Rektorat als Stützen für die Legitimität dieser Ansprüche in Paris an. Der diplomatische Hintergrund von Reitzensteins forderndem Auftreten war die geplante Heirat zwischen Napoleons Adoptivtochter Stéphanie de Beauharnais mit Kurprinz Karl von Baden, die dem Usurpator Eingang in den alten europäischen Hochadel verschaffen sollte – wofür Reitzenstein einen hohen Preis forderte. Resultat dieser Bemühungen war aber nur die Großherzogswürde für Baden: Da Napoleon auf das Schweiz-Projekt Reitzensteins nicht einging, besaß Baden gegenüber Bayern und Württemberg nicht genügend Gewicht, um die Königswürde zu erreichen.

Lit.: Vgl. unten Gerchow, S. 437ff.; – K. Obser (Hrsg.), Die politische Korrespondenz Carl Friedrichs von Baden, 1783–1806, Bd. V (1804–1806), 1901, Nr. 571 S. 602ff.; – M. Wierichs, Die Entstehung der Großherzogswürde in Baden, in: ZGO 125 NF 86 (1977), S. 190ff.; Dies., Napoleon und das »Dritte Deutschland«, 1805/1806. Die Entstehung der Großherzogtümer Baden, Berg und Hessen (Europäische Hochschulschriften), 1978, bes. S. 58ff.
J. G.

319 Abb. 200 (Abb. 225)

Das Zähringerdenkmal von 1806/1807 in Freiburg i. Br. (Alter Bertoldsbrunnen)

319.1
ALTE ANSICHTEN

Kolorierter Stich und Photographie (nach 1905).
Augustinermuseum Freiburg i. Br., Inv.-Nr. 1757. Stadtarchiv Freiburg i. Br., M 737 / Alt Freiburg Nr. 55.

Das Denkmal wurde 1806/7 nach den vom badischen Baudirektor Friedrich Weinbrenner modifizierten Entwürfen des Freiburger Stadtrats Ferdinand Weiß durch den Freiburger Bildhauer Franz Anton Xaver Hauser (vgl. Nr. 178) ausgeführt. Die kolorierte, 1820 zum 700jährigen Stadtjubiläum vom Freiburger Maler und Zeichenlehrer Karl Rösch (1796–1861) gestochene Ansicht zeigt die ursprüngliche Plazierung des Brunnens mit achteckiger Brunnenschale (Abb. 225), die Photographie die 1905 veränderte mit der vom Freiburger Bildhauer Julius Seitz (1847–1912) geschaffenen, mit Tiergestalten belebten neuen Brunnenschale (Abb. 200). Das Denkmal wurde am 27. November 1944 durch Bomben zerstört (vgl. Nr. 334).

Zur Erinnerung an den Huldigungstag, an dem die Freiburger Bürger auf ihren neuen Landesherrn, Großherzog Karl Friedrich von Baden, eidlich verpflichtet worden waren, ließ die Stadt Freiburg 1807 ein »Denkmal der Herzoge von Zähringen« errichten. Die politische Dimension des dem Großherzog gewidmeten Kunstwerks, späteren Generationen nicht mehr geläufig, war den Zeitgenossen wohl bewußt. Mit der Figur Herzog Bertolds III., des wohlmeinenden Gründers der Stadt, sollte, wie der Wortlaut der am Sockel angebrachten Schrifttafeln sinnreich verdeutlichte, dem Großherzog als dem direkten Nachfahren der Zähringer das verpflichtende Beispiel eines seine Untertanen auf jede Weise fördernden Herrschers vor Augen gestellt werden.

200 (Kat.-Nr. 319.1)

Lit.: S. unten: SCHADEK, Bertoldsbrunnen und Ludwigshöhe, S. 404 ff. H. S.

319.2 s. Abb. 225a

FESTSCHRIFT
»DENKMAL DER HERZOGE VON ZÄRINGEN, VON DER ÄLTESTEN ZÄRINGER-STADT FREYBURG IHREM LANDESFÜRSTEN GEWEIHT«.

Druckschrift, 4°, 8 Seiten, im Juli 1807 hrsg. von Bürgermeister und Rat der Stadt Freiburg i. Br., Auflage: 1500 Exemplare.
Stadtarchiv Freiburg i. Br., C 1 Festlichkeiten; C 1 Brunnen 8.

Die Festschrift enthält neben einer Beschreibung des Denkmals mit der Statue Bertolds III., die »Haupt und Blick gegen die Stammburg Zäringen und gegen die Residenzstadt unseres Fürstenhauses wendet«, die vier programmatischen lateinischen Inschriften mit deutscher Übersetzung. Deren Sinn und Inhalt werden im Vorspann eingehend erläutert: Bertold III., der Gründer und Förderer der Stadt, der sie mit einem eigenen Stadtrecht begabte, sein Bruder Konrad, der das Münster baute, und ihr Nachfahr, der Habsburger Albrecht, der die Universität stiftete, vertrauen dieses Gemeinwesen dem Zähringersproß Karl Friedrich in der Gewißheit an, dieser werde die Hauptstadt des Breisgaus in ihrem Sinne weiter fördern, ihre Munizipalrechte unangetastet lassen und die Universität in ihrem Bestand erhalten. Im historischen Brückenschlag zwischen »dem stiftenden und dem erhaltenden Regentenhause« wurde offengelegt, was die Freiburger Bürger und ihre Stadtobrigkeit befürchteten: die Minderung ihrer angestammten Rechte, die Aufhebung der Universität und den Verlust der Mittelpunktfunktion im Breisgau. H. S.

320 Abb. 201
Zwei Fürsten in Ritterrüstung

Anton Sohn (1769 Kimratshausen – Zizenhausen bei Stockach 1841), Anfang 19. Jahrhundert. Terrakotta, bemalt, rückseitig und im Sockel ausgehöhlt, Figur 1: H. 22,7 B. 8,3 cm; Figur 2: H. 19,7 B. 8,3 cm.
Rosgartenmuseum Konstanz,
Inv.-Nr. VZ 11-009, VZ 11-010.

1) *MARGRAF* (sic!) *VON BADEN* (Aufschrift am Sockel): stehend, in vergoldeter Panzerung samt Helm mit rotweißem Federbusch; hält in der Rechten eine aufgestellte Lanze, die Linke ist auf den Schild mit dem Löwenwappen gestützt, worüber der rote Mantel drapiert ist.
2) *HERZOG VON ZAEHRINGEN* (Aufschrift am Sockel): stehend, in vergoldeter Panzerung samt Helm mit rotweißem Federbusch, dazu mit rotem Mantel; hält in der rechten Hand eine Rolle, kenntlich als Landkarte, die Linke ist in die Seite gestemmt. Reichere Bekleidung als zuvor.

Die Zizenhausener Terrakotta-Manufaktur der Familie Sohn, die noch heute in sechster Generation Abgüsse nach alten Modeln herstellt, hat einen ganzen Kosmos volkstümlicher, figürlicher Darstellungen geschaffen. Von Figurengruppen des Basler Totentanzes über Trachtenbilder, Genremotive, Allegorien, politische Karikaturen bis hin zu den zeitgenössischen und vormaligen Helden der Geschichte reicht die Skala der Möglichkeiten. In der um 1835 gedruckten Verkaufsliste sind dabei unter den Nummern 66 und 67 auch »Karl Friedrich, Markgraf von Baden« und »Berthold, Herzog von Zähringen in Ritter-Ornat auf Piedestal« erwähnt. Beide, gleichartig gesockelt und in nahezu identischer Kostümierung, müssen als Gegenstücke aufgefaßt werden. Als Modell des »Markgrafen« gibt sich die Ritterfigur des einstigen, 1807 errichteten Bertoldsbrunnens in Freiburg (vgl. Nr. 319.1) zu erkennen, woraus vermutlich geschlossen werden darf, daß es bei der nachträglichen Beschriftung der Terrakotten zu Verwechslungen kommen konnte. Wahrscheinlich also haben wir im hier vorgestellten »Herzog« den Markgrafen (mit der Landkarte des 1805/6 erworbenen Breisgaus?),

201 (Kat.-Nr. 320)

in diesem statt dessen den Zähringer zu sehen. Freilich, daß dieser Irrtum Methode haben mag, zeigt eine weitere Herzogs-Figur aus Freiburger Privatbesitz, deren erweiterte Inschrift mitteilt: *BERDOLD. III BERDOLD. II FILIUS DUX/ ZAERING. ATAVUS DOMUS ZAERINGO. BADENS./ URBIS FRIBURGI CIRCA MCXVIII CONDITOR/ PRINCIPAT. GESSIT AB MCXI AD MCXXIII.*

Lit.: W. SEIPEL, Das Weltbild der Zizenhausener Figuren, 1984 (allgemein).

D. Z.

321
Zähringerbildnisse aus Johann Veltens Mappe badischer Fürstenbildnisse, 1829

321.1
BERTOLD I.

Lithographie H. 31,7 B. 22,5 cm, Aufschrift: »BERTOLD I. / mit dem Barth / Landgraf im Breisgau, designirter Herrzog in Schwaben, sodann Herrzog zu Kärnten, Markgraf zu Vero-

na, Stammvater der Herrzoge von Zähringen, Markgrafen zu Baden und der Herrzoge von Teck + MLXXVII, begraben zu Hirschau.«
Barhäuptiger Ritter in voller Rüstung mit Schwert und der auf die Herzogswürde deutenden Fahnenlanze; links Helm am Boden; für die in der Bildunterschrift genannten Titel finden sich die zugehörigen Wappen am Bildrand verteilt.
Augustinermuseum Freiburg i. Br., Inv.-Nr. Dp 51 b.

In der Mappe Veltens finden sich Lithographien nach Originalgemälden aus großherzoglichem Besitz. Bei dem vorliegenden Blatt mit Bertold I. handelt es sich aber wohl um eine Neuschöpfung.

321.2
HERMANN I.

Handkolorierte Lithographie, H. 32 B. 21,2 cm, Aufschrift: »HERMANN I. / Markgraf und StammVater aller Markgrafen von Baden / Herzog Berthold I. Sohn + im Rufe der Heiligkeit / im Kloster Cluni MLXXIV.«
Hermann im Kettenhemd, darüber weißes Mönchsgewand mit schwarzem Skapulier (Zisterzienser-Ordenstracht), in der Rechten Stab, in der Linken (Gebet-)Buch haltend, mit Heiligenschein, als Schafhirte vor ummauertem Kirchen-(Kloster-)Komplex, oben rechts leerer Wappenschild.
Augustinermuseum Freiburg i. Br., Inv.-Nr. Dp 653.

Dieses Motiv geht auf eine Miniatur Friedrich Brentels von 1647 auf dem Titelblatt eines Gebetbuches für den Markgrafen Wilhelm von Baden-Baden zurück. Der dort ohne Hintergrund abgebildete Wilhem von Aquitanien wurde von einem Schüler Brentels kopiert, der dabei im Hintergrund eine Landschaft mit Barockkirche ergänzte. Diese Kopie diente als Vorlage für die ausgestellte Lithographie mit Markgraf Hermann I. Der erste Abzug wurde von Hand koloriert und dem badischen Großherzog Ludwig Wilhelm August (1763–1830) geschenkt.

Lit.: Abbildungen der Regenten des Fürstlichen Hauses Baden nach den Original-Gemälden, welche sich in den Schlössern zu Carlsruhe, Baden etc. befinden, hrsg. v. J. Velten, Karlsruhe 1829; W. Brambach, Bildnisse zur Geschichte des badischen Fürstenhauses (Mittheilungen aus der großherzoglich badischen Hof- und Landesbibliothek und Münzsammlung 5), 1884; K. Obser, Oberrheinische Miniaturbildnisse Friedrich Brentels und seiner Schule, in: ZGO NF 48 (1935), S. 1–35. T. M./C. R.

322 Abb. 202

Badens Hausorden vom Zähringer Löwen und Orden Bertolds I.

Karlsruhe, 1809, 1877 ff.
Badisches Landesmuseum Karlsruhe.
(Vgl. Tafeln 25a–b u. 26a in: Die Zähringer I).

Großherzog Karl Friedrich von Baden stiftete 1809 den Hausorden vom Zähringer Löwen, der bis zum Ende der Monarchie in sechs Klassen verliehen wurde; 1877 wurde eine höhere Stufe in Gestalt des »Ordens Bertolds I.« eingerichtet. Diesen verlieh man ab 1896 getrennt vom »Zähringer Löwen« ebenfalls in sechs Klassen. Der Löwenorden zeigt auf dem Ordenskreuz im emaillierten Mittelstück die Ruine der Stammburg Zähringen, auf der Rückseite einen goldenen Löwen auf rotem Grund: das angebliche Wappentier der Zähringer (vgl. oben Schadek, S. 110 f.). Der Orden Bertolds I. zeigt eine Reitersiegel-Nachbildung wohl eines im 14. Jahrhundert gebräuchlichen Siegeltyps (von Bertold I. ist kein Siegel, geschweige denn ein Reitersiegel, überliefert).

202 (Kat.-Nr. 322)
Orden vom Zähringer Löwen, Großkreuz

Lit.: A. HOLZMANN, Badens Orden und Ehrenzeichen, Wappen, Standarten und Flaggen und die Uniformen der Großherzoglich Badischen Civil-Staats-Beamten, 1901, S. 37, 40ff.; H. VOLLE, Badens Orden, Ehrenzeichen Prämienmedaillen, 1956, S. 39ff., 57ff.; H. SCHWARZMAIER, in: Die Zähringer I, S. 193f.

J. G.

323
Die evangelische Ludwigskirche in Freiburg i. Br. (ehem. Abteikirche Tennenbach)

Ansicht, Karlsruhe (D.R. Marxsche Buch- und Kunsthdlg.), um 1850.
Lithographie, H. 67 B. 49 cm; 3 Abbildungen: oben Grundriß und Querschnitt durch das Querhaus von Westen, unten: Außenansicht der Kirche von Norden, im Hintergrund das Freiburger Münster.
GLA Karlsruhe, Abt. J/B, Freiburg Nr. 37.
(Tafel 24b in: Die Zähringer I).

Als 1821 das Erzbistum Freiburg errichtet worden war, wollte die überwiegend katholische Bevölkerung Freiburgs dem Großherzog Ludwig für seine erfolgreichen Bemühungen in den vorangegangenen Verhandlungen mit dem Vatikan danken. Der Stadtrat stellte 15 000 Gulden für ein ›Ludwigsdenkmal‹ bereit. Dieser Betrag wurde aber auf Wunsch des Regenten als Grundstock für die Erbauung einer evangelischen Kirche bestimmt.

Da damals gerade die Kirche der Abtei Tennenbach abgebrochen und als Baumaterial verkauft werden sollte, beschloß Großherzog Ludwig, die Kirche nach Freiburg zu verlegen. Die in Tennenbach begrabenen Ahnen des markgräflichen Hauses und der Fürsten von Fürstenberg wurden unter großer Anteilnahme der Bevölkerung am 10. 12. 1829 ins Freiburger Münster überführt.

Angesichts der konfessionellen Spannungen in Baden hätte der Wiederaufbau der romanischen Klosterkirche als Konkurrenz zum Freiburger Münster und damit als bewußte Aufwertung der evangelischen Gemeinde verstanden werden können. Aber an der Grundsteinlegung 1829 und der Einweihungsfeier 1839 nahmen der Erzbischof und das Domkapitel teil, und bei der Einweihung wurde ein Kind einer konfessionell gemischten Ehe getauft. Der Großherzog äußerte sich voller Anerkennung über das Zeugnis »der echten christlichen Gesinnung und der herzerhebenden Eintracht zwischen den verschiedenen Glaubensgenossen«.

Der Stich der Ludwigskirche mit dem Münster im Hintergrund veranschaulicht das vom Großherzog geförderte friedliche Miteinander der Konfessionen.

Die Kirche wurde 1944 durch Bombenangriffe zerstört.

Lit.: Die Ludwigskirche zu Freiburg im Breisgau, hrsg. v. den Pfarreien der Ludwigskirche, 1979.

C. R.

324
Kupferstich »Die Einweihung des Münsters zu Freiburg im Breisgau durch Herzog Conrad I. von Zaehringen, im Jahre 1191«

Kupferstich, 1842, nach den Kartons zu dem Wandgemälde Moritz v. Schwinds »Einweihung des Freiburger Münsters« im Treppenhaus der Karlsruher Kunsthalle; am rechten unteren Bildrand bezeichnet: »Nach dem Carton gest. von J. Ernst unter der Leitung v. J. Thäter«.
H. 41,7 B. 77,7 cm (Größe der Platte).
Augustinermuseum Freiburg i. Br., Inv.-Nr. G 73/23.
(Vgl. Tafel 28 in: Die Zähringer I).

1838 übernahm Moritz von Schwind den Auftrag, das Treppenhaus der von Heinrich Hübsch errichteten Karlsruher Kunsthalle mit einem monumentalen Wandgemälde (4,25 m × 9,25 m) zu schmücken, das die Einweihung des Freiburger Münsters zum Gegenstand haben sollte. Im August 1842 waren die Arbeiten weitgehend vollendet. Julius Ernst schuf nach den zwischen 1839 und 1840 angefertigten Kartons für dieses Wandbild einen Kupferstich, der nur in wenigen Details von dem Karlsruher Gemälde abweicht. Zu sehen ist die Einweihung des Gründungsbaus des Freiburger Münsters im 12. Jahrhundert durch den Zähringerherzog Konrad (vgl. Nr. 106). Vor einer phantasievollen Architekturkulisse, die den Freiburger Münsterplatz und die dahinter auf dem Schloßberg aufragende Burg zeigt,

203 (Kat.-Nr. 325)

bewegen sich in zwei Zügen von links die Kleriker und die Bürger der Stadt und von rechts Konrad von Zähringen mit seinem Gefolge auf das geschmückte Westportal des Münsters zu, das die Mittelachse der bildlichen Komposition bildet. Vor dem Eingang haben sich die Freiburger Ratsherren versammelt, dazu der Dombaumeister mit dem Grundriß der Kirche in seiner Rechten. Mit der Linken deutet er auf das Modell des gotischen Münsters, das ein Geselle auf den Knien trägt. Von den Gerüsten an den Schmalseiten der Kirche blicken mehrere Personen auf das Treiben hinunter: Rechts entdeckt man das Selbstporträt Moritz von Schwinds, links die Darstellung Heinrich Hübschs. Unter den Personen im Gefolge des Zähringerherzogs, der in seiner rechten Hand die Gründungsurkunde von Freiburg hält, trägt der Bannerträger die Züge Großherzog Leopolds I. von Baden, während der Knappe zur Linken des Bannerträgers Leopolds Sohn und Nachfolger darstellt. Der Prozession der Geistlichen nähern sich links im Hintergrund Kreuzfahrer, angeführt von Bernhard von Clairvaux. Schwind war 1838 eigens nach Freiburg gereist, um sich (bei Heinrich Schreiber) über die Baugeschichte des Münsters zu informieren. Seine Suche nach historischen Anhaltspunkten für sein Historiengemälde blieb weitgehend ohne Ergebnisse – wie bereits das falsche Datum (1191) andeutet. So ist die Westansicht des Münsters nur eine beliebige, allenfalls am bestehenden Bau orientierte romanische Fassade.

Lit.: Ausst.Kat. Spitzweg, Schwind, Schleich: Biedermeier und Vormärz, Gesichter einer Epoche, Städt. Galerie im Prinz-Max-Palais Karlsruhe, 1984, S. 250–252 (mit weiteren Literaturangaben); H. SCHWARZMAIER, in: Die Zähringer I, S. 194 ff.

M. K.

325 Abb. 203
Eröffnung des Bahnhofs von Freiburg i. Br. 1845 mit der Lokomotive »Zähringen«

Modell der Lokomotive Zähringen, 1910 bis 1914.
Maßstab 1:10, L. 1,20 cm.
Verkehrsmuseum Karlsruhe (Eigentum des Instituts für Straßenbau und Eisenbahnwesen der Universität Karlsruhe).

Die von den Großherzoglichen Badischen Staatsbahnen 1845 erworbene Lokomotive »Zähringen« war zu ihrer Zeit die stärkste Personenzugmaschine auf deutschen Hauptbahnen. Mit ihr wurde am 30. 7. 1845 in Anwesenheit des Großherzogs die Eröffnungsfahrt auf der Strecke Freiburg–Karlsruhe durchgeführt. Die Namengebung spiegelt das Herkunftsbewußtsein des großherzoglichen Hauses wider. Die Einweihungsfeier in Freiburg nach Eintreffen des Zugs sollte Ausdruck der – inzwischen gewachsenen – Zuneigung der Freiburger für ihren badischen Landesherrn sein.

Lit.: A. KUNTZEMÜLLER, Die Badischen Eisenbahnen, [2]1953; R. v. HELMHOLTZ, Die historischen Lokomotiven der Badischen Staatseisenbahnen, 1982.

C. R.

326
Badische Fürstentafel

Karlsruhe, Geissendorffsche Kunstanstalt, um 1900.
Lichtdruck, H. 114,5 B. 82,5 cm.
GLA Karlsruhe, J/Aa: B 18.
(Tafel 24a in: Die Zähringer I).

Die großformatige Fürstentafel diente der Repräsentation des Fürstenhauses, vor allem in den Amtsstuben und öffentlichen Gebäuden des Großherzogtums. Sie vermittelt das Bewußtsein der Großherzogsfamilie von ihrer zähringischen Abstammung. Wie ›Spitzenahnen‹ sind Bertold I. und Bertold III. in Phantasieportraits oben auf der Tafel abgebildet. Nur die am wichtigsten erachteten Ahnen des regierenden Großherzogs Friedrich sind berücksichtigt worden. In der Mitte, durch grünes Rahmenwerk in Jugendstil-Ornamenten abgesetzt und um die Embleme des großherzoglichen Hauses (Familienwappen, Hausorden der Treue, Eichenlaub) gruppiert, befinden sich sieben Medaillons: Karl Friedrich (1738–1811), der Begründer des badischen Staates, und Friedrich (1852–1907), der derzeit regierende Fürst, heben sich durch ihren zentralen Ort und ihre Größe hervor. Ihre bedeutendsten Vorfahren aus den Linien Baden-Durlach (Karl Wilhelm, 1709–1738, der Erbauer von Karlsruhe) und Baden-Baden (Ludwig Wilhelm, 1677–1707, der »Türkenlouis«) befinden sich auf zwei Medaillons über ihnen; die Großherzöge der Zeit zwischen Karl Friedrich und Friedrich unter ihnen. Um diese zentrale Gruppe herum verbindet ein Flechtbandornament acht Medaillons, die bedeutende Vorfahren bis zum 17. Jahrhundert zeigen, zuoberst die beiden Bertolde, nächst ihnen Hermann I. und Hermann IV. von Baden. So konnte die Tafel als Darstellung der Sukzession des Zähringerhauses oder als solche des ›badischen Fürstenhauses‹ verstanden werden: beide erschienen in eine ungebrochene Kontinuität eingebunden, optisch verstärkt durch das die Medaillons verbindende Rahmenwerk.

Lit.: H. SCHWARZMAIER, in: Die Zähringer I, S. 193 f.

J. G.

5. Zähringer verewigt: Brunnen und Denkmäler

Unter einem Denkmal kann bekanntlich »jeder kunst- und kultur- oder allgemeingeschichtlich bedeutsame Gegenstand« (Brockhaus-Enzyklopädie) verstanden werden, in seiner engeren Bedeutung ist dagegen ein zum Zweck der Erinnerung an bestimmte Personen und Ereignisse errichtetes Bauwerk oder plastisches Kunstwerk gemeint. Im Sinne dieses engeren Denkmalbegriffs sind im folgenden figürliche Zähringerdenkmäler behandelt. Ihre Zusammenschau soll dazu dienen, das ›öffentliche Bild‹ der Zähringer im Lauf der Jahrhunderte zu dokumentieren, auch wenn nicht alle einschlägigen Zeugnisse an diesem Ort versammelt werden können. Verweise auf Zähringer-Denkmäler, die in ihrem Entstehungszusammenhang behandelt werden, ermöglichen die Vervollständigung der Sammlung.

Das Denkmal als sinnstiftende und damit zweckgebundene Kunstform ist eng mit dem 19. Jahrhundert verbunden. Denkmäler aller Inhalte und Formen dienten der Legitimation und Repräsentation staatlicher und fürstlicher Herrschaft, der Identitätsstiftung von sozialen Gruppen jeder Art. Die Dauerhaftigkeit des Dargestellten wurde allein schon durch Verwendung von Stein oder Metall, meist unterstützt durch statuarische Darstellungsweise, betont. So kam dem Denkmal des 19. Jahrhunderts eine erzieherische, auf öffentliche Wirkung zielende Funktion zu. Als zumeist öffentlich errichtetes Bauwerk stand und steht das Denkmal im Dienst der Herrschenden und ist daher Zeugnis ihres Bewußtseins.

Die Denkmäler, ja der ›Denkmalkult‹ des 19. Jahrhunderts sind von der historischen Forschung bisher fast ausschließlich aus nationalgeschichtlicher Perspektive behandelt worden. Auf landesgeschichtlicher Ebene steht eine übergreifende Behandlung noch aus. Ein Grund mag darin liegen, daß unterhalb des Nationaldenkmals die Vielfalt der Formen und Inhalte schnell unüberschaubar wird und vor allem noch keine zeitlichen Gliederungsprinzipien bestehen. So lassen sich für die Zähringer denkmalartige Plastiken bereits aus dem Mittelalter namhaft machen, etwa das Reiterrelief am Nordturm des Zürcher Großmünster (Nr. 1) oder aber die Hirsauer Grabplatte für Bertold I. und Richwara (Nr. 99). Damit sind zwei Typen von Denkmälern angesprochen, die seit dem Hochmittelalter zunehmend verwendet wurden: sie sind dem Rechtsbereich und der Grabpflege zuzuordnen. Auch die frühneuzeitlichen figürlichen Brunnendenkmäler (Nrn. 3,

327–328) sind an konkrete Zwecke gebunden, hier die Dekoration von bis ins 19. Jahrhundert für die Wasserversorgung der Stadtbevölkerung wichtigen Einrichtungen. Es handelt sich in einigen Fällen interessanterweise um nicht genau bezeichnete, und daher zuweilen umgedeutete Darstellungen (Nrn. 3, 328). Die ab dem beginnenden 19. Jahrhundert errichteten Zähringerdenkmäler sind demgegenüber ausnahmslos als ›Zähringerdenkmäler‹ intendierte, d. h. eindeutig gekennzeichnete und oft einem bestimmten Gedenk-Anlaß und politischen Zweck zuzuordnende, jedoch keine konkreten Funktionen (wie Brunnen, Grabstein) mehr erfüllende Plastiken. Außer den hier vorgestellten (Freiburg i. Ü. Nr. 328, Bern Nrn. 327, 329, St. Peter Nr. 332, Villingen Nr. 333, Freiburg i. Br. Nrn. 334–335) sind der Brunnen der Tapferkeit in Freiburg i. Ü. (Nr. 3), der alte Freiburger (Br.) Bertoldsbrunnen von 1806 (Nr. 319) und der Murtener Zähringertorso als Brunnenfigur (Nr. 4) zu erwähnen, die in einem anderen Zusammenhang behandelt werden. Identitätsstiftung in symbolhaft verdichteter Form bedient sich auch heute noch gerne mittelalterlicher Themen, wie das Beispiel der Zähringer zeigt (Nrn. 334–335). Die aus öffentlicher Hand subventionierte ›Kunst am Bau‹ wird gewiß auch in Zukunft die Palette der Zähringerdenkmäler bereichern.

Lit.: T. NIPPERDEY, Nationalidee und Nationaldenkmal in Deutschland im 19. Jahrhundert, in: HZ 206 (1969), S. 529–585; L. KERSSEN, Das Interesse am Mittelalter im deutschen Nationaldenkmal (Arbeiten zur Frühmittelalterforschung 8), 1975; H. SCHARF, Kleine Kunstgeschichte des deutschen Denkmals, 1984.

J. G.

327 Abb. 204 und 3

Der Zähringerbrunnen in Bern

1535, von Hans Hiltprand.
Neues Bassin von 1889 von Laurenti, Bemalung der Säule und Figur von C. Bühler; Standort: Obere Münstergasse, Bern. Photographie.

Der westlichste Brunnen der Kramgasse unweit des Zeitglockenturms ist der Zähringerbrunnen. Seine ältesten Teile sind die Figur aus dem Jahr 1535, sowie der nur unwesentlich jüngere Säulenschaft mit Kapitell. Das ursprüngliche, schlichte Becken von 1542 wurde 1889 durch ein aufwendigeres ersetzt. Aus diesem Jahr stammt auch die heutige Bemalung von Säule und Figur. Das Standbild zeigt einen aufrechtstehenden, lebensgroßen Bären im Turnierschmuck, ausgestattet mit Helm, Schwert und Degen. In der Rechten hält er ein Banner, links stützt er sich auf einen Schild; auf beiden ist das in Bern gebräuchliche Löwenwappen der Zähringer (vgl. oben Schadek, S. 110f.) zu erkennen. Die deutsche und lateinische Inschrift auf vier Schilden am Kapitell erklärt den Zusammenhang zwischen dem Berner Bären und dem Wappen der Zähringer: *BERCHTOLD VON ZERINGEN HAT DIE STATT BERN GESTIFT IM IAR 1191* (lateinisch: *BERCHTOLDUS DUX ZERINGEN BERNAM LIBERAM CONDIDIT M C L XXXXI*). Die älteren Bezeichnungen des Brunnens geben lediglich seine Lage an (Brunnen am Roßmarkt, d. h. obere Hälfte der Kramgasse), 1757 wird er *Berchtoldsbrunnstock* genannt, während die heutige Benennung aus der zweiten Hälfte des 19. Jahrhunderts stammt. Bemerkenswert ist die Darstellung des städtischen Wappentiers als Verkörperung des Stadtgründers, ausgewiesen durch Rüstung, Wappen und Inschrift. Durch die Stadtgründungssage (vgl. unten Röhrich, S. 380) war das angeblich namengebende Wappentier mit dem Stadtgründer in Beziehung gesetzt. Zahlreiche andere Berner ›Denkmäler‹ des frühen 16. Jahrhunderts (vgl. Nrn. 286–287) weisen ebenfalls die eigentümliche Verselbständigung der Sage in Gestalt des Wappentiers gegenüber der Gründungsgeschichte auf: Am Zähringerbrunnen hat die Sage förmlich die zähringische Gründergestalt in Besitz genommen (zur Belebung der Zähringertradition in Bern im Zuge der Reformation s. oben Blattmann, S. 330).
Der Zähringerbrunnen des Schaffhauser Meisters Hans Hiltprand gehört zu den frühesten figürlichen Brunnenstöcken der Schweiz. Er ist kurz vor dem Zyklus der Berner und Freiburger (Üchtland) Brunnen Hans Giengs entstanden (Nrn. 3, 328).

Lit.: HOFER, Stadt Bern, S. 225ff., 283ff.

J. G./P. R.

Der viereckige Brunnenstock trägt einen qualitätvoll verzierten (vier musizierende Putten), kannelierten Säulenschaft von Hans Gieng, auf dem ein Kapitell und die Brunnenfigur eines Bannerträgers von Giengs Nachfolger im Brunnenbaumeisteramt, Stephan Ammann, angebracht sind. Auch in diesem Fall (vgl. Nr. 3) hat die kunsthistorische Forschung eine allegorische Bedeutung (Treue) der Brunnenfigur erschlossen, während im Volksmund die Statue seit langem als Darstellung Bertolds IV. gedeutet wird.

Lit.: Strub, Fribourg, S. 232 ff.

J. G.

204 (Kat.-Nr. 327) vgl. Abb. 3

328 Abb. 205

Zähringerbrunnen in Freiburg i. Ü.: Brunnen der Treue (La Fontaine de la Fidelité)

Säulenschaft von Hans Gieng, 1552–1553, Bannerträgerfigur von Stephan Ammann, 1606, Bassin 1768.
Standort: Rue de la Balme; seit 1938/39 Original im Museum, ersetzt durch Kopie; Säulenschaft H. 132 cm, Kapitell H. 50 cm, Figur H. 185 cm. Photographie.
Musée d'art et d'histoire de Fribourg, Inv.-Nr. 8845.

205 (Kat.-Nr. 328)

206 (Kat.-Nr. 329)

329 Abb. 206
Das Berner Bertoldsdenkmal

Karl Emanuel Tscharner vom Lohn, 1840–1847. Bronzeguß auf achteckigem Neurenaissance-Sockel mit 4 Bronzeplatten von Tscharner; Standort bis 1961: Münsterplattform, ab 1968 Nydegghöfli (ohne Sockel), die Platten in Mauer eingelassen; Photographie.

Das auf Initiative des Berner Malers und Bildhauers Tscharner (1791–1845) 1840 entworfene und 1847 enthüllte Denkmal stellt den Stadtgründer Berns, Bertold V., in einem leicht überlebensgroßen Standbild, in der Linken ein Schwert, in der Rechten die Handfeste, den Löwen auf dem Brustpanzer und den (kleinen) Bären hinter seinem am rechten Bein abgestellten Schild, dar. Die vier Bronzeplatten zeigen Szenen zur Stadtgründung Berns (s. oben Blattmann, S. 330): Bärenjagd (Inschrift: *E BELLUA CÆSA SIT / URBI FUTURÆ NOMEN),* Treueschwur der Bürgerschaft (Inschrift: *CIVITATEM INSTITUTAM / FORTITER TUEMINI),* die Erbauung der Stadt (Inschrift: *DISPERSÆ DEGENTES / UNA SEDE CONJUGAM)* und eine Inschriftentafel: *BERTOLDO V. / DUCI ZÆRINGIÆ CONDITORI / URBIS BERNAE / CIVITAS / ANNO MDCCCXLVII.*
Das Bertoldsdenkmal ist das erste figürliche öffentliche (›reine‹) Denkmal der Stadt Bern.

Lit.: Hofer, Stadt Bern, S. 183 ff. J. G.

330 Abb. 207
Bronzefigur Konrads von Zähringen

Entwurf: Fridolin Ditsche, Karlsruhe; Guß: Pelargus, Stuttgart; vor 1900. Ursprünglicher Standort: linke Nische auf dem Balkon vor dem Ratssaal des Neuen Rathauses in Freiburg i. Br. Photographie der im 2. Weltkrieg eingeschmolzenen Figur

Beim Umbau der alten Kollegiengebäude der Freiburger Universität zum »Neuen Rathaus« wurden auf der Außenseite vier Nischen für Bronzestandbilder der verschiedenen Herrschaften, denen Freiburg im Laufe der Geschichte angehörte, eingeplant. Konrad von Zähringen wurde im historisierenden Stil des späten 19. Jahrhunderts als Ritter in Rüstung mit Mantel, adlerbekröntem Helm und Schwert dargestellt. In seiner Rechten hält er die Stadtgründungsurkunde, deren Textbeginn lesbar

207 (Kat.-Nr. 330)

ist. Der ursprüngliche Entwurf Ditsches sah eine Renaissance-Rüstung vor, die auf Wunsch des Freiburger Stadtrats zugunsten einer »historisch treuen« geändert wurde. Die Figur war auf der Weltausstellung in Paris 1900 zu sehen, bevor sie in Freiburg aufgestellt wurde.

Lit.: H. SCHADEK, Die Rathäuser der Stadt Freiburg im Breisgau (Stadt und Geschichte. Neue Reihe des Stadtarchivs Freiburg i. Br., 5), 1983. C. R.

331 Abb. 208

Zähringer-Glasfenster aus dem Neuen Rathaus zu Freiburg i. Br.

Entwurf und Ausführung Fritz Geiges um 1900. Ursprünglicher Standort: Fenster des Ratssaales im Neuen Rathaus von Freiburg i. Br., H. 105 B. 79 cm.
Augustinermuseum Freiburg i. Br.

Für den repräsentativen Ratssaal im Neuen Rathaus entwarf der Freiburger Maler Fritz Geiges Glasfenster, auf denen die bedeutendsten Ereignisse der frühen Stadtgeschichte dargestellt waren. »Die sinnreich und glücklich aufgefaßten Compositionen«, heißt es in der Festschrift zur Einweihung des Rathauses, »sind von echt mittelalterlichem Geist durchweht und dabei von ausgesprochener Individualität.« Die dem historischen Empfinden des späten 19. Jahrhunderts entsprechenden Fenster wurden auf der Weltausstellung in Paris ausgestellt und mit einer Goldmedaille ausgezeichnet.
Die mehrteilige Bildkomposition umfaßte Portraits Herzog Bertolds III. und König Konrads III., in deren Mitte ein Adlerwappen mit der Unterschrift »Zähringen« sowie eine szenische Darstellung der Verkündung der Stadtrechte durch Herzog Konrad vor den Bürgern der im Aufbau befindlichen Stadt. Davon hat nur das Bertoldfenster die Zerstörungen des II. Weltkriegs überstanden.

Lit.: H. SCHADEK, Die Rathäuser der Stadt Freiburg (wie Nr. 330). C. R.

208 (Kat.-Nr. 331)

332
Bertoldsbrunnen in St. Peter

Julius Seitz, Freiburg i. Br., 1902. Material: gelber Maulbronner Sandstein. Ornamente: von Bildhauer August Müssle, Freiburg i. Br., Photographie.

Nach dem Brand im Dorf St. Peter 1899 wurde auch der Platz des alten Dorfbrunnens umgestaltet. Die Gemeinde wollte eine »zeitgemäße Herrichtung« des Ortsmittelpunktes, um auch »als Kurort Bedeutung zu erlangen« und entschied, dem Gründer von St. Peter, Bertold II., ein Denkmal zu setzen. Der Brunnen besteht aus der von Julius Seitz gestalteten Herzogsfigur, einer Säule, auf der eine Tafel mit den Teilnehmern des Krieges 1870/71 aus St. Peter angebracht ist, und einer Brunnenschale.
Zur Einweihung am 7. September 1902 waren der Großherzog und seine Gemahlin geladen, die aber der Einladung nicht nachkamen.

Lit.: K. WEBER, Bertoldsbrunnen ist wieder Schmuckstück des Dorfes, Badische Zeitung, Ausgabe Dreisamtal, 14. 9. 1982. C. R.

333 Abb. 209
Das Bertold-Denkmal in Villingen

Joseph Emil Ummenhofer (?), Villingen 1906. Überlebensgroße Sandsteinplastik Herzog Bertolds (III.?) auf 150 cm hohem Sockel; Standort: Bereich »Niederes Tor«; Ansichten von 1907 und heute.

Anläßlich der 100jährigen Zugehörigkeit Villingens zu Baden gab der Rat der Stadt im Jahre 1906 ein Bertold-Denkmal in Auftrag, welches mit großer Sicherheit von Joseph Emil Ummenhofer ausgeführt wurde. In seiner künstlerischen Gestaltung nie unumstritten, wurde das Denkmal des ›Markgrafen‹ Bertold (ob der Baargraf Bertold, vgl. Nr. 221, oder der ›Stadtgründer‹ Bertold III., vgl. Nr. 222, gemeint ist, blieb unklar) von der Villinger Bürgerschaft als freiwilliges Selbstbekenntnis zum Hause Baden (s. oben Gerchow, S. 356f.) gesehen und als solches einhellig begrüßt. Allerdings wurde die monumentale Denkmalanlage – ursprünglich stand der steinerne Graf zwischen und auf Granitblöcken beim Platz an der Tonhalle, der

209 (Kat.-Nr. 333)

einmal Bertoldplatz hieß – nicht erhalten; lediglich die Bertoldstatue erinnert heute noch an das Bekenntnis der Villinger zu ihrer zähringischen Tradition – und zu Baden.

Lit.: H. SCHROFF–H. BÜHLER, Villinger Bilddokumente 1862–1930, 2. Aufl. 1983, S. 77. M. Z.

334 Abb. 210
Neuer Bertoldsbrunnen Freiburg i. Br.

Freiburg i. Br., 1956–1965, von Nikolaus Röslmeir.
Reiterstandbild in Bronze auf Steinsockel (Trientiner Marmor); Reiter: H. 320 cm, Sokkel: H. 450 cm. Inschrift auf Sockel: »DEN HERZOGEN VON ZÆHRINGEN GRÜNDERN UND HERREN VON FREIBURG IM BREISGAU« und unter einem heraldischen Adler »BERTOLD II + 1111 / ERBAUER DER BURG 1092 / BERTOLD III + 1122 · KONRAD + 1152 / GRÜNDER DER STADT 1120 / BERTOLD IV + 1186 /

210 (Kat.-Nr. 334)

BERTOLD V + 1218 / 1965 ERRICHTET / AN STELLE DES 1944 ZERSTÖRTEN BERTOLDSBRUNNENS / VON 1807«. Modell 1:10; Privatbesitz Hanne Gollrad.

Beim Bombenangriff auf Freiburg am 27. 11. 1944 wurde der im Stadtzentrum stehende Bertoldsbrunnen so zerstört, daß er aus den Trümmern nicht mehr wiedererstellt werden konnte. Der eingeebnete Platz behielt gleichwohl den Namen »Bertoldsbrunnen«. Als 1952 erwogen wurde, wenigstens eine Brunnenschale aufzustellen, erbot sich Hugo Knittel, ein Freiburger Bildhauer, die zerstörte Figur (vgl. Nr. 319) nachzubilden und der Stadt zu schenken. Nach der ersten Begeisterung wurden Veränderungswünsche laut: Die Figur solle deutlicher als Stadtgründer zu erkennen sein und weniger »militaristisch« erscheinen. Aber auch eine Umarbeitung der Herzogsfigur, nun ohne Lanze, aber mit Stadttor, konnte dem Anspruch »zeitloser Gültigkeit« nicht entsprechen.

Ein Entwurf des Bildhauers Nikolaus Röslmeir (1901–1977) von 1956, der sich von dem Vorbild des alten Brunnens aus dem 19. Jahrhundert gelöst hatte, fand schließlich die Zustimmung der Experten, wenngleich die stilisierte Darstellung des Reiters in der Bevölkerung Widerspruch erregte. Die Gestalt von Reiter und Sockel ist vom gotischen Spitzbogen inspiriert. Röslmeir wollte damit eine Beziehung zwischen dem Münster, als dem herausragenden Wahrzeichen der Stadt, und dem Brunnen herstellen.

Am 27. 11. 1965 wurde der Brunnen, dessen Kosten durch Spenden aufgebracht worden waren, eingeweiht. Der Vorschlag, die Wappen der (Schweizer) Zähringerstädte in den Sockel zu schlagen, fand wegen der zu erwartenden Schwächung des Gesamteindrucks keine Zustimmung.

In den Debatten vor der Aufstellung des Denkmals wurde die Gründerproblematik nicht aufgegriffen und nur in der Aufschrift »Den Herzogen von Zähringen« eine Relativierung des »Bertolds«-Brunnen vorgenommen.

Lit.: Akten des Stadtarchivs Freiburg i. Br. C 5 (751-41-1/751-41-2/751-41-6); H. Lasotta, Reitet für Freiburg, in: Freiburger Almanach 18 (1967), S. 42–45.

C. R.

211 (Kat.-Nr. 335)

335 Abb. 211–212
Zähringer in Beton

Entwürfe für die Brücke zur Schloßberggarage in Freiburg i. Br. von Emil Wachter, 1974, Zeichnungen mit Kugelschreiber auf Papier, Photographien der Ausführung in Beton. Privatbesitz.

Emil Wachter, geb. 1921, Besuch der Kunstakademien München und Karlsruhe, Aufträge seit 1954 vorwiegend für Kirchen, darunter Farbfenster, Wandbilder, Gemälde und Betonbildwerke (z. B. die Autobahnkirche in Baden-Baden). 1966 Hans-Thoma-Staatspreis des Landes Baden-Württemberg. 1975 Staatspreis des Landes Rheinland-Pfalz. Lebt in Karlsruhe.
Erste Planüberlegungen zur Schloßberggarage sahen vor, den Schwerpunkt der Baumasse auf die Westseite der Schloßbergstraße zu legen, die Straße aber zum Berg hin zu überbauen und mehrere Garagen- und Wohnungsgeschosse mit einem Weg aus der Stadt terrassenförmig auf den Hang des Schloßbergs hin zu entwikkeln. In der Rezessionsphase 1974 mußte jedoch aus Kostengründen auf die Straßen- und Hangüberbauung verzichtet werden. An dem Plan eines die Schloßbergstraße überbrückenden Fußwegs aus der Stadt auf den Berg wurde aber festgehalten. Er war zu integrieren in ein Brückenbauwerk, das eine Pkw-Zufahrt von der Bergseite her in die Garage einführte.
Die Nähe des Bauwerks zur Altstadt verlangte nach einer Gestaltung, die über die üblichen funktionalen Formen hinausging. Da der ehemals burgtragende Schloßberg und die mit diesem zu verbindende Altstadt seit der Gründung in engem Bezug zueinander standen, lag es

212 (Kat.-Nr. 335)

nahe, die neue Schloßbergbrücke und den zugehörigen Aufweg mit Bildern der Stadtgeschichte zu schmücken.
Wachter nutzte die Gußeigenschaft des Betons, um mit negativ gearbeiteten Styroporformen in der Schalung Betonbauteile reliefartig oder auch vollplastisch zu gestalten. Im einzelnen wurden von ihm eine Bergstützwand, die drei Brückenpfeiler, die Sichtseiten der Brückenplatten und drei Plastiken auf der Austrittsebene, dem Zwischenpodest und dem Austrittspunkt der stadtseitigen Treppenanlage geschaffen.
Dem Thema der Stadtgründung durch die Herzöge von Zähringen ist der mittlere der drei Brückenpfeiler gewidmet. Unter dem Leitmotiv »Milde und Macht«, »Herzog und Bürger« wird das Verhältnis der Zähringer zu ihren Bürgern als vorbildlich dargestellt. So erscheint z. B. die Hand eines Zähringers formend und schützend über der Stadt. Mit der Arbeit Wachters fanden die idealisierten Vorstellungen der Stadtväter über die Freiburger Stadtgründer ihren Ausdruck.
Ausgestellt sind Entwürfe für den Pfeiler mit der Gründungsdarstellung und verschiedene Brustbilder von Zähringern.

J. D./C. R.

6. Gereimtes und Ungereimtes

Zähringer-Sagen (Nrn. 336–339)

Die sog. ›geschichtliche Sage‹ – der Terminus stammt von den Brüdern Grimm – ist nur zum Teil authentisch-mündliche Volksüberlieferung. Sie ist immer auch von der Geschichtsschreibung mitbestimmt. Jedoch teilt sie mit der mündlichen Überlieferung, daß sie Berichte über historische Personen oder Ereignisse mit phantastischen Motiven anreichert und ins Überwirkliche und Wunderbare erweitert. Freilich sind diese Zeugnisse zur Zeit ihrer Entstehung zumeist als geschichtliche Wirklichkeit aufgefaßt worden. Jede Epoche hat ihre eigene Art des geschichtlichen Begreifens, und die Grenze von Sagenhaft-Phantastischem und Wirklich-Geschehenem kann sich verschieben.

Wie andere Volkserzählungen ist die sog. geschichtliche Sage eine epische Erzählung, in der bestimmte vorgegebene Strukturen die historische Realität überlagern oder verdrängen: Moralische Wertungen werden eingeführt; der Gute und Edle wird belohnt, der Böse bestraft. Die Leistung eines Hochgestellten ist umso bewundernswerter, wenn dieser sich aus einfachsten sozialen Verhältnissen hochgearbeitet hat. Es gibt bestimmte Klischeevorstellungen über den Mut eines Herrschers, über seine Großzügigkeit und Freigebigkeit und ebenso bestimmte Negativklischees über den Geiz oder die Grausamkeit von Anti-Helden und ihre Bestrafung zu Lebzeiten oder auch erst nach ihrem Tode. Dabei sind viele Motive Wandergut, indem sie von einem auf einen anderen Helden oder Anti-Helden übertragen werden. Sagen haben nicht selten die Funktion einer Ätiologie: Sie erklären – meist im Rahmen von philologisch nicht haltbaren Volksetymologien – den Namen von Burgen, Städten oder Familien. Darum müssen solche Überlieferungen stets im Kontext anderer Stadtgründungs- und Familiensagen gesehen werden. Nicht selten tragen Bildwerke und Denkmäler, insbesondere Grabsteine, zur Ausbildung von Sagen bei; sie ziehen geradezu Geschichten an sich. Oft erklären und deuten sie die Denkmäler anders, als diese ursprünglich gemeint waren. Bei manchen Denkmalerzählungen ist nicht leicht zu entscheiden, was zuerst da war, das Denkmal oder die Erzählung. Dies ist für die Beurteilung einer Sage aber auch kein Kriterium. Es ist nämlich nicht das nackte historische Faktum, das die Sage interessiert, sondern das menschlich außerordentliche oder rührende Geschehen, das die Sage zu tradieren sucht: aufopfernde Hilfe, Abschied und Wiederfinden, Freundschaft, aber auch die Opfer von Verbrechen etc. Die menschliche Persönlichkeit ist wichtiger als das historische Ereignis. Darum werden gelegentlich unterschiedliche historische Persönlichkeiten zu einer einzigen Sagenfigur zusammengezogen, wenn das Klischee es erfordert. Aber hinter vielem Pseudohistorischen und anachronistisch Aufgehäuften oder Vereinfachten oder Typisierten steckt manchmal doch auch ein ›wahrer‹ Kern. Auch ›Geschichten‹ tradieren also ›Geschichte‹; ›story‹ und ›history‹ brauchen sich nicht völlig auszuschließen. Darum wäre es verkehrt, die geschichtliche Volkssage nur nach ihrem Gehalt oder Mangel an objektiver Wirklichkeit zu messen. Diese generellen Beobachtungen zur historischen Sage gelten im besonderen auch für die Sagen, die mit dem Geschlecht der Zähringer verbunden sind.

Die bekannteste Zähringer-Sage ist vermutlich diejenige, die Johann Sattler (gest. 1523 als Kaplan zu Freiburg) in seiner »Chronicke der Stadt Freyburg im Brisgaw« (gedruckt 1698, Nr. 337, vgl. Nrn. 279 u. 223) niedergeschrieben hat. Sie handelt

»von dem Ursprung der Hertzogen von Zeringen« das die Hertzogen von Zeringen vor zeiten Köler seind gewesen, unnd haben jr Wonung gehabt in dem Gebirg, unnd den Welden hinder Zeringen dem Schlos, da es dan itzund stehett, unnd haben alda Kollen gebrent. Nun hat es sich begeben, das derselbig Köler an einem Ordt in dem Gebirg Kollen hatt gebrant, unnd hatt mit demselbigen Grund unnd Erden den Kolhauffen bedeckt, unnd den ungefert also do ausgebrant.

Da er nun die Kollen hinweg hatt gethan, hatt er an dem Boden eyn schwere geschmeltzte Matery funden, unnd das also besichtigett, do ist es gut Silber gewesen, also hatt er fürder immerdar an demselbigten Ordt Kollen gebrantt, unnd wider mit derselbigen Erden unnd Grundt bedeckt, unnd da aber Silber funden wie vor, darbey er hatt mercken können, das es des Bergs unnd des Grunts Schuldt sey, unnd hat solches in einer Geheim bey jm behalten, unnd damit von Tag zu Tag an demselbigen Ordt Kollen gebrandt, unnd ein grossen Schatz Silbers zusammen bracht.

Nun hatt es sich in solcher Zeitt begeben das ein Künig vertriben wardt vom Reich, unnd flohe auf den Berg in Breisgaw genannt der Keyserstull, mit Weib unnd mit Kindern, unnd allem sein Gesind, unnd leid dar gar viell Armutt mit den Seinen. Nun lies er darnach ausruffen, wer der were der jm Hülff wolt thun, darmit er wieder zum Reich möcht kommen, dem wolt er ein Tochter geben, unnd jn zu einem Hertzogen machen. Da nu das der vorgenant Köler vernam, do fügte es sich, das er mit etlicher Bürde Silbers zu dem Künig sich fügte, unnd dan jm begerett, das er sein Sonn wolt werden, unnd das er jm sein Dochter wolt geben, unnd darzu das Landt unnd die Gegene, do dan itzt Zeringen das Schloss unnd die Stadt Freyburg steht, so wolt er jm ein solchen Schatz von Silber geben unnd überlieffern, darmit er woll das Reich wider gewinnen unnd überkommen kund. Do nun der Künig solches verstund, verwilliget er darein unnd thett, wie er versprochen hatt, unnd gab dem Koler, den er zum Son annam, die Dochter zu der Ehe, unnd die Gegene des Landts darzu, wie er das begeret hatt. Da hub der Son an, unnd lies das Ertz schmeltzen, unnd überkam gros Gut darmit, unnd bauet Zeringen unnd das Schlos, do macht jn der Römische Künig sein Schweher zu einem Hertzogen zu Zeringen, unnd nant jn ein Hertzogen von Zeringen, darnach bawet er die Statt Freyburg in Breisgaw, unnd andere umbliegende Stett unnd Schlösser mer, unnd da er nun also mechtig wardt, unnd an Gutt, Eher unnd Gewalt freuentlich zunam, do hub er an unnd wardt zu einem grossen Tyrannen, unnd gebott seinem eigen Koch, das er jm solt einen jungen Knaben braten unnd zurüsten, dan er wolt versuchen wie gut das Menschen Fleisch zu essen were. Welches jme der Koch volbracht nach des Herrn Beuelch und Willen, unnd da der Knab gebraten war, unnd man jn zu Tisch bracht dem Herren, und er jn sach vor jm stehen, so fiel ein solcher grosser Schreck unnd Furcht in den Herren, das er darumb grosse Rew und Leidt umb die Sünde die er volbracht hatt, überkam, unnd lies für solche Sünde zwey Clöster bawen mit Namen das ein zu St. Ruprecht (gemeint ist St. Trutpert im Münstertal) unnd das ander zu St. Petter auf dem Schwartzwaldt, darmit das jm Gott der Herr die groß Tyranney unnd Sünd die er begangen hatt, verzeihen unnd vergeben solt, und Barmhertzigkeit erzeigen, darmit er nicht Pein leiden müst.

Zur Verbreitung der Sage hat sicher die Tatsache beigetragen, daß sie auch in die Sammlung der »Deutschen Sagen« der Brüder Grimm (als Nummer 527) aufgenommen wurde. Und sie läßt zweifellos ja auch volkstümliche Denkformen erkennen. Da ist zu vorderst der Aufstieg eines Adelsgeschlechtes aus ursprünglicher Niedrigkeit. Fast märchenhaft mutet es an, wenn der Arme zum Schwiegersohn des Königs wird. In Märchen und Sagen wimmelt es nur so von hochstrebenden, edelmütigen, tapferen Helden aus dem Volke. Arme, niedriggeborene, aber kluge und vor allem rechtschaffene Menschen, Knechte, Hirten, Schäfer, Soldaten sehen wir zu hohen Ehren aufsteigen, ja Fürsten, Könige und Kaiser werden. Wie die Hohenloher von einem armen Wagner, die Württemberger von einem ›Wirt am Berg‹ stammen sollen, so die Zähringer von einem armen Köhler (Pfaff, S. 20). Ein Köhler ist der Prototyp eines armen Menschen; er hat zwar ›Kohle‹, aber nicht die richtige. Doch diese wird ihm in Märchen und Sagen reichlich zuteil. Aber auch aus anderen Gründen erscheint dieser Berufsstand hier nicht zufällig: Von alters her werden im Schwarzwald Kohlen gebrannt. Die Köhlerei ging Hand in Hand mit dem Bergwerk und der Glashütte. Darüber hinaus stand der Köhler im Rufe geheimen Wissens und alter Weisheit. Wie in der Zähringer-Sage steht er in Verbindung mit der Vorstellung von Schätzen. Es ist im Volksglauben kein allzugroßes Wunder, wenn der Köhler beim Abraumen seines Meilers Silber findet. Noch in Wilhelm Hauffs Märchen »Das kalte Herz« ist es ein armer Köhler, der mit Hilfe des Glasmännleins, dem »Schatzhauser im Tannenwald« sein Glück zu machen sucht. Noch heute versteht man unter ›Köhlerglaube‹ den unerschütterlichen Glauben an übernatürliche und mit dem Verstand nicht zu ergründende Dinge. Aber die Volkserzählung rühmt die Köhler auch als gastfreundlich und klug; sie gelten als genügsam und fleißig. Sie sind die prädestinierten Sozialaufsteiger.

Die sog. Köhlersage, d. h. das Motiv, daß ein Köhler Ahnherr eines Adelsgeschlechtes ist, wird auch anderwärts erzählt; so etwa in der Sage vom »Ursprung der Grafen Gaschin«:

Der erste Graf Gaschin war erst ein böhmischer Köhler, der im Walde seinen Meiler hatte. In den Kämpfen zwischen Polen und Böhmen hatten einmal die Polen ihre Gegner besiegt und verfolgten sie. Ein böhmischer Prinz hatte sich auf der Flucht in diesen Wald geflüchtet und traf den Köhler, der ihn zu retten suchte. Dabei verfiel er auf den Gedanken, den Prinzen in einem neuen Meiler, den er eben aufschichtete, zu verbergen. Er steckte ihn unter das Holz und deckte das Ganze mit Erde zu. Als die verfolgenden Feinde herankamen und nach dem Verbleib des Prinzen fragten, schüttelte er mit dem Kopfe, steckte den Meiler in Brand und ging seiner Arbeit nach. Die Polen durchsuchten seine Hütte und den ganzen Umkreis des Meilers, fanden aber nichts. Als sie weit genug entfernt waren, schrie er seinen Gesellen zu: »Gasić, Gasić!«, das heißt: »Löschen! Löschen!«. Der Meiler wurde sofort gelöscht und der Prinz wohlbehalten hervorgezogen. Der König von Böhmen belohnte den treuen Mann dadurch, daß er ihn in den Adelsstand erhob und ihm zum ewigen Andenken an seinen rettenden Ruf »gasić« den Namen v. Gaschinski gab, der später in Gaschin verkürzt wurde (Kühnau, S. 34f.).

So müssen die Zähringer-Sagen also stets im Kontext betrachtet werden mit parallelen genealogischen Sagen (Geschlechter-Sagen), die von den Anfängen einzelner aristokratischer Familien berichten, wie z. B. auch die Sagen vom Ursprung der Welfen, der Habsburger etc. Wie viele verwandte Erzählungen hat die Köhler-Sage einen explanatorischen und exemplarischen Charakter. Sie erklärt den Reichtum und die plötzlich auftretende Macht des Zähringergeschlechts durch die Silbergewinnung. Erweiterungen dieser Erzählung geben auch eine Erklärung des Geschlechter-Namens: »Zum Dank dafür und weil er ihm geholfen hatte, seine Not und die Zähren der Seinen zu verringern, ernannte der Kaiser den jungen Köhler zum Herzog von Zähringen, gab ihm seine Tochter zur Frau und viele Ländereien dazu in der Gegend, wo der Köhler daheim war« (H. Schreiber, Nr. 339.3, S. 3). In ähnlicher Weise wird auch ein anderer Ortsname erklärt: »Der Berg aber, der dem Kaiser in der schweren Zeit als Ruhesitz gedient hatte, ward fortan Kaiserstuhl genannt« (H. Schreiber, Nr. 339.3, S. 3). Und spätromantische Sagenpoesie hat dies auch in einer Balladen-Szene gestaltet:

Des Gipfels stolze Linde
Neun lust'ge Kronen dehnt;
An ihres Stammes Rinde
Der flücht'ge Kaiser lehnt.

Nur wenige Getreuen
Ließ ihm die heiße Schlacht;
Sie kämpften all wie Leuen
Gen Feindes Uebermacht.

Nicht lange kann es währen,
so steht er rings umdroht;
Er denkt daran mit Zähren
Und wünschet sich den Tod.

Nun schlagen an die Rüden,
Ein schwerer Tritt erschallt;
Die Wächter rings, die müden,
Erheben sich im Wald.

Durch Dorngenist und Farren
Der Köhler naht mit Gruß,
Und schichtet Silberbarren
Viel an des Herrschers Fuß.

Er trug sie und die Söhne,
Die alle reckenhaft;
Von Wuchs, von Antlitz schöne,
Voll kecker Männerkraft.

»Der Hort sei Dir beschieden,
Der drüben in dem Holz
Aus meines Meilers Kohlen
Aus Felsenstufen schmolz.«

»Nimm hin, um ihn zu prägen,
Daß bald der Schilling rollt;
Gar manchen wackern Degen
Nimmst Du dafür in Sold.«

»Ich steh mit meinen Knaben
Gegürtet schon zum Strauß;
Wir all geschworen haben,
Zu gründen neu Dein Haus.«

Da hob sich rasch der Kaiser
Und faßte neuen Muth:
»Gottlob, mein Held, mein greiser,
Es wird noch Alles gut.«

»Du hast durch Deine Spende
Das Blatt hier rasch gewandt;
Es führt zu gutem Ende,
Befreiet unser Land!«

»Ich will Dich drum belohnen,
Mein Schwert giebt Dir den Streich;
Als Ritter sollst Du wohnen
In dem befreiten Reich!«

»Weil du des Feindes Schlingen
Zerbrichst mit treuer Hand;
Die Zähren willst verringen,
Zähringer sei genannt!«

»Der Berg, von dessen Hange
Wir ziehn die Siegesbahn,
Der Schutz geboten lange:
Heiß Kaiserstuhl fortan!«

Typisch für das Denken der Volkssage ist die anachronistische Zusammenziehung mehrerer Personen in eine: Der angebliche Stifter des Hauses Zähringen ist zugleich auch der letzte Herzog dieses Geschlechts. Der Belohnung des Guten und Hilfreichen steht die Bestrafung des Tyrannen und Bösewichts gegenüber. Strukturell geht es um Aufstieg und Fall einer Familie. Der Mächtige wird zum Tyrannen und Gewalttäter. Volksepik kennt alles nur im Extrem, Glück ebenso wie Unglück, und Inbegriff eines verruchten Lebens ist Mord und der Vorwurf des Kannibalismus, des Verzehrs von Menschenfleisch. Das erinnert an den afrikanischen ›Kaiser‹ Bokassa! Späte Reue und die Klosterstiftungen St. Trutpert und St. Peter sind der strengen Wertskala der Sage noch keine ausreichende Buße: Trotz seiner – angeblichen – Klostergründungen wird der Herzog in die ewige Pein verbannt:

Für so viel Frevelthat blieb aber auch die Strafe nicht aus. Der Herzog wurde in einen Berg am Meer verbannt, wo er noch heutigen Tages für seine Sünden büßt. Die Silbergruben aber beim Zähringer Schloß sind für immer verschwunden (H. Schreiber, Nr. 339.3, S. 3).

Quelle dieses sagenhaften Berichtes ist der berühmte »Dialogus miraculorum« des Caesarius von Heisterbach (ca. 1180–1237, Nr. 336). Er berichtet *De poena Bertholphi Ducis Ceringiae qui missus est in Vulcanum:*

Vor drei Jahren hörten Leute am Berge Gyber eine laute Stimme rufen: Heizt den Ofen! Nach kurzer Zeit wurde dasselbe gerufen. Als aber zum dritten Male gerufen ward: Rüste den großen Ofen! antwortete jemand: Für wen soll ich ihn heizen? Darauf die erste Stimme: Unser lieber Freund, der Herzog von Zeringen, kommt hierher, der soviel uns gedient hat. Jene merkten sich Tag und Stunde und meldeten es brieflich dem König Friedrich mit der Frage, ob in seinem Reiche etwa ein Herzog von Zeringen gestorben sei. Und man erfuhr, daß zur selben Stunde Bertold V. Herzog von Zeringen gestorben sei. Dieser war ein ungeheurer Tyrann und Plünderer der Edeln und Nichtedeln und Verleugner des katholischen Glaubens (Caesarius, hrsg. v. J. Strange, Bd. 2, S. 325).

Der Berg Gyber ist der Aetna – »Monte Gibello«, ein feuerspeiender Vulkan und – wie der Vesuv – ein Schlund zur Hölle. Kein für das Fegefeuer Vorgesehener, sondern nur die gänzlich verdammten Seelen werden dorthin gesandt (vgl. Geuenich, S. 97). Man hat die Sage zu den Erzählungen von ›bergentrückten‹ Königen und Heroen gestellt, etwa in die Nähe der Sage vom schlafenden Kaiser im Berg. Aber Bertold V. von Zähringen gehört nicht zu den Rettern, deren Wiederkehr erhofft wird wie die Friedrich Barbarossas. Vielmehr geht es um das grausige Ende eines großen Sünders ohne Auferstehungshoffnung. Ebenso wie er büßt auch der Bischof Hatto von Mainz seinen Verrat an dem Babenberger im Krater des Ätna. Das Modell für den Untergang des ›letzten Zähringers‹ im Berg Gyber sind wohl die Vorstellungen vom Ende Dietrichs von Bern.

Als Arianer galt er der römischen Kirche als Ketzer. Nach verschiedenen Überlieferungen wird er entweder von den Geistern des Symmachus, den er hatte hinrichten lassen, und des Papstes Johannes I., dessen Tod man ihm anlastete, in einen Vulkan gestürzt oder von einem Teufels-Roß auf Nimmer-Wiedersehen in die Hölle entführt. Für Caesarius von Heisterbach war Bertold V. ein *Dux tyrannus immanis, tam nobilium quam ignobilium exhereditator et fidei catholicae desertor.* Der Tod des Zähringer-Herzogs war für den Zisterziensermönch ein ›exemplarischer‹ Fall für bestrafte *avaritia.* Immer wieder geht es Caesarius um die Darstellung von Schuld und Buße im Jenseits, die Darstellung von Lastern und ihrer Bestrafung. In dieses Konzept paßte gut die Überlieferung von dem Zähringer-Herzog, wobei Caesarius von Heisterbach wie auch in anderen Exempeln zweifellos wieder manches aus der mündlichen Erzählüberlieferung übernommen hat.

Die Sagenbildung um Herzog Bertold V. muß schon alsbald nach dessen Tod eingesetzt haben. Dieter Geuenich und Berent Schwineköper haben überzeugend nachgewiesen, daß das Image des grausamen Tyrannen, wie es die Zisterzienser-Überlieferung kennt, vor allem auf die Tennenbacher Mönche zurückgeht, die Bertold V. als *Dux crudelissimus,* als »grausamsten Herzog« bezeichnet haben (D. Geuenich, S. 98). Hier liegt wohl auch der Hintergrund für die angeblichen Gelüste auf Menschenfleisch, der Vorwurf der Ermordung der eigenen Gemahlin und die Erzählung vom ›steinernen Herzen‹ des Herzogs, d. h. die sagenhafte Überlieferung, die an das angebliche Bildnis des ›letzten Zähringers‹ im Freiburger Münster anknüpft. Diese Überlieferung kulminiert in dem Sagengedicht von August Schnezler »Der versteinerte Herzog«, in dem es heißt:

Es füllt das Breisgau mit Jammer und Graus
Des Herrschers tyrannischer Wille.

Von gierigem Geize nun wird er verzehrt
Nach edlen Gesteinen und Erzen;
Bald hat er von Allem, was irgend von Werth,
Die Häuser und Hütten des Landes geleert,
»Der Mann mit dem steinernen Herzen.«

Wer etwas ihm weigert, der muß mit dem Tod,
Wer murrt, mit dem Kerker es büßen;
Mag schreien zum Himmel die wachsende Noth
Des hungernden Volkes, – der finstre Despot
Tritt alle Gesetze mit Füßen.

Auch fehlt's an den tollsten Gelüsten ihm nicht:
»Koch, schlachte mir heut' einen Knaben,
Und setz' ihn gebraten mir vor als Gericht!
Auf menschliches Fleisch war ich längst schon erpicht,
Und will mich nun einmal d'ran laben!«

Schon sitzt er bei Tafel; da plötzlich erfaßt
Ihn Ekel und Todesentsetzen;
Umstößt er die Tische, mit rasender Hast
Durchrennt er die Hallen im öden Palast,
Wo höllische Geister ihn hetzen.

Bald sinkt er gebrochen auf's Lager dahin,
Ihm naht sich die tödliche Hippe;
Doch wendet er nimmer zur Reue den Sinn,
Er träumt noch und stammelt von neuem Gewinn,
Bis endlich erstarret die Lippe.

Die Flüche des Volkes nur donnern ihm nach
In's Grab, und es jubelt die Runde;
Doch schrecklich zu büßen, für was er verbrach,
Bannt Gott ihn hinab in ein Felsengemach
In des Berges tiefinnerstem Grunde.

Dort sitzt der Tyrann bis zum jüngsten Gericht,
Mit versteinerter, irdischer Hülle;
Des Innern Gier nur versieget ihm nicht,
Denn rings im Gewölbe mit blendendem Licht
Strahlt Golds und Juwelen die Fülle.

Alljährlich nur Einmal der Herzog erwacht
Aus seinem granitenen Schlafe;
Da lockt ihn der Schätze unendliche Pracht,
Da vergißt er des Bannes erstarrender Macht
Und seiner entsetzlichen Strafe.

Doch wie er sich wühlet in's Edelgestein
Und schwelgt in den goldenen Erzen,
Fühlt neu sich versteinern er Mark und Gebein,
Und ›Fluch‹ noch donnert's in's Ohr ihm hinein,
»Den Fürsten mit steinernem Herzen!«

(H. Schreiber, Nr. 339.3, S. 12ff.).

Den Hintergrund der Sagen bilden die Auseinandersetzungen des Herzogs mit Zisterziensergründungen des 12. Jahrhunderts im südwestdeutschen Machtbereich der Zähringer und insbes. mit dem Zisterzienserkloster Tennenbach. Aus Tennenbach dürfte auch die Horrorgeschichte über das Gespräch in der Hölle, wo dem Herzog das Feuer bereitet wird, an den Zisterzienser Caesarius von Heisterbach gelangt sein. Denn wenn dieser, um die Glaubwürdigkeit seiner absurden

Geschichte zu beteuern, sagt, er habe sie von zwei Äbten gehört, von denen einer aus dem Herzogtum Zähringen stamme, der andere sich z. Zt. der Ereignisse am Hofe Friedrichs II. aufgehalten habe, so kann es sich bei dem ersteren wohl nur um den Abt Bertold von Tennenbach, bei dem letzteren aber möglicherweise um dessen Bruder Konrad handeln, der 1218 Abt von Citeaux und Ordensgeneral der Zisterzienser war (D. Geuenich, S. 110).

Die Sage vom ›versteinerten Herzog‹ wird in Zusammenhang gebracht mit der überlebensgroßen Rittergestalt im südlichen Seitenschiff des Freiburger Münsters, die angeblich Bertold V. von Zähringen darstellen soll, ein Grabmal, dessen Entstehungszeit aber erst um die Mitte des 14. Jahrhunderts angesetzt werden darf (Nr. 2 und Schmid, unten S. 425 ff.). Auch noch ein anderes Grabmal ist mit einer Zähringer-Sage in Verbindung gebracht worden. Es handelt sich um das Kindergrab in der Ursus-Kirche zu Solothurn, das angeblich die Gebeine zweier sonst nicht belegter Söhne Bertolds V. enthalten soll (Nr. 338.3). Die Solothurner Begebenheit kann man zur Gruppe der Denkmalerzählungen rechnen. Nach dieser Überlieferung hat der Adel des Landes den verhaßten Zähringer-Herzog seiner Nachkommen durch Gift beraubt (Nr. 338.1–2). Nach Erweiterungen dieser Überlieferung wurde auch die Mutter der Kinder in das Verbrechen gezogen: Sie sollte auf Anstiften des burgundischen Adels das Gift beigebracht haben. Ihre Schuld ward dem Herzog bekannt und kostete sie das Leben. Ihr Haupt wurde im gleichen Sarg mit ihren vergifteten Kindern zu Solothurn in der Kirche des Hl. Ursus begraben. Ein Sagengedicht von A. Schnezler schildert die dramatische Szene:

Es wütet der Herzog, er rauft sich das Haar,
Zerfleischt sich die Lippen mit Bissen;
Da liegen die Söhne, das blühende Paar,
Das ihm noch die erste Gemahlin gebar,
Durch Gift aus dem Leben gerissen.

Wer hat sie ermordet? – Sein zweites Gemahl.
Gern lieh den burgund'schen Großen,
Die Bertold gezüchtigt mit siegendem Stahl,
Stiefmütterlich sie sich zum rächenden Strahl,
Zu knicken die fürstlichen Rosen.

Zwar fehlt's an Beweis, doch der Rasende glaubt
Allein dem burgundischen Hasse;
Sein Stamm ist entlaubt und der Sprossen beraubt, –
D'rum fällt auf dem Blocke der Herzogin Haupt,
Mag's Volk sich empören in Masse!

Wohl flieht ihn die Ruh' von derselbigen Stund',
Doch nähret sein Herz nur noch Tücke,
Statt Reuegefühl in dem innersten Grund;
So zieht er, verfluchend das falsche Burgund,
Auf Zähringen's Burg sich zurücke.

(H. Schreiber, Nr. 339.3, S. 12 f.).

Kinderlosigkeit ist in der Volksüberlieferung meist ein Zeichen von Schuld; und so haben es wohl auch die Zeitgenossen aufgefaßt. Bischof Bertold von Lausanne kommentiert 1220 den Tod des letzten Zähringers mit den Worten: »Durch die Schuld seiner Schlechtigkeit hat er weder Sohn noch Tochter zurückgelassen.« Dieses Leitmotiv der schuldhaften Kinderlosigkeit ist dann in den Sagen von der Vergiftung seiner Kinder durch seine Gemahlin bzw. durch den burgundischen Adel ausgemalt worden (D. Geuenich, S. 111 f.). Doch schon die Geschichtsschreibung des 18. Jahrhunderts (Gottl. Walther, Nr. 338,4) bezeichnete diese Überlieferung als ›Fabel‹ oder als ›Märchen‹; und E. Heyck vermutet in seiner »Geschichte der Herzoge von Zähringen« (1891, S. 482 f.), daß die Darstellung auf dem Steinrelief vermutlich einen religiösen Gegenstand meint und daß durch diesen Stein erst die Sage nach Solothurn gezogen worden sei. Doch das Negativ-Image blieb haften. Ebenfalls von Caesarius von Heisterbach stammt die Geschichte vom Tod Bertolds V.:

Da er keine Nachkommen hatte, sammelte er durch Geiz große Reichtümer. Im Angesicht des Todes ersuchte er seine Vertrauten, alle seine Reichtümer in eine Masse zusammenzuschmelzen. Darüber befragt, antwortete er: Ich weiß, daß meine Anverwandten sich über meinen Tod freuen und meine Schätze unter sich teilen werden. Wenn diese aber in eine Masse gebracht sind, werden jene sich gegenseitig umbringen (Caesarius, S. 325) – der letzte Trick des Geizhalses – auch dies ein internationales Wandermotiv der Erzähltradition (Aarne-Thompson 763; Mot. Index K 1685).

Ebenfalls wenig vorteilhaft kommt der Zähringer weg in der Sage von der Kyburg oberhalb von Günterstal, die auf die Chronik des Matthias von Neuenburg (Nr. 267) zurückgeht:

Es stand einst ein altes Schloß Kyburg im Breisgau; jetzt nennt man es noch Kybfelsen, auf dem Bronnenberge links von dem schönen Dreisamtale, dem nachmaligen Schlosse von Freiburg gegenüber. Da kam der Herzog von Zähringen aus seiner kleinen Feste auf Besuch zu dem Herrn, der sein Schwager war, und weil ihm der lustige Vorhügel rechts im Dreisamtale – den man jetzt den Schloßberg ob Freiburg nennt – gar wohl gefiel, so bat er seinen Schwager um Erlaubnis, daselbst nur ein Jagdhaus zu bauen. Und als er diese Erlaubnis erhielt, da rief des Herrn Frau, die dazu kam, voll Schrecken aus: »Wohl sagt mein Bruder, daß er ein Jagdhaus bauen will; denn er wird jagen, und durch dieses Haus Euch und die Eurigen aus diesen Landen treiben und Eurer Ehren berauben!« Was auch kurz darauf erfolgt ist (H. Schreiber, Nr. 339.3, S. 5).

Nach so viel Negativem mag zum Schluß doch noch eine positive Zähringer-Sage anschließen, die sich auf die Zähringer als Städtegründer bezieht. Johann Sattler, der Freiburger Geschichtsschreiber, erzählt in seiner Chronik von der Gründung Berns:

Als man zalt von der Geburt unsers Herren Jesu Christi 1191 Jar, da fügt es sich auff ein Zeitt, das Hertzog Berchtold von Zeringen jagt in Ichtland, an einem Ortt gar dick von Wald, unnd umgeben mit schiffreichem Wasser, genant die Are, gar vast lustig zu menschlicher Wonung, ahm welchen Ortt gemelter Herr Hertzog fing eines grossen Beren Mutter oder eine Berin, und als im nach seinem Fürnemmen dunckt, es wer ein lustig Ortt zu einer Stadt, da fing er ahn unnd lies zu Handt den Walt abhawen, mit solchem Sprichwort: Holtz laß dich abhawen gern, dann diese Stadt wirdt heissen Bern ... und besatzt dieselbig Stadt mit viel ehrenvesten dapferen, weidlichen und künen Mannen von Burgern von Freyburg aus dem Breisgaw ..., von welchen sie viel küner unnd dapferer Sün, wie die Bern zu ziehen gewunnen.« (vgl. Pfaff, S. 29).

Wie so häufig handelt es sich um eine ätiologische Namensage, die den Namen einer Stadt volksetymologisch deutet. Ähnlich wie Stadt und Kanton Bern den Bären im Wappen führen, tun das aus den gleichen Gründen auch Bernkastel und nicht zuletzt Berlin. Es sei auch daran erinnert, daß die Stadt Bern durch die Haltung von Bären noch heute ihre Namenssage lebendig erhält. Aber was soll der Reimspruch

Holz, lasse dich abhauen gern:
denn diese Stadt wird heißen Bern!

Daß die neue Stadt gerade ›Bern‹ heißen soll, hat noch eine andere Bedeutung: ›Bern‹ ist die deutsche Form des Namens Verona, und die badischen Markgrafen als Seitenlinie der Zähringer leiten von der Mark Verona ihre Markgrafenwürde her. Verona, das Bern der altdeutschen Sage, ist besonders berühmt gewesen als die Stadt des Gotenkönigs Theoderich, Dietrichs von Bern, des volkstümlichsten aller mittelalterlichen Heldengestalten. Durch den ältesten sagenhaften Markgrafen von Hachberg, Hacho, werden die Zähringer sogar mit Dietrich stammlich verknüpft. In der Dietrich-Epik treten Fridunc Wigolt und Sigeher von Zähringen mitkämpfend auf. Es gibt also eine enge Verbindung der Dietrich-Sage mit dem Zähringerstamm (Pfaff, S. 30f.).

Lit.: F. Pfaff, Die Sage vom Ursprung der Herzöge von Zähringen, in: Ders., Volkskunde im Breisgau, 1906, S. 9–34; R. Kühnau, Oberschlesische Sagen geschichtlicher Art, 1926, S. 534f., Nr. 528; L. Röhrich, Sage (Sammlung Metzler 55), 2. Aufl. 1971; L. Petzoldt (Hrsg.), Historische Sagen, Bd. I, 1976, Nr. 110 und 111; Enzyklopädie des Märchens, Bd. I–V, 1977–1986, Art. ›Bär‹, ›Denkmalerzählungen‹, ›Dietrich von Bern‹, ›Entrückung‹ u. a.; D. Geuenich, Bertold V., der ›letzte Zähringer‹, in: Die Zähringer I, S. 101 ff. L. R.

213 (Kat.-Nr. 338.1)

336
Caesarius von Heisterbach, *Dialogus miraculorum*

Zisterzienserkloster Heisterbach (?), 13. Jahrhundert.
Pergamenthandschrift, 225 Bll., H. 35 B. 25 cm; Initialen zum Teil mit Miniaturen, Federzeichnungen.
Universitätsbibliothek Düsseldorf, Cod. C. 26.

S. oben Röhrich, S. 377f.

Lit.: Stauferkatalog I, Nr. 357 S. 253, mit weiterführender Literatur.

337
Die Köhlersage in der Chronik des Johann Sattler

Repr. aus J. Schilters Druck der Sattlerschen Chronik (1698; wie Nr. 181.1), S. 44f.

S. oben Röhrich, S. 375f.

338
Der Kindermord von Solothurn

338.1 Abb. 213
BERICHT VON DER ERMORDUNG DER ERBEN BERTOLDS V. IN DEN BERNER STADTCHRONIKEN

Kolorierte Federzeichnung aus dem »Spiezer Schilling«, S. 62 (wie Nr. 204.4).

Die Sage vom Mord an den Erben Bertolds V., erstmals niedergeschrieben in der Berner Stadtchronik Justingers 1420 (Nrn. 181.2 u. 204.1), hat das Selbstverständnis Berns im 14./15. Jahrhundert mitgeprägt: Der Herzog, so wird berichtet, habe die Stadt Bern beauftragt, die Ausrottung seines Hauses am burgundischen Adel und dessen Nachkommen zu rächen. Stimmen des 18. Jahrhunderts kritisieren offen, die Berner hätten damit nur ihre gewaltsamen Eroberungen im Aargau rechtfertigen wollen; daß es die ›Zähringermörder‹ zu bekämpfen gelte, muß zur Zeit der Territorialkriege aber ein in Volkskreisen wirksames Argument gewesen sein.

Dem Illustrator der Mordtat im »Spiezer Schilling« geht es vor allem um die Vermittlung des heimtückischen Vorgehens: Der Mann mit dem Mischbecher im Vordergrund und die Skorpione in den Trinkkrügen der toten Knaben symbolisieren das Gift. M. B.

338.2
BERICHT VON DER EXHUMIERUNG DER SÖHNE BERTOLDS V. 1544 IN DER SCHWEIZERCHRONIK STUMPFS

Schweizerchronik des Johannes Stumpf (wie Nr. 181.7), Siebentes Buch, S. 232f.

Im Zuge einer Erneuerung der Chorwand des St. Ursen-Stifts in Solothurn mußte auch das sagenhafte Grabmal der ermordeten Zähringersöhne verlegt werden, zu einem Zeitpunkt, wo die Mordsage ein viel diskutiertes und mit immer neuen Details ausgeschmücktes Thema der Schweizer Chronisten war (Nr. 338.1). Einer von ihnen, Johannes Stumpf, war Augenzeuge der Exhumierung: *Da ward funden ir gebein, und jrer muter haupt bey inen in einem schwartzen Samat/ der aber von alter auch gar verfaulet und in stuck zerfallen was. Diß gebein hab ich J. S. selbs gsähen und in henden gehebt/ Anno 1544. am 9. Septemb. in beyseyn des Probsts und etlicher Radtsfreunden der statt Solothurn.* M. B.

338.3 Abb. 214
DAS GRAB UND DIE GEBEINE DER VERMEINTLICHEN LETZTEN ZÄHRINGERKINDER ZU SOLOTHURN

Abguß des Grabsteins im Lapidarium des St. Ursus-Stifts zu Solothurn, H. 85 B. 57,5 T. 8 cm (Abb. 214).
Schweizerisches Landesmuseum Zürich, Kopie Nr. 6.

Kinderknochen und Fragment einer silbertauschierten Gürtelschnalle, 7. Jahrhundert.
Bern, Privatbesitz.

Aus den zeitgenössischen Quellen ergeben sich keinerlei Hinweise für die Existenz von zwei vergifteten Kindern Bertolds V. von Zähringen. Erst 200 Jahre später behauptet der Berner Chronist Konrad Justinger, der Herzog habe zwei Kinder besessen, die der Adel vergiftet

214 (Kat.-Nr. 338.3)

habe, um den Stamm der Zähringer auszutilgen. Die Kinder seien im Chor zu Solothurn begraben. Bertold habe nach ihrem Tod erklärt, er wolle nun durch die Stadt Bern die Adeligen und ihre Nachkommen vergiften, diese solle sich an ihnen rächen. Es ging Justinger offensichtlich darum, Berns eben siegreich beendeten Kampf gegen den umliegenden Adel zu rechtfertigen; die folgenden Chronisten übernahmen seine Darstellung (vgl. Nrn. 338.1–2). Heinrich Brennwald erweiterte sie in seiner Schweizer Chronik dahin, auch Bertolds Frau, ihm zufolge eine Landgräfin von Kiburg, sei ebenfalls durch Gift unfruchtbar geworden.

Aegidius Tschudi baute daraus eine eigentliche Rechtfertigungslegende. Bei ihm ist die Kiburgerin unfruchtbare Stiefmutter der Kinder, läßt sich vom Adel zum Giftmord anstiften und wird deswegen vom Herzog enthauptet. All dies entbehrt der historischen Grundlage, doch erklärt sich die Zutat der Enthauptung durch den Totenschädel, den man unterdessen im vermeintlichen Kindergrab gefunden hatte. 1544 war nämlich bei der Erneuerung des Chores der Solothurner St. Ursenkirche ein Grab mit Gebeinen zweier Kinder gehoben worden, das man als dasjenige der Zähringerkinder betrachtete. Die Kunde davon wurde auf Betreiben des Johannes Carpentarius (Wagner aus Bremgarten, zeitweilig Rektor der Universität Freiburg i. Br., Neffe des Solothurner Stiftspropstes Aal) durch Johannes Stumpf (Nr. 338.2) und Sebastian Münster (vgl. Nr. 347) verbreitet. Nach Erneuerung des Chores wurden die Gebeine 1546 wieder ehrenvoll beigesetzt, »beim alten Grabstein mit dem Bild der Knaben« (Scherer, S. 7). Beim Abbruch der Kirche 1762 wurden am 18. Januar die Gebeine im Beisein weltlicher und kirchlicher Behörden erneut gehoben und versiegelt, wobei der Totenkopf der erwachsenen Person anscheinend zerfiel (Stiftsprotokoll von 1762, f. 140, aufgenommen vom Stiftssekretär B. Glutz). Zwei Tage später beauftragte der Rat eines seiner Mitglieder, die Gebeine bis zur Wiederbestattung in der neuen Kirche an einem sicheren Ort aufzubewahren (Ratsprotokoll vom 20. Januar 1762). Offenbar sah man später davon ab und übergab die hier ausgestellten Kinderknochen mit anderem Grabinhalt dem Hauptmann Wallier, dessen Familie sie noch 1858 besaß (Wallier, a. a. O.). Der Grabstein hingegen war durch den Kantor Herrmann in die von ihm gegründete Stadtbibliothek verbracht worden und ist heute im Lapidarium II in Solothurn eingemauert. Die erhaltenen Kinderknochen wurden 1984 auf einer Kunstauktion vom jetzigen Besitzer erworben, die noch 1858 dazugehörigen Münzen fehlten leider, doch befinden sich bedeutende Teile einer silbertauschierten Gürtelschnalle aus dem 1. Drittel des 7. Jahrhunderts dabei. Demnach dürften die Kinderknochen aus dem frühmittelalterlichen Gräberfeld stammen, das sich im Gebiet der St. Ursenkirche befunden hatte.

Lit.: Heinrich Brennwalds Schweizerchronik, hrsg. v. R. Luginbühl, 1908, 1. Bd., S. 203 f.; Aegidius Tschudi: Chronicon Helveticum, bearb. von Bernhard Stettler (Quellen zur Schweizer Geschichte, Neue Folge 1. Abt. Bd. VII/2), 1974, S. 48 ff., s. namentlich Anm. auf S. 51 ff. sowie S. 17, ferner die Urschrift in Bd. VII/1a, 1970, S. 33 f. derselben Quellenausgabe; T. Scherer, Der Zähringer Grabstein in Solothurn, in: AfSG 4 Nr. 1 (1858), S. 7 f.; R. von Wallier, Der Zähringer Sarg in Solothurn, edd. S. 21 ff.; Heyck, Geschichte, S. 482; O. Homburger, Das ›Zähringergrab‹ zu Solothurn, in: ZSAKg 4 (1942), S. 7–15. P. F. K.

338.4 Abb. 215

GOTTLIEB WALTHER, CRITISCHE PRUEFUNG DER GESCHICHTE VON AUSROTTUNG DES ZAERINGISCHEN STAMMS DURCH VERGIFTUNG ZWEIER SOEHNEN BERCHTOLDS V., BERN 1765

Druck, 77 S., 12°.
Stadtarchiv Freiburg i. Br., Dvd 6151.

S. oben Röhrich, S. 379.

215 (Kat.-Nr. 338.4)

Critische Prüfung der Geschichte von Ausrottung des Zäringischen Stamms durch Vergiftung zweier Söhnen Berchtolds V. Von Gottlieb Walther.

BERN, gedruckt bei Wittib Wagner 1765.

339
Badische Sagensammlungen des 19. Jahrhunderts

339.1
AUGUST SCHNEZLER, BADISCHES SAGENBUCH, BD. 1, KARLSRUHE (1846)

339.2
BERNHARD BAADER, VOLKSSAGEN AUS DEM LAND BADEN, KARLSRUHE 1851

339.3
HEINRICH SCHREIBER, DIE VOLKSSAGEN DER STADT FREIBURG I. BR. UND IHRER UMGEGEND, FREIBURG I. BR. 1867

S. oben Röhrich, S. 376ff.

Berchtold
Herzog von Zähringen,
der Erbauer der Stadt Bern.
Ein
Trauerspiel
in fünf Aufzügen
von
Franz Regis Crauer.
Lurida terribiles miscent aconita Novercæ.
Ovidius.
Basel,
bey Johannes Schweighauser,
1778.

216 (Kat.-Nr. 340)

Zähringer auf der Bühne (Nr. 340)

Es ist bisher nicht der Versuch gemacht worden, die literarischen Zeugnisse mit Zähringerthematik zusammenzustellen und auszuwerten, wie es etwa bei den Staufern, Habsburgern, Württembergern und anderen Dynastengeschlechtern geschehen ist. Die Frage nach den Ursachen dafür zielt auf die Wirkungsgeschichte der Zähringer in der Literatur und darüber hinaus in der seit dem späten 18. Jahrhundert zunehmend historisch interessierten Öffentlichkeit. Das Jahrhundert von 1760–1860 ist als ›Hoch-zeit‹ des historischen Dramas in Deutschland bezeichnet worden (F. Sengle). Mittelalterliche Themen spielten dabei eine große Rolle, vor allem seitdem sich das nationale deutsche Geschichtsbild an der früh- und hochmittelalterlichen deutschen Reichsgeschichte orientierte; aus dem Bereich des Mittelalters nehmen Themen über Karl d. G., die Ottonen und die Staufer in der historischen Literatur wohl den meisten Raum ein. Diese Stoffe stießen auf überregionales Interesse und wurden dementsprechend häufig literarisch umgesetzt. Für hauptsächlich in der Landesgeschichte wurzelnde Themen wie die Zähringergeschichte herrschten dagegen andere Entstehungs- und Rezeptionsbedingungen. Baden ist im Gegensatz zu Württemberg im 19. Jahrhundert kein literarisch fruchtbares Land gewesen. Von historische Stoffe verarbeitenden Dichtern hat nur Victor von Scheffel überregionale Wirkung entfaltet; Scheffel hat jedoch kein Zähringerthema verarbeitet. Im historischen Genre so tätige und bedeutende Dichter wie die Württemberger Schiller, Kerner und Uhland hat es in Baden nicht gegeben. Einzig aus der Feder des Karlsruher Schiller-Epigonen Joseph Frh. von Auffenberg (1798–1857) ist eine Oper »Bertold der Zähringer« (1819) bekannt. Das Stück ist voll von vaterländischen Appellen und feiert Bertold V. als Verteidiger der (badischen) Heimat gegen die staufischen (württembergischen) Angreifer in Gestalt Herzog Konrads von Schwaben. Das Karlsruher Hoftheater als künstlerische Institution der badischen Residenzstadt ist damit bemerkenswerterweise hinter den Zähringerstäd-

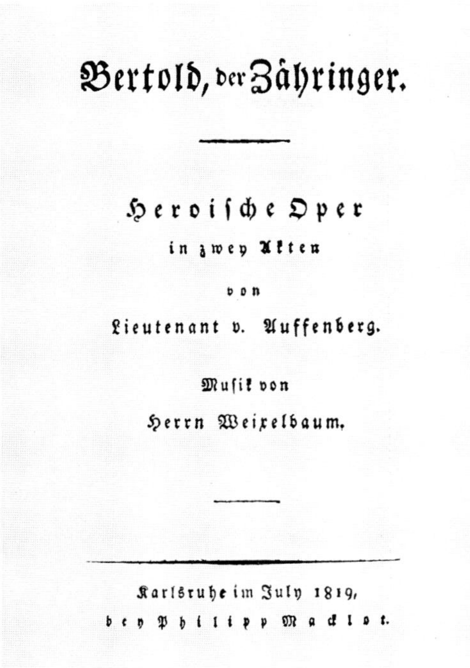

Bertold, der Zähringer.

Heroische Oper
in zwey Akten
von
Lieutenant v. Auffenberg.

Musik von
Herrn Weixelbaum.

Karlsruhe im July 1819,
bey Philipp Macklot.

217 (Kat.-Nr. 340)

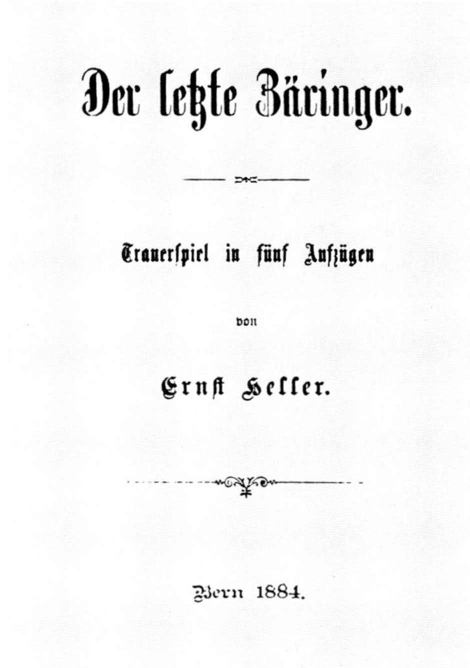

Der letzte Zäringer.

Trauerspiel in fünf Aufzügen
von
Ernst Heller.

Bern 1884.

218 (Kat.-Nr. 340)

ten zurückgeblieben. Derselbe Befund ergibt sich aus der Zusammenstellung der Zähringerdenkmäler (s. oben Gerchow, S. 365f.). Vor allem Bern und in gewissem Maße auch Freiburg i. Br. haben eine Reihe von Dramen und Gedichten hervorgebracht, die um den jeweiligen Stadtgründer kreisen. Die Schweiz nimmt bekanntlich in der vaterländisch-historischen Literatur eine Vorreiterstellung ein; das erste bekannte (gedruckte – vgl. das Drama von Stettler, Nr. 290) Zähringerdrama stammt von dem Luzerner Jesuiten Franz Regis Crauer (1739–1806): »Berchtold, Herzog von Zähringen, der Erbauer der Stadt Bern. Ein Trauerspiel in fünf Aufzügen« (1778). Das Stück thematisiert den Kindermord (in Solothurn; vgl. Nr. 338, insbesondere die Schrift von G. Walther, die Crauer angeregt haben könnte) und das gespannte Verhältnis Bertolds zum burgundischen Adel. Dieselbe Thematik wurde in Ernst Hellers »Trauerspiel« »Der letzte Zähringer« von 1884 verarbeitet (diesmal Bern Ort der Handlung). Bertold V. bot zweifellos mit seinem kinderlosen Tod und der abgelehnten Königswahl die besten, wenn nicht einzig attraktiven dramatischen Anknüpfungspunkte. Typisch für diese Schweizer Erzeugnisse ist das Schwanken zwischen dem Lob Bertolds als Erbauer »freier« Städte wie Bern und der Kritik am ränkeschmiedenden, landsässigen burgundischen Adel. Die Kritik am Adel wendet sich aber schnell zum vaterländischen, gerechten Haß auf die »schwäbischen« Fremdherrscher von Zähringen in Burgund, wobei Burgund und Helvetien gleichgesetzt werden. Der Widerspruch von kommunaler Gründerverherrlichung und vaterländischer Ablehnung zähringisch-deutscher Herrschaft konnte bei keinem der Schweizer Autoren des 18. und 19. Jahrhunderts zu einer Lösung gebracht werden. Für Freiburg i. Br. bot die Stadtgründung nicht genügend dramatischen Stoff, um über zumeist von Jubiläen angeregte »Festspiele« hinauszukommen (Jubelfeiern 1820, Bücking 1906, M. Koch 1921). Eine Sammlung *aller* literarischen Erzeugnisse zu den Zähringern steht noch aus.

Lit.: F. Sengle, Das historische Drama in Deutschland. Geschichte eines literarischen Mythos, 1969; E. Neubuhr (Hrsg.), Geschichtsdrama (Wege der Forschung 485), 1980. J. G.

340 Zähringerliteratur

Abb. 216–218

Franz Regis CRAUER, Berchtold Herzog von Zähringen, der Erbauer der Stadt Bern. Ein Trauerspiel in fünf Aufzügen, Basel 1778

Johann Rudolf WYSS, Burkard von Unspunnen und Berchtold von Zähringen. Eine Romanze, Bern 1805

Joseph VON AUFFENBERG, Bertold, der Zähringer. Heroische Oper, Karlsruhe 1819

Franz MÜLLER, Cantate auf die siebente Jubelfeier der Großherzoglich Badischen Hauptstadt Freiburg im Breisgau, Freiburg 1820

Lied am Jubelfest des siebenten Jahrhunderts der Stadt Freiburg, verfaßt von Professor Heinrich SCHREIBER, in Musik gesetzt von F. J. WIELAND, Freiburg i. Br. 1820

Ernst HELLER, Der letzte Zähringer. Trauerspiel in fünf Aufzügen, Wien 1884

Georg BÜCKING, Die Gründung von Freiburg im Breisgau. Schauspiel, Freiburg i. Br. 1906

Maidi KOCH, Der letzte Zähringer. Drama in einem Akt, in: DIES., Bilder aus der Geschichte des Oberrheins, Freiburg i. Br. 1921

Gotthold Otto SCHMID, 800 Jahr Friburg 1157–1957, Freiburg i. Ü. 1957

Reinhold SCHNEIDER, Die Zähringer, in: DERS., Pfeiler im Strom, Frankfurt 1958, S. 41–48

Jakob SENTI, Stadtgründung, in: DERS., Bilder aus der Vergangenheit Murtens, Murten 1976, S. 1–5

Zähringer im Schulranzen (Nr. 341)

»Die Geschichte ist unstreitig das nützlichste und angenehmste Studium für den Menschen; und wenn derselbe auf einer weniger hohen Bildungsstufe steht, die ihm in die Tiefen eines allgemeinen weltgeschichtlichen Werkes einzudringen nicht erlaubte, so ist es höchst nothwendig und unserer Aufklärung so reichen Zeit angemessen, daß jeder Einwohner wenigstens mit den Grundzügen der Geschichte seines engeren Vaterlandes vertraut sey. Er soll wenigstens die Entwicklungsperioden, so wie die Regenten desselben und deren vorzüglichste Regierungshandlungen kennen, damit er weiß, welche wohltätige Einrichtung oder großartige Schöpfung seines Vaterlandes er diesem oder jenem Fürsten zu verdanken hat, welche Tugenden solche übten, durch welche sie als würdige Vorbilder ihrer Völker dastehen, und sie zur Nachahmung ermuntern. Die Kenntnis der Geschichte seines Vaterlandes wird (...), besonders bei der Jugend, die Liebe zum Vaterland, so wie die Ehrfurcht gegen das angestammte Regentenhaus in hohem Grade beleben und erhalten.« Diese Sätze aus dem Vorwort der »Kurzen Geschichte des badischen Landes und dessen Regentenhauses, bearbeitet vom Verfasser des historischen Tugendspiegels« (Karlsruhe 1853) beinhalten die wesentlichen Kennzeichen badischer Geschichtsbücher im 19. und frühen 20. Jahrhundert. Mit dem Aufbau eines säkularisierten, staatlich organisierten Schulwesens im Großherzogtum Baden entstanden in der ersten Hälfte des 19. Jahrhunderts die ersten Schullehrbücher (im modernen Sinn). Geschichte bedeutete zumeist vaterländische, badische Geschichte und war ein vom Fürstenhaus gefördertes Fach, weil darunter vor allem die Einübung der Geschichte des regierenden Hauses verstanden wurde. So wird in dem eben zitierten Lehrbuch für »badische Volksschulen« der nach den Dynasten gegliederte Stoff nach Art eines Katechismus in Frage und Antwort durchexerziert: »Frage: Um welche Zeit war es, als die badischen Regenten in die Geschichte eintraten, unter welchem Namen geschah dieses, wie hieß der Erste, der in derselben genannt wird? Antwort: In der badischen Geschichte traten sie ein ums Jahr 917–920, und zwar unter dem Namen der ›Zähringer‹. Guntram der Reiche wird als der erste bezeichnet, der sich später nach seiner Burg Zähringen nannte.« Gliederungsprinzip und Datengerüst aller hier ausgestellten Lehrbücher ist denn auch die Dynastie und deren Entwicklung. Besonderer Wert liegt dabei auf der Vermittlung der Kontinuität von Land und Fürstenhaus seit frühesten Zeiten: »Wie der Name Baden die Jahrhunderte unverändert geblieben ist, so hat auch das Fürstenhaus, das Haus Zähringen, von jenen ersten Anfängen bis heute ununterbrochen Bestand gehabt« (K. Obser, 1903). Jedem Zähringer werden bestimmte Taten zugeordnet, die sich fast kanonisch in den meisten Lehrbüchern wiederholen: Bertold I. erlangt das Herzogtum, Bertold II. gründet St. Peter und erwirbt Zürich, Bertold III. gründet Freiburg, Konrad erhält das Rektorat über Burgund, Bertold IV. nimmt Teil an Friedrichs I. Reichspolitik, Bertold V. gründet Bern und lehnt die Königswahl ab. Kultur- und sozialgeschichtliche Ereignisse finden dementsprechend keine Erwähnung.

Im 19. Jahrhundert kam dem Schulbuch wohl eine größere Wirkung zu als heute, weil es zugleich als ›Hausbuch‹ der Familie diente und oft von Generation zu Generation weitergegeben wurde; andere Informationsquellen waren für viele Bürger kaum zugänglich. Eine historische Schulbuchanalyse vermag so Aufschlüsse über das Geschichtsbild breiter Bevölkerungsschichten zu erzielen. J. G.

341
Die Zähringer in Schulbüchern des Großherzogtums Baden

Die badische Geschichte für den ersten Unterricht, bearbeitet von P. A. Liebler, Mannheim 1829

Josef Bader, Badische Landesgeschichte. Für die Schuljugend bearbeitet, Freiburg i. Br. 2. Aufl. 1838

Kurze Geschichte des badischen Landes und dessen Regentenhauses, bearbeitet vom Verfasser des historischen Tugendspiegels, Karlsruhe 1853

Friedrich von Weech, Die Zähringer in Baden, illustriert von Hermann Götz, Karlsruhe 1881

Karl Brunner, Kurzer Abriß der Badischen Geschichte, für Schulen bearbeitet, Karlsruhe 1903

7. Im Zeichen der Zähringer

Die Namen und die Embleme der Zähringer sind schon seit dem späten 18. und frühen 19. Jahrhundert für die Taufe von Straßen, (zumeist öffentlichen) Institutionen, Verkehrsmitteln, Vereinen und schließlich auch in der zunehmend sich durch Werbung präsentierenden Warenwelt verwendet worden. Ist bei der Umfunktionierung der Stadtpläne in öffentliche Gedenktafeln seit dem 18./19. Jahrhundert, wobei auch der Stadtgründer und Ahnen des fürstlichen Hauses an hervorragender Stelle gedacht wurde, noch eine unmittelbare Ursache für die Benennung von Straßen und Plätzen zu erkennen, so fällt in der Warenwelt die sinnvolle Erklärung der Markenzeichen ungleich schwerer: hier scheinen allein der Bekanntheitsgrad und der ›Beigeschmack‹ eines Namens über die Wahl zu entscheiden. Historische Namen und Zeichen sind allem Anschein nach besonders geduldige Objekte der Namengebung und Emblemverwendung. Ihre Bedeutung hat sich zumeist von gegenwärtig-aktuellen und politischen Zusammenhängen gelöst und genießt deshalb den Ruf des ›unverdächtigen‹, lauteren Signums; Geschlechternamen vermitteln überdies die Vorstellung von Dauer und hohem sozialen Rang: beides Eigenschaften, die dem Absatz von Waren in der Regel förderlich sind. Der Sprach- und Zeichenwissenschaft ist diese Eigenschaft bestimmter sprachlicher Zeichen aufgefallen: sie sind auch als »Mythen des Alltags« (R. Barthes) bezeichnet worden. Im Markenzeichen ist der Zähringername zum reinen Appell, Blickfang, Kaufanreiz reduziert, so daß das derart ›entleerte‹ Zeichen mit den angepriesenen Eigenschaften der Ware gleichsam neu gefüllt werden kann. Die Rolle historischer Embleme und Namen in der »Warenästhetik« (W. F. Haug) ist noch nicht untersucht worden; eine solche Untersuchung verspräche aufschlußreiche Ergebnisse über verachtete, ignorierte oder nicht ernstgenommene Popularisierungen von Geschichte, die (gerade deshalb) eine nicht zu unterschätzende Bedeutung haben.

Zwischen öffentlichem Andenken und irrationalem Werbeappell bleibt im Bereich der Studentenverbindungen, Vereine und Veranstaltungen auf die identitätsstiftende Qualität des

Zähringernamens hinzuweisen; die überwiegende Anzahl derartiger Gründungen und Benennungen fällt in das 19. und frühe 20. Jahrhundert, nur am Ort Zähringen selbst gegründete Vereine gaben sich auch nach Abdankung des »Zähringerhauses« 1918 noch dessen Namen. Als Name für patriotisch gesinnte Studentenverbindungen ist dem Geschlechtsnamen ›vaterländische‹ Qualität zugesprochen worden, vergleichbar etwa mit Bildungen wie »Ghibellinia«, »Babenbergia«, »Askania«, die in der zweiten Hälfte des 19. Jahrhunderts mit der Abwanderung der Studentenverbindungen ins konservative Lager neben die landsmannschaftlichen Namen traten. Die Benennungen nach den ehemals bekämpften deutschen Fürstengeschlechtern spiegeln diesen politischen Wandlungsprozeß.

Lit.: R. Barthes, Mythen des Alltags, 1964 (frz. Ausg. 1957); W. F. Haug, Kritik der Warenästhetik, 8. Aufl. 1983; T. Brune–B. Baumunk, Wege der Popularisierung, in: Stauferkatalog III, S. 327–335. J. G.

342 Abb. 219
Namengebend: Straßen, Schulen, Verbindungen und Vereine

Ausgestellt sind Utensilien, Abzeichen und Embleme, Veröffentlichungen und Abbildungen von Zähringer-benannten Institutionen. Markierte Stadtpläne und Straßenschilder von Baden-Baden und Freiburg i. Br. dokumentieren eine seit dem 18. Jahrhundert in Übung gekommene öffentliche Art des Gedenkens. Es gibt ein »Bertholdgymnasium« in Freiburg i. Br. und eine »Zähringerschule« in Neuenburg a. Rh. Das »Zähringermuseum« des Karlsruher Hofes befindet sich heute im Neuen Schloß Baden-Baden. Zähringerverbindungen: »Zähringia« Freiburg i. Ü. (1843), »Zaringia«

219 (Kat.-Nr. 342)

220 (Kat.-Nr. 343)

Heidelberg (1882), »Zaringia« Freiburg i. Br. (1882, seit 1952 »Albingia-Schwarzwald-Zaringia«), »Zähringia« Bern (1888), »Zaringia« Karlsruhe (1900, seit 1950 »Gotia-Zaringia«). Die Freiburger (Br.) Burschenschaft »Teutonia« feiert seit 1851 ihr Stiftungsfest auf der Zähringer Burg (Abb. 219). 1910 wurde in Pforzheim eine jüdische »Zähringer-Loge« »aller edeldenkenden Israeliten zur Förderung der höchsten Interessen der Menschheit (...), den geistigen und sittlichen Charakter des jüdischen Stammes zu wecken und zu pflegen«, gegründet. In Freiburg-Zähringen besteht seit 1884 der Männerchor »Zäringia« (1884); eine Narrenzunft des Freiburger Vororts heißt »Zähringer-Burgnarren«. J. G./C. R./E. R.

343 Abb. 220–221
Werbewirksam: Schaufenster mit Zähringer-Artikeln

Wer glaubte, die Zähringer seien als Markenzeichen nur noch für Ladenhüter gut, wurde in Freiburg i. Br. kürzlich eines Besseren belehrt: Mit der Verschmelzung zweier offenbar zugkräftiger Namen zu »Bertolix« konnte eine neue Fußgängerzone als Ladenstraße eröffnet werden. Die Zähringer geben heute ihren Namen für Gasthäuser in Deutschland und der Schweiz, für Bier, Mineralwasser, Zigarren, Schokolade (in Form von Reitersiegeln!) und sogar für eine neuentwickelte Rebsorte (Abb. 220) her. J. G./C. R.

221 (Kat.-Nr. 343)
Sonderbriefmarke 1941 zur 750-Jahr-Feier Berns

8. Zähringerstädtetreffen

344 Abb. 222
Erneuerung des Städtebundes zwischen Bern und Freiburg i. Ü.

Kirche Neuenegg, 16. April 1271.
Pergamenturkunde, H. 20 + 1 cm Plica, B. 33,5 cm. Anhängend die Stadtsiegel von Bern und Freiburg i. Ü.
Staatsarchiv des Kantons Bern, Fach Freiburg.

Schultheißen, Rat und Bürger von Bern und Freiburg i. Ü. erneuern und bestätigen am 16. April 1271 einhellig »das geschworene Bündnis, durch das sie zu Zeiten des Herzogs Bertold von Zähringen zusammengeschlossen wurden, noch vereinigt sind und es auch auf ewig sein wollen« *(formam juramenti, qua confederati erant tempore ducis Bertoldi de Zeringen, sunt et esse desiderant et tenentur in perpetuum, renovaverunt et recognoverunt concorditer).* Es ist die erweiterte Neuauflage eines Bundesbriefs der beiden Städte aus dem Jahr 1243, des ältesten auf dem Gebiet der schweizerischen Eidgenossenschaft überhaupt. Damals hatten sich die Bürger von Bern und Freiburg i. Ü. gegenseitige Hilfe bei der Wahrung ihrer Rechte und ihres Besitzstandes sowie bei der Sicherung des Landfriedens versprochen, mit einer Sonderklausel für den Fall eines Krieges zwischen einem der Stadtherren und der anderen Stadt.
Zwar spricht schon die Urkunde von 1243 von

222 (Kat.-Nr. 344)

der bloßen Erneuerung eines älteren Bündnisses, dessen ausdrückliche Rückdatierung in die Zähringerzeit erfolgt aber erst im hier gezeigten Brief von 1271; den nächsten Schritt, als Stifter des Bundes Bertold V. selbst anzuführen, vollziehen noch später die Chronisten (Nr. 345). Deshalb sind die Bundesbriefe zwischen Bern und Freiburg i. Ü. keine ausreichenden Zeugnisse für einen durch die Herzöge selbst ins Leben gerufenen Städtebund, aber doch die ältesten Dokumente für einen Zusammenschluß von Städten aufgrund ihrer Vergangenheit unter einem zähringischen Herrn: An der wechselseitigen Verteidigung ihrer Rechte waren die Verbündeten interessiert, weil es den gleichen, von den Zähringern verliehenen Bestand zu wahren galt; die gemeinsamen Grundlagen erleichterten kontaktfördernde Regelungen im Rechtsverkehr der Bürger untereinander, wie etwa die Gleichstellung eines Berners in Freiburg oder eines Freiburgers in Bern mit den Einheimischen.

Lit.: FrB Bd. II, Nr. 229 S. 241 ff. und Nr. 717 S. 775 ff.; – J.-J. Joho, Histoire des relations entre Berne et Fribourg et entre leurs seigneurs depuis les origines jusqu'en 1308, 1955, bes. S. 68 ff. und 107 ff.; H. Strahm, Der älteste schweizerische Bundesbrief. Zum 700. Jahrestag des Bundes zwischen Freiburg und Bern vom 20. November 1243, in: BZGH 1944, S. 35–50. M. B.

345
Chronik des Conrad Justinger zum Bund zwischen Freiburg i. Ü. und Bern, 1420

Abschrift der Berner Chronik des Conrad Justinger (wie Nr. 181.2), Repr.

Die Berner Stadtchroniken führen – ohne dafür andere Beweise als den Bundesbrief von 1243 zu nennen – den Bund zwischen Freiburg i. Ü. und Bern auf eine Verordnung Herzog Bertolds von Zähringen zurück, *daz si sich nach sinem tode zesamen hielten in gantzer früntschaft und in brüderlicher wise, (...) und sich mit früntschaft von einander niemer gescheiden* (Justinger). Der Verweis auf den Zähringerherzog lieferte in Zeiten der Verständigung zusätzliche historische Argumente für eine Zusammenarbeit zwischen beiden Städten. In Wahrheit ging es aber nicht darum, das Vermächtnis des Gründers zu erfüllen, sondern um tagespolitische Vorteile: Das (wohl aus dem mittleren 14. Jahrhundert stammende) »Bundeslied« erzählt von den zwei Ochsen Bern und Freiburg, auf deren gemeinsame Weide sich kein anderes Tier wagen wird, solange sie zusammenhalten. M. B.

346
Das »Zähringerstädte-Treffen«

Verschiedene Dokumente, Photographien, Plakate und Zeitungsartikel.

Zähringerstädte-Treffen sind aus dem heutigen Erscheinungsbild der Zähringertradition nicht mehr wegzudenken und doch ist diese Form der

Verbundenheit über Grenzen hinweg erst ein Produkt der Nachkriegszeit. Eine Kontinuität von den Stadtgründertraditionen bis zum 19. Jahrhundert, die in den einzelnen Städten gepflegt wurden, zu den Städtetreffen besteht nicht. Noch 1920 beim 800jährigen Jubiläum der Stadt Freiburg i. Br. verzichtete man darauf, die heute als Zähringerstädte angesehenen Orte einzuladen. Nur aus Bern traf ein Glückwunschtelegramm des Stadtpräsidenten ein. In den 20er Jahren setzte man eher auf Beziehungen zum gesamten alemannischen Raum. So fanden seit 1926 in Freiburg i. Br. jährlich »Alemannische Wochen« mit Künstlern, Dichtern, Musikern, Trachten- und Sportvereinen statt, bei denen sich Teilnehmer aus dem deutschen Südwesten, der Nordschweiz und dem Elsaß versammelten. Von den Zähringern war wohl schon deshalb keine Rede, weil man diese Veranstaltungen nicht mit der Erinnerung an die gerade erst abgetretene badische Dynastie belasten wollte.

Der alemannische Gedanke, von den Nationalsozialisten mit nur geringem Erfolg zur »Erhaltung des Deutschtums in der Schweiz und im Elsaß« mißbraucht, trat nach dem Zweiten Weltkrieg in den Hintergrund. Die Hilfsbereitschaft der Eidgenossen, die Not der Nachbarn zu lindern, war der Neubeginn für die Verbindungen in die Schweiz. Vor allem Jubiläen boten in den folgenden Jahren willkommene Anlässe für gegenseitige Einladungen. 1951 erschien der Basler Stadtpräsident zur Einweihung des wiederaufgebauten Basler Hofes in Freiburg i. Br. Besonders in Freiburg-Zähringen rief 1953 die Einladung zur 600-Jahr-Feier des Beitritts des Kantons Bern zur Eidgenossenschaft Freude hervor. Ein Sonderzug mit 600 meist Zähringer Bürgern wurde auf den Weg nach Bern gebracht. Anläßlich der 800-Jahr-Feier von Freiburg im Üchtland kam es 1957 auf Anregung des Lokalvereins Freiburg-Zähringen im Rahmen der Festwochen zum ersten Zähringerstädte-Treffen. Freiburg war mit 500 Teilnehmern – hauptsächlich Mitglieder verschiedener Vereine – vertreten. Weitere wichtige Stationen dieser Städteverbrüderung waren die Ausstellung »Zähringerstädte« 1964 in Thun anläßlich des Gedenkens an die Stadtrechtsverleihung 600 Jahre zuvor, das 850jährige Jubiläum von Freiburg i. Br. 1970, das große Fest zur 500-Jahr-Feier der Schlacht bei Murten 1976 und die Villinger (Wander-)Ausstellung »Zähringerstädte« von 1978.

Rüstzeug für diese Art gemeinsamer Vergangenheitsbesinnung boten nicht nur die Erinnerungen an das Geschlecht der Städtegründer, sondern vor allem die Forschungen von Ernst Hamm, Karl Gruber und Theodor Mayer, die einen Typ »Zähringer«-Stadt mit dem sogenannten zähringischen Straßenkreuz entwikkelten und auf die einheitliche Topographie der Städtegründungen im »Staat« der Herzöge von Zähringen hinwiesen (Nrn. 256, 368). Diese weitverbreiteten Gedanken, die die Blicke von den Herzögen auf die Städte und ihre Geschichte lenkten – und so das Selbst-Bewußtsein der Städte hoben –, bilden noch immer die wissenschaftliche Grundlage der beliebten Treffen. Die Liste der teilnehmenden Städte hat in den folgenden Jahren je nach Forschungsstand mehrfach Veränderungen erfahren.

Die verbliebenen Städte haben ihr Band um so fester geschlossen – symbolisch veranschaulicht z. B. durch die Wappentische, die die Zähringerstädte den Murtenern und Rheinfeldenern schenkten.

Zu diesem offiziellen Band zählt auch ein von dem alemannischen Mundartdichter Karl Kurrus gedichtetes »Zähringerlied«, das am 29. 4. 1979 durch die »Berner Liedertafel« und den »Oratorienchor der Stadt Bern« in Freiburg i. Br. uraufgeführt wurde. Die im Lied erwähnte »Bruderschaft« der Städte wurde schon damals – wie ein Zeitungsbericht vermerkte – »nicht weiter aufgegriffen«. Daran hat sich bis heute wenig geändert: Die Treffen zwischen den Städten werden zumeist von offiziellen Delegationen und Vereinen aller Art bestritten. Die Einbeziehung der Bürger in großer Zahl ist nur in den Anfangsjahren gelungen.

Quellen: Akten des Stadtarchivs Freiburg i. Br.: C 5/158, C 5/161.

C. R.

9. Von der Habsburgergenealogie zur Zähringerforschung

Die Geschichte der Zähringerforschung beginnt nicht erst mit Eduard Heycks »Geschichte der Herzoge von Zähringen« von 1891. Heycks Quellen und Vorläufer sind nach ihm kaum noch beachtet worden, allenfalls fanden sie in jüngster Zeit aus historiographiegeschichtlicher Sicht das Interesse der Forschung. Heycks nach den Regeln der Quellenkritik abgefaßte Darstellung zähringischer Geschichte baute auf Forschungen und Quelleneditionen auf, die bis ins 18. Jahrhundert zurückreichen: Die Zähringer waren vor allem im Rahmen der badischen Haus- und Landesgeschichte behandelt worden. Die bedeutendste Forscherpersönlichkeit dieser frühen Phase ist der Geschichtsschreibung der Frühaufklärung zuzurechnen: einer historiographischen Epoche, die im allgemeinen noch nicht der modernen, kritischen Geschichtswissenschaft zugeordnet wird. Für Johann Daniel Schöpflins (1694–1771) monumentale »Historia Zaringo-Badensis«, 1763–1766 in sieben Bänden erschienen (Nr. 362), scheint dies in besonderem Maße zu gelten, handelt es sich doch um eine ›Dynastengeschichte‹ als Auftragsarbeit für Markgraf Karl-Friedrich von Baden-Durlach. Ein Stück Hofgeschichtsschreibung, wie es ja bereits das Mittelalter kannte? Unter diesem Gesichtspunkt ließe sich auch Eduard Heyck (Nrn. 366–367) in die Tradition der Hofgeschichtsschreibung einreihen, entstand doch sein Geschichtswerk als Veröffentlichung der großherzoglich Badischen Historischen Kommission, die ihrem Landesherrn damit einen – wissenschaftlichen – Dienst erweisen wollte. Schöpflins Abhandlung nahm erstmals die Zähringer selbst zum Gegenstand der Untersuchung. Damit markiert Schöpflin die Wende der historischen Bemühungen um die Zähringer, ja den Beginn der wissenschaftlichen Beschäftigung mit dem Zähringergeschlecht als Ganzem. Ist dies zugleich die Wende von Zähringertradition zu Zähringerforschung in der Geschichtsschreibung?

Bis zu Schöpflin waren die Zähringer nur als Bestandteil der Habsburgergenealogie in die genealogischen Forschungen der Frühneuzeit einbezogen worden und von Interesse gewesen. Die Bemühungen der Markgrafen von Baden um ihre Vorfahrenschaft hatten sich vor allem auf die ersten ›Hermanne‹ und den Uradel von Verona (Scaliger) konzentriert. Allenfalls Bertold I. von Zähringen fand als Urahne der Badener Erwähnung. Die Abkunft der Badener von den Zähringern war zwar insbesondere seit Pistorius' (Nr. 351), Bucelins (Nr. 354) und Philipp Jakob Speners Genealogien (Nr. 356) bekannt, drang aber nicht in das Bewußtsein der beiden markgräflichen Häuser vor. Auch bei den Schweizer Geschichtsschreibern der Frühneuzeit (Nrn. 181.2, 181.7, 348) dominiert das genealogische Interesse an den Zähringern, geweckt durch die lebendige zähringische Stadtgründertradition wie durch den breiten Strom der Habsburgergenealogien.

Mit Jakob Mennels Forschungen ins Unermeßliche gewachsen (s. oben D. Mertens, S. 305 f.), hatte das Haus Habsburg die Zähringer als einen seiner zahlreichen Seitenzweige inkorporiert. Die Habsburgerforschung entwickelte nach- und auch gegeneinander in einer Art gelehrtem Wettstreit mehrere ›Systeme‹, die die Urahnen der Habsburger möglichst weit zurück in die Geschichte zurückführten oder gar jenseits aller Geschichte in der Götter- und Sagenwelt suchte. So wurde die Abstammung aus stadtrömischem Adel (Colonna, Pierleoni), bei den Trojanern, den ersten Frankenkönigen und sogar bei Noah und Osiris (re)konstruiert. Von der Peripherie der habsburgischen Vorlande, aus dem Elsaß und der Schweiz, wurden seit dem 15. Jahrhundert Versuche der Herleitung der Habsburger aus deutschem bzw. fränkischem Adel unternommen. Nach Vorstufen bei Wolfgang Lazius (Nr. 349) war es insbesondere Franz Guillimann (1568–1612), ein eidgenössischer Geschichtsprofessor im vorderösterreichischen Freiburg, der im Jahr 1605 mit der Forderung nach Abkehr von den genealogischen Phantastereien und nach einer quellennahen Genealogie die Ursprünge der Habsburger in der Schweiz suchte (Nr. 350). Wenig später (1618) wurde durch die Veröffentlichung der *Acta Murensia* der »phantastischen« Habsburgergenealogie vollends der Boden entzogen. Das von Guillimann geschaffene »helvetische System« wurde bis ins 18. Jahrhundert diskutiert.

Jerôme Vignier (Nr. 353), Vertreter der führenden französischen Genealogie, begründete das sog. »etichonische System«, worin er das elsässische Grafengeschlecht der Etichonen zu Vorfahren der Habsburger erklärte. Dieser Versuch, die ältesten bekannten ›Habsburger‹, Guntram und Lanzelin, an den Breisgaugrafen *Guntram dives* anzuschließen, war – verfeinert von J. G. Eccard (Nr. 357) und Marquard Herrgott (Nr. 358) – durch Schöpflin in seine endgültige Form gebracht worden. Die Zähringer waren durch ihre bis heute nicht deutlich bestimmbare Verwandtschaft mit den Habsburgervorfahren der *Acta Murensia* (Lanzelin und Guntram) in alle Versuche zu deren Identifikation einbezogen worden. Schöpflin hatte in seiner »Alsatia illustrata« (Nr. 360a) diesem genealogischen Problem intensive Aufmerksamkeit geschenkt, und auch die »Historia Zaringo-Badensis« (Nr. 362) setzt mit den Systemen der Habsburgergenealogie und ihrer Kritik ein. Wie die genealogische Habsburgerforschung die Geschichtswissenschaft des Südwestens allgemein entscheidend angeregt hat, so ist auch die »Historia Zaringo-Badensis« nicht bei der Genealogie stehengeblieben. Schöpflin lieferte die erste Darstellung zähringischer *Geschichte*, in der die Genealogie nur einen roten Faden bildete. Grundlage war die erste systematische Suche nach den Quellen zur Zähringergeschichte, wobei er vor allem von den gleichzeitigen Bestrebungen in St. Peter profitierte (s. oben Mühleisen, S. 341f.). Seine sachlich-rationale Darstellung, die Überlieferung mit nüchternem Urteil gegeneinander abwägend, ist einem geradezu naturwissenschaftlichen Wissenschaftsideal verpflichtet, womit sich die Geschichte als Disziplin gegenüber den aufkommenden modernen Naturwissenschaften zu behaupten suchte. Dabei hob er die Zähringer den Markgrafen von Baden ins Bewußtsein und ermöglichte so die Aufnahme einer Zähringertradition, die als integrierende Ideologie und Anspruchstitel politisch im Prozeß der Entstehung des badischen Staates eingesetzt wurde (siehe oben Gerchow, S. 356). Durch eine deutsche Bearbeitung (Nr. 363) wirkte Schöpflins auf Hof und gelehrte Welt zugeschnittene »Historia« auch in bürgerlichen Gesellschaftsschichten. Wie im Elsaß seine »Alsatia illustrata« (Nr. 360a) wurde die »Historia Zaringo-Badensis« zur Grundlegung der badischen Landesgeschichte, die seit der Gründung des badischen Staates 1806 auf neuer politischer Grundlage Geschichte von der Perspektive des Landes und des ›badischen Volkes‹ aus betrieb (Nr. 365). Aber auch einer der bedeutendsten Zähringerforscher zwischen Schöpflin und Heyck, Ernst Julius Leichtlen (Nr. 364) betrieb noch Genealogie, und zwar Habsburgergenealogie, nun aber wieder unter dem Vorzeichen der Zähringer: er begründete ein neues »schwäbisches System« (mit Alemannenherzog Gottfried als ›Spitzenahn‹ von Zähringern und Habsburgern). In der Habsburgerforschung wurde er freilich nicht mehr beachtet, bewegt sich diese doch seit R. Roepell (1832) nicht mehr über das ›Guntram-Problem‹ hinaus. Die Zähringerforschung war aber seit Schöpflin selbständig geworden und Leichtlen wirkte auf diesem Feld weiter. Auch Eduard Heyck fußte noch auf Schöpflins Fundament – sowohl was das Quellenmaterial als auch die Vorgehensweise angeht: Genealogische Ausgangsfragestellung, chronologische Gliederung nach den einzelnen Herzögen und Einbettung in reichsgeschichtliche Ereignisse. Auch Heycks materialreicher Anhang hat in Schöpflins Werk Vorstufen. Detailforschung, Ministerialen- und Besitzgeschichte sowie Quellenkritik sind freilich bei Heyck auf dem von der Geschichtswissenschaft inzwischen erreichten ungleich höheren Niveau.

Seit Heyck hat sich die Forschung einer Vielzahl von Einzelproblemen der Zähringergeschichte angenommen, aus denen besonders die Stadtgeschichte herausragt: ein Beispiel für aktuelle Wechselwirkung von Tradition und Geschichtswissenschaft, hat doch das Bild von den Zähringern als Städtegründern geradezu traditionsbildend gewirkt und die Historiker wiederholt herausgefordert (Nr. 256). Der einzige Entwurf einer umfassenden Beurteilung der Zähringergeschichte nach Heyck ist Theodor Mayers auf dem geopolitischen Gedankengut der dreißiger Jahre aufbauende »Staat der Herzoge von Zähringen« (1935). Der Aufsatz hat bis heute eine enorme Wirkung entfaltet, man kann geradezu von einer neuen Traditionsbildung sprechen. Die Auseinandersetzung der aktuellen Forschung mit Mayers These dauert an.

Die Geschichte der Zähringerforschung verdeutlicht, daß Tradition und Geschichtswissenschaft keine scharf zu trennenden Abschnitte im Wissen um die Zähringer sind, sondern vielfach ineinander verwoben erscheinen, auch heute noch. Die Ausstellung selbst und ihr Katalog geben davon Zeugnis – letztlich gehen auch sie auf Impulse der seit dem ›Aussterben‹ der Zähringer im 13. Jahrhundert wirkenden Zähringertradition zurück.

Lit.: LHOTSKY, Apis Colonna; W. K. VON ISENBURG, Historische Genealogie, 1940; A. CORETH, Österreichische Geschichtsschreibung in der Barockzeit 1620–1740, 1950; A. KRAUS, Grundzüge barocker Geschichtsschreibung, in: Historisches Jahrbuch 88 (1968), S. 54–77; J. Voss, J. D. Schöpflins Wirken und Werk. Eine Bestandsaufnahme anläßlich seines 200. Todestags, in: ZGO 119 NF 80 (1971), S. 281–321; SCHMID, Aspekte; W. LEISER, Fürstenruhm und staatliche Integration: Geschichtsschreibung und Gesetzgebung unter Karl-Friedrich von Baden, in: ZGO 133 NF 94 (1985), S. 211–220; D. MERTENS, in: Die Zähringer I, S. 151. J. G.

347
Sebastian Münster, Cosmographey, Basel (Heinrich Petri) 1543

Druck, 130 + 1416 S., Gr. 4°.
Stadtarchiv Freiburg i. Br., Ea 152 Rara.

Bedeutendes kulturgeographisches Werk des Basler Franziskanermönches S. Münster (1488–1552) mit weiter Verbreitung (27 Ausgaben); geschichtliche und genealogische Angaben zu den Zähringern im 3. Buch (c. 265–272). J. G.

348
Johannes Stumpf, Gemeiner loblicher Eydgenoschafft Stetten, Landen und Völckeren Chronick wirdiger Thaaten Beschreybung, Zürich (Chr. Froschauer) 1548

Druck, 8 + 332 + 467 Bll., 2°, heller geprägter Schweinsledereinband der Zeit, defekte Metallschließen.
Universitätsbibliothek Freiburg i. Br., H 7335 Rara.

Hervorragendes Beispiel einer auf Forschungsreisen beruhenden historischen Geographie der Frühneuzeit. Typographisch anspruchsvolle Ausstattung der Zürcher Offizin Froschauer, zahlreiche Holzschnitte und Landkarten. Behandlung der Zähringer als Rektoren von Burgund im 4. Buch, der Zähringergenealogie im 7. Buch (Teil 2, f. 229v ff.): Kritik an Gebwiler (Nr. 278) und an der Habsburgergenealogie. Standardwerk der Schweizer Geschichte bis ins 18. Jahrhundert.

Lit.: FELLER–BONJOUR, Geschichtsschreibung der Schweiz, Bd. 1, S. 144 ff. J. G.

349
Wolfgang Lazius, Commentariorum in genealogiam Austriacam libri duo, Basel (Johannes Oporinus) 1564

Druck, 342 S., 8°
Universitätsbibliothek Freiburg, H 5367,m.

Lazius (Wiener Mediziner und Altertumswissenschaftler, 1514–1565), einer der frühesten Habsburgergenealogen, der auf sagenhafte genealogische Spekulationen verzichtete; die Grafen von Altenburg mit Stammvater Otpert (vgl. Mennel, Nr. 272) als Ahne der Habsburger und der von ihnen sich abzweigenden Adelsgeschlechter der Egisheimer, Rheinfeldener, Tekker und auch der Zähringer.

Lit.: LHOTSKY, Apis Colonna, S. 226; NDB 14, 1985, S. 14–15 (M. KRATOCHWIL). J. G.

350
Franz Guillimann, Habsburgica sive de antiqua et vera origine domus Austiae, vita et rebus gestis comitum Vindonissensium sive Altenburgensium in primis Habsburgiorum libri septem, Mailand (ex officina regia Pandulphi et M. Tullii Malatestae) 1605

Druck, 344 S., Gr. 8°.
Stadtarchiv Freiburg i. Br., Dn 251 Rara.

Hauptwerk Guillimanns (aus Freiburg i. Ü., Geschichtsprofessor in Freiburg i. Br. 1606, ab 1609 habsburgischer Hofhistoriograph). Versuch einer quellenorientierten, nicht spekulativen Habsburgergenealogie. Sucht den Ursprung der Habsburger bei *Vindonissa*/Windisch in der Schweiz, das er mit Altenburg identifiziert. Anschluß der Zähringer an die Habsburger über Lanzelin/Landolus II., Bruder Bischof Werners von Straßburg und Graf Ratbods von Habsburg.

Lit.: Lhotsky, Apis Colonna, S. 228; NDB 7, 1960, S. 299–300 (O. Vasella); Feller–Bonjour, Geschichtsschreibung der Schweiz, Bd. 1, S. 292 ff.

J. G.

351
Johann Pistorius (d. J.), Rerum Germanicarum veteres cum primum publicati Scriptores Bd. VI, Frankfurt a. M. (Cl. Morinus) 1607

2°, Lederband der Zeit.
Universitätsbibliothek Freiburg i. Br., H 149-6.

Sammeledition mittelalterlicher und frühneuzeitlicher Chroniken des Durlacher, später Freiburger Gelehrten († 1608); zu einer Konstanzer Bischofschronik Jakob Mennels (vgl. Nr. 271) verfaßte Pistorius genealogische Abhandlungen und Stammbäume über die Familien der Bischöfe: so zu Gebhard III. über die Zähringer (Stammbaum auf S. 665). Die Zähringer werden auf die Sulzburger Stifter zurückgeführt (vgl. Nr. 29), die er *ex antiquissimi Vindonissae comitibus* herleitet.

Lit.: ADB 26, 1888, S. 199–201 (Gross); H. Flamm, Testament und Grab Johann Pistorius' d. J., in: ZGGFreib 1914, S. 185–206. L. L.

352
Jacob Langhans, Von Auff- und Abgang der Hertzogen zu Zaeringen. Auch von Auff- und Abgang der uralten Hertzogen zu Oesterreich. Und von dem alten edlen Stamm der Graffen von Habsburg, an welche dass Hertzogthumb kommen ist, Bern 1642

Druck, 3 + 66 S., Kl. 8°.
Stadtarchiv Freiburg i. Br., Dvd 4876.

Knappe Behandlung der Zähringer und Babenberger als Vorgänger der Habsburger in der Herrschaft über Österreich, Schwaben und Burgund. J. G.

353
Jerôme Vignier, Le veritable origine des tres-illustres maisons d'Alsace, de Lorraine, d'Austriche, de Bade, et de quantité d'autres, Paris (Gaspar Metruan) 1649

Druck, 244 S., 4°.
Universitätsbibliothek Freiburg i. Br., H 375,f.

Die Habsburger auf den Elsaßgrafen Eticho und darüber hinaus auf merowingische Hausmeier zurückgeführt (vgl. Lazius, Nr. 349), mit Zuordnung zahlreicher weiterer Adelshäuser, u. a. auch der Zähringer (S. 28–29, 89); Herleitung von *Birctilo, troisième fils de Gontram le Riche*, d. h. dem Gründer von Sulzburg; Vigniers »etichonisches System« war gültig bis Schöpflin.

Lit.: Lhotsky, Apis Colonna, S. 229–230. J. G.

354
Gabriel Bucelin, Germania Topochronostemmatographica sacra et profana, Augsburg (J. Praetorius) 1655

2°, Ledereinband der Zeit.
Universitätsbibliothek Freiburg i. Br., H 204,a.

Zu Bucelin vgl. Nr. 100. Historischer Abriß der Reichsgeschichte mit genealogischen Abhandlungen zu den erwähnten Familien. Im Zusammenhang der Behandlung der Badener Herleitung der Zähringer über die Habsburger mit Guntram dem Reichen auf Eticho (vgl. Vignier, Nr. 353). Anschluß der Zähringer über *Bertholdus Marchio, inde primus Dux Zaeringiae*, Sohn Lanzelins (eines Guntram-Sohns).

L. L.

355
Matthaeus Merian (d. J.), Herstammung beyder Häuser Baden und Holstein sampt einigen genealogischen Curiositaeten, Frankfurt a. M. (D. Fievet) 1672

4°, 152 S., mit Portraitkupfern von Philipp und Bartholomäus Kilian und Matthäus Küssel nach Vorlagen von Matthäus Merian d. J. und Ulrich Meyr, ein großer Stammbaum, gestochen von Kaspar Merian.
Universitätsbibliothek Freiburg i. Br., H. 3609.

Matthäus Merian d. J., Sohn des gleichnamigen berühmten älteren Merian, Kunst- und Buchhändler in Frankfurt a. M. Bedeutender Portraitist, als Diplomat tätig gewesen. Das genealogische Werk entstand anläßlich der Heirat des späteren Markgrafen Friedrich Magnus von Baden-Durlach (1677–1709) mit Augusta Maria von Schleswig und Holstein. Die genealogischen Informationen von P. J. Spener (Nr. 356).

Lit.: H. ROTT, Kunst und Künstler am Baden-Durlacher Hof, 1917. L. L.

356
Philipp Jakob Spener, Sylloge Genealogico-Historica, Frankfurt a. M. (J. D. Zunger) 2. Aufl. 1677

Druck, 891 S., Kl. 8° mit zahlreichen Stammbäumen.
Universitätsbibliothek Freiburg i. Br., H. 372.

Der berühmte Theologe und Begründer des Pietismus verfaßte zahlreiche genealogisch-heraldische Werke, die sich durch ihren kritischen Umgang mit der historischen Überlieferung auszeichnen. Die Zähringer als *I. Ramus Zeringo-Teccius* im Artikel *Familia Badensis*. Die Zähringer werden mit Bertold I. von den Habsburgern getrennt.

Lit.: ADB 35, 1893, S. 102–115 (P. TSCHACKERT); S. Kekule v. STRADOWITZ, Philipp Jakob Spener und seine Bedeutung für die Heraldik und Genealogie, in: DERS., Ausgewählte Aufsätze, 1905, S. 181 ff. L. L.

357
Johann Georg Eccard, Origines serenissimae ac potenstissimae familiae Habsburgo-Austriacae (...), Leipzig (Joh. Friedr. Gleditsch) 1721

Druck, 8 + 263 + 12 S., 4°.
Universitätsbibliothek Freiburg i. Br., H 5459.

Eccard (1674–1730), von 1706–1713 Geschichtsprofessor in Helmstedt, Schüler und Freund von Leibniz, dessen Amtsnachfolger als Rat und Historiograph des Welfenhauses in Hannover nach Leibniz' Tod 1716. Versuch der Rückführung der Habsburger auf Herzog Leuthar I. von Alemannien († 554); Anschluß der Zähringer über den Sulzburger Stifter Birchtilo (S. 74–75).

Lit.: LHOTSKY, Apis Colonna, S. 231; NDB 4, 1959, S. 270–271 (R. BRILL). J. G.

358
Abb. 223

Marquard Herrgott, Genealogia diplomatica augustae gentis Habsburgicae, 3 Bde., Wien (Leop. Joh. Kaliwoda) 1737

Druck, 32 + XXII + 22 Tafeln + 338 + 34 S., 2°.
Universitätsbibliothek Freiburg i. Br., H 5381, 1–3.

Der in Freiburg i. Br. gebürtige Johann Jacob Herrgott (1694–1762) trat 20jährig als P. Marquard in das Kloster St. Blasien ein; als Vertreter der vorderösterreichischen Stände in Wien erhielt er, ausgebildet bei den Maurinern in Paris, 1736 von Kaiser Karl VI. den Auftrag zu einem historiographischen ›Unternehmen‹ über die Habsburger, dessen erster Teil die »Genealogia diplomatica« in drei Bänden, von 1737 war; den zweiten Teil, die »Monumenta augustae Domus Austriacae« in vier Bänden mußte er unvollendet bei seinem Tod 1762 in die Hände des späteren Abtes Martin Gerbert legen.
Herrgott sah wieder in Eticho I. († 690) den Stammvater der Habsburger, entschied sich

GENEALOGIA
DIPLOMATICA
AUGUSTÆ GENTIS
HABSBURGICÆ,
Qua continentur
Vera gentis hujus exordia, antiquitates, propagationes, possessiones, & prærogativæ, chartis ac diplomatibus, N° CMLIV., maxima parte hactenus ineditis, asserta; adjectis sigillis, aliisque monumentis æri incisis, mappa item geographica, & indicibus locupletissimis.
HÆC VERO
RES NON MODO HABSBURGICAS UNIVERSE CORROBORANT, SED ALIIS ETIAM PLURIBUS
ILLUSTRISSIMIS GERMANIÆ NOSTRÆ FAMILIIS,
ET
PATRIÆ MEDII ÆVI HISTORIÆ LUCEM FOENERANTUR.
OPERA ET STUDIO
R. P. MARQUARDI HERRGOTT,
Ordinis S. BENEDICTI, Congregationis S. BLASII in Nigra Sylva Capitularis & Magni Cellerarii, nec non Sacræ Cæsareæ Regiæque Catholicæ Majestatis Consiliarii, & Historiographi, Ordinumque Anterioris Austriæ per Brisgoviam apud Aulam Cæsaream Deputati.
TOMUS PRIMUS.
VIENNÆ AUSTRIÆ,
EX TYPOGRAPHIA LEOPOLDI JOANNIS KALIWODA.
M DCC XXXVII.

223 (Kat.-Nr. 358)

also nach Vignier für die elsässische Herkunft. Dabei stützte er sich stärker auf die *Acta S. Trudperti* als auf die von ihm in ihrem Wahrheitsgehalt angezweifelten *Acta Murensia*; daran knüpfte sich ein Gelehrtenstreit mit politischen Dimensionen (angesichts der Erbfolgeregelung Karls VI. in der Pragmatischen Sanktion von 1713), der v. a. mit den Murenser Mönchen ausgetragen wurde. Die Zähringer spalten sich mit Bertold, Breisgaugraf zwischen 999 und 1008 und Sohn des Lanzelin/Landold († 990), von den Habsburgern ab, die sich mit Ratbod und Werner von Habsburg fortsetzen. Aufgeschlagen ist Tafel 2 mit einer Ansicht der Zähringerburg von Südwesten.

Lit.: LHOTSKY, Apis Colonna, S. 231–232; J. P. ORTNER, Marquard Herrgott (1694–1762). Sein Leben und Wirken als Historiker und Diplomat (Österreichische Akademie d. Wiss., Veröff. d. Komm. f. Geschichte Österreichs 5), 1972, S. 55 ff. J. G.

359

Alexander Ludwig von Wattenwyl, Lettre M. de Watteville de Landshut, membre du conseil souverain de la ville et republique de Berne a M. Loys de Bochat, Lieutenant Baillival a Lausanne, sur l'origine des ducs de Zeringuen

In: Mercure Suisse, Neufchâtel, September 1746, S. 230–249, Journal Hélvétique Mai 1747, S. 547–573; Kl. 8°.
Stadt- und Universitätsbibliothek Bern, H XVIII. 24.

Der Präsident der helvetischen Gesellschaft und Landvogt in Nidau Alexander Ludwig von Wattenwyl (1714–1780), Geschichtsschreiber des Kantons Bern und der Schweizer Eidgenossenschaft, baute auf mehreren genealogischen Irrtümern sein ›System‹ der Abkunft der Zähringer von den Königen von Hochburgund auf. Bertold II. sei Sohn König Rudolfs III. von Hochburgund gewesen und somit ›schweizerischen‹ und nicht ›deutschen‹ Ursprungs. Wattenwyl löste eine wissenschaftliche Kontroverse im Mercure Suisse mit Ruchat, Bochat und Meurons aus, die seine Fehler offenlegten.

Lit.: ADB 41, 1896, S. 245 f. (G. TOBLER); FELLER-BONJOUR, Geschichtsschreibung der Schweiz, Bd. 1, S. 462 ff. J. G.

360

Johann Heinrich Zedlers Großes vollständiges Universallexikon aller Wissenschaften und Künste in 68 Bänden, 1732–1754

Bd. 60, Leipzig und Halle (J. H. Zedler) 1749; 1664 Sp., 4°.
Universitätsbibliothek Freiburg i. Br., A 7635–60.

Das nach dem Leipziger Verleger Zedler (1706–1751) benannte »Große vollständige Universallexikon« ist die umfangreichste und meistbenützte deutsche Enzyklopädie des 18. Jahrhunderts. Sie stellt eine gleichermaßen gelehrte wie verlegerische Leistung der Frühaufklärung dar; die zahlreichen Artikel zu Adelsgeschlechtern enthalten vor allem genealogische Informationen, bezogen aus den Abstammungstheorien der genealogischen Wissenschaft der Frühneuzeit. Zedler behandelt die Zähringer unter den Stichwörtern »Zäringen – Herzogtum«, »Zäringen – Berg-Schloß« und »Zäringen – herzogliche Familie«. Mehrere Abstammungstheorien werden referiert (so von Hugobert, Bruder Thierburgs, Gemahlin Kaiser Lothars I.; von Herzog Ernst von Schwaben etc., die von den Habsburgern über Birchtilo, Sohn Guntrams des Reichen und Bezelin, Sohn Bezo-Landelins von Habsburg). Daneben nimmt das Zedlersche Lexikon bereits wichtige Ereignisse zähringischer Geschichte auf, etwa das Kärntner Herzogtum der Zähringer, Gebhards Episkopat, die Gründung von St. Peter, die Reichsvogtei Zürich, Bertold III. als Stadtgründer von Freiburg 1118, Konrad und das Rektorat von Burgund, Clementias Scheidung von Heinrich dem Löwen, Friedrichs I. Burgund-Politik und Bertold IV., die burgundischen Bistumsvogteien, die Gründungen von Freiburg i. Ü. und Bern, Bertolds V. Königswahl und die Auseinandersetzung um das zähringische Erbe. Die genealogische Literatur, aber auch Sattler (Nr. 279), Sebastian Münster (Nr. 347) und Johannes Stumpf (Nr. 348) werden als Informationsquellen zitiert.

Lit.: B. KOSSMANN, Deutsche Universallexika im 18. Jahrhundert, in: Börsenblatt f. d. deutschen Buchhandel 24 (1968); G. QUEDENBAUM, Der Verleger und Buchhändler J. H. Zedler 1706–1751. Ein Buchunternehmer in den Zwängen seiner Zeit. Ein Beitrag zur Geschichte des Buchhandels im 18. Jahrhundert, 1977.

J. G.

360a
Johann Daniel Schöpflin, Alsatia illustrata Germanica Gallica, Bd. 2, Colmar (ex typographio regia) 1761

Druck, 748 S., 2°.

Universitätsbibliothek Freiburg i. Br., H 5084-2 Rara.

Johann Daniel Schöpflin wurde 1694 als Sohn eines niederen markgräflich baden-durlachischen Beamten in Sulzburg i. Br. geboren. Das Studium der Theologie und Geschichte in Basel (ab 1707) und Straßburg (ab 1711) eröffnete ihm nur 26jährig eine steile akademische Karriere, als er i. J. 1720 die Nachfolge seines Lehrers auf dem Lehrstuhl für Geschichte der Universität Straßburg antreten konnte. Abgelehnte Rufe nach Frankfurt a. d. Oder, Petersburg und Upsala ermöglichten ihm die Finanzierung europäischer Forschungsreisen, die ihn in die ›Gelehrtenrepublik‹ einführten. Seine Mitgliedschaft in bedeutenden europäischen Akademien (London, Paris, Berlin, Petersburg), den fortschrittlichsten Forschungsinstituten der Zeit – neben den vielfach in erstarrten Traditionen stagnierenden Universitäten – waren eine Ursache für die von Schöpflin seit 1763 erfolgreich betriebene Gründung der pfälzischen Akademie in Mannheim, als deren Präsident er wirkte. Die Brüsseler Akademie entstand unter seiner Mitwirkung. Seine ausgeprägten Kontakte zur europäischen Gelehrtenwelt und den Fürstenhöfen ließen den Bürgersohn in diplomatischen Missionen wie als Leiter einer Diplomatenschule tätig werden. Hier bewährte sich seine Kenntnis der französischen wie der deutschen Verhältnisse, zu der ihm seine badische Herkunft und die Lage der Universität Straßburg verhalf. Sein Forschungsschwerpunkt war die Geschichte des Elsaß, die er in der historischen Abhandlung »Alsatia illustrata« (1751–1761) sowie der Urkundenedition »Alsatia diplomatica« (1771–1775) grundlegend bewältigt hat. Der ausgestellte 2. Band der »Alsatia illustrata« behandelt das Hochmittelalter und widmet sich – anders als der vorwiegend archäologisch geprägte 1. Band – insbesondere genealogischen Fragen. Die Abkunft der Habsburger wird hier auf die elsässischen Etichonen zurückgeführt, womit Schöpflin das ›System‹ Vigniers (Nr. 353) und Marquard Herrgotts (Nr. 358) aufgriff, aber in wichtigen quellenkritischen Fragen verbesserte, so daß seine Lehre bis in die 1830er Jahre Bestand hatte. Schöpflins der Frühaufklärung verpflichtetes, in humanistischer Gelehrtentradition stehendes Werk (in barockem Latein verfaßt) wurde zum Ausgangspunkt für seine Forschungen zur zähringisch-badischen Geschichte.

Lit.: LHOTSKY, Apis Colonna, S. 233; J. VOSS, Universität, Geschichtswissenschaft und Diplomatie im Zeitalter der Aufklärung: Johann Daniel Schöpflin (1694–1771), 1979, S. 244 ff.

J. G.

361
Johann Daniel Schöpflin, Commentaria rerum Zaringensium

Straßburg, 1753.
Papierhandschrift, 236 Bll., 4°.
Badische Landesbibliothek Karlsruhe, Hs. Karlsruhe 21.

Ab 1752 lassen sich direkte Kontakte Schöpflins mit Markgraf Karl Friedrich von Baden-Durlach nachweisen; der Straßburger Gelehrte hatte sich um Zugang zu den baden-durlachischen Archiven für seine Arbeiten an der »Alsatia illustrata« (Nr. 360a) bemüht und war vom Markgrafen um die Abfassung der Geschichte seines Hauses gebeten worden. Zwei handschriftliche Entwürfe (der ausführlichere hier beschrieben) aus dem Jahr 1753 sind in der Badischen Landesbibliothek Karlsruhe überliefert. Anders als in seiner Geschichte des Elsaß ging es nun um die Geschichte eines Dynastenhauses, dessen Anfänge im übrigen bereits ansatzweise erforscht waren. Schöpflin kam zudem seine Archiverfahrung aus der Arbeit an der »Alsatia illustrata« zugute.

Lit.: Voss (wie Nr. 360a), S. 272. J. G.

362 Abb. 224
Johann Daniel Schöpflin, Historia Zaringo-Badensis, 7 Bde., Karlsruhe (Macklot) 1763–1766

Druck, 4°, aufgeschlagen Bd. 1 und 5, Titel.
Priesterseminar St. Peter i. Schw., KG 700 (mit Widmungsvermerk des Schenkers Markgraf Karl Friedrich von Baden-Durlach, Juni 1767); (vgl. Tafeln 26b–27b in: Die Zähringer I).

Nach Beilegung von französisch-badischen Spannungen während des Siebenjährigen Krieges konnte i. J. 1763 der erste Band von Schöpflins »Historia Zaringo-Badensis« in Karlsruhe erscheinen. In Band 5 (1765), dem ersten Band des »Codex diplomaticus«, sind die dazu gehörigen Urkunden veröffentlicht.
Schöpflin hatte während der Materialsammlung und der Abfassung des Textes, was diesmal wesentlich schneller als bei der »Alsatia illustrata« (Nr. 360a) geschah, auf die Dienste von ehemaligen Schülern und Mitarbeitern zurückgreifen können, insbesondere auf Johann Friedrich Herbster, seit 1742 markgräflich-badischer Archivar in Basel. Herbster beschaffte Schöpflin zahlreiche Dokumente, stellte Abschriften her und teilte quellenkritische Beobachtungen zu seinen Funden mit. Nach Herbsters Tod (1763) verwertete Schöpflin dessen handschriftlichen Nachlaß, den er sogar unter den ungedruckten Schriften seiner Quellen- und Forschungsübersicht des 1. Bandes der »Historia« nennt. Zahlreiche Archivreisen führten Schöpflin seit 1753 vor allem nach Basel, Rastatt, aber auch nach St. Peter i. Schw., wo er auf die reiche Zähringerüberlieferung und -forschung der Benediktiner stieß (s. oben Mühleisen, S. 341 f.). Schöpflin erreichte dadurch erstmals eine Sichtung und Sammlung der Quellen zur Zähringergeschichte, die den Grund zur Zähringerforschung gelegt hat.
Druckort des aufwendigen, großzügig gesetzten Werkes war die Offizin Macklot in Karlsruhe, die trotz erheblicher Zuschüsse des Mark-

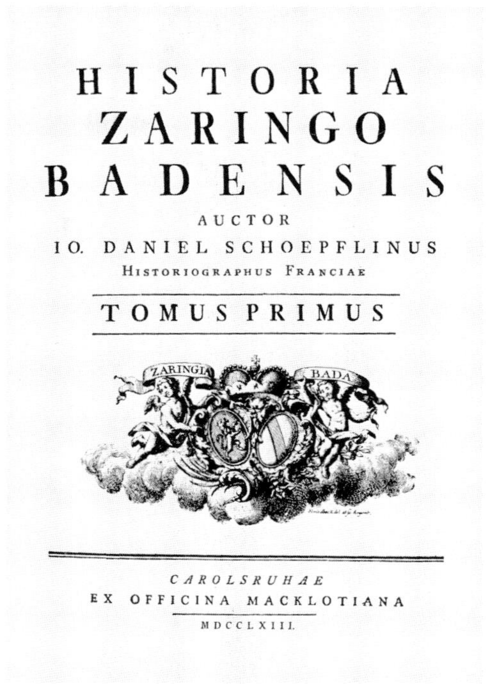
HISTORIA
ZARINGO
BADENSIS
AUCTOR
IO. DANIEL SCHOEPFLINUS
HISTORIOGRAPHUS FRANCIAE
TOMUS PRIMUS

CAROLSRUHAE
EX OFFICINA MACKLOTIANA
MDCCLXIII.

224 (Kat.-Nr. 362)

grafen den Preis der »Historia« sehr hoch ansetzte: das Werk war für die gelehrt-höfische Welt bestimmt.

Schöpflin stellt nach einer Übersicht über ungedruckte Schriften zur zähringisch-badischen Geschichte die Forschungen zur Habsburgergenealogie dar, als deren Bestandteil die Zähringer bisher abgehandelt worden waren. Die drei Haupt-›Systeme‹ *(Italicum, Helveticum, Alsaticum)* werden referiert und kritisiert, seine eigene Fortentwicklung des elsässischen Systems der »Alsatia illustrata« (Nr. 360a) nur gestreift. Selbstverständlicher Ausgangspunkt zähringischer Geschichte ist auch bei Schöpflin die Habsburgergenealogie. Diese ist aber nun nur in bezug auf die Zähringer von Interesse und bildet auch nur einen Vorspann zur eigentlichen Abhandlung über die Zähringer. Wie noch Eduard Heyck (Nr. 366) handelt Schöpflin die einzelnen Zähringerherzöge von Bertold I. der Reihe nach ab, wobei die Bischöfe Gebhard und Rudolf fast gar nicht in den Blick kommen. Zähringergeschichte beginnt für Schöpflin jedenfalls erst ab dem Einsetzen der historischen Überlieferung zu den Zähringern im 11. Jahrhundert; eine klare Trennung zu den genealogischen Spekulationen der Habsburgergenealogie ist vollzogen. Schöpflin zieht die hochmittelalterlichen Chronisten wie Frutolf und Otto von Freising heran und erklärt des letzteren Urteile über die Zähringer als staufische Parteinahme (vgl. Nr. 56). Die burgundische Herrschaft der Zähringer ist bereits ausführlich dargestellt und Schöpflin führt auch schon geopolitische Beweggründe für die Städtegründungen Freiburg i. Ü. und Bern an. Nach dem chronologischen Durchgang gelingt Schöpflin eine zusammenfassende Würdigung der *Potentia, Praerogativa et Jura Zaeringicae domus*, wo u. a. Zähringerministerialen aufgelistet werden (S. 191 f.).

Schöpflin stellt die Zähringer als erinnerungswerte Vorfahren der Badener in einer Breite und Durchdringung dar, die es gerechtfertigt erscheinen lassen, von der Entdeckung der Zähringer als eigenständigem Forschungsthema, losgelöst von Habsburgergenealogie und Stadtchronistik, zu sprechen. Dem steht nicht entgegen, daß die »Historia Zaringo-Badensis« in der Folgezeit die Grundlage badischen Abstammungs- und Staatsbewußtseins bildete, von dem die gesamte badische Landesgeschichte bis 1918 getragen wurde (Nr. 365).

Lit.: Voss (wie Nr. 360a), S. 272 ff.; Leiser (wie oben S. 394), S. 214 ff.

J. G.

363

Johann Christian Sachs, Einleitung in die Geschichte der Markgrafschaft und des marggrävlichen altfürstlichen Hauses Baden, 5 Bde., Karlsruhe (W. F. Lotter) 1764–1773

Druck, Kl. 8°.
Stadtarchiv Freiburg i. Br., Dvd 4711.

Der Karlsruher Gymnasialdirektor J. C. Sachs versuchte nur ein Jahr nach dem Erscheinen des 1. Bandes der »Historia Zaringo-Badensis« von Schöpflin (Nr. 362), dieses für die gelehrte Welt geschriebene Werk einer breiteren, bürgerlichen Leserschaft zugänglich zu machen. Seine Geschichte der Markgrafschaft und des Hauses Baden (hier ist das Land an erster Stelle genannt) geriet zu einer Übersetzung des Schöpflinschen Textes, von diesem autorisiert, die nur im letzten Teil über den regierenden Markgrafen erheblich über ihre Vorlage hinauswuchs.

Lit.: Leiser (wie oben S. 394), S. 215 ff.

J. G.

364

Ernst Julius Leichtlen, Die Zähringer. Eine Abhandlung von dem Ursprunge und den Ahnen der erlauchten Häuser Baden und Oesterreich, nebst einem Anhange über den Ursprung der Wappen im allgemeinen und über die ältesten badischen Siegel im besonderen von Ulrich-Friedrich Kopp, Freiburg 1831

Druck, 127 S., 8°.
Stadtarchiv Freiburg i. Br., Dvd 4906.

Leichtlens (kurz nach seinem Selbstmord 1831 gedruckte) genealogische Abhandlung zu Ursprüngen und Verwandtschaft von Zähringern und Habsburgern behandelt diese vieldiskutierte Frage nunmehr wieder unter dem Vorzeichen der Zähringer, denn Leichtlen stieß auf die Notiz der Colmarer Annalen des 13. Jahrhunderts zu 1218, daß Rudolf von Habsburg dem zähringischen Haus entstamme (Nr. 266). Er führte die Zähringer auf einen um 708 verstorbenen alemannischen Herzog Gottfried zurück und begründete damit ein neues, ›schwäbisches System‹, womit die Heimat der Zähringer nicht mehr im französischen Elsaß, sondern im alemannischen ›Vaterland‹ gefunden wurde. Leichtlen ging sogar so weit, die Bertolde des 8. bis 11. Jahrhunderts in die Numerierung der zähringischen Bertolde einzubeziehen, wodurch Bertold I. zu Bertold VII. aufrückt! Leichtlens panegyrische Ausführungen gipfeln in der Schlußfolgerung, daß »das badische Fürstengeschlecht ... das älteste, im Mannesstamm vorhandene Regentenhaus in ganz Europa« (S. 49) sei.

Lit.: LHOTSKY, Apis Colonna, S. 233–234; H. SCHWARZMAIER, in: Die Zähringer I, S. 198f.

J. G.

365 Bücherregal: Badische Landesgeschichte von Schöpflin bis Heyck

Auf der Grundlage von J. D. Schöpflins »Historia Zaringo-Badensis« und der von J. C. Sachs verfaßten »Einleitung in die Geschichte der Markgrafschaft und des markgräflichen Hauses Baden« (1764–1773) befaßten sich bald nach der Schaffung des neuen Landes Baden im Jahre 1806 Historiker (z. B. A. Schreiber), Archivare (z. B. J. Leichtlen, J. Bader) und Interessierte (z. B. der Lahrer Diakon Chr. L. Fecht) mit badischer Geschichte. Nach dem Zerfall des Hl. Römischen Reiches war es ihre Aufgabe geworden, in neuen Geschichtsdarstellungen ein badisches Staatsbewußtsein zu begründen, die Gemeinsamkeiten der badischen Vergangenheit hervorzuheben. Eine nationale, deutsche Geschichtsschreibung wurde angestrebt, die alleinige Darstellung der Geschichte des Herrscherhauses mehr und mehr verdrängt. Das Großherzogtum war aber nach dem Scheitern der gesamtdeutschen Einigung dafür der größte denkbare Raum, allein an ihm ließ sich zu dieser Zeit vaterländische Geschichte darstellen.

Auch wenn die Beschäftigung mit der Geschichte des neu geschaffenen großherzoglichen badischen Landes teilweise in kritischer Auseinandersetzung mit Schöpflins Werk geschah (Schreiber 1817 S. VIIIf., Bader 1837 S. VI), so wurde die Epoche der Zähringer in der badischen Vorgeschichte nicht übergangen; im Gegenteil, die Zähringer standen oft im Mittelpunkt der Betrachtungen und zwar als unmittelbare Ahnen des in Baden regierenden großherzoglichen Fürstengeschlechts (Leichtlen 1831; Bader 1837, 1841; Weech 1881; Bertouch 1884; s. auch Mühlfeith 1834; Sachs 1873; Chrismar 1892). Nach dem Aussterben der katholischen Linie Baden-Baden 1771 hatte man in der evangelischen Linie Baden-Durlach in der Zähringertradition eine Möglichkeit gesehen, die eigene Herrschaft zu festigen, indem man hierdurch die Kluft zwischen den evangelischen und katholischen Territorien zu überbrücken suchte. Mit dem Anfall der ehemals vorderösterreichischen Gebiete, darunter auch des Breisgaus, an das neugeschaffene Großherzogtum 1806 trat diese Funktion der Zähringertradition noch stärker ins Blickfeld. Die gemeinsame zähringische Vergangenheit zu belegen, wurde somit Aufgabe und Anliegen auch der badischen Landeshistoriker.

Neben dem Fürstenhaus rückte nun die Geschichte des badischen Landes selbst in das Blickfeld der Historiker und konnte als wichtiges Moment dienen, vaterländische Gefühle für das neu entstandene politische Kunstgebilde ohne geschichtlich gewachsene oder geographisch bedingte Zusammengehörigkeit zu wekken. Auch hier wurden den Leistungen der Zähringer besondere Beachtung geschenkt. Einer der ersten, die dies betonten, war A. Schreiber in einer 1817 veröffentlichten »Badischen Geschichte« (S. 70ff.). Im folgten viele (Fecht III 1818 S. 11ff.; Liebler 1829 S. 121ff.; Mühlfeith 1834 S. 5ff.; Huhn 1868 S. 57ff.; Hausrath 1871 S. 18ff.; ...). J. Bader schrieb 1834 als erster eine Badische Landesgeschichte, die bis in die Gegenwart reichte. »Die Periode der Zäringer ist ein so wichtiger Moment in unserer vaterländischen Historie, die Familie selbst tritt so eigentümlich auf, und die Schicksale, die

Charaktere ihrer einzelnen Glieder sind zugleich so interessant, daß eine besondere Bearbeitung der Geschichte dieses Fürstenhauses keiner Entschuldigung bedarf.« (Bader 1837, S. V).

Immer wieder hoben die Autoren in ihren Werken dieselben Tatbestände hervor: zumeist Angaben, die bereits im Lexicon von J. B. Kolb 1813–1816 zu finden sind (Stichworte »Zähringen«, III S. 402f., »Baden«, I S. 36ff.), besonders ausführlich dargestellt bei Preuschen 1842, Vierordt 1865, Weech 1890. Von den Tugenden (Bader 1834 S. 113, 115, 118) und Leistungen der Zähringer wurden besonders deren Friedensliebe (Pfister 1805 S. 266; Bader 1834 S. 113, 115; Bader 1837 S. 91; Stälin II 1847 S. 32ff.) und ihre Stadtgründungen Freiburg und auch Villingen (Pfister 1805 S. 172; Heunisch 1836 S. 138f.; Poppel 1850 S. 66; Bader 1864 S. 101f.; Nitzsch 1872 S. 137; Mehlis 1877 S. 16) betont, wie auch ihre »zeitgemäße Regierungsweise« (Heunisch 1857 S. 7): »Denn kaum mochte das Land eines Fürsten sich damals einer solchen Sicherheit des Handels und Wandels, einer so geordneten Gerichtspflege und Kultur erfreuen, wie die zäringschen Länder.« »Billig also darf die zäringsche Herrschaft zu den glücklichsten Ereignissen in der Geschichte des südwestlichen Deutschlands zählen.« (Bader 1841 S. 286, 287).

Eine Aussage Baders (1841 S. 288) steht für zahlreiche Versuche badischer Historiker, die Rolle der auf Reichsebene letztlich gescheiterten Zähringer – vor allem gegenüber ihren Konkurrenten Staufern und Welfen – zu definieren und für das badische Selbstverständnis nutzbar zu machen: »Den Zäringern mangelte der hohenstaufische Schwung, aber sie waren auch frei von dem welfischen Egoismus, welcher in dem Kampfe für Fürsten- und Reichsfreiheit wenig Aufrichtigkeit bewies. Die Zäringer waren so tapfer, wie die anderen Fürsten, dabei aber friedliebend; wie andere strebten auch sie nach Erweiterung ihrer Hausmacht, aber auf redlichen Wegen, ohne Herrsch- und Eroberungssucht.«

J. C. Pfister, Geschichte von Schwaben neu untersucht und dargestellt, 2 Bände, Heilbronn am Neckar 1803/1805

J. Lampadius (Leichtlen), Die Burg Zähringen, in: Ders., Beiträge zur Vaterlandsgeschichte, Heidelberg 1811, S. 192–199, 245

Chr. L. Fecht, Geschichte der Großherzoglichen badischen Landschaften in Zusammenhang gebracht, Heft 1: Des ersten Jahrtausend äussere politische Geschichte enthaltend, Lahr 1811, Heft 2: Des ersten Jahrtausend, Kulturgeschichte enthaltend, Lahr 1813, Heft 3: Des zweiten Jahrtausend erster Zeitraum von 919–1273, Karlsruhe 1818

J. B. Kolb, Historisch-statistisch-topographisches Lexicon von dem Großherzogtum Baden, 3 Bände, Karlsruhe 1813/1814/1816

J. C. Pfister, Übersicht der Geschichte von Schwaben von den ältesten bis auf die neuesten Zeiten. Durchaus nach ächten, zum Theil noch unbekannten Quellen entworfen, Stuttgart 1813

A. Schreiber, Badische Geschichte, Karlsruhe 1817

H. Liebler, Die badische Geschichte. Für den ersten Unterricht bearbeitet, Mannheim 1829

E. J. Leichtlen, Die Zähringer (Nr. 364)

W. Weick, Die Theilnahme der Zähringer an den Kämpfen wider den Islam, in: Freiburger Adress-Kalender für das Jahr 1833, S. 27–38

J. Bader, Badische Landesgeschichte von den ältesten bis auf unsere Zeiten, Freiburg i. Br. 1834

L. Mühlfeith, Handbuch der Badischen Geschichte bis auf unsere Zeit. Für den Bürgerstand bearbeitet, Karlsruhe 1834

J. Bader, Badische Landesgeschichte. Für die Schuljugend bearbeitet, Freiburg i. Br. 1836

A. J. V. Heunisch, Beschreibung des Großherzogtums Baden, Stuttgart 1836 (unveränderter Nachdruck Freiburg i. Br. 1978)

J. Bader, Der zäringische Löwe oder die Ahnen des fürstlichen Hauses Baden und dessen Gründung, Freiburg i. Br. 1837

J. Bader, Das Großherzogtum Baden wie es ward und wie es ist, Karlsruhe und Freiburg i. Br. 1838

A. J. V. Heunisch, A. Schreiber, Baden geographisch und malerisch beschrieben, Stuttgart ²1838. (Zweite vermehrte Auflage der »Beschreibung des Großherzogtums Baden«)

J. Bader, Die Zäringer, in: Ders., Herda. Erzählungen und Gemälde aus der deutschen Vorzeit für Freunde der vaterländischen Geschichte, N. F. 1, Karlsruhe und Freiburg i. Br. 1841, S. 283–288

Chr. Fr. Stälin, Wirtembergische Geschichte, 4 Bände, Stuttgart und Tübingen 1841/1847/1856/1870

A. Preuschen, Badische Geschichte mit steter Beziehung auf die gemeinsame Geschichte der Teutschen, Karlsruhe 1842

F. J. Mone, Quellensammlung der badischen Landesgeschichte, im Auftrag der Regierung herausgegeben, 4 Bände, Karlsruhe 1848/1854/1863/1867

J. BADER, Wahrer Ursprung Badens, der Stadt, Fürstenfamilie und Markgrafschaft, Karlsruhe 1849
J. POPPEL, E. HUHN, Das Großherzogtum Baden in malerischen Ansichten, Darmstadt 1850 (Unveränderter Nachdruck Freiburg i. Br. 1980)
Kurze Geschichte des badischen Landes und dessen Regentenhauses. Bearbeitet vom Verfasser des historischen Tugendspiegels, Karlsruhe 1853
A. J. V. HEUNISCH, Das Großherzogtum Baden, historisch-geographisch-statistisch-topographisch beschrieben, mit Beigaben von J. BADER, Heidelberg 1857
J. BADER, Badische Landes-Geschichte für Jung und Alt bearbeitet, Freiburg i. Br. [3]1864
K. F. VIERORDT, Badische Geschichte bis zum Ende des Mittelalters, Tübingen 1865
E. HUHN, Badische Geschichte. Für das Badische Volk erzählt von einem Vaterlandsfreunde, Lahr 1868
A. HAUSRATH, Die Oberrheinische Bevölkerung in der deutschen Geschichte. Ein Vortrag, Heidelberg 1871
K. W. NITZSCH, Die oberrheinische Tiefebene und das deutsche Reich im Mittelalter, in: Preussische Jahrbücher 30, 1872, S. 239–265, 341–381. Wiederabdruck in:
K. W. NITZSCH, Deutsche Studien, Gesammelte Aufsätze und Vorträge zur Deutschen Geschichte, Berlin 1879, S. 125–203
F. CHR. SACHS, Kurze Geschichte des Badischen Fürstenhauses und Angabe der Nachkommenschaft des Großherzogs Karl Friedrich, in: DERS., Badischer Geschichtskalender für jeden Tag des Jahres, Karlsruhe 1873, S. 1–9
C. MEHLIS, Der Rhein und der Strom der Kultur im Mittelalter, Berlin 1877 (Sammlung gemeinverständlicher wissenschaftlicher Vorträge hrsg. v. R. VIRCHOW und F. v. HOLTZENDORFF, Serie 12, Heft 286, 287)
F. v. WEECH, Die Zähringer in Baden. Illustriert von H. GÖTZ, Karlsruhe 1881
E. v. BERTOUCH, Das badische Fürstengeschlecht der Zähringer, Wiesbaden 1884
F. v. WEECH, Badische Geschichte, Karlsruhe 1890
E. v. CHRISMAR, Genealogie des Gesammthauses Baden vom 16. Jahrhundert bis heute, Gotha 1892

Lit.: H. SCHWARZMAIER, Schaffung eines badischen Staatsbewußtseins mit Hilfe der Geschichtsschreibung, in: Baden Land–Staat–Volk 1806–1871, hrsg. v. Generallandesarchiv Karlsruhe (Schriftenreihe der Gesellschaft für kulturhistorische Dokumentation 3), 1980, S. 28–31; M. KLEIN, Regierung und Landesgeschichte im Großherzogtum Baden, in: ZGO 133 (1985), S. 221–230.

R. E.

366
Eduard Heyck, Geschichte der Herzoge von Zähringen, hrsg. von der Badischen Historischen Kommission, Freiburg 1891

XIV + 607 S., 8°.

367
Eduard Heyck, Urkunden, Siegel und Wappen der Herzoge von Zähringen, Freiburg 1892

XII + 39 S., 4 Tafeln, 8°.

368
Theodor Mayer, Der Staat der Herzoge von Zähringen (Freiburger Universitätsreden 20), Freiburg i. Br. 1935

31 S., 8°.

Neue Funde und Fragen zu den Zähringern

VORBEMERKUNG

Bei den Vorbereitungen zur Zähringerausstellung sind überraschend viele neue Fragen und bisher unbekannte Überlieferungsstücke – man kann von Funden sprechen – zutage getreten. Allerdings wird nur der Spezialist beim Studium des Katalogs das Bekannte vom bislang Unbekannten unterscheiden können. Um wenigstens mit ein paar Beispielen deutlich zu machen, welcher Art die neuen Fragen und Funde sind, mag es der Katalogbenutzer für nützlich halten, wenn im Anschluß an die Beschreibung der Exponate in lockerer Form und Schilderung ohne wissenschaftlichen Ballast ein paar Kostproben von Berichten über solche Fragen und Funde folgen.

Die Liste der vorgesehenen Kurzberichte dieser Art war ursprünglich erheblich umfangreicher als die tatsächlich realisierten Stücke, die hier anschließen. Es war geplant, etwa noch folgende Fragen anzuschneiden: ›Die Herkunft der zähringischen Bertolde‹ – ›Warum der Bär und der Löwe in Bern mit der Turnierausrüstung dargestellt wurden‹ – ›Clementia von Zähringen und ihr Heiratsgut Badenweiler‹ – ›Warum Bertolds V. Witwe von Egino v. Urach gefangen gehalten wurde‹ – ›Was es mit dem sog. »Hochverratsbrief« Bertolds IV. auf sich hat‹ – ›Wege und Abwege der Zähringertradition: Von Bertold zu Bertolix‹. An neuen Funden wären zu nennen: ›Ein Handschriftenfund aus dem Skriptorium von St. Peter im Schwarzwald des 12. Jahrhunderts?‹ – ›Ein neuentdeckter Zähringerstammbaum aus Freiburg im Üchtland‹ – ›Die Entzifferung eines zähringischen Grabdenkmals in Hirsau‹.

Es ist daran gedacht, weitere Kurzberichte dieser Art in lockerer Reihenfolge unter dem Titel ›Neue Funde und Fragen zu den Zähringern‹ – sofern sie auf Interesse stoßen – zu veröffentlichen. Schön wäre es, wenn noch mehr Fragen und Funde zu den Zähringern aus der Schweiz dazukommen würden.

Bertoldsbrunnen und Ludwigshöhe
Zähringertradition als Instrument städtischer Politik: Freiburg zwischen Baden und Österreich (1806–1820)

Die Begeisterung, die dem österreichischen Kaiser Franz I. bei seinem Einzug in Freiburg am 15. Dezember 1813 entgegenschlug, übertraf die schlimmsten Befürchtungen der badischen Regierung: »So wie der gute Vater von liebenden Kindern«, berichtete das ›Freyburger Wochenblatt‹, »so wurde Kaiser Franz von seinen ehemaligen Unterthanen empfangen. In den Tausenden, die ihm entgegen strömten, nur eine Empfindung, nur eine Seele. Das unaufhörliche Lebehoch! erfüllte die Lüfte, und übertönte der Glocken festlichen Klang; Männer und Weiber, Kinder und Greise weinten, Unbekannte umarmten sich wie Freunde, Fremde wurden Brüder! ... Seine Majestät, zu Pferde, mit Huld und sichtbarer Rührung, grüßten wiederholt die Menge.«

Die von Karl v. Rotteck verfaßte Schilderung, identisch mit dem Text einer in der Stadt schon zuvor verteilten anonymen Flugschrift, übertrieb nicht. Ein unverfänglicher Zeuge, Fürst Metternich, dem der unverhüllt artikulierte Wunsch der Freiburger nach Rückkehr zum österreichischen Haus nicht behagte, weil er fürchtete, der Enthusiasmus der ehemaligen Untertanen werde die Entscheidungen des Kaisers unzulässig beeinflussen, vermerkte in einem Brief vom 16. Dezember, seine Majestät seien mit einem an Tollheit grenzenden Jubel empfangen worden.

Schlagartig war zutage getreten, daß die Bürger Freiburgs, der Hauptstadt des ehemals vorderösterreichischen Breisgaus, den mit dem Frieden von Preßburg 1805 verfügten Übergang an Baden innerlich nicht akzeptiert hatten. »Karlsruhe statt Wien – das schien nur wenigen ein guter Tausch zu sein. Das politische, kulturelle und religiöse Leben der Bevölkerung war von Vorstellungen geprägt, die ihre Wurzeln in Österreich hatten, während es zur protestantischen badischen Landeshauptstadt nur wenig Beziehungen gab« (Kageneck).

Hinzu trat anfänglich die Ungewißheit, wie die neue Herrschaft mit den althergebrachten Rechten der Stadt verfahren würde. Daß unter Umständen mit gravierenden Veränderungen gerechnet werden mußte, erwies sich schon bei der Aufhebung der Landstände Anfang 1806, die sehr rasch vollzogen war. In dieser undurchsichtigen und für den städtischen Rat kaum richtig einzuschätzenden Lage mußte es freilich noch als ein besonderer Glücksfall erscheinen, daß Freiburg mit dem Breisgau dem Haus Baden zugeschlagen worden war. Es war wenigstens den führenden Männern der Stadt nicht unbemerkt geblieben, daß die Markgrafen und späteren Großherzöge schon längst vor dem Anfall des Breisgaus die Zähringer als ihre Ahnen und Vorfahren wiederentdeckt hatten. Mit dem Erwerb dieses Landesteils nun sah sich der seit 1746 regierende Großherzog Karl Friedrich erst recht und sehr viel begründeter veranlaßt, seine Zähringer Abkunft bei jeder sich bietenden Gelegenheit demonstrativ zu betonen und betonen zu lassen. So schloß bei der feierlichen Übergabe des Breisgaus an Baden – sie fand am 15. April 1806 im Chor des Freiburger Münsters vor dem Hochaltar statt! – der badische Beauftragte Karl Wilhelm Drais v. Sauerbronn, auf die Vorzüge der neuen Verbindung anspielend, seine Rede mit den Worten: »Der Stifter dieses möglich-größern Glückes ist der Held des Zeitalters, Napoleon; zum ersten Gründer der Ausführung hat uns Gott den Kurfürsten Karl Friderich noch aufbewahrt, den Landesvater und Biedermann, der seit 60 Jahren mit tugendhafter Mäßigung und mit menschenfreundlichen Anordnungen regiert. Er hat aus eigener, gerade über diese Landesacquisition vergnügtester Gemüthsbewegung den Namen eines Herzogs von Zähringen anzunehmen nicht gesäumt.« Den zum anschließenden Festbanquett geladenen Gästen leuchtete am Kopf der Festtafel, den tieferen Sinn des Tages symbolisch verklärend, ein Gemälde entgegen, das die Vereinigung des badischen Wappens mit dem zähringischen und dem breisgauischen zeigte, erläutert durch die von dem Freiburger Universitätslehrer und Dichter Johann Georg Jacobi entworfene Inschrift: »Die seit Jahrhunderten getrennten Schilde / vereinen wieder sich, und eines Fürsten Milde / wird nun der guten Bürger Seelen / getrennten Ländern gleich / vermählen.«

Karl Friedrich sah sich offenbar in eine Kontinuität der Besitzrechte hineingestellt, die ohne Unterbrechung nun auf ihn gekommen war. Ältere genealogische Auffassungen nutzend (re)konstruierte v. Drais jedenfalls eine gemeinsame Abstammung von Zähringern und Habsburgern, um mit dieser Kontinuitätstheorie die Annexion des Breisgaus zu rechtfertigen. »Die Politik hat hier wieder vereinigt«, führte er aus, »was die Natur schon immerhin zur brüderlichen Gemeinschaft bestimmt ... hatte, was auch in frühern Zeiten schon unter den Etikoen und Bertholden glücklich verbunden war. In der That ist es ein freundlicher historischer Wink, daß dieses schöne Land, unter allen Wechseln und Stürmen der Zeit, von seinem ältesten Regenten-Stamm untrennbar geblieben ist. Nachdem die Herzoge von Zähringen ausgestorben waren, wurde es von deren Nachkommen, den Markgrafen von Hochberg, nachmals von dem [österreichischen] Erzhaus, welches gleichfalls vom Etiko stammet, beherrscht, und fällt nun wieder an die Enkel der Zähringer zurück.« Die Freiburger erkannten hier eine Chance, den Übergang an Baden ohne die befürchtete Minderung ihrer angestammten Rechte überstehen zu können. Ebenso demonstrativ wie der Großherzog verwiesen nun sie bei jeder sich bietenden Gelegenheit auf die Zähringer Abstammung des neuen Regenten, in der Hoffnung, dieser werde sich die großzügige Förderung, die die Zähringer ehedem der Stadt hatten angedeihen lassen, zum verpflichtenden Vorbild nehmen.

Überaus aufschlußreich für den Einsatz beziehungsreicher Anspielungen ist die Schlußrede des Freiburger Bürgermeisters Johann Joseph Adrians bei den Huldigungsfeierlichkeiten, die am 30. Juni 1806 mit der Vereidigung der Bürgerschaft auf den Großherzog vor dem Münster stattfanden. »Im Namen der hier versammelten Bürger der Hauptstadt Freyburg«, sagte Adrians, »drücke ich jene Empfindungen aus, die uns bey diesem Huldigungs-Akte beseelten. Wir haben einem Fürsten Treue, Anhänglichkeit und Gehorsam gelobet, der uns unter seinem milden Zepter mit demjenigen Volke vereiniget, zwischen welchem und uns schon die Natur, einerley Himmelstrich, gleicher Nationalcharakter, Produktion, Bedürfniß und Genuß das Band der Gesellschaft geknüpft hat... Wir haben einem Fürsten gehuldigt, dessen Stammväter einst über diese Provinz herrschten, ihr Sicherheit, Kultur, Nahrungszweige, Gedeihen, und in der Ferne verbreiteten Ruhm gaben. Wir, die Freyburger, haben Anhänglichkeit dem würdigsten Abkömmling jenes hohen Zähringer Stammes gelobt, dem unsere alte Gemeinde ihre Gründung, ihre Ausstattung, ihre seither dauernde Munizipalverfassung, den bisher ehrenvoll behaupteten Namen der Breisgauischen Hauptstadt, und dieses ewig sprechende Denkmal der Fürstengröße und Liebe, den Tempel, vor dem wir hier versammelt stehen, zu verdanken hat. In diesem ... Heiligthume unserer ersten großmüthigen Fürsten und dankbaren Väter ertöne aus vereinten und treuen Herzen der Hochgesang des Lobes und Dankes für Friedrich Karl, den erhabenen Zähringer! ... Es lebe Karl Friedrich! Der Zähringer lebe! Immerfort lebe und blühe sein erhabener Stamm!« (Berichte von den Feierlichkeiten mit Abdruck der Reden: Allgemeines Intelligenz- oder Wochenblatt für das Land Breisgau und die Ortenau, 1806.) Die hier vorgetragene, erkennbar ganz im Dienst der städtischen Interessen stehende Geschichtsvision sollte freilich vollends sinnenhaft erst durch ein Projekt vor Augen treten, das Adrians in seiner Rede nur kurz hatte anklingen lassen: Die Stadt beabsichtige, die Erinnerung an den Huldigungstag und seine historische Dimension »in einem kleinern Denkmale, das die devoten Bürger dieser Hauptstadt errichten werden«, für alle Zukunft wachzuhalten.

Von vornherein stand fest, daß das Denkmal die Figur Herzog Bertolds III. zeigen sollte, der nach Tradition und wissenschaftlichem Erkenntnisstand der Zeit als Gründer der Stadt galt. Initiator des Plans und sein eifrigster Verfechter war der Ratsherr, Armenvater und Stadtarchivar Ferdinand Weiß, ein auch künstlerisch interessierter Geistlicher, der sich eingehend mit der Geschichte Freiburgs und des Breisgaus beschäftigt hatte und der deshalb in der Lage war, nicht nur skizzenhaft den architektonischen Entwurf, sondern vor allem auch das inhaltliche Programm der vorgesehenen Schrifttafeln zu liefern. Am 14. März 1806 legte er dem Magistrat ein detailliertes Konzept vor: »Erste Ideen eines Monuments, dem alten und wirklichen Zäringer-Stamme geweiht«. Ein Entwurf für die Figur Bertolds III. und der lateinische Text für vier Schrifttafeln waren bereits beigefügt. Eine Eingabe der Bürgerschaft an den Magistrat vom 25. Juni, also wenige Tage vor der Verpflichtung auf den neuen Landesfürsten, unterstützte diesen Plan.

Inzwischen hatte der großherzogliche Baudirektor Friedrich Weinbrenner den von der Stadt vorgelegten Entwurf mit kleinen Abänderungen gebilligt. Ihm schien es dem »gothischen Stil angemessener« zu sein, wenn die Bildsäule Herzog Bertolds statt der vorgesehenen Fahne »in der rechten Hand eine Lanze und in der linken einen Schild hält«. Auch sollte der »zähringische« Löwe, den man als Vollplastik neben die Figur hatte plazieren wollen, allenfalls, »wenn er zur Charakterisirung des Ganzen gehört«, auf dem Schild erscheinen. Mittlerweile hatten die Weiß'schen Textentwürfe ebenfalls ihren regierungsamtlichen Segen erhalten, da Geheimer Rat Molter, mit der inhaltlichen Prüfung betraut, nichts bemerkt hatte, »was die Kritik daran tadeln könnte: denn sie sind zweckmäßig, sinnreich und der Geschichte gemäß«.

Die Arbeiten an der Statue Herzog Bertolds und die Gravur der Inschriften führte der Freiburger Bildhauer Franz Anton Xaver Hauser aus, ein Künstler, der in dieser Region ohne Konkurrenz und deshalb sein gutes Geld wert war – er erhielt für seine Arbeit 330 Gulden –, der sich aber auch thematisch schon für dieses Projekt empfohlen hatte: Von seiner Hand stammten die vier Zähringer-Epitaphien im Hochchor des Freiburger Münsters aus dem Jahre 1793.

225 Kolorierter Stich des Bertoldsbrunnens von Karl Rösch, 1820 (vgl. Kat.-Nr. 319.1 und Abb. 200)

Sinn und Bedeutung des neuen Monuments erläuterte eine ebenfalls von Stadtrat Weiß verfaßte und von Bürgermeister und Rat der Stadt herausgegebene Druckschrift »Denkmal der Herzoge von Zäringen, von der ältesten Zäringer-Stadt Freyburg ihrem Landesfürsten geweiht«. Insbesondere die dort abgebildeten lateinischen Inschriften samt Übersetzung ins Deutsche gaben komprimiert Auskunft über die dem Ganzen eigene programmatische Zielrichtung:

»1. Die Hauptseite der Säule gegen Zäringen enthält die Dedikations-Inschrift: Karl Friederich dem Großherzog von Baden, aus dem Stamme der Herzoge von Zäringen entsprossen, dem Aeltesten und Besten der Fürsten weihet dieses Denkmal Freyburgs dankbare Bürgerschaft im Jahre 1807.

2. Unter der Statue Bertholds, des Stadt-Erbauers, gegen Morgen ist diese Inschrift eingegraben: Sieh Berthold den dritten Herzog von Zäringen, welcher Freyburg erbaute, zur gefreyten Stadt erhob, und sie mit Munizipal-Gesetzen – den ersten diesseits des Rheins – ausstattete im Jahre 1120.

3. An die Säulenseite gegen Mittag, von welchem Standpunkte die Thurmspitze des Münsters gesehen wird, ist eingegraben: Konrad Herzog von Zäringen, Bertholds des dritten Bruder, Regent von Burgund fieng den Tempel und Thurm unserer Stadt – dieses ewige Denkmal hoher Gottesverehrung seines Stammes – zu erbauen an im Jahre 1123.

4. Die Seite des Denkmales gegen das Kollegium und die Bibliothek der hohen Schule hat diese In- und Dankschrift: Bertholds des ersten Herzogs von Zäringen Vierundzwanzigster Urenkel [Karl Friedrich] war der hohen Schule, welche Albert Herzog von Oesterreich im Jahre 1456 hier stiftete, Erhalter und Vermehrer im Jahre 1806.«

Auch dem einfachen Bürger konnte nicht mehr verborgen bleiben, daß das Bertoldsdenkmal, an der Stelle des traditionsreichen Fischbrunnens im Schnittpunkt der beiden Hauptstraßen plaziert, ein wohlüberlegtes politisches Programm verkündete. Wandte doch Herzog Bertold, der Stifter und Wohltäter der Stadt, nun Tag für Tag – bis ihn verkehrstechnische Erwägungen später aus seiner sinnreichen Stellung rückten – bedeutungsvoll »Haupt und Blick gegen die Stammburg Zäringen und gegen die Residenzstadt unseres Fürstenhauses«: Vergangenheit und Gegenwart wurden so in der Erwartung zusammengespannt, daß der neue Regent aus dem Zähringergeschlecht die Privilegien seiner Vorfahren respektierte – hier ging es Freiburg in erster Linie um die städtische Verfassung und um das Recht zur Selbstbestimmung der inneren Belange –, daß er aber auch nicht zurückfiel hinter die Errungenschaften, die die Stadt den Habsburgern verdankte – hier ging es Freiburg insbesondere um die bedrohte Existenz der von Albrecht VI. gegründeten Hochschule. Es ging schließlich insgesamt um die Stellung Freiburgs als Hauptstadt des Breisgaus. Befürchtet wurde, daß die landesfürstlichen Regierungsstellen abgezogen und die Militärgarnison aufgehoben werden könnten. Mit dem Verlust von Universität, Mittelbehörden und Militär hätte die Stadt in der Tat ihre Zentralfunktion verloren und wäre zur völligen Bedeutungslosigkeit verurteilt gewesen.

Eine städtische Deputation, bestehend aus den Räten Adrians, Schnetzler und Weiß, hatte schon am 16. Januar 1806 in Karlsruhe diese Punkte dem neuen Landesherrn vortragen können. Das ihnen mitgegebene Begleitschreiben formulierte den »herzerhebenden Gedanken«, »daß Freiburg als das erste und bleibende Denkmal der Herzöge von Zähringen nach 587 Jahren wieder an jenes erlauchteste Stammhaus zurückkehre, dem es sein Daseyn, seine Gründung und Begabung, und unter der beglückenden hundertjährigen Regierung jenes erhabenen Mannsstammes so vielen Flor zu verdanken hatte, daß es auch unter allen Zeitveränderungen den Namen der Hauptstadt des Breisgaues führen und behaupten durfte.« Zähringergründung und -förderung, Blütezeit und hoffnungsvolle Rückkehr zum erlauchten Stammhaus, das alles hatte Gestalt angenommen in jenem Monument, das den Zähringer Bertold und den Zähringer Karl Friedrich über die trennenden Jahrhunderte hinweg zusammenführte, zum Besten des städtischen Gemeinwesens.

Die taktisch-politischen Absichten, die mit der Errichtung des Bertoldsbrunnens verfolgt wurden, sind also nicht zu übersehen. Allerdings, Karl Friedrich war durchaus ein Herrscher, der zur Integrationsfigur für das neue heterogene Staatsgebilde hätte werden können. »Der alte Herr, das Urbild des wohlwollenden Landesvaters, war ja den Bewohnern des Breisgaus kein Unbekannter... Man kannte seine Bemühungen um Förderung des Wohlstandes seiner Untertanen« (Kageneck) und der Freiburger Magistrat hatte dafür gesorgt, daß Karl Friedrichs bekannteste Tat, die Aufhebung der Leibeigenschaft, zum rechten Zeitpunkt in Erinnerung gerufen wurde: Mit einem Vorwort an die »lieben Mitbürger« versehen gab er zum Huldigungstag, der »uns auf ewig unter dem weisesten und mildesten Fürsten aus Zähringens Stamm ... vereinigt«, Karl Friedrichs Denkschrift »Antwort auf die Danksagungen des Landes nach Aufhebung der Leibeigenschaft« aus dem Jahre 1783, in der dieser seine Regierungsgrundsätze breit formuliert hatte, im Druck neu heraus.

Die Voraussetzungen für ein politisches Zusammenwachsen des neuen Staates wurden aber bereits durch den österreichisch-französischen Krieg von 1809, in dem Baden gezwungen war, Truppen gegen Habsburg marschieren zu lassen, sehr empfindlich gestört. Der Regierungsantritt des ungeliebten Großherzogs Karl 1811 verschärfte die Situation weiter, zumal er in eine Phase der wachsenden Verschuldung des badischen Staates mit der Folge vermehrter Steuerlasten fiel. Die sich rasch ausbreitende Mißstimmung ließ in Karlsruhe bereits die Befürchtung entstehen, es könnte im Breisgau zu einer Abfallbewegung kommen.

In dieser Situation mußte der Besuch des österreichischen Kaisers in Freiburg auf die großherzogliche Regierung höchst alarmierend wirken. War ihr doch auch nicht verborgen geblieben, daß der Freiburger Magistrat, unterstützt von allen führenden Schichten der Stadt, die Anwesenheit des Monarchen nützen wollte, diesen für einen Rückerwerb des Breisgaus zu gewinnen. Wie hoffnungsvoll die Stimmung in Freiburg war, zeigt die Prägung einer Gedenkmünze, die die Rückkehr des Breisgaus an das österreichische Kaiserhaus bereits als vollendete Tatsache feierte. Da sich der Münzstempel später in städtischem Besitz befand, dürften hinter der Prägung dieselben Kreise gestanden haben, die auch die politischen Fäden zum Kaiser zu knüpfen suchten. Noch einmal, Anfang Juni 1814, als Franz I. in Basel weilte, machte sich eine städtische Deputation auf, um erneut ihre Hoffnungen und Wünsche vorzutragen, an ihrer Spitze, neben Bürgermeister Adrians, der Stadtrat Ferdinand Weiß, jener also, der wenige Jahre zuvor zu den Initiatoren des Bertold-Denkmals gezählt hatte.

In der Tat war im Sommer 1814 die Frage einer Rückkehr des Breisgaus unter habsburgische Herrschaft durchaus noch offen. In den Verhandlungen des Wiener Kongresses trat freilich die Breisgau-Frage bald deutlich hinter andere territoriale Probleme Österreichs zurück. Die Freiburger hielten dennoch zäh an ihren Hoffnungen fest und suchten jede sich bietende Gelegenheit zu nutzen, dem Kaiser ihre treue Gesinnung zu beweisen. Der letzte und merkwürdigste Versuch fällt schon ins Jahr 1816. Der Zeichner bei der städtischen Baudirektion Joseph Heckle übersandte Franz I. eine Zeichnung des Münsters mit einem Text, den offenbar Ferdinand Weiß entworfen hatte und der, weil er ganz offensichtlich mit offizieller Billigung abgesandt wurde, seinen Weg in die städtischen Akten fand. Merkwürdig ist der Text, weil er die Habsburger, in der politischen Argumentation dieser Jahre zum ersten und einzigen Mal, in einen Zusammenhang mit den Zähringern bringt, und zwar am Beispiel jenes Denkmals, in dem sich Zähringer und Habsburger gleichermaßen verewigt hatten, dem Münster. Beschworen wird die politisch-ideelle Zusammengehörigkeit beider Herrscherhäuser (nicht die genealogische, wie es denkbar gewesen wäre): »Die von den Herzogen von Zähringen, Berthold I. und II. angefangene [!], von Berthold III. im Jahre 1120 vollendete, constituirte und dotirte Stadt Freyburg im Breisgau«, heißt es dort, »wurde von dessen Bruder Conrad während seiner Regirung vom Jahre 1123–1152 mit diesem Tempel verzieret, [welcher] von den Einwohnern ... sorgfältigst als großes Denkmal des Mittelalters erhalten wurde, das hohe Würdigung des Kaisers Maximilian I., seines Sohnes Philipp und dessen Söhne Carl V. und Ferdinand I., wie es die von ihnen gestifteten Glasmalereyen mit Namen und Wappen im Chore und in dessen Hallen nachweisen, auf sich zog, welchen vier Monarchen nach dem Anfange des 16ten Jahrhunderts, gegen diesen Tempel hinüber, am städtischen Kaufhaus ein Statuen-Denkmal von der Stadt Freyburg errichtet wurde.« Dieses war 1814 zur Erinnerung an den denkwürdigen Aufenthalt Franz' I. renoviert worden, nachdem Stadtrat Weiß mit seinem Vorschlag, ein eigenes Habsburger-Monument zu errichten, aus Kostengründen gescheitert war.

1816 war allerdings schon jede realistische Aussicht auf eine Rückkehr des Breisgaus an Österreich dahin. Auch die Freiburger hatten sich wieder langsam mit dem Gedanken vertraut zu machen, daß der heterogene badische Staat trotz schwerer politischer Turbulenzen Bestand haben würde. Willkommene Gelegenheit, Stadt und Bürgerschaft mit dem Unabänderlichen zu versöhnen, bot im Jahre 1820 die 700-Jahrfeier der Gründung Freiburgs, deren Festakt nicht zufällig auf den 25. August, auf den Geburtstag des Großherzogs Ludwig anberaumt wurde. Erwartungsgemäß ließ die Stadt die sich geradezu aufdrängende Gelegenheit nicht ungenutzt, den so häufig schon vorgeführten historischen Brückenschlag von den Gründern der Stadt zum regierenden Herrscherhaus noch einmal – und nicht zum letzten Mal – in einem symbolischen Akt zu versinnbildlichen. Am Morgen des »Jubeltags« wurde auf der »Ludwigshöhe« des Schloßbergs, die schon im Vorjahr zum Besuch des Großherzogs eingerichtet worden war und von der der müßige Spaziergänger »auch den nahen Anblick des Schlosses Zähringen« genießen konnte, eine Gedenktafel enthüllt. Ihr Text lautete: »Ludwigshöhe. Den Herzogen von Zähringen, Erbauern und Stiftern Freiburgs im Jahre MCXX, ewig dankbar; Ihrem hohen Abkömmling, Unserm Ludwig Großherzog von Baden, aus treuer Verehrung; den Bewohnern dieser ältesten, ersten Zähringer-Stadt zur frohen

226 Ansicht der Ludwigshöhe auf dem Freiburger Schloßberg

Erinnerung des VII. Jubeljahres ihrer Stiftung liebend gewiedmet und am Ludwigstage XXV. August MDCCCXX feiernd eingeweiht.« Der Festredner, Stadtrat Ferdinand Weiß, wußte in seiner Ansprache diesen Text wohl auszudeuten im Gesamtzusammenhang der siebenhundertjährigen Geschichte Freiburgs unter »Deutschlands ältestem Fürstenhaus, den erlauchten Zähringern..., und deren hohem Abkömmling, dem heute gefeierten Großherzog Ludwig.« Damit hatte sich der Kreis – Ironie des Schicksals – wieder geschlossen.

Daß die Freiburger nun wirklich auf dem Weg waren, ihren Frieden mit dem Haus Baden zu machen, erweist die Resonanz, die die Säkularfeier der Geburt des Großherzogs Karl Friedrich im Jahre 1828 auch hier fand. Nur Berechnung war es wohl nicht mehr, wenn Heinrich Schreiber bei dieser Gelegenheit rückblickend auf das Jahr 1806 meinte: »Eine neue Zeit begann, nicht ohne schwere Geburtsstunden; aber sie brachte uns, wie einst in jenen alten Tagen, unsern Retter, ja noch unendlich mehr, sie gab den Jahrhunderte hindurch schmerzlich losgetrennten Schößling seinem alten Stamme zurück. Einst und Jetzt berühren sich wieder; der lange Zwischenraum herber Trennung ist zurückgelegt. Der große Fürst, dessen Feier wir begehen, war von der Vorsehung dazu bestimmt, den gebrochenen Kreis wieder anzuknüpfen. Er knüpfte ihn an, im Geiste seiner Ahnen der Herzoge von Zähringen, der Menschenfreunde und Städtegründer.«

Lit.: A. Graf von Kageneck, Das Ende der vorderösterreichischen Herrschaft im Breisgau, 1981; L. Gall, Gründung und Entwicklung des Großherzogtums bis 1848, in: Badische Geschichte, hrsg. v. der Landeszentrale f. pol. Bildung Bad.-Württ., 1979, S. 11 ff.; K. Lankheit, Friedrich Weinbrenner und der Denkmalskult um 1800, 1979; P. P. Albert, Der Übergang Freiburgs und des Breisgaus an Baden 1806, in: Zeitschrift der Gesellschaft für Geschichtskunde zu Freiburg i. Br. 22 (1906/7), S. 161–188; B. von Simson, Zu dem Aufenthalt der verbündeten Monarchen in Freiburg i. Br. im Winter 1813/14, in: ZGO 53 (1899), S. 635–664; Th. v. Kern, Die Freiburger Deputation in Basel 1814, in: ZGGFreib 1 (1869) S. 244–252; Festreden zur Säcularfeier der Geburt des höchstseligen Großherzogs Karl Friedrich zu Baden, Freiburg 1828; Allgemeines Intelligenz- oder Wochenblatt des Landes Breisgau und Ortenau, 1806/1807; Freyburger Wochenblatt 1813, 1820; Akten: Stadtarchiv Freiburg, C 1 Brunnen 8, C 1 Festlichkeiten 1, C 1 Landesherrschaft 1, C 1 Landessachen 1; GLA Karlsruhe 48/5705; 200/99, 171, 172, 1091.

Hans Schadek

Vom Unglück in 120 Jahren Zähringergeschichte (1098–1218)

Eigentlich fing alles schon früher an – und schuld war eine Frau. In der Mitte des 11. Jahrhunderts hatte der Salierkaiser Heinrich III. dem Zähringer Bertold I. versprochen, ihn zum Herzog von Schwaben zu machen, sobald dieses Amt frei würde. Er hatte ihm als Unterpfand für dieses Versprechen sogar seinen Ring gegeben. Solche Versprechen waren im Mittelalter üblich: Historiker sprechen von Eventualbelehnung und Expectans. Die Zähringer waren also vor den Staufern ›herzogsfähig‹.

Doch starb der Kaiser noch vor dem amtierenden Schwabenherzog, und als dieser im Jahre 1057 verschied, regierte die Kaiserin Agnes für ihren unmündigen Sohn Heinrich IV. Sie aber vergab das Herzogtum Schwaben nicht im Sinne ihres Gatten, sondern an ihren Verwandten Rudolf von Rheinfelden, was den Zähringer Bertold begreiflicherweise nicht wenig erzürnte. Rudolf wiederum soll sich die ›Gunst‹ der Kaiserin auf ungewöhnliche Weise erworben haben: Er hat angeblich ihre Tochter entführt und geheiratet. Wie dem auch im einzelnen gewesen sein mag, die Zähringer wurden um ihre Anwartschaft auf das Herzogtum Schwaben betrogen. Sie waren um eine Chance gebracht, die sich nie wieder ergeben sollte, und viel Mißgeschick der Zähringergeschichte erklärt sich von diesem Fehlschlag am Anfang.

Den herzoglichen Rang konnte ihnen die Kaiserin Agnes letztlich nicht verweigern, und so belehnte sie Bertold I. im Jahre 1061 mit dem Herzogtum Kärnten. Aber war das ein Ersatz für die entgangene schwäbische Herzogswürde? Kein Zähringer hat versucht, seine Herzogsherrschaft in Kärnten zur Geltung zu bringen; sie haben Kärnten nicht einmal aufgesucht. Vielmehr hatte die Verleihung des Titels nur eine Funktion: die Zähringer im Rang mit anderen Herzogsgeschlechtern gleichzustellen. Sie waren nun Herzöge ohne Herzogtum, Titelherzöge. Eine solche Stellung aber barg Unsicherheiten und war sogar gefährlich. Das Mittelalter wußte sehr genau, daß niemand einen Namen oder Titel führen durfte, ohne die dazugehörige Sache zu besitzen – dies hielt man für eine Störung der gottgewollten Ordnung. Dem Namen die richtige Sache zuzugesellen gelang den Zähringern jedoch nicht, allen Anstrengungen zum Trotz. Und weil dieses Dilemma den Herrschern und Konkurrenten der Zähringer natürlich bekannt war, wurden ihnen gerade auf diesem Felde die höchsten Hürden entgegengestellt. Brauchte man sie dringend, gab man sich kompromißbereit, verlangte dafür aber Gegenleistungen, die die Zähringer in höchstem Maße forderten oder auch überforderten.

Im Jahre 1098 waren alle Parteien der jahrzehntelangen Auseinandersetzungen zwischen Saliern und den ihnen getreuen Staufern auf der einen, der Fürstenopposition mit Welfen und Zähringern und der Partei der Kirchenreform auf der anderen Seite müde. Zum Kompromiß gehörte die Garantie der zähringischen Herzogsstellung durch die Salier. Zu diesem Zweck verfiel man auf eine neuartige Konstruktion, die später jedoch noch mehrfach dazu verwendet wurde, eine herzogsgleiche Stellung zu fixieren. Kaiser und Könige erhoben Adlige durch die Übertragung einer Stadt und einer Burg in den sogenannten Reichsfürstenstand. Im Falle der Zähringer war es die wichtige schwäbische Herzogsstadt Zürich und die Burg Zähringen. Beide Orte aber bildeten zweifelsohne kein Reichsfürstentum, geschweige denn ein Herzogtum. Sie fungierten vielmehr als die Symbole einer vom schwäbischen Herzog unabhängigen Herrschaft. Und nach der Burg Zähringen benannten sich ab 1098 auch die neuen Herzöge als ›Herzöge von Zähringen‹.

Den Staufern, seit 1079 Inhaber der schwäbischen Herzogswürde, war diese Ausgliederung ganz offensichtlich ein Ärgernis. Wir wissen, daß der junge Friedrich Barbarossa anläßlich eines Feldzuges gegen Herzog Konrad von Zähringen gerade diese beiden Symbole zähringischer Unabhängigkeit angriff und eroberte, worauf Herzog Konrad bittflehend vor den Staufern erscheinen mußte, um Frieden zu erbitten – eine von mehreren schmerzlichen Wunden, die gerade Barbarossa den Zähringern schlug. Ein Herzogtum war also mit dieser Konstruktion Zürich/Zähringen nicht geschaffen, die Stellung der Zähringer ungesichert.

Eine Art Herzogtum stellte vielmehr erst ein König den Zähringern in Aussicht, der gerade sehr auf ihre Hilfe angewiesen war. Der 1125 erwählte Sachse Lothar von Supplinburg hatte die Staufer als schärfste Gegner seines Königtums und war deshalb bemüht, gegen diese in Schwaben ein Gegengewicht zu schaffen. Wer eignete sich hierzu besser als die Zähringer, die denn auch bald nach der Königswahl Lothars von diesem den Titel eines Rektors von Burgund verliehen bekamen. Dieses Amt aber hatte es zuvor nicht gegeben, was nachdenklich macht.

In der Tat war es zunächst lediglich ein Anspruch, dessen Durchsetzung den Zähringern selbst überlassen blieb. Es war nicht einmal klar, auf welchen Raum sich dieses Amt genau bezog, denn Burgund war kein Herzogtum, sondern ein Königreich, das zwar seit einem Jahrhundert zum Deutschen Reich gehörte, ohne daß die Könige jedoch dort ihre Macht hätten zur Geltung bringen können. Dieser Anspruch auf die Herzogsstellung in Burgund und in der Provence, d. h. bis ans Mittelmeer, aber bestimmte die Zähringergeschichte der Folgezeit ganz entscheidend. Er war die Möglichkeit schlechthin, sich in der ersten Reihe der Reichsfürsten zu etablieren, und er beinhaltete die Gefahr, die eigenen Kräfte zu überfordern.

Letzteres scheint eingetreten zu sein, als Friedrich Barbarossa dem Zähringer Bertold IV. versprach, ihm bei der Eroberung ganz Burgunds mit dem Reichsheer behilflich zu sein. Doch bekam kein Zähringer von einem Staufer etwas umsonst – und am wenigsten etwas von Friedrich Barbarossa. 1000 Panzerreiter versprach der Zähringer, selbst für den Burgundzug aufzubieten, weitere 500 für einen bevorstehenden Italienzug des Königs zu stellen. Es war wohl ein Unglück für die weitere Zähringergeschichte, daß der junge Bertold IV. nicht erkannte, wie schwierig es für ihn war, solch große Kontingente auf die Beine zu stellen. Man versteht die Größenordnung dessen, was Barbarossa verlangte, besser, wenn man weiß, daß das ganze Reichsheer auf Barbarossas erstem Italienzug nur 1800 Panzerreiter zählte.

Bertold IV. hat es jedenfalls nicht geschafft, die Truppen zusammenzubringen, und der Traum von der Herrschaft über ganz Burgund war spätestens dann ausgeträumt, als Friedrich I. 1156 selbst die Erbtochter der Grafen von Burgund, Beatrix, heiratete.

Doch nicht nur das war ein Unglück. Prestigeverluste bedeuteten im Mittelalter noch mehr als sie heute bedeuten. Die Zähringer hatten auf Grund ihrer ungesicherten Stellung schon immer um ihr Prestige zu kämpfen. Und sie wurden nicht selten auf Grund dieser Unsicherheiten und ihrer Ambitionen Zielscheibe des Spottes ihrer Zeitgenossen. So hatte schon der Salzburger Erzbischof Konrad im Jahre 1138 Konrad von Zähringen mit bösem Sarkasmus in die Schranken gewiesen, als dieser ihn auf seine Pflicht gegenüber dem König hinweisen wollte. »Herr Herzog«, hatte er gesagt, »wenn ihr ein Wagen wäret, würdet ihr wohl vor den Ochsen einherlaufen.« So wie ein Wagen mit solch unsinnigem Übereifer nur Unheil anrichten und die gottgesetzte Ordnung stören würde, so auch der Zähringer, heißt das vernichtende Urteil. Auch das Urteil des staufischen Geschichtsschreibers Otto von Freising läßt den beißenden Spott deutlich werden, der den Zähringern entgegenschlagen konnte. Sie hätten nur Teil – so lautet dessen Fazit – am Titel ohne die Sache, sie führten nur den leeren Namen *(vacuum nomen)* des Herzogs und vererbten dieses ›Leergut‹ von Generation zu Generation. Im übrigen aber – dies klingt nach Hohn – führten sie ein Leben in Reichtum und Ehren.

Wie man mit den Zähringern in dieser Zeit umsprang, zeigt auch eine Begebenheit aus dem Jahre 1184, die Gislebert von Mons erzählt. Friedrich Barbarossa habe einen Erbverzichts-Vertrag Bertolds IV. mit dem Grafen Balduin V. vom Hennegau, der dem Zähringer immerhin 1660 Pfund reinen Silbers eingebracht hätte, mit dem Hinweis zum Platzen gebracht, der Zähringer würde ohnehin vor dem Hennegauer sterben. Die Hälfte der Summe wanderte übrigens statt in die Zähringer- in die Kasse des Kaisers, der den Hennegauer dafür in den Reichsfürstenstand zu erheben versprach. Die Liste der Zurücksetzungen und Brüskierungen der Zähringer namentlich durch Friedrich Barbarossa ließe sich verlängern: Barbarossa sorgte für die Scheidung Heinrichs des Löwen von Clementia von Zähringen, und er verweigerte die Bestätigung der Wahl des Zähringers Rudolf zum Erzbischof von Mainz. Solche Prestigeverluste blieben im Mittelalter nicht ohne Folgen. Diese sehen wir sehr deutlich etwa bei Herzog Bertold IV. (1152–1186), der sich nach anfänglich großen Anstrengungen immer seltener am Königshof zeigte, das heißt aber auch, daß er kaum noch am großen politischen Geschehen beteiligt war.

Dagegen scheint zu sprechen, daß sein Sohn Bertold V. im Jahre 1198 einer der Kandidaten für das Königsamt war, womit wir beim nächsten Unglück der Zähringergeschichte wären. Eine Gruppe antistaufischer Reichsfürsten, allen voran der Kölner Erzbischof, drängte den Zähringer zur Kandidatur gegen die Staufer, die 1198 nur den unmündigen Friedrich II. in Sizilien und Philipp von Schwaben aufbieten konnten, der jedoch für die geistliche Laufbahn bestimmt und ausgebildet worden war. Diese Fürsten, das muß man wissen, hätten jeden zum König gewählt, nur keinen Staufer. Der Vertreter eines Geschlechts, das seit langer Zeit viele Auseinandersetzungen mit den Staufern gehabt hatte, lag daher als Kandidat nahe, zumal 1198 zunächst kein Welfe greifbar war.

Bertold V. hat sich dem Drängen nur zögernd, und wie sich bald zeigte, nur halbherzig gebeugt. Ihn schreckte wohl der finanzielle Aufwand, der nötig war, um seine Wähler zu bezahlen, denn umsonst gab es auch die Stimmen dieser Fürsten nicht. Kaum war er jedenfalls von ihnen räumlich getrennt – man wollte erst in Andernach wieder zur Königswahl zusammenkommen –, trat Bertold in Verhandlungen mit Philipp von Schwaben und verzichtete gegen handfeste Vorteile in Schaffhausen und Breisach auf eine Kandidatur. Im Reich kursierten außerdem Gerüchte über riesige Bestechungssummen. Die Konsequenz dieses Parteiwechsels aber war nicht zuletzt die, daß der Zähringer nun zwischen allen Stühlen saß. Weder bei den Staufern noch bei deren Gegnern, die mit Otto IV. einen Welfen zum König wählten, hat der Zähringer bis zu seinem Tode 1218 noch eine Rolle gespielt.

Es war hier vom Unglück und den Mißerfolgen der zähringischen Geschichte die Rede. Sie liegen wesentlich in der Jagd nach dem Herzogtum begründet, die letztlich erfolglos blieb. Mißerfolge aber zogen Einbußen an Rang und Prestige nach sich, die sich den Ambitionen hindernd in den Weg stellten. Hieraus entwickelte sich ein Teufelskreis, aus dem zu entrinnen den Zähringern nicht gelang. Der hier vorgestellte – das sollte man nicht vergessen – ist jedoch nur ein Aspekt der Zähringergeschichte. Es gibt auch freundlichere. *Gerd Althoff*

Lit.: Siehe Kat.-Nrn. 55–77.

Unbekannter Zähringerbesitz am mittleren Rhein

Der Herrschaftsbereich der Herzöge von Zähringen spannte sich im 12. Jahrhundert, will man sich an festen Punkten orientieren, von Offenburg im Norden bis nach Lausanne im Süden. Im Osten bildete Zürich einen markanten Eckpunkt.

Über diesen Rahmen griffen die Zähringer mit ihren Ansprüchen zeitweilig weit hinaus. Mitte des 12. Jahrhunderts hofften sie gar, ihre Herrschaft bis in die Provence und an das Mittelmeer ausdehnen zu können. Die Erwartungen stützten sich auf das 1127 von König Lothar III. an Herzog Konrad von Zähringen verliehene Rektorat von Burgund. Dahinter stand das Recht, den König bei seiner Abwesenheit im Königreich Burgund zu vertreten. Weiterhin konnten sich die Herzöge Hoffnungen auf das Erbe der Grafen von Burgund um Besançon machen. Unter Bertold IV. waren dann einige Jahrzehnte später, um 1180, die zähringischen Hoffnungen noch dazu auf einen Anteil am Erbe der Grafen von Namur im Moselraum gerichtet. Alle diese weiträumigen politischen Ziele ließen sich freilich nicht verwirklichen.

Daß aber Besitz tatsächlich auch jenseits des oben umrissenen zähringischen Einflußbereichs vorhanden war, und daß er sich nicht nur auf unerfüllte Ansprüche gründete, zeigen zwei Nachrichten vom mittleren Rhein. Sie fanden in der Zähringerforschung bisher keine Beachtung und sind auch dem Altmeister der Zähringerforschung, Eduard Heyck, unbekannt geblieben.

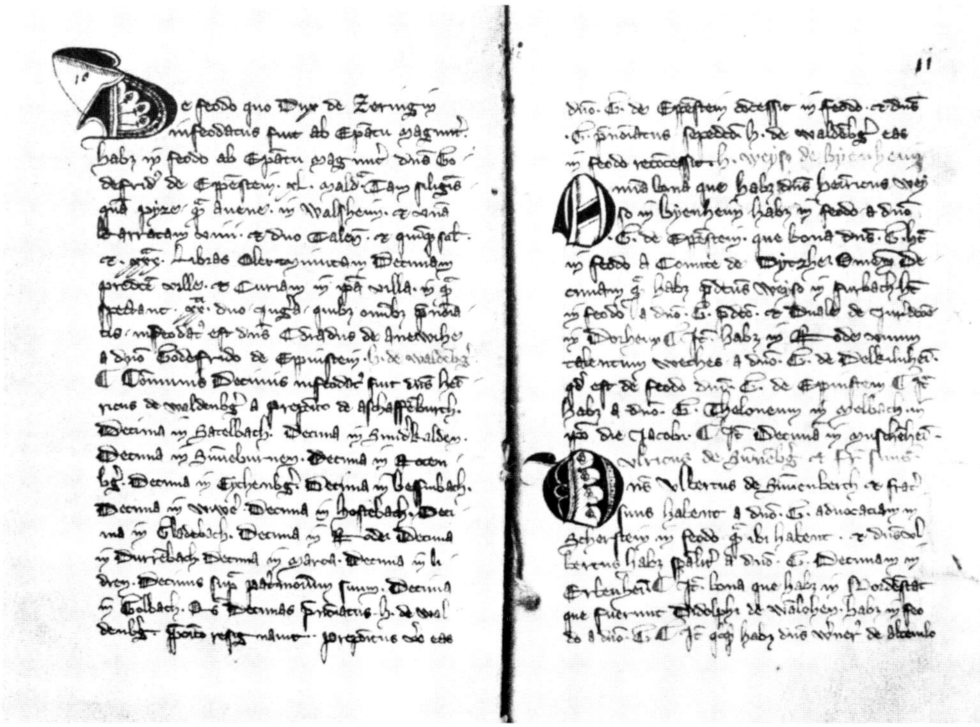

227 Eppsteiner Lehnbuch (Kat.-Nr. 39)

Die Belege stammen aus dem »Bolander Lehnbuch« und dem »Eppsteiner Lehnbuch«. Es handelt sich bei diesen um »Amtsbücher« des Adels, mit deren Hilfe die weitgestreuten und meist stark zerstückelten Rechte und Besitzungen schriftlich festgehalten wurden. Die beiden genannten Lehnbücher, die heute im Hessischen Hauptstaatsarchiv in Wiesbaden liegen, zählen zu den ältesten ihrer Art in Deutschland.

Das Bolander Lehnbuch ist Mitte des 13. Jahrhunderts aufgezeichnet worden, enthält aber Teile, die inhaltlich noch in das ausgehende 12. Jahrhundert zurückreichen. Das Eppsteiner Lehnbuch wurde gegen Ende des 13. Jahrhunderts geschrieben, aber auch in diesem Buch gehen einzelne Abschnitte bis in das vorherige Jahrhundert zurück. Beide Lehnbücher enthalten also noch Nachrichten aus der Zeit der 1218 im Mannesstamm ausgestorbenen Herzöge von Zähringen.

Die Familie von Bolanden (heute Kirchheimbolanden in der Pfalz) gehörte zu den führenden Ministerialengeschlechtern der Stauferzeit. Im Dienste des Königs gelangte sie schon unter Friedrich Barbarossa in der zweiten Hälfte des 12. Jahrhunderts zu Reichtum und politischem Ansehen in einem Maße, das jenes vieler edelfreier Geschlechter bei weitem übertraf. Dieser so hervorragenden Stellung im Reich entsprach es, daß die Bolander nach Ausweis ihres Lehnbuches nicht weniger als 45 verschiedenen Lehnsherren dienten.

Unter ihnen befand sich, was nun nicht mehr verwunderlich ist, auch der Herzog von Zähringen. Von ihm besaß Werner II. von Bolanden vier Mansen (Hufen) zu Köngernheim an der Selz, westlich von Oppenheim gelegen, und einen Zins von 10 Schillingen bei Wörrstadt, einem Ort nördlich von Alzey, zu Lehen. Woher dieser zähringische Besitz im heutigen Rheinhessen stammt, ist ungeklärt. Seinem Umfang nach handelt es sich um Streubesitz, doch ist anzunehmen, daß er zu einem größeren Güterkomplex gehörte, von dem wir aber nichts wissen.

Von anderer Herkunft und größerem Gewicht ist jener im Eppsteiner Lehnbuch angeführte Besitz. Die Herren von Eppstein mit ihrer Stammburg Eppstein im Taunus waren im Gegensatz zu dem Reichsministerialengeschlecht von Bolanden edelfreier Herkunft. Im 13. Jahrhundert gewannen sie eine überregionale Bedeutung, konnten sie doch allein viermal den wichtigsten geistlichen Reichsfürsten, den Erzbischof von Mainz, stellen.

Nach den Angaben des Eppsteiner Lehnbuches besaßen die Herzöge von Zähringen einen Hof zu *Walsheim* mit reichem Zubehör vom Mainzer Erzbistum zu Lehen. Nach dem Tode des letzten Zähringers 1218 und dem Heimfall des Lehens gab der nicht näher genannte Erzbischof von Mainz dieses an Gottfried von Eppstein wieder zu Lehen aus. Wahrscheinlich handelte es sich um Erzbischof Siegfried II. (1200–1230), der damit seinen Bruder Gottfried von Eppstein bedachte.

Leider ist es bisher nicht möglich gewesen, Walsheim eindeutig zu lokalisieren. Wenigstens vier Ortschaften mit diesem Namen gab es zur fraglichen Zeit. Es findet sich ein Hof Walsheim bei Heidenfahrt am linken Rheinufer zwischen Mainz und Bingen, doch war dieser Hof seit Mitte des 12. Jahrhunderts im Besitz des Zisterzienserklosters Eberbach im Rheingau. Er wurde von der Abtei wenig später mit dem neuen klösterlichen Wirtschaftshof »Sandhof« vereinigt. Von einem Dorf und einem zähringischen Hof verlautet nichts. Zu nennen sind ferner Walsheim südlich Blieskastel im heutigen Saarland sowie Waldsee zwischen Speyer und Ludwigshafen, das bis in das 18. Jahrhundert ebenfalls Walsheim hieß.

Die größte Wahrscheinlichkeit spricht aber für Walsheim nördlich von Landau in der Pfalz, und zwar deshalb, weil Gottfried von Eppstein das ihm übertragene Lehen offenbar sogleich an einen *Conradus de Anewihe* weitergab. Mit diesem dürfte Konrad von Annweiler, der Bruder des berühmten staufischen Reichsministerialen und Verwesers des Königreichs Sizilien, Markward von Annweiler, gemeint sein. Annweiler liegt in der Nähe des genannten Walsheim, so daß diese letzte Belehnung ihren Sinn hätte.

Der Zähringer Besitz zu Walsheim warf einen reichhaltigen Ertrag ab. Er umfaßte 40 Malter, anteilig Weizen, Hafer und Erbsen, ferner ein Fuder Wein, 30 Pfund Öl, 2 Talente und 5 Schilling an Geld, dazu den kleinen Zehnten im Dorf sowie schließlich einen Hof im Ort selbst mit 22 Jucharten (Morgen). Der tatsächliche Wert läßt sich bei den schwankenden Maßen und Gewichten dieser Zeit nicht näher ermessen. Aber er war doch beachtlich, rechnen wir beispielsweise das Fuder Wein zu knapp 1000 Litern.

Die Einkünfte zu Walsheim waren somit sehr vielfältig. Es handelte sich hierbei sicherlich um eine Versorgungsstation der Zähringer, wenn der Weg sie in das Rhein-Main-Gebiet und weiter an den Niederrhein führte. Oft genug hielten sich die Herzöge auch in Reichsangelegenheiten in diesen Gegenden auf. Wann der Erzbischof von Mainz das Lehen an den Zähringer gab, ist nicht bekannt. Vielleicht geschah dies unter Rudolf von Zähringen während seines gescheiterten Versuchs um 1160, den Mainzer Erzstuhl zu gewinnen. Eher noch könnte das Lehen zu Walsheim eine Entschädigung für dessen Verzicht auf die Mainzer Ansprüche gewesen sein, doch sind dies nur unbelegbare Vermutungen.

Tatsache aber ist, daß die Herzöge von Zähringen am mittleren Rhein über Rechte und Besitz verfügten. Gäbe es noch mehr Lehnbücher der vorgenannten Art aus dieser Zeit, würden wir wohl noch andernorts auf Zähringer Besitz stoßen, wo man ihn nicht unbedingt erwarten würde.

Lit.: W. SAUER (Hrsg.), Die ältesten Lehnsbücher der Herrschaft Bolanden, 1882, hier S. 23; A. ECKHARDT, Das älteste Bolander Lehnbuch. Versuch einer Neudatierung, in: AfD 22 (1976), S. 317–344; vgl. H. HEINEMANN, Kat. Nr. 39.

Hartmut Heinemann

Quellenforschung in letzter Minute: Erfahrungen der Stadtkernarchäologie in Zähringerstädten am Beispiel Freiburgs im Breisgau

Noch nicht 25 Jahre ist es her, daß mit der ersten Planstelle für die Archäologie des Mittelalters bei der staatlichen Denkmalpflege in Baden-Württemberg im deutschen Südwesten der allmähliche Ausbau dieses Fachbereichs begonnen wurde. Bis dahin war er weitgehend hinter den Aufgaben der Ur- und Frühgeschichte und der provinzialrömischen Archäologie zurückgetreten. Ausgenommen sind einige wenige Ausgrabungen in Kirchen und Wüstungen und gelegentliche Notdokumentationen von vereinzelten Fundstellen, die nur in seltenen Fällen auch den Bereich der Stadtarchäologie berühren. Im Gegensatz zum norddeutschen Raum, der DDR und den Nachbarländern blieb die Phase des Wiederaufbaus der Städte nach den Kriegszerstörungen seit 1945 von der Archäologie nahezu ungenutzt. In Freiburg, dessen mittelalterliche Altstadt zu ca. 80% zerstört wurde, sind – abgesehen von wenigen Befundaufnahmen des Staatlichen Amtes für Ur- und Frühgeschichte, des Stadtbauamtes unter Joseph Schlippe und einiger ›Einzelkämpfer‹, wie Rudi Keller – keinerlei zusammenhängende archäologische Untersuchungen im städtischen Siedlungsgebiet vorgenommen worden. Bislang ist es auch nicht gelungen, das wenige geborgene Material zusammenzutragen und für eine wissenschaftliche Auswertung nutzbar zu machen. Vieles dürfte inzwischen verloren sein.

Auch in »Zähringer-Städten«, die vom Krieg weniger heimgesucht oder gar weitgehend verschont geblieben sind, stellt sich das Bild nicht anders dar. Wenn überhaupt, so wurden Bau- und Renovierungsmaßnahmen in Kirchen (z.B. der Heizungseinbau im Freiburger Münster, Restaurierung des Villinger Münsters) von archäologischen Untersuchungen begleitet. Im Breisacher Münster unterblieb auch dieses. Die Grabungen der Nachkriegszeit auf dem Münsterberg dienten überwiegend der Klärung der römischen und vorrömischen Befundlage.

Beschränkte sich die erste Phase des Wiederaufbaus vielfach noch auf eine Bautätigkeit, die die erhaltenen Fundamentmauern wieder nutzte, so brachte der Aufbau seit den 60er Jahren insbesondere durch Garagenbauten, die sich über ganze Straßenblocks erstreckten, einen totalen Verlust sämtlicher historischer Ablagerungen und Baureste im Boden mit sich. Dasselbe gilt von den tiefgreifenden Neubauten der Verkehrswege und der Versorgungsleitungen.

In einer Zeit des neu gewonnenen Interesses an der eigenen Vergangenheit ist das Bedauern für diese Totalverluste unüberhörbar. Noch immer scheint jedoch nicht erkannt worden zu sein, daß es nicht ausreicht, staatliche Institutionen oder wissenschaftliche Einrichtungen auf diese Aufgaben hinzuweisen und für Unterbliebenes verantwortlich zu machen, sondern selbst die beträchtlichen Kosten und Mühen mitzutragen. Erst die Beschäftigung hauptamtlicher Stadtarchäologen, ausgestattet mit einem kleinen, qualifizierten Helferstab, nach Modellen, wie sie beispielsweise in Göttingen verwirklicht wurden, kann hier noch in letzter Minute wirksam Abhilfe schaffen.

Gleichzeitig mit der rigorosen Beseitigung der im Boden schlummernden Geschichtsquellen hat insbesondere in Freiburg die Erforschung der frühen Entwicklungsgeschichte der Stadt und die Zähringer-Frage eine intensive Forschertätigkeit der Historiker unterschiedlichster Herkunft erfahren. Die Arbeiten der Historiker haben gezeigt, daß gerade für die frühe Geschichte der »Zähringer Städte« allenfalls durch minutiöse Kleinarbeit bei der Interpretation der bereits bekannten Schriftquellen noch neue Erkenntnisse möglich sind. Mit dem Neufund bislang unbekannter Urkunden im üblichen Wortverstand wagt wohl kein Historiker zu rechnen.

Demgegenüber erbrachte die archäologische Arbeit von wenigen Jahren bislang nicht erwartete neue Einblicke in die bauliche Entwicklung des frühen Freiburg. Das seit Jahrzehnten gefestigte Bild der planmäßigen Gründungsstruktur Freiburgs mit ihren charakteristischen Hofstätten und Hausgrundrissen war zwar in den letzten Jahren vielfach kritisch diskutiert worden. Es fehlten jedoch die geeigneten Befunde, um hier zu neuen Ergebnissen zu kommen. Die Neufunde im

228 Ein mittelalterliches Anwesen in Freiburgs Altstadt wird saniert

229 Ein Schichtenprofil, das Stadtgeschichte beschreibt: eine mittelalterliche Latrine, die ein Schleifstein abdeckt, jüngere Hofpflasterungen laufen darüber hinweg. Fundamente und Bodenverfärbungen zeugen von verschwundenen Bauten

Bereich Herrenstraße/Oberlinden/Salzstraße und die Neuinterpretation bereits vorliegender Baubefunde verlangen eine gründliche Revision der bisherigen Aussagen. Die heute noch anhand eines Kellerplans nachvollziehbare Baustruktur des mittelalterlichen Freiburg spiegelt demnach eine Ausbaustufe wider, deren Wurzeln tatsächlich erst in der späten Zähringer-Zeit zu liegen scheinen (Herrenstraße 34). Die mittlerweile in mehreren Beispielen nachweisbaren turmartigen Baukörper, in der Tiefe der Grundstücke, von der Straße weit zurückgelegen, bilden offensichtlich den Kern der nachmals für Freiburg so typisch gewordenen Bürgerhäuser, die bislang zumeist dem Gründerwillen der Zähringer Herzöge zugeschrieben wurden. Noch reichen die Erkenntnisse an den Einzelgebäuden nicht aus, um bereits sichere Datierungen vorzunehmen, die mehr Präzision geben als eine Entstehungszeit vor dem 13. Jahrhundert. Die vielfältigen Einzelbefunde von Bauuntersuchungen in bestehenden Gebäuden der Altstadt (Salzstraße, Herrenstraße, Schusterstraße, Oberlinden) und von Rettungsgrabungen (Münsterplatz, Salzstraße, Gauchstraße) fügen sich jedoch bereits jetzt zu einem Mosaikbild zusammen, das stark von den bisherigen Darstellungen abweicht: In weiten Bereichen der Altstadt lag die Geländeoberfläche an der Wende des 12. zum 13. Jahrhundert beträchtlich tiefer als heute. Auf dem Münsterplatz um ca. 80–100 cm, im Hofbereich zwischen Gauchstraße und Schiffstraße um 120–150 cm, was dem Geländesprung zwischen Turmstraße und Gerichtslaube entspricht, ähnlich auch an der Salzstraße, im Bereich Oberlinden sogar annähernd 2 m. Ehemalige Laufniveaus, Hofpflasterungen, Planierschichten des Sandsteinabfalls der Münsterbauhütte, vermischt mit charakteristischen Bruchstücken von Keramik aus dem beginnenden 13. Jahrhundert, belegen diesen Befund unbezweifelbar. Auch einige wenige Profilschnitte im Straßenbereich erbrachten vergleichbare Ergebnisse.

Diese summarischen Andeutungen sollen genügen, um aufzuzeigen, wie die »Quellenforschung mit dem Spaten« in kurzer Zeit ganz wesentliche neue Geschichtserkenntnisse erbringen kann. Ganz unersetzlich ist natürlich die enge Zusammenarbeit mit der traditionellen Geschichtsforschung. Doch ist die archäologische Arbeit in Städten mit immensen technischen und finanziellen Aufwendungen verbunden. Darüber hinaus bedarf es einer ständigen Einsatzbereitschaft, um jederzeit unvermutet aufgetauchte neue Befunde sachgerecht sicherstellen zu können. Somit ist auch die enge Zusammenarbeit aller technischen Dienste einer Stadtgemeinde mit den fachlich geeigneten Wissenschaftlern unumgänglich, um in letzter Minute noch zu retten, was zu retten ist. In Freiburg sind neben der archäologischen Arbeit des Landesdenkmalamtes durch die zeitlich befristete Tätigkeit eines Archäologen bei der Stadt (siehe den Beitrag von I. Beyer) die ersten Anfänge für eine verantwortliche Stadtarchäologie gemacht, die jedoch angesichts der ungebrochenen Bautätigkeit in der Altstadt der Aufgabenstellung noch lange nicht gerecht werden können.

Nur neidvoll kann der Archäologe ebenso wie der Historiker von Freiburg aus auf die intensive archäologische Tätigkeit beispielsweise in Basel und Zürich blicken. Gruppen aus Kunsthistorikern und Archäologen, Architekten und technischen Mitarbeitern, ausgestattet mit moderner Ausrüstung, fördern beinahe täglich neue Erkenntnisse zur Entwicklungsgeschichte und zum Lebensbild ihrer Städte zutage. Unterstützt und ergänzt wird diese Arbeit durch intensive Forschertätigkeit in den öffentlichen Archiven, ohne die die Ergebnisse der Archäologie vielfach auch Stückwerk bleiben müßten.

Lit.: Zu Einzelergebnissen der Stadtarchäologie siehe die Angaben bei den Beiträgen zu Freiburg, Kellerplan (Nr. 210), Turmhaus (Nr. 189), usw. zu Villingen, Gemarkungsplan (Nr. 241), Münstergrabung (Nr. 242). Die neuesten Forschungsberichte zu Basel in: Archäologische Bodenforschung des Kantons Basel-Stadt, Jahresbericht 1983 und 1984, jeweils in: Basler Zeitschrift für Geschichte und Altertumskunde 84 (1984) und 85 (1985). Zum Beispiel Göttingen: S. SCHÜTTE, Fünf Jahre Stadtarchäologie. Das neue Bild des alten Göttingen, 1984. Umfangreiches Material bieten zum Thema: Lübecker Schriften zur Archäologie und Kulturgeschichte, Bd. I, 1978 – Bd. V, 1981. Grundlegend zum Thema die zahlreichen Einzelbeiträge in: Aus dem Alltag der mittelalterlichen Stadt, Handbuch zur Sonderausstellung vom 5. Dezember 1982 bis 24. April 1983 im Bremer Landesmuseum für Kunst- und Kulturgeschichte, 1982, und neuerdings Stadt im Wandel, Kunst und Kultur des Bürgertums in Norddeutschland 1150–1850. Landesausst. Niedersachsen 1985, 4 Bde.

Peter Schmidt-Thomé

Warum das Freiburger Markt- und Stadtrecht so berühmt geworden ist

Der Ruhm des Freiburger Stadtrechts hat seine Wurzeln in der zentralen Bedeutung Freiburgs für die Stadtgeschichte: Weil seine Gründung im Jahr 1120 als früheste planmäßige Stadtgründung auf deutschem Boden angesehen wurde, avancierte die zugehörige »Gründungsurkunde« zum »ältesten deutschen Stadtrechtsprivileg« und entsprechend zu einem vieldiskutierten Dokument. Allerdings gleichen die Debatten mitunter eher einem grandiosen Schattenboxen, denn der Gegenstand der Auseinandersetzungen, das Gründungsprivileg, ist vermutlich schon im 13. Jahrhundert verlorengegangen. Sein Inhalt muß in einem so komplizierten Verfahren aus späteren Aufzeichnungen rekonstruiert werden, daß fast jeder Rekonstrukteur zu einer anderen »Urfassung« zurückfindet – wenn er sich nicht schließlich jener Fraktion anschließt, die seine ursprüngliche Existenz leugnet.

Daß die Frage nach dem Freiburger Gründungsprivileg nicht wegen Unlösbarkeit schon längst zu den Akten der Geschichte gelegt wurde, liegt einzig an der Bedeutung dieses Dokumentes: Warum und unter welchen Vorbedingungen im 12. Jahrhundert im Deutschen Reich erstmals Städte gegründet wurden, die nicht auf die – seit dem Frühmittelalter als Bischofssitze genutzten – Römerstädte zurückgehen, ist noch unklar. Seit dem 13. Jahrhundert sind die Stadtbürger, neben Bauern, Adel und Geistlichkeit, ein wesentliches, sogar das progressivste Element der Gesellschaft – aber wie die städtischen Gemeinschaften entstanden, weiß man nicht. Wenn es gelingen würde, den Inhalt der Freiburger Gründungsurkunde von 1120 sicher zu rekonstruieren, wäre damit ein einzigartiges Zeugnis über die Ausgangsbedingungen einer Siedlung gewonnen, die wenige Jahrzehnte später eindeutig als Stadt erscheint.

Es hat über hundert Jahre und viel mühsame Kleinarbeit mehrerer Historiker gebraucht, bis hinter den verworrenen Linien eines Suchbildes aus erweiterten Abschriften des Gründungsprivilegs, aus später umgearbeiteten Fassungen, zufällig erhalten gebliebenen Konzepten und Rechtstexten anderer (Zähringer)städte die ursprüngliche Gestalt der Freiburger Gründungsurkunde in etwa wieder sichtbar wurde. Ihr Inhalt zerstörte einige Legenden – allen voran die, Freiburg sei als bewußt geplante Reißbrettstadt von einem Zähringerherzog in kurzer Zeit erbaut worden: Nicht Herzog Bertold III., sondern sein jüngerer Bruder Konrad meldet schlicht, er habe »1120 in seinem Ort Freiburg einen Markt errichtet«, und es scheine ihm ratsam aufzuschreiben, was dabei mit den angeworbenen Kaufleuten vereinbart wurde.

Dreierlei ist an der Freiburger Marktgründung ungewöhnlich: Erstens die schriftliche Fixierung einer rein weltlichen Rechtsangelegenheit zu einem so frühen Zeitpunkt – von wenigen Ausnahmen abgesehen, konnten im 12. Jahrhundert nur Geistliche lesen und schreiben, Laien bekräftigten daher ihre Abmachungen üblicherweise nur mit einem feierlichen Schwur vor Zeugen. Zweitens durfte eine Marktgründung nur mit königlicher Zustimmung vorgenommen werden. Konrad, im Gründungsjahr 1120 vom Schaffhausener Abt noch ärgerlich als *quidam puer adolescens*, als »Halbstarker« bezeichnet und also keineswegs ein gestandener Fürst von großem politischen Gewicht, handelte im Fall Freiburgs aber offensichtlich auf eigene Faust. Und in seinen Zusicherungen schließlich finden sich, neben den üblichen Garantien eines Marktherrn – Geleitschutz für die Marktbesucher, Zollerlaß für ansässige Kaufleute, Regelung von Streitfällen nach Kaufmannsrecht – auch ganz neuartige Privilegien: Die Marktbewohner durften Priester und Vogt selbst wählen. Sie konnten ihre Hausgrundstücke, die ihnen Konrad gegen einen geringen symbolischen Jahreszins überließ, frei verkaufen und ihren Besitz ohne die üblichen Sterbefallabgaben an den Marktherrn weitervererben. Weder Konrad noch jemand anders durfte gegen ihren Willen im Ort Quartier nehmen. Das alles verschaffte den Bürgern der neuen Siedlung, die zudem noch durch eine nicht näher faßbare »Schwurverbrüderung« *(coniuratio)* untereinander verbunden waren, eine außergewöhnliche Selbständigkeit und Bewegungsfreiheit gegenüber dem Marktherrn.

Abb. 230

Die Freiburger Stadtrechtsfamilie

(Aufgenommen sind nur die im Katalog erwähnten Urkunden und Bezüge)

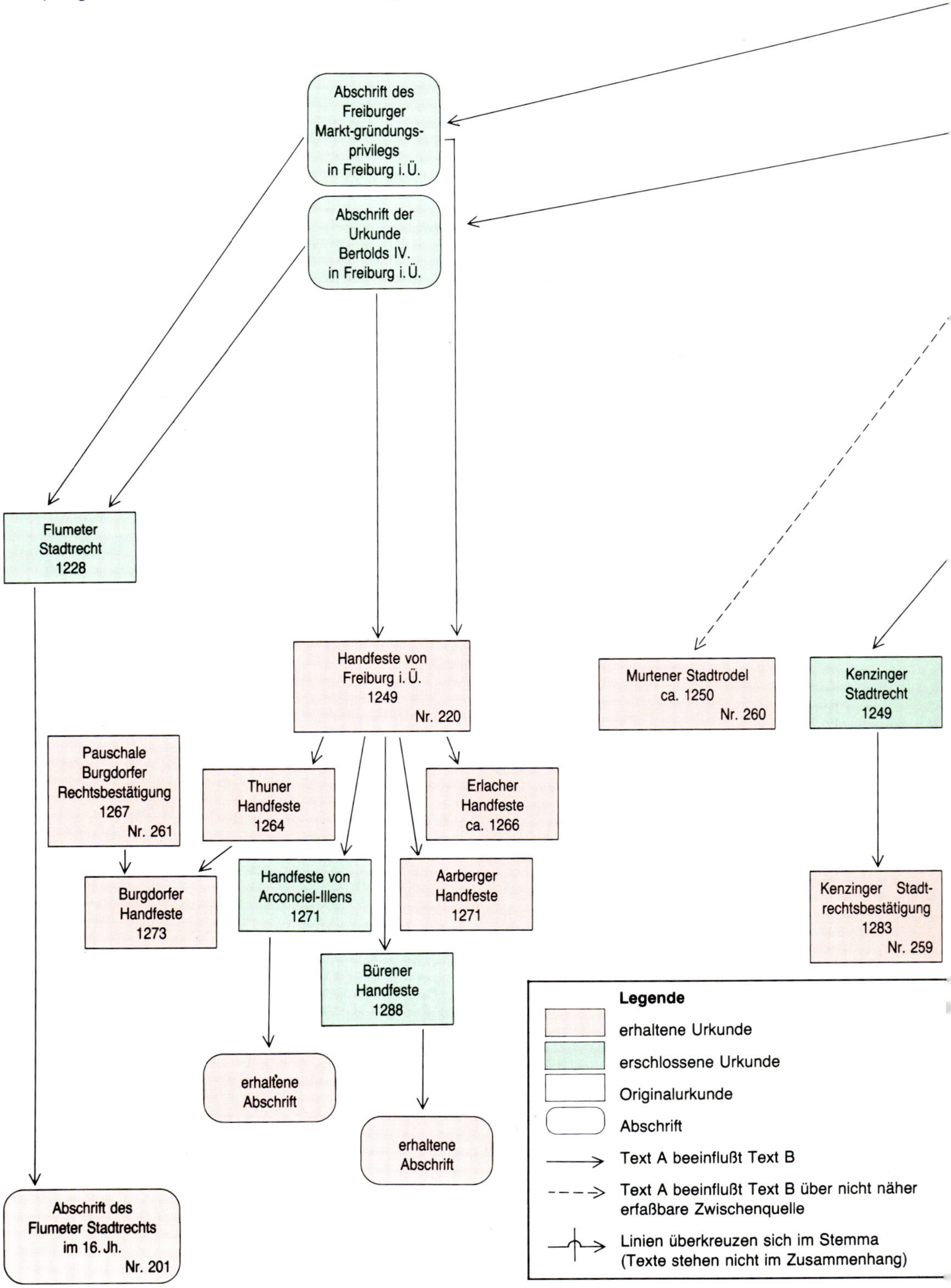

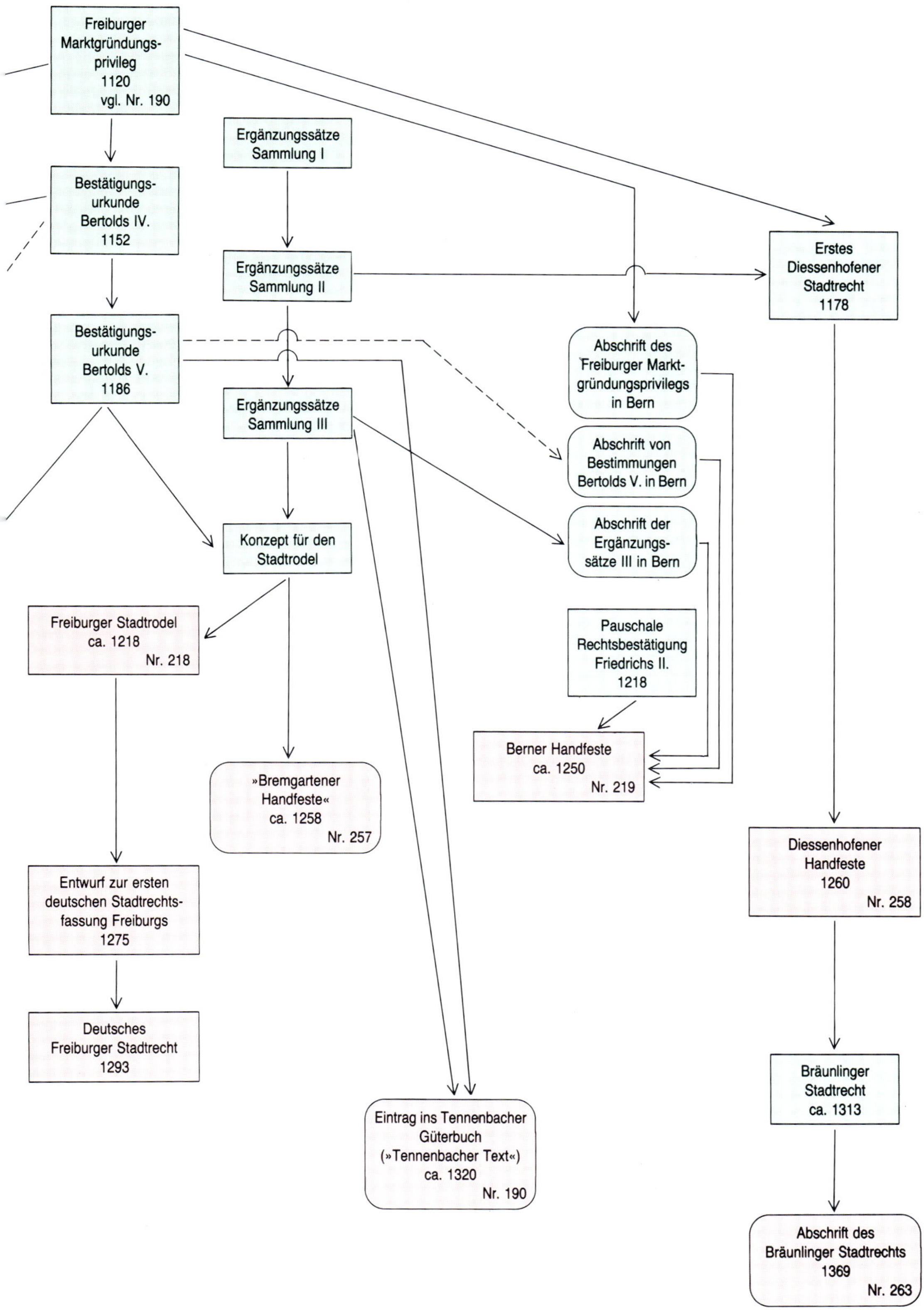
Freiburger Marktgründungsprivileg 1120 vgl. Nr. 190
Ergänzungssätze Sammlung I
Bestätigungsurkunde Bertolds IV. 1152
Ergänzungssätze Sammlung II
Erstes Diessenhofener Stadtrecht 1178
Bestätigungsurkunde Bertolds V. 1186
Abschrift des Freiburger Marktgründungsprivilegs in Bern
Ergänzungssätze Sammlung III
Abschrift von Bestimmungen Bertolds V. in Bern
Konzept für den Stadtrodel
Abschrift der Ergänzungssätze III in Bern
Freiburger Stadtrodel ca. 1218 Nr. 218
Pauschale Rechtsbestätigung Friedrichs II. 1218
Berner Handfeste ca. 1250 Nr. 219
»Bremgartener Handfeste« ca. 1258 Nr. 257
Diessenhofener Handfeste 1260 Nr. 258
Entwurf zur ersten deutschen Stadtrechtsfassung Freiburgs 1275
Deutsches Freiburger Stadtrecht 1293
Bräunlinger Stadtrecht ca. 1313
Eintrag ins Tennenbacher Güterbuch (»Tennenbacher Text«) ca. 1320 Nr. 190
Abschrift des Bräunlinger Stadtrechts 1369 Nr. 263

Die Freiburger Gründungsurkunde ist kein konventionelles Marktrecht mehr, aber auch noch kein Stadtrecht. Sie ist das Dokument eines Übergangs von einer Siedlungsform zur anderen, gerade das macht ihren Wert aus.

»Ich, Konrad«, nennt sich der jüngste Sohn Herzog Bertolds II. im Gründungsprivileg einfach. Das stützt die Annahme, daß er es wirklich ausgestellt hat, bevor 1122 die unvorhersehbare Wende in seinem Leben eintrat: Sein Bruder, Herzog Bertold III., wurde auf einem Fehdezug im Elsaß überfallen und auf ganz unritterliche Weise ermordet – einer der großen Skandale des Mittelalters, der sich in zahlreichen Chroniken erwähnt findet –, und da Bertold noch keine Kinder hatte, wurde Konrad Herzog und Sippenoberhaupt. Freiburg war nun nicht mehr der neuangelegte Marktflekken einer zähringischen Seitenlinie, es war der in unmittelbarer Nachbarschaft zur Stammburg gelegene Handelsplatz eines der mächtigsten Herren im Reich – das dürfte seinen Aufschwung wesentlich gefördert haben.

Unter Konrads Sohn, Herzog Bertold IV., gewann Freiburg – jetzt schon ganz selbstverständlich als *urbs*, Stadt, bezeichnet – geradezu den Charakter einer ›zähringischen Mustersiedlung‹. Es ist bezeichnend, daß Bertold IV. die erste Stadt, die er im Rektorat Burgund gründete, ebenfalls »Freiburg« nannte – der Name war ein Programm. Bertold IV. verlieh der neuen Siedlung auch alle Rechte der Breisgaustadt, nicht in einer eigens dafür hergestellten Urkunde, sondern offenbar einfach durch die summarische Erklärung, daß, was in Freiburg im Breisgau in Übung sei, in vollem Umfang auch für Freiburg im Üchtland gelte.

Es war der erste Schritt zur »Freiburger Stadtrechtsfamilie«, die – neben jener von Lübeck und Magdeburg – zum größten System voneinander abhängiger städtischer Rechtstexte im Deutschen Reich wurde. Nach dem gleichen Verfahren dürften fortan alle bedeutenden Siedlungen im zähringischen Einflußbereich auf Freiburg i. Br. als »Rechtsmutterstadt« verwiesen worden sein. Sie schrieben zu verschiedenen Zeitpunkten den gerade gültigen Rechtsbestand Freiburgs im Breisgau ab, als Basis ihrer lokalen Rechtssammlungen. Eindeutig nachweisen läßt sich das im Fall Berns: Die Berner ließen sich nach dem Tod des letzten Zähringers von König Friedrich II. als verbindliches Stadtrecht die Privilegien der Freiburger Marktgründungsurkunde Konrads bestätigen, dazu jene Rechte, die Herzog Bertold verliehen hatte, und alle Bestimmungen, die in Freiburger oder Berner Aufzeichnungen bisher notiert waren.

Die letzte Bemerkung zielte auf die seit dem Ende des 12. Jahrhunderts zunehmende Gewohnheit, wichtige städtische Präzedenzurteile, neue Landrechtsbestimmungen, aktuelle Ratsbeschlüsse, Verfahrensordnungen vor Gericht oder Zolltarife aufzuschreiben, oft einfach auf lose Zettel, manchmal auch auf fortlaufend geführte »Rodel«, gerollte Pergamentstücke. Ein Teil dieser ›Ergänzungssätze‹ wurde dann, wenn in Freiburg nach dem Tod eines Herzogs sein Nachfolger eine Bestätigungsurkunde des Stadtrechtes ausgab, in das neue Privileg übernommen. So entstanden immer ausführlichere Rechtsdokumente, die man sich aber nicht als systematische ›Gesetzessammlungen‹ vorstellen darf. Es handelt sich um meist wirr durcheinandergeschriebene Bestimmungen zu sämtlichen Rechtsbereichen – Straf-, Wirtschafts-, Familien- und Verfassungsrecht, Zollverordnungen und stadtherrliche Vergünstigungen. Schriftlich fixiert hat man immer nur ›Ausnahmeregelungen‹. Der »gemeine Brauch«, der das Alltagsleben beherrschte, wurde ebenso wie lokale Gewohnheitsrechte als bekannt vorausgesetzt. So kann man etwa dem »Freiburger Stadtrodel« aus dem frühen 13. Jahrhundert entnehmen, daß ein Wagen mit vier Rädern bei der Einfahrt in die Stadt einen höheren Zoll entrichten muß als ein solcher mit zweien, oder daß Schmähreden über eine Bürgersfrau eine Geldstrafe von zehn Pfund nach sich ziehen. Aber wie der Stadtrat sich zusammensetzt oder welche Kompetenzen der Schultheiß hat, sucht man dort vergebens.

Zur Zähringerzeit gab es in Freiburg als ›geschriebenes Recht‹, außer dem Marktgründungsprivileg von 1120, vermutlich noch je eine Stadtrechtsbestätigung von Bertold IV. und Bertold V., daneben eine allmählich anwachsende Sammlung von ›Ergänzungssätzen‹. Von all diesen Urkunden ist keine im Original erhalten geblieben. Der Nachweis, daß eine Stadt ein bestimmtes Recht auch wirklich besitze, mußte nämlich zunehmend mit Schriftstücken geführt werden – und da schien es ratsam, die alten, knappen Privilegien verschwinden zu lassen und durch umfangreichere Neuschriften zu ersetzen. Darin wurden neben lang geübten ›Gewohnheitsrechten‹ auch Verordnungen der jüngsten Zeit aufgenommen, was die Verfasser aber nie hinderte, sämtliche Bestimmungen als »Gründungsrechte« zu deklarieren. Noch das Freiburger Stadtrecht von 1293 bezeichnet sich als *reht der stat ze Friburg in Brisgöwe, mit den si gemachet wart* – aus den neun Paragraphen der Gründungsurkunde waren aber mittlerweile stattliche 124 geworden.

Daß die ersten Fassungen der Freiburger Stadtrechte überhaupt noch in etwa rekonstruiert werden können, ist dem Umstand zu verdanken, daß sie so oft und zu verschiedenen Zeiten abgeschrieben worden sind. Bruchstücke der damaligen Kopien finden sich, wenn auch überarbeitet, gekürzt oder ergänzt, als Einsprengsel in den erhaltenen Rechtsurkunden der Tochterstädte. Wenn man sie alle miteinander vergleicht, findet man, über drei oder vier verlorene Zwischenstufen, zu den Urtexten zurück.

Welch unglaubliche Zufälle bei der Erhaltung des ältesten Freiburger Rechtsbestandes eine Rolle spielten, zeigt am deutlichsten die Überlieferungsgeschichte des Marktprivilegs von 1120. In Freiburg im Breisgau war es schon beim Tod Bertolds V. 1218 nicht mehr vorhanden. Seine Kopie, die seit Bertolds IV. Zeiten (1152–1186) in Freiburg im Üchtland lag, verschwand dort, nachdem bei der Neuschrift des Stadtrechtes 1249 noch ein paar Bestimmungen daraus übernommen worden waren. Glücklicherweise hatte man aber 1228 den Freiherrn Aymon de Faucigny, als er im schweizerischen Freiburg um eine Rechtsvorlage für sein Alpenstädtchen Flumet bat, das Marktgründungsprivileg Konrads nebst seiner von Bertold IV. ausgestellten Bestätigungsurkunde kopieren lassen. Aymons Schreiber machte sich die Herstellung einer Rechtsurkunde für Flumet dann recht einfach: Er übernahm gleich die ganze Gründungsgeschichte Freiburgs i. Br., wie sie in der Einleitung des Marktprivilegs geschildert wird, mit in die neue Urkunde. Lediglich die Namen des Ortes und des Gründers tauschte er aus. Und so konnten die Flumeter denn später ihrem ersten Stadtrecht entnehmen, Aymon de Faucigny habe beschlossen, einen Markt zu gründen, überall Kaufleute angeworben, nach einer Schwurvereinbarung Hofstätten ausgeteilt usw. Davon traf nun freilich das wenigste zu – Flumet bestand damals schon seit mehreren Jahrzehnten, es ging 1228 nur darum, den Ort zur Stadt zu erheben. Auf den Inhalt der entsprechenden Urkunde kam es dabei offenbar nicht so sehr an – Hauptsache, die Flumeter hatten nun auf dem Rechtssektor ›was Schriftliches‹.

Daß Tochterstädte bei der Rechtsübernahme Bestimmungen kopierten, die ihre tatsächlichen Bedürfnisse gar nicht trafen, kam öfters vor. Diessenhofen z. B., ebenfalls ein Mitglied der »Freiburger Stadtrechtsfamilie«, hat aus Freiburg i. Br. eine Regelung über die Einkünfte des *advocatus* übernommen, obwohl es einen solchen Beamten in Diessenhofen gar nicht gab.

Die Kopiersucht Flumets ist allerdings ein Extremfall, und ihr Ergebnis wirkt stellenweise ausgesprochen komisch. So etwa, wenn Aymon de Faucigny ausgerechnet nach der (aus der Vorlage übernommenen) Ankündigung, seine Bürger sollten »die folgenden Privilegien auf ewig besitzen«, als erstes ›Privileg‹ die Ankündigung einer gesalzenen Geldstrafe für säumige Flumeter Zinszahler in die Kopie einfügen läßt.

Immerhin hatte Flumets seltsames Verfahren zur Folge, daß in dieser Stadt, die mit den Zähringern nie auch nur das Geringste zu tun hatte, die ursprünglichste Fassung von Konrads Gründungsprivileg erhalten blieb, außerdem auch die einzige Textpassage, die noch Rückschlüsse auf eine Bestätigungsurkunde Bertolds IV. ermöglicht. Auch die Urschrift des Flumeter Stadtrechts von 1228 ist verloren gegangen, aber eine späte Abschrift überliefert noch ihren Wortlaut. Sie findet sich auf den ersten Seiten eines ziemlich ramponierten Papierheftes aus dem 16. Jahrhundert.

Der zweite Text, der die Freiburger Gründungsurkunde relativ unverändert enthält, ist ein Eintrag aus der Zeit um 1320 im Güterverzeichnis des Klosters Tennenbach. Wie er dahin gelangte, läßt sich nicht einwandfrei klären. Tennenbacher Mönche halfen in Freiburg zur Zähringerzeit mitunter als Urkundenschreiber aus. Einer davon scheint um 1186 für eine Bestätigungsurkunde Bertold V. ein Konzept hergestellt zu haben, das noch weite Teile des Gründungsprivilegs, wenn auch in Überarbeitung, enthielt. Ein anderer war nachweislich an der Abfassung des Freiburger

Stadtrodels von 1218 beteiligt. Die »Ergänzungssätze-Sammlung«, die dabei benutzt wurde, landete hinterher ebenso im Klosterarchiv wie das Konzept von 1186. Wahrscheinlich war beabsichtigt, die Pergamente abzuschaben und neu zu verwenden, aber das unterblieb.

Im zweiten Jahrzehnt des 14. Jahrhunderts fielen die Blätter dem späteren Abt Johann Zenlin in die Hände, als er für die Neuanlage des Güterbuchs die alten Schriftstücke des Klosters durchforstete. Als juristisch gebildeter Freiburger erkannte er darin »das alte Recht und den Gründungsrodel« seiner Heimatstadt und ließ die Texte »zur Vorsicht« unter der Rubrik »Freiburg« ins Güterbuch eintragen, obwohl er von ihrer Authentizität nicht ganz überzeugt war: Die Nachbemerkung, nicht der im Text genannte Konrad, sondern dessen Bruder Bertold III. habe in Wahrheit Freiburg gegründet, konnte er sich nicht verkneifen. Immerhin hat die »Vorsicht« Zenlins der Nachwelt jenen Teil der Freiburger Gründungsurkunde gerettet, den alle anderen Abschriften weggelassen haben: den Schluß, der die umständlichen Schwurleistungen von herzoglicher und bürgerlicher Seite anläßlich des Marktbaus schildert.

Für die Rekonstruktion des Marktgründungsprivilegs von 1120 stehen mehrere Texte zur Verfügung. Hinweise auf eine Bestätigungsurkunde Bertolds IV., ausgegeben nach 1152, finden sich dagegen einzig in der oben erwähnten Flumeter Abschrift. Im Gründungsprivileg Konrads war Freiburg schon mehr als nur ein Markt – unter seinem Sohn ist es bereits »Stadt«. Es bildet einen eigenen Rechtsbezirk, in dem Herzog und Schultheiß nach Maßgabe der bürgerlichen Verordnungen Gericht halten. Sein Gebiet ist ein Bereich besonderen Friedens. Alle Bürger sind durch einen Eidschwur zum gegenseitigen Beistand verpflichtet; untereinander sind sie gleichberechtigte »Genossen«. Wer als Unfreier ein Jahr und einen Tag lang in Freiburg gelebt hat, ohne daß sein Herr ihn zurückholte, ist fortan ein freier Mann.

Die Urkunde Bertolds IV. dokumentiert den eigentlichen Wandel Freiburgs zur Stadt. An der Bestätigungsurkunde des letzten Herzogs Bertold V. von 1186 sind dann nur noch Nuancen interessant. Etwa, daß hier erstmals Steuervergünstigungen gestrichen werden, oder daß eine neue Bestimmung über die Verwendung erbenloser Nachlässe auftaucht: Ein Drittel davon kann zur Ausschmückung des »Bethauses« verwandt werden – ein Hinweis auf das besondere Interesse des Herzogs am Münsterbau. Bertolds V. Urkunde ist fast wörtlich enthalten in der Kenzinger Stadtrechtserneuerung von 1283. Rudolf von Üsenberg, so erklärt die Einleitung, habe 1249 diese »alten Rechte« Freiburgs i. Br. auf seine neugegründete Stadt übertragen.

Um diese Zeit hatte das Freiburger Stadtrecht wegen seiner Großzügigkeit schon einen überragenden Ruf. Viele Städte bemühten sich um eine Abschrift. Sie kopierten jetzt allerdings meist keine ganzen Urkunden mehr, sondern bekamen »Bewidmungsvorlagen«, die den wichtigsten Rechtsbestand enthielten. Die »Tochterstädte« mußten dazu nur noch eine individuelle Einleitung und einen Schluß verfassen. Im Archiv von Bremgarten in der Schweiz liegt heute noch eine solche Rechtsvorlage aus Freiburg.

Die »Freiburger Stadtrechtsfamilie« verzweigte sich durch diese Rechtsbewidmungen immer mehr. Manche ursprünglichen »Tochterstädte« wurden selbst wieder zur maßgeblichen Instanz, von der umliegende Orte ihr Recht bezogen. Besonders Freiburg i. Ü. errang in der Schweiz einen Ruf als »Rechts-Mutterstadt«, der dem Freiburgs i. Br. nahezu gleichkam. Zu seinen »Töchtern« gehören auch die ehemaligen »Zähringerstädte« Burgdorf und Thun. Ihre erhaltenen Stadtrechte verraten keinen direkten Einfluß von älteren Rechtsurkunden aus der Zähringerzeit, sondern orientieren sich an der Handfeste Freiburgs i. Ü. von 1249.

Aber damit sind wir schon bei dem späten Nachwirken der freiheitlichen Freiburger Rechtsordnung, deren grundlegende Weichen die Zähringer gestellt haben – nicht als ›Erfinder‹ dieser Rechtssätze, aber doch als Verleiher großzügiger Privilegien in einer ganz spezifischen Kombination.

Wichtiger ist heute ein anderer Aspekt: Durch die weite Verbreitung der Texte in der »Freiburger Stadtrechtsfamilie« sind – nach dem Prinzip »es bleibt immer etwas hängen« – so viele Fragmente der ältesten Fassungen übriggeblieben, daß sich der ganze schriftliche Rechtsbestand Freiburgs i. Br. aus der Zähringerzeit rekonstruieren läßt. Damit lassen sich die Entwicklungslinien ziehen vom Markt über eine frühstädtische Siedlungsform – deren Zusammenhalt vor allem auf einer persönlichen Bindung der Bürger untereinander beruhte – bis hin zur institutionell gefestigten Stadt. Und es läßt sich, parallel dazu, die Ausbildung verfolgen vom ersten, aus den besonderen Umständen der Gründung heraus formulierten Privileg über knappe Bestätigungsurkunden und willkürlich notierte »Ergänzungssätze« bis zur Abfassung einer umfangreichen städtischen Rechtssammlung. Von anderen Städten kennt man nur die Ergebnisse ihrer Entwicklung, bei der ältesten »Zähringerstadt« läßt sich nachvollziehen, wie es dahin kam.

Lit.: Zusammenfassung der Diskussion bis 1909 bei K. BEYERLE, Besprechung über Rietschel, in: ZSRG GA 30 (1909), S. 408–426; A. SCHULTZE, Zur Textgeschichte der Freiburger Stadtrechtsaufzeichnungen, in: ZGO NF 28 (1913), S. 188–205; O. FEGER, Das älteste Freiburger Stadtrecht im Rahmen der südwestdeutschen Städteentwicklung, in: SiL 81 (1963), S. 18–31; SCHLESINGER, Ältestes Freiburger Stadtrecht (mit ausführlichen Literaturangaben); P. CLASSEN (Hrsg.), Recht und Schrift im Mittelalter (VuF 23), 1977; H. KELLER, Die Zähringer und die Entwicklung Freiburgs zur Stadt, in: Die Zähringer I, S. 17–29; vgl. oben Nrn. 190, 218, 219.1, 220, 257–263 und 265.

Marita Blattmann

Wie sich ein Rätsel löst: Die Suche nach dem Grab Bertolds V. im Freiburger Münster

Mit zum Gebet gefalteten Händen blickt ein Ritter in voller Rüstung ruhig und gelassen von der Wand im rechten Seitenschiff ins Gotteshaus hinein. Obschon er aus dem Freiburger Münster nicht wegzudenken ist, wirkt er zu groß für die Blendarchitektur und erscheint daher in die arkadengeschmückte Wand etwas eingezwängt. Herzog Bertold V. von Zähringen, der sich im Freiburger Münster bestatten ließ, ist mit dem Bildnis gemeint. Seine Vorfahren hatten im zähringischen Hauskloster St. Peter im Schwarzwald ihr Grab gefunden.

Wie die betende Rittergestalt, die ursprünglich auf einem Grab lag, zur Standfigur wurde, berichtet der Stadtschreiber Karl Franz Vogl: Am 17. Mai des Jahres 1667 sei das Grab gefunden worden, in dem *Berchtold der 5te und leste Herzog von Zehringen gelegen, aber ob dem Bewegen und Luft zue Aschen zerfallen ware ... Ufs Grab ist ietz sein alte Bildnus aufrech gestelt worden hinderm Thaufstein und soll jährlich ahn aller Seelen Tag mit Liechtern bestekt werden* (Abb. 233).

Aus dieser Zeit stammt wohl der Löwe, auf dem der Ritter steht, samt dem Sockel. Auf ihm war eine Inschrift angebracht, die nicht mehr vorhanden ist, aber mit den Nachzeichnungen der Ritterfigur in Baumeisters Chronik von St. Peter und in Schoepflins Historia Zaringo-Badensis im lateinischen Wortlaut noch erhalten blieb: *BERCHTOLDVS V., VLTIMVS ZAERINGIAE DVX XIV. FEBRVARII MCCXIIX. [SINE PROLE MASCVLA OBIIT] CVIVS OSSA SVB HAC STATVA IN CRYPTA LAPIDEA REQVIESCVNT* (Abb. 231). Das heißt etwa: »Bertold V., der letzte Herzog von Zähringen, starb am 14. Februar 1218 ohne männliche Nachkommen; seine Gebeine ruhen in einer steinernen Gruft unter diesem Standbild.«

Hier wird also behauptet, unter dem Bildnis sei Bertold, der letzte Herzog von Zähringen, bestattet. Und auf dieser Aussage beruht dann auch die Überzeugung, der betende Ritter stelle Bertold V. dar. Nicht nur der Stadtschreiber Vogl hat das gesagt. Die Verbreitung dieser Meinung geschieht noch immer durch zahlreiche Führer und Bildbände, die über das Münster und die Stadt Freiburg im Handel sind. Wer wollte es da wagen, der stillen Rittergestalt, die mit ihren gefalteten Händen zum Gebet aufruft, ihre schriftlich verbürgte Bestimmung als Bertold-Darstellung abzusprechen? Auch wenn Bertold V. zu seiner Zeit keineswegs für fromm, sondern in der Tennenbacher Überlieferung vielmehr für grausam gehalten wurde?

Indessen hatte schon Heinrich Schreiber seine Zweifel, ob die Ritterfigur in der Zeit nach Bertolds Tod 1218 entstanden sei. Und seit der Jahrhundertwende ließen vergleichende Untersuchungen von Geiges, Schaefer und Schuster mehr und mehr erkennen, daß die Tracht des Ritters nicht stauferzeitlichen Darstellungen, sondern solchen aus der Mitte des 14. Jahrhunderts entspricht. Nun glaubte man, die Bertoldstatue sei, wie Hermann Flamm 1911 in den Freiburger

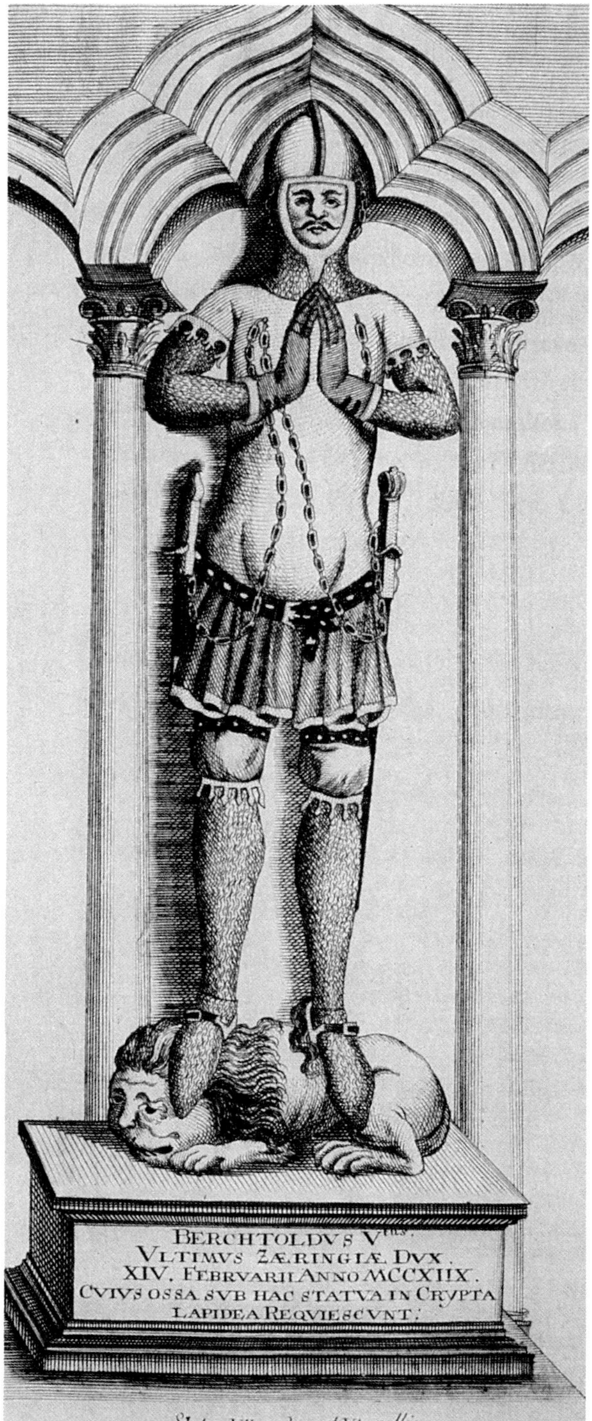

231 Das Grabmal »Bertolds V.« im Freiburger Münster aus J. D. Schöpflin, Historia Zaringo-Badensis (Kat.-Nr. 362)

Münsterblättern es ausdrückte, nur mehr »eine angebliche« gewesen: »mag sie auch dem naiven Sinn der Besteller und des herstellenden Künstlers als ›Bertold‹-Statue gegolten haben« (S. 28). Diese Meinung zwang zur Unterscheidung zwischen Bertoldgrab und Bertolddenkmal. Jedoch waren mit ihr die Probleme des Standorts und des Aussehens von Grab und Denkmal des letzten Zähringers noch keineswegs gelöst, sondern erst eigentlich aufgeworfen. Wußte man doch aus Johann Sattlers Chronik der Stadt Freiburg, daß der »Fürst« genannte Bertold im Münster zu Freiburg als einziger seines Geschlechts in einem Hochgrab zur rechten Seite der mittleren Kirchentür begraben und bestattet worden war. An diese Aussage schließt bei Sattler der Abschnitt über die Weihe des neuen Chores im Jahre 1513 an, in dem zu lesen ist, aus dem Grabstein des Herzogs Bertold sei Unser Frauen Altar, der Hochaltar des Münsters also, gemacht worden. Man habe den Herzog *noch ganz beyeinander auf dem genanten grabstein im gewelb ligen funden* und dann den in der Luft zerfallenen Leichnam wieder in einen Sarg gelegt, wo er noch liege *(wider in ein baw gelegt unnd do in dem gewelb liegen lassen: da er noch ligt)* (S. 24). Zwar ist nichts unversucht geblieben, um Sattlers Aussagen eine Deutung abzugewinnen. Doch sind die Meinungen über den Standort und das Aussehen des ursprünglichen Bertoldgrabes bisher so sehr auseinander gegangen, daß lediglich eines aus Sattlers Darstellung nicht anzuzweifeln ist: die Verlegung des Herzogsgrabes an die rechte Seitenschiffwand des Münsters. Natürlich suchte man das *erhebt grab*, das Hochgrab, an allen nur möglichen und unmöglichen Orten der im Jahre 1218 bereits errichteten spätromanischen Teile des Münsters: an allen möglichen Orten des Querhauses, etwa auch in einer Grabnische im nördlichen Teil desselben, aber auch im wenig geräumigen spätromanischen Chor, weil die spät überlieferte Thanner Chronik diesen als Bestattungsplatz des Herzogs vermeldet, und sogar in der Sakristei. Als Anhaltspunkte dienten die Grabfigur und die Deckplatte des Hochaltars, die nach Sattlers Bericht vom Grab Bertolds stammt. Mißt die Ritterfigur 2,53 Meter, so ist die Altarplatte gar 3,53 Meter lang. Daher wurde mit einem ungewöhnlich großen Hochgrab gerechnet, dessen Aufstellung man sich allerdings weder im Chor noch im Querschiff und noch weniger in der Sakristei vorstellen konnte, weshalb man bei der Suche auf eine Grabnische verfiel (Abb. 232). Zuletzt hat Heinfried Wischermann 1980 die Hypothese vertreten, das Grabmonument Bertolds V. sei als Stiftergrab anzusehen und könne daher nur an drei Stellen des bertoldinischen Baues gesucht werden: am Ende des Langhauses, in der Vierung oder im Chor. Da das östliche Langhaus beim Tode Bertolds jedoch Großbaustelle, die Chorapsis indessen wenig geräumig gewesen sei, komme nur die Vierung als Standort für das Grabmonument des Kirchenstifters in Betracht. Auf ihm sei eine Vorgängerin der erhaltenen Grabfigur anzunehmen. Dafür spreche die Überhöhung des romanischen, später abgebrochenen Chores, die erklärt werden könne, wenn der Blick auf den Hochaltar durch ein Monument, eben das Grabmal Bertolds V., versperrt worden sei (S. 19ff.). Kompliziert wird dabei allerdings die Erklärung der Ablösung einer angeblich schon früher vorhandenen Grabfigur durch die den Herzog Bertold V. darstellende Rittergestalt aus der Zeit um 1350, zumal diese Hypothese eine weitere Veränderung und Verlegung des Bertoldgrabes vor 1511 erforderlich machen würde (Tafel 12c, in: Die Zähringer I).

Einen ersten wesentlichen Erkenntnisfortschritt brachte die Ausgabe des Jahrzeitbuches des Freiburger Münsters durch Erwin Butz im Jahre 1983. Es erwähnt nämlich viermal ein Grafengrab *(sepulchrum comitis)* als Bezugspunkt zu anderen Gräbern. Das Grab des Grafen kann im südlichen Seitenschiff vor der Ritterstatue lokalisiert werden und dürfte seiner Beschreibung zufolge ein Hochgrab, die Ritterfigur infolgedessen die dazu gehörende Grabfigur gewesen sein. Wie aber erklärt es sich, daß in dieser Gestalt Herzog Bertold V. gesehen wurde?

In den Beiträgen zur Ringvorlesung des Historischen Seminars über die Zähringer im Sommersemester 1984 hat sich die Erkenntnis Bahn gebrochen, daß Bertolds V. ursprüngliches Grab im Chor des spätromanischen Münsters zu suchen ist. Das hat der im Auftrag Kaiser Maximilians I. Nachforschungen anstellende Ladislaus Sunthaym schon eindeutig festgestellt. Er lokalisierte im Jahre 1503 das Herzogsgrab *zu freyburg im breisgey im Chor* und an anderer Stelle: *in parrochialis ecclesiae choro ibidem*, d. h. im Chor der Pfarrkirche (Nrn. 106f.). Und daß Bertolds erstes Grab tatsächlich im spätromanischen Chorraum ein Bodengrab mit einer 3,53 Meter langen Platte gewesen ist, läßt sich aus einem Jahrzeitstiftungsbrief der Anastasia Keppenbach aus dem Jahr 1438 erschließen. Am Allerseelentag, so verfügte sie, solle man über ihr und ihrer Kinder Grab gehen *als man denne jerlich obe des herzogen von Zeringen grabe pfliget zu tunde*. Diese Äußerung paßt wohl nur auf Bodengräber, und der Bezug auf das Herzogsgrab deutet auf die Nachbarschaft der Gräber hin. Daß diese vor dem Annen-Altar an der nördlichen Wand des Chores lagen, läßt sich nach Butz aus mehreren Ortsangaben des Jahrzeitbuches sicher schließen.

Eine Umlegung des Herzogsgrabes wurde erforderlich, als vor der Einweihung des spätgotischen Chorhauptes die alten romanischen Chortreppen und der Fußboden des romanischen Chorraumes entfernt wurden. Daß die Platte vom Grab Bertolds V. als Altartisch (Mensa) des Hochaltars Verwendung fand, während die sterblichen Überreste des Herzogs aus dem Bodengrab des Chorraumes genommen und im südlichen Seitenschiff, offenbar in einem Hochgrab, geborgen wurden, ist ein Befund, der jedoch mit Sattlers Bericht in Widerspruch zu stehen scheint. Indessen konnte Dieter Mertens zeigen, daß man bisher Sattlers Text an zwei Stellen mißverstanden hat. Wie Mennel beschreibt Sattler das Grab Bertolds V. *nach* seiner Verlegung in das südliche Seitenschiff im Jahre 1511, weshalb die Rede vom *erhebt grab* (Hochgrab) nicht auf die ursprüngliche Grabstätte (im Chor), sondern auf das ins Seitenschiff verlegte Grab zu beziehen ist. Und Sattlers nähere Lagebezeichnung desselben bei der *mittleren* Tür, die bis jetzt zu mancherlei Verwirrung Anlaß gab, wird erst durch Mennels Schilderung klar, in der von der *großen* Tür gesprochen wird. Das Herzoggrab wurde demnach vom Chor ins südliche Seitenschiff rechts vom Hauptportal verlegt.

Natürlich wüßte man gerne, weshalb das Grab Bertolds verlegt wurde und ob die Wiederverwendung der Bodenplatte desselben als Altartisch aus praktischen oder aus symbolischen Gründen geschah. Einen Anlaß zu glauben, daß die Münsterpfleger mit dem Grab des Zähringers »pietätlos umgingen«, wie Baumgarten meinte, gibt es kaum, auch wenn Grund zu der Annahme besteht, das neue Herzogsgrab im südlichen Seitenschiff habe nicht mehr die Länge von dreieinhalb Metern gehabt und sei von bescheidenem Äußeren gewesen. Denn sonst ließe es sich nicht erklären, daß im Jahr 1667, als die Gräber im Inneren des Münsters abgeräumt wurden, das Herzogsgrab augenscheinlich dort gesucht und auch gefunden wurde, wo die Tumba mit der großen ritterlichen Grabfigur stand.

Was also war geschehen? Daß das Grafengrab als Herzogsgrab angesehen wurde, zwingt zu der Annahme, Bertolds Grab sei ob seines bescheideneren Äußeren in Vergessenheit geraten oder gar verschollen, wenn es nicht mit dem Grafengrab zusammengelegt wurde. Jedenfalls hat sich die Tradition des anläßlich der Choreinweihung 1511 verlegten Zähringergrabes vor 1667 auf die um 1350 errichtete, mit einer Ritterfigur versehene Grabstätte eines Freiburger Grafen verlagert. Daß dieser Graf offensichtlich der 1356 verstorbene Friedrich III. gewesen ist und die für sein Grab gehauene stattliche Ritterfigur in der seit 1354 am Chorneubau arbeitenden Bildhauerwerkstatt des Johannes von Gmünd entstanden sein wird, ist eine gut begründete Annahme. Kurt Bauch und neuerdings Rüdiger Becksmann halten die Grabplastik für eines jener Werke, auf die Peter Parler bei der Schaffung des Przemysliden-Grabmals im Prager Dom aufmerksam wurde.

Demnach ist die an der Wand des südlichen Seitenschiffs zum Gebet aufrufende Rittergestalt als liegende Skulptur für das Grabmonument eines Freiburger Grafen geschaffen, dann aber später, zwischen 1511 und 1667, aus welchen Gründen immer, als Bildnis des Zähringerherzogs Bertold V. erkannt und als Herzogsdarstellung zwischen die Blendarkaden gestellt worden. Diesen Befund, der einer ›Erkenntnis‹ gleichkommt, die aus moderner Sicht fragwürdig oder wenigstens merkwürdig erscheinen mag, da sie einen Sachverhalt bewußt oder unbewußt veränderte, gilt es nun zu bedenken.

Die Deckplatte, die zum Grab Bertolds V. im Chor gehörte, dürfte vermutlich eine Inschrift getragen haben. Ob sie es war, die als Mensa für den Hochaltar Verwendung fand, bleibt nach Sattlers Bericht allerdings fraglich. Die Tatsache jedoch, daß das Grab selbst vom Chor in die Nähe des Aufgangs zum Glockenturm am Münstereingang verlegt wurde, spricht dafür, daß man für das

232 Rekonstruktion des Hochgrabs »Bertols V.« von K. Schuster, in: FMBll 6 (1910), S. 28

Bertoldgrab nach dem Tod des Herzogs 1218 wie bei seiner Umbettung 1511, vor der Weihe des spätgotischen Chores, Lösungen fand, die der Stellung des Herzogs als Stifter des Freiburger Münsters entsprochen haben. Gleichwohl scheint sein Grab nicht zum Anziehungspunkt des Gotteshauses gemacht worden zu sein. Offenbar hatten weder die Freiburger beim Bau des romanischen (des sog. bertoldinischen) Münsters noch die Habsburger bei der Errichtung des spätgotischen Chorraumes Besonderes mit dem Grabmal des Zähringers Bertold im Sinn; es sei denn, in der Verwendung des Grabsteins als Altarmensa sei ein solcher zu sehen. Daß aber das Zähringergrab nicht an seinem zweiten Standort im hinteren Teil des südlichen Seitenschiffs des Münsters, sondern vielmehr in dessen vorderem Teil gesucht und gefunden wurde und als Hochgrab mit der Grabfigur spätestens 1667 erkannt worden war, als man die Gräber im Münster abräumte und die Rittergestalt aufrecht in eine Nische der Blendarkaden einzwängte, ist ein Vorgang, der das Vergessen ebenso voraussetzt wie die Neubelebung des Andenkens an den

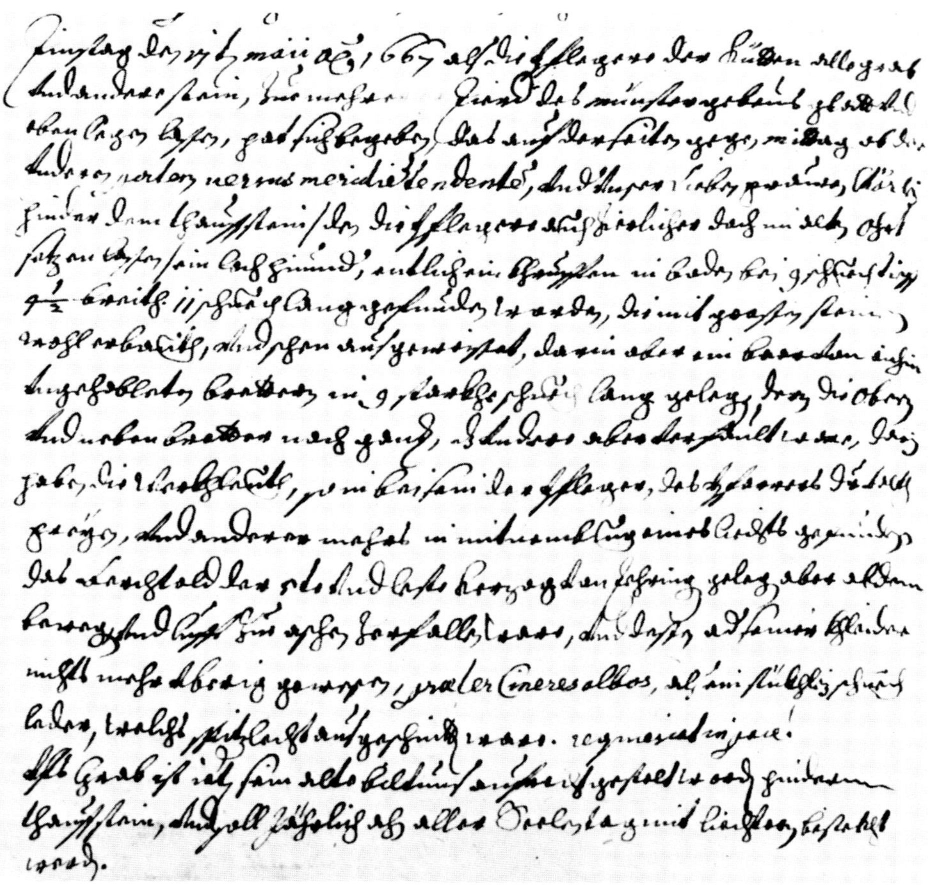

233 Protokoll des Stadtschreibers K. F. Vogl zur Verlegung des Grabmals »Bertolds V.« im Freiburger Münster, Stadtarchiv Freiburg, Kopialbuch C, S. 270

Herzog. Obwohl – oder gerade weil – sein Grab offenbar kein so anziehendes Äußeres erhalten hatte wie dasjenige des Freiburger Grafen Friedrich III. mit der Grabfigur, konnte es geschehen, daß Bertold V. in jenem Bildnis erblickt wurde, das für Friedrich III. geschaffen worden war.

Der Herzog ist also an die Stelle des Grafen gerückt! Aus welchen Gründen immer diese Umdisposition geschehen ist: Man erkennt in ihr einen Bewußtseinsakt, der sich im frühneuzeitlichen Freiburg vollzogen hat. Und man möchte diesen Vorgang eher als Ausdruck einer gebrochenen, denn einer kontinuierlichen Zähringertradition betrachten. Jedenfalls hatte man im neuzeitlichen Freiburg offenbar das Bedürfnis, sich den Herzog als leibhaftige Gestalt vorzustellen. Und man hatte augenscheinlich keine Bedenken, die betende Ritterfigur für den Herzog zu halten. Allfällige Zweifel daran aber bestanden zu Recht, wie die Auflösung des mit dem Bertoldgrab verbundenen Rätsels ergibt. Und doch möchte man nicht dazu raten, daß die Tradition vom betenden Ritter Bertold V. deshalb aufgegeben werden sollte.

Lit. bei R. Becksmann, Sog. Grabmal Bertolds V. im Freiburger Münster / Kat. Nr. 2); bes. D. Mertens, Exkurs zum Grabmal Bertolds V., in: Die Zähringer I, S. 165 ff.; vgl. J. Sattler, Chronik der Stadt Freiburg i. Br., 1979, S. 23 f.; E. Butz, Exkurs: Grafen- oder Herzogsgrab?, in: Ders., Jahrzeitbuch, S. 181 ff.; F. Baumgarten, Die ursprüngliche Gestalt des Hochaltars im Freiburger Münster (SiL 30 [1903], S. 34–40); Ders., Der Freiburger Hochaltar, 1904; H. Flamm, Chronikalische Aufzeichnungen des Stadtschreibers Dr. Franz Carl Vogl 1663–1683, in: Freiburger-Adreß-Kalender 1909, S. 35; Die Urkunde der Anastasia von Keppenbach von 1438 IX 27 (Stadtarchiv Freiburg i. Br.) ist veröffentlicht in: FMBl 8 (1912), Nr. 530 S. 28 f.

Karl Schmid

Wie eine Königsurkunde für die Bürger von Freiburg im Breisgau nach Freiburg im Üchtland kam

Mit dieser Urkunde (Abb. 234) des Stauferkönigs Friedrich II. vom Jahre 1219 hat es seine besondere Bewandtnis. Das Original liegt nämlich nicht, wie man erwarten müßte, im Archiv der Stadt Freiburg im Breisgau, sondern im Staatsarchiv von Freiburg in der Schweiz. Wie aber konnte eine Königsurkunde für Freiburg im Breisgau nach Freiburg im Üchtland gelangen?

Die Urkunde ist ein schönes Beispiel für den oft absonderlichen Irrweg, den Archivalien im Laufe der Jahrhunderte nehmen konnten. In dem hier gezeigten Fall ist es einmal möglich, diesen Weg nachzuvollziehen.

Als sich die Stadt Freiburg im Breisgau im Jahr 1368 aus der Herrschaft der Grafen von Freiburg und Urach gelöst und dem habsburgischen Österreich unterstellt hatte, war offenbar die angesprochene Königsurkunde von 1219 in den Besitz des neuen Landesherrn gekommen. Jedenfalls finden wir sie einige Jahrzehnte später im vorderösterreichischen Archiv wieder.

Im Mai 1415 eroberten die Schweizer Eidgenossen den habsburgischen Aargau mit seinem Verwaltungssitz, der Stadt Baden. Sie erbeuteten dabei auch das vorderösterreichische Archiv auf dem »Stein«, der Burg über der Stadt (vgl. Abb. 235). Die Eroberung des Aargaus durch die Eidgenossen hatte weitreichende Folgen: Das mächtige Österreich verlor für immer nicht nur den Aargau, sondern auch die für das Herrscherhaus namengebende Burg Habsburg.

Für den Augenblick schmerzte aber besonders der Verlust des Archivs, beruhte doch die ganze Verwaltung, insbesondere aber die Finanzverwaltung auf diesen Unterlagen. Entsprechend hartnäckig forderten die Österreicher das Archiv zurück, entsprechend hartnäckig sperrten sich aber auch die Eidgenossen. Man hatte 1415 das Archiv in aller Eile nach Luzern gebracht, wo es im Wasserturm, dem Wahrzeichen der Stadt, seitdem sicher ruhte.

Auch die Eidgenossen und ihre Verbündeten interessierten sich für diese schriftlichen Zeugnisse, vermuteten sie doch nicht zu Unrecht manch unbequemes oder für sie gar kompromittierendes Schriftstück darunter. In den folgenden Jahrzehnten bis zur schließlichen Rückgabe 1477/78 wurde das Archiv daher von den Eidgenossen entsprechend durchstöbert und regelrecht ausgeplündert. Man lieh sich die gefundenen Stücke aus; teils vernichtete man sie, wie von Schwyzer Seite geschehen, teils legte man sie wie im Falle von Basel in das eigene Archiv, ohne an eine Rückstellung zu denken.

Letzteres geschah auch bei Freiburg im Üchtland. Zwar stand die Stadt damals selbst noch unter österreichischer Herrschaft, doch hatte man sich schon lange innerlich von den Habsburgern abgewandt und duldete die österreichische Hoheit nur noch formell. Das Bündnis mit den Schweizer Eidgenossen und namentlich mit Bern öffnete nun auch den üchtländischen Freiburgern das erbeutete Archiv zu Luzern. Und man wurde fündig. Am 21. Juni 1429 bescheinigten Schultheiß und Rat der Stadt Luzern die Aushändigung von sechs Schriftstücken an die Freiburger Boten, darunter an letzter Stelle der Aufzählung die Königsurkunde von 1219: *Item ein brieff wie sy kung Fridrich in des richs schirm gnomen hatt, mit einem anhangenden ingesigel* (Abb. 236). Wenig später, am 30. Oktober 1429, quittierten Schultheiß und Rat von Freiburg im Üchtland ihrerseits den Empfang der Urkunde mit ähnlichen Worten.

Daß man im üchtländischen Freiburg die Königsurkunde von 1219 irrtümlich auf die eigene Stadt bezog, lag einfach daran, daß die sonst übliche landschaftliche Kennzeichnung »im Breisgau« oder »im Üchtland« bzw. »in Burgund« diesmal fehlte. Als Herzog Bertold IV. von Zähringen um das Jahr 1157 seine Stadt Freiburg im burgundischen Üchtland gründete, nannte er sie bewußt nach dem großen Vorbild Freiburg im Breisgau. Man unterschied in der späteren Zeit daher nach der geographischen Lage, was 1219 jedoch unterblieben war.

Der Stadt Freiburg im Üchtland kam im 15. Jahrhundert die Königsurkunde von 1219 gerade recht, versprach sie doch den Freiburger Bürgern feierlich die Rückkehr in die Gnade des Königs. Ein Übergang an das Reich war aber im 15. Jahrhundert auch der Weg, sich von der lästigen

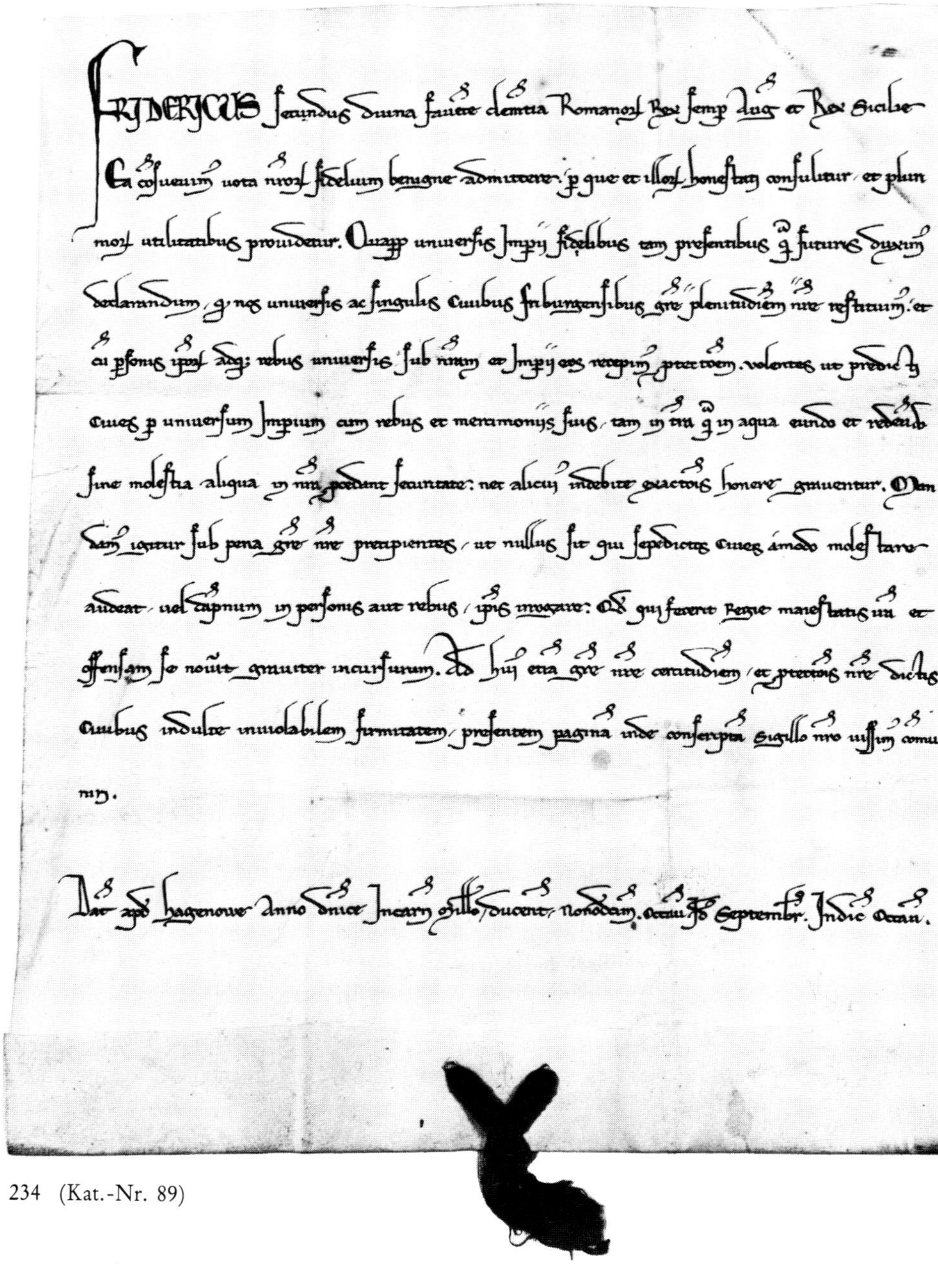

234 (Kat.-Nr. 89)

235 Baden im Aargau, nach einem Merian-Stich von 1642 (Ausschnitt). Oben rechts: der »Stein«, ursprünglicher Lagerungsort des vorderösterreichischen Archivs

236 Luzern bescheinigt die Abgabe von Archivalien aus dem erbeuteten vorderösterreichischen Archiv an Freiburg i. Ü. An letzter Stelle: Vermerk über die Königsurkunde von 1219 ▷

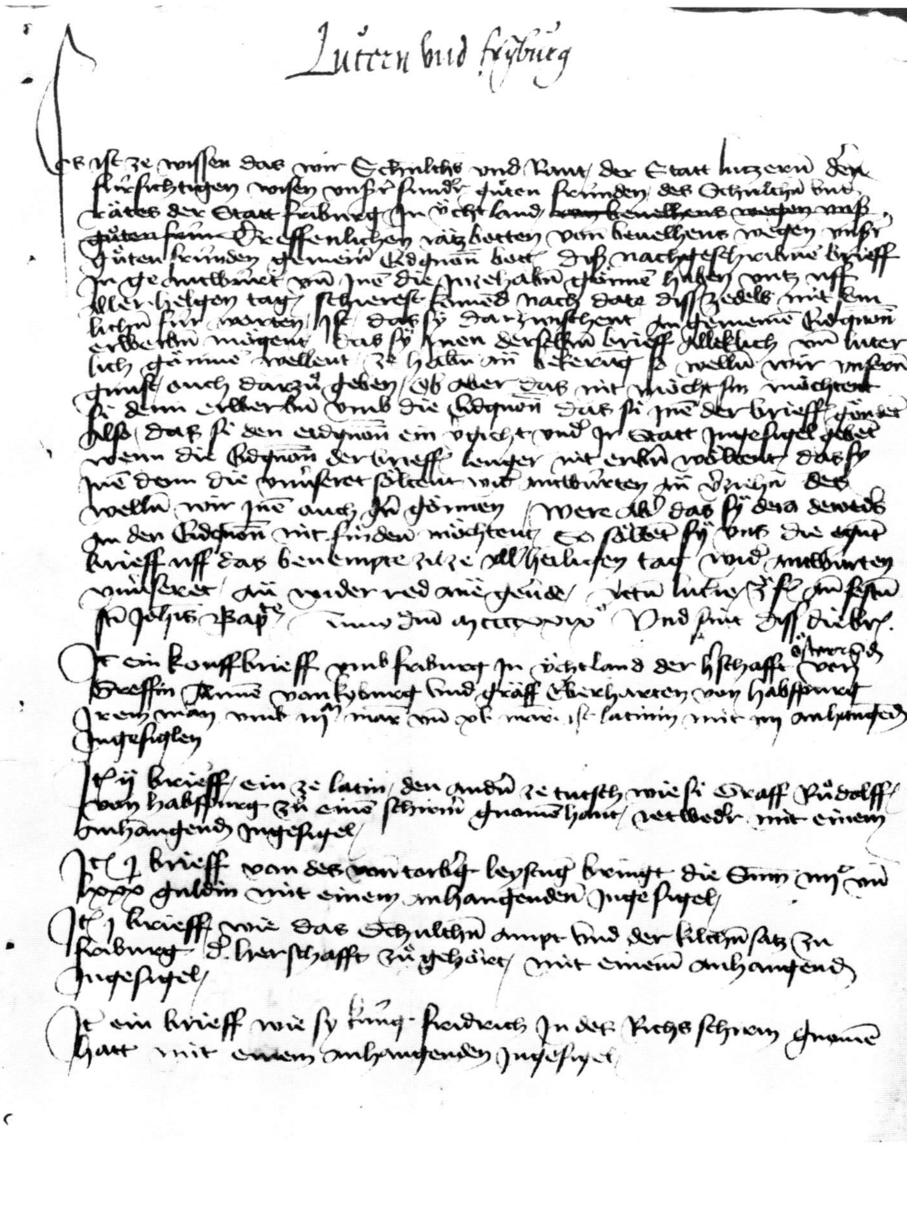

Lutern vnd Fryburg

habsburgischen Herrschaft zu befreien und über die Reichsfreiheit die Aufnahme in die Schweizer Eidgenossenschaft zu erreichen.

In der jüngeren Geschichtsforschung schenkte man der Urkunde wenig Beachtung. Zwar wurden gelegentlich Zweifel laut, ob sie denn nicht vielleicht doch zu Freiburg im Breisgau gehöre, einem Schweizer Forscher (Bernhard Schmid) gelang es sogar, ihren Weg minutiös nachzuzeichnen, in der Geschichtsschreibung – auch der lokalen – nahm man indessen hiervon nicht weiter Notiz.

So geriet die Urkunde gewissermaßen ›zwischen die Fronten‹. In der bekannten Geschichte des schweizerischen Freiburg ließ sie sich schlecht unterbringen, wußte man doch, daß die Stadt nach dem Aussterben der Zähringer 1218 im Erbgang an die Grafen von Kiburg gelangt war und nicht etwa Reichsstadt wurde. Auf der anderen Seite, in Freiburg im Breisgau, fand die Königsurkunde von 1219 erst recht keine Beachtung. Was sollte man sich für eine Urkunde interessieren, die im Archiv des anderen Freiburg lag? Folglich fand unsere Urkunde auch keine Aufnahme in das maßgebliche Freiburger Urkundenbuch von Friedrich Hefele. Dabei handelt es sich um die älteste im Original erhaltene Königsurkunde für Freiburg im Breisgau!

Um was aber ging es hier? Als am 18. Februar 1218 Herzog Bertold V. von Zähringen kinderlos starb, fiel seinen beiden Schwestern Agnes und Anna das reiche Erbe des mächtigen Herzogsgeschlechts zu. Agnes war mit dem Grafen Egino IV. von Urach, Anna mit dem Grafen Ulrich III. von Kiburg verheiratet. Nach den offenbar schon lange feststehenden Teilungsplänen sollten die Grafen von Urach das zähringische Hausgut am Oberrhein und im Schwarzwald, die Grafen von Kiburg aber jenes in Burgund, der heutigen Westschweiz, erhalten. Die Reichslehen schließlich sollten an das Königtum zurückfallen.

So einfach war die Rechtslage. In der Praxis aber sah alles ganz anders aus.

Zunächst einmal mischte der junge König Friedrich II. in der Erbfrage kräftig mit. Der Staufer befand sich damals in einer ungewöhnlich günstigen Position: Sein alter Widersacher, Kaiser Otto IV., lebte zurückgezogen auf seinen Familiengütern in Norddeutschland; er starb noch im selben Jahr. Im Jahr 1218 haben wir also einen der seltenen Fälle, daß ein deutscher König bei einem hochpolitischen Erbfall im Reich ungebunden war und auch die Machtmittel besaß, zu seinen eigenen Gunsten einzugreifen.

Eine erste Reaktion des Königs war, sich unter Berufung auf eine sehr weit entfernte Blutsverwandtschaft mit den Zähringern unter die Erbberechtigten einzureihen, was sogleich auch andere Verwandtschaft auf den Plan rief. Im Herbst 1218 kam es zwar zu Ulm unter den Interessenten zu einer Einigung, die jedoch keinen Bestand hatte. Im Frühjahr 1219 spitzte sich die Lage erneut zu. Dem König gelang es, den Herzögen von Teck – aus einer zähringischen Nebenlinie – deren angebliche Erbrechte abzukaufen. Vornehmlich um diese Rechte kam es im Sommer 1219 zwischen dem König und Graf Egino von Urach zu bewaffneten Auseinandersetzungen. Über den Verlauf der Fehde ist nichts Genaues bekannt. Nur soviel ergibt sich aus dem späteren Friedensschluß, daß in diesen Kampf auch die Bürger von Freiburg im Breisgau verwickelt waren.

Der Friede wurde am 18. September 1219 zu Hagenau im Elsaß geschlossen: Der König verzichtete gegenüber dem Grafen Egino auf die erkauften Rechte der Herzöge von Teck. Kurz zuvor, am 6. September, hatte Friedrich II. bereits eine Verfügung getroffen, die auch Freiburg berührte. Er befahl allen Städten im Reich, die während seines Krieges mit Graf Egino aus dessen Stadt Freiburg weggezogenen Personen zurückzuschicken. Diese Bestimmung erhält erst ihren eigentlichen Sinn durch die oben genannte Urkunde des Königs vom selben Tag: Er nahm die Bürger von Freiburg wieder zu Gnaden an und versprach ihnen und ihren Handelsgeschäften seinen königlichen Schutz.

Lit.: B. SCHMID, War Bern in staufischer Zeit Reichsstadt? in: ZSG 20 (1944), S. 161–194, bes. S. 178 ff.; vgl. Kat. Nrn. 87–94 und K. SCHMID, in: Die Zähringer I, S. 216 f.

Hartmut Heinemann

Zähringerbildnisse aus der ehemaligen Benediktinerabtei St. Peter im Baden-Badener Neuen Schloß

Die Zähringerausstellung im Sommer 1986 kann zum ersten Mal im Freiburger Raum wieder Zähringerbildnisse der Öffentlichkeit vorstellen, die früher zur Ausstattung der Abtei St. Peter im Schwarzwald gehörten. 1836, also vor genau 150 Jahren und erst 30 Jahre nach der Säkularisation, sind die 14 Bildnisse auf Wunsch des Großherzogs nach Rastatt verbracht worden. Nach der Aufhebung des Klosters 1806 waren sie laut Inventarverzeichnis »im großen Saal« gewesen und hatten in den folgenden Jahren alle Besetzungen des Klosters weitgehend unbeschädigt überstanden. Warum man sich 30 Jahre später ihrer entsann und sie dann noch abholen ließ, ist nicht bekannt. Möglicherweise steht dieser Entschluß in Zusammenhang mit einer Renaissance des Interesses an den Zähringern von seiten des Hauses Baden, wofür es aus dem 19. Jahrhundert noch weitere Zeugnisse gibt.

Entstanden waren die Bilder sicher zum Zeitpunkt eines spezifischen und wachsenden Interesses an dieser Fürstenfamilie sowohl bei der markgräflichen Familie wie bei den Benediktinern in St. Peter. Auf badischer Seite war die »Historia Zaringo-Badensis« in Auftrag gegeben, die – unter anderem mit Hilfe st. petrischer Archivalien – den Nachweis des mittelalterlichen Stammbaums führen sollte, während man in St. Peter offensichtlich den Landesherrn als Machtfaktor zunehmend ernster nahm und sich mit diesem Zähringerzyklus zum ersten Mal als Stammkloster der Badener präsentierte – was auch immer dies für die evangelische Linie des Hauses Baden bedeutet haben mag. Der Abbruch des alten Kapitelsaales um 1755 und damit der Verlust des dortigen Zähringerzyklus war Anlaß und Gelegenheit, einen neuen zu schaffen – diesen nun freilich mit der aktuelleren Blickrichtung zum Hause Baden, also nicht mehr im Hinblick auf Ansprüche gegenüber Wien. So wird Hermann I. in diesem Zyklus als badischer Markgraf in Rüstung und nicht mehr, wie in der Kirche, als Cluniazensermönch dargestellt.

Zum ersten Mal werden die weniger wichtigen badischen und Hachberger Nachkommen Hermanns I. erwähnt, die ohne das genealogische Interesse für St. Peter ohne Bedeutung waren, und zum einzigen Mal ist bei dem Stammvater Bertold I. der ja umstrittene verwandtschaftliche Zusammenhang mit den Habsburgern erwähnt, der somit auch eine Beziehung zwischen dem Kaiserhaus in Wien und Baden herstellte. Auch die Betonung der Königswürde bei Rudolf von Rheinfelden und die Zurückweisung der Reichsherrschaft durch den letzten Zähringer Bertold V. unterstreichen die Würde der von den Zähringern abstammenden badischen Nachkommenschaft.

Ganz klar ist bis heute nicht, für welchen Platz diese Bilder gedacht waren. Sicher ist, daß sie zur Ausstattung des Gästeflügels gehörten, und sicher ist auch, daß sie – wie die noch vorhandenen Stuckrahmen belegen, anders als früher angenommen – nicht für das Refektorium gedacht waren. Kurz nach ihrer Entstehung sind sie zwar »für den großen Speisesaal« belegt, hätten dort jedoch mit den biblischen Szenen der Gastfreundschaft kein stimmiges Programm ergeben. Vielleicht hingen sie in den 1770er Jahren im Gang des Gästeflügels, wo sie als weltliche Garanten des Bestands des Klosters ein angemessenes Pendant zu den Äbten als geistlichen Vätern in der Klausur gebildet hätten. Für beide Plätze sprechen gute Gründe, nur gegen den Gang des Gästeflügels sprechen weniger.

Bemerkenswert auf diesen Bildern ist die starke Betonung der Verbindung auch zu Freiburg nicht nur in den Beschriftungen, sondern auch in den Sockelbildern, die neben der Zähringer Burg bei drei früh verstorbenen Knaben, einer Stadtansicht mit bebautem Schloßberg bei Bertold III. und einer Ansicht des Freiburger Münsters von Süden bei Konrad I. auch das Haupt des Stadtpatrons Lamberts bei Rudolf von Lüttich zeigen. Hat man im Kloster eventuell die intensive Gründer- und Dotatorentätigkeit der Zähringer gerade in bezug auf Freiburg so stark betont, um dadurch die vergleichbare Würde der Klostergründung und so den Anspruch auf seinen Fortbestand zu unterstreichen? Nicht nur von weltlichen Gelehrten, sondern gerade bei den Benediktinern wurde intensiv historisch-genealogische Forschung betrieben, deren ›praktisches Erkenntnis-

237 Portrait der Kinder von Zähringerherzögen (Kat.-Nr. 309)

interesse‹ aus den Zeitumständen heraus verständlich war, für uns jedoch nicht immer leicht zu entschlüsseln ist. Warum z.B. ist bei Bertold V. nicht das bekannte Todesjahr 1218, sondern ein ansonsten nie erscheinendes Begräbnisjahr 1251 genannt? Geht man davon aus, daß im Barock gerade bei derartigen Fürstenzyklen die politische Aussage großes Gewicht hatte, daß nichts in Darstellung und Beschriftung absichtlos war, so sind diese Bilder nicht nur ein Ausdruck der Zähringerverehrung im 18. Jahrhundert, sondern sie sind für die Geschichte des Klosters und für die den Zähringern in bezug auf Freiburg zugeschriebene Rolle ein wichtiger Beleg. Was wäre aus Freiburg geworden, wenn der letzte Zähringer Bertold V. nicht die *Fasces Imperii* zurückgewiesen hätte?

Die Zähringerbildnisse aus St. Peter im Schwarzwald wurden schließlich von Rastatt nach Baden-Baden ins Neue Schloß verbracht. Dort waren sie zunächst in den Bilderkammern untergestellt, bis sie in den Gängen des Erdgeschosses einen Platz fanden. Neuerdings sind sie jedoch wiederum magaziniert. Da ihr Erhaltungszustand nicht mehr der beste ist, führt die Ausstellung von vier des vierzehn Gemälde umfassenden Bilderzyklus vielleicht dazu, das Interesse an diesen beachtlichen Zeugnissen der Zähringertradition in einer der Situation angemessenen Weise zu wecken. Vielleicht kommen sie eines Tages auch wieder an ihren ursprünglichen Ort nach St. Peter zurück?

Lit.: C. von Beust, Beschreibung des Großherzoglichen Schlosses in Rastatt, mit einer ausführlichen Darstellung des Lebens und der Thaten des berühmten Erbauers, des Markgrafen Ludwig Wilhelm von Baden, des großen Feldherrn und Siegers über die Türken, 1854; W. Brambach, Mittheilungen aus der Großherzoglich Badischen Hof- und Landesbibliothek und Münzsammlung, V. Bildnisse zur Geschichte des Badischen Fürstenhauses, Vorarbeiten zu einem kritischen Verzeichnisse Badischer Fürstenporträts, 1884; G. F. Kircher, Zähringer Bildnissammlung im neuen Schloß zu Baden-Baden, 1958, bes. S. 11ff.; vgl. oben Kat. Nrn. 299–314.

Hans-Otto Mühleisen

Ein zähringisches Königtum vor 180 Jahren? Zu einem Plan des badischen Ministers von Reitzenstein

Was zu Lebzeiten der Zähringer nicht verwirklicht werden konnte, schwebte vor 180 Jahren badischen Fürsten und Diplomaten vor: ein ›zähringisches‹ Staatswesen vom Oberrhein bis zum Alpenkamm, an Ausdehnung und Bevölkerungszahl der Königswürde wert. Die Zähringer hatten weder ein geschlossenes und dauerhaftes Herrschaftsgebilde – ihr Einflußgebiet zerfiel nach dem Tode des ›letzten Zähringers‹ Bertold V. 1218 (s. oben Heinemann, S. 114f.) – noch ein Königtum erlangt; ihre Herrschaft war noch nicht einmal ein regelrechtes Herzogtum wie etwa Schwaben gewesen, sondern ein Titelherzogtum, dessen ›Gebiet‹ zudem sehr lückenhaft aus einem Netz verschiedenartiger Besitz- und Rechtstitel, ja bloßen Einflußmöglichkeiten bestand. Dieses für eine hochmittelalterliche Herrschaft durchaus bezeichnende Gebilde wies denn auch eine räumliche Erstreckung und äußere Form auf, die einem modernen Staatswesen mit möglichst gut zu verteidigenden Grenzen und einer Verkehr und Verwaltung begünstigenden Gestalt mit homogener Bevölkerung kaum angemessen gewesen wäre. Und doch ist eben dieser »Staat der Herzoge von Zähringen« (T. Mayer) einst Ziel einer expansionslustigen badischen Politik geworden. Man stelle sich das um 1800 im Entstehen begriffene Land Baden in seiner gehörigen Länge bei nur geringer Breite vor, noch verlängert um schweizerische, ehemals zähringisch beherrschte Gebiete im Süden: ein Monstrum mit schier endlosen Grenzen und konfessionell wie politisch durcheinandergewürfelter Bevölkerung. Diese ›Kopfgeburt‹ eines badischen Diplomaten hat dennoch in der Geburtsstunde des badischen Staates 1806 einige Aussicht auf Verwirklichung gehabt.

Der Sonderfriede von Basel zwischen Preußen und der französischen Republik (15. April 1795) gab den Auftakt zum Zerfall des »Heiligen Römischen Reiches Deutscher Nation«, der juristisch mit dem Abschluß der Rheinbundakte (12. Juli 1806) erfolgte. Die gegenüber den siegreichen französischen Revolutionsarmeen nur noch auf österreichischen Schutz zurückgeworfenen süddeutschen Rheinanlieger waren bald gezwungen, ebenfalls in Verhandlungen mit den Franzosen einzutreten; so schloß 1796 die Markgrafschaft Baden (seit 1771 um die baden-badischen Gebiete der ausgestorbenen katholischen Linie vermehrt) ihren Separatfrieden mit Frankreich, nachdem sie auf ihre linksrheinischen Besitzungen und Rechte hatte verzichten müssen, die auch auf dem Kongreß zu Rastatt (1797–1799) nicht entschädigt werden konnten. Die kleine Markgrafschaft konnte erst im Vorfeld des von Frankreichs und Rußlands Interessen diktierten Reichsdeputationshauptschlusses (1803) durch geschickte Heiratspolitik und Diplomatie ihre Verluste um ein Mehrfaches ausgleichen. Mittels Säkularisationen und Mediatisierungen erhielt Baden damals die rechtsrheinischen Besitzungen der Bistümer Konstanz, Basel, Straßburg und Speyer, die rechtsrheinische Pfalz, Ladenburg, Bretten, Heidelberg und Mannheim, schließlich die Herrschaft Lahr, das Hanauerland, elf Abteien und sieben Reichsstädte. Die weitere Stoßrichtung der badischen Ausdehnung war in dem Plan entworfen, das Kurfürstentum Württemberg nach Hannover zu ›versetzen‹ und Teile des württembergischen Territoriums dem badischen einzufügen. Der badische ›Schlauch‹ sollte verständlicherweise zunächst nach Osten hin an Breite gewinnen, Verlängerungen nach Norden und Süden wurden erst in zweiter Linie erwogen. In Württemberg und Bayern besaß Baden jedoch Konkurrenten um die Konkursmasse des Reichs, die nicht weniger erfolgreich die Arrondierung ihrer Territorien betrieben, um schließlich das kleinere und ungünstiger gelegene Baden zu überrunden. Zudem spielten alle drei Fürstentümer zusammen mit der (1798 von den Franzosen zur »Helvetischen Republik« umgewandelten) schweizerischen Eidgenossenschaft in Napoleons Politik die Rolle von abhängigen, in gegenseitigem Konkurrenzverhältnis stehenden Pufferstaaten zwischen Frankreich und Österreich/Preußen. Württemberg und Bayern waren die größten Gewinner dieses skrupellosen Wettrennens um geistliche und weltliche Territorien, um die ehemals vorderösterreichischen Besitzungen. Die Schweiz mußte nach anfänglichen Plänen einer Ausdehnung über den Rhein hinaus in den Schwarzwald froh sein, ihren Besitzstand weitgehend wahren zu können, geriet sie als Republik doch zunehmend in die gefährliche Umklammerung landhungriger Monarchen und Fürsten. Für ihre Teilnahme am 3. Koalitionskrieg Napoleons gegen Wien erhielten die drei süddeutschen Kurfürsten reiche territoriale Entschädigungen zugeteilt, die mit den Verträgen von Brünn und Preßburg (Dezember 1795) fixiert wurden. Diesmal kam der vorher schon in Basel (1796) und Paris (1802/3) erfolgreich agierende badische Gesandte Sigismund Freiherr von Reitzenstein zu spät: die Delegierten Bayerns und Württembergs hatten sich bereits den Hauptteil der Beute geteilt und Baden nicht genug übriggelassen, um wie sie, gemäß vorheriger Versprechungen, zum Königtum erhoben zu werden. Reitzenstein blieb nichts anderes übrig, als vollendete Tatsachen einstweilen hinzunehmen und auf spätere Revisionen zu setzen. Für Baden galt es im Frühjahr 1806, genügend Gebietszuwachs für die ersehnte Königswürde zu erlangen, um mit den beiden Hauptkonkurrenten wieder auf einer Ebene zu stehen.

Die Schweiz hatte sich am siegreichen Feldzug gegen Österreich nicht aktiv beteiligt und sollte dementsprechend nicht zu den Gewinnern gehören. Vielmehr stand zu befürchten, daß sie zu den Arrondierungen der drei süddeutschen Nachbarn würde beisteuern müssen. Napoleon bezog zwar die Schweiz in die Januar 1806 begründete Allianz der drei süddeutschen Fürstenhäuser ein – eine Garantie für Grenzen und Bestand konnte dies angesichts der ständig sich wandelnden Politik des französischen Kaisers nicht bedeuten. Die von Monarchien umstellte Republik hatte zum Jahresbeginn 1806 alles zu befürchten.

So stellte sich die Ausgangslage für die Versuche Reitzensteins dar, die Brünner Verträge für Baden zu revidieren. Reitzenstein (1766–1847), einer fränkischen Adelsfamilie entstammend und in Göttingen und Erlangen juristisch ausgebildet, stand seit 1788 in badischen Diensten, wo er bald mit Sitz und Stimme in das Hofratskollegium aufgenommen wurde. Als Landvogt der Herrschaft Rötteln in Lörrach hatte er früh Gelegenheit, politisch und diplomatisch tätig zu werden, so 1796 in Basel und ab 1797 als badischer Gesandter in Paris. Seine Tätigkeit war 1803 erheblich für die Vergrößerung Badens verantwortlich gewesen. Sein Biograph Franz Schnabel hat ihn als »Begründer des badischen Staates« apostrophiert. Jetzt richtete sich sein Interesse zunächst auf den aussichtsreichen Erwerb des Herzogtums Berg; sodann standen Frankfurt, Aschaffenburg, Nürnberg und das südlich des Mains gelegene Hessen auf seiner Wunschliste. Während in München unter der Leitung des französischen Gesandten Otto eine Mediatisierungskonferenz tagte, nutzte Reitzenstein das seit Herbst 1805 vorbereitete Heiratsprojekt zwischen Stéphanie Beauharnais, Nichte und Adoptivtochter Napoleons, und dem badischen Kurprinzen Karl als Hebel seiner politischen Pläne. Zusammen mit dem Kurprinzen reiste Reitzenstein Ende Januar nach Paris, um die Konditionen für den Ehevertrag auszuhandeln und damit Bedingungen für eine angemessene Vergrößerung und Standeserhöhung des badischen Hauses zu stellen.

In Paris erfuhr Reitzenstein, daß das für Baden erhoffte Herzogtum Berg an Napoleons Schwager Murat fallen solle. Im Westen, Norden und Osten an großzügigen Zugewinnen von Land und Leuten gehindert, richteten sich Reitzensteins Pläne nun ganz auf die Schweiz. Zunächst waren es nur die rechtsrheinischen Teile der Schweiz, die er in einer Denkschrift vom 12. März in Betracht zog. Am 16. März bereits forderte er in einem bisher unveröffentlichten Memorandum für den Kurprinzen den Zuschlag der *gesamten* Schweiz. Reitzenstein verwendete zur Begründung dieser schier ungeheuerlichen Forderung, die ›Baden‹ um ein Mehrfaches vergrößert hätte, ein erstaunliches Argument: *... que ce pays est parmi ce qui dans des temps plus heureux ont été autrefois le domaine de Vos ancêtres, de ces Princes qui ont été les fondateurs des villes principales de la Suisse, de Berne, Fribourg et autres, et dont, si le souvenir d'une illustre origine doit quelque utilité, Vous devez definer d'egaler la renommée* (»... daß dieses Land, was in glücklicheren Zeiten Teil der Besitzungen Ihrer Vorfahren war, der Fürsten nämlich, die die Gründer der wichtigsten Städte der Schweiz waren, von Bern, Freiburg i. Ü. und anderen, und deshalb sollten Sie sich, wenn die Erinnerung an eine edle Abkunft überhaupt Nutzen haben soll, entschließen, diesem Ansehen gleichzukommen«) (Abb. 238). Die Erhöhung zur Königswürde solle mit diesem Erwerb verbunden sein. Anfang April faßte der badische Gesandte diese Gedanken nochmals in einem Memorandum zusammen, das über den Kurprinzen an Napoleon weitergeleitet wurde: die

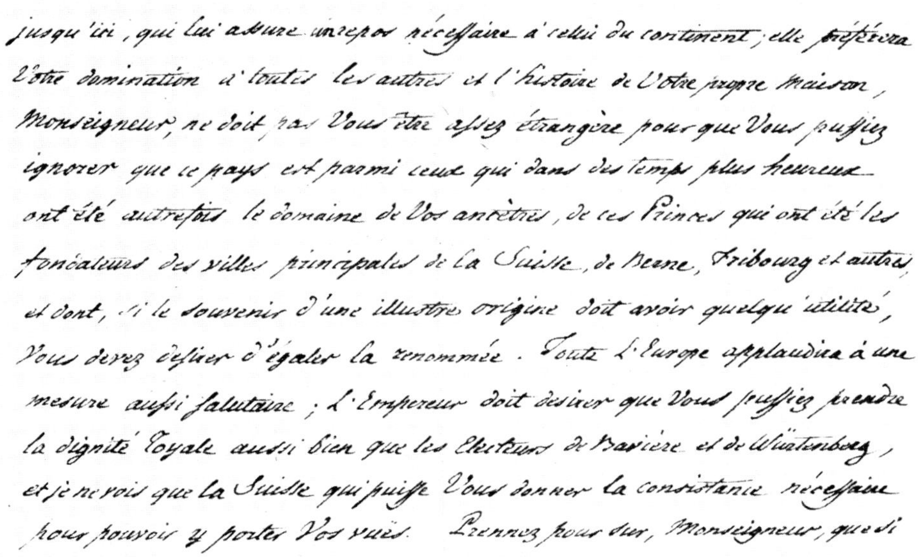

jusqu'ici, qui lui assure un repos nécessaire à celui du continent; elle préfèrera
votre domination à toutes les autres et l'histoire de votre propre maison,
Monseigneur, ne doit pas Vous être assez étrangère pour que Vous puissiez
ignorer que ce pays est parmi ceux qui dans des temps plus heureux
ont été autrefois le domaine de Vos ancêtres, de ces Princes qui ont été les
fondateurs des villes principales de la Suisse, de Berne, Fribourg et autres,
et dont, si le souvenir d'une illustre origine doit avoir quelque utilité,
Vous devez désirer d'égaler la renommée. Toute l'Europe applaudira à une
mesure aussi salutaire; l'Empereur doit désirer que Vous puissiez prendre
la dignité royale aussi bien que les Electeurs de Bavière et de Wurtemberg,
et je ne vois que la Suisse qui puisse Vous donner la consistance nécessaire
pour pouvoir y porter Vos vues. Prennez pour sûr, Monseigneur, que si

238 Ausschnitt aus der Denkschrift Reitzensteins vom 16. März 1806 (vgl. Kat.-Nr. 318)

Réflexions succinctes sur les moyens de donner à la maison de Bade un agrandissement suffisant pour lui faire conférer la dignité royale. Hier heißt es: *La Suisse est une de ces possessions* (!) *qui dans les temps les plus heureux, c'est-à-dire il y a six siècles appartenaient aux ancêtres du Prince électoral; leur titre le plus glorieux c'est d'avoir été des fondateurs de villes dans les siècles de barbarie* (!), *d'avoir fondé entre autres les villes de Berne et de Fribourg, agrandi et fortifié celles de Moudon, Yverdon, Bourgdorf et autres* (...). *Après tout ce que la Suisse a éprouvé depuis dix ans, il est difficile de se persuader qu'elle puisse être heureuse et tranquille à moins d'un gouvernement héréditaire et jamais le gouvernement anglais ne cessera de fonder sur ce pays de espérances de troubles et d'influence au détriment de la France,* (...). *C'est dont une véritable conquête sur l'Angleterre que la France fera, en procurant la Suisse à une maison dont le dévouement lui est assure pour jamais et qui peut déjà se regarder comme faisant partie de la maison impériale elle même* (»Die Schweiz ist eine der Besitzungen, welche in den glücklichsten Zeiten, d. h. vor sechs Jahrhunderten, den Vorfahren des Kurprinzen gehörte; ihr glorreichster Titel ist, Städtegründer in den Jahrhunderten der Barbarei gewesen zu sein, unter anderen die Städte Bern und Freiburg gegründet, die Städte Yverdon, Moudon, Burgdorf und andere vergrößert und befestigt zu haben. Eine wohltätige Politik kommt gleicherweise diesem Wechsel zu Hilfe. Nach all dem, was die Schweiz seit zehn Jahren mitgemacht hat, ist es schwer, sich zu überreden, daß sie Ruhe bekommen werde, es sei denn unter einer erblichen Regierung, und niemals wird England aufhören, auf dieses Land Hoffnungen zu setzen auf Verwirrung und Einflußnahme zum Nachteile Frankreichs. (...) Es ist also ein wirklicher Sieg über England, den Frankreich erringt, wenn es die Schweiz einem Herrscherhaus verschafft, dessen Anhänglichkeit ihm für immer sicher ist, und das sich schon jetzt als Teil der kaiserlichen Familie ansehen kann«).

Reitzenstein hebt auch hier zunächst auf die alte Vorfahrenschaft der Badener ab, deren Name allerdings wohl zu unbekannt war, um ihn dem Kaiser gegenüber gewinnbringend zu erwähnen. Deutlich läßt sich die Wirkung von Johann Daniel Schöpflins Werk »Historia Zaringo-Badensis« (1763–1766), einer siebenbändigen Geschichte des zähringen-badischen Hauses als Auftragsarbeit Markgraf Karl Friedrichs von Baden, erkennen, wenn der Diplomat auch die Schweiz zum ›Eigentum‹ der mittelalterlichen Zähringer erklärt, was allein deshalb nicht stimmt, weil die Schweiz erst nach dem Aussterben der Zähringer entstanden ist und nur Teile des davor »Burgund«

genannten Herrschaftsgebiets der Zähringer zu ihrem Eigengut gehörten. Markgraf Karl Friedrich hatte erst ca. 50 Jahre zuvor die Zähringer als illustre Vorfahren seines Hauses entdeckt und durch die Auftragsarbeit des Straßburger Geschichtsprofessors Schöpflin ins Bewußtsein heben lassen. Im unmittelbaren Vorfeld der Schweiz-Pläne Reitzensteins, am 10. Januar 1806, verkündete der Markgraf und (seit 1803) Kurfürst per Verordnung einen neugefaßten Titel: »von Gottes Gnaden Markgraf zu Baden und Hochberg, *Herzog zu Zähringen*, des Heiligen Römischen Reiches souveräner Kurfürst etc.« Und bereits im Dezember 1805 (22. 12. 1805) hatte Reitzenstein an seinen Landesherrn aus Wien signalisiert, daß sein Ansinnen, der – an Baden fallende – Breisgau möge »wieder« den Titel »Herzogtum Zähringen« erhalten, auf keinen Widerstand stoße. Die Zähringer dienten auch nach 1806 im neugeschaffenen Land Baden als Integrationsmoment einer konfessionell wie geographisch des Zusammenhalts bedürfenden Bevölkerung. Mit den Plänen zum Erwerb der Schweiz erreichte die Zähringertradition in Baden zweifellos einen Wirkungsgrad und eine Stoßrichtung, die später nicht mehr zu beobachten ist. Die Gunst der Stunde hatte diesen Plan ›denk-bar‹ gemacht und ließ ihn ein halbes Jahr lang ernsthaft verfolgtes Ziel badischer Politik sein.

Die Heirat des Kurprinzen war seit ihrem Vollzug am 8. April nicht mehr als diplomatisches Druckmittel gegenüber Frankreich einzusetzen, allenfalls das stereotype Argument Reitzensteins, daß der kaiserlichen (Adoptiv-)Tochter kein »mittelmäßiges« Territorium zugemutet werden könne. Die erste Reaktion der französischen Diplomaten, allen voran Außenminister Talleyrand, war: *Non. La totalité de la Suisse, c'est trop, c'est impossible.* Der flexible badische Gesandte modifizierte seine Ansprüche sofort in Richtung auf die deutschsprachige Schweiz, und eine Zeitlang sah es so aus, als ob Aussicht auf Erfolg bestand. Reitzensteins Argumentation hatte aber vermutlich viel eher wegen des Verweises auf das unruhige, schwer zu kontrollierende politische System der Eidgenossenschaft als wahlverwandt zum englischen Erzfeind des Kaisers Gewicht als wegen der alten Rechte der Zähringer in diesem Gebiet. Das Schweiz-Projekt Reitzensteins erhielt jedoch im Vorfeld der Rheinbundakte (12. 7. 1803) keine Chance auf Verwirklichung mehr, obwohl Napoleons Verhältnis zur Schweiz durchaus gespannt war. Friedensverhandlungen mit England hielten ihn von der Annexion der Eidgenossenschaft fern. Baden wurde zudem durch die Rheinbundakte im deutschen Südwesten gehörig vergrößert. Königtum wurde es freilich zur großen Enttäuschung Karl Friedrichs nicht, sondern nur Großherzogtum. Ein »Königtum Baden« lehnte der badische Sondergesandte Reitzenstein jedoch ab: für ihn kam nur ein »Königtum Helvetien oder Alemannien«, also eine Art ›zähringisches Königtum‹, in Frage, ein »König von Baden« sei der Lächerlichkeit preisgegeben *(un titre qui nous exposera à la risée de toute Europe, quelle pitié)*. Der Gedanke der Annexikon der gesamten bzw. deutschsprachigen Schweiz geisterte zwar noch einige Jahre in den Köpfen badischer Politiker umher, ohne jedoch mehr die Chance auf Realisierung zu besitzen, die er im Frühjahr 1806 kurzzeitig besessen hatte.

In einer Zeit radikaler Traditionsbrüche, die das europäische Staatengefüge, allen voran das auf Karl d. Gr. und Otto d. Gr. zurückgeführte »Heilige Römische Reich Deutscher Nation«, wie ein Kartenhaus zusammenstürzen ließ, mutete das Projekt des badischen Kabinettsministers zunächst nicht absonderlich an. Reitzensteins geradezu macchiavellisch skurpelloses Vorhaben ist den napoleonischen Plänen und Schöpfungen durchaus kongenial. Erstaunlich ist vielmehr die Berufung auf die allenthalben mit Füßen getretene und zerstörte Tradition, hier auf die zähringische Vergangenheit im Schweizer Raum, die zudem den Markgrafen von Baden erst seit einem halben Jahrhundert bewußt geworden war. Die Zähringer als Ahnen des badischen Hauses, als Rektoren von Burgund und Städtegründer Berns und Freiburgs i. Ü. mußten für einen Annektionsplan herhalten, der die gesamte Geschichte der Eidgenossenschaft über den Haufen zu werfen drohte und der nur dazu dienen sollte, eine ausreichende Menge von »Seelen« und »Quadratmeilen«, den einzig zählenden geopolitischen Maßstäben der Zeit, für die Errichtung eines Königtums zu beschaffen. Dieses schon in seiner räumlichen Erstreckung nur schwer vorstellbare Gebilde wäre dann freilich nicht mehr »Baden« gewesen, sondern ein geradezu monströses Reich ohne räumliche wie ideelle Mitte: »Helvetien«, »Alemannien« oder vielleicht »Zähringen«. Die Kraft, ein solches Machwerk mit konfessionell wie politisch gegensätzlicher Bevölkerung zusammenzuhalten, ist einer noch so bemühten Zähringertradition kaum zuzutrauen. Die kurze Geschichte der napoleonischen Staatenbildungen, wie etwa des Königreichs Westfalen oder der Ligurischen Republik in Oberitalien, läßt vermuten, daß dieser Kopfgeburt badischer Diplomatie kein langes Leben beschieden gewesen wäre. Das ›historische Argument‹ war selbst in einer alles geschichtlich Gewordene mißachtenden Zeit nicht aus dem Repertoire der Politiker wegzudenken.

Lit.: K. Obser (Hrsg.), Politische Correspondenz Karl Friedrichs von Baden, Bd. 5 (1804–1806) und Bd. 6 (Ergänzungsband), 1911 und 1916; G. Steiner, Rheinbund und »Königreich Helvetien«, 1805–1807, in: Basler Zeitschrift für Geschichte und Altertumskunde 18 (1919), S. 1–159; F. Schnabel, Sigismund von Reitzenstein, der Begründer des badischen Staates (Schriftenreihe der akademischen Mitteilungen Heidelberg 6), 1927; A. Waller, Baden und Frankreich in der Rheinbundzeit 1805–1813, Diss.phil. Freiburg i. Br. 1935; K. Grueninger, Warum Baden unter Napoleon nicht Königreich wurde, in: BH 34 (1954), S. 275–284; M. Wierichs, Napoleon und das »Dritte Deutschland«. Die Entstehung der Großherzogtümer Baden, Berg und Hessen, 1978; Dies., Die Entstehung der Großherzogswürde in Baden, in: ZGO 125 NF 86 (1977), S. 181–200; L. Gall, Gründung und politische Entwicklung des Großherzogtums Baden bis 1848, in: Badische Geschichte. Vom Großherzogtum bis zur Gegenwart, hrsg. v. d. Landeszentrale für politische Bildung Baden-Württemberg, 1979, S. 11–36; vgl. Kat.Nrn. 315–326, bes. Nr. 318 mit Angaben zur Überlieferung der zitierten Quellenstücke.

Jan Gerchow

»Torse chevalier« von Hans Arp

Die Hauptgasse von Murten zieren von alters her drei Brunnen. Der mittlere trug auf dem zentralen Brunnenstock Murtens Wappentier, den gekrönten Löwen, der durch die Wirren der französischen Revolution von seinem Sockel gestoßen und zerstört worden war. An seiner Stelle wurde zu Beginn des 19. Jahrhunderts eine aus gelbem Jurastein gehauene Säule gesetzt, die im Laufe der Zeit durch Witterungseinflüsse schadhaft geworden war und hätte ersetzt werden müssen. Anlaß dazu sollte das dreifache Jubiläumsjahr 1976 (500 Jahre Murtenschlacht, 800 Jahre Stadtgründung und 725 Jahre Handfeste) bieten, zu welchem auch die deutschen und schweizerischen Zähringerstädte eingeladen wurden.

Da es üblich ist, daß bei derartigen Jubiläumsanlässen die befreundeten Zähringerstädte der jubilierenden Stadt ein gemeinsames Geschenk überbringen, kam in Murten der Gedanke auf, aus dem mittleren Brunnen einen Zähringerbrunnen zu gestalten. Ein Wettbewerb sollte künstlerische Realisierungsmöglichkeiten aufzeigen, und hierfür wurde eine Jury von Kunstverständigen eingesetzt. Bei den vorbereitenden Gesprächen wurde auch die Möglichkeit erwogen, ein bestehendes Kunstwerk eines anerkannten Künstlers als Schmuck des künftigen Zähringerbrunnens zu verwenden. Die von einem Jurymitglied darauf angesprochene Witwe von Hans Arp war fasziniert von der Idee, ein Werk ihres verstorbenen Gatten im Herzen einer mittelalterlichen Stadt zu sehen und stellte hierfür gratis den »torse chevalier« (etwas ungenau mit »Torso eines Ritters« übersetzt) zur Verfügung.

Zur Realisierung des Vorhabens in Murten müßte er in doppelter Größe hergestellt und in Bronze gegossen werden. Die Übernahme der diesbezüglichen Kosten durch die Zähringerstädte sollte ihr Geschenk an die Stadt Murten darstellen. Die Jury konnte sich nicht spontan zu einer solchen Lösung bereit erklären und beabsichtigte die Durchführung eines maßstäblichen Versuches. Frau Arp war aber fest entschlossen, die Idee zu verwirklichen, wenn nicht in Murten, so dann an einem anderen geeigneten Ort. So kam der vergrößerte »torse chevalier« zu Versuchszwecken in Murten an, und er wurde unverzüglich auf den Brunnenstock gestellt und als Alternative auch auf den Brunnenstock vor dem spätgotischen Haus »zum Rübenloch« in der oberen Hauptgasse. Die Jury war befriedigt und empfahl dem Gemeinderat die Ausführung auf dem ursprünglich beabsichtigten mittleren Brunnen. Nicht dieser Meinung war aber die große Mehrheit der Bevölkerung, welche wohl das Kunstwerk anzunehmen bereit war, den Standort auf dem altehrwürdigen Brunnen aber nicht als geeignet erachtete. Diese Variante wurde aber vom vermittelnden Jurymitglied kategorisch verworfen, hatte er doch die Zustimmung von Frau Arp für die Gestaltung des beabsichtigten Zähringerbrunnens erhalten. Der Gemeinderat konnte es sich aber nicht leisten, den eindeutigen Volkswillen zu mißachten zu Beginn des großen Jubiläumsjahres, bei welchem zu jedem Anlaß die aktive Mitwirkung der Bevölkerung unumgänglich war. So mußte er mit großem Bedauern auf das Vorhaben verzichten. Der Torso wurde in der Folge in Neuchâtel aufgestellt, und die Murtner stellten nicht zu Unrecht fest, daß mindestens ebensogute Standorte auch in Murten hätten gefunden werden können.

Lit.: Jakob SENTI: Der Torso von Murten, in: Freiburger Volkskalender, 1985, S. 197–201.

Erhard Lehmann
(Stadtschreiber von Murten)

TEXTANHANG

Ausgewählte Quellen zur Zähringergeschichte

Zusammengestellt von NORA GÄDEKE

Dieser Anhang enthält einige der wichtigsten historiographischen und urkundlichen Zeugnisse zu den Zähringern. In Ergänzung zu den betreffenden Katalogartikeln sollten diese – einem weiteren Kreise zum Teil schwer zugänglichen – Texte in vollem Wortlaut und mit Übersetzung bereitgestellt werden. Daß hier nur ein geringer Teil des in Frage kommenden Materials aufgenommen werden konnte und daß damit eine – sicher willkürliche – Selektion nicht zu umgehen war, muß nicht besonders betont werden. Die Auswahl richtete sich zum Teil nach der Bedeutung der Quellenstücke für die Rekonstruktion der Zähringergeschichte, teilweise ist sie aber auch von dem Versuch bestimmt, einen Eindruck von der Vielfalt der Überlieferungsformen zu geben. Wert wurde auch darauf gelegt, vor allem bisher noch nicht übersetzte Texte zu berücksichtigen. Eine Reihenfolge nach den inhaltlichen Kriterien: Herrschaftsbeginn, Städte, Expansion und Erbe, ist versucht worden, war jedoch nicht ganz durchzuhalten. Die Wiedergabe der Quellen folgt ganz jener der angegebenen Editionen, aber ohne deren kritischen Apparat. Die Übersetzungen wurden, soweit nicht anders vermerkt, neu angefertigt; für Nr. 3, Nr. 13a, Nr. 13b unter Benutzung der Übersetzungen in GDV (Bde. 38, 74, 69).

1. Frutolf von Michelsberg über Bertold I.: Chronik, zu den Jahren 1057 und 1077 (Kat. Nr. 55)

Text und Übersetzung in: F.-J. SCHMALE–I. SCHMALE-OTT (Hrsg.), Frutolfs und Ekkehards Chroniken und die anonyme Kaiserchronik (Freiherr-vom-Stein-Gedächtnisausgabe 15), 1972, S. 74–77, 88–89.

Otto de Svinfurte dux Suevorum IIII. Kalendas Octobris obiit, et Ruodolfus de Rinveldon qui postea rex esse contendit ducatum accepit; quod magnum fuit seminarium earum quibus regnum perturbatur commotionum. Eundem namque ducatum vivente adhuc Ottone duce Heinricus imperator Berhtoldo comiti, qui post Carinthiorum accepit ducatum, promiserat eique anulum suum velut huius rei commonitorium dederat; quem ille diligenter servans post amborum obitum, imperatoris scilicet et ducis, imperatrici Agneti imperium tunc disponenti obtulit eamque anulum agnoscentem pro ducatu sibi promisso commonuit. Sed quia predictus Ruodolfus mox post imperatoris obitum filiam eius Rumoldo Constantiensi episcopo commendatam, utrum consilio raptam an dolo nescitur, uxorem duxit, recepto iam in gratiam eundem ducatum illi causa filię imperatrix dedit, quod animum Berhtoldi non parum commovit. Pro qua commotione lenienda ducatus Karinthiorum ei committitur, quem postea filio suo ęquivoco ipsius rogatu rex Heinricus commisit, sed postmodum quorundam instinctu eundem ducatum Luitolfo consanguineo suo dedit sicque patrem et natum parvipendens offendit. Unde quasi renovata priore iniuria cum

Otto von Schweinfurt, Herzog der Schwaben, verschied am 28. September, und Rudolf von Rheinfelden, der später König zu sein begehrte, erhielt das Herzogtum; das war eine wichtige Ursache der Unruhen, durch die das Reich später in Verwirrung geriet. Denn dasselbe Herzogtum hatte Kaiser Heinrich noch zu Lebzeiten des Herzogs Otto dem Grafen Bertold, der später das Herzogtum der Kärntner erhielt, versprochen und er hatte ihm seinen Ring gleichsam als Mahnzeichen dafür gegeben; Bertold bewahrte ihn sorgfältig und legte ihn nach dem Tod der beiden, nämlich des Kaisers und des Herzogs, der Kaiserin Agnes vor, die damals das Reich leitete, und mahnte sie, die den Ring anerkannte, wegen des Herzogtums, das ihm versprochen war. Da aber der erwähnte Rudolf bald nach dem Tod des Kaisers dessen Tochter, die dem Bischof Rumold von Konstanz anvertraut war, als Gattin heimführte – man weiß nicht, ob er sie auf Rat hin oder mit List entführte –, gab die Kaiserin ihm um der Tochter willen dieses Herzogtum, nachdem er wieder in Gnaden aufgenommen war, was Bertold nicht wenig erregte. Um diese Erregung zu besänftigen, wird ihm das Herzogtum der Kärntner übertragen, das später

Berhtoldus dux permoveretur, omnia consiliorum machinamenta quibus satis pollebat ad hoc vertebat, ut ab utroque, id est rege et Rudolfo, se ulcisceretur: ab hoc scilicet, quoniam a ducatu sibi promisso se subplantavit, ab illo vero, quia se accepto privavit. Multę interim causę, quę inconsulte tunc gerebantur, sibi concurrebant et huic machinationi occassiones prebebant: Otto dux Baioariorum deicitur; Chuonradus genere Suevus a militibus regis interficitur, et quasi a rege iussum sit, ipsi crimen indicitur. Conspirat igitur Otto in Saxonia, Berhtoldus in Suevia, fiunt motus et conventus utrobique, in quibus odia in regem suscitantur et invidię. Multa quoque interea in regno fiebant, quę utrosque populos iustis et necessariis ut videbatur causis, ne regi adhererent, avertebant, eoque res perducta est, ut Ruodolfus in dampnationem sui regnum invaderet dominumque suum regem deponere aut interficere quereret. Sed hęc res quem effectum haberet nec rusticos latet.

König Heinrich dessen gleichnamigen Sohn auf seine Bitte hin übergab; dann aber übertrug er auf Betreiben einiger dieses Herzogtum seinem Verwandten Liutolf und beleidigte so Vater und Sohn, da er beide mißachtete. Da nun Herzog Bertold gleichsam durch die Wiederholung früheren Unrechts tief erregt war, wandte er alle Gedankenkünste, an denen er wahrlich reich war, auf das eine Ziel, wie er sich nämlich an den beiden, das heißt am König und an Rudolf, rächen könne: an diesem, weil er ihn um das versprochene Herzogtum betrogen hatte, an jenem aber, weil er ihn des Herzogtums beraubte, das er schon empfangen hatte. Ihm kamen allerlei Dinge, die damals ohne Überlegung geschahen, entgegen und schufen diesem Vorhaben günstige Gelegenheiten: Otto, Herzog der Bayern, wurde abgesetzt; der Schwabe Konrad wurde von Vasallen des Königs getötet, und das Verbrechen wurde, als sei es auf Befehl des Königs geschehen, diesem angelastet. Also verschwören sich Otto in Sachsen, Bertold in Schwaben; in beiden Gebieten kommt es zu Aufläufen und Zusammenkünften, bei denen Haß und Mißgunst gegen den König geschürt wurden; überdies geschah vielerlei im Reich, was beide Stämme aus, wie es schien, gerechten und zwingenden Gründen dazu brachte, dem König nicht mehr zu folgen; schließlich kam es so weit, daß Rudolf zu seinem eigenen Verderben gegen das Reich vorging und seinen Herrn, den König, abzusetzen oder zu töten trachtete. Welchen Erfolg das jedoch hatte, ist nicht einmal den Ungebildeten verborgen.

...Heinricus autem rex Alamanniam cum exercitu petit ibique quendam ex indigenis Hugonem aliosque sibimet inibi rebelles non sine magna eiusdem provincię vastatione debellat. Berhctoldus autem de Zaringon dux quondam Carinthię in quodam oppido suo Lintperg naturaliter munito positus, dum viveret ex arbitrio regis impune cuncta vastari, pre dolore animi dicitur eo morbo, quem medici frenesin vocant, occupatus fuisse septemque diebus postea superstes multa amentię verba quasi delirans protulisse sicque vitam finisse...

...König Heinrich aber zog mit einem Heer nach Alemannien, um einen gewissen Hugo, der diesem Stamme angehörte, sowie einige andere Aufständische zu bekämpfen, wobei er dieses Land schwer verwüstete. Bertold von Zähringen, der frühere Herzog von Kärnten, saß in seiner durch die Natur befestigten Stadt [befestigte Siedlung] Limburg; als er sah, wie nach dem Willen des Königs alles ungestraft verwüstet wurde, soll er vor Schmerz von der Krankheit befallen worden sein, die die Ärzte Wahnsinn nennen, und nach sieben Tagen, während deren er wie im Delirium irre Worte hervorbrachte, das Leben geendet haben...

2. Otto von Freising über Bertold II.: Gesta Frederici, I. 7–9 (Kat. Nr. 56)

Text und Übersetzung nach: F.-J. SCHMALE (Hrsg.), Die Taten Friedrichs/Gesta Frederici (Übersetzung von A. SCHMIDT) (Freiherr-vom-Stein-Gedächtnisausgabe 17), 1974, S. 142–149.

Huius Rŏdulfi filiam quidam ex nobilissimis regni optimatibus Bertolfus nomine de castro Zaringen habuit. Non multo post tempore Rŏdulfus in publico bello a fidelibus imperatoris necatur et in ecclesia Merseburc cultu regio sepelitur. Fertur de imperatore, quod, cum pacatis paulisper his seditionum motibus ad predictam ecclesiam Merseburc venisset ibique prefatum Rŏdulfum velut regem humatum vidisset,

Dieses Rudolfs Tochter war mit einem der vornehmsten Fürsten des Reiches, Bertold, benannt nach der Burg Zähringen, vermählt. Nicht lange danach wurde Rudolf von den Getreuen des Kaisers im offenen Kampf getötet und in der Kirche von Merseburg mit königlichen Ehren beigesetzt. Über den Kaiser wird berichtet, nachdem diese Aufstände einigermaßen niedergeschlagen waren, sei er einmal in die Merse-

cuidam dicenti, cur eum, qui rex non fuerat, velut regali honore sepultum iacere permitteret, dixerit: ›Utinam omnes inimici mei tam honorifice iacerent‹. Occiso Rŏdulfo gener eius Bertolfus ducatum Suevie tamquam a socero sibi concessum usurpat.

8. Ea tempestate comes quidam Fredericus nomine, ex nobilissimis Suevie comitibus originem trahens, in castro Stoyphe dicto coloniam posuerat. Hic, cum esset consilio providus, armis strennuus, ad curiam imperatoris assumptus per multos dies ibidem militarat strennuissimique ac nobilissimi militis officium implens in omnibus periculis suis viriliter imperatori astiterat. Videns princeps ergo rei publice tam dubium statum, vocato ad se secreto prefato comite, sic eum alloquitur: ›Virorum optime, quem inter omnes in pace fidelissimum et in bello fortissimum expertus sum, cerne, qualiter Romanus orbis tenebris involutus, fide vacuus, iuxta quod dicitur:

Ultima celicolum terras Astrea reliquit, ad ausus nefarios factaque nefandissima concitatur. Nec parentibus reverentia nec dominis debita subiectio servatur. Sacramenta, que tam iure poli quam iure fori principi a milite publice exhiberi solent, contempnuntur, factiosaque iuramenta, que contra leges divinas et humanas in angulis fiunt, diabolo instigante pro sacrosanctis habentur. Nullus legibus, nullus divinis sanctionibus honor inpenditur. Cum enim omnis potestas a Deo sit, qui potestati resistit, Dei ordinationi resistit. Assurge igitur huic tam pessimo morbo atque ad debellandos imperii hostes viriliter accingere. Neque enim priorum meritorum tuorum inmemor existo nec futurorum ingratus ero. Filiam quippe, quam habeo unicam, tibi in matrimonio sortiendam tradam ducatumque Suevie, quem Bertholfus invasit, concedam‹. Sic itaque predictus Fredericus dux simul Suevorum et gener regis factus ad propria rediit et, ne multis morer, Bertolfum tandem pacem petere coegit, quod tamen quidam sub filio suo Frederico factum tradunt. Conditio autem pacis talis fuit, ut Bertolfus ducatum exfestucaret, sic tamen, quod Turegum nobilissimum Suevie oppidum a manu imperatoris ei tenendum remaneret. Hoc oppidum in faucibus montium versus Italiam super lacum, unde Lemannus fluvius fluit, situm imperatorum seu regum olim colonia fuit tanteque iuxta maiorum nostrorum traditionem auctoritatis, ut Mediolanenses, si quando ab imperatore ad Transalpina vocarentur iudicia, ibi discuti vel iudicari de iure deberent. Unde ex eiusdem tam in rebus quam honoribus habundantia in ipsius porta scriptum dicitur: Nobile Turegum multorum copia rerum.

A predicto etiam Lemanno fluvio – unde Lucanus: Deseruere cavo tentoria fixa Lemanno – tota illa provincia Alemannia vocatur. Quare quidam totam Teutonicam terram Alemanniam dictam putant omnesque Teutonicos Alemannos vocare solent, cum illa tantum provincia, id est Suevia, a Lemanno fluvio

burger Kirche gekommen und habe dort diesen Rudolf wie einen König bestattet liegen gesehen; als ihn nun jemand fragte, warum er zugelassen habe, daß jemand, der nicht König gewesen sei, mit königlichen Ehren bestattet liege, habe er gesagt: Möchten alle meine Feinde so ehrenvoll bestattet liegen! Nach Rudolfs Tode beanspruchte sein Schwiegersohn Bertold das Herzogtum Schwaben als ihm von seinem Schwiegervater hinterlassen.

8. In dieser Zeit hatte ein Graf namens Friedrich, der von den vornehmsten Grafen Schwabens abstammte, auf der Burg Staufen eine Siedlung angelegt. Da er im Rat vorausschauend und im Waffenhandwerk tüchtig war, war er an den kaiserlichen Hof aufgenommen worden, hatte dort lange Zeit Dienst getan, und indem er die Pflichten eines äußerst tüchtigen und hochadligen Ritters erfüllte, hatte er dem Kaiser in allen seinen Gefahren mannhaft beigestanden. Als nun der Kaiser die gefährliche Lage des Reichs erkannte, berief er den Grafen insgeheim zu sich und sprach zu ihm: »Bester der Männer, den ich unter allen im Frieden als den treuesten und im Kriege als den tapfersten erkannt habe, sieh, wie das römische Reich, von Finsternissen eingehüllt, der Treue bar nach dem Wort: Unter den Göttern verließ als letzte Asträa die Erde, sich zu niederträchtigen Anschlägen und verabscheuenswerten Taten verleiten läßt; nicht den Eltern wird Ehrfurcht, nicht den Herren der schuldige Gehorsam gezollt. Die heiligen Eide, die nach göttlichem wie menschlichem Recht den Fürsten von ihren Vasallen öffentlich geleistet zu werden pflegen, werden für nichts geachtet, und eidliche Parteiverpflichtungen, die gegen göttliches und menschliches Recht in Schlupfwinkeln erfolgen, werden unter der Hetzpeitsche des Teufels für heilig gehalten. Keine Achtung wird den Gesetzen, keine Achtung den göttlichen Geboten gezollt. Denn da alle Obrigkeit von Gott stammt, widersteht Gottes Verordnung, wer der Obrigkeit widersteht. So erhebe du dich wider diese schreckliche Seuche und gürte mannhaft dein Schwert zur Niederwerfung der Feinde des Reichs. Denn ich bin deiner bisherigen Verdienste nicht uneingedenk und werde deiner künftigen nicht uneingedenk sein. Ich werde dir also meine einzige Tocher (Agnes) zur Ehefrau geben und dir das Herzogtum Schwaben, das Bertold an sich gerissen hat, übertragen.« So wurde denn Friedrich zugleich Herzog der Schwaben und Schwiegersohn des Königs; danach kehrte er auf seine Besitzungen zurück und – um mich kurz zu fassen – zwang schließlich Bertold, um Frieden zu bitten. Manche berichten allerdings, daß dies erst unter seinem Sohn Friedrich geschehen sei. Die Friedensbedingung war, daß Bertold auf das Herzogtum verzichtete, aber dafür Zürich, eine sehr bedeutende Stadt Schwabens, aus der Hand des Kaisers als Besitz erhielt. Diese Stadt liegt in einer Gebirgsschlucht nach Italien zu oberhalb

vocetur Alemannia populique eam inhabitantes solummodo iure vocentur Alemanni. Bertolfus iste, quamvis in hoc negotio imperio simul et iustitie cesserit, tamen strennuissimus ac fortissimus fuisse traditur. Unde et adhuc ab antiquioribus de ipso dicitur, quod, si quando nuntius aliqua tristia ipsi apportans, secundum quod fieri assolet, hesitare voluisset, dixerit: ›Dic, dic! scio enim, quod semper leta tristia vel tristia precedunt leta; quare mihi tantumdem est primo audire nubilosa, cum postmodum auditurus sim serena, quam primo auditis serenis post auditurus sim nubilosa‹. Magnifica vox et viro forti digna, qui nativorum volubilitatem sine litteris naturali percipiens ingenio nec in diebus bonorum immemor malorum elevatus nec in diebus malorum immemor bonorum fuit fractus. Fredericus autem ducatum Alemannie exhinc sine contradictione habuit ac strennue diebus non paucis rexit.

9. Suscepit vero ex nobilissima compare sua Agnete duos filios, Fredericum et Conradum, et ipse post multa virtutum suarum insignia in senectute bona diem ultimum claudens in monasterio Laureacensi in proprio fundo constructo humatus est. At supra nominatus Bertolfus, vacuum exhinc nomen ducis gerens, id quasi hereditarium posteris reliquit; omnes enim usque ad presentem diem duces dicti sunt, nullum ducatum habentes soloque nomine sine re participantes – nisi quis ducatum esse dicat comitatum inter Iurum et montem Iovis, quem post mortem Willelmi comitis filius suus Conradus ab imperatore Lothario suscepit, vel a ducatu Carentano, quem numquam habuerunt, ducis eos nomine honorandos contendat –, in aliis tamen rerum et honoris non parva pollentes magnificentia.

eines Sees, aus dem der Lemannus herausfließt; sie war einstmals eine Kolonie der Kaiser und Könige und nach der Überlieferung unserer Vorfahren so angesehen, daß dort über die Mailänder, wenn sie einmal vom Kaiser zu Gerichtsverhandlungen über die Alpen gerufen wurden, von Rechts wegen Untersuchungen angestellt und das Urteil gefällt werden mußte. Wegen ihres Reichtums an Besitz und Ehren steht, wie es heißt, an ihrem Stadttor: Zürich, gefeierte Stadt, ein Hort unzähliger Schätze.

Nach jenem Lemannfluß – über ihn sagt Lucanus: Sie verließen die Zelte, errichtet am tiefen Lemannus – heißt jene ganze Provinz Alemannia. Daher glauben manche, daß danach ganz Deutschland Alemannien benannt ist, und pflegen alle Deutschen Alemannen zu nennen, während nur jene Provinz, das heißt Schwaben, nach dem Lemannusfluß Alemannia heißt und allein deren Einwohner Alemannen genannt werden. Jener Bertold mußte sich zwar in dieser Sache dem Befehl und zugleich dem Recht beugen, er soll aber trotzdem sehr energisch und mutig gewesen sein. Daher berichten ältere Leute noch folgendes von ihm: Wenn einmal ein Bote mit irgendeiner Unglücksnachricht, wie es ja zu geschehen pflegt, zögern wollte, sagte er: »Rede nur, rede! Ich weiß ja, daß stets Betrübliches Erfreulichem und Erfreuliches Betrüblichem vorausgeht, deshalb ist es mir einerlei, ob ich zuerst das Trübe höre, da ich ja danach das Heitere hören werde, oder ob ich zuerst das Heitere und dann das Trübe höre.« Ein großartiges Wort, eines tapferen Mannes würdig, der ohne gelehrte Bildung mit seinem natürlichen Verstand die Wechselhaftigkeit alles Entstandenen erkannt hat und in guten Tagen nicht übermütig wurde, wenn er an die schlimmen dachte, und in schlimmen Tagen nicht verzagte, weil er an die guten dachte. Friedrich aber hatte seitdem ohne Anfechtung das Herzogtum Schwaben im Besitz und führte lange Zeiten ein energisches Regiment.

9. Seine hochedle Gemahlin aber schenkte ihm zwei Söhne, Friedrich und Konrad; er selbst starb nach vielen Proben seiner hervorragenden Eigenschaften in gesegnetem Alter und wurde in dem auf eigenem Grund erbauten Kloster Lorch beigesetzt. Jener Bertold aber führte seitdem nur den leeren Titel »Herzog« und hinterließ diesen als Erbschaft seinen Nachkommen, denn sie heißen alle bis zum heutigen Tag Herzöge, ohne ein Herzogtum zu haben, haben also nur teil am Titel ohne die Sache, man müßte denn die Grafschaft zwischen dem Jura und dem Großen St. Bernhard, die nach dem Tode des Grafen Wilhelm Bertolds Sohn Konrad vom Kaiser Lothar empfangen hat, als Herzogtum bezeichnen oder behaupten, man habe sie nach dem Herzogtum Kärnten, das sie niemals gehabt haben, durch den Titel »Herzog« ehren wollen – aber im übrigen führten sie ein großartiges Leben in Reichtum und Ehren.

3. Der Einfall Bertolds II. in den Breisgau und die Auseinandersetzungen mit dem Kloster St. Gallen: Continuatio Casuum sancti Galli c. 23 (Kat. Nr. 11.1)

Text nach: G. MEYER VON KNONAU (Mitteilungen zur vaterländischen Geschichte XVII, NF 7), 1879, S. 54 ff.

Abbas igitur Uodalricus noster abbatiam suam Augensem ingressus, marchionem Bertoldum sibi insidias parantem per longam viam est insecutus. Idem marchio postmodum in odium Heinrici regis omnem Brisaugiam rapina et incendio vastavit, et praecipue res monasterii sancti Galli his finibus maxima parte sitas in tantum sue attraxit utilitati, quod infra multos annos neque de vino neque frumento neque de aliquibus usuariis fructibus ipsis fratribus nostris ad servicium ad precium unius obuli devenire permisit. Sic etiam dux Welf, adjutor illius, res ejusdem monasterii sibi e vicino sitas nobis subtraxit; sic etiam omnes conprovinciales principes ad se traxerunt, et ipsum monasterium, fratribus fame et siti cruciatis, pene in nihilum redegerunt.

... Als daher unser Abt Uodalrich sich Zutritt zu seinem (d. h.: dem ihm zusätzlich übertragenen) Kloster Reichenau verschafft hatte, da verfolgte er den Markgrafen Bertold, der ihm Nachstellungen bereitete, über eine lange Strecke. Dieser Markgraf verwüstete später aus Haß gegen den König Heinrich den ganzen Breisgau durch Raub und Brand; und vor allem die Besitzungen des Klosters St. Gallen, die zu einem beträchtlichen Teil in diesem Gebiet liegen, machte er sich in so hohem Maße selbst zunutze, daß er viele Jahre hindurch weder vom Wein noch vom Getreide noch von anderen Abgaben unseren Brüdern zum Unterhalt noch nicht einmal vom Werte eines einzigen Obolus (= der allergeringsten Münze) etwas zukommen ließ. Und so entzog uns auch der Herzog Welf, sein Helfer, die Besitzungen des Klosters, die in seiner Nähe lagen, und so zogen sie auch alle Adligen aus der Gegend an sich, und das Kloster selbst, dessen Mönche von Hunger und Durst geplagt wurden, richteten sie beinahe zugrunde.

4. Die Freiburger Gründungsurkunde – Rekonstruktion (vgl. Kat. Nr. 190)

Text nach: M. BLATTMANN, Zwei vergessene Paragraphen in der Freiburger Gründungsurkunde?, in: SiL 101 (1982), S. 35–36.

Notum sit omnibus tam futuris quam presentibus, qualiter ego Cůnradus in loco mei proprii iuris, scilicet Friburg, forum constitui anno ab incarnacione domini MCXX.
Mercatoribus itaque personatis circumquaque convocatis quadam coniuracione id forum decrevi incipere et excolere.
Unde unicuique mercatori haream in constituto foro [ad] domos in proprium ius edificandas distribui atque de unaquaque harea solidum publice monete mihi et posteris meis pro censu annuatim in festo beati Martini persoluendo disposui.
Igitur notum sit omnibus, quod secundum peticionem et desideria eorum ista, que secuntur, [concessi] privilegia. Ac (in) integrum mihi consilium visum est, si forent sub cyrographo conscripta, quatenus per longum tempus habeantur in memoria, ita ut mercatores mei et posteri eorum a me et a posteris meis hoc privilegium in ewum obtineant.
1. Ego vero pacem et securitatem itineris omnibus forum meum querentibus in mea potestate et regimine meo promitto. Si quis eorum in hoc spacio depredatus fuerit, si praedatorem nominaverit, aut [ablata] reddi faciam aut ego persolvam.

Kundgetan sei allen den zukünftig und den gegenwärtig Lebenden, daß ich, Konrad, an dem Ort, der mein Eigengut ist, nämlich Freiburg, einen Markt gegründet habe im Jahre des Herrn 1120. Nachdem also von überall her angesehene (oder: freie) Kaufleute zusammengerufen worden sind, habe ich auf der Grundlage einer Schwurvereinigung verfügt, diesen Markt einzurichten und auszubauen.
Darauf habe ich einem jeden Kaufmann in dem gegründeten Markt ein Grundstück zugeteilt, damit Häuser – als Eigentum – errichtet werden; und ich habe festgesetzt, daß von jedem Grundstück ein Solidus geltender Währung mir und meinen Nachkommen jährlich als Zins gezahlt werden soll, am Fest des hl. Martin.
Nun also sei allen kundgetan, daß ich auf Bitten jener und ihren Wünschen gemäß die nun folgenden Privilegien eingeräumt habe. Und mir erscheint der Rat vernünftig, sie in Form eines Chirographs schriftlich niederzulegen, damit sie lange Zeit im Gedächtnis gehalten werden, auf daß meine Kaufleute und ihre Nachkommen dieses Privileg von mir und meinen Nachkommen in alle Ewigkeit besitzen mögen.
1. Allen, die meinen Markt besuchen, verspreche ich

2. Si quis burgensium meorum defungitur, uxor eius cum liberis suis omnia possideat et sine omni conditione, quecumque vir eius dimiserit, obtineat.
3. Omnes fori possessores beneficiorum populi mei et provincialium participes esse concedo, quantum potero, ut scilicet sine banno utantur pascuis, fluminibus, nemoribus et silvis.
4. Omnibus mercatoribus teloneum condono.
Fl 7. Nunquam talliam vel aliquod presidium pecunie ab eis postulabo, nisi tantum iturus in expeditionem legitimam.
5. Numquam alium advocatum burgensibus meis, numquam alium sacerdotem absque electione preficiam, sed quoscumque ad hoc elegerint, hos me confirmante habebunt.
Fl 11. Preterea illis nolentibus causa hospitandi nunquam locum ipsorum me intraturum promitto, sed et alios in hospitando ipsos inquietare prohibebo.
6. Si qua disceptatio vel questio inter burgenses meos orta fuerit, non secundum meum arbitrium vel rectoris eorum discutietur, sed pro consuetudinario et legittimo iure omnium mercatorum, precipue autem Coloniensium, examinabitur iudicio.
7. Si quis penuria rerum necessaria[ru]m constrictus fuerit, possessionem suam, cuicumque voluerit, vendat. Emptor autem de area statutum reddat censum.
Ne igitur burgenses mei supradictis promissionibus fidem minus adhibeant, cum duodecim nominatissimis ministerialibus meis super sancta sanctorum coniurantibus, me et posteros meos, que supradicta sunt, semper impleturos securitatem dedi.
Atque ne hoc iuramentum aliqua necessitate infringerem, manu mea dextera huius rei fidem libero homini et coniuratoribus fori inviolabiliter dedi. Amen.

Frieden und sicheres Geleit innerhalb meines Besitzes und Herrschaftsbereichs. Wenn einer von ihnen in diesem Gebiet beraubt werden sollte, so will ich – sofern er den Räuber nennt – die Rückerstattung des geraubten Gutes veranlassen oder selbst dafür zahlen.
2. Wenn einer meiner Bürger stirbt, so soll seine Frau mit ihren Kindern alles besitzen und ohne jegliche Einschränkung behalten, was auch immer ihr Mann hinterlassen hat.
3. Ich setze fest – soweit ich es vermag –, daß alle, die Besitz am Markt haben, teilhaben sollen an den Vergünstigungen meiner Leute und auch der aus der Umgebung, nämlich daß sie ohne Strafe Weideland, Gewässer, Gehölze und Wälder nutzen dürfen.
4. Allen Kaufleuten erlasse ich den Zoll.
Fl. 7. Niemals werde ich eine Steuer noch irgendeine andere finanzielle Hilfe von ihnen fordern, es sei denn, ich begäbe mich auf den Romzug.
5. Niemals werde ich meinen Bürgern einen Vogt, niemals ihnen einen Priester ohne Wahl vorsetzen, sondern wen auch immer sie zu diesem Amt gewählt haben, den sollen sie mit meiner Bestätigung haben.
Fl. 11. Außerdem verspreche ich, niemals gegen ihren Willen ihren Ort zu betreten, um dort Quartier zu nehmen, vielmehr auch andere daran zu hindern, ihnen durch Einquartierung zur Last zu fallen.
6. Wenn sich unter meinen Bürgern Uneinigkeit oder eine Streitfrage erheben sollten, so ist nicht nach meinem Ermessen oder dem ihres Vorstandes zu entscheiden, sondern ich beschließe, daß nach dem gebräuchlichen und anerkannten Recht aller Kaufleute, insbesondere aber dem der Kölner, geurteilt werden soll.
7. Wenn jemand vom Mangel am Allernötigsten bedrückt wird, so mag er seinen Besitz verkaufen, wem er will. Der Käufer aber zahle für die Hofstätte den festgesetzten Zins.
Damit meine Bürger den oben aufgeführten Versprechungen nicht weniger Vertrauen entgegenbringen, habe ich durch einen Schwur mit meinen 12 angesehensten Ministerialen auf die Reliquien der Heiligen Sicherheit geleistet, daß ich und meine Nachkommen das Aufgeführte immer erfüllen werden.
Und darauf hin, daß ich diesen Eid nicht aus irgendeiner Notwendigkeit breche, habe ich die Bekräftigung durch meine rechte Hand dem freien Mann und den Geschworenen des Marktes unverbrüchlich gegeben. Amen.

5. Urkundliche Verfügung Bertolds IV. bezüglich der Nikolauskirche in der von ihm gegründeten Stadt Freiburg i. Ü., 1177 (Kat.Nr. 196)

Text nach: HEYCK, Urkunden, Nr. X S. 13.

Notum sit omnibus tam presentibus quam futuris quod dominus Bertolfus dux villam que vocatur Friburg edificavit cuius quarta pars in fundo et allodio sancte Marie Paterniacensis sita est. Construxit autem idem dux ecclesiam in honore sancti Nycholai in ea quarta parte predicte ville que ad proprietatem et dominium Paterniacensis cenobii pertinebat. Quo facto dominus Petrus prior et fratres eiusdem monasterii ducem humiliter adierunt et multipliciter rogaverunt ut causa Dei et salutis sue anime et antecessorum suorum ecclesie Paterniacensi terram suam redderet. Qui communicato consilio cum hominibus suis laudante filio suo B. allodium beate Marie et quod super eum edificatum erat scilicet ecclesiam sancti Nycholai cum cimiterio et duobus casalibus ad domum monachorum construendum priori et fratribus predictis in pace et sine alicuius contradictione reddidit. Que redditio ut in aeternum rata permaneat sigilli sui auctoritate eam corroboravit. Huius rei testes sunt: Otto de Balmis; Nantelmus de Rubeomonte prepositus Salodunensis; Amedeus comes Gebennensis; Uldricus de Novocastro; Walcherus de Blonacho; Rodulphus de Montaniaco; Cono de Stavail; Warnerius de Sigena; Hugo de Jegistorf; et quam plures Friburgenses. Actum est illud anno ab incarnatione Domini MCLXXVIII [verlesen statt: MCLXXVII].

Kundgetan sei allen den gegenwärtig wie den zukünftig Lebenden, daß der Herr Herzog Bertold eine Stadt erbaut hat, welche Freiburg genannt wird, deren eines Viertel auf dem Grund und Boden der hl. Maria von Peterlingen (Payerne) gelegen ist. Und es hat dieser Herzog auch eine dem hl. Nikolaus geweihte Kirche in diesem Viertel der genannten Stadt errichtet, welches zum Besitz und zur Herrschaft des Klosters Peterlingen gehörte. Daraufhin haben der Herr Prior Petrus und die Brüder dieses Klosters sich untertänigst an den Herzog gewandt und ihn vielmals gebeten, er möge doch um Gottes und um seines und seiner Vorfahren Seelenheils Willen der Peterlinger Kirche ihr Grundstück zurückgeben. Nach Beratschlagung mit seinen Leuten und mit Zustimmung seines Sohnes Bertold hat dieser den Grund und Boden der hl. Maria und das, was darauf errichtet worden war, nämlich die Kirche des hl. Nikolaus mit dem Kirchhof, außerdem zwei Hofstätten, auf denen ein Haus für die Mönche erbaut werden soll, dem genannten Prior und den Brüdern in Frieden und ohne Widerspruch von irgendeiner Seite zurückgegeben. Damit diese Rückgabe auf ewig als rechtmäßig angesehen werde, hat er sie mit seinem Siegel bekräftigt. Zeugen dieses Rechtsgeschäfts sind: Otto von Balm; Nanthelmus von Rougemont, Propst von Solothurn; Amadeus Graf von Genf; Ulrich von Neuenburg; Walcher von Blonay; Rudolf von Montenach; Cono von Estevayer; Werner von Signau; Hugo von Jegenstorf und eine große Anzahl von Freiburger Bürgern.
Geschehen ist dies im Jahre der Fleischwerdung des Herrn 1177

6. Brief Bertolds IV. an die Stadt Freiburg i. Ü. (wohl 1179) (Kat.Nr. 202)

Text nach: HEYCK, Urkunden, Nr. XI S. 14.

B. dux et rector Burgundie H. sacerdoti et T. sculteto ceterisque burgiensibus tam maioribus quam minoribus salutem et victoriam de inimicis. Nuntiatum est nobis quod domum de Altaripa, quam toto cordis affectu diligimus et in nostram tuitionem recepimus, iniustis exactionibus sive collectis gravetis, et hoc facitis pro domo quam in villa vestra habent, cuius occasione eos cogitis, ut adiutoribus vestris conducticiis donativam mercedem erogent. In quo graviter nos offenditis quia domum illam liberam eis ab omni censu et ab omni lege seculari fecimus. Insuper concessimus eis quicquid domus eorum habet et investita

B(ertold), Herzog und Rector von Burgund dem Priester H., dem Schultheißen T. und den übrigen Bürgern – den höheren wie auch den geringeren – Gruß und Sieg über die Feinde. Es wurde uns gemeldet, daß ihr das Kloster Hauterive, das wir von ganzem Herzen lieben und in unseren Schutz aufgenommen haben, mit unrechten Steuern und Abgaben bedrängt; und daß ihr dies tut wegen eines Hauses, welches sie in eurer Stadt haben; auf welche Weise ihr sie zwingt, für eure hilfsweise angeheuerten Söldner die Löhnung und Geschenke zu erbringen. Damit tut ihr uns eine schwere Kränkung an, da wir doch jenes

est de omnibus que ad dominium nostrum pertinent. Quapropter mandamus vobis sub obtentu gracie nostre precipientes, ut quod eis remitimus nullatenus exigatis, scientes quod qui eos offendit nos offendit. Quod ut ratum firmumque permaneat sigilli nostri auctoritate confirmamus. Valete.

Haus von jeglichem Zins und jeglicher weltlichen Gesetzgebung befreit haben. Darüber hinaus haben wir ihnen (dieses?!) zugestanden, was auch immer ihr Kloster hat und womit es belehnt ist, bezüglich all dessen, was zu unserer Herrschaft gehört. Daher heißen wir euch, die ihr unter dem Schutz unserer Huld steht, keinesfalls das, was wir ihnen erlassen, nun einzufordern, wobei ihr wissen sollt, daß wer sie beleidigt, uns beleidigt. Damit dieses fest und gesichert bleibe, bestätigen wir es kraft unseres Siegels. Gehabt euch wohl.

7. »Kastvogturkunde« Bertolds V. für das Zürcher Großmünster vom 29. August 1187 (Kat.Nr. 60)

Text nach: Heyck, Urkunden, Nr. XIX S. 26–27.

In nomine sancte et individue trinitatis. Ego Berhctoldus de Zaringen dux et rector Burgundie Dei et inperiali gracia Turegici loci legittimus advocatus quod kastfoget dicitur venerabili Walthero predicti loci preposito sanctisque confratribus eius in perpetuum. Inchoata feliciter et pro salute multorum beato fine consummata negocia contestata privilegio digne solidantur, ne vel oblivione diffugiant aut pervicaci fraudulentia perturbentur. Intimamus igitur universis sanctę ecclesię fidelibus, qualiter parrochia Turicensis prepositure a primitiva sue fundacionis origine ipsorum canonicorum providentia curabatur, ita videlicet ut ipsius ecclesie sacerdotes canonici competenti famulatu populo deservirent subditisque tocius parrochię filiis pastorali cura in cunctis ecclesiasticis precaverent. Labente vero dierum curriculo parrochiales sibi specialem plebanum prefici petebant et ut prefecti pastoris unius presidio tuerentur frequentius exigebant. Quorum clamor sedulus dum accurate insisteret, omnes una cum suo prelato canonici, mediante suo episcopo, nobis eciam imperiali auctoritate consensum in id ipsum prestantibus, unum de se canonicum in plebanum elegerunt et de cetero nullum umquam nisi canonicum huius prelacionis titulum posse suscipere decreverunt. Et quia dictum est ut altari serviens de altari vivat, eidem instituto pastori laborum emolumentum de communibus ecclesie bonis prout hic inscriptum discernitur distinxerunt, videlicet dotes omnium capellarum, decimaciones tocius ville Witalinchon, medietatem oblacionum et aliarum elemosinarum quę in finali articulo a Christianis pro salute anime conferuntur. Ipsi quoque plebano secundum placitum canonicorum electo et a preposito post liberam electionem investito binos sacerdotes secum iugiter habendos iniunxerunt indictum sibi honus officiosa diligentia supportantes. His ita feliciter perpetratis sepedicti canonici a nobis expetebant, ut predicta queque nostra pagina munire-

Im Namen der Heiligen Dreieinigkeit. Ich, Bertold von Zähringen, Herzog und Rector von Burgund und von Gottes und des Kaisers Gnaden rechtmäßiger Vogt eines Ortes in Zürich (= Großmünster) – was man Kastvogt nennt – dem verehrungswürdigen Walther, dem Prior des genannten Ortes und seinen ehrwürdigen Mitbrüdern in Ewigkeit. Geschäfte, die glücklich begonnnen und zum Heile Vieler zu einem guten Ende gebracht sind, sind es wert, durch Bezeugung in einem Privileg eine Bekräftigung zu erfahren, auf daß sie nicht der Vergessenheit anheimfallen oder durch betrügerische Machenschaften in Frage gestellt werden. Wir teilen daher allen Getreuen der heiligen Kirche mit, daß die Pfarrstelle des Chorherrenstiftes Zürich in den ersten Anfängen der Gründungszeit von den Kanonikern selbst betreut wurde, derart nämlich, daß die Kanoniker dieser Kirche als Priester dem Volk so, wie es sich ziemt, dienten und für alle ihre Pfarrkinder in allen kirchlichen Angelegenheiten Sorge trugen. Im Laufe der Zeit aber erbaten die Angehörigen der Pfarrei sich einen eigenen Leutpriester, und wiederholt stellten sie die Forderung, sie möchten unter dem Schutze eines einzigen Hirten stehen. Während nun ihr Rufen danach beharrlich anhielt, wählten alle Kanoniker zusammen mit ihrem Propst, durch Vermittlung ihres Bischofs und nachdem wir die Zustimmung des Kaisers dafür eingeholt hatten, einen ihrer Kanoniker zum Leutpriester, und sie beschlossen, daß auch künftig nur Kanonikern dieses Stifts diese Würde zukommen dürfe. Und da es ja heißt, daß der, der dem Altar dient, vom Altar leben soll, haben sie für den, der in dieses Hirtenamt eingesetzt ist, das, was an Einkünften zusammenkommt, von den allgemeinen Gütern der Kirche unterschieden, so wie es hier geschrieben steht; nämlich die Einkünfte aller Kapellen, sämtliche Zehnten des Dorfes Witellikon und die Hälfte der Opfergaben und anderer Almosen, die von Christen in ihrer

mus libertatemque eligendi et investiendi plebanum ipsis in sua ecclesia nostro privilegio ratam ac solidam redderemus. Quorum faustis precibus indulgentes electionem eis liberam et prelato expeditum ius investiendi auctoritate presentis pagine confirmamus, et ne quis de successoribus nostris contra predicta quicquam contradictionis obicere moliatur, sub prerogativa imperii qua in hac advocacia fungimur inhibemus. Ut autem supra dicta omnia sempiterna firmitate fulta permaneant, consentimus hec eadem atque voluntario nutu permittimus tam inperiali quam apostolico testamento roborari.

Actum feliciter sub his testibus quorum nomina subnotamus: Waltherus videlicet prepositus et omnes confratres sui; Cho̊nradus monasterii plebanus et omnes abbacie canonici; Lůtoldus de Regensperch, Ro̊dolfus de Raprehswilare, Chůnradus de Krenchingen, Waltherus de Eschibach, Chůnradus de Wartenberch, Tietericus de Rotenleim, Waltherus de Tegerfelt; Růdolfus Madalla, Růdolfus filius Tietelonis, Hugo molendinarius, Friedericus de ponte, Uodelricus villicus, Chůnradus de Stadelhoven, Cho̊nradus Flos, Fridericus de domo; presente quoque alia copiosa turba populi Turegensis ac plerisque conprovincialibus. Anno ab incarnatione Domini M^{mo} C^{mo} LXXX^{mo} VII^{mo}, indictione V^{ta}, epacta VIII, concurrente III, presidente christianissimo papa Urbano, imperante gloriosissimo Romanorum imperatore Friderico, episcopo Hermanno Constanciensem dyocesim gubernante. Datum est autem IIII. kal. septembris.

letzten Stunde für ihr Seelenheil dargebracht werden. Diesem nach Beschluß der Kanoniker gewählten und vom Propst nach freier Wahl investierten Leutpriester haben sie auch zwei Priester beigegeben, die ihm ständig zur Seite stehen und ihn mit gebührender Sorgfalt unterstützen sollen in dem genannten Amt. Nachdem dies nun also glücklich durchgesetzt war, begehrten die besagten Kanoniker von uns, daß wir das eben Gesagte in einem von uns ausgestellten Schreiben bekräftigten und die Freiheit von Wahl und Investitur des Leutpriesters ihnen in ihrer Kirche durch ein Privileg noch einmal sicherten und festigten. Indem wir auf ihre Bitten eingehen, bestätigen wir ihnen die freie Wahl und das beim Propst liegende Investiturrecht mit vorliegendem Schreiben, und wir verbieten, auf Grund der Reichsvollmacht, kraft welcher wir in dieser Vogtei unseres Amtes walten, all unseren Nachfolgern, es möge keiner von ihnen wagen, dem oben Aufgeführten mit Widerspruch zu begegnen. Damit aber alles, was oben gesagt ist, für immer gesichert sei, stimmen wir zu und gestatten wir gern, daß es sowohl durch kaiserliche als auch durch päpstliche Garantie eine Bekräftigung erfahre.

Glücklich vollbracht unter folgenden Zeugen, deren Namen wir nun anführen: Walther, der Propst, und alle seine Mitbrüder; Konrad, Leutpriester des Klosters und alle Kanoniker der Abtei; Lutold von Regensberg, Rudolf von Rapperschwyl, Konrad von Krenkingen, Walther von Eschenbach, Konrad von Wartenberg, Dietrich von Rötteln, Walther von Degerfelden, Rudolf Madalla, Rudolf, der Sohn Tietelos, Hugo der Müllner, Friedrich am Steg, Ulrich der Meyer, Konrad von Stadelhofen, Konrad Blum, Friedrich vom Haus; in Anwesenheit außerdem einer großen Menge Volkes aus Zürich und der Umgebung. Im Jahre der Fleischwerdung des Herrn 1187, in der 5. Indiktion, der 9. Epakte und den 3. Concurrenten (d. h.: dem Jahr, in dem der Mond am 22. März 9 Tage alt war und der 24. März auf den 3. Wochentag, also einen Dienstag, fiel), in der Amtszeit des allerchristlichsten Papstes Urban, unter der Herrschaft des glorreichen Kaisers der Römer Friedrich und dem Episcopat des Bischofs von Konstanz Hermann. Ausgestellt am 29. August.

8. Vertrag von 1152 zwischen Friedrich I. und Bertold IV. über Burgund (Kat. Nr. 62)

Text nach: MGH DD Friedrichs I., Bd. 1, hrsg. v. H. Appelt, 1975, Nr. 12 S. 22–24.
Übersetzung (mit modernisierter Schreibweise) nach: Heyck, Geschichte, S. 332.

Hęc est conventio inter dominum regem F(ridericum) et ducem Bertolfum.

Dominus rex dabit eidem duci terram Burgundię et Prouincię et intrabit cum eodem duce in predictas terras et adiuvabit eum easdem terras subiugare per bonam fidem ex consilio principum, qui in eadem expeditione erunt. De terra, quam modo habet comes Willehelmus Matisconensis ex parte neptis suę, faciet duci iusticiam aut ex consilio principum aut ex iuditio ipsorum. Dominatum et ordinationem utriusque terrę dominus rex habebit, quamdiu in ipsis terris fuerit. Post discessum regis dux utrasque terras in potestate et ordinatione sua retinebit preter archiepischopatus et epischopatus, qui specialiter ad manum domini regis pertinent. Si quos autem episcopos cǫmes Willehelmus vel alii principes eiusdem terrę investierunt, eosdem dux investiat. Et quod hęc conventio ex parte domini regis observabitur, fide data firmavit Heinricus dux Saxonię, dominus Welpho, Arnoldus cancellarius, comes Ŏdelricus de Lencenb(urch), comes Egeno, Ŏdelricus comes de Hŏrnunge, Marcquardus de Grŏnbach, Arnoldus de Biberbach, Otto palatinus comes de Witelinesbach, Waltherus dapifer, Hildebrandus pincerna, Cŏnradus Colbo et frater suus Sigefridus.

Dux Bertolfus habebit cum domino rege mille loricatos equites, quamdiu dominus rex in eisdem terris fuerit. In Italicam expeditionem ducet cum domino rege quamdiu in ipsa expeditione fuerit, quingentos loricatos equites et L arcobalistarios. Et quod dux hec omnia observabit sine dolo et sine fraude, dabit domino regi in pignore allodium suum castrum scilicet Thecche cum omnibus ministerialibus et prediis ibidem pertinentibus, Hetlingen, Williggen et Erstein cum omnibus eorum pertinentiis. Et quod dux hec omnia observabit, iuraverunt homines sui Burchardus et Wernherus.

Dominus autem rex expeditionem in predictas terras movebit a proximis kal. iunii, quę sunt in indictione XV, infra annum.

Das ist der Vertrag zwischen dem Herrn König Friedrich und Herzog Bertold.

Der Herr König wird dem Herzog das Gebiet Burgunds und der Provence geben und wird mit ihm in diese Lande einrücken und ihm helfen, sie zu unterwerfen, in guter Treue, nach dem Rat der bei dieser Heerfahrt befindlichen Fürsten. Für das Gebiet, das zur Zeit der Graf Wilhelm von Macon an Statt seiner Nichte hat, wird der König dem Herzog Recht schaffen, entweder nach dem Rat oder nach dem Urteilsspruch der Fürsten. Herrschaft und Verwaltung beider Länder wird der König haben, so lange er in ihrem Umkreis weilt. Nach des Königs Abzug aber wird der Herzog beide Länder in Herrschaft und Verwaltung haben, außer den Erzbistümern und Bistümern, welche gesondert zur Hand des Herrn Königs stehen. Wenn aber der Graf Wilhelm oder andere Fürsten des Gebiets etwelche Bischöfe investiert haben, so soll auch der Herzog diese investieren.

Daß dieser Vertrag von dem König gehalten wird, haben verbürgt: Herzog Heinrich von Sachsen, der Herr Welf, der Kanzler Arnold, Graf Ulrich von Lenzburg, Graf Egeno, Graf Ulrich von Herrlingen, Markward von Grumbach, Arnold von Biberach, Pfalzgraf Otto von Wittelsbach, Truchseß Walter, Schenk Hildebrand, Konrad Kolbo und sein Bruder Siegfried.

Herzog Bertold wird bei dem König tausend gepanzerte Reiter halten, solang der König in jenen Ländern ist. Auf dem Italienzug wird der Herzog bei dem König, solange er sich in dieser Heerfahrt befindet, 500 gepanzerte Reiter und 50 Bogenschützen führen. Und daß der Herzog dies alles ohne Vorbehalt und Trug erfüllen wird, wird er dem König zum Pfand sein Eigengut setzen, die Burg Teck nämlich mit allen zugehörigen Ministerialen und Gütern, Oethlingen, Wellingen und Erstein mit allem ihrem Zubehör. Und daß der Herzog dies alles erfüllen wird, haben seine Leute, Burchard und Werner, beschworen.

Der König wird zu der Heerfahrt in die beiden Länder aufbrechen, von den nächsten Kalenden des Juni, die in der 15. Indiction liegen, an gerechnet innerhalb eines Jahres.

9. »Hochverratsbrief« Bertolds IV. an König Ludwig VII. von Frankreich (Kat.Nr. 74)

Text nach: Mainzer Urkundenbuch 2.1, bearb. v. P. Acht (Arbeiten der Hessischen Historischen Kommission Darmstadt), 1968, Nr. 263 S. 469–470.
Übersetzung (mit modernisierter Schreibweise) nach: Heyck, Geschichte, S. 374–370.

Gloriosissimo et victoriosissimo dei gratia Francorum regi L. B. dux Burg(undie) cum devotissimo servitio fidelissimam dilectionem. Probatissime et indefesse fidei vestre et benignitatis, quam omnibus tam alienis quam consanguineis secundum regalem munificentiam vestram exhibere consuevistis, nos quoque immunes nequaquam existere, eo quod de eodem sanguine, si vestra excellentia non dedignatur, descenderimus, plurimum confidimus; nos quoque per omnia, prout voluntas vestra nobis iniunxerit, servire vobis et obsequi absque omni exceptione parati sumus. Proinde super hoc, quod imperator noster, secundus vero ecclesiarum legumque destructor, vobis regnoque vestro ex fastu sue animadversionis tam minaces terrores incutere molitur, si quandoque, quod absit, minas suas ad effectum perducere voluerit, vestra noverit serenitas et certissime sciat nos cum omnibus amicis et fidelibus nostris necnon cum aliquibus etiam maioribus Teutonicis principibus, quorum plures pro nostro amore vel ex consanguinitatis debito, plures etiam ex imperatoris odio fautores habebimus, vestre parti consilio et auxilio, prout discretio vestra dictaverit, devotissimos esse et paratissimos. Nacta igitur oportunitate dilectissimum fratrem nostrum Radulfum, non qualitercumque, sed canonica electione, quod vos latere non credimus, in archiepiscopatu Maguntino investitum, sed a prefato imperatore nostro, qui ob nostri generis odium alium superintrusit, valde aggravatum, gratie vestre manutenendum transmittimus et committimus plurimum deprecantes, ut in omnibus negotiis ipsius et apud domnum papam Alexandrum et ubique prodesse velitis, ut quandoque, per vestram et apostolicam auctoritatem restitutus et stabilitus, nos et ipse cum omni parentela nostra et amicis tantis benefitiis vestris condigne respondere possimus, et eo devotius, quanto vos in ipsius auxilio benigniorem exhibueritis. Decetero vero quicquid idem frater noster vobis viva voce ex persona nostra retulerit, nobiscum ratum et firmum absque omni ambiguitate noveritis.

Dem ruhmvollsten und siegreichsten König der Franken von Gottes Gnaden Ludwig entbietet Bertold, Herzog Burgunds, mit eifrigergebenstem Dienst treueste Hinneigung. Eurer erprobten und unermüdlichen Fürsorge und Güte, die ihr allen, nicht minder Fremden wie Verwandten in königlicher Freigebigkeit zu spenden gewohnt seid, hegen auch wir das Vertrauen nicht unteilhaftig zu sein, deswegen weil wir, mit eurem Verlaub, von demselben Blute stammen. Auch sind wir in allem, wie es euer Wille uns auferlege, euch zu dienen und zu gehorchen ohne jede Ausnahme bereit. Was nun das anlangt, daß unser Kaiser, ein eifriger Zerstörer der Kirchen und der Gesetze, euch und eurem Reiche in der Überhebung seiner Gedanken so drohenden Schrecken einzuflößen sucht, so soll eure Majestät, für den Fall, daß er je, was ferne sei, seine Drohungen zur Wirklichkeit zu machen sich anschickt, erkennen und auf das Sicherste wissen, daß wir mit allen unseren Freunden und Getreuen und mit einigen gerade von den größeren Fürsten Deutschlands, von denen wir einzelne um unserer Liebe willen oder aus Pflicht der Verwandtschaft, andere aus gleichem Hasse gegen den Kaiser zu Verbündeten haben, eurer Sache mit Rat und Hilfe, wie ihr es anordnen werdet, ganz ergeben und gerne bereit sein werden. Bei dieser günstigen Gelegenheit empfehlen wir euch unseren geliebtesten Bruder Rudolf, der nicht bloß durch irgendetwas, sondern durch die kanonische Wahl, wie euch wohl nicht verborgen sein wird, in dem Erzbistum Mainz erhoben worden, aber vom Kaiser, der aus Haß gegen unser Geschlecht einen anderen aufgedrängt hat, sehr beleidigt worden ist: ihn senden wir und empfehlen wir eurer Gnade ihn zu stützen, eindringlich bittend, daß ihr ihm in seiner ganzen Angelegenheit auch bei dem Herrn Papst Alexander und sonst behilflich sein wollet, damit, sobald er durch eure und die apostolische Autorität wieder eingesetzt und befestigt ist, wir und er selber mit allen unseren Verwandten und Freunden euch auf so viel Freundlichkeit würdige Gegenleistung tun können, und zwar um so viel ergebener, je gütiger ihr euch ihm in Hilfe erzeigen werdet. Was im übrigen unser Bruder euch über uns in mündlichem Gespräch erzählen wird, das wollet mit uns ohne jede Zweideutigkeit als gutgeheißen und sicher aufnehmen.

10. Urkunde Friedrich Barbarossas über die Trierer Stiftslehen, 1171 (Kat.Nr. 163)

Text nach: MGH DD Friedrichs I., hrsg. v. H. Appelt, Bd. 3, 1985, Nr. 581 S. 57–58.

In nomine sanctę et individuę trinitatis Fridericus diviina favente clementia Romanorum imperator et semper augustus. Iusticia est, quę unicuique, quod suum est, conservat, sed quid, cui conservari debeat, sine veritatis cognitione nulli liquido constat. Igitur defectui humanę memorię, qui veritatis ignorantiam solet inducere, huius privilegii antidotum opponentes notum facimus universis tam presentibus quam futuris, quod dilectus ac fidelis noster Arnoldus Treuirensis archiepiscopus peticione nostra ad hoc inductus beneficium Henrici comitis Namucensis, quod idem comes ab ecclesia Treuerensi tenebat, per consensum eiusdem comitis Bertholdo duci de Ceringa et filio suo Bertholdo iure beneficiali concessit eo beneficio excepto, quod Cono de Malberch, qui maior et senior appellatur, a predicto comite habebat, videlicet advocatia de Wittlich cum ceteris ad idem beneficium pertinentibus, nisi forte per gratiam archiepiscopi dux illud postea obtinere possit: curte quoque, quę Machera nuncupatur, excepta, in qua predictus comes beneficiali iure nichil possidet, nisi quod permissione predecessoris sui bonę memorię domini Hillini Treuirensis archiepiscopi, dum viveret, usumfructum in ea tantum capere permissus est. Talis vero conditio interposita est, quod, si predicto duce B(ertholdo) vel filio superstite prenominatum comitem decedere contingeret, ipse dux vel filius eius a die obitus comitis infra XV ebdomadas archiepiscopo Trevirensi vel cuicumque ipse assignaverit, CCCL marcas puri argenti Treueri persolvat. Si vero duce decedente prenominatus filius eius infra annos remanserit, tutela eiusdem pueri Rodulfo Leodiensi episcopo gerenda committatur. Ad huius vero contractus omnem ambiguitatem removendam et firmam inde securitatem exhibendam per manum nostram et per assensum filii nostri regis Henrici curtem nostram, que Crouia dicitur, cum omnibus suis attinentiis Treuirensi archiepiscopo pro pignore obligavimus. Similiter Leodiensis episcopus pro eiusdem contractus firmitate et securitate prestanda curtem suam in Couerne cum omnibus, quę ad ipsam pertinent, eidem Trevirensi archiepiscopo obligavit eo tenore, quod post obitum comitis archiepiscopus Trevirensis utramque curtem in suam sasionem ponere debet et omnes redditus et omne ius de predictis duabus curtibus tam diu percipiet, donec prefatę CCCL marcę ei ex integro persolvantur. Quod autem in exceptis superius beneficiis Cononis de Malberc neque dux neque filius eius archiepiscopum inquietabunt nec ab eo exigent, nisi quantum ex ipsius gratia obtinere poterunt, neque in curtem Machera manum extendent, ipse dux et filius eius simulque cum illis Leodiensis episcopus in presentia nostri et principum et multorum, qui ade-

Im Namen der Heiligen Dreieinigkeit. Friedrich, durch Walten der göttlichen Gnade Kaiser der Römer und allzeit erhaben. Die Gerechtigkeit ist es, die einem jedem, was sein ist, erhält, aber wem es erhalten werden soll, das steht ohne Erkenntnis der Wahrheit für keinen mit Sicherheit fest. Um daher der Schwäche des menschlichen Gedächtnisses, welche oft zur Verkennung der Wahrheit führt, als Gegenmittel dieses Privileg entgegenzusetzen, tun wir all den gegenwärtig wie zukünftig Lebenden kund, daß unser lieber und getreuer Arnold, Erzbischof von Trier, auf unsere Bitte hin das Lehen des Grafen Heinrich von Namur, welches dieser Graf von der Trierer Kirche innehatte, mit Zustimmung dieses Grafen dem Herzog Bertold von Zähringen und seinem Sohn Bertold nach Lehensrecht verliehen hat; ausgenommen das Lehen, welches Cono von Malberg, genannt der Größere und der Ältere, von besagtem Grafen innehatte, nämlich die Vogtei von Wittlich mit allem übrigen, was zu diesem Lehen gehört; es sei denn, der Herzog könne jenes vielleicht später durch die Gunst des Erzbischofs in Besitz nehmen; ausgenommen auch den Hof, der Grevenmacher heißt, in welchem der genannte Graf nichts nach Lehensrecht besaß und nur durch die Erlaubnis seines Vorgängers, des Erzbischofs Hillinus seligen Andenkens zu seinen Lebzeiten den Nießbrauch daraus gestattet bekommen hatte. Folgende Bedingung aber wird gestellt, daß, sofern es sich zutragen sollte, daß der genannte Graf vor benanntem Herzog B(ertold) oder seinem Sohne stürbe, dieser Herzog bzw. sein Sohn vom Todestag des Grafen an gerechnet innerhalb von 15 Wochen dem Erzbischof von Trier – oder wem auch immer dieser es überlassen haben wird – 350 Mark puren Trierer Silbers zahlen soll. Wenn aber nach dem Tod des Herzogs sein vorgenannter Sohn minderjährig zurückbleiben sollte, so wird die Schutzgewalt über diesen Knaben dem Bischof Rudolf von Lüttich übertragen. Um diesem Vertrag aber jede Zweideutigkeit zu nehmen und ihm infolgedessen größere Sicherheit zu geben, vertrauen wir dem Trierer Erzbischof durch unsere Hand und mit Zustimmung unseres Sohnes, des Königs Heinrich, unseren Hof, der Kröv genannt wird, mit all seinem Zubehör als Unterpfand an. Und ebenso vertraut der Bischof von Lüttich zur Bekräftigung dieses Vertrages und zur Garantie seiner Sicherheit seinen Hof in Kobern mit allem Zubehör dem Trierer Erzbischof an, unter der Bedingung, daß nach dem Tod des Grafen der Trierer Erzbischof beide Höfe in seine Verwahrung nehmen und alle Einkünfte und jedes Recht über die genannten beide Höfe so lang erhalten soll, bis die vorgenannten 350 Mark zur

rant, nobilium data fide firmiter compromiserunt et ad maiorem firmitatem nos et Leodiensem episcopum fideiussores interposuerunt. Huius rei testes sunt: Henricus imperialis aule cancellarius, Lodowicus lantgravius Turingię, Henricus comes de Dietse, Theobaldus comes de Lechesgmunde, Conradus burgravius de Nurenberc, Burchardus de Ůsenberc, Warnerus de Bonlande.
Acta sunt hec apud Nouiomagum anno dominicę incarnationis MCLXXI, indictione IIII, regnante serenissimo imperatore domino Friderico, anno regni eius XX, imperii vero XVIII.

Gänze bezahlt sind. Daß aber auf den oben ausgenommenen Lehen Conos von Malberg weder der Herzog noch sein Sohn dem Erzbischof mit Anfechtung begegnen oder von ihm etwas einfordern über das hinaus, was sie mit seiner Erlaubnis erhalten, noch daß sie die Hand nach dem Hofe Grevenmacher ausstrecken werden, das haben der Herzog und sein Sohn und zusammen mit ihnen der Bischof von Lüttich in unserer Gegenwart und der der Fürsten und vieler anwesender Adliger unter Leistung eines Eides fest versprochen und zur größeren Sicherheit uns und den Bischof von Lüttich als Bürgen eingesetzt.
Zeugen dieses Rechtsgeschäfts sind: Heinrich, Kanzler des kaiserlichen Hofes; Ludwig Landgraf von Thüringen; Heinrich Graf von Diez; Theobald Graf von Lechsgemünd; Konrad Burggraf von Nürnberg; Burchard von Üsenberg; Werner von Bolanden.
Geschehen zu Nimwegen im Jahre der Fleischwerdung des Herrn 1171, in der 4. Indiktion, unter der Herrschaft des erhabensten Herrn Kaiser Friedrich, im 20. Jahr seiner Königs- und im 18. seiner Kaiserherrschaft.

11. Gedächtnisstiftung Bischof Rudolfs von Lüttich für seine Familienangehörigen in St. Jakob (Saint-Jacques) in Lüttich, 1187 (Kat.Nr. 173)

Text nach: J. Stiennon, Etude sur le chartrier et le domaine de l'abbaye de Saint-Jacques de Liège (1015–1209), 1951, Nr. 9 S. 446–447.

IN NOMINE DOMINI: Rodulphus, Dei gratia Leodiensis ęcclesię humilis minister, tam futuris quam presentibus in perpetuum. Notum presenti pagina facimus quod de capella sancti Remigii cuius investitura ad abbatem ęcclesię beati Jacobi pertinere cognoscitur, abbatis Herimanni qui nunc eidem preest ęcclesię et fratrum eiusdem loci assensu hoc ordinatum est. Quicumque eiusdem capellę presbiter fuerit, conventui XLta solidos monetę publicę his IIIIor terminis, X scilicet in natali domini, X in pascha, X in pentecosten, X in festivitate omnium sanctorum annuatim solvet, quos idem conventum ita distribuet: in anniversario patris mei Conradi ducis Zeringię VI° idus januarii X, in anniversario matris meę Clementię VI° kalendas januarii X, et in anniversario fratris mei ducis Bertoldi VI° idus septembris X, ad refectionem fratrum expendentur. Decem autem custodi ęcclesię beati Jacobi ad supplementum ministerii sui dabuntur. Hoc quoque sciendum quod eiusdem capellę sancti Remigii presbiter (...) diebus id est in natali domini, in circumcisione, in epiphania, in purificatione, in LXXa, in palmis, in pasca, in ascensione, in pentecosten, in assumptione sanctę Marię, in festivitate omnium sanctorum, in festo

Im Namen des Herrn: Rudolf, durch Gottes Gnade demütiger Diener der Lütticher Kirche, an die zukünftig als auch die gegenwärtig Lebenden in Ewigkeit.
Kund tun wir mit dem vorliegenden Schreiben, daß über die Kapelle des hl. Remigius, deren Patronatsrecht bekanntlich beim Abt der Kirche des hl. Jakob (Saint-Jacques) liegt, mit Zustimmung des Abtes Hermann, der dieser Kirche zur Zeit vorsteht, und ihrer Brüder folgendes bestimmt worden ist. Ein jeder, der Priester dieser Kapelle sein wird, der soll dem Konvent jährlich 40 Solidi geltender Währung zahlen, und zwar auf vier Termine verteilt: 10 nämlich am Fest der Geburt des Herrn, 10 an Ostern, 10 an Pfingsten und 10 am Fest Allerheiligen, und der Konvent soll sie folgendermaßen aufteilen: zum Anniversar meines Vaters Konrad, des Herzogs von Zähringen, am 8. Januar sollen 10, zum Anniversar meiner Mutter Clementia am 27. Dezember sollen 10, und zum Anniversar meines Bruders, des Herzogs Bertold, am 8. September sollen 10 Solidi für das Mahl der Mönche verwendet werden. 10 aber sollen dem Küster der Kirche des hl. Jakob zur Unterstützung seines Dienstes gegeben werden.

sancti Jacobi et dedicatione ęcclesię et in anniversario domni Baldrici episcopi et quibuscumque diebus abbati in sacris obsequium exhibuerit, in refectorio eandem quam fratres in prandio prebendam habebit, et abbate defuncto per annum integrum prebendam refectorii cotidianam, defuncto autem monacho eandem similiter prebendam XXXta diebus accipiet. Huius itaque ordinationis paginam ne quis immutare vel in posterum violare presumat, sygillo nostro eam corroborari et testibus subscriptis communiri iussimus. S. Alberti maioris ęcclesię prepositi et archidiaconi; S. Bertoldi archidiaconis; S. Petri prepositi sancti Pauli; S. Ebali decani, Azonis, Johannis, Petri canonicorum sancti Pauli; S. Juliani presbiteri sanctę Marię et Johannis atque ceterorum conpresbiterorum parrochialis capituli; S. Amelii prioris, Bovonis, Johannis, Lambertu, Everelmi, item Lamberti et ceterorum fratrum ęcclesię beati Jacobi. Actum anno ab incarnatione domini M°. C°. octogesimo VII°, quo videlicet anno (...) presbiter sepe dictę capellę sancti Remigii investituram de manu Herimanni abbatis accepit et predictę ordinationis pactionem presenti scripto sibi confirmari petiit et optinuit.

Kund und zu Wissen getan sei auch, daß der Priester ... (statt Namen) der Kapelle des hl. Remigius an folgenden Tagen, nämlich am Tag der Geburt des Herrn, am Tage Circumcisio (= Tag der Beschneidung des Herrn, 1. Januar), an Epiphanie (= 6. Januar), am Tage Mariae Reinigung (= 2. Februar), an Septuagesima (= am Sonntag vor Beginn der Fastenzeit), am Palmsonntag, an Ostern, an Christi Himmelfahrt, an Pfingsten, an Mariae Himmelfahrt (= 15. August), an Allerheiligen, am Tag des hl. Jakob, an Kirchweih, am Anniversartag des Herrn Bischof Balderich und an jedwedem Tag, an dem er dem Abt bei den heiligen Handlungen Dienst leistet, daß er an diesen Tagen also im Refectorium dieselbe Mahlzuteilung wie die Brüder haben soll; nach dem Tod des Abtes aber soll er ein ganzes Jahr hindurch täglich eine Präbende aus dem Refectorium erhalten, nach dem Tode eines Mönches aber das gleiche 30 Tage hindurch. Damit aber niemand sich vermesse, die Bestimmung dieses Schreibens zu verändern oder späterhin zu verletzen, haben wir dieses mit unserem Siegel bekräftigen und durch Zeugenunterschrift sichern lassen.
Unterschrift Alberts, des Propstes der Hauptkirche und Archidiakons; Unterschrift des Archidiakons Bertold; Unterschrift des Petrus, Propst von St. Paul; Unterschrift des Dekans Ebalus, der Kanoniker Azo, Johannes und Petrus von St. Paul; Unterschrift des Priesters Julian von St. Marien und des Johannes und der anderen Priester des Pfarrkapitels; Unterschrift des Priors Amelius, des Bovo, Johannes, Lambert, Everhelm, des anderen Lambert und der übrigen Brüder von St. Jakob.
Geschehen im Jahre des Herrn 1187, dem Jahr in dem ... (statt des Namens) der Priester der oftgenannten Kapelle des hl. Remigius die Investitur von der Hand des Abtes Hermann empfing und die genannte vertragliche Bestimmung ihm mit vorliegendem Schreiben zu bestätigen erbat und bestätigt erhielt.

12. Brief Bischof Rudolfs von Lüttich an Hildegard von Bingen (Kat.Nr. 161)

Text nach: S. Hildegardis abbatissae opera omnia, ed. MIGNE, PL, Bd. 197, 1882, Sp. 175–176, Brief Nr. 19 des Bischofs von Lüttich an Hildegard.

RUDOLPHUS Dei gratia Leodiensium episcopus, HILDEGARDI famulae Christi de S. Roberti in Pingis, Regi regum incessanter servire, et bravium aeternae beatitudinis apprehendere.
In maxima mentis et corporis fluctuatione constitutus, tibi scribere disposui, quia clementia Dei nimis indigeo, quam innumeris malis me offendisse et irritasse non abnego. Quia igitur, dilectissima soror, veraciter Deum tecum esse novi, admoneo et rogo per misericordiam ipsius sanctitatem tuam, ut omnino

Rudolf durch Gottes Gnade Bischof von Lüttich, an Hildegard, die Magd Christi von St. Rupert zu Bingen, dem König der Könige unablässig zu Diensten, den Lohn der ewigen Seligkeit zu erlangen.
Im Zustand größten Aufruhrs von Geist und Körper habe ich beschlossen, Dir zu schreiben, da es mich nach der Gnade Gottes allzu sehr verlangt, die ich – ich leugne es nicht – durch unzählige Missetaten beleidigt und erzürnt habe. Da ich nun aber, geliebteste Schwester, weiß, daß Gott wahrhaftig mit Dir ist,

mihi fluctuanti et ad te confugium facienti, manum porrigas. Cura namque tibi sit pro negligentia a me removenda, devotis precibus invigilare: et quidquid ex indeficienti et viventi lumine tibi ostensum fuerit ad excitandam somnolentiam meam mihi rescribas. Concedat clementissimus Deus, ut scriptis tuis certissimam per te consolationem percipiam, et ut intercessionis tuae obtentu vel ultimam aeternae quietis sortiar mansionem.

ermahne und bitte ich Deine Heiligkeit um ihres Erbarmens willen, Du mögest nach mir, der ich in größter Unrast Zuflucht bei Dir suche, die Hand ausstrecken.
Deine Aufgabe sei nämlich, durch andächtige Gebete darüber zu wachen, daß diese Sündenschuld von mir genommen werde: und was Dir vom immerwährenden und lebendigen Licht gezeigt werden möge zu meiner Erweckung aus der Schlafbenommenheit, das schreibe mir.
Der allergnädigste Gott lasse es zu, daß ich mit Deinem Schreiben durch Dich ganz sichere Tröstung erlange und daß mir wohl unter dem Schutz Deiner Fürbitte die letzte Wohnstätte zur ewigen Ruhe zuteil werde.

13a. Zur Königswahl Bertolds V. im Jahre 1198: Annales Marbacenses zum Jahre 1198 (Kat. Nr. 75)

Text nach: Annales Marbacenses qui dicuntur, hrsg. v. H. Bloch, MGH SSrG 9, 1907, S. 71–73.

Anno Domini MCXCVIII. Dux Suevie contra opinionem et etiam contra multorum veniens voluntatem, cum maximam ubique et precipue in Alsatia werram invenisset, treugam inter episcopum et suos fautores et inter fratrem suum Ottonem fecit, etiam iam ad regnum aspirans. Et cum episcopo Argentinensi cepit agere, quatinus sibi fideliter assisteret, promittens sibi omnia a patre et fratre suo ablata restituere et quicquid in suo episcopatu haberet sue dispositioni subicere, regnum tamen non sibi, sed filio fratris sui, qui etiam ad hoc, sicut superius diximus, a principibus fere omnibus electus fuerat, nomine et tutele se velle servare. Quod cum episcopus, ut dicebatur, acceptasset et die statuto Hagenowe ad ducem venire debuisset, acceptis litteris archiepiscoporum Coloniensis et Treverensis, quorum unius iuris est regem inungere, alterius vero, id est Treverensis, eum Aquisgrani in sedem regni locare, ad ipsos quantocius festinavit. Ad quos cum venisset, terminum in media quadragesima Colonie de eligendo rege constituerunt postulantes, quod Bertoldum ducem de Zeiringen Argentinensis episcopus secum adduceret. Nam per famam iam de eo divulgatum erat, quod ipsum vellet eligere.
Die igitur statuto Colonie convenientes inferiores principes predictum ducem in regem elegerunt, tali conditione adiecta, quod prefatis archiepiscopis mille et DCC marcas argenti dare deberet. Quod cum illi relatum esset, recusavit regnum accipere et pecuniam dare, dicens se nolle regnum precio emere. Tandem precibus suorum et precipue minis Argentinensis episcopi et comitis de Tagesburc devictus, datis obsidibus de solvenda pecunia, promisit se certo die venturum et quod promiserat facturum. Postea peni-

Im Jahre des Herrn 1198. Der Herzog von Schwaben, der entgegen der Meinung und auch entgegen dem Willen vieler kam, stiftete, da er überall, und vor allem im Elsaß, eine große Fehde vorgefunden hatte, einen Friedenspakt zwischen dem Bischof und seinen Anhängern und seinem Bruder Otto; er strebte nämlich schon das Königtum an. Und er begann, mit dem Straßburger Bischof Verhandlungen einzugehen, damit ihm dieser treu zur Seite stünde, und er versprach, ihm alles, was von seinem Vater und seinem Bruder entfremdet worden sei, zurückzuerstatten und alles, was er in seinem Bistum habe, seiner Herrschaft zu unterwerfen, und schließlich wolle er auch die Königsherrschaft nicht für sich, sondern für den Sohn seines Bruders, der dazu auch, wie wir oben gesagt haben, von fast allen Fürsten gewählt worden war, in dessen Namen und als sein Vormund bewahren. Als der Bischof – wie man sagt – darauf eingegangen war und an dem festgesetzten Tag sich nach Hagenau zum Herzog hätte begeben sollen, da erhielt er Briefe vom Kölner und Trierer Erzbischof, von denen dem einen das Recht zukommt, den König zu salben, dem anderen aber, das heißt dem Trierer, dasjenige, ihn in Aachen zu inthronisieren, und er eilte stehenden Fußes zu ihnen. Als er bei ihnen angelangt war, setzten sie einen Termin in der Mitte der Fastenzeit fest, um zu Köln den König zu wählen, und sie forderten, daß der Bischof von Straßburg Bertold, den Herzog von Zähringen, mit sich bringen solle. Denn es ging über ihn bereits das Gerücht, daß er ihn wählen wolle.
Am festgesetzten Tage kamen die niederdeutschen Fürsten in Köln zusammen und wählten besagten Herzog zum König, wobei die Bedingung gestellt

tentia ductus ad diem statutum non venit, cognoscens iam ducem Suevorum ad regni gubernacula sibi contrarium, asserens, nisi unanimiter ab omnibus principibus eligatur, numquam per eum scisma in regno fore oriundum. Tandem mediantibus episcopo Constantiensi et comite palatino de Tůwingen et quibusdam aliis cum duce Suevie reconciliatus est, resignans electionem sibi factam tali pacto, quod regnum et advocatiam Scafhůsen sibi in beneficio concederet et castrum Brisache, quod fratris sui Ottonis fuit, destrui facere deberet vel pro castro trium milium marcarum sibi debitor esset, et hoc ut fieret, iam dictos mediatores obsides daret; quos et dedit. Ipse vero hominium sibi faciens, consilium et auxilium pro regni retentione sibi laturum promisit. Nam dum prefati principes Colonie eundem Bertholdum eligerent, Phylippus apud Frankenvůrt de aliis principibus electus fuit.

wurde, er müsse den benannten Erzbischöfen 1700 Mark Silbers zahlen. Als dies jenem berichtet wurde, da weigerte er sich, die Königswürde anzunehmen und das Geld herzugeben, indem er sprach, er wolle sich das Königtum nicht erkaufen. Schließlich aber erlag er doch den Bitten der Seinen und vor allem den Drohungen des Bischofs von Straßburg und des Grafen von Dagsburg, stellte Geiseln wegen der Bezahlung des Geldes und versprach, an dem bestimmten Tag zu erscheinen und sein Versprechen zu erfüllen. Später wurde er von Reue ergriffen und kam nicht zu dem festgesetzten Tag – er erkannte, daß der Herzog von Schwaben sein Rivale in der Königskandidatur sei und erklärte nach außen, wenn er nicht einstimmig von allen Fürsten gewählt würde, so solle durch ihn niemals eine Spaltung im Reich entstehen. Durch die Vermittlung des Bischofs von Konstanz, des Pfalzgrafen von Tübingen und einiger anderer wurde er schließlich wieder mit dem Herzog von Schwaben versöhnt und verzichtete auf die zu seinen Gunsten geschehene Wahl unter der Abmachung, daß er ihm die Reichsrechte und die Vogtei über Schaffhausen zu Lehen gäbe und die Burg Breisach, die sein Bruder Otto innehatte, schleifen ließe oder ihm für die Burg sein Gläubiger über 3000 Mark sei (d. h. sie ihm für 3000 Mark verpfände). Und damit dieses so geschehe, solle er ihm die genannten Vermittler als Geiseln stellen – was er auch tat. Er (= Bertold V.) selbst aber leistete ihm den Lehenseid und versprach, er werde ihm mit Rat und Beistand bei der Behauptung des Reiches zur Seite stehen. Während nämlich die genannten Fürsten zu Köln Bertold wählten, da wurde Philipp in Frankfurt von anderen Fürsten gewählt.

13b. Zur Königswahl Bertolds V. im Jahre 1198: Kölner Königschronik zum Jahre 1198

Text nach: Chronica Regia Coloniensis, hrsg. v. G. Waitz, MGH SSrG 18, 1880; S. 162–163; Rec. I. Dieser Auszug aus der »Kölner Königschronik« (»Chronica Regia Coloniensis«) wurde in die Textsammlung aufgenommen, um dem Bericht der »Annales Marbacenses« (13a) über die Königswahl von 1198 eine zweite Darstellung gegenüberzustellen, die ebenfalls bald nach den geschilderten Vorgängen entstand, diese aber offensichtlich aus einer anderen Perspektive betrachtet.

Lit.: Wattenbach–Schmale 1, S. 105–109.

Werra magna et dissensio nimis timenda oritur inter principes Theutonicos de imperio. Nam Coloniensis et Trevirensis archiepiscopi electionem regis sui iuris esse firmantes, habito consilio cum quibusdam sed paucis principibus, curiam aliis primoribus in Colonia habendam prefigunt in dominica Oculi mei, evocantes eodem et ducem Cerugie, quem etiam ipsi deliberaverant regem creare. Ad hanc autem curiam cum principes nulli occurrere vellent, scripserunt predictis archiepiscopis et eorum sequacibus princi-

Unter den deutschen Fürsten entstand großer Streit und ein furchtbares Zerwürfnis wegen der Herrschaft über das Reich. Denn die Erzbischöfe von Köln und Trier, die darauf beharrten, daß die Wahl des Königs ihnen von Rechts wegen zustehe, hielten eine Beratung mit einigen, wenn auch wenigen Fürsten ab und kündigten den anderen Fürsten an, es solle zu Köln ein Reichstag abgehalten werden am Sonntag Oculi (= 3. Fastensonntag), und sie beriefen dorthin auch den Herzog von Zähringen, den sie selbst zum

pes Austrie et aliarum superiorum partium, ut ipsi ad curiam in Erspfort occurrerent electuri cum eis ydoneum et dignum Deo imperatorem et advocatum ecclesiarum. Dum ergo iam dicti pontifices ad eandem curiam iter facerent, cognoverunt illos iam in Philippum ducem Suevie, imperatoris fratrem, concordasse et eum in regem elegisse. Unde moti redierunt et Bertolfo duci Cerugie fidem fecerunt, quod ipse repatrians exercitum secum duceret et statuto sibi die Anternacum rediret, eum ibi remota omni dubitatione regem crearent. Hoc et ipse promisit et iuravit et insuper obsides dedit.

Designato igitur die cum apud Anternacum ab episcopis et omni multitudine cum apparatu et desiderio maximo expectaretur, ecce rumor pessimus et eius ignaviae dignus intonuit, ipsum scilicet dum duce Sueviae concordasse et, ut ipse regno et electioni renunciaret, 11 milia marcarum et ducatum ab eo accepisse. Hic ergo rumor et inhonestus eventus primores inferiorum partium graviter afflixit, eo quod indignum sibi et intolerabile videretur, si contra suam voluntatem Suevus regnasset. Constat tamen, quod ipse nuncios suos ad archiepiscopum Coloniensem cum precibus transmisit, multa offerens; sed plura promittens, si ad suam electionem animum vellet inclinare. Sed episcopus hoc sibi tutum non credens vel honestum, haec facere penitus recusavit; habitoque consilio, Ottonem [Pium] comitem Pictaviae, filium Heinrici quondam ducis Saxoniae, in regem eligit.

König zu wählen planten. Nachdem aber zu diesem Reichstag keine Fürsten herbeikommen wollten, da schrieben den genannten Erzbischöfen und ihren Anhängern die Fürsten von Österreich und der anderen oberdeutschen Lande, sie selbst wollten sich zu einem Reichstag nach Erfurt begeben, um dort mit ihnen einen geeigneten und für Gott würdigen Kaiser und Vogt der Kirchen zu wählen. Während die genannten Bischöfe sich nun also auf den Weg machten, merkten sie, daß jene sich schon auf Philipp, den Herzog von Schwaben, den Bruder des Kaisers geeinigt und ihn zum König gewählt hatten. Zornig kehrten sie daher zurück und leisteten Bertold, dem Herzog von Zähringen, das Versprechen, wenn er zurückkehren, ein Heer mit sich führen und zu einem ihm gesetzten Termin wieder nach Andernach kommen werde, daß sie ihn dann unter völligem Ausschluß jeden Zweifels zum König wählen würden. Dieses versprach er auch, leistete einen Schwur und stellte darüber hinaus noch Geiseln.

Als er nun am festgesetzten Tag in Andernach von den Bischöfen und der Menge mit großem Pomp und sehnlichst erwartet wurde, siehe da: da kam ein übles und seiner Feigheit angemessenes Gerücht auf, nämlich, er sei mit dem Herzog von Schwaben zu einer Übereinkunft gekommen und er habe, damit er auf Wahl und Königtum verzichte, 11 000 Mark und das Herzogtum von ihm bekommen. Dieses Gerücht nun und dieses ehrlose Geschehen brachte die Großen der niederdeutschen Lande in schwere Bedrängnis, weil es ihm (= Bertold?) nämlich unwürdig und für ihn untragbar sein müsse, wenn gegen seinen Willen der Schwabe herrsche. Es steht aber fest, daß dieser Boten an den Kölner Erzbischof geschickt hat, mit Bitten, worin er vieles anbot, mehr aber noch versprach, wenn dieser in seine Erwählung einwilligen wolle. Aber der Erzbischof, der Meinung, daß dies für ihn weder sicher noch ehrenhaft sei, weigerte sich entschieden, dies zu tun; und nachdem er eine Beratung abgehalten hatte, wählte er Otto (den Frommen), den Grafen von Poitou, den Sohn des vormaligen Herzogs Heinrich von Sachsen, zum König.

14. Regest eines Schutzbriefs Papst Innocenz' III. für das von einem Zähringer gestiftete Hospital in Zürich, 13. März 1204 (Kat. Nr. 254)

Der Text nimmt knapp vier Zeilen ein (Abb. 170). Das Regest beginnt (und endet) mitten in der Zeile, vom vorangehenden nur durch drei Punkte getrennt. Diese erste Zeile wird von der rubrizierten Adresse eingenommen, deren letztes Wort (*Thuregum*) in der nächsten Zeile, und zwar an deren Ende, steht (auf der Photographie ist dieses Wort damit nicht als Teil einer Überschrift zu erkennen). Das »S« des *Solet* zu Beginn der zweiten Zeile ist, dem hier geübten Brauch entsprechend, als vergrößerter Anfangsbuchstabe gegeben. Das Datum des Rechtsaktes ist der 13. März (*III. Id [us] Martii*) – so auch Züricher Spitalgeschichte (vgl. Kat. Nr. 254) S. 11, und nicht der im ZUB I, S. 240, und bei A. Potthast, Regesta Pontificum Romanorum I, 1874, S. 191 (Nr. 2206), angegebene 13. Mai. Der diesem Regest zugrundeliegende Schutzbrief ist auf wenige Elemente reduziert; Sätze oder ganze Passagen sind häufig nur mit dem ersten und letzten Wort zitiert. Wendungen wie *etc* oder *usque* bedeuten: unvollständiger Satz; das nach *usque* stehende Wort zeigt das Ende der gekürzten Passage an. Auch der Satz, der die Aufnahme des Hospitals in den päpstlichen Schutz bringt, wurde auf diese Weise verkürzt. In der Übersetzung wurde der fragmentarische Charakter der einzelnen Sätze beibehalten, um einen Eindruck von der Überlieferung zu geben.

Priori et fratribus hospitalis de Thuregum.
Solet annuere etc. usque annuentes personas et hospitale vestrum quod dilectus filius no. (noster? / nobilis?) vir dux Zeringie pro suorum peccatorum remedio fabricavit cum omnibus bonis que impresentiarum etc. in modum protectionis usque communimus. ad indicium autem huius protectionis a nobis obtente aureum unum nobis nostrisque successoribus annis singulis persolvetis. Nulli ergo etc.
Datum Laterano III. Id. Martii.

»Dem Prior und den Brüdern des Hospitals in Zürich.«
»Es pflegt zuzugestehen« usw. bis »indem zugestanden wird für die Personen und euer Hospital, welches (unser?) geliebter Sohn, der (edle?) Herr Herzog von Zähringen zur Vergebung seiner Sünden errichtet hat mit allen Gütern, die gegenwärtig« usw. »in den Schutz« bis »befestigen. Zum Zeichen dieses Schutzes aber, den ihr von uns genießt, sollt ihr uns und unseren Nachfolgern jährlich einen aureus (= Goldgulden) zahlen. Keinem aber« usw.
»Ausgestellt im Lateran am 13. März«.

15. Urkundliche Verfügung Friedrichs II. an seine Städte in Zusammenhang mit dem Zähringererbe. Hagenau, 6. September 1219 (Kat. Nr. 88)

Text nach: Hefele, FUB I, Nr. 32 S. 15–16.

Fridericus dei gratia Romanorum rex semper augustus et rex Sicilie universis civitatibus suis et earum scultetis tam presentibus quam futuris gratiam suam et omne bonum. Significamus vobis, quod nos dilectum consanguineum nostrum comitem Egenonem de Vrach remisso penitus omni rancore, quem erga eum habuimus, in plenitudinem familiaris et sincere gratie nostre recepimus ac deinceps de augmento ipsius et honore solliciti esse volumus cum effectu. Ut autem gratie nostre et dilectionis habundantiam eidem comiti manifestius constare faciamus, benignitate regia et

Friedrich durch Gottes Gnade allzeit erhabener König der Römer und König von Sizilien entbietet allen seinen Städten und ihren Schultheißen, den gegenwärtig wie den in der Zukunft Lebenden, seine Gnade und alles Gute. Wir bedeuten euch, daß wir unseren lieben Verwandten, den Grafen Egeno von Urach, nachdem wir des Grolls, den wir gegen ihn trugen, gänzlich entsagt haben, wieder in die Fülle unseres Vertrauens und unserer wahrhaftigen Huld aufgenommen haben und daraufhin gewillt sind, tatkräftig Sorge zu tragen für die Vermehrung seines

cum bona voluntate nostra restituimus sibi et ministerialibus suis omnes homines eorum, cuiuscumque conditionis, pauperes sive divites, qui, postquam inter nos et ipsum bellum incepit, de civitate sua Friburch vel de aliis locis sibi pertinentibus ad civitates nostras vel ad loca nostra ad habitandum transmigraverunt. Preterea pepigimus cum iamdicto comite et firmiter ei promisimus observandum, quod numquam de cetero aliquem de hominibus suis in civitatibus nostris aut in aliis locis nobis pertinentibus recipiemus et, si forte in illis recepti fuerint, quam primum id nobis constiterit, ipsos homines ei liberos restitui faciemus. Quocirca vobis mandamus per gratiam nostram districte precipientes, quatinus sepefato comiti homines suos, qui, sicut premissum est, ad vos se transtulerunt, omni occasione cessante restituatis et eos a consortio vestro removeatis nec ammodo de hominibus suis aliquem recipiatis. Ut igitur omnia hec perpetua gaudeant stabilitate, presentem paginam exinde conscriptam sigillo nostro iussimus insigniri. Datum apud Hagnowe anno dominice incarnationis millesimo ducentesimo nonodecimo, octavo idus septembris, indictione octava.

Ansehens. Um aber die Fülle unserer Gnade und unserer Wertschätzung diesem Grafen durch ein Zeichen kund zu tun, geben wir, aus königlicher Freigebigkeit und guten Willens, ihm und seinen Ministerialen alle ihre Leute zurück, jedweder Art (= jeglichen Standes?), sowohl Arme als auch Reiche, die nach Beginn der Feindseligkeiten (Fehde) zwischen ihm und uns aus seiner Stadt Freiburg oder anderen Orten, die ihm gehören, in unsere Städte oder Orte ausgewandert sind und dort Wohnung genommen haben. Des Weiteren haben wir mit besagtem Grafen vereinbart – und versprechen ihm fest, dies einzuhalten –, daß wir fürderhin niemals einen seiner Leute in unsere Städte oder andere uns angehörende Orte aufnehmen werden und daß wir, falls sie zufällig in ihnen aufgenommen worden sein sollten – sobald dies für uns feststeht –, diese Leute ihm frei zurückerstatten lassen werden. Demzufolge tragen wir euch auf, indem wir euch bei unserer Gnade mit Entschiedenheit befehlen, ihr sollt dem oftgenannten Grafen seine Leute, die, wie vorausgeschickt, zu euch abgewandert sind, unter Hintansetzung eines jeden Vorwandes zurückgeben, sie aus eurer Gemeinschaft entfernen und in Zukunft keinen seiner Leute mehr aufnehmen. Damit dies alles aber sich einer immerwährenden Gültigkeit erfreue, haben wir vorliegendes Schreiben mit unserem Siegel besiegeln lassen. Ausgestellt zu Hagenau im Jahre des Herrn 1219, am 6. September, in der 8. Indiktion.

16. Urkunde Friedrichs II. für die Stadt Freiburg i. Br. Hagenau, 6. September 1219 (Kat. Nr. 89)

Text nach: J.-L.-A. Huillard-Bréholles (Hrsg.), Historica Diplomatica Friderici Secundi, Bd. I.2, 1852, S. 672–673.

Fridericus secundus, divina favente clementia Romanorum rex, semper augustus, et rex Sicilie. Ea consuevimus vota nostrorum fidelium benigne admittere, per que et illorum honestati consulitur et plurimorum utilitatibus providetur. Quapropter universis imperii fidelibus tam presentibus quam futuris duximus declarandum quod nos universis et singulis civibus Friburgensibus gratie plenitudinem nostre restituimus, et cum personis ipsorum atque rebus universis sub nostram et imperii eos recepimus protectionem; volentes ut predicti cives per universum imperium cum rebus et mercimoniis suis tam in terra quam in aqua, eundo et redeundo, sine molestia aliqua in nostra procedant securitate nec aliquo indebite exactionis onere graventur. Mandamus igitur sub pena gratie nostre precipientes ut nullus sit qui sepedictos cives amodo molestare audeat vel damnum in personis aut rebus ipsis irrogare. Quod qui fecerit regie majestatis iram et offensam se noverit graviter incursurum.

Friedrich II., durch Walten der göttlichen Gnade allzeit erhabener König der Römer und König von Sizilien. Die Bitten unserer Getreuen pflegen wir gnädig anzunehmen, durch welche sowohl ihrer Ehre gedient als auch für den Nutzen Vieler Sorge getragen wird. Daher meinen wir all den Getreuen unseres Reichs, den gegenwärtigen wie den zukünftigen, erklären zu müssen, daß wir den Bürgern der Stadt Freiburg, sowohl insgesamt als auch den einzelnen, in vollem Maße unsere Gnade wieder gewähren und sie mit den zu ihnen gehörenden Personen und ihrem Besitz in unseren und des Reiches Schutz aufnehmen; und wir wollen, daß die genannten Bürger im ganzen Reich mit ihrem Besitz und ihren Waren – ob nun zu Wasser oder zu Lande, auf dem Hin- oder auf dem Rückweg – ohne jegliche Belästigung unter unserem Schutz ziehen und auch nicht durch die Last unbilliger Steuern bedrückt werden sollen. Wir setzen daher fest, bei Strafe unseres Huldverlustes, daß niemand

Ad hujus etiam gratie nostre certitudinem et protectionis nostre dictis civibus indulte inviolabilem firmitatem, presentem paginam inde conscriptam sigillo nostro jussimus communiri.
Datum apud Hagenowe, anno dominice incarnationis millesimo ducentesimo nonodecimo, octavo idus septembris, indictione octava.

wagen soll, die vorgenannten Bürger in Zukunft zu belästigen noch einen Schaden an ihrer Person oder ihrem Besitz hervorzurufen.
Wer dieses tun sollte, der soll wissen, daß er sich den Zorn und die Ungnade der königlichen Majestät in ganz erheblichem Maße zuziehen wird. Zur Versicherung unserer Huld und zur unverbrüchlichen Festigung der Gnade unseres Schutzes haben wir den genannten Bürgern vorliegendes Schreiben diesen Inhalts mit unserem Siegel bekräftigen lassen.
Ausgestellt zu Hagenau, im Jahre des Herrn 1219, am 6. September, in der 8. Indiktion.

17a. Die Tennenbacher Zähringergenealogie (Kat. Nr. 7)

Text nach: WEBER, Tennenbacher Güterbuch, S. 168–169.

... Notandum est ulterius, quod iste dominus Cůnradus comes non fuit primus fundator civitatis Friburg, sed frater eius Berhtoldus dux Sueuie, qui anno domini M°C°XVIII civitatem condidit et postea in Molsheim occisus et in monasterio sancti Petri sepultus, ut cronice testantur, que et alios antecessores eius ac dominos nominant, quorum primus Bezzelinus comes, qui comes cum fratre suo Gebzone claustrum in Sulzberg construxit... et ibidem sunt sepulti huius filius Berhtoldus cum barba, nominis huius primus, eciam ducatus Sueuie, deinde Charinthie principatum suscepit et in Hirsŏwe sepultus est. Cui filius eius Berhtoldus, huius nominis secundus, dignus patri, heres in ducatum successit, qui extitit fundator sancti Petri in Nigra silva cum fratre suo Gebhardo episcopo Constantiensi, huius uxor Agnes, filia regis Růdolfi Arolacensis. Quo defuncto filius eius Berhtoldus, huius nominis tercius, et Cůnradus. Quorum Berhtoldus, prior natu cum in ducatum successisset, civitatem Friburg ut supra notatum condidit et in Molnsheim postea anno IIII° occisus ac in sancto Petro sepultus. Huic filii non fuerunt. Uxor eius Sophya, soror Heinrici ducis Saxonie, comite de Stire copulata fuit. Successit autem eidem Berhtoldo in ducatum frater eius Cůnradus iunior, cuius uxor Clemencia fuit de nobilissima progenie Francorum de castro Flamacensi (!). Hic Cůnradus cum uxore sua et fratribus suis Berhtoldo et altero Růdolfo in adolescencia sua ipsi tres sunt defuncti et apud sanctum Petrum sunt sepulti, sed reliquit IIII filios Berhtoldum, huius nominis quartum, et Růdolfum episcopum Leodinensem, hic rediens de expedicione Ierosolimitana, ad quam cum imperatore profectus fuerat, in villa sua Herdern obiit. Tercius autem frater eius, Alberhtus, qui secedens castrum Deche cum omnibus appendiciis suis sibi vendicavit. Hugo, eciam frater eorum, predia non parva et beneficia in Brisgaudia et Mortunăgia sortitus est, qui sine filiis

... Anzumerken ist weiterhin, daß der Herr Graf Konrad nicht der Gründer der Stadt Freiburg war, sondern sein Bruder Bertold, der Herzog von Schwaben, der im Jahre des Herrn 1118 die Stadt gründete, später in Molsheim getötet wurde und im Kloster St. Peter bestattet ist, wie chronikalische Aufzeichnungen bezeugen, die auch seine anderen edlen Vorfahren namentlich aufführen, als ersten von ihnen den Grafen Bezelin; dieser Graf gründete zusammen mit seinem Bruder Gebezo das Kloster in Sulzburg... und dort sind sie begraben. Sein Sohn Bertold mit dem Bart, der erste dieses Namens, erhielt sogar das Herzogtum Schwaben, darauf die Herrschaft über Kärnten und ist in Hirsau bestattet. Ihm folgte sein Sohn Bertold, der zweite dieses Namens, des Vaters würdig, als Erbe im Herzogtum. Er war der Gründer des Klosters St. Peter im Schwarzwald, zusammen mit seinem Bruder Gebhard, dem Bischof von Konstanz, und seine Frau war Agnes, die Tochter des arelatischen Königs Rudolf (= Rudolf von Rheinfelden). Nach seinem Tod (hinterblieben?) der Sohn Bertold, der dritte dieses Namens, und Konrad. Bertold, der ältere von ihnen, gründete, nachdem er die Nachfolge im Herzogtum angetreten hatte, die Stadt Freiburg, wie oben vermerkt; vier Jahre später wurde er in Molsheim getötet und in St. Peter bestattet. Ihm waren keine Söhne beschert. Seine Frau Sophie, die Schwester des Sachsenherzogs Heinrich, wurde dem Grafen von der Steiermark anvermählt. Es folgte diesem Bertold im Herzogtum aber sein jüngerer Bruder Konrad, dessen Gemahlin Clementia von edelster fränkischer Herkunft war, von einer flandrischen Burg. Dieser Konrad wurde mit seiner Frau und seinen Brüdern Bertold und einem weiteren, Rudolf, die alle drei (!!) in jugendlichem Alter verstarben, in St. Peter bestattet; doch hinterließ er vier Söhne: Bertold, den vierten dieses Namens, und Rudolf, den Bischof von Lüttich, welcher auf der

vita decendens Alberhtum fratrem suum prediorum reliquit heredem, beneficiorum autem omnium ducem Berhtoldum fere patruelem suum reliquit eciam herede (!). Sepultus eciam fuit cum patribus suis in monasterio sancti Petri in Nigra silva. Hic autem genuit ducem Berhtoldum rectorem Brisgaudie et Burgundie crudelissimum, qui sine filiis obiit anno domini M°CC°XVIII°, XII. kalendas marcii, et sepultus est in monasterio Friburg. Hic habuit duas sorores, quarum una Agnes copulata fuit comiti Egenoni seniori cum barba dicto. Et genuit hic Egenonem, qui contraxit cum Adelheidi de Nifen. Et hic primus intravit dominium Friburg et est sepultus in Tennibach monasterio sive pomerio nostro. Qui genuit Cůnradum comitem, qui contraxit cum Sophya de Zolre. Qui genuit Egenonem comitem, qui contraxit cum Katerina de Liehtenberg, qui genuit Cůnradum comitem, qui contraxit cum filia ducis Lutoringie. Qui genuit Fridericum, qui contraxit cum filia Růdolfi margravii de Hachberg.

Rückkehr von dem Kreuzzug, zu dem er mit dem Kaiser aufgebrochen war, in seinem Dorfe Herdern verstarb. Der dritte Bruder aber war Albert, der, eine eigene Linie begründend, die Burg Teck mit all ihrem zugehörigen Besitz an sich nahm. Hugo, noch ein Bruder von ihnen, erhielt nicht wenig an Besitz und Lehen im Breisgau und in der Ortenau; er schied aus dem Leben, ohne Söhne zu hinterlassen, und ließ seinen Bruder Albert als Erben seiner Besitzungen zurück, als Erben fast all seiner Lehen aber seinen Neffen, den Herzog Bertold. Bestattet wurde er bei seinen Vätern im Kloster St. Peter im Schwarzwald. Dieser aber zeugte den Herzog Bertold den Grausamen, den Rector des Breisgaus und Burgunds, der söhnelos im Jahre des Herrn 1218 verstarb, am 18. Februar, und bestattet ist im Freiburger Münster. Dieser hatte zwei Schwestern, deren eine, Agnes, mit dem Grafen Egeno dem Älteren, genannt der mit dem Bart, vermählt wurde. Und dieser zeugte Egeno, der sich mit Adelheid von Niefen verband. Und er trat als erster die Herrschaft Freiburg an und ist bestattet im Kloster Tennenbach, das heißt in unserem Klostergarten. Er zeugte den Grafen Konrad, der sich mit Sophie von Zollern verband. Dieser zeugte den Grafen Egeno, der sich mit Katharina von Lichtenberg verband, dieser zeugte den Grafen Konrad, der sich mit der Tochter des Herzogs von Lothringen verband. Dieser zeugte Friedrich, der sich mit der Tochter Rudolfs, des Markgrafen von Hachberg, verband.

17b. Verzeichnis der Stifter und Wohltäter des Klosters St. Peter, von Abt Peter Gremmelsbach (1497) (Kat. Nr. 8)

Text nach: BAUMANN, Geschichtliches, S. 82–87.

Nomina fundatorum huius loci monasterii sancti Petri in Nigra silua.

Růdolfus rex de Arle, Adelheidis vxor. – Berchtoldus dux de Zåringen, Richwara uxor. – Berchtoldus 2. dux, primus huius loci fundator, Agnes uxor, filia Růdolfi regis. – Berchtoldus 3. dux de Zåringen, Sophia uxor eius. – Conradus dux, Clementia uxor eius. – Berchtoldus 4. dux, Heilwig vxor. Eius quatuor erant fratres scilicet Cůnradus, Růdolfus, Adelbertus, Hugo. – Berchtoldus quintus. – Hermannus marchio, Judinta vxor. – Hermannus 2. marchio. – Hermannus 3. marchio. – Gebehardus dux de Zåringen et episcopus Constantiensis. – Wito episcopus. Vdalricus episcopus. Růdolfus episcopus. Adelbero episcopus. Vdalricus episcopus. Hermannus episcopus. Otto episcopus. Hemannus episcopus. Berchtoldus episcopus. Dietelmus episcopus.

Anno inchoante incarnationis dominice millesimo quadringentesimo nonagesimo septimo nos Petrus Gremmelspach, diuina prouisione abbas huius loci,

Die Namen der Stifter und Wohltäter dieses Ortes, des Klosters St. Peter im Schwarzwald

Rudolf König von Arles, Adelheid, seine Gemahlin – Bertold, Herzog von Zähringen, Richwara, seine Gemahlin – Herzog Bertold II., Gründer dieses Klosters, Agnes, seine Gemahlin, Tochter des Königs Rudolf – Herzog Bertold III., Sophie, seine Gemahlin – Herzog Konrad, Clementia, seine Gemahlin – Herzog Bertold IV., Heilwig, seine Gemahlin. Dieser hatte vier Brüder, nämlich Konrad, Rudolf, Adalbert, Hugo – Bertold V. – Markgraf Hermann, Judith, seine Gemahlin – Markgraf Hermann II. – Markgraf Hermann III. – Gebhard, Herzog von Zähringen und Bischof von Konstanz – Bischof Wito – Bischof Ulrich – Bischof Rudolf – Bischof Adelbero – Bischof Ulrich – Bischof Hermann – Bischof Otto – Bischof Hermann – Bischof Bertold – Bischof Diethelm.

Zu Beginn des Jahres des Herrn 1497 haben wir, Peter Gremmelsbach, durch göttliche Vorsehung Abt die-

haud sine magno conatu diligentiaque collegimus omnium fundatorum nostri cinobii (sic) genealogiam ac vitam, abbatum quoque singulorum nomina de hac lacrimarum valle decessorum in laudem ac honorificentiam cuncti (sic) gubernantis et remedium animarum eorumdem.

Primus namque Bezelinus comes ponatur in hac genealogia ceteris, qui antiquiores tempore fuerunt, silentio praetermissis, qui comes cum fratre Gebezone claustrum sanctimonialium dictum Sultzberg construxit, qui vita decedentes in eodem cenobio honorifice sepulti sunt.

Huius filius Berchtoldus cum barba, nominis huius primus, etiam ducatum Sueuie, deinde Karinthie principatum suscepit et apud cenobium Hirsow sepultus est. Hic prepositurам in villa Wilheim constituit, quam postea filii eius nostri cenobii iuri cum omnibus appendiciis suis mancipaverunt.

Cui filius eius Berchtoldus, huius nominis secundus, superius memoratus, dignus patri heres, in ducatum successit, qui nostri monasterii Deo deuotus cum fratre suo Gebehardo, Constantiensi episcopo, fundator extitit. Confrater uero eorum Hermannus in marchionem sublimatus est, quam dignitatem postea pro Deo deseruit clamque fugiens Cluniacum peciit ibique occultus in monachico habitu usque ad finem vite pauper Christi feliciter delituit. Confrater uero eius, huius scilicet fundator loci, post digne decursam vitam ante altare sancte Crucis honestissimam sibi et successoribus suis sortitus est sepulturam ibi, et Agnes uxor eius sepulta est anno ab incarnatione domini MCXI.

Quo defuncto filii eius, Berchtoldus scilicet, huius nominis tertius, et Conradus, non minori deuotione erga locum hunc liberales extiterunt, quorum Berchtoldus prior natu, cum in ducatum successisset, civitatem Friburg condidit anno dominice incarnationis MCXVIII, et postea cum comite Hugone de Tagsburg vicum quemdam Alsacie Molnsheim dictum descendens violenter hospitatus est et ab irruentibus ciuibus, sociis suis dissipatis, indigna morte peremptus est anno quarto, postquam ciuitatem iam dictam condiderat, et sepultus est in capitulo nostro ante sedem abbatis anno ab incarnatione Domini MCXXII. Huic liberi non fuerunt, huius uxor Sophya nomine, soror Heinrici, ducis Saxonie, postea comiti de Stire copulata [fuit].

Successit autem ei in ducatum frater suus Conradus, qui post expletum huius vite tempus sepultus est ante Crucem in sepulcro parentum suorum anno ab incarnatione Domini MCLII.

In eodem etiam tumulo conditi sunt fratres sui, Berchtoldus scilicet [et] Růdolfus, in adolescentia defuncti et filius etiam suus Conradus. Vxor quoque eius Clementia de nobilissima progenie Francorum, de castro videlicet Nammecensi, cum eisdem locata est.

ses Klosters, mit nicht geringem Bemühen und Fleiß zusammengestellt die Genealogie und Nachrichten über das Leben aller Angehörigen der Stifterfamilie unseres Klosters sowie auch die Namen sämtlicher Äbte, die aus diesem Tränental geschieden sind zum Lob und zur Ehrerweisung des Allmächtigen und zum Heil ihrer Seele.

Als erster dieses Geschlechtes ist der Graf Bezelin anzuführen, da man die übrigen, die in noch früheren Zeiten lebten, mit Stillschweigen übergehen muß. Dieser Graf hat zusammen mit seinem Bruder Gebezo ein Nonnenkloster mit Namen Sulzberg gegründet, und in diesem Kloster wurden sie nach ihrem Lebensende ehrenvoll begraben.

Sein Sohn Bertold mit dem Bart, der erste dieses Namens, erhielt sogar das Herzogtum Schwaben, darauf die Herrschaft über Kärnten und wurde beim Kloster Hirsau bestattet. Dieser gründete in dem Ort Weilheim eine Propstei, welche später seine Söhne mit all ihrem Zubehör dem Recht unseres Klosters unterstellten.

Ihm folgte sein Sohn Bertold, der – oben erwähnte – zweite dieses Namens, als würdiger Erbe seines Vaters im Herzogtum. Gott fromm ergeben, war er zusammen mit seinem Bruder Gebhard, dem Bischof von Konstanz, der Gründer unseres Klosters. Ein weiterer Bruder der beiden, Hermann, wurde zum Markgrafen erhoben; diese Würde gab er später Gottes wegen auf, flüchtete sich heimlich nach Cluny und verbrachte dort sein Leben bis zum Ende verborgen im Mönchsgewand als pauper Christi. Sein Bruder, der Gründer dieses Klosters, erhielt nach einem ehrenvoll verbrachten Leben für sich und seine Nachkommen die vornehmste Grablege vor dem Kreuzaltar; und seine Gemahlin Agnes wurde im Jahre des Herrn 1111 bestattet.

Nach seinem Tod erwiesen sich seine Söhne, nämlich Bertold, der dritte dieses Namens, und Konrad, in unverminderter Ergebenheit diesem Ort gegenüber als freigebig. Bertold, der ältere, gründete, nachdem er die Nachfolge im Herzogtum angetreten hatte, im Jahre des Herrn 1118 die Stadt Freiburg. Später, als er mit dem Grafen Hugo von Dabsburg in einem Flekken im Elsaß namens Molsheim abstieg, da erhielt er einen feindseligen Empfang, die Bewohner fielen über ihn her, seine Gefährten wurden zerstreut und er kam auf unrühmliche Weise zu Tode, vier Jahre nachdem er die oben genannte Stadt gegründet hatte. Bestattet wurde er in unserem Kapitelsaal vor dem Sitz des Abtes im Jahre des Herrn 1122. Kinder waren ihm keine beschert, und seine Frau Sophie, die Schwester des Sachsenherzogs Heinrich, wurde später mit dem Grafen von der Steiermark vermählt.

Es folgte auf ihn im Herzogtum sein Bruder Konrad, der nach Beendigung seines Lebens in der Grablege seiner Eltern vor dem Kreuzaltar bestattet wurde im Jahre des Herrn 1152. In eben dieser Grablege (oder:

Huic filii quatuor fuerunt: Berchtoldus, huius nominis quartus, qui etiam ante Crucem humatus est, secundus uero Růdolfus, Leodiensis episcopus, qui post expletam expeditionem Jherosolomitanam, quam cum imperatore Friderico profectus fuerat, rediens, antequam ad sedem suam regressus esset, morte interceptus in villa sua Herdra obiit anno dominice incarnationis MCLXXXX sepultusque est ante Crucem singulariter in sinistra parte sepulcri paterni. Tertius extitit frater eius Adelbertus, qui secedens castrum Tegg cum omnibus appendiciis suis sibi vendicauit. Hugo etiam, quartus frater eorum, predia non parua et beneficia in Brisgaugia nobis contulit.

Grabmal?!) sind auch seine Brüder bestattet, Bertold und Rudolf, die in jugendlichem Alter verstarben, und auch sein Sohn Konrad. Auch seine Frau Clementia, von edelster fränkischer Herkunft, nämlich von der Burg Namur, ist mit ihnen bestattet.

Vier Söhne hatte er: Bertold, den vierten dieses Namens, der auch vor dem Kreuzaltar beerdigt ist, als zweiten aber Rudolf, den Bischof von Lüttich, der nach Beendigung des Kreuzzuges, auf den er mit dem Kaiser Friedrich gezogen war, auf dem Heimweg, noch bevor er zu seinem Bischofssitz zurückgekehrt war, vom Tode dahingerafft wurde in seinem Dorf Herdern im Jahre des Herrn 1190 und vor dem Kreuzaltar bestattet ist, als einziger im linken Teil der väterlichen Grablege (oder: links vom väterlichen Grab?!). Der dritte dieser Brüder war Adalbert, der, eine eigene Linie begründend, die Burg Teck mit all ihrem Zubehör an sich nahm. Hugo schließlich, der vierte der Brüder, übergab uns nicht wenig an Besitzungen und Lehen im Breisgau.

Kurztitel- und Abbildungsverzeichnis

In die vorliegende Aufstellung wurden nur die im Katalogteil häufiger zitierten Titel aufgenommen. Ein umfangreiches »Verzeichnis des Zähringerschrifttums« hat Jan Gerchow in: Die Zähringer I, S. 233ff. zusammengestellt.

Siglen und Abkürzungen

AABW	Archäologische Ausgrabungen in Baden-Württemberg
Abb.	Abbildung
ADB	Allgemeine Deutsche Biographie, hrsg. durch die Historische Commission bei der königlichen Akademie der Wissenschaften, 56 Bde., Leipzig 1875–1917
AfD	Archiv für Diplomatik
AfSG	Anzeiger für Schweizerische Geschichte
AhVKB	Archiv des historischen Vereins des Kantons Bern
AJ	Alemannisches Jahrbuch
ANB	Archäologische Nachrichten aus Baden
AKG	Archiv für Kulturgeschichte
ASHF	Archives de la Société d'Histoire du Canton de Fribourg
Ausst. Kat.	Ausstellungskatalog
B.	Breite
Bd.	Band
BF	Die Regesten des Kaiserreichs unter Philipp, Otto IV., Friedrich II., Heinrich (VII.). Conrad IV., Heinrich Raspe, Wilhelm und Richard, 1198–1272, nach der Neubearbeitung und dem Nachlaß von Johann Friedrich Böhmer neu hrsg. von Julius Ficker (RI V), 2 Bde., Innsbruck 1881–1894
BH	Badische Heimat
Bl.	Blatt
BlSA	Blätter des Schwäbischen Albvereins
BULg	Bibliothèque de la Faculté de Philosophie et Lettres de l'Université de Liège
BZGH	Berner Zeitschrift für Geschichte und Heimatkunde
DA	Deutsches Archiv für Erforschung des Mittelalters
DBW	Denkmalpflege in Baden-Württemberg
Dm.	Durchmesser
f.	folio (Blatt)
FBW	Fundberichte aus Baden-Württemberg
FDA	Freiburger Diözesanarchiv
FGBl	Freiburger Geschichtsblätter
FMBl	Freiburger Münsterblätter
FmSt	Frühmittelalterliche Studien
FOLg	Forschungen zur Oberrheinischen Landesgeschichte
FrB	Fontes rerum Bernensium. Berns Geschichtsquellen, Bd. 1. Die Zeit bis 1218, Bern 1883; Bd. 2, 1218 bis 1271, Bern 1877
Fs.	Festschrift
FUB	Fürstenbergisches Urkundenbuch, hrsg. von dem Fürstlichen Hauptarchiv in Donaueschingen, Bd. 1, Tübingen 1877
GDV	Geschichtsschreiber der deutschen Vorzeit
GLA	Generallandesarchiv
H.	Höhe
hl.	heilig
Hrsg.	Herausgeber
Hs.	Handschrift
HS	Helvetia Sacra, begründet von P. Rudolf Henggeler OSB, weitergeführt von Albert Bruckner, hrsg. vom Kuratorium der Helvetia Sacra

HZ	Historische Zeitschrift
KdS	Die Kunstdenkmäler der Schweiz
LdM	Lexikon des Mittelalters, Bd. 1, München–Zürich 1980ff.
MAGZ	Mitteilungen der antiquarischen Gesellschaft in Zürich
MDR	Mémoires et Documents publiés par la Société d'histoire de la Suisse Romande
MGH	Monumenta Germaniae historica
DD	Diplomata
SS	Scriptores
SSrG	Scriptores rerum Germanicarum in usum scholarum
MHDB	Mémoires de la Société pour l'Histoire du Droit et des Institutions des anciens Pays bourguignons, comtois et romands
MIÖG	Mitteilungen des Instituts für österreichische Geschichtsforschung
NA	Neues Archiv der Gesellschaft für ältere deutsche Geschichtskunde
ND	Neudruck
NDB	Neue Deutsche Biographie, hrsg. von der Historischen Kommission bei der Bayerischen Akademie der Wissenschaften, Berlin, Bd. 1, 1953ff.
NDBW	Nachrichtenblatt der Denkmalpflege in Baden-Württemberg
NF	Neue Folge
r	recto (Vorderseite)
RdCF	Recueil diplomatique du Canton de Fribourg, Bd. 1, Freiburg i. Ü. 1839
Repr.	Reproduktion
RhVjbll.	Rheinische Vierteljahresblätter
RI	Regesta Imperi
SiL	Schau-ins-Land
SSRQ	Sammlung Schweizerischer Rechtsquellen. Namens des Schweizer Juristenvereins herausgegeben von dessen Rechtsquellenkommission
SUB	Solothurner Urkundenbuch, Bd. 1–2, hrsg. von Ambros Kocher, Solothurn 1952–1971
SZG	Schweizerische Zeitschrift für Geschichte
T.	Tiefe
V.	Vers
v	verso (Rückseite)
VAI	Veröffentlichung des Alemannischen Instituts
VASF	Veröffentlichung des Archivs der Stadt Freiburg
VL	Die deutsche Literatur des Mittelalters. Verfasserlexikon, hrsg. von Wolfgang Stammler und Karl Langosch, 5 Bde., Berlin–Leipzig 1933–1955, 2. Aufl., hrsg. von Kurt Ruh, zus. mit Gundolf Keil, Werner Schröder, Burghart Wachinger, Franz Josef Worstbrock, Bd. 1, Berlin–New York 1978ff.
VuF	Vorträge und Forschungen
WdF	Wege der Forschung
WUB	Wirtembergisches Urkundenbuch, hrsg. vom königlichen Staatsarchiv in Stuttgart, Bd. 1, Stuttgart 1849ff.
WVLg	Württembergische Vierteljahreshefte für Landesgeschichte
ZGGFreib	Zeitschrift der Gesellschaft für Beförderung der Geschichts-, Altertums- und Volkskunde von Freiburg, dem Breisgau und den angrenzenden Landschaften
ZGO	Zeitschrift für die Geschichte des Oberrheins
ZSAKg	Zeitschrift für Schweizerische Archäologie und Kunstgeschichte
ZSG	Zeitschrift für Schweizerische Geschichte
ZSKG	Zeitschrift für Schweizerische Kirchengeschichte
ZSRG GA	Zeitschrift der Savigny-Stiftung für Rechtsgeschichte, Germanistische Abteilung
ZUB	Urkundenbuch der Stadt und Landschaft Zürich, bearb. von Jakob Escher und Paul Schweizer, Bd. 1, Zürich 1888
ZWLg	Zeitschrift für Württembergische Landesgeschichte

Kurztitel

ADAM, Freiburger Münster
Konrad Adam, Das Freiburger Münster, Stuttgart 3. Aufl. 1981

ALBERT, Geschichtsschreibung
Peter P. Albert, Die Geschichtsschreibung der Stadt Freiburg in alter und neuer Zeit, in: ZGO 55 NF 16 (1901), S. 493–578

ALBERT, Zähringen
Peter P. Albert, Zähringen, die Burg und ihre Besitzer, in: ZGGFreib 28 (1912), S. 1–88

BALLY, Münzen und Medaillen
Otto Bally, Münzen und Medaillen des Zähringen-Badischen Fürstenhauses, 2 Bde., Aarau 1896/1905–1911

BAUMANN, Geschichtliches
Franz Ludwig Baumann, Geschichtliches aus Sanct Peter (13. bis 18. Jahrhundert), in: FDA 14 (1881), S. 63–95

BECKSMANN, Jessefenster
Rüdiger Becksmann, Das Jessefenster aus dem spätromanischen Chor des Freiburger Münsters, in: Zeitschrift des Deutschen Vereins für Kunstwissenschaft 23 (1969), S. 8–48

BLATTMANN, Freiburger Stadtrechte
Marita Blattmann, Die Freiburger Stadtrechte unter der Stadtherrschaft der Zähringer. Versuch einer Rekonstruktion der verlorenen Rechtstexte und der Rechtsentwicklung im 12. und frühen 13. Jahrhundert (Zulassungsarbeit zum Staatsexamen für das höhere Lehramt an Gymnasien, masch.), Freiburg i. Br. 1984

BRUCKNER, SMAH
Albert Bruckner, Scriptoria Medii Aevi Helvetica: Denkmäler Schweizerischer Schreibkunst des Mittelalters, 14 Bde., Genf 1935–1978

BÜTTNER, Breisgau und Schwarzwald
Heinrich Büttner, Die Zähringer im Breisgau und Schwarzwald während des 11. und 12. Jahrhunderts, in: SiL 76 (1958), S. 3–18, ND in: DERS., Schwaben und Schweiz im frühen und hohen Mittelalter, hrsg. von Hans Patze (VuF 15), Sigmaringen 1972, S. 143–162

BÜTTNER, Egino von Freiburg
Heinrich Büttner, Egino von Freiburg-Urach, der Erbe der Zähringer, Ahnherr des Hauses Fürstenberg (Veröffentlichungen aus dem Fürstlich-Fürstenbergischen Archiv 6), Donaueschingen 1939

BÜTTNER, St. Georgen
Heinrich Büttner, St. Georgen und die Zähringer, in: ZGO 101 NF 53 (1939), S. 1–23, ND in VuF 15 (wie Büttner, Breisgau und Schwarzwald), S. 163–180

BÜTTNER, Staufer und Zähringer
Heinrich Büttner, Staufer und Zähringer im politischen Kräftespiel zwischen Bodensee und Genfersee während des 12. Jahrhunderts, in: MAGZ 40, Heft 3 (125. Neujahrsblatt), Zürich 1961, S. 1–100, ND in VuF 15 (wie Büttner, Breisgau und Schwarzwald), S. 437–524

BÜTTNER, Trierer Raum
Heinrich Büttner, Zähringerpolitik im Trierer Raum während der zweiten Hälfte des 12. Jahrhunderts, in: RhVjbll. 33 (1969), S. 47–59

BÜTTNER, Städtewesen
Heinrich Büttner, Zum Städtewesen der Zähringer und Staufer am Oberrhein während des 12. Jahrhunderts, in: ZGO 105 NF 66 (1957), S. 63–88

BUTZ, Jahrzeitbuch
Erwin Butz, Das Jahrzeitbuch des Münsters zu Freiburg (FOLg 31), Freiburg i. Br. 1983

DIEL, Tiefkeller
Josef Diel, Die Tiefkeller im Bereich Oberlinden. Zeugnisse der baulichen Entwicklung Freiburgs im 12. und 13. Jahrhundert (Stadt und Geschichte. Neue Reihe des Stadtarchivs Freiburg i. Br. Heft 2), Freiburg i. Br. 1981

DIESTELKAMP, Freiburger Gründungsurkunde
Bernhard Diestelkamp, Gibt es eine Freiburger Gründungsurkunde aus dem Jahre 1120? Ein Beitrag zur vergleichenden Städtegeschichte des Mittelalters sowie zur Diplomatik hochmittelalterlicher Städtepivilegien, Berlin 1973

FELLER–BONJOUR, Geschichtsschreibung der Schweiz
Richard Feller–Edgar Bonjour, Geschichtsschreibung der Schweiz vom Spätmittelalter bis zur Neuzeit, Bd. 1–2, Basel–Stuttgart 2. Aufl. 1979

FLAMM, Der Titel
Hermann Flamm, Der Titel »Herzog von Zähringen«, in: ZGO 69 NF 30 (1915), S. 254–284

FLECKENSTEIN, Ministerialität und Stadt
Josef Fleckenstein, Die Problematik von Ministerialität und Stadt im Spiegel Freiburger und Straßburger Quellen, in: Stadt und Ministerialität, hrsg. von Erich Maschke und Jürgen Sydow (Veröffentlichungen der Kommission für geschichtliche Landeskunde in Baden-Württemberg Reihe B: Forschungen 76), Stuttgart 1973, S. 1–15

FLEIG, Studien
Edgar Fleig, Handschriftliche, wirtschafts- und verfassungsgeschichtliche Studien zur Geschichte des Klosters St. Peter auf dem Schwarzwald, Diss. phil. Freiburg i. Br. 1908

Fribourg-Freiburg 1157–1481
Fribourg-Freiburg 1157–1481. Ouvrage édité par la Société et le Geschichtsforschender Verein à l'occasion du 800 centenaire de la fondation de Fribourg, Freiburg i. Ü. 1957

Geiges, Fensterschmuck
Fritz Geiges, Der mittelalterliche Fensterschmuck des Freiburger Münsters. Seine Geschichte, die Ursachen des Zerfalls und die Maßnahmen zu seiner Wiederherstellung, zugleich ein Beitrag zur Geschichte des Baues selbst. Vorwort von Friedrich Hefele, in: SiL 56–60 (1931–33), S. 1–391

Genealogia Zaringorum
Genealogia Zaringorum, hrsg. von Georg Waitz, MGH SS 13, Hannover 1881, S. 735–737

Germania Benedictina V
Franz Quarthal (Hrsg.), Die Benediktinerklöster in Baden-Württemberg (Germania Benedictina V), Augsburg 1975

Gingins-la-Sarra, Rectorat
Frédéric de Gingins-la-Sarra, Mémoire sur le rectorat de Bourgogne (MDR I,1), Lausanne 1839/42

Hamm, Städtegründungen
Ernst Hamm, Die Städtegründungen der Herzöge von Zähringen in Südwestdeutschland (VAI 1), Freiburg i. Br. 1932

Harlacher, St. Peter
Richard Harlacher, Die Geschichtsschreibung des Benediktinerklosters St. Peter auf dem Schwarzwald, Diss. phil. Freiburg i. Br. 1928, Freiburg i. Br. 1929

Hart–Adam, Künsterlische Ausstattung
Wolf Hart, Ernst Adam, Die künstlerische Ausstattung des Freiburger Münsters, Freiburg i. Br. 1981

Haselier, Breisach
Günther Haselier, Geschichte der Stadt Breisach am Rhein, Teil 1, Breisach 1969

Hefele, FUB
Freiburger Urkundenbuch, hrsg. von Friedrich Hefele, Bd. 1–3, Freiburg 1940–1957

Heinemann, Burgund
Hartmut Heinemann, Untersuchungen zur Geschichte der Zähringer in Burgund, Diss. phil. Marburg 1982 (Teil 1 abgedruckt in AfD 29, 1983, S. 42–192, Teil 2 ebd. 30, 1984, S. 97–257)

Heinemeyer, Berner Handfeste
Walter Heinemeyer, Die Berner Handfeste, in: AfD 16 (1970), S. 214–324

Heinemeyer, Freiburger Stadtrodel
Walter Heinemeyer, Der Freiburger Stadtrodel. Eine paläographische Betrachtung, in: ZSRG GA 83 (1966), S. 116–126

Henking, Gebhard III.
Karl Henking, Gebhard III., Bischof von Constanz 1084–1110, Diss. phil. Stuttgart 1880

Heuser, Oberrheinische Goldschmiedekunst
Hans-Jörgen Heuser, Oberrheinische Goldschmiedekunst im Hochmittelalter, Berlin 1974

Heyck, Geschichte
Eduard Heyck, Geschichte der Herzöge von Zähringen, hrsg. von der Badischen Historischen Kommission, Freiburg i. Br. 1891 (ND Aalen 1980)

Heyck, Urkunden
Eduard Heyck, Urkunden, Siegel und Wappen der Herzöge von Zähringen, Freiburg i. Br. 1892 (ND Aalen 1980)

Hidber
B. Hidber, Schweizerisches Urkundenregister (bis 1200), 2 Bde., Bern 1863–1877

Hofer, Stadt Bern
Paul Hofer (Hrsg.), Die Kunstdenkmäler des Kantons Bern, Bd. 1: Die Stadt Bern (KdS 28), Basel 1952

Hofer, Thun
Paul Hofer, Die Stadtanlage von Thun. Burg und Stadt in vorzähringischer Zeit, Thun 1981

Hofer, Zähringerstädte
Paul Hofer, Die Zähringerstädte. Dokumente zum Städtebau des Hochmittelalters aus 15 Städten Süddeutschlands und der Schweiz. 700 Jahre Thuner Handfeste. Jubiläumsausstellung im Schloß Thun, Thun 1964

Hüffer, Welschburgund
Hermann Hüffer, Die Abteien und Priorate Welschburgunds unter den Zähringern, in: ZSKG 15 (1921), S. 1–25, 122–145, 207–232, 261–278

Katalog Kunstepochen Freiburg
Kunstepochen der Stadt Freiburg. Ausstellung zur 850-Jahrfeier im Augustinermuseum, Freiburg i. Br. 1970

Keller, Charakter Freiburgs
Hagen Keller, Über den Charakter Freiburgs in der Frühzeit der Stadt, in: FS für Berent Schwineköper, hrsg. von Helmut Maurer und Hans Patze, Sigmaringen 1982, S. 249–282

Kircher, Zähringer Bildersammlung
Gerda Franziska Kircher, Zähringer Bildnissammlung im Neuen Schloß zu Baden-Baden, Karlsruhe 1958

Kläui, Zürich
Paul Kläui, Zürich und die letzten Zähringer, in: Aus Verfassungs- und Landesgeschichte. FS zum 70. Geburtstag von Theodor Mayer, hrsg. von Heinrich Büttner, Lindau–Konstanz 1955, Bd. II, S. 93–104; ND in Ders., Ausgewählte Schriften, in: MAGZ 43, Heft 1 (129. Neujahrsblatt), Zürich 1965, S. 62–75

KOHLER, Burgen des Breisgaus
Alfons Kohler, Die Burgen des mittelalterlichen Breisgaus. Quellennachrichten über ihre Entstehung, Besitzverhältnisse, militärische und wirtschaftliche Bedeutung der Breisgauer Burgen, Diss. phil. Freiburg i. Br. 1940

KRIEGER, Topographisches Wörterbuch
Albert Krieger, Topographisches Wörterbuch des Großherzogtums Baden, hrsg. von der Badischen Historischen Kommission, 2 Bde., 2. Aufl. Heidelberg 1904–1905

KUPPER, La politique
Jean-Louis Kupper, La politique des ducs de Zähringen entre la Moselle et la Mer du Nord dans la seconde moitié du XIIe siècle, in: Le Moyen Age 78 (1972), S. 427–466

KUPPER, Raoul
Jean-Louis Kupper, Raoul de Zähringen, évêque de Liège 1167–1191. Contribution à l'histoire de la politique impériale sur la Meuse moyenne (Académie Royale de Belgique, Mémoires de la classe des lettres, Coll. in 8°, 2. Serie, Bd. 62,2), Brüssel 1974

LHOTSKY, Apis Colonna
Alphons Lhotsky, Apis Colonna. Fabeln und Theorien über die Abkunft der Habsburger. Ein Exkurs zur Cronica Austrie des Thomas Ebendorfer, in: MIÖG 55 (1944), S. 171–245

MAURER, Herzog von Schwaben
Helmut Maurer, Der Herzog von Schwaben. Grundlagen, Wirkungen und Wesen seiner Herrschaft in ottonischer, salischer und staufischer Zeit, Sigmaringen 1978

MAYER, Besiedlung
Theodor Mayer, Die Besiedlung und politische Erfassung des Schwarzwaldes im Hochmittelalter, in: ZGO 91 NF 52 (1939), S. 500–522; ND in DERS., Mittelalterliche Studien, Lindau-Konstanz 1959, S. 404–424

MAYER, Staat
Theodor Mayer, Der Staat der Herzöge von Zähringen (Freiburger Universitätsreden 20), Freiburg i. Br. 1935, ND in: DERS., Mittelalterliche Studien, Lindau-Konstanz 1959, S. 350–364

MECKSEPER, Rottweil
Cord Meckseper, Rottweil. Untersuchungen zur Stadtbaugeschichte im Hochmittelalter, Diss. ing. (masch.) Stuttgart 1970

MIGNE, PL
J.-P. Migne, Patrologiae Cursus completus, Series latina, Paris 1844 ff.

MOJON, Berner Münster
Luc Mojon (Hrsg.), Die Kunstdenkmäler des Kantons Bern, Bd. 4: Das Berner Münster (KdS 44), Basel 1960

MÜHLEISEN, St. Peter
Hans-Otto Mühleisen (Hrsg.), St. Peter im Schwarzwald. Kulturgeschichtliche und historische Beiträge anläßlich der 250-Jahr-Feier der Einweihung der Klosterkirche, München–Zürich 1977

MÜHLEISEN, Stifterikonographie
Hans-Otto Mühleisen, Die Stifterikonographie des Klosters St. Peter, in: MÜHLEISEN, St. Peter, S. 94–112

OSTENECK, Romanische Bauteile
Volker Osteneck, Die romanischen Bauteile des Freiburger Münsters und ihre stilgeschichtlichen Voraussetzungen. Studien zur spätromanischen Baukunst am Oberrhein, Köln 1973

SCHLESINGER, Ältestes Freiburger Stadtrecht
Walter Schlesinger, Das älteste Freiburger Stadtrecht. Überlieferung und Inhalt, in: ZSRG GA 83 (1966), S. 63–116

SCHLIPPE, Burgen
Joseph Schlippe, Burgen der Zähringer, in: BH 39 (1959), S. 272–312

SCHMID, Aspekte
Karl Schmid, Aspekte der Zähringerforschung, in: ZGO 131 NF 92 (1983), S. 225–252

SCHÖPFLIN, Historia
Johann Daniel Schöpflin, Historia Zaringo-Badensis, 7 Bde., Karlsruhe 1763–1766

SCHOOLMEESTERS, Les Actes
Emile Schoolmeesters, Les Actes de Radulphe de Zähringen, prince-évêque de Liège 1167–1191, Liège [2]1911

SCHOOLMEESTERS, Regesta
Emile Schoolmeesters, Les Regesta de Raoul de Zaehringen, prince-évêque de Liège 1167–1191, in: Bulletin de la Société d'Art et d'Histoire du Diocèse de Liège 1 (1881), S. 129–203

SCHWARZMAIER–FISCHER, Hochadelsbesitz
Hansmartin Schwarzmaier–Joachim Fischer (Bearb.), Hochadelsbesitz im 12. Jahrhundert (Zähringer/Welfen), in: Historischer Atlas von Baden-Württemberg, hrsg. von der Kommission für geschichtliche Landeskunde in Baden-Württemberg, Lieferung V,3, Stuttgart 1974, Beiwort von H. Schwarzmaier

SCHWEIZER, Burgdorf
Jürg Schweizer, Die Kunstdenkmäler des Kantons Bern, Landband 1: Die Stadt Burgdorf (KdS 75), Basel 1985

SCHWINEKÖPER, Tennenbach
Berent Schwineköper, Das Zisterzienserkloster Tennenbach und die Herzöge von Zähringen. Ein Beitrag zur Gründungs- und Frühgeschichte des Klosters, in: Forschen und Bewahren. Das Elztäler Heimatmuseum in Waldkirch. Kultur- und landesgeschichtliche Beiträge zum Elztal und zum Breisgau, hrsg. von Heinrich Lehmann und Willi Thoma, Waldkirch 1983, S. 95–157

SCHWINEKÖPER, Topographische Grundlagen
Berent Schwineköper, Zu den topographischen Grundlagen der Freiburger Stadtgründung, in: Wolfgang Müller (Hrsg.), Freiburg im Mittelalter (VAI 29), Bühl/Baden 1970, S. 7–23

Stauferkatalog
Die Zeit der Staufer, Geschichte – Kunst – Kultur. Württembergisches Landesmuseum Stuttgart, Katalog der Ausstellung, hrsg. von Reiner Hausherr, 4 Bde., Stuttgart 1977

STRAHM, Geschichte Berns
Hans Strahm, Geschichte der Stadt und Landschaft Bern, Bern 1971

STRUB, Fribourg
Marcel Strub (Hrsg.), Les Monuments d'Art et d'Histoire du Canton de Fribourg Bd. 1: La Ville de Fribourg (KdS 50), Basel 1964

STUMPF
Karl Friedrich Stumpf, Der Reichskanzler vornehmlich des X., XI. und XII. Jahrhunderts, 2. Bd.: Verzeichnis der Kaiserurkunden, Innsbruck 1865–1883, ND Aalen 1960

STUMPF, Chronik
Johannes Stumpf, Gemeyner loblicher Eydgenoschaft Stetten, Landen und Völckeren Chronick wirdiger Thaaten Beschreybung, Zürich 1548

Suevia Sacra
Ausst.Kat. Suevia Sacra. Frühe Kunst in Schwaben, Augsburg 1973

Voss, Schöpflin
Jürgen Voss, Universität, Geschichtswissenschaft und Diplomatie im Zeitalter der Aufklärung: Johann Daniel Schöpflin 1694–1771, München 1979

WATTENBACH–HOLTZMANN–SCHMALE
Wilhelm Wattenbach, Robert Holtzmann, Deutschlands Geschichtsquellen im Mittelalter. Die Zeit der Sachsen und Salier, Neuausgabe, besorgt von Franz-Josef SCHMALE, 3 Bde., Darmstadt 1967–1971

WATTENBACH–SCHMALE
Wilhelm Wattenbach, Franz-Josef Schmale, Deutschlands Geschichtsquellen im Mittelalter. Vom Tode Kaiser Heinrichs V. bis zum Ende des Interregnums, 1. Bd., von Franz-Josef Schmale unter Mitarbeit von Irene Schmale-Ott und Dieter Berg, Darmstadt 1976

WEBER, Tennenbacher Güterbuch
Max Weber (Hrsg.), Das Tennenbacher Güterbuch (1317–1341) (Veröffentlichungen der Kommission für geschichtliche Landeskunde in Baden-Württemberg, Reihe A: Quellen 19), Stuttgart 1969

WIELANDT, Breisgauer Pfennig
Friedrich Wielandt, Der Breisgauer Pfennig und seine Münzstätten. Ein Beitrag zur Münz- und Geldgeschichte des Alemannenlandes im Mittelalter (Numismatische Studien, Heft 2), Karlsruhe 2. Aufl. 1976

WIELANDT, Münzanfänge
Friedrich Wielandt, Die Münzanfänge des Zähringerhauses, in: Dona Numismatica, Festgabe für Walter Hävernik, hrsg. von Peter BERGHAUS und Gert HATZ, Hamburg 1965, S. 133–154

Die Zähringer I
Karl Schmid (Hrsg.), Die Zähringer. Eine Tradition und ihre Erforschung (Veröffentlichungen zur Zähringerausstellung Bd. I), Sigmaringen 1986

ZURICH, Fribourg
Pierre de Zurich, Les origines de Fribourg et le quartier de Bourg aux XVe et XVIe siècles (MDR II, 12), Lausanne 1924

Abbildungsnachweis

Baltimore, The Walters Art Gallery: 58
Bern, Burgerbibliothek: 144, 213
Bernisches Historisches Museum: 156, 189, 190, 193
Foto Hesse: 3, 104, 107–108, 204
Inventarisation der Kunstdenkmäler des Kantons Bern: 161–168
G. Schmezer: 206
Staatsarchiv: 147, 152, 191, 222
Beuron, Kunstverlag: 93
Freiburg i. Br., Augustinermuseum: 29, 88, 127, 136; M. Jensch: 62, 123–124, 182, 185–186
Corpus Vitrearum Medii Aevi: 34, 89 (R. Becksmann), 90 (G. Röbcke)
Herder Bildverlag: 5, 91–92
Institut für Ur- und Frühgeschichte der Universität: 15–27
M. Jensch: 79, 84–87, 128–131, 194–198, 211–212
Landesdenkmalamt Baden-Württemberg, Außenstelle Freiburg: 39, 157, 228–229
Münsterbauverein: 83
Pressefoto Willy Pragher: 210
Stadtarchiv: 200, 207–208, 225–226, G. Corcodel: 40, 65, 117, 174, 192, 202, 233
Städtisches Verkehrsamt: 174a
Städtisches Vermessungsamt: 11, 33, 38, 57, 68.1–2, 112, 132, 133, 173
Fribourg, Noel Aeby: 4
Inventaire du Patrimoine Artistique, Canton de Fribourg: 142, 205
Musée d'Art et d'Histoire: 105
Photo du Tilleul: 101–102, 183
Halle, Universitäts- und Landesbibliothek Sachsen-Anhalt: 134
Innsbruck, Tiroler Landesarchiv: 151
Karlsruhe, Badische Landesbibliothek: 10, 28, 49, 179, 184, 199
Generallandesarchiv: 73, 138, 150
Landesdenkmalamt Baden-Württemberg, Außenstelle Karlsruhe: 71
W. Schmidt: 237
Kirchheim-Teck, Foto Heudorfer: 70
Koblenz, Landeshauptarchiv: 63.4, 115–116
Köln, Schnütgen Museum: 139
Lahr, K. List: 36, 94
Liège, Archives de l'Etat: 9, 122
Université de Liège, Bibliothèque Générale: 125
Musée d'Art Religieux et d'Art Mosan: 118–121, 126
Lindau, Toni Schneiders: 111
Ulrike Schneiders: 201
Luzern, Faksimile-Verlag: 143a
Marburg, Lichtbildarchiv älterer Originalurkunden: 41, 52, 63.7, 63.9, 95, 103, 143, 149, 154–155, 234
München, Hauptstaatsarchiv: 63.10–11
Bayerische Staatsbibliothek: 74–76, 109
Münstertal, S. Pfefferle: 42–45
Murten, A. Buchs: 2
Paris, Archives du Ministère des Affaires Etrangères: 238
Bibliothèque Nationale: 50
Pfaffhausen, A. Reinle: 1
Porrentruy, Fondation des Archives de l'ancien Evêché de Bâle: 137
Roma, Archivio Segreto Vaticano: 170
Biblioteca Apostolica Vaticana 60
Schaffhausen, Staatsarchiv: 30, 98–100
Sindelfingen, G. Arns: 203
Solothurn, Staatsarchiv: 63.5
Stuttgart, Hauptstaatsarchiv: 64
Stuttgart, Württembergische Landesbibliothek: 31–32, 113
J. Siener: 72
Torino, Rampazzi Ferruccio: 153
Villingen-Schwenningen, Foto Maier: 158–159
Stadtarchiv: 160
Weilheim a. d. Teck, Bürgermeisteramt: 12
Wien, Graphische Sammlung Albertina: 177
Österreichische Nationalbibliothek: 114, 175–176
Wiesbaden, Hauptstaatsarchiv: 227
Zürich: Schweizerisches Landesmuseum (M. Antonini): 214
Staatsarchiv: 63.6, 63.8, 181

Register zu den Ausstellungsstücken

Die Verweise beziehen sich auf die Nummern der Katalogartikel